RVG

für Anfänger

von

Horst-Reiner Enders

18., überarbeitete Auflage 2018

C.H.BECK

www.beck.de

ISBN 978 3 406 70316 4

Wilhelmstraße 9, 80801 München

Satz: Fotosatz Buck
Zweikirchenerstr. 7, 84036 Kumhausen

Druck und Bindung: Grafica Veneta S.p.A.

Umschlaggestaltung: Martina Busch, Grafikdesign
Homburg Saar

Gedruckt auf säurefreiem, alterungsbeständigem Papier
(hergestellt aus chlorfrei gebleichtem Zellstoff)

Vorwort zur 18. Auflage

Nachdem seit Erscheinen der 17. Auflage gut zwei Jahre vergangen sind, war eine Neuauflage nötig. Zahlreiche aktuelle Rechtsprechungen des BGH und anderer Gerichte zu kostenrechtlichen Problematiken sind seitdem ergangen und wurden in das Werk eingearbeitet. So hat sich zB der BGH zur Abgrenzung der anwaltlichen Tätigkeit „Beratung" zur „Außergerichtlichen Vertretung" geäußert und entschieden, dass auch die Prüfung eines noch nicht abgeschlossenen Vertrags(entwurfs) bereits die Geschäftsgebühr auslöst (→ Kap. D Rn. 106 ff.). Ergänzend dazu wird dann in dem Werk dargestellt, wie die Prüfung eines bereits abgeschlossenen Vertrags durch den Rechtsanwalt abzurechnen ist und wie sich der Gegenstandswert hierzu bestimmt. Auch anwaltliche Vergütungsvereinbarungen standen seit Erscheinen der letzten Auflage verstärkt im Fokus der Rechtsprechung, was einige zusätzliche Hinweise im Werk notwendig machte (→ Kap. B Rn. 118, 145, 149). Ergänzend dazu setzt sich das Werk mit der Frage auseinander, ob der Rechtsanwalt dem Mandanten eine Widerrufsbelehrung erteilen muss, wenn eine Vergütungsvereinbarung außerhalb der Kanzleiräume oder im elektronischen Rechtsverkehr geschlossen wird (→ Kap. B Rn. 63). Neue Checklisten und noch mehr Beispiele wurden erstellt und in das Werk aufgenommen, um dieses für die Praxis noch wertvoller zu machen. Selbstverständlich wurden auch die seit Erscheinen der 17. Auflage ergangenen Gesetzesänderungen in das Werk aufgenommen, soweit sie für das darin Behandelte von Bedeutung sind.

Die Konzeption des Werkes wurde auch in dieser Auflage beibehalten: Das für die tägliche Praxis Wichtige wird dargestellt; Probleme werden angesprochen und Fußnoten weisen auf weiterführende Literatur und Rechtsprechung hin.

Verfeinert wurde in dieser Auflage das System der Randnummern und der Fußnoten. Sowohl die Randnummern als auch die Fußnoten beginnen in jedem Kapitel (A., B., C. usw) wieder mit „1". Daher ist es erforderlich zukünftig eine bestimmte Stelle in dem Buch mit „Kap. A Rn. 21" zu zitieren. Entsprechend wurden auch die Querverweise im laufenden Text umgestellt (→ Kap. A Rn. 21 beudetet: Kapitel A, Randnummer 21).

Sehr oft berichten mir Leser, dass sie 90 % aller Abrechnungsprobleme die sie in der täglichen Praxis haben, unter Zuhilfenahme dieses Werkes schnell und zufriedenstellend lösen können. Durch die tätigkeitsbezogene Darstellung würde man viel schneller fündig, als in einem „großen" Kommentar.

Gedankt sei Allen, die mir bei diesem Werk geholfen haben, sei es beim Erfassen der Texte, beim Korrekturlesen oder Ähnlichem. Ein ganz besonderer Dank geht an meine Ehefrau Ingrid für ihre Mithilfe und ihr Verständnis, denn auch diese Neuauflage ging wieder einmal zu Lasten gemeinsamer Freizeit.

Anregungen zur Verbesserung des Werkes oder Hinweise auf Unstimmigkeiten werden gerne entgegengenommen.

Neuwied, im Oktober 2017 *Horst-Reiner Enders*

Inhaltsverzeichnis

Literaturverzeichnis

(In Klammer ist angegeben, wie das entsprechende Werk in den Fußnoten dieses Buches zitiert wird.)

Baumbach/Lauterbach/Albers/Hartmann, ZPO, 75. Auflage 2017 (Baumbach/Lauterbach ZPO)
Beutling, Anwaltsgebühren in Verwaltungssachen, 1. Auflage 2004
Bischof/Jungbauer/Bräuer/Klipstein/Klüsener/Uher, RVG – Kommentar, 7. Auflage 2017 (Bischof/Jungbauer)
Dürbeck/Gottschalk, Prozess- und Verfahrenskostenhilfe, Beratungshilfe, 8. Auflage 2016 (Dürbeck/Gottschalk)
Burhoff, RVG Straf- und Bußgeldsachen, 4. Auflage 2014 (Burhoff)
Gerold/Schmidt, RVG, 22. Auflage 2015 (Gerold/Schmidt)
Groß, Anwaltsgebühren in Ehe- und Familiensachen, 4. Auflage 2014
Groß, Beratungshilfe/Prozesskostenhilfe/Verfahrenskostenhilfe, 12. Auflage 2014
Hansens/Braun/Schneider, Praxis des Vergütungsrechts, 2. Auflage 2006 (Hansens/Braun/Schneider)
Hansens/Schneider, Formularbuch Anwaltsvergütung im Zivilrecht, 1. Auflage 2005 (Hansens/Schneider, Formularbuch)
Hartmann, Kostengesetze – Kommentar, 47. Auflage 2017 (Hartmann)
Hartung/Schons/Enders, RVG, 3. Auflage 2017 (Hartung/Schons/Enders)
Hommerich/Kilian, Vergütungsvereinbarung deutscher Rechtsanwälte, Forschungsberichte des Soldan Institutes für Anwaltsmanagement, Band 3, 2006
Jungbauer, Rechtsanwaltsvergütung, 6. Auflage 2015 (Jungbauer)
Jungbauer, Abrechnung in Familiensachen, 2. Auflage 2009
Kindermann, Die Abrechnung in Ehe- und Familiensachen, 1. Auflage 2005
Krämer/Mauer/Kilian, Vergütungsvereinbarung und -management, 1. Auflage 2005
Lappe/Hellstab, Gebührentabellen für Rechtsanwälte, 24. Auflage 2013
Mayer/Kroiß, RVG, 6. Auflage 2013 (Mayer/Kroiß)
Meyer, GKG / FamGKG, 15. Auflage 2015 (Meyer, GKG)
Musielak/Voit, ZPO, Kommentar, 14. Auflage 2017 (Musielak/Voit ZPO)
Onderka, Anwaltsgebühren in Verkehrssachen, 5. Auflage 2017
Otto, Gebührentabellen, 24. Auflage 2013
Rehberg/Schons/Vogt/Feller/Hellstab/Jungbauer/Bestelmeyer/Frankenberg (Vormals: Göttlich/Mümmler), RVG, 6. Auflage 2015 (Rehberg/Schons)
Riedel/Sußbauer, RVG, 10. Auflage 2015 (Riedel/Sußbauer)
Schneider, Norbert, Gebühren in Familiensachen, 1. Auflage 2010
Schneider, Norbert, Die Vergütungsvereinbarung, 1. Auflage 2006
Schneider, Norbert, Fälle und Lösungen zum RVG, 4. Auflage 2015
Schneider/Herget, Streitwert – Kommentar für den Zivilprozess, 14. Auflage 2016 (Schneider/Herget, Streitwert)
Schneider/Thiel, Das neue Gebührenrecht für Rechtsanwälte, 1. Auflage 2013 (Schneider/Thiel)
Schneider/Wolf, Anwaltskommentar RVG, 8. Auflage 2017 (Schneider/Wolf)
Teubel, Gebührenmanagement in der Anwaltskanzlei, 1996
Teubel/Schons, Erfolgshonorar für Anwälte, 1. Auflage 2008
Teubel/Scheungrab, Münchener Anwaltshandbuch Vergütungsrecht, 2. Auflage 2011
Von Eicken/Hellstab/Dörndorfer/Asperger, Die Kostenfestsetzung, 22. Auflage 2015
Zöller, ZPO, 31. Auflage 2016 (Zöller ZPO)

Abkürzungsverzeichnis

Im laufenden Text dieses Buches werden die Paragrafenangaben wie folgt abgekürzt: § 8 Abs. 1 S. 1 RVG = § 8 Absatz 1 Satz 1 RVG.
Im laufenden Text und in den Fußnoten wird auf Kommentare verwiesen. Damit nicht immer die vollständige Bezeichnung des jeweiligen Kommentars verwandt werden muss, werden zum Teil Kurzbezeichnungen verwandt. Die vollständige Bezeichnung des Kommentars findet sich im nachstehenden Abkürzungsverzeichnis sowie im Literaturverzeichnis wieder.

aA	Anderer Ansicht
Abs.	Absatz
aF	alte Fassung (eines Gesetzes)
AG	Amtsgericht
AGS	Anwaltsgebühren – Spezial, Fachzeitschrift (Jahr, Seite)
Alt.	Alternative
Anm.	Anmerkung
AnwBl.	Anwaltsblatt, herausgegeben vom Deutschen Anwaltverein (Jahr, Seite)
ArbGG	Arbeitsgerichtsgesetz
Art.	Artikel
Aufl.	Auflage
Baumbach/Lauterbach ZPO	Baumbach/Lauterbach/Albers/Hartmann, ZPO, 75. Auflage 2017
betr.	betreffend
BGB	Bürgerliches Gesetzbuch
BGBl.	Bundesgesetzblatt (Jahr, Seite)
BGH	Bundesgerichtshof
Bischof/Jungbauer	Bischof/Jungbauer/Bräuer/Klipstein/Klüsener/Uher, RVG-Kommentar, 7. Auflage 2016
BRAGO	Bundesgebührenordnung für Rechtsanwälte
Bsp.	Beispiel
Burhoff	Burhoff, RVG Straf- und Bußgeldsachen, 4. Auflage 2014
zB	zum Beispiel
bzgl.	bezüglich
bzw.	beziehungsweise
dh	das heißt
s. Erl.	siehe Erläuterung
EUR	Euro
evtl.	eventuell
FamFG	Gesetz über das Verfahren in Familiensachen und in den Angelegenheiten der freiwilligen Gerichtsbarkeit (FamFG)
FamGKG	Gesetz über die Gerichtskosten in Familiensachen
FD-RVG	Beck Fachdienst Vergütungs- und Kostenrecht (Beck-online)
ff.	folgende
gem.	gemäß
Gerold/Schmidt	Gerold/Schmidt, RVG, 22. Auflage 2015
GG	Grundgesetz
ggf.	gegebenenfalls
GKG	Gerichtskostengesetz
GNotKG	Gesetz über Kosten der freiwilligen Gerichtsbarkeit für Gerichte und Notare (Gerichts- und Notarkostengesetz) BGBl. 2013, 2586 ff.
Groß	Groß, Anwaltsgebühren in Ehe- und Familiensachen, 4. Auflage 2014
Groß	Groß, Beratungshilfe/Prozesskostenhilfe/Verfahrenskostenhilfe, 12. Auflage 2014
GVG	Gerichtsverfassungsgesetz
Hansens/Braun/Schneider	Hansens/Braun/Schneider, Praxis des Vergütungsrechts, 2. Auflage 2006

Hansens/Schneider, Formularbuch	Hansens/Schneider, Formularbuch Anwaltsvergütung im Zivilrecht, 1. Auflage 2005
Hartmann	Hartmann, Kostengesetze – Kommentar, 47. Auflage 2017
idR	in der Regel
iHv	in Höhe von
iSd	im Sinne des
iVm	in Verbindung mit
Jungbauer	Jungbauer, Rechtsanwaltsvergütung, 6. Auflage 2015
JurBüro	Das juristische Büro, Fachzeitschrift (Jahr, Seite)
JVA	Justizvollzugsanstalt
JVEG	Justizvergütungs- und -entschädigungsgesetz (Gesetz über die Vergütung von Sachverständigen, Dolmetscherinnen, Dolmetschern, Übersetzerinnen und Übersetzern sowie die Entschädigung von ehrenamtlichen Richterinnen, ehrenamtlichen Richtern, Zeuginnen, Zeugen und Dritten)
Kindermann	Kindermann, Die Abrechnung in Ehe- und Familiensachen, 1. Auflage 2005
KostO	Kostenordnung
KostRMoG	Kostenrechtsmodernisierungsgesetz (Gesetz zur Modernisierung des Kostenrechts)
LG	Landgericht
Mayer/Kroiß	Mayer/Kroiß, RVG, 6. Auflage 2013
Mayer/Kroiß/Teubel	Mayer/Kroiß/Teubel, Das neue Gebührenrecht, 1. Auflage 2004
Mdt.	Mandant
ME	meines Erachtens
Meyer	Meyer, GKG/FamGKG, Kommentar, 15. Auflage 2015
Münchener Anwalts-Handbuch Vergütungsrecht	Teubel/Scheungrab, Münchener AnwaltsHandbuch Vergütungsrecht, 2. Auflage 2011,
Musielak/Voit ZPO	Musielak, ZPO, Kommentar, 14. Auflage 2017
mwN	mit weiteren Nachweisen
MWSt.	Mehrwertsteuer
nF	neue Fassung (eines Gesetzes)
NJW	Neue Juristische Wochenschrift
OLG	Oberlandesgericht
PKH	Prozesskostenhilfe
RA	Rechtsanwalt
Rn.	Randnummer
Rehberg/Schons	Rehberg/Schons/Vogt/Feller/Hellstab/Jungbauer/Bestelmeyer/Frankenberg (Vormals: Göttlich/Mümmler), RVG, 6. Auflage 2015
Riedel/Sußbauer	Riedel-Sußbauer, RVG-Kommentar, 10. Auflage 2015
RpflG	Rechtspflegergesetz
RVG	Rechtsanwaltsvergütungsgesetz (Gesetz über die Vergütung der Rechtsanwältinnen und Rechtsanwälte), BGBl. I 2004, S. 718, in Kraft getreten zum 1. 7. 2004
RVG-Letter	Zeitschrift (Jahr, Seite)
RVGreport	Zeitschrift (Jahr, Seite)
RVG professionell	Zeitschrift (Jahr, Seite)
s. a.	siehe auch
Schneider/Herget, Streitwert	Schneider/Herget, Streitwert-Kommentar für Zivilprozess und FamFG-Verfahren, 14. Auflage 2016
Schneider/Thiel	Schneider/Thiel, Das neue Gebührenrecht für Rechtsanwälte, 1. Auflage 2013
Schneider/Wolf	Schneider/Wolf, Anwaltskommentar RVG, 8. Auflage 2017
SGB	Sozialgesetzbuch
SGG	Sozialgerichtsgesetz
StPO	Strafprozessordnung
sog.	so genannte
Teubel/Schons	Teubel/Schons, Erfolgshonorar für Anwälte, 1. Auflage 2008
usw	und so weiter
vgl.	vergleiche
VKH	Verfahrenskostenhilfe

von Eicken/Hellstab/ Dörndorfer/Asperger ...	von Eicken/Hellstab/Dörndofer/Asperger, Die Kostenfestsetzung, 22. Auflage 2015
VV	Vergütungsverzeichnis
VV RVG	Vergütungsverzeichnis zum Rechtsanwaltsvergütungsgesetz
VwGO	Verwaltungsgerichtsordnung
VwVfG	Verwaltungsverfahrensgesetz
Zöller ZPO	Zöller, ZPO, Kommentar, 31. Auflage 2016
ZPO-RG	Gesetz zur Reform des Zivilprozesses (Zivilprozessreformgesetz), BGBl. I 2001, 1887 – in Kraft getreten zum 1. 1. 2002 (teilweise schon zum 1. 10. 2001)

A. Einführung

1 Mit Wirkung vom 1. 7. 2004 wurde die Bundesgebührenordnung für Rechtsanwälte (BRAGO) durch ein neues Gesetz über die Vergütung der Rechtsanwältinnen und Rechtsanwälte (Rechtsanwaltsvergütungsgesetz – RVG) abgelöst. Durch das RVG wurde die Anwaltsvergütung vollkommen neu strukturiert. Für „Altfälle", die noch nach der BRAGO abzurechnen sind, kann die 11. Auflage dieses Werkes (= Die BRAGO für Anfänger, 11. Auflage) herangezogen werden. Die Übergangsvorschriften BRAGO/RVG (Wann ist noch nach der BRAGO abzurechnen und wann nach dem RVG?) wurden zuletzt in der 15. Auflage dieses Werkes[1] (Rn. 6 bis 41) dargestellt. Die Anwaltsvergütung nach dem neuen Rechtsanwaltsvergütungsgesetz wird in diesem neuen Werk praxisnah und leicht verständlich dargestellt.

I. Das Rechtsanwaltsvergütungsgesetz (RVG)

2 In diesem Kapitel wird ein allgemeiner Überblick über die Gesetzesmaterialien, die Übergangsvorschriften, den Aufbau des RVG und die Handhabung des Vergütungsverzeichnisses gegeben werden.

1. Gesetzesmaterialien

3 Das Rechtsanwaltsvergütungsgesetz ist ein Teil des am 1. 7. 2004 in Kraft getretenen **Gesetz zur Modernisierung des Kostenrechts (Kostenrechtsmodernisierungsgesetz – KostRMoG).** Die Begründung des Gesetzes findet sich in der Drucksache des Deutschen Bundestages (BT-Drucksache 15/1971 – Stand: 11. 11. 2003).

Diese BT-Drucksache ist im Internet unter www.bundestag.de/dokumente/drucksachen/Bundestags-Drucksache 15/1971 einzusehen und herunterzuladen.

Das dann letztlich doch noch mit Änderungen beschlossene Kostenrechtsmodernisierungsgesetz wurde im Bundesgesetzblatt (BGBl.) I, Nr. 21 vom 12. 5. 2004, S. 718 ff. verkündet.

4 Das Kostenrechtsmodernisierungsgesetz ist – mit Ausnahme von Artikel 5 – am 1. 7. 2004 in Kraft getreten. Artikel 5 ist am 1. 7. 2006 in Kraft. In Artikel 5 wurde für die Zeit ab 1. 7. 2006 die Vergütung für den Bereich der außergerichtlichen Beratung neu dahingehend geregelt, dass der Rechtsanwalt auf eine Vergütungsvereinbarung hinwirken soll (→ Kap. D Rn. 46).

5 Das RVG ist nach Inkrafttreten schon wieder durch zahlreiche andere Gesetze geändert worden. Diese Gesetzesänderungen können nachvollzogen werden durch die Darstellung im Schönfelder, Deutsche Gesetze, unter der Nummer 117 = RVG, vor § 1.

6 Zahlreiche Änderungen hat das RVG erfahren durch das Zweite Gesetz zur Modernisierung des Kostenrechts (2. Kostenrechtsmodernisierungsgesetz – 2. KostRMoG). Die Begründung zum 2. KostRMoG findet sich in der BT-Drucksache 17/11471 – Stand 14. 11. 2012. Das letztlich doch noch mit Änderungen beschlossene **2. KostRMoG** wurde im Bundesgesetzblatt (BGBl.) Teil I, Nr. 42 vom 29. 7. 2013, S. 2586 ff. verkündet. Es ist **am 1. 8. 2013 in Kraft getreten.**

7 Durch das 2. KostRMoG werden die in den Tabellen zu § 13 RVG (Wahlanwaltsgebühren) und zu § 49 RVG (Prozess- oder Verfahrenskostenhilfegebühren) ausgewie-

[1] RVG für Anfänger, 15. Auflage, Rn. 6 bis 41.

senen **Gebührenbeträge angehoben**. Auch die Festgebühren in der Beratungshilfe und die Betragsrahmengebühren zB für bestimmte sozialrechtliche Angelegenheiten, Straf- und Bußgeldsachen werden erhöht. Wann noch die „alten[2]“ Gebührentabellen bzw. -beträge oder schon die „neuen[3]“ Gebührentabellen bzw. -beträge zur Anwendung kommen, wird im nachfolgenden Kapitel 2. (Rn. 9 ff.) behandelt. Die wichtigsten Änderungen durch das 2. KostRMoG wurden zuletzt in der Vorauflage dieses Werkes übersichtlich dargestellt.[4]

8 Alle Gesetzesänderungen bis Juli 2017 wurden in diesem Buch berücksichtigt, soweit sie für das hierin Abgehandelte relevant sind.

2. Übergangsvorschriften

9 In diesem Kapitel wird dargestellt, welches Recht im Falle einer Gesetzesänderung zur Anwendung kommt. Es wird also die Frage betrachtet: Ist für die Abrechnung des Falles noch **„altes Recht“** (das RVG in der Fassung bis zum Inkrafttreten der Gesetzesänderung) oder schon **„neues Recht“** (das RVG in der Fassung nach Inkrafttreten der Gesetzesänderung) anzuwenden? Diese Frage wird insbesondere im Hinblick auf die Änderungen durch das 2. KostRMoG beantwortet.

10 § 60 RVG enthält die allgemeine **Übergangsvorschrift**, die anzuwenden ist, für die Gesetzesänderungen, die nach Inkrafttreten des RVG erfolgen. § 61 RVG enthält die Übergangsvorschrift aus Anlass des Inkrafttretens des RVG (Übergang von der BRAGO zum RVG). Die Übergangsvorschriften aus Anlass des Inkrafttretens des RVG (Übergang von der BRAGO zum RVG) wurden zuletzt ist der 15. Auflage dieses Werkes[5] dargestellt und kommentiert. Diese Auflage konzentriert sich auf die Anwendung der Übergangsvorschrift aus Anlass der Gesetzesänderungen durch das 2. KostRMoG zum 1. 8. 2013 und spätere Änderungen.

Auszug aus dem RVG

11

§ 60
Übergangsvorschrift

(1) Die Vergütung ist nach bisherigem Recht zu berechnen, wenn der unbedingte Auftrag zur Erledigung derselben Angelegenheit im Sinne des § 15 vor dem Inkrafttreten einer Gesetzesänderung erteilt oder der Rechtsanwalt vor diesem Zeitpunkt bestellt oder beigeordnet worden ist. Ist der Rechtsanwalt im Zeitpunkt des Inkrafttretens einer Gesetzesänderung in derselben Angelegenheit bereits tätig, ist die Vergütung für das Verfahren über ein Rechtsmittel, das nach diesem Zeitpunkt eingelegt worden ist, nach neuem Recht zu berechnen. Die Sätze 1 und 2 gelten auch, wenn Vorschriften geändert werden, auf die dieses Gesetz verweist.

(2) Sind Gebühren nach dem zusammengerechneten Wert mehrerer Gegenstände zu bemessen, gilt für die gesamte Vergütung das bisherige Recht auch dann, wenn dies nach Absatz 1 nur für einen der Gegenstände gelten würde.

2.1 Grundsätzliches

12 Durch das am 1. 8. 2013 in Kraft getretene 2. KostRMoG werden zahlreiche Vorschriften des RVG geändert. Unter anderem werden auch die Gebührenbeträge in den Gebührentabellen angehoben, ebenso wie die Festgebühren in der Beratungshilfe und auch die Betragsrahmengebühren in bestimmten sozialrechtlichen Angelegenheiten

---

[2] Gebührentabellen in der Fassung bis zum Inkrafttreten des 2. KostRMoG.
[3] Gebührentabellen in der Fassung durch das 2. KostRMoG.
[4] RVG für Anfänger, 17. Auflage, Rn. A 6 bis 30.
[5] RVG für Anfänger, 15. Auflage, Rn. 6 bis 41.

und in Straf- und Bußgeldsachen. Es stellt sich also die Frage, ob für den abzurechnenden Fall noch das RVG in der Fassung bis zum Inkrafttreten der Änderungen durch das 2. KostRMoG (im Nachfolgenden mit „**altes Recht**" bezeichnet) oder das RVG in der Fassung nach Inkrafttreten des 2. KostRMoG (im Nachfolgenden mit „**neues Recht**" bezeichnet) zur Anwendung kommt. Insbesondere stellt sich die Frage, ob die Gebührenbeträge noch aus den alten Tabellen (im Nachfolgenden mit „**a. T.**" bezeichnet = die bis zum Inkrafttreten des 2. KostRMoG geltende Tabelle) oder nach der neuen Tabelle (im Nachfolgenden mit „**n. T.**" bezeichnet = die Gebührentabelle nach Inkrafttreten des 2. KostRMoG) zu entnehmen sind.

Nach § 60 Abs. 1 S. 1 RVG ist die Vergütung nach **bisherigem Recht** zu berechnen, 13
wenn der Rechtsanwalt von seinem Mandanten den **unbedingten Auftrag** zur Erledigung derselben Angelegenheit **vor dem Inkrafttreten einer Gesetzesänderung** erteilt erhalten hat oder der Rechtsanwalt vor diesem Zeitpunkt gerichtlich bestellt oder beigeordnet worden ist. Das 2. KostRMoG ist am 1. 8. 2013 in Kraft getreten. Dies ist der Stichtag für die Beurteilung der Frage, ob sich die Vergütung nach altem oder nach neuem Recht bestimmt.

Hat der Rechtsanwalt von seinem Mandanten den Auftrag bis einschließlich 31. 7. 2013 erhalten, kommt altes Recht und folglich auch die alte Gebührentabelle zur Anwendung.

Wurde dem Rechtsanwalt der unbedingte **Auftrag** zur Erledigung derselben Ange- 14
legenheit von dem Mandanten **ab dem 1. 8. 2013** erteilt, so bestimmt sich seine Vergütung nach **neuem Recht** und folglich sind die Gebühren auch aus der neuen Tabelle zu entnehmen.

Entscheidend ist der vom Mandanten erteilte **unbedingte** Auftrag zur Erledigung 15
derselben Angelegenheit im Sinne des § 15 RVG.

Beispiel: Der Rechtsanwalt erhält von seinem Mandanten am 19. 7. 2013 zunächst einen Auftrag für eine außergerichtliche Vertretung. Der Gegner soll unter Fristsetzung bis zum 6. 8. 2013 aufgefordert werden, den geltend gemachten Anspruch zu erfüllen. Ebenfalls bereits am 19. 7. 2013 erteilt der Mandant dem Rechtsanwalt den Auftrag, für den Fall, dass bis zum 6. 8. 2013 der Anspruch nicht erfüllt worden ist und der Gegner sich auch nicht gemeldet hat, Klage zu erheben. Der Gegner meldet sich nicht innerhalb der ihm gesetzten Frist, so dass der Rechtsanwalt am 7. 8. 2013 die Klage erhebt.

Der Auftrag für die außergerichtliche Vertretung wurde am 19. 7. 2013 erteilt. Er stand nicht unter einer Bedingung. Die Vergütung für die außergerichtliche Vertretung bestimmt sich nach altem Recht.

Der Auftrag für die Tätigkeit als Prozessbevollmächtigter in dem gerichtlichen Verfahren wurde zwar auch am 19. 7. 2013 erteilt. Der Auftrag wurde allerdings unter der Bedingung erteilt, dass der Gegner den Anspruch innerhalb der ihm bis zum 6. 8. 2013 gesetzten Frist nicht erfüllt und sich auch nicht meldet. Aus diesem bedingten Vertretungsauftrag für das gerichtliche Verfahren ist erst mit Ablauf des 6. 8. 2013 ein unbedingter Vertretungsauftrag für das gerichtliche Verfahren geworden, so dass sich die Vergütung für das gerichtliche Verfahren nach neuem Recht bestimmt. Wie in diesen Fällen die Geschäftsgebühr anzurechnen ist, wird im Nachfolgenden (→ Kap. A Rn. 29) behandelt.

In jeder **gebührenrechtlichen Angelegenheit** ist gesondert zu prüfen, ob der Auftrag 16
vor oder nach Inkrafttreten der Gesetzesänderung, hier des 2. KostRMoG, erteilt wurde.

Im Nachstehenden wird für verschiedene Fallgestaltungen betrachtet, wie sich die Übergangsvorschrift des § 60 RVG auswirkt.

Zusammenfassung

- Für die Frage, ob altes oder neues Recht anzuwenden ist, ist entscheidend der dem 17
Rechtsanwalt von seinem Mandanten erteilte unbedingte Auftrag.
- Wurde der unbedingte Auftrag vor dem Inkrafttreten einer Gesetzesänderung erteilt, gilt altes, bis zum Inkrafttreten der Gesetzesänderung gültiges Recht.

- Wurde der unbedingte Auftrag dem Rechtsanwalt von seinem Mandanten nach Inkrafttreten einer Gesetzesänderung erteilt, gilt neues Recht, also das Recht nach Inkrafttreten der Gesetzesänderung.
- Jede gebührenrechtliche Angelegenheit ist für sich zu betrachten.
- **Auch wenn in diesem und in den nachfolgenden Kapiteln vorwiegend auf die Änderungen durch das 2. KostRMoG abgestellt wird, sind die Ausführungen auch bei anderen zukünftigen Gesetzesänderungen entsprechend anwendbar.**

2.2 Beratung und Beratungshilfe

2.2.1 Beratung

18 Die Vergütung für eine Beratung ist in § 34 RVG geregelt (→ Kap. D Rn. 44 ff.). § 34 RVG wird durch das 2. KostRMoG nicht geändert. Unabhängig davon, ob der Rechtsanwalt von seinem Mandanten den unbedingten Auftrag für einen mündlichen oder schriftlichen Rat oder eine Auskunft (Beratung) vor oder nach dem 1. 8. 2013 erhalten hat, soll der Rechtsanwalt auf eine Gebührenvereinbarung hinwirken. Wurde keine Gebührenvereinbarung getroffen, erhält der Rechtsanwalt nach wie vor Gebühren nach den Vorschriften des bürgerlichen Rechts. Ist der Auftraggeber Verbraucher, dürfen die Gebühren nach den Vorschriften des bürgerlichen Rechts höchstens 250 EUR und für ein erstes Beratungsgespräch höchstens 190 EUR betragen. Diese Obergrenzen werden durch das 2. KostRMoG nicht angehoben, sondern bleiben unverändert.

2.2.2 Beratungshilfe

19 Durch das 2. KostRMoG werden die Festgebühren der Nummern 2500 bis 2508 VV RVG angehoben. Für die Frage, ob der Rechtsanwalt die vor Inkrafttreten des 2. KostRMoG geltenden Festgebühren oder die durch das 2. KostRMoG angehobenen Beträge mit der Landeskasse (über das betreffende Amtsgericht) abrechnen kann, ist einzig und allein entscheidend, wann der Rechtsanwalt von dem Mandanten den **unbedingten Auftrag** zur Tätigkeit in dem Beratungshilfemandat erhalten hat. Es kommt hier **nicht** darauf an, wann das zuständige Amtsgericht den Berechtigungsschein ausgestellt hat. Selbst wenn der Berechtigungsschein von dem zuständigen Amtsgericht vor dem 1. 8. 2013 ausgestellt worden ist, der Mandant den Rechtsanwalt aber erst am 1. 8. 2013 oder später beauftragt, erhält der Rechtsanwalt die durch das 2. KostRMoG eingeführten höheren Festgebühren.[6] Zwar stellt § 60 RVG neben dem Auftrag auch auf den Zeitpunkt der gerichtlichen Bestellung (des Pflichtverteidigers) oder die Beiordnung (des Prozess- bzw. Verfahrenskostenhilfeanwaltes) ab. In der Beratungshilfe wird der Rechtsanwalt aber weder vom Gericht bestellt noch beigeordnet.

2.3 Außergerichtliche Vertretung

20 Hat der Rechtsanwalt von seinem Mandanten den Auftrag, diesen außergerichtlich zu vertreten, kommt es darauf an, wann der Rechtsanwalt den unbedingten Auftrag von seinem Mandanten erhalten hat. Hat er den Auftrag vor Inkrafttreten des 2. KostRMoG erhalten, erhält er seine Vergütung nach altem Recht. Dies auch dann, wenn er seine Tätigkeit erst nach Inkrafttreten des 2. KostRMoG aufnimmt[7].

21 Ist der außergerichtliche Vertretungsauftrag unter einer Bedingung erteilt, kommt es auf den Zeitpunkt an, in welchem aus dem zunächst bedingten Auftrag ein unbedingter Auftrag geworden ist. Dies könnte zB der Fall sein, wenn der Mandant seinen

[6] Bischof/Jungbauer § 61 Rn. 41; Rehberg/Schons „Übergangsregelung“ 3.2 – „Beratungshilfe“; Schneider/Wolf § 60 Rn. 47; Enders JurBüro 2013, 281 (282).

[7] Enders JurBüro 2013, 281 (282).

dem Rechtsanwalt erteilten Auftrag davon abhängig macht, dass der Rechtsschutzversicherer zuvor seine Eintrittspflicht bestätigt.[8]

Beispiel: Der Mandant beauftragt den Rechtsanwalt am 22. 7. 2013 seine Ansprüche gegenüber dem Gegner außergerichtlich durchzusetzen. Der Rechtsanwalt soll aber zuvor eine Deckungszusage bei dem Rechtsschutzversicherer des Mandanten einholen. Wenn der Rechtsschutzversicherer keine Deckungszusage erteilt, soll der Rechtsanwalt nicht tätig werden, da dem Mandanten das Kostenrisiko zu hoch ist. Der Rechtsanwalt richtet eine Deckungsanfrage an den Rechtsschutzversicherer. Dieser bestätigt am 4. 8. 2013 seine Eintrittspflicht. Der Rechtsanwalt macht am 5. 8. 2013 die Ansprüche gegenüber dem Gegner außergerichtlich geltend. 22

Der Rechtsanwalt kann seine Gebühren für die außergerichtliche Vertretung in dem Hauptsachemandat nach der neuen Tabelle bestimmen. Denn erst mit Zugang der Deckungszusage ist aus dem vom Mandanten erteilten bedingten Auftrag (nur tätig zu werden, wenn der Rechtsschutzversicherer seine Eintrittspflicht bestätigt) ein unbedingter Vertretungsauftrag geworden. Dieser unbedingte Auftrag ist entscheidend dafür, ob altes oder neues Recht anzuwenden ist.

2.4 Gerichtliche Verfahren – Zivilsachen

Wird der Rechtsanwalt von dem Mandanten damit beauftragt, diesen in einem gerichtlichen Verfahren (zB einem bürgerlichen Rechtsstreit) als Verfahrens- bzw. Prozessbevollmächtigter zu vertreten, ist der Zeitpunkt der Auftragserteilung entscheidend für die Frage, ob altes oder neues Recht zur Anwendung kommt. Maßgebend ist auch hier der vom Mandanten erteilte unbedingte Vertretungsauftrag. Nicht entscheidend ist, wann der Rechtsanwalt erstmals nach außen hin erkennbar tätig wird, also zB die Klage bei Gericht einreicht oder die Klageerwiderung vorlegt. 23

Beispiel: Der Rechtsanwalt wird von seinem Mandanten am 19. 7. 2013 beauftragt, Klage zu erheben und ihn als Prozessbevollmächtigter in dem Rechtsstreit zu vertreten. Er reicht die Klageschrift am 3. 8. 2013 bei Gericht ein. Die Anwaltsgebühren für die Vertretung in dem I. Rechtszug bestimmen sich nach der alten Gebührentabelle, da der Rechtsanwalt den unbedingten Auftrag vor dem 1. 8. 2013 von seinem Mandanten erhalten hat. 24

Dagegen bestimmen sich die Gerichtskosten nach der neuen GKG-Gebührentabelle (Tabelle zu §34 GKG). Denn nach §71 GKG ist für die Frage, ob altes oder neues Recht anzuwenden ist, entscheidend, wann die Rechtsstreitigkeit bei Gericht anhängig geworden ist. Hier wurde die Klage erst nach dem 1. 8. 2013, also nach Inkrafttreten des 2. KostRMoG eingereicht. Folglich ist der Rechtsstreit erst nach der Gesetzesänderung durch das 2. KostRMoG anhängig geworden mit der Folge, dass die 3,0 Gerichtskostengebühr nach Nr. 1210 GKG KV nach der neuen GKG-Gebührentabelle zu bestimmen ist.

Anders kann dies sein, wenn die Tätigkeit des Rechtsanwaltes in einem Verfahren über ein Rechtsmittel zu beurteilen ist (→ Kap. A Rn. 43 ff.). 25

Hat der Rechtsanwalt vor Inkrafttreten der Gesetzesänderung den unbedingten Auftrag für die Tätigkeit in dem gerichtlichen Verfahren erhalten, bestimmen sich alle in dem I. Rechtszug entstandenen Gebühren nach der alten Tabelle. Dies auch dann, wenn zB der Tatbestand der Terminsgebühr oder der Einigungsgebühr erst nach Inkrafttreten der Gesetzesänderung erstmals erfüllt würde. 26

Sind Anwaltsgebühren nach dem zusammengerechneten Wert mehrerer Gegenstände zu bemessen, gilt nach §60 Abs. 2 RVG für die gesamte Vergütung das bisherige Recht auch dann, wenn dies nach §60 Abs. 1 RVG nur für einen der Gegenstände gelten würde. Wurde also die Klage vor dem 1. 8. 2013 bei Gericht eingereicht und wird eine **Widerklage** erst nach dem 1. 8. 2013 erhoben, bestimmen sich die Gebühren nach dem zusammengerechneten Wert der Klage und Widerklage nach der alten Gebührentabelle. Dies gilt auch dann, wenn der Rechtsanwalt den Auftrag zur Klageerhebung vor Inkrafttreten der Gesetzesänderung erhalten hat und er erst nach Inkrafttreten der Gesetzesänderung einen Auftrag zur **Erhöhung der Klage** erhält. 27

[8] Bischof/Jungbauer §60 Rn. 17; Enders JurBüro 2013, 281 (283).

Die Gebühren bestimmen sich nach dem zusammengerechneten Wert der Klage und der Klageerhöhung, sie sind aus der alten Gebührentabelle zu entnehmen.[9]

2.5 Außergerichtliche Vertretung und gerichtliches Verfahren

28 Vertritt der Rechtsanwalt zunächst außergerichtlich und wird er danach beauftragt, in einem gerichtlichen Verfahren als Verfahrens- oder Prozessbevollmächtigter tätig zu werden, so ist jede gebührenrechtliche Angelegenheit für sich zu betrachten. Sowohl für die außergerichtliche Vertretung als auch für das gerichtliche Verfahren ist zu prüfen, wann hat der Rechtsanwalt den unbedingten Auftrag zur Vertretung in dieser Angelegenheit erhalten. Es ist also durchaus möglich, dass der Rechtsanwalt für die außergerichtliche Vertretung noch Gebühren nach der alten Gebührentabelle erhält, weil er den Auftrag für die außergerichtliche Vertretung vor dem Inkrafttreten der Gesetzesänderung erhalten hat. Wenn er den Auftrag für die anschließende gerichtliche Tätigkeit erst nach dem Inkrafttreten der Gesetzesänderung erhalten hat, wird er die Gebühren für die Tätigkeit in dem gerichtlichen Verfahren nach der neuen Gebührentabelle bestimmen können. Entsprechend der Anrechnungsbestimmung in der Vorbemerkung 3 Abs. 4 VV RVG ist dann die Geschäftsgebühr – nach der alten Gebührentabelle – zur Hälfte höchstens mit einem Gebührensatz von 0,75 auf die Verfahrensgebühr des gerichtlichen Verfahrens – entnommen aus der neuen Gebührentabelle – anzurechnen.

29 **Beispiel:** Die Mandantin erteilt der Rechtsanwältin am 13. 7. 2013 den Auftrag, ihre Ansprüche außergerichtlich geltend zu machen. Die Ansprüche sind außergerichtlich nicht durchsetzbar, da die Gegenseite diese als rechtlich unbegründet zurückweist.

Am 9. 8. 2013 erhält die Rechtsanwältin den Auftrag, Klage zu erheben. Sie wird in dem gerichtlichen Verfahren als Prozessbevollmächtigte für die Mandantin tätig und vertritt diese auch in dem am 12. 11. 2013 stattfindenden Termin zur mündlichen Verhandlung.

Die Rechtsanwältin kann berechnen:

Für die außergerichtliche Vertretung:
Gegenstandswert: 30.000,00 EUR

1) 1,3 Geschäftsgebühr §§ 2, 13, 14 RVG iVm Nr. 2300 VV RVG **a. T.**	985,40 EUR
+ Auslagen, Umsatzsteuer.	

Für die Tätigkeit als Prozessbevollmächtigte in dem bürgerlichen Rechtsstreit:
Gegenstandswert: 30.000,00 EUR

1) 1,3 Verfahrensgebühr §§ 2, 13 RVG iVm Nr. 3100 VV RVG **n. T.**	1.121,90 EUR
anzurechnen hierauf gem. Vorbemerkung 3 Abs. 4 VV RVG: 0,65 Geschäftsgebühr nach Wert: 30.000,00 EUR **a. T.**	492,70 EUR
verbleiben von der Verfahrensgebühr	629,20 EUR
2) 1,2 Terminsgebühr §§ 2, 13 RVG iVm Nr. 3104 VV RVG **n. T.**	1.035,60 EUR
+ Auslagen, Umsatzsteuer.	

2.6 Selbständiges Beweisverfahren und Hauptsache

30 Ein selbständiges Beweisverfahren ist neben einem Rechtsstreit zur Hauptsache stets eine gesonderte gebührenrechtliche Angelegenheit (→ Kap. E Rn. 546). Vertritt der Rechtsanwalt als Verfahrens- bzw. Prozessbevollmächtigter sowohl in einem selbständigen Beweisverfahren als auch in dem Rechtsstreit zur Hauptsache, so ist für jede gebührenrechtliche Angelegenheit gesondert zu prüfen, ob die Gebühren aus der alten Gebührentabelle oder aus der neuen Gebührentabelle zu entnehmen sind. Auch in diesen Fällen ist entscheidend, wann der Rechtsanwalt den unbedingten Auftrag für die gebührenrechtliche Angelegenheit von seinem Mandanten erhalten hat.

31 Hat der Rechtsanwalt den Auftrag für die Vertretung in dem selbständigen Beweisverfahren vor Inkrafttreten der Gesetzesänderung von seinem Mandanten erhalten,

[9] Enders JurBüro 2013, 281 (283).

sind die Gebühren für das selbständige Beweisverfahren aus der alten Gebührentabelle zu entnehmen. Hat der Rechtsanwalt dagegen den unbedingten Auftrag für die Tätigkeit als Prozessbevollmächtigter in dem Rechtsstreit zur Hauptsache erst nach Inkrafttreten der Gesetzesänderung von seinem Mandanten erhalten, können die Gebühren für die Hauptsache nach der neuen Gebührentabelle bestimmt werden.

Nach der Vorbemerkung 3 Abs. 5 VV RVG wird die Verfahrensgebühr des selbständigen Beweisverfahrens auf die Verfahrensgebühr des Rechtszugs angerechnet, soweit der Gegenstand eines selbständigen Beweisverfahrens auch Gegenstand eines Rechtsstreits ist. Hat sich die Vergütung für das selbständige Beweisverfahren noch nach der alten Gebührentabelle bestimmt und die Vergütung für die Vertretung in dem Rechtsstreit zur Hauptsache bereits nach der neuen Gebührentabelle, so ist die Verfahrensgebühr des selbständigen Beweisverfahrens nach der alten Gebührentabelle auf die Verfahrensgebühr des Rechtsstreits zur Hauptsache – die nach der neuen Gebührentabelle bestimmt wurde – anzurechnen.[10] 32

2.7 Einstweilige Verfügung und Hauptsache

Ist der Rechtsanwalt als Verfahrens- bzw. Prozessbevollmächtigter sowohl 33

- in einem Verfahren auf Erlass einer **einstweiligen Verfügung**
- als auch in einem **Rechtsstreit** zur **Hauptsache**

tätig, so fallen sowohl in dem einstweiligen Verfügungsverfahren als auch in der Hauptsache die Gebühren jeweils gesondert und völlig unabhängig voneinander an (→ Kap. E Rn. 572). Denn nach § 17 Nr. 4 b) RVG sind das einstweilige Verfügungsverfahren und die Hauptsache verschiedene gebührenrechtliche Angelegenheiten. Anrechnungsvorschriften, wonach in dem einstweiligen Verfügungsverfahren entstandene Gebühren auf die in dem Rechtsstreit zur Hauptsache entstandene Gebühren anzurechnen sind, existieren nicht.

Wie immer, wenn verschiedene gebührenrechtliche Angelegenheiten vorliegen, ist also auch in diesen Fällen jeweils für das einstweilige Verfügungsverfahren und den Rechtsstreit zur Hauptsache zu prüfen, wann der Rechtsanwalt den unbedingten Auftrag für das jeweilige Verfahren erhalten hat. Hat er den unbedingten Auftrag für das einstweilige Verfügungsverfahren vor Inkrafttreten der Gesetzesänderung erhalten, fallen in dem einstweiligen Verfügungsverfahren Gebühren nach altem Recht an. Hat er den unbedingten Auftrag für die Tätigkeit in dem Rechtsstreit zur Hauptsache nach Inkrafttreten der Gesetzesänderung erhalten, entstehen in der Hauptsache Gebühren nach neuem Recht.[11] 34

2.8 Urkundenprozess und anschließendes ordentliches Verfahren

Wurden Ansprüche in einem Urkunden- oder Wechselprozess geltend gemacht sind nach § 17 Nr. 5 RVG 35

- der Urkunden- oder Wechselprozess
- und das ordentliche Verfahren, das nach Abstandnahme vom Urkunden- oder Wechselprozess oder nach einem Vorbehaltsurteil anhängig bleibt – §§ 596, 600 ZPO – (auch „Nachverfahren" genannt)

verschiedene – gebührenrechtliche – Angelegenheiten.

Dem Rechtsanwalt, der in beiden gebührenrechtlichen Angelegenheiten tätig wird, entstehen in jedem Verfahren die Gebühren gesondert; selbstverständlich muss in jeder gebührenrechtlichen Angelegenheit der Tatbestand der jeweiligen Gebühr erfüllt werden, damit diese angesetzt werden kann (→ Kap. E Rn. 614). 36

Nach Absatz 2 der Anmerkung zu Nr. 3100 VV RVG ist die Verfahrensgebühr für einen Urkunden- oder Wechselprozess auf die Verfahrensgebühr für das ordentliche 37

[10] Enders JurBüro 2013, 281 (283).
[11] Enders JurBüro 2013, 281 (284).

Verfahren anzurechnen, wenn dieses nach Abstandnahme vom Urkunden- oder Wechselprozess oder nach einem Vorbehaltsurteil wegen desselben Gegenstandes anhängig bleibt.

38 Sowohl für den Urkunden- oder Wechselprozess als auch für das Nachverfahren ist gesondert zu betrachten, ob altes oder neues Recht zur Anwendung kommt. Hat der Rechtsanwalt den unbedingten Auftrag für den Urkunden- oder Wechselprozess vor Inkrafttreten des 2. KostRMoG erhalten, bestimmen sich seine Gebühren für den Urkunden- oder Wechselprozess nach altem Recht. Hat er den unbedingten Auftrag zur Vertretung in dem Nachverfahren von seinem Mandanten nach dem 1. 8. 2013 erhalten, bestimmen sich seine Gebühren für das Nachverfahren nach der neuen Gebührentabelle. Dies auch dann, wenn der Mandant dem Rechtsanwalt schon vor dem 1. 8. 2013 den Auftrag zur Vertretung in dem gesamten Verfahren erteilt hatte; der Auftrag zur Vertretung in dem Nachverfahren würde unter der Bedingung stehen, dass überhaupt ein Nachverfahren vom Beklagten angerufen und anschließend durchgeführt wird. Ruft der Beklagte das Nachverfahren erst nach dem 1. 8. 2013 an, wird erst zu diesem Zeitpunkt aus dem bedingten Vertretungsauftrag für das Nachverfahren ein unbedingter Vertretungsauftrag, so dass sich Gebühren für das Nachverfahren nach der neuen Gebührentabelle bestimmen.[12]

2.9 Zurückverweisung

39 Unter bestimmten Voraussetzungen ist das Verfahren nach Zurückverweisung nach §21 RVG eine gesonderte gebührenrechtliche Angelegenheit (→ Kap. E Rn. 531). Nach einer Zurückverweisung iSd §21 RVG können alle Gebühren neu entstehen, unabhängig davon, ob sie vor Zurückverweisung vor demselben Gericht schon einmal entstanden sind. Nur die Verfahrensgebühr, die vor der Zurückverweisung bei demselben Gericht, an das zurückverwiesen wird, bereits entstanden ist, ist nach der Vorbemerkung 3 Abs. 6 VV RVG auf die Verfahrensgebühr anzurechnen, die für das erneute Verfahren nach Zurückverweisung entsteht. Hat der Prozessbevollmächtigte den unbedingten Auftrag für die Tätigkeit in dem gerichtlichen Verfahren vor der Zurückverweisung bereits vor Inkrafttreten der Gesetzesänderung erhalten, entstehen zunächst Gebühren nach dem alten Recht. Hat der Rechtsanwalt den unbedingten Auftrag zur Vertretung in dem Verfahren nach Zurückverweisung an dasselbe Gericht erst nach Inkrafttreten der Gesetzesänderung erhalten, entstehen die Gebühren für die Tätigkeit nach Zurückverweisung nach neuem Recht.

40 Ist vor Zurückverweisung eine Verfahrensgebühr nach altem Recht entstanden und entsteht nach Zurückverweisung eine Verfahrensgebühr nach neuem Recht, so ist nur die nach altem Recht – vor Zurückverweisung – entstandene Verfahrensgebühr auf die nach Zurückverweisung entstandene Verfahrensgebühr nach neuem Recht nach der Vorbemerkung 3 Abs. 6 VV RVG anzurechnen.

2.10 Terminsvertreter/Prozessbevollmächtigter

41 Sind in derselben Sache für eine Partei ein Prozessbevollmächtigter und ein **Terminsvertreter/Unterbevollmächtigter** tätig, so ist jeder Anwalt getrennt für sich zu betrachten. Hat der Prozessbevollmächtigte den unbedingten Auftrag von seinem Mandanten vor dem 1. 8. 2013 erhalten, so bestimmen sich seine Gebühren nach der alten Gebührentabelle. Erhält der Terminsvertreter/Unterbevollmächtigter den unbedingten Auftrag von dem Mandanten erst am 1. 8. 2013 oder später, so bestimmt sich seine Vergütung nach der neuen Gebührentabelle.

---

[12] Enders JurBüro 2013, 281 (284).

2.11 Mahnverfahren und streitiges Verfahren

Das 42
- gerichtliche Mahnverfahren
- und ein nach Widerspruch gegen den Mahnbescheid folgendes **streitiges Verfahren**

sind nach § 17 Nr. 2 RVG verschiedene – gebührenrechtliche – Angelegenheiten. Folglich sind das Mahnverfahren und das nachfolgende streitige Verfahren bei der Prüfung, ob sich die Vergütung noch nach altem oder bereits nach neuem Recht richtet, getrennt zu betrachten. Hat der Rechtsanwalt von seinem Mandanten den unbedingten Auftrag zur Einleitung des gerichtlichen Mahnverfahrens bis zum 31. 7. 2013 erhalten, so richtet sich seine Vergütung für die Tätigkeit in dem Mahnverfahren noch nach altem Recht. Wird in derselben Sache Widerspruch eingelegt und erhält der Rechtsanwalt den Auftrag zur Durchführung des streitigen Verfahrens erst am 1. 8. 2013 oder später, so richtet sich die Vergütung für das streitige Verfahren nach neuem Recht. Auch in diesen Fällen ist aber die 1,0 Verfahrensgebühr Nr. 3305 VV RVG für die Vertretung des Antragstellers in dem gerichtlichen Mahnverfahren (alte Tabelle) auf die 1,3 Verfahrensgebühr der Nr. 3100 VV RVG (neue Tabelle) für das streitige Verfahren gemäß der Anmerkung zu Nr. 3305 VV RVG anzurechnen.[13]

2.12 Rechtsmittel

Bei Verfahren über ein **Rechtsmittel** ist zu unterscheiden, ob der Rechtsanwalt 43 bereits in dem vorangegangenen Rechtszug tätig war oder nicht. War der Rechtsanwalt **bereits in dem vorangegangenen Rechtszug tätig,** wird abgestellt auf den Zeitpunkt der Einlegung des Rechtsmittels. Hat der Rechtsanwalt das Rechtsmittel vor dem 1. 8. 2013 (Inkrafttreten des 2. KostRMoG) eingelegt, erhält er seine Vergütung noch nach dem alten Recht; die Gebühren sind aus der alten Gebührentabelle zu entnehmen. Ist das Rechtsmittel nach dem 1. 8. 2013 eingelegt worden, kommt neues Recht und folglich auch die neue Gebührentabelle zur Anwendung, auch dann, wenn er den Auftrag zur Einlegung des Rechtsmittels bereits vor dem 1. 8. 2013 erhalten hat.[14]

Beispiel: Der Rechtsstreit ist im I. Rechtszug seit März 2013 anhängig und wird im November 44 2013 durch Urteil entschieden. Gegen das Urteil wird Berufung eingelegt. Die Gebühren für die Vertretung in dem I. Rechtszug richten sich nach der alten Tabelle, während die Gebühren im Berufungsverfahren nach der neuen Tabelle zu berechnen sind.

Beispiel: Der Rechtsanwalt, der bereits im I. Rechtszug tätig war, erhält am 15. 7. 2013 den 45 Auftrag, gegen das Urteil vom 12. 7. 2013 Berufung einzulegen. Er legt die Berufung am 3. 8. 2013 ein.

Seine Gebühren für das Berufungsverfahren bestimmen sich nach neuem Recht, also nach der neuen Gebührentabelle.

War der Rechtsanwalt in dem **vorangegangenen Rechtszug noch nicht tätig,** ist 46 ausschließlich auf den Zeitpunkt der Auftragserteilung für das Rechtsmittelverfahren abzustellen. Hat der bislang in der Sache noch nicht tätige Rechtsanwalt den Auftrag zur Einlegung des Rechtsmittels vor dem 1. 8. 2013 erhalten, richtet sich seine Vergütung nach altem Recht, auch dann, wenn er das Rechtsmittel erst nach dem 1. 8. 2013 einlegt.[15]

Ist das Rechtsmittel vor dem 1. 8. 2013 bereits anhängig, wird der Rechtsanwalt aber erst nach dem 1. 8. 2013 beauftragt, in dem Rechtsmittelverfahren tätig zu werden, so richten sich seine Gebühren nach neuem Recht.

---

[13] Enders JurBüro 2013, 281 (285).

[14] Gerold/Schmidt § 60 Rn. 59; Hartung/Schons/Enders § 60 Rn. 84; zweifelnd: Schneider/Wolf § 60 Rn. 8 ff.; ablehnend: Hansens RVGreport 2004, 13.

[15] Schneider/Wolf § 60 Rn. 8.

47 **Beispiel:** Das Berufungsverfahren ist seit Juli 2013 anhängig. Der Berufungsbeklagte beauftragt Rechtsanwalt B erstmals am 16. 8. 2013, für ihn im Berufungsverfahren als Prozessbevollmächtigter tätig zu werden.

Der Rechtsanwalt des Berufungs**klägers** erhält Gebühren nach altem Recht, da das Berufungsverfahren vor dem 1. 8. 2013 anhängig war und er den Auftrag zur Einlegung des Rechtsmittels bereits vor dem 1. 8. 2013 erhalten hat.

Der Rechtsanwalt des Berufungs**beklagten** erhält Gebühren nach neuem Recht, da er erst nach dem 1. 8. 2013 beauftragt wurde.

2.13 Familiensachen

48 Jede einstweilige Anordnung (→ Kap. H Rn. 259) und jede selbständig (isoliert) anhängige Familiensache (→ Kap. H Rn. 212) sind gesonderte gebührenrechtliche Angelegenheiten. Für jede Angelegenheit ist gesondert zu prüfen, wann der Rechtsanwalt den unbedingten Auftrag zur Vertretung in dieser Angelegenheit von seinem Mandanten erhalten hat. Hat er den Auftrag vor Inkrafttreten des 2. KostRMoG von seinem Mandanten erhalten, sind die Gebühren für diese Angelegenheit aus der alten Tabelle zu entnehmen. Hat er den Auftrag nach Inkrafttreten des 2. KostRMoG von seinem Mandanten erhalten, bestimmen sich die Gebühren nach der neuen Gebührentabelle.

49 Sind die Ehesache und Folgesachen im Verbund anhängig, kommt es darauf an, wann der Rechtsanwalt von seinem Mandanten den Auftrag, als Verfahrensbevollmächtigter in dem Verbundverfahren tätig zu werden, erhalten hat. Hatte er diesen Auftrag vor Inkrafttreten des 2. KostRMoG (1. 8. 2013) erhalten, sind die Gebühren aus der alten Gebührentabelle zu entnehmen. Hierbei bleibt es auch dann, wenn nach Inkrafttreten des 2. KostRMoG weitere Folgesachen im Verbund anhängig werden und der Vertretungsauftrag des Mandanten auch auf diese hinzugekommenen Folgesachen erweitert wird.

2.14 Antrags- und Rechtsbehelfsverfahren in verwaltungs- und sozialrechtlichen Angelegenheiten

50 In verwaltungs- und sozialrechtlichen Angelegenheiten sind ua das außergerichtliche Antragsverfahren (der Rechtsanwalt stellt für den Mandanten einen Antrag bei der Behörde) und ein nachfolgendes außergerichtliches Rechtsbehelfsverfahren nach § 17 Nr. 1 a RVG verschiedene gebührenrechtliche Angelegenheiten. In verwaltungsrechtlichen Angelegenheiten (→ Kap. K Rn. 91) und in sozialrechtlichen Angelegenheiten, in denen Wertgebühren entstehen, können sowohl in dem Antragsverfahren als auch in dem außergerichtlichen Rechtsbehelfsverfahren eine gesonderte Geschäftsgebühr Nr. 2300 VV RVG entstehen. In sozialrechtlichen Angelegenheiten, in denen Betragsrahmengebühren anfallen, kann sowohl in dem Antragsverfahren als auch in dem außergerichtlichen Rechtsbehelfsverfahren eine gesonderte Geschäftsgebühr nach Nr. 2302 VV RVG entstehen (→ Kap. K Rn. 218 f.). Sowohl für das Antragsverfahren als auch für das Rechtsbehelfsverfahren ist gesondert zu prüfen, ob altes oder neues Recht anzuwenden ist. Hat der Rechtsanwalt in dem Antragsverfahren den unbedingten Auftrag von seinem Mandanten vor Inkrafttreten des 2. KostRMoG (1. 8. 2013) erhalten, bestimmt sich die Geschäftsgebühr nach altem Recht. Hat er den unbedingten Auftrag von seinem Mandanten für das außergerichtliche Rechtsbehelfsverfahren nach Inkrafttreten des 2. KostRMoG (1. 8. 2013) erteilt erhalten, bestimmt sich die Geschäftsgebühr für das außergerichtliche Rechtsbehelfsverfahren nach neuem Recht.

51 Die im Antragsverfahren entstandene Geschäftsgebühr ist nach Maßgabe der Vorbemerkung 2.3 Abs. 4 VV RVG auf die in dem außergerichtlichen Rechtsbehelfsverfahren entstandene Geschäftsgebühr anzurechnen (→ Kap. K Rn. 104).

Eine weitere Angelegenheit ist ein sich dem außergerichtlichen Rechtsbehelfsverfahren anschließendes verwaltungsgerichtliches oder sozialgerichtliches Verfahren. Das im vorangegangenen → Kap. A Rn. 50 ff. Ausgeführte gilt entsprechend. 52

2.15 Prozesskostenhilfe/Verfahrenskostenhilfe

Auch wenn der Rechtsanwalt dem Mandanten im Rahmen der diesem gewährten Prozesskostenhilfe oder Verfahrenskostenhilfe beigeordnet worden ist, bleibt es dabei, dass der dem Rechtsanwalt von seinem Mandanten erteilte Auftrag entscheidend ist, ob sich die Gebühren nach der alten oder neuen Tabelle des § 49 RVG bestimmen. Nur wenn der Beiordnungsbeschluss zeitlich vor der Auftragserteilung datiert, ist der Beiordnungsbeschluss entscheidend dafür, ob altes oder neues Recht anzuwenden ist (§ 60 Abs. 1 S. 1 RVG).[16] In der Praxis wird in der Regel die Auftragserteilung durch den Mandanten zeitlich vor dem Beiordnungsbeschluss liegen, so dass auf den Zeitpunkt abzustellen ist, in dem der Mandant dem Rechtsanwalt den unbedingten Auftrag erteilt hat. 53

Beispiel: Der Rechtsanwalt wird von seinem Mandanten am 6. 7. 2013 beauftragt, ihn als Prozessbevollmächtigter in einem Rechtsstreit zu vertreten. Gleichzeitig beauftragt der Mandant den Rechtsanwalt, für ihn Prozesskostenhilfe und seine Beiordnung zu beantragen. Der Rechtsanwalt reicht am 7. 7. 2013 eine unbedingt erhobene Klage und den Antrag auf Bewilligung von Prozesskostenhilfe bei Gericht ein. Das Gericht bewilligt mit Beschluss vom 10. 8. 2013 die begehrte Prozesskostenhilfe und ordnet in diesem Beschluss auch den Rechtsanwalt bei. 54
Der Rechtsanwalt erhält Gebühren nach altem Recht, da er den Auftrag von seinem Mandanten vor dem Inkrafttreten des 2. KostRMoG (1. 8. 2013) erteilt erhalten hat.

Zu dem gleichen Ergebnis wie im vorstehenden Beispiel (Rn. 54) würde man kommen, wenn der Rechtsanwalt zunächst nur einen Auftrag für einen Antrag auf Bewilligung von Prozesskostenhilfe von seinem Mandanten erhalten hätte und der Auftrag für die Klage unter der Bedingung gestanden hätte, dass diese nur erhoben werden soll, wenn Prozesskostenhilfe bewilligt worden wäre. Auch bei dieser Auftragsgestaltung würde sich meines Erachtens die Vergütung des Rechtsanwaltes für die Tätigkeit als Prozessbevollmächtigter in dem bürgerlichen Rechtsstreit nach altem Recht richten, da nach § 16 Nr. 2 RVG das Verfahren über die Prozesskostenhilfe und das Verfahren, für das die Prozesskostenhilfe beantragt worden ist, dieselbe – gebührenrechtliche – Angelegenheit sind.[17] 55

2.16 Straf- und Bußgeldsachen

Auch die Frage, ob in einer Straf- oder Bußgeldsache die alten, bis zum 31. 7. 2013 gültigen Betragsrahmen zur Anwendung kommen oder die neuen durch das 2. KostRMoG eingeführten Betragsrahmen beantwortet sich danach, wann der Mandant dem Rechtsanwalt den unbedingten Auftrag für die Verteidigung erteilt hat. Ist der unbedingte Auftrag zur Verteidigung in einer Straf- oder Bußgeldsache bis zum 31. 7. 2013 erteilt worden, bestimmen sich die Gebühren des Rechtsanwaltes nach den bis dahin geltenden alten Betragsrahmen. Hat der Mandant den Rechtsanwalt am 1. 8. 2013 oder später mit seiner Verteidigung beauftragt, kann der Rechtsanwalt seine Gebühren innerhalb der neuen durch das 2. KostRMoG eingeführten Betragsrahmen bestimmen. 56

---

[16] Schneider/Wolf § 60 Rn. 64; Mayer/Kroiß § 60 Rn. 16; Gerold/Schmidt § 60 Rn. 56; Hartung/Schons/Enders § 60 Rn. 38, 39; Rehberg/Schons „Übergangsregelung“ 2.2; Bischof/Jungbauer § 61 Rn. 33 ff. ist anderer Meinung für die Fälle, in denen dem Rechtsanwalt zunächst ein auf die Bewilligung von Prozesskostenhilfe beschränkter Auftrag erteilt wurde.

[17] Meine andere Meinung, die ich in der 15. Auflage dieses Werkes (Rn. 16) vertreten hatte, gebe ich im Hinblick auf die wohl ganz überwiegenden anderen Meinungen in der Literatur auf (siehe Nachwiese unter der vorangegangenen Fußnote 16).

57 In Strafsachen ist allerdings zu beachten, dass

- das strafrechtliche Ermittlungsverfahren und
- ein nachfolgendes gerichtliches Verfahren

verschiedene gebührenrechtliche Angelegenheiten sind (§ 17 Nr. 10a) RVG) (→ Kap. L Rn. 71). Dies hat zur Folge, dass sowohl für das strafrechtliche Ermittlungsverfahren als auch für das nachfolgende gerichtliche Verfahren jeweils gesondert zu prüfen ist, wann der Rechtsanwalt den unbedingten Auftrag für diese „Angelegenheit“ erhalten hat. Es ist also durchaus möglich, dass die Gebühren für das strafrechtliche Ermittlungsverfahren noch nach den alten Betragsrahmen zu bestimmen sind, wenn der unbedingte Auftrag für das strafrechtliche Ermittlungsverfahren vor dem 1. 8. 2013 (Inkrafttreten des 2. KostRMoG) erteilt wurde, während die Gebühren für das nachfolgende gerichtliche Verfahren nach den neuen Betragsrahmen zu bestimmen sind, weil der Auftrag für das gerichtliche Verfahren erst nach dem 1. 8. 2013 erteilt wurde.

58 Dasselbe gilt für Bußgeldsachen. Denn nach § 17 Nr. 11 RVG sind

- das Bußgeldverfahren vor der Verwaltungsbehörde
- und das nachfolgende gerichtliche Verfahren

verschiedene gebührenrechtliche Angelegenheiten (→ Kap. L Rn. 282). Folglich ist auch für das Bußgeldverfahren vor der Verwaltungsbehörde und das nachfolgende gerichtliche Verfahren jeweils gesondert zu prüfen, ob die Gebühren innerhalb der alten oder der neuen Betragsrahmen zu bestimmen sind.

59 Gleiches gilt auch, wenn sich nach Einstellung eines strafrechtlichen Ermittlungsverfahrens ein Bußgeldverfahren anschließt. Denn auch das strafrechtliche Ermittlungsverfahren und ein sich nach Einstellung dieses Ermittlungsverfahrens anschließendes Bußgeldverfahren sind nach § 17 Nr. 10b) RVG verschiedene gebührenrechtliche Angelegenheiten (→ Kap. L Rn. 323).

2.16.1 Pflichtverteidiger

60 Für die Vergütung des **Pflichtverteidigers** kommt es allein auf den Zeitpunkt seiner Bestellung an. Liegt diese vor dem 1. 8. 2013, so erhält er Gebühren nach altem Recht. Erfolgte diese ab dem 1. 8. 2013, so kann der Rechtsanwalt seine Vergütung nach neuem Recht bestimmen.[18] Auf den Zeitpunkt seiner Beauftragung kommt es nicht an. Denn der Rechtsanwalt wäre dann, wenn er bereits vor Bestellung durch das Gericht zum Pflichtverteidiger von dem Mandanten beauftragt gewesen wäre, als Wahlverteidiger tätig gewesen.

61 **Beispiel:** Der Mandant beauftragt den Rechtsanwalt am 24. 5. 2013, ihn in einer Strafsache zu vertreten. Am 14. 9. 2013 wird der Rechtsanwalt zum Pflichtverteidiger bestellt.

Der Rechtsanwalt erhält seine Pflichtverteidigergebühren aus der Staatskasse nach neuem Recht. Da die Bestellung gem. § 48 Abs. 6 S. 1 RVG zurückwirkt, erhält er mE auch seine Tätigkeit vor dem 1. 8. 2013 nach dem neuen Recht aus der Staatskasse vergütet.

Wahlverteidigergebühren, die er evtl. noch neben den Pflichtverteidigergebühren geltend machen könnte, würden sich nach altem Recht richten, da die Beauftragung als Wahlverteidiger vor dem 1. 8. 2013 erfolgte.[19]

[18] Burhoff A. Vergütungs-ABC, Übergangsvorschriften (§§ 60 f.) Rn. 1941; Gerold/Schmidt § 60 Rn. 57; Schleswig-Holsteinisches OLG RVGreport 2005, 29 = JurBüro 2005, 199 = AGS 2005, 348; OLG Hamm JurBüro 2005, 196 = RVGreport 2005, 68 = AGS 2005, 118; Kammergericht RVG-Letter 2005, 34 = RVGreport 2005, 100 und 2005, 186, 187 = AGS 2005, 66; Thüringer OLG JurBüro 2005, 538 = RVGreport 2005, 221; LG Dresden AGS 2005, 349; OLG Frankfurt/Main RVGreport 2005, 304; OLG Bamberg RVGreport 2005, 260 = AGS 2005, 399; LG Darmstadt AGS 2005, 402; **Anderer Meinung:** OLG Nürnberg RVGreport 2005, 304.

[19] Hansens RVGreport 2004, 14.

Der Zugang des Beschlusses beim Rechtsanwalt, mit dem dieser zum Pflichtverteidiger bestellt wird ist maßgebend, nicht das Datum, an dem das Gericht den Beschluss erlassen hat.[20] 62

2.17 Zwangsvollstreckung

In der **Zwangsvollstreckung** ist jede einzelne Zwangsvollstreckungsmaßnahme – in der Regel- eine gesonderte gebührenrechtliche Angelegenheit (→ Kap. J Rn. 44 und 69 ff.). Für Zwangsvollstreckungsmaßnahmen, in denen der Rechtsanwalt den unbedingten Auftrag bis zum 31. 7. 2013 erhalten hat, bestimmten sich die Gebühren nach altem Recht. Hat er den unbedingten Auftrag für eine Zwangsvollstreckungsmaßnahme am 1. 8. 2013 oder später erhalten, rechnet er seine Gebühren nach der neuen Gebührentabelle ab.[21] 63

Beispiel: Der Rechtsanwalt wurde im Juni 2013 beauftragt, die Zwangsvollstreckung gegenüber dem Schuldner in die Wege zu leiten und zu vollstrecken, bis die Forderung beigetrieben ist oder sich keine weiteren Zwangsvollstreckungsmöglichkeiten mehr ergeben. Im September 2013 erhält der Rechtsanwalt eine Abschrift des Vermögensverzeichnisses. Hieraus wird erstmals der Arbeitgeber des Schuldners bekannt. Der Rechtsanwalt beantragt für den Gläubiger am 18. 9. 2013 den Erlass eines Pfändungs- und Überweisungsbeschlusses gegenüber dem Arbeitgeber des Schuldners als Drittschuldner. 64

Die bis zum 31. 7. 2013 ausgebrachten Zwangsvollstreckungsmaßnahmen sind nach altem Recht abzurechnen. Für den Antrag auf Erlass des Pfändungs- und Überweisungsbeschlusses berechnet der Rechtsanwalt seine Gebühren nach neuem Recht. Denn erst nach dem 1. 8. 2013 wurde aus dem **bedingten** pauschalen Auftrag für die Zwangsvollstreckung ein **un**bedingter Auftrag für den Antrag auf Erlass des Pfändungs- und Überweisungsbeschlusses.

3. Aufbau des RVG

Das Rechtsanwaltsvergütungsgesetz hat 65

- 62 Paragraphen und
- ca. **238 Ziffern** in einem **Vergütungsverzeichnis** (VV).

In dem Paragraphenteil sind geregelt:

- Abschnitt 1 – Allgemeine Vorschriften
- Abschnitt 2 – Gebührenvorschriften
- Abschnitt 3 – Angelegenheit
- Abschnitt 4 – Gegenstandswert
- Abschnitt 5 – Außergerichtliche Beratung und Vertretung
- Abschnitt 6 – Gerichtliche Verfahren
- Abschnitt 7 – Straf- und Bußgeldsachen sowie bestimmte sonstige Verfahren
- Abschnitt 8 – Beigeordneter oder bestellter Rechtsanwalt, Beratungshilfe
- Abschnitt 9 – Übergangs- und Schlussvorschrift.

Die einzelnen Gebühren und deren Höhe sind nicht in den Paragraphen 1 bis 62 RVG geregelt, sondern in dem Vergütungsverzeichnis, welches dem Gesetz als Anlage 1 beigefügt ist (§ 2 Abs. 2 RVG). In dem Vergütungsverzeichnis sind die einzelnen Gebühren und deren Höhe dann für die jeweiligen Tätigkeitsabschnitte zusammenhängend in einem Teil, Abschnitt oder Unterabschnitt geregelt. Das Vergütungsverzeichnis weist folgende Teile aus: 66

[20] LG Lübeck AGS 2005, 69; AG Berlin-Tiergarten JurBüro 2005, 362; **Anderer Meinung:** Erlass des Bestellungsbeschlusses ist entscheidend, nicht dessen Zugang beim Anwalt: OLG Hamm JurBüro 2005, 539 = RVGreport 2005, 261; Kammergericht NJW 2005, 3654; Gerold/Schmidt § 60 Rn. 57.

[21] Rehberg/Schons „Übergangsregelung“, 3.2; Gerold/Schmidt § 60 Rn. 84; Hansens/Braun/Schneider Teil 20, Rn. 125.

- Teil 1 – Allgemeine Gebühren
- Teil 2 – Außergerichtliche Tätigkeiten einschließlich Vertretung im Verwaltungsverfahren
- Teil 3 – Zivilsachen, Verfahren der öffentlich-rechtlichen Gerichtsbarkeiten, Verfahren nach dem Strafvollzugsgesetz, auch in Verbindung mit § 92 des Jugendgerichtsgesetzes, und ähnliche Verfahren
- Teil 4 – Strafsachen
- Teil 5 – Bußgeldsachen
- Teil 6 – Sonstige Verfahren
- Teil 7 – Auslagen.

Zusammenfassung

67 ▶ Das Rechtsanwaltsvergütungsgesetz umfasst 62 Paragraphen und ca. 238 Nummern in einem dem Gesetz als Anlage 1 anhängenden Vergütungsverzeichnis.
▶ Die einzelnen Gebühren und deren Höhe sind in dem Vergütungsverzeichnis geregelt.

3.1 Handhabung des Vergütungsverzeichnisses

68 Das Vergütungsverzeichnis ist gegliedert in
- Teil
- Abschnitt
- Unterabschnitt.

Die einzelnen Gebühren sind in einer **Nummer** im Vergütungsverzeichnis geregelt. **Vorbemerkungen** am Eingang des Teils, des Abschnitts oder des Unterabschnitts ergänzen die Bestimmung in den einzelnen Nummern. Häufig sind in den Vorbemerkungen die Tatbestände dargelegt, wann die Gebühr anfällt.

Auszug aus dem VV RVG

69 **Teil 3. Zivilsachen, Verfahren der öffentlich-rechtlichen Gerichtsbarkeiten, Verfahren nach dem Strafvollzugsgesetz, auch in Verbindung mit § 92 des Jugendgerichtsgesetzes, und ähnliche Verfahren**

Nr.	Gebührentatbestand	Gebühr oder Satz der Gebühr nach § 13 RVG
Vorbemerkung 3: (1) Gebühren nach diesem Teil erhält der Rechtsanwalt, dem ein unbedingter Auftrag als Prozess- oder Verfahrensbevollmächtigter, als Beistand für einen Zeugen oder Sachverständigen oder für eine sonstige Tätigkeit in einem gerichtlichen Verfahren erteilt worden ist. Der Beistand für einen Zeugen oder Sachverständigen erhält die gleichen Gebühren wie ein Verfahrensbevollmächtigter. (2) Die Verfahrensgebühr entsteht für das Betreiben des Geschäfts einschließlich der Information. (3) Die Terminsgebühr entsteht sowohl für die Wahrnehmung von gerichtlichen Terminen als auch für die Wahrnehmung von außergerichtlichen Terminen und Besprechungen, wenn nichts anderes bestimmt ist. Sie entsteht jedoch nicht für die Wahrnehmung eines gerichtlichen Termins nur zur Verkündung einer Entscheidung. Die Gebühr für außergerichtliche Termine und Besprechungen entsteht für 1. die Wahrnehmung eines von einem gerichtlich bestellten Sachverständigen anberaumten Termins und 2. die Mitwirkung an Besprechungen, die auf die Vermeidung oder Erledigung des Verfahrens gerichtet sind; dies gilt nicht für Besprechungen mit dem Auftraggeber. (4) Soweit wegen desselben Gegenstands eine Geschäftsgebühr nach Teil 2 entsteht, wird diese Gebühr zur Hälfte, bei Wertgebühren jedoch höchstens mit einem Gebührensatz von 0,75, auf die Verfahrensgebühr des gerichtlichen Verfahrens angerechnet. Bei Betragsrahmengebühren beträgt der Anrechnungsbetrag höchstens 175,00 €. Sind mehrere Gebühren entstanden, ist für die Anrechnung die zuletzt entstandene Gebühr maßgebend. Bei einer Betragsrahmengebühr ist nicht zu berücksichtigen, dass der Umfang der Tätigkeit im gerichtlichen Verfahren infolge der vorangegangenen Tätigkeit geringer ist. Bei einer wertabhängigen Gebühr erfolgt die Anrechnung nach dem Wert des Gegenstands, der auch Gegenstand des gerichtlichen Verfahrens ist.		

Nr.	Gebührentatbestand	Gebühr oder Satz der Gebühr nach § 13 RVG
	(5) Soweit der Gegenstand eines selbstständigen Beweisverfahrens auch Gegenstand eines Rechtsstreits ist oder wird, wird die Verfahrensgebühr des selbstständigen Beweisverfahrens auf die Verfahrensgebühr des Rechtszugs angerechnet. (6) Soweit eine Sache an ein untergeordnetes Gericht zurückverwiesen wird, das mit der Sache bereits befasst war, ist die vor diesem Gericht bereits entstandene Verfahrensgebühr auf die Verfahrensgebühr für das erneute Verfahren anzurechnen. (7) Die Vorschriften dieses Teils sind nicht anzuwenden soweit Teil 6 besondere Vorschriften enthält.	
	Abschnitt 1. Erster Rechtszug	
	Vorbemerkung 3.1: (1) Die Gebühren dieses Abschnitts entstehen in allen Verfahren, soweit in den folgenden Abschnitten dieses Teils keine besonderen Gebühren bestimmt sind. (2) Dieser Abschnitt ist auch für das Rechtsbeschwerdeverfahren nach § 1065 ZPO anzuwenden.	
3104	Terminsgebühr, soweit in Nummer 3106 nichts anderes bestimmt ist (1) Die Gebühr entsteht auch, wenn 1. in einem Verfahren, für das mündliche Verhandlung vorgeschrieben ist, im Einverständnis mit den Parteien oder Beteiligten oder gemäß § 307 oder § 495a ZPO ohne mündliche Verhandlung entschieden oder in einem solchen Verfahren ein schriftlicher Vergleich geschlossen wird, 2. nach § 84 Abs. 1 Satz 1 VwGO oder § 105 Abs. 1 S. 1 SGG durch Gerichtsbescheid entschieden wird und eine mündliche Verhandlung beantragt werden kann oder 3. das Verfahren vor dem Sozialgericht, für das mündliche Verhandlung vorgeschrieben ist, nach angenommenem Anerkenntnis ohne mündliche Verhandlung endet. (2) Sind in dem Termin auch Verhandlungen zur Einigung über in diesem Verfahren nicht rechtshängige Ansprüche geführt worden, wird die Terminsgebühr, soweit sie den sich ohne Berücksichtigung der nicht rechtshängigen Ansprüche ergebenden Gebührenbetrag übersteigt, auf eine Terminsgebühr angerechnet, die wegen desselben Gegenstands in einer anderen Angelegenheit entsteht. (3) Die Gebühr entsteht nicht, soweit lediglich beantragt ist, eine Einigung der Parteien oder mit Dritten über nicht rechtshängige Ansprüche zu Protokoll zu nehmen. (4) Eine im vorausgegangenen Mahnverfahren oder vereinfachten Verfahren über den Unterhalt Minderjähriger entstandene Terminsgebühr wird auf die Terminsgebühr des nachfolgenden Rechtsstreits angerechnet.	1,2
3105	Wahrnehmung nur eines Termins, in dem eine Partei oder ein Beteiligter nicht erschienen oder nicht ordnungsgemäß vertreten ist und lediglich ein Antrag auf Versäumnisurteil, Versäumnisentscheidung oder zur Prozess- oder Sachleitung gestellt wird: Die Gebühr 3104 beträgt .... (1) Die Gebühr entsteht auch, wenn 1. das Gericht bei Säumnis lediglich Entscheidungen zur Prozess- oder Sachleitung von Amts wegen trifft oder 2. eine Entscheidung gemäß § 331 Abs. 3 ZPO ergeht. (2) Absatz 1 der Anmerkung zu Nummer 3104 gilt entsprechend. (3) § 333 ZPO ist nicht entsprechend anzuwenden.	0,5

Nr.	Gebührentatbestand	Gebühr oder Satz der Gebühr nach § 13 RVG
3106	Terminsgebühr in Verfahren vor den Sozialgerichten, in denen Betragsrahmengebühren entstehen (§ 3 RVG) .... Die Gebühr entsteht auch, wenn 1. in einem Verfahren, für das mündliche Verhandlung vorgeschrieben ist, im Einverständnis mit den Parteien ohne mündliche Verhandlung entschieden oder in einem solchen Verfahren ein schriftlicher Vergleich geschlossen wird, 2. nach § 105 Abs. 1 Satz 1 SGG durch Gerichtsbescheid entschieden wird und eine mündliche Verhandlung beantragt werden kann oder 3. das Verfahren, für das mündliche Verhandlung vorgeschrieben ist, nach angenommenem Anerkenntnis ohne mündliche Verhandlung endet. In den Fällen des Satzes 1 beträgt die Gebühr 90 % der in derselben Angelegenheit dem Rechtsanwalt zustehenden Verfahrensgebühr ohne Berücksichtigung einer Erhöhung nach Nummer 1008.	50,00 bis 510,00 €

70 Vorstehendes soll am Beispiel der Terminsgebühr verdeutlicht werden:

Wie sich aus vorstehendem Auszug aus dem VV RVG ergibt, ist die Terminsgebühr in der Nummer 3104 geregelt. Aus der rechten Spalte ergibt sich die Höhe der Terminsgebühr: 1,2.

Aus Absatz 3 der **Vorbemerkung** 3 VV RVG ergibt sich, wann die Terminsgebühr entsteht. Dort heißt es: „*Die Terminsgebühr entsteht sowohl für die Wahrnehmung von gerichtlichen Terminen als auch für die Wahrnehmung von außergerichtlichen Terminen und Besprechungen, wenn nichts anderes bestimmt ist …*“.

Es sind aber nicht nur die Vorbemerkungen eingangs des Teils, Abschnitts oder Unterabschnitts zu beachten, sondern auch die evtl. **Anmerkungen** nach der jeweiligen Nummer, in welcher die Gebühr geregelt ist. Daraus ergeben sich oft Hinweise auf zusätzliche Gebührentatbestände.

So ergibt sich zB aus Absatz 1 Ziffer 1 der Anmerkung zu Nr. 3104 VV RVG, dass die Terminsgebühr auch entsteht, wenn zB im schriftlichen Verfahren entschieden wird. Oft ergeben sich auch Anrechnungsvorschriften aus den Anmerkungen zu der Nummer, in welcher die Gebühr geregelt ist (so zB auch für die Terminsgebühr in den Absätze 2 und 4 der Anmerkung zu Nr. 3104 VV RVG).

Auch empfiehlt es sich, die nächsten Nummern zu prüfen, ob dort nicht eine Ermäßigung der Gebühr und spezielle Vorschriften für einen bestimmten Tätigkeitsbereich geregelt sind. So ist zB in der Nr. 3105 VV RVG bestimmt, dass die Terminsgebühr nur in Höhe von 0,5 entsteht, wenn lediglich ein Antrag auf Versäumnisurteil gestellt wird, weil eine der Parteien in dem Termin nicht erschienen oder nicht ordnungsgemäß vertreten ist. In der Nr. 3106 VV RVG ist dann die Terminsgebühr für Verfahren vor den Sozialgerichten, in denen Betragsrahmengebühren entstehen, geregelt.

Zusammenfassung

71
- ▶ Neben der eigentlichen Nummer im Vergütungsverzeichnis, unter welcher die Gebühr und der Gebührensatz geregelt sind, sind weiter zu beachten die Vorbemerkungen und die Anmerkungen zu der entsprechenden Nummer.
- ▶ Die Vorbemerkungen befinden sich zu Beginn des Teils, Abschnitts oder Unterabschnitts im Vergütungsverzeichnis. Die Anmerkungen folgen unmittelbar der entsprechenden Nummer im Vergütungsverzeichnis.
- ▶ Auch empfiehlt es sich, die folgenden Nummern zu beachten, da sich darin oft Ermäßigungstatbestände oder spezielle Regelungen für bestimmte Tätigkeitsbereiche befinden.

4. Wie zitiere ich?

Der Aufbau des Gesetzes erfordert einige Hinweise dahingehend, wie das Gesetz bzw. einzelne Bestimmungen aus dem Gesetz zu zitieren sind. Dies insbesondere im Hinblick auf das neue, dem Gesetz als Anlage 1 angefügte Vergütungsverzeichnis. Der Verfasser empfiehlt, wie folgt zu zitieren bzw. folgende Abkürzungen zu verwenden: 72

- Rechtsanwaltsvergütungsgesetz → RVG
- Vergütungsverzeichnis zum Rechtsanwaltsvergütungsgesetz → VV RVG
- Nummer aus dem Vergütungsverzeichnis → Nr. 3100 VV RVG
- Vorbemerkung → Vorbemerkung ... (und die Ziffer(n) dahinter) VV RVG.
  Mit der Ziffer hinter der Vorbemerkung lässt sich die Vorbemerkung eindeutig zuordnen, zB Vorbemerkung 3.2.1 = Vorbemerkung zu Teil 3, Abschnitt 2, Unterabschnitt 1.
  Die Vorbemerkungen sind teilweise in mehrere Absätze mit (1), (2), (3) usw unterteilt
  → Vorbemerkung 3.2.1 Abs. 1 VV RVG
- Anmerkung/Absätze **nach** den Nummern im Vergütungsverzeichnis
  - wenn nur eine einzelne Anmerkung
    → Anmerkung zu Nr. 3100 VV RVG
  - wenn die Anmerkung mehrere Absätze umfasst
    → Absatz 2 der Anmerkung zu Nr. 3100 VV RVG (oder Abs. 2 der Anmerkung zu Nr. 3100 VV RVG oder Nr. 3100 Anmerkung, Abs. 2 VV RVG)
- mehrere Ziffern zu einer Nummer im Vergütungsverzeichnis zB Nr. 3101 VV RVG → Nr. 3101 Ziffer 1 VV RVG.

5. Der Auftrag

In der Regel wird der Mandant dem Rechtsanwalt ein entsprechendes Mandat erteilen. Bei dem Mandat handelt es sich um den Auftrag des Mandanten an den Rechtsanwalt, für ihn tätig zu werden. Dieser **Auftrag** ist grundsätzlich **entscheidend dafür, welche Gebühren anfallen.**[22] Erteilt der Mandant dem Rechtsanwalt den Auftrag, 73

- ihn zu beraten, soll der im Rahmen einer Beratung tätig werdende Rechtsanwalt gem. § 34 Abs. 1 RVG auf eine Gebührenvereinbarung hinwirken (→ Kap. D Rn. 46)
- für ihn ein Schreiben einfacher Art zu fertigen, entsteht eine Gebühr nach Nr. 2301 VV RVG (→ Kap. D Rn. 291)
- ihn außergerichtlich zu vertreten, entsteht eine Geschäftsgebühr nach Nr. 2300, 2301 VV RVG (→ Kap. D Rn. 100)
- ihn als Prozessbevollmächtigter in einem bürgerlichen Rechtsstreit zu vertreten, entstehen Gebühren nach Teil 3 des Vergütungsverzeichnisses – im I. Rechtszug 1,3 Verfahrensgebühr nach Nr. 3100 VV RVG und 1,2 Terminsgebühr nach Nr. 3104 VV RVG (→ Kap. E Rn. 255 und 320)
- ihn in einer ihm gegenüber anhängenden Strafsache zu verteidigen, entstehen Gebühren nach Teil 4 des Vergütungsverzeichnisses (→ Kap. L Rn. 26) usw.

Für die Frage, welche Art von Gebühren entstehen, ist also nicht immer entscheidend, in welchem Verfahren/in welcher Angelegenheit der Rechtsanwalt tätig wird. Es kommt in erster Linie auf den dem Rechtsanwalt erteilten Auftrag an. Selbst wenn gegenüber dem Mandanten ein bürgerlicher Rechtsstreit anhängig ist und der Rechtsanwalt von seinem Mandanten beauftragt wird, ihn in diesem Rechtsstreit zu beraten, 74

[22] Hartung/Schons/Enders § 1 Rn. 18 bis 27 und Vorbemerkung 3 VV Rn. 58 ff.; Rehberg/Schons „Geschäftsgebühr" 3.; Enders JurBüro 2006, 113 ff. und JurBüro 2006, 169 ff.

zB dahingehend, ob eine Rechtsverteidigung Aussicht auf Erfolg hat, entstehen keine Gebühren nach Teil 3 VV RVG, sondern eine Beratungsgebühr in einer zu vereinbarenden Höhe.

75 **Beispiel:** Der Mandant erscheint bei dem Rechtsanwalt und legt diesem die ihm zugestellte Klageschrift vor. Nachdem der Rechtsanwalt die Klageschrift gelesen und geprüft hat, kommt er zu dem Ergebnis, dass die Rechtsverteidigung des Mandanten in dem Rechtsstreit keine Aussicht auf Erfolg haben wird. Deshalb beauftragt der Mandant den Rechtsanwalt, außergerichtlich tätig zu werden, also mit dem Gegenanwalt in Kontakt zu treten und zu versuchen, außergerichtlich einen Vergleich abzuschließen. Da der Rechtsanwalt beauftragt wurde, außergerichtlich tätig zu werden und keinen Prozessauftrag erhalten hat, entsteht ihm die Geschäftsgebühr Nr. 2300 VV RVG und keine Gebühren nach Teil 3 VV RVG.

76 **Beispiel:** Die Mandantin erscheint in der Kanzlei des Rechtsanwaltes und legt diesem die ihr zugestellte Klageschrift vor. Die Mandantin erteilt dem Rechtsanwalt den Auftrag, sie als Prozessbevollmächtigter in dem ihr gegenüber anhängigen Rechtsstreit zu vertreten und bei Gericht Klageabweisung zu beantragen. Nach Prüfung der Sach- und Rechtslage, kommt der Rechtsanwalt zu dem Ergebnis, dass eine Rechtsverteidigung für die Mandantin keine Aussicht auf Erfolg hat. Der Rechtsanwalt berät die Mandantin entsprechend und die Mandantin beauftragt den Rechtsanwalt schließlich, in dieser Angelegenheit nicht weiter tätig zu werden. Für den Rechtsanwalt ist damit die Sache beendet.

Obwohl der Rechtsanwalt nur beratend tätig war, erhält er, da ihm der Auftrag erteilt wurde, für die Mandantin als Prozessbevollmächtigter tätig zu werden, die Verfahrensgebühr. Da der Rechtsanwalt aber noch keinen Schriftsatz mit Sachvortrag oder Sachanträgen bei Gericht eingereicht hat, ist ihm nicht die volle 1,3 Verfahrensgebühr nach Nr. 3100 VV RVG entstanden, sondern nur eine 0,8 Verfahrensgebühr nach Nr. 3101 Ziffer 1 VV RVG (→ Kap. E Rn. 275).

77 **Beispiel:** Der Rechtsanwalt hat den Auftrag erhalten, die dem Mandanten zustehende Forderung außergerichtlich geltend zu machen. Er fordert die Gegenseite unter Fristsetzung zur Zahlung auf. Der Gegner meldet sich und der Rechtsanwalt führt mit ihm eine auf die Vermeidung eines gerichtlichen Verfahrens gerichtete Besprechung. Der Gegner erfüllt daraufhin die Forderung.

Der Rechtsanwalt kann berechnen:
1,5 Geschäftsgebühr Nr. 2300 VV RVG (Mittelgebühr wurde angesetzt)
zzgl. Auslagen und Umsatzsteuer.

Eine Terminsgebühr Nr. 3104 VV RVG iVm Vorbemerkung 3 Abs. 3 VV RVG kann nicht entstehen, da der Rechtsanwalt noch keinen Auftrag für die gerichtliche Geltendmachung der Forderung hatte (→ Kap. E Rn. 388).

78 **Beispiel:** Die Rechtsanwältin hat von ihrem Mandanten den Auftrag, den Anspruch gerichtlich geltend zu machen. Da die genaue Rechtsform der Gegnerin nicht bekannt ist, muss zunächst eine Auskunft beim Gewerbeamt eingeholt werden. Die Rechtsanwältin fordert die Gegnerin parallel dazu schriftlich zur Zahlung auf. Die Gegnerin meldet sich telefonisch bei der Rechtsanwältin und diese führt mit der Gegnerin eine auf die Vermeidung eines gerichtlichen Verfahrens gerichtete Besprechung. Die Gegnerin zahlt daraufhin die geforderten Beträge. Zur Einreichung einer Klage kommt es nicht mehr.

Die Rechtsanwältin kann berechnen:
0,8 Verfahrensgebühr Nr. 3101 Ziffer 1 VV RVG
1,2 Terminsgebühr Nr. 3104 VV RVG
zzgl. Auslagen und Umsatzsteuer.

Bei dieser Fallkonstellation konnte neben der Verfahrensgebühr noch eine Terminsgebühr entstehen, da die Rechtsanwältin von ihrem Mandanten den Auftrag zur gerichtlichen Geltendmachung der Forderung erhalten hatte.

79 Wie die beiden letzten Beispiele (→ Rn. 77 und 78) zeigen, führt eine fast identische Tätigkeit, je nach Auftrag zu völlig unterschiedlichen Gebühren. Daher ist es wichtig, dass festgehalten wird, welchen Auftrag der Mandant dem Rechtsanwalt erteilt hat. Die vom Mandanten unterzeichnete Vollmacht reicht hier wohl nicht aus, denn die Vollmacht spiegelt in der Regel nicht den Inhalt des abgeschlossenen Mandatsvertrages (Auftrags) wieder. Dies insbesondere dann nicht, wenn Vollmachtsformulare (zB sog Einheitsvollmachten) benutzt werden, die für eine Vielzahl von Fällen zur Anwendung kommen können. Besser ist es, wenn der Rechtsanwalt dem Mandanten schriftlich den Auftrag bestätigt. Noch besser ist es, wenn der dem Rechts-

anwalt erteilte Auftrag schriftlich vom Mandanten durch dessen Unterschrift bestätigt wird.

Praxistipp:

Ein schriftlicher Auftrag durch den Mandanten könnte in der Praxis kombiniert werden mit der vom Mandanten ebenfalls abzuzeichnenden Belehrung nach §49b Abs. 5 BRAO (→ Kap. A Rn. 150ff.), wonach sich die Gebühren nach dem Gegenstandswert berechnen.[23] Der Rechtsanwalt ist gehalten, darauf hinzuwirken, dass der Mandant ihm einen sachdienlichen Auftrag erteilt. 80

Zusammenfassung

▶ Durch den Auftrag des Mandanten und die Annahme des Rechtsanwaltes kommt der Anwaltsvertrag zustande. Der durch den Auftrag geprägte Inhalt des Anwaltsvertrages ist also ausschlaggebend dafür, welche Gebühren entstehen. 81

6. Eine oder mehrere Angelegenheiten

Gemäß § 15 Abs. 2 S. 1 RVG kann der Rechtsanwalt die Gebühren in derselben Angelegenheit nur einmal fordern. Nach § 17 Nr. 1 RVG ist in gerichtlichen Verfahren jeder Rechtszug eine gesonderte gebührenrechtliche Angelegenheit. 82

Im Hinblick auf § 15 Abs. 2 S. 1 RVG ist stets zu prüfen, ob **eine** oder **mehrere** Angelegenheiten im gebührenrechtlichen Sinn vorliegen. Denn wenn mehrere Angelegenheiten gegeben sind, kann der Rechtsanwalt auch mehrfach, nämlich für jede Angelegenheit gesondert, Gebühren abrechnen.

Das RVG definiert in den §§ 16 bis 21 RVG, welche Tätigkeiten dieselbe Angelegenheit sind, welche Tätigkeiten verschiedene Angelegenheiten und welche Tätigkeiten besondere Angelegenheiten darstellen. In den nachfolgenden Kapiteln soll kurz auf diese Begriffe eingegangen werden.

6.1 Dieselbe Angelegenheit – § 16 RVG

§ 16 RVG regelt, welche Tätigkeiten in welchen Tätigkeitsabschnitten **dieselbe** gebührenrechtliche **Angelegenheit** sind. 83

Auszug aus dem RVG

§16 84
Dieselbe Angelegenheit

Dieselbe Angelegenheit sind

1. das Verwaltungsverfahren auf Aussetzung oder Anordnung der sofortigen Vollziehung sowie über einstweilige Maßnahmen zur Sicherung der Rechte Dritter und jedes Verwaltungsverfahren auf Abänderung oder Aufhebung in den genannten Fällen;
2. das Verfahren über die Prozesskostenhilfe und das Verfahren, für das die Prozesskostenhilfe beantragt worden ist;
3. mehrere Verfahren über die Prozesskostenhilfe in demselben Rechtszug;

3a. das Verfahren zur Bestimmung des zuständigen Gerichts und das Verfahren, für das der Gerichtsstand bestimmt werden soll; dies gilt auch dann, wenn das Verfahren zur Bestimmung des zuständigen Gerichts vor Klageerhebung oder Antragsstellung endet, ohne dass das zuständige Gericht bestimmt worden ist;

4. eine Scheidungssache oder ein Verfahren über die Aufhebung einer Lebenspartnerschaft und die Folgesachen;

[23] Muster bei Enders JurBüro 2006, 169 (170) und Hartung/Schons/Enders § 1 Rn. 27.

5. das Verfahren über die Anordnung eines Arrests, zur Erwirkung eines Europäischen Beschlusses zur vorläufigen Kontenpfändung, über den Erlass einer einstweiligen Verfügung oder einstweiligen Anordnung, über die Anordnung oder Wiederherstellung der aufschiebenden Wirkung, über die Aufhebung der Vollziehung oder die Anordnung der sofortigen Vollziehung eines Verwaltungsakts und jedes Verfahren über deren Abänderung, Aufhebung oder Widerruf;
6. das Verfahren nach §3 Abs. 1 des Gesetzes zur Ausführung des Vertrages zwischen der Bundesrepublik Deutschland und der Republik Österreich vom 6. Juni 1959 über die gegenseitige Anerkennung und Vollstreckung von gerichtlichen Entscheidungen, Vergleichen und öffentlichen Urkunden in Zivil- und Handelssachen in der im Bundesgesetzblatt Teil III, Gliederungsnummer 319–12, veröffentlichten bereinigten Fassung, das zuletzt durch Artikel 23 des Gesetzes vom 27. Juli 2001 (BGBl. I, 1887) geändert worden ist, und das Verfahren nach §3 Abs. 2 des genannten Gesetzes;
7. das Verfahren über die Zulassung der Vollziehung einer vorläufigen oder sichernden Maßnahme und das Verfahren über einen Antrag auf Aufhebung oder Änderung einer Entscheidung über die Zulassung der Vollziehung (§ 1041 der Zivilprozessordnung);
8. das schiedsrichterliche Verfahren und das gerichtliche Verfahren bei der Bestellung eines Schiedsrichters oder Ersatzschiedsrichters, über die Ablehnung eines Schiedsrichters oder über die Beendigung des Schiedsrichteramts, zur Unterstützung bei der Beweisaufnahme oder bei der Vornahme sonstiger richterlicher Handlungen;
9. das Verfahren vor dem Schiedsgericht und die gerichtlichen Verfahren über die Bestimmung einer Frist (§ 102 Abs. 3 des Arbeitsgerichtsgesetzes), die Ablehnung eines Schiedsrichters (§ 103 Abs. 3 des Arbeitsgerichtsgesetzes) oder die Vornahme einer Beweisaufnahme oder einer Vereidigung (§ 106 Abs. 2 des Arbeitsgerichtsgesetzes);
10. im Kostenfestsetzungsverfahren und im Verfahren über den Antrag auf gerichtliche Entscheidung gegen einen Kostenfestsetzungsbescheid (§ 108 des Gesetzes über Ordnungswidrigkeiten) einerseits und im Kostenansatzverfahren sowie im Verfahren über den Antrag auf gerichtliche Entscheidung gegen den Ansatz der Gebühren und Auslagen (§ 108 des Gesetzes über Ordnungswidrigkeiten) andererseits jeweils mehrere Verfahren über
    a) die Erinnerung,
    b) den Antrag auf gerichtliche Entscheidung,
    c) die Beschwerde in demselben Beschwerderechtszug;
11. das Rechtsmittelverfahren und das Verfahren über die Zulassung des Rechtsmittels; dies gilt nicht für das Verfahren über die Beschwerde gegen die Nichtzulassung eines Rechtsmittels
12. das Verfahren über die Privatklage und die Widerklage und zwar auch im Falle des § 388 Abs. 2 der Strafprozessordnung und,
13. das erstinstanzliche Prozessverfahren und der erste Rechtszug des Musterverfahrens nach dem Kapitalanleger-Musterverfahrensgesetz.

85 Handelt es sich gemäß § 16 RVG um dieselbe Angelegenheit, so kann der Rechtsanwalt die Gebühren nur einmal berechnen.

86 So ist zB in § 16 Nr. 2 RVG bestimmt, dass das **Verfahren über die Prozesskostenhilfe** und das Verfahren, für das die Prozesskostenhilfe beantragt worden ist, dieselbe gebührenrechtliche Angelegenheit sind. In der Praxis bedeutet dies, dass der Rechtsanwalt keine gesonderten Gebühren dafür erhält, wenn er zB in einem bürgerlichen Rechtsstreit als Prozessbevollmächtigter für die Mandantschaft tätig ist und gleichzeitig für diese einen Antrag auf Gewährung von Prozesskostenhilfe für diesen Rechtsstreit stellt. Ist der Rechtsanwalt **ausschließlich** beauftragt, den Mandanten nur in dem Verfahren über den Antrag auf Gewährung von Prozesskostenhilfe für einen bürgerlichen Rechtsstreit zu vertreten, so erhält er eine 1,0 Verfahrensgebühr für das Verfahren über die Prozesskostenhilfe (Nr. 3335 VV RVG). Diese Verfahrensgebühr für das Prozesskostenhilfeverfahren bleibt dem Rechtsanwalt in den Fällen, in denen er in derselben Angelegenheit ansonsten keine weiteren Tätigkeiten ausübt, erhalten. Wird der Rechtsanwalt nach Bewilligung der Prozesskostenhilfe Prozessbevollmächtigter auch in dem bürgerlichen Rechtsstreit, für welchen die Prozesskostenhilfe beantragt und bewilligt worden ist, so ist die Verfahrensgebühr der Nr. 3335 VV RVG auf die 1,3 Verfahrensgebühr nach Nr. 3100 VV RVG anzurechnen. Im Ergebnis kann der Rechtsanwalt, da es sich bei dem Prozesskostenhilfebewilligungsverfahren

und dem Hauptsacheverfahren gemäß § 16 Nr. 2 RVG um dieselbe Angelegenheit handelt, nur die 1,3 Verfahrensgebühr für das Hauptsacheverfahren erhalten (→ Kap. F Rn. 118 ff.). Dasselbe gilt für die Vertretung in einem Verfahren auf Bewilligung von Verfahrenskostenhilfe und in der Familiensache, für welches die Verfahrenskostenhilfe begehrt wird.

Sollen zB mehrere Personen, die bei verschiedenen Gerichten ihren allgemeinen Gerichtsstand haben, als Streitgenossen im allgemeinen Gerichtsstand verklagt werden und ist für den Rechtsstreit ein gemeinschaftlicher besonderer Gerichtsstand nicht begründet, so wird auf Antrag durch das im Rechtszug zunächst höhere Gericht die Zuständigkeit bestimmen. Dieses **gerichtliche Verfahren zur Bestimmung des zuständigen Gerichts und das Verfahren, für das der Gerichtsstand bestimmt werden soll, sind nach § 16 Nr. 3 a) RVG dieselbe gebührenrechtliche Angelegenheit.** Der Rechtsanwalt wird also, wenn er die Partei sowohl in dem Verfahren auf Bestimmung des zuständigen Gerichts als auch in dem nachfolgenden Rechtsstreit vertritt, nur einmal Gebühren nach Teil 3 VV RVG berechnen können.[24]

Nach § 16 Nr. 4 RVG sind die **Scheidungssachen und die Folgesachen** dieselbe 87
Angelegenheit. Die Gegenstandswerte der Scheidungssache und der im Verbund anhängigen Folgesachen sind zu addieren, und nach der Summe der Werte entstehen die Gebühren nur einmal (→ Kap. H Rn. 230).

Zusammenfassung

▶ Bestimmt § 16 RVG, dass es sich um dieselbe Angelegenheit handelt, so kann der 88
Rechtsanwalt die Gebühren nur einmal berechnen.

6.2 Verschiedene Angelegenheiten – § 17 RVG

In § 17 RVG ist geregelt, was **verschiedene** – gebührenrechtliche – **Angelegenheiten** 89
sind. Liegen verschiedene gebührenrechtliche Angelegenheiten vor, so kann der Rechtsanwalt die Gebühren mehrfach, nämlich in jeder Angelegenheit – gesondert – berechnen.

Auszug aus dem RVG

§ 17 90
Verschiedene Angelegenheiten

Verschiedene Angelegenheit sind

1. das Verfahren über ein Rechtsmittel und der vorausgegangene Rechtszug,
1a. jeweils das Verwaltungsverfahren, das einem gerichtlichen Verfahren vorausgehende und der Nachprüfung des Verwaltungsakts dienende weitere Verwaltungsverfahren (Vorverfahren, Einspruchsverfahren, Beschwerdeverfahren, Abhilfeverfahren), das Verfahren über die Beschwerde und die weitere Beschwerde nach der Wehrbeschwerdeordnung, das Verwaltungsverfahren auf Aussetzung oder Anordnung der sofortigen Vollziehung sowie über einstweilige Maßnahmen zur Sicherung der Rechte Dritter und ein gerichtliches Verfahren,
2. das Mahnverfahren und das streitige Verfahren,
3. das vereinfachte Verfahren über den Unterhalt Minderjähriger und das streitige Verfahren,
4. das Verfahren in der Hauptsache und ein Verfahren über
   a) auf Anordnung eines Arrets oder zur Erwirkung eines Europäischen Beschlusses zur vorläufigen Kontenpfändung,
   b) auf Erlass einer einstweiligen Verfügung oder einer einstweiligen Anordnung,
   c) über die Anordnung oder Wiederherstellung der aufschiebenden Wirkung, über die Aufhebung der Vollziehung oder über die Anordnung der sofortigen Vollziehung eines Verwaltungsakts sowie
   d) über die Abänderung, die Aufhebung oder den Widerruf einer in einem Verfahren nach den Buchstaben a bis c ergangenen Entscheidung,

[24] Hartung/Schons/Enders § 16 Rn. 25 ff.

5. der Urkunden- oder Wechselprozess und das ordentliche Verfahren, das nach Abstandnahme vom Urkunden- oder Wechselprozess oder nach einem Vorbehaltsurteil anhängig bleibt (§§ 596, 600 der Zivilprozessordnung),
6. das Schiedsverfahren und das Verfahren über die Zulassung der Vollziehung einer vorläufigen oder sichernden Maßnahme sowie das Verfahren über einen Antrag auf Aufhebung oder Änderung einer Entscheidung über die Zulassung der Vollziehung (§ 1041 der Zivilprozessordnung),
7. das gerichtliche Verfahren und ein vorausgegangenes
   a) Güteverfahren vor einer durch die Landesjustizverwaltung eingerichteten oder anerkannten Gütestelle (§ 794 Abs. 1 Nr. 1 der Zivilprozessordnung) oder, wenn die Parteien den Einigungsversuch einvernehmlich unternehmen, vor einer Gütestelle, die Streitbeilegung betreibt (§ 15a Abs. 3 des Einführungsgesetzes zur Zivilprozessordnung),
   b) Verfahren vor einem Ausschuss der in § 111 Abs. 2 des Arbeitsgerichtsgesetzes bezeichneten Art,
   c) Verfahren vor dem Seemannsamt zur vorläufigen Entscheidung von Arbeitssachen und
   d) Verfahren vor sonstigen gesetzlich eingerichteten Einigungsstellen, Gütestellen oder Schiedsstellen,
8. das Vermittlungsverfahren nach § 165 des Gesetzes über das Verfahren in Familiensachen und in Angelegenheiten der freiwilligen Gerichtsbarkeit und ein sich anschließendes gerichtliches Verfahren,
9. das Verfahren über ein Rechtsmittel und das Verfahren über die Beschwerde gegen die Nichtzulassung des Rechtsmittels,
10. das strafrechtliche Ermittlungsverfahren und
    a) ein nachfolgendes gerichtliches Verfahren und
    b) ein sich nach Einstellung des Ermittlungsverfahrens anschließendes Bußgeldverfahren,
11. das Bußgeldverfahren vor der Verwaltungsbehörde und das nachfolgende gerichtliche Verfahren,
12. das Strafverfahren und das Verfahren über die im Urteil vorbehaltene Sicherungsverwahrung und
13. das Wiederaufnahmeverfahren und das wiederaufgenommene Verfahren, wenn sich die Gebühren nach Teil 4 oder 5 des Vergütungsverzeichnisses richten.

91 Das Verfahren über ein **Rechtsmittel und der vorausgegangene Rechtszug** sind verschiedene gebührenrechtliche Angelegenheiten (§ 17 Nr. 1 RVG).[25] Vertritt der Rechtsanwalt als Prozessbevollmächtigter sowohl in dem I. Rechtszug als auch zB in dem Berufungsverfahren, kann er sowohl für seine Tätigkeit in dem I. Rechtszug (→ Kap. E Rn. 251 ff.) als auch in dem Berufungsverfahren (→ Kap. E Rn. 443 ff.) jeweils gesonderte Gebühren abrechnen.

92 Nach § 17 Nr. 1a RVG sind zB verschiedene gebührenrechtliche Angelegenheit das **Verwaltungsverfahren** (Antragsverfahren) und das einem gerichtlichen Verfahren vorausgehende **Rechtsbehelfsverfahren.** Der Rechtsanwalt kann also gesonderte Gebühren für das Antragsverfahren, in dem er vertreten hat, abrechnen (Geschäftsgebühr nach Nr. 2300 VV RVG) und – gesonderte – Gebühren für die Tätigkeit in dem Rechtsbehelfsverfahren (Geschäftsgebühr nach Nr. 2300 VV RVG) (→ Kap. K Rn. 91).

93 In § 17 Nr. 2 RVG ist bestimmt, dass das **Mahnverfahren** und das **streitige Verfahren** verschiedene Angelegenheiten sind. Allerdings ist die 1,0 Verfahrensgebühr der Nr. 3305 VV RVG für den Antrag auf Erlass des Mahnbescheides auf die 1,3 Verfahrensgebühr der Nr. 3100 VV RVG für die Tätigkeit in einem nachfolgenden Rechtsstreit anzurechnen (Anmerkung zu Nr. 3305 VV RVG).

94 Nach § 17 Nr. 4 b) RVG sind das Verfahren in der **Hauptsache** und ein Verfahren auf Erlass einer **einstweiligen Verfügung** verschiedene gebührenrechtliche Angelegenheiten. In dem Verfahren auf Erlass einer einstweiligen Verfügung können also alle Gebühren nach Teil 3 VV RVG gesondert entstehen, unabhängig davon, dass sie bereits für eine Tätigkeit in der Hauptsache angefallen sind. Die Gebühren können also nebeneinander berechnet werden. Sie sind nicht aufeinander anzurechnen.

[25] Bis zum Inkrafttreten des 2. KostRMoG (BGBl. I 2013, 2586 f.) am 1. 8. 2013 war dies in § 15 Abs. 2 S. 2 RVG geregelt.

Allerdings bildet das Verfahren über einen Antrag auf Erlass einer einstweiligen Verfügung und jedes Verfahren auf deren **Abänderung** oder **Aufhebung** nach § 16 Nr. 5 RVG wieder dieselbe gebührenrechtliche Angelegenheit mit dem Verfahren über den Antrag auf Erlass der einstweiligen Verfügung. Dies zeigt abermals, wie die verschiedenen Bestimmungen im RVG „zusammenspielen“. 95

Nach § 17 Nr. 10 a) RVG sind verschiedene gebührenrechtliche Angelegenheiten das **strafrechtliche Ermittlungsverfahren** und ein **nachfolgendes gerichtliches Verfahren**. In jeder Angelegenheit kann die Pauschale für Entgelte für Post- und Telekommunikationsdienstleistungen Nr. 7002 VV RVG in Ansatz gebracht werden. 96

Dasselbe gilt nach § 17 Nr. 10 b) RVG, wenn sich dem **strafrechtlichen Ermittlungsverfahren** nach Einstellung ein **Bußgeldverfahren** anschließt. 97

Auch ein **Bußgeldverfahren vor der Verwaltungsbehörde** und das **nachfolgende gerichtliche Verfahren** sind nach der Neuregelung der Vorschrift des § 17 Nr. 11 RVG durch das 2. KostRMoG[26] verschiedene gebührenrechtliche Angelegenheiten. 98

Zusammenfassung

▶ Liegen nach § 17 RVG verschiedene gebührenrechtliche Angelegenheiten vor, so kann der Rechtsanwalt in jeder Angelegenheit gesonderte Gebühren beanspruchen. 99

6.3 Besondere Angelegenheiten – § 18 RVG

In § 17 RVG ist geregelt, was verschiedene Angelegenheiten sind. § 18 RVG regelt, was besondere Angelegenheiten sind. Die Begriffe „verschiedene“ und „besondere“ verwirren auf den ersten Blick. Liest man die Begründung des Gesetzes dazu, so klärt sich das Ganze auf. 100

So lauten die einleitenden Sätze der **Gesetzesbegründung zu § 17 RVG:**[27] *„Diese Vorschrift bildet das Gegenstück zu § 16 RVG. In ihr sollen die Fälle abschließend aufgeführt werden, bei denen es ohne diese Vorschrift zumindest zweifelhaft wäre, ob sie verschiedene Angelegenheiten darstellen.“*

Die einleitenden Sätze der **Gesetzesbegründung zu § 18 RVG** lauten wie folgt: *„In dieser Vorschrift sollen solche Tätigkeiten abschließend aufgezählt werden, die grundsätzlich selbständige Angelegenheiten bilden sollen, gleichgültig mit welchen anderen Tätigkeiten des Anwaltes sie im Zusammenhang stehen.“*

Auch für die Angelegenheiten, die in § 18 RVG als **besondere** – gebührenrechtliche – **Angelegenheiten** bezeichnet werden, gilt, dass in dieser Angelegenheit gesonderte Gebühren entstehen, unabhängig von den Gebühren, die in daneben anhängigen Verfahren anfallen. 101

Auszug aus dem RVG

§ 18 102
Besondere Angelegenheiten

Besondere Angelegenheit sind

1. jede Vollstreckungsmaßnahme zusammen mit den durch diese vorbereiteten weiteren Vollstreckungshandlungen bis zur Befriedigung des Gläubigers; dies gilt entsprechend im Verwaltungszwangsverfahren (Verwaltungsvollstreckungsverfahren);
2. jede Vollziehungsmaßnahme bei der Vollziehung eines Arrests oder einer einstweiligen Verfügung (§§ 928 bis 934 und 936 der Zivilprozessordnung), die sich nicht auf die Zustellung beschränkt;

---

[26] BGBl. I 2013, 2586 f. – Inkrafttreten: 1. 8. 2013.
[27] Begründung des RVG in BT-Drucksache 15/1971, S. 191 und 192.

3. solche Angelegenheiten, in denen sich die Gebühren nach Teil 3 des Vergütungsverzeichnisses richten, jedes Beschwerdeverfahren, jedes Verfahren über eine Erinnerung gegen einen Kostenfestsetzungsbeschluss und jedes sonstige Verfahren über eine Erinnerung gegen eine Entscheidung des Rechtspflegers, soweit sich aus § 16 Nummer 10 nichts anderes ergibt;
4. das Verfahren über Einwendungen gegen die Erteilung der Vollstreckungsklausel, auf das § 732 der Zivilprozessordnung anzuwenden ist;
5. das Verfahren auf Erteilung einer weiteren vollstreckbaren Ausfertigung;
6. jedes Verfahren über Anträge nach den §§ 765a, 851a oder § 851b der Zivilprozessordnung und jedes Verfahren über Anträge auf Änderung oder Aufhebung der getroffenen Anordnungen sowie jedes Verfahren über Anträge nach § 1084 Abs. 1, § 1096 oder 1109 der Zivilprozessordnung;
7. das Verfahren auf Zulassung der Austauschpfändung (§ 811a der Zivilprozessordnung);
8. das Verfahren über einen Antrag nach § 825 der Zivilprozessordnung;
9. die Ausführung der Zwangsvollstreckung in ein gepfändetes Vermögensrecht durch Verwaltung (§ 857 Abs. 4 der Zivilprozessordnung);
10. das Verteilungsverfahren (§ 858 Abs. 5, §§ 872 bis 877, 882 der Zivilprozessordnung);
11. das Verfahren auf Eintragung einer Zwangshypothek (§§ 867, 870a der Zivilprozessordnung);
12. die Vollstreckung der Entscheidung, durch die der Schuldner zur Vorauszahlung der Kosten, die durch die Vornahme einer Handlung entstehen, verurteilt wird (§ 887 Abs. 2 der Zivilprozessordnung);
13. das Verfahren zur Ausführung der Zwangsvollstreckung auf Vornahme einer Handlung durch Zwangsmittel (§ 888 der Zivilprozessordnung);
14. jede Verurteilung zu einem Ordnungsgeld gemäß § 890 Abs. 1 der Zivilprozessordnung;
15. die Verurteilung zur Bestellung einer Sicherheit im Falle des § 890 Abs. 3 der Zivilprozessordnung;
16. das Verfahren zur Abnahme der Vermögensauskunft (§§ 802 f und 802 g der Zivilprozessordnung;
17. das Verfahren auf Löschung der Eintragung im Schuldnerverzeichnis (§ 882 e der Zivilprozessordnung);
18. das Ausüben der Veröffentlichungsbefugnis;
19. das Verfahren über Anträge auf Zulassung der Zwangsvollstreckung nach § 17 Abs. 4 der Schifffahrtsrechtlichen Verteilungsordnung;
20. das Verfahren über Anträge auf Aufhebung von Vollstreckungsmaßregeln (§ 8 Abs. 5 und § 41 der Schifffahrtsrechtlichen Verteilungsordnung) und
21. das Verfahren zur Anordnung von Zwangsmaßnahmen durch Beschluss nach § 35 des Gesetzes über das Verfahren in Familiensachen und in den Angelegenheiten der freiwilligen Gerichtsbarkeit

(2) Absatz 1 gilt entsprechend für
1. die Vollziehung eines Arrestes und
2. die Vollstreckung

nach den Vorschriften des Gesetzes über das Verfahren in Familiensachen und in den Angelegenheiten der freiwilligen Gerichtsbarkeit.

103 In § 18 Abs. 1 Nr. 1 RVG ist bestimmt, dass **jede Vollstreckungsmaßnahme** zusammen mit den durch diese vorbereiteten weiteren Vollstreckungshandlungen bis zur Befriedigung des Gläubigers eine besondere – gebührenrechtliche – Angelegenheit ist. Dieser Grundsatz wird in den nachfolgenden Bestimmungen des § 18 RVG dann noch weiter konkretisiert.

Zusammenfassung

104 ▶ Handelt es sich nach § 18 RVG um eine besondere – gebührenrechtliche – Angelegenheit, kann der Rechtsanwalt in dieser gesonderte Gebühren abrechnen, unabhängig von den Gebühren, die er in anderen Tätigkeitsbereichen, die mit dieser Sache im Zusammenhang stehen, erhält.

6.4 Rechtszug – § 19 RVG

§ 19 RVG bestimmt, welche Tätigkeiten zum Rechtszug bzw. dem Verfahren gehören und mit den Gebühren, die der Rechtsanwalt für seine Tätigkeit als Prozessbevollmächtigter in dem Rechtszug oder in dem Verfahren erhält, abgegolten sind. Grundsätzlich sind mit den Gebühren, die der Rechtsanwalt als Prozess- oder Verfahrensbevollmächtigter für seine Tätigkeit in dem Rechtszug erhält, alle Vorbereitungs-, Neben- und Abwicklungstätigkeiten und solche Verfahren abgegolten, die mit dem Rechtszug oder Verfahren zusammenhängen. Es sei denn, in §§ 17 oder 18 RVG ist bestimmt, dass es sich um verschiedene oder besondere gebührenrechtliche Angelegenheiten handelt. 105

Auszug aus dem RVG

§ 19 106

Rechtszug; Tätigkeiten, die mit dem Verfahren zusammenhängen

(1) Zu dem Rechtszug oder dem Verfahren gehören auch alle Vorbereitungs-, Neben- und Abwicklungstätigkeiten und solche Verfahren, die mit dem Rechtszug oder Verfahren zusammenhängen, wenn die Tätigkeit nicht nach § 18 eine besondere Angelegenheit ist.

Hierzu gehören insbesondere

1. die Vorbereitung der Klage, des Antrags oder der Rechtsverteidigung, soweit kein besonderes gerichtliches oder behördliches Verfahren stattfindet;

1a. die Einreichung von Schutzschriften;

2. außergerichtliche Verhandlungen;
3. Zwischenstreite, die Bestellung von Vertretern durch das in der Hauptsache zuständige Gericht, die Ablehnung von Richtern, Rechtspflegern, Urkundsbeamten der Geschäftsstelle oder Sachverständigen, die Entscheidung über einen Antrag betreffend eine Sicherungsanordnung, die Wertfestsetzung, die Beschleunigungsrüge nach § 155 b des Gesetzes über das Verfahren in Familiensachen und in den Angelegenheiten der freiwilligen Gerichtsbarkeit;
4. das Verfahren vor dem beauftragten oder ersuchten Richter;
5. das Verfahren
   a) über die Erinnerung (§ 573 der Zivilprozessordnung),
   b) über die Rüge wegen Verletzung des Anspruchs auf rechtliches Gehör
   c) nach Artikel 18 der Verordnung (EG) Nr. 861/2007 des Europäischen Parlaments und des Rates vom 13. Juni 2007 zur Einführung eines europäischen Verfahrens für geringfügige Forderungen
   d) nach Artikel 20 der Verordnung (EG) Nr. 1896/2006 des Europäischen Parlaments und des Rates vom 12. Dezember 2006 zur Einführung eines Europäischen Mahnverfahrens und
   e) nach Artikel 19 der Verordnung (EG) Nr. 4/2009 über die Zuständigkeit, das anwendbare Recht, die Anerkennung und Vollstreckung von Entscheidungen und die Zusammenarbeit in Unterhaltssachen;
6. die Berichtigung und Ergänzung der Entscheidung oder ihres Tatbestandes;
7. die Mitwirkung bei der Erbringung der Sicherheitsleistung und das Verfahren wegen deren Rückgabe;
8. die für die Geltendmachung im Ausland vorgesehene Vervollständigung der Entscheidung und die Bezifferung eines dynamisierten Unterhaltstitels;
9. die Zustellung oder Empfangnahme von Entscheidungen oder Rechtsmittelschriften und ihre Mitteilung an den Auftraggeber, die Einwilligung zur Einlegung der Sprungrevision oder Sprungrechtsbeschwerde, der Antrag auf Entscheidung über die Verpflichtung, die Kosten zu tragen, die nachträgliche Vollstreckbarerklärung eines Urteils auf besonderen Antrag, die Erteilung des Notfrist- und des Rechtskraftzeugnisses;

9a. die Ausstellung von Bescheinigungen, Bestätigungen oder Formblättern einschließlich deren Berichtigung, Aufhebung oder Widerruf nach
   a) § 1079 oder 1110 der Zivilprozessordnung,
   b) § 48 des Internationalen Familienrechtsverfahrensgesetzes
   c) § 57 oder § 58 des Anerkennungs- und Vollstreckungsausführungsgesetzes
   d) § 14 des EU-Gewaltschutzverfahrensgesetzes
   e) § 71 Absatz 1 des Auslandsunterhaltsgesetzes und
   f) § 27 des Internationalen Erbrechtsverfahrensgesetzes;

10. die Einlegung von Rechtsmitteln bei dem Gericht desselben Rechtszugs in Verfahren, in denen sich die Gebühren nach Teil 4, 5 oder 6 des Vergütungsverzeichnisses richten; die Einlegung des Rechtsmittels durch einen neuen Verteidiger gehört zum Rechtszug des Rechtsmittels;
10a. Beschwerdeverfahren, wenn sich die Gebühren nach Teil 4, 5 oder 6 des Vergütungsverzeichnisses richten und dort nichts anderes bestimmt ist oder keine besonderen Gebührentatbestände vorgesehen sind;
11. die vorläufige Einstellung, Beschränkung oder Aufhebung der Zwangsvollstreckung, wenn nicht eine abgesonderte mündliche Verhandlung hierüber stattfindet;
12. die einstweilige Einstellung oder Beschränkung der Vollstreckung und die Anordnung, das Vollstreckungsmaßnahmen aufzuheben sind (§93 Abs. 1 des Gesetzes über das Verfahren in Familiensachen und in Angelegenheiten der freiwilligen Gerichtsbarkeit, wenn nicht ein besonderer gerichtlicher Termin hierüber stattfindet;
13. die erstmalige Erteilung der Vollstreckungsklausel, wenn deswegen keine Klage erhoben wird;
14. die Kostenfestsetzung und die Einforderung der Vergütung;
15. *(aufgehoben)*
16. die Zustellung eines Vollstreckungstitels, der Vollstreckungsklausel und der sonstigen in §750 der Zivilprozessordnung genannten Urkunden und
17. die Herausgabe der Handakten oder ihre Übersendung an einen anderen Rechtsanwalt.

(2) Zu den in §18 Abs. 1 Nr. 1 und 2 genannten Verfahren gehören ferner insbesondere

1. gerichtliche Anordnungen nach §758a der Zivilprozessordnung sowie Beschlüsse nach den §§90 und 91 Abs. 1 des Gesetzes über das Verfahren in Familiensachen und in den Angelegenheiten der freiwilligen Gerichtsbarkeit,
2. die Erinnerung nach §766 der Zivilprozessordnung,
3. die Bestimmung eines Gerichtsvollziehers (§827 Abs. 1 und §854 Abs. 1 der Zivilprozessordnung) oder eines Sequesters (§§848 und 855 der Zivilprozessordnung),
4. die Anzeige der Absicht, die Zwangsvollstreckung gegen eine juristische Person des öffentlichen Rechts zu betreiben,
5. die einer Verurteilung vorausgehende Androhung von Ordnungsgeld und
6. die Aufhebung einer Vollstreckungsmaßnahme.

107 Nach § 19 Abs. 1 S. 2 Nr. 1 RVG gehört zum Rechtszug die **Vorbereitung der Klage**, soweit kein besonderes gerichtliches oder behördliches Verfahren stattfindet. Dies gilt aber nur dann, wenn der Rechtsanwalt direkt den Auftrag erhält, Klage zu erheben und den Mandanten als Prozessbevollmächtigter in dem I. Rechtszug zu vertreten. Hat der Rechtsanwalt zunächst den Auftrag erhalten, außergerichtlich für die Mandantschaft tätig zu werden und zu versuchen, die Forderung außergerichtlich durchzusetzen, so entsteht selbstverständlich neben den Gebühren, die später im Rechtszug entstehen, noch eine Geschäftsgebühr nach Nr. 2300 VV RVG. Diese ist dann aber wieder zur Hälfte, maximal mit 0,75 auf die in dem Rechtszug entstehende 1,3 Verfahrensgebühr nach Nr. 3100 VV RVG anzurechnen (Vorbemerkung 3 Abs. 4 VV RVG).

108 Muss zB in einer verwaltungsgerichtlichen Angelegenheit einer Klage ein Rechtsbehelfsverfahren vor einer Behörde vorausgehen, so ist natürlich auch dieses Rechtsbehelfsverfahren vor der Behörde eine besondere gebührenrechtliche Angelegenheit. Es entsteht eine Geschäftsgebühr nach Nr. 2300 VV RVG. Auch diese Geschäftsgebühr ist anzurechnen auf die Verfahrensgebühr in dem nachfolgenden verwaltungsrechtlichen Rechtsstreit.

109 Nach § 19 Abs. 1 S. 2 Nr. 2 RVG gehören **außergerichtliche Verhandlungen** ebenfalls zum Rechtszug und sind mit den Gebühren, die der Rechtsanwalt für seine Tätigkeit als Prozessbevollmächtigter in dem Rechtszug erhält, abgegolten. In diesem Zusammenhang ist aber zu beachten, dass nach der Vorbemerkung 3 Abs. 3 VV RVG die Terminsgebühr auch ausgelöst wird für die Mitwirkung an auf die Vermeidung oder Erledigung des Verfahrens gerichteten Besprechungen ohne Beteiligung des Gerichts (→ Kap. E Rn. 385). Also: Außergerichtliche Verhandlungen oder Besprechungen lösen nicht die Geschäftsgebühr nach Nr. 2300 VV RVG aus, wenn der Rechtsanwalt den Auftrag hat, als Prozessbevollmächtigter in einem gerichtlichen

Verfahren tätig zu werden (Vorbemerkung 3 Abs. 1 VV RVG). Sie können aber bei dem als Prozessbevollmächtigten tätigen Rechtsanwalt die Terminsgebühr Nr. 3104 VV RVG auslösen, wenn sie auf die Vermeidung oder Erledigung des Verfahrens gerichtet sind. Allerdings kann der Rechtsanwalt nur **eine** Terminsgebühr abrechnen, wenn er in derselben gebührenrechtlichen Angelegenheit eine Besprechung iSd Vorbemerkung 3 Abs. 3 VV RVG führt und daneben noch einen gerichtlichen Termin wahrnimmt (§ 15 Abs. 1 und Abs. 2 S. 1 RVG).

Zum Rechtszug gehören zB auch noch **110**

- die Einholung des Notfristattestes, des Rechtskraftvermerkes und die erstmalige Einholung der Vollstreckungsklausel (§ 19 Abs. 1 S. 2 Nr. 9 RVG)
- das Kostenfestsetzungsverfahren und die Einforderung der Vergütung (§ 19 Abs. 1 S. 2 Nr. 14 RVG).

Allerdings gehört nicht mehr zum Rechtszug und löst gesonderte Gebühren aus eine Erinnerung oder eine Beschwerde gegen den Kostenfestsetzungsbeschluss (§ 18 Nr. 3 RVG). Auch Zwangsvollstreckungsmaßnahmen aus dem Kostenfestsetzungsbeschluss lösen gesonderte Gebühren aus.

Zusammenfassung

▶ In § 19 RVG aufgeführte Tätigkeiten gehören zum Rechtszug und sind mit den Gebühren abgegolten, die der Rechtsanwalt für seine Tätigkeit als Prozessbevollmächtigter erhält. Sie lösen keine gesonderten Gebühren aus. **111**

6.5 Erledigung des früheren Auftrages seit mehr als zwei Kalenderjahren – § 15 Abs. 5 S. 2 RVG

Wird der Rechtsanwalt, nachdem er in einer Angelegenheit tätig geworden ist, beauftragt, in derselben Angelegenheit weiter tätig zu werden, erhält er nicht mehr an Gebühren, als er erhalten würde, wenn er von vornherein mit der Erledigung der gesamten Angelegenheit beauftragt worden wäre (§ 15 Abs. 5 S. 1 RVG). **112**

Beispiel: Der Rechtsanwalt ist zunächst nur beauftragt, die Klageschrift zu fertigen. Der Mandant will diese Klageschrift selbst bei dem Amtsgericht einreichen und sich in dem Rechtsstreit auch selbst vertreten. **113**

Es entstehen:
0,8 Verfahrensgebühr Nr. 3403 VV RVG
zzgl. Auslagen und Umsatzsteuer.

Nachdem die Klageerwiderung vorliegt und das Gericht Termin zur mündlichen Verhandlung bestimmt hat, beauftragt der Mandant den Rechtsanwalt, ihn nunmehr doch als Prozessbevollmächtigter in dem Rechtsstreit zu vertreten und auch den Termin wahrzunehmen.

Für die Tätigkeit als Prozessbevollmächtigter kann der Rechtsanwalt berechnen:
1,3 Verfahrensgebühr Nr. 3100 VV RVG
1,2 Terminsgebühr Nr. 3104 VV RVG
+ Auslagen, Umsatzsteuer etc.

Infolge der Bestimmung des § 15 Abs. 5 S. 1 RVG kann der Rechtsanwalt die 0,8 Verfahrensgebühr nach Nr. 3403 VV RVG **nicht** noch neben der 1,3 Verfahrensgebühr nach Nr. 3100 VV RVG für seine Tätigkeit als Prozessbevollmächtigter verlangen.

Nach § 15 Abs. 5 S. 2 RVG gilt eine weitere Tätigkeit dann **als neue Angelegenheit,** wenn der frühere Auftrag **seit mehr als zwei Kalenderjahren** erledigt ist. Die Zwei-Jahresfrist beginnt mit dem Ablauf des Kalenderjahres, in dem der vorangegangene – frühere – Auftrag erledigt ist. Die Frist berechnet sich also ähnlich wie die regelmäßige Verjährungsfrist von drei Jahren des § 195 BGB (Fristberechnung: § 199 BGB).[28] **114**

„Erledigt" iSv § 15 Abs. 5 S. 2 RVG ist der frühere Auftrag dann, wenn Fälligkeit der Gebühren nach § 8 Abs. 1 RVG eintritt.[29] Ruhen, Aussetzung oder Unterbrechung **115**

---

[28] Gerold/Schmidt § 15 Rn. 135.
[29] Schneider/Wolf § 15 Rn. 291; Hartung/Schons/Enders § 15 Rn. 169 ff.

des Verfahrens soll kein Fall des § 15 Abs. 5 S. 2 RVG sein.[30] So hat auch der BGH[31] entschieden, dass es keine Erledigung des Auftrags iSv § 15 Abs. 5 S. 2 RVG ist, wenn ein gerichtliches Verfahren länger als drei Monate ruht. Dagegen ist nach BGH[32] eine neue gebührenrechtliche Angelegenheit anzunehmen, wenn ein Prozessvergleich mehr als zwei Kalenderjahre nach seinem Abschluss angefochten wird und das Verfahren sich deshalb fortsetzt.

116 **Beispiel:** Der Rechtsanwalt wird im Oktober 2015 von der Mandantschaft beauftragt, einen Anspruch der Gegenseite außergerichtlich abzuwehren. Der Rechtsanwalt fertigt einen entsprechenden Schriftsatz und weist die von der Gegenseite geltend gemachten Ansprüche zurück.
Es sind entstanden:
1,3 Geschäftsgebühr Nr. 2300 VV RVG
+ Auslagen, Umsatzsteuer.
Im Jahre 2018 erhebt die Gegenseite wegen desselben Gegenstandes Klage. Der Rechtsanwalt wird in diesem Verfahren als Prozessbevollmächtigter tätig. Es sind entstanden:
1,3 Verfahrensgebühr Nr. 3100 VV RVG
1,2 Terminsgebühr Nr. 3104 VV RVG
zzgl. Auslagen, Umsatzsteuer.
Eine Anrechnung der Geschäftsgebühr erfolgt nicht mehr, da es sich nach § 15 Abs. 5 S. 2 RVG um eine neue gebührenrechtliche Angelegenheit handelt.

Zusammenfassung

117
- ▶ Ist ein früherer Auftrag seit mehr als zwei Kalenderjahren erledigt, gilt die weitere Tätigkeit als neue Angelegenheit. Es können alle Gebühren neu entstehen, unabhängig davon, ob diese schon einmal vor Erledigung des früheren Auftrages entstanden sind.
- ▶ Auch eine im RVG vorgesehene Anrechnung der Gebühren entfällt unter den Voraussetzungen des § 15 Abs. 5 S. 2 RVG.
- ▶ Die Zwei-Jahresfrist berechnet sich ab dem Ende des Jahres, in dem sich der frühere Auftrag erledigt hat.

6.6 Keine spezielle gesetzliche Regelung im RVG

118 Findet sich im RVG keine spezielle gesetzliche Regelung zu der Frage, ob eine oder mehrere gebührenrechtliche Angelegenheiten vorliegen, so können die von Literatur und Rechtsprechung bereits zur BRAGO entwickelten Grundsätze herangezogen werden. Danach liegt eine Angelegenheit vor, wenn folgende drei Voraussetzungen erfüllt sind:
- **Es muss ein einheitlicher Auftrag erteilt worden sein**
- **Der gleiche Rahmen muss bei der Verfolgung mehrerer Ansprüche eingehalten werden**
- **Zwischen den einzelnen Gegenständen/Ansprüchen muss ein innerer objektiver Zusammenhang bestehen.**[33]

119 Zunächst einmal ist der dem Rechtsanwalt erteilte **Auftrag** ganz entscheidend dafür, ob gebührenrechtlich eine Angelegenheit vorliegt oder mehrere. Wird der Rechtsanwalt beauftragt, die Ansprüche etwa in getrennten Verfahren geltend zu machen, liegen zwei Angelegenheiten vor. Wenn der Rechtsanwalt beauftragt wird, die Ansprüche gemeinsam in einer Sache/einem Verfahren geltend zu machen, liegt eine Angelegenheit vor.

---

[30] Schneider/Wolf § 15 Rn. 293.
[31] BGH NJW 2006, 1525 = JurBüro 2006, 424 = AGS 2006, 323.
[32] BGH JurBüro 2010, 640.
[33] Gerold/Schmidt § 15 Rn. 8 bis 12; Hartung/Schons/Enders § 15 Rn. 37 bis 43; Mayer/Kroiß § 15 Rn. 5 bis 14; Schneider/Wolf § 15 Rn. 22 bis 36.

Beispiel: Die Eheleute beauftragen den Rechtsanwalt, ihre Schadensersatzansprüche aus einem Verkehrsunfall gemeinschaftlich geltend zu machen. 120
Es liegt eine Angelegenheit vor. Es entstehen einmal Gebühren nach dem Wert der insgesamt geltend gemachten Ansprüche.

Beispiel: Die Eheleute beauftragen den Rechtsanwalt, ihre Schadensersatzansprüche aus einem Verkehrsunfall für jeden der Ehegatten getrennt geltend zu machen. Es liegen zwei Angelegenheiten vor. Es entstehen zweimal Gebühren jeweils nach dem Wert der für den einzelnen Ehegatten geltend gemachten Ansprüche.[34] Diese Kosten können – je nach den Umständen des Einzelfalls – auch von der gegnerischen Haftpflichtversicherung zu erstatten sein.[35] 121

Entscheidend ist also nicht, wie der Rechtsanwalt die Ansprüche behandelt, also ob er zB die einzelnen Ansprüche in getrennten Schreiben geltend macht, sondern der dem Rechtsanwalt erteilte Auftrag. Hat der Rechtsanwalt den Auftrag, mehrere Ansprüche in einem Verfahren/in einer gebührenrechtlichen Angelegenheit geltend zu machen, so kann er auch nicht durch die Geltendmachung der einzelnen Ansprüche in getrennten Verfahren (etwa in einzelnen, voneinander getrennten Schreiben) mehrere Angelegenheiten im gebührenrechtlichen Sinn daraus machen. Die Mandanten können aber grundsätzlich frei entscheiden, ob sie dem Rechtsanwalt einen Auftrag zur gemeinschaftlichen Geltendmachung oder der getrennten Geltendmachung ihrer einzelnen Ansprüche erteilen. Der Rechtsanwalt wird den/die Mandanten aber über die Gebührenfolgen zu belehren haben. Insbesondere wird er zu berücksichtigen haben, dass die getrennte Geltendmachung von Ansprüchen in mehreren Prozessen möglicherweise zu Problemen bei der Kostenerstattung führen kann. Hierdurch entstandene, nicht notwendige Mehrkosten könnten nicht erstattungsfähig im Sinne des § 91 ZPO sein.[36] Die Tendenz in der Rechtsprechung geht dahin, dass die Kosten dann erstattungsfähig sind, wenn vertretbare Gründe[37] für die getrennte Geltendmachung vorlagen.[38] 122

Soll der Rechtsanwalt mehrere an demselben Verkehrsunfall beteiligte Geschädigte vertreten, wird er auch stets prüfen müssen, ob er hierdurch nicht in eine Interessenkollision nach § 43a Abs. 4 BRAO geraten kann, was dann der Fall wäre, wenn sich ein Mitverschulden eines vertretenen Geschädigten ergeben würde, so dass ein anderer Geschädigter auch diesem gegenüber Schadensersatzansprüche geltend machen könnte. Tritt eine Interessenkollision ein, verliert der Rechtsanwalt seine gesamten Vergütungsansprüche.[39] 123

Ein einheitlicher Auftrag liegt auch dann noch vor, wenn der Rechtsanwalt zu verschiedenen Zeiten beauftragt worden ist, aber Einigkeit besteht, dass die Ansprüche gemeinsam behandelt werden sollen.[40] 124

Von einem einheitlichen Auftrag kann dann nicht mehr ausgegangen werden, wenn die Aufträge zeitversetzt erteilt werden und der erste Auftrag bereits erledigt oder die erste Angelegenheit beendet ist, bevor der Auftrag für die zweite Angelegenheit erteilt wird. Anhaltspunkte dafür, wann ein dem Rechtsanwalt erteilte Auftrag erledigt oder die Angelegenheit beendet ist, ergeben sich aus § 8 RVG (→ Kap. B Rn. 4 ff.). Ist der 125

---

[34] Gerold/Schmidt § 15 Rn. 9.

[35] AG Landshut AGS 2015, 542; LG Passau AGS 2015, 440; AG Passau AGS 2016, 2; AG Limburg/Lahn RVGreport 2016, 337.

[36] Baumbach/Lauterbach, ZPO, § 91 Rn. 139, 140; KostRsp. ZPO § 91 (A) 1.3.1 mwN; KostRsp. ZPO § 91 (B-Allgemeines) Nr. 10, 13, 49, 54, 66.

[37] Siehe hierzu auch Enders JurBüro 1998, 633 „Zwei gebührenrechtliche Angelegenheiten? Gleichzeitige Tätigkeit des Rechtsanwaltes für Vater und Tochter in einer Unfallsache."

[38] Die Erstattungsfähigkeit der durch die getrennte Geltendmachung entstandenen Mehrkosten wurde bejaht zB vom AG Landshut AGS 2015, 542; LG Passau AGS 2015, 440; AG Passau AGS 2016, 2; AG Limburg/Lahn RVGreport 2016, 337.

[39] N. Schneider AGS 2015, 441; LG Saarbrücken NJW-Spezial 2015, 203 = AGS 2015, 155; BGH AnwBl 2016, 594.

[40] Gerold/Schmidt § 15 Rn. 8; Schneider/Wolf § 15 Rn. 24.

Rechtsanwalt in einem gerichtlichen Verfahren tätig, ist der Auftrag für die Tätigkeit in dem Rechtszug erledigt, wenn dieser durch Urteil, Vergleich, Beschluss oder Klagerücknahme beendet worden ist. Auch das Ergehen einer Kostengrundentscheidung beendet den Rechtszug und damit den Auftrag (→ Kap. B Rn. 6). Ein außergerichtlicher Auftrag ist erledigt, wenn das Ziel erreicht ist (zB der Gegner erfüllt den für den Mandanten geltend gemachten Anspruch) oder feststeht, dass dieses Ziel außergerichtlich nicht zu erreichen ist (zB der Gegner lehnt es ab, den außergerichtlich geltend gemachten Anspruch zu erfüllen und stellt Klage anheim) (→ Kap. B Rn. 5).[41]

126 **Beispiel:** Der Rechtsanwalt wird im März beauftragt, die rückständigen Mieten für die Monate Januar und Februar geltend zu machen. Nach anwaltlicher Aufforderung zahlt der Mieter diese Mieten. Im Mai wird der Rechtsanwalt beauftragt, die rückständigen Mieten für die Monate März und April geltend zu machen. Der monatliche Mietzins beträgt 500,00 EUR.

Es sind zwei gebührenrechtliche Angelegenheiten gegeben:

1. Angelegenheit (Geltendmachung der Mieten für die Monate Januar und Februar)
   Gegenstandswert: 1.000,00 EUR
   1) 1,3 Geschäftsgebühr §§ 2, 13, 14 RVG iVm Nr. 2300 VV RVG — 104,00 EUR
   zzgl. Auslagen und Umsatzsteuer.
2. Angelegenheit (Mieten März und April)
   Gegenstandswert: 1.000,00 EUR
   1) 1,3 Geschäftsgebühr §§ 2, 13, 14 RVG iVm Nr. 230 VV RVG — 104,00 EUR
   zzgl. Auslagen und Umsatzsteuer.

127 **Beispiel:** Der Rechtsanwalt wird von seinem Mandanten im März beauftragt, die rückständigen Mieten für die Monate Januar und Februar geltend zu machen. Er macht diese Ansprüche gegenüber dem Gegner geltend. Es entwickelt sich eine Korrespondenz um die Berechtigung der Ansprüche. Noch während der laufenden Bearbeitung dieses Mandates erteilt der Mandant dem Rechtsanwalt den Auftrag, auch die mittlerweile fällig gewordenen Mieten für die Monate März und April geltend zu machen. Der Rechtsanwalt macht auch diese beiden Mieten gegenüber dem Gegner geltend. Die monatliche Miete beträgt 500,00 EUR.

Hier liegt eine gebührenrechtliche Angelegenheit vor, denn es ist davon auszugehen, dass der Rechtsanwalt die Forderungen in derselben gebührenrechtlichen Angelegenheit für den Mandanten geltend machen soll, denn dies ist für den Mandanten die kostengünstigere Alternative. Der Rechtsanwalt kann berechnen:

Gegenstandswert: 2.000,00 EUR
1) 1,3 Geschäftsgebühr §§ 2, 13, 14 RVG iVm Nr. 2300 VV RVG — 195,00 EUR
zzgl. Auslagen und Umsatzsteuer.

128 Vom **gleichen Rahmen** bei der Verfolgung mehrerer Ansprüche wird man ausgehen können, wenn die verschiedenen Ansprüche/Gegenstände zB in **einem außergerichtlichen Schreiben angemahnt werden** oder in **einer Klage** geltend gemacht werden.[42]

129 Ein **innerer Zusammenhang** der einzelnen Gegenstände/Ansprüche wird immer dann zu bejahen sein, wenn die Ansprüche aus demselben Lebensvorgang resultieren. Nicht erforderlich ist wohl, dass die einzelnen Gegenstände/Ansprüche auf einer einheitlichen Anspruchsgrundlage beruhen. Ein innerer Zusammenhang zwischen mehreren einzelnen Gegenständen/Ansprüchen wird auch dann zu bejahen sein, wenn diese zusammen in einem gerichtlichen Verfahren geltend gemacht werden könnten.[43]

130 Bestehen in der Praxis Zweifel und befindet sich im RVG keine spezielle Regelung für den betreffenden Fall, ist zu prüfen, ob **alle drei** der vorgenannten Voraussetzungen erfüllt sind. Muss eine der drei Voraussetzungen verneint werden, so kann nicht von einer gebührenrechtlichen Angelegenheit ausgegangen werden. Es sind dann zwei oder mehrere gebührenrechtliche Angelegenheiten anzunehmen, der Rechtsanwalt kann dann zwei – oder mehrfach Gebühren gesondert und unabhängig voneinander liquidieren.

---

[41] Hartung/Schons/Enders § 8 Rn. 15; Schneider/Wolf § 8 Rn. 38.

[42] Gerold/Schmidt § 15 Rn. 10; Schneider/Wolf § 15 Rn. 31 bis 35; Hartung/Schons/Enders § 15 Rn. 41 bis 42.

[43] Gerold/Schmidt § 15 Rn. 12; Schneider/Wolf § 15 Rn. 36; Hartung/Schons/Enders § 15 Rn. 43.

Der BGH[44] hat in einem umfassend begründeten Versäumnisurteil entschieden, dass mehrere gebührenrechtliche Angelegenheiten gegeben sind, wenn ein Rechtsanwalt beauftragt ist, mit den Gläubigern eines Unternehmens zum Zwecke der Sanierung Forderungsverzichte auszuhandeln und sich mit den einzelnen Gläubigern gesondert auseinandersetzen muss. Wenn aber nur ein einheitliches Rundschreiben an die Gläubiger versandt wird, handelt es sich nach dem BGH (aaO) nur um eine einzige gebührenrechtliche Angelegenheit mit mehreren Gegenständen. **131**

Der BGH[45] hat sich mehrfach zu der Frage geäußert, ob eine oder mehrere gebührenrechtliche Angelegenheiten gegeben sind, wenn der Anwalt beauftragt ist, für einen oder mehrere Mandanten gegen **unrichtige Presseberichterstattungen** vorzugehen. In einer Entscheidung kommt der BGH[46] zu dem Ergebnis, dass dieselbe Angelegenheit auch dann noch gegeben sein könne, wenn der Rechtsanwalt sowohl von einer GmbH als auch deren Geschäftsführer, die beide durch die unrichtigen Äußerungen betroffen sind, beauftragt wird und sich die für die Mandanten ausgesprochenen Abmahnungen sowohl gegen den für das Printprodukt verantwortlichen Verlag als auch gegen die für die Verbreitung der Berichterstattung im Internet Verantwortlichen richten.[47] Die Sache wurde vom BGH[48] an das Berufungsgericht zurückverwiesen: Dieses müsse feststellen, ob im Streitfalle vertretbare sachliche Gründe für eine getrennte Beauftragung der mit diversen Abmahnungen befassten Anwaltskanzlei bestanden hätten. **132**

Wenn nur eine Angelegenheit anzunehmen ist, ist zu berücksichtigen, dass jeder Anspruch, der in dieser Angelegenheit – zusammen mit anderen Ansprüchen – verfolgt wird, gesondert mit einem eigenen Gegenstandswert zu bewerten ist. **133**

Beispiel: Der Rechtsanwalt macht außergerichtlich Unterlassungsansprüche wegen falscher Presseberichterstattung in der Printausgabe der Zeitung und in dem Onlineangebot der Zeitung sowohl für den Geschäftsführer der GmbH als auch für die GmbH selbst als Gesellschaft geltend. Wenn eine gebührenrechtliche Angelegenheit anzunehmen ist, dann sind aber die einzelnen Ansprüche der Mandanten gesondert zu bewerten und die Werte sind zu addieren. Dies könnte zB zu folgendem Wert führen: **134**

- Anspruch des Geschäftsführers gegen Verlag der Printausgabe der Zeitung (Wert: 10.000,00 EUR)
- Anspruch des Geschäftsführers gegen die Betreiberin des Onlineangebotes der Zeitung (Wert: 10.000,00 EUR)
- Anspruch der GmbH gegen Verlag der Printausgabe der Zeitung (Wert: 10.000,00 EUR)
- Anspruch der GmbH gegen die Betreiberin des Onlineangebotes der Zeitung (Wert: 10.000,00 EUR).

Die einzelnen Ansprüche wurden hier beispielhaft mit 10.000,00 EUR bewertet.

Gegenstandswert: 40.000,00 EUR (Summe der Werte der einzelnen Ansprüche, die in derselben Angelegenheit geltend gemacht werden)

1) 1,3 Geschäftsgebühr §§2, 13, 14 RVG iVm Nr. 2300 VV RVG	1.316,90 EUR
zzgl. Auslagen und Umsatzsteuer.	

Dagegen hat der BGH[49] in einem anderen Fall in welchem gegen unrichtige Presseberichterstattung vorgegangen wurde, mehrere – gebührenrechtliche – Angelegenheiten angenommen. In diesem Fall wurden außergerichtlich Unterlassungs-, Gegendarstellungs- und Richtigstellungsansprüche geltend gemacht. In den Entscheidungsgründen führt der BGH[50] aus, dass die gerichtliche Geltendmachung dieser verschiedenen Ansprüche nicht sinnvoll einheitlich erfolgen könne und schon außergerichtlich **135**

---

[44] BGH Versäumnisurteil vom 3. 5. 2005 – IX ZR 401/00 = JurBüro 2005, 595.

[45] BGH JurBüro 2010, 638; BGH JurBüro 2010, 636; BGH JurBüro 2011, 81; BGH JurBüro 2011, 82; BGH JurBüro 2011, 194; BGH JurBüro 2011, 365.

[46] BGH JurBüro 2010, 638.

[47] In seiner Begründung macht der BGH ausführliche Ausführungen zu den Kriterien: „Einheitlicher Auftrag", „Gleicher Rahmen" und „Innerer Zusammenhang", die auch zur Beurteilung anderer Fälle herangezogen werden können = BGH JurBüro 2010, 638.

[48] BGH JurBüro 2010, 638.

[49] BGH JurBüro 2010, 636.

[50] BGH JurBüro 2010, 636.

unterschiedliches Vorgehen in zwei getrennten gebührenrechtlichen Angelegenheiten (erste Angelegenheit: Einfordern der Abgabe einer strafbewährten Unterlassungsklärung/zweite Angelegenheit: Geltendmachung der Gegendarstellungs- und Richtigstellungsansprüche) geboten sei. In einer späteren Entscheidung stellt der BGH[51] klar, dass bei der Geltendmachung von

- Unterlassungsansprüchen
- Gegendarstellungsansprüchen
- Richtigstellungsansprüchen

drei verschiedene gebührenrechtliche Angelegenheiten gegeben seien.

136 In einem vom BGH[52] entschiedenen Fall hatte eine Rechtsanwältin außergerichtlich für denselben Auftraggeber gegenüber demselben Sozialhilfeträger drei unabhängig voneinander bestehende Ansprüche aus getrennten Pflegeverträgen geltend gemacht. Der BGH[53] kommt zu dem Ergebnis, dass es sich um verschiedene gebührenrechtliche Angelegenheiten handelt. In den Entscheidungsgründen führt der BGH hierzu folgendes aus: *„... der Beauftragung von Rechtsanwältin B lagen nicht nur drei getrennte Pflegeverträge, sondern auch drei unterschiedliche sozialhilferechtliche Verfahren zugrunde, die unabhängig voneinander beurteilt werden mussten. Hinsichtlich jedes Hilfeempfängers mussten die Rechtsbeziehungen innerhalb des sozialhilferechtlichen Dreiecksverhältnisses gesondert überprüft werden. Dabei war auch festzustellen, ob die abgerechneten Leistungen den Vorgaben aus dem Grund- und Sachleistungsverhältnis entsprachen. Es lagen somit mehrere Angelegenheiten iSv § 15 RVG vor ...“.*[54]

137 In einem anderen vom BGH[55] entschiedenen Fall hatte ein Kläger mit derselben Klage Feststellung begehrt, dass dem Beklagten zu 1. kein Schadensersatz in Höhe von 8.721,58 EUR zusteht und dem Beklagten zu 2. kein Schadensersatz in Höhe von 5.915,90 EUR. Der Rechtsanwalt, der beide Beklagten vertreten hat, war der Ansicht, dass für ihn zwei gebührenrechtliche Angelegenheiten gegeben seien. Der BGH[56] kommt zu dem Ergebnis, dass – da es sich um ein gerichtliches Verfahren handele – nur eine gebührenrechtliche Angelegenheit gegeben sei. Folglich seien die beiden Gegenstandswerte zu addieren und danach könne der Prozessbevollmächtigte der Beklagten nur einmal Gebühren fordern.

138 Der BGH[57] hat es als sachdienlich angesehen, wenn von dem Prozessbevollmächtigten zunächst für die Antragstellerin eine einstweilige Verfügung gegen einen Antragsgegner auf Unterlassung erwirkt wird und nach Abschluss dieses Verfahrens derselbe Rechtsanwalt für den durch dieselbe Handlung verletzten Lebensgefährten der Antragstellerin ein weiteres einstweiliges Verfügungsverfahren gegen denselben Gegner anhängig macht. Der BGH[58] hat dies insbesondere deshalb als sachdienlich angesehen, weil das Vorgehen in zwei getrennten Verfahren dazu bestimmt oder geeignet war, das **Prozessrisiko** insgesamt **zu reduzieren.**

139 Es würde den Rahmen dieses Buches sprengen, wenn an dieser Stelle Beispiele aufgelistet würden, in welchen Fällen Literatur und Rechtsprechung eine oder mehrere Angelegenheiten annehmen. Übersichten finden sich in Kommentaren zum RVG.[59]

---

[51] BGH BeckRS 2015, 20731.
[52] BGH JurBüro 2015, 462.
[53] BGH JurBüro 2015, 462.
[54] Zitiert nach den Gründen des Beschlusses des BGH JurBüro 2015, 462.
[55] BGH BeckRS 2016, 06844.
[56] BGH BeckRS 2016, 06844.
[57] BGH JurBüro 2014, 489.
[58] BGH JurBüro 2014, 489.
[59] ZB Hartung/Schons/Enders § 15 Rn. 45 ff.; Gerold/Schmidt § 15 Rn. 30 ff.; Mayer/Kroiß § 15 Rn. 15 ff.; Schneider/Wolf § 15 Rn. 37 ff.; Hansens/Braun/Schneider Teil 1 Rn. 240 ff.

Zusammenfassung

▶ Ist im RVG keine spezielle Regelung getroffen, liegt eine Angelegenheit vor, wenn folgende drei Voraussetzungen erfüllt sind: 140
- es muss ein **einheitlicher Auftrag** erteilt worden sein
- der **gleiche Rahmen** muss bei der Verfolgung mehrerer Ansprüche eingehalten werden
- zwischen den einzelnen Gegenständen/Ansprüchen muss ein **innerer** objektiver **Zusammenhang** bestehen.

II. Gebührenarten

Das RVG kennt Wertgebühren, Satzrahmengebühren und Betragsrahmengebühren. 141
Diese Gebührenarten sowie die Kriterien, die der Rechtsanwalt bei der Bestimmung einer Satz- oder Betragsrahmengebühr zu beachten hat, sollen in diesem Kapitel behandelt werden.

1. Wertgebühren

Bei den Wertgebühren, auch Festgebühren genannt, sind sowohl der Gegenstands- 142
wert als auch der Gebührensatz im RVG festgeschrieben. Der Rechtsanwalt hat bei der Bestimmung der Gebühr keinen Spielraum, kann also kein Ermessen ausüben.

Wie der Streit- bzw. Gegenstandswert zu bestimmen ist, ergibt sich aus den §§22 143
bis 33 RVG. Im Zivilprozess bestimmt sich der Gegenstandswert auch für die Anwaltsgebühren nach den Vorschriften, die für die Bestimmung des Gegenstandswertes für die Gerichtsgebühren maßgebend sind (§23 Abs. 1 S. 1 RVG) (→ Kap. E Rn. 1).

In der entsprechenden Nummer des Vergütungsverzeichnisses ist dann der Gebüh- 144
rensatz festgeschrieben (zB 1,3; 1,2; 0,8).

Kennt man den Gegenstandswert sowie den Gebührensatz, so kann man den Be- 145
trag, der schließlich dem Mandanten in Rechnung gestellt wird, aus der Gebührentabelle ablesen. Grundlage für die Gebührentabelle bildet § 13 RVG. Dem RVG ist als Anlage 2 eine Gebührentabelle beigefügt, die allerdings nur 1,0 Gebühren ausweist. Ausgehend von diesen 1,0 Gebühren lässt sich auch eine Gebühr mit einem anderen Gebührensatz leicht errechnen.

Beispiel: Nach Nr. 3100 VV RVG beträgt die Verfahrensgebühr 1,3. Nach der Tabelle zu § 13 Abs. 1 146
RVG, die dem RVG als Anlage 2 beigefügt ist, beträgt eine 1,0 Gebühr nach einem Gegenstandswert von 8.000,00 EUR 456,00 EUR

456,00 EUR × 1,3 = 592,80 EUR.

Die 1,3 Verfahrensgebühr nach einem Gegenstandswert von 8.000,00 EUR beträgt also 592,80 EUR.

Die Tabelle für die Vergütung des im Rahmen der Prozesskostenhilfe oder der 147
Verfahrenskostenhilfe beigeordneten Rechtsanwaltes findet sich in §49 RVG. Der im Rahmen der Prozesskostenhilfe oder der Verfahrenskostenhilfe beigeordnete Rechtsanwalt erhält grundsätzlich die gleichen Gebührensätze (zB 1,3; 1,2) wie der vom Mandanten beauftragte Rechtsanwalt, der für diesen tätig wird, ohne dass Prozesskostenhilfe beantragt wird (Wahlanwalt). Ab einem Gegenstandswert von 4000 EUR ergeben sich allerdings aus der Tabelle zu §49 RVG geringere Gebührenbeträge als nach der Tabelle zu §13 RVG. Der im Rahmen der Prozesskostenhilfe beigeordnete Rechtsanwalt erhält aus der Staatskasse also geringere Gebührenbeträge (ab einem Gegenstandswert von 4000 EUR) als der Wahlanwalt.

148 Wertgebühren entstehen vor allem dann, wenn der Rechtsanwalt als Prozess- oder Verfahrensbevollmächtigter in einem bürgerlichen Rechtsstreit, in einer Familiensache, in einem Rechtsstreit vor dem Arbeits-, Verwaltungs- oder Finanzgericht tätig wird. In Rechtsstreitigkeiten vor dem Sozialgericht entstehen teilweise Wert- und teilweise Betragsrahmengebühren.

Zusammenfassung

149 ▶ Bei den Wertgebühren ergibt sich der Gegenstandswert, der Gebührensatz und der Gebührenbetrag aus dem Gesetz. Grundsätzlich kann der Rechtsanwalt von diesem Gebührensatz nicht abweichen.

1.1 Hinweispflicht des Rechtsanwaltes

150 Durch Artikel 4 (18) 1. d) des KostRMoG[60] wurde § 49b) Bundesrechtsanwaltsordnung (BRAO) folgender Absatz 5 angefügt:

„Richten sich die zu erhebenden Gebühren nach dem Gegenstandswert, hat der Rechtsanwalt vor Übernahme des Auftrages hierauf hinzuweisen."

Der Rechtsanwalt wird also den Mandanten darauf hinweisen müssen, dass sich die Gebühren nach dem Gegenstandswert richten. Nach der Begründung des Gesetzes[61] will der Gesetzgeber vermeiden, dass der Mandant vor allem bei hohen Gegenstandswerten von der Höhe der Abrechnung „überrascht" wird. Durch die Hinweispflicht soll das Gebührengespräch angestoßen werden. Der Mandant, der das Abrechnungssystem der Rechtsanwälte zB aus früheren Mandaten kennt, wird sich mit dem Hinweis begnügen. Der Mandant, dem das Abrechnungssystem nicht geläufig ist, wird dem Anwalt weitere Fragen zur Höhe seiner Vergütung stellen. Auf diese Fragen wird der Rechtsanwalt eingehen und dem Mandanten die Abrechnungsgrundsätze darlegen müssen. Auf Wunsch des Mandanten wird er auch Angaben zur konkreten Höhe seiner Vergütung machen müssen.

151 **Praxistipp:**

Es empfiehlt sich, dass der Rechtsanwalt den erfolgten Hinweis an den Mandanten schriftlich dokumentiert und von dem Mandanten gegenzeichnen lässt. Dies sollte in einem gesonderten Schriftstück geschehen.

Es empfiehlt sich **nicht**, die Hinweispflicht bzw. die Bestätigung des Mandanten, dass er darauf hingewiesen worden ist, dass sich die zu erhebende Gebühren nach dem Gegenstandswert richten, in die Vollmacht oder in Mandatsbedingungen mit aufzunehmen. Im Streitfalle könnten derartige Urkunden der Inhaltskontrolle der §§ 307 ff. BGB unterliegen mit der möglichen Folge, dass die Klausel unwirksam wäre.

152 Der Rechtsanwalt hat **vor Übernahme des Auftrages** darauf hinzuweisen, dass sich die Gebühren nach dem Gegenstandswert richten. Es dürfte also auch nicht ausreichend sein, wenn erstmals in der schriftlichen Mandatsbestätigung ein entsprechender Hinweis enthalten ist.

153 Ganz überwiegend wird in der Literatur die Auffassung vertreten, dass ein Unterlassen des Hinweises nach Lage des Falles nicht nur berufsrechtliche Folgen haben kann, sondern der Mandant unter Umständen auch Schadensersatzansprüche nach §§ 280 Abs. 1, 311 Abs. 2 BGB hat, mit denen er gegenüber dem Vergütungsanspruch des Rechtsanwaltes aufrechnen kann.[62] Auch der BGH[63] und das OLG Saarbrücken[64]

---

[60] BGBl. I 2004, 718 (834), in Kraft getreten am 1. 7. 2004.
[61] Begründung des KostRMoG in BT-Drucksache 15/1971, S. 232.
[62] Hartung/Schons/Enders § 2 Rn. 24 mwN.
[63] BGH Urteil vom 24. 5. 2007 – IX ZR 89/06 = JurBüro 2007, 478.
[64] OLG Saarbrücken JurBüro 2008, 30.

haben entschieden, dass der Verstoß gegen § 49b) Abs. 5 BRAO einen Schadensersatzanspruch gem. §§ 280 Abs. 1, 311 Abs. 2 BGB begründen kann. In einem weiteren Urteil vom 11. 10. 2007 hat sich der BGH[65] mit der Beweislast beschäftigt. Danach trifft den Mandanten die Beweislast dafür, dass der Rechtsanwalt seiner Hinweispflicht aus § 49b) Abs. 5 BRAO nicht nachgekommen ist. Der Anwalt müsse allerdings konkret darlegen, in welcher Weise er belehrt haben will.

Zusammenfassung

▶ Gemäß § 49b) Abs. 5 BRAO hat der Rechtsanwalt vor Übernahme des Auftrages darauf hinzuweisen, dass sich die zu erhebenden Gebühren nach dem Gegenstandswert richten. 154
▶ Es empfiehlt sich, dass der Hinweis des Rechtsanwaltes schriftlich erfolgt und von dem Mandanten gegengezeichnet wird.

2. Rahmengebühren

Man unterscheidet zwei Arten von Rahmengebühren: die Satzrahmengebühren und die Betragsrahmengebühren. 155

2.1 Betragsrahmengebühren

Bei den Betragsrahmengebühren ist im Vergütungsverzeichnis der Mindest- und der Höchstbetrag festgelegt. So beträgt zB der Betragsrahmen der Grundgebühr in Strafsachen nach Nr. 4100 VV RVG 40 EUR bis 360 EUR. Innerhalb dieses Betragsrahmens hat der Rechtsanwalt im Einzelfall die Gebühr unter Berücksichtigung aller Umstände nach billigem Ermessen zu bestimmen. Welche Umstände bei der Bestimmung der Gebühr innerhalb des im Gesetz festgelegten Betragsrahmens vor allem zu berücksichtigen sind, ergibt sich aus § 14 RVG (→ Kap. A Rn. 164). Sind alle Umstände durchschnittlich, wird der Rechtsanwalt die sogenannte Mittelgebühr in Ansatz bringen. Die Mittelgebühr berechnet sich wie folgt: 156

Mindestbetrag + Höchstbetrag : 2 = Mittelgebühr.

Beispiel: Der Betragsrahmen der Grundgebühr in Strafsachen nach Nr. 4100 VV RVG beträgt 40,00 EUR bis 360,00 EUR. Die Mittelgebühr berechnet sich wie folgt: 157

40,00 EUR + 360,00 EUR = 400,00 EUR : 2 = 200,00 EUR.

Betragsrahmengebühren sieht das Vergütungsverzeichnis zum RVG vor allen Dingen in Straf- und Bußgeldsachen vor, aber auch für bestimmte sozialrechtliche Angelegenheiten. 158

Zusammenfassung

▶ Bei Betragsrahmengebühren ist im Gesetz der Betragsrahmen festgelegt. 159
▶ Innerhalb des im Gesetz festgelegten Betragsrahmens hat der Rechtsanwalt die Gebühr im Einzelfall unter Berücksichtigung aller Umstände, vor allem der in § 14 RVG genannten Merkmale nach billigem Ermessen zu bestimmen.

2.2 Satzrahmengebühren

Genau wie die Wertgebühren werden die Satzrahmengebühren nach dem Streit- bzw. Gegenstandswert – in Familiensachen nach dem Verfahrenswert – berechnet. Allerdings ist im Vergütungsverzeichnis für die Satzrahmengebühren nicht der konkrete Gebührensatz festgelegt, sondern ein sogenannter Satzrahmen. So ist zB die 160

[65] BGH Urteil vom 11. 10. 2007 – IX ZR 105/06 = JurBüro 2008, 145.

Geschäftsgebühr nach Nr. 2300 VV RVG für die außergerichtliche Vertretung innerhalb eines Satzrahmens von 0,5 bis 2,5 zu bestimmen. Innerhalb dieses Satzrahmens hat der Rechtsanwalt die Gebühr im Einzelfall unter Berücksichtigung aller Umstände, vor allem der in § 14 RVG genannten Merkmale nach billigem Ermessen zu bestimmen. Die Mittelgebühr bzw. der Mittelsatz wird genauso berechnet wie bei den Betragsrahmengebühren, also Mindestsatz + Höchstsatz : 2.

161 **Beispiel:** Für die Geschäftsgebühr der Nr. 2300 VV RVG beträgt der Satzrahmen 0,5 bis 2,5. Die Mittelgebühr berechnet sich wie folgt:

0,5 + 2,5 = 3,0 : 2 = 1,5.

In der Anmerkung zu Nr. 2300 VV RVG ist allerdings bestimmt, dass eine Gebühr von mehr als 1,3 nur gefordert werden kann, wenn die Tätigkeit umfangreich oder schwierig war.

162 Da sich auch die Satzrahmengebühren nach einem Gegenstandswert richten, gilt auch hier für den Rechtsanwalt die Hinweispflicht nach § 49b) Abs. 5 BRAO. Also auch wenn das Vergütungsverzeichnis für die Tätigkeit Satzrahmengebühren vorsieht, hat der Rechtsanwalt vor Übernahme des Auftrages den Mandanten darauf hinzuweisen, dass sich die zu erhebenden Gebühren nach dem Gegenstandswert berechnen (→ Kap. A Rn. 150).

Der Mindestbetrag einer Gebühr beträgt gemäß § 13 Abs. 2 RVG 15 EUR.

Zusammenfassung

163
- ▶ Bei den Satzrahmengebühren ist im Vergütungsverzeichnis zum RVG der Satzrahmen festgelegt (zB 0,5 bis 2,5).
- ▶ Innerhalb dieses Satzrahmens hat der Rechtsanwalt den Gebührensatz, den er letztlich in Ansatz bringt, im Einzelfall unter Berücksichtigung aller Umstände, insbesondere der in § 14 RVG genannten Merkmale nach billigem Ermessen zu bestimmen.
- ▶ Die Satzrahmengebühr richtet sich nach einem Gegenstandswert, so dass hier für den Rechtsanwalt die Hinweispflicht des § 49b) Abs. 5 BRAO besteht.

2.3 Bestimmung der Rahmengebühr

164 Eine Betrags- oder eine Satzrahmengebühr hat der Rechtsanwalt im Einzelfall unter Berücksichtigung aller Umstände nach billigem Ermessen zu bestimmen. Nach § 14 Abs. 1 RVG hat er hierbei vor allem zu berücksichtigen:

- Umfang der anwaltlichen Tätigkeit
- Schwierigkeit der anwaltlichen Tätigkeit
- Bedeutung der Angelegenheit für den Auftraggeber
- Einkommens- und Vermögensverhältnisse des Auftraggebers
- das Haftungsrisiko des Rechtsanwaltes.

Praxistipp:

165 Infolge des teilweise sehr weiten Satzrahmens im RVG (zB Nr. 2300 VV RVG 0,5 bis 2,5 Geschäftsgebühr) wird der Rechtsanwalt die Höhe des von ihm in Ansatz gebrachten Gebührensatzes unter Umständen begründen müssen. Es ist daher dringend erforderlich, dass der Rechtsanwalt Aufzeichnungen im Hinblick auf die vorgenannten Kriterien des § 14 Abs. 1 RVG tätigt, die ihn später in die Lage versetzen, darzulegen, warum der von ihm in Ansatz gebrachte Gebührensatz oder der Gebührenbetrag gerechtfertigt ist. Insbesondere sollte er Aufzeichnungen zum Umfang der anwaltlichen Tätigkeit machen, da sich der zeitliche Arbeitsaufwand des Rechtsanwaltes im Nachhinein nicht mehr so einfach an Hand der Akte nachvollziehen lässt.

2.3.1 Umfang der anwaltlichen Tätigkeit

Hierunter fällt insbesondere der **zeitliche Aufwand**, den der Rechtsanwalt für die Bearbeitung des Mandats verwenden muss.[66] Zu berücksichtigen ist zB der Zeitaufwand für 166
- Besprechungen mit dem Mandanten
- Besprechungen mit dem Gegner oder einem Dritten
- Sichten und Lesen der Unterlagen
- Suchen und Studium von Fachliteratur und einschlägiger Rechtsprechung
- Dauer der Hauptverhandlung in einer Strafsache
- Verfassen und Ausfertigen von Schriftsätzen und Schreiben
- Vorbereitung von Gerichts- oder Besprechungsterminen
- Tätigkeiten betreffend Nebenverfahren, die zum Rechtszug gehören.

Aufgrund der weiten Tätigkeitsfelder des Rechtsanwaltes kann die vorstehende Aufzählung nicht abschließend sein, sondern nur beispielhaft.

Es ist nicht nur der zeitliche Aufwand für Tätigkeiten zu berücksichtigen, die nach 167 außen hin „sichtbar" sind. Sondern es sind auch Arbeitsleistungen zu berücksichtigen, die „intern" erbracht wurden, wie zB der zeitliche Aufwand für das Studium von Fachliteratur und einschlägiger Rechtsprechung.

2.3.2 Schwierigkeit der anwaltlichen Tätigkeit

Schwierig ist die Tätigkeit des Rechtsanwaltes dann, wenn erhebliche im Normal- 168 fall nicht auftretende Probleme auftauchen.[67] Unerheblich ist, ob diese Probleme auf juristischem Gebiet oder im tatsächlichen liegen.

Es kommt darauf an, ob die Sache **objektiv schwierig** ist, nicht darauf, ob sie sich für den bearbeitenden Anwalt als schwierig darstellt. Handelt es sich bei dem bearbeitenden Anwalt um einen Spezialisten, für den die objektiv schwierige Sache aufgrund seiner speziellen Kenntnisse „nicht schwierig" ist, bleibt es dabei, dass sich das Merkmal „Schwierigkeit" als gebührenerhöhend auswirkt.[68]

Obwohl in der Literatur versucht wird, zu katalogisieren,[69] welche Tätigkeitsbereiche stets schwierig sind, wird meines Erachtens immer der Einzelfall zu betrachten sein.

2.3.3 Bedeutung der Angelegenheit

Hier kommt es darauf an, welche **Bedeutung** die Angelegenheit **für den Auftrag-** 169 **geber** des Rechtsanwaltes hat. Zu berücksichtigen sind mögliche Folgen des Ausgangs der Sache für den Auftraggeber, unabhängig davon, ob sie im tatsächlichen, im persönlichen oder im wirtschaftlichen liegen. Von großer Bedeutung ist eine Angelegenheit für den Auftraggeber insbesondere dann, wenn sie zu erheblichen wirtschaftlichen Einbußen, dem Verlust des Arbeitsplatzes oder ähnlichem führen kann.

Beispiel: Vertritt der Rechtsanwalt den Betroffenen/Angeklagten zB wegen einer Verkehrsstraf- 170 tat und steht der Entzug der Fahrerlaubnis im Raum, so ist die Sache sicherlich für einen Berufskraftfahrer, dem der Verlust seines Arbeitsplatzes und damit erhebliche Einschnitte in der wirtschaftlichen Existenz drohen von größerer Bedeutung, als wenn der Rechtsanwalt wegen des gleichen Vorwurfes einen Rentner vertritt.

---

66 Gerold/Schmidt § 14 Rn. 18 ff.; Enders JurBüro 2005, 459.
67 Gerold/Schmidt § 14 Rn. 22; Hartung/Schons/Enders § 14 Rn. 36; Enders JurBüro 2005, 515.
68 Schneider/Wolf § 14 Rn. 34; Hartung/Schons/Enders § 14 Rn. 36.
69 Zum Beispiel: Otto NJW 2006, 1472 (1474).

2.3.4 Einkommens- und Vermögensverhältnisse des Mandanten

171 Bei der Bestimmung der Rahmengebühr sind auch die Einkommens- und Vermögensverhältnisse des Mandanten zu berücksichtigen. Bessere – über dem Durchschnitt der Bevölkerung liegende – Einkommens- und Vermögensverhältnisse des Mandanten können eine über der Mittelgebühr liegende Gebühr rechtfertigen. Dagegen können unterdurchschnittliche wirtschaftliche Verhältnisse des Mandanten den Ansatz einer niedrigeren Gebühr bedingen. „Für die gleiche Leistung hat deshalb ein wirtschaftlich gut gestellter Auftraggeber eine höhere Vergütung zu entrichten als ein wenig bemittelter Mandant."[70] Vielfach wird in der Literatur als durchschnittliches monatliches Bruttoeinkommen ein Betrag in Höhe von 1500 EUR angenommen.[71] Ist das tatsächliche monatliche Einkommen des Mandanten höher, kann über eine höhere Gebühr innerhalb des Rahmens nachgedacht werden. Ist das tatsächliche Einkommen niedriger kann dies dazu führen, dass ein unter der Mittelgebühr liegender Betrag in Ansatz zu bringen ist. Allerdings kann der Zu- oder Abschlag wieder durch andere über- oder unterdurchschnittliche Kriterien kompensiert werden.[72]

2.3.5 Haftungsrisiko des Rechtsanwaltes

172 Gemäß § 14 Abs. 1 S. 2 RVG **kann** ein besonderes Haftungsrisiko des Rechtsanwaltes bei der Bemessung der Höhe einer **Satzrahmen**gebühr herangezogen werden. Ist die Bearbeitung des Mandates für den Rechtsanwalt also mit einem besonderen Haftungsrisiko verbunden, so kann dies den Ansatz einer höheren Gebühr innerhalb des im Gesetz festgelegten Rahmens rechtfertigen. Dies sollte insbesondere dann geschehen, wenn das Gesetz den Gegenstandswert nach oben hin begrenzt. So ist zB in Unterhaltssachen der Gegenstandswert auf den für die ersten 12 Monate nach Einreichung der Klage oder des Zahlungsantrages geforderten Unterhalt zuzüglich eventuell noch geltend gemachter Rückstände begrenzt (§ 51 Abs. 1 und 2 FamGKG). Die Haftung des Rechtsanwaltes kann sich aber auch über eventuelle Differenzen für weit mehr als 1 Jahr erstrecken.[73]

173 Bei **Betragsrahmen**gebühren **ist** das Haftungsrisiko zu berücksichtigen (§ 14 Abs. 1 S. 3 RVG). Bei Betragsrahmengebühren soll das Haftungsrisiko laut der Begründung des RVG[74] grundsätzlich Berücksichtigung finden, weil in diesen Fällen, anders als bei Satzrahmengebühren, die sich nach einem Gegenstandswert richten, das Haftungsrisiko sonst bei der Höhe der Gebühr keine Berücksichtigung finden würde. Bei Satzrahmengebühren, die sich nach einem Gegenstandswert berechnen, findet das Haftungsrisiko allein schon über den Gegenstandswert Berücksichtigung bei der Höhe der Gebühr (hoher Gegenstandswert – evtl. hohes Haftungsrisiko – hohe Gebühren).

2.3.6 Sonstige zu berücksichtigende Merkmale

174 Nach § 14 Abs. 1 S. 1 RVG bestimmt der Rechtsanwalt die Gebühr im Einzelfall unter Berücksichtigung **aller Umstände.** Also können nicht nur die in § 14 Abs. 1 RVG genannten Kriterien bei der Bestimmung der Gebühr innerhalb des gesetzlichen Rahmens berücksichtigt werden, sondern zum Beispiel auch:

- Arbeit des Rechtsanwaltes an Samstagen (Erhöhung um 0,2 bis 0,3), Sonn- (Erhöhung um 0,3 bis 0,4) und Feiertagen (Erhöhung um 0,4 bis 0,5)[75]

---

[70] Zitiert nach Gerold/Schmidt § 14 Rn. 18.

[71] Gerold/Schmidt § 14 Rn. 35; Schneider/Wolf § 14 Rn. 42; Mayer/Kroiß § 14 Rn. 28.

[72] Hartung/Schons/Enders § 14 Rn. 17; Schneider/Wolf § 14 Rn. 64; siehe hierzu auch nachfolgend → Kap. A Rn. 176.

[73] Schneider/Wolf § 14 Rn. 47 bis 53; Hartung/Schons/Enders § 14 Rn. 48 u. 49.

[74] Begründung des KostRMoG in BT-Drucksache 15/1971, S. 189.

[75] Gerold/Schmidt § 14 Rn. 39; Schneider/Wolf § 14 Rn. 55; Bischof/Jungbauer § 14 Rn. 13; Hansens/Braun/Schneider Teil 1 Rn. 150.

- Arbeit des Rechtsanwaltes zur Nachtzeit[76]
- besonders eilige Angelegenheiten[77]
- Vertretung der Interessen des Mandanten in der Öffentlichkeit, zB gegenüber der Presse[78]
- Erfolg der anwaltlichen Tätigkeit[79]
- der „gute Ruf" des Rechtsanwaltes.[80]

Beispiel: Der Mandant kann nur an einem Sonntag in die Kanzlei zur Besprechung kommen. Es 175
ist meines Erachtens nicht einzusehen, wieso dies nicht den Ansatz einer höheren Gebühr rechtfertigen soll. *Mayer* schlägt hierfür einen Zuschlag von 0,4 vor.[81]

2.3.7 Ansatz der Mittelgebühr

Da es oft schwierig ist, innerhalb des im Gesetz festgelegten Gebührenrahmens die 176
konkrete Gebühr zu bestimmen, wird oft in der Praxis auf die **Mittelgebühr** zurückgegriffen. Sind alle in § 14 genannten Merkmale durchschnittlicher Art, ist der Ansatz der Mittelgebühr sicherlich angemessen. Eine über der Mittelgebühr liegende Gebühr kann aber schon dann gerechtfertigt sein, wenn ein einzelnes Kriterium (§ 14 Abs. 1 RVG) überdurchschnittlich ist (zB große Bedeutung der Angelegenheit für den Auftraggeber). Sind in derselben Sache andere Bemessungsfaktoren als weit unterdurchschnittlich zu beurteilen, so kann dadurch das überdurchschnittliche Kriterium kompensiert werden, so dass es im Ergebnis bei dem Ansatz der Mittelgebühr bleibt (zB hohe Bedeutung der Angelegenheit für den Auftraggeber, aber sehr schlechte wirtschaftliche Verhältnisse).[82]

Praxistipp:

In der Praxis wird meines Erachtens viel zu oft auf die Mittelgebühr zurückgegriffen, obwohl 177
eine höhere Gebühr unter Berücksichtigung der Bemessungsfaktoren des § 14 Abs. 1 RVG begründet werden könnte. Bevor also einfach die Mittelgebühr in Ansatz gebracht wird, sollte stets geprüft werden, ob nicht eine höhere Gebühr begründet werden kann.

2.3.8 Ermessensspielraum des Rechtsanwaltes

Nach einer weit verbreiteten Meinung in Rechtsprechung und Literatur ist dem 178
Rechtsanwalt bei der Bestimmung der Gebühr ein **Ermessensspielraum** von **20 bis 30 %** zuzugestehen.[83]

Liegt die vom Rechtsanwalt in Ansatz gebrachte Gebühr um nicht mehr als 20 bis 179
30 % über dem, was der Dritte (zB der Rechtsschutzversicherer oder der Rechtspfleger) für angemessen erachtet, so bleibt es aufgrund des dem Rechtsanwalt zuzubilligenden Ermessensspielraumes bei der vom Rechtsanwalt in Ansatz gebrachten Gebühr.

---

[76] Hansens/Braun/Schneider Teil 1, Rn. 180.
[77] Hansens/Braun/Schneider Teil 1, Rn. 187.
[78] Hansens/Braun/Schneider Teil 1, Rn. 181 unter Hinweis auf OLG Hamm AnwBl. 2002, 664.
[79] Hansens/Braun/Schneider Teil 1, Rn. 173; Schneider/Wolf § 14 Rn. 55.
[80] Schneider/Wolf § 14 Rn. 55.
[81] Gerold/Schmidt § 14 Rn. 39.
[82] Gerold/Schmidt § 14 Rn. 10 ff.
[83] Gerold/Schmidt § 14 Rn. 12; Schneider/Wolf § 14 Rn. 79 bis 89; Mayer/Kroiß § 14 Rn. 56; AG Limburg RVGreport 2009, 98 = AGS 2009, 161 – 30 %; LG Potsdam AGS 2009, 590 – 20 bis 30 %; LG Chemnitz Beschluss vom 22. 10. 2009 – 2 Qs 82/09–20 bis 30 %; AG Saarbrücken RVGreport 2006, 181 – bis 30 %; LG Zweibrücken JurBüro 2008, 311 – bis 25 %; Kammergericht JurBüro 2011, 414 – 20 %.

180 **Beispiel:** Der Rechtsanwalt hat eine Geschäftsgebühr in Höhe von 1,3 nach Nr. 2300 VV RVG in Ansatz gebracht. Der Rechtsschutzversicherer will nur eine 1,1 Gebühr ersetzen. Ausgehend von dem dem Rechtsanwalt zuzugestehenden Ermessensspielraum von 20 % ergibt sich folgendes:
1,1 + 20 % = 0,22.
1,1 + 0,22 = 1,32.
Also liegt die vom Rechtsanwalt in Ansatz gebrachte Gebühr von 1,3 noch innerhalb des ihm zuzubilligenden Ermessensspielraumes.

181 Der BGH – IX. Senat[84] – hat unter Bestätigung des anwaltlichen Ermessensspielraums entschieden, dass es einer gerichtlichen Überprüfung entzogen ist, wenn der Rechtsanwalt anstelle einer 1,3 Geschäftsgebühr (die nach der Ansicht des BGH in der entsprechenden Sache gerechtfertigt war) eine 1,5 Geschäftsgebühr angesetzt hat. Denn die vom Rechtsanwalt berechnete 1,5 Geschäftsgebühr Nr. 2300 VV RVG liege noch innerhalb des ihm zuzugestehenden Ermessensspielraums (1,3 + 20 % (0,26) = 1,56). Allerdings hat der VIII. Senat des BGH[85] klargestellt, dass der Ermessensspielraum bei der Beurteilung, ob die anwaltliche Tätigkeit umfangreich oder schwierig sei, nicht zur Anwendung komme. Eine höhere, als eine 1,3 Geschäftsgebühr Nr. 2300 VV RVG kann also nur angesetzt werden, wenn die anwaltliche Tätigkeit umfangreich oder schwierig war (Anmerkung zu Nr. 2300 VV RVG).

2.3.9 Bindung an die Bestimmung der Gebühr

182 Der Rechtsanwalt ist an die einmal von ihm getroffene Bestimmung der Gebühr gebunden, sobald die entsprechende Erklärung (= Vergütungsberechnung) dem Mandanten zugegangen ist (§§ 315 Abs. 2, 130 Abs. 1 S. 1 BGB).[86]

Abweichen kann er von der einmal getroffenen Bestimmung nur dann, wenn er sich dies erkennbar vorbehalten hat. Nach einer Entscheidung des OLG Köln[87] kann ausnahmsweise der Gebührensatz nachträglich geändert werden, wenn der Rechtsanwalt einen Gebührentatbestand versehentlich übersehen hat oder wenn sich nachträglich wesentliche Änderungen der für die Gebührenbestimmung maßgeblichen Umstände ergeben hatten, die bei Erstellung der Kostenberechnung noch nicht bekannt gewesen sind.

Praxistipp:

183 Vorschussanforderungen sollten klar als solche deklariert werden.
Auch wenn – wie in der Praxis üblich – der Gegner in einem ersten anwaltlichen Schreiben zur Zahlung der Hauptforderung, der Verzugszinsen und der Anwaltskosten aufgefordert wird, sollte sich der Rechtsanwalt in der Vergütungsberechnung die Erhöhung des Gebührensatzes vorbehalten.

Dies könnte zB durch folgende Zusätze schon in der Vergütungsberechnung geschehen:

---

84 BGH AnwBl 2011, 402 = JurBüro 2011, 301.

85 BGH –VIII. Senat JurBüro 2012, 582 (Anders hatte zunächst der VI. Senat (= BGH – VI. Senat JurBüro 2012, 467) entschieden, der allerdings an seiner Rechtsauffassung nicht weiter festhält, wie aus den Gründen der Entscheidung des VIII. Senats (aaO) hervorgeht und wie der VI. Senat in einer späteren Entscheidung (BGH –VI. Senat-Beschluss vom 5. 2. 2013 – VI ZR 195/12 = JurBüro 2013, 358 selbst ausführt).

86 Gerold/Schmidt § 14 Rn. 4; Burhoff A. Vergütungs-ABC, Rahmengebühr (§ 14), Rn. 1616 ff.; Schneider/Wolf § 14 Rn. 93 und 94; OLG Düsseldorf JurBüro 1998, 412; Kammergericht JurBüro 2004, 484.

87 OLG Köln RVGreport 2010, 138.

Formulierungsvorschlag

1,3 Geschäftsgebühr §§ 2, 13, 14 RVG iVm Nr. 2300 VV RVG
– vorläufiger Ansatz –
oder – Nachliquidation bleibt vorbehalten –
oder – endgültige Bestimmung des Gebührensatzes kann erst am Ende des Mandats erfolgen, daher ist mit Nachforderungen zu rechnen –.

Beispiel: In dem ersten Aufforderungsschreiben an den Gegner macht Rechtsanwalt M für seinen Mandanten die Hauptforderung, Zinsen und die Anwaltskosten geltend. In der diesem Schreiben beigefügten Vergütungsberechnung hat er eine 1,3 Geschäftsgebühr angesetzt. Nach Zugang des Schreibens meldet sich für den Gegner ein anderer Rechtsanwalt. Es entwickelt sich ein umfangreicher Schriftverkehr. Mehrere Besprechungen zwischen den Rechtsanwälten werden geführt. Am Ende des Mandates ist Rechtsanwalt M der Auffassung, dass der Umfang der anwaltlichen Tätigkeit eine 2,5 Geschäftsgebühr rechtfertigt. Wenn Rechtsanwalt M in der ersten Vergütungsberechnung einen entsprechenden Vorbehalt gemacht hat, dann wird er am Ende des Mandats eine 2,5 Geschäftsgebühr ansetzen können. Wenn er sich dies nicht entsprechend vorbehalten hat, dann wird dem möglicherweise entgegenstehen, dass er an die Bestimmung in der ersten Vergütungsberechnung gebunden ist. 184

2.3.10 Gutachten der Rechtsanwaltskammer im Rechtsstreit

Gemäß § 14 Abs. 2 RVG hat das Gericht im Rechtsstreit ein Gutachten des Vorstandes der Rechtsanwaltskammer einzuholen, **soweit die Höhe der Gebühr streitig ist.** Dies gilt auch im Verfahren nach § 495a ZPO. Der Vorstand der Rechtsanwaltskammer hat das Gutachten kostenlos zu erstellen. 185

Vorstehendes gilt nach ganz überwiegender Meinung in der Literatur nur in dem Rechtsstreit des Rechtsanwaltes gegenüber seinem Mandanten.[88]

Zusammenfassung

- Eine Rahmengebühr hat der Rechtsanwalt gemäß § 14 Abs. 1 RVG im Einzelfall unter Berücksichtigung aller Umstände nach billigem Ermessen **innerhalb des im Gesetz festgelegten Rahmens** zu bestimmen. 186
- Hierbei hat er insbesondere folgende Bemessungsfaktoren zu berücksichtigen:
  - Umfang der anwaltlichen Tätigkeit
  - Schwierigkeit der anwaltlichen Tätigkeit
  - Bedeutung der Angelegenheit
  - Einkommens- und Vermögensverhältnisse des Mandanten
  - Haftungsrisiko.
- Bevor in der Praxis auf die Mittelgebühr zurückgegriffen wird, ist stets zu prüfen, ob sich nicht eine höhere Gebühr begründen lässt.
- Der Rechtsanwalt ist an die von ihm einmal getroffene Bestimmung der Höhe der Gebühr oder des Gebührensatzes gebunden, es sei denn, er hat sich eine Erhöhung vorbehalten.
- Dem Rechtsanwalt ist ein Ermessensspielraum von 20 bis 30 % zuzubilligen.
- Gemäß § 14 Abs. 2 RVG hat das Gericht in einem Rechtsstreit ein Gutachten des Vorstandes der Rechtsanwaltskammer einzuholen, soweit die Höhe der Gebühr streitig ist. Das Gutachten ist kostenlos zu erstellen.

---

[88] Gerold/Schmidt § 14 Rn. 64; Schneider/Wolf § 14 Rn. 100; **Anderer Meinung:** Schons NJW 2005, 1024 (1025) – Gutachten ist auch dann einzuholen, wenn die Gebühr von einem Dritten im Rahmen eines materiellrechtlichen Kostenerstattungsanspruches verlangt wird; die Rechtsanwaltskammern werden auch in diesen Fällen ein Gutachten erstatten!

III. Auslagen

187 Auslagen sind in Teil 7 des Vergütungsverzeichnisses geregelt.

Die allgemeinen Geschäftskosten des Anwaltes (wie zB Büromiete, Personalkosten, Büromaterial, Büromöbel, Computer und Zubehör etc.) sind mit den Gebühren entgolten (Vorbemerkung 7 Abs. 1 S. 1 VV RVG). Soweit in Teil 7 des Vergütungsverzeichnisses (Nr. 7000 bis 7008) nichts anderes bestimmt ist, kann der Rechtsanwalt Ersatz der im Rahmen des Mandates entstandenen Aufwendungen (§ 675 iVm § 670 BGB) verlangen (Vorbemerkung 7 Abs. 1 S. 2 VV RVG). Hierunter fallen zB Gerichtskosten und auch Auslagenvorschüsse für Zeugen und Sachverständige, die der Rechtsanwalt aus eigenen Mitteln für den Mandanten vorlegt und bei Gericht einzahlt. Hierunter fallen zB auch im Rahmen eines Zwangsvollstreckungsmandats vom Rechtsanwalt vorgelegte Gerichtsvollzieherkosten, Verwaltungskosten für Auskünfte des Einwohnermelde- oder Gewerbeamts. Auch die Kosten für die Aktenübersendung wird der Rechtsanwalt meines Erachtens über die Vorschrift von dem Mandanten ersetzt verlangen können. Daneben kann der Rechtsanwalt Auslagen verlangen, soweit dies in Teil 7 VV RVG ausdrücklich bestimmt ist.

1. Dokumentenpauschale

188 Gemäß Nr. 7000 VV RVG kann der Rechtsanwalt eine Pauschale für die Herstellung und Überlassung von Dokumenten in den in Ziffer 1 a) bis d) geregelten Fällen erhalten. Die Dokumentenpauschale kann anfallen für
- Kopien
- Ausdrucke
- Übermittlung durch Telefax (letzteres geregelt in Satz 2 der Anmerkung zu Nr. 7000 VV RVG).

Auszug aus dem VV RVG

189

Nr.	Auslagentatbestand	Höhe
7000	Pauschale für die Herstellung und Überlassung von Dokumenten: 1. für Kopien und Ausdrucke a) aus Behörden- und Gerichtsakten, soweit deren Herstellung zur sachgemäßen Bearbeitung der Rechtssache geboten war, b) zur Zustellung oder Mitteilung an Gegner oder Beteiligte und Verfahrensbevollmächtigte aufgrund einer Rechtsvorschrift oder nach Aufforderung durch das Gericht, die Behörde oder die sonst das Verfahren führende Stelle, soweit hierfür mehr als 100 Seiten zu fertigen waren, c) zur notwendigen Unterrichtung des Auftraggebers, soweit hierfür mehr als 100 Seiten zu fertigen waren, d) in sonstigen Fällen nur, wenn sie im Einverständnis mit dem Auftraggeber zusätzlich, auch zur Unterrichtung Dritter, angefertigt worden sind:	
	für die ersten 50 abzurechnenden Seiten je Seite	0,50 €
	für jede weitere Seite	0,15 €
	für die ersten 50 abzurechnenden Seiten in Farbe je Seite	1,00 €
	für jede weitere abzurechnende Seite in Farbe	0,30 €
	2. für die Überlassung von elektronisch gespeicherten Dateien oder deren Bereitstellung zum Abruf anstelle der in Nummer 1 Buchstabe d genannten Kopien und Ausdrucke: je Datei	1,50 €
	für die in einem Arbeitsgang überlassenen, bereitgestellten oder in einem Arbeitsgang auf denselben Datenträger übertragenen Dokumente insgesamt höchstens	5,00 €

Nr.	Auslagentatbestand	Höhe
	(1) Die Höhe der Dokumentenpauschale nach Nummer 1 ist in derselben Angelegenheit und in gerichtlichen Verfahren in demselben Rechtszug einheitlich zu berechnen. Eine Übermittlung durch den Rechtsanwalt per Telefax steht der Herstellung einer Kopie gleich. (2) Werden zum Zweck der Überlassung von elektronisch gespeicherten Dateien Dokumente im Einverständnis mit dem Auftraggeber zuvor von der Papierform in die elektronische Form übertragen, beträgt die Dokumentenpauschale nach Nummer 2 nicht weniger, als die Dokumentenpauschale im Fall der Nummer 1 betragen würde.	

Im Nachstehenden sollen die einzelnen Regelungen der Nr. 7000 VV RVG näher betrachtet werden.

1.1 Nummer 7000 Ziffer 1 a)

Der Rechtsanwalt kann die Dokumentenpauschale für **Kopien aus Behörden- und Gerichtsakten** verlangen, soweit deren Herstellung zur sachgemäßen Bearbeitung der Rechtssache geboten war. 190

Beispiel: Der Rechtsanwalt vertritt den Mandanten in einer Strafsache. Ihm wird Einsicht in die amtliche Ermittlungsakte gewährt. Der Rechtsanwalt fertigt hieraus die notwendigen Kopien. Für diese Kopien kann er Dokumentenpauschalen verlangen. 191

Beispiel: Der Rechtsanwalt vertritt den Mandanten in einer verwaltungsgerichtlichen Angelegenheit. Er fordert die Behördenakte an und fertigt hieraus die notwendigen Kopien. Die Dokumentenpauschale fällt an. 192

In diesem Falle kann die Dokumentenpauschale ab der ersten Kopie verlangt werden. 193

Bis zum Inkrafttreten der Änderungen durch das 2. KostRMoG[89] wurde ganz überwiegend die Meinung[90] vertreten, dass der Rechtsanwalt auch dann die Dokumentenpauschale Nr. 7000 Ziffer 1 a) VV RVG ansetzen kann, wenn er die Behörden- oder Gerichtsakten nicht kopiert, sondern diese scannt. Nach Inkrafttreten der Änderungen durch das 2. KostRMoG wird in der Rechtsprechung die Auffassung vertreten, dass der Rechtsanwalt, der die ihm zur Einsichtnahme überlassene Behörden- oder Gerichtsakte nicht kopiert, sondern scannt, die Dokumentenpauschale der Nr. 7000 Ziffer 1 a) VV RVG nicht mehr ansetzen könne[91]. Dem ist meines Erachtens nicht zu folgen.[92] Auch nach dem Willen des Gesetzgebers soll nach der Änderung der Nr. 7000 Ziffer 1 VV RVG die Dokumentenpauschale entstehen, wenn der Rechtsanwalt die Behörden- oder Gerichtsakte scannt anstatt zu kopieren. Dies stellt Klüsener[93] in einem Beitrag in der Zeitschrift „Das juristische Büro“[94]ausdrücklich klar, das Fazit in seinem Beitrag lautet: *„Auch nach der Neufassung des Tatbestandes der Dokumentenpauschale durch das 2. KostRMoG steht dem Rechtsanwalt für das Einscannen von Bestandteilen aus Behörden- und Gerichtsakten die Dokumenten-* 194

[89] BGBl I 2013, 2586 f. – In Kraft getreten am 1.8.2013.

[90] LSG Bayern, NZS 2013, 399 (L) = BeckRS 2013, 66018; OLG Bamberg JurBüro 2006, 588; LG Würzburg NJOZ 2006, 3983 = BeckRS 2006, 08403.

[91] So zB AG Hannover JurBüro 2014, 358.

[92] So auch: Meyer JurBüro 2014, 127 und so auch Gebührenreferenten der Rechtsanwaltskammern RVGreport 2014, 297.

[93] Werner Klüsener ist Mitarbeiter im Kostenrechtsreferat des Bundesministeriums der Justiz und für Verbraucherschutz. In dieser Funktion war er an den Kostenrechtsmodernisierungsgesetzen 2004 und 2013 beteiligt, auch als Mitglied der vorbereitenden Expertenkommissionen „BRAGO“ und „Reform der Notarkosten“.

[94] So Klüsener JurBüro 2016, 1.

pauschale zu, soweit deren Herstellung zur sachgemäßen Bearbeitung der Rechtssache geboten war. Ein Ausdruck ist nicht erforderlich. Die Begründungen der gegenteiligen Entscheidungen überzeugen nicht."[95]

195 Scannt der Rechtsanwalt zunächst den Inhalt der Behörden- oder Gerichtsakte und druckt die Seiten dann aus, **fällt** die Dokumentenpauschale nach Nr. 7000 Ziffer 1 a) VV RVG **an.** In diesem Fall kann es dennoch bei der **Erstattung** der Dokumentenpauschale zu Problemen kommen, wenn die erstattungspflichtige Partei oder die Staatskasse einwendet, dass der Ausdruck zur sachgemäßen Bearbeitung der Sache nicht notwendig war.[96]

196 In der Praxis tritt häufig Streit auf, wenn die Staatskasse – etwa nach einem Freispruch in einer Strafsache oder wenn der Rechtsanwalt zum Pflichtverteidiger bestellt wurde – die Dokumentenpauschale zu erstatten hat. Es wird dann eingewandt, dass es zur sachgemäßen Bearbeitung der Rechtssache nicht geboten war, die amtliche Ermittlungsakte komplett abzulichten und die **Anzahl der abgerechneten Seiten wird gekürzt.**[97] Das LG Essen[98] hat hierzu eine sehr praxisgerechte Entscheidung gefällt: „*Bei der Beurteilung der Frage, welche Ablichtungen durch den Verteidiger aus der amtlichen Ermittlungsakte zur sachgemäßen Bearbeitung der Rechtssache geboten sind, ist auf kleinliche Differenzierungen zu verzichten. Es begegnet, auch mit Blick auf die spätere Erstattung von Auslagen keiner Bedenken, wenn der Verteidiger die Akten einer Kanzleikraft übergibt und vollständig (einschließlich Beiakten, der Aktendeckel und lose einliegender Blätter) ablichten lässt.*"[99]

197 Werden in einer Strafsache die amtlichen Ermittlungsakten nach Anklageerhebung dem zum Pflichtverteidiger bestellten Rechtsanwalt nur in digitalisierter Form (sogenannte „e-Akte") vom Gericht zur Verfügung gestellt, kann der Pflichtverteidiger nicht vorschussweise Erstattung der Dokumentenpauschale nach Nr. 7000 Ziffer 1 a) VV RVG für den kompletten Ausdruck der Akte aus der Staatskasse verlangen. Es ist dem Pflichtverteidiger zuzumuten, sich zunächst mit Hilfe der „e-Akte" in den Sachverhalt einzuarbeiten und zu prüfen, welche (zentralen) Aktenbestandteile für die weitere Verteidigung auch in Papierform benötigt werden. Nur für den Ausdruck dieser Seiten kann dann auch die Dokumentenpauschale der Nr. 7000 Ziffer 1 a) VV RVG aus der Staatskasse verlangt werden.[100]

1.2 Nummer 7000 Ziffer 1 b)

198 Der Rechtsanwalt kann die Dokumentenpauschale nach der Nr. 7000 Ziffer 1 b) VV RVG für Kopien und Ausdrucke verlangen, die er zur Zustellung oder Mitteilung an den Gegner oder Beteiligte und Verfahrensbevollmächtigte **aufgrund einer Rechtsvorschrift oder nach Aufforderung durch das Gericht,** die Behörde oder die sonst das Verfahren führende Stelle fertigt.

In Zivilprozessen wird der Rechtsanwalt in der Regel die Klageschrift oder sonstige Schriftsätze in dreifacher Ausfertigung bei Gericht einreichen, nämlich
- das Original des Schriftsatzes mit Anlagen
- beglaubigte Abschrift des Schriftsatzes mit Anlagen
- einfache Abschrift des Schriftsatzes.

---

[95] Zitiert nach Klüsener JurBüro 2016, 1 (3).

[96] So zB Kammergericht, Beschluss vom 28. 8. 2015 – 1 Ws 51/15.

[97] Siehe hierzu Hartung/Schons/Enders Nr. 7000 VV Rn. 10 und 11.

[98] LG Essen Beschluss vom 9. 6. 2011 – 56 Qs 28/11 – JurBüro 2011, 474.

[99] Zitiert wurde der im JurBüro 2011, 474 veröffentlichte Leitsatz (gebildet von der Redaktion des JurBüro).

[100] OLG Rostock JurBüro 2014, 637 (der Pflichtverteidiger beansprucht die Dokumentenpauschale für den Ausdruck von 53.214 Seiten); OLG Düsseldorf III-Ws 236/14, III-1 Ws 246 + 272/14, III-1 Ws 247 283/14, III-1 Ws 261/14 und III-1 Ws 307 + 312/14; LG Osnabrück JurBüro 2015, 246; OLG Braunschweig Beschluss vom 25.8.2015 – 1 Ws 233/15.

Bei mehreren Gegnern, die anwaltlich vertreten sind, wird der Rechtsanwalt für jeden Gegner eine beglaubigte und eine einfache Abschrift der Klage oder seines sonstigen Schriftsatzes mit bei Gericht einreichen.

Die nach Nr. 7000 Ziffer 1 b) VV RVG notwendige Rechtsvorschrift ist § 133 ZPO. 199
Danach sollen die Parteien den Schriftsätzen, die sie bei Gericht einreichen, die für die Zustellung erforderliche Zahl von Abschriften der Schriftsätze und deren Anlagen beifügen. Dies gilt nicht für Anlagen, die dem Gegner in Urschrift oder in Abschrift vorliegen. Folglich kann der Rechtsanwalt die Dokumentenpauschale **für jede Seite** verlangen, die er zur Zustellung oder Mitteilung an den Gegner aufgrund einer Rechtsvorschrift oder nach Aufforderung durch das Gericht mit bei Gericht einreicht. In einem Zivilprozess kann der Rechtsanwalt meines Erachtens[101] also für die

– beglaubigte Abschrift nebst Anlagen
– und die einfache Abschrift

eines jeden Schriftsatzes die Dokumentenpauschale geltend machen. Dies allerdings nur dann, wenn **mehr als 100 Kopien** zur Zustellung oder Mitteilung an den Gegner zu fertigen waren. Für die ersten 100 Kopien kann der Rechtsanwalt in den Fällen der Nr. 7000 Ziffer 1 b) VV RVG die Pauschale nicht geltend machen.[102]

Nachdem durch das JKomG[103] in die Nr. 7000 Ziffer 1 eingefügt wurde, dass die 200
Dokumentenpauschale auch anfällt für „Ausdrucke" dürfte klar sein, dass diese auch dann berechnet werden kann, wenn der Rechtsanwalt die beglaubigte und einfache Abschrift des Schriftsatzes als Ausdruck mit seinem Drucker und nicht als Kopie mit dem Fotokopiergerät herstellt.

Beispiel: Der Rechtsanwalt ist als Prozessbevollmächtigter in einem Rechtsstreit bei dem Land- 201
gericht tätig. Er fertigt folgenden Schriftsatz:
Klageerwiderung (11 Seiten) nebst Anlagen (7 Seiten)
beglaubigte Abschrift der Klageerwiderung (11 Seiten) nebst Anlagen (7 Seiten)
einfache Abschrift (11 Seiten).
Relevant wären hier 29 Seiten (beglaubigte Abschrift 11 Seiten + Anlagen 7 Seiten + einfache Abschrift 11 Seiten). Diese 29 Seiten wären meines Erachtens in die Liste (→ Rn. 214 dieses Kapitels) einzutragen. Wenn dann in demselben Rechtszug noch weitere Kopien gefertigt würden, die die Dokumentenpauschale nach Nr. 7000 Ziffer 1 b) VV RVG auslösen würden, könnte die Dokumentenpauschale für die Seiten, die 100 Kopien übersteigen, berechnet werden.

In Abs. 1 S. 2 der Anmerkung zu Nr. 7000 VV RVG heißt es: „*Eine **Übermittlung** durch den Rechtsanwalt* per ***Telefax*** *steht der Herstellung einer Kopie gleich.*" Damit ist klargestellt, dass die Dokumentenpauschale der Nr. 7000 VV RVG auch dann anfällt, wenn der Rechtsanwalt das Dokument dem Empfänger per Telefax übermittelt. Dies kann allerdings nur für die in Nr. 7000 Ziffer 1 **b) bis d)** VV RVG gelten. Denn für den in Nr. 7000 Ziffer 1 **a)** VV RVG geregelten Fall scheidet eine Übermittlung durch den Anwalt per Telefax aus.

Beispiel: Rechtsanwalt K ist als Prozessbevollmächtigter in einem Rechtsstreit bei dem Land- 202
gericht tätig. Er übermittelt dem gegnerischen Bevollmächtigten die beglaubigte Abschrift seines Schriftsatzes an das Gericht per Telefax. Dies löst die Dokumentenpauschale der Nr. 7000 Ziffer 1 b) VV RVG aus. Wenn dann in demselben Rechtszug noch weitere Kopien oder Ausdrucke gefertigt oder noch weitere Dokumente per Telefax übermittelt würden, könnte die Dokumentenpauschale für die Seiten, die 100 Seiten übersteigen würden, berechnet werden.

Die Dokumentenpauschale wird **nicht** ausgelöst durch den **Empfang eines Tele-** 203
faxes.[104]

---

[101] Siehe hierzu aber auch nachfolgende → Kap. A Rn. 204.

[102] Hartung/Schons/Enders Nr. 7000 VV Rn. 21; Mayer/Kroiß Nrn. 7000–7002, Rn. 6; Hansens/Braun/Schneider Teil 19, Rn. 24; LG Berlin RVGreport 2005, 391.

[103] Gesetz über die Verwendung elektronischer Kommunikationsformen in der Justiz (Justizkommunikationsgesetz – JKomG), BGBl. I 2005, 837 (856), in Kraft getreten am 1. 4. 2005.

[104] Hansens RVGreport 2007, 163 (169); Jungbauer JurBüro 2006, 453 (458).

204 Ganz überwiegend wird in der Literatur die Auffassung vertreten, dass die Dokumentenpauschale nur für **eine Abschrift pro Gegner** berechnet werden könne.[105] Denn nach § 133 ZPO sei es nur notwendig, dass für jeden Gegner eine Abschrift beigefügt werde. Es ist aber in ganz Deutschland seit Jahrzehnten allgemein üblich, dass einem Schriftsatz, der in einer bürgerlichen Rechtsstreitigkeit bei Gericht eingereicht wird, nicht nur eine Abschrift beigefügt wird, sondern zwei Abschriften (eine für den gegnerischen Rechtsanwalt und eine für den Gegner). Meines Erachtens fällt für beide Abschriften, die pro Gegner beigefügt werden, die Dokumentenpauschale an.[106] Denn das, was seit Jahrzehnten gängige Praxis ist, muss auch bei der Anwaltsvergütung entsprechende Berücksichtigung finden.

1.3 Nummer 7000 Ziffer 1 c)

205 Zur notwendigen Unterrichtung des Auftraggebers gefertigte Kopien und Ausdrucke lösen ebenfalls die Dokumentenpauschale aus, soweit mehr als 100 Kopien gefertigt wurden. Auch hier sind nur die Kopien für die Abrechnung relevant, die 100 übersteigen.

206 **Beispiel:** Der Rechtsanwalt übersendet seinem Mandanten eine Abschrift des bei Gericht eingereichten Schriftsatzes. Der Schriftsatz umfasst 11 Seiten.

Diese 11 Seiten wären in einer Liste festzuhalten, und wenn in demselben Rechtszug mehr als 100 Kopien zur notwendigen Unterrichtung des Auftraggebers angefallen wären, könnten für die Seiten, die 100 übersteigen würden, die Dokumentenpauschale berechnet werden.

207 In den Fällen der Nr. 7000 Ziffer 1 b) und c) VV RVG fällt die Dokumentenpauschale nur an, wenn mehr als 100 Kopien zur Zustellung oder Mitteilung an den Gegner bei Gericht eingereicht wurden (Nr. 7000 Ziffer 1 b) VV RVG) oder mehr als 100 Kopien für die notwendige Unterrichtung des Auftraggebers angefallen sind (Nr. 7000 Ziffer 1 c) VV RVG). In beiden Fällen müssen also mehr als 100 Kopien angefallen sein. Die Kopien können hier nicht addiert werden.

208 **Beispiel:** In derselben Angelegenheit und demselben Rechtszug fertigt der Rechtsanwalt 86 Kopien zur Zustellung an den Gegner und 42 Kopien zur Unterrichtung des Mandanten. Eine Dokumentenpauschale kann hier nicht berechnet werden, da weder die Voraussetzungen nach Nr. 7000 Ziffer b) VV RVG noch nach Nr. 7000 Ziffer 1 c) VV RVG erfüllt sind. In keinem Fall hat der Rechtsanwalt mehr als 100 Ablichtungen gefertigt. Die gefertigten Kopien können in den Fällen nach Nr. 7000 Ziffer 1 b) und c) VV RVG nicht addiert werden.

209 Werden dem Mandanten die Schriftstücke zu dessen notwendiger Unterrichtung per Telefax übermittelt, löst dies beim Rechtsanwalt ebenfalls die Dokumentenpauschale der Nr. 7000 Ziffer 1 c) VV RVG aus.[107] Auch im Zusammenhang mit den per Telefax übermittelten Dokumenten gilt, dass nur berechnet werden kann, was 100 Seiten übersteigt. Kopien, Ausdrucke und Telefaxe iSd Nr. 7000 Ziffer 1 c) VV RVG sind zu addieren.

1.4 Nummer 7000 Ziffer 1 d)

210 In sonstigen Fällen – also in den Fällen, die nicht in den Buchstaben a) bis c) der Nr. 7000 Ziffer 1 VV RVG genannt sind – kann der Rechtsanwalt eine Dokumentenpauschale nur verlangen, wenn die Kopien **im Einverständnis mit dem Auftraggeber** zusätzlich auch zur Unterrichtung Dritter angefertigt worden sind. Hierunter würden zB die Fotokopien fallen, die der Rechtsanwalt der Rechtsschutzversicherung im

---

[105] Hartung/Schons/Enders Nr. 7000 VV Rn. 15; Hansens/Braun/Schneider Teil 19, Rn. 28; Schneider/Wolf VV 7000 Rn. 120.

[106] So auch LG Hannover JurBüro 2015, 34.

[107] → Kap. A Rn. 201 und 202.

Auftrag des Mandanten übersendet, um diese über den Sach- und Streitgegenstand zu informieren mit dem Ziel, dass diese Versicherungsschutz gewährt.

Damit die Kopie nach Ziffer 1 d) der Nr. 7000 VV RVG zu vergüten ist, muss die zwar im Einverständnis mit dem Auftraggeber angefertigt worden sein, muss aber nicht unbedingt zur Unterrichtung Dritter dienen. Also auch dann, wenn der Mandant für seine eigenen Unterlagen eine zusätzliche Kopie – neben der Kopie, die er ohnehin zu seiner Kenntnisnahme erhält – vom Rechtsanwalt erstellen lässt, fällt die Dokumentenpauschale nach Ziffer 1 d) der Nummer 7000 VV RVG an.[108] 211

Im Falle der Nr. 7000 Ziffer 1 d) VV RVG gilt die Beschränkung dahingehend, dass die ersten 100 Seiten nicht berechnet werden können, nicht. Im Falle der Nr. 7000 Ziffer 1 d) VV RVG können also **alle Seiten ab der ersten Seite** berechnet werden. 212

Auch wenn der Rechtsanwalt in den in Nr. 7000 Ziffer 1 d) VV RVG geregelten Fällen das Schriftstück per Telefax übermittelt, löst dies die Dokumentenpauschale aus (Satz 2 der Anmerkung zu Nr. 7000 VV RVG). 213

1.5 Dokumentation in der Praxis

In der Praxis ist es unumgänglich, entweder per EDV oder manuell in einer Liste in der Handakte festzuhalten, wann welche Kopien/Ausdrucke zu welchem Zweck gemacht wurden. Dazu sollte vermerkt werden, wenn die Kopien oder Ausdrucke **in Farbe** hergestellt wurden, da dann ein höherer Betrag pro Seite anfällt. 214

Dazu bietet sich folgende Liste an:

Datum/Grund der Kopie/ des Ausdruckes	**Nr. 7000 Ziffer 1 VV RVG, Buchstabe . . . Anzahl der Kopien/Ausdrucke**								**Nr. 7000 Nr. 2 VV RVG Datei**
	a)		b) über 100		c) über 100		d)		
Kopien in schwarz/weiß (s/w) Kopien in Farbe (F)	s/w	F	s/w	F	s/w	F	s/w	F	
17. 7. 2017 Begl. und einf. Abschrift des Schriftsatzes an LG Köln			34	10	17	5			
13. 8. 2017 Begl. und einf. Abschrift des Schriftsatzes an LG Köln			46	8	23	4			
14. 8. 2017 an Rechtsschutz					7		84	32	
2. 9. 2017 Begl. und einf. Abschrift des Schriftsatzes an LG Köln			32	6	16	3			
insgesamt:			112	24	63	12	84	32	
davon abrechenbar:			12	24	0	0	84	32	

[108] Gerold/Schmidt VV 7000 Rn. 139.

Es können abgerechnet werden:
Kopien in schwarz/weiß:

50 Kopien à 0,50 EUR	=	25,00 EUR
46 Kopien à 0,15 EUR	=	6,90 EUR

Kopien in Farbe:

50 Kopien à 1,00 EUR	=	50,00 EUR
6 Kopien à 0,30 EUR	=	1,80 EUR.

Für die in der Spalte **a)** aufgeführten Kopien kann die Dokumentenpauschale ab der ersten Seite berechnet werden.

Die Summe der in der Spalte **b)** aufgeführten Kopien führt nur dann zum Anfall der Dokumentenpauschale, wenn diese 100 übersteigt. Es können dann die Kopien berechnet werden, die 100 übersteigen. Die ersten 100 Kopien lösen keine Dokumentenpauschale aus.

Die Summe der in der Spalte **c)** aufgeführten Kopien führt nur dann zum Anfall der Dokumentenpauschale, wenn diese 100 übersteigt. Es können dann die Kopien berechnet werden, die 100 übersteigen. Die ersten 100 Kopien lösen keine Dokumentenpauschale aus.

Für die in Spalte **d)** aufgeführten Kopien fällt ab der ersten Seite die Dokumentenpauschale an.

Die **abrechenbaren** Kopien aus den Spalten a) bis d) sind zu addieren und die Summe ist maßgebend für die Höhe der Dokumentenpauschale. Für die ersten 50 abzurechnenden Seiten in schwarz/weiß fällt je Seite eine Dokumentenpauschale von 0,50 EUR an, für jede weitere Seite nur noch eine Dokumentenpauschale von 0,15 EUR. Für die ersten 50 abzurechnenden Seiten in Farbe fällt je Seite eine Dokumentenpauschale von 1 EUR an, für jede weitere Seite nur noch eine Dokumentenpauschale von 0,30 EUR.

1.6 Höhe der Dokumentenpauschale der Nummer 7000 Ziffer 1

215 Seit den Änderungen durch das 2. KostRMoG[109] ist zu unterscheiden, ob schwarz/weiß Kopien oder ob Kopien in Farbe hergestellt wurden. Auch bei Ausdrucken ist dies zu unterscheiden.

216 Wurden nur **schwarz/weiß Kopien/Ausdrucke** hergestellt, fällt in den in der Nr. 7000 Ziffer 1 VV RVG genannten Fällen folgende Dokumentenpauschale an:

- **für die ersten 50 abzurechnenden Seiten je Seite 0,50 EUR**
- **für jede weitere Seite 0,15 EUR.**

217 Nach der Anmerkung zu der Nr. 7000 ist die Höhe der Dokumentenpauschale nach Ziffer 1 in derselben Angelegenheit und im gerichtlichen Verfahren in demselben Rechtszug einheitlich zu berechnen. Die Summe aller **abrechenbaren** Dokumentenpauschalen nach Nr. 7000 Ziffer 1 a) bis d) VV RVG sind also zu addieren. Die Summe ist maßgebend für die Abrechnung. Es können also **nicht** für die ersten 50 Seiten in schwarz/weiß nach dem Buchstaben a) 0,50 EUR pro Seite abgerechnet werden und daneben für die ersten 50 Seiten in schwarz/weiß nach Buchstaben d) noch einmal 0,50 EUR pro Seite.

218 Allerdings gilt dies nur für dieselbe **Angelegenheit** und in gerichtlichen Verfahren in demselben Rechtszug. Vertritt der Rechtsanwalt also in dem I. Rechtszug und auch in dem Berufungsverfahren, so kann er sowohl in dem I. Rechtszug als auch in dem Berufungsverfahren jeweils für die ersten 50 abzurechnenden Seiten in schwarz/weiß je Seite 0,50 EUR geltend machen.

219 Hat der Rechtsanwalt **Kopien oder Ausdrucke in Farbe** hergestellt, kann er in den in der Nr. 7000 Ziffer 1 VV RVG genannten Fällen folgende Dokumentenpauschale berechnen:

- **für die ersten 50 abzurechnenden Seiten je Seite 1 EUR**
- **für jede weitere Seite 0,30 EUR.**

---

[109] BGBl. I 2013, 2586 f. – In Kraft getreten am 1. 8. 2013.

Auch für Kopien oder Ausdrucke in Farbe gilt das in den vorangegangenen → Kap. A Rn. 217 f. Ausgeführte entsprechend.

Beispiel: Zur notwendigen Unterrichtung des Auftraggebers wurden 80 Seiten in schwarz/weiß kopiert und 40 Seiten in Farbe. Nach Nr. 7000 Ziffer 1 c) VV RVG kann der Rechtsanwalt die Seiten abrechnen, die 100 übersteigen. Er kann abrechnen: 220
20 Kopien in Farbe à 1,00 EUR = 20,00 EUR.[110]

1.7 Überlassung von elektronisch gespeicherten Dateien

Bis zum Inkrafttreten der Änderungen durch das 2. KostRMoG[111] erhielt der Rechtsanwalt nach Nr. 7000 Ziffer 2 VV RVG für die Überlassung von elektronisch gespeicherten Dateien anstelle der in Nr. 7000 Ziffer 1 **d**) VV RVG genannten Kopien je Datei 2,50 EUR.[112] 221

Nr. 7000 Ziffer 2 VV RVG wurde durch das 2. KostRMoG geändert. Nach der Neufassung der Nr. 7000 Ziffer 2 VV RVG erhält der Rechtsanwalt für die Überlassung von elektronisch gespeicherten Dateien anstelle der in Nr. 7000 Ziffer 1 **d**) VV RVG genannten Kopien oder Ausdrucke **je Datei 1,50 EUR**. Für die **in einem Arbeitsgang** überlassenen oder in einem Arbeitsgang auf denselben Datenträger übertragenen Dokumente kann er **höchstens 5 EUR** ansetzen. 222

Dasselbe gilt auch, wenn der Rechtsanwalt **elektronisch gespeicherte Dateien** anstelle der in Nr. 7000 Ziffer 1 d) VV RVG **zum Abruf bereitstellt** (Nr. 7000 Ziffer 2 VV RVG). 223

Nr. 7000 Ziffer 2 VV RVG kommt nur in den Fällen der Nr. 7000 Ziffer 1 d) VV RVG zur Anwendung. Die Datei muss also im Einverständnis mit dem Auftraggeber zusätzlich angefertigt worden sein. **Sie kann, muss aber nicht zur Unterrichtung Dritter dienen.**[113] Überlässt der Rechtsanwalt dem Gegenanwalt die beglaubigte und die einfache Abschrift eines Schriftsatzes per E-Mail mit anhängender Datei (die die Abschriften des Schriftsatzes enthalten), so fällt die Dokumentenpauschale nach Nr. 7000 Ziffer 2 VV RVG nicht an. Denn Nr. 7000 Ziffer 2 VV RVG nimmt nicht auf den Buchstaben b) Nr. 7000 Ziffer 1 VV RVG Bezug. Unterrichtet der Rechtsanwalt aber den Rechtsschutzversicherer und übermittelt ihm die notwendigen Schriftsätze in einer Datei, die zB einer E-Mail anhängt, so würde dies die Dokumentenpauschale nach Nr. 7000 Ziffer 2 VV RVG meines Erachtens auslösen.[114]

Beispiel: Im Auftrage und im Einverständnis mit dem Mandanten übermittelt der Rechtsanwalt dem Steuerberater, dem Vertragspartner und zwei weiteren Beteiligten die von ihm ausgearbeiteten Vertragsentwürfe mittels E-Mail als anhängende Dateien. Da es sich um zwei Verträge handelt, werden jeweils 2 Dateien übermittelt. Der Rechtsanwalt fertigt an jeden Empfänger eine gesonderte Email nebst den anhängenden Dateien an. 224
Die Dokumentenpauschale nach Nr. 7000 Ziffer 2 VV RVG fällt 8 × in Höhe von je 1,50 EUR = 12,00 EUR an (2 Dateien an Steuerberater/2 Dateien an Vertragspartner/2 Dateien an jeweils 2 weitere Beteiligte). Meines Erachtens handelt es sich, da hier gesonderte E-Mails versendet wurden, nicht um einen „Arbeitsgang", so dass der Höchstbetrag von 5,00 EUR (Nr. 7000 Ziffer 2 VV RVG) hier nicht zur Anwendung kommt.

Es ist meines Erachtens unerheblich, wie die Dateien übermittelt werden, also per E-Mail oder auf Datenträger (CD-RW, DVD, USB-Stick oder ähnliches). 225

Die Gebühr fällt meines Erachtens unabhängig davon an, welche Art von Datei übermittelt wird, also ob es sich um eine Word-Datei, pdf-Datei oder andere Dateitypen handelt.

---

110 Gerold/Schmidt VV 7000 Rn. 211; Schneider/Wolf VV 7000 Rn. 202; Hansens RVGreport 2013, 450 (452) –Kapitel III. 1; Schneider/Thiel § 3 Rn. 1298 ff.; Enders JurBüro 2014, 113(116).
111 BGBl. I 2013, 2586 f. – In Kraft getreten am 1. 8. 2013.
112 Ausführlich: Enders JurBüro 2005, 393; Henke AnwBl. 2005, 208.
113 Gerold/Schmidt VV 7000 Rn. 138.
114 Ausführlich: Enders JurBüro 2014, 169 ff.

226 Überträgt der Rechtsanwalt im Einverständnis mit dem Mandanten Dokumenten zuvor von der Papierform in die elektronische Form (meist geschieht dies durch scannen der Unterlagen) und überlässt dem Mandanten dann die elektronisch gespeicherte Datei, so beträgt die Dokumentenpauschale nach Nr. 7000 Ziffer 2 VV RVG (1,50 EUR je Datei, höchstens 5 EUR) nicht weniger, als die Dokumentenpauschale nach Nr. 7000 Ziffer 1 VV RVG (0,50 EUR für die ersten 50 Seiten (schwarz-weiß Kopien) und 0,15 EUR für jede weitere Seite) betragen würde.

227 **Beispiel:** Der Mandant beauftragt den Rechtsanwalt, ihm das Gutachten in elektronischer Form zu überlassen, damit er dieses seiner Haftpflichtversicherung weitergeben kann. Das Gutachten umfasst 52 Seiten Text und eine Fotoanlage von 12 Seiten. Es liegt dem Rechtsanwalt nur in Papierform vor. Der Rechtsanwalt scannt das Gutachten ein und übermittelt dem Mandanten per Email die pdf-Datei.

Der Rechtsanwalt kann nicht nur die 1,50 EUR nach Nr. 7000 Ziffer 2 VV RVG berechnen, sondern nach Nr. 7000 Ziffer 1 d) VV RVG:

50 Seiten (Text) für schwarz/weiß Kopien à 0,50 EUR[115]	25,00 EUR
2 Seiten (Text) für schwarz/weiß Kopien à 0,15 EUR	0,30 EUR
12 Seiten (Fotoanlage) für Farbkopien à 1,00 EUR	12,00 EUR
insgesamt:	37,30 EUR

228 Die Dokumentenpauschale nach Nr. 7000 Ziffer 2 VV RVG fällt nicht an, wenn der Rechtsanwalt die Klage, die Antragsschrift oder einen anderen Schriftsatz per EGVP oder über das beA dem Gericht übermittelt. Das gehört zum Betreiben des Geschäfts und ist mit der Verfahrensgebühr abgegolten.[116]

Zusammenfassung

229
- ▶ Der Rechtsanwalt kann die Dokumentenpauschale für Kopien aus Behörden- und Gerichtsakten berechnen. In diesem Fall kann er nach Nr. 7000 Ziffer 1 a) VV RVG für alle anfallenden Kopien die Dokumentenpauschale berechnen.
- ▶ Für Kopien oder Ausdrucke zur Zustellung oder Mitteilung an den Gegner aufgrund einer Rechtsvorschrift oder nach Aufforderung durch das Gericht fällt die Dokumentenpauschale an, soweit mehr als 100 Seiten zu fertigen waren (Nr. 7000 Ziffer 1 b) VV RVG). Dies gilt auch, wenn das Dokument dem Gegner per Telefax übermittelt wird.
- ▶ Für Kopien oder Ausdrucke zur notwendigen Unterrichtung des Auftraggebers fällt die Dokumentenpauschale an, soweit hierfür mehr als 100 Seiten zu fertigen waren (Nr. 7000 Ziffer 1 c) VV RVG). Dies gilt auch, wenn das Dokument dem Auftraggeber per Telefax übermittelt wird.
- ▶ In sonstigen Fällen fällt die Dokumentenpauschale nur an, wenn die Kopie oder der Ausdruck im Einverständnis mit dem Auftraggeber zusätzlich – auch zur Unterrichtung Dritter – angefertigt worden sind (Nr. 7000 Ziffer 1 d) VV RVG). In diesen Fällen kann der Rechtsanwalt ab der ersten Seite die Dokumentenpauschale berechnen. Dies gilt auch, wenn das Dokument zB zur Unterrichtung des Dritten diesem per Telefax übermittelt wird.
- ▶ In der Praxis wird der Rechtsanwalt auflisten müssen, wann er aus welchem Grund wie viele Kopien/Ausdrucke gemacht hat.
- ▶ Die Summe der abrechenbaren Dokumentenpauschale nach Nr. 7000 Ziffer 1 a) bis 1 d) VV RVG ist maßgebend für die Höhe.
- ▶ Es ist zu unterscheiden zwischen Kopien/Ausdrucken in Farbe oder in schwarzweiß. Für die ersten 50 abrechenbaren Seiten in **schwarz/weiß** fällt je Seite eine Dokumentenpauschale von 0,50 EUR an, für jede weitere Seite nur noch eine

---

[115] Hier wird davon ausgegangen, dass in derselben Angelegenheit ansonsten keine Dokumentenpauschale entstanden ist, da ansonsten, wenn bereits 50 Kopien à 1 EUR abgerechnet wurden, könnte nur noch 0,15 EUR pro Seite berechnet werden.

[116] Gerold/Schmidt VV 7000 Rn. 148.

von 0,15 EUR. Für die ersten 50 abrechenbaren Seiten in **Farbe** fällt je Seite eine Dokumentenpauschale von 1 EUR und für jede weitere Seite nur noch eine von 0,30 EUR an (Nr. 7000 Ziffer 1 VV RVG).

▶ Für die Überlassung von elektronisch gespeicherten Dateien anstelle der in Nr. 7000 Ziffer 1 d) VV RVG genannten Kopien fällt je Datei eine Dokumentenpauschale in Höhe von 1,50 EUR an (Nr. 7000 Ziffer 2 VV RVG). Für in einem Arbeitsgang überlassenen, bereitgestellten oder auf denselben Datenträger übertragenen Dokumente kann höchstens 5 EUR berechnet werden.

2. Entgelte für Post- und Telekommunikationsdienstleistungen

Der Rechtsanwalt kann die im Rahmen des Mandates aufgewandten Entgelte für Post- und Telekommunikationsdienstleistungen von seinem Mandanten ersetzt verlangen. Er hat die Wahl, ob er die Entgelte in der Höhe, in der sie auch tatsächlich entstanden sind, gegenüber dem Mandanten geltend macht oder die in Nr. 7002 VV RVG geregelte Pauschale verlangt. 230

Auszug aus dem VV RVG 231

Nr.	Auslagentatbestand	Höhe
7001	Entgelte für Post- und Telekommunikationsdienstleistungen.. Für die durch die Geltendmachung der Vergütung entstehenden Entgelte kann kein Ersatz verlangt werden.	in voller Höhe
7002	Pauschale für Entgelte für Post- und Telekommunikationsdienstleistungen .... (1) Die Pauschale kann in jeder Angelegenheit anstelle der tatsächlichen Auslagen nach Nummer 7001 gefordert werden. (2) Werden Gebühren aus der Staatskasse gezahlt, sind diese maßgebend.	20 % der Gebühren – höchstens 20,00 €

Unter Entgelte für Post- und Telekommunikationsdienstleistungen versteht man zB die **Portokosten** für Briefe, Postkarten, Einschreiben, Einschreiben mit Rückschein, förmliche Zustellungen, Päckchen, Pakete usw. Hierunter fallen aber auch die **Telefongebühren** für Orts- und Ferngespräche, Telefaxe, die Verbindungskosten für E-Mail und Internet usw. Entscheidet sich der Anwalt dafür, die tatsächlichen Kosten abzurechnen, wird er Aufzeichnungen über die Höhe der tatsächlich angefallenen Entgelte für Post- und Telekommunikationsdienstleistungen tätigen müssen. Zwar genügt gemäß § 10 Abs. 2 S. 2 RVG in der Berechnung gegenüber dem Mandanten die Angabe des Gesamtbetrages. Jedoch wird der Rechtsanwalt in dem Fall, in dem der Mandant die Höhe der abgerechneten Entgelte bezweifelt, den Gesamtbetrag aufschlüsseln müssen. In einem Gebührenrechtsstreit gegenüber dem Mandanten ist der Rechtsanwalt insoweit darlegungs- und beweispflichtig. Auch wird er dann aufschlüsseln müssen, wenn der Gegner in der Kostenfestsetzung die Höhe der in Ansatz gebrachten tatsächlichen Entgelte bestreitet. 232

Der Rechtsanwalt kann auch noch am Ende eines Mandates entscheiden, ob er die tatsächlich aufgewandten Entgelte als Auslagen gegenüber dem Mandanten geltend macht oder die Pauschale. Er kann also abwarten, was im Einzelfall für ihn günstiger ist. 233

Entscheidet sich der Rechtsanwalt dafür, die **Pauschale nach Nr. 7002 VV RVG** in Ansatz zu bringen, so gilt folgendes:

Die Pauschale beträgt 20 % der Gebühren, höchstens 20 EUR.

Maßgebend für die Berechnung der Pauschale sind die in der jeweiligen Angelegenheit entstandenen Gebühren.

234 **Beispiel:** Im Rahmen einer außergerichtlichen Tätigkeit ist entstanden:
Wert: 1.500,00 EUR

0,75 Geschäftsgebühr §§ 2, 13, 14 RVG iVm Nr. 2300 VV RVG	86,25 EUR.
Die Pauschale nach Nr. 7002 VV RVG beträgt:	
20 % von 86,25 EUR =	17,25 EUR.

235 **Beispiel:** In einem Zivilprozess sind entstanden:
Gegenstandswert: 5.000,00 EUR

1,3 Verfahrensgebühr §§ 2, 13 RVG iVm Nr. 3100 VV RVG	393,90 EUR
1,2 Terminsgebühr §§ 2, 13 RVG iVm Nr. 3104 VV RVG	363,60 EUR
	757,50 EUR

Die Pauschale nach Nr. 7002 VV RVG beträgt:
20 % von 757,50 EUR = 151,50 EUR – **es dürfen aber höchstens 20,00 EUR in Ansatz gebracht werden** –.

236 Voraussetzung dafür, dass die Pauschale der Nr. 7002 VV RVG angesetzt werden kann, ist, dass in der betreffenden – gebührenrechtlichen – Angelegenheit zumindest einmal Porto oder Telefongebühren angefallen sind. Auch wenn nur eine E-Mail versandt wurde, kann die Pauschale der Nr. 7002 VV RVG angesetzt werden.[117]

237 Ist der Rechtsanwalt nur mit einer Beratung beauftragt, kann die Pauschale der Nr. 7002 VV RVG nur angesetzt werden, wenn im Rahmen des Beratungsmandats tatsächlich Entgelte für Post- und Telekommunikationsdienstleistungen angefallen sind. Dies könnte zB der Fall sein, wenn der Rechtsanwalt den Mandanten schriftlich beraten hätte und folglich durch die Übersendung eines Briefes, eines Faxes oder einer E-Mail[118] Entgelte für Post- und Telekommunikationsdienstleistungen entstanden sind. Dies könnte des Weiteren der Fall sein, wenn der Rechtsanwalt im Rahmen des Beratungsmandats zB mit einem Dritten telefoniert hätte, um Auskünfte zu erhalten, die er für die Beurteilung der Sach- und Rechtslage benötigt. Auch ein Telefonat mit dem Mandanten löst die Pauschale aus. Die Pauschale wird auch dann ausgelöst, wenn der Rechtsanwalt fallbezogen in dem Beratungsmandat nur in einer juristischen Online-Datenbank recherchiert.

238 Die Pauschale nach Nr. 7002 VV RVG kann **in jeder Angelegenheit** in Ansatz gebracht werden. In gerichtlichen Angelegenheiten kann die Pauschale in jedem Rechtszug in Ansatz gebracht werden.

239 **Beispiel:** Der Rechtsanwalt vertritt sowohl in dem I. Rechtszug vor dem Amtsgericht, als auch in dem Berufungsverfahren vor dem Landgericht.

Der Rechtsanwalt kann für den I. Rechtszug die Pauschale nach Nr. 7002 VV RVG in Ansatz bringen und auch für das Berufungsverfahren. Die Pauschale richtet sich jeweils nach den in dem Rechtszug entstandenen Gebühren. In jedem Rechtszug darf sie nicht höher sein als 20,00 EUR.

240 In **demselben Rechtszug** kann die Pauschale mehrfach in Ansatz gebracht werden, wenn mehrere – gebührenrechtliche – Angelegenheiten vorliegen.

241 **Beispiel:** Der Rechtsanwalt vertritt zunächst in dem Urkunden- oder Wechselprozess und anschließend in dem ordentlichen Verfahren (Nachverfahren). Gemäß § 17 Nr. 5 RVG sind der Urkunden- oder Wechselprozess und das ordentliche Verfahren, das nach Abstandnahme vom Urkunden- oder Wechselprozess oder nach einem Vorbehaltsurteil anhängig bleibt, verschiedene Angelegenheiten.

Der Rechtsanwalt kann einmal die Pauschale nach Nr. 7002 VV RVG für das Urkunden- und Wechselverfahren nach den in diesem Verfahren entstandenen Gebühren berechnen. Eine zweite

[117] Hartung/Schons/Enders Nr. 7001, 7002 VV Rn. 3 und 14; Anderer Meinung: AG Montabaur Beschluss vom 8. 6. 2011 – 11 UR II 245/11 = JurBüro 2011, 474 mit abl. Anmerkung von Enders.

[118] OLG Frankfurt/Main BeckRS 2017, 113307.

Pauschale kann er für das ordentliche Verfahren berechnen, das sich nach dem Vorbehaltsurteil anschließt. Diese zweite Pauschale nach Nr. 7002 VV RVG richtet sich nach den in dem Nachverfahren entstandenen Gebühren.

In den Fällen, in denen das RVG die Anrechnung von Gebühren vorschreibt, ist die Pauschale der Nr. 7002 VV RVG für Entgelte für Post- und Telekommunikationsdienstleistungen nicht mit anzurechnen. Denn für die Pauschale der Nr. 7002 VV RVG findet sich im RVG keine Anrechnungsvorschrift. 242

Beispiel: Ist der Rechtsanwalt zunächst außergerichtlich tätig und später in einem gerichtlichen Verfahren, so ist zwar die für die außergerichtliche Tätigkeit entstandene Geschäftsgebühr nach der Vorbemerkung 3 Abs. 4 VV RVG – zur Hälfte, höchstens mit 0,75 – anzurechnen auf die Verfahrensgebühr des gerichtlichen Verfahrens, nicht aber die im Rahmen der außergerichtlichen Tätigkeit entstandene Pauschale der Nr. 7002 VV RVG. 243

In diesem Fall kann die Pauschale der Nr. 7002 VV RVG zweimal angesetzt werden:
- einmal für die außergerichtliche Tätigkeit
- ein weiteres Mal für die Tätigkeit im gerichtlichen Verfahren.[119]

Da es sich bei der Pauschale für die außergerichtliche Tätigkeit um vorprozessuale Kosten handelt, kann diese nicht mit gem. §§ 103, 104 ZPO im Anschluss an das gerichtliche Verfahren festgesetzt werden (→ Kap. D Rn. 217).

Da jetzt Kraft ausdrücklicher Bestimmung in § 17 Nr. 2 RVG das **Mahnverfahren** und das **streitige Verfahren** – nach Widerspruch gegen den Mahnbescheid – verschiedene Angelegenheiten sind, kann sowohl die Pauschale für die Tätigkeit im Mahnverfahren verlangt werden als auch eine Pauschale für den ordentlichen Zivilprozess, der sich nach Widerspruch gegen den Mahnbescheid anschließt. Infolge der nunmehr klaren Regelung in § 17 Nr. 2 RVG ist auch die zweite Pauschale am Ende des ordentlichen Zivilprozesses mit gegenüber dem unterlegenen Gegner festsetzbar.[120] 244

Die Pauschale der Nr. 7002 VV RVG kann dreimal in Ansatz gebracht werden, wenn der Rechtsanwalt auftragsgemäß zunächst 245
- außergerichtlich
- danach in einem gerichtlichen Mahnverfahren
- und nach Widerspruch gegen einen Mahnbescheid in dem sich anschließenden streitigen Verfahren tätig ist.

Voraussetzung ist, dass in jedem der drei vorgenannten Tätigkeitsbereiche tatsächlich auch Aufwendungen für Post- und Telekommunikationsdienstleistungen entstanden sind.

Durch das 2. KostRMoG[121] wurde § 17 Nr. 10 und 11 RVG neu gefasst. Danach sind das **strafrechtliche Ermittlungsverfahren** und ein nachfolgendes gerichtliches Verfahren verschiedene gebührenrechtliche Angelegenheiten (§ 17 Nr. 10a) RVG). Gleiches gilt für ein strafrechtliches Ermittlungsverfahren und ein sich nach dessen Einstellung anschließendes Bußgeldverfahren (§ 17 Nr. 10b) RVG). Auch das **Bußgeldverfahren** vor der Verwaltungsbehörde und das nachfolgende gerichtliche Verfahren sind verschiedene gebührenrechtliche Angelegenheiten (§ 17 Nr. 11 RVG). 246

Beispiel: Der Rechtsanwalt vertritt sowohl in dem strafrechtlichen Ermittlungsverfahren als auch in dem nachfolgenden gerichtlichen Verfahren. Da gem. § 17 Nr. 10a) RVG das strafrechtliche Ermittlungsverfahren und das nachfolgende gerichtliche Verfahren verschiedenen gebührenrechtliche Angelegenheiten sind, kann die Pauschale der Nr. 7002 VV RVG sowohl für das strafrechtliche Ermittlungsverfahren als auch für das nachfolgende gerichtliche Verfahren angesetzt werden. 247

---

119 Gerold/Schmidt VV 7001, 7002 Rn. 23; Schneider/Wolf VV 7001–7002 Rn. 36; Hartung/Schons/Enders Nrn. 7001, 7002 VV Rn. 9 und 17; OLG München AGS 2005, 344.

120 Der BGH hat in zwei Entscheidungen für den zweifachen Ansatz des Pauschsatzes nach § 26 S. 2 BRAGO entschieden: BGH JurBüro 2004, 649 und JurBüro 2005, 142.

121 BGBl. I 2013, 2586 f. – In Kraft getreten am 1. 8. 2013.

Die Pauschale für Entgelte für Post- und Telekommunikationsdienstleistungen Nr. 7002 VV RVG berechnet sich nach den entstandenen Gebühren und nicht nach den Gebühren, die nach Anrechnung verbleiben.[122]

248 Ist der Rechtsanwalt im Rahmen der **Prozesskostenhilfe** tätig, so berechnet sich die Pauschale der Nr. 7002 VV RVG nicht nach den entstandenen – geringeren – Prozesskostenhilfegebühren (Tabelle zu § 49 RVG), sondern nach den Wahlanwaltsgebühren (Tabelle zu § 13 RVG). Es ist also die Höhe der Gebühren zu ermitteln, die angefallen wäre, wenn der Rechtsanwalt nicht im Rahmen der Prozesskostenhilfe dem Mandanten beigeordnet, sondern er von diesem direkt – ohne Prozesskostenhilfe – beauftragt worden wäre. Nach dieser Gebührenhöhe (20 % hiervon, höchstens 20 EUR) berechnet sich dann die Pauschale Nr. 7002 VV RVG. Die so berechnete Pauschale ist dann auch aus der Staatskasse an den beigeordneten Rechtsanwalt zu erstatten.[123] Dies gilt auch, wenn der Rechtsanwalt im Rahmen der dem Mandanten bewilligten Verfahrenskostenhilfe tätig geworden ist.

249 Nach der heute ganz überwiegenden Meinung[124] berechnet sich die Pauschale der Nr. 7002 VV RVG in **Beratungshilfesachen** nach der Höhe der tatsächlich entstandenen Beratungshilfegebühren und nicht nach der Höhe der fiktiv entstandenen Wahlanwaltsgebühren – also den Gebühren, die entstanden wären, wenn keine Beratungshilfe bewilligt worden wäre.

250 Nach der Anmerkung zu Nr. 7001 VV RVG kann der Rechtsanwalt die Entgelte für Post- und Telekommunikationsdienstleistungen nicht vom Mandanten ersetzt verlangen, die für die Geltendmachung der Vergütung gegenüber dem Mandanten anfallen (zB Porto für die Übersendung der Honorarrechnung).

Zusammenfassung

251
- ▶ Im Rahmen des Mandates aufgewandte Entgelte für Post- und Telekommunikationsdienstleistungen kann der Rechtsanwalt von dem Mandanten ersetzt verlangen.
- ▶ Der Rechtsanwalt kann wählen, ob er die tatsächlich angefallenen Entgelte gegenüber dem Mandanten abrechnet oder ob er die Pauschale nach Nr. 7002 VV RVG in Ansatz bringt.
- ▶ Die Pauschale nach Nr. 7002 VV RVG richtet sich nach den in der jeweiligen Angelegenheit entstandenen Gebühren. Sie beträgt 20 % der Gebühren, höchstens 20 EUR.
- ▶ Die Pauschale kann in jeder Angelegenheit, in gerichtlichen Verfahren in jedem Rechtszug in Ansatz gebracht werden.
- ▶ Die Pauschale ist nicht mit anzurechnen.

3. Reisekosten

252 Der Rechtsanwalt hat Anspruch auf Ersatz der Reisekosten, sofern die Reise zur Erledigung des Auftrages notwendig war. Reisekosten werden nach den Nr. 7003 bis 7006 VV RVG vergütet. Hierunter fallen auch die Reisekosten, die dadurch entstehen, dass der Rechtsanwalt zu einem auswärtigen Gericht reisen muss, um dort anstehende Termine wahrzunehmen. Eine Geschäftsreise des Rechtsanwaltes, für welche er Reisekosten beanspruchen kann, liegt aber nur vor, wenn das Reiseziel **außerhalb der**

---

[122] Gerold/Schmidt VV 7001, 7002 Rn. 42; Schneider/Wolf VV 7001–7002 Rn. 42; Rehberg/Schons „Post- und Telekommunikationsdienstleistungen", 6; Hartung/Schons/Enders Nrn. 7001, 7002 VV Rn. 23.

[123] Hartung/Schons/Enders Nrn. 7001, 7002 VV Rn. 16; Gerold/Schmidt VV 7001, 7002 Rn. 38.

[124] Hartung/Schons/Enders Nrn. 7001, 7002 VV Rn. 20; Bischof/Jungbauer Nrn. 7001–7002 VV Rn. 28; Gerold/Schmidt VV 7001, 7002 Rn. 39; Schneider/Wolf VV 7001–7002 Rn. 51 jeweils mwN.

(politischen) **Gemeinde liegt,** in der sich die Kanzlei oder die Wohnung des Rechtsanwaltes befindet (Vorbemerkung 7 Abs. 2 VV RVG).[125]

Auszug aus dem VV RVG

Nr.	Auslagentatbestand	Höhe
7003	Fahrtkosten für eine Geschäftsreise bei Benutzung eines eigenen Kraftfahrzeugs für jeden gefahrenen Kilometer .... Mit den Fahrtkosten sind die Anschaffungs-, Unterhaltungs- und Betriebskosten sowie die Abnutzung des Kraftfahrzeugs abgegolten.	0,30 €
7004	Fahrtkosten für eine Geschäftsreise bei Benutzung eines anderen Verkehrsmittels, soweit sie angemessen sind	in voller Höhe
7005	Tage- und Abwesenheitsgeld bei einer Geschäftsreise	
	1. von nicht mehr als 4 Stunden	25,00 €
	2. von mehr als 4 bis 8 Stunden	40,00 €
	3. von mehr als 8 Stunden	70,00 €
	Bei Auslandsreisen kann zu diesen Beträgen ein Zuschlag von 50 % berechnet werden.	
7006	Sonstige Auslagen anlässlich einer Geschäftsreise, soweit sie angemessen sind	in voller Höhe

253

Zu den Reisekosten gehören die Fahrtkosten, ein Tage- und Abwesenheitsgeld und auch sonstige Auslagen, die anlässlich einer Geschäftsreise entstanden sind. 254

Sonstige Auslagen einer Geschäftsreise sind nach Nr. 7006 VV RVG in voller Höhe vom Mandanten zu erstatten, aber nur soweit sie angemessen sind. Zu den sonstigen Auslagen gehören zB Parkgebühren, Gebühren für die Benutzung einer Fähre, Übernachtungskosten im Hotel usw. 255

In der Regel wird der Rechtsanwalt nur die Fahrtkosten ansetzen können, die entstehen, wenn er von seiner Kanzlei aus die Geschäftsreise antritt. Liegen der Kanzleisitz und der Wohnsitz des Rechtsanwalts nicht in derselben politischen Gemeinde und hat der Rechtsanwalt die Geschäftsreise tatsächlich von seiner Wohnung aus angetreten, so kann die weitere Entfernung Wohnung bis zum Gerichtsort der Berechnung der Fahrtkosten zugrunde gelegt werden, wenn dies „notwendig" war. Dies könnte notwendig sein, wenn der Rechtsanwalt etwa an einem Sonntag zu einem Termin beim Haftrichter gerufen wird oder ein Gerichtstermin so früh am Morgen stattfindet, dass der Rechtsanwalt nicht zunächst in seine Kanzlei, sondern direkt von zu Hause aus zum Gerichtsort fährt.[126] 256

3.1 Fahrtkosten

Benutzt der Rechtsanwalt seinen eigenen PKW für die Geschäftsreise, so kann er für jeden gefahrenen Kilometer des Hin- und Rückweges nach Nr. 7003 VV RVG 0,30 EUR berechnen. Mit dieser Kilometerpauschale sind die Anschaffungs-, Unterhaltungs- und Betriebskosten sowie die Abnutzung des Kraftfahrzeuges abgegolten (Anmerkung zu Nr. 7003 VV RVG). Der Rechtsanwalt kann also nicht noch die angefallenen Kraftstoffkosten neben dieser Pauschale vom Mandanten erstattet verlangen, es sei denn, er hat derartiges mit dem Mandanten im Wege einer Vergütungsvereinbarung vereinbart. 257

Benutzt der Rechtsanwalt für die Geschäftsreise andere, zB öffentliche Verkehrsmittel kann der Rechtsanwalt seine tatsächlichen Aufwendungen (Kosten für Bahnfahrt, Kosten für Flug etc.) ersetzt verlangen, soweit sie angemessen sind. 258

[125] Hartung/Schons/Enders Vorb. Nr. 7000 VV Rn. 15.
[126] Ausführlich: Enders, JurBüro 2017, 225.

3.2 Tage- und Abwesenheitsgeld

259 Zusätzlich zu den Fahrtkosten kann der Rechtsanwalt noch Tage- und Abwesenheitsgeld für die Zeit, in der er aufgrund der Geschäftsreise von seiner Kanzlei abwesend ist, verlangen. Dieses Abwesenheitsgeld ist in Nr. 7005 VV RVG geregelt und wie folgt gestaffelt:

Bei einer Abwesenheit des Rechtsanwaltes

– von nicht mehr als 4 Stunden	25 EUR
– von mehr als 4 bis 8 Stunden	40 EUR
– von mehr als 8 Stunden	70 EUR.

Bei Auslandsreisen kann zu diesen Beträgen ein Zuschlag von 50 % berechnet werden (Anmerkung zu Nr. 7005 VV RVG).

3.3 Reise dient mehreren Geschäften

260 Dient eine Reise des Rechtsanwaltes mehreren verschiedenen Geschäften (zB Wahrnehmung mehrerer Gerichtstermine für verschiedene Auftraggeber bei demselben oder einem anderen Gericht am gleichen Tage), so sind die Reisekosten entsprechend zu quoteln und zwar nach dem Verhältnis der Kosten, die bei gesonderter Ausführung der Reisen entstanden wären, zu den Gesamtkosten (Vorbemerkung 7 Abs. 3 S. 1 VV RVG).[127]

261 **Beispiel:** Ein Rechtsanwalt mit Kanzleisitz in A nimmt im Auftrage des Mandanten Müller einen Termin in B und direkt anschließend einen Termin in C im Auftrage des Mandanten Schmitz wahr. Insgesamt sind tatsächlich entstanden:

Tage- und Abwesenheitsgeld für 4–8 Stunden	40,00 EUR
Fahrtkosten	90,00 EUR
	130,00 EUR

Bei getrennter Ausführung wären entstanden:

Für Mandat Müller:

Tage- und Abwesenheitsgeld für bis zu 4 Stunden	25,00 EUR
Fahrtkosten	25,50 EUR
	50,50 EUR

Für Mandat Schmitz:

Tage- und Abwesenheitsgeld für 4–8 Stunden	40,00 EUR
Fahrtkosten	78,00 EUR
	118,00 EUR

Die tatsächlich entstandenen Reisekosten von 130,00 EUR sind im Verhältnis der Kosten zueinander, die entstanden wären, wenn der Rechtsanwalt die Reise getrennt ausgeführt hätte, zu verteilen:
Bei getrennter Ausführung wären insgesamt entstanden:
50,50 EUR + 118,00 EUR = 168,50 EUR.

Die auf den einzelnen Auftraggeber entfallenden Anteile an den tatsächlichen Kosten sind wie folgt zu ermitteln:

Für Mandat Müller

$$\frac{130{,}00\text{ EUR} \times 50{,}50\text{ EUR}}{168{,}50\text{ EUR}} = 38{,}96\text{ EUR}$$

Für Mandat Schmitz

$$\frac{130{,}00\text{ EUR} \times 118{,}00\text{ EUR}}{168{,}50\text{ EUR}} = 91{,}04\text{ EUR}$$

Von den tatsächlich entstandenen Reisekosten hat Müller also 38,96 EUR und Schmitz 91,04 EUR zu tragen.

[127] Hartung/Schons/Enders Vorb. Nr. 7000 VV Rn. 17, 18; Gerold/Schmidt VV 7003–7006 Rn. 86 ff.

Zusammenfassung

- Für eine Geschäftsreise kann der Rechtsanwalt die Reisekosten nach den Nr. 7003 bis 7006 VV RVG geltend machen, wenn das Reiseziel außerhalb der Gemeinde liegt, in der sich die Kanzlei oder die Wohnung des Rechtsanwaltes befinden (Vorbemerkung 7 Abs. 2 VV RVG). 262
- Neben den Fahrtkosten (Nr. 7003, 7004 VV RVG) kann er auch Tage- und Abwesenheitsgeld (Nr. 7005 VV RVG) vom Mandanten verlangen.
- Sonstige Auslagen sind, soweit sie angemessen sind, dem Rechtsanwalt nach Nr. 7006 VV RVG zu ersetzen. Hierunter fallen zB Parkgebühren, Übernachtungskosten und ähnliches.

4. Umsatzsteuer

Der Rechtsanwalt hat Anspruch auf Ersatz der auf seine Gebühren entfallenden Umsatzsteuer. Er kann nicht nur auf seine Gebühren, sondern auch auf seine sonstigen Auslagen (Teil 7 VV RVG) die Umsatzsteuer berechnen. 263

Berechnet der Rechtsanwalt die ihm vom Gericht oder der Behörde in Rechnung gestellte Aktenversendungspauschale an seinen Mandanten weiter, ist hierauf Umsatzsteuer zu erheben.[128] Der Umsatzsteuersatz beträgt für Leistungen des Rechtsanwaltes seit dem 1. 4. 1998 16 % und **seit dem 1. 1. 2007 19 %.** 264

Ändert sich der Umsatzsteuersatz (wie zB zum 1. 1. 2007 von 16 % auf 19 %) während des laufenden Mandats, so stellt sich die Frage, ob der Rechtsanwalt auf seine Vergütung 16 % oder 19 % Umsatzsteuer anzusetzen hat. Entscheidend für die Frage, ist nicht der Zeitpunkt der Auftragserteilung durch den Mandanten an den Rechtsanwalt (wie bei sonstigen Gesetzesänderungen – §§ 60, 61 RVG), sondern der Zeitpunkt der **Leistungserbringung durch den Rechtsanwalt.** Der Rechtsanwalt hat seine Leistung erbracht, wenn die gebührenrechtliche Angelegenheit beendet ist. Die gebührenrechtliche Angelegenheit ist beendet, wenn die Vergütung des Rechtsanwaltes fällig geworden ist. Wann die Vergütung fällig wird, ist in § 8 RVG geregelt (→ Kap. B Rn. 4 ff.).[129] So wird zB in einem gerichtlichen Verfahren die Vergütung fällig, wenn eine Kostenentscheidung ergangen ist. Ergangen ist die Kostenentscheidung mit ihrer Verkündung und bei Anordnung eines schriftlichen Verfahrens mit ihrer Zustellung.[130] Meist ist die Kostenentscheidung in dem Urteil enthalten. 265

Beispiel: Der Rechtsanwalt ist in einem Zivilprozess als Prozessbevollmächtigter tätig. Das Urteil ist am 24. 11. 2006 verkündet worden. Der Rechtsanwalt beantragt erst im Januar 2007 die Kostenfestsetzung. Das Kostenfestsetzungsverfahren ist erst im März 2007 abgeschlossen. Erst jetzt stellt er dem Mandanten die Vergütung in Rechnung. Im April 2007 leitet der Rechtsanwalt die Zwangsvollstreckung aus dem Urteil gegenüber dem Gegner ein. 266

Für die Vergütung für seine Tätigkeit als Prozessbevollmächtigter hat der Rechtsanwalt noch 16 % Umsatzsteuer anzusetzen. Das Urteil ist im Jahre 2006 verkündet worden, folglich war die Vergütung für die Tätigkeit als Prozessbevollmächtigter in dem gerichtlichen Verfahren noch im Jahr 2006 fällig. Unerheblich ist, dass der Rechtsanwalt nach dem 1. 1. 2007 noch Nebenleistungen erbringt, wie hier zB die Kostenfestsetzung betreibt. Es kommt auf die Hauptleistung an und diese ist in 2006 erbracht worden.[131]

---

[128] BGH JurBüro 2011, 412.

[129] Schreiben des Bundesfinanzministeriums – BdF vom 11. 8. 2006, IV A 5 – S 7210–23/06, BStBl. 2006 I, 477 f.; Bischof/Jungbauer § 60 Rn. 27 bis 65; Henke AnwBl 2006, 754; Seidenschwang JurBüro 2006, 619; Singer RENOpraxis 2006, 150; Zorn AGS 2006, 577; N. Schneider NJW 2007, 325; Hansens RVGreport 2007, 41; Enders JurBüro 2007, 13 „Erhöhung der Umsatzsteuer ab 1. 1. 2007 – Darstellung in Berechnung bei Vorschuss in 2006, und Endberechnung in 2007"; Gemmer RVGprofessionell 2007, 55; Schons AGS 2007, 109; N. Schneider AGS 2007, 110.

[130] Schneider/Wolf § 8 Rn. 73.

[131] Seidenschwang JurBüro 2006, 619.

Die Zwangsvollstreckung ist eine neue gebührenrechtliche Angelegenheit. Da diese erst im Jahre 2007 oder später beendet ist, folglich die gesonderte Vergütung für die Zwangsvollstreckung auch erst dann fällig wird, ist auf die Vergütung für die Zwangsvollstreckung 19 % Umsatzsteuer anzusetzen.[132]

267 Wurde in einer Angelegenheit, die erst in 2007 beendet war, schon in 2006 ein Vorschuss verlangt, auf welchen noch der alte Umsatzsteuersatz von 16 % erhoben wurde, so sind in der Endabrechnung 3 % Umsatzsteuer nachzuerheben.[133]

Jede gebührenrechtliche Angelegenheit ist gesondert zu betrachten. Dies kann zB der Fall sein bei einer außergerichtlichen Vertretung und einer Tätigkeit in einem anschließenden gerichtlichen Verfahren.[134]

268 **Beispiel:** Der Rechtsanwalt wurde im September 2006 beauftragt, die Mandantschaft außergerichtlich wegen eines Anspruches in Höhe von 8.000,00 EUR zu vertreten. Im Dezember 2006 lehnt die Gegenseite endgültig die Erfüllung des geltend gemachten Anspruches ab. Die außergerichtliche Tätigkeit war umfangreich, so dass der Ansatz einer Mittelgebühr gerechtfertigt ist.

Der Rechtsanwalt wird anschließend beauftragt, Klage über den geltend gemachten Anspruch in Höhe von 8.000,00 EUR zu erheben. Er reicht die Klageschrift noch im Dezember 2006 bei dem zuständigen Gericht ein. Der Rechtsanwalt vertritt im Februar 2007 den Mandanten in einem Termin. Das Urteil wird im Mai 2007 verkündet. Die Abrechnung, insbesondere der Ansatz der Umsatzsteuer gestaltet sich wie folgt:

I. Außergerichtliche Vertretung[135]	
Gegenstandswert: 8.000,00 EUR	
1) 1,5 Geschäftsgebühr §§ 2, 13 RVG iVm Nr. 2300 VV RVG	618,00 EUR
2) Pauschale Nr. 7002 VV RVG	20,00 EUR
3) 16 % Umsatzsteuer Nr. 7008 VV RVG	102,08 EUR
	740,08 EUR
II. Tätigkeit als Prozessbevollmächtigter im gerichtlichen Verfahren[136]	
Gegenstandswert: 8.000,00 EUR	
1) 1,3 Verfahrensgebühr §§ 2, 13 RVG iVm Nr. 3100 VV RVG	535,60 EUR
hierauf anzurechnen gem. der Vorbemerkung 3 Abs. 4 VV RVG	
0,75 Geschäftsgebühr Nr. 2300 VV RVG	309,00 EUR
verbleiben von der Verfahrensgebühr	226,60 EUR
2) 1,2 Terminsgebühr §§ 2, 13 RVG iVm Nr. 3104 VV RVG	494,40 EUR
3) Pauschale Nr. 7002 VV RVG	20,00 EUR
4) 19 % Umsatzsteuer Nr. 7008 VV RVG	140,79 EUR
	881,79 EUR

269 Auch zB ein gerichtliches Mahnverfahren und ein – nach Widerspruch gegen den Mahnbescheid – sich anschließendes streitiges Verfahren sind verschiedene gebührenrechtliche Angelegenheiten (§ 17 Nr. 2 RVG). Somit sind auch das gerichtliche Mahnverfahren und das sich anschließende streitige Verfahren wegen des Ansatzes der Umsatzsteuer gesondert zu betrachten. War das gerichtliche Mahnverfahren noch in 2006 beendet, ist auf die Gebühren für das Mahnverfahren 16 % Umsatzsteuer anzusetzen. Tritt in dem streitigen Verfahren erst im Jahre 2007 eine Beendigung ein, ist auf die Vergütung für das streitige Verfahren 19 % Umsatzsteuer anzusetzen.[137]

270 Möglich ist, dass innerhalb derselben gebührenrechtlichen Angelegenheit ein Teil der Vergütung früher fällig wird, etwa weil bereits eine Kostenentscheidung ergeht. So ergeht auch zB mit einem Versäumnisurteil eine Kostenentscheidung. Die bis dahin angefallenen Gebühren und die Auslagen werden mit Verkündung des Versäumnis-

---

[132] Zu dem Problem, wenn die Zwangsvollstreckungsmaßnahme in 2006 begonnen hat und erst danach endet: Enders JurBüro 2007, 130.

[133] Zur Darstellung in der Endberechnung in solchen Fällen: siehe Enders JurBüro 2007, 13.

[134] Zorn AGS 2006, 577; Hansens RVGreport 2007, 41 (45); N. Schneider AGS 2007, 110 (111).

[135] Gebühren nach der bis 31. 7. 2013 gültigen Gebührentabelle.

[136] Gebühren nach der bis 31. 7. 2013 gültigen Gebührentabelle.

[137] N. Schneider AGS 2007, 110 (112 – Beispiel 5).

urteils fällig. Ist das Versäumnisurteil noch in 2006 ergangen, ist auf die bis dahin angefallene Vergütung 16 % Umsatzsteuer anzusetzen. Wird dann gegen das Versäumnisurteil Einspruch eingelegt und endet das Verfahren erst nach dem 1. 1. 2007, so sind auf die restliche – nach dem Versäumnisurteil – entstandene Vergütung 19 % Umsatzsteuer zu erheben.[138]

Bleibt die Umsatzsteuer nach § 19 Abs. 1 UStG unerhoben, kann der Rechtsanwalt diese auch nicht von dem Mandanten verlangen.

Die Erstattungsfähigkeit der Umsatzsteuer, wenn der erstattungsberechtigte Mandant vorsteuerabzugsberechtigt ist, wird behandelt in → Kap. E Rn. 745 f. 271

Sollte sich der Umsatzsteuersatz für anwaltliche Leistungen nach Erscheinen des Werkes erhöhen, so beeinträchtigt dies die Brauchbarkeit des Werkes nicht. In die Berechnungsbeispiele ist dann lediglich der neue Umsatzsteuersatz einzusetzen. 272

138 N. Schneider NJW 2007, 325 (327); N. Schneider AGS 2007, 112.

B. Abrechnung der Vergütung

In diesem Kapitel sollen die Fälligkeit der Vergütung, die Möglichkeit der Einforderung eines Vorschusses, die Anforderungen an eine Vergütungsberechnung, die Festsetzung der Vergütung gegenüber dem eigenen Mandanten und die Vergütungsvereinbarung behandelt werden. 1

I. Fälligkeit

Die Fälligkeit der Vergütung ist geregelt in § 8 RVG. Fälligkeit bedeutet unter anderem, dass der Rechtsanwalt seine Vergütung gegenüber dem Mandanten abrechnen und einfordern kann. Ungeachtet der Fälligkeit der Vergütung kann der Rechtsanwalt natürlich jederzeit gem. § 9 RVG von dem Mandanten einen Vorschuss fordern (→ Kap. B Rn. 9 ff.). 2

Auszug aus dem RVG

§8 3
Fälligkeit, Hemmung der Verjährung

(1) Die Vergütung wird fällig, wenn der Auftrag erledigt oder die Angelegenheit beendet ist. Ist der Rechtsanwalt in einem gerichtlichen Verfahren tätig, wird die Vergütung auch fällig, wenn eine Kostenentscheidung ergangen oder der Rechtszug beendet ist oder wenn das Verfahren länger als drei Monate ruht.

(2) Die Verjährung der Vergütung für eine Tätigkeit in einem gerichtlichen Verfahren wird gehemmt, solange das Verfahren anhängig ist. Die Hemmung endet mit der rechtskräftigen Entscheidung oder anderweitigen Beendigung des Verfahrens. Ruht das Verfahren, endet die Hemmung drei Monate nach Eintritt der Fälligkeit. Die Hemmung beginnt erneut, wenn eine der Parteien das Verfahren weiter betreibt.

Die Vergütung wird fällig, wenn der Auftrag erledigt oder die Angelegenheit beendet ist. 4

Eine **Erledigung des Auftrages** liegt nicht nur bei vollständiger Erledigung der Sache vor, sondern auch zB bei Niederlegung des Mandates durch den Rechtsanwalt oder Kündigung desselben durch den Auftraggeber.

Eine **Beendigung der Angelegenheit**[1] liegt zB in außergerichtlichen Angelegenheiten vor, wenn die Gegenseite den geltend gemachten Anspruch erfüllt hat, also eine weitere Tätigkeit des Rechtsanwaltes nicht erforderlich ist. Wird wegen fehlender Erfolgsaussichten von einer gerichtlichen Weiterverfolgung Abstand genommen, ist die Sache ebenfalls beendet und der Gebührenanspruch wird fällig. Auch wenn der Gegner endgültig die ihm gegenüber geltend gemachten Ansprüche ablehnt oder die ihm gesetzte Zahlungsfrist verstreichen lässt, also sich durch weitere außergerichtliche Tätigkeit die Ansprüche nicht realisieren lassen, wird die Vergütung **für die außergerichtliche Tätigkeit** fällig.[2] Dies auch dann, wenn noch eine gerichtliche Auseinandersetzung nachfolgt. 5

[1] Gerold/Schmidt § 8 Rn. 11.
[2] Hartung/Schons/Enders § 8 Rn. 15; Schneider/Wolf § 8 Rn. 38.

6 In **einem gerichtlichen Verfahren** wird die Vergütung auch fällig, wenn
- eine Kostenentscheidung ergangen
- oder der Rechtszug beendet ist
- oder wenn das Verfahren länger als drei Monate ruht.

Der Rechtszug kann zB durch Urteil, Vergleich, Beschluss oder Klagerücknahme beendet werden. Auch wenn lediglich eine Kostenentscheidung ergeht, (zB wenn die Hauptsache für erledigt erklärt wurde und das Gericht nur noch über die Kosten zu entscheiden hat), löst diese die Fälligkeit der Gebühren des Rechtsanwaltes aus. Ergangen ist die Kostenentscheidung mit ihrer Verkündung und bei Anordnung eines schriftlichen Verfahrens mit ihrer Zustellung.[3]

Ruht ein gerichtliches Verfahren länger als drei Monate, so tritt die Fälligkeit der bis zum Zeitpunkt des Ruhens entstandenen Gebühren ein. Wenn das Verfahren später fortgesetzt wird, berührt dies die Fälligkeit der Gebühren, die bis zur Anordnung des Ruhens des Verfahrens entstanden sind, nicht.

7 Der Fälligkeitszeitpunkt ist nicht nur dafür von Bedeutung, wann der Rechtsanwalt seine Vergütung abrechnen und einfordern kann, sondern auch wichtig für die Berechnung der Verjährungsfrist. Die beginnt nämlich mit der Fälligkeit des Anspruchs des Rechtsanwalts zu laufen und nicht erst mit Rechnungsstellung. Nach § 195 BGB gilt auch für Anwaltshonorare die allgemeine **Verjährungsfrist von 3 Jahren.**[4]

Die Verjährungsfrist beginnt mit dem Schluss des Jahres, in dem
1) der Anspruch entstanden ist
   und
2) der Gläubiger von den den Anspruch begründenden Umständen und der Person des Schuldners Kenntnis erlangt oder ohne grobe Fahrlässigkeit erlangen müsste (§ 199 Abs. 1 BGB).[5] Da der Rechtsanwalt in der Regel Kenntnis von der Person seines (Vergütungs-)Schuldners und dessen Aufenthaltsort hat, wird – nach wie vor – entscheidend sein, in welchem Jahr der Anspruch **fällig geworden und damit entstanden ist.**

Gem. § 8 Abs. 2 RVG wird die Verjährung der Vergütung für eine Tätigkeit in einem gerichtlichen Verfahren **gehemmt,** solange das Verfahren anhängig ist.[6] Die Hemmung endet mit der rechtskräftigen Entscheidung oder anderweitigen Beendigung des Verfahrens. Ruht das Verfahren, endet die Hemmung 3 Monate nach Eintritt der Fälligkeit. Die Hemmung beginnt erneut, wenn eine der Parteien das Verfahren weiter betreibt.

Zusammenfassung

8 ▶ Der Rechtsanwalt kann die ihm nach dem RVG zustehende Vergütung abrechnen und von dem Mandanten einfordern, wenn diese fällig geworden ist (§ 8 RVG).
▶ Die Vergütung wird fällig, wenn der dem Rechtsanwalt erteilte Auftrag erledigt oder die Angelegenheit beendet ist.
▶ In gerichtlichen Verfahren wird die Vergütung auch fällig, wenn eine Kostenentscheidung ergangen oder der Rechtszug beendet ist oder wenn das Verfahren länger als 3 Monate ruht.
▶ Die Fälligkeit ist auch von Bedeutung für die Verjährung des Vergütungsanspruches des Rechtsanwaltes. Die Verjährungsfrist von 3 Jahren beginnt mit dem Schluss des Jahres, in dem der Anspruch fällig geworden ist.

---

[3] Hartung/Schons/Enders § 8 Rn. 23, 24; Schneider/Wolf § 8 Rn. 73.
[4] Schneider/Wolf § 8 Rn. 109.
[5] Gerold/Schmidt § 8 Rn. 33.
[6] Gerold/Schmidt § 8 Rn. 42.

II. Vorschuss

Gem. § 9 RVG kann der Rechtsanwalt für die Gebühren und Auslagen von seinem Mandanten einen Vorschuss fordern. 9

Auszug aus dem RVG

§ 9
Vorschuss 10

Der Rechtsanwalt kann von seinem Auftraggeber für die entstandenen und die voraussichtlich entstehenden Gebühren und Auslagen einen angemessenen Vorschuss fordern.

Vorschuss kann der Rechtsanwalt für die bereits **entstandenen und voraussichtlich noch entstehenden** Gebühren und Auslagen fordern. 11

Der Vorschuss kann grundsätzlich jederzeit gefordert werden. Durch rechtzeitige Anforderung eines Vorschusses lassen sich Vergütungsausfälle größeren Umfangs vermeiden.

Auch betriebswirtschaftlich ist es sinnvoll, Vorschüsse auf die vereinbarte Vergütung einzufordern. Rechnet der Anwalt erst am Ende des Mandates seine Vergütung ab, liegt die Leistungserbringung durch ihn unter Umständen Monate bzw. Jahre zurück. Auch eine Anwaltskanzlei ist grundsätzlich ein auf Gewinnerzielung ausgerichteter Geschäftsbetrieb, so dass es sinnvoll ist, zeitnah zu den vom Anwalt erbrachten Leistungen auch eine Vergütung in Form eines Vorschusses zu erhalten. 12

Der Rechtsanwalt kann die Übernahme des Mandates oder bestimmter Tätigkeiten von der Zahlung eines Vorschusses abhängig machen. Hier ist allerdings zu beachten, dass dem Auftraggeber noch genügend Zeit bleiben muss, den Vorschuss beizubringen. Die Einstellung der Tätigkeit wegen Nichtzahlung des Vorschusses muss der Anwalt dem Mandanten rechtzeitig ankündigen. Erfolgte die Anforderung des Vorschusses nicht frühzeitig, hatte der Auftraggeber also nicht genügend Zeit, den Vorschuss beizubringen, kann der Rechtsanwalt bei Ausbleiben des Vorschusses seine Tätigkeit unter Umständen nicht einfach einstellen, sondern wird noch unaufschiebbare oder fristwahrende Handlungen vorzunehmen haben.[7] 13

Der Anspruch auf Zahlung eines Vorschusses kann auch gegenüber der Rechtsschutzversicherung des Mandanten geltend gemacht werden. Ist der Rechtsanwalt im Rahmen der dem Mandanten gewährten Prozesskostenhilfe beigeordnet, kann er gem. § 47 RVG für die **entstandenen Gebühren** und die **entstandenen und voraussichtlich entstehenden Auslagen** aus der Staatskasse einen angemessenen Vorschuss fordern. 14

Praxistipp:

Der Rechtsanwalt, der für seinen Mandanten einen Antrag auf Gewährung von Prozesskostenhilfe für einen Zivilprozess stellen soll, kann diesen Antrag davon abhängig machen, dass der Mandant zunächst einen Vorschuss auf die entstehende 1,0 Verfahrensgebühr nach Nr. 3335 VV RVG zahlt. Diesen Vorschuss wird der Rechtsanwalt – wenn nichts anderes vereinbart ist – dann gem. § 58 Abs. 2 RVG zunächst auf die Vergütung verrechnen können, für die ein Anspruch an die Staatskasse nicht besteht. 15

Soweit der Rechtsanwalt umsatzsteuerpflichtig ist, hat er auch auf den Vorschuss Umsatzsteuer zu berechnen. 16

---

[7] Hartung/Schons/Enders § 9 Rn. 33, 34; Schneider/Wolf § 9 Rn. 82 bis 86.

17 **Beispiel:** Der Rechtsanwalt ist als Prozessbevollmächtigter in einem Zivilprozess tätig. Er hat für den Mandanten die Klage bei dem Landgericht eingereicht. Mit einem Termin ist zu rechnen. Der Rechtsanwalt kann als Vorschuss beanspruchen:

Gegenstandswert: 10.000,00 EUR	
1) 1,3 Verfahrensgebühr §§2, 9, 13 RVG iVm Nr. 3100 VV RVG	725,40 EUR
2) 1,2 Terminsgebühr §§2, 9, 13 RVG iVm Nr. 3104 VV RVG	669,60 EUR
3) Pauschale für Entgelte für Post- und Telekommunikationsdienstleistungen Nr. 7002 VV RVG	20,00 EUR
4) 19% Umsatzsteuer Nr. 7008 VV RVG	268,81 EUR
	1.683,61 EUR

Praxistipp:

18 Die Anforderung des Vorschusses sollte unbedingt als „Vorschussberechnung" oder „Vorschuss-Liquidation" deklariert werden. Dem Mandanten muss klar sein, dass es sich bei dem angeforderten Betrag nur um einen Vorschuss auf die endgültige Vergütung handelt.

Zusammenfassung

19
- Der Rechtsanwalt kann von seinem Mandanten für die entstandenen und voraussichtlich entstehenden Gebühren und Auslagen einen angemessenen Vorschuss fordern (§ 9 RVG).
- Um Honorarausfällen vorzubeugen und aus betriebswirtschaftlichen Gründen ist die Anforderung eines Vorschusses immer angezeigt.

III. Berechnung

20 § 10 RVG verwendet für die anwaltliche Rechnung den Begriff **„Berechnung"**. Gemeint ist damit die anwaltliche Rechnung über die ihm zustehenden Gebühren und Auslagen, die in der Praxis auch Vergütungsrechnung, Honorarrechnung oder Kostennote genannt wird. Im Gegensatz zu § 10 RVG verwendet § 14 UStG, wie sich aus nachstehenden Ausführungen ergibt, nicht den Begriff „Berechnung", sondern spricht von „Rechnung".

21 Der Rechtsanwalt kann die Vergütung für seine Tätigkeit nur aufgrund einer von ihm erstellten und unterzeichneten Berechnung vom Mandanten einfordern. Die Berechnung ist dem Mandanten zu übersenden. Hat der Mandant die Vergütung an den Rechtsanwalt gezahlt, ohne eine ordnungsgemäße Berechnung erhalten zu haben, kann er die Berechnung von dem Rechtsanwalt noch fordern, solange der Rechtsanwalt zur Aufbewahrung der Handakten verpflichtet ist.

Auszug aus dem RVG

22

§ 10
Berechnung

(1) Der Rechtsanwalt kann die Vergütung nur aufgrund einer von ihm unterzeichneten und dem Auftraggeber mitgeteilten Berechnung einfordern. Der Lauf der Verjährungsfrist ist von der Mitteilung der Berechnung nicht abhängig.

(2) In der Berechnung sind die Beträge der einzelnen Gebühren und Auslagen, Vorschüsse, eine kurze Bezeichnung des jeweiligen Gebührentatbestands, die Bezeichnung der Auslagen sowie die angewandten Nummern des Vergütungsverzeichnisses und bei Gebühren, die nach dem Gegenstandswert berechnet sind, auch dieser anzugeben. Bei Entgelten für Post- und Telekommunikationsdienstleistungen genügt die Angabe des Gesamtbetrags.

(3) Hat der Auftraggeber die Vergütung gezahlt, ohne die Berechnung erhalten zu haben, kann er die Mitteilung der Berechnung noch fordern, solange der Rechtsanwalt zur Aufbewahrung der Handakten verpflichtet ist.

Welche Anforderungen an die anwaltliche Berechnung der Vergütung zu stellen sind, ergibt sich aus § 10 Abs. 2 RVG. Danach sind in der Berechnung anzugeben: 23

- Der Gegenstandswert, soweit es sich um Wertgebühren oder Satzrahmengebühren handelt, die sich nach einem Gegenstandswert richten
- Kurze Bezeichnung des jeweiligen Gebührentatbestandes nebst angewandter Nummer des Vergütungsverzeichnisses und des Betrages der einzelnen Gebühren
- Bezeichnung der Auslagen nebst angewandter Nummer des Vergütungsverzeichnisses und Betrag der Auslagen
- Umsatzsteuer auf die Gebühren und Auslagen einschließlich des Steuersatzes (19 %) und des Betrages der Umsatzsteuer
- Gezahlte Vorschüsse, die abzusetzen sind
- Unterschrift des Rechtsanwaltes.

Macht der Rechtsanwalt bei den Entgelten für Post- und Telekommunikationsdienstleistungen die tatsächlich entstandenen Aufwendungen geltend und nicht die Pauschale, so genügt die Angabe des Gesamtbetrages. In einem Rechtsstreit gegenüber dem Mandanten wegen der Gebühren und Auslagen wird der Rechtsanwalt aber auf Bestreiten des Mandanten hin die Zusammensetzung des geltend gemachten Gesamtbetrages für die Entgelte für Post- und Telekommunikationsdienstleistungen darlegen müssen. Aufzeichnungen insoweit sind also notwendig. In der Kostenfestsetzung gegenüber dem unterlegenen Gegner gemäß §§ 103 ff. ZPO genügt hinsichtlich der einem Rechtsanwalt erwachsenen Auslagen für Post- und Telekommunikationsdienstleistungen die Versicherung des Rechtsanwaltes, dass diese Auslagen entstanden sind (§ 104 Abs. 2 S. 2 ZPO). 24

Die Berechnung wird der Rechtsanwalt persönlich zu unterzeichnen haben. Er kann diese nicht von der in seiner Kanzlei tätigen Rechtsanwaltsfachangestellten unterzeichnen lassen. Dann liegt keine ordnungsgemäße Rechnung vor mit der Folge, dass er seine Vergütung nicht einfordern kann. 25

Nach der Begründung zu § 10 RVG[8] soll genügen, wenn der Rechtsanwalt anstelle der angewandten Kostenvorschrift die entsprechenden Nummern des Vergütungsverzeichnisses angibt, weil diese den Gebührentatbestand ausreichend bestimmt wiedergeben. Nach der Begründung des Gesetzes müsste der Rechtsanwalt meines Erachtens zB bei dem Ansatz einer Verfahrensgebühr nur angeben: 26

Verfahrensgebühr Nummer 3100 VV RVG.

Wegen der nötigen Transparenz für den Mandanten sollte nach meiner Auffassung die Gebühr aber ausführlicher bezeichnet werden:

1,3 Verfahrensgebühr §§ 2, 13 RVG iVm Nr. 3100 VV RVG.

Der Mandant kann dann lückenlos den Gebührenansatz nachvollziehen. Aus § 2 RVG entnimmt er, dass sich die Gebühr nach einem Gegenstandswert bestimmt und aus dem Vergütungsverzeichnis zu entnehmen ist, das dem RVG als Anlage 1 beigefügt ist. Aus § 13 RVG ergibt sich die Gebührentabelle. Aus der Nummer 3100 des Vergütungsverzeichnisses ergibt sich dann die Gebühr und der Gebührensatz.

Deshalb habe ich auch in den folgenden Musterliquidationen die gesetzlichen Vorschriften zu den einzelnen Gebühren ausführlicher dargestellt als eigentlich nach der Begründung des Gesetzes erforderlich.

Weitere Anforderungen an die anwaltliche Berechnung der Vergütung ergeben sich aus **§ 14 Abs. 4 UStG.**[9] Danach müssen in der anwaltlichen Kostenrechnung enthalten sein: 27

---

[8] Begründung zu § 10 RVG in BT-Drucksache 15/1971, S. 188.

[9] Hartung/Schons/Enders § 10 Rn. 31 ff.; Schneider/Wolf § 10 Rn. 120 ff.

- vollständiger Name und vollständige Anschrift des leistenden Rechtsanwaltes/der leistenden Kanzlei
- vollständiger Name und vollständige Anschrift des Leistungsempfängers (Mandanten)
- Steuernummer oder Umsatzsteuer-Identifikationsnummer des leistenden Rechtsanwaltes/der leistenden Kanzlei
- Ausstellungsdatum der Rechnung
- eine fortlaufende Rechnungsnummer, einmalig vergeben vom Aussteller (hier: Rechtsanwalt)
- Umfang und Art der (Dienst-)Leistung des Rechtsanwaltes
- Zeitpunkt/Zeitraum der Leistungen
- nach Steuersätzen und evtl. einzelnen Steuerbefreiungen aufgeschlüsseltes Entgelt, also der Nettobetrag der Gebühren und Auslagen (ohne Umsatzsteuer)
- der anzuwendende Steuersatz (zB 19 % Umsatzsteuer) sowie der auf das Entgelt entfallende (Umsatz-)Steuer**betrag** – oder im Falle einer Steuerbefreiung der Hinweis darauf, dass für die Leistungen oder sonstige Leistung eine Steuerbefreiung gilt (zB vorgelegte Gerichtskosten, Auslagenvorschüsse für Zeugen und Sachverständige) –
- der Rechnungsendbetrag (Entgelt zuzüglich Umsatzsteuer)
- gezahlte und abzusetzende Vorschüsse einschließlich der darin enthaltenen Umsatzsteuer[10]
- Hinweis auf evtl. Aufbewahrungspflichten des Leistungsempfängers in den Fällen des § 14b Abs. 1 S. 5 UStG (§ 14 Abs. 4 Ziffer 9 UStG – zB wenn die Leistung des Rechtsanwalts im Zusammenhang mit einem Grundstück ausgeführt wurde – siehe hierzu auch nachfolgend → Kap. B Rn. 32).

28 Es wird empfohlen, dass der Rechtsanwalt für alle Rechnungen eine fortlaufende Rechnungsnummer vergibt.[11]

Die Verpflichtung zur Angabe einer fortlaufenden Rechnungsnummer gilt mE aber **nicht** für die Berechnung von Anwaltshonoraren in

1) Schreiben, in denen Anwaltskosten wegen eines Verzögerungsschadens gem. § 280 Abs. 2 BGB gegenüber dem Anspruchsgegner des eigenen Mandanten berechnet und geltend gemacht werden
2) Kostenfestsetzungsanträgen gem. § 104 ZPO
3) Kostenfestsetzungsanträgen gem. § 11 RVG
4) Kostenberechnung gegenüber Rechtsschutzversicherung des Mandanten oder der Berufshaftpflicht des Anspruchsgegners
5) Kostenberechnung gegenüber Dritten, die sich schuldrechtlich an der Begleichung der Anwaltshonorare beteiligt haben
6) Abrechnungen im Rahmen der Prozesskostenhilfe.

In den Fällen 1), 4) und 5) wird der Rechtsanwalt ohnehin eine an seinen Mandanten als Leistungsempfänger gerichtete Rechnung (mit fortlaufender Rechnungsnummer) ausstellen müssen und an den Mandanten zu übersenden haben. In der Praxis empfiehlt es sich, diese an den Mandanten als Leistungsempfänger adressierte Rechnung dann an den Rechtsschutzversicherer, den Haftpflichtversicherer oder den erstattungspflichtigen Gegner mit einem gesonderten Anschreiben zu senden mit der Bitte oder Aufforderung, den Rechnungsendbetrag dem Mandanten zu erstatten. Sofern der Mandant vorsteuerabzugsberechtigt ist, kann er auf der Grundlage derselben Rechnung gebeten werden, den Umsatzsteuerbetrag an den Rechtsanwalt zu zahlen.

In den Fällen 2) und 3) werden ohnehin Rechnungen an den Mandanten ergehen, die bereits eine fortlaufende Rechnungsnummer tragen. Für die anschließenden, auf

---

[10] Aufzählung zitiert aus Enders JurBüro 2004, 61; Hartung/Schons/Enders § 10 Rn. 32 bis 41. Im Zweifelsfalle ist das Umsatzsteuergesetz in seiner aktuellen Fassung und einschlägige Kommentierung hierzu heranzuziehen.

[11] Schneider AGS 2004, 39; Hansens RVGreport 2004, 43; Enders JurBüro 2004, 60; Zugmaier NJW-aktuell, S. XII, NJW 2003, Heft 52; Hartung/Schons/Enders § 10 Rn. 34 ff.

der Grundlage dieser Rechnungen basierenden Kostenfestsetzungsanträge darf daher nicht noch einmal eine Rechnungsnummer vergeben werden.

Die Vergabe einer fortlaufenden Rechnungsnummer (in den unter 6. genannten Fällen) auch für einen Kostenfestsetzungs- und Erstattungsantrag an das Gericht im Rahmen einer Prozesskostenhilfe-Beiordnung des Rechtsanwaltes ist **meines Erachtens** unschädlich.

Ist eine ausgestellte und mit einer Rechnungsnummer versehene **Rechnung unrichtig,** kann sie zurückgezogen werden. Der Rechnungsempfänger ist dann aufzufordern, das Original der falschen Rechnung an den Rechtsanwalt zurückzusenden. Damit verliert er die Möglichkeit, die in der Rechnung angesetzte Umsatzsteuer als Vorsteuer geltend zu machen. Die zurückgeforderte Original-Rechnung sollte der Rechtsanwalt bei den Rechnungskopien aufbewahren. 29

Muss eine **Rechnung nach unten hin korrigiert** werden, dann ist auch entweder die ursprüngliche Rechnung im Original zurückzufordern und eine neue Rechnung über den geringeren Betrag auszustellen, **oder** aber zu der bereits versandten Rechnung ist eine **Stornorechnung** über den zu viel berechneten Betrag zu erteilen. Die Stornorechnung sollte wie folgt überschrieben werden: 30

„Stornierung
zur Rechnung Nr. ... vom ...“

In der Stornorechnung ist dann der Netto-Betrag auszuweisen, der nicht mehr vom Mandanten verlangt wird, zuzüglich der hierauf entfallenden Umsatzsteuer.

Nach § 14 Abs. 2 Nr. 1 S. 1 UStG hat der Rechtsanwalt spätestens innerhalb von sechs Monaten nach Erledigung der Angelegenheit eine ordnungsgemäße Rechnung zu erstellen, um dem Rechnungsempfänger den Vorsteuerabzug zu ermöglichen. 31

Hat der Rechtsanwalt seine Leistungen im Zusammenhang mit einem Grundstück erbracht, ist er verpflichtet (§ 14 Abs. 4 Nr. 9 UStG), den Rechnungsempfänger darauf hinzuweisen, dass dieser die Rechnung zwei Jahre lang aufzubewahren hat (§ 14b S. 5 UStG). Diese Hinweispflicht greift nur, wenn die Rechnung an einen Nicht-Unternehmer oder an einen Mandanten gerichtet ist, der die Leistung für seinen nichtunternehmerischen Bereich erhalten hat. Unterlässt der Rechtsanwalt den Hinweis, macht er sich unter Umständen schadensersatzpflichtig. Der Schaden könnte darin bestehen, dass der Mandant unter Umständen ein Bußgeld erhält, weil er der Aufbewahrungspflicht infolge Unkenntnis nicht nachgekommen ist. 32

Nach § 14b Abs. 1 UStG muss der Rechtsanwalt ein Doppel aller ausgestellten Rechnungen 10 Jahre lang aufbewahren und lesbar halten. Die Aufbewahrungsfrist beginnt mit dem Ende des Jahres, in welchem die Rechnung ausgestellt worden ist. Da Handakten bereits nach fünf Jahren vernichtet werden können (§ 50 Abs. 2 Satz 1 BRAO) empfiehlt es sich, eine Abschrift/Mehrausdruck der Rechnung in der Buchhaltung, losgelöst von der Handakte in einem gesondertem Ordner aufzubewahren. 33

Unter den folgenden Randnummern 36 bis 38 dieses Kapitels werden Muster für anwaltliche Berechnungen dargestellt.

Der Lauf der Verjährungsfrist ist von der Mitteilung der Berechnung nicht abhängig. Der Lauf der Verjährungsfrist beginnt mit dem Schluss des Jahres, in dem der Vergütungsanspruch des Rechtsanwaltes fällig geworden ist (→ Kap. B Rn. 7). 34

Zusammenfassung

- Aus § 10 RVG ergibt sich, welche Anforderungen an eine Berechnung der Vergütung zu stellen sind. 35
- Weitere Anforderungen an die anwaltliche Berechnung der Vergütung ergeben sich aus § 14 Abs. 4 UStG.

Musterliquidation: Außergerichtliche Vertretung

36 *Marianne Eisenhart*
– Rechtsanwältin –
& *Hans Georg Paragraph*
– Rechtsanwalt –
Turmstraße 128, 50733 Köln

Herrn
Heinrich Mandant
Weimarer Platz 11
51103 Köln

Köln, den 12. 10. 2017
Rechnungs-Nr. 1260/2017

Vergütungsrechnung
für außergerichtliche Vertretung in der Sache gegen die Hugenotten-Versicherung, Köln
in der Zeit von Juli 2017 bis Oktober 2017

Gegenstandswert: 13.589,76 EUR
(§ 23 Abs. 1 S. 3 RVG – § 48 Abs. 1 S. 1 GKG – § 3 ZPO)

1) 1,3 Geschäftsgebühr §§ 2, 13, 14 RVG iVm Nr. 2300 VV RVG	845,00 EUR
2) Pauschale für Entgelte für Post- und Telekommunikationsdienstleistungen Nr. 7002 VV RVG	20,00 EUR
3) Dokumentenpauschale für 24 Kopien in schwarz/weiß Nr. 7000 Ziffer 1. d) VV RVG	12,00 EUR
Anwaltsgebühren – netto –	877,00 EUR
abzüglich gezahlter Vorschuss gem. Vorschussberechnung Nr. 1001/2017 vom 2. 8. 2017 (500,00 EUR, darin enthalten 19 % Umsatzsteuer = 79,83 EUR, also Vorschuss – Netto:)	420,17 EUR
noch zu zahlende Anwaltsvergütung – Netto –	456,83 EUR
4) 19 % Umsatzsteuer Nr. 7008 VV RVG	86,80 EUR
noch zu zahlende Anwaltsvergütung – incl. Umsatzsteuer	543,63 EUR

Wir bitten um Überweisung auf unser unten angegebenes Konto.
Schon jetzt danken wir für Ihre Zahlung.

Mit freundlichen Grüßen

Rechtsanwältin

– Umsatzsteuer Identifikationsnummer: 11234456698 –
Bankverbindung: James Bond Bank, Köln
IBAN DE655706001070021475337
BIC GENODED2KOF

Musterliquidation: Tätigkeit in einem Zivilprozess mit vorheriger außergerichtlicher Tätigkeit

37

Marianne Eisenhart
– Rechtsanwältin –
& Hans Georg Paragraph
– Rechtsanwalt –
Turmstraße 128, 50733 Köln

Herrn
Heinrich Mandant
Weimarer Platz 11
51103 Köln

Köln, den 12. 4. 2017
Rechnungs-Nr. 128/2017

Vergütungsrechnung
für die Tätigkeit als Prozessbevollmächtigte in dem Rechtsstreit Mandant ./. Hugenotten-Versicherung vor dem Landgericht Köln – 231 O 1079/16
in der Zeit von November 2016 bis April 2017

Gegenstandswert: 13.589,76 EUR
(§ 23 Abs. 1 S. 1 RVG – § 48 Abs. 1 S. 1 GKG – § 3 ZPO)

1) 1,3 Verfahrensgebühr §§ 2, 13, 14 RVG iVm Nr. 3100 VV RVG	845,00 EUR
hierauf anzurechnen nach Vorbemerkung 3 Abs. 4 VV RVG ist 0,65 Geschäftsgebühr der Nr. 2300 VV RVG	422,50 EUR
verbleiben von der Verfahrensgebühr	422,50 EUR
2) 1,2 Terminsgebühr §§ 2, 13 RVG iVm Nr. 3104 VV RVG	780,00 EUR
3) Pauschale für Entgelte für Post- und Telekommunikationsdienstleistungen Nr. 7002 VV RVG	20,00 EUR
4) Dokumentenpauschale für 118 Kopien in schwarz/weiß als Anlagen zu Schriftsätzen Nr. 7000 Ziffer 1 b) VV RVG	9,00 EUR
Anwaltsvergütung – netto –	1.231,50 EUR
5) 19 % Umsatzsteuer Nr. 7008 VV RVG	233,99 EUR
Anwaltsvergütung inklusive Umsatzsteuer	1.465,49 EUR
6) Gerichtskosten, eingezahlt bei Klageeinreichung	879,00 EUR
abzüglich gezahlter Vorschuss (ohne Umsatzsteuer, da Gerichtskosten)	879,00 EUR
noch zu zahlen:	1.465,49 EUR

Wir bitten um Überweisung auf unser unten angegebenes Konto.
Für Ihre Zahlung dürfen wir uns schon jetzt bedanken.

Mit freundlichen Grüßen

Rechtsanwältin

– Umsatzsteuer Identifikationsnummer: 11234456698 –
Bankverbindung: James Bond Bank, Köln
IBAN DE65570600107002147533 7
BIC GENODED2KOF

Musterliquidation: Tätigkeit in einer Strafsache

38 *Marianne Eisenhart*
– Rechtsanwältin –
& Hans Georg Paragraph
– Rechtsanwalt –
Turmstraße 128, 50733 Köln

Herrn
Heinrich Mandant
Weimarer Platz 11
51103 Köln

Köln, den 12. 10. 2017
Rechnungs-Nr. 697/2017

Vergütungsrechnung
für meine Tätigkeit als Verteidiger in der Ihnen gegenüber anhängigen Strafsache
Amtsgericht Köln – 1040 Js 20 884/17 –
in der Zeit von August bis Oktober 2017

Für die Tätigkeit in dem strafrechtlichen Ermittlungsverfahren:

1) Grundgebühr §§ 2 Abs. 2, 14 RVG iVm Nr. 4100 VV RVG	200,00 EUR
2) Verfahrensgebühr für vorbereitendes Verfahren §§ 2 Abs. 2, 14 RVG iVm Nr. 4104 VV RVG	165,00 EUR
5) Pauschale für Entgelte für Post- und Telekommunikationsdienstleistungen Nr. 7002 VV RVG	20,00 EUR
6) Dokumentenpauschale für 174 Kopien in schwarz/weiß aus amtlicher Ermittlungsakte Nr. 7000 Ziffer 1 a) VV RVG	43,60 EUR
Anwaltsgebühren – netto –	428,60 EUR
7) 19 % Umsatzsteuer Nr. 7008 VV RVG	81,43 EUR
	510,03 EUR

Für die Tätigkeit in dem gerichtlichen Verfahren:

1) Verfahrensgebühr für gerichtliches Verfahren vor dem Amtsgericht §§ 2 Abs. 2, 14 RVG iVm Nr. 4106 VV RVG	165,00 EUR
2) Terminsgebühr für Hauptverhandlung vom 16. 9. 2017 §§ 2 Abs. 2, 14 RVG iVm Nr. 4108 VV RVG	275,00 EUR
3) Pauschale für Entgelte für Post- und Telekommunikationsdienstleistungen Nr. 7002 VV RVG	20,00 EUR
4) Dokumentenpauschale für 24 Kopien in schwarz/weiß aus amtlicher Ermittlungsakte Nr. 7000 Ziffer 1 a) VV RVG	12,00 EUR
Anwaltsgebühren – netto –	472,00 EUR
5) 19 % Umsatzsteuer Nr. 7008 VV RVG	89,68 EUR
	561,68 EUR

Wir bitten um Überweisung auf unser unten angegebenes Konto.
Für Ihre Zahlung dürfen wir uns schon jetzt bedanken.

Mit freundlichen Grüßen

Rechtsanwältin

– Umsatzsteuer Identifikationsnummer: 11234456698 –
Bankverbindung: James Bond Bank, Köln
IBAN DE655706001070021475337
BIC GENODED2KOF

IV. Festsetzung der Vergütung gegenüber Mandanten

War der Rechtsanwalt in einem gerichtlich anhängigen Verfahren tätig, so kann er die gesetzlichen Gebühren und Auslagen gegenüber seinem Auftraggeber/seinem Mandanten gem. § 11 RVG gerichtlich festsetzen lassen und so einen vollstreckbaren Titel erlangen. Das Festsetzungsverfahren wird dann zu einem Anhang des vorangegangenen gerichtlichen Verfahrens. Hierdurch wird ein eigener Gebührenrechtsstreit vermieden. Der Antrag gem. § 11 RVG kann unabhängig davon gestellt werden, ob schon ein vollstreckbarer Kostenfestsetzungsbeschluss gegenüber dem unterlegenen Gegner vorliegt oder nicht. 39

Auszug aus dem RVG

§ 11 40

Festsetzung der Vergütung

(1) Soweit die gesetzliche Vergütung, eine nach § 42 festgestellte Pauschgebühr und die zu ersetzenden Aufwendungen (§ 670 des Bürgerlichen Gesetzbuches) zu den Kosten des gerichtlichen Verfahrens gehören, werden sie auf Antrag des Rechtsanwalts oder des Auftraggebers durch das Gericht des ersten Rechtszugs festgesetzt. Getilgte Beträge sind abzusetzen.

(2) Der Antrag ist erst zulässig, wenn die Vergütung fällig ist. Vor der Festsetzung sind die Beteiligten zu hören. Die Vorschriften der jeweiligen Verfahrensordnung über das Kostenfestsetzungsverfahren mit Ausnahme des § 104 Abs. 2 Satz 3 der Zivilprozessordnung und die Vorschriften der Zivilprozessordnung über die Zwangsvollstreckung aus Kostenfestsetzungsbeschlüssen gelten entsprechend. Das Verfahren vor dem Gericht des ersten Rechtszugs ist gebührenfrei. In den Vergütungsfestsetzungsbeschluss sind die von dem Rechtsanwalt gezahlten Auslagen für die Zustellung des Beschlusses aufzunehmen. Im Übrigen findet eine Kostenerstattung nicht statt; dies gilt auch im Verfahren über Beschwerden.

(3) Im Verfahren vor den Gerichten der Verwaltungsgerichtsbarkeit, der Finanzgerichtsbarkeit und der Sozialgerichtsbarkeit wird die Vergütung vom Urkundsbeamten der Geschäftsstelle festgesetzt. Die für die jeweilige Gerichtsbarkeit geltenden Vorschriften über die Erinnerung im Kostenfestsetzungsverfahren gelten entsprechend.

(4) Wird der vom Rechtsanwalt angegebene Gegenstandswert von einem Beteiligten bestritten, ist das Verfahren auszusetzen, bis das Gericht hierüber entschieden hat (§§ 32, 33 und 38 Abs. 1).

(5) Die Festsetzung ist abzulehnen, soweit der Antragsgegner Einwendungen oder Einreden erhebt, die nicht im Gebührenrecht ihren Grund haben. Hat der Auftraggeber bereits dem Rechtsanwalt gegenüber derartige Einwendungen oder Einreden erhoben, ist die Erhebung der Klage nicht von der vorherigen Einleitung des Festsetzungsverfahrens abhängig.

(6) Anträge und Erklärungen können ohne Mitwirkung eines Bevollmächtigten schriftlich eingereicht oder zu Protokoll der Geschäftsstelle abgegeben werden. § 129a der Zivilprozessordnung gilt entsprechend. Für die Bevollmächtigung gelten die Regelungen der für das zugrunde liegende Verfahren geltenden Verfahrensordnung entsprechend.

(7) Durch den Antrag auf Festsetzung der Vergütung wird die Verjährung wie durch Klageerhebung gehemmt.

(8) Die Absätze 1 bis 7 gelten bei Rahmengebühren nur, wenn die Mindestgebühren geltend gemacht werden oder der Auftraggeber der Höhe der Gebühren ausdrücklich zugestimmt hat. Die Festsetzung auf Antrag des Rechtsanwalts ist abzulehnen, wenn er die Zustimmungserklärung des Auftraggebers nicht mit dem Antrag vorlegt.

Antragsberechtigt ist der Rechtsanwalt, der zB als 41
- Prozessbevollmächtigter
- Verfahrensbevollmächtigter (zB in einem familienrechtlichen Verfahren oder im gerichtlichen Mahnverfahren)
- Korrespondenz/Verkehrsanwalt im Sinne der Nr. 3400 VV RVG
- Unterbevollmächtigter/Terminsvertreter im Sinne der Nr. 3401 VV RVG

- Beistand für einen Zeugen oder Sachverständigen in einem gerichtlich anhängigen Verfahren tätig war,
- oder auch ein gem. § 138 FamFG in einer Familiensache beigeordneter Rechtsanwalt, soweit dessen Vergütung nicht aus der Staatskasse erstattet wird (→ Kap. H Rn. 306).[12]

42 Ein Kostenfestsetzungsantrag gem. § 11 RVG kann auch **der Auftraggeber** des Rechtsanwaltes **stellen,** wenn dieser zB hinsichtlich der Höhe der vom Rechtsanwalt ihm in Rechnung gestellten Vergütung Bedenken hat. Der Antrag des Mandanten geht dann auf Feststellung, dass dem Rechtsanwalt die von ihm berechnete Vergütung ganz oder teilweise nicht zusteht.[13]

43 Die Kostenfestsetzung gem. § 11 RVG kann sich auch gegen den Rechtsnachfolger des Auftraggebers des Rechtsanwaltes richten.[14]

44 Festgesetzt werden können gem. § 11 RVG gegenüber dem Auftraggeber des Rechtsanwaltes:

- die gesetzliche Vergütung nach dem RVG, also die Gebühren, die Auslagen und die Umsatzsteuer
- eine nach § 42 RVG vom Oberlandesgericht festgestellte Pauschgebühr (→ Kap. L Rn. 157)
- die zu ersetzenden Aufwendungen (§ 670 BGB); hierzu gehören ua die vom Rechtsanwalt für den Mandanten vorgelegten Gerichtskosten und die vorgelegten Auslagenvorschüsse für Zeugen und Sachverständige.

Es können nur die Vergütungen und die Aufwendungen gem. § 11 RVG festgesetzt werden, die verfahrensbezogen sind.

45 **Zuständig** für den Antrag auf Kostenfestsetzung gegenüber dem eigenen Auftraggeber ist das **Gericht des I. Rechtszuges** (§ 11 Abs. 1 S. 1 RVG). Für das Verfahren gelten dieselben Vorschriften wie bei der Kostenfestsetzung gegenüber dem Gegner. Stellt der Mandant den Antrag, muss er sich nicht eines Rechtsanwaltes bedienen (§ 11 Abs. 6 RVG).

46 War der Rechtsanwalt Verfahrensbevollmächtigter im **gerichtlichen Mahnverfahren,** so ist für die Kostenfestsetzung gem. § 11 RVG nicht das Mahngericht zuständig, sondern das Streitgericht. Streitgericht ist das Gericht, an welches die Sache verwiesen worden wäre, wenn Widerspruch gegen den Mahnbescheid eingelegt worden wäre.[15]

47 **Beispiel:** Rechtsanwalt B mit Kanzleisitz in Koblenz hat für seine Auftraggeberin bei dem zuständigen zentralen Mahngericht – Amtsgericht – in Mayen den Erlass eines gerichtlichen Mahnbescheides über 51.000,00 EUR beantragt. Nach Zustellung des Mahnbescheides und Ablauf der Widerspruchsfrist beantragt er den Erlass des Vollstreckungsbescheides. Der Vollstreckungsbescheid ergeht und wird rechtskräftig. Der Antragsgegner wohnt in München. Wenn der Antragsgegner Widerspruch gegen den Mahnbescheid oder Einspruch gegen den Vollstreckungsbescheid eingelegt hätte, hätte die Sache bei dem zuständigen Landgericht München I fortgeführt werden müssen.

Der Rechtsanwalt rechnet die Gebühr für den Mahnbescheid und die Gebühr für den Vollstreckungsbescheid mit dem Mandanten ab. Der Mandant zahlt nicht.

Der Rechtsanwalt kann nunmehr bei dem für die Durchführung des streitigen Verfahrens zuständigen Landgericht München I Kostenfestsetzung gem. § 11 RVG wegen der in dem gerichtlichen Mahnverfahren entstandenen Gebühren beantragen.

48 Auch Vergütungsansprüche für die Tätigkeit in der **Zwangsvollstreckung** aus einem gerichtlichen Titel können gem. § 11 RVG gegenüber dem Auftraggeber des Rechtsanwaltes festgesetzt werden.[16] Zuständig hierfür ist das Vollstreckungsgericht (§ 788

---

[12] Gerold/Schmidt § 11 Rn. 11 ff.; Schneider/Wolf § 11 Rn. 13 ff.

[13] OLG Köln BeckRS 2016, 05509.

[14] Gerold/Schmidt § 11 Rn. 39; Schneider/Wolf § 11 Rn. 42.

[15] Gerold/Schmidt § 11 Rn. 244 unter Hinweis auf BGH NJW 1991, 2084 = AnwBl. 1991, 600.

[16] Gerold/Schmidt § 11 Rn. 89.

Abs. 2 ZPO).[17] Die vom Rechtsanwalt in der Zwangsvollstreckung vorgelegten Gerichts- und Gerichtsvollzieherkosten können „als zu ersetzende Aufwendungen" ebenfalls mit festgesetzt werden (§ 11 Abs. 1 S. 1 RVG).

Ein Antrag auf Festsetzung der Vergütung **hemmt die Verjährung** wie eine Klage 49
(§ 11 Abs. 7 RVG). Vorsicht ist geboten, wenn das Kostenfestsetzungsverfahren gem. § 11 RVG scheitert, weil der Mandant Einwendungen erhebt, die nicht im Gebührenrecht ihren Grund haben (§ 11 Abs. 5 RVG). Dann endet **meines Erachtens** die Hemmung 6 Monate nach Scheitern des Kostenfestsetzungsverfahrens gem. § 11 RVG (§ 204 Abs. 2 Satz 1 BGB). Der Rechtsanwalt wird also binnen 6 Monaten (eventuell zuzüglich des vor der Stellung des Antrages nach § 11 RVG noch nicht abgelaufenen Teils der Verjährungsfrist) Klage erheben müssen. Nach Scheitern des Antrages auf Festsetzung der Vergütung gem. § 11 RVG ist also die Frage der Verjährung neu zu überdenken.[18]

Erhebt der Mandant in dem Kostenfestsetzungsverfahren gem. § 11 RVG **Einwen-** 50
dungen, die nicht im Gebührenrecht ihren Grund haben, so wird die Festsetzung vom Gericht abgelehnt (§ 11 Abs. 5 RVG), es sei denn, diese Einwendungen sind offensichtlich unbegründet. Einwendungen, die nicht im Gebührenrecht ihren Grund haben, sind zB Einrede der Verjährung, Aufrechnung mit anderen Ansprüchen, Bestreiten der Auftragserteilung, Einwand der Schlechterfüllung des Anwaltsvertrages usw. Über derartige Einwendungen entscheidet der Rechtspfleger nicht im Kostenfestsetzungsverfahren und lehnt die Festsetzung ab. Der Rechtsanwalt muss dann seine Ansprüche im gerichtlichen Mahnverfahren oder in einem ordentlichen Zivilprozess geltend machen.

Erhebt der Mandant schon außergerichtlich derartige Einwendungen, so kann der 51
Rechtsanwalt sofort den Klageweg beschreiten und braucht sich nicht auf die Möglichkeit der Kostenfestsetzung nach § 11 RVG vom Gericht verweisen zu lassen. Um das Rechtsschutzbedürfnis für die Klage darzutun, sollte der Rechtsanwalt in diesen Fällen allerdings dann schon in der Klageschrift darauf hinweisen, dass der Mandant außergerichtlich Einwendungen erhoben hat, die einer Festsetzung nach § 11 RVG entgegenstehen.

Über Einwendungen des Mandanten, die im Gebührenrecht ihren Grund haben (zB wenn Streit darüber besteht, ob eine Gebühr entstanden ist oder nicht), entscheidet hingegen der Rechtspfleger im Kostenfestsetzungsverfahren.

Erhält der Rechtsanwalt nach dem RVG **Rahmengebühren,** so können gem. § 11 52
Abs. 8 RVG die Mindestgebühren festgesetzt werden. Der Rechtsanwalt sollte von der Möglichkeit, Mindestgebühren festsetzen zu lassen, in der Praxis **keinen Gebrauch** machen. Denn der BGH[19] hat entschieden, dass der Rechtsanwalt, der gegen seinen Mandanten, nachdem er diesem höhere Rahmengebühren in Rechnung gestellt hat, die Festsetzung der Mindestgebühren beantragt, damit auf die weiteren Gebührenforderungen verzichtet.

Rahmengebühren können dann in voller Höhe gegenüber dem Auftraggeber/Man- 53
danten des Rechtsanwalts festgesetzt werden, wenn der Auftraggeber/Mandant der Höhe der vom Rechtsanwalt in Ansatz gebrachten Rahmengebühr ausdrücklich zugestimmt hat. In diesem Fall muss der Rechtsanwalt allerdings die schriftliche Zustimmungserklärung des Auftraggebers schon in seinem Antrag auf Festsetzung der Vergütung an das Gericht vorlegen (§ 11 Abs. 8 Satz 2 RVG).

Beispiel: Der Rechtsanwalt hat den Mandanten in einer Strafsache vertreten. Nach Abschluss 54
des Verfahrens übersendet der Rechtsanwalt dem Mandanten die Kostenrechnung. Der Mandant meldet sich und teilt mit, dass er den Gesamtbetrag nicht auf einmal zahlen könne und bittet um Ratenzahlung. Zur Absicherung des Rechtsanwaltes empfiehlt es sich, in derartigen Fällen den Gebührenanspruch titulieren zu lassen. Der Mandant kann gebeten werden, die Höhe der Vergütung

[17] BGH NJW 2005, 1273; JurBüro 2005, 421.
[18] Hartung/Schons/Enders § 11 Rn. 64; Schneider/Wolf § 11 Rn. 329 bis 331.
[19] BGH JurBüro 2013, 584.

schriftlich anzuerkennen. Mit diesem schriftlichen Anerkenntnis könnte der Rechtsanwalt dann Festsetzung der Vergütung gem. § 11 Abs. 8 RVG beantragen. Auf diesem Wege könnte der Gebührenanspruch des Rechtsanwaltes kostengünstig tituliert werden.

55 Eine vereinbarte Vergütung kann nicht gem. § 11 RVG festgesetzt werden.

Zusammenfassung

56
- ▶ Eine gesetzliche Vergütung nach dem RVG kann, soweit sie im Rahmen eines gerichtlichen Verfahrens entstanden ist, nach Fälligkeit vom Gericht auf Antrag des Rechtsanwaltes gegenüber seinem Auftraggeber/Mandanten gem. § 11 RVG festgesetzt werden. Mit festgesetzt werden können auch vom Rechtsanwalt vorgelegte Gerichtskosten und von ihm vorgelegte Auslagenvorschüsse für Zeugen und Sachverständige, soweit sie verfahrensbezogen sind.
- ▶ Zuständig ist das Gericht des ersten Rechtszuges, bei welchem das Verfahren anhängig war, woraus der Vergütungsanspruch resultiert.
- ▶ Bei Rahmengebühren können nur Mindestgebühren festgesetzt werden. Höhere Beträge können dann festgesetzt werden, wenn der Auftraggeber/Mandant der Höhe der Gebühren ausdrücklich zugestimmt hat.

V. Vergütungsvereinbarung

57 Bis zum 30. 6. 2008 war die Vergütungsvereinbarung in § 4 RVG geregelt. Am 1. 7. 2008 ist das Gesetz zur Neuregelung des Verbots der Vereinbarung von Erfolgshonoraren (BGBl. I 2008, 1000) in Kraft getreten. Seit dem ist die Vergütungsvereinbarung in den neu eingefügten §§ 3a bis 4b RVG normiert.

In den nachfolgenden Kapiteln (→ B Rn. 58 bis 151) wird die neue Rechtslage nach den Änderungen durch das Gesetz zur Neuregelung des Verbots der Vereinbarung anwaltlicher Erfolgshonorare dargestellt. Wegen der Rechtslage bis zum 30. 6. 2008 darf auf das in der 13. Auflage[20] Ausgeführte verwiesen werden.

Auszug aus dem RVG

58

§ 3a
Vergütungsvereinbarung

(1) Eine Vereinbarung über die Vergütung bedarf der Textform. Sie muss als Vergütungsvereinbarung oder in vergleichbarer Weise bezeichnet werden, von anderen Vereinbarungen mit Ausnahme der Auftragserteilung deutlich abgesetzt sein und darf nicht in der Vollmacht enthalten sein. Sie hat einen Hinweis darauf zu enthalten, dass die gegnerische Partei, ein Verfahrensbeteiligter oder die Staatskasse im Falle der Kostenerstattung regelmäßig nicht mehr als die gesetzliche Vergütung erstatten muss. Die Sätze 1 und 2 gelten nicht für eine Gebührenvereinbarung nach § 34.

(2) Ist eine vereinbarte, eine nach § 4 Abs. 3 Satz 1 von dem Vorstand der Rechtsanwaltskammer festgesetzte oder eine nach § 4a für den Erfolgsfall vereinbarte Vergütung unter Berücksichtigung aller Umstände unangemessen hoch, kann sie im Rechtsstreit auf den angemessenen Betrag bis zur Höhe der gesetzlichen Vergütung herabgesetzt werden. Vor der Herabsetzung hat das Gericht ein Gutachten des Vorstands der Rechtsanwaltskammer einzuholen; dies gilt nicht, wenn der Vorstand der Rechtsanwaltskammer die Vergütung nach § 4 Abs. 3 Satz 1 festgesetzt hat. Das Gutachten ist kostenlos zu erstatten.

(3) Eine Vereinbarung, nach der ein im Wege der Prozesskostenhilfe beigeordneter Rechtsanwalt für die von der Beiordnung erfasste Tätigkeit eine höhere als die gesetzliche Vergütung erhalten soll, ist nichtig. Die Vorschriften des bürgerlichen Rechts über die ungerechtfertigte Bereicherung bleiben unberührt.

---

[20] RVG für Anfänger, 13. Auflage, Rn. 277 bis 309.

§4
Erfolgsunabhängige Vergütung

(1) In außergerichtlichen Angelegenheiten kann eine niedrigere als die gesetzliche Vergütung vereinbart werden. Sie muss in einem angemessenen Verhältnis zu Leistung, Verantwortung und Haftungsrisiko des Rechtsanwalts stehen. Liegen die Voraussetzungen für die Bewilligung von Beratungshilfe vor, kann der Rechtsanwalt ganz auf eine Vergütung verzichten. §9 des Beratungshilfegesetzes bleibt unberührt.

(2) Der Rechtsanwalt kann sich für gerichtliche Mahnverfahren und Zwangsvollstreckungsverfahren nach den §§802a bis 863 und 882b bis 882f der Zivilprozessordnung verpflichten, dass er, wenn der Anspruch des Auftraggebers auf Erstattung der gesetzlichen Vergütung nicht beigetrieben werden kann, einen Teil des Erstattungsanspruchs an Erfüllungs statt annehmen werde. Der nicht durch Abtretung zu erfüllende Teil der gesetzlichen Vergütung muss in einem angemessenen Verhältnis zu Leistung, Verantwortung und Haftungsrisiko des Rechtsanwalts stehen.

(3) In der Vereinbarung kann es dem Vorstand der Rechtsanwaltskammer überlassen werden, die Vergütung nach billigem Ermessen festzusetzen. Ist die Festsetzung der Vergütung dem Ermessen eines Vertragsteils überlassen, gilt die gesetzliche Vergütung als vereinbart.

§4a
Erfolgshonorar

(1) Ein Erfolgshonorar (§49b Abs.2 Satz 1 der Bundesrechtsanwaltsordnung) darf nur für den Einzelfall und nur dann vereinbart werden, wenn der Auftraggeber aufgrund seiner wirtschaftlichen Verhältnisse bei verständiger Betrachtung ohne die Vereinbarung eines Erfolgshonorars von der Rechtsverfolgung abgehalten würde.

In einem gerichtlichen Verfahren darf dabei für den Fall des Misserfolgs vereinbart werden, dass keine oder eine geringere als die gesetzliche Vergütung zu zahlen ist, wenn für den Erfolgsfall ein angemessener Zuschlag auf die gesetzliche Vergütung vereinbart wird. Für die Beurteilung nach Satz 1 bleibt die Möglichkeit, Beratungs- und Prozesskostenhilfe in Anspruch zu nehmen, außer Betracht.

(2) Die Vereinbarung muss enthalten:

1. die voraussichtliche gesetzliche Vergütung und gegebenenfalls die erfolgsunabhängige vertragliche Vergütung, zu der der Rechtsanwalt bereit wäre, den Auftrag zu übernehmen, sowie
2. die Angabe, welche Vergütung bei Eintritt welcher Bedingungen verdient sein soll.

(3) In der Vereinbarung sind außerdem die wesentlichen Gründe anzugeben, die für die Bemessung des Erfolgshonorars bestimmend sind. Ferner ist ein Hinweis aufzunehmen, dass die Vereinbarung keinen Einfluss auf die gegebenenfalls vom Auftraggeber zu zahlenden Gerichtskosten, Verwaltungskosten und die von ihm zu erstattenden Kosten anderer Beteiligter hat.

§4b
Fehlerhafte Vergütungsvereinbarung

Aus einer Vergütungsvereinbarung, die nicht den Anforderungen des §3a Abs. 1 S. 1 und 2 oder des §4a Abs. 1 und 2 entspricht, kann der Rechtsanwalt keine höhere als die gesetzliche Vergütung fordern. Die Vorschriften des bürgerlichen Rechts über die ungerechtfertigte Bereicherung bleiben unberührt.

Will der Rechtsanwalt mit seinem Mandanten eine von den Regelungen des RVG 59
abweichende Vergütung abrechnen, wird er mit diesem eine Vergütungsvereinbarung abschließen müssen. In der Regel wird eine Vergütungsvereinbarung dann zwischen Rechtsanwalt und Mandant getroffen, wenn der Rechtsanwalt eine höhere als die im RVG vorgesehene Vergütung für seine Tätigkeit liquidieren will.

Gem. §49b Abs. 1 S. 1 BRAO ist es grundsätzlich unzulässig, geringere Gebühren 60
und Auslagen zu vereinbaren oder zu fordern, als das RVG für Rechtsanwälte vorsieht. Im Einzelfall darf der Rechtsanwalt besonderen Umständen in der Person des Auftraggebers, insbesondere dessen Bedürftigkeit, Rechnung tragen durch Ermäßigung oder Erlass von Gebühren oder Auslagen nach Erledigung des Auftrages (§49b Abs. 1 S. 2 BRAO).

Nach §49b Abs. 1 S. 1 BRAO kann eine niedrigere als die gesetzliche Vergütung 61
nach dem RVG nur dann vereinbart werden, wenn dies nach dem RVG zulässig ist.

Das RVG sieht für folgende Fälle die Möglichkeit der Vereinbarung einer niedrigeren Vergütung als die gesetzliche Vergütung des RVG vor:

So kann in **außergerichtlichen Angelegenheiten** eine niedrigere als die gesetzliche Vergütung nach dem RVG vereinbart werden (§ 4 Abs. 1 RVG). Die Vergütung muss dann aber in einem angemessenen Verhältnis zu Leistung, Verantwortung und Haftungsrisiko des Rechtsanwalts stehen.

Im Rahmen der Vereinbarung eines **Erfolgshonorars** kann es auch für die Vertretung in einem **gerichtlichen Verfahren** zulässig sein, dass der Mandant letztlich eine niedrigere als die gesetzliche Vergütung an den Rechtsanwalt zahlt (→ Kap. B Rn. 135).

62 Durch das Gesetz zur Änderung des Prozesskostenhilfe- und Beratungshilferechts[21] werden dem § 4 Abs. 1 RVG die Sätze 3 und 4 angefügt. Danach kann der Rechtsanwalt ganz auf eine Vergütung verzichten, wenn die Voraussetzungen für die Bewilligung von Beratungshilfe vorliegen.

63 Wird die Vergütungsvereinbarung außerhalb der Kanzlei (zB mit einem inhaftierten Mandanten in der Justizvollzugsanstalt) oder per Fernkommunikationsmittel (zB im Rahmen eines E-Mail-Verkehrs) geschlossen, so stellt sich die Problematik, ob dem Mandanten ein Widerrufsrecht nach dem § 312 b BGB zusteht, mit der Folge, dass der Rechtsanwalt den Mandanten über das Widerrufsrecht belehren müsste. Diese Problematik stellt sich nur, wenn der Mandant Verbraucher, also kein Unternehmer ist. Ob auf Anwaltsverträge die Regelungen der §§ 312 b, 312 g, 355, 356, 357 a BGB, Art. 246 a, 246 b EGBGB anwendbar sind, ist umstritten.[22] Der umsichtige Rechtsanwalt, der sich vor den unerwünschten Folgen eines Widerrufs schützen möchte, sollte für eine ordnungsgemäße **Widerrufsbelehrung** Sorge tragen.[23] Wünscht der Mandant, dass der Rechtsanwalt vor Ablauf der Widerrufsfrist mit der Mandatsbearbeitung beginnt, sollte der Rechtsanwalt sich dies schriftlich bestätigen lassen und sollte den Mandanten auch darüber aufklären, dass das Widerrufsrecht vorzeitig erlischt, wenn das Mandat vor Ablauf der Widerrufsfrist vollständig bearbeitet worden ist.[24]

Zusammenfassung

64
- ▶ Eine niedrigere als die gesetzliche Vergütung kann der Rechtsanwalt nur dann mit dem Mandanten vereinbaren, wenn das RVG dies zulässt.
- ▶ Das RVG lässt die Vereinbarung einer niedrigeren als die gesetzliche Vergütung nach dem RVG nur in außergerichtlichen Angelegenheiten zu. Im Falle einer Tätigkeit in einem gerichtlichen Verfahren lässt das RVG die Vereinbarung einer niedrigeren als der gesetzlichen Vergütung – von den Ausnahmen des § 4 Abs. 2 RVG und des § 49 b Abs. 1 S. 2 BRAO einmal abgesehen – nur im Zusammenhang mit einem Erfolgshonorar zu.
- ▶ Der Rechtsanwalt kann ganz auf eine Vergütung verzichten, wenn die Voraussetzungen für die Bewilligung von Beratungshilfe vorliegen.

[21] BGBl. I 2013, 3533 ff. – In Kraft getreten am 1. 1. 2014.

[22] Burhoff in Anmerkung zu LG Bochum RVGrpeort 2017, 91; Härting NJW 2016, 9237; keine Anwendung der §§ 312 b ff. BGB auf Anwaltsverträge und damit auch nicht auf Vergütungsvereinbarungen: AG Charlottenburg NJW-RR 2016, 184 = AnwBl. 2015, 495; aber Vorsicht: BGH Urteil vom 7. 7. 2016 – I ZR 30/15 und 68/15 hat die Anwendung der §§ 312b ff. BGB für den Maklerwert bejaht!

[23] Härting NJW 2016, 2937 – mit Formulierungshilfe für eine Widerrufsbelehrung.

[24] Härting NJW 2016, 2937.

1. Textform erforderlich

Nach dem bis zum 30. 6. 2008 gültigen § 4 Abs. 1 S. 1 RVG konnte aus einer Vereinbarung zwischen dem Rechtsanwalt und dem Mandanten oder einem Dritten eine höhere als die gesetzliche Vergütung nur gefordert werden, wenn die Erklärung des Auftraggebers schriftlich abgegeben worden war. Zu dieser Regelung war umstritten, ob die Schriftform auch dann gewahrt war, wenn der Mandant dem Rechtsanwalt die unterzeichnete Vergütungsvereinbarung nur per Telefax[25] zurückgeleitet hatte. Nach der seit dem 1. 7. 2008 in Kraft getretenen Regelung in § 3a Abs. 1 S. 1 RVG bedarf eine Vergütungsvereinbarung zwischen Rechtsanwalt und Mandant nur noch der **Textform** (§ 126b BGB). Die in § 3a Abs. 1 S. 1 RVG vorgeschriebene Form ist also zB auch dann gewahrt, 65

- wenn der Mandant dem Rechtsanwalt die unterzeichnete Vergütungsvereinbarung nur per **Telefax** zurückleitet, wobei unerheblich ist, ob das Fax per Computer oder per herkömmlichen externen Papierfaxgerät übermittelt wird
- wenn der Rechtsanwalt dem Mandanten die Vergütungsvereinbarung per **E-Mail** als anhängendes Dokument zuleitet, der Mandant sich dieses ausdruckt, unterzeichnet, einscannt und dem Rechtsanwalt das gescannte Dokument (zB PDF-Datei) wieder per E-Mail übermittelt.

Meines Erachtens wäre es auch ausreichend, wenn der Mandant per E-Mail oder per Telefax dem Rechtsanwalt bestätigt: „... *die von Ihnen mit Schreiben vom ... mitgeteilte Vergütungsvereinbarung vom ... nehme ich hiermit an*". Allerdings dürfte es wegen einer später evtl. notwendig werdenden Beweisführung immer günstiger sein, wenn sich die Bestätigung in der Urkunde über die Vergütungsvereinbarung selbst befindet. 66

Die Person, die die Erklärung in dem elektronisch übermittelten Dokument abgibt, muss zweifelsfrei erkennbar sein. Dies kann zB durch Angabe ihres Namens geschehen.[26] Das elektronische Dokument muss aber nicht mit einer qualifizierten elektronischen Signatur nach dem Signaturgesetz versehen sein. 67

Der Abschluss der Erklärung muss erkennbar sein; möglich – aber nicht unbedingt erforderlich – ist das Einscannen der Unterschrift unter die Erklärung. Ausreichend ist auch der Abschluss durch eine Grußformel, durch eine Datierung oder etwa durch den Hinweis, dass der Text maschinell erstellt wurde und daher nicht unterzeichnet wird.[27] 68

Natürlich ist die in § 3a Abs. 1 S. 1 RVG geforderte Textform auch gewahrt, wenn der Mandant die Vergütungsvereinbarung unterzeichnet hat und das Original an den Rechtsanwalt zurückgegeben wird. 69

Wie wichtig es ist, dass darauf geachtet wird, dass die Vergütungsvereinbarung mindestens in Textform abgeschlossen wird, zeigt folgender vom BGH[28] entschiedener Fall: Ein Rechtsanwalt hatte mit seinem Mandanten eine Vergütungsvereinbarung für die Verteidigung in einer Strafsache nur mündlich geschlossen. Es war eine pauschale Vergütung von 25.000 EUR vereinbart worden. Der Mandant zahlte auch diese Vergütung. Nach Abschluss des Mandates wurden vom Mandanten mit dem Hinweis darauf, dass die Vergütungsvereinbarung nicht in Textform geschlossen wurde, die Beträge zurückgefordert, die die gesetzliche Vergütung nach dem RVG überstiegen. Der BGH (aaO) hat den Rechtsanwalt zur Rückzahlung von 23.897,82 EURan den Mandanten verurteilt. 70

[25] Gerold/Schmidt, RVG, 17. Aufl, § 4 Rn. 17; Schneider, Die Vergütungsvereinbarung, Rn. 535 ff.
[26] Palandt BGB, § 126b Rn. 4; Prütting/Wegen/Weinreich BGB, 10. Aufl., § 126b Rn. 10.
[27] Palandt BGB, § 126b Rn. 5; Prütting/Wegen/Weinreich BGB, 10. Aufl., § 126b Rn. 11.
[28] BGH AGS 2015, 557.

71 Der Textform bedarf es nicht, wenn eine **Gebühren**vereinbarung
- für einen mündlichen oder schriftlichen Rat oder eine Auskunft (Beratung)
- für die Ausarbeitung eines schriftlichen Gutachtens
- für die Tätigkeit des Rechtsanwalts als Mediator

getroffen werden soll (§ 3a Abs. 1 S. 4 RVG). Eine Gebührenvereinbarung für diese in § 34 Abs. 1 RVG genannten Tätigkeiten kann also immer formfrei geschlossen werden. Dennoch sollte aus Gründen einer eventuell später notwendig werdenden Beweisführung darüber nachgedacht werden, auch eine Gebührenvereinbarung für diese Tätigkeiten in Schriftform, zumindest aber in Textform abzuschließen.

72 Bei Abschluss der Vergütungsvereinbarung sind gem. § 3a Abs. 1 RVG weitere Formalien (→ Kap. B Rn. 74 ff.) und weitere Hinweispflichten (→ Kap. B Rn. 80) zu beachten. Besondere Anforderungen stellt der Gesetzgeber an den Inhalt einer Vergütungsvereinbarung, wenn ein Erfolgshonorar vereinbart wird (→ Kap. B Rn. 140 f.).

Zusammenfassung

73
- ▶ Die Vergütungsvereinbarung bedarf der Textform.
- ▶ Die Vergütungsvereinbarung kann also auch per Telefax oder per E-Mail abgeschlossen werden.
- ▶ Weitere bei Abschluss einer Vergütungsvereinbarung zu beachtenden Formalien (→ Kap. B Rn. 74 ff.) und weitere Hinweispflichten (→ Kap. B Rn. 80 ff.) ergeben sich aus § 3a Abs. 1 RVG und für den Fall der Vereinbarung eines Erfolgshonorars aus § 4a RVG (→ Kap. B Rn. 140 f.).
- ▶ Wird eine Gebührenvereinbarung nur für eine Beratung oder eine andere in § 34 Abs. 1 RVG genannte Tätigkeit abgeschlossen, ist die Textform nicht vorgeschrieben.

2. Vergütungsvereinbarung im Zusammenhang mit anderen Erklärungen

74 Nach § 3a Abs. 1 RVG ist die Vergütungsvereinbarung als

„Vergütungsvereinbarung"

oder in vergleichbarer Weise zu bezeichnen.

75 Sie darf **nicht in einer Vollmacht** enthalten sein (§ 3a Abs. 1 S. 2 RVG).

Die Vergütungsvereinbarung darf aber wohl in einer Urkunde enthalten sein, die gleichzeitig auch andere Vereinbarungen betreffend das Mandatsverhältnis regelt (zB Auftragserteilung. Mandatsvertrag, Mandatsbedingungen, Haftungsbeschränkungen oder ähnliches). Ist die Vergütungsvereinbarung in einer Urkunde enthalten, die auch gleichzeitig andere Erklärungen des Mandanten enthält, muss **die Vergütungsvereinbarung von den anderen Vereinbarungen deutlich abgesetzt sein** (§ 3a Abs. 1 S. 2 RVG).

76 In einem vom BGH[29] entschiedenen Fall hatte eine Rechtsanwaltssozietät mit dem Mandanten einen „Beratervertrag" abgeschlossen. Der Vertrag enthielt 7 Paragrafen, die mit gleicher Schrifttype, gleichen Zeilenabständen abgesetzt und auch sonst drucktechnisch einheitlich gestaltet waren. § 4 war mit „Vergütung" überschrieben. Dies reicht nach BGH (aaO) nicht aus, um dem Erfordernis des § 3a Abs. 1 S. 2 RVG gerecht zu werden, wonach eine Vergütungsvereinbarung von anderen Vereinbarungen deutlich abgesetzt sein muss.

77 Wie die Vergütungsvereinbarung von den evtl. anderen Vereinbarungen in der Urkunde abzusetzen ist, überlässt der Gesetzgeber dem Rechtsanwalt. Möglich wäre eine Absetzung der Vergütungsvereinbarung durch eine andere Schriftart oder Schriftgröße, durch eine Einrahmung, durch eine graue Hinterlegung des Textes oder

[29] BGH BeckRS 2016, 01091.

ähnliches. Dies dürfte in der Praxis schwer umzusetzen sein, wenn durch das Erscheinungsbild der Vergütungsvereinbarung nicht die Seriosität der Anwaltskanzlei in Zweifel gezogen werden soll.

Praxistipp: 78

Es empfiehlt sich, die Vergütungsvereinbarung immer in einem gesonderten Schriftstück zu treffen.[30]

Zusammenfassung

- Die Vergütungsvereinbarung muss als „Vergütungsvereinbarung" oder in vergleichbarer Weise bezeichnet sein. 79
- Die Vergütungsvereinbarung muss sich von anderen – in derselben Urkunde enthaltenen – Vereinbarungen deutlich absetzen. Dies ist nicht erforderlich, wenn nur die Auftragserteilung mit in derselben Urkunde enthalten ist.
- Die Vergütungsvereinbarung darf nicht in der Vollmacht enthalten sein.
- Weitere, mit in die Vergütungsvereinbarung aufzunehmende Hinweispflichten (→ Kap. B Rn. 80 ff.) ergeben sich aus § 3a Abs. 1 RVG und für den Fall der Vereinbarung eines Erfolgshonorars aus § 4a RVG (→ Kap. B Rn. 140 f.).

3. Belehrungs- und Hinweispflicht

80 Im Zuge der Änderungen durch das Gesetz zur Neuregelung des Verbots der Vereinbarung von Erfolgshonoraren[31] wurden für den Rechtsanwalt **Hinweispflichten in das Gesetz** mit aufgenommen. So ist in § 3a Abs. 1 S. 3 RVG bestimmt, dass die Vergütungsvereinbarung einen Hinweis darauf zu enthalten hat, dass die gegnerische Partei, ein Verfahrensbeteiligter oder die Staatskasse im Falle der Kostenerstattung regelmäßig nicht mehr als die gesetzliche Vergütung erstatten muss.

81 Obsiegt die Partei, die mit ihrem Rechtsanwalt eine Vergütungsvereinbarung abgeschlossen hat, zB in dem bürgerlichen Rechtsstreit, hat sie gegenüber der unterlegenen Partei einen Kostenerstattungsanspruch. Da gem. § 91 Abs. 2 S. 1 ZPO aber nur die gesetzlichen Gebühren und Auslagen zu erstatten sind, wird der erstattungspflichtige Gegner der Partei nur die gesetzlichen Gebühren und Auslagen erstatten müssen, die nach dem RVG entstanden sind. Ist die vereinbarte Vergütung höher als die gesetzlichen Gebühren und Auslagen nach dem RVG, wird der erstattungspflichtige Gegner in der Regel zwar die vereinbarte Vergütung, aber maximal in Höhe der gesetzlichen Vergütung, die nach dem RVG entstanden wäre, erstatten müssen. Den über die gesetzliche Vergütung hinausgehenden Teil der vereinbarten Vergütung wird die Partei selbst tragen müssen. Hierauf wird der Rechtsanwalt schon in der Vergütungsvereinbarung hinweisen müssen.

82 Gleiches gilt im Falle eines Freispruchs in einer Strafsache. Die Staatskasse hat dem Freigesprochenen zwar die notwendigen Auslagen nach § 464a Abs. 2 Nr. 2 StPO zu erstatten. Zu den notwendigen Auslagen gehören auch die Gebühren und Auslagen eines Rechtsanwalts, soweit sie nach § 91 Abs. 2 ZPO zu erstatten sind (§ 464a Abs. 2 Nr. 2 StPO). Nach § 91 Abs. 2 S. 1 ZPO sind aber nur die gesetzlichen Gebühren und Auslagen eines Rechtsanwalts zu erstatten. Folglich wird die Staatskasse dem Freigesprochenen in der Regel nur die gesetzliche Vergütung nach dem RVG erstatten. Hat der Freigesprochene mit seinem Verteidiger eine höhere als die gesetzliche Vergütung vereinbart, wird die Staatskasse nach einem Freispruch in der Regel die vereinbarte Vergütung maximal in Höhe der gesetzlichen Vergütung nach dem RVG erstatten.

[30] Mayer FD-RVG 2016, 375486.
[31] BGBl. I 2008, 1000.

Den über die gesetzliche Vergütung hinausgehenden Teil der vereinbarten Vergütung wird die Partei selbst tragen müssen. Hierauf wird der Rechtsanwalt schon in der Vergütungsvereinbarung hinweisen müssen.

83 Nach BGH[32] wird durch den fehlenden Hinweis auf die begrenzte Kostenerstattungspflicht eine Vergütungsvereinbarung nicht unwirksam. Der Vergütungsanspruch des Rechtsanwaltes aus der Vergütungsvereinbarung bleibt bestehen. Allerdings können dem Schadensersatzansprüche des Mandanten aus der fehlenden Belehrung, dass nur die gesetzlichen Gebühren nach dem RVG von dem unterlegenen Gegner zu erstatten sind und nicht die höhere vereinbarte Vergütung, gegenüber stehen (→ Kap. B Rn. 81 f.).

84 Wird ein **Erfolgshonorar** vereinbart, ist in die Vereinbarung gem. § 4a Abs. 3 S. 2 RVG ein **Hinweis** aufzunehmen, dass die Vereinbarung keinen Einfluss auf

- die gegebenenfalls vom Auftraggeber zu zahlenden **Gerichtskosten** oder Verwaltungskosten
- und die von ihm **zu erstattenden Kosten** anderer Beteiligter hat.

85 Neben diesen im Gesetz festgeschriebenen Hinweispflichten können sich auch noch weitere Hinweis- und Belehrungspflichten im Zusammenhang mit einer Vergütungsvereinbarung für den Rechtsanwalt ergeben.

86 Nach überwiegender Meinung ist der Rechtsanwalt aus **berufsrechtlicher** Sicht nicht verpflichtet, darauf hinzuweisen, dass die vereinbarte Vergütung die gesetzlichen Gebühren und Auslagen nach dem RVG übersteigt.[33]

Nach meinem Dafürhalten gebietet aber schon eine faire Abwicklung des Mandatsverhältnisses, dass der Rechtsanwalt den Auftraggeber darauf hinweist, dass die vereinbarte Vergütung die gesetzliche Vergütung nach dem RVG übersteigt. Denn es ist dem notwendigen Vertrauensverhältnis zwischen Mandant und Rechtsanwalt nicht dienlich, wenn der Mandant von dritter Seite erfahren müsste, dass die von ihm an den Rechtsanwalt zu zahlende Vergütung höher ist als die gesetzlichen Gebühren und Auslagen nach dem RVG.

87 Für den Rechtsanwalt kann eine **zivilrechtliche Aufklärungspflicht** dahingehend gegeben sein, den Mandanten darüber aufzuklären, dass die vereinbarte Vergütung über der gesetzlichen Vergütung liege. Dies kann zB bei einem rechtsschutzversicherten Mandanten der Fall sein, der für den Anwalt erkennbar davon ausgeht, dass der Rechtsschutzversicherer die komplette Vergütung übernehme werde.[34] Ein Verstoß gegen diese zivilrechtliche Aufklärungspflicht kann zu einem Schadensersatzanspruch des Mandanten führen. Der vom Rechtsanwalt ersatzpflichtige Schaden könnte in der Differenz zwischen der gesetzlichen und der vereinbarten Vergütung liegen, mit welchem der Mandant dann gegenüber den Vergütungsansprüchen des Rechtsanwalts aus der Vereinbarung aufrechnen könnte.

88 Auch sollte der Rechtsanwalt im Falle des Abschlusses einer Vergütungsvereinbarung den Hinweis erteilen, dass sich die gesetzliche Vergütung nach dem Gegenstandswert richtet (→ Kap. A Rn. 150).[35] Von Bedeutung ist ein derartiger Hinweis insbesondere dann, wenn die Vergütungsvereinbarung auf die gesetzliche Vergütung Bezug nimmt und diese als Berechnungsgrundlage dient (wenn zB vereinbart wird, dass der Mandant das Dreifache der gesetzlichen Vergütung zu zahlen hat). Auch für den Fall, dass die Vergütungsvereinbarung unwirksam wird und der Rechtsanwalt nur einen Anspruch auf die gesetzliche Vergütung hat, könnte es rechtlich relevant werden, dass der Mandant entsprechend belehrt wurde.

89 Auch wird der Rechtsanwalt darauf hinweisen müssen, dass der Rechtsschutzversicherer des Mandanten nur die gesetzlichen Gebühren und Auslagen nach dem RVG

---

[32] BGH BeckRS 2016, 11278.

[33] Schneider/Wolf § 3a Rn. 51; Schneider, Die Vergütungsvereinbarung, Rn. 1576; Anderer Meinung: Hansens/Schneider Formularbuch, Teil 19 Rn. 108.

[34] Schneider/Wolf § 3a Rn. 48.

[35] Hansens/Schneider Formularbuch, Teil 19, Rn. 111.

erstattet und nicht darüber hinausgehende Beträge, die der Mandant aufgrund einer Vergütungsvereinbarung zu zahlen hat.

Es empfiehlt sich, auch in der Vergütungsvereinbarung zu dokumentieren, dass vorstehend erwähnte Belehrungen/Hinweise, die sich nicht unmittelbar aus dem RVG ergeben, erteilt worden sind. 90

Zusammenfassung

- In § 3a Abs. 1 S. 3 RVG ist normiert, dass die Vergütungsvereinbarung einen Hinweis darauf zu enthalten hat, dass die gegnerische Partei, ein Verfahrensbeteiligter oder die Staatskasse im Falle der Kostenerstattung regelmäßig nicht mehr als die gesetzliche Vergütung erstatten muss. 91
- In § 4a Abs. 3 S. 2 RVG ist für den Fall der Vereinbarung eines Erfolgshonorars festgeschrieben, dass in die Vergütungsvereinbarung ein Hinweis aufzunehmen ist, dass diese keinen Einfluss auf die gegebenenfalls vom Auftraggeber zu zahlenden Gerichtskosten, Verwaltungskosten und die von ihm zu erstattenden Kosten anderer Beteiligter hat.
- Weitere Hinweispflichten im Zusammenhang mit einer Vergütungsvereinbarung können sich als Nebenpflichten aus dem abgeschlossenen Anwaltsvertrag ergeben, wie zB der Hinweis, dass der Rechtsschutzversicherer in der Regel nur die gesetzliche Vergütung nach dem RVG und nicht eine darüber hinausgehende vereinbarte Vergütung übernimmt.

4. Fehlerhafte Vergütungsvereinbarung

Nach § 4 Abs. 1 S. 3 RVG (in der Fassung bis zum 30. 6. 2008) konnte der Auftraggeber/Mandant eine freiwillig und ohne Vorbehalt gezahlte Vergütung nicht deshalb zurückfordern, weil seine Erklärung zB nicht schriftlich abgegeben worden war. § 4b RVG (in der Fassung ab dem 1. 7. 2008) schafft insoweit eine von der alten Regelung abweichende Rechtslage. Nach § 4b RVG kann der Rechtsanwalt aus einer Vergütungsvereinbarung, die nicht den Anforderungen des § 3a Abs. 1 S. 1 und 2 oder des § 4a Abs. 1 und 2 RVG entspricht, keine höhere als die gesetzliche Vergütung fordern. In § 4b S. 2 RVG heißt es dann weiter: „*Die Vorschriften des bürgerlichen Rechts über die ungerechtfertigte Bereicherung bleiben unberührt.*“ Damit soll klargestellt werden, dass für evtl. Rückforderungsansprüche des Mandanten die allgemeinen Vorschriften des bürgerlichen Gesetzbuches über die ungerechtfertigte Bereicherung gelten (also die §§ 812 ff. BGB).[36] 92

Nach § 814 BGB wird der Auftraggeber auch dann den Teil der vereinbarten Vergütung, der die gesetzliche Vergütung übersteigt, vom Anwalt zurückfordern können, wenn er zunächst freiwillig und ohne Vorbehalt geleistet hat. Der Mandant darf nur nicht bereits im Zeitpunkt der Zahlung der vereinbarten Vergütung gewusst haben, dass ein Formmangel vorlag und er deshalb eigentlich nicht zur Leistung verpflichtet ist.

Nach BGH[37] kann der Rechtsanwalt bei nicht formwirksam abgeschlossener Vergütungsvereinbarung (in dem vom BGH entschiedenen Fall hatte der Rechtsanwalt mit dem Mandanten ein Erfolgshonorar vereinbart, obwohl die Voraussetzungen nach § 4 a Abs. 1 und 2 RVG nicht vorlagen) aus der Vereinbarung die vereinbarte Vergütung bis zur Höhe der gesetzlichen Vergütung fordern. Ist die vereinbarte Vergütung niedriger, kann der Rechtsanwalt also maximal die vereinbarte Vergütung von seinem 93

[36] Beschlussempfehlung und Bericht des Rechtsausschusses zu dem Gesetzesentwurf der Bundesregierung (Drucksache 16/8384) – Entwurf eines Gesetzes zur Neuregelung des Verbots der Vereinbarung von Erfolgshonoraren – Drucksache 16/8916, Begründung zu Artikel 2, zu Nummer 2 (Änderung von § 3a), S. 17 (der elektronischen Vorab-Fassung).

[37] BGH JurBüro 2014, 524.

Auftraggeber verlangen. Ist die vereinbarte Vergütung höher als die gesetzliche Vergütung, kann der Rechtsanwalt maximal die gesetzliche Vergütung von seinem Auftraggeber fordern. In dem vom BGH (aaO) entschiedenen Fall ging es um die Vergütung für eine außergerichtliche Tätigkeit.

4.1 Vergütungsvereinbarung bei Prozesskostenhilfe ist nichtig

94 In § 3a Abs. 3 RVG ist seit 1. 7. 2008 normiert, dass eine Vereinbarung, nach der ein im Wege der Prozesskostenhilfe beigeordneter Rechtsanwalt für die von der Beiordnung erfasste Tätigkeit eine höhere als die gesetzliche Vergütung erhalten soll, **nichtig** ist. Dies gilt nach § 3a Abs. 3 RVG aber nur für Vereinbarungen, die eine Vergütung für Tätigkeiten vorsehen, die **von der** Prozesskostenhilfe bzw. der **Beiordnung erfasst sind.** Eine Vergütungsvereinbarung für eine außergerichtliche Tätigkeit eines Anwalts wird nicht dadurch nichtig, dass später für ein nachfolgendes gerichtliches Verfahren Prozesskostenhilfe unter Beiordnung des Rechtsanwalts bewilligt werden würde. Meines Erachtens würde dies auch zB nicht für eine Vereinbarung mit dem Mandanten gelten, wonach dieser Reisekosten an den Rechtsanwalt zu zahlen hat, wenn zB im Rahmen der Prozesskostenhilfe eine einschränkende Beiordnung (der auswärtige Rechtsanwalt wird nur zu den Bedingungen eines Rechtsanwaltes mit Kanzleisitz am Gerichtsort beigeordnet) erfolgt ist.

95 Da nach § 3a Abs. 3 S. 1 RVG **nur** eine Vereinbarung **nichtig** ist, wonach ein im Wege der Prozesskostenhilfe beigeordneter Anwalt **eine höhere als die gesetzliche Vergütung** erhält, wird in der Literatur eine Vergütungsvereinbarung als wirksam angesehen, in welcher der beigeordnete Rechtsanwalt mit seinem Mandanten vereinbart, dass dieser die Differenz zwischen der Prozesskostenhilfevergütung und der Wahlanwaltsvergütung zahlt.[38] Denn die Wahlanwaltsvergütung sei die gesetzliche Vergütung und liege folglich nicht höher als diese.

96 Auch für die Fälle der Nichtigkeit einer Vergütungsvereinbarung mit der Prozesskostenhilfepartei sollen dann für evtl. Rückforderungsansprüche des Auftraggebers die allgemeinen Vorschriften des BGB über die ungerechtfertigte Bereicherung (also die §§ 812 ff. BGB) gelten. Hat der Mandant in dem Zeitpunkt, in dem er die vereinbarte Vergütung an den Rechtsanwalt gezahlt hat, nicht gewusst, dass die Vergütungsvereinbarung mit seinem Anwalt nichtig war, wird er bis zum Eintritt der Verjährung des Rückforderungsanspruchs jederzeit die aufgrund der Vergütungsvereinbarung geleisteten Zahlungen vom Anwalt zurückfordern können. Dies stellt eine wesentliche Schlechterstellung des Anwalts gegenüber der bis zum 30. 6. 2008 gültigen Rechtslage dar. Denn nach § 4 Abs. 5 RVG (in der Fassung bis 30. 6. 2008) wurde durch eine Vereinbarung, nach der ein im Wege der Prozesskostenhilfe beigeordneter Rechtsanwalt eine Vergütung erhalten soll, eine Verbindlichkeit nicht begründet. Der Auftraggeber konnte, wenn er freiwillig und ohne Vorbehalt die vereinbarte Vergütung geleistet hat, das Geleistete nicht deshalb zurückfordern, weil eine Verbindlichkeit nicht bestanden hatte.

Zusammenfassung

97 ▶ Nach § 4b RVG kann aus einer Vergütungsvereinbarung, die nicht den Anforderungen des § 3a Abs. 1 S. 1 und 2 oder des § 4a Abs. 1 und 2 RVG entspricht, der Rechtsanwalt keine höhere als die gesetzliche Vergütung fordern. Gezahlte Beträge kann der Mandant nach den Vorschriften des bürgerlichen Rechts über die ungerechtfertigte Bereicherung zurückfordern, es sei denn, er hat schon im Zeitpunkt der Zahlung gewusst, dass ein Formmangel vorlag und er deshalb eigentlich zur Leistung nicht verpflichtet ist.

[38] Hartung/Schons/Enders § 3a Rn. 145.

- Nach § 3a Abs. 3 RVG ist eine Vereinbarung, nach der ein im Wege der Prozesskostenhilfe beigeordneter Rechtsanwalt für die von der Beiordnung erfasste Tätigkeit eine höhere als die gesetzliche Vergütung erhalten soll, nichtig. Für Rückforderungsansprüche des Mandanten gelten auch hier die §§ 812 ff. BGB.

4.2 Folgen für den Anwaltsvertrag

Zum alten Recht wurde vertreten, dass der Rechtsanwalt eine die gesetzliche Ver- 98
gütung übersteigende – vereinbarte – Vergütung weder fordern noch einklagen noch sonst wie geltend machen und auch nicht mit ihr aufrechnen könne, wenn die Vergütungsvereinbarung den Formvorschriften des § 4 Abs. 1 RVG (in der Fassung bis zum 30. 6. 2008) nicht entsprach. Ein Formverstoß bei Abschluss der Vergütungsvereinbarung hatte aber nach allgemeiner Meinung nicht etwa die Unwirksamkeit des gesamten Anwaltsvertrags zur Folge. Ganz überwiegend wurde vertreten, dass der Anwaltsvertrag fortbestehe mit der Maßgabe, dass der Rechtsanwalt keine höhere als die gesetzliche Vergütung fordern könne.[39]

Dies wird man meines Erachtens (in Anlehnung an § 4b S. 1 RVG) auf die Rechts- 99
lage nach dem 1. 7. 2008 übertragen können. Entspricht eine Vergütungsvereinbarung nicht der in § 3a RVG geforderten Form, hat dies meines Erachtens nicht etwa die Unwirksamkeit des gesamten Anwaltsvertrags zur Folge, sondern dieser besteht fort mit der Maßgabe, dass der Rechtsanwalt keine höhere als die gesetzliche Vergütung fordern kann.[40]

Anders wird man dies meines Erachtens sehen müssen, wenn nach § 4a RVG ein 100
Erfolgshonorar vereinbart war und die Vereinbarung des Erfolgshonorars nicht der Form des § 3a oder des § 4a RVG entspricht. Hat der Mandant das Mandat nur erteilt unter der Bedingung, dass er zB keine oder nur eine geringere Vergütung als die nach dem RVG an den Anwalt zahlt, wird der Anwalt sich bei einer fehlerhaften Vergütungsvereinbarung nicht darauf berufen können, dass das Mandat auf der Grundlage der gesetzlichen Vergütung nach dem RVG fortbesteht.[41] Aber auch hier wird man im Einzelfall differenzieren müssen: Ist zB ein gewisser Erfolg eingetreten und hätte der Rechtsanwalt nach der fehlerhaften Vergütungsvereinbarung Anspruch auf eine höhere Vergütung als die gesetzliche Vergütung nach dem RVG, könnte meines Erachtens der Rechtsanwalt nach § 4b S. 1 RVG zumindest die gesetzliche Vergütung fordern.[42]

Zusammenfassung

- In der Regel wird eine fehlerhafte oder unwirksame Vergütungsvereinbarung kei- 101
nen Einfluss auf den Anwaltsvertrag haben. Dieser wird fortbestehen mit der Maßgabe, dass der Rechtsanwalt nur die gesetzliche Vergütung nach dem RVG fordern kann.
- Bei Vereinbarung eines Erfolgshonorars wird im Einzelfall differenzierter betrachtet werden müssen. War vom Mandanten eine geringere oder gar keine Vergütung nach der Vergütungsvereinbarung zu zahlen, wird bei einer fehlerhaften Vergütungsvereinbarung dies nicht dazu führen, dass der Rechtsanwalt die gesetzliche Vergütung nach dem RVG fordern kann.

---

[39] Madert/Müller-Rabe Kostenhandbuch Familiensachen, Kapitel L. III. 1; Gerold/Schmidt, RVG, 17. Aufl., § 4 Rn. 22; Schneider/Wolf, RVG, 3. Aufl., § 4 Rn. 67 ff.

[40] Vgl. Hartung/Schons/Enders § 4b Rn. 9.

[41] BGH JurBüro 2014, 524: Der Rechtsanwalt kann die vereinbarte Vergütung bis zur Höhe der gesetzlichen Vergütung verlangen (→ Kap. B Rn. 93).

[42] Vgl. Hartung/Schons/Enders § 4b Rn. 9 bis 19.

5. Vergütungsformen

102 Eine Vergütungsvereinbarung kann der Rechtsanwalt grundsätzlich für alle Tätigkeitsbereiche abschließen. Der Rechtsanwalt ist auch frei darin, welche Art bzw. Berechnungsgrundlage für die an ihn zu zahlende Vergütung er mit dem Mandanten vereinbart. Die Vergütungsvereinbarung kann auch auf einen der Tätigkeitsbereiche beschränkt werden. In einer Vergütungsvereinbarung kann zB auch eine gesonderte Vergütung für einen Tätigkeitsabschnitt vereinbart werden, für den das RVG keine gesonderten Gebühren vorsieht. Ist der Rechtsanwalt als Prozessbevollmächtigter in einem bürgerlichen Rechtsstreit tätig und begleitet er die Partei daneben in einer Mediation vor dem Güterichter (§ 278 Abs. 5 ZPO), so erhält er keine gesonderte Vergütung für die Begleitung des Mandanten in der Mediation (→ Kap. E Rn. 719 ff.). Der Rechtsanwalt könnte zB vereinbaren, dass er neben der gesetzlichen Vergütung nach dem RVG für die Begleitung des Mandanten in der Mediation eine gesonderte zusätzliche Vergütung erhält (zB eine gesonderte Terminsgebühr, oder ein Pauschalhonorar oder ein Zeithonorar).

Nachstehend sollen verschiedene Berechnungsgrundlagen angesprochen werden.

5.1 Berechnungsgrundlage: Gesetzliche Vergütung

103 Im Rahmen einer Vergütungsvereinbarung kann als Berechnungsgrundlage die gesetzliche Vergütung vereinbart werden. Möglich ist, dass

- ein prozentualer Aufschlag auf die Vergütung nach dem RVG vereinbart wird (etwa plus 50 %);
- ein Mehrfaches der gesetzlichen Vergütung vereinbart wird (zB das Doppelte, das Dreifache ... der gesetzlichen Vergütung nach dem RVG);
- der Anfall einer oder mehrerer Gebühren nach dem RVG für bestimmte Tätigkeiten vereinbart wird, obwohl die gesetzlichen Gebührentatbestände nicht erfüllt sind (zB Anfall einer Terminsgebühr auch bei außergerichtlicher Tätigkeit);
- ein fester – höherer Gegenstandswert vereinbart wird, nach dem sich die Vergütung nach dem RVG berechnen soll;
- ein prozentualer Aufschlag nach dem vom Gericht festgesetzten Gegenstandswert vereinbart wird, nach dem sich die Gebühren nach dem RVG dann berechnen;
- ein Mehrfaches des vom Gericht festgesetzten Gegenstandswertes vereinbart wird, nach dem sich die Gebühren nach dem RVG dann berechnen;
- es bei den gesetzlichen Gebühren nach dem RVG verbleibt, aber höhere Auslagensätze vereinbart werden, als das RVG sie vorschreibt;
- bei Satz- oder Rahmengebühren die Abrechnung des Höchstsatzes nach dem RVG vereinbart wird (zB 2,5 Geschäftsgebühr Nr. 2300 VV RVG);
- bestimmte Tätigkeitsabschnitte unabhängig von der gesetzlichen Regelung vereinbarungsgemäß als neue gebührenrechtliche Angelegenheit angesehen werden sollen und hierfür gesonderte Gebühren nach dem RVG abgerechnet werden sollen;
- anstelle des RVG die Geltung einer anderen Gebührenordnung vereinbart wird (zB erweiterte Anwendung der Steuerberatervergütungsverordnung als in § 35 RVG vorgesehen);
- vereinbart wird, dass die Beschränkung in der Nr. 2300 VV RVG für die Geschäftsgebühr ausgeschlossen wird (keine höhere Gebühr als 1,3, wenn die Tätigkeit nicht umfangreich oder nicht schwierig war);
- vereinbart wird, dass die in dem RVG vorgeschriebene Anrechnung entfällt (zB Anrechnung der Beratungsgebühr nach § 34 Abs. 2 RVG oder Anrechnung der Geschäftsgebühr nach Abs. 4 der Vorbemerkung 3 VV RVG).

Zusammenfassung

▶ Wird als Berechnungsgrundlage in der Vergütungsvereinbarung die gesetzliche Vergütung gewählt, sollte in der Vergütungsvereinbarung nicht nur auf einzelne Vorschriften des RVG oder des Vergütungsverzeichnisses verwiesen werden, sondern auch dargestellt werden, welche gesetzliche Vergütung voraussichtlich anfällt. Dies im Hinblick auf das sich aus § 307 Abs. 1 BGB ergebende Transparenzgebot. 104

5.2 Zeitvergütung

Eine Abrechnung auf der Grundlage des tatsächlich vom Rechtsanwalt für die Bearbeitung des Mandates aufgewandten Zeitvolumens ist meines Erachtens sowohl für den Mandanten als auch für den Rechtsanwalt die gerechteste Lösung. Der Mandant bezahlt exakt nur den Zeitaufwand, den der Rechtsanwalt auf die Bearbeitung seiner Sache verwandt hat. 105

Haben sich Rechtsanwalt und Mandant für die Abrechnung der vom Rechtsanwalt für die Bearbeitung des Mandates aufgewandten Zeit entschieden, sollte in die Vergütungsvereinbarung unbedingt aufgenommen werden, in welchen **Zeiteinheiten** abgerechnet wird (Stunden, Minuten, Viertelstunde oder ähnliches). Des Weiteren sollte konkret vereinbart werden, ob angefangene Einheiten als ganze Einheiten gewertet werden oder ob minutengenaue Abrechnung erfolgt. 106

Das OLG Düsseldorf hatte bereits in zwei Entscheidungen[43] eine formularmäßig vereinbarte 15-Minuten-Zeittaktklausel wegen Benachteiligung des Mandanten nach § 307 BGB als unwirksam angesehen. Beide Entscheidungen sind in der Revision vom BGH[44] nicht bestätigt worden. Der BGH hat allerdings offen gelassen, ob derartige Zeittaktklauseln generell unwirksam sind. *Lührig*[45] führt in einer Anmerkung zu der Entscheidung des BGH aus: „*Eine Warnung bleibt: Ein Aufrunden des Zeitaufwands bleibt problematisch, erst recht, wenn es systematisch erfolgt.*“[46] Wer die Problematik umgehen will, mag minutengenaue Abrechnung vereinbaren. 107

Auch sollte in der Vereinbarung konkretisiert sein, wie zB Reisezeiten (zu Besprechungen oder Gerichtsterminen) abgerechnet und vergütet werden. 108

Darüber hinaus sollte vor Abschluss der Vergütungsvereinbarung darüber nachgedacht werden, dass bei der Bearbeitung der Sache unter Umständen auch Referendarinnen/Referendare, Rechtsfachwirtinnen/Rechtsanwaltsfachwirte, Rechtsanwaltsfachangestellte oder andere Mitarbeiter herangezogen wird. Es sollte in der Vereinbarung klar zum Ausdruck kommen, dass auch für die Tätigkeit dieser Mitarbeiter des Rechtsanwaltes eine gesonderte Vergütung – wenn auch ein geringerer Satz für die Zeiteinheit – zu zahlen ist. 109

Ein Problem in der Praxis ist der Nachweis des Zeitaufwandes durch den Rechtsanwalt. In der Vergütungsvereinbarung sollte klar zum Ausdruck kommen, wie der Rechtsanwalt gegenüber dem Mandanten den Zeitaufwand für das bearbeitete Mandat nachzuweisen hat. Der Rechtsanwalt wird wohl nicht umhin kommen, genaue Aufzeichnungen zu führen, in welchen festgehalten wird: 110

- das Mandat
- der genaue Zeitaufwand
- die Bearbeiterin/der Bearbeiter
- die Art der Tätigkeit (zB Studium der vom Mandanten hereingegebenen Unterlagen, Entwurf der Klageschrift, Studium von Fachliteratur oder ähnliches).

---

[43] OLG Düsseldorf RVGreport 2006, 420; OLG Düsseldorf AGS 2010, 109 = AnwBl 2010, 296; so auch OLG Köln BeckRS 2016, 117238. Anderer Meinung: Zeittaktklausel in anwaltlichen Vergütungsvereinbarungen ist wirksam: OLG Schleswig RVGreport 2009, 179.

[44] BGH Urteil vom 5. 3. 2009 – IX ZR 144/06; BGH AnwBl. 2011, 148.

[45] Lührig in AnwBl. 2011, 148.

[46] Zur Problematik der Vereinbarung von Zeittaktklauseln siehe auch: Gerold/Schmidt § 3a Rn. 65; Hartung/Schons/Enders § 3a Rn. 126.

111 Nach OLG Frankfurt[47] hat der Rechtsanwalt seine Tätigkeit während eines Zeitintervalls konkret und in nachprüfbarer Weise darzustellen: *„Hierzu muss in schriftsätzlicher Form stichwortartig in einer auch im Nachhinein verständlichen Weise dargelegt werden, welche konkrete Tätigkeit verrichtet worden sei, nämlich insbesondere*

- *welche Akten und Schriftstücke einer Durchsicht unterzogen worden sind,*
- *zu welchen Tat- und Rechtsfragen Literaturrecherchen durchgeführt wurden*
- *und bei fernmündlichen Unterredungen mit wem, wann und zu welchem Thema diese geführt wurden.“*[48]

Nach der Entscheidung des OLG Frankfurt/Main (aaO) trifft eine Anwaltskanzlei *„die sekundäre Darlegungslast dafür, dass der von ihr im Rahmen eines Zeithonorars abgerechnete Aufwand in vollem Umfang tatsächlich erbracht und angemessen war. Im Rahmen der Angemessenheitsprüfung ist nicht für jede Tätigkeit eine eingehende Überprüfung von Amts wegen geboten, sondern nur dann, wenn aufgrund einer Rüge oder eines tatsächlichen Vortrages des Mandanten Anhaltspunkte für Zweifel an der Angemessenheit eines nachgewiesenen Stundenaufwandes bestehen.“*[49]

112 Schließlich wird der **Preis der Einheiten** in die Vergütungsvereinbarung aufzunehmen sein. Die Höhe des Stundensatzes wird sicherlich jeder Anwalt individuell für sich und seine Kanzlei festlegen müssen. Hierbei wird seine Qualifikation und seine Erfahrung ebenso zu berücksichtigen sein, wie auch betriebswirtschaftliche Kriterien. Allerdings wird der Rechtsanwalt auch prüfen müssen, inwieweit sein Stundensatz am Markt durchsetzbar ist.[50] Nach dem Forschungsbericht des Soldan Instituts für Anwaltsmanagement liegt nach Aussagen der befragten Anwälte der feste Stundensatz im Durchschnitt bei 182 EUR.[51] Dies kann allenfalls ein „grober Richtwert“ sein. Im Einzelfall kann der Rechtsanwalt einen höheren oder niedrigeren Stundensatz vereinbaren. Nach *Schons* werden in Ausnahmefällen Stundensätze bis zu 1.000 EUR akzeptiert.[52]

113 Das OLG Karlsruhe[53] hat jüngst in einer Familiensache die Angemessenheit eines anwaltlichen Stundensatzes von 300 EUR zzgl. Umsatzsteuer bestätigt. In dem vom OLG Karlsruhe (aaO) entschiedenen Fall erforderte die sach- und interessengerechte Wahrnehmung des Mandats nicht nur Kenntnisse des deutschen, sondern auch des italienischen Familienrechts sowie fundierte Kenntnisse des internationalen Privatrechts. Die Angelegenheit war für die Mandantin von hoher Bedeutung. Gerade wegen der in Familiensachen relativ niedrigeren Streitwerte sah das OLG Karlsruhe in dem entschiedenen Fall den vereinbarten Stundensatz von 300 EUR zzgl. Umsatzsteuer als angemessen an.

114 Unter Umständen wird es der Anwalt schwer haben, dem Mandanten gegenüber einen Stundensatz von mehreren 100 EUR „verständlich zu machen“. Denn der Mandant geht doch in der Regel davon aus, dass der Stundensatz gleich dem Verdienst des Anwaltes ist. In der Praxis könnte hilfreich sein, wenn der Rechtsanwalt dem Mandanten gegenüber zumindest teilweise die Kostenstruktur einer Anwaltskanzlei darund offenlegt. Wenn dem Mandanten nämlich klar gemacht wird, dass in der Regel den eingenommenen Gebühren ca. 50 bis 60 % – und teilweise noch mehr – laufenden Kosten (wie Miete für Kanzleiräume, Personalkosten, Anschaffung und Unterhaltung von EDV, Literatur usw) „gegenüber stehen“ und von dem verbleibenden Rest der

---

[47] OLG Frankfurt/Main AnwBl. 2011, 300.

[48] Zitiert aus den Gründen der Entscheidung des OLG Frankfurt/Main AnwBl. 2011, 300.

[49] Zitiert aus dem im AnwBl. 2011, 300 veröffentlichten Leitsatz zu der Entscheidung des OLG Frankfurt/Main.

[50] Hartung/Schons/Enders § 3a Rn. 124 ff.

[51] Hommerich/Kilian S. 65, Kapitel 5.3.2.2.; siehe hierzu auch Hartung/Schons/Enders § 3a Rn. 125.

[52] Hartung/Schons/Enders § 3a Rn. 125.

[53] OLG Karlsruhe JurBüro 2015, 78.

Anwalt noch seine Steuern, Krankenversicherung und Altersversorgung bestreiten muss, wird der Mandant wohl einsehen, dass der Rechtsanwalt einen derart hohen Stundensatz braucht, um wirtschaftlich arbeiten zu können.

Mandantenbindung könnte dadurch gefördert werden, wenn ab einer gewissen Anzahl von Zeiteinheiten im laufenden Kalenderjahr **ermäßigte Stundensätze** vereinbart werden (zB für die ersten 20 Beratungsstunden im laufenden Kalenderjahr 300 EUR je Stunde und ab der 21. Beratungsstunde nur noch 250 EUR pro Stunde; oder für die Bearbeitung des ersten Mandates im Kalenderjahr 400 EUR pro Stunde und für die Bearbeitung von Folgemandaten im Kalenderjahr 280 EUR pro Stunde). **115**

Praxistipp:

Immer sollte eine Vergütungsvereinbarung enthalten, dass **116**
- Auslagen wie Reisekosten, Dokumentenpauschalen, Aufwendungen für Post- und Telekommunikationsentgelte oder ähnliches gesondert neben der vereinbarten Vergütung zu zahlen sind;
- auf die vereinbarte Vergütung und die Auslagen noch die gesetzliche Umsatzsteuer zu zahlen ist;
- wenn eine Vergütung vereinbart werden soll, welches über den gesetzlichen Gebühren liegt, mindestens die gesetzliche Vergütung nach dem RVG geschuldet wird.

In der Praxis empfehlen sich **Zwischenabrechnungen.** Sie geben dem Mandanten einerseits einen Überblick über den bereits angefallenen Zeitaufwand und die fällige Vergütung. Für den Rechtsanwalt mindern sie das Risiko, dass der Mandant dann am Ende des Mandates sich mit einem Zeitaufwand und einer hohen Vergütung konfrontiert sieht, mit welcher er möglicherweise nicht gerechnet hat und deshalb den Zeitaufwand und damit auch die Höhe der Vergütung in Zweifel zieht. Zwischenabrechnungen lassen den Rechtsanwalt ferner frühzeitig mögliche Liquiditätsengpässe des Mandanten erkennen. Solche Abrechnungsintervalle sollten bereits in der Vergütungsvereinbarung vereinbart werden (zB wöchentliche oder monatliche Abrechnung der angefallenen Stunden). Gerade im Hinblick darauf, dass Vergütungsvereinbarungen, wie jeder anderer Vertrag auch der Kontrolle der §§ 305 ff. BGB unterliegen und nach OLG Frankfurt[54] für den Mandanten erkennbar sein muss, mit welchem Gesamtaufwand er bis zur Beendigung des Mandats rechnen muss, empfiehlt sich die Vereinbarung von Abrechnungsintervallen. Denn dann hat der Mandant einen zeitlich nahen Überblick über die angefallenen Stunden und kann jederzeit das Mandat kündigen, wenn er nicht mehr in die Sache investieren will.[55] **117**

Das OLG München[56] kommt zu dem Ergebnis, dass die durch eine allgemeine Geschäftsbedingung getroffene Regelung in einer anwaltlichen Vergütungsvereinbarung dahingehend, dass der Rechtsanwalt ein Zeithonorar aber mindestens das Zweifache der gesetzlichen Gebühren erhält, weder überraschend im Sinne von § 305c Abs. 1 BGB sei noch diese Klausel gegen das Transparenzgebot (§ 307 Abs. 1 S. 2 BGB) verstoße. *Thiel*[57] kritisiert diese Entscheidung des OLG München stark. Nach ihrer Meinung ist es sehr wohl eine überraschende Klausel, wenn der Mandant anstelle der vereinbarten Zeitvergütung plötzlich eine unter Umständen viel höhere gesetzliche Vergütung und dann auch noch das Zweifache dieser gesetzlichen Vergütung an den Rechtsanwalt zu zahlen habe. **118**

---

[54] OLG Frankfurt OLGReport 2000, 97 zitiert nach Schneider, Die Vergütungsvereinbarung, Rn. 711 ff.

[55] Siehe hierzu auch Schneider, Die Vergütungsvereinbarung, Rn. 711 ff.

[56] OLG München BeckRS 2016, 20652.

[57] Thiel NJW 2017, 2133 in Anmerkung zu OLG München.

Zusammenfassung

119 ▶ Die Vereinbarung einer Zeitvergütung ist meines Erachtens sowohl für den Anwalt als auch für den Mandanten die gerechteste Lösung.

5.3 Pauschale

120 Möglich ist, dass der Rechtsanwalt für die Bearbeitung eines bestimmten Falles eine **Pauschale – feste Vergütung** – mit dem Mandanten vereinbart. Die Vereinbarung einer Pauschale birgt die Gefahr, dass durch sie am Ende eine unangemessene Vergütung erfolgt. Möglicherweise ist der Arbeitsaufwand größer, als zu Beginn geschätzt und die vereinbarte Pauschale führt nicht zu einer angemessenen Honorierung des Rechtsanwalts. Daher sollte die Vereinbarung einer Pauschale in der Praxis die Ausnahme sein.

Entscheiden sich Mandant und Rechtsanwalt dennoch für eine feste pauschale Vergütung, so muss in der Vereinbarung auf jeden Fall aufgezeigt werden, welche Tätigkeiten mit der vereinbarten pauschalen – festen – Vergütung abgegolten sein sollen und für welche Tätigkeiten eventuell eine zusätzliche Vergütung (in welcher Höhe) zu zahlen sein soll.

Zusammenfassung

121 ▶ Bei der Vereinbarung einer Pauschale wird das Kalkulationsrisiko in vollem Umfang auf den Anwalt abgewälzt.

5.4 Festsetzung durch Rechtsanwaltskammer

122 Gem. § 4 Abs. 3 RVG kann die Festsetzung der Vergütung auch dem billigen Ermessen des Vorstandes der Rechtsanwaltskammer überlassen werden. In der Praxis wird dies nach meiner Erfahrung kaum praktiziert.[58] Obwohl die Vorstände der Rechtsanwaltskammern sicherlich bestens geeignet sind, die Höhe der anwaltlichen Vergütung zu bestimmen, empfiehlt es sich nicht, eine Vergütungsvereinbarung dahingehend abzuschließen, dass der Vorstand der Rechtsanwaltskammer die Höhe der Vergütung bestimmen soll. Denn weder für den Mandanten noch für den Anwalt ist absehbar, auf welchen Betrag der Vorstand der Rechtsanwaltskammer die Vergütung letztlich festsetzt.

Zusammenfassung

123 ▶ Die Überlassung der Festsetzung der Höhe der Vergütung durch den Vorstand der Rechtsanwaltskammer ist eine wenig praktikable Lösung.

5.5 Erfolgshonorar

124 Am 1. 7. 2008 ist das Gesetz zur Neuregelung des Verbots der Vereinbarung von Erfolgshonoraren[59] in Kraft getreten. Danach ist es unter den in § 4a RVG genannten Voraussetzungen im Einzelfall möglich, mit dem Mandanten ein Erfolgshonorar zu vereinbaren (→ Kap. B Rn. 132 ff.).

125 Auch im Rahmen der Änderungen durch das Gesetz zur Neuregelung des Verbots der Vereinbarung von Erfolgshonoraren wird an dem grundsätzlichen Verbot von Erfolgshonoraren in dem § 49b Abs. 2 BRAO festgehalten.

Gem. § 49b Abs. 2 BRAO sind Vereinbarungen über eine anwaltliche Vergütung oder ihre Höhe unzulässig,

---

[58] Hartung/Schons/Enders § 4 Rn. 27 ff.; Gerold/Schmidt § 4 Rn. 22.

[59] BGBl. I 2008, 1000.

- wenn die Höhe der Vergütung vom Ausgang der Sache abhängig gemacht wird;
- wenn die Höhe der Vergütung vom Erfolg der anwaltlichen Tätigkeit abhängig gemacht wird;
- wenn vereinbart ist, dass der Rechtsanwalt einen Teil des erstrittenen Betrages als Vergütung erhält.

Zulässig sind Erfolgshonorare allerdings dann, wenn das RVG anderes bestimmt 126
(§ 49b Abs. 2 S. 1, letzter Halbsatz BRAO). Eine andere Bestimmung im Sinne des § 49b Abs. 2 S. 1, letzter Halbsatz BRAO findet sich in § 4a RVG.

Unabhängig hiervon ist § 49b Abs. 2 S. 3 BRAO zu sehen. Danach liegt ein Erfolgs- 127
honorar iSd § 49b Abs. 2 S. 1 BRAO nicht vor, wenn lediglich vereinbart wird, dass sich die gesetzlichen Gebühren ohne weitere Bedingungen erhöhen (→ Kap. B Rn. 128).

5.5.1 Vereinbarungen nach § 49b Abs. 2 S. 3 BRAO

Durch das am 1. 7. 2008 in Kraft getretene Gesetz zur Neuregelung des Verbots 128
der Vereinbarung von Erfolgshonoraren[60] wurde auch § 49b Abs. 2 S. 3 BRAO neu gefasst. Dieser lautet: „*Ein Erfolgshonorar im Sinne des Satzes 1 liegt nicht vor, wenn lediglich vereinbart wird, dass sich die gesetzlichen Gebühren ohne weitere Bedingungen erhöhen.*“

In der Begründung hierzu heißt es: „*Satz 3 entspricht im Wesentlichen dem derzeitigen Satz 2 der Vorschrift. Durch die geänderte Formulierung soll klargestellt werden, dass die Vereinbarung erhöhter gesetzlicher Gebühren dann nicht als Erfolgshonorar zu bewerten ist, wenn es sich um Gebühren mit Erfolgskomponeten handelt: Hierbei handelt es sich insbesondere um die Gebühren 1000 bis 1007, 4141 und 5115 des Vergütungsverzeichnisses zum Rechtsanwaltsvergütungsgesetz (VV RVG). Die Vereinbarung darf jedoch nicht von Bedingungen, insbesondere vom Ausgang der Sache, abhängig gemacht werden.*“

Damit hat der Gesetzgeber meines Erachtens klargestellt, dass nach § 49b Abs. 2 S. 3 BRAO nur eine Vereinbarung zulässig ist, in welcher für die Fälle, in denen auch im RVG eine erfolgsbezogene Gebühr vorgesehen ist, ein mehrfaches dieser erfolgsbezogenen Gebühr vom Mandanten zu zahlen ist.

Erfolgsbezogene Gebühren sind zB
- die Einigungsgebühr Nr. 1000, 1003, 1004, 1005, 1006, 1007 VV RVG
- die Aussöhnungsgebühr in Ehescheidungssachen Nr. 1001 VV RVG
- die Erledigungsgebühr in verwaltungs-, sozial- oder finanzrechtlichen Angelegenheiten Nr. 1002 VV RVG
- die zusätzliche Gebühr in Strafsachen Nr. 4141 VV RVG
- die zusätzliche Gebühr in Bußgeldsachen Nr. 5115 VV RVG.

Beispiel: Der Rechtsanwalt wird – meines Erachtens – mit dem Mandanten eine Vereinbarung 129
dahingehend treffen können, dass er für den Fall, dass er in der Sache einen Vertrag im Sinne der Nr. 1000 VV RVG (Einigung) oder einen Vergleich erzielen kann, von dem Mandanten ein mehrfaches der Einigungsgebühr der Nr. 1000 VV RVG zu zahlen ist.

Beispiel: Der Rechtsanwalt vertritt den Mandanten in einer Strafsache. Er trifft mit diesem eine 130
Vergütungsvereinbarung dahingehend, dass er für den Fall, dass es ihm gelingt, eine endgültige Einstellung des Verfahrens herbeizuführen, das Fünffache der zusätzlichen Gebühr nach Nr. 4141 VV RVG erhält. Auch eine derartige Vereinbarung ist meines Erachtens zulässig.

Zusammenfassung

▶ Nach § 49b Abs. 2 S. 3 BRAO ist eine Vereinbarung zulässig, in welcher für Fälle, 131
in denen auch im RVG eine erfolgsbezogene Gebühr vorgesehen ist, ein mehrfaches dieser erfolgsbezogenen Gebühr vom Mandanten zu zahlen ist.

---

[60] BGBl. I 2008, 1000.

5.5.2 Erfolgshonorar nach § 4a RVG

132 Das Bundesverfassungsgericht[61] hatte entschieden, dass das in § 49b Abs. 2 BRAO (in der Fassung bis zum 30. 6. 2008) geregelte Verbot anwaltlicher Erfolgshonorare mit Art. 12 Abs. 1 GG insoweit nicht vereinbar sei, als es keine Ausnahme für den Fall zulasse, dass der Rechtsanwalt mit der Vereinbarung einer erfolgsbasierten Vergütung besonderen Umständen in der Person des Auftraggebers Rechnung tragen könne, die diesen ansonsten davon abhalten, würden, seine Rechte zu verfolgen. Das Bundesverfassungsgericht hatte dem Gesetzgeber aufgegeben, bis zum 30. 6. 2008 eine verfassungskonforme Neuregelung zu schaffen. In Umsetzung dieser Entscheidung des Bundesverfassungsgerichts hat der Gesetzgeber das Gesetz zur Neuregelung des Verbots der Vereinbarung von Erfolgshonoraren[62] in das Gesetzgebungsverfahren eingebracht, dass dann am 1. 7. 2008 in Kraft getreten ist.

133 Seit dem ist in § 4a RVG[63] geregelt, unter welchen Voraussetzungen die Vereinbarung eines Erfolgshonorars zulässig ist. Danach darf ein Erfolgshonorar nur im **Einzelfall,** nur für eine einzelne Rechtsangelegenheit und nur mit einem einzelnen Mandanten vereinbart werden.[64] Die Vereinbarung eines Erfolgshonorars soll auch weiterhin die Ausnahme bleiben. Nach § 4a Abs. 1 S. 1 RVG ist Voraussetzung für die Vereinbarung eines Erfolgshonorars, dass der Auftraggeber aufgrund seiner wirtschaftlichen Verhältnisse bei verständiger Betrachtung ohne die Vereinbarung eines Erfolgshonorars von der Rechtsverfolgung abgehalten würde. Dies kann meines Erachtens zum einen der Fall sein, wenn der Auftraggeber aufgrund seiner wirtschaftlichen Verhältnisse die beabsichtigte Rechtsverfolgung ohne die Vereinbarung eines Erfolgshonorars nicht finanzieren könnte. Zum Anderen ist die Vereinbarung eines Erfolgshonorars meines Erachtens auch dann möglich, wenn unter Betrachtung des Kostenrisikos und der Erfolgsaussichten der Mandant aus wirtschaftlichen Gründen von der Rechtsverfolgung abgehalten würde. Hierzu ist in den Gesetzgebungsmaterialien folgendes ausgeführt: *„Die Regelung enthält insgesamt einen flexiblen Maßstab, der auch etwa einem mittelständischen Unternehmen im Falle eines großen Bauprozesses die Möglichkeit eröffnen soll, ein anwaltliches Erfolgshonorar zu vereinbaren.“*[65]

134 Durch das Gesetz zur Änderung des Prozesskostenhilfe- und Beratungshilferechts[66] wurde dem § 4 a Abs. 1 RVG ein neuer Satz 3 angefügt. Dieser lautet: *„Für die Beurteilung nach Satz 1 bleibt die Möglichkeit, Beratungs- und Prozesskostenhilfe in Anspruch zu nehmen, außer Betracht.“* Damit ist entgegen einer früher vertretenen Meinung[67] mE nunmehr klargestellt worden, dass die Voraussetzungen für die Vereinbarung eines Erfolgshonorars auch dann vorliegen können, wenn der Mandant die Möglichkeit hätte, Beratungs- und/oder Prozesskostenhilfe in Anspruch zu nehmen.

135 Nach § 4a Abs. 1 S. 2 RVG darf der Anwalt auch in einem **gerichtlichen Verfahren** mit dem Mandanten vereinbaren, dass dieser im Falle eines Misserfolges
- überhaupt keine
- oder nur eine geringere als die gesetzliche Vergütung zu zahlen hat.

---

[61] BVerfG Beschluss vom 12. 12. 2006 – 1 BvR 2576/06 = NJW 2007, 979 = RVGreport 2007, 179 = JurBüro 2007, 242.

[62] BGBl. I 2008, 1000.

[63] Gesetzestext → Kap. B Rn. 58.

[64] Begründung des Gesetzes zur Neuregelung des Verbots der Vereinbarung von Erfolgshonoraren in BT-Drucksache 16/8384 zu § 4a Abs. 1, S. 13 (der elektronischen Vorabfassung); s. Teubel/Schons § 4 Rn. 16 ff.

[65] Zitiert aus Beschlussempfehlung und Bericht des Rechtsausschusses zu dem Gesetzentwurf der Bundesregierung – Drucksache 16/8384 – zum Entwurf eines Gesetzes zur Neuregelung des Verbots der Vereinbarung von Erfolgshonoraren in BT-Drucksache 16/8916, Begründung zu Nummer 4, zu § 4a, S. 17 (der elektronischen Vorabfassung); s. Teubel/Schons § 4 Rn. 7 ff.

[66] BGBl. I 2013, 3533 ff. – Inkrafttreten: 1. 1. 2014.

[67] Vgl. zB LG Berlin JurBüro 2011, 128; Enders, RVG für Anfänger, 15. Auflage, Rn. 341.

Allerdings muss dann im Gegenzug vereinbart sein, dass für den Erfolgsfall ein angemessener Zuschlag auf die gesetzliche Vergütung von dem Mandanten zu zahlen ist. Zu der Frage, wann ein Zuschlag angemessen ist, führt der Gesetzgeber in der Gesetzesbegründung folgendes aus:

„Ob der Zuschlag angemessen ist, ist aus Sicht der Vertragspartner oder Vertragspartnerinnen für den Zeitpunkt des Vertragsschlusses zu beurteilen. Bei der Beurteilung werden insbesondere zwei Umstände zu berücksichtigen sein: Zum einen muss der Zuschlag umso größer sein, je weiter im Misserfolgsfall die gesetzliche Mindestvergütung unterschritten werden soll. Wird also vereinbart, dass im Fall des Misserfolges der Rechtsanwalt oder die Rechtsanwältin keine Vergütung erhalten soll („no win, no fee"), muss der Zuschlag größer sein als in einem Fall, in dem der Rechtsanwalt oder die Rechtsanwältin auch im Misserfolgsfall eine – unter der gesetzlichen Mindestvergütung liegende – Grundvergütung erhalten soll („no win, less fee"). Zum anderen muss der Zuschlag umso größer sein, je geringer die Erfolgsaussichten sind. Beträgt die Erfolgsaussicht 50 %, wird im Allgemeinen ein Zuschlag angemessen sein, dessen Wert der Unterschreitung der gesetzlichen Mindestvergütung im Misserfolgsfall entspricht. Sind die Erfolgsaussichten größer, genügt ein niedrigerer Zuschlag, sind die Erfolgsaussichten geringer, muss der Zuschlag größer sein."[68]

Beispiel: Die Erfolgsaussichten für den vom Mandanten zu führenden Rechtsstreit sind gering. 136
Der Streitwert ist hoch, die finanziellen Möglichkeiten des Mandanten sind begrenzt. Prozesskostenhilfe wird das Gericht wohl nicht bewilligen.

Wenn ich das Gesetz und die Begründung des Gesetzgebers richtig interpretiere, dürfte der Rechtsanwalt in diesem Falle mit dem Mandanten folgendes vereinbaren: „Wenn Sie den Prozess verlieren, zahlen Sie an mich nur 20 % der gesetzlichen Anwaltsvergütung nach dem RVG. Wenn Sie in dem Rechtstreit obsiegen, zahlen Sie einen Zuschlag auf die gesetzliche Vergütung nach dem RVG von 80 %."[69]

Meines Erachtens dürfte auch eine Staffelung der vom Mandanten im Falle des 137
Misserfolges zu zahlenden Vergütung bzw. des im Falle des Erfolges zu zahlenden Zuschlags, abhängig vom Ausgang der Sache, zulässig sein. Auch eine Vereinbarung, wonach der Rechtsanwalt im Erfolgsfalle einen **Teil des erstrittenen Betrages** als Vergütung erhält, dürfte unter den Voraussetzungen des § 4a RVG zulässig sein.[70]

Beispiel: Der Mandant hat nicht die finanziellen Mittel, um die Durchsetzung eines Anspruchs 138
zu finanzieren. Der Rechtsanwalt wird mit ihm meines Erachtens vereinbaren können, dass er 25 % des erstrittenen Betrages als Vergütung zuzüglich Umsatzsteuer erhält und wenn die Ansprüche nicht durchgesetzt werden können, vom Mandanten keine Vergütung zu zahlen ist.

Beispiel: Der Mandant macht Ansprüche gegen die ihn behandelnden Ärzte wegen eines Be- 139
handlungsfehlers geltend. Er hat nicht die finanziellen Mittel zur außergerichtlichen Rechtsverfolgung. Eine Rechtsschutzversicherung besteht nicht. Der Rechtsanwalt könnte mit dem Mandanten vereinbaren, dass

- für den Fall, dass keine Ansprüche realisiert werden, vom Mandanten nichts oder nur eine Bürokostenpauschale von 500,00 EUR
- für den Fall, dass bis zu 50.000,00 EUR realisiert werden, vom Mandanten 20 % des erstrittenen Betrages
- für den Fall, dass mehr als 50.000,00 EUR realisiert werden, vom Mandanten 25 % des erstrittenen Betrages

jeweils zuzüglich der gesetzlichen Umsatzsteuer an den Rechtsanwalt zu zahlen ist.[71]

---

[68] Zitiert aus Gesetzesentwurf der Bundesregierung zum Gesetz zur Neuregelung des Verbots der Vereinbarung von Erfolgshonoraren, BT-Drucksache 16/8384, Begründung zu § 4a Abs. 1 RVG, S. 14 (der elektronischen Vorabfassung); siehe hierzu auch Gerold/Schmidt § 4a Rn. 14 ff.; Hartung/Schons/Enders § 4a Rn. 48 ff.

[69] Vgl. Gerold/Schmidt § 4a Rn. 20; Hartung/Schons/Enders § 4a Rn. 60 .

[70] BT-Drucksache 16/8384, Begründung zu Artikel 1 (Änderung der BRAO), S. 11 (der elektronischen Vorabfassung); s. Teubel/Schons § 4 Rn. 29.

[71] Siehe auch Enders JurBüro 2008, 337–342, Beispiel 6.

140 Auch die Vereinbarung eines Erfolgshonorars bedarf der Textform (§ 3a Abs. 1 S. 1 RVG). Sie muss als Vergütungsvereinbarung oder in vergleichbarer Weise bezeichnet werden, von anderen Vereinbarungen mit Ausnahme der Auftragserteilung deutlich abgesetzt sein und darf nicht in der Vollmacht enthalten sein. Die Vergütungsvereinbarung hat einen Hinweis darauf zu enthalten, dass die gegnerische Partei, ein Verfahrensbeteiligter oder die Staatskasse im Falle der Kostenerstattung regelmäßig nicht mehr als die gesetzliche Vergütung erstatten muss (§ 3a Abs. 1 S. 3 RVG).

141 Für die Vereinbarung eines Erfolgshonorars sind in § 4a Abs. 2 und 3 RVG folgende weitere Inhalte vorgeschrieben. Nach § 4a Abs. 2 RVG muss in der Vereinbarung über ein Erfolgshonorar die voraussichtliche gesetzliche Vergütung[72] und ggfls. die erfolgsunabhängige vertragliche Vergütung, zu der der Rechtsanwalt bereit wäre, den Auftrag zu übernehmen dargestellt werden. Ferner muss angegeben werden, welche Vergütung bei Eintritt welcher Bedingung verdient sein soll. Nach § 4a Abs. 3 RVG sind in der Vereinbarung außerdem die wesentlichen Gründe anzugeben, die für die Bemessung des Erfolgshonorars bestimmend sind.[73] Hierzu ist in den Gesetzgebungsmaterialien ausgeführt: *„in der Vergütungsvereinbarung sollen die „Geschäftsgrundlagen“ festgehalten werden, von denen die Vertragsparteien bei der Vereinbarung der erfolgsbasierten Vergütung ausgehen. Ermittlungs- und Prüfungspflichten werden nicht begründet. Ausreichend kann etwa sein, wenn festgehalten wird, dass angesichts eines bestimmten allgemeinen Prozessrisikos etwa in Arzthaftungsangelegenheiten auch in dem vorliegenden Einzelfall von diesem Risiko ausgegangen werde.“* Ferner ist ein Hinweis aufzunehmen, dass die Vereinbarung keinen Einfluss auf die ggfls. vom Auftraggeber zu zahlenden Gerichtskosten, Verwaltungskosten und die von ihm zu erstattenden Kosten anderer Beteiligter hat (§ 4a Abs. 3 S. 2 RVG). Nach LG Berlin[74] sind an die nach § 4a Abs. 3 S. 1 RVG vorgeschriebene Darstellung keine überzogenen Anforderungen zu stellen. Aus der Vereinbarung muss sich aber wenigstens ergeben, ob sich die Parteien der Vereinbarung über die entsprechenden Voraussetzungen für die Vereinbarung eines Erfolgshonorars überhaupt Gedanken gemacht und ob und wie sie die prozessuale Situation eingeschätzt haben.

Zusammenfassung

142
- ▶ Nach den am 1. 7. 2008 in Kraft getretenen Änderungen kann der Rechtsanwalt im Einzelfall ein Erfolgshonorar mit seinem Mandanten vereinbaren. Voraussetzung ist ua dass der Auftraggeber aufgrund seiner wirtschaftlichen Verhältnisse bei verständiger Betrachtung ohne die Vereinbarung eines Erfolgshonorars von der Rechtsverfolgung abgehalten würde.
- ▶ Bei der Vereinbarung eines Erfolgshonorars sind neben den „allgemeinen Erfordernissen“ an eine Vergütungsvereinbarung (siehe zB § 3a RVG) noch weitere besondere inhaltliche Voraussetzungen zu berücksichtigen (siehe hierzu § 4a RVG).
- ▶ Der Rechtsanwalt sollte bei der Vereinbarung eines Erfolgshonorars immer bedenken, dass er das Prozess- bzw. Durchsetzungsrisiko hier auch wirtschaftlich mit trägt.

5.6 Unangemessen hohe Vergütung

143 Eine vereinbarte oder vom Vorstand der Rechtsanwaltskammer festgesetzte Vergütung kann in einem Rechtsstreit auf einen angemessenen Betrag bis zur Höhe der gesetzlichen Vergütung herabgesetzt werden, wenn sie unter Berücksichtigung aller Umstände unangemessen hoch ist (§ 3a Abs. 2 RVG). Vor Herabsetzung hat das Gericht ein Gutachten des Vorstandes der Rechtsanwaltskammer einzuholen. Dies gilt natürlich dann nicht, wenn der Vorstand der Rechtsanwaltskammer die Vergütung

[72] BGH JurBüro 2015, 75.
[73] Vgl. Hartung/Schons/Enders § 4a Rn. 81 ff.
[74] LG Berlin JurBüro 2011, 128.

nach § 4 Abs. 3 Satz 1 RVG festgesetzt hatte. Wann eine vereinbarte Vergütung unangemessen hoch ist, ergibt sich aus dem Gesetz nicht. Hierzu muss auf einschlägige Literatur und Rechtsprechung verwiesen werden.[75]

So hatte zB der BGH[76] entschieden, dass eine tatsächliche Vermutung dafür spricht, 144
dass eine vereinbarte Vergütung unangemessen hoch sei, wenn diese für eine **Strafverteidigung** mehr als das 5-fache der gesetzlichen Höchstgebühren betragen solle. Der Rechtsanwalt könne allerdings im Einzelfall die Vermutung einer unangemessen hohen Vergütung dadurch entkräften, dass er ganz ungewöhnliche, gerade zu extreme Umstände darlege, die es möglich erscheinen lassen, bei Abwägung aller für die Herabsetzungsentscheidung maßgeblichen Gesichtspunkte die Vergütung nicht als unangemessen hoch anzusehen. Die Entscheidung des BGH wurde in der Literatur[77] und auch in der Rechtsprechung stark kritisiert. Der BGH selbst ist dann auch in einer späteren Entscheidung wieder von diesen, von ihm aufgestellten Grundsätzen abgerückt. So hat der IX. Senat des BGH[78] entschieden: *„Jedoch kann möglicherweise an der bisherigen Rechtsprechung, die Vermutung einer unangemessen hohen Vergütung könne durch den Rechtsanwalt nur entkräftet werden, wenn er ganz ungewöhnliche, geradezu extreme einzelfallbezogenen Umstände darlegt, nicht in vollem Umfang festgehalten werden.“*[79] Das Bundesverfassungsgericht[80] hält die Rechtsprechung des BGH, wonach eine tatsächliche Vermutung dafür spricht, dass eine von einem Rechtsanwalt bei Strafverteidigungen vereinbarte Vergütung, die mehr als das 5-fache über den gesetzlichen Höchstgebühren liegt, unangemessen hoch und damit zu kürzen ist, wegen Verstoßes gegen das Grundrecht der Berufsfreiheit für verfassungswidrig.

Trotz dieser Bedenken des Bundesverfassungsgerichts[81] hält der BGH[82] an seiner 145
Rechtsprechung fest, dass eine tatsächliche Vermutung dafür spricht, dass ein Honorar unangemessen hoch ist, wenn es die gesetzlichen Gebühren um mehr als das 5-fache übersteige und dehnt diese Rechtsprechung auch auf Vergütungsansprüche aus, die aus einem **zivilrechtlichen Mandat** resultieren. Allerdings könne, so der BGH (aaO) der Anwalt die Vermutung entkräften. In dem vom BGH[83] entschiedenen Fall hatte der Rechtsanwalt mit dem Mandanten in einer (Pflege-)Kindschaftssache ein Pauschalhonorar von 20.000 EUR vereinbart. Dies entsprach in etwa dem 6,44-fachen der gesetzlichen Vergütung. Dennoch hat der BGH (aaO) das Pauschalhonorar nicht als unangemessen hoch angesehen, da der Rechtsanwalt in dieser Sache einen Arbeitsaufwand von ca. 107 Stunden dartun konnte und das Pauschalhonorar im wirtschaftlichen Ergebnis einem Stundenhonorar von unter 200 EUR netto entspreche, was eben nicht unangemessen hoch sei.

Nach einem Urteil des OLG Hamm[84] kann bei der Beurteilung der Frage, ob eine 146
vereinbarte Vergütung unangemessen hoch sei, nicht schematisiert mit der gesetzlichen Vergütung verglichen werden. Vielmehr sei, so das OLG Hamm, mit einer angemessenen Zeitvergütung zu vergleichen, wobei für einen renommierten Strafvertei-

---

[75] Hartung/Schons/Enders § 3a Rn. 130 ff.; Gerold/Schmidt § 3a Rn. 21 ff.; Rick RVGreport 2006, 441 „Angemessenheit und Sittenwidrigkeit der vereinbarten Vergütung – eine Rechtsprechungsübersicht“; Schneider/Wolf § 3a Rn. 109 ff.; Hansens/Schneider Formularbuch, Teil 19 Rn. 1202; Henssler NJW 2005, 1537 (1538); BGH NJW 2005, 2142; Lutje NJW 2005, 2490.

[76] BGH Urteil vom 27. 1. 2005 – IX ZR 273/02 = NJW 2005, 2142 = AGS 2005, 378.

[77] Vgl. Burhoff A. Vergütungs-ABC, „Vergütungsvereinbarung (§ 3a)“ Rn. 2217 ff.; s. auch Teubel/Schons § 2 Rn. 165 ff.

[78] BGH Urteil vom 12. 2. 2009 – IX ZR 73/08 = RVGreport 2009, 135 = AGS 2009, 262 = JurBüro 2009, 427.

[79] Teil des amtlichen Leitsatzes des BGH zu dieser Entscheidung.

[80] BVerfG Beschluss vom 15. 6. 2009 – 1 BvR 1342/07 = RVGreport 2009, 299.

[81] BVerfG Beschluss vom 15.6.2009 – 1 BvR 1342/07 = RVGreport 2009, 299.

[82] BGH BeckRS 2016, 20620.

[83] BGH BeckRS 2016, 20620.

[84] OLG Hamm Urteil vom 13. 3. 2008 – 28 U 71/07 = JurBüro 2008, 307.

diger von einem Stundensatz von 300 EUR ausgegangen werden könne. Das OLG Hamm hat in dem Urteil eine vereinbarte Vergütung in einer Strafvollstreckungssache nicht als unangemessen hoch angesehen, obwohl die vereinbarte Vergütung um das 38-fache höher war als die gesetzliche Höchstgebühr.

147 Es wird immer der Einzelfall und dessen Umstände zu betrachten sein, wenn zu beurteilen ist, ob die vereinbarte Vergütung unangemessen hoch ist oder nicht. In der Regel wird eine vereinbarte Vergütung, die das 5 bis 6-fache der gesetzlichen Vergütung nicht übersteigt, nicht unangemessen hoch sein.[85]

148 Bei der Beurteilung der Frage wann ein vereinbartes **Erfolgshonorar unangemessen hoch** ist, wird meines Erachtens eine Rolle spielen müssen, dass der Rechtsanwalt bei der Vereinbarung eines Erfolgshonorars in der Regel das wirtschaftliche Risiko und das Prozessrisiko mit trägt. Dies muss sich in der Höhe seines Honorars im Erfolgsfall niederschlagen. Die Grenze, wann eine unangemessen hohe Vergütung anzusetzen ist, wird daher meines Erachtens bei Vereinbarung einer erfolgsabhängigen Vergütung höher anzusetzen sein, als bei Vereinbarung einer erfolgsunabhängigen Vergütung.

Nach *Kilian* (in NJW 2008, 1905, 1910) ist ein Erfolgshonorar angemessen im Sinne von § 3a RVG, *„wenn es im Vergleich mit einer erfolgsunabhängig zu zahlenden Vergütung nur in einem solchen Maße erhöht ist, dass das Risiko, im Misserfolgsfalle ohne Vergütung zu bleiben, und der Verzicht auf Vergütungsvorschüsse wirtschaftlich angemessen abgegolten werden.“*

149 In einem Urteil vom 10.11.2016 legt der BGH[86] schön dar, wann eine vereinbarte Vergütung **sittenwidrig** ist: *„... eine Vergütungsabrede ist nach ständiger Rechtsprechung gem. § 138 Abs. 1 BGB sittenwidrig, wenn zwischen Leistung und Gegenleistung ein auffälliges Missverhältnis besteht und weitere Umstände hinzutreten, welche die Sittenwidrigkeit begründen. ...“*[87] Im Gegensatz zur Sittenwidrigkeit ist ein vereinbartes Honorar unangemessen hoch, *„... wenn er (der Rechtsanwalt) sich ein Honorar versprechen lässt, das unter Berücksichtigung aller Umstände nicht mehr einem sachgerechten Interessenausgleich entspricht ...“.*[88] *„... Ist eine vereinbarte Vergütung sittenwidrig, so ist die Honorarabrede nichtig; es besteht nur ein Anspruch auf die gesetzlichen Gebühren. Ist das vereinbarte Honorar unangemessen hoch, ist es gemäß § 3a Abs. 2 S. 1 RVG auf den angemessenen Betrag herabzusetzen. ...“*[89]

Zusammenfassung

150 ▶ Ist eine vereinbarte Vergütung unter Berücksichtigung aller Umstände unangemessen hoch, kann sie im Rechtsstreit auf den angemessenen Betrag – bis zur Höhe der gesetzlichen Vergütung – herabgesetzt werden.

▶ Vor der Herabsetzung hat das Gericht ein Gutachten des Vorstandes der Rechtsanwaltskammer einzuholen.

6. Checkliste für Vergütungsvereinbarungen

151 Im Nachstehenden soll dem Praktiker eine Checkliste an die Hand gegeben werden, was bei einer Vergütungsvereinbarung zwischen Rechtsanwalt und Mandant für den Rechtsanwalt zu beachten ist. Diese Checkliste erhebt keinesfalls den Anspruch auf Vollständigkeit. Im Zweifelsfalle ist einschlägige Rechtsprechung und Kommentierung heranzuziehen.

---

85 Hartung/Schons/Enders § 3a Rn. 140 ff.; Gerold/Schmidt § 3a Rn. 23 ff.
86 BGH BeckRS 2016, 20620.
87 Zitiert aus den Entscheidungsgründen des Urteils des BGH BeckRS 2016, 20620.
88 Zitiert aus den Entscheidungsgründen des Urteils des BGH BeckRS 2016, 20620.
89 Zitiert aus den Entscheidungsgründen des Urteils des BGH BeckRS 2016, 20620.

- ✓ Wer schuldet (Mandant) wem (Rechtsanwalt)?
- ✓ Deutliche Kenntlichmachung der Vereinbarung als Vergütungsvereinbarung.
- ✓ Vereinbarung bedarf der Textform.
- ✓ Vergütungsvereinbarung darf nicht in Vollmacht enthalten sein.
- ✓ Ist die Vergütungsvereinbarung zusammen mit anderen Erklärungen in einer Urkunde enthalten, so muss
  - die Vergütungsvereinbarung als solche bezeichnet
  - und die Vergütungsvereinbarung von anderen Vereinbarungen deutlich abgesetzt sein – § 3a Abs. 1 S. 2 RVG – (→ Kap. B Rn. 74).
- ✓ Hinweis, dass die gegnerische Partei, ein Verfahrensbeteiligter oder die Staatskasse in der Regel nicht mehr als die gesetzliche Vergütung erstatten muss.
- ✓ Alle vom Rechtsanwalt formulierten Vereinbarungen unterliegen unter Umständen der Inhaltskontrolle gem. §§ 305 ff. BGB.
- ✓ Präzise Beschreibung der anwaltlichen Leistungen, die mit der vereinbarten Vergütung abgegolten werden, insbesondere bei Vereinbarung einer Pauschalvergütung.
- ✓ Detaillierte Darstellung der Vergütungsform/Höhe der Vergütung.
- ✓ Bei Zeithonorar vereinbaren:
  - Zeiteinheit und deren Preis;
  - Behandlung angefangener Zeiteinheiten;
  - Honorar auch für Fahrt- und Reisekosten;
  - gesonderte evtl. ermäßigte Vergütung für den Einsatz von Mitarbeitern des Rechtsanwaltes;
  - Erfassungsform der Zeiteinheiten
  - Abrechnungsintervalle.
- ✓ Verschiedene Möglichkeiten: Berechnungsgrundlage ist die nach dem RVG zu zahlende Vergütung (→ Kap. B Rn. 102 ff.).
- ✓ Fälligkeit der Vergütung, Vorschuss, Zwischenabrechnungen.
- ✓ Zusätzlich zur vereinbarten Vergütung zu zahlende Entgelte, ggf. in welcher Höhe:
  - Reisekosten (Fahrtkosten, Kosten für Übernachtung, Verpflegungsmehraufwendungen und ähnliches);
  - Dokumentenpauschale
  - Aufwendungen für Post- und Telekommunikationsentgelte,
  - Prämien für Haftpflichtversicherungen im Einzelfall und ähnliches;
  - die gesetzliche Umsatzsteuer.
- ✓ Bei Vereinbarung einer erfolgsabhängigen Vergütung muss die Vereinbarung zusätzlich enthalten:
  - Welche Vergütung bei Eintritt welcher Bedingung verdient sein soll.
  - Die Angabe der Gründe, die für die Bemessung eines Erfolgshonorars bestimmend sind.
  - Darstellung der gesetzlichen Vergütung und gegebenenfalls die erfolgsunabhängige vertragliche Vergütung, zu der der Rechtsanwalt bereit wäre, den Auftrag zu übernehmen.
  - Hinweis, dass die Vereinbarung keinen Einfluss auf die gegebenenfalls vom Auftraggeber zu zahlenden Gerichtskosten, Verwaltungskosten und die von ihm zu erstattenden Kosten anderer Beteiligter hat.
- ✓ Es sollte eine Klausel mit aufgenommen werden, wonach mindestens die gesetzliche Vergütung nach dem RVG geschuldet wird.
- ✓ Belehrung des Mandanten, dass sich die gesetzliche Vergütung nach dem Gegenstandswert richtet.
- ✓ Belehrung des Mandanten, dass Rechtsschutzversicherer nur die gesetzliche Vergütung nach dem RVG und nicht eine höhere, vereinbarte Vergütung übernimmt.

C. Allgemeine Gebühren

Das Vergütungsverzeichnis zum RVG regelt in Teil 1 so genannte allgemeine Gebühren. Die in diesem Teil geregelten Gebühren entstehen **neben** den in anderen Teilen des RVG bestimmten Gebühren (Vormerkung 1 VV RVG). Die in Teil 1 des Vergütungsverzeichnisses geregelten Gebühren können in verschiedenen Tätigkeitsabschnitten entstehen. So kann zB die unter der Nr. 1000 VV RVG geregelte Einigungsgebühr sowohl im Rahmen einer außergerichtlichen Vertretung entstehen als auch bei einer Tätigkeit des Rechtsanwaltes als Prozessbevollmächtigter in einem bürgerlichen Rechtsstreit (Zivilprozess) oder zB in einem Rechtsstreit vor dem Arbeits- oder Verwaltungsgericht. 1

Eine Einigungsgebühr kann auch entstehen, wenn der Rechtsanwalt von seinem Mandanten nur einen Auftrag für eine Beratung hat und im Rahmen dieses Beratungsmandats „im Hintergrund" an dem Abschluss eines Vergleiches iSd Abs. 1 der Anmerkung zu Nr. 1000 VV RVG mitwirkt.[1] Denn aus der Vorbemerkung 1 geht **nicht** hervor, dass die in Teil 1 geregelten Gebühren – und damit auch die Einigungsgebühr – nur neben im Vergütungsverzeichnis des RVG bestimmten Gebühren entstehen können. Vielmehr kann die Einigungsgebühr auch neben einer in dem Paragrafenteil des RVG normierten Gebühr (wie der in § 34 RVG geregelten „Gebühr" für eine Beratung) anfallen. Dass die Einigungsgebühr auch in einem Beratungsmandat entstehen kann, ergibt sich auch aus Abs. 1 S. 4 der Anmerkung zu Nr. 1005 VV RVG. Dort ist nämlich die Höhe einer Einigungsgebühr bestimmt, die in einer sozialrechtlichen Angelegenheit, in welcher Betragsrahmengebühren entstehen, neben einer Beratungsgebühr anfällt. Hieraus kann doch nur der Schluss gezogen werden, dass auch der Gesetzgeber selbst davon ausgeht, dass eine Einigungsgebühr auch in einem Beratungsmandat anfallen kann. 2

Beispiel: Nachdem dem Mandanten von seinem Arbeitgeber ein Aufhebungsvertrag betreffend das Arbeitsverhältnis angeboten wurde, sucht dieser einen Rechtsanwalt auf und beauftragt ihn, ihn in dieser Angelegenheit zu beraten. Aufgrund des angebotenen Aufhebungsvertrags muss der Arbeitnehmer/Mandant davon ausgehen, dass der Fortbestand des Arbeitsverhältnisses ungewiss ist. Der Rechtsanwalt berät den Mandanten und gibt ihm im Rahmen der Beratung auch dahingehend Hilfestellung, wie der Mandant selbst gegenüber seinem Arbeitgeber unter Umständen noch bessere Konditionen aushandeln kann. In mehreren Gesprächen lässt der Mandant sich von dem Rechtsanwalt zu den Konditionen des Aufhebungsvertrages beraten. Schließlich schließt der Mandant selbst mit dem Arbeitgeber den Aufhebungsvertrag ab. Der Rechtsanwalt hat für die Beratung keine Vergütungsvereinbarung mit dem Mandanten getroffen. Der Rechtsanwalt bestimmt den Gegenstandswert auf 12.000,00 EUR (Bruttoarbeitsentgelt für die Dauer eines Vierteljahres). 3

Der Rechtsanwalt kann berechnen:

1. „Gebühr" für Beratung gem. § 34 Abs. 1 S. 3 RVG	250,00 EUR
2. 1,5 Einigungsgebühr §§ 2, 13 RVG iVm Nr. 1000 VV RVG nach Wert: 12.000,00 EUR	906,00 EUR
zzgl. Auslagen und Umsatzsteuer.	

Der Rechtsanwalt hat auch dann an einem Vertrag iSd Abs. 1 der Anmerkung zu Nr. 1000 VV RVG mitgewirkt, wenn er den Mandanten zu Einigungs- bzw. Vergleichsvorschlägen der Gegenseite berät (→ Kap. C Rn. 30).

In Teil 1 des Vergütungsverzeichnisses sind geregelt: die Einigungsgebühr, die Aussöhnungsgebühr, die Erledigungsgebühr, die Gebührenerhöhung bei mehreren 4

[1] Schneider/Wolf VV 1000 Rn. 15; Mayer/Kroiß Nr. 1000 VV Rn. 2; Beschluss der 73. Tagung der Gebührenreferenten RVGreport 2017,85. Anderer Meinung: Gerold/Schmidt VV 1000 Rn. 12 ff.

Auftraggebern, die Hebegebühr und die Zusatzgebühr bei besonders umfangreichen Beweisaufnahmen.

I. Einigungsgebühr

5 Die Einigungsgebühr entsteht, wenn der Rechtsanwalt mitwirkt an einem Vertrag iSd Absatzes 1 der Anmerkung zu Nr. 1000 VV RVG. Dies wird in der Praxis meist ein Vergleich sein.

6 Der Absatz 1 der Anmerkung zu Nr. 1000 VV RVG wurde durch das 2. KostRMoG[2] erweitert. In Ziffer 2 des Absatzes 1 der Anmerkung zu Nr. 1000 VV RVG wird klargestellt, dass die Einigungsgebühr auch dann anfällt, wenn der Rechtsanwalt an einer (Raten-)Zahlungsvereinbarung mitwirkt.

Auszug aus dem VV RVG

7

Nr.	Gebührentatbestand	Gebühr oder Satz der Gebühr nach § 13 RVG
1000	Einigungsgebühr ... (1) Die Gebühr entsteht für die Mitwirkung beim Abschluss eines Vertrags, durch den 1. der Streit oder die Ungewissheit über ein Rechtsverhältnis beseitigt wird oder 2. die Erfüllung des Anspruchs bei gleichzeitigem vorläufigen Verzicht auf die gerichtliche Geltendmachung und, wenn bereits ein zur Zwangsvollstreckung geeigneter Titel vorliegt, bei gleichzeitigem vorläufigen Verzicht auf Vollstreckungsmaßnahmen geregelt wird (Zahlungsvereinbarung). Die Gebühr entsteht nicht, wenn sich der Vertrag ausschließlich auf ein Anerkenntnis oder einen Verzicht beschränkt. Im Privatklageverfahren ist Nummer 4147 anzuwenden. (2) Die Gebühr entsteht auch für die Mitwirkung bei Vertragsverhandlungen, es sei denn, dass diese für den Abschluss des Vertrags im Sinne des Absatzes 1 nicht ursächlich war. (3) Für die Mitwirkung bei einem unter einer aufschiebenden Bedingung oder unter dem Vorbehalt des Widerrufs geschlossenen Vertrag entsteht die Gebühr, wenn die Bedingung eingetreten ist oder der Vertrag nicht mehr widerrufen werden kann. (4) Soweit über die Ansprüche vertraglich verfügt werden kann, gelten die Absätze 1 und 2 auch bei Rechtsverhältnissen des öffentlichen Rechts. (5) Die Gebühr entsteht nicht in Ehesachen und in Lebenspartnerschaftssachen (§ 269 Abs. 1 Nr. 1 und 2 FamFG). Wird ein Vertrag, insbesondere über den Unterhalt, im Hinblick auf die in Satz 1 genannten Verfahren geschlossen, bleibt der Wert dieser Verfahren bei der Berechnung der Gebühr außer Betracht. In Kindschaftssachen ist Absatz 1 Satz 1 und 2 auch für die Mitwirkung an einer Vereinbarung, über deren Gegenstand nicht vertraglich verfügt werden kann, entsprechend anzuwenden.	1,5

[2] BGBl. I 2013, 2586 – In Kraft getreten am 1. 8. 2013.

1. Entstehung der Einigungsgebühr

Gemäß Ziffer 1 des Abs. 1 der Anmerkung zu Nr. 1000 VV RVG entsteht die Einigungsgebühr für die Mitwirkung 8
- beim Abschluss eines Vertrages
- durch den der Streit oder die Ungewissheit der Parteien
- über ein Rechtsverhältnis

beseitigt wird.

Nach Ziffer 2[3] des Abs. 1 der Anmerkung zu Nr. 1000 VV RVG fällt die Einigungsgebühr auch dann an, wenn der Rechtsanwalt mitwirkt beim Abschluss einer Zahlungsvereinbarung (zB Ratenzahlungsvereinbarung). 9

Die **Einigungsgebühr entsteht nicht**, wenn sich der Vertrag **ausschließlich auf ein Anerkenntnis** oder einen **Verzicht** beschränkt (Abs. 1 S. 2 der Anmerkung zu Nr. 1000 VV RVG). 10

Für beide in Abs. 1 der Anmerkung zu Nr. 1000 VV RVG geregelten Gebührentatbestände ist erforderlich, dass der Rechtsanwalt mitwirkt[4] beim Abschluss eines Vertrages. 11

In den nachfolgenden Kapiteln werden die Voraussetzungen für das Entstehen der Einigungsgebühr näher betrachtet.

1.1 Vertrag

Ein Vertrag kommt bekanntlich zustande durch Angebot und Annahme. Diese zivilrechtlichen Grundsätze gelten auch hier.[5] Einer besonderen Form bedarf der Vertrag nicht. Der Vertrag kann also auch mündlich geschlossen werden. Etwas anderes gilt nur dann, wenn nach materiellem Recht für den Vertrag ein Formzwang (wie zB für Grundstücksgeschäfte die notarielle Beurkundung) vorgeschrieben ist. Ist Gegenstand des Vertrages ein Rechtsgeschäft, für das eine Formvorschrift gegeben ist, muss auch für den Vertrag iSd Abs. 1 der Anmerkung zu Nr. 1000 VV RVG diese Formvorschrift beachtet werden.[6] 12

Auch ein **Vergleich** (geregelt in § 779 BGB) ist ein Vertrag iSd Abs. 1 der Anmerkung zu Nr. 1000 VV RVG und löst die Einigungsgebühr aus. Unerheblich ist, ob es sich um einen **gerichtlich protokollierten Vergleich** oder einen **außergerichtlich abgeschlossenen Vergleich** handelt. Unbedeutend für das Entstehen der Einigungsgebühr ist auch, ob die Vereinbarung **als „Vergleich" bezeichnet** worden ist oder nicht. Es muss sich nur materiell-rechtlich um einen Vergleich/Vertrag iSd Abs. 1 der Anmerkung zu Nr. 1000 VV RVG handeln. 13

Beispiel: Der Beklagte erklärt in der mündlichen Verhandlung vor Gericht zu Protokoll, dass für den Fall, dass der Kläger seine Klage zurücknehmen sollte, er – der Beklagte – bereit sei, an den Kläger außergerichtlich weitere 1.000,00 EUR zu zahlen. Daraufhin erklärt der Klägervertreter zu Protokoll, dass er die Klage zurücknehme. Der BGH[7] hat den an dieser „Vereinbarung" mitwirkenden Anwälten die Einigungsgebühr zugestanden. 14

Beispiel: In einer arbeitsrechtlichen Kündigungsschutzangelegenheit nimmt der beklagte Arbeitgeber die Kündigung zurück und die Parteien verständigen sich auf eine Fortsetzung des Arbeitsverhältnisses. Dies geschieht durch entsprechende Erklärung zu Protokoll des Arbeitsgerichts in der Güteverhandlung, ohne dass die Vereinbarung förmlich mit „Vergleich" überschrieben ist. Nach der Rechtsprechung des Bundesarbeitsgerichtes[8] ist in diesen Fällen bei den an der Einigung mitwirkenden Anwälten die Einigungsgebühr entstanden. 15

---

[3] Eingefügt durch das 2. KostRMoG, BGBl. I 2013, 2586 – In Kraft getreten am 1. 8. 2013.
[4] Zur Mitwirkung siehe nachfolgendes → Kap. C Rn. 28 ff.
[5] Hartung/Schons/Enders Nr. 1000 VV Rn. 34.
[6] Hartung/Schons/Enders Nr. 1000 VV Rn. 35.
[7] BGH JurBüro 2007, 411.
[8] BAG AGS 2006, 170.

1.1.1 Vertrag, durch den der Streit oder die Ungewissheit über ein Rechtsverhältnis beseitigt wird

16 Gemäß Ziffer 1 des Abs. 1 der Anmerkung zu Nr. 1000 VV RVG entsteht die Einigungsgebühr, wenn der Rechtsanwalt mitwirkt
- beim Abschluss eines Vertrags
- durch den der Streit oder die Ungewissheit der Parteien
- über ein Rechtsverhältnis beseitigt wird.

Zunächst muss also zwischen den Parteien ein **Rechtsverhältnis** bestehen. Unerheblich ist, ob es sich um eine gesetzliche oder vertragliche Beziehung zwischen den Parteien handelt, aus welcher einer der Parteien Ansprüche gegenüber der anderen Partei herleitet. Ausreichend ist, wenn eine der Parteien das Vorliegen eines Rechtsverhältnisses behauptet. Besteht zwischen den Parteien bei Abschluss des Vertrages kein Rechtsverhältnis und hat auch keine Partei das Vorliegen eines Rechtsverhältnisses behauptet, so kann die Einigungsgebühr nicht entstehen. Dies gilt insbesondere auch dann, wenn das Rechtsverhältnis erst durch den von dem Rechtsanwalt herbeizuführenden Vertrag begründet wird.[9]

17 Weitere Voraussetzungen für das Entstehen der Einigungsgebühr ist, dass über das Rechtsverhältnis oder die daraus resultierenden Ansprüche zwischen den Parteien **Streit** besteht. Es reicht auch aus, wenn die Parteien darüber streiten, ob ein Rechtsverhältnis besteht oder nicht. Nur wenn dieser zwischen den Parteien bestehende Streit durch den Vertrag beendet wird, fällt die Einigungsgebühr an.

18 Ausreichend ist aber auch, wenn durch den Vertrag eine zwischen den Parteien bestehende **Ungewissheit** über ein Rechtsverhältnis geregelt wird. Die Ungewissheit über das Rechtsverhältnis kann darin bestehen, dass die Parteien sich unsicher sind, wie die Rechtslage eigentlich ist. Von einer Ungewissheit ist auch dann auszugehen, wenn für einen Gläubiger die Realisierung seiner Forderung zweifelhaft erscheint.[10]

19 Die Einigungsgebühr entsteht nach Ziffer 1 des Abs. 1 der Anmerkung zu Nr. 1000 VV RVG, wenn durch den Vertrag der Streit oder die Ungewissheit über ein Rechtsverhältnis zwischen den Parteien beseitigt wird.

20 Ziffer 1 des Abs. 1 der Anmerkung zu Nr. 1000 VV RVG wird immer dann zur Anwendung kommen, wenn der Anspruch, über den der Vertrag iSd Abs. 1 der Anmerkung zu Nr. 1000 VV RVG geschlossen wird, zwischen den Parteien streitig ist. Ist der Anspruch selbst zwischen den Parteien unstreitig kann eine Einigungsgebühr nach Ziffer 2 des Abs. 1 der Anmerkung zu Nr. 1000 VV RVG anfallen.

1.1.2 Zahlungsvereinbarung

21 Nach Ziffer 2 des Abs. 1 der Anmerkung zu Nr. 1000 VV RVG[11] entsteht die Einigungsgebühr auch dann, wenn der Rechtsanwalt mitwirkt beim Abschluss eines Vertrages, durch den die Erfüllung des Anspruchs bei gleichzeitig vorläufigen Verzicht auf die gerichtliche Geltendmachung und, wenn bereits ein zur Zwangsvollstreckung geeigneter Titel vorliegt, bei gleichzeitig vorläufigen Verzicht auf Vollstreckungsmaßnahmen geregelt wird. Die Einigungsgebühr fällt also an, wenn der Rechtsanwalt an **Zahlungsvereinbarungen** mitwirkt.

22 Für das Entstehen der Einigungsgebühr nach Ziffer 2 des Abs. 1 der Anmerkung zu Nr. 1000 VV RVG ist Voraussetzung, dass
- sich der Schuldner zur Erfüllung des Anspruchs verpflichtet
- der Gläubiger – zumindest vorläufig – auf die gerichtliche Geltendmachung der Forderung verzichtet

---

[9] Hartung/Schons/Enders Nr. 1000 VV Rn. 14 bis 18.

[10] Hartung/Schons/Enders Nr. 1000 VV Rn. 19 bis 21.

[11] Ziffer 2 des Absatzes 1 der Anmerkung zu Nr. 1000 VV RVG wurde durch das 2. KostRMoG (BGBl. I 2013, 2586) – In Kraft getreten am 1. 8. 2013 – in das RVG eingefügt.

- oder der Gläubiger, wenn die Forderung bereits tituliert ist, – zumindest vorläufig – auf Vollstreckungsmaßnahmen verzichtet.

Der Schuldner muss sich **zur Erfüllung des Anspruchs, also in der Regel zur Zahlung der Geldforderung verpflichten.** Unerheblich ist, ob sich der Schuldner verpflichtet, die Geldforderung in Teilbeträgen oder Raten zu tilgen oder ob ihm die Forderung zunächst noch einige Zeit gestundet wird und er dann den Gesamtbetrag an den Gläubiger zahlt. 23

Ist die Forderung noch nicht tituliert, muss der Gläubiger sich im Rahmen der Vereinbarung verpflichten, – zumindest vorläufig – auf die gerichtliche Geltendmachung der Forderung zu verzichten. Es schadet dem Entstehen der Einigungsgebühr nicht, wenn in der Vereinbarung eine Klausel enthalten ist, wonach der Verzicht des Gläubigers hinfällig wird, wenn der Schuldner mit den versprochenen Teil- oder Ratenzahlungen in Rückstand kommt. 24

Ist die Forderung bereits tituliert, muss sich der Gläubiger im Gegenzug verpflichten, vorläufig auf Vollstreckungsmaßnahmen zu verzichten. Ein vorläufiger Verzicht ist ausreichend. Es ist für das Entstehen der Einigungsgebühr unerheblich, wenn die Vereinbarung dahingehend lautet, dass der Verzicht auf weitere Zwangsvollstreckungsmaßnahmen hinfällig wird, wenn der Schuldner mit den vereinbarten Teil- oder Ratenzahlungen in Rückstand kommt.[12] 25

Ist Gegenstand des Vertrages nur eine Zahlungsvereinbarung, beträgt der Gegenstandswert der Einigungsgebühr nur 20 % des Anspruchs. Dies ergibt sich aus § 31b RVG, der ebenfalls durch das 2. KostRMoG[13] in das RVG eingeführt worden ist (→ Kap. C Rn. 60 ff.). 26

Eine einmal entstandene Einigungsgebühr kommt nicht dadurch wieder zum Wegfall, dass der Schuldner die Zahlungsvereinbarung nicht einhält und den Anspruch letztlich doch nicht erfüllt. 27

1.2 Mitwirkung

Für das Entstehen der Einigungsgebühr sowohl nach Ziffer 1 als auch nach Ziffer 2 des Abs. 1 der Anmerkung zu Nr. 1000 VV RVG ist erforderlich, dass der Rechtsanwalt beim Abschluss des Vertrages oder des Vergleiches **mitgewirkt** hat. Von einer Mitwirkung des Rechtsanwaltes ist auf jeden Fall auszugehen, wenn der Rechtsanwalt den Vergleich in der mündlichen Verhandlung vor Gericht mit der Gegenseite ausgehandelt hat und bei der Protokollierung des Vergleiches anwesend war. 28

Ausreichend ist aber auch schon, wenn der Rechtsanwalt bei den **Vertrags- oder Vergleichsverhandlungen** – ursächlich – **mitgewirkt** hat (Abs. 2 der Anmerkung zu Nr. 1000 VV RVG). Hat er bei den Vertragsverhandlungen mitgewirkt, entsteht die Einigungsgebühr ihm auch dann, wenn er später bei Abschluss des Vertrages oder zB bei der Protokollierung des Vergleiches nicht mehr mitwirkt, weil der Mandant den Vertrag/Vergleich zB selbst mit der Gegenseite abschließt. Dies gilt aber nicht, wenn die Mitwirkung des Rechtsanwaltes bei den Vertragsverhandlungen für den Abschluss des Vertrages iSd Abs. 1 der Anmerkung zu Nr. 1000 VV RVG nicht ursächlich war. Dies ist dann der Fall, wenn die Parteien letztlich etwas ganz anderes vereinbaren, als wie Gegenstand der Verhandlungen war, an denen der Rechtsanwalt mitgewirkt hat. Kleinere Abweichungen zwischen denen, was der Rechtsanwalt verhandelt hatte und dem letztlich vom Mandant selbst mit der Gegenseite abgeschlossenen Vergleich führen nicht dazu, dass die Ursächlichkeit der Tätigkeit des Anwaltes beim Abschluss des Vertrages/Vergleiches zu verneinen ist.[14] 29

Ausreichend ist auch, wenn der Rechtsanwalt einen Vergleichsvorschlag des Mandanten oder Gegenseite sachlich oder rechtlich prüft und den Mandanten hierzu 30

[12] Hartung/Schons/Enders Nr. 1000 VV Rn. 22 bis 28.
[13] BGBl. I 2013, 2586 – In Kraft getreten am 1. 8. 2013.
[14] Hartung/Schons/Enders Nr. 1000 VV Rn. 58 bis 62.

berät. Schließt der Mandant dann später selbst den Vertrag oder Vergleich mit der Gegenseite ab, wozu ihm der Rechtsanwalt zuvor beraten hatte, ist von einer Mitwirkung des Rechtsanwaltes iSd Nr. 1000 VV RVG auszugehen.[15]

31 Voraussetzung ist natürlich immer, dass der Mandant auch letztlich einen Vertrag bzw. einen Vergleich mit der Gegenseite abschließt. Wirkt der Rechtsanwalt nur mit an Vergleichsverhandlungen und kommt es letztlich nicht zum Abschluss eines Vertrages oder Vergleiches, so fällt keine Einigungsgebühr an. Das Gleiche gilt, wenn der Rechtsanwalt den Mandanten zu einem Vergleichsvorschlag berät und der Mandant letztlich den Vergleich doch nicht abschließt.

32 In der Zwangsvollstreckung wirkt der Rechtsanwalt nicht schon dadurch an einer Ratenzahlungsvereinbarung mit, dass der Gerichtsvollzieher im Rahmen der gütlichen Erledigung der Sache eine Ratenzahlungsvereinbarung mit dem Schuldner trifft und der Rechtsanwalt als Gläubigervertreter dies „akzeptiert“ (→ Kap. J Rn. 177 ff.).

1.3 Nicht bei Anerkenntnis oder Verzicht

33 **Beschränkt sich der Vertrag** ausschließlich

- auf ein **Anerkenntnis**
- oder einen **Verzicht**

so entsteht keine Einigungsgebühr (Abs. 1 S. 2 der Anmerkung zu Nr. 1000 VV RVG). Dies gilt nur, wenn es sich um ein vollständiges Anerkenntnis oder einen vollständigen Verzicht auf den Anspruch handelt.

34 **Beispiel:** Nach Klageerhebung erkennt der Beklagte den mit der Klage geltend gemachten Anspruch in vollem Umfang an. Eine Einigungsgebühr fällt nicht an.

35 **Beispiel:** Nach außergerichtlicher Geltendmachung des Anspruches bestreitet der Anspruchsgegner zunächst die Forderung. Nach weiterem Schriftverkehr und ausführlichen Verhandlungen zahlt der Anspruchsgegner vollständig die geforderten Beträge. Es entsteht keine Einigungsgebühr.

36 Ein Teil-Anerkenntnis oder ein Teil-Verzicht steht dem Entstehen einer Einigungsgebühr nicht entgegen. So entsteht nach BGH[16] die Einigungsgebühr auch dann, wenn der Rechtsanwalt mitwirkt an einem Teil-Anerkenntnis und einer Teil-Klagerücknahme. Nach dem BAG[17] entsteht in einer arbeitsrechtlichen Kündigungsschutzangelegenheit die Einigungsgebühr, wenn die Kündigung zurückgenommen wird und die Parteien sich auf eine Fortsetzung des Arbeitsverhältnisses verständigen. Nach dem Kammergericht[18] fällt im Unterlassungsprozess die Einigungsgebühr bereits dann an, wenn die Parteien unter Mitwirkung des Rechtsanwalts vereinbaren, dass der Unterlassungsgläubiger dem Unterlassungsschuldner für den Fall, dass er selbst den Anspruch anerkennt, eine Umstellungsfrist zur Einstellung der zu unterlassenen Handlungen einräumt und dann das Verfahren durch Anerkenntnisurteil endet.

37 In Verkehrsunfallsachen entsteht die Einigungsgebühr nicht allein dadurch, dass der Haftpflichtversicherer des Schädigers diejenigen Beträge abrechnet, die er für objektiv gerechtfertigt erachtet und der Rechtsanwalt des Geschädigten daraufhin dem Haftpflichtversicherer mitteilt, dass sein Mandant dieses Angebot zur Erledigung der Angelegenheit ausdrücklich annehme.[19]

1.4 Widerrufsvorbehalt

38 Wird der Vertrag iSd Nr. 1000 VV RVG oder der Vergleich unter dem **Vorbehalt des Widerrufs** geschlossen, entsteht nach Abs. 3 der Anmerkung zu Nr. 1000 VV RVG

[15] Hartung/Schons/Enders Nr. 1000 VV Rn. 58 bis 61; Schneider/Wolf VV 1000 Rn. 127.
[16] BGH JurBüro 2007, 411.
[17] BAG AGS 2006, 170.
[18] Kammergericht JurBüro 2014, 242.
[19] BGH JurBüro 2007, 33.

die Einigungsgebühr erst, wenn der Vertrag/Vergleich nicht mehr widerrufen werden kann. Hat der Rechtsanwalt einen Vergleich mit Widerrufsvorbehalt abgeschlossen und widerruft er den Vergleich im Auftrag seines Mandanten, so entsteht beiden am Vergleich beteiligten Rechtsanwälten keine Einigungsgebühr.

Wird ein zunächst abgeschlossener Vertrag/Vergleich im Nachhinein wirksam **angefochten**, so gilt er nach § 142 BGB als von Anfang an nichtig. Eine durch den ursprünglichen Abschluss des Vergleiches entstandene Einigungsgebühr „fällt" durch die wirksame Anfechtung des Vergleiches „wieder weg". Der Rechtsanwalt kann dann die Einigungsgebühr letztlich nicht von seinem Mandanten fordern.[20] 39

Zusammenfassung

- Die Einigungsgebühr entsteht für den Abschluss eines Vertrages, durch den der Streit oder die Ungewissheit der Parteien über ein Rechtsverhältnis beseitigt wird. Auch ein Vergleich ist in der Regel ein Vertrag iSd Nr. 1000 VV RVG. 40
- Die Einigungsgebühr fällt auch an, wenn eine Zahlungsvereinbarung getroffen wird. In diesem Fall sind die Voraussetzungen der Ziffer 2 des Abs. 1 der Anmerkung zu Nr. 1000 VV RVG zu beachten.
- Die Einigungsgebühr fällt nicht an, wenn sich der Vertrag ausschließlich auf ein Anerkenntnis oder einen Verzicht beschränkt.
- Der Rechtsanwalt muss beim Abschluss des Vertrages iSd Nr. 1000 VV RVG bzw. des Vergleiches mitgewirkt haben. Mitwirkung bei den Vertragsverhandlungen reicht aus.
- Die Einigungsgebühr fällt nicht an, wenn der Vertrag iSd Nr. 1000 VV RVG oder der Vergleich widerrufen werden, also letztlich nicht zustande kommt.

2. Höhe der Einigungsgebühr

Es entsteht eine **1,5** Einigungsgebühr, wenn über den Gegenstand des Vertrages iS der Nr. 1000 VV RVG oder des Vergleiches **kein** gerichtliches Verfahren anhängig ist (Nr. 1000 VV RVG). 41

Ist über den Gegenstand des Vertrages oder des Vergleiches **ein gerichtliches Verfahren anhängig,** fällt nur eine **1,0** Einigungsgebühr an (Nr. 1003 VV RVG). Dies gilt auch dann, wenn zum Zeitpunkt des Abschlusses des Vertrages oder des Vergleiches eine Zwangsvollstreckungsmaßnahme vor dem Gerichtsvollzieher anhängig ist (Satz 2 der Anmerkung zu Nr. 1003 VV RVG). 42

Es bleibt bei einer 1,5 Einigungsgebühr, 43

- wenn über den Gegenstand des Vertrages/Vergleiches **nur** ein selbstständiges Beweisverfahren anhängig ist
- wenn über den Gegenstand des Vertrages/Vergleiches lediglich ein Prozesskostenhilfe-Bewilligungsverfahren für ein selbstständiges Beweisverfahren anhängig ist
- wenn lediglich für die gerichtliche Protokollierung eines Vertrages/Vergleiches Prozesskostenhilfe beantragt wird
- wenn gem. § 48 Abs. 3 RVG sich lediglich die Beiordnung auf den Abschluss eines Vertrages/eines Vergleiches im Sinne der Nr. 1000 VV RVG erstreckt (→ Kap. F Rn. 42 ff.)

(Nr. 1003 VV RVG und die Anmerkung dazu).

Ist über den Gegenstand des Vertrages/Vergleiches ein Prozesskostenhilfe-Bewilligungsverfahren (Ausnahme: Prozesskostenhilfe-Bewilligungsverfahren für ein selbstständiges Beweisverfahren – dann bleibt es bei einer 1,5 Einigungsgebühr) anhängig, fällt nur eine 1,0 Einigungsgebühr an. Ist jedoch nur für die gerichtliche Protokollie- 44

[20] Thüringer OLG AGS 2012, 127; Hartung/Schons/Enders Nr. 1000 VV Rn. 71.

rung des Vertrages iSd Nr. 1000 VV RVG bzw. des Vergleiches Prozesskostenhilfe beantragt, bleibt es bei einer 1,5 Einigungsgebühr.

45 Ist über den Gegenstand des Vertrages im Sinne der Nr. 1000 VV RVG oder des Vergleiches

- ein **Berufungsverfahren** (Nr. 1004 VV RVG),
- ein **Revisionsverfahren** (Nr. 1004 VV RVG),
- ein in der Vorbemerkung 3.2.1 VV RVG genanntes **Beschwerde-** oder **Rechtsbeschwerdeverfahren** (Abs. 1 der Anmerkung zu Nr. 1004 VV RVG),
- ein in der Vorbemerkung 3.2.2 VV RVG **genanntes Beschwerde- oder Rechtsbeschwerdeverfahren** (Abs. 1 der Anmerkung zu Nr. 1004 VV RVG),
- ein Verfahren über die **Beschwerde** gegen die **Nichtzulassung** eines **Rechtsmittels** (Nr. 1004 VV RVG)
- **oder ein Verfahren vor dem Rechtsmittelgericht über die Zulassung des Rechtsmittels** (Nr. 1004 VV RVG)

anhängig, so beträgt die Einigungsgebühr **1,3.**

46 **Beispiel:** Der Rechtsanwalt macht außergerichtlich für seine Auftraggeberin einen Anspruch geltend. Der Gegner meldet sich und nach einer ausführlichen Besprechung schließen die Parteien einen Vertrag im Sinne der Nr. 1000 VV RVG.

Es entsteht eine 1,5 Einigungsgebühr, da über den Gegenstand des Vertrages im Sinne der Nr. 1000 VV RVG noch kein gerichtliches Verfahren anhängig ist.

47 **Beispiel:** Die Klage ist anhängig. Nach der mündlichen Verhandlung vor Gericht setzen sich die Parteien außergerichtlich zusammen und schließen außergerichtlich einen Vergleich.

Es entsteht eine 1,0 Einigungsgebühr nach Nr. 1003 VV RVG, da über den Gegenstand des Vergleiches bereits ein gerichtliches Verfahren anhängig ist. Hier ist nicht entscheidend, dass der Vertrag außergerichtlich geschlossen wurde. Es kommt darauf an, ob über den Gegenstand des Vergleiches ein gerichtliches Verfahren anhängig ist oder nicht.

48 **Beispiel:** Der Rechtsanwalt hatte für den Mandanten einen Antrag auf Gewährung von Prozesskostenhilfe für eine Klage bei Gericht eingereicht. Nach Zustellung desselben meldet sich der Gegner bei dem Rechtsanwalt und es wird ein außergerichtlicher Vergleich geschlossen.

Es entsteht eine 1,0 Einigungsgebühr, da bereits ein Prozesskostenhilfeverfahren bei Gericht anhängig ist (Anmerkung zu Nr. 1003 VV RVG).

49 **Beispiel:** Bei Gericht ist nur ein selbständiges gerichtliches Beweisverfahren anhängig. Ein Rechtsstreit über die Hauptsache ist noch nicht anhängig. Im Rahmen dieses selbstständigen gerichtlichen Beweisverfahrens vergleichen sich die Parteien zur Hauptsache und lassen den Vergleich bei Gericht protokollieren.

Es entsteht eine 1,5 Einigungsgebühr nach Nr. 1000 VV RVG (in Verbindung mit Nr. 1003 VV RVG).

50 **Beispiel:** Bei Gericht ist ein Rechtsstreit zur Hauptsache anhängig. Daneben wird ein selbstständiges gerichtliches Beweisverfahren eingeleitet. Im Rahmen des selbstständigen Beweisverfahrens vergleichen sich die Parteien über die Hauptsache.

Es entsteht eine 1,0 Einigungsgebühr nach Nr. 1003 VV RVG, da über die Hauptsachen bereits ein Rechtsstreit anhängig ist.

51 **Beispiel:** In einer Familiensache soll ein Vergleich über nicht anhängige Folgesachen protokolliert werden. Auf Antrag des Rechtsanwaltes wird für die Protokollierung des Vergleiches Verfahrenskostenhilfe bewilligt.

Es entsteht eine 1,5 Einigungsgebühr nach Nr. 1000 VV RVG (vgl. Anmerkung zu Nr. 1003 VV RVG).

52 **Beispiel:** In einer Zwangsvollstreckungssache ist ein Sachpfändungsauftrag bei dem Gerichtsvollzieher anhängig. Die Parteien schließen einen Vergleich zur Abfindung der titulierten Forderung.

Es entsteht eine 1,0 Einigungsgebühr nach Nr. 1003 VV RVG (vgl. Abs. 1 Satz 2 der Anmerkung zu Nr. 1003 VV RVG).

53 Werden in einem Vertrag im Sinne der Nr. 1000 VV RVG oder in einem Vergleich gleichzeitig anhängige Gegenstände als auch nicht anhängige Gegenstände erledigt, so entsteht

- nach dem Wert der Gegenstände, über die ein gerichtliches Verfahren (Ausnahme: selbstständiges Beweisverfahren) anhängig ist, eine 1,0 Einigungsgebühr (Nr. 1003 VV RVG)
- und nach dem Wert der Gegenstände, über die kein gerichtliches Verfahren anhängig ist, eine 1,5 Einigungsgebühr (Nr. 1000 VV RVG).
- Die beiden Einzelgebühren dürfen addiert nicht höher sein als eine 1,5-Gebühr aus dem Gesamtwert (§ 15 Abs. 3 RVG) (→ Kap. E Rn. 422 ff., mit Berechnungsbeispielen auch zum Ansatz der übrigen Gebühren).

Beispiel: Eingeklagt sind 7.000,00 EUR. Die Parteien schließen einen Vergleich, wonach der Beklagte zur Abgeltung der Klageforderung und weiterer, – nicht eingeklagter – Ansprüche in Höhe von 5.000,00 EUR einen Vergleichsbetrag in Höhe von 10.000,00 EUR zahlt. 54

Es sind folgende Einigungsgebühren entstanden:

1,0 Einigungsgebühr §§ 2, 13 RVG iVm Nr. 1003 VV RVG nach Wert: 7.000,00 EUR	405,00 EUR
1,5 Einigungsgebühr §§ 2, 13 RVG iVm Nr. 1000 VV RVG nach Wert: 5.000,00 EUR	454,50 EUR
Summe der beiden Einzelgebühren	859,50 EUR
Die beiden Gebühren dürfen gem. § 15 Abs. 3 RVG eine 1,5 Gebühr nach Wert: 12.000,00 EUR nicht übersteigen =	906,00 EUR

Da die Summe der beiden Einzelgebühren mit 859,50 EUR niedriger ist als eine 1,5 Gebühr aus dem Gesamtwert (906,00 EUR), bleibt es bei dem Ansatz der beiden Einzelgebühren. Der Rechtsanwalt kann nur die 859,50 EUR dem Mandanten in Rechnung stellen.

Zusammenfassung

- ▶ Ist über den Gegenstand des Vertrages im Sinne der Nr. 1000 VV RVG oder des Vergleiches kein gerichtliches Verfahren anhängig, entsteht eine 1,5 Einigungsgebühr. 55
- ▶ Bei 1,5 Einigungsgebühr bleibt es auch dann, wenn über den Gegenstand des Vergleiches
  - nur ein selbstständiges Beweisverfahren anhängig ist,
  - nur ein Prozesskostenhilfe-Bewilligungsverfahren für ein selbständiges Beweisverfahren anhängig ist
  - nur für die Protokollierung eines Vergleiches Prozesskostenhilfe bewilligt wird
  - oder sich die Beiordnung nur auf den Abschluss eines Vergleiches erstreckt.
- ▶ Ist über den Gegenstand des Vertrages im Sinne der Nr. 1000 VV RVG ein gerichtliches Verfahren anhängig, ermäßigt sich die Einigungsgebühr auf eine 1,0 Gebühr (vorstehende Ausnahmen beachten!). Die Ermäßigung tritt auch dann ein, wenn über den Gegenstand des Vertrages im Sinne der Nr. 1000 VV RVG beziehungsweise über den Vergleich nur ein gerichtliches Verfahren auf Gewährung von Prozesskostenhilfe (Ausnahme: ein Verfahren auf Gewährung von Prozesskostenhilfe für ein selbständiges Beweisverfahren – dann bleibt es bei der 1,5 Einigungsgebühr) anhängig ist.
- ▶ Ist über den Gegenstand des Vergleiches ein Berufungs-, Revisions-, ein in der Nr. 1004 VV RVG genanntes Beschwerdeverfahren oder ein Verfahren vor dem Rechtsmittelgericht auf Zulassung des Rechtsmittels anhängig, fällt eine 1,3 Einigungsgebühr an (Nr. 1004 VV RVG).

3. Gegenstandswert der Einigungsgebühr

Als **Gegenstandswert** für die Einigungsgebühr ist der Wert der **Ansprüche** anzunehmen, **die durch** den **Vertrag** im Sinne der Nr. 1000 VV RVG oder den **Vergleich** erledigt werden. Oder anders ausgedrückt: Es kommt darauf an, worüber der Vertrag im Sinne der Nr. 1000 VV RVG oder der Vergleich geschlossen wird und nicht, worauf sich die Parteien einigen. 56

57 **Beispiel:** Eingeklagt sind 18.000,00 EUR. Die Parteien vergleichen sich auf 10.000,00 EUR. Die Einigungsgebühr entsteht nach einem Gegenstandswert von 18.000,00 EUR, denn Ansprüche in dieser Höhe werden durch den Vergleich erledigt. Der Wert der Einigungsgebühr ist nicht mit nur 10.000,00 EUR anzusetzen.

58 **Beispiel:** Der Rechtsanwalt hat außergerichtlich eine Forderung in Höhe von 20.000,00 EUR geltend gemacht. Es wird ein Vertrag im Sinne der Nr. 1000 VV RVG über 13.000,00 EUR geschlossen. Die Einigungsgebühr entsteht nach einem Gegenstandswert von 20.000,00 EUR.

Zusammenfassung

59 ▶ Gegenstandswert der Einigungsgebühr ist der Wert der Ansprüche, die durch den Vertrag im Sinne der Nr. 1000 VV RVG oder durch den Vergleich erledigt werden. Es kommt nicht darauf an, worauf sich die Parteien einigen, sondern worüber sich geeinigt wird.

3.1 Gegenstandswert der Einigungsgebühr bei Zahlungsvereinbarungen

60 Durch das 2. KostRMoG[21] wurde ein neuer § 31b in das RVG eingefügt.

Auszug aus dem RVG

61 **§31b**
Gegenstandswert bei Zahlungsvereinbarungen

Ist Gegenstand einer Einigung nur eine Zahlungsvereinbarung (Nr. 1000 des Vergütungsverzeichnisses), beträgt der Gegenstandswert 20 % des Anspruchs.

62 Diese Vorschrift ist im Zusammenhang mit der ebenfalls durch das 2. KostRMoG in Abs. 1 der Anmerkung zu Nr. 1000 VV RVG eingefügten Ziffer 2 zu sehen, in welcher der Gesetzgeber klarstellt, dass eine Einigungsgebühr auch dann entsteht, wenn der Rechtsanwalt mitwirkt an einer Zahlungsvereinbarung (→ Kap. C Rn. 21 ff.). Nach § 31b RVG beträgt der Gegenstandswert nur 20 % des Anspruchs, wenn Gegenstand einer Einigung nur eine Zahlungsvereinbarung ist. Diese Ermäßigung beim Gegenstandswert **gilt nur für** den Gegenstandswert, nach dem **die Einigungsgebühr** (Nr. 1000 VV RVG) zu bestimmen ist.[22] Die neben der Einigungsgebühr anfallenden Gebühren (wie zB bei außergerichtlicher Vertretung eine Geschäftsgebühr Nr. 2300 VV RVG oder bei Vertretung in der Zwangsvollstreckung eine 0,3 Verfahrensgebühr Nr. 3309 VV RVG) bestimmen sich nach dem „vollen" Gegenstandswert. Für die neben der Einigungsgebühr entstehenden weiteren Gebühren gilt die Ermäßigung des § 31b RVG also nicht.

63 Die Ermäßigung nach § 31b RVG beim Gegenstandswert für die Einigungsgebühr tritt nur dann ein, wenn Gegenstand der Einigung **nur** eine Zahlungsvereinbarung ist.

64 Ist dagegen der Anspruch, über den die Parteien sich unter Mitwirkung des Rechtsanwaltes einigen, streitig und wird durch die Einigung zunächst einmal das Bestehen oder die Höhe des Anspruchs ganz oder teilweise festgestellt und zudem noch eine Zahlungsvereinbarung (Ratenzahlungsvereinbarung oder eine Vereinbarung, wonach der Vergleichsbetrag nicht sofort, sondern erst zu einem späteren Zeitpunkt) zu zahlen ist, so tritt keine Ermäßigung beim Gegenstandswert für die Einigungsgebühr ein.[23] In diesen Fällen entsteht die Einigungsgebühr auch nicht nach Ziffer 2 des Abs. 1 der Anmerkung zu Nr. 1000 VV RVG, sondern nach Ziffer 1 dieser Vorschrift.

---

[21] BGBl. I 2013, 2586 – In Kraft getreten am 1. 8. 2013.
[22] Hartung/Schons/Enders § 31b RVG Rn. 9; Schneider/Thiel § 3 Rn. 373, 374.
[23] Hartung/Schons/Enders § 31b RVG Rn. 5; Schneider/Thiel § 3 Rn. 217.

Auch wenn die Forderung an sich unstreitig ist, der Gegenstand der Einigung aber nicht **nur** eine Zahlungsvereinbarung ist, sondern der Vertrag oder der Vergleich noch weitere Gegenstände regelt, tritt eine Ermäßigung beim Gegenstandswert für die Einigungsgebühr nach § 31b RVG nicht ein. § 31b RVG ist nicht anwendbar, wenn der Vertrag oder der Vergleich neben der Zahlungsvereinbarung zB weiter regelt: 65
- die Stellung von Sicherheiten durch den Schuldner
- die Abtretung von pfändbaren Lohn- und Gehaltsansprüchen gegenüber dem Arbeitgeber[24]
- der Verzicht auf mögliche Einwendungen durch den Schuldner, die dieser zB durch eine Vollstreckungsgegenklage geltend machen könnte
- weitere Zugeständnisse des Schuldners, wie zB Zahlung höherer Zinsen als der Titel ausweist.[25]

Ist Gegenstand einer Einigung **nur eine Zahlungsvereinbarung**, beträgt der Gegenstandswert für die Einigungsgebühr nur **20 % des Anspruchs**. Ist die Forderung nicht tituliert, aber unstreitig und wird nur eine Zahlungsvereinbarung getroffen, beträgt der Gegenstandswert 20 % der Hauptforderung. Ist der Rechtsanwalt im Bereich der Zwangsvollstreckung tätig und schließt dann eine Zahlungsvereinbarung mit dem Gegner, berechnet sich der Gegenstandswert für die Einigungsgebühr mit 20 % von Hauptforderung + Zinsen + Kosten. 66

Beispiel: Der Rechtsanwalt ist beauftragt, für seinen Mandanten eine Hauptforderung in Höhe von 2.000,00 EUR + Zinsen (100,00 EUR) und vorgerichtliche Kosten in Höhe von 255,85 EUR außergerichtlich geltend zu machen. Der Gegner teilt mit, dass die Forderung zu recht bestehe, er diese also nicht bestreitet, jedoch nicht den Gesamtbetrag sofort zahlen könne. Der Rechtsanwalt trifft mit dem Gegner nur eine Zahlungsvereinbarung. 67

Gegenstandswert für die Geschäftsgebühr Nr. 2300 VV RVG: 2.000,00 EUR (Hauptforderung)

Gegenstandswert für die Einigungsgebühr Nr. 1000 VV RVG: 400,00 EUR (20 % von 2.000,00 EUR).

Beispiel: Der Rechtsanwalt vertritt den Gläubiger in der Zwangsvollstreckung. Er hat den zuständigen Gerichtsvollzieher einen Zwangsvollstreckungsauftrag auf Pfändung und Verwertung körperlicher Sachen wegen folgender Forderung erteilt: 68

Hauptforderung 5.000,00 EUR + Zinsen 500,00 EUR + festgesetzte und bisherige Vollstreckungskosten 1.500,00 EUR.

Der Gerichtsvollzieher soll die Zwangsvollstreckung wegen der Gesamtforderung in Höhe von 7.000,00 EUR betreiben. Der Rechtsanwalt trifft mit dem Schuldner nur eine Ratenzahlungsvereinbarung und nimmt schließlich den dem Gerichtsvollzieher erteilten Zwangsvollstreckungsauftrag zurück.

Gegenstandswert für die 0,3 Verfahrensgebühr Nr. 3309 VV RVG: 7.000,00 EUR (Hauptforderung + Zinsen + Kosten)

Gegenstandswert für die 1,0 Einigungsgebühr Nr. 1000, 1003 VV RVG (20 % von 7.000,00 EUR =): 1.400,00 EUR[26]

Zusammenfassung

- ▶ Ist Gegenstand einer Einigung nur eine Zahlungsvereinbarung, beträgt der Gegenstandswert 20 % des Anspruchs. 69
- ▶ Es ermäßigt sich nur der Gegenstandswert für die Einigungsgebühr.
- ▶ Die Ermäßigung tritt nur dann ein, wenn Gegenstand des Vertrages/des Vergleiches nur eine Zahlungsvereinbarung ist. Sie kommt nicht zur Anwendung, wenn der Vertrag/Vergleich noch andere Vereinbarungen enthält, insbesondere wenn durch ihn zunächst aber der Anspruch „festgestellt“ wird.

---

[24] AG Vaihingen BeckRS 2015, 18629.
[25] Vgl. Hartung/Schons/Enders § 31b RVG Rn. 6.
[26] Hartung/Schons/Enders § 31b RVG Rn. 10; Schneider/Thiel § 3 Rn. 224.

4. Keine Einigungsgebühr nach dem Wert der Scheidung

70 Nach Abs. 5 der Anmerkung zu Nr. 1000 VV RVG kann die Einigungsgebühr nicht in Ehesachen und in Lebenspartnerschaftssachen entstehen. Dies bedeutet aber nur, dass die Einigungsgebühr nicht nach dem Wert des Antrages auf Scheidung der Ehe oder nach dem Wert des Antrages auf Aufhebung der Lebenspartnerschaft entstehen kann. Nach dem Wert der Scheidung oder dem Wert der Aufhebung der Lebenspartnerschaft kann aber eine Aussöhnungsgebühr nach Nr. 1001 VV RVG entstehen (→ Kap. H Rn. 205 ff.). Wird aber über eine Folgesache (zB Ehegattenunterhalt, Kindesunterhalt, Zugewinnausgleich oder Ähnliches) ein Vertrag im Sinne der Nr. 1000 VV RVG oder ein Vergleich geschlossen, entsteht selbstverständlich nach dem Wert dieser Folgesachen, in welchen eine Einigung erzielt wird, eine Einigungsgebühr (→ Kap. H Rn. 244 ff.).

Zusammenfassung

71
- ▶ Nach dem Wert eines Antrages auf Scheidung der Ehe oder nach dem Wert des Antrages auf Aufhebung einer Lebenspartnerschaft kann keine Einigungsgebühr entstehen. Für diese Verfahren sieht das RVG in der Nr. 1001 VV RVG eine Aussöhnungsgebühr vor.
- ▶ Wird aber in einer Folgesache ein Vertrag im Sinne der Nr. 1000 VV RVG oder ein Vergleich geschlossen, so kann nach dem Wert der Folgesache selbstverständlich eine Einigungsgebühr entstehen.

5. Einigungsgebühr bei Rechtsverhältnissen des öffentlichen Rechts

72 Nach Abs. 4 der Anmerkung zu Nr. 1000 VV RVG kann auch bei Rechtsverhältnissen des öffentlichen Rechts eine Einigungsgebühr entstehen, **soweit über die Ansprüche vertraglich verfügt werden kann.** Kann bei Rechtsverhältnissen des öffentlichen Rechts über die Ansprüche **nicht** vertraglich verfügt werden, kann keine Einigungsgebühr entstehen. Für diese Fälle sieht das RVG in der Nr. 1002 VV RVG die Erledigungsgebühr vor (→ Kap. K Rn. 127).

Zusammenfassung

73
- ▶ Soweit bei Rechtsverhältnissen des öffentlichen Rechts über die Ansprüche vertraglich verfügt werden kann, kann eine Einigungsgebühr entstehen. Wenn über die Ansprüche nicht vertraglich verfügt werden kann, kann die Erledigungsgebühr nach Nr. 1002 VV RVG entstehen.

II. Mehrere Auftraggeber

74 Hat der Rechtsanwalt in derselben Angelegenheit mehrere Personen als Auftraggeber, so erhält er jede Gebühr nur einmal und nicht für jeden Auftraggeber gesondert (§ 7 Abs. 1 RVG). Allerdings können sich in diesen Fällen die Verfahrens- oder Geschäftsgebühr nach der Nr. 1008 VV RVG erhöhen.

Auszug aus dem VV RVG

Nr.	Gebührentatbestand	Gebühr oder Satz der Gebühr nach § 13 RVG
1008	Auftraggeber sind in derselben Angelegenheit mehrere Personen: Die Verfahrens- oder Geschäftsgebühr erhöht sich für jede weitere Person um .... (1) Dies gilt bei Wertgebühren nur, soweit der Gegenstand der anwaltlichen Tätigkeit derselbe ist. (2) Die Erhöhung wird nach dem Betrag berechnet, an dem die Personen gemeinschaftlich beteiligt sind. (3) Mehrere Erhöhungen dürfen einen Gebührensatz von 2,0 nicht übersteigen; bei Festgebühren dürfen die Erhöhungen das Doppelte der Festgebühr und bei Betragsrahmengebühren das Doppelte des Mindest- und Höchstbetrags nicht übersteigen. (4) Im Fall der Anmerkung zu den Gebühren 2300 und 2302 erhöht sich der Gebührensatz oder Betrag dieser Gebühren entsprechend.	0,3 oder 30 % bei Festgebühren, bei Betragsrahmengebühren erhöhen sich der Mindest- und Höchstbetrag um 30 %

75

1. Voraussetzungen der Erhöhung

Damit eine Erhöhung nach Nr. 1008 VV RVG eintritt, müssen folgende drei Voraussetzungen erfüllt sein: 76
- Der Rechtsanwalt muss **in derselben Angelegenheit** tätig werden.
- **Mehrere Personen** müssen **Auftraggeber** des Rechtsanwalts sein.
- Bei **Wertgebühren** tritt die Erhöhung nur ein, wenn der Rechtsanwalt wegen **desselben Gegenstandes** für die mehreren Personen/Auftraggeber tätig wird.

1.1 Derselbe Gegenstand

Bei Wertgebühren, **also allen Gebühren, die sich nach** einem **Gegenstandswert** 77 **berechnen,** gilt: Der Rechtsanwalt muss in derselben Angelegenheit für mehrere Personen/Auftraggeber **wegen desselben Gegenstandes** tätig geworden sein (Abs. 1 der Anmerkung zu Nr. 1008 VV RVG). Gegenstand der anwaltlichen Tätigkeit ist das Recht oder das Rechtsverhältnis, wegen welchem der Rechtsanwalt für den Mandanten tätig wird. Wird der Rechtsanwalt wegen desselben Rechts oder Rechtsverhältnisses, also wegen desselben Gegenstandes, tätig, ist Nr. 1008 VV RVG anzuwenden.

Wird der Rechtsanwalt in derselben Angelegenheit für mehrere Personen/Auftraggeber tätig, haben aber die einzelnen Auftraggeber jeweils eigene Rechte/eigene Ansprüche, ist der Gegenstand der anwaltlichen Tätigkeit nicht derselbe und Nr. 1008 VV RVG ist nicht anzuwenden. In diesen Fällen werden die einzelnen Ansprüche der einzelnen Mandanten addiert und die Gebühren berechnen sich aus der Summe der Werte (§ 22 Abs. 1 RVG).

Beispiel: Der Rechtsanwalt vertritt in einer Unfallsache 78
- den Fahrzeugführer
- den Fahrzeughalter
- die gesetzliche Haftpflichtversicherung,

die als Gesamtschuldner verklagt worden sind.

Der Gegenstand der anwaltlichen Tätigkeit ist derselbe, gegen die Beteiligten wird derselbe – eine – Anspruch geltend gemacht; es handelt sich um mehrere Auftraggeber, der Rechtsanwalt kann im I. Rechtszug eine 1,9 Verfahrensgebühr Nrn. 3100, 1008 VV RVG berechnen.

Beispiel: Der Rechtsanwalt macht in einer Unfallsache mit einer Klage für den verletzten Ehe- 79
mann ein Schmerzensgeld in Höhe von 1.000,00 EUR und für die verletzte Ehefrau ein Schmerzens-

geld in Höhe von 2.500,00 EUR geltend. Der Gegenstand der anwaltlichen Tätigkeit ist nicht derselbe. Der Ehemann hat einen eigenen Anspruch von 1.000,00 EUR, die Ehefrau einen eigenen Anspruch in Höhe von 2.500,00 EUR. Beide Werte sind zu addieren, der Rechtsanwalt berechnet gem. Nr. 3100 VV RVG eine 1,3 Verfahrensgebühr nach (1.000,00 EUR + 2.500,00 EUR =) 3.500,00 EUR.

80 **Beispiel:** Der Rechtsanwalt verlangt in einem familiengerichtlichen Verfahren nach Scheidung der Ehe für das Kind A 200,00 EUR, für das Kind B 300,00 EUR und für die Mutter C 400,00 EUR Zahlung monatlichen Unterhalt von dem Ehemann der Mutter und Vater der Kinder. Der Zahlungsantrag wird im Namen der Kinder und der Mutter gestellt. Der Gegenstand der anwaltlichen Tätigkeit ist nicht derselbe. Es handelt sich um verschiedene Ansprüche, die geltend gemacht werden, denn jedes Kind und auch die Mutter haben jeweils einen eigenen Unterhaltsanspruch. Die einzelnen Ansprüche sind zu addieren. Gem. § 51 FamGKG ist der für die ersten zwölf Monate nach Einreichung des Antrags insgesamt verlangte Betrag zuzüglich evtl. Rückstände als Verfahrenswert anzunehmen (vgl. → Kap. H Rn. 75 ff.). Nach diesem Verfahrenswert entsteht dann eine 1,3 Verfahrensgebühr Nr. 3100 VV RVG.

81 Hat der Rechtsanwalt nur wegen einem Teil der Gegenstände mehrere Auftraggeber, so berechnet sich die Erhöhung der Nr. 1008 VV RVG nur nach dem Wert des Teils der Gegenstände, an dem mehrere Personen gemeinschaftlich beteiligt sind (Abs. 2 der Anmerkung zu Nr. 1008 VV RVG).

82 **Beispiel:** Rechtsanwalt M ist in einem Zivilprozess als Prozessbevollmächtigter des Klägers tätig. Er hat für seinen Mandanten A Klage über 3.800,00 EUR erhoben. Die Klage richtet sich gegen
B (KFZ-Halter),
E (Fahrzeugführer)
und die G-Versicherung (KFZ-Haftpflichtversicherung).
Nach Zustellung der Klage erhebt der Beklagte B Widerklage durch Rechtsanwalt Q gegen
A (KFZ-Halter),
den C (Fahrzeugführer),
und die D-Versicherung (KFZ-Haftpflichtversicherung).

B nimmt diese in der Widerklage als Gesamtschuldner wegen 7.000,00 EUR in Anspruch. Rechtsanwalt M wird beauftragt, A, C und die D-Versicherung auch wegen der Widerklage als Prozessbevollmächtigter zu vertreten. Rechtsanwalt Q wird als Prozessbevollmächtigter für die Beklagten B, E und G-Versicherung wegen der Klage und für B auch wegen der Widerklage tätig.

Rechtsanwalt M als Prozessbevollmächtigter des Klägers und der Widerbeklagten kann folgende Verfahrensgebühren und folgende Erhöhung berechnen:[27]

1. 1,9 Verfahrensgebühr Nrn. 1008, 3100 VV RVG nach Wert 7.000,00 EUR (1,3 Verfahrensgebühr + 0,6 Erhöhung wegen 2 weiterer Auftraggeber)	769,50 EUR
2. 1,3 Verfahrensgebühr Nr. 3100 VV RVG nach Wert 3.800,00 EUR	327,60 EUR
Summe:	1.097,10 EUR
Beide Gebühren dürfen gem. § 15 Abs. 3 RVG nicht höher sein als 1,9 Verfahrensgebühr aus (7.000,00 EUR + 3.800,00 EUR =) 10.800,00 EUR	1.147,60 EUR

Da die Summe der beiden Einzelgebühren hier niedriger ist, kann Rechtsanwalt M die Verfahrensgebühr nur mit 1.097,10 EUR ansetzen.

Rechtsanwalt Q als Prozessbevollmächtigter der Beklagten und des Widerklägers kann folgende Verfahrensgebühren und folgende Erhöhungen berechnen:[28]

1. 1,9 Verfahrensgebühr Nrn. 1008, 3100 VV RVG nach Wert 3.800,00 EUR (1,3 Verfahrensgebühr + 0,6 Erhöhung wegen 2 weiterer Auftraggeber)	478,80 EUR
2. 1,3 Verfahrensgebühr Nr. 3100 VV RVG nach Wert 7.000,00 EUR	526,50 EUR
Summe:	1.005,30 EUR
Beide Gebühren dürfen gem. § 15 Abs. 3 RVG nicht höher sein als 1,9 Verfahrensgebühr aus (3.800,00 EUR + 7.000,00 EUR =) 10.800,00 EUR	1.147,60 EUR

---

[27] Nicht unumstritten, aber so auch: Gerold/Schmidt **16.** Auflage, VV 1008, Rn. 13, anders wieder ab der **17.** Auflage, VV 1008, Rn. 195 ff. und auch in aktueller 22. Auflage, VV 1008 Rn. 231 ff.; Schneider/Wolf § 15 Rn. 231 (dort auch mit dargestellter Gegenmeinung – Rn. 230 mwN) und VV 1008 Rn. 123 ff.; Hartung/Schons/Enders Nr. 1008 VV Rn. 55; Enders JurBüro 2005, 409.

[28] Schneider/Wolf § 15 Rn. 231.

Da die Summe der beiden Einzelgebühren hier niedriger ist, kann Rechtsanwalt Q die Verfahrensgebühr nur mit 1.005,30 EUR ansetzen.
Daneben können beide Rechtsanwälte noch die weiteren Gebühren berechnen, die im Rahmen ihrer Tätigkeit als Prozessbevollmächtigter entstehen, zzgl. Auslagen und Umsatzsteuer. Die weiteren Gebühren erhöhen sich allerdings nicht nach Nr. 1008 VV RVG. Es erhöht sich nur die Verfahrensgebühren.

Nur bei Gebühren, die sich nach einem Gegenstandswert berechnen, ist Voraussetzung für eine Erhöhung nach Nr. 1008 VV RVG, dass der Gegenstand der anwaltlichen Tätigkeit derselbe ist (Abs. 1 der Anmerkung zu Nr. 1008 VV RVG). Festgebühren (zB in der Beratungshilfe) und Betragsrahmengebühren (zB in Strafsachen) erhöhen sich auch dann nach Nr. 1008 VV RVG, wenn der Rechtsanwalt in derselben Angelegenheit mehrere Personen wegen unterschiedlicher Gegenstände vertritt. 83

Zusammenfassung

- Damit bei Wertgebühren die Erhöhung nach Nr. 1008 VV RVG eintritt, muss der Rechtsanwalt in derselben Angelegenheit mehrere Auftraggeber wegen **desselben Gegenstandes** vertreten. 84
- Haben die am Verfahren Beteiligten jeweils eigene und voneinander unabhängige Ansprüche, so sind die Werte der einzelnen Ansprüche zusammenzurechnen und nach der Summe der Werte entstehen die Gebühren (§ 22 Abs. 1 RVG). In diesen Fällen erhöht sich die Verfahrens- oder Geschäftsgebühr nicht nach Nr. 1008 VV RVG.
- Vertritt der Rechtsanwalt mehrere Auftraggeber nur wegen eines Teils der Gegenstände, so richtet sich die Erhöhung nur nach dem Wert der Teile des Gegenstandes, an dem die Parteien gemeinschaftlich beteiligt sind.
- Entstehen in der Angelegenheit Fest-/oder Betragsrahmengebühren fällt die Erhöhung nach der Nr. 1008 VV RVG auch an, wenn der Rechtsanwalt wegen unterschiedlicher Gegenstände für mehrere Auftraggeber tätig wird.

1.2 Mehrere Auftraggeber

Mehrere Auftraggeber sind dann vorhanden, wenn mehrere Personen den Rechtsanwalt mit ihrer Vertretung in derselben Angelegenheit beauftragt haben. Hierbei kommt es nicht darauf an, ob die Aufträge dem Rechtsanwalt gleichzeitig oder nacheinander erteilt werden. 85

Von mehreren Auftraggebern im Sinne der Nr. 1008 VV RVG ist zB dann auszugehen, wenn mehrere natürliche Personen den Rechtsanwalt in derselben Angelegenheit beauftragt haben. Dies auch dann, wenn es sich bei den mehreren natürlichen Personen um **Eheleute**[29] handelt. 86

Bis Mitte 2005 war ganz herrschende Auffassung, dass eine **Wohnungseigentümergemeinschaft**[30] dann eine Auftraggebermehrheit im Sinne der Nr. 1008 VV RVG ist, wenn der Rechtsanwalt im Namen aller einzelnen Wohnungseigentümer beauftragt wurde. Nr. 1008 VV RVG sollte nur dann nicht anwendbar sein, wenn der Verwalter der Wohnungseigentümergemeinschaft den Rechtsanwalt im eigenen Namen beauftragt und der Rechtsanwalt das Verfahren dann nur im Namen des vertretungsberechtigten Verwalters durchführte. 87

In einem Beschluss vom 2. 6. **2005** stellte der **BGH**[31] dann fest, dass die Gemeinschaft der Wohnungseigentümer rechtsfähig ist, soweit sie bei der Verwaltung des gemeinschaftlichen Eigentums am Rechtsverkehr teilnimmt. Soweit die Wohnungs- 88

[29] Gerold/Schmidt VV 1008 Rn. 78; Rehberg/Schons „Mehrere Auftraggeber" 6.2; Hartung/Schons/Enders Nr. 1008 VV Rn. 36.

[30] Gerold/Schmidt VV 1008 Rn. 134; Rehberg/Schons „Mehrere Auftraggeber" 6.2 und 6.3; Hartung/Schons/Enders Nr. 1008 VV Rn. 48.

[31] BGH JurBüro 2005, 534.

eigentümergemeinschaft rechtsfähig ist, dürfte sie auch parteifähig sein. Soweit sie parteifähig ist, wird nach Bekanntwerden dieser BGH-Entscheidung (aaO) keine Erhöhung nach Nr. 1008 VV RVG mehr entstehen können und auch nicht erstattungsfähig sein, wenn der Rechtsanwalt von der Wohnungseigentümergemeinschaft beauftragt wurde.[32]

89 Weist ein Titel aus der Zeit vor der geänderten Rechtsprechung des BGH (aaO) zur (Teil-)Rechtsfähigkeit der Wohnungseigentümergemeinschaft noch die einzelnen Wohnungseigentümer einer Gemeinschaft als Gläubiger aus, können auch nur diese aus dem Titel vollstrecken. Nach einer Entscheidung des BGH[33] erhöhen sich in diesen Fällen noch die Verfahrensgebühren für die Zwangsvollstreckungsmaßnahmen nach Nr. 1008 VV RVG entsprechend der Anzahl der als Gläubiger ausgewiesenen Wohnungseigentümer (maximale Erhöhung: 2,0).

90 Zum **1. 7. 2007** wurde das **Wohnungseigentumsgesetz reformiert.**[34] Danach ergibt sich folgende Rechtslage: Die Gemeinschaft der Wohnungseigentümer kann im Rahmen der gesamten Verwaltung des gemeinschaftlichen Eigentums gegenüber Dritten und Wohnungseigentümern selbst Rechte erwerben und Pflichten eingehen (§ 10 Abs. 6 S. 1 WEG). Es ist ausdrücklich in § 10 Abs. 6 S. 5 WEG bestimmt, dass **die Wohnungseigentümergemeinschaft** vor Gericht klagen oder verklagt werden kann. Wird die Klage im Namen der „Wohnungseigentümergemeinschaft ..." erhoben, erhöht sich die Verfahrensgebühr des Prozessbevollmächtigten nicht nach Nr. 1008 VV RVG. Dasselbe gilt, wenn die Klage gegen die „Wohnungseigentümergemeinschaft ..." erhoben wird. Wird allerdings nicht – aus welchen Gründen auch immer – die Wohnungseigentümergemeinschaft verklagt, sondern die einzelnen Mitglieder der Wohnungseigentümergemeinschaft persönlich, so erhöht sich für den Prozessbevollmächtigten, der mehrere verklagte Wohnungseigentümer vertritt, die Verfahrensgebühr nach Nr. 1008 VV RVG.

91 Eine (Anfechtungs-)Klage eines oder mehrerer Wohnungseigentümer auf Erklärung der Ungültigkeit eines Beschlusses der Wohnungseigentümer ist gegen die übrigen Wohnungseigentümer zu richten (§ 46 Abs. 1 WEG). Vertritt der Rechtsanwalt als Prozessbevollmächtigter die verklagten Wohnungseigentümer, erhöht sich seine Verfahrensgebühr nach Nr. 1008 VV RVG entsprechend der Anzahl der vertretenen Wohnungseigentümer, höchstens um eine 2,0 Gebühr.

92 Hinsichtlich einer **BGB-Gesellschaft** (Gesellschaft des bürgerlichen Rechts – GbR) hat der BGH[35] entschieden, dass diese rechtsfähig und damit zugleich in einem Zivilprozess aktiv und passiv parteifähig ist. Klagt also die BGB-Gesellschaft einen Anspruch ein und hat nur diese den Rechtsanwalt beauftragt, so hat der Rechtsanwalt nur einen Auftraggeber.[36] Wird allerdings die BGB-Gesellschaft verklagt und daneben die Klage auch gegen die einzelnen Gesellschafter erhoben (zB gegen die Gesellschafter A, B und C) und vertritt der Rechtsanwalt alle vier Beklagten, so hat er vier Auftraggeber. Die Verfahrensgebühr wird sich in diesem Falle also um 0,9 erhöhen.[37]

93 **Beispiel:** Der Kläger verklagt die drei Gesellschafter einer BGB Gesellschaft persönlich (Beklagter zu 1, Beklagter zu 2, Beklagter zu 3). Der Prozessbevollmächtigte des Klägers kann keine Erhö-

---

[32] Wegen der Frage, inwieweit der BGH für die Wohnungseigentümergemeinschaft eine (Teil-)Rechtsfähigkeit annimmt und in welchen Fällen doch noch die Nr. 1008 VV RVG zur Anwendung kommt, siehe Enders RVG für Anfänger, 14. Auflage , Rn. 423–425; Siehe hierzu auch: Hansens RVGreport 2005, 281 ff.; Enders in Anmerkung zu BGH JurBüro 2005, 534; Kammergericht JurBüro 2006, 474 = AGS 2006, 317.

[33] BGH JurBüro 2007, 379.

[34] Gesetz zur Änderung des Wohnungseigentumsgesetzes und anderer Gesetze vom 26. 3. 2007 (BGBl. I 370).

[35] BGH NJW 2001, 1056 = JurBüro 2001, 319 und NJW 2002, 1207.

[36] Anderer Meinung wohl: N. Schneider in AnwBl. 2004, 131 – rechte Spalte, vorletzter Absatz; Schneider/Mock Das neue Gebührenrecht für Anwälte, § 4 Rn. 27, S. 61.

[37] Jungbauer JurBüro 2001, 284 (286); Hartung/Schons/Enders Nr. 1008 VV Rn. 32 bis 35.

hung nach Nr. 1008 VV RVG ansetzen, da er nur einen Auftraggeber – den Kläger – vertritt. Der gemeinsame Prozessbevollmächtigte der drei Beklagten kann eine um 2 x 0,3 erhöhte Verfahrensgebühr Nr. 3100 VV RVG, also eine 1,9 Verfahrensgebühr Nrn. 3100, 1008 VV RVG berechnen.

Beispiel: Der Kläger verklagt die BGB Gesellschaft (bestehend aus den Gesellschaftern A, B und C). Weder der Prozessbevollmächtigte des Klägers noch der Prozessbevollmächtigte der Beklagten können die Erhöhung nach Nr. 1008 VV RVG ansetzen. 94

Auch wenn der Rechtsanwalt von einer **Erbengemeinschaft** mandatiert wird und einen gemeinsamen Anspruch für diese geltend macht (zB Räumung einer Wohnung, die im Eigentum der Erbengemeinschaft steht), wird er in der Regel mehrere Auftraggeber haben, da sich die Erbengemeinschaft aus mehreren natürlichen Personen zusammensetzt.[38] Macht der Rechtsanwalt allerdings im Auftrag einzelner Erben deren persönliche Ansprüche gegenüber einem Dritten (zB einem anderen Miterben) geltend, so kommt Nr. 1008 VV RVG nicht zur Anwendung.[39] Diese auch dann nicht, wenn er für mehrere Miterben deren persönliche Ansprüche gegen einen anderen Miterben durchsetzen soll. Dann hat er zwar mehrere Auftraggeber, die er aber nicht wegen desselben Gegenstandes vertritt (jeder Miterbe hat einen eigenen Anspruch). 95

Auch wenn mehrere juristische Personen den Rechtsanwalt beauftragen, liegt eine Auftraggebermehrheit im Sinne der Nr. 1008 VV RVG vor. So hat zB der Rechtsanwalt mehrere Auftraggeber, der in einem Rechtsstreit die verklagte GmbH und Co. KG vertritt und daneben in derselben Sache die mitverklagte Komplementär GmbH.[40] 96

Die vorstehende Aufzählung betreffend die mehreren Auftraggeber ist keinesfalls abschließend, sondern beispielhaft.[41] 97

Nach der Begründung des Gesetzes[42] kommt es nicht darauf an, ob gegenüber dem Anwalt eine oder mehrere Personen auftreten. Selbst wenn eine Personenmehrheit eine Person bevollmächtigt, gegenüber dem Anwalt aufzutreten, und den Auftrag auch im Namen der anderen zu erteilen, kommt Nr. 1008 VV RVG zur Anwendung.

Zusammenfassung

▶ Mehrere Auftraggeber im Sinne der Nr. 1008 VV RVG können zB mehrere natürliche als auch mehrere juristische Personen sein. So sind zB mehrere Auftraggeber: Eheleute, Mitglieder einer Wohnungseigentümergemeinschaft nur in bestimmten Fällen (zB bei Klage auf Erklärung der Ungültigkeit eines Beschlusses der Wohnungseigentümer), einzelne verklagte Gesellschafter einer BGB-Gesellschaft, usw. 98

2. Welche Gebühren erhöhen sich?

Nach Nr. 1008 VV RVG können sich die **Verfahrens-** oder die **Geschäftsgebühr** erhöhen. Wenn in Nr. 1008 VV RVG pauschal die Verfahrens- und die Geschäftsgebühr genannt sind, so bedeutet dies, dass sich jede Verfahrens- oder Geschäftsgebühr erhöhen kann, unabhängig davon, für welche Tätigkeitsbereiche sie entsteht. So kann sich nach Nr. 1008 VV RVG zB erhöhen die 99

---

[38] Hartung/Schons/Enders Nr. 1008 VV Rn. 40; Gerold/Schmidt VV 1008 Rn. 81; Rehberg/Schons „Mehrere Auftraggeber" 6.2; Schneider/Wolf VV 1008 Rn. 23 ff.; Enders JurBüro 2000, 561 (562) mwN.

[39] Hartung/Schons/Enders Nr. 1008 VV Rn. 44.

[40] Gerold/Schmidt VV 1008 Rn. 113.

[41] Siehe hierzu ergänzend einschlägige Fachliteratur, zB Gerold/Schmidt VV 1008 Rn. 36 ff.; Rehberg/Schons „Mehrere Auftraggeber" 6.2; Hansens/Braun/Schneider Teil 6 Rn. 189; Riedel/Sußbauer § 7 Rn. 14 ff.; Schneider/Wolf VV 1008 Rn. 15 ff.; Hartung/Schons/Enders Nr. 1008 VV Rn. 21 ff.

[42] Begründung des KostRMoG in BT-Drucksache 15/1971, S. 205 (rechte Spalte).

- Geschäftsgebühr Nr. 2300 VV RVG für die außergerichtliche Vertretung
- Geschäftsgebühr Nr. 2302 VV RVG für die außergerichtliche Vertretung in bestimmten sozialrechtlichen Angelegenheiten
- Geschäftsgebühr Nr. 2303 VV RVG für das Güteverfahren
- Geschäftsgebühr Nr. 2503 VV RVG im Rahmen der Beratungshilfe
- Verfahrensgebühr Nr. 3100 VV RVG für Tätigkeit als Prozessbevollmächtigter in dem I. Rechtszug
- Verfahrensgebühr Nr. 3101 VV RVG bei vorzeitiger Beendigung der Angelegenheit oder mitvergleichen nicht anhängiger Ansprüche
- Verfahrensgebühr Nr. 3200 VV RVG für Tätigkeit in dem Berufungsverfahren
- Verfahrensgebühr Nr. 3206 VV RVG für Tätigkeit in dem Revisionsverfahren
- Verfahrensgebühr Nr. 3335 für Tätigkeit im Verfahren über die Prozesskostenhilfe
- Verfahrensgebühr Nr. 3305 VV RVG für die Tätigkeit im Mahnverfahren
- Verfahrensgebühr Nr. 3401 VV RVG für die Tätigkeit des Terminsvertreters/Unterbevollmächtigten
- Verfahrensgebühr Nr. 3309 VV RVG für die Tätigkeit in der Zwangsvollstreckung
- Verfahrensgebühr Nr. 4104 VV RVG für die Vertretung im vorbereitenden Verfahren in einer Strafsache
- Verfahrensgebühr Nr. 4106 VV RVG für die Vertretung im gerichtlichen Verfahren in einer Strafsache usw.

100 Meines Erachtens können sich alle im Vergütungsverzeichnis zum RVG genannten Verfahrens- und Geschäftsgebühren[43] nach Nr. 1008 VV RVG erhöhen, wenn die Voraussetzungen für eine Erhöhung vorliegen (derselbe Gegenstand/mehrere Auftraggeber).

101 Neben den Verfahrensgebühren erhöhen sich **nicht** auch noch die **Terminsgebühren.** Denn die Nr. 1008 VV RVG sieht nur eine Erhöhung der Verfahrens- oder der Geschäftsgebühr vor.

102 Ist der Rechtsanwalt zunächst außergerichtlich tätig und anschließend in einem gerichtlichen Verfahren, so kann sich sowohl die Geschäftsgebühr Nr. 2300 VV RVG für die außergerichtliche Vertretung erhöhen, als auch die Verfahrensgebühr der Nr. 3100 VV RVG für die Tätigkeit als Prozessbevollmächtigter in dem nachfolgenden bürgerlichen Rechtsstreit.[44] Wegen der Anrechnung in diesen Fällen siehe → Kap. D 189 ff.).

Zusammenfassung

103 ▶ Nach Nr. 1008 VV RVG erhöht sich immer nur die Geschäfts- und/oder die Verfahrensgebühr. Unerheblich ist, für welchen Tätigkeitsabschnitt die Geschäfts- oder Verfahrensgebühr entsteht. Also alle in dem Vergütungsverzeichnis zum RVG geregelten Verfahrens- oder Geschäftsgebühren können sich erhöhen.

▶ Nicht erhöhen kann sich die Terminsgebühr oder andere im RVG geregelte Gebühren, wie zB die Einigungsgebühr.

3. Berechnung der Erhöhung

104 Nach Nr. 1008 VV RVG erhöht sich die Verfahrens- oder Geschäftsgebühr für jeden weiteren Auftraggeber um **0,3.** Der **Erhöhungsfaktor** von 0,3 **wird** einfach zu der Ausgangsgebühr (= die Gebühr, die bei nur einem Auftraggeber entsteht) **addiert.**

---

[43] Siehe auch Zusammenstellung Hansens/Braun/Schneider Teil 6 Rn. 153.

[44] Gerold/Schmidt VV 1008 Rn. 9; Hansens/Braun/Schneider Teil 6 Rn. 154; Enders JurBüro 2005, 449; Hartung/Schons/Enders Nr. 1008 VV Rn. 64; LG Düsseldorf JurBüro 2007, 480 = AGS 2007, 381; AG Stuttgart JurBüro 2007, 522 = AGS 2007, 385; LG Ulm AGS 2008, 163; Kammergericht RVGreport 2008, 391.

So erhöhen sich bei zwei Auftraggebern zB
- die 1,3 Verfahrensgebühr Nr. 3100 VV RVG um 0,3 auf 1,6
- eine 0,75 Geschäftsgebühr nach Nr. 2300 VV RVG um 0,3 auf 1,05
- eine 0,3 Verfahrensgebühr Nr. 3309 VV RVG in der Zwangsvollstreckung um 0,3 auf 0,6.[45]

Die Verfahrens- oder Geschäftsgebühr erhöht sich **für jeden weiteren Auftraggeber um 0,3.**

Bei drei Auftraggebern würde sich also eine

1,3 Verfahrensgebühr Nr. 3100 VV RVG um 0,6 (2 × 0,3, da zwei weitere Auftraggeber) auf 1,9 erhöhen. Bei fünf Auftraggebern würde sich eine 0,75 Geschäftsgebühr Nr. 2300 VV RVG erhöhen um 1,2 (4 × 0,3, da vier weitere Auftraggeber) auf 1,95.

Nach Abs. 3 der Anmerkung zu Nr. 1008 VV RVG dürfen mehrere Erhöhungen einen Gebührensatz von 2,0 nicht übersteigen. Die Ausgangsgebühr darf sich also **maximal um 2,0 erhöhen.**

Beispiel: Der Rechtsanwalt ist als Prozessbevollmächtigter in einem Zivilprozess tätig. Er vertritt zehn Auftraggeber wegen desselben Gegenstandes. 105

Die 1,3 Verfahrensgebühr nach Nr. 3100 VV RVG würde sich um (neun – weitere Auftraggeber – × 0,3 =) 2,7 erhöhen. Die Erhöhung darf aber nach Abs. 3 der Anmerkung zu Nr. 1008 VV RVG 2,0 nicht übersteigen, so dass die Verfahrensgebühr beträgt: (1,3 + 2,0 =) 3,3.

Nach der Nr. 1008 VV RVG erhöhen sich Festgebühren um 30 % für jeden weiteren Auftraggeber. Festgebühren erhält der Rechtsanwalt zB in Beratungshilfesachen gem. Teil 2 Abschnitt 5 des Vergütungsverzeichnisses. 106

Beispiel: Der Rechtsanwalt vertritt im Rahmen der Beratungshilfe zwei Auftraggeber. Die Geschäftsgebühr nach Nr. 2503 VV RVG beträgt 85,00 EUR. Diese erhöht sich für den weiteren Auftraggeber um 30 % = 25,50 EUR, so dass der Rechtsanwalt aus der Staatskasse 110,50 EUR verlangen könnte. Natürlich muss in diesem Falle beiden Auftraggebern Beratungshilfe gewährt worden sein. 107

Auch die Beratungsgebühr der Nr. 2501 VV RVG in der Beratungshilfe kann sich nach einer Meinung nach Nr. 1008 VV RVG erhöhen, da sie eine ähnliche wie eine Geschäfts- oder Verfahrensgebühr ausgestaltete Betriebsgebühr ist.[46] 108

Bei Festgebühren dürfen die Erhöhungen das Doppelte der Festgebühr nicht übersteigen (Abs. 3 der Anmerkung zu Nr. 1008 VV RVG). 109

Bei **Betragsrahmengebühren** erhöhen sich der Mindest- und der Höchstsatz um 30 % für jeden weiteren Auftraggeber. 110

Beispiel: Der Rechtsanwalt vertritt in derselben Strafsache drei Nebenkläger. Die Verfahrensgebühr für das gerichtliche Verfahren im I. Rechtszug vor dem Amtsgericht beträgt nach Nr. 4106 VV RVG 40,00 EUR bis 290,00 EUR. Da der Rechtsanwalt hier zwei weitere Auftraggeber vertritt, beträgt die Erhöhung (2 × 30 % =) 60 %. Also kann der Rechtsanwalt die Gebühr innerhalb eines erhöhten Gebührenrahmens von (40,00 EUR + 60 % =) 64,00 EUR und (290,00 EUR + 60 % =) 464,00 EUR bestimmen. Die erhöhte Mittelgebühr würde sich auf 264,00 EUR belaufen. 111

Bei Betragsrahmengebühren darf die Erhöhung das Doppelte des Mindest- und des Höchstbetrages nicht übersteigen (Abs. 3 der Anmerkung zu Nr. 1008 VV RVG). 112

[45] Zur Erhöhung der Verfahrensgebühr in der Zwangsvollstreckung: OLG Stuttgart AGS 2007, 33; LG Frankfurt/Main NJW 2004, 3642 = RVGreport 2005, 65 = AGS 2005, 18; LG Hamburg AGS 2005, 497; LG Wuppertal, BeckRS 2005, 10862; AG Singen JurBüro 2006, 329; Hartung/Schons/Enders Nr. 1008 VV Rn. 60; Hansens/Braun/Schneider Teil 6 Rn. 222, 223.

[46] Hansens/Braun/Schneider Teil 6 Rn. 257; Schneider/Wolf VV 1008 Rn. 75 und VV 2501 Rn. 11; Mayer/Kroiß Nr. 2501 VV Rn. 13; Hartung/Schons/Enders Nr. 1008 VV Rn. 17; Anderer Meinung zB Gerold/Schmidt Nr. 1008 VV Rn. 14; Bischof/Jungbauer Nr. 1008 VV Rn. 52.

Zusammenfassung

113 ▶ Die Erhöhung beträgt für jeden weiteren Auftraggeber 0,3. Dieser Faktor wird immer zur Ausgangsgebühr addiert. Mehrere Erhöhungen dürfen 2,0 nicht übersteigen.

▶ Bei Festgebühren erhöht sich die Festgebühr um 30 % wegen jedem weiteren Auftraggeber. Mehrere Erhöhungen dürfen das Doppelte der Festgebühr nicht übersteigen.

▶ Bei Betragsrahmengebühren erhöhen sich der Mindest- und Höchstbetrag um 30 % für jeden weiteren Auftraggeber. Mehrere Erhöhungen dürfen das Doppelte des Mindest- und Höchstbetrages nicht übersteigen.

4. Haftung des einzelnen Auftraggebers

114 Nach § 7 Abs. 2 RVG schuldet jeder Auftraggeber dem Rechtsanwalt nur die Gebühren und Auslagen, die er schulden würde, wenn der Rechtsanwalt nur in seinem Auftrag tätig geworden wäre.

Auszug aus dem RVG

115

§ 7
Mehrere Auftraggeber

(1) Wird der Rechtsanwalt in derselben Angelegenheit für mehrere Auftraggeber tätig, erhält er die Gebühren nur einmal.

(2) Jeder der Auftraggeber schuldet die Gebühren und Auslagen, die er schulden würde, wenn der Rechtsanwalt nur in seinem Auftrag tätig geworden wäre; die Dokumentenpauschale nach Nummer 7000 des Vergütungsverzeichnisses schuldet er auch insoweit, wie diese nur durch die Unterrichtung mehrerer Auftraggeber entstanden ist. Der Rechtsanwalt kann aber insgesamt nicht mehr als die nach Absatz 1 berechneten Gebühren und die insgesamt entstandenen Auslagen fordern.

116 Hat der Auftraggeber des Rechtsanwaltes also die Gebühren und Auslagen bereits an den Rechtsanwalt gezahlt, die entstanden wären, wenn er den Rechtsanwalt alleine beauftragt hätte, so haftet er nicht mehr für die Erhöhungen nach Nr. 1008 VV RVG, die dadurch entstanden sind, dass der Rechtsanwalt in der Angelegenheit mehrere Auftraggeber vertreten hatte. Dies auch dann nicht, wenn die Erhöhung bei den anderen Auftraggebern nicht zu realisieren ist, weil zB die Zwangsvollstreckung insoweit gegen diese fruchtlos ausgefallen ist.

117 **Beispiel:** Der Rechtsanwalt vertritt A und B in derselben Angelegenheit wegen desselben Gegenstandes. Es sind entstanden:

Gegenstandswert: 10.000,00 EUR

1. 1,3 Verfahrensgebühr §§ 2, 13 RVG iVm Nr. 3100 VV RVG	725,40 EUR
2. 0,3 Erhöhung der Verfahrensgebühr/mehrere Auftraggeber §§ 2,13 RVG iVm Nr. 1008 VV RVG	167,40 EUR
3. 1,2 Terminsgebühr §§ 2, 13 RVG iVm Nr. 3104 VV RVG	669,60 EUR
4. Pauschale für Post- und Telekommunikationsdienstleistungen Nr. 7002 VV RVG	20,00 EUR
5. 19 % Umsatzsteuer Nr. 7008 VV RVG	300,66 EUR
	1.883,06 EUR

Für den Gesamtbetrag haften A und B zwar als Gesamtschuldner. § 7 Abs. 2 RVG beschränkt aber diese gesamtschuldnerische Haftung dahingehend, dass jeder Auftraggeber nur die Gebühren und Auslagen schuldet, die er schulden würde, wenn der Rechtsanwalt nur in seinem Auftrag tätig geworden wäre. Wäre der Rechtsanwalt nur im Auftrag von A tätig geworden, wären entstanden:

Gegenstandswert: 10.000,00 EUR

1. 1,3 Verfahrensgebühr §§ 2, 13 RVG iVm Nr. 3100 VV RVG	725,40 EUR

2. 1,2 Terminsgebühr §§2, 13 RVG iVm Nr. 3104 VV RVG 669,60 EUR
3. Pauschale für Entgelte für Post- und Telekommunikationsdienstleistungen Nr. 7002 VV RVG 20,00 EUR
4. 19 % Umsatzsteuer Nr. 7008 VV RVG 268,85 EUR
1.683,85 EUR

Wenn A den Betrag in Höhe von 1.683,85 EUR gezahlt hat, kann er wegen der Differenz (1.883,06 EUR – 1.683,85 EUR =) 199,21 EUR nicht mehr in Anspruch genommen werden. Dies auch dann nicht, wenn die Differenz in Höhe von 199,21 EUR bei dem Auftraggeber B nicht beitreibbar ist.

Nach § 7 Abs. 2 Satz 1 RVG schuldet jeder Auftraggeber die Gebühren und Ausla- 118
gen, die er schulden würde, wenn der Rechtsanwalt nur in seinem Auftrag tätig geworden wäre. Diese Regelung erfährt im 2. Halbsatz des § 7 Abs. 2 Satz 1 RVG allerdings eine Einschränkung dahingehend, dass der Auftraggeber die Dokumentenpauschale nach Nr. 7000 Ziffer 1 c) VV RVG in vollem Umfange schuldet, also unabhängig davon, ob diese auch in diesem Umfang entstanden wäre, wenn er alleine den Rechtsanwalt beauftragt hätte. Nach Nr. 7000 Ziffer 1 c) VV RVG entsteht für Kopien und Ausdrucke, die zur notwendigen Unterrichtung des Auftraggebers gefertigt wurden, die Dokumentenpauschale, soweit hierfür mehr als 100 Kopien/Ausdrucke zu fertigen waren. Für die durch die notwendige Unterrichtung der Auftraggeber abrechenbare Dokumentenpauschale haftet der Auftraggeber also noch neben den Gebühren und Auslagen, die er schulden würde, wenn der Rechtsanwalt in seinem Auftrag alleine tätig gewesen wäre. Also könnte der Rechtsanwalt von einem Auftraggeber die Gebühren und Auslagen verlangen, die entstanden wären, wenn er alleine in dessen Auftrag tätig geworden wäre und daneben noch die im Rahmen des Auftrages entstandene Dokumentenpauschale nach Nr. 7000 Ziffer 1 c) VV RVG.

Zusammenfassung

- Gem. § 7 Abs. 2 RVG schuldet jeder Auftraggeber nur die Gebühren und Auslagen, 119
die er schulden würde, wenn der Rechtsanwalt nur in seinem Auftrag tätig geworden wäre.
- Daneben schuldet er aber auch die Dokumentenpauschale nach Nr. 7000 Ziffer 1 c) VV RVG, die dadurch entsteht, dass der Rechtsanwalt Ablichtungen zur notwendigen Unterrichtung seiner Auftraggeber fertigt.

III. Hebegebühr

Leistet der Schuldner oder ein Dritter an den Rechtsanwalt Zahlungen, die dieser 120
an seinen Auftraggeber weiterzuleiten hat, so kann der Rechtsanwalt eine Hebegebühr nach Nr. 1009 VV RVG berechnen. Die Hebegebühr entsteht unabhängig von dem bereits in dem vorausgegangenen oder noch folgenden Verfahren entstandenen bzw. noch entstehenden Gebühren und wird auf diese nicht angerechnet.

Auszug aus dem VV RVG 121

Nr.	Gebührentatbestand	Gebühr oder Satz der Gebühr nach § 13 RVG
1009	Hebegebühr	
	1. bis einschließlich 2500,00 €	1,0 %
	2. von dem Mehrbetrag bis einschließlich 10 000,00 €	0,5 %
	3. von dem Mehrbetrag über 10 000,00 €	0,25 %

Nr.	Gebührentatbestand	Gebühr oder Satz der Gebühr nach § 13 RVG
	(1) Die Gebühr wird für die Auszahlung oder Rückzahlung von entgegengenommenen Geldbeträgen erhoben. (2) Unbare Zahlungen stehen baren Zahlungen gleich. Die Gebühr kann bei der Ablieferung an den Auftraggeber entnommen werden. (3) Ist das Geld in mehreren Beträgen gesondert ausgezahlt oder zurückgezahlt, wird die Gebühr von jedem Betrag besonders erhoben. (4) Für die Ablieferung oder Rücklieferung von Wertpapieren und Kostbarkeiten entsteht die in den Absätzen 1 bis 3 bestimmte Gebühr nach dem Wert. (5) Die Hebegebühr entsteht nicht, soweit Kosten an ein Gericht oder eine Behörde weitergeleitet oder eingezogene Kosten an den Auftraggeber abgeführt oder eingezogene Beträge auf die Vergütung verrechnet werden.	des aus- oder zurückgezahlten Betrages – mindestens 1,00 €

122 Die Gebühr fällt an, wenn der Rechtsanwalt den Auftrag zur Entgegennahme und Auszahlung von Geldern erhalten hat. Der Auftrag kann auch stillschweigend erteilt worden sein.[47]

123 **Ausgelöst wird die Hebegebühr** nicht bereits durch die Entgegennahme des Geldes, sondern erst **durch** die **Auszahlung** oder **Rückzahlung der erhaltenen Beträge durch den Rechtsanwalt.**

124 Die Höhe der Hebegebühr ergibt sich nicht, wie die anderen Gebühren, aus der Tabelle zu § 13 RVG, sondern der Rechtsanwalt erhält einen gewissen Prozentsatz des weiterzuleitenden Betrages.

Nr. 1009 VV RVG bestimmt folgende Sätze:

1. bis einschließlich 2.500 EUR	1 %
2. von dem Mehrbetrag bis einschließlich 10.000 EUR	0,5 %
3. von dem Mehrbetrag über 10.000 EUR	0,25 %.

125 **Beispiel:** Vereinnahmt der Rechtsanwalt einen Betrag in Höhe von 40.000,00 EUR, so errechnet sich die Hebegebühr wie folgt:

1 % von 2.500,00 EUR	25,00 EUR
0,5 % von 7.500,00 EUR	37,50 EUR
0,25 % von 30.000,00 EUR	5,00 EUR
Hebegebühr	137,50 EUR

126 Da die Hebegebühr zu den gesetzlichen Gebühren gehört, ist sie bei der Berechnung der Pauschale nach Nr. 7002 VV RVG für Post- und Telekommunikationsdienstleistungen zu berücksichtigen.[48] Auf die Hebegebühr ist selbstverständlich auch Umsatzsteuer zu berechnen.

Die Mindestgebühr beträgt 1 EUR.

127 Zahlt der Gegner an den Rechtsanwalt die Forderung in Raten und führt der Rechtsanwalt die bei ihm eingehenden Teilbeträge an seinen Mandanten ab, so errechnet sich die Hebegebühr nach jedem an den Mandanten ausgezahlten Einzelbetrag gesondert (Abs. 3 der Anmerkung zu Nr. 1009 VV RVG). Dies gilt nicht, wenn der Rechtsanwalt die vom Schuldner an ihn gezahlten Raten in einem Gesamtbetrag bei Abschluss der Angelegenheit an den Mandanten auszahlt. Dann berechnet sich die Hebegebühr nur nach dem ausgezahlten Gesamtbetrag.[49] Der Rechtsanwalt ist berechtigt, bei Auszahlung des vereinnahmten Betrages an seine Mandantschaft die Hebegebühr direkt von dem auszuzahlenden Betrag in Abzug zu bringen (Satz 2 des Absatzes 2 der Anmerkung zu Nr. 1009 VV RVG).

[47] Gerold/Schmidt VV 1009 Rn. 3.
[48] Gerold/Schmidt VV 1009 Rn. 16; Enders JurBüro 1998, 131.
[49] Gerold/Schmidt VV 1009 Rn. 18; Enders JurBüro 2001, 295.

Ob die Zahlungen an den Rechtsanwalt bar oder unbar (Scheck, Überweisung) erfolgen und auf welchem Wege der Rechtsanwalt die Zahlungen an seine Mandantschaft weiterleitet, ist für den Anfall der Hebegebühr unerheblich. Ebenso entsteht die Hebegebühr, wenn der Rechtsanwalt Wertpapiere (Pfandbriefe, Aktien, Wechsel usw) oder Kostbarkeiten (Edelmetalle, Schmuck) in Empfang nimmt und an seinen Mandanten weiterleitet (Abs. 4 der Anmerkung zu Nr. 1009 VV RVG). **128**

Der Rechtsanwalt erhält die Hebegebühr jedoch nicht, wenn er lediglich Gerichtskosten im Auftrage des Mandanten bei Gericht einzahlt (zB die bei Klageerhebung einzuzahlende 3,0 Gebühr oder Auslagenvorschüsse für Zeugen und Sachverständigen) oder im Namen seiner Mandanten an eine andere Behörde Gelder weiterleitet (Abs. 5 der Anmerkung zu Nr. 1009 VV RVG). Hinterlegt der Rechtsanwalt jedoch bei Gericht (zB als Sicherheitsleistung zur Abwendung der Zwangsvollstreckung) Gelder für den Mandanten, so fällt wiederum die Hebegebühr an, auch wenn er diese Beträge von der Hinterlegungsstelle wieder zurückerhält und an den Mandanten wieder auszahlt. **129**

Wenn der Rechtsanwalt von der Gegenseite festgesetzte Kosten eingezogen hat und diese an den Mandanten weiterleitet, da dieser schon die bei ihm entstandenen Gebühren und Auslagen gezahlt hat, so entsteht dem Rechtsanwalt hierfür keine Hebegebühr. Dies auch dann nicht, wenn der Rechtsanwalt eingezogene Beträge auf seinen Gebührenanspruch verrechnet (Abs. 5 der Anmerkung zu Nr. 1009 VV RVG). **130**

Zu unterscheiden vom Anfall der Hebegebühr ist die Frage, wann die Hebegebühr – vom Gegner – erstattungsfähig ist. **Erstattungsfähig**[50] ist die Hebegebühr nach Nr. 1009 VV RVG zB dann, **131**

- wenn der Schuldner ohne vom Rechtsanwalt des Gläubigers dazu aufgefordert worden zu sein, an den Rechtsanwalt des Gläubigers zahlt, insbesondere wenn er dadurch eine Zwangsvollstreckung vermeiden will
- wenn der Gegner sich in einem Vergleich zur Leistung an den Rechtsanwalt verpflichtet hat
- wenn besondere Gründe in der Person oder in dem Verhalten des Gegners (zB unregelmäßige Ratenzahlungen oder Beitreibung durch langwierige Lohnpfändungen) die Einschaltung eines Rechtsanwaltes rechtfertigen.

Zusammenfassung

- ▶ Für die Auszahlung oder Rückzahlung von an ihn gezahlten Geldbeträgen kann der Rechtsanwalt die Hebegebühr Nr. 1009 VV RVG berechnen. **132**
- ▶ Die Hebegebühr entsteht nicht, wenn der Rechtsanwalt Gerichtskosten oder Auslagenvorschüsse für Zeugen und Sachverständige an ein Gericht oder eine Behörde weiterleitet. Sie entsteht auch dann nicht, wenn der Rechtsanwalt festgesetzte Kosten, die er vom unterlegenen Gegner beigetrieben hat, an seinen Mandanten zurückzahlt.

IV. Zusatzgebühr für besonders umfangreiche Beweisaufnahmen

Durch das 2. KostRMoG[51] wurde eine neue Nr. 1010 in das Vergütungsverzeichnis zum RVG eingeführt. Darin ist bestimmt, dass der Rechtsanwalt für besonders umfangreiche Beweisaufnahmen, in denen mindestens drei gerichtliche Termine zur Vernehmung von Sachverständigen oder Zeugen stattfinden, neben der Verfahrens- und Terminsgebühr eine 0,3 Zusatzgebühr erhält. Nr. 1010 VV RVG kann nur in **133**

[50] Thiel AGS 2011, 573 ff. mit zahlreichen Nachweisen zur Erstattungsfähigkeit der Hebegebühr; Gerold/Schmidt VV 1009 Rn. 19 ff.; BGH JurBüro 2007, 253; Hartung/Schons/Enders Nr. 1009 VV Rn. 25 und 26; Schneider/Wolf VV 1009 Rn. 81.

[51] BGBl. I 2013, 2586 – In Kraft getreten am 1. 8. 2013.

Fällen zur Anwendung kommen, in denen der Rechtsanwalt von seinem Mandanten den unbedingten Auftrag zur Vertretung in der gebührenrechtlichen Angelegenheit nach Inkrafttreten des 2. KostRMoG (1. 8. 2013) erhalten hat.

134 ***Auszug aus dem VV RVG***

Nr.	Gebührentatbestand	Gebühr oder Satz der Gebühr nach § 13 RVG
1010	Zusatzgebühr für besonders umfangreiche Beweisaufnahmen in Angelegenheiten, in denen sich die Gebühren nach Teil 3 richten und mindestens drei gerichtliche Termine stattfinden, in denen Sachverständige oder Zeugen vernommen werden Die Gebühr entsteht für den durch besonders umfangreiche Beweisaufnahmen anfallenden Mehraufwand.	0,3 oder bei Betragsrahmengebühren erhöhen sich der Mindest- und der Höchstbetrag der Terminsgebühr um 30 %

135 Obwohl die Zusatzgebühr für besonders umfangreiche Beweisaufnahmen in Teil 1 des Vergütungsverzeichnisses zum RVG (Allgemeine Gebühren) geregelt ist, kann sie nur **in Angelegenheiten** anfallen, **in denen sich die Gebühren nach Teil 3 VV RVG richten.** Teil 3 VV RVG regelt zB die Vergütung für die Vertretung des Rechtsanwaltes in Zivilsachen, worunter einzuordnen sind:

- Bürgerliche Rechtsstreitigkeiten vor einem Amts-, Land-, Oberlandesgericht oder dem Bundesgerichtshof
- Familiensachen vor dem Familiengericht, dem Oberlandesgericht oder dem Bundesgerichtshof
- Arbeitsgerichtssachen
- Sozialgerichtssachen
- Verwaltungsgerichtssachen
- Finanzgerichtssachen
- Verfahren nach dem Strafvollzugsgesetz, auch in Verbindung mit § 92 JGG
- und ähnliche Verfahren.

136 Nr. 1010 VV RVG kann also zB nicht zur Anwendung kommen, in Strafsachen, in denen sich die Gebühren nach Teil 4 VV RVG richten oder in Bußgeldsachen, in denen sich die Gebühren nach Teil 5 VV RVG bestimmen. Sie kann auch nicht entstehen bei außergerichtlicher Vertretung, etwa in einem verwaltungsrechtlichen Rechtsbehelfsverfahren, in denen durchaus auch Beweisaufnahmen stattfinden können. In diesen Sachen bestimmen sich die Gebühren nach Teil 2 VV RVG und nicht nach Teil 3 VV RVG.

137 Die Zusatzgebühr Nr. 1010 VV RVG kann dem Rechtsanwalt entstehen, der als

- Prozess- oder Verfahrensbevollmächtigter
- Terminsvertreter (Nr. 3401 VV RVG)
- Terminsvertreter, der nur beauftragt ist, die Termine für Zeugenvernehmungen vor einem ersuchten Richter wahrzunehmen (sogenannter „Beweisanwalt“)

tätig wird. Ist der Rechtsanwalt nur mit Einzeltätigkeiten iSd Nr. 3403 VV RVG (zB nur mit der Fertigung von Schriftsätzen) beauftragt, wird er die Zusatzgebühr Nr. 1010 VV RVG nicht erhalten können.[52]

138 Voraussetzung für das Entstehen der Gebühr nach Nr. 1010 VV RVG ist, dass

- eine **besonders umfangreiche Beweisaufnahme** stattgefunden hat
- und mindestens **drei gerichtliche Termine stattfinden, in denen Sachverständige oder Zeugen vernommen** werden.

[52] Hartung/Schons/Enders Nr. 1010 VV Rn. 9.

Beide Voraussetzungen müssen zusammen erfüllt sein.[53] Es reicht nicht aus, wenn eine der beiden Voraussetzungen erfüllt ist, also zB wenn die Beweisaufnahme zwar besonders umfangreich war, aber nicht mindestens drei gerichtliche Termine stattgefunden haben, in denen Sachverständige oder Zeugen vernommen wurden. **139**

Es reicht nicht aus, wenn die Beweisaufnahme umfangreich war. Sie muss **besonders umfangreich** gewesen sein. Es bleibt abzuwarten, wie die Rechtsprechung diese Formulierung in Nr. 1010 VV RVG „besonders umfangreiche Beweisaufnahme" auslegen wird. **140**

Als zweite Voraussetzung für das Entstehen der Zusatzgebühr nach Nr. 1010 VV RVG müssen **mindestens drei gerichtliche Termine stattfinden, in denen Sachverständige oder Zeugen vernommen werden.** In den Terminen müssen Sachverständige oder Zeugen vernommen werden. Die drei Termine müssen in derselben gebührenrechtlichen Angelegenheit stattgefunden haben.[54] Es dürfte nicht ausreichend sein, wenn ein Termin in einem selbständigen Beweisverfahren und die beiden anderen Termine in dem parallel dazu laufenden Rechtsstreit zur Hauptsache stattgefunden haben. **141**

Nicht erforderlich soll sein, dass der Rechtsanwalt die drei Termine auch wahrgenommen hat.[55] Auch wenn der Rechtsanwalt die drei Termine nicht wahrgenommen hat, hat er dadurch Mehraufwand, denn er wird die Aussagen der Zeugen oder Sachverständigen prüfen, deren Inhalt mit dem Mandanten besprechen und evtl hierzu schriftsätzlich Stellung nehmen müssen. **142**

Eine schriftliche Zeugenaussage zählt ebenso wenig als Termin iSd Nr. 1010 VV RVG wie ein schriftliches Sachverständigengutachten.[56] Termine, die von einem gerichtlich bestellten Sachverständigen zB vor Ort anberaumt worden sind, sind für die Voraussetzung der Nr. 1010 VV RVG nicht zu berücksichtigen, da es sich nicht um gerichtliche Termine handelt.[57] **143**

Teilweise wird vertreten, dass eine besonders umfangreiche Beweisaufnahme auch immer dann schon gegeben sei, wenn mindestens drei gerichtliche Termine stattgefunden hätten, in denen Sachverständige oder Zeugen vernommen werden.[58] Meines Erachtens ist dem nicht zu folgen. Es gilt das vorstehend unter den Rn. 133 bis 136 dieses Kapitels Ausgeführte.[59] **144**

Die Zusatzgebühr der Nr. 1010 VV RVG fällt in Angelegenheiten, in denen Wertgebühren entstehen, in Höhe von 0,3 an. Dies unabhängig davon, in welchem Rechtszug die Voraussetzungen der Nr. 1010 VV RVG erfüllt werden. Sie entsteht in Angelegenheiten, in denen Wertgebühren entstehen, als **eigenständige** Zusatzgebühr, also neben den sonst entstehenden Gebühren (wie zB der Verfahrensgebühr, der Terminsgebühr oder der Einigungsgebühr).[60] **145**

Die 0,3 Zusatzgebühr für besonders umfangreiche Beweisaufnahmen entsteht nach dem Wert der Gegenstände, wegen welcher die Beweisaufnahme durchgeführt wird. **146**

Beispiel: Der Rechtsanwalt vertritt in einem bürgerlichen Rechtsstreit. Eingeklagt wurde ein Anspruch aus einem Darlehensvertrag in Höhe von 100.000,00 EUR und ein Anspruch aus einem Kaufvertrag in Höhe von 20.000,00 EUR. Wegen der Ansprüche aus dem Kaufvertrag findet eine **147**

---

[53] Hartung/Schons/Enders Nr. 1010 VV Rn. 10; Schneider/Thiel AGS 2013, 53 (54); Schneider/Thiel § 3 Rn. 476; Schneider/Wolf VV 1010 Rn. 5; Riedel/Sußbauer VV 1010 Rn. 4; Bischof/Jungbauer Nr. 1010 VV Rn. 2 ff.

[54] Hartung/Schons/Enders Nr. 1010 VV Rn. 13.

[55] Hartung/Schons/Enders Nr. 1010 VV Rn. 14; Hansens RVGreport 2013, 410 (414); Volpert VRR 2013, 327; Gerold/Schmidt VV 1010 Rn. 2. Meine noch in der 17. Auflage (→ Rn. C 136) vertretene Meinung, dass der Rechtsanwalt die drei Termine auch wahrgenommen haben muss, um die Gebühr verdienen zu können, gebe ich auf.

[56] Hartung/Schons/Enders Nr. 1010 VV Rn. 16.

[57] Hartung/Schons/Enders Nr. 1010 VV Rn. 17; Schneider/Thiel AGS 2013, 53 (55).

[58] Gerold/Schmidt VV 1010 Rn. 1; Mayer/Kroiß Nr. 1010 VV Rn. 5.

[59] Vgl. die Nachweise unter Fußnote 50 dieses Kapitels.

[60] Hartung/Schons/Enders Nr. 1010 VV Rn. 18.

besonders umfangreiche Beweisaufnahme statt, der Rechtsanwalt nimmt vier gerichtliche Termine wahr. In drei Terminen werden Zeugen vernommen, in einem vierten Termin ein Sachverständiger.
Die Rechtsanwälte, die als Prozessbevollmächtigte für die Parteien tätig sind, können berechnen:
Gegenstandswert: 100.000,00 EUR / 20.000,00 EUR / 120.000,00 EUR

1. 1,3 Verfahrensgebühr §§2, 13 RVG iVm Nr.3100 VV RVG nach Wert: 120.000,00 EUR	2.064,40 EUR
2. 1,2 Terminsgebühr §§2, 13 RVG iVm Nr.3104 VV RVG nach Wert: 120.000,00 EUR	1.905,60 EUR
3. 0,3 Zusatzgebühr für besonders umfangreiche Beweisaufnahmen §§2, 13 RVG iVm Nr.1010 VV RVG nach Wert: 20.000,00 EUR	222,60 EUR
4. Pauschale für Entgelte für Post- und Telekommunikationsdienstleistungen Nr.7002 VV RVG	20,00 EUR
5. 19% Umsatzsteuer Nr.7008 VV RVG	800,39 EUR
	5.012,99 EUR

148 Verhält sich die Beweisaufnahme über die gesamten streitgegenständlichen Ansprüche, entsteht auch die Zusatzgebühr für besonders umfangreiche Beweisaufnahmen der Nr.1010 VV RVG nach dem vollen Gegenstandswert.

149 In bestimmten sozialrechtlichen Angelegenheiten fallen Betragsrahmengebühren an. Vertritt der Rechtsanwalt als Prozessbevollmächtigter in einem Rechtsstreit vor dem Sozialgericht, in der Betragsrahmengebühren entstehen, so ist die Zusatzgebühr der Nr.1010 VV RVG an die Terminsgebühr gekoppelt. **Der Mindest- und Höchstbetrag der Terminsgebühr erhöht sich um 30%.** Innerhalb dieses erweiterten Rahmens ist dann die Terminsgebühr (zB die Terminsgebühr der Nr.3106 VV RVG) zu bestimmen.

Zusammenfassung

150
- ▶ Der als Prozessbevollmächtigte oder als Terminsvertreter tätige Rechtsanwalt kann nach Nr.1010 VV RVG eine 0,3 Zusatzgebühr für besonders umfangreiche Beweisaufnahmen erhalten.
- ▶ Die Gebühr kann nur entstehen in Angelegenheiten, in denen sich die Gebühren nach Teil 3 VV RVG richten.
- ▶ Voraussetzung für den Anfall der Gebühr ist, dass
  - eine besonders umfangreiche Beweisaufnahme stattgefunden hat
  - und der Rechtsanwalt mindestens drei gerichtliche Termine wahrgenommen hat, in denen Sachverständige oder Zeugen vernommen worden sind.
- ▶ In Angelegenheiten, in denen Betragsrahmengebühren entstehen (zB bestimmte sozialgerichtliche Angelegenheiten) ist die Zusatzgebühr an die Terminsgebühr gekoppelt.

D. Außergerichtliche Tätigkeit

I. Der Gegenstandswert

Ist der Rechtsanwalt außerhalb eines gerichtlichen Verfahrens tätig, erhält er für eine außergerichtliche Vertretung eine Satzrahmengebühr nach Nr. 2300 VV RVG. Auch diese richtet sich nach einem Gegenstandswert. Diesen Gegenstandswert hat der Rechtsanwalt zunächst einmal zu bestimmen, ehe er seine Gebühren berechnen kann. 1

Auszug aus dem RVG

§ 23 2
Allgemeine Wertvorschrift

(1) Soweit sich die Gerichtsgebühren nach dem Wert richten, bestimmt sich der Gegenstandswert im gerichtlichen Verfahren nach den für die Gerichtsgebühren geltenden Wertvorschriften. In Verfahren, in denen Kosten nach dem Gerichtskostengesetz oder dem Gesetz über Gerichtskosten in Familiensachen erhoben werden, sind die Wertvorschriften des jeweiligen Kostengesetzes entsprechend anzuwenden, wenn für das Verfahren keine Gerichtsgebühr oder eine Festgebühr bestimmt ist. Diese Wertvorschriften gelten auch entsprechend für die Tätigkeit außerhalb eines gerichtlichen Verfahrens, wenn der Gegenstand der Tätigkeit auch Gegenstand eines gerichtlichen Verfahrens sein könnte. § 22 Abs. 2 S. 2 bleibt unberührt.

Für die **Wertberechnung** bei **außergerichtlicher Tätigkeit** des Rechtsanwaltes sind gem. **§ 23 Abs. 1 S. 3 RVG** die **Wertvorschriften** heranzuziehen, die zur Anwendung kämen, **wenn** die **Sache gerichtlich anhängig** wäre. Es gelten also über § 23 Abs. 1 S. 1 RVG die für die Gerichtsgebühren geltenden Wertvorschriften, also in Zivilprozesssachen über § 48 Abs. 1 S. 1 GKG die §§ 3–9 ZPO, soweit nicht in den §§ 22–33 RVG, in den §§ 39–69 GKG oder in einer sonstigen gesetzlichen Vorschrift eine speziellere Wertvorschrift enthalten ist. In Familiensachen finden sich die für die Gerichtsgebühren geltenden Wertvorschriften in den §§ 33 bis 52 FamGKG. 3

In Zivilsachen gilt also auch für die Wertbestimmung bei außergerichtlicher Tätigkeit des Rechtsanwaltes das im Kapitel E. Zivilprozess I. Gegenstandswert Ausgeführte (→ Kap. E Rn. 1 ff.). Maßgebend sind die Wertvorschriften, die zur Anwendung kämen, wenn die Sache nicht nur außergerichtlich behandelt, sondern hierüber ein Gerichtsverfahren anhängig wäre. Es kommt also auf das im „Hintergrund" stehende gerichtliche Verfahren an. Unerheblich ist, ob es in der Sache tatsächlich zu einem gerichtlichen Verfahren kommt oder nicht. 4

Beispiel: Der Rechtsanwalt wird beauftragt, eine Forderung von 4.500,00 EUR nebst 10 % Zinsen seit dem 1. 2. des vergangenen Jahres und 153,54 EUR Inkassogebühren geltend zu machen. Der Rechtsanwalt fordert den Schuldner außergerichtlich zur Zahlung auf. Der Schuldner zahlt, es kommt nicht zu einem gerichtlichen Verfahren. 5

Gegenstandswert: 4.500,00 EUR
(§ 23 Abs. 1 S. 3 RVG → § 23 Abs. 1 S. 1 RVG → § 48 Abs. 1 S 1 GKG → § 3 ZPO – genau wie bei gerichtlichen Verfahren werden auch in außergerichtlichen Angelegenheiten Nebenforderungen – wie hier Zinsen und Inkassogebühren[1] – bei der Bestimmung des Wertes entsprechend § 43 Abs. 1 GKG unberücksichtigt gelassen).

---

[1] Schneider/Herget Streitwert, „Inkassokosten", Rn. 3176.

6 **Beispiel:** Der Rechtsanwalt wird beauftragt, für seine Mandantin einen monatlichen Unterhalt in Höhe von 850,00 EUR außergerichtlich geltend zu machen. Schließlich schließen die Parteien einen außergerichtlichen Vergleich, wonach der Gegner einen monatlichen Unterhalt in Höhe von 600,00 EUR zahlt. Rückstände werden keine mit geltend gemacht.

Gegenstandswert: 10.200,00 EUR
(§23 Abs. 1 S. 3 RVG → §23 Abs. 1 S. 1 RVG → – §51 Abs. 1 und 2 FamGKG
12 × 850,00 EUR = 10.200,00 EUR – maßgebend ist der in den ersten 12 Monaten nach Auftragserteilung geforderte Betrag, genau wie in gerichtlichen Verfahren der eingeklagte/geforderte Betrag maßgeblich ist).

7 In gerichtlichen Verfahren ist für die Bestimmung des Gegenstandswertes der Klageantrag entscheidend. Bei außergerichtlicher Tätigkeit des Rechtsanwaltes fehlt es natürlich an einem Klageantrag. Bei außergerichtlicher Tätigkeit ist daher auf den dem Rechtsanwalt erteilten Auftrag abzustellen. Der Auftrag des Mandanten dürfte jedoch selten so klar gefasst sein wie ein Klageantrag. Es kann deshalb mitunter Schwierigkeiten bereiten, den Gegenstandswert an Hand des vom Mandanten erteilten Auftrages zu ermitteln. Hier hilft man sich damit, dass man auf die Ansprüche abstellt, die voraussichtlich begründet und durchsetzbar – oder anders ausgedrückt: realistisch – sind. Völlig „überzogene“ – unrealistische – Vorstellungen des Mandanten vom Umfang seiner Ansprüche sind also bei der Bestimmung des Gegenstandswertes unberücksichtigt zu lassen. Sie sind allerdings dann zu berücksichtigen, wenn der Mandant dem Rechtsanwalt den konkreten Auftrag erteilt, seine „überzogenen“ Ansprüche geltend zu machen. *Hagen Schneider*[2] führt folgendes aus: „*Hilfsweise ist der zu **schätzende objektive Wert,** den der Gegenstand der anwaltlichen Tätigkeit (für den Mandanten) hat, zugrunde zu legen.*“

8 **Beispiel:** Der Mandant beauftragt den Rechtsanwalt, Schadensersatz wegen Nichterfüllung eines Vertrages geltend zu machen. Nach seinen Vorstellungen befragt, erklärt der Mandant, er wolle 100.000,00 EUR Schadensersatz haben. Nach Prüfung der Ansprüche teilt der Rechtsanwalt ihm mit, dass er allenfalls 60.000,00 EUR an Schadensersatz erhalten könne, seine darüber hinausgehenden Vorstellungen völlig „überzogen“ seien. Der Mandant beauftragt daraufhin den Rechtsanwalt, die 60.000,00 EUR geltend zu machen. Der Rechtsanwalt macht diesen Betrag außergerichtlich geltend.

Gegenstandswert: 60.000,00 EUR
(§23 Abs. 1 S. 3 RVG → §23 Abs. 1 S. 1 RVG → §48 Abs. 1 S. 1 GKG → §3 ZPO).

9 **Beispiel:** Der Rechtsanwalt erhält den Auftrag, aus einem Verkehrsunfall für seinen Mandanten einen Schadensersatzanspruch in Höhe von 5.000,00 EUR geltend zu machen. Nach Prüfung teilt der Rechtsanwalt seinem Mandanten mit, dass er sich ein Mitverschulden von mindestens 40 % anrechnen lassen müsse, also nur 3.000,00 EUR geltend gemacht werden sollten, seine darüber hinausgehenden Ansprüche völlig unrealistisch seien. Der Mandant beauftragt den Rechtsanwalt dennoch, die 5.000,00 EUR außergerichtlich geltend zu machen.

Gegenstandswert: 5.000,00 EUR
(§23 Abs. 1 S. 3 RVG → §23 Abs. 1 S. 1 RVG → §48 Abs. 1 S. 1 GKG → §3 ZPO).

10 Bei der Bestimmung des Wertes für ein gerichtliches Verfahren wird auf den Zeitpunkt der Klageeinreichung/-erhebung abgestellt. So sind zB gem. § 51 Abs. 2 FamGKG in Unterhaltssachen Rückstände aus der Zeit vor Antragseinreichung (in Familiensachen wird keine Klage, sondern ein „Antrag auf Zahlung von Unterhalt“ eingereicht) dem Verfahrenswert (in Familiensachen ist der Gegenstandswert als „Verfahrenswert“ zu bezeichnen) hinzuzurechnen. Bei einer außergerichtlichen Tätigkeit des Rechtsanwaltes gibt es jedoch keinen Zeitpunkt der Antragseinreichung. Es ist daher auf den Zeitpunkt der Auftragserteilung abzustellen.[3] Also alle rückständigen wiederkehrenden Leistungen, die bis zum Zeitpunkt der Auftragserteilung angelaufen sind, sind dem Verfahrenswert, der für die außergerichtliche Tätigkeit

[2] Hagen Schneider in Riedel/Sußbauer VV 2300 Rn. 36.
[3] Enders JurBüro 1996, 57 (59) 1.3.

anzunehmen ist, hinzuzurechnen. **Anderer Meinung** ist N. Schneider:[4] Alle bis zum Zeitpunkt des Abschlusses des außergerichtlichen Vergleiches angelaufenen Rückstände sind beim Verfahrenswert (der als Wert für die Anwaltsgebühren anzunehmen ist) zu berücksichtigen. Denn wäre es nicht zum Abschluss eines Vergleiches gekommen und Klage erhoben worden, wären alle bis zur Klageerhebung angelaufenen Rückstände in die Berechnung des Streitwertes eingeflossen.

Beispiel: Der Rechtsanwalt wird im Mai beauftragt, für seine Mandantin einen monatlichen Unterhalt in Höhe von 850,00 EUR ab Januar außergerichtlich geltend zu machen. Schließlich schließen die Parteien im September einen außergerichtlichen Vergleich, wonach der Gegner einen monatlichen Unterhalt in Höhe von 600,00 EUR zahlt. 11

Gegenstandswert: 17.850,00 EUR
(§23 Abs. 1 S. 3 RVG → §23 Abs. 1 S. 1 RVG → - §51 Abs. 1 und 2 FamGKG
12 × 850,00 EUR = 10.200,00 EUR + Rückstand 9 × 850,00 EUR = 7.650,00 EUR = 17.850,00 EUR – Folgt man der Meinung von N. Schneider(aaO) fließen in die Berechnung des Gegenstandswertes die Rückstände bis zum Zeitpunkt des Abschlusses des außergerichtlichen Vergleiches mit ein).

Gem. §51 Abs. 1 und 2 FamGKG ist bei Berechnung des Verfahrenswertes für die Geltendmachung von gesetzlichen Unterhaltsansprüchen auf den für die ersten 12 Monate nach Einreichung des Antrags geforderten Betrag abzustellen. Bei außergerichtlicher Tätigkeit scheidet die Antragseinreichung als Anknüpfungszeitpunkt aus. Abzustellen ist meines Erachtens auf die Auftragserteilung. Also ist bei der außergerichtlichen Geltendmachung von Unterhalt der für die ersten 12 Monate nach Auftragserteilung geforderte Unterhalt als Verfahrenswert für die Anwaltsgebühren anzunehmen. 12

Ebenso ist bei schwankenden Werten (zB Wertpapieren, Aktien) anstatt auf den Zeitpunkt der Klageeinreichung (§40 GKG) auf den Zeitpunkt der Auftragserteilung abzustellen. 13

Im Vorangegangenen wurden die Fälle behandelt, in denen bei der außergerichtlichen Tätigkeit des Rechtsanwaltes ein gerichtliches Verfahren im „Hintergrund" steht, also der Anspruch, den der Rechtsanwalt außergerichtlich geltend macht oder abwehrt, auch Gegenstand eines gerichtlichen Verfahrens sein könnte. Dann gelten die Wertvorschriften, die für das im „Hintergrund" stehende gerichtliche Verfahren gelten, entsprechend auch für die außergerichtliche Tätigkeit des Rechtsanwaltes. Es gibt aber auch Sachen, in denen der Rechtsanwalt außergerichtlich tätig wird und in welchen kein gerichtliches Verfahren im „Hintergrund" steht, wie zB der **Entwurf eines Vertrages.** Der Entwurf eines Vertrages kann nicht Gegenstand eines gerichtlichen Verfahrens sein. In diesem und in ähnlichen Fällen können dann auch nicht die für das im „Hintergrund" stehende gerichtliche Verfahren geltenden Wertvorschriften analog auf die außergerichtliche Tätigkeit des Rechtsanwaltes angewandt werden, ganz einfach, weil es an solchen Wertvorschriften fehlt (kein gerichtliches Verfahren möglich – folglich keine Wertvorschriften, die analog angewandt werden könnten). 14

Steht also bei der außergerichtlichen Tätigkeit des Rechtsanwaltes kein gerichtliches Verfahren im „Hintergrund" oder anders ausgedrückt: **kann die außergerichtliche Tätigkeit nicht Gegenstand eines gerichtlichen Verfahrens sein,** bestimmt sich der Wert – über §23 Abs. 1 S. 3 RVG – nach §23 Abs. 3 RVG. **§23 Abs. 3 S. 1 RVG verweist** zunächst auf einige Vorschriften des Gerichts- und Notarkostengesetzes – GNotKG[5]. Hat man in der Praxis den Gegenstandswert der außergerichtlichen Tätigkeit nach §23 Abs. 3 S. 1 RVG zu bewerten, wird man die dort angeführten Vorschriften des GNotKG einzeln nacheinander durchprüfen müssen, ob eine dieser zitierten Vorschriften „passt". Lässt sich die außergerichtliche Tätigkeit des Rechts- 15

[4] Schneider, Gebühren in Familiensachen, Rn. 2084.
[5] Das GNotKG wurde durch das 2. KostRMoG (BGBl. I 2013, 2586 f.) mit Inkrafttreten zum 1. 8. 2013 eingeführt und löst die KostO ab. Bis zum Inkrafttreten des GNotKG wurde in §23 Abs. 3 S. 1 RVG auf Vorschriften der KostO verwiesen.

anwaltes unter einer der in § 23 Abs. 3 S. 1 RVG angeführten Vorschriften des GNotKG einordnen, so ist der Gegenstandswert nach dieser Vorschrift des GNotKG zu berechnen.

Auszug aus dem RVG

16

§ 23
Allgemeine Wertvorschrift

(3) Soweit sich aus diesem Gesetz nichts anderes ergibt, gelten in anderen Angelegenheiten für den Gegenstandswert die Bewertungsvorschriften des Gerichts- und Notarkostengesetzes und die §§ 37, 38, 42 bis 45 sowie 99 bis 102 des Gerichts- und Notarkostengesetzes entsprechend. Soweit sich der Gegenstandswert aus diesen Vorschriften nicht ergibt und auch sonst nicht feststeht, ist er nach billigem Ermessen zu bestimmen; in Ermangelung genügender tatsächlicher Anhaltspunkte für eine Schätzung und bei nichtvermögensrechtlichen Gegenständen ist der Gegenstandswert mit 5000 EUR, nach Lage des Falles niedriger oder höher, jedoch nicht über 500 000 EUR anzunehmen.

17 In § 23 Abs. 3 S. 1 RVG wird zunächst auf die Bewertungsvorschriften des GNotKG verwiesen. Dies sind die §§ 46 bis 54 GNotKG. In den einzelnen Vorschriften finden sich folgende Bestimmungen für den Gegenstandswert:
- § 46 GNotKG = Sache
- § 47 GNotKG = Sache bei Kauf
- § 48 GNotKG = Land- und forstwirtschaftliches Vermögen
- § 49 GNotKG = Grundstücksgleiche Rechte
- § 50 GNotKG = Bestimmte schuldrechtliche Verpflichtungen
- § 51 GNotKG = Erwerbs- und Veräußerungsrechte, Verfügungsbeschränkungen
- § 52 GNotKG = Nutzungs- und Leistungsrechte
- § 53 GNotKG = Grundpfandrechte und sonstige Sicherheiten
- § 54 GNotKG = Bestimmte Gesellschaftsanteile.

18 Darüber hinaus verweist § 23 Abs. 3 S. 1 RVG noch auf einige spezielle Wertvorschriften des GNotKG, nämlich:
- § 37 GNotKG = Früchte, Nutzungen, Zinsen, Vertragsstrafen, sonstige Nebengegenstände und Kosten
- § 38 GNotKG = Belastung mit Verbindlichkeiten
- § 42 GNotKG = Wohnungs- und Teileigentum
- § 43 GNotKG = Erbbaurechtsbestellung
- § 44 GNotKG = Mithaft
- § 45 GNotKG = Rangverhältnisse und Vormerkungen
- § 99 GNotKG = Miet-, Pacht- und Dienstverträge
- § 100 GNotKG = Güterrechtliche Angelegenheiten
- § 101 GNotKG = Annahme als Kind
- § 102 GNotKG = Erbrechtliche Angelegenheiten.

19 Es würde den Rahmen dieses Lehrbuches sprengen, an dieser Stelle jetzt die einzelnen Vorschriften des GNotKG, die in § 23 Abs. 3 S. 1 RVG angeführt sind, im Einzelnen darzustellen. Ich will mich daher auf einige wenige Beispiele beschränken, wobei ich hoffe, dass an diesen Beispielen die Systematik, nach der der Wert zu ermitteln ist, verdeutlicht wird:

20 **Beispiel:** Der Rechtsanwalt entwirft im Auftrage seines Mandanten einen **Altenteilsvertrag.** Der 60-jährige Berechtigte soll bis zu seinem Lebensende eine monatliche Rente von 500,00 EUR erhalten.

Gegenstandswert: 60.000,00 EUR
(§ 23 Abs. 1 S. 3 RVG → § 23 Abs. 3 S. 1 RVG → § 52 Abs. 4 GNotKG – § 52 GNotKG regelt den Wert bei wiederkehrenden Leistungen; Abs. 4 gilt dann, wenn die Nutzung auf die Lebensdauer einer Person beschränkt ist; diese Vorschrift stellt auf das Lebensalter des Berechtigten ab; bei einem

60-jährigen Berechtigten ist der 10fache Jahresbetrag anzunehmen; also: 10 – Jahre – × 12 – Monate – × 500,00 EUR = 60.000,00 EUR).

Beispiel: Der Rechtsanwalt entwirft im Auftrage seines Mandanten einen **Dienstvertrag**, der für unbestimmte Zeit abgeschlossen werden soll. Als Bezüge wird eine monatliche Vergütung von 5.000,00 EUR vereinbart. 21

Gegenstandswert: 180.000,00 EUR
(§ 23 Abs. 1 S. 3 RVG → § 23 Abs. 3 S. 1 RVG → § 99 Abs. 2 GNotKG – maßgebend sind die gesamten Bezüge des zur Dienstleistung Verpflichteten während der gesamten Laufzeit des Vertrages, höchstens jedoch der Wert der auf die ersten 5 Jahres entfallenden Bezüge, also:
5 – Jahre – × 12 – Monate – × 5.000,00 EUR = 300.000,00 EUR).

In § 100 GNotKG ist der Wert des **Ehevertrages** geregelt. Betrifft der vom Rechtsanwalt ausgearbeitete Ehevertrag die güterrechtlichen Verhältnisse und beschränkt sich nicht auf Vereinbarungen über den Versorgungsausgleich bestimmt sich der Gegenstandswert nach dem zusammengerechneten Wert des gegenwärtigen Vermögens beider Ehegatten. Bei der Ermittlung des Vermögens werden Verbindlichkeiten bis zur Hälfte des zusammengerechneten Werts des gegenwärtigen Vermögens beider Ehegatten abgezogen (§ 100 Abs. 1 S. 3 GNotKG). Also bleibt als Gegenstandswert mindestens die Hälfte des zusammengerechneten Vermögens beider Ehegatten. Verbindlichkeiten eines Ehegatten werden nur von seinem Vermögen abgezogen (§ 100 Abs. 1 S. 4 GNotKG). Betrifft der Ehevertrag nur das Vermögen eines Ehegatten, bestimmt sich der Wert nach dessen Vermögen. Verbindlichkeiten bis zur Hälfte dieses Vermögens werden abgezogen (§ 100 Abs. 1 S. 3 GNotKG). Betrifft der Ehevertrag nur bestimmte Vermögenswerte oder bestimmte güterrechtliche Ansprüche, so ist deren Wert maßgebend. Höchstens ist der Wert anzunehmen, der sich nach § 100 Abs. 1 GNotKG ergibt. Dies gilt entsprechend auch bei **Lebenspartnerschaftsverträgen.** 22

Beispiel: Der Rechtsanwalt entwirft einen **Kaufvertrag** über eine Maschine. Der Kaufpreis soll nach den Angaben seines Mandanten 100.000,00 EUR betragen. Der Preis der Maschine, der auf dem freien Markt für sie zu erzielen wäre, beträgt 125.000,00 EUR. 23

Gegenstandswert: 125.000,00 EUR
(§ 23 Abs. 1 S. 3 RVG → § 23 Abs. 3 RVG – § 46, 47 GNotKG – beim Entwurf eines Kaufvertrages ist grundsätzlich der Kaufpreis maßgebend – § 47 GNotKG; ist der Verkehrswert der Sache höher als der Kaufpreis, so ist der Verkehrswert der verkauften Sache maßgebend – § 47 S. 3 GNotKG). Der Verkehrswert einer Sache bestimmt sich nach dem Preis, der im gewöhnlichen Geschäftsverkehr nach der Beschaffenheit der Sache unter Berücksichtigung aller den Preis beeinflussenden Umstände bei einer Veräußerung zu erzielen wäre (§ 46 Abs. 1 GNotKG).

Beispiel: Der Rechtsanwalt prüft, ändert und ergänzt im Auftrage seines Mandanten einen abzuschließenden **Pachtvertrag** über ein Ladenlokal. Es wird eine monatliche Pacht von 3.000,00 EUR vereinbart. Der Pachtvertrag läuft auf unbestimmte Zeit. 24

Gegenstandswert: 180.000,00 EUR
(§ 23 Abs. 1 S. 3 RVG → § 23 Abs. 3 S. 1 RVG → § 99 Abs. 1 GNotKG – maßgebend ist der Wert aller Leistungen des Mieters oder Pächters während der gesamten Vertragszeit, höchstens die 20-jährige Pacht; bei Miet- und Pachtverträgen von unbestimmter Vertragsdauer ist der auf die ersten fünf Jahre entfallende Wert aller Leistungen des Mieters oder Pächters maßgebend, also 5 – Jahre – × 12 – Monate – × 3.000,00 EUR = 180.000,00 EUR. Ist die Auflösung eines Miet- oder Pachtvertrages von unbestimmter Dauer erst zu einem späteren Zeitpunkt als 5 Jahre möglich, ist von diesem längeren Zeitraum für die Berechnung des Gegenstandswertes auszugehen).

Nach § 102 GNotKG ist, wenn zB in einem **Testament** oder in einem Erbvertrag über den ganzen Nachlass oder einen Bruchteil davon verfügt wird, der Gebührenberechnung der Wert des Vermögens oder der Wert des entsprechenden Bruchteils des Vermögens – über welchen im Testament verfügt wird – zugrunde zu legen. Verbindlichkeiten des Erblassers sind abzuziehen, jedoch nach § 102 GNotKG nur bis zur Hälfte des Werts des Vermögens, über das im Testament verfügt wird. 25

Praxistipp:

26 Nach OLG Düsseldorf[6] und OLG Nürnberg[7] ist der Entwurf eines Testaments durch einen Rechtsanwalt unter „Beratung" zu subsumieren und löst keine Geschäftsgebühr aus, für deren Bestimmung ein Gegenstandswert benötigt werden würde.

Um Rechtsicherheit zu haben sollte der Rechtsanwalt, der von seinem Mandanten beauftragt ist, ein Testament zu entwerfen, stets eine Gebührenvereinbarung mit dem Mandanten schließen.

27 Nach OLG Frankfurt[8] ist der Entwurf eines Testaments mit wechselbezüglichen Vereinbarungen (zB gemeinsames Testament für Ehegatten) wiederum als „Mitwirkung bei der Gestaltung eines Vertrags" iSd Vorbemerkung 2.3 Abs. 3 VV RVG zu sehen mit der Folge, dass in diesen Fällen eine Geschäftsgebühr nach Nr. 2300 VV RVG entsteht.

28 Ist der Rechtsanwalt beauftragt, einen **Vertragsentwurf zu prüfen**, kann diese Tätigkeit ebenfalls nicht Gegenstand eines gerichtlichen Verfahrens sein mit der Folge, dass der Gegenstandswert auch in diesen Fällen nach § 23 Abs. 3 RVG zu bestimmen ist.[9]

29 **Beispiel:** Der Rechtsanwalt ist beauftragt, den Entwurf eines Mietvertrags zu prüfen. Die Laufzeit des Mietvertrags soll 10 Jahre betragen. Die monatliche Miete ist im Vertragsentwurf mit 2.000,00 EUR zzgl. einer Vorauszahlung auf später abzurechnenden Nebenkosten in Höhe von 500,00 EUR ausgewiesen. Im Rahmen der Prüfung kommt der Rechtsanwalt zu dem Ergebnis, dass keine Änderungen notwendig sind. Schließlich schließt der Mandant den Mietvertrag mit dem Vermieter ab.

Gegenstandswert: 300.000,00 EUR
(§ 23 Abs. 1 S. 3 RVG → § 23 Abs. 3 S. 1 RVG → § 99 Abs. 1 GNotKG – maßgebend ist der Wert aller Leistungen des Mieters während der gesamten Vertragszeit, also 10-Jahre x 12-Monate x 2.500,00 EUR = 300.000,00 EUR).

30 Auch für die Prüfung eines noch nicht abgeschlossenen Vertrags entsteht nach BGH[10] eine **Geschäftsgebühr.** Dies auch dann, wenn der Vertragsentwurf von einem Dritten gefertigt worden ist und der Rechtsanwalt an diesem Vertragsentwurf keine Änderungen vornimmt.

31 **Anders** wird dies zu beurteilen sein, wenn dem Rechtsanwalt ein **Vertrag** vorgelegt wird, der **bereits zwischen den Vertragsparteien abgeschlossen wurde.** Dann wird der Auftrag des Rechtsanwaltes aber in der Regel darauf ausgerichtet sein, bestimmte Rechtsfolgen zu prüfen oder zB zu prüfen, ob der Vertrag vorzeitig gekündigt werden kann. Soll der Rechtsanwalt nur prüfen, ob ein bestehender Vertrag gekündigt werden kann, ist mE diese Prüfung als „Beratung" zu qualifizieren. Lautet dagegen der Auftrag, zu prüfen, ob ein bestehender Vertrag gekündigt werden kann und ggf. die Kündigung auch auszusprechen, so ist dies bereits ein Auftrag für eine Tätigkeit nach außen hin, die wiederum die Geschäftsgebühr auslöst (→ Kap. D Rn. 107). In diesem Fall kann aber die „Kündigung" Gegenstand eines gerichtlichen Verfahrens sein, so dass sich der Gegenstandswert nicht nach § 99 Abs. 1 GNotKG bestimmt, sondern nach § 41 Abs. 1 GKG.[11]

32 **Beispiel:** Der Mandant legt dem Rechtsanwalt einen bereits abgeschlossenen Mietvertrag vor. Der Mietvertrag ist auf 10 Jahre befristet und läuft noch 8 Jahre. Die monatliche Miete beträgt 1.000,00 EUR zzgl. einer monatlichen Vorauszahlung auf später abzurechnenden Nebenkosten von 250,00 EUR. Der Rechtsanwalt wird beauftragt, zu prüfen, ob eine vorzeitige Kündigung des Miet-

---

[6] OLG Düsseldorf JurBüro 2012, 583.
[7] OLG Nürnberg NJW 2011, 621.
[8] OLG Frankfurt AGS 2015, 505.
[9] BGH JurBüro 2015, 358.
[10] BGH JurBüro 2015, 358.
[11] OLG München BeckRS 2016, 18550.

verhältnisses möglich ist und wenn er zu dem Ergebnis kommt, dass dies möglich sei, die Kündigung auch auszusprechen.

Gegenstandswert: 12.000,00 EUR
(§ 23 Abs. 1 S. 3 RVG → § 41 Abs. 1 GKG – maßgebend ist die Miete für 1 Jahr – ohne Nebenkosten, da es sich hier um Vorauszahlungen auf später abzurechnende Nebenkosten handelt – § 41 Abs. 1 S. 2 GKG).[12]

Es entsteht eine Geschäftsgebühr nach Nr. 2300 VV RVG (→ Kap. D Rn. 31 und 107).

Der Gegenstandswert bestimmt sich auch dann nach § 99 GNotKG, wenn der Rechtsanwalt beauftragt ist, **einen Aufhebungsvertrag betreffend ein bestehendes Mietverhältnis auszuhandeln.**[13] Dies gilt nicht, wenn bereits eine Kündigung des Mietverhältnisses ausgesprochen wurde und dann eine einvernehmliche Aufhebung verhandelt wird. 33

Beispiel: Der Mandant hat einen Mietvertrag abgeschlossen, dessen Laufzeit 10 Jahre beträgt. 34
Der Vertrag besteht schon 3 Jahre. Nach den Vertragsbedingungen ist eine vorzeitige Beendigung des Mietvertrages durch Kündigung ausgeschlossen. Der Mandant beauftragt den Rechtsanwalt, mit dem Vermieter zu verhandeln, unter welchen Bedingungen dieser bereit wäre, ihn vorzeitig aus dem Mietvertrag zu entlassen. Der Rechtsanwalt führt entsprechende Verhandlungen mit dem Vermieter.

Gegenstandswert: 105.000,00 EUR
(§ 23 Abs. 1 S. 3 RVG → § 23 Abs. 3 S. 1 RVG → § 99 Abs. 1 GNotKG – maßgebend ist der Wert aller Leistungen des Mieters während der restlichen Vertragslaufzeit, also 7 Jahre x 12-Monate x 1.250,00 EUR = 105.000,00 EUR).

Es entsteht eine Geschäftsgebühr nach Nr. 2300 VV RVG (→ Kap. D Rn. 31 und 107).

Wäre hier bereits eine Kündigung des Mietvertrages ausgesprochen worden, und würde der Rechtsanwalt dann über die vorzeitige Beendigung verhandeln, so würde der Gegenstandswert nach § 41 Abs. 1 GKG auf den Jahresbetrag der Miete – ohne Nebenkosten – (§ 41 Abs. 1 S. 2 GKG) zu bestimmen sein und wäre nur mit 12.000,00 EUR anzunehmen. Denn die Kündigung könnte auch Gegenstand eines gerichtlichen Verfahrens sein (zB Feststellungsklage des Vermieters, dass durch die Kündigung vom … das Mietverhältnis nicht aufgelöst wird).

Ist für die außergerichtliche anwaltliche Tätigkeit **kein Gerichtsgebührenwert** analog anzuwenden **und** lässt sich die Tätigkeit des Rechtsanwaltes **auch nicht** in eine der in § 23 Abs. 3 S. 1 RVG genannten Vorschriften des **GNotKG** einordnen, so bestimmt sich der Wert der außergerichtlichen anwaltlichen Tätigkeit nach **§ 23 Abs. 3 S. 2 RVG.** Hiernach hat der Rechtsanwalt den Gegenstandswert „nach billigem Ermessen zu bestimmen", dh zu schätzen. § 23 Abs. 3 S. 2 RVG unterscheidet zwei Fälle: 35

1. **Alternative** (1. Alt.) 36
   Es ergeben sich genügend tatsächliche Anhaltspunkte für eine Schätzung (zB Gegenstand der anwaltlichen Tätigkeit sind irgendwelche beweglichen Sachen). Dann dienen diese Anhaltspunkte (zB Verkehrswert dieser beweglichen Sachen) als Grundlage für das anwaltliche Ermessen und der Wert ist danach zu bestimmen. Im Falle der 1. Alt. des § 23 Abs. 3 S. 2 RVG gilt auch **nicht** die Streitwertobergrenze von 500.000 EUR.[14]
2. **Alternative** (2. Alt.) 37
   Fehlen genügende tatsächliche Anhaltspunkte für eine Schätzung und bei nicht vermögensrechtlichen Gegenständen ist ein Gegenstandswert von 5000 EUR[15] anzunehmen. Nach Lage des Falles kann der Wert auch unter 5000 EUR anzunehmen sein, ggfls. auch darüber, jedoch nicht über 500.000 EUR.

---

[12] OLG München BeckRS 2016, 18550.

[13] Enders JurBüro 2016, 172.

[14] Gerold/Schmidt § 23 Rn. 38 ff.

[15] Bis zum Inkrafttreten der Änderungen durch das 2. KostRMoG (BGBl. 2013, 2586 f.) am 1. 8. 2013: 4.000 EUR.

Der Wert von 5.000 EUR und die Wertgrenze von 500.000 EUR gelten auch für nichtvermögensrechtliche Angelegenheiten.

Zusammenfassung

38 ▶ Der Gegenstandswert für die außergerichtliche Tätigkeit des Rechtsanwaltes bestimmt sich

- **nach § 23 Abs. 1 S. 3 RVG** = den für die Gerichtsgebühren geltenden Wertvorschriften, wenn die außergerichtliche Tätigkeit auch Gegenstand eines gerichtlichen Verfahrens **sein könnte,** also über § 23 Abs. 1 S. 1 RVG zB nach den §§ 39–69 GKG, nach den §§ 33–56 FamGKG, nach den §§ 3–9 ZPO oder nach den Vorschriften des GNotKG, wenn ein gerichtliches Verfahren der freiwilligen Gerichtsbarkeit im „Hintergrund" steht;
- **nach § 23 Abs. 3 S. 1 RVG** = wenn die außergerichtliche Tätigkeit **nicht** Gegenstand eines gerichtlichen Verfahren sein könnte; § 23 Abs. 3 S. 1 RVG verweist wiederum auf einige Wertvorschriften des GNotKG und erklärt diese für analog anwendbar; die Wertvorschriften kommen vor allem bei Rechtsbegründung = Vertragsentwurf oder Beratung bei Vertragsabschluss/Vertragsverhandlungen zur Anwendung;
- **nach § 23 Abs. 3 S. 2 RVG** = wenn keine der vorgenannten Vorschriften „passt"; der Wert wird dann durch den Anwalt nach billigem Ermessen geschätzt; sind keine Anhaltspunkte für eine Schätzung vorhanden, so sind 5.000 EUR anzunehmen, nach Lage des Falles höher oder niedriger, jedoch nicht über 500.000 EUR.

39 Abweichend von dem Gegenstandswert, nach dem sich die Anwaltsgebühren berechnen, kann der Gegenstandswert sein, nach dem in einer Verkehrsunfallsache der Haftpflichtversicherer des Schädigers dem Geschädigten die ihm entstandenen Anwaltsgebühren erstattet. Nach der Rechtsprechung des BGH[16] sind den vom Schädiger zu ersetzenden Anwaltsgebühren als Gegenstandswert die begründeten Schadensbeträge zugrunde zu legen. *„Als begründet sind die Schadensbeträge anzusehen, die der Schadensersatzpflichtige in einem Vergleich oder außerhalb eines solchen als berechtigt anerkannt hat und mit deren Zahlung sich der Geschädigte begnügt."*[17]

40 **Beispiel:** Der Rechtsanwalt macht auftragsgemäß für seinen Mandanten Schadensersatzansprüche in Höhe von 10.000,00 EUR aus einem Verkehrsunfallgeschehen geltend. Der gegnerische Haftpflichtversicherer reguliert 8.000,00 EUR.

Entstanden sind die Anwaltsgebühren nach einem Gegenstandswert von 10.000,00 EUR.

Der gegnerische Haftpflichtversicherer wird die Gebühren nach einem Gegenstandswert von 8.000,00 EUR erstatten.

Praxistipp:

41 Die Differenzen zwischen den entstandenen Gebühren und den erstatteten Gebühren wird der Rechtsanwalt mit dem Mandanten bzw. dem hinter dem Mandanten stehenden Rechtsschutzversicherer abrechnen können.[18]

42 Hat das Fahrzeug des Geschädigten einen wirtschaftlichen Totalschaden erlitten, war es umstritten, ob der Restwert bei dem Gegenstandswert, nachdem der Haftpflichtversicherer des Schädigers dem Geschädigten die ihm entstandenen Anwaltsgebühren zu erstatten hatte, abzusetzen ist oder nicht.[19] Viele Gerichte hatten die Auffassung

[16] BGH NJW 1970, 1122.

[17] Zitiert nach dem Leitsatz der BGH-Entscheidung in NJW 1970, 1122.

[18] Ausführlich: Enders JurBüro 2005, 505.

[19] LG Aachen AnwBl 2015, 720; LG Koblenz zfs 1982, 205; AG Ahlen Urteil vom 7. 5. 2013 – 30 C 103/12; AG Bad Neuenahr-Ahrweiler AGS 2016, 155; AG Berlin-Mitte AGS 2016, 16; AG Freiburg AnwBl 1971, 361; AG Norderstedt AGS 2015, 525; AG Waldbröhl Urteil vom

vertreten, dass dies nicht der Fall sei und der Restwert bei dem Gegenstandswert für die Gebühren, die der Haftpflichtversicherer des Schädigers zu erstatten habe, mit zu berücksichtigen sei. Der **BGH**[20] ist der Auffassung, dass der **Restwert** beim Gegenstandswert, nach dem sich die von dem Haftpflichtversicherer des Schädigers dem Geschädigten zu erstattenden Anwaltskosten bestimmen, **nicht zu berücksichtigen** ist.

Beispiel: Der Sachverständige hat den Wiederbeschaffungswert des Fahrzeuges auf 8.000,00 EUR festgesetzt. Den Restwert hat er mit 2.000,00 EUR ermittelt. Der Rechtsanwalt des Geschädigten macht einen Fahrzeugschaden in Höhe von 6.000,00 EUR und Nebenschäden in Höhe von 1.500,00 EUR, insgesamt also 7.500,00 EUR geltend. Diesen Betrag reguliert der Haftpflichtversicherer des Schädigers auch. Folgt man dem BGH (aaO) fließt der Restwert von 2.000 EUR nicht mit in den Gegenstandswert, der den zu erstattenden Anwaltskosten zugrunde zu legen ist, ein. Der Haftpflichtversicherer des Schädigers hat dem Geschädigten nur die Anwaltskosten, berechnet nach einem Gegenstandswert von 7.500 EUR, zu erstatten. 43

II. Beratung

1. Beratung – Rechtslage ab 1. 7. 2006

Die Vergütung für eine Beratung wurde durch Artikel 5 des KostRMoG[21] **ab dem 1. 7. 2006** neu geregelt. Nach § 34 Abs. 1 RVG soll der Rechtsanwalt, der eine Beratung vornimmt, auf eine Gebührenvereinbarung hinwirken. Im RVG ist dann für den Bereich der Beratung kein Gebührensatz- oder Betragsrahmen mehr vorgesehen. Nach der Begründung des Gesetzes[22] soll dadurch für den Auftraggeber transparenter werden, was er dem Anwalt für dessen Tätigkeit (Beratung) schuldet. Der Mandant soll abschätzen können, welcher Vergütungsanspruch auf ihn zukommt. Er soll davor geschützt werden, dass er in einer Angelegenheit mit hohem Streitwert sich plötzlich einer Vergütungsforderung des Rechtsanwaltes gegenübersieht, mit deren Höhe er nicht gerechnet hat. 44

Für den Bereich der außergerichtlichen **Vertretung** bleibt es bei einer gesetzlichen Vergütung nach dem RVG, nämlich einer Geschäftsgebühr nach den Nummern 2300 bis 2303 VV RVG (→ Kap. D Rn. 100). 45

1.1 Vergütungsvereinbarung für Beratung

Nach § 34 Abs. 1 S. 1 RVG soll der Rechtsanwalt für einen mündlichen oder schriftlichen Rat auf eine Gebührenvereinbarung mit seinem Auftraggeber/Mandanten hinwirken. 46

Auszug aus dem RVG

§34 47
Beratung, Gutachten und Mediation

(1) Für einen mündlichen oder schriftlichen Rat oder eine Auskunft (Beratung), die nicht mit einer anderen gebührenpflichtigen Tätigkeit zusammenhängen, für die Ausarbeitung eines schriftlichen Gutachtens und für die Tätigkeit als Mediator soll der Rechtsanwalt auf eine Gebührenvereinbarung hinwirken, soweit in Teil 2 Abschnitt 1 des Vergütungsverzeichnisses

---

4. 5. 2016 – 15 C 42/16; AG Wesel RVGprof. 2011, 154. Anderer Ansicht: AG Koblenz SVR 20914, 476; AG Dinslaken Urteil vom 16. 6. 2014 – 32 C 117/14; AG Bad Hersfeld AGS 2015, 363; AG Hildesheim AGS 2006, 396.

[20] BGH Urteil vom 18. 7. 2017 – VI ZR 465/16.

[21] BGBl. I 2004, 718 (847). Wegen der Rechtslage bis 30. 6. 2006 siehe Enders RVG für Anfänger, 13. Auflage, Rn. 431 bis 471.

[22] Begründung zum KostRMoG in BT-Drucksache 15/1971, S. 238, rechte Spalte.

keine Gebühren bestimmt sind. Wenn keine Vereinbarung getroffen worden ist, erhält der Rechtsanwalt Gebühren nach den Vorschriften des bürgerlichen Rechts. Ist im Fall des Satzes 2 der Auftraggeber Verbraucher, beträgt die Gebühr für die Beratung oder für die Ausarbeitung eines schriftlichen Gutachtens jeweils höchstens 250 EUR; § 14 Abs. 1 gilt entsprechend; für ein erstes Beratungsgespräch beträgt die Gebühr jedoch höchstens 190 EUR.

(2) Wenn nichts anderes vereinbart ist, ist die Gebühr für die Beratung auf eine Gebühr für eine sonstige Tätigkeit, die mit der Beratung zusammenhängt, anzurechnen.

48 In § 3a Abs. 1 S. 4 RVG wird klargestellt, dass für eine Gebührenvereinbarung für eine Beratung die Textform nicht vorgeschrieben ist. Dennoch ist zu empfehlen, auch die Gebührenvereinbarung für eine Beratung mit dem Mandanten schriftlich oder zumindest in Textform abzuschließen. Dies insbesondere deshalb, damit im Fall eines späteren Streites um die Vergütung der Rechtsanwalt die Vereinbarung mit seinem Mandanten beweisen kann.[23]

Der Rechtsanwalt wird also vor Einstieg in die gewünschte Beratung mit dem Mandanten die Vergütung (Gebühren und evtl. Auslagen) besprechen und eine Vereinbarung schließen müssen.

49 **Beispiel:** Der Mandant erscheint in der Kanzlei und wünscht eine Beratung. Der Rechtsanwalt vereinbart mit dem Mandanten mündlich eine Gebühr von 150,00 EUR zuzüglich Umsatzsteuer. Nach Beendigung der Beratung rechnet der Rechtsanwalt die Pauschal-Vergütung von 150,00 EUR zzgl. Umsatzsteuer ab. Der Mandant zahlt den Gesamtbetrag. Der Mandant wird den freiwillig und vorbehaltlos gezahlten Betrag später nicht zurückfordern können mit der Begründung, dass die Vergütungsvereinbarung nicht der Textform entsprochen hat. Denn nach § 3a Abs. 1 S. 4 RVG gelten die in § 3a Abs. 1 und 2 RVG für eine Vergütungsvereinbarung vorgeschriebenen Formalien (Textform etc.) nicht für eine Gebührenvereinbarung nach § 34 RVG. In § 34 RVG ist ua die Gebührenvereinbarung für eine Beratung geregelt. Also ist eine Gebührenvereinbarung für eine Beratung nicht fehlerhaft iSv § 4b RVG, wenn sie nur mündlich geschlossen worden ist.[24]

Zahlt der Mandant allerdings nicht, und kann der Rechtsanwalt eine von ihm behauptete Vergütungsvereinbarung nicht beweisen, wird der Rechtsanwalt nur eine angemessene Vergütung nach den Vorschriften des bürgerlichen Rechts durchsetzen können (§ 34 Abs. 1 S. 2 RVG → Kap. D Rn. 56).

50 Der Gesetzgeber überlässt es dem Rechtsanwalt und seinem Mandanten, welche Art von Vergütung vereinbart wird (→ Kap. B Rn. 102 ff.). Der Rechtsanwalt kann also mit seinem Mandanten sowohl eine pauschale Vergütung als auch eine Zeitvergütung oder einen festen Gebührensatz nach einem (ggfls. auch zu vereinbarenden) Gegenstandswert nach der Tabelle zu § 13 RVG vereinbaren. Auch jede sonst denkbare Form ist möglich. Die Vergütung muss nach der Vergütungsvereinbarung nur hinreichend bestimmbar sein. Bei Vereinbarung einer Pauschale für die Beratung sollte unbedingt darauf geachtet werden, dass klar umrissen ist, was durch die Pauschale alles abgegolten wird. Es empfiehlt sich, die Pauschale an ein zeitliches Limit zu koppeln.[25]

51 **Beispiel:** Der Rechtsanwalt könnte mit seinem Mandanten zB vereinbaren, dass dieser pauschal für die Beratung eine Vergütung in Höhe von 120,00 EUR zahlt. Dauert das Beratungsgespräch einschließlich der Informationsaufnahme länger als 30 Minuten, erhält der Rechtsanwalt eine weitere Vergütung in Form eines Stundenhonorars von 200,00 EUR. Angefangene Zeitstunden werden minutengenau abgerechnet (also 200,00 EUR: 60 Minuten x tatsächlicher Zeitaufwand).

52 Die Frage zur Höhe einer pauschalen Vergütung für eine Beratung oder zur Höhe eines Stundensatzes kann sicherlich nicht einheitlich für das gesamte Bundesgebiet

[23] Muster für Vergütungsvereinbarungen für eine Beratung finden sich zB bei Enders JurBüro 2006, 225 ff. und 281 ff.

[24] Zur fehlerhaften Vergütungsvereinbarung und der Möglichkeit der Rückforderung durch den Mandanten siehe Kapitel B. Rn. 70 und 92.

[25] Enders JurBüro 2006, 281 ff.

beantwortet werden. In eher ländlich strukturierten Kammerbezirken wird sicherlich nur eine niedrigere Beratungspauschale durchzusetzen sein, als in Großstädten und deren Einzugsgebieten. Nach einem Forschungsbericht des Soldan Institutes liegt der feste Stundensatz nach Aussage der vom Soldan Institut befragten Anwälte bei durchschnittlich 182 EUR.[26] Ob dieser Stundensatz, der nicht speziell für Beratungsmandate ermittelt wurde, als durchschnittlicher Stundensatz auch für eine Beratung angenommen werden kann, erscheint mir zweifelhaft. Es wird bei der Höhe der Gebühr für eine Beratung immer auf den Einzelfall, die dort auftretenden Schwierigkeiten und insbesondere auch darauf ankommen, welche Höhe der Vergütung der Mandant akzeptiert.

Ob es sinnvoll ist, eine Beratung zu Billig und Dumping-Preisen anzubieten, er- 53 scheint zweifelhaft. Die Rechtsprechung sieht zwar teilweise solche Werbung als nicht wettbewerbswidrig und zulässig an.[27] In der Rechtsprechung wird teilweise sogar die Werbung eines Rechtsanwaltes mit einer kostenfreien anwaltlichen Erstberatung als zulässig angesehen.[28] Dumping-Preise können nie im Sinne des einzelnen Anwaltes und auch nie im Sinne der gesamten Anwaltschaft sein.[29] Auch eine Anwaltskanzlei ist ein auf Gewinnerzielung ausgerichteter Wirtschaftsbetrieb. Selbst wenn der Anwalt hofft, durch Dumping-Preise an neue Mandanten und neue Mandate zu kommen, so muss er sich vor Augen halten, dass er in dem Mandanten natürlich die Hoffnung weckt, dass er ihn nicht nur zu Dumping-Preisen beraten, sondern auch später evtl. vertreten wird. Der Rechtsanwalt, der mit dem Mandanten in der Beratung ein Pauschalhonorar von nur 10 oder 15 EUR vereinbart, wird sich sicherlich schwer tun, gegenüber dem Mandanten für spätere Mandate oder die weitere Bearbeitung der Sache ein Stundenhonorar von mehreren 100 EUR oder auch nur die weit höhere gesetzliche Vergütung durchzusetzen.

Gemäß § 49b BRAO ist es unzulässig, geringere Gebühren und Auslagen zu ver- 54 einbaren, als das RVG vorsieht, soweit dies nichts anderes bestimmt. Eine andere Bestimmung im Sinne dieser Vorschrift findet sich in § 4 Abs. 1 RVG. Danach darf der Rechtsanwalt in außergerichtlichen Angelegenheiten eine niedrigere als die gesetzliche Vergütung vereinbaren. Diese muss dann aber in einem angemessenen Verhältnis zu Leistung, Verantwortung und Haftungsrisiko des Rechtsanwalts stehen. In der der Beratung unter Umständen folgenden gerichtlichen Tätigkeit wird der Rechtsanwalt aber keine geringere Vergütung als die gesetzliche Vergütung nach dem RVG vereinbaren dürfen, es sei denn, dies geschieht im Rahmen der Vereinbarung eines Erfolgshonorars (§ 4a RVG).

Zusammenfassung

- Ab dem 1. 7. 2006 wird der Rechtsanwalt vor der Beratung mit dem Mandanten die Höhe seiner Vergütung vereinbaren müssen. 55
- Auch die Gebührenvereinbarung für eine Beratung sollte schriftlich abgeschlossen werden, damit der Rechtsanwalt im Falle eines eventuellen Streits mit dem Mandanten über die Vergütung den Inhalt der Vereinbarung beweisen kann.
- Bei der Höhe der vereinbarten Vergütung sollte unbedingt darauf geachtet werden, dass diese für den Rechtsanwalt wirtschaftlich tragbar und gewinnbringend ist.

2. Es wurde keine Vergütungsvereinbarung getroffen

Hat der Rechtsanwalt im Rahmen des Beratungsmandates keine Vereinbarung über 56 seine Vergütung getroffen, erhält er gemäß § 34 Abs. 1 S. 2 RVG „... Gebühren nach

[26] Forschungsberichte des Soldan Instituts für Anwaltsmanagement, Band 3, Hommerich/Kilian, „Vergütungsvereinbarung deutscher Rechtsanwälte“, Kapitel 5.3.2.2 „Feste Stundensätze“, S. 65.

[27] Vgl. zB Wedel JurBüro 2007, 623; BGH AnwBl. 2007, 870.

[28] AGH Hamm, AnwBl 2016, 767.

[29] Vgl. Hartung/Schons/Enders § 34 Rn. 40 bis 41.

den Vorschriften des bürgerlichen Rechts". Das bürgerliche Recht kennt keine Gebühren. Gemeint ist hier wohl die übliche Vergütung nach § 612 BGB.[30] Nach § 612 Abs. 2 BGB ist, wenn eine Vergütung nicht bestimmt ist, bei dem Bestehen einer Taxe die taxmäßige Vergütung, in Ermangelung einer Taxe die übliche Vergütung als vereinbart anzusehen. Unter Taxe im Sinne dieser Vorschrift versteht man nach Bundes- oder Landesrecht zugelassene und festgelegte Gebühren, also auch das RVG für die Dienstleistungen von Rechtsanwälten.[31] Das RVG bestimmt aber für den Bereich der Beratung ab dem 1. 7. 2006 keine Gebühren mehr. Also gilt eine übliche Vergütung als geschuldet. Eine übliche Vergütung *„ist die nach einer festen Übung für gleiche oder ähnliche Dienstleistungen an dem betreffenden Ort mit Rücksicht auf die persönlichen Verhältnisse gewöhnlich gewährte Vergütung. Sie ist in der Regel nicht ein fester Betrag oder Satz, sondern eine Spanne. Es ist auf die Umstände des Einzelfalles abzustellen ...".*[32] In der Literatur wird ganz überwiegend vertreten, dass zu Bestimmung der üblichen Vergütung nicht auf die bis zum 30. 6. 2006 für die Beratung im RVG festgelegten Satz- oder Betragsrahmengebühren zurückgegriffen werden könne.[33] Vielmehr müsse die Vergütung zugrunde gelegt werden, die nach dem 1. 7. 2006 in Anwaltskreisen üblicherweise für eine Beratung in der betreffenden Region gezahlt werde.[34] Leider gibt es meines Wissens keine Erhebungen zB der einzelnen Rechtsanwaltskammern über die in ihrem Bezirk übliche Vergütung für eine anwaltliche Beratung. Auch ist zwischenzeitlich nur wenig Rechtsprechung hierzu zur Veröffentlichung gelangt: So sieht das *AG Emmerich*[35] als übliche Vergütung für eine anwaltliche Beratung eine 0,75 Gebühr nach der Tabelle zu § 13 RVG nach dem betreffenden Gegenstandswert an. Das *AG Brühl*[36] hat auf eine übliche Vergütung von 250 EUR – netto – für ein mindestens halbstündiges Beratungsgespräch erkannt (beraten wurde ein selbstständiger Architekt und Mitgesellschafter einer GmbH über eine eventuelle Klage mit dem Ziel der Erzwingung einer Bilanzerstellung). Das *AG Bielefeld*[37] setzte die ortsübliche Vergütung für beratende Tätigkeit mit 190 EUR je Stunde an. Das *AG Stuttgart*[38] vertritt die Auffassung, dass sich die Höhe der Vergütung nach den Vorschriften des bürgerlichen Rechts in Anlehnung an den Gebührentatbestand der Nr. 2100 VV RVG (0,5 bis 1,0 Gebühr) orientiere. Denn insbesondere bei geringen Streitwerten (dem vom AG Stuttgart entschiedenen Fall lag ein Streitwert von 331 EUR zugrunde) entspreche es nicht der Billigkeit, schlicht von einem Zeithonorar von 150 EUR pro Stunde als „übliche Vergütung" auszugehen. Nach *AG Siegburg*[39] muss die „übliche Vergütung" nicht notwendigerweise geringer ausfallen, als eine entsprechende Geschäftsgebühr nach dem betreffenden Gegenstandswert. *Hansens* führt aus, in der Übergangszeit, also bis sich eine übliche Vergütung – sei es durch Marktforschung oder eine gefestigte Rechtsprechung – feststellen lässt, von einem Stundensatz von 200 EUR als übliche Vergütung im Sinne von § 612 Abs. 2 BGB für eine anwaltliche Beratung auszugehen.[40]

57 Nach § 34 Abs. 1 S. 3 RVG gilt § 14 Abs. 1 RVG entsprechend. Nach § 14 Abs. 1 bestimmt der Rechtsanwalt die Gebühr im Einzelfall unter Berücksichtigung aller Umstände, vor allem des Umfangs und der Schwierigkeit der anwaltlichen Tätigkeit,

---

[30] So auch Hartung/Schons/Enders § 34 Rn. 60 bis 69; Gerold/Schmidt § 34 Rn. 44 bis 49; Hansens RVGreport 2006, 121; Schneider/Wolf § 34 Rn. 88 bis 109.

[31] Palandt BGB, 74. Aufl., § 612 Rn. 7.

[32] Zitiert nach Palandt BGB, 74. Aufl., § 612 Rn. 8.

[33] Gerold/Schmidt § 34 Rn. 47; Hartung/Schons/Enders § 34 Rn. 63 ff.

[34] Hartung/Schons/Enders § 34 Rn. 63 ff.; Schneider/Wolf § 34 Rn. 94 bis 109; Hansens RVGreport 2006, 121.

[35] AG Emmerich JurBüro 2009, 303.

[36] AG Brühl JurBüro 2009, 303.

[37] AG Bielefeld AGS 2010, 160.

[38] AG Stuttgart JurBüro 2014, 473.

[39] AG Siegburg AGS 2015, 503 mit kritischer Anm von Schons.

[40] Hansens RVGreport 2006, 121.

der Bedeutung der Angelegenheit sowie der Einkommens- und Vermögensverhältnisse des Auftraggebers nach billigem Ermessen. Ein besonderes Haftungsrisiko kann bei der Bemessung herangezogen werden. Also sind die Kriterien des § 14 Abs. 1 RVG auch heranzuziehen, wenn es um die Bestimmung einer üblichen Vergütung nach den Vorschriften des bürgerlichen Rechts geht.[41]

Zusammenfassung

▶ Wird nach dem 1. 7. 2006 für die Beratung keine Vergütungsvereinbarung getroffen, erhält der Rechtsanwalt nach § 34 Abs. 1 S. 2 RVG eine Vergütung nach den Vorschriften des bürgerlichen Rechts. Gemeint ist hier die übliche Vergütung nach § 612 Abs. 2 BGB. Es bleibt abzuwarten, wie die Rechtsprechung diese Vorschrift weiter ausfüllt. 58

2.1 Verbraucher

Hat der Rechtsanwalt für die Beratung **keine Vergütungsvereinbarung** geschlossen 59 und ist sein Auftraggeber ein Verbraucher, kann der Rechtsanwalt als Vergütung nach den Vorschriften des bürgerlichen Rechts höchstens 250 EUR erhalten (§ 34 Abs. 1 S. 3 RVG). Diese Vorschrift begrenzt also die Vergütung nach den Vorschriften des bürgerlichen Rechts, wenn der Mandant **Verbraucher** ist.

Die Obergrenze von 250 EUR gilt auch, wenn es sich um mehrere Beratungsge- 60 spräche handelt oder die Beratung schriftlich erfolgt (§ 34 Abs. 1 S. 3 RVG).

Ist der Auftraggeber des Rechtsanwaltes Verbraucher und handelt es sich nur um 61 ein **erstes Beratungsgespräch**, so beträgt die Vergütung nach den Vorschriften des bürgerlichen Rechts höchstens 190 EUR. Auch diese Obergrenze gilt nur, wenn für die Beratung keine Vergütungsvereinbarung getroffen wurde.

Wurde für die Beratung eine Vergütungsvereinbarung getroffen, ist weder die 62 Obergrenze von 250 EUR, noch die Obergrenze von 190 EUR im Rahmen der Vergütungsvereinbarung zu beachten. Ein vereinbartes Honorar darf also auch höher sein.

Die Obergrenzen von 250 EUR bzw. 190 EUR gelten nicht, wenn der Rechtsanwalt 63 einen Unternehmer oder einen Selbstständigen, wegen Fragen, die das Unternehmen oder die selbstständige Tätigkeit betreffen, berät.

Beispiel: Der Rechtsanwalt hat mit dem Mandanten keine Vergütungsvereinbarung für die Be- 64 ratung getroffen. Der Mandant ist Verbraucher. Der Rechtsanwalt berät ihn in fünf Beratungsgesprächen und fasst anschließend den Inhalt der Beratungsgespräche und das Ergebnis noch einmal schriftlich zusammen und übersendet dem Mandanten dies.

Da der Rechtsanwalt keine Vergütungsvereinbarung getroffen hat, kann er nur eine Vergütung nach den Vorschriften des bürgerlichen Rechts erhalten (§ 34 Abs. 1 S. 2 RVG). Diese Vergütung darf höchstens 250,00 EUR betragen (§ 34 Abs. 1 S. 3 RVG).

Beispiel: Der Rechtsanwalt berät einen Verbraucher. Die Beratung kann in einem ersten Bera- 65 tungsgespräch abgehandelt werden. Eine Vergütungsvereinbarung hat der Rechtsanwalt mit dem Mandanten nicht getroffen. Der Rechtsanwalt erhält nur eine Vergütung nach den Vorschriften des bürgerlichen Rechts. Diese Vergütung darf höchstens 190,00 EUR betragen, da es sich um ein erstes Beratungsgespräch gehandelt hat (§ 34 Abs. 1 S. 2 und 3 RVG).

Zusammenfassung

▶ Wurde keine Vergütungsvereinbarung getroffen und ist der Auftraggeber Verbrau- 66 cher, so darf die dem Rechtsanwalt zustehende Vergütung nach den Vorschriften des bürgerlichen Rechts betragen
  - für ein erstes Beratungsgespräch höchstens 190 EUR
  - für mehrere Gespräche oder eine schriftliche Beratung höchstens 250 EUR.

---

[41] Hartung/Schons/Enders § 34 Rn. 80.

▶ Diese Obergrenzen gelten nicht, wenn der Rechtsanwalt einen Unternehmer oder selbstständigen Tätigen berät wegen Fragen, die das Unternehmen bzw. die selbstständige Tätigkeit betreffen.

3. Anrechnung

67 Nach § 34 Abs. 2 RVG ist auch eine für eine Beratung vereinbarte Gebühr auf Gebühren für sonstige Tätigkeiten anzurechnen, die mit der Beratung zusammenhängen. Dies gilt nur, wenn nichts anderes vereinbart ist. Hat der Rechtsanwalt in der Vergütungsvereinbarung mit dem Mandanten die Anrechnung der Vergütung für die Beratung ausgeschlossen, so geht diese individuelle Vereinbarung der gesetzlichen Bestimmung in § 34 Abs. 2 RVG vor.

Auch die übliche Vergütung nach § 612 Abs. 2 BGB für die Beratung, die zum Tragen kommt, wenn der Rechtsanwalt keine Vereinbarung mit dem Mandanten getroffen hat, ist nach § 34 Abs. 2 RVG anzurechnen auf Gebühren für sonstige Tätigkeiten, die mit der Beratung zusammenhängen.

Praxistipp:

68 Der Rechtsanwalt sollte in der Vergütungsvereinbarung die in § 34 Abs. 2 RVG vorgesehene **Anrechnung ausschließen**! Soll die Anrechnung der vereinbarten Gebühr für die Beratung nicht ausgeschlossen werden, sollte zumindest mit dem Mandanten vereinbart werden, wie anzurechnen ist.[41]

69 **Beispiel:** Für eine Beratung hat der Rechtsanwalt mit seinem Mandanten eine Gebühr von Pauschal 280,00 EUR zzgl. Auslagen (20,00 EUR) und Umsatzsteuer vereinbart. Die Anrechnung wurde in der Vergütungsvereinbarung nicht ausgeschlossen.

Nach der Beratung klagt der Rechtsanwalt den Anspruch in Höhe von 2.000,00 EUR auftragsgemäß für den Mandanten ein. In dem Rechtsstreit vertritt er die Partei als Prozessbevollmächtigter – auch in dem Termin zur mündlichen Verhandlung. Es ergeht ein Urteil.

Der Rechtsanwalt kann berechnen:

Für die Beratung:	
1) Pauschale Gebühr gem. Vereinbarung	280,00 EUR
2) Auslagen gem. Vereinbarung	20,00 EUR
zzgl. Umsatzsteuer.	
Für die Vertretung als Prozessbevollmächtigter in dem bürgerlichen Rechtsstreit:	
Gegenstandswert: 2.000,00 EUR	
1) 1,3 Verfahrensgebühr §§ 2, 13 RVG iVm Nr. 3100 VV RVG	195,00 EUR
hierauf anzurechnen gem. § 34 Abs. 2 RVG	
die vereinbarte Gebühr, aber maximal mit	195,00 EUR
verbleiben von der Verfahrensgebühr	0,00 EUR
2) 1,2 Terminsgebühr §§ 2, 13 RVG iVm Nr. 3104 VV RVG	180,00 EUR
3) Pauschale für Entgelte für Post- und Telekommunikationsdienstleistungen Nr. 7002 VV RVG	20,00 EUR
zzgl. Umsatzsteuer.	

Da hier die Anrechnung der Gebühr für die Beratung in der Vereinbarung nicht ausgeschlossen wurde, ist diese gem. § 34 Abs. 2 RVG auf eine Gebühr für eine sonstige Tätigkeit, die mit der Beratung zusammenhängt, anzurechnen.

Meinens Erachtens ist nur auf die Betriebsgebühr der sonstigen Tätigkeit anzurechnen, nicht aber auf die weiteren Gebühren.[43]

70 Schließt der Rechtsanwalt die Anrechnung der vereinbarten Vergütung nicht aus ergeben sich auch dann Probleme, wenn der Gegenstand der Beratung nicht vollständig mit dem Gegenstand der sonstigen Tätigkeit übereinstimmt.

---

[42] Enders JurBüro 2006, 617 – mit Muster.

[43] Anders: Schneider, Die Vergütungsvereinbarung, Rn. 831c: „Der Wortlaut des § 34 Abs. 2 RVG schließt es jedenfalls nicht aus, auch auf die Terminsgebühr anzurechnen."

Beispiel: Der Rechtsanwalt hat beraten wegen eines Anspruches in Höhe von 50.000,00 EUR. Er hat für die Beratung mit seinem Mandanten eine Vergütung in Höhe von 250,00 EUR pauschal zzgl. Auslagen und Umsatzsteuer vereinbart. Wegen mangelnder Erfolgsaussichten im Übrigen werden nur 20.000,00 EUR außergerichtlich geltend gemacht. 71

Hätte der Rechtsanwalt die Anrechnung nicht in der Vergütungsvereinbarung ausgeschlossen, würden sich jetzt folgende Probleme ergeben:

In welchem Umfange rechnet er die vereinbarte Vergütung auf die Geschäftsgebühr der Nr. 2300 VV RVG an?

Meines Erachtens wäre die vereinbarte Vergütung zu 2/5, also mit 100,00 EUR auf die Geschäftsgebühr für die nachfolgende außergerichtliche Tätigkeit anzurechnen. Die vereinbarte Gebühr ist also nur anteilig nach dem Verhältnis der Werte der Gegenstände anzurechnen, die aus der Beratung in eine sonstige Tätigkeit übergegangen sind (hier also 250,00 EUR: 50.000,00 EUR – Gegenstände, wegen welcher beraten wurde – × 20.000,00 EUR – Gegenstände, wegen welcher auch eine sonstige Tätigkeit ausgeübt wurde – = 100,00 EUR).

Zusammenfassung

▶ Auch eine vereinbarte Vergütung für eine Beratung ist nach § 34 Abs. 2 RVG anzurechnen auf eine Gebühr für eine sonstige Tätigkeit, die mit der Beratung zusammenhängt. Diese Anrechnung kann im Rahmen der Vergütungsvereinbarung ausgeschlossen werden. Dies sollte auch geschehen. 72

4. Rechtsschutzversicherung

Ist der Mandant, der vom Rechtsanwalt beraten wird, rechtsschutzversichert, so stellt sich die Frage, welche Vergütung die Rechtsschutzversicherung übernimmt. Die allgemeinen Bedingungen für die Rechtsschutzversicherung (ARB), die dem Rechtsschutzversicherungsvertrag zugrunde liegen, sind nicht bei allen Rechtsschutzversicherungen einheitlich, da die Versicherungsgesellschaften ihre Bedingungen individuell gestalten können. Daher kann es je nachdem bei welcher Gesellschaft der Mandant seine Rechtsschutzversicherung abgeschlossen hat und welche Bedingungen dem Vertrag zugrunde liegen, völlig unterschiedlich sein, welche Leistungen der Rechtsschutzversicherer bei anwaltlicher Beratung erbringt.[44] 73

Praxistipp:

Der Rechtsanwalt sollte sich von dem Mandanten den Rechtsschutzversicherungsvertrag und die diesem zugrundeliegenden ARBs vorlegen lassen. Ergibt sich hieraus nicht, in welchem Umfang der Rechtsschutzversicherer die für eine Beratung vereinbarte Vergütung ersetzt, sollte er bei dem Rechtsschutzversicherer nachfragen, bis zu welcher Höhe dieser die vereinbarten Kosten für eine Beratung übernimmt. Ergeben sich Differenzen in der Höhe, wird der Rechtsanwalt unter Umständen den Mandanten darauf hinweisen müssen, dass die zu vereinbarende Vergütung nicht in vollem Umfange von dem Rechtsschutzversicherer gedeckt wird und der Mandant die Differenz selbst zahlen muss. 74

Zusammenfassung

▶ Um nachträgliche Abrechnungsprobleme zu vermeiden, sollte der Rechtsanwalt in den Fällen, in denen der Mandant rechtsschutzversichert ist, anhand der dem Rechtsschutzversicherungsvertrag zugrundeliegenden ARBs prüfen, inwieweit der Rechtsschutzversicherer das für die Beratung vereinbarte Honorar übernimmt. Lässt sich diese Frage anhand der ARBs nicht klären, empfiehlt es sich, bei der Rechtsschutzversicherung anzufragen, in welcher Höhe sie eine vereinbarte Vergütung übernimmt. 75

[44] Ausführlich: Enders JurBüro 2006, 337 (339 – Kapitel 2).

III. Gutachtengebühr

76 Die Vergütung für die Ausarbeitung eines schriftlichen Gutachtens ist in § 34 Abs. 1 RVG geregelt (Gesetzestext siehe → Kap. D Rn. 47). Danach soll der Rechtsanwalt, der beauftragt ist, ein schriftliches Gutachten auszuarbeiten, auf eine **Vergütungsvereinbarung hinwirken.**

77 Die Vergütungsvereinbarung für die Ausarbeitung eines schriftlichen Gutachtens kann formfrei geschlossen werden (§ 3a Abs. 1 S. 4 RVG). Aus Gründen der späteren Beweisführung im Streitfalle sollte die Vereinbarung zumindest in Textform geschlossen werden. Welche Art von Vergütung der Rechtsanwalt vereinbart (Pauschale Vergütung, Zeitvergütung oder Ähnliches) bleibt ihm überlassen.

78 Hat der Rechtsanwalt **keine** Vergütungsvereinbarung getroffen, erhält er nach § 34 Abs. 1 S. 2 RVG eine Vergütung nach den Vorschriften des bürgerlichen Rechts (zur Problematik siehe → Kap. D Rn. 56). Ist der Auftraggeber des Rechtsanwalts **Verbraucher** beträgt die Vergütung nach den Vorschriften des bürgerlichen Rechts höchstens 250 EUR. Diese Obergrenze gilt aber nur, wenn keine Vergütungsvereinbarung geschlossen wurde. Im Rahmen einer Vergütungsvereinbarung darf natürlich ein höheres Honorar als 250 EUR für die Ausarbeitung eines schriftlichen Gutachtens vereinbart werden.

79 Ein schriftliches Gutachten im Sinne von § 34 Abs. 1 S. 2 RVG hat in der Regel zum Inhalt[45]
- eine geordnete Darstellung des zu beurteilenden Sachverhalts,
- die Herausstellung der rechtlichen Probleme,
- die Stellungnahme von Rechtsprechung und Literatur zu diesem rechtlichen Problem,
- das eigene Urteil des Rechtsanwaltes über die Sach- und Rechtslage in dem vorliegenden Fall unter Würdigung der Stimmen aus Rechtsprechung und Schrifttum.

80 Ist der Rechtsanwalt zB als Prozessbevollmächtigter in einem bürgerlichen Rechtsstreit bestellt und erhält er daneben den Auftrag ein Gutachten zu einer auch im Prozess relevanten Rechtsfrage zu erstellen, wird er eine nach § 34 Abs. 1 RVG für das schriftliche Gutachten zu vereinbarende Vergütung noch neben den Gebühren (zB Verfahrensgebühr Nr. 3100 VV RVG und Terminsgebühr Nr. 3104 VV RVG) erhalten können, die ihm als Prozessbevollmächtigter entstehen. Es muss jedoch ein **klarer Auftrag** der Partei an den Rechtsanwalt vorliegen, das Gutachten zu erstatten.[46] Da der Rechtsanwalt mit dem Mandanten eine Gebührenvereinbarung für das schriftliche Gutachten abschließen soll, wird er den Mandanten im Rahmen des Vergütungsgespräches ohnehin darüber aufklären müssen, dass für das schriftliche Gutachten eine gesonderte Vergütung anfällt. Die Höhe dieser Vergütung für das Gutachten ist zu vereinbaren.

81 Eine vereinbarte Vergütung für ein schriftliches Gutachten kann auch **ausnahmsweise erstattungsfähig** sein, wenn die Einholung des Gutachtens zur zweckentsprechenden Rechtsverfolgung notwendig war. Dies ist zB dann der Fall, wenn Spezialkenntnisse aus einem entlegenen Rechtsgebiet erforderlich und für die Bearbeitung der Sache notwendig sind, die der Rechtsanwalt nur unter großen Schwierigkeiten erwerben kann und somit zB einen entsprechenden spezialisierten Rechtsanwalt mit der Erstellung der Expertise beauftragt.[47] Wird die Erstattungsfähigkeit bejaht, stellt sich die Frage, in welcher Höhe die vereinbarte Vergütung für das schriftliche Gutachten zu erstatten ist. Zu erstatten ist nur eine angemessene Vergütung.

---

[45] Hartung/Schons/Enders § 34 Rn. 24.
[46] Gerold/Schmidt § 34 Rn. 29.
[47] Mayer/Kroiß § 34 Rn. 165 bis 167; Hartmann § 34 RVG Rn. 43 bis 49.

Die Anrechnungsvorschrift in § 34 Abs. 2 RVG gilt nur für eine Vergütung für eine Beratung. Die Vergütung für ein schriftliches Gutachten ist also grundsätzlich nicht anzurechnen auf eine sonstige Vergütung, die der Rechtsanwalt für eine andere Tätigkeit wegen desselben Gegenstandes erhält. Etwas anderes gilt dann, wenn in der Vergütungsvereinbarung die Anrechnung ausdrücklich vereinbart worden ist. 82

Zusammenfassung

- ▶ Der Rechtsanwalt soll, wenn er mit der Ausarbeitung eines schriftlichen Gutachtens beauftragt ist, auf eine Vergütungsvereinbarung hinwirken. 83
- ▶ Hat er keine Vergütungsvereinbarung abgeschlossen, erhält er eine Vergütung nach den Vorschriften des Bürgerlichen Rechts, die aber höchstens 250 EUR betragen darf, wenn der Auftraggeber Verbraucher ist.

IV. Prüfung der Erfolgsaussichten eines Rechtsmittels

Die Vergütung für die Prüfung der Erfolgsaussicht eines Rechtsmittels und die Ausarbeitung eines schriftlichen Gutachtens über die Erfolgsaussicht eines Rechtsmittels ist in Teil 2 Abschnitt 1 (Nrn. 2100 bis 2103) VV RVG geregelt. 84

Auszug aus dem VV RVG

85

Nr.	Gebührentatbestand	Gebühr oder Satz der Gebühr nach § 13 RVG
	Abschnitt 1. Prüfung der Erfolgsaussicht eines Rechtsmittels	
2100	Gebühr für die Prüfung der Erfolgsaussicht eines Rechtsmittels, soweit in Nummer 2102 nichts anderes bestimmt ist ...... Die Gebühr ist auf eine Gebühr für das Rechtsmittelverfahren anzurechnen.	0,5 bis 1,0
2101	Die Prüfung der Erfolgsaussicht eines Rechtsmittels ist mit der Ausarbeitung eines schriftlichen Gutachtens verbunden: Die Gebühr 2100 beträgt	1,3
2102	Gebühr für die Prüfung der Erfolgsaussicht eines Rechtsmittels in sozialrechtlichen Angelegenheiten, in denen im gerichtlichen Verfahren Betragsrahmengebühren entstehen (§ 3 RVG), und in den Angelegenheiten, für die nach den Teilen 4 bis 6 Betragsrahmengebühren entstehen .... Die Gebühr ist auf eine Gebühr für das Rechtsmittelverfahren anzurechnen.	30,00 bis 320,00 €
2103	Die Prüfung der Erfolgsaussicht eines Rechtsmittels ist mit der Ausarbeitung eines schriftlichen Gutachtens verbunden: Die Gebühr 2102 beträgt	50,00 bis 550,00 €

Gem. Nr. 2100 VV RVG erhält der Rechtsanwalt für die **Prüfung der Erfolgsaussicht eines Rechtsmittels** eine Gebühr von **0,5 bis 1,0.** Innerhalb dieses Satzrahmens hat der Rechtsanwalt die Gebühr unter Berücksichtigung der in § 14 RVG genannten Kriterien nach billigem Ermessen zu bestimmen. 86

Es ist unerheblich, für welches Rechtsmittel der Rechtsanwalt auftragsgemäß die Erfolgsaussichten prüft. Nr. 2100 VV RVG gilt also nicht nur bei der Prüfung der 87

Erfolgsaussicht für eine Berufung einer Revision, sondern auch für jedes andere Rechtsmittel, also auch für eine Beschwerde, Rechtsbeschwerde, Nichtzulassungsbeschwerde usw.

88 Die Gebühr entsteht auch dann, wenn der Rechtsanwalt bereits in dem I. Rechtszug als Prozess- oder Verfahrensbevollmächtigter tätig war. Sie entsteht dann **neben den Gebühren**, die der Rechtsanwalt für seine Tätigkeit in dem **I. Rechtszug** abrechnen kann.

89 Wird der Rechtsanwalt, nachdem er zuvor die Erfolgsaussichten eines Rechtsmittels geprüft hat, beauftragt, das Rechtsmittel einzulegen und als Prozess- oder Verfahrensbevollmächtigter für die Partei im Rechtsmittelverfahren tätig zu werden, so ist die Gebühr nach Nr. 2100 VV RVG auf eine Gebühr **anzurechnen**, die dem Rechtsanwalt dann in dem **Rechtsmittelverfahren** entsteht.

90 **Beispiel:** Der Rechtsanwalt wird zunächst beauftragt, die Erfolgsaussicht einer Berufung zu prüfen. Nachdem er dem Mandanten das Ergebnis seiner Prüfung übermittelt hat, wird der Rechtsanwalt beauftragt, das Rechtsmittel auch einzulegen und den Mandanten im Rechtsmittelverfahren zu vertreten. Der Rechtsanwalt legt auftragsgemäß das Rechtsmittel ein und nimmt vor der Berufungskammer des Landgerichts den Termin wahr. Schließlich verkündet das Landgericht ein Urteil.

Der Rechtsanwalt kann berechnen:

Für die Prüfung der Erfolgsaussicht des Rechtsmittels:

Gegenstandswert: 3.500,00 EUR	
1. 0,75 Gebühr für Prüfung Erfolgsaussicht des Rechtsmittels §§ 2, 13, 14 RVG iVm Nr. 2100 VV RVG	189,00 EUR
zzgl. evtl. entstandener Auslagen und Umsatzsteuer.	

Für die Tätigkeit als Prozessbevollmächtigter in dem Rechtszug über die Berufung:

Gegenstandswert: 3.500,00 EUR	
1. 1,6 Verfahrensgebühr §§ 2, 13 RVG iVm Nr. 3200 VV RVG	403,20 EUR
anzurechnen hierauf gem. der Anmerkung zu Nr. 2100 VV RVG:	
0,75 Gebühr für Prüfung der Erfolgsaussichten nach Wert: 3.500,00 EUR	189,00 EUR
verbleiben von der Verfahrensgebühr	214,20 EUR
2. 1,2 Terminsgebühr §§ 2, 13 RVG iVm Nr. 3202 VV RVG	302,40 EUR
3. Pauschale für Entgelte für Post- und Telekommunikationsdienstleistungen Nr. 7002 VV RVG	20,00 EUR
zzgl. evtl. entstandener weitere Auslagen und Umsatzsteuer.	

91 Nach § 15a Abs. 1 RVG kann die Anrechnung auch bereits in der Abrechnung „Für die Prüfung der Erfolgsaussicht des Rechtsmittels:" erfolgen. Dies empfiehlt sich, wenn die Kosten des Berufungsverfahrens von der Gegenseite zu erstatten sind. Der Mandant kann dann die volle 1,6 Verfahrensgebühr Nr. 3200 VV RVG – ohne die Anrechnung der Gebühr für die Prüfung der Erfolgsaussichten des Rechtsmittelserstattet verlangen.

92 Anzurechnen ist die Gebühr der Nr. 2100 VV RVG aber nur insoweit, als die Gegenstände der Prüfung der Erfolgsaussichten des Rechtsmittels und die des anschließenden Rechtsmittelverfahrens identisch sind.

93 **Beispiel:** Die Klage über 9.000,00 EUR wurde abgewiesen. Der Rechtsanwalt wird beauftragt, die Erfolgsaussichten einer Berufung gegen dieses Urteil zu prüfen. Er kommt zu dem Ergebnis, dass Erfolgsaussichten nur wegen 5.000,00 EUR gegeben sind. Der Rechtsanwalt wird dann beauftragt, wegen 5.000,00 EUR Berufung einzulegen und die Mandantschaft in dem Berufungsverfahren als Prozessbevollmächtigter zu vertreten.

Für die Prüfung der Erfolgsaussicht des Rechtsmittels:

Gegenstandswert: 9.000,00 EUR	
1. 0,75 Gebühr für Prüfung Erfolgsaussicht des Rechtsmittels §§ 2, 13, 14 RVG in Verbindung mit Nr. 2100 VV RVG	380,25 EUR
zzgl. evtl. entstandener Auslagen und Umsatzsteuer.	

Diese Gebühr für die Prüfung der Erfolgsaussicht des Rechtsmittels ist nur insoweit anzurechnen auf die Gebühren, die der Rechtsanwalt als Prozessbevollmächtigter für die Tätigkeit in dem Rechtsmittelverfahren erhält, als die Gegenstände der Prüfung und des Rechtsmittelverfahrens identisch sind. Das ist hier nur wegen 5.000,00 EUR der Fall.

Für die Tätigkeit als Prozessbevollmächtigter in dem Rechtszug über die Berufung:
Gegenstandswert: 5.000,00 EUR

1. 1,6 Verfahrensgebühr §§2, 13 RVG iVm Nr. 3200 VV RVG	484,80 EUR
anzurechnen hierauf gem. der Anmerkung zu Nr. 2100 VV RVG: 0,75 Gebühr für Prüfung der Erfolgsaussichten nach Wert: 5.000,00 EUR	227,25 EUR
verbleiben von der Verfahrensgebühr	257,55 EUR
2. 1,2 Terminsgebühr §§2, 13 RVG iVm Nr. 3202 VV RVG	363,60 EUR
3. Pauschale für Entgelte für Post- und Telekommunikationsdienstleistungen Nr. 7002 VV RVG	20,00 EUR
zzgl. evtl. entstandener weitere Auslagen und Umsatzsteuer.	

Für das Entstehen der Gebühr nach Nr. 2100 VV RVG ist es unerheblich, wie der Rechtsanwalt dem Mandanten das Ergebnis seiner Prüfung der Erfolgsaussicht des Rechtsmittels bekannt gibt. Die Gebühr fällt sowohl an, wenn das Ergebnis dem Mandanten mündlich in einer Besprechung unterbreitet wird, als auch dann, wenn das Ergebnis dem Mandanten schriftlich mitgeteilt wird. 94

Nach *Madert*[48] entsteht die Gebühr der Nr. 2100 VV RVG auch dann, wenn der Rechtsanwalt in einer verwaltungsrechtlichen Angelegenheit prüft, ob ein Rechtsbehelf gegen den ablehnenden Bescheid der Behörde Aussicht auf Erfolg hat.

Ist die Prüfung der Erfolgsaussicht eines Rechtsmittels mit der **Ausarbeitung eines schriftlichen Gutachtens** verbunden, entsteht nach Nr. 2101 VV RVG eine Gebühr in Höhe von **1,3**. Die Gebühr in Höhe von 1,3 nach Nr. 2101 VV RVG entsteht nicht neben der Gebühr nach Nr. 2100 VV RVG, sondern **anstelle** der Gebühr nach 2100 VV RVG. 95

Bei der in Nr. 2101 VV RVG bestimmten Gebühr handelt es sich um eine Festgebühr. 96

Auch die Gebühr nach Nr. 2101 VV RVG ist auf eine Gebühr **anzurechnen**, die demselben Rechtsanwalt dadurch entsteht, dass er im Rechtsmittelverfahren tätig wird (Anmerkung zu Nr. 2100 VV RVG). 97

Die Nrn. 2102 und 2103 VV RVG bestimmen die Betragsrahmen, wenn der Rechtsanwalt die Erfolgsaussicht eines Rechtsmittels in sozialrechtlichen Angelegenheiten prüft, in denen im gerichtlichen Verfahren Betragsrahmengebühren entstehen. 98

Zusammenfassung

- ▶ Für die Prüfung der Erfolgsaussicht eines Rechtsmittels erhält der Rechtsanwalt nach Nr. 2100 VV RVG eine Gebühr zwischen 0,5 und 1,0. 99
- ▶ Wird der Rechtsanwalt anschließend im Rechtsmittelverfahren tätig, ist die Gebühr auf die ihm im Rechtsmittelverfahren entstehenden Gebühren anzurechnen (Anmerkung zu Nr. 2100 VV RVG).
- ▶ Ist die Prüfung der Erfolgsaussicht eines Rechtsmittels mit der Ausarbeitung eines schriftlichen Gutachtens verbunden, erhält der Rechtsanwalt nach Nr. 2101 VV RVG eine 1,3 Gebühr.

V. Außergerichtliche Vertretung

1. Die Geschäftsgebühr

Vertritt der Rechtsanwalt den Mandanten außergerichtlich, entsteht die Geschäftsgebühr nach Nr. 2300 VV RVG. Die Geschäftsgebühr ist innerhalb eines Satzrahmens von 0,5 bis 2,5 zu bestimmen. Eine Gebühr von mehr als 1,3 kann nur gefordert werden, wenn die Tätigkeit umfangreich oder schwierig war (Anmerkung zu Nr. 2300 VV RVG). 100

---

[48] Madert AGS 2005, 4.

Auszug aus dem VV RVG

101

Nr.	Gebührentatbestand	Gebühr oder Satz der Gebühr nach § 13 RVG
	Abschnitt 3. Vertretung *Vorbemerkung 2.3:* (1) Im Verwaltungszwangsverfahren ist Teil 3 Abschnitt 3 Unterabschnitt 3 entsprechend anzuwenden. (2) Dieser Abschnitt gilt nicht für die in Abschnitt 4 und in den Teilen 4 bis 6 geregelten Angelegenheiten. (3) Die Geschäftsgebühr entsteht für das Betreiben des Geschäfts einschließlich der Information und für die Mitwirkung bei der Gestaltung eines Vertrags. (4) Soweit wegen desselben Gegenstands eine Geschäftsgebühr für eine Tätigkeit im Verwaltungsverfahren entstanden ist, wird diese Gebühr zur Hälfte, bei Wertgebühren jedoch höchstens mit einem Gebührensatz von 0,75, auf eine Geschäftsgebühr für eine Tätigkeit im weiteren Verwaltungsverfahren, das der Nachprüfung des Verwaltungsakts dient, angerechnet. Bei einer Betragsrahmengebühr beträgt der Anrechnungsbetrag höchstens 175,00 €. Bei der Bemessung einer weiteren Geschäftsgebühr innerhalb eines Rahmens ist nicht zu berücksichtigen, dass der Umfang der Tätigkeit infolge der vorangegangenen Tätigkeit geringer ist. Bei einer Wertgebühr erfolgt die Anrechnung nach dem Wert des Gegenstands, der auch Gegenstand des weiteren Verfahrens ist. (5) Absatz 4 gilt entsprechend bei einer Tätigkeit im Verfahren nach der Wehrbeschwerdeordnung, wenn darauf eine Tätigkeit im Beschwerdeverfahren oder wenn der Tätigkeit im Beschwerdeverfahren oder eine Tätigkeit im Verfahren der weiteren Beschwerde vor dem Disziplinarvorgesetzten folgt. (6) Soweit wegen desselben Gegenstands eine Geschäftsgebühr nach Nummer 2300 entstanden ist, wird diese Gebühr zur Hälfte, jedoch höchstens mit einem Gebührensatz von 0,75, auf eine Geschäftsgebühr nach Nummer 2303 angerechnet. Absatz 4 Satz 4 gilt entsprechend.	
2300	Geschäftsgebühr, soweit in den Nummern 2302 und 2303 nichts anderes bestimmt ist .... Eine Gebühr von mehr als 1,3 kann nur gefordert werden, wenn die Tätigkeit umfangreich oder schwierig war.	0,5 bis 2,5

102 Nicht immer ist es in der Praxis einfach abzugrenzen, ob nur eine Beratung vorliegt, für die ab 1. 7. 2006 nach § 34 RVG eine Vergütungsvereinbarung zu treffen ist (→ Kap. D Rn. 44 ff.) oder der Anwalt im Sinne der Nr. 2300 VV RVG tätig geworden ist und folglich die dort geregelte Geschäftsgebühr entsteht. Grundsätzlich ist auf den dem Rechtsanwalt vom Mandanten **erteilten Auftrag** abzustellen. Hat der Rechtsanwalt vom Mandanten den Auftrag erhalten, ihn nur zu beraten, ist eine Vergütungsvereinbarung zu treffen. Hat der Rechtsanwalt dagegen vom Mandanten den Auftrag erhalten, außergerichtlich tätig zu werden und zB einen Anspruch gegenüber einem Gegner oder einem Dritten geltend zu machen, so entsteht die Geschäftsgebühr nach Nr. 2300 VV RVG.

103 **Beispiel:** Der Rechtsanwalt wird vom Mandanten beauftragt, ihn zu beraten, inwieweit sein Anspruch gegenüber dem B begründet und durchsetzbar ist. Der Rechtsanwalt berät den Auftraggeber entsprechend. Er wird nach § 34 RVG eine Gebührenvereinbarung treffen müssen.

104 **Beispiel:** Der Mandant beauftragt den Rechtsanwalt, für ihn einen Anspruch außergerichtlich gegenüber dem B geltend zu machen.
Der Rechtsanwalt kann berechnen:
0,5 bis 2,5 Geschäftsgebühr Nr. 2300 VV RVG.

105 Der Auftrag des Mandanten wird in der Praxis aber nicht immer so klar gefasst sein wie in den vorstehenden Beispielen. Dann kann es schon zweifelhaft sein, ob der Rechtsanwalt im Rahmen einer Beratung tätig wird oder im Rahmen einer außergerichtlichen Vertretung. Immer dann, wenn der Rechtsanwalt nach außen hin für den Mandanten tätig wird, liegt eine Vertretung im Sinne der Nr. 2300 VV RVG vor und die dort geregelte Geschäftsgebühr fällt an. Es ist aber nicht unbedingt erforderlich, dass der Rechtsanwalt nach außen hin gegenüber einem Gegner oder einem Dritten

tätig wird, damit die Geschäftsgebühr nach Nr. 2300 VV RVG entsteht. Denn diese fällt **auch** für die **Mitwirkung bei der Gestaltung eines Vertrages** an (Absatz 3 der Vorbemerkung 2.3 VV RVG).

Von einer Mitwirkung bei der Gestaltung eines Vertrages ist auszugehen: 106

- wenn der Rechtsanwalt den Vertrag komplett erarbeitet
- wenn der Rechtsanwalt einzelne Klauseln eines Vertragsentwurfs, der von einem Dritten gefertigt worden ist, neu formuliert oder den Vertragsentwurf wegen weiterer Regelungen ergänzt
- wenn der Rechtsanwalt einen von einem Dritten gefertigten Vertragsentwurf – vor Abschluss des Vertrages – im Auftrage des Mandanten prüft.[49]

Auch in den vorgenannten Fällen, in welchem der Rechtsanwalt nicht nach außen hin tätig wird, fällt folglich die Geschäftsgebühr der Nr. 2300 VV RVG an (Vorbemerkung 2.3. Abs. 3 VV RVG).

Anders kann dies sein, wenn der Rechtsanwalt beauftragt ist, einen **bereits abgeschlossenen Vertrag zu prüfen.** Dann wird der Auftrag aber nicht dahingehen, den Vertrag zu prüfen, sondern der Mandant wird den Rechtsanwalt dahingehend mandatieren, zu prüfen, ob bestimmte Rechtsfolgen aus dem Vertrag hergeleitet werden können oder ob zB eine vorzeitige Kündigung des Vertrages möglich ist. Ist der Rechtsanwalt nur mit der Prüfung solcher Fragen beauftragt, liegt eine **Beratung** vor. Es gilt § 34 RVG; der Rechtsanwalt soll auf eine Gebührenvereinbarung hinwirken (→ Kap. D Rn. 44 ff.). Hat der Rechtsanwalt aber zB den Auftrag, **einen bestehenden Vertrag auf Kündigungsmöglichkeiten zu prüfen und** falls er zu dem Schluss kommt, dass eine **Kündigung** rechtlich möglich ist, und zur Auflösung des Vertrages führt, diese auch **auszusprechen,** ist dies bereits ein Auftrag für eine Tätigkeit nach außen hin, die wiederum die Geschäftsgebühr Nr. 2300 VV RVG nach der Vorbemerkung 2.3 Abs. 3 VV RVG auslöst. Dies auch dann, wenn die Prüfung des Rechtsanwaltes ergibt, dass keine Kündigung des Vertrages möglich ist.[50] In diesem Fall hat sich der außergerichtliche Vertretungsauftrag vorzeitig erledigt. Auch ein vorzeitig erledigter außergerichtlicher Vertretungsauftrag ist aber nach der Nr. 2300 VV RVG zu vergüten, da eine spezielle andere Vorschrift eben nicht gegeben ist. Zu der Bestimmung des Gegenstandswertes in den hier besprochenen Fällen → Kap. D Rn. 28 ff. 107

Nach OLG Düsseldorf[51] und OLG Nürnberg[52] ist der Entwurf eines **Testaments** durch einen Rechtsanwalt unter „Beratung" zu subsumieren und löst keine Geschäftsgebühr aus, für deren Bestimmung ein Gegenstandswert benötigt werden würde. Nach OLG Frankfurt[53] ist der Entwurf eines **Testaments mit wechselbezüglichen Vereinbarungen** (zB gemeinsames Testament für Ehegatten) wiederum als „Mitwirkung bei der Gestaltung eines Vertrags" iSd Vorbemerkung 2.3 Abs. 3 VV RVG zu sehen mit der Folge, dass in diesen Fällen eine Geschäftsgebühr nach Nr. 2300 VV RVG entsteht. Um Rechtsicherheit zu haben sollte der Rechtsanwalt, der von seinem Mandanten beauftragt ist, ein Testament zu entwerfen, stets eine Gebührenvereinbarung mit dem Mandanten schließen. 108

Bei der Abgrenzung zwischen Beratung und außergerichtlicher Vertretung kann in der Praxis eine Prüfung nachfolgendem Schema weiterhelfen: 109

„Bei einem Rat gibt der Rechtsanwalt punktuell eine Empfehlung, damit der Mandant oder ein Dritter die Angelegenheit selbst löst. Bei einer Tätigkeit im Sinne der Nr. 2300 VV RVG übernimmt der Anwalt Schritte zur Lösung des Problems für den Auftraggeber".[54]

---

[49] BGH JurBüro 2015, 358.

[50] OLG München BeckRS 2016, 18550.

[51] OLG Düsseldorf JurBüro 2012, 583.

[52] OLG Nürnberg NJW 2011, 621.

[53] OLG Frankfurt AGS 2015, 505.

[54] Zitiert nach BRAGOprofessionell 1999, Nr. 3, S. 29 ff. (S. 3 – Mitte) zur Abgrenzung zwischen § 20 BRAGO (= Beratung) und § 118 BRAGO (= Außergerichtliche Tätigkeit).

110 Nach Absatz 3 der Vorbemerkung 2.3 VV RVG entsteht die Geschäftsgebühr für das **Betreiben des Geschäfts** einschließlich der Information. Durch die Geschäftsgebühr der Nr. 2300 VV RVG wird also zB abgegolten:
- die Aufnahme der Informationen
- die Erstellung und Versendung von Schriftsätzen an den Gegner oder einen Dritten
- Besprechungen mit dem Gegner oder einem Dritten
- die Einholung von Informationen/Auskünften zur Durchsetzung des Anspruchs, zB beim Einwohnermeldeamt, beim Gewerberegister, beim Handelsregister oder bei der Kfz-Zulassungsstelle
- Besprechungen mit dem Mandanten über das weitere Vorgehen
- Studium von Unterlagen oder Fachliteratur
- das Entwerfen von Vergleichsvorschlägen, Vereinbarungen oder sonstigen Urkunden.

111 Bei außergerichtlicher Vertretung kann neben der Geschäftsgebühr Nr. 2300 VV RVG auch noch die Einigungsgebühr Nr. 1000 VV RVG (→ Kap. C Rn. 5 ff.) oder die Erledigungsgebühr (→ Kap. K Rn. 127) entstehen.

112 Wird der Rechtsanwalt für mehrere Auftraggeber tätig, kann sich die Geschäftsgebühr unter den Voraussetzungen der Nr. 1008 VV RVG um jeweils 0,3 für jeden weiteren Auftraggeber erhöhen (→ Kap. C Rn. 74 ff.).

Zusammenfassung

113
- ▶ Für außergerichtliche Vertretung entsteht die Geschäftsgebühr nach Nr. 2300 VV RVG.
- ▶ Die Geschäftsgebühr entsteht für das Betreiben des Geschäfts einschließlich der Information.
- ▶ Die Geschäftsgebühr entsteht auch für die Mitwirkung bei der Gestaltung eines Vertrags.
- ▶ Mitwirkung bei der Gestaltung eines Vertrages ist nicht nur, wenn der Rechtsanwalt den Vertrag komplett entwirft, sondern auch, wenn er in einem Vertragsentwurf, den ein Dritter gefertigt hat, einzelne Klauseln neu formuliert oder diesen ergänzt. Auch die Prüfung eines noch nicht abgeschlossenen Vertrages ist nach der Vorbemerkung 2.3 Abs. 3 VV RVG Mitwirkung bei der Gestaltung eines Vertrages und löst folglich die Geschäftsgebühr der Nr. 2300 VV RVG aus.
- ▶ Für die Geschäftsgebühr ist in Nr. 2300 VV RVG ein Gebührensatzrahmen von 0,5 bis 2,5 vorgesehen. Nach der Anmerkung zu Nr. 2300 VV RVG kann jedoch eine Gebühr von mehr als 1,3 nur gefordert werden, wenn die Tätigkeit umfangreich oder schwierig war.

2. Höhe der Geschäftsgebühr

114 Die Geschäftsgebühr Nr. 2300 VV RVG ist innerhalb eines Gebührensatzrahmens **von 0,5 bis 2,5** zu bestimmen. Die **Mittelgebühr** beträgt **1,5.**

Allerdings ergibt sich aus der Anmerkung zu Nr. 2300 VV RVG, dass eine Gebühr von mehr als 1,3 nur gefordert werden kann, wenn die Tätigkeit umfangreich *oder* schwierig war.

115 Der Rechtsanwalt wird in der Praxis zunächst die Gebühr innerhalb des Satzrahmens von **0,5 bis 2,5** unter Berücksichtigung aller Umstände des Einzelfalles, vor allem der in § 14 Abs. 1 RVG genannten Kriterien (→ Kap. A Rn. 164) nach billigem Ermessen bestimmen können. Er wird dann prüfen müssen, ob seine Tätigkeit umfangreich oder schwierig war. War die anwaltliche Tätigkeit weder umfangreich noch schwierig, kann eine Gebühr von mehr als 1,3 nicht berechnet werden. War die anwaltliche Tätigkeit umfangreich oder schwierig, kann auch eine höhere Gebühr als 1,3 in Ansatz gebracht werden.[55]

[55] Vgl.: BSG JurBüro 2010, 65.

Um eine höhere Gebühr als 1,3 in Ansatz bringen zu können, ist nicht Voraussetzung, dass die anwaltliche Tätigkeit umfangreich **und** schwierig war. Sondern es reicht aus, dass die anwaltliche Tätigkeit entweder umfangreich **oder** schwierig war. 116

Praxistipp:

Der Rechtsanwalt wird unter Umständen die Höhe des von ihm abgerechneten Gebührensatzes begründen müssen. Dazu empfiehlt es sich, dass bereits während der Bearbeitung des Mandates Aufzeichnungen im Hinblick auf die in § 14 Abs. 1 RVG genannten Kriterien getätigt werden, die den Rechtsanwalt später in die Lage versetzen, die Höhe des von ihm in Ansatz gebrachten Gebührensatzes zu begründen. Natürlich können diese Aufzeichnungen mittels EDV erfolgen. Den Zweck erfüllt aber auch ein in die Handakte einzufügendes **Kostenblatt**, auf welchem dann handschriftlich Notizen gemacht werden können. Damit sich dieses Kostenblatt von den übrigen Teilen der Handakte abhebt, sollte es aus farbigem Papier sein. Auf diesem Kostenblatt notiert der Rechtsanwalt alles, was später irgendwann einmal für die Begründung der Höhe des Gebührensatzes relevant werden könnte, also zB Besprechung mit ..., am ..., Dauer ...; Ortsbesichtigung am ..., Dauer ...; Studium von Fachliteratur am ..., Dauer ...; Recherche nach einschlägigen Entscheidungen am ..., Dauer ...; usw. 117

Beispiel: Der Rechtsanwalt wird für einen wirtschaftlich sehr gut gestellten Mandanten tätig. Die Angelegenheit ist für den Mandanten von größter Bedeutung, denn es geht um die Verletzung von Persönlichkeitsrechten. Der Rechtsanwalt fertigt ein Aufforderungsschreiben an den Gegner. Die Sache ist damit erledigt, da der Gegner der anwaltlichen Aufforderung nachkommt. 118

Die Einkommens- und Vermögensverhältnisse des Mandanten und die große Bedeutung für ihn würden den Ansatz einer 2,5 Geschäftsgebühr rechtfertigen. Da die anwaltliche Tätigkeit jedoch weder umfangreich noch schwierig war, kann nur eine 1,3 Geschäftsgebühr nach Nr. 2300 VV RVG in Ansatz gebracht werden (Anmerkung zu Nr. 2300 VV RVG).

Beispiel: Der Rechtsanwalt ist beauftragt, einen Anspruch des Mandanten in Höhe von 10.000,00 EUR durchzusetzen. Nach einem umfassend begründeten Aufforderungsschreiben meldet sich für den Gegner Rechtsanwalt A. Es entwickelt sich ein umfangreicher Schriftverkehr. Auftragsgemäß bespricht der Rechtsanwalt mit seinem Kollegen A telefonisch mehrfach Lösungsmöglichkeiten. Auch bespricht er sich mit einem Sachverständigen zu tatsächlichen Fragen. 119

Die Einkommens- und Vermögensverhältnisse des Mandanten sind durchschnittlich, die Sache ist für den Mandanten jedoch von überdurchschnittlicher Bedeutung.

Nach Ansicht des Rechtsanwaltes ist der Ansatz einer 2,3 Geschäftsgebühr Nr. 2300 VV RVG gerechtfertigt.

Die 2,3 Geschäftsgebühr kann vorliegend in Ansatz gebracht werden, da es sich mindestens um eine umfangreiche anwaltliche Tätigkeit handelt, also der Gebührensatz von 1,3 überschritten werden kann.

Wie hoch die Geschäftsgebühr im Einzelfall anzusetzen ist und wann eine umfangreiche oder schwierige anwaltliche Tätigkeit vorliegt, kann nicht pauschal beantwortet werden. Es wird immer auf die Umstände des Einzelfalles ankommen. 120

Braun[56] versucht, den durchschnittlichen Zeitaufwand, den der Rechtsanwalt auf eine Sache verwendet, zu ermitteln, indem er von den Fällen ausgeht, die der Rechtsanwalt in einem Kalenderjahr durchschnittlich erledigt und die mandatsbezogenen jährlichen Arbeitsstunden eines durchschnittlich arbeitenden Rechtsanwaltes gegenüberstellt. Er kommt zu dem Ergebnis: **„Durchschnittlich wendet damit ein Anwalt pro Fall etwa 4 Stunden an berechnungsfähiger Zeit auf.** Dies ist die Maßeinheit und Grundlage für die Entscheidung, welcher zeitliche Aufwand durchschnittlich, unter- oder überdurchschnittlich ist." Würde man dem Folgen, könnte in der Praxis argumentiert werden, dass zumindest dann eine umfangreiche anwaltliche Tätigkeit vorliegt, wenn der Rechtsanwalt auf die Bearbeitung der Sache mehr als 4 Stunden verwandt hat. Damit könnte der Ansatz einer höheren Geschäftsgebühr als 1,3 gerechtfertigt werden. 121

---

[56] Braun in Hansens/Braun/Schneider, Praxis des Vergütungsrechts, 1. Auflage, Teil 1, Rn. 174, S. 52.

122 An anderer Stelle vertritt *Braun* die Auffassung, dass der Anwalt pro Fall durchschnittlich **etwa 5 Stunden** an berechnungsfähiger Zeit aufwendet.[57]

123 In Familiensachen hilft unter Umständen ein Forschungsbericht von Prof. *Dr. Hommerich* weiter, wenn es um die Frage geht, welchen Zeitaufwand der Rechtsanwalt **durchschnittlich** auf die Bearbeitung einer Familiensache verwendet. Dieser Forschungsbericht ist in die Begründung des KostRMoG eingeflossen und dort auch – wohl auszugsweise – abgedruckt.[58] In diesem Forschungsbericht wird ua ausgeführt, dass sich der durchschnittliche Zeitaufwand des Anwalts für die Scheidung einschließlich Versorgungsausgleich und dazugehöriger Vorfeldberatung in einer Größenordnung von **etwa 4 Stunden** beläuft.

124 *Otto*[59] führt aus, dass der Umfang der anwaltlichen Vertretungstätigkeit als **durchschnittlich** zu bewerten sei, wenn diese **etwa 3 Stunden** in Anspruch nehme. Dieser Zeitraum gelte unabhängig davon, wie hoch der Gegenstandswert im konkreten Einzelfall tatsächlich sei.

125 Das AG Mannheim[60] hat einem Rechtsanwalt eine 2,5 Geschäftsgebühr für die Vertretung in einer Unfallsache zugesprochen, in welcher ein Personenschaden für den sehr verletzten Geschädigten geltend zu machen war. Der Rechtsanwalt hatte über einen Zeitraum von knapp 12 Monaten einen Arbeitsaufwand von insgesamt **24 Stunden** in dieser Sache erbracht.

126 Auch **Rechtsprechung** wird nur bedingt weiterhelfen, da der vom Gericht entschiedene Fall sicherlich von der vom Rechtsanwalt gerade zu beurteilenden Sache abweicht.[61]

127 Das AG Stuttgart[62] hat nur eine 0,9 Geschäftsgebühr zugesprochen bei nur einem kurzen Schreiben, einer Besprechung und zwei Telefonaten mit der Mandantin.

128 In einem anderen Fall hat das AG Stuttgart[63] für ein vierseitiges Schreiben an den Arbeitgeber des Mandanten, in welchem die Entfernung einer Abmahnung aus der Personalakte verlangt wurde, auf eine 1,3 Geschäftsgebühr erkannt.

129 Das AG Pinneberg[64] hat für die Geltendmachung einer Forderung in einem 4 Seiten langem Anspruchsschreiben, in welchem sich der Rechtsanwalt umfangreich mit der Sach- und Rechtslage auseinandersetzte und auch einschlägige Urteile zitierte, eine 1,3 Geschäftsgebühr zugesprochen. In dem vom AG Pinneberg entschiedenen Fall hatte der Rechtsanwalt auch längere Besprechungen mit dem Mandanten geführt, die Verständigung mit dem Mandanten war zudem schwierig.

130 Das AG Koblenz[65] hat in einer Arbeitssache auf eine 2,1 Geschäftsgebühr erkannt. Das AG Hamburg-St. Georg[66] und das AG Tempelhof-Kreuzberg[67] haben in arbeitsrechtlichen Kündigungsschutzsachen sogar eine 2,5 Geschäftsgebühr zugesprochen.

131 Das LG Köln[68] kommt zu dem Ergebnis, dass für eine wettbewerbsrechtliche Abmahnung aufgrund der besonderen Bedeutung grundsätzlich von einer 1,8 Geschäftsgebühr auszugehen sei.

---

[57] Braun in Festschrift 50 Jahre deutsches Anwaltsinstitut e. V., S. 379 – zitiert nach Bischof/Jungbauer § 14 RVG Rn. 21.

[58] BT-Drucksache 15/1971 = Gesetzesentwurf zum KostRMoG, Seite 148.

[59] Otto in NJW 2006, 1472 (1474).

[60] AG Mannheim RVGreport 2009, 99.

[61] Siehe hierzu auch Schons NJW 2005, 1024 „Die ersten Entscheidungen zur Geschäftsgebühr Nr. 2400 VV RVG".

[62] AG Stuttgart Urteil vom 18. 2. 2005 – 16 C 8655/04 = JurBüro 2005, 308.

[63] AG Stuttgart Urteil vom 6. 4. 2005 – 1 C 7002/04 = NJW 2005, 1956.

[64] AG Pinneberg Urteil vom 21. 2. 2005 – 69 C 268/04 = JurBüro 2005, 308.

[65] AG Koblenz Urteil vom 27. 1. 2006 – 142 C 2307/05 = JurBüro 2006, 250.

[66] AG Hamburg-St. Georg Urteil vom 10. 2. 2006 – 911 C 304/05 = JurBüro 2006, 309.

[67] AG Tempelhof-Kreuzberg Urteil vom 26. 6. 2007 – 7 C 162/06 = JurBüro 2007, 485.

[68] LG Köln Urteil vom 28. 6. 2007 – 81 O 242/06 = AGS 2007, 499.

132 Nach Ansicht des Thüringer OLG[69] rechtfertigt der abstrakte Schwierigkeitsgrad vergaberechtlicher Nachprüfungsverfahren vor der Vergabekammer grundsätzlich die Überschreitung der Kappungsgrenze von 1,3.[70]

133 Der BGH[71] hat einem Rechtsanwalt für die vorgerichtliche Tätigkeit vor Erhebung einer Vollstreckungsabwehrklage einer 1,5 Geschäftsgebühr Nr. 2300 VV RVG zugesprochen. In dem zu entscheidenden Fall hatten die Rechtsanwälte für ihren Mandanten eine gegen diesen bereits titulierte Forderung abzuwehren. Die Angelegenheit bedurfte einer besonders schnellen Bearbeitung, da die Gegenseite eine außerordentlich knapp bemessene Frist gesetzt und Vollstreckung angedroht hatte. Die Rechtsanwälte mussten mit Hilfe einer Einsicht in das Grundbuch überprüfen, ob eine Grundstücksüberschreibung rechtswirksam vollzogen war, weil nur dann der Verzicht auf die titulierte Forderung eingewandt werden konnte. Ferner mussten Anfechtungsmöglichkeiten geprüft werden. Der BGH ging bei der Beurteilung von einer durchschnittlichen Rechtssache aus, in welcher eine 1,3 Geschäftsgebühr Nr. 2300 VV RVG anfällt. Der Ansatz einer 1,5 Geschäftsgebühr durch den Rechtsanwalt ist nach BGH einer gerichtlichen Überprüfung entzogen, da der Spielraum (Erhöhung der 1,3 Regelgebühr um 0,2 auf 1,5) jedenfalls innerhalb der dem Rechtsanwalt zuzubilligenden Toleranzgrenze (→ Kap. A Rn. 178) von mindestens 20 % liege. Allerdings hat der VIII. Senat des BGH[72] klargestellt, dass die Toleranzgrenze (Ermessensspielraum des Rechtsanwalts) bei der Beurteilung, ob die anwaltliche Tätigkeit schwierig oder umfangreich sei, nicht zur Anwendung komme. Eine höhere, als eine 1,3 Geschäftsgebühr Nr. 2300, 2301 VV RVG kann also nur angesetzt werden, wenn die anwaltliche Tätigkeit schwierig oder umfangreich war.

134 Die Höhe der Geschäftsgebühr bei Bearbeitung von Verkehrsunfallsachen wird in dem nachfolgenden, gesonderten Kapitel behandelt (→ Kap. D Rn. 142 ff.).

135 Wenn eine **Besprechung** mit dem Gegner oder einem Dritten stattgefunden hat, kann als Argument für den Ansatz der Mittelgebühr auch herangezogen werden: Nach der früheren BRAGO entstand bei außergerichtlicher Tätigkeit, in dessen Rahmen auch eine Besprechung mit dem Gegner oder einem Dritten stattgefunden hatte, in der Regel eine 7,5/10 Geschäftsgebühr und eine 7,5/10 Besprechungsgebühr, also insgesamt 15/10 = 1,5. Da das RVG dem Rechtsanwalt Mehreinnahmen bringen soll, kann nach dem RVG in diesen Fällen (außergerichtliche Tätigkeit und Besprechung mit dem Gegner oder einem Dritten) auch mindestens eine 1,5 Geschäftsgebühr angesetzt werden. Die Besprechung wirkt sich auf den Umfang der anwaltlichen Tätigkeit aus und ist hierüber entsprechend bei der Höhe der Geschäftsgebühr zu berücksichtigen.[73]

136 In **ersten anwaltlichen Zahlungsaufforderungen**, in denen die dem Mandanten entstandenen Anwaltskosten als Verzugsschaden mit geltend gemacht werden, wird in der Praxis in der Regel eine **1,3 Geschäftsgebühr** angesetzt.

---

[69] Thüringer OLG Beschluss vom 2. 2. 2005 – 9 Verg. 6/04 = JurBüro 2005, 303.

[70] Zur Höhe der Geschäftsgebühr in vergaberechtlichen Nachprüfungsverfahren auch BayObLG JurBüro 2005, 361; BayObLG RVGreport 2005, 144; Kammergericht JurBüro 2005, 256 = AnwBl. 2005, 366; OLG München AGS 2006, 171; Bundeskartellamt JurBüro 2007, 414.

[71] BGH Urteil vom 13. 1. 2011 – IX ZR 110/10 – JurBüro 2011, 301 = AnwBl. 2011, 402.

[72] BGH –VIII. Senat- JurBüro 2012, 582 (Anders hatte zunächst der VI. Senat (= BGH – VI. Senat JurBüro 2012, 467) entschieden, der allerdings an seiner Rechtsauffassung nicht weiter festhält, wie aus den Gründen der Entscheidung des VIII. Senats (aaO) hervorgeht und wie der VI. Senat in einer späteren Entscheidung (BGH – VI. Senat-Beschluss vom 5. 2. 2013 – VI ZR 195/12 = JurBüro 2013, 358) selbst ausführt.

[73] Ähnlich: Gerold/Schmidt VV 2300, 2301 Rn. 37.

Praxistipp:

137 Setzt der Rechtsanwalt in dem ersten Aufforderungsschreiben eine 1,3 Geschäftsgebühr an und macht diese als Verzugsschaden mit geltend, sollte er in jedem Fall auch den Gegner darauf hinweisen, dass der Ansatz unter dem **Vorbehalt** der Erhöhung steht. Sonst wird einer Erhöhung am Ende der außergerichtlichen Tätigkeit wegen größerem Umfangs der anwaltlichen Tätigkeit möglicher entgegenstehen, dass der Rechtsanwalt an die einmal getroffene Bestimmung gebunden ist (→ Kap. A Rn. 182).

Vertritt der Rechtsanwalt mehrere Personen als Auftraggeber in derselben Angelegenheit und wegen desselben Gegenstandes, erhöht sich die Geschäftsgebühr der Nr. 2300 VV RVG um 0,3 für jeden weiteren Auftraggeber, höchstens um 2,0. Ist die anwaltliche Tätigkeit weder umfangreich noch schwierig und vertritt der Rechtsanwalt mehrere Auftraggeber, kann sich die 1,3 Geschäftsgebühr entsprechend der Anzahl der Auftraggeber erhöhen (Abs. 4 der Anmerkung zu Nr. 1008 VV RVG[74]).

138 **Beispiel:** Der Rechtsanwalt vertritt Eheleute in derselben Angelegenheit und wegen desselben Gegenstandes außergerichtlich. Die anwaltliche Tätigkeit ist weder umfangreich noch schwierig. Nach der Anmerkung zu Nr. 2300 VV RVG kann der Rechtsanwalt höchstens eine 1,3 Geschäftsgebühr ansetzen. Diese „Kappungsgrenze" erhöht sich aber um 0,3 nach Nr. 1008 VV RVG, da der Rechtsanwalt einen weiteren Auftraggeber (Eheleute sind 2 Auftraggeber) vertritt. Der Rechtsanwalt wird also die Geschäftsgebühr – höchstens – mit 1,6 ansetzen können.

139 In seinen Abrechnungsschreiben mit der Rechtsschutzversicherung oder mit der gegnerischen Haftpflichtversicherung sollte der Rechtsanwalt den von ihm angesetzten Gebührensatz kurz unter Berücksichtigung der relevanten Kriterien des § 14 RVG (→ Kap. A Rn. 164) begründen. Macht der Rechtsanwalt keine Ausführungen zur Höhe der angesetzten Gebühr, wird er mit Kürzungen und Rückfragen rechnen müssen. Die Begründung des abgerechneten Gebührensatzes sollte sich allerdings nicht auf leere Floskeln wie zB „... die anwaltliche Tätigkeit war umfangreich ..." beschränken. Sinnvoller ist, darzulegen, warum die anwaltliche Tätigkeit umfangreich war, also zB „... der Umfang der Handakte beträgt 150 Seiten", oder „... Bearbeitungszeiten insgesamt 17 Stunden ..." (wegen der Einzelheiten siehe anliegende Kopie des Kostenblattes).

140 Auch wenn der Rechtsanwalt in einer Klage die Geschäftsgebühr geltend macht und vorauszusehen ist, dass die Höhe des angesetzten Gebührensatzes streitig wird, empfehlen sich Ausführungen zur Höhe des Gebührensatzes, auch hier unter Berücksichtigung der relevanten Kriterien des § 14 RVG.

Zusammenfassung

141
- ▶ Nr. 2300 VV RVG bestimmt für die Geschäftsgebühr einen Gebührensatzrahmen von 0,5 bis 2,5. Die Mittelgebühr beträgt 1,5.
- ▶ Innerhalb des vorstehenden Gebührensatzrahmens hat der Rechtsanwalt die Geschäftsgebühr im Einzelfall unter Berücksichtigung aller Umstände, vor allem der in § 14 Abs. 1 RVG genannten Kriterien zu bestimmen.
- ▶ Eine Geschäftsgebühr Nr. 2300 VV RVG von mehr als 1,3 kann nur gefordert werden, wenn die Tätigkeit umfangreich oder schwierig war (Anmerkung zu Nr. 2300 VV RVG). Bei dem Gebührensatz von 1,3 handelt es sich um eine Kappungsgrenze. Ein neuer Rahmen für Angelegenheiten, in denen die anwaltliche Tätigkeit nicht umfangreich und nicht schwierig war, wird hierdurch nicht bestimmt.

[74] Eingefügt durch das 2. KostRMoG, BGBl I 2013, 2586; In Kraft getreten am 1. 8. 2013.

2.1 Höhe der Geschäftsgebühr in Verkehrsunfallsachen

Auch in Verkehrsunfallsachen ist die Höhe der Geschäftsgebühr unter Berücksichtigung aller Umstände des Einzelfalles, vor allem der in § 14 RVG genannten Kriterien (→ Kap. A Rn. 164) zu bestimmen. Nach Inkrafttreten des RVG ist zwischen der Anwaltschaft und den Kraftfahrthaftpflichtversicherern Streit darüber entbrannt, in welcher Höhe die Geschäftsgebühr der Nr. 2300 VV RVG angesetzt werden kann, wenn der Rechtsanwalt für seinen Mandanten Schadensersatzansprüche aus einem Verkehrsunfall außergerichtlich geltend gemacht hat und der Versicherer regulierte, ohne dass eine umfangreiche anwaltliche Tätigkeit erforderlich wurde. Diese Frage war auch Gegenstand zahlreicher Gerichtsentscheidungen.[75] Unter anderem liegt auch mittlerweile eine BGH-Entscheidung[76] vor. In dem entschiedenen Fall erkennt der BGH zwar nur eine 1,0 Geschäftsgebühr zu. Dies aber nur deshalb, weil eine unterdurchschnittliche anwaltliche Tätigkeit vorlag. Der amtliche Leitsatz zu dieser Entscheidung lautet: **142**

„*1. Es ist nicht unbillig, wenn ein Rechtsanwalt für seine Tätigkeit bei einem durchschnittlichen Verkehrsunfall eine Geschäftsgebühr von 1,3 bestimmt.*

2. …"

Also ist nach Ansicht des BGH bei Tätigkeit in einer durchschnittlichen Verkehrsunfallsache eine 1,3 Geschäftsgebühr anzusetzen.

Nach den Ausführungen des AG Aschaffenburg[77] in einer Entscheidung ist eine durchschnittliche Verkehrsunfallsache dann gegeben, wenn sich die anwaltliche Tätigkeit auf die Schadensaufstellung in einem anspruchsbegründenden Schriftsatz an den Haftpflichtversicherer des Schädigers, ggf. noch ein Erläuterungsschreiben oder die Nachreichung von Nachweisen beschränkt. Selbstverständlich dürfte durch eine 1,3 Geschäftsgebühr Nr. 2300 VV RVG auch die übliche Aufnahme der Informationen, die überschlägige Prüfung der Sach- und Rechtslage, die üblichen Belehrungen und Aufklärung des Mandanten (etwa über Schadenminderungspflichten, Leihwagenproblematik etc.) abgegolten sein.[78] Geht die anwaltliche Tätigkeit jedoch über das „Übliche" hinaus, kann eine höhere Geschäftsgebühr angesetzt werden. In dem vom AG Aschaffenburg[79] entschiedenen Fall wurde auf eine 1,8 Geschäftsgebühr erkannt, da es sich bei dem beschädigten Fahrzeug um ein Leasingfahrzeug handelte. Durch den Unfall entstand nicht nur Fahrzeugschaden, sondern auch weitere Schäden bei der Leasingnehmerin. Ferner wurde der Fahrer, der ebenfalls von dem Rechtsanwalt vertreten wurde, bei dem Unfall verletzt. Die Schadensersatzansprüche auf der Seite der Geschädigten waren gegenseitig abzugrenzen und aufzuteilen auf die Leasingbank, die Leasingnehmerin und den verletzten Fahrer. Hinzu kam, dass die beklagte Haftpflichtversicherung den Schaden nur zögerlich regulierte. **143**

Das AG Köln[80] hat in einer Unfallsache ebenfalls dem bearbeitenden Rechtsanwalt eine 1,8 Geschäftsgebühr zugesprochen. In dem entschiedenen Fall ergab sich eine besonders umfangreiche anwaltliche Tätigkeit dadurch, dass die vom Sachverständigen ermittelten Werte ungerechtfertigt gekürzt wurden, was eine Rückfrage bei dem Sachverständigen und zusätzliche Korrespondenz erforderte. Ferner musste sich der Anwalt intensiv mit der Materie des Schadensersatzrechts, insbesondere der Rechtsprechung zur Höhe der zu ersetzenden Reparaturkosten befassen. **144**

Das AG Leipzig[81] hat für eine Unfallschadensregulierung in einem sogenannten 130 %-Fall ebenfalls eine 1,8 Geschäftsgebühr Nr. 2300 VV RVG mit der Begründung **145**

[75] Siehe hierzu Rechtsprechungsübersichten zB in der 14. Auflage dieses Werkes, Rn. 592 bis 599; Bischof/Jungbauer Nr. 2300 VV Rn. 130 ff.

[76] BGH Urteil vom 31. 10. 2006 – VI ZR 261/05 = JurBüro 2007, 72.

[77] AG Aschaffenburg JurBüro 2008, 470.

[78] Hartung/Schons/Enders Nr. 2300 VV, Rn. 91 bis 96.

[79] AG Aschaffenburg JurBüro 2008, 470.

[80] AG Köln AGS 2005, 287 = AnwBl. 2005, 723.

[81] AG Leipzig JurBüro 2009, 187.

zugesprochen, dass die anwaltliche Tätigkeit als überdurchschnittlich schwierig zu bewerten sei.

146 In einem vom LG Saarbrücken[82] entschiedenen Fall war der Geschädigte schwer verletzt worden und es mussten Verdienstausfallansprüche für einen Selbstständigen (Architekten) geltend gemacht werden. Das LG Saarbrücken ist von einer überdurchschnittlich schwierigen anwaltlichen Tätigkeit und von einer überdurchschnittlichen Bedeutung der Angelegenheit für den Mandanten ausgegangen und hat deshalb eine 1,8 Geschäftsgebühr zuerkannt.

147 Nach OLG Koblenz[83] kann ein Rechtsanwalt bei durchschnittlichen Verkehrsunfallsachen regelmäßig ohne nähere Darlegung eine 1,3 Geschäftsgebühr verlangen.

148 Das AG Mannheim[84] hat einem Rechtsanwalt eine 2,5 Geschäftsgebühr für die Vertretung in einer Unfallsache zugesprochen, in welcher ein Personenschaden für den sehr verletzten Geschädigten geltend zu machen war. Der Rechtsanwalt hatte über einen Zeitraum von knapp 12 Monaten einen Arbeitsaufwand von insgesamt **24 Stunden** in dieser Sache erbracht.

149 Um den täglichen Streit um die Höhe der Geschäftsgebühr zu vermeiden, haben sich einige Versicherer entschlossen, die Anwaltsgebühren stets pauschal zu ersetzen (→ Kap. D Rn. 281).

150 Neben der Geschäftsgebühr kann bei außergerichtlicher anwaltlicher Tätigkeit in Verkehrsunfallsachen natürlich auch die Einigungsgebühr (→ Kap. C Rn. 5) entstehen.

151 Vertritt der Rechtsanwalt den Mandanten wegen des Verkehrsunfalls auch in dem dem Mandanten gegenüber anhängigen Straf- oder Bußgeldverfahren, handelt es sich insoweit um eine besondere gebührenrechtliche Angelegenheit. Der Rechtsanwalt wird also für die Vertretung in der Straf- oder Bußgeldsache gesonderte Gebühren mit dem Mandanten abrechnen können, neben den Gebühren, die für die Geltendmachung der Schadensersatzansprüche entstehen. Für die Vertretung in einer Strafsache entstehen Gebühren nach Teil 4 (→ Kap. L Rn. 26 ff.), für die Vertretung in einer Bußgeldsache Gebühren nach Teil 5 VV RVG (→ Kap. L Rn. 245 ff.). Vertritt der Rechtsanwalt den Mandanten wegen des Verkehrsunfalls zunächst in einem Strafverfahren und anschließend in einem Bußgeldverfahren, handelt es sich nach § 17 Nr. 10 b) RVG um zwei – unter Umständen sogar um drei – verschiedene gebührenrechtliche Angelegenheiten (→ Kap. L Rn. 323 und 326 – Beispiel).

Zusammenfassung

152 ▶ Auch in Verkehrsunfallsachen ist die Geschäftsgebühr grundsätzlich im Einzelfall unter Berücksichtigung aller Umstände, vor allem der in § 14 RVG genannten Kriterien zu bestimmen.
▶ In durchschnittlichen Verkehrsunfallsachen ist nach BGH eine 1,3 Geschäftsgebühr anzusetzen.

3. Anrechnung der Geschäftsgebühr

153 Die Anrechnung der Geschäftsgebühr ist in der Vorbemerkung 3 Abs. 4 VV RVG geregelt. **Zu unterscheiden ist**
- das **Abrechnungsverhältnis Rechtsanwalt** zu seinem **Mandanten**
- und das **Erstattungsverhältnis** Mandant gegen den erstattungspflichtigen Gegner.

Auf die Besonderheiten der Anrechnung der Geschäftsgebühr im Rahmen des Erstattungsverhältnisses des Mandanten gegen den erstattungspflichtigen Gegner wird gesondert eingegangen (→ Kap. D Rn. 237 ff.). In diesem Kapitel wird zunächst

[82] LG Saarbrücken JurBüro 2005, 306 = AGS 2005, 245 = RVGreport 2005, 147.
[83] OLG Koblenz JurBüro 2012, 75.
[84] AG Mannheim RVGreport 2009, 99.

die Anrechnung der Geschäftsgebühr im Rahmen des Abrechnungsverhältnisses des Rechtsanwalts zu seinem Mandanten dargestellt.[85]

Auszug aus dem VV RVG

Nr.	Gebührentatbestand	Gebühr oder Satz der Gebühr nach § 13 RVG
Vorbemerkung 3: (4) Soweit wegen desselben Gegenstands eine Geschäftsgebühr nach Teil 2 entsteht, wird diese Gebühr zur Hälfte, bei Wertgebühren jedoch höchstens mit einem Gebührensatz von 0,75, auf die Verfahrensgebühr des gerichtlichen Verfahrens angerechnet. Bei Betragsrahmengebühren beträgt der Anrechnungsbetrag höchstens 175,00 EUR. Sind mehrere Gebühren entstanden, ist für die Anrechnung die zuletzt entstandene Gebühr maßgebend. Bei einer Betragsrahmengebühr ist nicht zu berücksichtigen, dass der Umfang der Tätigkeit im gerichtlichen Verfahren infolge der vorangegangenen Tätigkeit geringer ist. Bei einer wertabhängigen Gebühr erfolgt die Anrechnung nach dem Wert des Gegenstands, der auch Gegenstand des gerichtlichen Verfahrens ist.		

154

Nach der Vorbemerkung 3 Abs. 4 VV RVG ist eine Geschäftsgebühr nach Teil 2 VV RVG, also auch die Geschäftsgebühr der Nr. 2300 VV RVG nur 155
- **zur Hälfte**
- **höchstens mit einem Gebührensatz von 0,75**

auf die Verfahrensgebühr des gerichtlichen Verfahrens anzurechnen.

Beispiel: Für seine **außergerichtliche Tätigkeit** hat der Rechtsanwalt abgerechnet: 156

Gegenstandswert: 3.000,00 EUR	
1) 1,2 Geschäftsgebühr §§ 2, 13, 14 RVG iVm Nr. 2300 VV RVG	241,20 EUR
2) Pauschale für Entgelte für Post- und Telekommunikationsdienstleistungen Nr. 7002 VV RVG	20,00 EUR
zzgl. Umsatzsteuer.	

In dem nachfolgenden **Zivilprozess** entsteht:

Gegenstandswert: 3.000,00 EUR	
1) 1,3 Verfahrensgebühr §§ 2, 13 RVG iVm Nr. 3100 VV RVG	261,30 EUR
anzurechnen hierauf gemäß der Vorbemerkung 3 Abs. 4 VV RVG: 0,6 Geschäftsgebühr nach Wert: 3.000,00 EUR	120,60 EUR
somit verbleiben von der Verfahrensgebühr	140,70 EUR
zzgl. evtl. weiterer in dem Zivilprozess entstandener Gebühren, wie zB die Terminsgebühr, Auslagen und Umsatzsteuer.	

In diesem Beispiel ist die Geschäftsgebühr **zur Hälfte** anzurechnen.

Die Pauschale Nr. 7002 VV RVG für die außergerichtliche Tätigkeit bleibt erhalten. Sie ist nicht mit anzurechnen (→ Kap. A Rn. 242).

Beispiel: Für die **außergerichtliche Tätigkeit** kann der Rechtsanwalt berechnen: 157

Gegenstandswert: 16.000,00 EUR	
1) 1,7 Geschäftsgebühr §§ 2, 13, 14 RVG iVm Nr. 2300 VV RVG	1.105,00 EUR
2) Pauschale für Entgelte für Post- und Telekommunikationsdienstleistungen Nr. 7002 VV RVG	20,00 EUR
zzgl. Umsatzsteuer.	

In dem nachfolgenden **Zivilprozess** entsteht:

Gegenstandswert: 16.000,00 EUR	
1) 1,3 Verfahrensgebühr §§ 2, 13 RVG iVm Nr. 3100 VV RVG	845,00 EUR
anzurechnen hierauf gemäß der Vorbemerkung 3 Abs. 4 VV RVG: 0,75 Geschäftsgebühr nach Wert: 16.000,00 EUR	487,50 EUR
verbleiben von der Verfahrensgebühr	357,50 EUR
zzgl. der in dem Zivilprozess weiter entstehenden Gebühren, wie zB die Terminsgebühr, Auslagen und Umsatzsteuer.	

[85] Zur Anrechnung der Geschäftsgebühr im Rahmen des Abrechnungsverhältnisses Rechtsanwalt zu seinem Mandanten siehe auch: Hansens RVGreport 2004, 89 ff.; Enders JurBüro 2004, 347 ff. und JurBüro 2004, 403 ff.

In diesem Beispiel beträgt die Hälfte der Geschäftsgebühr 0,85. Nach der Vorbemerkung 3 Abs. 4 VV RVG ist die Geschäftsgebühr aber nur mit **höchstens** einem Gebührensatz von **0,75** anzurechnen.

Die Pauschale Nr. 7002 VV RVG für die außergerichtliche Tätigkeit bleibt erhalten. Sie ist nicht mit anzurechnen (→ Kap. A Rn. 242).

158 Die Geschäftsgebühr der Nr. 2300 VV RVG ist auf jede Verfahrensgebühr anzurechnen, die derselbe Rechtsanwalt wegen desselben Gegenstandes für eine Tätigkeit in einem gerichtlichen Verfahren verdient. Für die Frage der Anrechnung spielt es grundsätzlich keine Rolle, welche Art das gerichtliche Verfahren ist. Die Geschäftsgebühr ist also nicht nur anzurechnen

- auf eine Verfahrensgebühr nach Nr. 3100 VV RVG für die Tätigkeit in einem Zivilprozess, sondern zB auch
- auf die Verfahrensgebühr nach Nr. 3305 VV RVG für die Vertretung des Antragstellers im gerichtlichen Mahnverfahren
- auf die Verfahrensgebühr nach Nr. 3307 VV RVG für die Vertretung des Antraggegners im gerichtlichen Mahnverfahren (hier beachten → Kap. D Rn. 184)
- auf die Verfahrensgebühr nach Nr. 3309 VV RVG für die Vertretung in der Zwangsvollstreckung (hier beachten → Kap. D Rn. 184)
- auf die Verfahrensgebühr nach Nr. 3335 VV RVG für die Tätigkeit in einem Prozesskostenhilfe-Bewilligungsverfahren.

159 Eine für eine außergerichtliche Vertretung entstandene Geschäftsgebühr ist **nicht in allen Fällen** auf die Verfahrensgebühr eines sich anschließenden gerichtlichen Verfahrens anzurechnen. Schon nach dem Wortlaut der Vorbemerkung 3 Abs. 4 VV RVG ist die Geschäftsgebühr nur anzurechnen, wenn und soweit die Gegenstände der außergerichtlichen Vertretung und des gerichtlichen Verfahrens identisch sind (→ Kap. D Rn. 178 ff.).

160 Ausdrücklich klargestellt ist in Satz 3 des Absatzes 4 der Vorbemerkung 3 VV RVG noch einmal, dass eine Anrechnung nur nach dem Wert des Gegenstandes erfolgt, der auch Gegenstand des gerichtlichen Verfahrens ist (→ Kap. D Rn. 178 ff.).

3.1 Das Wahlrecht des Rechtsanwaltes bei der Anrechnung nach § 15a RVG

161 Durch das Gesetz zur Modernisierung von Verfahren im anwaltlichen und notariellen Berufsrecht, zur Errichtung einer Schlichtungsstelle der Rechtsanwaltschaft sowie zur Änderung sonstiger Vorschriften[86] wurde mit Inkrafttreten zum 5. 8. 2009 ein neuer § 15a in das RVG eingefügt. Mit der Einführung des § 15a RVG wollte der Gesetzgeber die Anrechnung von einer Gebühr auf eine andere Gebühr im RVG nicht neu regeln, sondern nur klarstellen, wie die im RVG bestehenden Anrechnungsregelungen auszulegen sind.[87] § 15a Abs. 1 RVG regelt die Auslegung von Anrechnungsvorschriften im Abrechnungsverhältnis des Rechtsanwaltes zu seinem Mandanten (auch Innenverhältnis genannt). § 15a Abs. 2 RVG regelt, wann die im RVG vorgeschriebene Anrechnung einer Gebühr auf eine andere Gebühr auch im Erstattungsverhältnis (Mandant gegen den erstattungspflichtigen Gegner) zu berücksichtigen ist (siehe dazu → Kap. D Rn. 237).

---

[86] BGBl. I 2009, S. 2449 – Art. 7 Abs. 4 Nr. 3.

[87] Hartung/Schons/Enders § 15a Rn. 1 mit Zitat aus der Gesetzesbegründung.

Auszug aus dem RVG

§ 15a 162
Anrechnung einer Gebühr

(1) Sieht dieses Gesetz die Anrechnung einer Gebühr auf eine andere Gebühr vor, kann der Rechtsanwalt beide Gebühren fordern, jedoch nicht mehr als den um den Anrechnungsbetrag verminderten Gesamtbetrag der beiden Gebühren.

(2) ...

In § 15a Abs. 1 RVG ist klargestellt, dass auch dann, wenn das RVG die Anrechnung einer Gebühr auf eine andere Gebühr vorschreibt, zunächst beide Gebühren völlig unabhängig voneinander entstehen. Der Rechtsanwalt kann aber nicht beide Gebühren in vollem Umfange fordern, sondern nur den um den Anrechnungsbetrag verminderten Gesamtbetrag der beiden Gebühren. § 15a Abs. 1 RVG gesteht dem Anwalt aber ein Wahlrecht zu, welche der beiden Gebühren er in voller Höhe fordert und bei der Abrechnung welcher Gebühr er die im Gesetz vorgeschriebene Anrechnung berücksichtigt.[88] Dies ergibt sich bereits aus der Begründung des Gesetzes; denn dort heißt es: *„Der Rechtsanwalt kann also beide Gebühren jeweils in voller Höhe geltend machen. Er hat insbesondere die Wahl, welche Gebühr er fordert und – falls die Gebühren von verschiedenen Personen geschuldet werden – welchen Schuldner er in Anspruch nimmt. Ihm ist lediglich verwehrt, insgesamt mehr als den Betrag zu verlangen, der sich aus der Summe der beiden Gebühren nach Abzug des anzurechnenden Betrags ergibt.“*[89] 163

Der Rechtsanwalt bestimmt also, ob er die Geschäftsgebühr für die außergerichtliche Vertretung in vollem Umfange abrechnet und die in der Vorbemerkung 3 Abs. 4 VV RVG vorgeschriebene Anrechnung erst bei der Abrechnung der Verfahrensgebühr berücksichtigt (siehe nachfolgendes Beispiel Rn. 165 dieses Kapitels) 164

oder

ob er die in der Vorbemerkung 3 Abs. 4 VV RVG vorgeschriebene Anrechnung der Geschäftsgebühr auf die Verfahrensgebühr bereits in seiner Abrechnung für die außergerichtliche Tätigkeit berücksichtigt. Dann kann er in seiner Abrechnung für den nachfolgenden Zivilprozess die Verfahrensgebühr in vollem Umfange ansetzen (siehe nachfolgendes Beispiel Rn. 166 dieses Kapitels).

Beispiel: Für die **außergerichtliche Tätigkeit** kann der Rechtsanwalt berechnen: 165

Gegenstandswert: 16.000,00 EUR

1) 1,7 Geschäftsgebühr §§ 2, 13, 14 RVG iVm Nr. 2300 VV RVG	1.105,00 EUR
2) Pauschale für Entgelte für Post- und Telekommunikationsdienstleistungen Nr. 7002 VV RVG	20,00 EUR
zzgl. Umsatzsteuer.	

Für die Tätigkeit in dem nachfolgenden **Zivilprozess** kann der Rechtsanwalt berechnen:

Gegenstandswert: 16.000,00 EUR

1) 1,3 Verfahrensgebühr §§ 2, 13 RVG iVm Nr. 3100 VV RVG	845,00 EUR
anzurechnen hierauf gemäß der Vorbemerkung 3 Abs. 4 VV RVG:	
0,75 Geschäftsgebühr nach Wert: 16.000,00 EUR	487,50 EUR
verbleiben von der Verfahrensgebühr	357,50 EUR
zzgl. der in dem Zivilprozess weiter entstehenden Gebühren, wie zB die Terminsgebühr, Auslagen und Umsatzsteuer.	

[88] Hartung/Schons/Enders § 15a Rn. 5; Schneider/Wolf § 15a Rn. 52; Mayer/Kroiß § 15a Rn. 2; Hansens RVGreport 2009, 161; Enders JurBüro 2009, 394.

[89] Zitiert nach der BT-Drucksache 16/12717 vom 22. 4. 2009, S. 58 – rechte Spalte.

166 **Beispiel:** Für die **außergerichtliche Tätigkeit** kann der Rechtsanwalt berechnen:

Gegenstandswert: 16.000,00 EUR	
1) 1,7 Geschäftsgebühr §§2, 13, 14 RVG iVm Nr. 2300 VV RVG	1.105,00 EUR
anzurechnen hierauf gemäß der Vorbemerkung 3 Abs. 4 VV RVG:	
0,75 Geschäftsgebühr nach Wert: 16.000,00 EUR	487,50 EUR
verbleiben von der Geschäftsgebühr	617,50 EUR
2) Pauschale für Entgelte für Post- und Telekommunikationsdienstleistungen Nr. 7002 VV RVG	20,00 EUR
zzgl. Umsatzsteuer.	
In dem nachfolgenden **Zivilprozess** entsteht:	
Gegenstandswert: 16.000,00 EUR	
1) 1,3 Verfahrensgebühr §§2, 13 RVG iVm Nr. 3100 VV RVG	845,00 EUR
zzgl. der in dem Zivilprozess weiter entstehenden Gebühren, wie zB die Terminsgebühr, Auslagen und Umsatzsteuer.	

167 Dieses **Wahlrecht**, welche Gebühr voll abgerechnet wird und bei Abrechnung welcher Gebühr die im RVG vorgeschriebene Anrechnung berücksichtigt wird, **steht alleine dem Rechtsanwalt zu.** Es ist sowohl für den Mandanten, als auch für den Rechtsschutzversicherer, die Staatskasse bei Prozesskostenhilfe und auch den erstattungspflichtigen Gegner bindend.

168 **§ 15a RVG** ist nicht nur bei Anrechnung der Geschäftsgebühr auf die Verfahrensgebühr anzuwenden, sondern **gilt für alle im RVG vorgeschriebenen Anrechnungsfälle** (siehe zB Anrechnung der Verfahrensgebühr des selbstständigen Beweisverfahrens auf die Verfahrensgebühr der Hauptsache gem. der Vorbemerkung 3 Abs. 5 VV RVG → Kap. E Rn. 552).

3.2 Anrechnung sowohl bei vorausgegangenem als auch bei nachfolgendem gerichtlichem Verfahren

169 Bis 30. 12. 2006 konnte vertreten werden, dass die Geschäftsgebühr nur auf die Verfahrensgebühr eines nachfolgenden gerichtlichen Verfahrens anzurechnen ist.[90] Durch das am 31. 12. 2006 in Kraft getretene Justizmodernisierungsgesetz[91] wurde die Vorbemerkung 3 Abs. 4 in den Sätzen 1 und 3 VV RVG geändert. Damit wollte der Gesetzgeber klarstellen, dass eine Anrechnung der Geschäftsgebühr auf die Verfahrensgebühr auch dann zu erfolgen hat, wenn der Rechtsanwalt den Mandanten zunächst in einem gerichtlichen Verfahren vertreten hat und erst dann die außergerichtliche Tätigkeit folgt.[92] Nach der Neufassung der Vorbemerkung 3 Abs. 4 VV RVG ist die Geschäftsgebühr also sowohl dann auf die Verfahrensgebühr anzurechnen,

- wenn das gerichtliche Verfahren der außergerichtlichen Tätigkeit nachfolgt
- als auch dann, wenn das gerichtliche Verfahren der außergerichtlichen Tätigkeit vorausgegangen ist.

170 **Beispiel:** Zunächst ist ein selbstständiges Beweisverfahren (§§ 485 ff. ZPO) bei Gericht anhängig (Gegenstandswert: 20.000,00 EUR). Der Rechtsanwalt nimmt den vom gerichtlich bestellten Sachverständigen anberaumten Termin wahr. Nachdem dieses selbstständige Beweisverfahren erledigt ist, wird der Rechtsanwalt beauftragt, die Ansprüche (20.000,00 EUR), über die die Beweise in dem selbstständigen Beweisverfahren erhoben worden, außergerichtlich gegenüber dem Gegner geltend zu machen.

---

[90] So zB Hansens RVGreport 2004, 90 – dort unter bb); Hansens/Braun/Schneider Teil 8, Rn. 124.

[91] Zweite Gesetz zur Modernisierung der Justiz (2. Justizmodernisierungsgesetz), BGBl. I 2006, 3416 ff.).

[92] Hansens RVGreport 2007, 163; Jungbauer JurBüro 2006, 453 (456 – Kapitel 2.5.7).

Der Rechtsanwalt kann berechnen:

Für das **selbstständige Beweisverfahren:**
Gegenstandswert: 20.000,00 EUR

1) 1,3 Verfahrensgebühr §§ 2, 13 RVG iVm Nr. 3100 VV RVG	964,60 EUR
hierauf anzurechnen nach der Vorbemerkung 3 Abs. 4 VV RVG	
0,75 Geschäftsgebühr nach Wert: 20.000,00 EUR	556,50 EUR
verbleiben von der Verfahrensgebühr	408,10 EUR
2) 1,2 Terminsgebühr §§ 2, 13 RVG iVm Nr. 3104 VV RVG	890,40 EUR
3) Pauschale für Post- und Telekommunikationsdienstleistungen Nr. 7002 VV RVG	20,00 EUR
zzgl. evtl. weiterer Auslagen und Umsatzsteuer.	

Für die **außergerichtliche Vertretung:**
Gegenstandswert: 20.000,00 EUR

1) 2,0 Geschäftsgebühr §§ 2, 13, 14 RVG iVm Nr. 2300 VV RVG	1.484,00 EUR
3) Pauschale für Post- und Telekommunikationsdienstleistungen Nr. 7002 VV RVG	20,00 EUR
zzgl. evtl. weiterer Auslagen und Umsatzsteuer.	

Nach § 15a Abs. 1 RVG kann die in der Vorbemerkung 3 Abs. 4 VV RVG vorgesehene Anrechnung der Geschäftsgebühr auch in der Abrechnung für die außergerichtliche Tätigkeit erfolgen. Dies bietet sich in der Praxis dann an, wenn die Abrechnung des selbstständigen Beweisverfahrens gegenüber dem Mandanten bereits nach Abschluss desselben erfolgt ist, ohne dass die Anrechnung berücksichtigt wurde, weil zu diesem Zeitpunkt die Geschäftsgebühr noch überhaupt nicht entstanden war.

3.3 Derselbe Rechtsanwalt

171 Die Geschäftsgebühr nach Nr. 2300 VV RVG für eine außergerichtliche Vertretung ist nur dann anzurechnen, wenn derselbe Rechtsanwalt, dieselbe Sozietät oder dieselbe Partnerschaft den Mandanten sowohl außergerichtlich als auch in dem nachfolgenden gerichtlichen Verfahren vertritt.

172 **Beispiel:** Außergerichtlich wird der Mandant durch Rechtsanwalt A vertreten. Da er mit den Leistungen von Rechtsanwalt A nicht zufrieden ist, beauftragt er Rechtsanwalt B, für ihn als Prozessbevollmächtigter in dem anschließenden gerichtlichen Verfahren tätig zu werden. Die Rechtsanwälte A und B sind nicht in einer Sozietät oder ähnlichem verbunden. Rechtsanwalt B muss sich nicht die Geschäftsgebühr Nr. 2300 VV RVG anrechnen lassen, die Rechtsanwalt A für die außergerichtliche Tätigkeit gegenüber dem Mandanten abgerechnet hat.

173 Gehören aber die Rechtsanwälte, die den Mandanten außergerichtlich und anschließend in einem gerichtlichen Verfahren vertreten, derselben Kanzlei (Sozietät, Partnerschaft, Anwalts-GmbH oder ähnliches) an, so bleibt es bei der in der Vorbemerkung 3 Abs. 4 RVG vorgeschriebenen Anrechnung. Dies gilt insbesondere dann, wenn der Mandant die Sozietät insgesamt beauftragt hat, für ihn tätig zu werden.[93]

174 **Beispiel:** Die Rechtsanwälte A und B gehören der Sozietät ABC an. Kanzleiintern besteht eine Aufteilung dahingehend, dass Rechtsanwalt A nur außergerichtliche Vertretungen übernimmt, während Rechtsanwalt B die Mandate dann weiterführt, wenn ein gerichtliches Verfahren einzuleiten ist. Während der außergerichtlichen Vertretung bearbeitet also Rechtsanwalt A das Mandat, während Rechtsanwalt B für den Mandanten die notwendigen Tätigkeiten im gerichtlichen Verfahren ausführt.

Es bleibt bei der in der Vorbemerkung 3 Abs. 4 VV RVG vorgeschriebenen Anrechnung der Geschäftsgebühr, da Rechtsanwalt A und Rechtsanwalt B derselben Sozietät angehören.

3.4 Derselbe Gegner

175 Die Geschäftsgebühr Nr. 2300 VV RVG ist nur dann auf die Verfahrensgebühr eines gerichtlichen Verfahrens anzurechnen, wenn sich die außergerichtliche Vertretung und die Tätigkeit im gerichtlichen Verfahren gegen **denselben Gegner** richtet.

[93] Vgl.: Enders JurBüro 2014, 393.

176 **Beispiel:** Außergerichtlich wird der Anspruch zunächst gegen B geltend gemacht. Im Rahmen der außergerichtlichen Korrespondenz stellt sich heraus, dass B nicht der richtige Gegner ist. Klage wird dann gegen C erhoben.

Die Geschäftsgebühr ist nicht anzurechnen, da sich die außergerichtliche Vertretung und die Tätigkeit in dem gerichtlichen Verfahren nicht gegen denselben Gegner richten.

177 **Beispiel:** In einer Verkehrsunfallsache macht der Rechtsanwalt außergerichtlich die Ansprüche nur gegen den Kfz-Haftpflichtversicherer geltend. Nachdem dieser nicht zahlt, erhebt der Rechtsanwalt auftragsgemäß Klage nur gegen den Fahrer und den Halter des den Verkehrsunfall verursachenden Kfzs.

Die Geschäftsgebühr ist mE nicht anzurechnen, da sich die außergerichtliche Vertretung (nur gegen den Kfz-Haftpflichtversicherer) nicht gegen denselben Gegner wie die gerichtliche Tätigkeit (Klage gegen Fahrer und Halter) richtet.[94]

Achtung: In diesen Fällen ist zu beachten, dass die Klageerhebung gegen den Fahrer und/oder Halter dem Haftpflichtversicherer gemäß § 119 Abs. 2 VVG unverzüglich in Textform anzuzeigen ist.

3.5 Derselbe Gegenstand

178 Nur wenn der Gegenstand der außergerichtlichen Vertretung und des anschließenden gerichtlichen Verfahrens **derselbe** ist, ist die Geschäftsgebühr Nr. 2300 VV RVG auf die Verfahrensgebühr des anschließenden gerichtlichen Verfahrens anzurechnen (Vorbemerkung 3 Abs. 4 S. 1 VV RVG). Ist der Gegenstand der außergerichtlichen Vertretung und der des anschließenden gerichtlichen Verfahrens nicht derselbe, ist die Geschäftsgebühr nicht anzurechnen.

179 **Beispiel:** In einer Mietsache werden die Mieten für November und Dezember gegenüber dem Mieter für den Vermieter außergerichtlich geltend gemacht. Der Mieter zahlt nach anwaltlicher Aufforderung die beiden Mieten. Später wird der Rechtsanwalt beauftragt, weitere rückständige Mieten für die Monate Februar und März einzuklagen.

Da der Gegenstand der außergerichtlichen Tätigkeit (Mieten November und Dezember) nicht identisch ist mit dem Gegenstand des anschließenden gerichtlichen Verfahrens (Mieten Februar und März), ist die für die außergerichtliche Vertretung entstandene Geschäftsgebühr Nr. 2300 VV RVG nicht auf die in dem gerichtlichen Verfahren entstandene Verfahrensgebühr anzurechnen.

180 **Beispiel:** In einer Mietsache ist der Rechtsanwalt zunächst beauftragt, die Kündigung des Mietverhältnisses auszusprechen. Nach Ausspruch der Kündigung und Ablauf des Mietverhältnisses gibt der Mieter die Mietsache nicht heraus. Der Rechtsanwalt wird nunmehr beauftragt, Räumungs- und Herausgabeklage zu erheben.

In der Vergangenheit wurde vertreten, dass in diesen Fällen die Geschäftsgebühr nicht auf die Verfahrensgebühr des nachfolgenden Räumungsprozesses anzurechnen ist.[95] Es wurde argumentiert, dass der Gegenstand der außergerichtlichen Tätigkeit (Ausspruch der Kündigung) nicht mit dem Gegenstand des gerichtlichen Verfahrens (Räumungsklage) identisch sei. Mittlerweile hat allerdings der BGH[96] diesen Fall entschieden. Nach Ansicht des BGH sind hier die Gegenstände der außergerichtlichen Tätigkeit und des gerichtlichen Verfahrens identisch, so dass die Geschäftsgebühr nach Maßgabe der Vorbemerkung 3 Abs. 4 VV RVG auf die Verfahrensgebühr anzurechnen ist. Meines Erachtens werden die Gerichte, die diese Frage bisher anders entschieden haben, im Hinblick auf diese Entscheidung des BGH an ihrer früheren Rechtsprechung nicht weiter festhalten.

---

[94] Enders JurBüro 1997, 57 mwN; LG Bonn JurBüro 2004, 77 = RVGreport 2004, 71; Gerold/Schmidt § 15 Rn. 12; OLG München AnwBl. 1990, 325; AG Nordhorn AnwBl. 1994, 93; LG Flensburg JurBüro 1986, 723; AG Charlottenburg ZfS 1987, 112; LG Frankfurt/Main AnwBl. 1982, 318; H. Schmidt AnwBl. 1974, 340; Schneider/Wolf VV Vorb. 3 Rn. 229; Hansens/Braun/Schneider Teil 8 Rn. 127.

Anderer Meinung: Kammergericht BeckRS 2013, 06759; Klimke AnwBl. 1975, 220 mit anschließender ablehnender Stellungnahme von H. Schmidt; AG Alzey AnwBl. 1982, 399 mit abl. Anmerkung von H. Schmidt; OLG Karlsruhe AGS 1994, 43 mit ablehnender Anmerkung von Chemnitz.

[95] Siehe hierzu Enders, RVG für Anfänger, 13. Auflage, Rn. 599 mwN.

[96] BGH Teilversäumnis- und Schlussurteil vom 14. 3. 2007 – VIII ZR 184/06 = JurBüro 2007, 358.

181 **Beispiel:** Außergerichtlich ist Rechtsanwalt M für Mandant A tätig und macht einen Anspruch in Höhe von 8 000,00 EUR geltend. A tritt seinen Anspruch an B ab. Rechtsanwalt M erhebt im Auftrag des B Klage. Nach BGH[97] ist die Geschäftsgebühr nach der Vorbemerkung 3 Abs. 4 VV RVG anzurechnen auf die Verfahrensgebühr des gerichtlichen Verfahrens.

3.5.1 Teilweise derselbe Gegenstand

182 Nach Vorbemerkung 3 Abs. 4 S. 5 VV RVG erfolgt die Anrechnung der Geschäftsgebühr für die außergerichtliche Vertretung auf die Verfahrensgebühr des gerichtlichen Verfahrens nur **nach dem Wert des Gegenstandes, der auch Gegenstand des gerichtlichen Verfahrens ist.** Die Geschäftsgebühr ist also nur zur Hälfte, höchstens mit 0,75 nach dem Wert anzurechnen, der in das gerichtliche Verfahren eingeflossen ist.

183 **Beispiel:** Der Rechtsanwalt ist beauftragt, eine Forderung in Höhe von 10.000,00 EUR außergerichtlich gegenüber dem Gegner geltend zu machen. Nach außergerichtlicher Aufforderung zahlt der Gegner 4.500,00 EUR.

Der Rechtsanwalt wird beauftragt, den verbleibenden Restbetrag in Höhe von 5.500,00 EUR gerichtlich gegenüber dem Gegner geltend zu machen. Es wird Klage erhoben.

Der Rechtsanwalt kann berechnen:

Für die außergerichtliche Tätigkeit:

Gegenstandswert: 10.000,00 EUR	
1) 1,7 Geschäftsgebühr §§ 2, 13, 14 RVG iVm Nr. 2300 VV RVG	948,60 EUR
2) Pauschale für Entgelte für Post- und Telekommunikationsdienstleistungen Nr. 7002 VV RVG	20,00 EUR

Für die Tätigkeit im anschließenden gerichtlichen Verfahren:

Gegenstandswert: 5.500,00 EUR	
1) 1,3 Verfahrensgebühr §§ 2, 13 RVG iVm Nr. 3100 VV RVG	460,20 EUR
anzurechnen hierauf nach Vorbemerkung 3 Abs. 4 S. 5 VV RVG:	
0,75 Geschäftsgebühr nach Wert: 5.500,00 EUR[98]	265,50 EUR
verbleiben von der Verfahrensgebühr	194,70 EUR
zzgl. der in dem Zivilprozess weiter entstehenden Gebühren, wie zB die Terminsgebühr, Auslagen und Umsatzsteuer.	

In dem vorliegenden Beispiel ist die Geschäftsgebühr nur insoweit anzurechnen, als der Gegenstand der außergerichtlichen Tätigkeit auch Gegenstand des gerichtlichen Verfahrens ist. Dies sind in dem vorliegenden Beispiel nur 5.500,00 EUR, denn nur insoweit wurde Klage erhoben.

Auch wenn die Anrechnung der Geschäftsgebühr bereits in der Abrechnung für die außergerichtliche Tätigkeit vorgenommen würde, wäre nur eine 0,75 Geschäftsgebühr nach einem Wert von 5.500,00 EUR anzurechnen.

3.6 Anrechnung höchstens nach dem Gebührensatz der Verfahrensgebühr

184 Ist der Gebührensatz der Verfahrensgebühr in dem anschließenden gerichtlichen Verfahren geringer als der anzurechnende Teil der Geschäftsgebühr, erfolgt die Anrechnung höchstens nach dem Gebührensatz der Verfahrensgebühr.[99]

185 **Beispiel:** Der Rechtsanwalt wird beauftragt, außergerichtlich eine Forderung in Höhe von 66.000,00 EUR geltend zu machen. Es entwickelt sich ein umfangreicher Schriftverkehr. Schließlich wird über das Vermögen der Schuldnerin ein Insolvenzverfahren eröffnet. Der Rechtsanwalt wird

---

97 BGH Beschluss vom 29. 11. 2011 – XI ZB 16/11 = JurBüro 2012, 188.

98 Im Ergebnis rechnen auch so: Gerold/Schmidt VV Vorb. 3 Rn. 279; Schneider/Wolf VV Vorb. 3 Rn. 242; Rehberg/Schons „Geschäftsgebühr", 10. Anrechnung; Bischof/Jungbauer Vorbemerkung 3 VV Rn. 100; Hansens/Braun/Schneider Teil 8, Rn. 138; Mayer/Kroiß Vorbemerkung 3 Rn. 96; Goebel/Gottwald VV RVG Teil 3 Rn. 13; Jungbauer Rn. 1358 ff.; **Anders:** Diepmans JurBüro 2006, 565 und OLG Koblenz JurBüro 2009, 247 – die den anzurechnenden Betrag nach dem Verhältnis der Gegenstandswerte ermitteln.

99 Hansens/Braun/Schneider Teil 8 Rn. 133; Hansens RVGreport, 2004, 92; Enders JurBüro 2004, 348; Jungbauer 5. Kapitel Rn. 1363.

beauftragt, die Forderung im Insolvenzverfahren anzumelden. Ansonsten soll er in dem Insolvenzverfahren nicht weiter tätig werden.

Der Rechtsanwalt kann berechnen:

Für die außergerichtliche Vertretung:	
Gegenstandswert: 66.000,00 EUR	
1) 1,7 Geschäftsgebühr §§2, 13, 14 RVG iVm Nr. 2300 VV RVG	2.266,10 EUR
2) Pauschale für Entgelte für Post- und Telekommunikationsdienstleistungen Nr. 7002 VV RVG	20,00 EUR
Für die Anmeldung der Forderung zum Insolvenzverfahren:	
Gegenstandswert: 70.000,00 EUR (Hauptforderung zzgl. Nebenforderung – §28 Abs. 2 RVG)	
1) 0,5 Verfahrensgebühr §§2, 13 RVG iVm Nr. 3320 VV RVG	666,50 EUR
anzurechnen hierauf gem. der Vorbemerkung 3 Abs. 4 VV RVG: 0,5 Geschäftsgebühr nach Wert: 66.000,00 EUR	666,50 EUR
verbleiben:	0,00 EUR
2) Pauschale für Entgelte für Post- und Telekommunikationsdienstleistungen Nr. 7002 VV RVG	20,00 EUR

Nach der Vorbemerkung 3 Abs. 4 VV RVG wäre die Geschäftsgebühr mit einem Gebührensatz von 0,75 anzurechnen. Da aber der Gebührensatz im nachfolgenden gerichtlichen Verfahren geringer ist (0,5), ist die Geschäftsgebühr nur mit diesem geringeren Gebührensatz anzurechnen. Sie ist ferner nur nach dem Gegenstandswert anzurechnen, nach welchem sie im Rahmen der außergerichtlichen Vertretung entstanden ist.

Auch wenn die Anrechnung der Geschäftsgebühr bereits in die Abrechnung für die außergerichtliche Vertretung eingestellt würde (§ 15a Abs. 1 RVG), wäre nur eine 0,5 Geschäftsgebühr nach einem Wert von 66.000,00 EUR anzurechnen.

3.7 Zeitlicher Zusammenhang

186 Die Geschäftsgebühr Nr. 2300 VV RVG ist nur dann anzurechnen, wenn zwischen der außergerichtlichen Vertretung und dem anschließenden gerichtlichen Verfahren noch ein zeitlicher Zusammenhang besteht. Ein zeitlicher Zusammenhang besteht nach § 15 Abs. 5 S. 2 RVG dann nicht mehr, wenn die außergerichtliche Tätigkeit seit mehr als zwei Kalenderjahren erledigt ist und erst dann das gerichtliche Verfahren eingeleitet wird (→ Kap. A Rn. 114).

187 **Beispiel:** Der Rechtsanwalt wird im September 2014 von dem Mandanten mit der außergerichtlichen Vertretung beauftragt. Er lehnt für den Mandanten die diesem gegenüber geltend gemachten Ansprüche in einem umfassend begründeten Schreiben ab. Im Januar 2017 erhebt der Gegner Klage. Der Rechtsanwalt wird von dem Mandanten beauftragt, ihn in dem Rechtsstreit als Prozessbevollmächtigter zu vertreten.

Die Geschäftsgebühr ist in diesem Fall nicht mehr auf die Verfahrensgebühr für das anschließende gerichtliche Verfahren anzurechnen, da kein zeitlicher Zusammenhang mehr besteht (§ 15 Abs. 5 S. 2 RVG).

188 Teilweise wird die Auffassung vertreten, dass ein zeitlicher Zusammenhang bereits nach Ablauf einer **kürzeren Zeitspanne** nicht mehr gegeben sei. Hierzu führt *Hansens* aus: *„Der Rechtsanwalt muss die Sache nach Abschluss der außergerichtlichen Tätigkeit noch so gegenwärtig haben, dass er sich nicht völlig neu in den Sachverhalt einarbeiten muss. Dies beurteilt sich nach den Umständen des Einzelfalles. Bei einer Zeitspanne von einem Monat wird der innere Zusammenhang noch gegeben sein,*[100] *bei einem Abstand von sechs Monaten meist nicht mehr. Die Zeitspanne des § 15 Abs. 5 S. 2 RVG erscheint zu lang.“*[101]

3.8 Mehrere Auftraggeber

189 Vertritt der Rechtsanwalt in derselben Angelegenheit mehrere Personen wegen desselben Gegenstandes, erhöht sich die Geschäftsgebühr nach Nr. 1008 VV RVG um

[100] So LG Berlin JurBüro 1983, 708.
[101] Hansens RVGreport, 2004, 91.

0,3 für jeden weiteren Auftraggeber. Mehrere Erhöhungen dürfen einen Gebührensatz von 2,0 nicht übersteigen (→ Kap. C Rn. 104).

Ist der Rechtsanwalt zunächst außergerichtlich und anschließend in einem gerichtliche Verfahren für mehrere Auftraggeber wegen desselben Gegenstandes tätig, erhöht sich sowohl die Geschäftsgebühr für die außergerichtliche Vertretung als auch die Verfahrensgebühr für die Vertretung in dem gerichtlichen Verfahren nach Nr. 1008 VV RVG.[102] 190

Wie die nach Nr. 1008 VV RVG erhöhte Geschäftsgebühr auf die erhöhte Verfahrensgebühr anzurechnen ist, ergibt sich nicht unmittelbar aus dem RVG. Da es sich bei der Erhöhung nach Nr. 1008 VV RVG aber nicht um eine eigene Gebühr handelt, sondern dort bestimmt ist, dass sich **die Geschäftsgebühr erhöht,** ist die Gebühr genauso anzurechnen, wie eine nicht erhöhte Geschäftsgebühr. Nach der Vorbemerkung 3 Abs. 4 VV RVG ist meines Erachtens die wegen mehrerer Auftraggeber erhöhte Geschäftsgebühr als eine Einheit zu betrachten und **zur Hälfte, höchstens mit einem Gebührensatz von 0,75** anzurechnen.[103] Dies ist auch nachvollziehbar, denn die Erhöhung nach Nr. 1008 VV RVG soll doch den Aufwand abgelten, den der Rechtsanwalt dadurch hat, dass er eine Vielzahl von Auftraggebern vertritt. Die Vergütung für diese Mehrtätigkeit wegen mehrerer Auftraggeber muss ihm – zumindest teilweise – verbleiben. Daher ist die Geschäftsgebühr richtigerweise auch bei mehreren Auftraggebern nur im Rahmen der Vorbemerkung 3 Abs. 4 VV RVG anzurechnen. 191

Nach anderer Auffassung soll jede 0,3 Erhöhung nach Nr. 1008 VV RVG ebenfalls zur Hälfte, also mit 0,15 auf die Verfahrensgebühr anzurechnen sein.[104] Diese Anrechnung soll neben der Anrechnung der nicht erhöhten Geschäftsgebühr erfolgen. 192

Nach wieder anderer Auffassung ist nur die Geschäftsgebühr ohne die Erhöhungen anzurechnen und von den Erhöhungen nach Nr. 1008 VV RVG soll nichts anzurechnen sein.[105] 193

Diesen beiden zuletzt genannten Meinungen ist mE nicht zu folgen, zumal auch zwischenzeitlich das LG Düsseldorf, das LG Ulm, das AG Stuttgart und das Kammergericht die zuerst dargestellte Auffassung bestätigt haben.[106] 194

Beispiel: Der Rechtsanwalt vertritt fünf Auftraggeber wegen desselben Gegenstandes. Diese haben eine gemeinsame Forderung in Höhe von 7.500,00 EUR gegenüber M. Nach einer umfangreichen außergerichtlichen Tätigkeit wird der Rechtsanwalt beauftragt, Klage zu erheben. 195

Der Rechtsanwalt kann berechnen:

Für die außergerichtliche Tätigkeit:

Gegenstandswert: 7.500,00 EUR

1) 2,9 Geschäftsgebühr §§ 2, 13, 14 RVG iVm Nr. 2300, 1008 VV RVG	1.322,40 EUR
(Die Geschäftsgebühr setzt sich wie folgt zusammen: 1,7 Geschäftsgebühr + 4 × 0,3 Erhöhung = 1,2/1,7 + 1,2 = 2,9)	
2) Pauschale für Entgelte für Post- und Telekommunikationsdienstleistungen Nr. 7002 VV RVG	20,00 EUR
zzgl. Umsatzsteuer.	

[102] Gerold/Schmidt VV 1008 Rn. 9; Hartung/Schons/Enders Nr. 1008 VV Rn. 9; Hansens/Braun/Schneider Teil 6 Rn. 154; Enders JurBüro 2005, 449; LG Düsseldorf JurBüro 2007, 480 = AGS 2007, 381; AG Stuttgart JurBüro 2007, 552 = AGS 2007, 385; LG Ulm AGS 2008, 163; Kammergericht RVGreport 2008, 391.

[103] So auch Hansens RVGreport, 2004, 95; Hansens/Braun/Schneider Teil 8 Rn. 139; Enders JurBüro 2004, 405; LG Düsseldorf JurBüro 2007, 480 = AGS 2007, 381; AG Stuttgart JurBüro 2007, 552 = AGS 2007, 385; LG Ulm AGS 2008, 163.

[104] So Schneider/Mock Das neue Gebührenrecht für Anwälte § 14 Rn. 57 ff., S. 156; Schneider/Wolf VV Vorb. 3 Rn. 249.

[105] So Mock RVG-B 2004, 87, 88 Ziffer 4.

[106] LG Düsseldorf JurBüro 2007, 480 = AGS 2007, 381; AG Stuttgart JurBüro 2007, 552 = AGS 2007, 385; LG Ulm AGS 2008, 163; Kammergericht RVGreport 2008, 391.

In dem nachfolgenden Zivilprozess entsteht:
Gegenstandswert: 7.500,00 EUR

1) 2,5 Verfahrensgebühr §§ 2, 13 RVG iVm Nr. 3100, 1008 VV RVG	1.140,00 EUR
(Die Verfahrensgebühr setzt sich wie folgt zusammen: 1,3 Verfahrensgebühr + Erhöhung 4 × 0,3 = 1,2/1,3 + 1,2 = 2,5)	
anzurechnen hierauf gem. der Vorbemerkung 3 Abs. 4 VV RVG	
0,75 Geschäftsgebühr nach Wert: 7.500,00 EUR	342,00 EUR
verbleiben von der Verfahrensgebühr	798,00 EUR
zzgl. die in dem Zivilprozess weiter entstehenden Gebühren, wie zB die Terminsgebühr, Auslagen und Umsatzsteuer.	

In diesem Beispiel beträgt die Hälfte der Geschäftsgebühr 1,45. Nach der Vorbemerkung 3 Abs. 4 VV RVG ist die Geschäftsgebühr aber nur mit höchstens einem Gebührensatz von 0,75 anzurechnen. Hierbei muss es auch bei mehreren Auftraggebern bleiben.

3.9 Mehrere Geschäftsgebühren

196 Vertritt der Rechtsanwalt zB in einer verwaltungsrechtlichen Angelegenheit in einem Antragsverfahren und in einem außergerichtlichen Rechtsbehelfsverfahren, handelt es sich nach § 17 Nr. 1 a RVG um zwei gebührenrechtliche Angelegenheiten (Erste Angelegenheit: Antragsverfahren/Zweite Angelegenheit: Außergerichtliches Rechtsbehelfsverfahren). In jeder gebührenrechtlichen Angelegenheit kann bei dem Rechtsanwalt eine – gesonderte – Geschäftsgebühr Nr. 2300 VV RVG entstehen (→ Kap. K Rn. 91 ff.). Nach der Vorbemerkung 2.3 Abs. 4 VV RVG[107] ist die Geschäftsgebühr für die Tätigkeit in dem Antragsverfahren auf die Geschäftsgebühr für die Tätigkeit in dem nachfolgenden außergerichtlichen Rechtsbehelfsverfahren zur Hälfte, höchstens mit einem Gebührensatz von 0,75 auf die Geschäftsgebühr des nachfolgenden –außergerichtlichen- Rechtsbehelfsverfahrens anzurechnen.

197 Nach der Vorbemerkung 3 Abs. 4 S. 3 VV RVG ist, wenn mehrere Geschäftsgebühren entstanden sind, **für die Anrechnung der Geschäftsgebühr auf die Verfahrensgebühr eines gerichtlichen Verfahrens nur die zuletzt entstandene Geschäftsgebühr maßgebend** (→ Kap. K Rn. 108).

198 Die **zuerst entstandene** Geschäftsgebühr wird nach der Vorbemerkung 3 Abs. 4 S. 3 VV RVG **nicht** auch noch auf die Verfahrensgebühr eines anschließenden gerichtlichen Verfahrens angerechnet. Es ist aber zu prüfen, ob sich aus dem RVG nicht auch eine Anrechnungsvorschrift (wie zB die Vorbemerkung 2.3 Abs. 4 VV RVG) für die zuerst entstandene Geschäftsgebühr auf die für den folgenden Tätigkeitsabschnitt entstandene Geschäftsgebühr ergibt, wie dies zB in verwaltungs- (→ Kap. K. 104 ff.) oder sozialrechtlichen (→ Kap. K 220 ff.) Angelegenheiten der Fall ist (Vorbemerkung 2.3 Abs. 4 VV RVG) oder auch bei einer außergerichtlichen Tätigkeit, der ein Güteverfahren iSd Nr. 2303 VV RVG folgt (→ Kap. D Rn. 308 f.).

199 **Beispiel:** Der Rechtsanwalt hat für seinen Mandanten zunächst einen Anspruch in Höhe von 500,00 EUR außergerichtlich geltend gemacht. Anschließend vertritt er diesen wegen desselben Gegenstandes in dem Güteverfahren vor einer durch Landesgesetz eingerichteten Gütestelle. Da es dort zu keiner Einigung kommt, wird Klage erhoben. Der Rechtsanwalt vertritt den Mandanten auch als Prozessbevollmächtigter in dem Rechtsstreit.

Der Rechtsanwalt kann berechnen:

Für die außergerichtliche Vertretung:
Gegenstandswert: 500,00 EUR

1) 1,3 Geschäftsgebühr §§ 2, 13, 14 RVG iVm Nr. 2300 VV RVG	58,50 EUR
zzgl. Auslagen und Umsatzsteuer.	

Für die Vertretung im Güteverfahren:
Gegenstandswert: 500,00 EUR

1) 1,5 Geschäftsgebühr §§ 2, 13 RVG iVm Nr. 2303 VV RVG	67,50 EUR
anzurechnen hierauf gem. der Vorbemerkung 2.3 Abs. 6 VV RVG:	
0,65 Geschäftsgebühr nach Nr. 2300 VV RVG	29,25 EUR
verbleiben:	38,25 EUR
zzgl. Auslagen und Umsatzsteuer.	

[107] Eingefügt durch das 2. KostRMoG (BGBl. I 2013, 2586 – In Kraft getreten am 1. 8. 2013).

In dem Zivilprozess:
Gegenstandswert: 500,00 EUR

1) 1,3 Verfahrensgebühr §§2, 13 RVG iVm Nr. 3100 VV RVG	58,50 EUR
anzurechnen hierauf gem. der Vorbemerkung 3 Abs. 4 VV RVG:	
0,75 Geschäftsgebühr nach Nr. 2303 VV RVG	33,75 EUR
verbleiben:	24,75 EUR

zzgl. evtl. weitere in dem gerichtlichen Verfahren entstandenen Gebühren, Auslagen und Umsatzsteuer.

In dem vorstehenden Beispiel ist nur die zuletzt entstandene Geschäftsgebühr nach Nr. 2303 VV RVG für die Vertretung im Güteverfahren nach der Vorbemerkung 3 Abs. 4 VV RVG auf die Verfahrensgebühr des anschließenden gerichtlichen Verfahrens anzurechnen. Die für die außergerichtliche Vertretung entstandene Geschäftsgebühr ist hier anzurechnen auf die Geschäftsgebühr für die Vertretung im Güteverfahren nach der der Vorbemerkung 2.3 Abs. 4 VV RVG.

Zum Güteverfahren → Kap. D Rn. 302. 200

Macht der Rechtsanwalt zunächst außergerichtlich in verschiedenen gebühren- 201
rechtlichen Angelegenheiten getrennte Ansprüche für seinen Auftraggeber gegen denselben Gegner geltend, entsteht in jeder Angelegenheit eine gesonderte Geschäftsgebühr. Wird dann wegen der außergerichtlich geltend gemachten Ansprüche nur eine Klage über den Gesamtbetrag erhoben, entsteht nur eine Verfahrensgebühr. Nach BGH[108] sind in diesem Falle alle entstandenen Geschäftsgebühren in der tatsächlichen Höhe anteilig (entsprechend der Vorbemerkung 3 Abs. 4 VV RVG) auf die Verfahrensgebühr anzurechnen.

Beispiel: Der Rechtsanwalt macht für seinen Mandanten A gegenüber dem Gegner B außerge- 202
richtlich drei verschiedene Ansprüche in gesonderten gebührenrechtlichen Angelegenheiten geltend. Zwecks Minimierung des Prozesskostenrisikos wird allerdings nur eine Klage erhoben, in welcher alle drei Ansprüche zusammen gegen B geltend gemacht werden.

Für die außergerichtliche Vertretung sind folgende Geschäftsgebühren entstanden:

Angelegenheit A
Gegenstandswert: 8.000,00 EUR

1) 1,3 Geschäftsgebühr §§2, 13, 14 RVG iVm Nr. 2300 VV RVG	592,80 EUR
zzgl. Auslagen und Umsatzsteuer.	

Angelegenheit B
Gegenstandswert: 15.000,00 EUR

1) 1,7 Geschäftsgebühr §§2, 13, 14 RVG iVm Nr. 2300 VV RVG	1.105,00 EUR
zzgl. Auslagen und Umsatzsteuer.	

Angelegenheit C
Gegenstandswert: 2.000,00 EUR

1) 1,3 Geschäftsgebühr §§2, 13, 14 RVG iVm Nr. 2300 VV RVG	195,00 EUR
zzgl. Auslagen und Umsatzsteuer.	

Für die Tätigkeit als Prozessbevollmächtigter in dem Zivilprozess über 25.000,00 EUR ist folgende Verfahrensgebühr entstanden und die Anrechnung der Geschäftsgebühren wie folgt vorzunehmen:

Gegenstandswert: 25.000,00 EUR

1) 1,3 Verfahrensgebühr §§2, 13 RVG iVm Nr. 2300 VV RVG	1.024,40 EUR
anzurechnen hierauf gem. der Vorbemerkung 3 Abs. 4 VV RVG sind folgende Geschäftsgebühren:	
Geschäftsgebühr aus Angelegenheit A	
0,65 Geschäftsgebühr Nr. 2300 VV RVG nach Wert: 8.000,00 EUR	296,40 EUR
Geschäftsgebühr aus Angelegenheit B	
0,75 Geschäftsgebühr Nr. 2300 VV RVG nach Wert: 15.000,00 EUR	487,50 EUR
Geschäftsgebühr aus Angelegenheit C	
0,65 Geschäftsgebühr Nr. 2300 VV RVG nach Wert: 2.000,00 EUR	97,50 EUR
verbleiben von der Verfahrensgebühr:	143,00 EUR

zzgl. evtl. weitere in dem gerichtlichen Verfahren entstandener Gebühren, Auslagen und Umsatzsteuer.

[108] BGH Beschluss vom 28. 2. 2017 – I ZB 55/16.

Vorstehend wird die Anrechnung im Abrechnungsverhältnis des Rechtsanwaltes zu seinem Mandanten aufgezeigt. Ob auch in der Kostenfestsetzung gegenüber dem letztlich unterlegenen Gegner B entsprechend die Geschäftsgebühren auf die Verfahrensgebühren anzurechnen sind, hängt davon ab, ob eine der drei Voraussetzungen des § 15a Abs. 2 RVG eingetreten ist (→ Kap. D Rn. 237 ff.). Dies wäre zB der Fall, wenn alle Geschäftsgebühren mit eingeklagt worden wären und auch alle Geschäftsgebühren in vollem Umfange dem Kläger zugesprochen worden wären.

3.10 Mehrere Verfahrensgebühren

203 In der Praxis kann es vorkommen, dass in dem der außergerichtlichen Tätigkeit folgenden gerichtlichen Verfahren mehrere Verfahrensgebühren entstehen. Dies ist zB der Fall, wenn sich, nachdem der Rechtsanwalt den Auftrag erhalten hat, ein gerichtliches Verfahren einzuleiten, die Sache teilweise erledigt (zB durch eine Teilzahlung des Gegners). Mehrere Verfahrensgebühren entstehen aber auch dann, wenn der Rechtsanwalt auftragsgemäß nicht anhängig gewordene Ansprüche in dem gerichtlichen Verfahren mit vergleicht. Dann sind

- die 0,8 Verfahrensgebühr nach Nr. 3100 VV RVG nach dem Wert der Ansprüche, wegen welcher sich die Angelegenheit vorzeitig erledigt hat **oder** nach dem Wert der nicht anhängigen Ansprüche, wegen welcher beantragt worden ist, einen Vergleich zu Protokoll zu nehmen,
- und die 1,3 Verfahrensgebühr Nr. 3100 VV RVG

nach dem Wert der anhängig gewordenen Ansprüche nach § 15 Abs. 3 RVG abzugleichen.

204 Die Summe dieser beiden Verfahrensgebühren darf dann nicht höher sein als eine Gebühr nach dem höchsten der beiden Gebührensätze aus dem Gesamtwert.

War der Rechtsanwalt wegen der gesamten Ansprüche vorher außergerichtlich tätig, ist die Geschäftsgebühr auf die beiden Verfahrensgebühren anzurechnen. Meines Erachtens ist dann **zunächst die Anrechnung nach der Vorbemerkung 3 Abs. 4 VV RVG vorzunehmen und erst danach erfolgt die Prüfung nach § 15 Abs. 3 RVG.**[109]

205 **Beispiel:** Der Rechtsanwalt war zunächst auftragsgemäß außergerichtlich tätig. Er macht Ansprüche in Höhe von 20.000,00 EUR gegenüber dem Gegner geltend. Die außergerichtliche Tätigkeit war umfangreich, so dass der Ansatz einer 1,8 Geschäftsgebühr angemessen ist. Der Rechtsanwalt klagt anschließend auftragsgemäß 12.000,00 EUR ein. In dem Termin kommt es zu Vergleichsgesprächen. Auftragsgemäß bezieht der Rechtsanwalt in die Vergleichsgespräche auch die nicht anhängigen 8.000,00 EUR ein. Schließlich vergleichen sich die Parteien zur Abgeltung der eingeklagten 12.000,00 EUR und der nicht anhängigen 8.000,00 EUR auf die Zahlung eines Betrages in Höhe von 15.000,00 EUR.

Der Rechtsanwalt kann berechnen:

Für die außergerichtliche Vertretung

Gegenstandswert: 20.000,00 EUR	
1) 1,8 Geschäftsgebühr §§ 2, 13, 14 RVG iVm Nr. 2300 VV RVG	1.335,60 EUR
2) Pauschale für Entgelte für Post- und Telekommunikationsdienstleistungen Nr. 7002 VV RVG	20,00 EUR
zzgl. evtl. weiterer Auslagen und Umsatzsteuer.	

Für die Tätigkeit in dem anschließenden gerichtlichen Verfahren

1) 1,3 Verfahrensgebühr §§ 2, 13 RVG iVm Nr. 3100 VV RVG nach Wert: 12.000,00 EUR	785,20 EUR
2) 0,8 Verfahrensgebühr §§ 2, 13 RVG iVm Nr. 3101 Ziffer 2 VV RVG nach Wert: 8.000,00 EUR	364,80 EUR

[109] So auch: OLG Stuttgart JurBüro 2009, 246; OLG München JurBüro 2012, 355; OLG Karlsruhe JurBüro 2012, 357; Schneider, „Fälle und Lösungen zum RVG", § 8 Rn. 37 Beispiel 30; N. Schneider, RVG-Berater 2005, 11; Enders in RVG – Probleme und Chancen – Festschrift für Wolfgang Madert, S. 82. Anderer Meinung: Erst nach § 15 Abs. 3 RVG die beiden Verfahrensgebühren kürzen und dann die Geschäftsgebühr anrechnen: LG Bonn AGS 2008, 484 – mit ablehnender Anmerkung von N. Schneider.

auf die beiden Verfahrensgebühren ist anzurechnen nach der Vorbemerkung 3 Abs. 4 VV RVG:	
0,75 Geschäftsgebühr nach Wert: 20.000,00 EUR	556,50 EUR
verbleiben von den Verfahrensgebühren:	593,50 EUR

Nach § 15 Abs. 3 RVG dürfen die beiden Verfahrensgebühren nicht höher sein als eine
1,3 Gebühr aus 20.000,00 EUR = 964,60 EUR.
Da nach Anrechnung der Geschäftsgebühr von den beiden Verfahrensgebühren nur noch 593,50 EUR verbleiben, ist nach § 15 Abs. 3 RVG nichts mehr abzusetzen.
Zzgl. weiterer in dem gerichtlichen Verfahren entstandenen Gebühren (Terminsgebühr, Einigungsgebühren), Auslagen und Umsatzsteuer.

3.11 Prozess- oder Verfahrenskostenhilfe für nachfolgendes gerichtliches Verfahren

Ist dem Mandanten für den der außergerichtlichen Tätigkeit folgenden Rechtsstreit Prozess- oder Verfahrenskostenhilfe bewilligt und der Rechtsanwalt beigeordnet worden, so stellt sich die Frage, ob der anzurechnende Teil der Geschäftsgebühr von den Prozess- bzw. Verfahrenskostenhilfegebühren abzusetzen ist, die der Rechtsanwalt aus der Staatskasse erhält. Für die Prozess- und die Verfahrenskostenhilfe ergeben sich dieselben Folgen bei der Anrechnung der Geschäftsgebühr auf die aus der Staatskasse zu zahlende Verfahrensgebühr. Auch wenn im Nachfolgenden nur die Prozesskostenhilfe erwähnt ist (um nicht unnötig zu verwirren), gelten die Ausführungen für die Verfahrenskostenhilfe entsprechend. 206

Hat der Mandant **keine Zahlung auf die Geschäftsgebühr** an den Rechtsanwalt geleistet, hat die Staatskasse die Verfahrensgebühr in vollem Umfange (also ohne Berücksichtigung der Anrechnung der Geschäftsgebühr) an den beigeordneten Rechtsanwalt auszuzahlen. Dies ergibt sich aus § 55 Abs. 5 S. 2 RVG. Danach hat der beigeordnete Rechtsanwalt in seinem Antrag auf Festsetzung und Erstattung der Prozesskostenhilfevergütung aus der Staatskasse anzugeben, ob und welche Zahlungen er bis zum Tage der Antragstellung erhalten hat. Hat er keine Zahlungen von dem Mandanten oder einem Dritten auf die vorprozessual entstandene Geschäftsgebühr erhalten, hat die Staatskasse die volle Verfahrensgebühr an den Rechtsanwalt auszuzahlen.[110] 207

Hat der Mandant an den Rechtsanwalt nur die **nicht anrechenbaren Teile der Geschäftsgebühr** gezahlt, ist aus der Staatskasse ebenfalls die volle Verfahrensgebühr an den beigeordneten Rechtsanwalt auszuzahlen.[111] Denn hier wurde die in der Vorbemerkung 3 Abs. 4 VV RVG vorgeschriebene Anrechnung der Geschäftsgebühr bereits bei der Abrechnung für die außergerichtliche Tätigkeit mit dem Mandanten berücksichtigt. Dem Rechtsanwalt steht nach § 15a Abs. 1 RVG das Wahlrecht zu, welche Gebühr er in vollem Umfange fordert und wo – dh bei Abrechnung welcher Gebühr – er die im RVG vorgeschriebene Anrechnung berücksichtigt. Bei unterschiedlichen Kostenschuldnern kann der Rechtsanwalt wählen, welchen Schuldner er wegen welcher Beträge in Anspruch nimmt (→ Kap. D Rn. 163). 208

[110] Gerold/Schmidt § 58 Rn. 36 bis 42; Hartung/Schons/Enders § 15 a Rn. 57 f.; OLG Frankfurt/Main, Beschluss vom 6. 3. 2012 – 1 WF 58/12 = JurBüro 2013, 21; OLG Frankfurt/Main, Beschluss vom 21. 5. 2013 – 18 W 68/13 = JurBüro 2013, 467; Brandenburgisches OLG JurBüro 2011, 580.
[111] Hartung/Schons/Enders § 15a Rn. 59.

Praxistipp:

209 Wenn der Rechtsanwalt in einem Prozess- oder Verfahrenskostenhilfe-Mandat für die außergerichtliche Vertretung mit seinem Mandanten nur die nicht anrechenbaren Teile der Geschäftsgebühr (zB 1,3 Geschäftsgebühr abzüglich gemäß der Vorbemerkung 3 Abs. 4 VV RVG anzurechnender 0,65 Geschäftsgebühr zuzüglich Auslagen und Umsatzsteuer) abrechnet, kann er aus der Staatskasse die volle 1,3 Verfahrensgebühr §§ 2, 13 RVG iVm Nr. 3100 VV RVG zuzüglich der weiteren Gebühren und Auslagen verlangen.[112] Die Staatskasse wird dann nicht einwenden können, dass von der aus der Staatskasse zu zahlenden 1,3 Verfahrensgebühr der anzurechnende Anteil der Geschäftsgebühr abzusetzen ist. Denn diese Anrechnung wurde bereits bei der Abrechnung für die außergerichtliche Vertretung mit dem Mandanten berücksichtigt.

210 Hat der Mandant die **Geschäftsgebühr in vollem Umfange an den Rechtsanwalt gezahlt**, kann der Rechtsanwalt meines Erachtens den anzurechnenden Teil der Geschäftsgebühr zunächst nach **§ 58 Abs. 2 RVG** verrechnen.[113] Nach dieser Vorschrift kann der Rechtsanwalt Vorschüsse und Zahlungen, die er vor oder nach der Beiordnung erhalten hat, zunächst auf die Vergütung verrechnen, für die ein Anspruch gegen die Staatskasse nicht oder nur unter der Voraussetzung des § 50 RVG besteht. Der Rechtsanwalt kann also den anzurechnenden Teil der Geschäftsgebühr zunächst **auf die Differenz zwischen den Wahlanwaltsgebühren (Tabelle zu § 13 RVG) und den Prozesskostenhilfegebühren (Tabelle zu § 49 RVG) verrechnen.** Ist der anzurechnende Teil der Geschäftsgebühr niedriger als die Differenz zwischen den Wahlanwaltsgebühren und den Prozesskostenhilfegebühren, ist nichts abzusetzen von den Prozesskostenhilfegebühren, die der Rechtsanwalt aus der Staatskasse erhält. Ergibt sich keine Differenz zwischen den Wahlanwaltsgebühren und den Prozesskostenhilfegebühren (bis zu einem Gegenstandswert von 4.000 EUR[114] sind die Tabellen zu § 13 und zu § 49 RVG identisch) so ist der anzurechnende Teil der Geschäftsgebühr von der Verfahrensgebühr abzusetzen, die der Rechtsanwalt aus der Staatskasse erhält.

211 Ist der anzurechnende Teil der Geschäftsgebühr höher als die Differenz zwischen den Wahlanwaltsgebühren und den Prozesskostenhilfegebühren, so ist der die Differenz übersteigende anzurechnende Teil der Geschäftsgebühr von den Prozesskostenhilfegebühren abzusetzen, die der Rechtsanwalt aus der Staatskasse erhält.[115] Zur Verrechnung nach § 58 Abs. 2 RVG darf verwiesen werden auf das Kap. F Rn. 97. Dort findet sich auch unter der Rn. 98 ein Berechnungsbeispiel.

---

[112] Hartung/Schons/Enders § 15a Rn. 59.

[113] Ausführlich: Hartung/Schons/Enders § 15 a Rn. 60; Enders JurBüro 2009, 393 (398 – Kapitel 2.2); Hansens RVGreport 2008, 1 (3); N. Schneider in Anm. zu AG Bad Iburg AGS 2008, 58 (59, 60); Müller-Rabe NJW 2009, 2913 (2915 – Kapitel 7); Brandenburgisches OLG JurBüro 2011, 580; OLG Braunschweig FamRZ 2011, 1683; OLG Frankfurt/Main, Beschluss vom 27. 4. 2006 – 6 WF 32/06 = JurBüro 2007, 149; OLG Frankfurt/Main, Beschluss vom 17. 10. 2012 – 14 W 88/12; OLG Frankfurt/Main , Beschluss vom 17. 2. 2014 – 18 W 93/13 = JurBüro 2014, 411; Kammergericht JurBüro 2009, 187; OLG Koblenz, Beschluss vom 30. 7. 2012 – 14 W 360/12 = JurBüro 2013, 186; OLG München JurBüro 2010, 193; OLG Oldenburg AGS 2011, 611; OLG Schleswig MDR 2008, 947; OLG Zweibrücken AGS 2010, 329; VG Oldenburg, Beschluss vom 13. 9. 2012 – 11 A 4252/12. **Anderer Meinung:** Keine Verrechnung der anrechenbaren Teile der Geschäftsgebühr auf die Differenz zwischen PKH-Vergütung und Wahlanwaltsvergütung möglich, zB OLG Hamm RVGreport 2009, 458; OLG Koblenz, Beschluss vom 14. 11. 2008 – 9 WF 728/08 = JurBüro 2009, 310; vgl. zum Meinungsstand: Schneider/Wolf VV Vorb. 3 Rn. 251. Gegenstand der zitierten Rechtsprechung war teilweise noch die Gesetzeslage vor Einführung des § 15a RVG (→ Kap. D Rn. 161) und der Neuerungen in § 55 Abs. 5 S. 2 RVG (→ Kap. D Rn. 207).

[114] Seit Inkrafttreten des 2. KostRMoG (BGBl. I 2013, 2586 f.) am 1. 8. 2013; davor waren die Tabellen bis zu einem Gegenstandswert von 3.000 EUR identisch.

[115] Enders JurBüro 2005, 281 (283), Kapitel 2.2 Berechnungsbeispiel 3 und Ergänzung in JurBüro 2005, 341.

Lässt das Gericht eine Verrechnung nach § 58 Abs. 2 RVG nicht zu, stellt sich die weitere Frage, was von der aus der Staatskasse zu zahlenden Verfahrensgebühr abzusetzen ist: 212
- die anrechenbaren Teile der Geschäftsgebühr entnommen aus der Tabelle zu § 13 RVG

oder
- die anrechenbaren Teile der Geschäftsgebühr entnommen aus der Tabelle zu § 49 RVG.

Nach OLG Bamberg,[116] OLG Celle[117] und OLG Düsseldorf[118] sind nur die anrechenbaren Teile der Geschäftsgebühr entnommen aus der Tabelle zu § 49 RVG von der aus der Staatskasse zu zahlenden Verfahrensgebühr abzusetzen. Dem ist meines Erachtens zu folgen.[119] Würde man die anrechenbaren Teile der Geschäftsgebühr, entnommen aus der Tabelle zu § 13 RVG von der aus der Staatskasse zu zahlenden Verfahrensgebühr absetzen, würde dies unter Umständen dazu führen, dass die Verfahrensgebühr in Folge der Anrechnung komplett wegfallen würde. Dies ist aber vom Gesetzgeber nicht gewollt. Der Gesetzgeber will nur eine Reduzierung der Verfahrensgebühr um die anrechenbaren Teile der Geschäftsgebühr (vgl. Vorbemerkung 3 Abs. 4 VV RVG), wenn der Rechtsanwalt schon vorgerichtlich tätig war und bereits eine Geschäftsgebühr abgerechnet hat. Aus dem Gesetz ergibt sich aber nicht, dass bei vorheriger außergerichtlicher Tätigkeit die Verfahrensgebühr komplett wegfallen soll. 213

Zusammenfassung

- ▶ Hat der Mandant auf die vorprozessual entstandene Geschäftsgebühr nichts an den Rechtsanwalt gezahlt, ist auf die aus der Staatskasse an den beigeordneten Rechtsanwalt im Rahmen der Prozesskostenhilfe zu zahlende Verfahrensgebühr nichts anzurechnen (§ 55 Abs. 5 S. 2 RVG). 214
- ▶ Hat der Mandant auf die vorprozessual entstandene Geschäftsgebühr nur die nicht anrechenbaren Teile gezahlt, ist auf die aus der Staatskasse an den beigeordneten Rechtsanwalt im Rahmen der Prozesskostenhilfe zu zahlende Verfahrensgebühr nichts anzurechnen (§ 15 Abs. 1 RVG).
- ▶ Hat der Mandant die Geschäftsgebühr voll an den Rechtsanwalt gezahlt, wird teilweise in der Rechtsprechung vertreten, dass die anrechenbaren Teile der Geschäftsgebühr zunächst auf die Differenz zwischen der Wahlanwaltsvergütung und der Prozesskostenhilfevergütung entsprechend § 58 Abs. 2 RVG verrechnet werden können.
- ▶ Hat der Mandant die Geschäftsgebühr voll an den Rechtsanwalt gezahlt und lässt das Gericht eine Verrechnung nach § 58 Abs. 2 RVG nicht zu, ist von der aus der Staatskasse an den beigeordneten Anwalt im Rahmen der Prozesskostenhilfe zu zahlende Verfahrensgebühr nur der anrechenbare Teil der Geschäftsgebühr entnommen aus der Tabelle zu § 49 RVG anzurechnen/abzusetzen.

War für die außergerichtliche Tätigkeit **Beratungshilfe** bewilligt worden, so stellt sich die Frage der Anrechnung einer Geschäftsgebühr nach der Nr. 2300 VV RVG auf die aus der Staatskasse – im Rahmen der später für das gerichtliche Verfahren bewilligten Prozess- oder Verfahrenskostenhilfe – zu zahlenden Verfahrensgebühr überhaupt nicht. Denn dann ist gar keine Geschäftsgebühr nach der Nr. 2300 VV RVG entstanden. Natürlich ist eine aus der Staatskasse an den Rechtsanwalt im Rahmen der Beratungshilfe gezahlte Beratungsgebühr nach Nr. 2501 VV RVG oder eine nach der Nr. 2503 VV RVG gezahlte Geschäftsgebühr auf die aus der Staatskasse an den 215

---

[116] OLG Bamberg JurBüro 2008, 640.
[117] OLG Celle JurBüro 2009, 135.
[118] OLG Düsseldorf JurBüro 2009, 133; OLG Düsseldorf JurBüro 2009, 188.
[119] Hartung/Schon/Enders § 15a Rn. 61.

im Rahmen der später bewilligten Prozess- oder Verfahrenskostenhilfe beigeordneten Rechtsanwalt zu zahlende Verfahrensgebühr entsprechend den Anrechnungsvorschriften in Absatz 2 der Anmerkung zu der Nr. 2501 und Absatz 2 der Anmerkung zu der Nr. 2503 VV RVG anzurechnen.

3.12 Checkliste – Anrechnung der Geschäftsgebühr im Abrechnungsverhältnis Rechtsanwalt zu seinem Mandanten

216 Nach der Vorbemerkung 3 Abs. 4 VV RVG sind nach Teil 2 VV RVG entstandene Geschäftsgebühren

- nur zur Hälfte
- höchstens mit einem Gebührensatz von 0,75 auf die Verfahrensgebühr eines gerichtlichen Verfahrens anzurechnen; bei Betragsrahmengebühren beträgt der Anrechnungsbetrag höchstens 175 EUR.

✓ Anzurechnen ist die Geschäftsgebühr sowohl auf die Verfahrensgebühr eines – wegen desselben Gegenstandes – sich der außergerichtlichen Vertretung anschließenden gerichtlichen Verfahrens als auch auf die Verfahrensgebühr eines der außergerichtlichen Vertretung vorausgegangenen gerichtlichen Verfahrens.

✓ Anzurechnen ist die Geschäftsgebühr nur, wenn derselbe Rechtsanwalt/dieselbe Sozietät/dieselbe Partnerschaft den Mandanten sowohl außergerichtlich als auch in dem nachfolgenden gerichtlichen Verfahren vertritt.

✓ Anzurechnen ist die Geschäftsgebühr nur, wenn sich die außergerichtliche Vertretung und die Tätigkeit im anschließenden gerichtlichen Verfahren gegen denselben Gegner richtet.

✓ Anzurechnen ist die Geschäftsgebühr nur, wenn der Gegenstand der außergerichtlichen Tätigkeit und der des gerichtlichen Verfahrens derselbe ist.

✓ Die Geschäftsgebühr ist nur insoweit anzurechnen, als der Gegenstand der außergerichtlichen Vertretung auch Gegenstand des gerichtlichen Verfahrens ist.

✓ Die Geschäftsgebühr ist höchstens mit dem Gebührensatz der Verfahrensgebühr des anschließenden gerichtlichen Verfahrens anzurechnen.

✓ Die Geschäftsgebühr ist dann nicht mehr anzurechnen, wenn zwischen der außergerichtlichen Vertretung und dem anschließenden gerichtlichen Verfahren kein zeitlicher Zusammenhang mehr besteht.

✓ Auch bei mehreren Auftraggebern ist die Geschäftsgebühr entsprechend der Vorbemerkung 3 Abs. 4 VV RVG nur zur Hälfte, maximal mit 0,75 anzurechnen.

✓ Sind mehrere Geschäftsgebühren entstanden, ist nur die zuletzt entstandene Gebühr auf die Verfahrensgebühr des anschließenden gerichtlichen Verfahrens anzurechnen.

✓ Sind in dem der außergerichtlichen Tätigkeit folgendem gerichtlichen Verfahren mehrere Verfahrensgebühren entstanden, die nach § 15 Abs. 3 RVG abzugleichen sind, so ist zunächst die Anrechnung der Geschäftsgebühr nach der Vorbemerkung 3 Abs. 4 VV RVG vorzunehmen und anschließend die Abgleichung nach § 15 Abs. 3 RVG.

✓ Ist für das nachfolgende gerichtliche Verfahren Prozess- oder Verfahrenskostenhilfe gewährt worden und wurde der Rechtsanwalt beigeordnet, so ergeben sich für die Anrechnung der Geschäftsgebühr auf die aus der Staatskasse zu zahlende Verfahrensgebühr Besonderheiten (→ Kap. D Rn. 206 ff.)

4. Erstattung der Geschäftsgebühr durch den Gegner

217 Infolge des Umstandes, dass nach Inkrafttreten des RVG die Geschäftsgebühr für die vorprozessuale außergerichtliche Vertretung nicht in vollem Umfange, sondern nur zur Hälfte, höchstens mit einem Gebührensatz von 0,75 auf die Verfahrensgebühr des gerichtlichen Verfahrens anzurechnen ist, verbleiben Teile der Geschäftsgebühr als Kostenlast bei dem Mandanten. Dieser hätte gerne auch diese Kosten von dem Gegner erstattet. Der BGH hat in mehreren Entscheidungen klar zum Ausdruck gebracht, dass die nicht anzurechnenden Teile einer vorprozessual entstandenen Geschäftsgebühr **nicht** am Ende eines nachfolgenden gerichtlichen Verfahrens mit gegenüber dem unterlegenen Gegner nach §§ 103, 104 ZPO **festgesetzt** werden

können.[120] Will der Mandant Erstattung der ihm entstandenen Geschäftsgebühr durch den Gegner erreichen, wird er daher die Geschäftsgebühr neben der eigentlichen Hauptforderung mit einklagen müssen.

Es stellt sich dann zunächst die Frage, ob in der Klage wegen der Geschäftsgebühr ein **Zahlungs- oder Freistellungsantrag** gestellt wird. Hat der **Mandant bereits** die vorprozessualen Kosten an seinen Rechtsanwalt **gezahlt,** kann direkt auf **Zahlung** geklagt werden. Die vorgerichtlichen Kosten (Geschäftsgebühr, Pauschale Nr. 7002 VV RVG und Umsatzsteuer[121]) könnten dann wie folgt in den Klageantrag mit aufgenommen werden: 218

Formulierungsvorschlag:

1. den Beklagten zu verurteilen, an den Kläger 10.000 EUR nebst 5 Prozentpunkte über dem jeweiligen Basiszinssatz des § 247 BGB Zinsen seit dem … aus 10.000 EUR und vorgerichtliche Kosten in Höhe von 887,03 EUR nebst 5 Prozentpunkte über dem jeweiligen Basiszinssatz des § 247 BGB Zinsen seit dem … aus 887,03 EUR zu zahlen; 219
2. …

oder:

1. den Beklagten zu verurteilen, an den Kläger 10.000 EUR nebst 5 Prozentpunkte über dem jeweiligen Basiszinssatz des § 247 BGB Zinsen seit dem … aus 10.000 EUR zu zahlen;
2. den Beklagten zu verurteilen, an den Kläger 887,03 EUR nebst 5 Prozentpunkte über dem jeweiligen Basiszinssatz des § 247 BGB Zinsen seit dem … zu zahlen;
3. …

Auch der materiell-rechtliche Kostenerstattungsanspruch (wegen der vorprozessual entstandenen Geschäftsgebühr, der Pauschale Nr. 7002 VV RVG und der Umsatzsteuer) ist gem. § 288 Abs. 1 BGB ab Verzug zu verzinsen. Der Zinssatz beträgt 5 Prozentpunkte über dem Basiszinssatz. Ist ein Verbraucher an dem zugrundeliegenden Rechtsgeschäft nicht beteiligt, beträgt der Zinssatz 9 Prozentpunkte über dem Basiszinssatz (§ 288 Abs. 2 BGB).[122] Ist dem Mandanten tatsächlich ein noch höherer Zinsschaden entstanden, zB weil er auch wegen der vorgerichtlichen Kosten Bankkredite in Anspruch nimmt, kann auch dieser tatsächlich entstandene höhere Zinsschaden in der Klage geltend gemacht werden.[123] 220

Hat der Mandant die Vergütung für die vorprozessuale Tätigkeit **noch nicht** an den von ihm beauftragten Rechtsanwalt **gezahlt,** muss wegen der vorprozessualen Kosten auf **Freistellung** geklagt werden. Nach einer weit verbreiteten Meinung kann aber dann direkt auf Zahlung geklagt werden, wenn der Schädiger (hier also der erstattungspflichtige Gegner) die Leistung von Schadensersatz ernsthaft und endgültig verweigert hat.[124] Dies wird in der Regel der Fall sein. Denn in der Praxis wird der Gegner doch vor Klageerhebung auch zur Zahlung der vorprozessualen Kosten unter Fristsetzung aufgefordert. Versäumt er diese Frist, liegt meines Erachtens die erforderliche Leistungsverweigerung vor, so dass die vorgerichtlichen Kosten direkt in einem Zahlungsantrag geltend gemacht werden können. Ist in der Praxis einmal nur 221

---

[120] BGH RVGreport 2006, 72 = JurBüro 2006, 140 (Geschäftsgebühr für eine wettbewerbsrechtliche Abmahnung); BGH JurBüro 2006, 586 (Geschäftsgebühr für ein Mahnschreiben); BGH JurBüro 2008, 302 (Geschäftsgebühr für die Abwehr von Ansprüchen); BGH Beschluss vom 6. 12. 2007 – I ZB 16/07 (Geschäftsgebühr für die Abwehr eines wettbewerbsrechtlichen Anspruchs).

[121] Die Umsatzsteuer kann nur erstattet verlangt werden, wenn der Mandant als erstattungsberechtigte Partei nicht zum Abzug der Vorsteuer verpflichtet ist.

[122] Hansens RVGreport 2007, 121, 123.

[123] Vgl. Palandt BGB, 74. Aufl., § 288 Rn. 14; Prütting/Wegen/Weinreich BGB, 8. Aufl., § 288 Rn. 5.

[124] Palandt BGB, 74. Aufl., § 250 Rn. 2; Prütting/Wegen/Weinreich BGB, 8. Aufl., § 250 Rn. 1; BGH NJW 2004, 1868; Langen RVGreport 2005, 327 „Zahlung oder Freistellung?“ mit Textbaustein.

ein Freistellungsanspruch gegeben, könnte dieser wie folgt in den Klageantrag mit aufgenommen werden:[125]

Formulierungsvorschlag:

222 *1. den Beklagten zu verurteilen, an den Kläger 10.000 EUR nebst 5 Prozentpunkte über dem jeweiligen Basiszinssatz des § 247 BGB Zinsen seit dem ... aus 10.000 EUR zu zahlen;*
2. den Beklagten zu verurteilen, den Kläger von der Rechnung des Rechtsanwalts ... vom ... in Höhe von 887,03 EUR, Rechnungs-Nr. ..., in der Sache .../... freizustellen;
3. ...

223 Wird auf Freistellung geklagt, können Zinsen auf die vorprozessualen Kosten nicht verlangt werden. Denn der Freistellungsanspruch als solcher ist nicht verzinslich. Allerdings kann beantragt werden, den Mandanten auch von Zinsen freizustellen, die sein eigener Rechtsanwalt ihm gegenüber geltend macht, etwa weil er sich mit der Zahlung der vorprozessualen Kosten in Verzug befindet.[126]

224 Hat der hinter dem Mandanten stehende Rechtsschutzversicherer die Geschäftsgebühr zzgl. Auslagen und Umsatzsteuer an den Rechtsanwalt gezahlt, ist der Kostenerstattungsanspruch des Mandanten gemäß § 86 VVG auf den Rechtsschutzversicherer übergegangen. Im Rahmen der gewillkürten Prozessstandschaft ist es aber meines Erachtens möglich, dass der Mandant auch den materiellen Kostenerstattungsanspruch wegen der vorprozessual entstandenen Geschäftsgebühr (zzgl. Auslagen und Umsatzsteuer) in seiner Klage wegen der Hauptforderung und Zinsen mit gegenüber dem Gegner geltend macht.[127] Der Rechtsschutzversicherer wird den Mandanten aber ermächtigen müssen, auch insoweit den Prozess zu führen.[128] Die Ermächtigung kann zB in Form einer schriftlichen Vollmacht erteilt werden (§ 80 ZPO). Klagt der Mandant im eigenen Namen auch die vorprozessualen Kosten (Geschäftsgebühr, Auslagen und Umsatzsteuer) im Rahmen der gewillkürten Prozessstandschaft mit ein, stellt sich weiter die Frage, ob er Zahlung an sich fordern kann oder ob er in dem Klageantrag Zahlung an den Rechtsschutzversicherer zu dessen Schadennummer fordern muss. Meines Erachtens wird er Zahlung an den Rechtsschutzversicherer fordern müssen.

Formulierungsvorschlag:

225 *1. den Beklagten zu verurteilen, an den Kläger 10.000 EUR nebst 5 Prozentpunkte über dem jeweiligen Basiszinssatz des § 247 BGB Zinsen seit dem ... aus 10.000 EUR zu zahlen;*
2. den Beklagten zu verurteilen, an die ... Rechtsschutzversicherungs AG ... zu Schadennummer ... 887,03 EUR nebst 5 Prozentpunkte über dem jeweiligen Basiszinssatz des § 247 BGB Zinsen seit dem ... zu zahlen;
3. ...

226 Eine andere Möglichkeit wäre, dass der Rechtsschutzversicherer den auf ihn übergegangenen Kostenerstattungsanspruch wieder an seinen Versicherungsnehmer (= Mandant) (rück)abtritt. Dann wäre der Mandant wieder Inhaber dieser Forderung und könnte den Betrag im eigenen Namen geltend machen und Zahlung an sich in der Klageschrift fordern. Obsiegt er auch insoweit und zahlt der Gegner tatsächlich auch die vorprozessualen Kosten an ihn, müsste er dann natürlich die Beträge an den Rechtsschutzversicherer zurückführen.

227 Wenn die Klage auch wegen der vorgerichtlichen Kosten Erfolg haben soll, muss eine **materiell-rechtliche Anspruchsgrundlage** gegeben sein, wonach der Beklagte zur

[125] Hansens/Schneider Formularbuch Teil 8 Rn. 103.
[126] Hansens/Schneider Formularbuch Teil 8 Rn. 86.
[127] Zöller ZPO Vor § 50 Rn. 42.
[128] Zöller ZPO Vor § 50 Rn. 45.

Erstattung dieser Kosten verpflichtet ist. Eine materiell-rechtliche Anspruchsgrundlage wegen der vorgerichtlichen Kosten kann zB sein:
- Schadensersatz aus Verzug (§§ 280, 286 BGB)
- Schadensersatz aus einer unerlaubten Handlung (§§ 823, 826 BGB)
- Verschulden bei Vertragsabschluss
- Verletzung einer vertraglichen Nebenpflicht (§§ 280, 311 BGB).[129]

Zu der materiell-rechtlichen Anspruchsgrundlage wegen der vorgerichtlichen Kosten sollte in der Klageschrift vorgetragen werden.

In der Klagebegründung sollten auch Ausführungen gemacht werden zur **Höhe des Gebührensatzes** der im Rahmen des materiell-rechtlichen Kostenerstattungsanspruches geltend gemachten Geschäftsgebühr. Hilfreich sind hier die in § 14 Abs. 1 RVG genannten Merkmale (→ Kap. A Rn. 164 ff.). Muss für die Begründung der Höhe des Gebührensatzes der Geschäftsgebühr auf Umstände zurückgegriffen werden, die unter die anwaltliche Schweigepflicht fallen (wie zB Bedeutung der Angelegenheit für den Mandanten oder Einkommens- und Vermögensverhältnisse des Mandanten) so sollte sich der Anwalt von dem Mandanten eine Entbindungserklärung von der anwaltlichen Schweigepflicht unterzeichnen lassen.[130] 228

Durch die zusätzliche Geltendmachung der vorprozessualen Kosten in der Klageschrift neben der Hauptforderung tritt **keine Erhöhung des Streitwerts** ein. Denn bei den vorprozessualen Kosten handelt es sich um Nebenforderungen, die nach § 43 GKG nicht werterhöhend sind.[131] 229

Dies gilt aber nur, soweit ein Abhängigkeitsverhältnis zwischen der eingeklagten Hauptforderung und den eingeklagten vorprozessualen Kosten entsteht. Nach BGH[132] sind geltend gemachte vorprozessuale Anwaltskosten als **Streitwert erhöhend** zu berücksichtigen, **soweit** der geltend gemachte **Hauptanspruch übereinstimmend für erledigt erklärt** worden ist.

Beispiel: In dem vom BGH[133] entschiedenen Fall waren zunächst an Hauptforderung 3.176,65 EUR und außergerichtliche Rechtsanwaltskosten von 186,82 EUR eingeklagt worden. Auf die Hauptforderung wurden dann 2.700,16 EUR gezahlt und der Rechtsstreit insoweit übereinstimmend für erledigt erklärt. Für die Zeit nach teilweiser übereinstimmender Erledigung hat der BGH in dieser Entscheidung den Wert mit (3.176,65 EUR – 2.700,16 EUR =) 476,49 EUR + 186,82 EUR = 663,31 EUR angenommen. In dem vom BGH entschiedenen Fall ging es zwar um den Rechtsmittelwert (also ob die Berufung gem. § 511 Abs. 2 Nr. 1 ZPO zulässig ist oder nicht). Dasselbe muss meines Erachtens über § 23 Abs. 1 S. 1 RVG – § 48 Abs. 1 S. 1 GKG – §§ 3, 4 ZPO auch für den Anwaltsgebührenwert gelten. 230

Zusammenfassung

- ▶ Eine vorprozessual entstandene Geschäftsgebühr kann nicht mit im Anschluss an ein nachfolgendes gerichtliches Verfahren nach §§ 103, 104 ZPO festgesetzt werden. 231
- ▶ Die Geschäftsgebühr muss mit eingeklagt werden, wenn deren Erstattung vom Gegner verlangt werden soll.
- ▶ Es muss geprüft werden, ob eine materiell-rechtliche Anspruchsgrundlage für die Erstattung der vorprozessual entstandenen Geschäftsgebühr gegeben ist.
- ▶ Soweit ein Abhängigkeitsverhältnis zwischen der Geschäftsgebühr und der eingeklagten Hauptforderung besteht, tritt keine Werterhöhung ein.

---

[129] Ausführlich: Brete/Grosse, JurBüro 2011, 227 ff.
[130] Schons NJW 2005, 3092.
[131] BGH JurBüro 2007, 313; BGH JurBüro 2007, 487; Enders JurBüro 2004, 57; Enders JurBüro 2007, 337 (338 – Kapitel 2).
[132] BGH JurBüro 2008, 202; BGH JurBüro 2011, 260.
[133] BGH JurBüro 2008, 202.

4.1 Volle Geschäftsgebühr mit einklagen?

232 Nach Inkrafttreten des § 15a RVG bleibt es dem Wahlrecht des Rechtsanwaltes überlassen, welche Gebühren er in vollem Umfange von seinem Mandanten verlangt und bei Abrechnung welcher Gebühren er die Anrechnung der Geschäftsgebühr auf die Verfahrensgebühr berücksichtigt. In welcher Höhe vorprozessuale Kosten gegenüber dem erstattungspflichtigen Gegner in der Klage mit geltend gemacht werden, hängt also davon ab, wie der Rechtsanwalt mit seinem Mandanten die vorprozessuale Tätigkeit abgerechnet hat.

233 Hat der Rechtsanwalt mit dem Mandanten nur die nicht anrechenbaren Teile der Geschäftsgebühr (zB 1, 3 Geschäftsgebühr ./. 0,65 Anrechnung Geschäftsgebühr) zuzüglich Auslagen und Umsatzsteuer abgerechnet, wird er auch nur die nicht anrechenbaren Teile als materiell-rechtlichen Kostenerstattungsanspruch mit gegenüber dem Gegner einklagen können. Denn dann ist dem Mandanten auch nur insoweit ein Schaden entstanden. Wird dieser Betrag dann zugesprochen, kann die volle Verfahrensgebühr in der Kostenfestsetzung bzw. Kostenausgleichung angesetzt werden.

234 Wurde dem Mandanten die volle Geschäftsgebühr zuzüglich Auslagen und Umsatzsteuer für die außergerichtliche Tätigkeit in Rechnung gestellt, ist auch die volle Geschäftsgebühr nebst Auslagen und Umsatzsteuer[134] mit in die Klage aufzunehmen. Wird dieser Betrag dann zugesprochen, kann in der Kostenfestsetzung nur die Verfahrensgebühr, vermindert um die anrechenbaren Teile der Geschäftsgebühr (natürlich zuzüglich der weiter im gerichtlichen Verfahren entstandenen Gebühren und Auslagen) angesetzt werden.

235 Wenn dem Mandanten die volle Geschäftsgebühr zuzüglich Auslagen und Umsatzsteuer für die außergerichtliche Vertretung in Rechnung gestellt wurde, sollte auch die volle Geschäftsgebühr zuzüglich Auslagen und Umsatzsteuer mit gegenüber dem Gegner eingeklagt werden. Würden in diesem Fall nur die nicht anrechenbaren Teile der Geschäftsgebühr mit eingeklagt, würde dem Mandanten ein Zinsschaden entstehen. Denn er hätte an seinen Rechtsanwalt die volle Geschäftsgebühr gezahlt und hätte insoweit einen Zinsverlust, während er nur für die nicht anrechenbaren Teile der Geschäftsgebühr im Rahmen der Klage eine Verzinsung durch den Gegner verlangen würde. Dieser Zinsschaden würde für die Zeit ab Verzinsung der vorprozessualen Kosten bis zum Eingang des Kostenfestsetzungsantrages bei Gericht eintreten.

Zusammenfassung

236
- ▶ Hat der Rechtsanwalt dem Mandanten die volle Geschäftsgebühr für die vorprozessuale Tätigkeit in Rechnung gestellt, sollte auch in der Klage die volle Geschäftsgebühr verlangt werden.
- ▶ Hat der Rechtsanwalt dem Mandanten nur die nicht anrechenbaren Teile der Geschäftsgebühr in Rechnung gestellt, sollten in die Klage nur diese – tatsächlich vom Mandanten gezahlten – Beträge mit als materiell-rechtlicher Kostenerstattungsanspruch aufgenommen werden.

4.2 Anrechnung im Kostenfestsetzungsverfahren

237 In diesem Kapitel wird das Erstattungsverhältnis des Mandanten gegen den erstattungspflichtigen Gegner näher betrachtet. Insbesondere wird behandelt, wann die in der Vorbemerkung 3 Abs. 4 VV RVG vorgeschriebene Anrechnung der Geschäftsgebühr auf die Verfahrensgebühr in der Kostenfestsetzung nach §§ 91, 103, 104 ZPO zu beachten ist.

[134] Die Umsatzsteuer kann nur erstattet verlangt werden, wenn der Mandant als erstattungsberechtigte Partei nicht zum Abzug der Vorsteuer berechtigt ist.

Der BGH[135] hatte zunächst entschieden, dass es für die Anrechnung in der Kostenfestsetzung gegenüber dem erstattungspflichtigen Gegner ohne Bedeutung ist, ob die Geschäftsgebühr auf materiell-rechtlicher Grundlage vom Prozessgegner zu erstatten und ob sie unstreitig, geltend gemacht, tituliert oder bereits beglichen ist. Diese Entscheidung des BGH wurde in der Literatur stark kritisiert.[136] Sie führte insbesondere dann zu Ungerechtigkeiten, wenn die Geschäftsgebühr nicht von der gegnerischen Partei erstattet verlangt wurde oder verlangt werden konnte, weil zB eine materiell-rechtliche Anspruchsgrundlage für die Erstattung der vorprozessualen Kosten nicht gegeben war. Zur Vermeidung dieser vom Gesetzgeber nicht gewollten Auslegung der Anrechnungsvorschriften wurde durch das Gesetz zur Modernisierung von Verfahren im anwaltlichen und notariellen Berufsrecht, zur Errichtung einer Schlichtungsstelle der Rechtsanwaltschaft sowie zur Änderung sonstiger Vorschriften[137] mit Inkrafttreten vom 5. 8. 2009 der § 15a in das RVG eingefügt. § 15a Abs. 2 RVG regelt die Anrechnung im Verhältnis zwischen der erstattungsberechtigten und der erstattungspflichtigen Partei.

Auszug aus dem RVG

§ 15a 238
Anrechnung einer Gebühr

(1) ...

(2) Ein Dritter kann sich auf die Anrechnung nur berufen, soweit er den Anspruch auf eine der beiden Gebühren erfüllt hat, wegen eines dieser Ansprüche gegen ihn ein Vollstreckungstitel besteht oder beide Gebühren in demselben Verfahren gegen ihn geltend gemacht werden.

Die im RVG vorgeschriebene Anrechnung einer Gebühr auf eine andere Gebühr 239
(zB die in der Vorbemerkung 3 Abs. 4 VV RVG vorgeschriebene Anrechnung der Geschäftsgebühr auf die Verfahrensgebühr) ist in der Kostenfestsetzung gegenüber dem erstattungspflichtigen Gegner nur zu berücksichtigen, wenn eine der drei Alternativen des § 15a Abs. 2 RVG gegeben ist, nämlich

- die erstattungspflichtige Partei eine der beiden aufeinander anzurechnenden Gebühren bereits gezahlt oder sonst irgendwie erfüllt hat (1. Alternative)
- wegen einer der beiden Gebühren gegen die erstattungspflichtige Partei bereits ein Vollstreckungstitel besteht (2. Alternative)
- oder beide Gebühren in demselben Verfahren gegen den erstattungspflichtigen Gegner geltend gemacht werden (3. Alternative).

Diese drei Alternativen des § 15a Abs. 2 RVG werden in den nachfolgenden Kapiteln einzeln näher betrachtet.

Mit **„Dritter"** in § 15a Abs. 2 RVG ist der **erstattungspflichtige Gegner** gemeint. 240
„Dritter" ist nicht der hinter dem Mandanten stehende Rechtsschutzversicherer oder die Staatskasse in den Fällen der Prozess- oder Verfahrenskostenhilfe.[138]

Hat die erstattungsberechtigte Partei in ihrem Kostenfestsetzungs- bzw. Kosten- 241
ausgleichungsantrag die Anrechnung nicht berücksichtigt, so muss der erstattungspflichtige Gegner dies rügen, sich also auf die Anrechnung berufen. Denn eine Anrechnung einer Gebühr auf eine andere Gebühr hat in der Kostenfestsetzung grundsätzlich nicht von Amts wegen zu erfolgen. Etwas anderes gilt nach einer Entscheidung des Kammergerichts[139] dann, wenn in dem Urteil aufgrund dessen die

---

135 BGH NJW 2008, 1323 = AnwBl. 2008, 378 = JurBüro 2008, 148.

136 Vgl. Ausführungen und weitere Nachweise in 14. Auflage, Rn. 671; Hartung/Schons/Enders § 15a Rn. 1.

137 BGBl. I 2009, S. 2449 – Art. 7 Abs. 4 Nr. 3.

138 Hartung/Schons/Enders § 15a Rn. 13.

139 Kammergericht JurBüro 2010, 527.

Kostenfestsetzung betrieben wird, ein Ersatzanspruch hinsichtlich der Geschäftsgebühr zuerkannt wurde.

242 Zur Rückwirkung des § 15a RVG auf Fälle, in denen der Rechtsanwalt schon vor Inkrafttreten dieser Vorschrift am 5. 8. 2009 den unbedingten Auftrag erhalten hat und in denen das Kostenfestsetzungsverfahren noch nicht rechtskräftig abgeschlossen ist, siehe die Vorauflage (15. Auflage) des RVG für Anfänger, Rn. 40.

Zusammenfassung

243 ▶ In der Kostenfestsetzung kann sich die erstattungspflichtige Partei nur auf die Anrechnung der Geschäftsgebühr auf die Verfahrensgebühr berufen, wenn einer der drei Alternativen des § 15a Abs. 2 RVG erfüllt ist.

4.2.1 Dritter hat eine der beiden Gebühren erfüllt

244 Hat die erstattungspflichtige Partei bereits eine der Anrechnung unterliegende Gebühr an die erstattungsberechtigte Partei gezahlt oder sonst irgendwie erfüllt (zB durch Aufrechnung) so muss sich diese in der Kostenfestsetzung auf die Anrechnung dieser Gebühr berufen können. Diese Möglichkeit ist ihr nach der 1. Alternative des § 15a Abs. 2 RVG eröffnet.

245 **Beispiel:** Der Anspruchsgegner zahlt – aus welchen Gründen auch immer – die ihm gegenüber geltend gemachten vorprozessualen Kosten an die anspruchsberechtigte Partei. Die Hauptforderung zahlt er nicht. Hauptforderung und Zinsen werden daraufhin ihm gegenüber eingeklagt. Der Anspruchsgegner unterliegt in vollem Umfange. In der anschließenden Kostenfestsetzung kann sich der Anspruchsgegner nach § 15a Abs. 2 1. Alternative RVG auf die in der Vorbemerkung 3 Abs. 4 VV RVG vorgeschriebene Anrechnung der Geschäftsgebühr auf die Verfahrensgebühr berufen. Die Geschäftsgebühr ist zur Hälfte, höchstens mit einem Gebührensatz von 0,75 auf die Verfahrensgebühr in der Kostenfestsetzung anzurechnen und nur die verbleibende Differenz der Verfahrensgebühr kann auch gegenüber dem Anspruchsgegner festgesetzt werden.

246 **Beispiel:** Außergerichtlich macht der Rechtsanwalt auftragsgemäß gegenüber dem Anspruchsgegner geltend:

– Hauptforderung	10.000,00 EUR
– Zinsen	500,00 EUR
– 1,3 Geschäftsgebühr, Auslagen und Umsatzsteuer	887,03 EUR.

Der Anspruchsgegner zahlt 3.000,00 EUR. Die Teilzahlung des Anspruchsgegners wird nach § 367 BGB verrechnet auf Kosten, Zinsen und die Hauptforderung. Die restliche Forderung in Höhe von 8.387,03 EUR wird eingeklagt. Nach durchgeführter mündlicher Verhandlung obsiegt der Kläger in vollem Umfange. Der Anspruchsgegner kann sich nach § 15a Abs. 2 1. Alternative RVG auf die in der Vorbemerkung 3 Abs. 4 VV RVG vorgeschriebene Anrechnung der Geschäftsgebühr berufen. Es ergibt sich folgende Abrechnung:

Für die **außergerichtliche Tätigkeit** ist gegenüber dem Anspruchsgegner geltend gemacht worden:

Gegenstandswert: 10.000,00 EUR

1) 1,3 Geschäftsgebühr §§ 2, 13 RVG iVm Nr. 2300 VV RVG	725,40 EUR
2) Pauschale für Entgelte für Post- und Telekommunikationsdienstleistungen Nr. 7002 VV RVG	20,00 EUR
3) 19 % Umsatzsteuer Nr. 7008 VV RVG	141,63 EUR
	887,03 EUR.

Dieser Betrag ist durch die nach § 367 BGB verrechnete Teilzahlung des Gegners getilgt.

In dem Kostenfestsetzungsantrag für die **gerichtliche Tätigkeit** kann noch folgende Verfahrensgebühr eingestellt werden:

Gegenstandswert: 8.387,03 EUR

1) 1,3 Verfahrensgebühr §§ 2, 13 RVG iVm Nr. 3100 VV RVG	659,10 EUR
abzüglich hierauf nach der Vorbemerkung 3 Abs. 4 VV RVG anzurechnender: 0,65 Geschäftsgebühr nach Wert: 8.387,03 EUR	329,55 EUR
verbleiben von der Verfahrensgebühr	329,55 EUR

zzgl. der weiter in dem gerichtlichen Verfahren entstandenen Gebühren, wie zB die Terminsgebühr, Auslagen und Umsatzsteuer.

Zusammenfassung

▶ Die erstattungspflichtige Partei kann sich auf die Anrechnung der Geschäftsgebühr auf die Verfahrensgebühr in der Kostenfestsetzung berufen, wenn sie eine der beiden Gebühren bereits erfüllt hat (1. Alternative des § 15a Abs. 2 RVG). 247

4.2.2 Eine der beiden Gebühren ist bereits tituliert

Ist eine der beiden aufeinander anzurechnenden Gebühren bereits gegenüber der erstattungspflichtigen Partei tituliert, kann diese sich nach der 2. Alternative des § 15a Abs. 2 RVG in der Kostenfestsetzung auf die Anrechnung berufen. Dies sind in der Praxis vor allem die Fälle, in denen die volle Geschäftsgebühr gegenüber der erstattungspflichtigen Partei mit eingeklagt und diese gegenüber auch in vollem Umfange ausgeurteilt wurde. 248

Beispiel: Für die **außergerichtliche Tätigkeit** sind entstanden. 249

Gegenstandswert: 16.000,00 EUR

1) 1,7 Geschäftsgebühr §§ 2, 13, 14 RVG iVm Nr. 2300 VV RVG	1.105,00 EUR
2) Pauschale für Entgelte für Post- und Telekommunikationsdienstleistungen Nr. 7002 VV RVG	20,00 EUR
zzgl. Umsatzsteuer.	

Diese Beträge hat der Rechtsanwalt mit für seinen Mandanten gegenüber dem Gegner eingeklagt und dieser Betrag wurde in dem Urteil auch zugesprochen.

In dem Kostenfestsetzungsantrag gem. §§ 91, 103, 104 ZPO kann der Rechtsanwalt für den Kläger für das **gerichtliche Verfahren** noch einstellen:

Gegenstandswert: 16.000,00 EUR

1) 1,3 Verfahrensgebühr §§ 2, 13 RVG iVm Nr. 3100 VV RVG	845,00 EUR
anzurechnen hierauf gemäß der Vorbemerkung 3 Abs. 4 VV RVG:	
0,75 Geschäftsgebühr nach Wert: 16.000,00 EUR	487,50 EUR
verbleiben von der Verfahrensgebühr	357,50 EUR
zzgl. der in dem Zivilprozess weiter entstehenden Gebühren, wie zB die Terminsgebühr, Auslagen und Umsatzsteuer.	

Wurden nur die nicht anrechenbaren Teile der Geschäftsgebühr mit eingeklagt und zugesprochen, kann sich die erstattungspflichtige Partei nicht auf die Anrechnung der Geschäftsgebühr auf die Verfahrensgebühr gemäß der Vorbemerkung 3 Abs. 4 VV RVG in der Kostenfestsetzung berufen. Denn hier ist die Anrechnung bereits bei der Abrechnung der vorprozessualen Vergütung berücksichtigt, da nur hier die nicht anrechenbaren Teile ihr gegenüber mit eingeklagt wurden und nur diese tituliert sind. 250

Beispiel: Für die **außergerichtliche Tätigkeit** hat der Rechtsanwalt in der Klage gegenüber dem Beklagten mit geltend gemacht: 251

Gegenstandswert: 16.000,00 EUR

1) 1,7 Geschäftsgebühr §§ 2, 13, 14 RVG iVm Nr. 2300 VV RVG	1.105,00 EUR
anzurechnen hierauf gemäß der Vorbemerkung 3 Abs. 4 VV RVG:	
0,75 Geschäftsgebühr nach Wert: 16.000,00 EUR	487,50 EUR
verbleiben von der Geschäftsgebühr	617,50 EUR
2) Pauschale für Entgelte für Post- und Telekommunikationsdienstleistungen Nr. 7002 VV RVG	20,00 EUR
zzgl. Umsatzsteuer.	

In dem Kostenfestsetzungsantrag gem. §§ 91, 103, 104 ZPO kann der Rechtsanwalt für den Kläger für das **gerichtliche Verfahren** noch einstellen:

Gegenstandswert: 16.000,00 EUR

1) 1,3 Verfahrensgebühr §§ 2, 13 RVG iVm Nr. 3100 VV RVG	845,00 EUR
zzgl. der in dem Zivilprozess weiter entstehenden Gebühren, wie zB die Terminsgebühr, Auslagen und Umsatzsteuer.	

Die erstattungspflichtige Partei kann sich auch dann auf die in der Vorbemerkung 3 Abs. 4 VV RVG vorgeschriebene Anrechnung der Geschäftsgebühr auf die Verfah- 252 rensgebühr in der Kostenfestsetzung bzw. -ausgleichung berufen, wenn sie sich in einem Vergleich verpflichtet hat, der erstattungsberechtigten Partei die volle Geschäftsgebühr zu erstatten. Dann ist die Geschäftsgebühr in dem Vergleich tituliert. Es muss sich allerdings aus dem Vergleich ergeben, oder es muss zwischen den Parteien Einigkeit bestehen, dass nach dem Vergleich die erstattungspflichtige Partei der erstattungsberechtigten Partei die volle Geschäftsgebühr zu erstatten hat. Wie in den Fällen zu verfahren ist, in denen sich aus dem Vergleich selbst nicht ergibt, ob und ggfls. welcher Betrag auf vorprozessuale Kosten zu erstatten ist oder im Vergleich ein Pauschalbetrag als Erstattung auf die vorprozessualen Kosten vereinbart wurde, wird in dem → Kap. D Rn. 268 ff. behandelt.

253 Eine besondere Verfahrenssituation ergibt sich auch dann, wenn die Geschäftsgebühr zwar in vollem Umfange mit eingeklagt worden ist, das Gericht aber die Klage wegen der Geschäftsgebühr abgewiesen und ihr im Übrigen stattgegeben hat. Dann ist die Anrechnung der Geschäftsgebühr in der Kostenfestsetzung nicht zu berücksichtigen, da diese nicht tituliert ist.[140] Auch wenn die Geschäftsgebühr in vollem Umfange mit eingeklagt worden ist und die Klage wegen der Geschäftsgebühr teilweise abgewiesen worden ist oder der Kläger insgesamt nur teilweise obsiegt hat, ergeben sich Besonderheiten bei der Anrechnung der Geschäftsgebühr auf die Verfahrensgebühr im Erstattungsverhältnis (→ Kap. D Rn. 259 ff. und → Kap. D Rn. 262 ff.).

Zusammenfassung

254 ▶ Die erstattungspflichtige Partei kann sich auf die Anrechnung der Geschäftsgebühr auf die Verfahrensgebühr in der Kostenfestsetzung berufen, wenn eine der beiden Gebühren ihr gegenüber bereits tituliert ist (2. Alternative des § 15a RVG).

4.2.3 Beide Gebühren werden in demselben Verfahren geltend gemacht

255 Nach § 15a Abs. 2 3. Alternative RVG kann sich die erstattungspflichtige Partei auch dann auf die Anrechnung einer Gebühr auf eine andere Gebühr berufen, wenn beide Gebühren in demselben Verfahren gegen sie geltend gemacht werden. Nicht „dasselbe Verfahren" iSd § 15a Abs. 2 3. Alternative RVG ist das Erkenntnisverfahren und das anschließende Kostenfestsetzungsverfahren nach §§ 103, 104 ZPO.[141] „Dasselbe Verfahren" ist meines Erachtens dann anzunehmen, wenn beide Gebühren in **demselben Kostenfestsetzungsverfahren** geltend gemacht werden.[142] In einem ordentlichen Zivilprozess werden eine Geschäftsgebühr und eine Verfahrensgebühr in demselben Kostenfestsetzungsverfahren nach §§ 103, 104 ZPO nicht nebeneinander geltend gemacht werden können, da die vorprozessualen Kosten nach der Rechtsprechung des BGH nicht festsetzbar sind (→ Kap. D Rn. 217).

256 In einer verwaltungsrechtlichen Angelegenheit kann es aber durchaus vorkommen, dass in einem Kostenfestsetzungsverfahren vor dem Verwaltungsgericht neben einer Geschäftsgebühr für das vorgerichtliche Rechtsbehelfsverfahren auch die Verfahrensgebühr für das gerichtliche Verfahren geltend gemacht werden. Dann kann sich die erstattungspflichtige Partei nach § 15a Abs. 2 3. Alternative RVG auf die in der Vorbemerkung 3 Abs. 4 VV RVG vorgeschriebene Anrechnung der Geschäftsgebühr auf die Verfahrensgebühr in der Kostenfestsetzung berufen.[143]

257 § 15a RVG gilt – wie bereits mehrfach erwähnt – nicht nur für die Auslegung der Anrechnungsvorschrift der Vorbemerkung 3 Abs. 4 VV RVG (Anrechnung der Geschäftsgebühr auf die Verfahrensgebühr), sondern für alle im RVG vorgesehenen Anrechnungsfälle. So ist nach der Vorbemerkung 3 Abs. 5 VV RVG zB die Verfah-

[140] OLG Saarbrücken JurBüro 2016, 487.

[141] OLG München JurBüro 2010, 23; OLG Stuttgart JurBüro 2010, 136; BGH JurBüro 2011, 188, 190.

[142] BGH JurBüro 2010, 78; Hartung/Schons/Enders § 15a Rn. 52 bis 54.

[143] Hartung/Schons/Enders § 15a Rn. 54.

rensgebühr eines selbstständigen Beweisverfahrens anzurechnen auf die Verfahrensgebühr eines Hauptsacheverfahrens. Hier können beide Gebühren in dem sich dem Hauptsacheverfahren anschließenden Kostenfestsetzungsverfahren geltend gemacht werden. Hier muss sich dann die erstattungspflichtige Partei nach der 3. Alternative des § 15a Abs. 2 RVG auf die Anrechnung berufen können.[144]

Zusammenfassung

▶ Die erstattungspflichtige Partei kann sich auf die Anrechnung der Geschäftsgebühr auf die Verfahrensgebühr in der Kostenfestsetzung berufen, wenn ihr gegenüber beide Gebühren in demselben Kostenfestsetzungsverfahren geltend gemacht werden (3. Alternative des § 15a RVG). 258

4.2.4 Anrechnung in der Kostenfestsetzung, wenn Geschäftsgebühr nur teilweise zugesprochen wird

Wird in der Klageschrift für den Kläger Erstattung der vollen Geschäftsgebühr für die außergerichtliche Vertretung verlangt, spricht das Gericht die Geschäftsgebühr aber nur nach einem niedrigeren Gebührensatz zu, ist bei der Anrechnung der Geschäftsgebühr auf die Verfahrensgebühr des gerichtlichen Verfahrens nach der Vorbemerkung 3 Abs. 4 VV RVG auch nur von dem zugesprochenen niedrigeren Gebührensatz auszugehen. Maßgebend ist, inwieweit die Geschäftsgebühr tituliert ist (§ 15a Abs. 2, 2. Alternative RVG).[145] 259

Beispiel: Der Rechtsanwalt hatte zunächst auftragsgemäß außergerichtlich für den Mandanten einen Anspruch in Höhe von 20.000,00 EUR geltend gemacht. Da seine Tätigkeit sehr umfangreich war, hat er eine 2,1 Geschäftsgebühr angesetzt. 260

Nachdem abzusehen ist, dass der Gegner außergerichtlich nicht zu einer Erfüllung der Ansprüche zu bewegen ist, wird dem Rechtsanwalt Klageauftrag erteilt. Neben der Hauptforderung in Höhe von 20.000,00 EUR klagt er auch die volle 2,1 Geschäftsgebühr zuzüglich Pauschale Nr. 7002 VV RVG und zzgl. Umsatzsteuer mit gegenüber dem Gegner ein. In dem Rechtsstreit vertritt er auch in dem vom Gericht anberaumten Termin zur mündlichen Verhandlung. Schließlich verkündet das Gericht ein Urteil, wonach es dem Kläger zwar die volle Hauptforderung in Höhe von 20.000,00 EUR zuerkennt. Das Gericht weist allerdings die Klage insoweit teilweise ab, als eine Geschäftsgebühr von mehr als 1,3 zzgl. Pauschale Nr. 7002 VV RVG und Umsatzsteuer geltend gemacht wurde.

Mit eingeklagt wurden neben der Hauptforderung in Höhe von 20.000,00 EUR folgende vorprozessuale Kosten:

Gegenstandswert: 20.000,00 EUR	
1) 2,1 Geschäftsgebühr §§ 2, 13, 14 RVG iVm Nr. 2300 VV RVG	1.558,20 EUR
2) Pauschale für Entgelte für Post- und Telekommunikationsdienstleistungen Nr. 7002 VV RVG	20,00 EUR
3) 19 % Umsatzsteuer Nr. 7008 VV RVG	299,86 EUR
	1.878,06 EUR

In dem Urteil hat das Landgericht folgende vorprozessuale Kosten zugesprochen:

Gegenstandswert: 20.000,00 EUR	
1) 1,3 Geschäftsgebühr §§ 2, 13, 14 RVG iVm Nr. 2300 VV RVG	964,60 EUR
2) Pauschale für Entgelte für Post- und Telekommunikationsdienstleistungen Nr. 7002 VV RVG	20,00 EUR
3) 19 % Umsatzsteuer Nr. 7008 VV RVG	187,07 EUR
	1.171,67 EUR

Meines Erachtens können **folgende Kosten zum Zwecke der Festsetzung bzw. der Quotelung im Kostenfestsetzungsverfahren nach §§ 103, 104 ZPO angemeldet werden:**

Gegenstandswert: 20.000,00 EUR	
1) 1,3 Verfahrensgebühr §§ 2, 13 RVG iVm Nr. 3100 VV RVG	964,60 EUR
abzüglich hierauf nach der Vorbemerkung 3 Abs. 4 VV RVG anzurechnender 0,65 Geschäftsgebühr Nr. 2300 VV RVG nach Wert: 20.000,00 EUR	482,30 EUR
verbleiben von der Verfahrensgebühr:	482,30 EUR

[144] Hartung/Schons/Enders § 15a Rn. 53 mit Beispiel.

[145] Hansens AnwBl. 2007, 841 (844); Enders JurBüro 2009, 449, 450.

2) 1,2 Terminsgebühr §§2, 13 RVG iVm Nr. 3104 VV RVG	890,40 EUR
3) Pauschale für Entgelte für Post- und Telekommunikationsdienstleistungen Nr. 7002 VV RVG	20,00 EUR
4) 19 % Umsatzsteuer Nr. 7008 VV RVG	264,61 EUR
	1.657,31 EUR

Da nur eine 1,3 Geschäftsgebühr vom Gericht zuerkannt wurde, ist auch in der Kostenfestsetzung nur eine 0,65 Geschäftsgebühr (nämlich die Hälfte der zuerkannten 1,3 Geschäftsgebühr) nach der Vorbemerkung 3 Abs. 4 VV RVG auf die Verfahrensgebühr anzurechnen.

Hat der Rechtsanwalt mit seinem Mandanten eine 2,1 Geschäftsgebühr abgerechnet und bleibt er auch bei dieser Abrechnung, wird er in der Abrechnung für die gerichtliche Tätigkeit mit seinem Mandanten eine 0,75 Geschäftsgebühr anrechnen müssen.[146]

Zusammenfassung

261 ▶ Bei der Anrechnung der Geschäftsgebühr auf die Verfahrensgebühr nach der Vorbemerkung 3 Abs. 4 VV RVG im Erstattungsverhältnis ist nur von dem Gebührensatz auszugehen, den das Gericht auch zugesprochen/tituliert hat.

4.2.5 Teilweises Obsiegen

262 Obsiegt der Kläger nur teilweise, wird das Gericht auch die mit eingeklagten vorgerichtlichen Kosten nur teilweise zusprechen. Bei der Anrechnung der Geschäftsgebühr in dem Kostenfestsetzungsverfahren (also im Erstattungsverhältnis des Mandanten gegen den erstattungspflichtigen Gegner) auf die Verfahrensgebühr des gerichtlichen Verfahrens nach der Vorbemerkung 3 Abs. 4 VV RVG kann dann auch nur ausgegangen werden von der Geschäftsgebühr, die tituliert worden ist. Bei der Anrechnung wird zu unterscheiden sein, wie das Gericht die zuerkannten vorgerichtlichen Kosten ermittelt hat (nachfolgende Beispiele → Rn. 263 und 264 in diesem Kapitel).

263 **Beispiel:** Der Rechtsanwalt hat den Kläger zunächst außergerichtlich vertreten. Die außergerichtliche Vertretung war schwierig, so dass der Rechtsanwalt eine 1,6 Geschäftsgebühr ansetzt. Außergerichtlich ist der Gegner nicht zu einem Einlenken zu bewegen. Auftragsgemäß klagt der Rechtsanwalt den auch außergerichtlich geltend gemachten Anspruch in Höhe von 20.000,00 EUR nunmehr ein. Daneben verlangt er in der Klage für seinen Mandanten vom Gegner Erstattung folgender vorprozessualer Kosten:

Gegenstandswert: 20.000,00 EUR

1) 1,6 Geschäftsgebühr §§2, 13, 14 RVG iVm Nr. 2300 VV RVG	1.187,20 EUR
2) Pauschale für Entgelte für Post- und Telekommunikationsdienstleistungen Nr. 7002 VV RVG	20,00 EUR
3) 19 % Umsatzsteuer Nr. 7008 VV RVG	229,37 EUR
	1436,57 EUR.

Nach mündlicher Verhandlung und Beweisaufnahme erkennt das Gericht dem Kläger von der eingeklagten Hauptforderung 12.000,00 EUR zu. Nach der Kostenentscheidung im Urteil hat der Kläger 40 % der Kosten und der Beklagte 60 % der Kosten zu tragen. Aus dem Tenor des Urteils ergibt sich, dass das Gericht dem Kläger von den vorgerichtlichen Kosten 861,94 EUR zugesprochen hat. Aus den Entscheidungsgründen des Urteils ergibt sich, dass das Gericht wie folgt berechnet hat:

Insgesamt hat der Kläger an vorgerichtlichen Kosten 1.436,57 EUR mit eingeklagt. Hiervon 60 %, da auch nur insoweit die Hauptforderung berechtigt war = 861,94 EUR.

In diesem Falle wäre meines Erachtens im Kostenfestsetzungsverfahren die Anrechnung der Geschäftsgebühr auf die Verfahrensgebühr des gerichtlichen Verfahrens nach der Vorbemerkung 3 Abs. 4 VV RVG wie folgt vorzunehmen:

Gegenstandswert: 20.000,00 EUR

1) 1,3 Verfahrensgebühr §§2, 13 RVG iVm Nr. 3100 VV RVG	964,60 EUR
abzüglich hierauf nach der Vorbemerkung 3 Abs. 4 VV RVG 0,75 Geschäftsgebühr nach Wert: 20.000,00 EUR = 556,50 EUR, **hiervon 60 %**	333,90 EUR
verbleiben von der Verfahrensgebühr	630,70 EUR

[146] Enders JurBüro 2011, 449 (450 – Beispiel 1); Hartung/Schons/Enders § 15a Rn. 26.

2) 1,2 Terminsgebühr §§ 2, 13 RVG iVm Nr. 3104 VV RVG	890,40 EUR
3) Pauschale für Entgelte für Post- und Telekommunikationsdienstleistungen Nr. 7002 VV RVG	20,00 EUR
4) 19 % Umsatzsteuer Nr. 7008 VV RVG	292,81 EUR
	1.833,91 EUR.

Das Gericht hat von der vorgerichtlichen Geschäftsgebühr nur 60 % zugesprochen, also sind auch nur 60 % des vollen Anrechnungsbetrages auf die Verfahrensgebühr des gerichtlichen Verfahrens anzurechnen.[147]

Beispiel: – Sachverhalt wie vorangegangenes Beispiel – Rn. 263 in diesem Kapitel jedoch mit folgender Alternative: 264

Das Gericht erkennt dem Kläger neben der Teil-Hauptforderung in Höhe von 12.000,00 EUR auf die eingeklagten vorgerichtlichen Kosten folgende Beträge zu:

Gegenstandswert: 12.000,00 EUR

1) 1,6 Geschäftsgebühr §§ 2, 13 RVG iVm Nr. 2300 VV RVG	966,40 EUR
2) Pauschale für Entgelte für Post- und Telekommunikationsdienstleistungen Nr. 7002 VV RVG	20,00 EUR
3) 19 % Umsatzsteuer Nr. 7008 VV RVG	187,42 EUR
	1.173,82 EUR.

Zu dieser Berechnung hat das Gericht in den Entscheidungsgründen des Urteils ausgeführt, dass die vom Kläger außergerichtlich geltend gemachte und eingeklagte Forderung in Höhe von 20.000,00 EUR nur in Höhe von 12.000,00 EUR berechtigt war. Hätte der Kläger direkt von Beginn an nur den Betrag in Höhe von 12.000,00 EUR auch außergerichtlich geltend gemacht, wäre nur nach diesem Gegenstandswert die außergerichtliche Geschäftsgebühr entstanden.

In diesem Falle ist meines Erachtens im Kostenfestsetzungs- bzw. Kostenausgleichungsverfahren (also im Erstattungsverhältnis des Mandanten gegen den erstattungspflichtigen Gegner) die Anrechnung der Geschäftsgebühr wie folgt vorzunehmen:

Gegenstandswert: 20.000,00 EUR

1) 1,3 Verfahrensgebühr §§ 2, 13 RVG iVm Nr. 3100 VV RVG	964,60 EUR
abzüglich hierauf nach der Vorbemerkung 3 Abs. 4 VV RVG anzurechnender 0,75 Geschäftsgebühr Nr. 2300 VV RVG nach Wert: 12.000,00 EUR	453,00 EUR
verbleiben von der Verfahrensgebühr:	511,60 EUR
2) 1,2 Terminsgebühr §§ 2, 13 RVG iVm Nr. 3104 VV RVG	890,40 EUR
3) Pauschale für Entgelte für Post- und Telekommunikationsdienstleistungen Nr. 7002 VV RVG	20,00 EUR
4) 19 % Umsatzsteuer Nr. 7008 VV RVG	270,18 EUR
	1.692,18 EUR.

Das Gericht hat nur eine Geschäftsgebühr aus dem Gegenstandswert von 12.000,00 EUR zugesprochen, also kann im Rahmen der Anrechnung meines Erachtens auch nur eine 0,75 Geschäftsgebühr aus 12.000,00 EUR berücksichtigt werden.[148]

Obwohl ich zunächst die Richtigkeit der im Beispiel → Rn. 263 aufgezeigten Berechnungsmethode der zu erstattenden außergerichtlichen Kosten favorisiert hatte,[149] dürfte nach einer Entscheidung des BGH[150] der im letzten Beispiel dargestellten Berechnungsmethode der zu erstattenden außergerichtlichen Kosten der Vorzug zu geben sein.[151] Der amtliche Leitsatz zu dieser BGH-Entscheidung (aaO) lautet wie folgt: 265

[147] Hansens RVGreport 2007, 282 (285 – Kapitel XIII. 2, Beispiel 18); Hansens AnwBl. 2007, 841 (844 – Kapitel II. 4., Beispiel 4); N. Schneider RENOpraxis 2007, 102, 103; Volpert RVG professionell 2008, 1 (4, Beispiel 2); Enders JurBüro 2007, 561 (562 – Kapitel 2); Hartung/Schons/Enders § 15 a Rn. 43 ff.

[148] Hansens RVGreport 2007, 282 (284 – Kapitel XIII. 1. Beispiel 17); N. Schneider RENOpraxis 2007, 102 (103); Enders JurBüro 2009, 449 (451 – Kapitel 6); Hartung/Schons/Enders § 15 a Rn. 43 ff. Anderer Meinung: Volpert RVG professionell 2007, 127 (131 – Beispiel 2); der auch in diesen Fällen eine Geschäftsgebühr aus dem vollen Wert anrechnet.

[149] Enders JurBüro 2007, 561 (562).

[150] BGH JurBüro 2008, 190.

[151] Enders JurBüro 2008, 169 ff.

„Dem Erstattungsanspruch des Geschädigten hinsichtlich der ihm entstandenen vorgerichtlichen Anwaltskosten ist im Verhältnis zum Schädiger grundsätzlich der Gegenstandswert zugrunde zu legen, der der berechtigten Schadensersatzforderung entspricht.“

266 Im Abrechnungsverhältnis des Rechtsanwalts zu seinem Mandanten wird es für die Anrechnung der Geschäftsgebühr nur maßgebend sein, inwieweit der Rechtsanwalt seinem Mandanten die Geschäftsgebühr in Rechnung gestellt hat.[152]

Zusammenfassung

267 ▶ Obsiegt die erstattungsberechtigte Partei nur teilweise und spricht das Gericht die vorprozessualen Kosten ebenfalls nach dem Verhältnis Obsiegen/Unterliegen zu, ist zunächst der in der Kostenausgleichung gegenüber dem erstattungspflichtigen Gegner anzurechnende Betrag aus der Geschäftsgebühr nach dem Gesamtwert zu ermitteln. Hiervon ist nur ein Teil anzurechnen, der sich nach der Quote errechnet, nach der die Geschäftsgebühr auch zugesprochen wurde (Beispiel → Rn. 263).

▶ Obsiegt die erstattungsberechtigte Partei nur teilweise und spricht das Gericht die vorprozessualen Kosten nach dem Gegenstandswert der berechtigten Ansprüche zu, so ist in der Kostenausgleichung gegenüber dem erstattungspflichtigen Gegner der anzurechnende Anteil der Geschäftsgebühr auch nur nach dem Wert der zugesprochenen Geschäftsgebühr zu ermitteln (Beispiel → Rn. 264).

4.3 Beendigung des Verfahrens durch Vergleich

268 Wird das Verfahren durch Vergleich beendet, wird der Rechtsanwalt darauf achten müssen, dass in die Vergleichsverhandlungen auch die vorprozessualen Kosten einfließen, wenn der Mandant insoweit einen materiell-rechtlichen Erstattungsanspruch gegenüber dem Anspruchsgegner hat. Dies insbesondere dann, wenn ein Vergleich „... zur Abgeltung aller Ansprüche ...“ geschlossen wird. Wird nämlich ein entsprechender Vergleich protokolliert und berücksichtigt der Rechtsanwalt bei Abschluss des Vergleiches nicht die dem Mandanten entstandenen vorprozessualen Kosten, so sind diese ebenfalls mit dem Vergleich abgegolten. Dies unabhängig davon, ob die vorprozessualen Kosten mit eingeklagt worden waren oder nicht. Möglicherweise wird der Rechtsanwalt hier dem Mandanten einen Schaden verursachen, wenn er einen Vergleich „... zur Abgeltung aller Ansprüche ...“ schließt und dem Mandanten – ohne das dies gewollt ist – seinen Kostenerstattungsanspruch wegen der vorprozessualen Kosten „abschneidet“.

269 Wenn eine Rechtsschutzversicherung im Hintergrund steht und diese auch für die außergerichtliche Vertretung eintrittspflichtig ist, wird bei Abschluss eines Vergleiches diese – insbesondere wegen der Erstattung auf die vorprozessualen Kosten – mit dem Rechtsschutzversicherer abzustimmen sein. Ist dies vor Abschluss des Vergleiches nicht möglich und kann auch kein Widerrufsvorbehalt vereinbart werden, sollte der Anwalt darauf achten, dass in den Vergleich aufgenommen wird, dass auch die vorprozessualen Kosten im Verhältnis „Obsiegen/Unterliegen“ dem Mandanten zu erstatten sind.

270 In dem Vergleich sollte, um spätere Problematiken in der Kostenfestsetzung bzw. Kostenausgleichung zu vermeiden, konkret vereinbart werden, welche Beträge auf die vorprozessualen Kosten erstattet werden oder ob und ggfls. wie die in der Vorbemerkung 3 Abs. 4 VV RVG vorgeschriebene Anrechnung der Geschäftsgebühr auf die Verfahrensgebühr in der Kostenausgleichung zu behandeln ist.

---

[152] Enders JurBüro 2009, 449 (452 – Beispiel 1).

Formulierungsvorschlag[153]

1. Der Beklagte verpflichtet sich, zum Ausgleich der eingeklagten Hauptforderung und der Zinsen an den Kläger einen Betrag in Höhe von ... EUR zu zahlen. 271
2. Der Beklagte verpflichtet sich weiter, an den Kläger eine 1,3 Geschäftsgebühr Nr. 2300 VV RVG nach einem Wert von ... EUR zuzüglich Auslagen und Umsatzsteuer, insgesamt in Höhe von ... EUR zu zahlen.
3. Der Kläger trägt 60 % der Kosten des Rechtsstreits und des Vergleiches, der Beklagte 40 % dieser Kosten.

Formulierungsvorschlag[154]

1. Der Beklagte verpflichtet sich, zum Ausgleich aller Ansprüche an den Kläger einen Betrag in Höhe von ... EUR zu zahlen. 272
2. In dem Vergleichsbetrag enthalten ist eine vorprozessual entstandene 1,3 Geschäftsgebühr Nr. 2300 VV RVG nach einem Wert von ... EUR.
3. Der Kläger trägt 60 % der Kosten des Rechtsstreits und des Vergleiches, der Beklagte 40 % dieser Kosten.

Wird ein Vergleich „... zur Abgeltung aller Ansprüche ...“ geschlossen und ist in dem Vergleich nichts dazu geregelt, ob und ggfls. welcher Betrag als Erstattung auf die vorprozessuale Geschäftsgebühr anzusehen ist, so ist die in der Vorbemerkung 3 Abs. 4 VV RVG vorgeschriebene Anrechnung der Geschäftsgebühr auf die Verfahrensgebühr in der Kostenfestsetzung bzw. Kostenausgleichung nach BGH nicht zu berücksichtigen.[155] 273

Ist im Vergleich ein **pauschaler Betrag** vereinbart, der auf die vorprozessualen Kosten zu erstatten ist, so kann die Anrechnung in der Kostenfestsetzung bzw. Kostenausgleichung ebenfalls problematisch werden. Meines Erachtens ist von dem auf die vorprozessualen Kosten zu erstattenden pauschalen Betrag nur der Teil auf die Verfahrensgebühr des gerichtlichen Verfahrens gemäß der Vorbemerkung 3 Abs. 4 VV RVG anzurechnen, der die nicht anrechenbaren Teile der Geschäftsgebühr übersteigt.[156] 274

Praxistipp:

Wird in dem Vergleich ein pauschaler Betrag festgeschrieben, der auf die vorprozessualen Kosten zu erstatten ist, so sollte im Vergleich weiter geregelt werden, ob überhaupt und ggfls. in welchem Umfang die Anrechnung der Geschäftsgebühr auf die Verfahrensgebühr in der Kostenfestsetzung oder der Kostenausgleichung berücksichtigt werden sollen.[157] 275

Zusammenfassung:

- Bei Abschluss des Vergleiches sollte der Rechtsanwalt die vorprozessualen Kosten berücksichtigen. 276
- Wird ein Vergleich „... zur Abgeltung aller Ansprüche ...“ geschlossen und wird in dem Vergleich nichts dazu geregelt, welcher Betrag als Erstattung auf die vorprozessualen Kosten entfällt, so ist nach einer Entscheidung des BGH die in der Vorbemerkung 3 Abs. 4 VV RVG vorgesehene Anrechnung der Geschäftsgebühr

[153] Zitiert nach Hartung/Schons/Enders § 15a Rn. 36.
[154] Zitiert nach Hartung/Schons/Enders § 15a Rn. 37.
[155] BGH JurBüro 2011, 188; OLG Bamberg, JurBüro 2014, 132; OLG Koblenz JurBüro 2014, 134; bis zur BGH Entscheidung umstritten: vgl. etwa Hartung/Schons/Enders § 15a Rn. 31 und 32.
[156] Hartung/Schons/Enders § 15a Rn. 39ff.; Enders JurBüro 2009, 505 f. mit Berechnungsbeispielen; ähnlich verfährt auch das OLG Stuttgart Beschluss vom 3. 8. 2010 – 8 W 337/10.
[157] Zitiert nach Hartung/Schons/Enders § 15a Rn. 40.

auf die Verfahrensgebühr in der Kostenfestsetzung gegenüber dem erstattungspflichtigen Gegner nicht zu berücksichtigen.

- ▶ In dem Vergleich selbst sollte konkret geregelt werden, ob und ggfls. welcher Betrag auf die vorprozessualen Kosten von welcher Partei zu erstatten ist.
- ▶ Wird in dem Vergleich ein pauschaler Betrag als Erstattung auf die vorprozessualen Kosten vereinbart, sollte geregelt werden, ob die in der Vorbemerkung 3 Abs. 4 VV RVG vorgeschriebene Anrechnung der Geschäftsgebühr auf die Verfahrensgebühr in der Kostenfestsetzung bzw. der Kostenausgleichung gegenüber der erstattungspflichtigen Partei zu berücksichtigen ist.

4.4 Beklagte

277 Wird der Mandant in einem Rechtsstreit als **Beklagter** in Anspruch genommen und will er Erstattung der ihm durch die vorgerichtliche Tätigkeit seines Anwaltes entstandenen Geschäftsgebühr zuzüglich Auslagen und Umsatzsteuer erreichen, so wird er **Widerklage** wegen dieser vorgerichtlichen Kosten erheben müssen. Auch im Rahmen einer Widerklage muss eine materiell-rechtliche Anspruchsgrundlage für den Kostenerstattungsanspruch wegen der vorgerichtlichen Kosten gegeben sein. Hieran kann es in der Praxis fehlen.[158] Der BGH[159] hat bereits in einem Urteil klargestellt, dass die Inanspruchnahme wegen einer Geldforderung nicht ohne weiteres einen materiell-rechtlichen Kostenerstattungsanspruch des in Anspruch genommenen hinsichtlich der für die außergerichtliche Abwehr des Anspruchs aufgewendeten Anwalts kosten begründet. In dieser Entscheidung nimmt der BGH auch Stellung zu möglichen Anspruchsgrundlagen und erwähnt hierbei:

- Verschulden bei Vertragsabschluss
- Verletzung einer vertraglichen Nebenpflicht (§§ 280, 311 BGB)
- deliktische Ansprüche (§§ 823, 826 BGB).

278 Zur Anspruchsgrundlage für einen materiell-rechtlichen Kostenerstattungsanspruch für außergerichtliche Kosten wegen der Abwehr unberechtigter Forderungen haben sich mittlerweile unter anderem das AG Schwetzingen und das OLG Stuttgart geäußert:

Leitsatz zur Entscheidung des AG Schwetzingen:[160]

„Macht der Erwerber einer Eigentumswohnung Gewährleistungsansprüche geltend, die sich als unbegründet erweisen, liegt darin eine Vertragsverletzung, die ihn schadensersatzpflichtig macht. Zum Umfang des zu ersetzenden Schadens gehören auch die vom Verkäufer zur Abwehr des Anspruchs außergerichtlich aufgewandten Anwaltskosten.“

Leitsatz der Entscheidung des OLG Stuttgart:[161]

„Ihm entstandene Rechtsanwaltskosten zur Abwehr einer Kündigungserklärung, die der Grundstückserwerber vor dem Eintritt in den Mietvertrag abgibt, kann der Wohnungsmieter im Regelfall nicht von dem Erwerber ersetzt verlangen.“[162]

279 Macht der Beklagte ihm entstandene vorgerichtliche Kosten im Wege der Widerklage geltend, erhöht sich der Gegenstandswert. Denn in diesem Fall betreffen Klage und Widerklage nicht denselben Streitgegenstand, so dass nach § 45 Abs. 1 GKG die Gegenstände von Klage und Widerklage zusammenzurechnen sind.

[158] Hansens AnwBl. 2007, 841 (Kapitel I. 2.); Stöber AGS 2006, 261; Wolf JurBüro 2008, 396.

[159] BGH Urteil vom 12. 12. 2006 – VI ZR 224/05 – JurBüro 2007, 249.

[160] AG Schwetzingen AGS 2007, 593.

[161] OLG Stuttgart AGS 2007, 594.

[162] Weitere Rechtsprechung zu möglichen Anspruchsgrundlagen auf der Beklagtenseite für die Erstattung der vorgerichtlichen Kosten: AG Friedberg AGS 2009, 356; BGH AGS 2009, 153; LG Duisburg JurBüro 2010, 256.

Zusammenfassung

- Erstattung der ihm entstandenen vorprozessualen Kosten kann der Beklagte durch Erhebung einer Widerklage geltend machen. 280
- Problematisch kann die materiell-rechtliche Anspruchsgrundlage für den Kostenerstattungsanspruch sein.

5. Pauschale Vergütung bei Unfallschadenregulierung

Hatte sich der Verkehrsunfall bis zum 30. 6. 2004 ereignet, konnte der eingeschaltete Rechtsanwalt die bei ihm durch die Unfallschadenregulierung entstandenen Anwaltsgebühren pauschal nach der DAV-Empfehlung abrechnen. Voraussetzung war, dass ein Versicherer mit der Regulierung befasst war, der sich bereit erklärt hatte, nach dieser DAV-Empfehlung zu verfahren. Wegen der näheren Einzelheiten bei Abrechnung nach der DAV-Empfehlung darf ich verweisen auf „Die BRAGO für Anfänger", 11. Auflage, Kapitel C. VII. 7. a) Rn. 1286 ff. 281

Mit Inkrafttreten des RVG am 1. 7. 2004 haben diese Abrechnungsgrundsätze nach dem Merkblatt zur Abwicklung von KFZ-Haftpflichtschäden ihre Grundlage verloren. Einige wenige Kraftfahrt-Haftpflichtversicherer haben sich für Verkehrsunfälle, die sich nach dem 1. 7. 2004 ereignen, entschieden, dem Rechtsanwalt die Vergütung für seine Tätigkeit in der Unfallschadenregulierung pauschal zu ersetzen. Dies geschieht meist durch interne Arbeitsanweisungen oder Abrechnungsgrundsätze der Versicherer, in denen die Sachbearbeiter dann angewiesen werden, dem Anwalt des Geschädigten die Gebühren pauschal zu ersetzen. Damit soll der tägliche Streit zwischen Kraftfahrt-Haftpflichtversicherer und dem Rechtsanwalt dahingehend vermieden werden, in welcher Höhe die Geschäftsgebühr im Einzelfall anzusetzen ist und ob denn nun eine Einigungsgebühr zusätzlich angefallen ist oder nicht. Informationen dazu, welche Versicherer wie die Anwaltsvergütung in Verkehrsunfallsachen regulieren, finden sich in der einschlägigen Fachliteratur.[163] 282

Viele Versicherer haben zwischenzeitlich wieder aufgegeben, die Anwaltsgebühren in Verkehrsunfallsachen pauschal zu erstatten. Nach meinen Recherchen erstattet nur noch die **DEVK** dem Geschädigten die ihm anlässlich der Regulierung seiner Schadensersatzansprüche entstandenen Anwaltskosten pauschal. 283

Versicherer der **Allianz-Gruppe** erstatten die Anwaltsgebühren nur noch dann pauschal, wenn der Anwalt bis zum 31.3.2012 beauftragt wurde.

Die **Öffentliche Landesbrandkasse Oldenburg** erstattet nur für Schadensfälle, die sich ab dem 1.10.2014 ereignet haben, die Anwaltsgebühren pauschal. Sie wendet die pauschale Erstattung jedoch nur noch für Mandatierungen bis zum 30.6.2017 an.[164]

Auch die **VGH-Versicherung** rechnet nur noch für Mandatierungen bis zum 31.12.2015 nach den Abrechnungsgrundsätzen ab.[165]

Soweit Versicherer die Anwaltsvergütung des von dem Geschädigten beauftragten Rechtsanwalts pauschal erstatten, verfahren diese – soweit ersichtlich – nach den nachfolgend dargestellten Grundsätzen. Möglich ist aber, dass die Grundsätze einzelner Versicherer vom nachstehend Dargestellten abweichen: 284

Anstelle der gesetzlichen Gebühren werden dem Rechtsanwalt ersetzt, wenn eine Versicherung reguliert, die die Anwaltsvergütung pauschal erstattet:

Ein Geschädigter

1,8 Gebühr, wenn nur Sachschaden zu regulieren war

1,8 Gebühr, wenn auch Personenschaden zu regulieren war und der Gesamterledigungswert unter 10.000 EUR lag

---

163 ZB Schneider/Wolf Anhang I S. 3061 ff.; AnwBl. 2005, 493 ff.; RVGreport 2005, 51 ff.

164 Information auf der Internet-Seite www.verkehrsanwaelte.de; Link: „Für Verkehrsanwälte"/„Arbeitshilfen".

165 AGS 2016, 1.

2,1 Gebühr, wenn auch Personenschaden zu regulieren war und der Gesamterledigungswert 10.000 EUR oder mehr betrug.[166]

Mehrere Geschädigte

2,4 Gebühr, wenn nur Sachschaden zu regulieren war

2,4 Gebühr, wenn auch Personenschaden zu regulieren war und der Gesamtregulierungswert unter 10.000 EUR betrug

2,7 Gebühr, wenn auch Personenschaden zu regulieren war und der Gesamterledigungswert 10.000 EUR oder mehr betrug.[167]

285 Viele Kraftfahrt-Haftpflichtversicherer haben auch einzelne, individuelle Abkommen mit Anwaltskanzleien geschlossen. Dann werden auch die Gebührensätze individuell – abweichend von Vorstehendem – vereinbart.

286 Abkommen, nach denen der Versicherer die Anwaltsgebühren pauschal reguliert/erstattet, gelten meist nur für das Gebiet der Kraftfahrzeughaftpflicht. Weitere Voraussetzung ist oft, dass der gesamte Schaden außergerichtlich reguliert wird. Gegenstandswert ist der Gesamterledigungswert, also dass, was seitens des Versicherers reguliert wird. Zuzüglich zu den obigen Gebühren werden die Auslagen nach Teil 7 des Vergütungsverzeichnisses zum RVG ersetzt. Möglich ist auch, dass der Versicherer mit dem Rechtsanwalt wegen der Auslagen individuell Vereinbarungen trifft. Der Rechtsanwalt wird nicht von Fall zu Fall entscheiden können, ob er sich mit der Vergütungspauschale einverstanden erklärt (zB dann, wenn diese höher ist, als die gesetzlichen Gebühren nach dem RVG) oder nach dem RVG abrechnet (zB in den Fällen, in denen die gesetzlichen Gebühren nach dem RVG höher sind als die von dem Versicherer angebotenen Pauschalen). Der Rechtsanwalt wird aber wohl wählen können, ob er **in allen Fällen** die gesetzliche Vergütung nach dem RVG abrechnet oder in allen Fällen die Pauschale verlangt.

287 Ist die von der Versicherung gezahlte Pauschale – bei gleichem Gegenstandswert – niedriger als die gesetzlichen Gebühren nach dem RVG, wird er die Differenz zu den gesetzlichen Gebühren nicht gegenüber dem Mandanten und auch nicht gegenüber dem Rechtsschutzversicherer des Mandanten geltend machen können. Differenzen wird er nur dann abrechnen können, wenn der Kraftfahrzeug-Haftpflichtversicherer nur einen Teil des auftragsgemäß geforderten Schadens reguliert. Denn dann entstehen die gesetzlichen Gebühren nach einem höheren Gegenstandswert, als der Wert, nach dem sich die Pauschale richtet.

288 **Beispiel:** Auftragsgemäß macht der Rechtsanwalt außergerichtlich für seinen Mandanten Schadensersatzansprüche in Höhe von 8.500,00 EUR gegenüber der Öffentlichen Landesbrandkasse Versicherungen Oldenburg geltend. Die anwaltliche Tätigkeit war umfangreich, so dass eine 1,5 Geschäftsgebühr angesetzt werden kann. Infolge eines Mitverschuldens des Mandanten kommt es zu einem Vergleich, wonach die Öffentliche Landesbrandkasse Versicherungen Oldenburg zur Abgeltung aller Ansprüche 4.250,00 EUR reguliert.

Der Rechtsanwalt rechnet mit der Öffentlichen Landesbrandkasse Versicherungen Oldenburg wie folgt ab:

Gegenstandswert: 4.250,00 EUR

1) 1,8 Gebühr – Pauschale gem. Arbeitsanweisung zzgl. Auslagen und Umsatzsteuer.	545,40 EUR

[166] Unerheblich ist, ob nur Personenschaden oder daneben auch noch Sachschaden geltend zu machen war. Der Personenschaden muss nicht alleine über 10.000 EUR betragen, sondern der Gesamterledigungswert (Personen- + Sachschaden) ist maßgebend. Wird nur Sachschaden geltend gemacht, beträgt die Pauschale 1,8, auch dann, wenn der Gesamterledigungswert über 10.000 EUR beträgt.

[167] Unerheblich ist, ob nur Personenschaden oder daneben auch noch Sachschaden geltend zu machen war. Der Personenschaden muss nicht alleine über 10.000 EUR betragen, sondern der Gesamterledigungswert (Personen- + Sachschaden) ist maßgebend. Wird nur Sachschaden geltend gemacht, beträgt die Pauschale 1,8 auch dann, wenn der Gesamterledigungswert über 10.000 EUR beträgt.

Der Rechtsanwalt war zunächst beauftragt, den Gesamtschaden in Höhe von 8.500,00 EUR geltend zu machen. Also sind nach diesem Gegenstandswert auch Anwaltsgebühren entstanden. Die **Abrechnung gegenüber dem Mandanten** müsste in diesem Fall meines Erachtens wie folgt aufgebaut werden:

Gegenstandswert: 8.500,00 EUR	
1) 1,5 Geschäftsgebühr §§2, 13,14 RVG iVm Nr. 2300 VV RVG	760,50 EUR
2) 1,5 Einigungsgebühr §§2, 13 RVG iVm Nr. 1000 VV RVG	760,50 EUR
abzüglich 3,0 Gebühr nach Wert: 4.250,00 EUR	909,00 EUR
verbleiben:	612,00 EUR
zzgl. Auslagen und Umsatzsteuer.	

Hier ist meines Erachtens nicht nur der tatsächliche Betrag, den der Rechtsanwalt von der Versicherung erhalten hat, in Abzug zu bringen. Denn wegen der von der Versicherung regulierten Schäden in Höhe von 4.250,00 EUR hat sich der Rechtsanwalt meines Erachtens mit der Pauschale von 1,8 wegen seiner Gebühren „für abgefunden erklärt“.[168]

Offen[169] ist nach dem 1. 7. 2004 auch, welche Vergütung der Rechtsanwalt erhält, 289 wenn er dem Haftpflichtversicherer des Fahrzeuges des Mandanten oder der gegnerischen Haftpflichtversicherung einen **Auszug aus der amtlichen Ermittlungsakte** zur Verfügung stellt. Auf die berufsrechtlichen Bedenken bei der Beschaffung eines Aktenauszuges für den gegnerischen Haftpflichtversicherer soll hier nicht weiter eingegangen werden. In der Praxis werden für die Beschaffung eines Aktenauszuges Pauschalen zwischen 26 EUR und 60 EUR, jeweils zuzüglich der Dokumentenpauschale für die gefertigten Ablichtungen und der Umsatzsteuer gezahlt. Hierbei handelt es sich um Beträge, die mir von Teilnehmern in meinen zahlreichen Seminaren zum RVG mitgeteilt wurden.

Zusammenfassung

- Einige Kraftfahrt-Haftpflichtversicherer zahlen anstelle der gesetzlichen Gebühren 290 nach dem RVG den Rechtsanwälten für ihre Tätigkeit im Rahmen der Verkehrsunfallschadensregulierung pauschale Gebühren.
- Ist diese Pauschale, die der Kraftfahrt-Haftpflichtversicherer zahlt, niedriger, als die gesetzliche Vergütung nach dem RVG, kann der Rechtsanwalt nur dann noch eine Differenz bei dem Mandanten geltend machen, wenn der Gegenstandswert der auftragsgemäß ursprünglich geltend gemachten Ansprüche höher ist, als der regulierte Betrag, nach dem der Versicherer die Pauschale erstattet.

VI. Schreiben einfacher Art

Ist der **Auftrag** des Rechtsanwaltes auf ein **Schreiben einfacher Art beschränkt,** so 291 kann der Rechtsanwalt nach Nr. 2301 VV RVG nur eine 0,3 Geschäftsgebühr abrechnen. Dies war bis zum 31. 7. 2013 in Nr. 2302 VV RVG geregelt. Durch das 2. KostRMoG wurde diese Vorschrift in Nr. 2301 VV RVG „verschoben“.[170]

---

[168] Siehe hierzu: N. Schneider RVGreport 2005, 321 (326 – Beispiel 8).

[169] Anders wohl Schneider/Wolf Anhang II S. 3075 ff.: Aktenauszüge sind auch nach dem 1. 7. 2004 mit 26 EUR – und 13 EUR für einen ergänzenden Auszug – zu vergüten, jeweils zuzüglich Dokumentenpauschale und Umsatzsteuer. Allerdings ist auch dort angeführt, dass das Abkommen bei nächster Gelegenheit angepasst werden soll; Schneider, Fälle und Lösungen zum RVG, § 42, S. 1539; Auch nach AnwBl. 2005, 493 (rechte Spalte, letzter Absatz) gelten die Pauschalhonorare von 26 EUR für den ersten und 13 EUR für einen ergänzenden Aktenauszug weiter.

[170] Art. 8 Abs. 2 13. des 2. KostRMoG, BGBl. I 2013, 2586 – In Kraft getreten am 1. 8. 2013.

Auszug aus dem VV RVG

292

Nr.	Gebührentatbestand	Gebühr oder Satz der Gebühr nach § 13 RVG
2301	Der Auftrag beschränkt sich auf ein Schreiben einfacher Art: Die Gebühr 2300 beträgt .... Es handelt sich um ein Schreiben einfacher Art, wenn dieses weder schwierige rechtliche Ausführungen noch größere sachliche Auseinandersetzungen enthält.	0,3

293 Nach zwei Entscheidungen des BGH[171] ist der Auftrag nicht auf ein Schreiben einfacher Art iSd Nr. 2301 VV RVG beschränkt, wenn der Rechtsanwalt von seinem Mandanten mit der vollständigen **außergerichtlichen Geltendmachung einer Forderung** beauftragt wurde.

294 Auch für ein Abschlussschreiben in einer wettbewerbsrechtlichen Auseinandersetzung fällt im Regelfall eine Geschäftsgebühr nach Nr. 2300 VV RVG an und nicht nur eine = 0,3 Geschäftsgebühr nach Nr. 2301 VV RVG.[172]

295 Nach der Anmerkung zu Nr. 2301 VV RVG handelt es sich um ein Schreiben einfacher Art, wenn dieses weder schwierige rechtliche Ausführungen noch größere sachliche Auseinandersetzungen enthält. Sind also in einem Schreiben schwierige rechtliche Ausführungen **oder** größere sachliche Auseinandersetzungen enthalten, kommt Nr. 2301 VV RVG nicht mehr zur Anwendung. Dann fällt die Geschäftsgebühr der Nr. 2300 VV RVG an.

296 Nach der Begründung des Gesetzes zu Nr. 2402 – seit 1. 7. 2006 Nr. 2302 VV RVG[173] und seit 1. 8. 2013 Nr. 2301 – VV RVG ist diese Vorschrift nicht anzuwenden, „wenn auftragsgemäß einem einfachen Schreiben umfangreiche Prüfungen oder Überlegungen vorausgegangen sind.“ Nach OLG Koblenz[174] entsteht für die Abwehr einer offensichtlich unbegründeten Forderung in einem einfachen Schreiben nur eine 0,3 Geschäftsgebühr nach Nr. 2301 VV RVG. Nach einer Anmerkung von *Enders*[175] ist dem nicht zu folgen, da dem Schreiben wohl umfangreiche Prüfungen des Rechtsanwalts vorausgegangen sein werden, ob die Forderung berechtigt ist oder nicht.

297 **Beispiel:** Der Auftrag des Rechtsanwaltes ist auf ein Schreiben einfacher Art beschränkt. In dem Schreiben sind schwierige rechtliche Ausführungen zu tätigen.

Der Rechtsanwalt kann eine Geschäftsgebühr nach Nr. 2300 VV RVG innerhalb des Rahmens von 0,5 bis 2,5 berechnen.

Die Vorschrift der Nr. 2301 VV RVG kommt nicht zur Anwendung. Zwar war der Auftrag auf ein Schreiben einfacher Art beschränkt, jedoch enthielt das Schreiben schwierige rechtliche Ausführungen (Anmerkung zu Nr. 2301 VV RVG).

298 **Beispiel:** Der Rechtsanwalt wird beauftragt, eine Forderung in Höhe von 8.000,00 EUR gegenüber dem Gegner geltend zu machen. Der Rechtsanwalt soll den Mandanten in der gesamten Angelegenheit außergerichtlich vertreten.

Da der Auftrag nicht beschränkt war auf ein Schreiben einfacher Art, sondern der Rechtsanwalt den Auftrag hatte, die Forderung gegenüber dem Gegner geltend zu machen und den Mandanten insoweit außergerichtlich zu vertreten, kann eine Geschäftsgebühr nach Nr. 2300 VV RVG in dem Rahmen von 0,5 bis 2,5 in Ansatz gebracht werden.[176] Nr. 2301 VV RVG kommt nicht zur Anwendung.

---

171 BGH JurBüro 2015, 462; BGH AGS 2015, 589.

172 BGH JurBüro 2015, 526.

173 Begründung zum KostRMoG in BT-Drucksache 15/1971 zu Nummer 2402 VV RVG, S. 207 – rechte Spalte –.

174 OLG Koblenz JurBüro 2015, 356.

175 Enders in Anmerkung zu der Entscheidung des OLG Koblenz in JurBüro 2015, 357 f.

176 BGH JurBüro 2015, 462; BGH AGS 2015, 589; AG Duisburg JurBüro 2006, 420; LG Kassel JurBüro 2008, 362: Ein Gläubiger verstößt nicht gegen die Schadenminderungspflicht, wenn

Die Gebühr nach Nr. 2301 VV RVG kann sich nach der Nr. 1008 VV RVG um 0,3 für jeden weiteren Auftraggeber erhöhen, wenn der Rechtsanwalt wegen desselben Gegenstandes von mehreren Personen beauftragt worden ist. 299

Auch die Geschäftsgebühr nach Nr. 2301 VV RVG ist zur Hälfte auf die Verfahrensgebühr eines gerichtlichen Verfahrens anzurechnen. Denn die Vorbemerkung 3 Abs. 4 VV RVG schreibt die Anrechnung für alle Geschäftsgebühren nach Teil 2 VV RVG vor, folglich auch für die Nr. 2301 VV RVG. 300

Zusammenfassung

- Beschränkt sich die Tätigkeit des Rechtsanwaltes auftragsgemäß auf ein Schreiben einfacher Art, erhält er nur eine 0,3 Geschäftsgebühr nach Nr. 2301 VV RVG. 301
- Nr. 2301 VV RVG kommt dann nicht mehr zur Anwendung, wenn der Auftrag zwar auf ein Schreiben einfacher Art beschränkt war, das Schreiben aber entweder schwierige rechtliche Ausführungen oder größere sachliche Auseinandersetzungen enthält.
- Nach der Begründung des Gesetzes kommt Nr. 2301 VV RVG auch dann nicht mehr zur Anwendung, wenn auftragsgemäß einem einfachen Schreiben umfangreiche Prüfungen oder Überlegungen des Rechtsanwaltes vorausgegangen sind.

VII. Güteverfahren

Durch das am 1. 1. 2000 in Kraft getretene Gesetz zur Förderung der außergerichtlichen Streitbeilegung[177] wurde in das Gesetz betreffend die Einführung der Zivilprozessordnung (EGZPO) ein neuer § 15a eingefügt. Nach diesem kann durch **Landesgesetz** bestimmt werden, dass in den in den jeweiligen Landesgesetzen geregelten Fällen die Erhebung einer Klage erst zulässig ist, nachdem vor einer durch die Landesjustizverwaltung eingerichteten oder anerkannten Gütestelle versucht worden ist, die Streitigkeit einvernehmlich beizulegen. Verschiedene Bundesländer[178] haben ent- 302

---

er einem Anwalt direkt ein Mandat zur außergerichtlichen Durchsetzung seines Anspruchs- und nicht nur einen Auftrag für ein einfaches Schreiben – erteilt.

[177] Ausführlich zum Güteverfahren und zur Abrechnung nach BRAGO: Norbert Schneider AnwBl. 2001, 327 ff. und BRAGOreport 2001, 83 ff.; Enders JurBüro 2000, 113.

[178] ZB Baden-Württemberg (Gesetz zur obligatorischen außergerichtlichen Streitschlichtung (SchlG BWJ) vom 28. 6. 2000, GVBl. 470 – Das Gesetz wurde mit Wirkung vom 1. 5. 2013 durch Artikel 1 des Gesetzes vom 16. 4. 2013 – GBl. S. 53 wieder aufgehoben.), Bayern (Bayerisches Schlichtungsgesetz (BaySchlG) vom 24. 5. 2000, GVBl. 268 – Das Gesetz ist in Bayern bereits teilweise am 31. 12. 2005 wieder außer Kraft getreten.), Brandenburg (Gesetz zur Fortentwicklung des Schlichtungsrechts im Land Brandenburg (BbGSchlG/GüteStG) vom 5. 10. 2000, GVBl. I S. 134), Hessen (Hessisches Gesetz zur Ausführung des § 15a des Gesetzes betreffend die Einführung der Zivilprozessordnung (Hess.SchlG) vom 6. 2. 2001, GVBl. I S. 98), Mecklenburg-Vorpommern (Schiedsstellen- und Schlichtungsgesetz – SchStG M-V vom 13.9.1990, GBl. S. 1527, BGBl. II 1990 S. 1153, GS Meckl. – Vorp. 304-1), Niedersachsen (Niedersächsisches Gesetz zur obligatorischen außergerichtlichen Streitschlichtung (Niedersächsisches Schlichtungsgesetz – NSchhlG) vom 17. 12. 2009 Nds. GVBl. S. 482), Nordrhein-Westfalen (Gesetz über die Justiz im Land Nordrhein-Westfalen (Justizgesetz Nordrhein-Westfalen – JustG NRW) vom 26. 1. 2010 GVBl. S. 30), Rheinland-Pfalz (Rheinland-Pfälzisches Landesgesetz zur Ausführung des § 15 a des Gesetzes betreffend die Einführung der Zivilprozessordnung (Landesschlichtungsgesetz – LSchlG) vom 10.9.2008 GVBl. S. 204), Saarland (Saarländisches Gesetz Nr. 1464 zur Ausführung des § 15a des Gesetzes betreffend die Einführung der Zivilprozessordnung und zur Änderung von Rechtsvorschriften (Landesschlichtungsgesetz-LSchlG) vom 21. 2. 2001 (Amtsblatt des Saarlandes 2001, 532); Sachsen (Gesetz über die Schiedsstellen in den Gemeinden des Freistaates Sachsen und über die Anerkennung von Gütestellen in Sinne des § 794 Abs. 1 Nr. 1 der Zivilprozessordnung (Sächsisches Schieds- und Gütestellengesetz – SächsSchiedsGütStG) vom 27. 5. 1999 SächsGVBl. S. 247), Sachsen-Anhalt (Schiedsstellen- und

sprechende Landesgesetze verabschiedet, in denen vorgeschrieben ist, dass in bestimmten Fällen ein gerichtliches Verfahren erst dann anhängig gemacht werden kann, wenn vorher ein Güteverfahren durchgeführt worden ist.

303 Der Rechtsanwalt, der in einem Güteverfahren als „Schlichter, Schiedsmann oder Richter“ tätig ist, erhält keine Vergütung nach dem RVG. Seine Vergütung wird in der Regel in dem entsprechenden Landesgesetz bestimmt sein. Im Nachstehenden wird die Tätigkeit des Rechtsanwaltes behandelt, der die **Partei** in dem Güteverfahren als „Verfahrensbevollmächtigter“ vertritt.

Auszug aus dem VV RVG

304

Nr.	Gebührentatbestand	Gebühr oder Satz der Gebühr nach § 13 RVG
2303	Geschäftsgebühr für 1. Güteverfahren vor einer durch die Landesjustizverwaltung eingerichteten oder anerkannten Gütestelle (§ 794 Abs. 1 Nr. 1 ZPO) oder, wenn die Parteien den Einigungsversuch einvernehmlich unternehmen, vor einer Gütestelle, die Streitbeilegung betreibt (§ 15a Abs. 3 EGZPO), 2. Verfahren vor einem Ausschuss der in § 111 Abs. 2 des Arbeitsgerichtsgesetzes bezeichneten Art, 3. Verfahren vor dem Seemannsamt zur vorläufigen Entscheidung von Arbeitssachen und 4. Verfahren vor sonstigen gesetzlich eingerichteten Einigungsstellen, Gütestellen oder Schiedsstellen	1,5

305 Wie sich aus dem vorstehend abgedruckten Auszug aus dem Vergütungsverzeichnis ergibt, gilt die Geschäftsgebühr nach Nr. 2303 VV RVG nicht nur in einem durch ein Landesgesetz eingerichteten Verfahren vor einer Gütestelle, sondern auch noch für andere Verfahren. Allerdings setzt die Anwendung der Nr. 2303, insbesondere Ziffer 4 VV RVG voraus, dass ein Verfahren vor einer gesetzlich eingerichteten Einigungs-, Güte oder Schiedsstelle stattfindet. Nach BGH[179] entsteht für ein Verfahren vor einer kirchlichen Vermittlungsstelle, deren Anrufung vor Bestreiten des Rechtsweges rein arbeitsvertraglich vereinbart ist, keine Geschäftsgebühr Nr. 2303 VV RVG an.

306 In diesem Kapitel soll die Vergütung des Rechtsanwaltes dargestellt werden, wenn er eine Partei in einem nach Landesgesetz vorgeschriebenen Güteverfahren vertritt. Für seine Tätigkeit als Verfahrensbevollmächtigter in dem vorgenannten Güteverfahren und natürlich auch in einem der anderen in Nr. 2303 VV RVG genannten Verfahren, erhält er eine 1,5 Geschäftsgebühr. Anders als die Geschäftsgebühr nach Nr. 2300 VV RVG ist die Geschäftsgebühr nach Nr. 2303 VV RVG nicht als Satzrahmengebühr ausgestaltet, sondern ist auf eine 1,5 Gebühr festgeschrieben. Kommt es in dem Güteverfahren zu einem Vertrag iSd Nr. 1000 VV RVG oder zu einem Vergleich, kann der Rechtsanwalt noch neben dieser 1,5 Geschäftsgebühr nach Nr. 2303 VV RVG eine Einigungsgebühr Nr. 1000 VV RVG erhalten.

307 Meines Erachtens kann in einem Güteverfahren auch die **Terminsgebühr** der Nr. 3104 VV RVG entstehen, wenn der Rechtsanwalt **bereits den unbedingten Auftrag**

Schlichtungsgesetz (SchStG) des Landes Sachsen-Anhalt vom 22. 6. 2001 (GVBl. LSA S. 214)); Schleswig-Holstein (Schleswig-Holsteinisches Gesetz zur Ausführung von § 15a des Gesetzes betreffend die Einführung der Zivilprozessordnung vom 11. 12. 2001 (Landesschlichtungsgesetz-LSchliG) GVOBl. S. 361) Thüringen (Thüringer Gesetz über die Schiedsstellen in den Gemeinden (Thüringer Schiedsstellengesetz – ThürSchStG) vom 17. 5. 1996 GVBl. S. 61). – Die Landesschlichtungsgesetze sind abgedruckt in der Gesetzessammlung Schönfelder, Band II, Nr. 104 ff.; siehe auch Hartung, RENOpraxis 2006, 83 und 2006, 106 und 2006, 121; Norbert Schneider BRAGOreport 2001, 83 ff. und Hartmann NJW 2001, 2577.

[179] BGH JurBüro 2011, 247.

hatte, in dem gerichtlichen Verfahren zu vertreten und es in dem dem gerichtlichen Verfahren vorausgehenden Güteverfahren dann zu einer auf die Vermeidung dieses gerichtlichen Verfahrens gerichteten Besprechung kommt (Vorbemerkung 3 Abs. 3 VV RVG). Voraussetzung für den Anfall der Terminsgebühr ist natürlich weiter, dass der Rechtsanwalt an dieser Besprechung auch mitgewirkt hat. Die „im Güteverfahren" entstandene Terminsgebühr Nr. 3104 VV RVG ist nicht anzurechnen auf die im anschließenden Rechtsstreit erneut anfallende Terminsgebühr. Denn das Güteverfahren und der nachfolgende Rechtsstreit sind verschiedene gebührenrechtliche Angelegenheiten (§ 17 Nr. 7 a) RVG). Für die im Güteverfahren entstandene Geschäftsgebühr findet sich zwar in der Vorbemerkung 2.3 Abs. 4 VV RVG eine Anrechnungsvorschrift. Für eine im Güteverfahren entstandene Terminsgebühr gibt es keine Anrechnungsvorschrift im RVG.

In der Regel wird der Rechtsanwalt aber zum Zeitpunkt der Durchführung des Güteverfahrens noch nicht den unbedingten Auftrag zur Durchführung des gerichtlichen Verfahrens haben. Denn der Mandant wird doch den Auftrag erteilen, das Güteverfahren durchzuführen und nur für den Fall dessen Scheiterns das gerichtliche Verfahren einzuleiten. Dann liegt aber nur ein bedingter Auftrag für das gerichtliche Verfahren vor und im Güteverfahren kann keine Terminsgebühr entstehen.

In der Vorbemerkung 2.3 Abs. 6 VV RVG[180] finden wir eine **Anrechnungsvorschrift** 308
für die **Geschäftsgebühr nach Nr. 2303 VV RVG** für außergerichtliche Vertretung. War der Rechtsanwalt also schon vor seiner Tätigkeit in dem Güteverfahren auftragsgemäß außergerichtlich für die Mandantschaft tätig, ist die für die außergerichtliche Vertretung entstandene Geschäftsgebühr Nr. 2300 VV RVG auf die Geschäftsgebühr nach Nr. 2303 VV RVG für die Tätigkeit im Güteverfahren zur Hälfte anzurechnen, höchstens mit einem Gebührensatz von 0,75. Die Anrechnung hat nur nach dem Wert des Gegenstandes zu erfolgen, der von der außergerichtlichen Vertretung in das Güteverfahren übergegangen ist.

Eine für die Tätigkeit in dem Güteverfahren entstandene **Geschäftsgebühr nach** 309
Nr. 2303 VV RVG ist nach der Vorbemerkung 3 Abs. 4 VV RVG dann wieder auf die Verfahrensgebühr eines anschließenden gerichtlichen Verfahrens **anzurechnen**. Ein Berechnungsbeispiel hierzu befindet sich in → Kap. D Rn. 199.

Zusammenfassung

- Für eine Tätigkeit in einem Güteverfahren vor einer durch die Landesjustizverwal- 310
tung eingerichteten oder anerkannten Gütestelle oder für eine Tätigkeit in einem anderen der in Nr. 2303 VV RVG genannten Verfahren erhält der Rechtsanwalt eine 1,5 Geschäftsgebühr. Es handelt sich um eine feste Gebühr.
- War der Rechtsanwalt vor seiner Tätigkeit in dem Güteverfahren bereits außergerichtlich wegen desselben Gegenstandes für die Mandantschaft tätig, ist die ihm für diese außergerichtliche Tätigkeit entstandene Geschäftsgebühr nach Nr. 2300 VV RVG zur Hälfte, höchstens mit einem Gebührensatz von 0,75 auf die im Güteverfahren entstehende Geschäftsgebühr anzurechnen (Vorbemerkung 2.3 Abs. 6 VV RVG).
- Die im Güteverfahren entstandene Geschäftsgebühr ist dann nach der Vorbemerkung 3 Abs. 4 VV RVG wiederum auf die in dem anschließenden gerichtlichen Verfahren entstehende Verfahrensgebühr anzurechnen.

[180] Bis zum Inkrafttreten des 2. KostRMoG (BGBl. I 2013, 2586) am 1. 8. 2013 war die Anrechnung in der Anmerkung zu Nr. 2303 VV RVG geregelt. Die Anrechnung wird seit Inkrafttreten des 2. KostRMoG in der Vorbemerkung 2.3 Abs. 6 VV RVG geregelt.

VIII. Anwaltsvergleich

311 Zwischen den Parteien kann gemäß §§ 796a bis 796c ZPO außergerichtlich ein Vergleich abgeschlossen werden, der für vollstreckbar erklärt werden kann und aus welchem dann anschließend – wie aus einem gerichtlichen Titel – vollstreckt werden kann. Voraussetzung hierfür ist,[181]

- dass der Vergleich von Rechtsanwälten im Namen und mit Vollmacht der von ihnen vertretenen Parteien abgeschlossen wurde
- dass der Schuldner sich in dem Vergleich der sofortigen Zwangsvollstreckung unterworfen hat
- dass der Vergleich unter Angabe des Tages seines Zustandekommens bei einem Amtsgericht niedergelegt ist, bei dem eine der Parteien zurzeit des Vergleichsabschlusses ihren allgemeinen Gerichtsstand hatte; gemäß § 796c ZPO kann mit Zustimmung der Parteien der Vergleich ferner von einem Notar, der seinen Amtssitz im Bezirk eines Amtsgerichts hat, bei dem einer, der Parteien zurzeit des Vergleichsabschlusses ihren allgemeinen Gerichtsstand hat, in Verwahrung genommen werden.

312 Aus der Notwendigkeit der Niederlegung des Vergleiches ergibt sich, dass der Vergleich schriftlich fixiert worden sein muss. Eine Unterzeichnung des Vergleiches durch die Parteien persönlich ist wohl nicht erforderlich. Es reicht aus, wenn die Rechtsanwälte namens und in Vollmacht der Parteien den Vergleich unterzeichnet haben.

Ein solcher Vergleich kann dann auf Antrag des Gläubigers vom Gericht oder vom Notar, der ihn in Verwahrung genommen hat, für **vollstreckbar erklärt** werden.

1. Auftrag zur außergerichtlichen Vertretung

313 Hat der Rechtsanwalt von seinem Mandanten den **Auftrag** zur **außergerichtlichen Vertretung** und kommt es im Rahmen dieser Tätigkeit zum Abschluss eines Anwaltsvergleiches, so wird der Rechtsanwalt berechnen können:

0,5 bis 2,5 Geschäftsgebühr Nr. 2300 – VV RVG (→ Kap. D Rn. 100 ff.)

1,5 Einigungsgebühr Nr. 1000 VV RVG (→ Kap. C Rn. 5 ff.) zzgl. Auslagen und Umsatzsteuer.

Voraussetzung für das Entstehen der vorstehenden Gebühren ist, dass deren Tatbestände erfüllt worden sind. Die Einigungsgebühr entsteht nur dann in Höhe von 1,5, wenn über den Gegenstand des Anwaltsvergleiches kein gerichtliches Verfahren (Ausnahme: selbstständiges Beweisverfahren) anhängig ist. Ist über den Gegenstand des Anwaltsvergleiches ein gerichtliches Verfahren anhängig, entsteht die Einigungsgebühr nur in Höhe von 1,0. Es bleibt aber dann bei einer 1,5 Einigungsgebühr, wenn über den Gegenstand des Anwaltsvergleiches nur ein selbstständiges Beweisverfahren anhängig ist (Nr. 1003 VV RVG).

2. Auftrag zur Klage

314 Hat der Rechtsanwalt den **Auftrag** zur **Klage**erhebung, und kommt es dann zu einem Anwaltsvergleich, so ist zu unterscheiden:

Ist die Klage schon erhoben, so entsteht eine

1,3 Verfahrensgebühr Nr. 3100 VV RVG.

[181] Zöller ZPO § 796a Rn. 9–19a.

Ist die Klageschrift noch nicht bei Gericht eingereicht, erledigt sich also der Auftrag vorzeitig in dem Stadium zwischen Auftragserteilung und vor Einreichung der Klage, so entsteht nur eine

0,8 Verfahrensgebühr Nr. 3101 Ziffer 1 VV RVG.

Bei beiden Fallkonstellationen kann neben der 1,3 oder 0,8 Verfahrensgebühr noch 315
eine

1,2 Terminsgebühr Nr. 3104 VV RVG

entstehen. Die Terminsgebühr kann zB dadurch ausgelöst werden, dass der Rechtsanwalt an einer auf die Vermeidung oder Erledigung des Verfahrens gerichteten Besprechung mitwirkt (Vorbemerkung 3 Abs. 3 VV RVG → Kap. E Rn. 385).

Neben der 1,3 Verfahrensgebühr und der 1,2 Terminsgebühr kann noch die 316

Einigungsgebühr Nr. 1000 oder 1003 VV RVG

entstehen.

Ob die Einigungsgebühr in Höhe von 1,5 oder in Höhe von 1,0 entsteht, hängt davon ab, ob die Klage bereits erhoben wurde oder nicht. Ist die Klage bereits erhoben worden und damit über den Gegenstand des Vergleiches ein gerichtliches Verfahren anhängig, entsteht nur eine 1,0 Einigungsgebühr. Ist die Klage noch nicht eingereicht, entsteht die Einigungsgebühr in Höhe von 1,5.

Zusammenfassung

- Entscheidend dafür, welche Gebühren für eine auf den Abschluss eines Anwaltsvergleiches gerichtete Tätigkeit entstehen, ist der dem Rechtsanwalt vom Mandanten erteilte Auftrag. 317
- Hatte der Rechtsanwalt den Auftrag zur außergerichtlichen Vertretung, entsteht die Geschäftsgebühr Nr. 2300 VV RVG (0,5 bis 2,5).
- Hatte der Rechtsanwalt den Auftrag zur Klage, und ist die Klage bereits erhoben, entsteht eine 1,3 Verfahrensgebühr Nr. 3100 VV RVG. Ist die Klage noch nicht erhoben, entsteht eine 0,8 Verfahrensgebühr Nr. 3101 Ziffer 1 VV RVG. In beiden Fällen kann neben der jeweiligen Verfahrensgebühr noch eine 1,2 Terminsgebühr Nr. 3104 VV RVG zB dadurch entstehen, dass der Rechtsanwalt an einer auf die Vermeidung oder Erledigung des Verfahrens gerichteten Besprechung mitwirkt.
- Sowohl bei dem Auftrag zur außergerichtlichen Vertretung als auch bei einem Auftrag zur Klage kann noch zusätzlich eine Einigungsgebühr Nr. 1000, 1003 VV RVG entstehen. Ob die Einigungsgebühr in Höhe von 1,5 oder 1,0 anfällt, hängt davon ab, ob über den Gegenstand der Einigung bereits ein gerichtliches Verfahren anhängig ist oder nicht.

3. Vollstreckbarerklärung des Anwaltsvergleiches

Wird der Rechtsanwalt, der für den Mandanten den Anwaltsvergleich gemäß §§ 796a bis 796c ZPO abgeschlossen hat, dann später beauftragt einen **Antrag auf Vollstreckbarerklärung** dieses Anwaltsvergleiches zu stellen, so bildet dieses Verfahren auf Vollstreckbarerklärung **meines Erachtens** eine besondere gebührenrechtliche Angelegenheit. Zwar findet sich in den §§ 16, 17 und 18 RVG keine spezielle Regelung für das Verfahren auf Vollstreckbarerklärung eines Anwaltsvergleiches. Dass es sich um zwei verschiedene gebührenrechtliche Angelegenheiten handelt, ergibt sich aber bereits daraus, dass die Tätigkeit, die zum Anwaltsvergleich führt, und das Verfahren auf Vollstreckbarerklärung nicht in dem gleichen Rahmen ablaufen (→ Kap. A Rn. 128). Hat eine außergerichtliche Tätigkeit zum Abschluss des Anwaltsvergleiches geführt, so erfolgt die Vollstreckbarerklärung des Anwaltsvergleiches in einem gerichtlichen Verfahren oder in einem Verfahren vor dem Notar. Auch wenn über den Anspruch, über welchen schließlich ein Anwaltsvergleich abgeschlossen wird, bereits ein Zivilprozess anhängig ist, erfolgt die Vollstreckbarerklärung des abgeschlossenen 318

Anwaltsvergleiches nicht in dem Zivilprozess, sondern meines Erachtens in einem gesonderten gerichtlichen Verfahren, welches neben dem Zivilprozess anhängig wird.

319 Da im Vergütungsverzeichnis eine gesonderte Regelung für das **Verfahren auf Vollstreckbarerklärung eines Anwaltsvergleiches** fehlt, richten sich die Gebühren meines Erachtens nach Teil 3 des Vergütungsverzeichnisses.[182] Denn nach der Überschrift zu Teil 3 gilt dieser Teil nicht nur für Zivilsachen, sondern auch für **ähnliche Verfahren.** Vertritt der Rechtsanwalt in einem Verfahren auf Vollstreckbarerklärung eines Anwaltsvergleiches, kann er meines Erachtens für die Vertretung in diesem eine **gesonderte** 1,3 Verfahrensgebühr Nr. 3100 VV RVG erhalten. Wenn in dem Verfahren auf Vollstreckbarerklärung eine Tätigkeit ausgeübt wird, die die Terminsgebühr Nr. 3104 VV RVG auslöst, könnte auch die Terminsgebühr noch zusätzlich entstehen. In der Regel wird aber in dem Verfahren auf Vollstreckbarerklärung wohl nur die Verfahrensgebühr anfallen.

320 Als Gegenstandswert für die Gebühren in dem Verfahren auf Vollstreckbarerklärung des Anwaltsvergleiches ist meines Erachtens der Wert des Anspruchs anzunehmen, wegen welchem die Vollstreckbarerklärung erfolgen soll. Dies ist aber umstritten.[183] Wurde der Anwaltsvergleich im Rahmen einer außergerichtlichen Tätigkeit abgeschlossen, so ist die für die außergerichtliche Tätigkeit entstandene Geschäftsgebühr Nr. 2300 VV RVG zur Hälfte, höchstens mit einem Gebührensatz von 0,75 auf die in dem sich anschließenden gerichtlichen Verfahren auf Vollstreckbarerklärung des Anwaltsvergleiches entstehende Verfahrensgebühr anzurechnen (Vorbemerkung 3 Abs. 4 VV RVG). Die Anrechnung entfällt aber dann, wenn zwischen der außergerichtlichen Vertretung, die zum Abschluss des Anwaltsvergleiches geführt hat und dem Verfahren auf Vollstreckbarerklärung mehr als zwei Kalenderjahre liegen (§ 15 Abs. 5 S. 2 RVG → Kap. A Rn. 114).

321 **Beispiel:** Der Rechtsanwalt ist beauftragt, eine Forderung in Höhe von 17.000,00 EUR außergerichtlich geltend zu machen. Nach einem außergerichtlichen Aufforderungsschreiben bestellt der Gegner ebenfalls einen Rechtsanwalt. Nach umfangreichem Schriftverkehr und mehreren Besprechungen schließen die Parteien schließlich einen Anwaltsvergleich, wonach der Gegner zur Abgeltung aller Ansprüche 12.000,00 EUR zahlt. Nachdem der Gegner den Vergleich nicht, wie vereinbart, binnen drei Monaten erfüllt hat, wird der Rechtsanwalt beauftragt, den Anwaltsvergleich für vollstreckbar erklären zu lassen. Der Vergleich wird für vollstreckbar erklärt.

Der Rechtsanwalt kann berechnen:

Für die außergerichtliche Vertretung, die zum Anwaltsvergleich geführt hat:	
Gegenstandswert: 17.000,00 EUR	
1) 1,7 Geschäftsgebühr §§ 2, 13, 14 RVG iVm Nr. 2300 VV RVG	1.183,20 EUR
2) 1,5 Einigungsgebühr §§ 2, 13 RVG iVm Nr. 1000 VV RVG	1.044,00 EUR
3) Pauschale für Entgelte für Post- und Telekommunikationsdienstleistungen Nr. 7002 VV RVG	20,00 EUR
Verfahren auf Vollstreckbarerklärung des Anwaltsvergleiches:	
Gegenstandswert: 12.000,00 EUR	
1) 1,3 Verfahrensgebühr §§ 2, 13 RVG iVm Nr. 3100 VV RVG	785,20 EUR
anzurechnen hierauf gem. der Vorbemerkung 3 Abs. 4 VV RVG:	
0,75 Geschäftsgebühr nach Wert: 12.000,00 EUR	453,00 EUR
verbleiben von der Verfahrensgebühr	332,20 EUR
2) Pauschale für Entgelte für Post- und Telekommunikationsdienstleistungen Nr. 7002 VV RVG	20,00 EUR
zzgl. Umsatzsteuer.	

322 War bereits Klage erhoben und kommt es dann zu einem Anwaltsvergleich, der später in einem gesonderten Verfahren für vollstreckbar erklärt wird, so ist die Verfahrensgebühr für das ursprüngliche Klageverfahren nicht auf die Verfahrensgebühr anzurechnen, die in dem Verfahren auf Vollstreckbarerklärung des Anwaltsvergleiches entsteht. Denn es handelt sich um zwei unterschiedliche gerichtliche Verfahren

[182] So auch Gerold/Schmidt VV 3100 Rn. 3.

[183] Vgl. Enders JurBüro 1998, 505 (506) Kapitel 2.2 mwN.

und es fehlt an einer Anrechnungsvorschrift für die Verfahrensgebühr aus dem Klageverfahren.

Nr. 3327 VV RVG betrifft nur die Fälle, in denen der **Auftrag** des Rechtsanwaltes **beschränkt ist** auf die darin aufgeführten Handlungen. Er regelt aber nicht die Verfahrensgebühr für die Tätigkeit im Verfahren über die Vollstreckbarerklärung eines Anwaltsvergleiches. 323

Zusammenfassung

- ▶ Für eine Tätigkeit in einem Verfahren auf Vollstreckbarerklärung eines Anwaltsvergleiches erhält der Rechtsanwalt meines Erachtens Gebühren nach Teil 3 des Vergütungsverzeichnisses zum RVG. In der Regel wird nur eine 1,3 Verfahrensgebühr entstehen. 324
- ▶ Die Gebühren in dem Verfahren auf Vollstreckbarerklärung entstehen meines Erachtens neben den Gebühren für die Tätigkeit, die zum Abschluss des Anwaltsvergleiches geführt haben.
- ▶ Wurde der Anwaltsvergleich im Rahmen einer außergerichtlichen Tätigkeit abgeschlossen, ist die Geschäftsgebühr Nr. 2300 VV RVG nach der Vorbemerkung 3 Abs. 4 VV RVG auf die in dem Verfahren auf Vollstreckbarerklärung entstehende Verfahrensgebühr anzurechnen.

IX. Mediation

Der als **Mediator** tätige Rechtsanwalt **soll auf eine Gebührenvereinbarung** hinwirken (§ 34 Abs. 1 RVG). Das RVG sieht also für den als Mediator tätigen Rechtsanwalt keine Gebühren vor, sondern verweist diesen auf eine Gebührenvereinbarung. Hat der als Mediator tätige Rechtsanwalt keine Gebührenvereinbarung getroffen, bestimmt sich die Gebühr nach den Vorschriften des bürgerlichen Rechts (§ 34 Abs. 1 S. 2 RVG). Der Rechtsanwalt wird dann, wenn er keine Gebührenvereinbarung getroffen hat, nur eine Vergütung nach § 612 BGB erhalten können. Nach § 612 Abs. 2 BGB ist, wenn die Höhe der Vergütung nicht bestimmt ist, bei dem Bestehen einer Taxe die taxmäßige Vergütung, und in Ermangelung einer Taxe die übliche Vergütung als vereinbart anzusehen. Ist keine Vereinbarung getroffen und kommt es zu einem Rechtsstreit über die Vergütung, wird das Gericht entscheiden, was als übliche Vergütung anzusehen ist. Um nicht diesem Risiko ausgesetzt zu sein, sollte der Rechtsanwalt, der als Mediator tätig wird, unbedingt eine Vergütungsvereinbarung abschließen. Für eine Gebührenvereinbarung nach § 34 RVG (und hierunter fällt auch die Gebührenvereinbarung für eine Tätigkeit als Mediator) gelten die Formvorschriften des § 3a Abs. 1 S. 1 und 2 RVG (also zB die Textform) nicht (§ 3 a Abs. 1 S. 4 RVG). Die Vergütungsvereinbarung sollte dennoch aus Gründen einer evtl. später notwendig werdenden Beweisführung schriftlich oder zumindest in Textform abgeschlossen werden (→ Kap. B Rn. 65). 325

Die Vergütungsvereinbarung sollte der als Mediator tätige Rechtsanwalt mit allen an der Mediation Beteiligten abschließen. 326

Der als Mediator tätige Anwalt sollte in der Vergütungsvereinbarung klarstellen, dass für weitere Personen, die als Mediator hinzugezogen werden, eine gesonderte Vergütung zu zahlen ist (zB für den hinzugezogenen Psychologen, Steuerberater oder ähnliche Experten).

Auch sollte in der Vergütungsvereinbarung klargestellt werden, ob und ggfls. welche weitere Vergütung der als Mediator tätige Anwalt für die Ausarbeitung eines Vertrages oder einer Vereinbarung erhält, die die Beendigung des Streites zwischen den Parteien regelt. 327

328 Der als **Vertreter einer Partei** in einer Mediation tätige Rechtsanwalt wird eine Vergütung nach dem RVG erhalten. In der Regel dürfte es sich um eine außergerichtliche Vertretung handeln, so dass diesem Rechtsanwalt die Geschäftsgebühr Nr. 2300 VV RVG anfällt. Diese kann zwischen 0,5 und 2,5 bestimmt werden. Eine Geschäftsgebühr von mehr als 1,3 kann nur gefordert werden, wenn die Tätigkeit umfangreich oder schwierig war (Anmerkung zu Nr. 2300 VV RVG). Sind die Voraussetzungen für den Anfall der Einigungsgebühr erfüllt, wird daneben dem Rechtsanwalt auch noch die Einigungsgebühr nach Nr. 1000 oder 1003 VV RVG entstehen können.

329 Findet **im Zusammenhang mit einem gerichtlichen Verfahren** eine Mediation vor einem Güterichter (§ 278 Abs. 5 ZPO) oder eine Mediation vor einem Dritten als Mediator (§ 278a ZPO) statt, erhält der Rechtsanwalt, der als Prozess- bzw. Verfahrensbevollmächtigter für die Partei in dem gerichtlichen Verfahren tätig ist und die Partei als Vertreter auch in der Mediation begleitet, neben der Vergütung, die er ohnehin für seine Tätigkeit als Prozess- oder Verfahrensbevollmächtigter in dem gerichtlichen Verfahren abrechnen kann, für die Tätigkeit in der Mediation in der Regel keine gesonderte Vergütung (siehe hierzu ausführlich → Kap. E Rn. 719).

Zusammenfassung

330
- Für eine Tätigkeit als **Mediator** sieht das RVG keine Vergütung vor. Der als Mediator tätige Rechtsanwalt soll nach § 34 RVG eine Gebührenvereinbarung abschließen.
- Der Rechtsanwalt, der als Mediator tätig geworden ist und keine Gebührenvereinbarung getroffen hat, erhält nur eine Vergütung nach dem BGB.
- Der als **Vertreter einer Partei** in der Mediation tätige Rechtsanwalt erhält eine Vergütung nach dem RVG. Er wird in der Regel die Geschäftsgebühr Nr. 2300 VV RVG beanspruchen können und, wenn deren Tatbestand erfüllt worden ist, auch noch die Einigungsgebühr nach Nr. 1000 oder 1003 VV RVG.
- Der als **Vertreter einer Partei** in einer **Mediation, die im Zusammenhang mit einem gerichtlichen Verfahren steht,** tätige Rechtsanwalt erhält in der Regel neben der Vergütung, die er ohnehin als Prozessbevollmächtigter abrechnen kann, keine gesonderte Vergütung.

X. Hilfeleistung in Steuersachen

331 Leistet der Rechtsanwalt Hilfe bei der Erfüllung allgemeiner Steuerpflichten und/ oder bei der Erfüllung steuerlicher Buchführungs- und Aufzeichnungspflichten, kann er eine Vergütung nach der Steuerberatervergütungsverordnung (StBVV) abrechnen. § 35 Abs. 1 RVG erklärt die §§ 23 bis 39 der Steuerberatervergütungsverordnung iVm den §§ 10 und 13 der Steuerberatervergütungsverordnung für entsprechend anwendbar.

332 Der § 35 RVG ist durch das 2. KostRMoG[184] um einen Abs. 2 erweitert worden. Danach gilt folgendes: Ist im RVG die Anrechnung einer Geschäftsgebühr auf eine andere Gebühr vorgesehen (wie etwa in der Vorbemerkung 2.3 Abs. 4 oder in der Vorbemerkung 3 Abs. 4 VV RVG) und hat der Rechtsanwalt für seine Tätigkeit keine Geschäftsgebühr nach dem RVG erhalten, sondern eine Gebühr nach den §§ 23, 24 oder 31 der Steuerberatervergütungsverordnung, so ist auch diese Gebühr nach der Steuerberatervergütungsverordnung anzurechnen wie eine Geschäftsgebühr. Nach der Vorbemerkung 2.3 Abs. 4 oder der Vorbemerkung 3 Abs. 4 VV RVG ist eine Geschäftsgebühr nach Teil 2 VV RVG zur Hälfte, höchstens mit einem Gebührensatz von 0,75 auf eine andere Geschäftsgebühr (zB eine Geschäftsgebühr, die in einem

[184] BGBl. I 2013, 2586 – In Kraft getreten am 1. 8. 2013.

Rechtsbehelfsverfahren entstanden ist) oder eine Verfahrensgebühr anzurechnen. Im gleichem Umfang wäre dann auch eine Gebühr nach den §§ 23, 24 oder 31 Steuerberatervergütungsverordnung anzurechnen. Sind mehrere Gebühren nach den §§ 23, 24 oder 31 Steuerberatervergütungsverordnung entstanden, ist bei der Anrechnung von deren Summe auszugehen. Bei der Ermittlung des Höchstbetrages des anzurechnenden Teils der Geschäftsgebühr ist der Gegenstand derjenigen Gebühr zugrunde zu legen, auf die angerechnet wird (§ 35 Abs. 2 S. 2 RVG).

Beispiel: Der Rechtsanwalt fertigt für den Mandanten eine Erklärung zur Gewerbesteuer und reicht diese für den Mandanten bei der Behörde ein (Wert: 50.000,00 EUR). Anschließend wird der ergangene Gewerbesteuerbescheid auftragsgemäß vom Rechtsanwalt angefochten wegen 5.000,00 EUR mit einer Klage bei dem zuständigen Finanzgericht angegriffen. Beim Finanzgericht vertritt der Rechtsanwalt den Mandanten auch in der mündlichen Verhandlung. 333

Der Rechtsanwalt kann berechnen:

Für die Fertigung und Einreichung der Erklärung zur Gewerbesteuer:

Wert: 50.000,00 EUR	
1) 6/10 Gebühr gem. § 24 Abs. 1 Nr. 5 StBVV nach Tabelle A (Anlage 1) StBVV	658,80 EUR
zzgl. Auslagen und Umsatzsteuer.	

Für seine Tätigkeit als Prozessbevollmächtigter in dem Verfahren vor dem Finanzgericht:

Wert: 5.000,00 EUR	
1) 1,6 Verfahrensgebühr §§ 2, 13 RVG iVm Nr. 3200 VV RVG	484,80 EUR
hierauf anzurechnen nach § 35 Abs. 2 RVG: 0,3 Gebühr gem. § 24 Abs. 1 Nr. 5 StBVV nach Tabelle A (Anlage 1) StBVV nach Wert: 5.000,00 EUR	94,80 EUR
verbleiben von der Verfahrensgebühr	390,00 EUR
2) 1,2 Terminsgebühr §§ 2, 13 RVG iVm Nr. 3202 VV RVG	363,60 EUR
zzgl. Auslagen und Umsatzsteuer.[185]	

Zusammenfassung

▶ Der Rechtsanwalt, der für den Mandanten Hilfeleistungen in Steuersachen erbringt, erhält eine Vergütung nach der Steuerberatervergütungsverordnung. Die §§ 23 bis 39 der Steuerberatervergütungsverordnung iVm den §§ 10 und 13 Steuerberatervergütungsverordnung sind entsprechend anwendbar. 334

XI. Die Beratungshilfe

1. Grundsätzliches

In gerichtlichen Verfahren kann der Partei Prozess- oder Verfahrenskostenhilfe gewährt werden; in außergerichtlichen Angelegenheiten wird die Partei durch die Beratungshilfe von der Übernahme der Anwaltskosten freigestellt. Der Antrag auf Gewährung der Beratungshilfe ist an das Amtsgericht zu richten, in dessen Bezirk der Rechtsuchende seinen allgemeinen Gerichtsstand, also seinen Wohnsitz hat. Häufig hat der Ratsuchende bereits selbst einen Antrag auf Gewährung von Beratungshilfe bei Gericht gestellt. Wenn über seinen Antrag positiv entschieden wurde, hat das Amtsgericht ihm einen Berechtigungsschein ausgestellt. Mit diesem Berechtigungsschein kann der Ratsuchende dann einen Rechtsanwalt seiner Wahl aufsuchen. 335

Hat der Ratsuchende selbst noch keinen Antrag auf Beratungshilfe gestellt, sondern sucht direkt einen Rechtsanwalt auf, so kann der Antrag auf Beratungshilfe auch nachträglich von dem Rechtsanwalt für den Ratsuchenden gestellt werden (§ 6 Abs. 2 BerHG). Nach Neufassung des § 6 BerHG durch das Gesetz zur Änderung des Pro- 336

[185] Weitere Berechnungsbeispiele bei Schneider/Thiel § 3 Rn. 231 ff.

zesskostenhilfe- und Beratungshilferechts[186] ist der **Antrag auf nachträgliche Beratungshilfe spätestens 4 Wochen nach Beginn der Beratungshilfetätigkeit zu stellen.**

Auch der nachträglich durch den Rechtsanwalt gestellte Antrag ist an das zuvor genannte Amtsgericht (Wohnsitzgericht) zu richten. Auch im Falle der nachträglichen Antragsstellung ist das amtliche Antragsformular zu benutzen. Der Antrag ist von dem Mandanten zu unterzeichnen. Das Amtsgericht wird dem Rechtsanwalt auf den von ihm für den Mandanten gestellten Antrag hin direkt den Berechtigungsschein übersenden.

337 Bringt der Mandant nicht rechtzeitig alle erforderlichen Unterlagen über seine Einkünfte und seine abzusetzenden Belastungen bei, so sollte der Antrag auf nachträgliche Bewilligung von Beratungshilfe auch ohne die noch fehlenden Belege bei dem zuständigen Amtsgericht eingereicht werden. Meines Erachtens wahrt auch ein nicht vollständiger Antrag auf nachträgliche Bewilligung von Beratungshilfe die 4-Wochen-Frist des § 6 Abs. 2 BerHG. Dann kann das Gericht allerdings dem Mandanten (Rechtssuchenden) eine Frist setzen, innerhalb derer er die noch fehlenden Unterlagen beizubringen hat. Bringt er innerhalb dieser Frist die noch fehlenden Unterlagen nicht bei, wird der Antrag auf Bewilligung von Beratungshilfe nach § 4 Abs. 5 BerHG abgelehnt.

338 Nach Vorliegen des Berechtigungsscheines oder direkt mit dem Antrag auf Gewährung von Beratungshilfe kann der Rechtsanwalt dann den Antrag auf Erstattung seiner Gebühren stellen. Der Antrag auf Erstattung der Gebühren ist grundsätzlich an das Amtsgericht zu richten, welches den Berechtigungsschein ausgestellt hat oder über den nachträglichen Antrag auf Beratungshilfe noch zu entscheiden hat (in der Regel das Wohnsitzgericht des Antragstellers – § 4 Abs. 1 BerHG).

339 Beratungshilfe kann immer dann gewährt werden, wenn der Ratsuchende nach seinen persönlichen und wirtschaftlichen Verhältnissen nicht in der Lage ist, die entstehenden Anwaltskosten selbst aufzubringen. § 1 Abs. 2 BerHG verweist diesbezüglich auf die Vorschriften über die Prozesskostenhilfe (§§ 114 ff. ZPO). Also immer dann, wenn in einem gerichtlichen Verfahren Prozesskostenhilfe – ohne Ratenzahlungsanordnung – zu gewähren wäre, ist dem Ratsuchenden Beratungshilfe zu gewähren.

340 Weitere Voraussetzung für die Gewährung von Beratungshilfe ist, dass dem Ratsuchenden keine andere Möglichkeit für eine Hilfe zur Verfügung steht (etwa die Inanspruchnahme einer Beratung durch die Gewerkschaft in einer arbeitsrechtlichen Angelegenheit – wenn der Rechtsuchende Gewerkschaftsmitglied ist) und dass die Wahrnehmung der Rechte des Ratsuchenden nicht mutwillig ist (§ 1 Abs. 1 Nr. 2 und 3 BerHG).

341 Nach § 2 Abs. 2 S. 1 BerHG kann Beratungshilfe in allen rechtlichen Angelegenheiten gewährt werden.

342 Nach Neufassung des § 2 Abs. 1 BerHG durch das Gesetz zur Änderung des Prozesskostenhilfe- und Beratungshilferechts[187] besteht die Beratungshilfe in Beratung und, **soweit erforderlich**, in Vertretung. Eine Vertretung ist erforderlich, wenn der Rechtssuchende nach der Beratung angesichts des Umfangs, der Schwierigkeit oder der Bedeutung der Rechtsangelegenheit für ihn seine Rechte nicht selbst wahrnehmen kann.

343 Durch das Gesetz zur Änderung des Prozesskostenhilfe- und Beratungshilferechts[188] wurde § 6a in das BerHG eingefügt. Danach kann der Rechtsanwalt, wenn die Voraussetzungen des § 6a BerHG vorliegen, Aufhebung der Beratungshilfe beantragen. Der Antrag auf Aufhebung der Beratungshilfe kann gestellt werden, wenn der Rechtssuchende aufgrund der Beratung oder Vertretung, für die ihm Beratungshilfe

[186] BGBl. I 2013, 3533; In Kraft getreten am 1. 1. 2014.
[187] BGBl. I 2013, 3533; In Kraft getreten am 1. 1. 2014.
[188] BGBl. I 2013, 3533; In Kraft getreten am 1. 1. 2014.

bewilligt wurde, etwas erlangt hat. Weitere Voraussetzungen für den Antrag auf Aufhebung der Beratungshilfe sind, dass

- der Rechtsanwalt noch keine Beratungshilfevergütung nach § 44 S. 1 RVG beantragt hat (§ 6a Abs. 2 S. 2 Nr. 1 BerHG) und
- der Rechtsanwalt den Rechtssuchenden bei der Mandatsübernahme auf die Möglichkeit der Antragstellung und der Aufhebung der Bewilligung sowie auf die sich für die Vergütung nach § 8a Abs. 2 BerHG ergebenden Folgen in Textform hingewiesen hat.

344 Nach dem ebenfalls durch das Gesetz zur Änderung des Prozesskostenhilfe- und Beratungshilferechts[189] neu eingeführten § 8a Abs. 2 BerHG kann der Rechtsanwalt nach Aufhebung der Beratungshilfe von dem Rechtssuchenden eine Vergütung in Höhe der Wahlanwaltsgebühren zzgl. Auslagen verlangen, wenn er

- keine Vergütung aus der Staatskasse fordert oder einbehält und
- den Rechtssuchenden bei der Mandatsübernahme auf die Möglichkeit der Aufhebung der Bewilligung sowie auf die sich für die Vergütung ergebenden Folgen hingewiesen hat.

Hat der Rechtssuchende bereits die Beratungshilfegebühr nach Nr. 2500 VV RVG an den Rechtsanwalt geleistet, ist sie auf den Vergütungsanspruch anzurechnen.

345 Nach § 8 BerHG[190] bewirkt die Bewilligung von Beratungshilfe, dass der Rechtsanwalt gegen den Mandanten keinen Anspruch auf Vergütung mit Ausnahme der Schutzgebühr in Höhe von 15 EUR geltend machen kann. Dies bedeutet im Umkehrschluss, dass der Rechtsanwalt im Falle einer nachträglichen Aufhebung der Beratungshilfe oder im Falle der Ablehnung eines Antrages auf nachträgliche Gewährung von Beratungshilfe sehr wohl eine Vergütung gegenüber dem Mandanten geltend machen kann. Auch eine zuvor zwischen dem Rechtsanwalt und dem Mandanten vereinbarte Vergütung könnte im Falle der nachträglichen Aufhebung der Beratungshilfe oder der Ablehnung eines Antrages auf nachträgliche Bewilligung von Beratungshilfe geltend gemacht werden.

2. Gebühren

346 Die Gebühren, die der Rechtsanwalt für seine Tätigkeit im Rahmen der Beratungshilfe gegenüber der Staatskasse geltend machen kann, sind in Teil 2 Abschnitt 5 VV RVG geregelt.

Auszug aus dem VV RVG

347

Nr.	Gebührentatbestand	Gebühr oder Satz der Gebühr nach § 13 RVG
	Abschnitt 5. Beratungshilfe	
	Vorbemerkung 2.5: Im Rahmen der Beratungshilfe entstehen Gebühren ausschließlich nach diesem Abschnitt.	
2500	Beratungshilfegebühr .... Neben der Gebühr werden keine Auslagen erhoben. Die Gebühr kann erlassen werden.	15,00 €

[189] BGBl. I 2013, 3533; In Kraft getreten am 1. 1. 2014.

[190] § 8 BerHG wurde durch das am 1. 1. 2014 in Kraft getretene Gesetz zur Änderung des Prozesskostenhilfe- und Beratungshilferechts (BGBl. I 2013, 3533) neu gefasst.

Nr.	Gebührentatbestand	Gebühr oder Satz der Gebühr nach § 13 RVG
2501	Beratungsgebühr ... (1) Die Gebühr entsteht für eine Beratung, wenn die Beratung nicht mit einer anderen gebührenpflichtigen Tätigkeit zusammenhängt. (2) Die Gebühr ist auf eine Gebühr für eine sonstige Tätigkeit anzurechnen, die mit der Beratung zusammenhängt.	35,00 €
2502	Beratungstätigkeit mit dem Ziel einer außergerichtlichen Einigung mit den Gläubigern über die Schuldenbereinigung auf der Grundlage eines Plans (§ 305 Abs. 1 Nr. 1 InsO): Die Gebühr 2501 beträgt ...	70,00 €
2503	Geschäftsgebühr ... (1) Die Gebühr entsteht für das Betreiben des Geschäfts einschließlich der Information oder die Mitwirkung bei der Gestaltung eines Vertrags. (2) Auf die Gebühren für ein anschließendes gerichtliches oder behördliches Verfahren ist diese Gebühr zur Hälfte anzurechnen. Auf die Gebühren für ein Verfahren auf Vollstreckbarerklärung eines Vergleichs nach den §§ 796a, 796b und 796c Abs. 2 Satz 2 ZPO ist die Gebühr zu einem Viertel anzurechnen.	85,00 €
2504	Tätigkeit mit dem Ziel einer außergerichtlichen Einigung mit den Gläubigern über die Schuldenbereinigung auf der Grundlage eines Plans (§ 305 Abs. 1 Nr. 1 InsO): Die Gebühr 2503 beträgt bei bis zu 5 Gläubigern ...	270,00 €
2505	Es sind 6 bis 10 Gläubiger vorhanden: Die Gebühr 2503 beträgt ...	405,00 €
2506	Es sind 11 bis 15 Gläubiger vorhanden: Die Gebühr 2503 beträgt ...	540,00 €
2507	Es sind mehr als 15 Gläubiger vorhanden: Die Gebühr 2503 beträgt ...	675,00 €
2508	Einigungs- und Erledigungsgebühr ... (1) Die Anmerkungen zu Nummern 1000 und 1002 sind anzuwenden. (2) Die Gebühr entsteht auch für die Mitwirkung bei einer außergerichtlichen Einigung mit den Gläubigern über die Schuldenbereinigung auf der Grundlage eines Plans (§ 305 Abs. 1 Nr. 1 InsO).	150,00 €

347

348 Der Rechtsanwalt erhält hiernach folgende Gebühren für seine Tätigkeit im Rahmen der Beratungshilfe:
- für die **Erteilung** eines mündlichen oder schriftlichen **Rates**
  → eine Beratungsgebühr von **35 EUR** gem. Nr. 2501 VV RVG
- für die **außergerichtliche Vertretung** des Rechtsuchenden
  → eine Geschäftsgebühr von **85 EUR** gem. Nr. 2503 VV RVG.

Führt die Tätigkeit des Rechtsanwaltes im Rahmen der Beratungshilfe zu einem **Vertrag** iSd Nr. 1000 VV RVG, einem **Vergleich** oder einer **Erledigung** der Rechtssache, erhält er

→ **eine weitere gesonderte Einigungs- oder Erledigungsgebühr** in Höhe von **150 EUR** gem. Nr. 2508 VV RVG.

349 Mit den Gebühren nach Teil 2 Abschnitt 5 des Vergütungsverzeichnisses zum RVG wird die gesamte Tätigkeit des Rechtsanwaltes im Rahmen der Beratungshilfe abgegolten. Diese Gebühren erhält der Rechtsanwalt aus der Staatskasse. Daneben hat er keinen weiteren Gebührenanspruch gegenüber dem Mandanten (bis auf die Beratungshilfegebühr Nr. 2500 VV RVG in Höhe von 15 EUR → Rn. 374 dieses Kapitels). Die Gebühren nach Teil 2 Abschnitt 5 VV RVG erhält der Rechtsanwalt unabhängig vom Umfang seiner Beratung Tätigkeit. Er erhält sie auch unabhängig davon, auf welchem Rechtsgebiet er beraten hat bzw. tätig geworden ist. Auf den Gebieten des

Strafrechts und des Ordnungswidrigkeitenrechts wird Beratungshilfe nur für eine Beratung – nicht für eine Vertretung – gewährt (§ 2 Abs. 2 S. 2 BerHG). Wird der Rechtsanwalt auf diesem Rechtsgebiet tätig, wird er nur die Beratungsgebühr Nr. 2501 VV RVG berechnen können, nie die Geschäftsgebühr für die Vertretung der Nr. 2503 VV RVG (§ 2 Abs. 2 S. 2 BerHG).

Wird der Rechtsanwalt in derselben Angelegenheit für mehrere Auftraggeber im 350
Wege der Beratungshilfe tätig und ist allen Auftraggebern Beratungshilfe gewährt, erhöht sich die Geschäftsgebühr der Nr. 2503 VV RVG um 30 % gem. Nr. 1008 VV RVG für jeden weiteren Auftraggeber.[191] Die Festgebühr in Höhe von 85 EUR erhöht sich für jeden weiteren Auftraggeber um 25,50 EUR (30 % von 85 EUR). Insgesamt darf sie sich jedoch nicht um mehr als das Doppelte der Festgebühr, also um nicht mehr als 170 EUR erhöhen. Der Rechtsanwalt kann also bei mehr als 8 Auftraggebern nicht mehr als insgesamt 255 EUR (85 EUR für den ersten und höchstens 170 EUR für die weiteren Auftraggeber) berechnen. Voraussetzung dafür, dass der Rechtsanwalt die Erhöhung von 30 % für jeden weiteren Auftraggeber aus der Staatskasse erhält ist, dass sämtlichen Auftraggebern Beratungshilfe gewährt worden ist.

Nach Abs. 1 der Anmerkung zu Nr. 1008 VV RVG tritt bei Wertgebühren die Erhöhung nur ein, wenn der Rechtsanwalt mehrere Auftraggeber wegen desselben Gegenstandes vertritt. In der Beratungshilfe fallen aber Festgebühren an. Folglich tritt in Beratungshilfesachen die Erhöhung nach Nr. 1008 VV RVG auch dann ein, wenn der Rechtsanwalt mehrere Auftraggeber vertritt, die Gegenstände, wegen welcher er für sie tätig wird, aber verschieden sind.

Beispiel: Der Rechtsanwalt vertritt auftragsgemäß außergerichtlich nach Scheidung der Ehe der 351
Eltern das Kind A und das Kind B, beide gesetzlich vertreten durch die Mutter C jeweils wegen eines eigenen Unterhaltsanspruches. Beiden Kindern ist Beratungshilfe gewährt worden. Die Geschäftsgebühr Nr. 2503 VV RVG erhöht sich um 30 % von 85,00 EUR (=25,50 EUR) auf 110,50 EUR. Da in der Beratungshilfe Festgebühren entstehen, tritt die Erhöhung nach Nr. 1008 VV RVG auch dann ein, wenn der Rechtsanwalt die Parteien nicht wegen desselben Gegenstandes vertritt.

Beispiel: Der Rechtsanwalt vertritt im Rahmen der Beratungshilfe die Eltern und vier minderjäh- 352
rige Kinder wegen einer unbefristeten Aufenthaltserlaubnis. Allen Betroffenen wurde Beratungshilfe gewährt. Die Geschäftsgebühr der Nr. 2503 VV RVG erhöht sich nach Nr. 1008 VV RVG wegen 5 weiterer Auftraggeber um (5 × 25,50 EUR =) 127,50 EUR auf (85,00 EUR + 127,50 EUR =) 212,50 EUR.[192]

Beispiel: Vertritt der Rechtsanwalt minderjährige Kinder neben ihren Eltern oder einem Elternteil, 353
die zusammen eine SGB II Bedarfsgemeinschaft bilden, hat der Rechtsanwalt ebenfalls mehrere Auftraggeber iSv Nr. 1008 VV RVG.[193]

Nach Nr. 1008 VV RVG erhöhen sich nur Verfahrens- und **Geschäfts**gebühren. Die 354
Geschäftsgebühr nach Nr. 2503 VV RVG wird sich daher erhöhen können. Ob sich auch die Beratungsgebühr nach Nr. 2501 VV RVG bei mehreren Auftraggebern erhöhen kann, erscheint fraglich. Vertreten werden könnte meines Erachtens eine Erhöhung auch der **Beratungs**gebühr der Nr. 2501 VV RVG nach Nr. 1008 VV RVG mit der Begründung, dass die Beratungsgebühr eine der Geschäftsgebühr ähnliche Betriebsgebühr ist.[194]

Neben den Gebühren nach Teil 2 Abschnitt 5 VV RVG kann der Rechtsanwalt 355
noch seine Auslagen für Entgelte für Post- und Telekommunikationsdienstleistungen

[191] OLG Naumburg JurBüro 2010, 472.

[192] Vgl. Kammergericht JurBüro 2007, 543.

[193] SG Berlin Beschluss vom 27. 1. 2011 – S 180 SF 2108/10 E – unter Hinweis auf BSG, Urteil vom 21. 12. 2009 – B 14 AS 83/08 R = AGS 2010, 373.

[194] Umstritten: Hartung/Schons/Enders Nr. 1008 VV Rn. 17; Gerold/Schmidt Nr. 1008 VV Rn. 13 ff.; Bischof/Jungbauer Nr. 1008 VV Rn. 52 – jeweils mwN; keine Erhöhung der Beratungsgebühr Nr. 2501 VV RVG nach Nr. 1008 RVG: AG Forchheim AGS 2017, 297.

nach Nr. 7001 oder Nr. 7002 VV RVG berechnen. Voraussetzung ist, dass überhaupt Auslagen (wie Porto, Entgelte für Telekommunikation pp.) entstanden sind.

356 Entgelte für Post- und Telekommunikationsdienstleistungen fallen auch im Rahmen einer Beratung an, wenn
- der Rechtsanwalt auftragsgemäß die Beratung schriftlich oder per E-Mail[195] erteilt
- der Rechtsanwalt das Ergebnis der mündlichen Beratung noch einmal kurz schriftlich zusammenfasst und diese Zusammenfassung dem Mandanten per Brief oder per E-Mail übermittelt
- der Rechtsanwalt den Mandanten telefonisch berät
- der Rechtsanwalt den Mandanten in einer Besprechung in der Kanzlei berät, aber während des Beratungsgespräches Recherchen im Internet (zB in einer juristischen online Datenbank) vorgenommen hat.

357 Sind im Rahmen einer Beratung Entgelte für Post- und Telekommunikationsdienstleistungen tatsächlich angefallen, so kann auch neben der Beratungsgebühr Nr. 2501 VV RVG die Pauschale der Nr. 7002 VV RVG angesetzt werden. Die Pauschale für Entgelte für Post- und Telekommunikationsdienstleistungen nach Nr. 7002 VV RVG ist nicht mit anzurechnen auf die Gebühren und Pauschalen, die in einer sonstigen Angelegenheit entstehen.[196]

358 Bei der Abrechnung mit der Staatskasse wird der Rechtsanwalt glaubhaft machen müssen, dass im Rahmen des Beratungsmandats tatsächlich Entgelte für Post- und Telekommunikationsdienstleistungen angefallen sind. Glaubhaftmachung kann zB erfolgen durch anwaltliche Versicherung oder, wenn Schriftverkehr erfolgt ist, durch Vorlage des Schriftverkehrs.

359 Durch das Gesetz zur Änderung des Prozesskostenhilfe- und Beratungshilferechts[197] wurde der Nr. 7002 VV RVG in der Anmerkung ein neuer Abs. 2 angefügt. Danach berechnet sich die Pauschale für Entgelte für Post- und Telekommunikationsdienstleistungen der Nr. 7002 VV RVG dann, wenn Gebühren aus der Staatskasse gezahlt werden, nach den tatsächlich aus der Staatskasse entstandenen Gebühren und nicht nach den fiktiven Wahlanwaltsgebühren.

360 Dokumentenpauschale für Kopien nach Nr. 7000 VV RVG erhält der Rechtsanwalt dann erstattet, wenn sie für die Beratung/Tätigkeit erforderlich waren.[198] Ebenso kann der RA die 19 % Umsatzsteuer erstattet verlangen.

361 Wenn die Beratung mehrere Gegenstände umfasst, ist stets zu prüfen, ob es sich um dieselbe Angelegenheit handelt. Handelt es sich nicht um dieselbe Angelegenheit, kann der Rechtsanwalt für jeden „Gegenstand", über welchen er beraten hat bzw. tätig geworden ist, gesonderte Gebühren gem. Teil 2 Abschnitt 5 VV RVG verlangen.[199]

Zusammenfassung

362 ▶ Wird der Rechtsanwalt im Rahmen der Beratungshilfe für den Mandanten tätig, kann er aus der Staatskasse erhalten:
- eine Beratungsgebühr 35 EUR (Nr. 2501 VV RVG)
- eine Geschäftsgebühr 85 EUR (Nr. 2503 VV RVG)
- eine Einigungs- oder Erledigungsgebühr 150 EUR (Nr. 2508 VV RVG).

2.1 Anrechnung der Beratungs- und Geschäftsgebühr

363 Die **Beratungsgebühr** der Nr. 2501 VV RVG für eine Beratung in Höhe von 35 EUR ist auf jede andere Gebühr, die dem Rechtsanwalt in derselben Angelegenheit für eine

---

[195] OLG Frankfurt/Main BeckRS 2017, 113307.
[196] AG Schöneberg JurBüro 2014, 357.
[197] BGBl. I 2013, 3533 – In Kraft getreten am 1.1.2014.
[198] Vgl. AnwBl. 1989, 573 – Ziffer VIII 5 mwN zur Rechtslage nach BRAGO.
[199] Rehberg/Schons „Beratungshilfe" 7.1; Schneider/Wolf Vor 2.5 Rn. 150 ff.; Enders JurBüro 2000, 337.

sonstige Tätigkeit erwächst, **anzurechnen** (Abs. 2 der Anmerkung zu Nr. 2501 VV RVG). Entstehen also in derselben Sache weitere Gebühren, die höher als 35 EUR sind, entfällt die Gebühr nach Nr. 2501 VV RVG ganz.

Die **Geschäftsgebühr** nach Nr. 2503 VV RVG ist auf die evtl. in einem anschließenden behördlichen oder gerichtlichen Verfahren entstehenden Gebühren **zur Hälfte anzurechnen** (Abs. 2 der Anmerkung zu Nr. 2503 VV RVG). Entstehen also in derselben Angelegenheit durch eine weitere Tätigkeit des Rechtsanwaltes – über die Beratungshilfe hinaus – weitere Gebühren, so kann der Rechtsanwalt neben diesen Gebühren noch 42,50 EUR (1/2 von 85 EUR) nach Nr. 2503 VV RVG geltend machen. 364

Auf die Gebühren für ein Verfahren auf **Vollstreckbarerklärung eines Anwaltsvergleiches** (§§ 796a, 796b und 796c Abs. 2 S. 2 ZPO) ist die Gebühr **nur zu einem Viertel anzurechnen** (Satz 2 des Absatzes 2 der Anmerkung zu Nr. 2503 VV RVG). 365

Sind im Rahmen des Beratungshilfemandates Entgelte für Post- und Telekommunikationsdienstleistungen angefallen und hat der Rechtsanwalt deshalb die Pauschale Nr. 7002 VV RVG angesetzt, so ist diese Pauschale in keinem Fall mit anzurechnen. Sie bleibt dem Rechtsanwalt erhalten.[200] 366

Zusammenfassung

- Die Beratungsgebühr ist in vollem Umfang auf eine Gebühr für eine sonstige Tätigkeit des Rechtsanwaltes anzurechnen, die mit der Beratung zusammenhängt (Abs. 2 der Anmerkung zu Nr. 2501 VV RVG). 367
- Die Geschäftsgebühr ist zur Hälfte auf die Gebühren für ein anschließendes gerichtliches Verfahren anzurechnen. Auf die Gebühren für ein Verfahren auf Vollstreckbarerklärung des Vergleiches ist die Geschäftsgebühr nur zu einem Viertel anzurechnen (Abs. 2 der Anmerkung zu Nr. 2503 VV RVG).

3. Gebühren für Beratung/Tätigkeit im Zusammenhang mit einem Verbraucherinsolvenzverfahren

In Teil 2 Abschnitt 5 VV RVG sind gesonderte Gebühren bestimmt, wenn der Rechtsanwalt in der Beratungshilfe für den Mandanten tätig wird **mit dem Ziel einer außergerichtlichen Einigung mit den Gläubigern über die Schuldenbereinigung auf der Grundlage eines Plans** (§ 305 Abs. 1 Nr. 1 InsO). 368

In diesen Fällen erhält der Rechtsanwalt
- für eine **Beratung**
  → eine Beratungsgebühr von **70 EUR** gem. Nr. 2502 VV RVG
- für eine **außergerichtliche Vertretung**
  → eine Geschäftsgebühr, **deren Höhe nach Anzahl der Gläubiger gestaffelt ist,** gem. Nr. 2503 bis 2507 VV RVG.

Für die Höhe der Geschäftsgebühr Nr. 2503 bis 2507 VV RVG kommt es also darauf an, wie viele Gläubiger des Mandanten am Verfahren beteiligt sind.

Die Geschäftsgebühr der Nr. 2503 VV RVG beträgt:

• bei bis zu 5 Gläubigern	270 EUR
• bei 6 bis 10 Gläubigern	405 EUR
• bei 11 bis 15 Gläubigern	540 EUR
• bei mehr als 15 Gläubigern	675 EUR.

Für den Anfall der Beratungs- oder der Geschäftsgebühr kommt es nicht darauf an, dass das Ziel – außergerichtliche Einigung mit den Gläubigern des Mandanten über eine Schuldenbereinigung auf der Grundlage eines Planes – auch tatsächlich erreicht wird. Die Gebühren entstehen auch dann, wenn eine Einigung nicht zustande kommt. 369

[200] AG Schöneberg JurBüro 2014, 357.

Voraussetzung für das Entstehen der Gebühren dürfte aber sein, dass der Rechtsanwalt mit dem Ziel einer außergerichtlichen Einigung mit den Gläubigern über eine Schuldenbereinigung auf der Grundlage eines Planes (§ 305 Abs. 1 Nr. 1 InsO) tätig wird.

370 Auch die Beratungsgebühr nach Nr. 2502 VV RVG ist in vollem Umfang auf eine Gebühr für eine sonstige Tätigkeit **anzurechnen,** die mit der Beratung zusammenhängt. Absatz 2 der Anmerkung zu Nr. 2501 VV RVG ist entsprechend anzuwenden.

371 Auch eine Geschäftsgebühr nach den Nummern 2504 bis 2507 VV RVG ist auf die Gebühren für ein anschließendes gerichtliches oder behördliches Verfahren zur Hälfte anzurechnen. Absatz 2 der Anmerkung zu Nr. 2503 VV RVG ist entsprechend anzuwenden. Auf die Gebühren für ein Verfahren auf Vollstreckbarerklärung eines Vergleiches (§§ 796a, 796b und 796c ZPO) sind diese Gebühr zu einem Viertel anzurechnen (Satz 2 des Absatzes 2 der Anmerkung zu Nr. 2503 VV RVG).

372 Kommt eine Einigung – Vertrag iS der Nr. 1000 VV RVG oder ein Vergleich – mit den Gläubigern zustande, fällt zusätzlich noch die **Einigungs- und Erledigungsgebühr** nach Nr. 2508 VV RVG in Höhe von **150 EUR** an (Abs. 2 der Anmerkung zu Nr. 2508 VV RVG).

Zusammenfassung

373 ▶ Wird der Rechtsanwalt in der Beratungshilfe für den Mandanten tätig mit dem Ziel einer außergerichtlichen Einigung mit den Gläubigern über die Schuldenbereinigung auf der Grundlage eines Plans (§ 305 Abs. 1 Nr. 1 InsO), so beträgt

– die Beratungsgebühr (Nr. 2502 VV RVG)	70 EUR
– die Geschäftsgebühr (Nr. 2504 bis 2507 VV RVG)	
bei bis zu 5 Gläubiger	270 EUR
bei 6 bis 10 Gläubigern	405 EUR
bei 11 bis 15 Gläubigern	540 EUR
bei mehr als 15 Gläubigern	675 EUR.

▶ Zusätzlich zur Beratungs- oder Geschäftsgebühr kann noch eine Einigungs- oder Erledigungsgebühr nach Nr. 2508 VV RVG in Höhe von 150 EUR entstehen.

4. Beratungshilfegebühr vom Mandanten

374 **Neben den Gebühren** nach den Teil 2 Abschnitt 5 VV RVG kann der Rechtsanwalt in den Beratungshilfesachen eine Beratungshilfegebühr in Höhe von 15 EUR gem. Nr. 2500 VV RVG verlangen. Diese Beratungshilfegebühr ist von dem Ratsuchenden/ Mandanten des Rechtsanwalts zu zahlen. Sie wird nicht aus der Staatskasse erstattet.

Aus der Anmerkung zu Nr. 2500 VV RVG ergibt sich, dass neben der Gebühr keine Auslagen erhoben werden. Da auch die Umsatzsteuer in Teil 7 – Auslagen – des VV RVG geregelt ist, ist meines Erachtens hierauf keine Umsatzsteuer zu erheben.[201]

Die Beratungshilfegebühr wird nicht auf die Gebühren nach den Nr. 2501 bis 2508 VV RVG angerechnet. Der Rechtsanwalt kann von der Erhebung der Beratungshilfegebühr absehen, etwa bei vollkommener Vermögenslosigkeit seines Mandanten.

Zusammenfassung

375 ▶ Neben den Gebühren aus der Staatskasse kann der Rechtsanwalt vom Mandanten die Beratungshilfegebühr nach Nr. 2500 VV RVG in Höhe von 15 EUR berechnen.

---

[201] Schneider/Wolf VV 2500 Rn. 1; Hartung/Schons/Enders Vorb. 2.5, Nr. 2500 VV Rn. 30; Hansens/Braun/Schneider Teil 7 Rn. 51.

E. Zivilprozess

I. Der Streit- bzw. Gegenstandswert

1. Grundsätzliches

Vertritt der Rechtsanwalt seinen Auftraggeber in einem Zivilprozess, fallen Wertgebühren an. Dies unabhängig davon, ob der vom Rechtsanwalt Vertretene in dem Zivilprozess Kläger, Beklagter oder sonst irgendwie an diesem beteiligt ist, zB Streitverkündeter/Nebenintervenient. Die Höhe dieser anfallenden Wertgebühren richtet sich nach dem **Gegenstandswert** – auch Streitwert genannt – (§ 2 Abs. 1 RVG). Der Streit-/Gegenstandswert **bestimmt sich nach dem Gegenstand, auf den sich die anwaltliche Tätigkeit bezieht.** Mit Gegenstand der anwaltlichen Tätigkeit ist hier gemeint: Wird der Rechtsanwalt zB von seinem Mandanten beauftragt, dessen Forderung in Höhe von 1.000 EUR gegen dessen Schuldner einzuklagen, so stellt diese Forderung den Gegenstand der anwaltlichen Tätigkeit dar und ist den anfallenden Wertgebühren als Gegenstandswert zugrunde zu legen. Gegenstandswert zur Berechnung der Wertgebühr wäre also im vorangegangenen Beispiel: 1.000 EUR. 1

Nicht immer liegt einem Zivilprozess die Forderung eines bestimmten Geldbetrages zugrunde. Es kann auch auf Herausgabe bestimmter beweglicher Sachen, Räumung von Wohnraum oder Grundstücken, wiederkehrende zukünftige Geldleistungen (Unterhalt, Schadensersatzrente), Feststellung, dass ein bestimmtes Rechtsverhältnis besteht oder nicht mehr besteht, Widerruf von Erklärungen usw geklagt werden. Dann ist der Gegenstand der anwaltlichen Tätigkeit und damit der Gegenstandswert für die Gebührenberechnung nicht so einfach zu bestimmen, als wenn eine bestimmte Geldforderung eingeklagt wird. Denn letztlich muss der Gegenstandswert in einem bestimmten Geldbetrag – in Euro – ausgedrückt werden, damit dann anhand des Gegenstandswertes und des Gebührensatzes die Gebühr aus der Tabelle zu § 13 RVG abgelesen werden kann, die der Rechtsanwalt für seine Tätigkeit zu berechnen hat. 2

Wie der Gegenstandswert zu berechnen ist, ergibt sich aus dem Abschnitt 4 des RVG, den §§ 22 bis 33 RVG.

Auszug aus dem RVG

§ 23 3
Allgemeine Wertvorschrift

(1) Soweit sich die Gerichtsgebühren nach dem Wert richten, bestimmt sich der Gegenstandswert im gerichtlichen Verfahren nach den für die Gerichtsgebühren geltenden Wertvorschriften. In Verfahren, in denen Kosten nach dem Gerichtskostengesetz oder dem Gesetz über Gerichtskosten in Familiensachen erhoben werden, sind die Wertvorschriften des jeweiligen Kostengesetzes entsprechend anzuwenden, wenn für das Verfahren keine Gerichtsgebühr oder eine Festgebühr bestimmt ist. Diese Wertvorschriften gelten auch entsprechend für die Tätigkeit außerhalb eines gerichtlichen Verfahrens, wenn der Gegenstand der Tätigkeit auch Gegenstand eines gerichtlichen Verfahrens sein könnte. § 22 Abs. 2 Satz 2 bleibt unberührt.

(2) In Beschwerdeverfahren, in denen Gerichtsgebühren unabhängig vom Ausgang des Verfahrens nicht erhoben werden oder sich nicht nach dem Wert richten, ist der Wert unter Berücksichtigung des Interesses des Beschwerdeführers nach Absatz 3 Satz 2 zu bestimmen, soweit sich aus diesem Gesetz nichts anderes ergibt. Der Gegenstandswert ist durch den Wert des zugrunde liegenden Verfahrens begrenzt. In Verfahren über eine Erinnerung oder eine Rüge wegen Verletzung des rechtlichen Gehörs richtet sich der Wert nach den für Beschwerdeverfahren geltenden Vorschriften.

(3) Soweit sich aus diesem Gesetz nichts anderes ergibt, gelten in anderen Angelegenheiten für den Gegenstandswert die Bewertungsvorschriften des Gerichts- und Notarkostengesetzes und die §§ 37, 38, 42 bis 45 sowie 99 bis 102 des Gerichts- und Notarkostengesetzes entsprechend. Soweit sich der Gegenstandswert aus diesen Vorschriften nicht ergibt und auch sonst nicht feststeht, ist er nach billigem Ermessen zu bestimmen; in Ermangelung genügender tatsächlicher Anhaltspunkte für eine Schätzung und bei nichtvermögensrechtlichen Gegenständen ist der Gegenstandswert mit 5000 EUR, nach Lage des Falles niedriger oder höher, jedoch nicht über 500 000 EUR anzunehmen.

4 Nach § 23 Abs. 1 S. 1 RVG **bestimmt sich der Gegenstandswert im gerichtlichen Verfahren nach den für die Gerichtsgebühren geltenden Wertvorschriften.**

Zweifellos handelt es sich bei einem Zivilprozess – oder anders ausgedrückt, bei einem bürgerlichen Rechtsstreit – um ein gerichtliches Verfahren.

5 In bürgerlichen Rechtsstreitigkeiten fallen die Gerichtskosten – ebenso wie die Anwaltsgebühren – als Wertgebühren an, also auch die Gerichtskosten werden nach einem Gegenstandswert berechnet und für eine bestimmte Tätigkeit des Gerichts fällt eine bestimmte Gebühr an. Der Gebührensatz (zB volle Gebühr = 1, halbe Gebühr = 0,5, drei volle Gebühren = 3) kann aus dem Kostenverzeichnis – Anlage 1 zum Gerichtskostengesetz – entnommen werden. Mit diesen zwei Komponenten, also dem Gegenstandswert und dem Gebührensatz, können dann die Gerichtskosten, also die Gebühr, die der Kläger oder Beklagte letztlich an das Gericht/(Landes-)justizkasse zahlen muss, aus der Tabelle zu § 34 GKG abgelesen werden.

6 Also werden in einem Zivilprozess auch die Gerichtskosten nach einem Gegenstandswert berechnet und nach § 23 Abs. 1 S. 1 RVG soll der Gegenstandswert, nach dem sich die Gerichtskosten richten, auch für die Anwaltsgebühren maßgebend sein. Dies kann aber **nur dann** gelten, **wenn Gegenstand des gerichtlichen Verfahrens** – also des Zivilprozesses – **und Gegenstand der anwaltlichen Tätigkeit identisch sind.**

Der Gegenstandswert der anwaltlichen Tätigkeit richtet sich grundsätzlich nach dem dem Rechtsanwalt von seinem Mandanten erteilten Auftrag; der Gegenstandswert für die Gerichtskosten nach dem Gegenstand des gerichtlichen Verfahrens. Diese Werte können durchaus voneinander abweichen:

7 **Beispiel:** Der Auftrag des Mandanten lautet, eine Forderung von 5.000,00 EUR gegen seinen Schuldner einzuklagen. Vor Klageerhebung zahlt der Schuldner 2.000,00 EUR. Es werden nur noch 3.000,00 EUR eingeklagt.
Gegenstandswert für die anwaltliche Verfahrensgebühr: 5.000,00 EUR
wenn sie auch wegen 2.000,00 EUR nur in Höhe von 0,8 nach Nr. 3101 Ziffer 1 VV RVG anfällt;
Gegenstandswert für die Gerichtskosten: 3.000,00 EUR.

8 **Beispiel:** Es werden gegen den Beklagten A 4.000,00 EUR geltend gemacht, gegen den Beklagten B andere 5.000,00 EUR;
Gegenstandswert für die Anwaltsgebühren des Rechtsanwaltes, der nur A, aber nicht gleichzeitig B vertritt: 4.000,00 EUR;
Gegenstandswert für die Gerichtskosten: 9.000,00 EUR.

9 Bevor der für die Gerichtskosten maßgebende Gegenstandswert auch für die Anwaltsgebühren übernommen wird, ist also stets zu prüfen, ob der Gegenstand der anwaltlichen Tätigkeit und der des gerichtlichen Verfahrens identisch sind und nicht etwa der dem Rechtsanwalt erteilte Auftrag über den Gegenstand des gerichtlichen Verfahrens hinausgeht.

10 Wie bereits erwähnt, richtet sich der Gegenstandswert für die Anwaltsgebühren gem. § 23 Abs. 1 S. 1 RVG nach den für die Gerichtsgebühren geltenden Wertvorschriften. Die für die **Gerichtsgebühren** in Zivilsachen/ Bürgerliche Rechtsstreitigkeiten **geltenden Wertvorschriften** finden wir in **§§ 39 bis 60 GKG.**

In Familiensachen ergeben sich die für die Gerichtskosten geltenden Wertvorschriften aus den §§ 33 bis 52 FamGKG (→ Kap. H Rn. 6 f.)

§ 48 Abs. 1 S. 1 GKG verweist für den Zivilprozess (Bürgerliche Rechtsstreitigkeit) wiederum auf den Wert, nach dem sich die Zuständigkeit des Prozessgerichts oder die Zulässigkeit des Rechtsmittels richtet.

Auszug aus dem GKG

11

§ 48
Bürgerliche Rechtsstreitigkeiten.

(1) In bürgerlichen Rechtsstreitigkeiten richten sich die Gebühren nach den für die Zuständigkeit des Prozessgerichts oder die Zulässigkeit des Rechtsmittels geltenden Vorschriften über den Wert des Streitgegenstands, soweit nichts anderes bestimmt ist. In Rechtsstreitigkeiten aufgrund des Unterlassungsklagengesetzes darf der Streitwert 250 000 € nicht übersteigen.

(2) In nichtvermögensrechtlichen Streitigkeiten ist der Streitwert unter Berücksichtigung aller Umstände des Einzelfalls, insbesondere des Umfangs und der Bedeutung der Sache und der Vermögens- und Einkommensverhältnisse der Parteien, nach Ermessen zu bestimmen. Der Wert darf nicht über eine Million Euro angenommen werden.

(3) Ist mit einem nichtvermögensrechtlichen Anspruch ein aus ihm hergeleiteter vermögensrechtlicher Anspruch verbunden, ist nur ein Anspruch, und zwar der höhere, maßgebend.

Der Wert des Streitgegenstandes für die Zuständigkeit des Prozessgerichtes oder die Zulässigkeit des Rechtsmittels finden wir in den **§§ 3–9 ZPO.** 12

Nach den **§§ 3–9 ZPO** bestimmt sich der Gegenstandswert für die Anwaltsgebühren – über § 23 Abs. 1 S. 1 RVG und § 48 Abs. 1 S. 1 GKG – aber immer **nur dann, wenn** in den §§ 34 bis 60 GKG oder in den §§ 22 bis 31 RVG oder in einer sonstigen speziellen Vorschrift nichts anderes bestimmt ist (§ 48 Abs. 1 S. 1 – letzter Halbsatz GKG). In den §§ 34 bis 60 GKG und in den §§ 22 bis 31 RVG ist nämlich für zahlreiche Einzelfälle der Gegenstandswert gesondert geregelt.

Prozessualer Wert und Gegenstandswert für die Anwaltsgebühren können weit auseinander liegen (→ Kap. E Rn. 199 – Beispiel).

Es ist also stets zu prüfen, ob sich der Gegenstandswert für die Anwaltsgebühren tatsächlich nach den prozessualen Wertvorschriften der §§ 3–9 ZPO (über § 23 Abs. 1 S. 1 RVG – § 48 Abs. 1 S. 1 GKG) bestimmt, oder ob sich nicht aus den §§ 34 bis 60 GKG oder aus den §§ 22 bis 31 RVG oder aus einer sonstigen Vorschrift eine speziellere Bestimmung ergibt. Ergibt sich aus diesen eine speziellere Bestimmung, so ist diese für die Berechnung des Gegenstandswertes für die Anwaltsgebühren maßgebend (über § 23 Abs. 1 S. 1 RVG → § 48 Abs. 1 S. 1 – letzter Halbsatz – GKG). 13

Nach § 23 Abs. 1 S. 2 RVG sind in Verfahren, in denen im GKG keine Gerichtsgebühren oder **Fest**gebühren bestimmt sind, die Wertvorschriften des Gerichtskostengesetzes entsprechend für den Gegenstandswert der den Anwaltsgebühren zugrunde zu legen ist, heranzuziehen. Wegen der Verweisung in § 48 Abs. 1 S. 1 GKG sind auch in diesen Fällen die §§ 3–9 ZPO anwendbar, wenn sich nicht aus dem RVG, dem GKG oder einer anderen Vorschrift eine speziellere Bestimmung ergibt. 14

§ 23 Abs. 2 RVG regelt den Anwaltsgebührenwert in **Beschwerdeverfahren,** in denen Gerichtsgebühren unabhängig vom Ausgang des Verfahrens nicht erhoben werden oder sich nicht nach einem Wert richten. In diesen Fällen bestimmt sich der den Anwaltsgebühren zugrunde zu legende Gegenstandswert nach dem Interesse des Beschwerdeführers. Dieses Interesse hat der Rechtsanwalt nach § 23 Abs. 3 S. 2 RVG zu bestimmen, soweit sich aus dem Gesetz nichts anderes ergibt. Nach § 23 Abs. 3 S. 2 RVG bestimmt der Rechtsanwalt den Gegenstandswert nach billigem Ermessen. In Ermangelung genügender tatsächlicher Anhaltspunkte für eine Schätzung und bei nichtvermögensrechtlichen Gegenständen ist der Gegenstandswert mit 5.000 EUR, nach Lage des Falles niedriger oder höher, jedoch nicht über 500.000 EUR anzunehmen. 15

Es gibt auch Fälle, in denen für **die Gerichtsgebühren keine Wertvorschriften** vorgesehen sind. **In** diesen **Fällen,** in denen es an **Wertvorschriften für die Gerichtsge-** 16

bühren fehlt, bestimmt sich der Gegenstandswert für die Anwaltsgebühren **nach §23 Abs.3 RVG.** Für die in §23 Abs.2 RVG genannte Beschwerdeverfahren geht die Vorschrift des Absatzes 2 des §23 RVG vor. §23 Abs.3 RVG verweist in Satz 1 auf Vorschriften der **GNotKG.** Das GNotKG regelt die Gebühren und Geschäftswerte für gerichtliche Verfahren der freiwilligen Gerichtsbarkeit und der Notare. §23 Abs.3 RVG erklärt in Satz 1 die darin aufgezählten Wertvorschriften des GNotKG auch für die Berechnung des Gegenstandswertes für die Anwaltsgebühren für anwendbar. **Ergibt sich** aus den in §23 Abs.3 S.1 RVG aufgeführten Bestimmungen des GNotKG **eine Wertvorschrift** für den Gegenstand der anwaltlichen Tätigkeit **nicht, so** enthält **§23 Abs.3 S.2 RVG** eine allgemeine Vorschrift, nach der der Gegenstandswert für die Anwaltsgebühren zu bestimmen ist. Regelt das **RVG selbst** in einer **spezielleren Vorschrift** den Gegenstandswert, zB in der Zwangsvollstreckung nach §25 RVG, **so geht diese** speziellere Vorschrift der allgemeinen Vorschrift des §23 Abs.3 S.2 RVG **vor,** dh der Gegenstandswert ist nach der spezielleren Vorschrift zu bestimmen.

17 Nach §23 Abs.3 RVG bestimmt sich der Gegenstandswert für die Anwaltsgebühren immer nur dann, wenn es an Wertvorschriften für die Gerichtsgebühren fehlt. Nicht schon dann, wenn die Gerichtskosten außer Ansatz bleiben, weil etwa die Beklagte die Bundesrepublik Deutschland oder ein Bundesland ist (diese sind nach §2 Abs.1 GKG von der Zahlung der Gerichtskosten befreit). In den zuletzt genannten Fällen sind ja Wertvorschriften für die Gerichtskosten da, es fallen nur keine Gerichtsgebühren an. Folglich gelten in diesen Fällen die für die Gerichtsgebühren geltenden Wertvorschriften über §23 Abs.1 S.1 RVG → §48 Abs.1 S.1 GKG auch für die Anwaltsgebühren.

Zusammenfassung

18
- ▶ Grundsätzlich bestimmt sich der Anwaltsgebührenwert nach §23 Abs.1 S.1 RVG → §48 Abs.1 S.1 GKG → §§3–9 ZPO.
  Ergibt sich aus den Bestimmungen der §§22 bis 31 RVG, den §§34 bis 60 GKG oder den §§33 bis 52 FamGKG oder in einer sonstigen Vorschrift eine speziellere Bestimmung, so richtet sich der Gegenstandswert nach dieser spezielleren Vorschrift (§48 Abs.1 S.1 – letzter Halbsatz – GKG).
- ▶ Der Gegenstandswert in Beschwerdeverfahren, in denen Gerichtsgebühren unabhängig vom Ausgang des Verfahrens nicht erhoben werden oder sich nicht nach dem Wert richten, ist nach §23 Abs.2 RVG zu bestimmen.
- ▶ Wenn für die Gerichtskosten keine Wertvorschriften vorgesehen sind, richtet sich der Gegenstandswert für die Anwaltsgebühren nach §23 Abs.3 S.1 RVG = den hierin genannten Vorschriften des GNotKG. Lässt sich der Gegenstandswert der anwaltlichen Tätigkeit unter einer der in §23 Abs.3 S.1 RVG genannten Vorschriften des GNotKG nicht einordnen, so ist der Wert nach §23 Abs.3 S.2 RVG zu bestimmen.
- ▶ Spezielle Wertvorschriften im RVG (wie zB in §25 RVG) oder in einem sonstigen Gesetz, gehen vorstehenden Vorschriften immer vor.

1.1 Höchstwert 30 Millionen Euro

19 In §22 Abs.2 RVG ist bestimmt, dass der Wert in derselben Angelegenheit höchstens 30 Millionen Euro betragen darf, soweit im Gesetz kein niedrigerer Höchstwert bestimmt ist.

Auszug aus dem RVG

§22
Grundsatz 20

(1) In derselben Angelegenheit werden die Werte mehrerer Gegenstände zusammengerechnet.

(2) [1]Der Wert beträgt in derselben Angelegenheit höchstens 30 Millionen Euro, soweit durch Gesetz kein niedrigerer Höchstwert bestimmt ist. [2]Sind in derselben Angelegenheit mehrere Personen wegen verschiedener Gegenstände Auftraggeber, beträgt der Wert für jede Person höchstens 30 Millionen Euro, insgesamt jedoch nicht mehr als 100 Millionen Euro.

Beispiel: Der Rechtsanwalt ist von seinem Mandanten beauftragt, einen Schadensersatzanspruch von 50 Millionen Euro geltend zu machen. 21
Der Rechtsanwalt kann seine Gebühren infolge der Sperre des §22 Abs. 2 RVG nur nach einem Gegenstandswert von 30 Millionen Euro berechnen.

Sind in derselben Angelegenheit mehrere Personen Auftraggeber, so beträgt der 22
Wert für jede Person höchstens 30 Millionen Euro, insgesamt aber nicht mehr als 100 Millionen Euro (§22 Abs. 2 S. 2 RVG). Nur wenn der Rechtsanwalt in derselben Angelegenheit mehrere Personen wegen verschiedener Gegenstände vertritt, kann sich die Wertobergrenze nach §22 Abs. 2 S. 2 RVG von 30 Millionen Euro auf 100 Millionen Euro erhöhen. Dies wird durch das 2. KostRMoG in §22 Abs. 2 S. 2 RVG klargestellt.

Nach einer Entscheidung des Bundesverfassungsgerichts verstößt die Wertobergrenze in §22 Abs. 2 RVG nicht gegen Art. 12 GG.[1]

Im Zusammenhang mit §22 Abs. 2 RVG ist die Nr. 7007 VV RVG zu sehen. Nach 23
dieser Bestimmung kann der Rechtsanwalt die im Einzelfall gezahlte Prämie für eine Vermögensschaden-Haftpflichtversicherung dem Mandanten berechnen, soweit die Prämie Haftungsbeträge von mehr als 30 Millionen Euro betrifft. Soweit sich aus der Prämienrechnung des Versicherers nichts anderes ergibt, ist von der Gesamtprämie der Betrag zu erstatten, der sich aus dem Verhältnis der 30 Millionen Euro übersteigenden Versicherungssumme zu der Gesamtversicherungssumme ergibt (Anmerkung zu Nr. 7007 VV RVG).

Die Bestimmung des §22 Abs. 2 RVG kann durch eine Vergütungsvereinbarung 24
mit dem Mandanten ausgeschlossen werden. Aber auch in diesem Fall sind dem obsiegenden Mandanten nur die Gebühren zu erstatten, die entstanden wären, wenn die gesetzliche Wertobergrenze des §22 Abs. 2 RVG zur Anwendung gekommen wäre.

Zusammenfassung

- Nach §22 Abs. 2 RVG darf der Rechtsanwalt seinen Gebühren in derselben Ange- 25
legenheit höchstens einen Gegenstandswert von 30 Millionen Euro zugrunde legen.
- Sind in derselben Angelegenheit mehrere Personen wegen verschiedener Gegenstände Auftraggeber, beträgt der Wert für jede Person höchstens 30 Millionen Euro, insgesamt aber nicht mehr als 100 Millionen Euro.

2. Einzelfälle

Im Vorangegangenen wurden die gesetzlichen Grundlagen der Berechnung des 26
Gegenstandswertes für die Anwaltsgebühren aufgezeigt. Nachstehend werden einige Einzelfälle behandelt. Um den Rahmen dieses Lehrbuches nicht zu sprengen, habe ich mich darauf beschränkt, nur die in der Praxis am häufigsten vorkommenden Fälle zu behandeln. Bedenkt man, dass allein ein Kommentar zum Streitwert über 1900 Seiten

[1] BVerfG JurBüro 2007, 425.

umfasst, wird klar, dass im Rahmen dieses Lehrbuches nicht alle Einzelfälle behandelt werden können.

2.1 Der Regelfall

27 In der Regel wird der Rechtsanwalt von seinem Mandanten beauftragt, eine bestimmte Geldforderung geltend zu machen. Dieser bestimmte Geldbetrag stellt dann den Gegenstand der anwaltlichen Tätigkeit dar und ist somit als Gegenstandswert für die Anwaltsgebühren zugrunde zu legen (§ 23 Abs. 1 S. 1 RVG → § 48 Abs. 1 S. 1 GKG → § 3 ZPO).

28 **Beispiel:** Der Rechtsanwalt erhebt für seinen Mandanten Klage über 1.500,00 EUR (Leistungsklage).
Gegenstandswert: 1.500,00 EUR.

29 Zinsen und Kosten werden in der Regel als Nebenforderungen zu einer Hauptforderung geltend gemacht. Wenn sie als Nebenforderung geltend gemacht werden, bleiben sie bei der Berechnung des Gegenstandswertes unberücksichtigt (§ 4 Abs. 1 ZPO – § 43 Abs. 1 GKG).

30 **Beispiel:** Der Klageantrag lautet: Die Beklagte zu verurteilen, an den Kläger 1.500,00 EUR (= Hauptforderung) nebst 5 Prozentpunkte über dem jeweiligen Basiszinssatz des § 247 BGB Zinsen seit dem 1. 1. und 65,00 EUR vorgerichtliche Mahnkosten zu zahlen.
Gegenstandswert: 1.500,00 EUR
(Zinsen und Kosten bleiben unberücksichtigt – § 4 Abs. 1 ZPO, § 43 Abs. 1 GKG –, da sie als Nebenforderung geltend gemacht werden).

31 Zinsen bleiben auch dann unberücksichtigt, wenn sie im Klageantrag ausgerechnet sind und mit der Hauptforderung zu einem einheitlichen Forderungsbetrag zusammengerechnet sind.

32 Auch im Klageantrag neben der Hauptforderung geltend gemachte Inkassogebühren sind Nebenforderungen iSd § 4 Abs. 1 ZPO – § 43 Abs. 1 RVG und daher bei der Berechnung des Gegenstandswertes nicht zu berücksichtigen.

33 Werden aber Nebenforderungen ohne die Hauptforderung geltend gemacht, so bilden sie den Gegenstandswert.

34 **Beispiel:** Der Klageantrag lautet: Die Beklagte zu verurteilen, an den Kläger 2.000,00 EUR nebst 5 Prozentpunkte über dem jeweiligen Basiszinssatz des § 247 BGB Zinsen hieraus seit dem 20. 12., ferner 10 % Zinsen aus 10.000,00 EUR für die Zeit vom 20. 12. 2016 – 20. 12. 2017 zu zahlen.
Gegenstandswert: 3.000,00 EUR
(Der erste Zinsanspruch = 5% Prozentpunkte über dem jeweiligen Basiszinssatz des § 247 BGB aus der Hauptforderung bleibt bei der Berechnung des Gegenstandswertes unberücksichtigt, da er als Nebenforderung geltend gemacht wird.
Der zweite Zinsanspruch = 10 % Zinsen aus 10.000,00 EUR für die Zeit vom 20. 12. 2016 – 20. 12. 2017 = 1.000,00 EUR wird bei der Berechnung des Gegenstandswertes berücksichtigt, da dieser nicht als Nebenforderung zur Hauptforderung geltend gemacht wird, ihm also das Abhängigkeitsverhältnis zur Hauptforderung fehlt.
Folglich setzt sich der Gegenstandswert aus der Hauptforderung von 2.000,00 EUR und dem zweiten Zinsanspruch = 1.000,00 EUR zusammen.)

35 Wird neben der Hauptforderung auch die vorprozessual entstandene Geschäftsgebühr (zuzüglich Auslagen und Umsatzsteuer) mit eingeklagt, sind auch diese vorprozessualen Kosten als Nebenforderung einzuordnen. Eine als materiell-rechtlichen Kostenerstattungsanspruch neben der Hauptforderung mit eingeklagte vorprozessual entstandene Geschäftsgebühr (zuzüglich Auslagen und Umsatzsteuer) ist daher bei der Bestimmung des Streit- bzw. Gegenstandswertes nicht zu berücksichtigen.[2]

[2] BGH JurBüro 2007, 313; BGH JurBüro 2007, 487; Enders JurBüro 2004, 57; Enders JurBüro 2007, 337 (338 – Kapitel 2).

Betreffen einzelne Prozesshandlungen nur die Nebenforderung – also nicht die Hauptforderung –, so richtet sich der Gegenstandswert nur nach der betroffenen Nebenforderung (§ 43 Abs. 2 GKG). Dies gilt nicht, wenn der Wert der betroffenen Nebenforderung den der Hauptforderung übersteigt. Übersteigt der Wert der betroffenen Nebenforderung den der Hauptforderung, bleibt der – geringere – Wert der Hauptforderung maßgebend (§ 43 Abs. 2 – letzter Halbsatz – GKG). 36

Beispiel: Es sind 5.000,00 EUR nebst 10 % Zinsen seit dem 2. 11. 2016 – 2. 11. 2017 eingeklagt. Nach mündlicher Verhandlung wird nur über die Zinsen ein Vergleich geschlossen. 37

Die anwaltliche Verfahrens- und Terminsgebühr werden nach dem Gegenstandswert der Hauptforderung = 5.000,00 EUR berechnet, während die anwaltliche Einigungsgebühr nur nach dem Wert der Zinsen = 500,00 EUR berechnet wird, da nur hierüber ein Vergleich geschlossen wurde.

Mehrere in einer Klage geltend gemachte Ansprüche sind zusammenzurechnen. Die Anwaltsgebühren richten sich dann nach dem zusammengerechneten Wert aller in der Klage geltend gemachten Ansprüche (§ 23 Abs. 1 S. 1 RVG → § 48 Abs. 1 S. 1 GKG → § 5 ZPO). 38

Beispiel: Der Kläger klagt auf Zahlung von 5.000,00 EUR aus einem Kaufvertrag, weitere 2.400,00 EUR aus einem Mietvertrag und weitere 4.678,00 EUR aus einem Werkvertrag gegenüber demselben Beklagten in einem Rechtsstreit. 39
Gegenstandswert: 12.078,00 EUR
(§ 23 Abs. 1 S. 1 RVG → § 48 Abs. 1 S. 1 GKG → § 5 ZPO – mehrere Ansprüche sind zu addieren, also 5.000,00 EUR + 2.400,00 EUR + 4.678,00 EUR = 12.078,00 EUR).

Mehrere in einer Klage geltend gemachten Ansprüche sind nicht zu addieren, wenn sie wirtschaftlich identisch sind, also keine Mehrheit von Streitgegenständen vorliegt. Eine Zusammenrechnung findet also nur statt, wenn die einzelnen geltend gemachten Ansprüche keine wirtschaftliche Einheit bilden und von selbstständigem Wert sind. 40

Beispiel: Der Kläger klagt gegen den Hauptschuldner auf Zahlung von 5.000,00 EUR aus dem Darlehensvertrag und daneben in derselben Klage gegen den Bürgen, ebenfalls auf Zahlung der 5.000,00 EUR als Gesamtschuldner neben dem Darlehensnehmer. Den Anspruch gegen den Bürgen stützt der Kläger auf die Bürgschaftsurkunde. 41
Gegenstandswert: 5.000,00 EUR
(§ 23 Abs. 1 S. 1 RVG → § 48 Abs. 1 S. 1 GKG → §§ 3, 5 ZPO – es handelt sich zwar um mehrere Ansprüche, die in einer Klage geltend gemacht werden, jedoch sind die Ansprüche wirtschaftlich identisch, denn es handelt sich um dieselben 5.000,00 EUR, die gegenüber dem Hauptschuldner und dem Bürgen geltend gemacht werden.)[3]

Beispiel: Der Kläger klagt auf Zahlung von Werklohn in Höhe von 4.200,00 EUR gleichzeitig in derselben Klage auf Einwilligung zur Eintragung einer Bauhandwerkersicherungshypothek wegen derselben Forderung. 42

Gegenstandswert: 4.200,00 EUR
(§ 23 Abs. 1 S. 1 RVG → § 48 Abs. 1 S. 1 GKG → §§ 3, 5 ZPO – es handelt sich zwar um mehrere Ansprüche, die in einer Klage geltend gemacht werden, jedoch sind die Ansprüche wirtschaftlich identisch, so dass keine Zusammenrechnung der Werte stattfindet.)[4]

Würden die einzelnen Ansprüche in den vorangegangenen Beispielen (Rn. 41 und 42 dieses Kapitels) jeweils für sich in einer gesonderten Klage geltend gemacht, so wären sie selbstverständlich jeweils gesondert zu bewerten und nach den gesonderten Gegenstandswerten der einzelnen Klage entstünden gesonderte Gebühren. Im Rah- 43

---

[3] Schneider/Herget, Streitwert, „Bürgschaft“, Rn. 1740.

[4] Schneider/Herget, Streitwert, „Bauhandwerkersicherungshypothek“, Rn. 1508; OLG Dresden JurBüro 2014, 584. Umstritten: Teilweise wird vertreten, dass der Antrag auf Einwilligung der Eintragung einer Zwangssicherungshypothek gesondert – mit einem Bruchteil des Wertes des Forderungsbetrages (zB 1/5) zu bewerten sei und dieser Wert zu dem Zahlungsanspruch zuzuschlagen sei (Vgl. Schneider/Herget, aaO.).

men der Kostenfestsetzung ist dann zu prüfen, ob die durch die Geltendmachung der einzelnen Ansprüche in getrennten Prozessen entstandenen Mehrkosten zu erstatten sind.

Weitere Beispiele dazu, wann mehrere in einer Klage geltend gemachte Ansprüche identisch sind und wann nicht, findet man bei: Schneider/Herget, Streitwert, Stichwort „Mehrere Ansprüche (Klagenhäufung)" und bei Rehberg/Schons, Stichwort „Mehrere Ansprüche", Nr. 1.2.

Zusammenfassung:

44 ▶ Wird der Rechtsanwalt beauftragt, eine bestimmte Geldforderung geltend zu machen, ist diese Geldforderung als Gegenstandswert den Anwaltsgebühren zugrunde zu legen.

▶ Zinsen und Kosten erhöhen den Gegenstandswert nicht, soweit sie als Nebenforderungen geltend gemacht werden.

▶ Mehrere in einer Klage geltend gemachte Ansprüche sind zusammenzurechnen, soweit sie nicht wirtschaftlich identisch sind.

2.2 Herausgabe von beweglichen Sachen und Grundstücken

45 Bei Klagen auf Herausgabe von beweglichen Sachen oder Grundstücken richtet sich der Gegenstandswert nach dem Verkehrswert der Sache oder des Grundstückes (§§ 3, 6 ZPO). Unter Verkehrswert versteht man den Veräußerungswert der Sache, also den Preis, der objektiv für die Sache zu erzielen ist.

46 Maßgebend ist der Wert der Sache zum Zeitpunkt der Klageerhebung (§ 4 Abs. 1 ZPO, § 40 GKG) bzw. der den jeweiligen Streitgegenstand betreffenden ersten Antragsstellung in dem jeweiligen Rechtszug.

47 Bei Klagen auf Herausgabe von Grundstücken gilt grundsätzlich der Verkehrswert des Grundstückes als Gegenstandswert für die Anwaltsgebühren. Belastungen durch Hypotheken oder Grundschulden sind nicht abzusetzen. Der Verkehrswert des Grundstückes gilt aber nur dann als Gegenstandswert für die Anwaltsgebühren, wenn der Herausgabeanspruch **nicht** auf die Beendigung eines Miet-, Pacht- oder ähnlichen Nutzungsverhältnisses beruht. Ist dies nämlich der Fall, greift § 41 Abs. 2 GKG ein und als Gegenstandswert ist der einjährige Miet-/Pachtzins maßgebend (→ Kap. E Rn. 54 ff.).

48 **Beispiel:** Der Käufer eines Grundstückes verklagt den Verkäufer auf Herausgabe des Grundstückes. Dieses hat einen Verkehrswert von 150.000,00 EUR und ist mit einer Grundschuld über 100.000,00 EUR belastet. Bei Beendigung der Instanz ist der Wert des Grundstücks auf 160.000,00 EUR auf Grund der Entwicklung auf dem Immobilienmarkt gestiegen.

Gegenstandswert für die Anwaltsgebühren: 150.000,00 EUR
(Verkehrswert des Grundstückes §§ 3, 6 ZPO; Wert bei Beginn der Instanz ist maßgebend § 40 GKG.)

49 **Beispiel:** Der Vermieter klagt nach Beendigung des Mietvertrages auf Herausgabe des Grundstückes mit einem Verkehrswert von 1.700.000,00 EUR. Die monatliche Miete betrug 5.000,00 EUR.

Gegenstandswert für die Anwaltsgebühren: 60.000,00 EUR
(12 × 5.000,00 EUR/Jahresmiete – § 41 Abs. 2 GKG)

50 Die einjährige Miete/Pacht ist auch dann als Gegenstandswert nach § 41 Abs. 2 GKG maßgebend, wenn der Kläger zwar den Herausgabeanspruch nicht auf die Beendigung eines Miet- oder Pachtverhältnisses stützt, sondern auf einen anderen Rechtsgrund, der Beklagte aber das Bestehen eines Miet-/oder Pachtverhältnisses einwendet. Auch dann soll – aus sozialen Erwägungen heraus – nicht der Verkehrswert des Grundstückes, sondern nur die einjährige Miete nach § 41 Abs. 2 GKG maßgebend sein. Es handelt sich hier um eine der wenigen Ausnahmen, in denen der Vortrag des Beklagten Einfluss auf den Gegenstandswert nimmt.

Zusammenfassung

- Bei Klagen auf Herausgabe von beweglichen Sachen oder Grundstücken richtet sich der Gegenstandswert nach dem Verkehrswert der Sache oder des Grundstückes. 51
- Wird die Räumung eines Grundstücks, Gebäudes oder Gebäudeteils wegen Beendigung eines Miet-, Pacht- oder ähnlichen Nutzungsverhältnisses verlangt, ist als Gegenstandswert das für die Dauer eines Jahres zu zahlende Entgelt (Miete/Pacht) als Gegenstandswert anzunehmen.

2.3 Streitigkeiten aus Miet- oder Pachtverträgen

Auszug aus dem GKG

§41 52

Miet-, Pacht- und ähnliche Nutzungsverhältnisse

(1) Ist das Bestehen oder die Dauer eines Miet-, Pacht- oder ähnlichen Nutzungsverhältnisses streitig, ist der Betrag des auf die streitige Zeit entfallenden Entgelts und, wenn das einjährige Entgelt geringer ist, dieser Betrag für die Wertberechnung maßgebend. Das Entgelt nach Satz 1 umfasst neben dem Nettogrundentgelt Nebenkosten dann, wenn diese als Pauschale vereinbart sind und nicht gesondert abgerechnet werden.

(2) Wird wegen Beendigung eines Miet-, Pacht- oder ähnlichen Nutzungsverhältnisses die Räumung eines Grundstücks, Gebäudes oder Gebäudeteils verlangt, ist ohne Rücksicht darauf, ob über das Bestehen des Nutzungsverhältnisses Streit besteht, das für die Dauer eines Jahres zu zahlende Entgelt maßgebend, wenn sich nicht nach Absatz 1 ein geringerer Streitwert ergibt. Wird die Räumung oder Herausgabe auch aus einem anderen Rechtsgrund verlangt, ist der Wert der Nutzung eines Jahres maßgebend.

(3) Werden der Anspruch auf Räumung von Wohnraum und der Anspruch nach den §§574 bis 574b des Bürgerlichen Gesetzbuchs auf Fortsetzung des Mietverhältnisses über diesen Wohnraum in demselben Prozess verhandelt, werden die Werte nicht zusammengerechnet.

(4) Bei Ansprüchen nach den §§574 bis 574b des Bürgerlichen Gesetzbuchs ist auch für die Rechtsmittelinstanz der für den ersten Rechtszug maßgebende Wert zugrunde zu legen, sofern nicht die Beschwer geringer ist.

(5) Bei Ansprüchen auf Erhöhung der Miete für Wohnraum ist der Jahresbetrag der zusätzlich geforderten Miete, bei Ansprüchen des Mieters auf Durchführung von Instandsetzungsmaßnahmen der Jahresbetrag einer angemessenen Mietminderung und bei Ansprüchen des Vermieters auf Duldung einer Durchführung von Modernisierungs- oder Erhaltungsmaßnahmen der Jahresbetrag einer möglichen Mieterhöhung, in Ermangelung dessen einer sonst möglichen Mietminderung durch den Mieter maßgebend. Endet das Mietverhältnis vor Ablauf eines Jahres, ist ein entsprechend niedrigerer Betrag maßgebend.

2.3.1 Rückständige Miete

Ist der Rechtsanwalt nur beauftragt, rückständige Miete oder Pacht geltend zu machen, so ist der geltend zu machende Betrag als Gegenstandswert für die Anwaltsgebühren zugrunde zu legen (§23 Abs. 1 S. 1 RVG → §48 Abs. 1 S. 1 GKG → §3 ZPO). 53

2.3.2 Räumungsanspruch

Wird der Rechtsanwalt beauftragt, die Räumung eines Grundstücks, Gebäudes oder Gebäudeteils wegen Beendigung eines Miet-, Pacht oder ähnlichen Nutzungsverhältnisses zu verlangen, so wird die Jahresmiete als Gegenstandswert für die Anwaltsgebühren zugrunde gelegt (§23 Abs. 1 S. 1 RVG → §48 Abs. 1 S. 1 GKG → §41 **Abs. 2** GKG). Die Jahresmiete errechnet man, indem man die – meistens vereinbarte – monatliche Miete mit 12 (Monaten) multipliziert. 54

In §41 **Abs. 1 S. 2** GKG ist bestimmt, dass bei der Streitwertermittlung für die in §41 Abs. 1 S. 1 GKG genannten Fälle (Streitigkeiten, wenn das Bestehen oder die Dauer eines Miet-, Pacht- oder ähnlichen Nutzungsverhältnisses streitig ist) Neben- 55 kosten dann zu berücksichtigen sind, wenn diese als Pauschale vereinbart sind und nicht gesondert abgerechnet werden. Wenn man von der Anwendbarkeit dieses Satzes 2 zu § 41 Abs. 1 GKG auch auf die Fälle des § 41 Abs. 2 GKG ausgeht, bedeutet dies, dass auch bei der Berechnung des Gegenstandswertes für ein Räumungsanspruch Nebenkosten zu berücksichtigen sind, wenn diese als Pauschale vereinbart sind und nicht gesondert abgerechnet werden.[5] Sind im Mietvertrag aber nur Vorauszahlungen auf die Nebenkosten vereinbart, die am Ende einer Abrechnungsperiode gesondert abgerechnet werden, sind diese Vorauszahlungen auf die Nebenkosten bei der Berechnung des Gegenstandswertes nicht zu berücksichtigen. Umsatzsteuer, die auf die Grundmiete zu zahlen ist, fließt in die Berechnung des Gegenstandswertes ein, nicht dagegen die Umsatzsteuer, die auf die Vorauszahlungen für die Nebenkosten zu zahlen ist.[6]

56 **Beispiel:** Im Mietvertrag ist vereinbart, dass der Mieter eine monatliche Miete von 250,00 EUR zu zahlen hat und daneben eine feste monatliche Pauschale von 100,00 EUR für die Nebenkosten, die aber nicht mehr abgerechnet wird. Der Rechtsanwalt macht den Anspruch auf Räumung wegen Beendigung des Mietverhältnisses geltend.

Gegenstandswert: 4.200,00 EUR
12 × 350,00 EUR (250,00 EUR Miete + Nebenkosten 100,00 EUR) = 4.200,00 EUR
(§ 23 Abs. 1 S. 1 RVG → § 48 Abs. 1 S. 1 GKG → § 41 Abs. 2 iVm § 41 Abs. 1 S. 2 GKG).

57 **Beispiel:** Im Mietvertrag ist eine monatliche Miete von 400,00 EUR vereinbart und eine monatliche Vorauszahlung auf die Nebenkosten in Höhe von 150,00 EUR. Die Nebenkosten sind alljährlich nach Verbrauch abzurechnen. Der Rechtsanwalt macht den Anspruch auf Räumung wegen Beendigung des Mietverhältnisses geltend.

Gegenstandswert: 4.800,00 EUR
12 × 400,00 EUR = 4.800,00 EUR
(§ 23 Abs. 1 S. 1 RVG → § 48 Abs. 1 S. 1 GKG → § 41 Abs. 2 GKG)

Die Nebenkosten sind bei der Berechnung des Gegenstandswertes nicht zu berücksichtigen, da diese nach Verbrauch abgerechnet werden (§ 41 Abs. 1 S. 2 GKG).

58 Werden in einer Klage gleichzeitig der Räumungsanspruch und rückständige Miete geltend gemacht, so ist als Gegenstandswert die Jahresmiete (für die Räumung) plus der Betrag der Mietrückstände zugrunde zu legen.

59 **Beispiel:** Der Rechtsanwalt wird beauftragt, Räumungsklage zu erheben und gleichzeitig – in derselben Klage – die Mietrückstände von 4 Monatsmieten à 500,00 EUR mit geltend zu machen.

Gegenstandswert: 8.000,00 EUR
(Räumung: 12 × 500,00 EUR = 6.000,00 EUR – § 41 Abs. 2 GKG – plus Mietrückstände 4 × 500,00 EUR = 2.000,00 EUR)

60 Das Vorstehende gilt nicht nur dann, wenn die Räumung wegen Beendigung eines Mietverhältnisses verlangt wird, sondern auch, wenn die Räumung wegen Beendigung eines Pacht- oder ähnlichen Nutzungsverhältnisses verlangt wird.

Zusammenfassung

61
- ▶ Wird wegen Beendigung eines Miet- oder Pachtverhältnisses die Räumung eines Grundstücks, Gebäudes oder Gebäudeteils verlangt, ist die für die Dauer eines Jahres zu zahlende Miete als Gegenstandswert anzunehmen.
- ▶ Werden gleichzeitig noch rückständige Mieten mit geltend gemacht, sind die zu dem Jahresbetrag für die Räumung zu addieren.

[5] Kammergericht RVGreport 2005, 78.
[6] OLG Düsseldorf JurBüro 2006, 428.

2.3.3 Feststellungsanspruch

Sofern Feststellungsklage bzgl. des Bestehens eines Miet-, Pacht- oder ähnlichen Nutzungsverhältnisses eingereicht wird, so ist als Streitwert der Betrag des auf die streitige Zeit entfallenden Miete oder wenn die Jahresmiete geringer ist, diese maßgebend (§ 41 Abs. 1 GKG). Das Gleiche gilt, wenn auf Fortsetzung des Mietverhältnisses gem. §§ 556a, 556b BGB oder auf Feststellung der Wirksamkeit oder Unwirksamkeit einer fristgerechten oder fristlosen Kündigung geklagt wird. 62

Beispiel: Der Rechtsanwalt erhebt auftragsgemäß am 1. März Klage mit dem Antrag festzustellen, dass das Mietverhältnis noch bis zum 30. 11. desselben Jahres besteht. Monatliche Miete: 500,00 EUR. 63
Gegenstandswert: 4.500,00 EUR
(Miete für 9 Monate März – Nov. = 4.500,00 EUR – § 41 Abs. 1 GKG).

Beispiel: Der Rechtsanwalt erhebt auftragsgemäß am 1. 2. 2016 Klage mit dem Antrag festzustellen, dass das Mietverhältnis noch bis zum 31. 1. 2018 besteht. Monatliche Miete: 1.000,00 EUR. 64
Gegenstandswert: 12.000,00 EUR
(Miete, die auf die streitige Zeit entfällt: Feb. 2016 – Jan. 2018 = 24 Monate × 1.000,00 EUR = 24.000,00 EUR; aber vorliegend ist die einjährige Miete geringer, also ist diese maßgebend – § 42 Abs. 1 GKG).

Nebenkosten sind neben der Miete bei der Berechnung des Gegenstandswertes dann zu berücksichtigen, wenn sie als Pauschale vereinbart sind und nicht gesondert abgerechnet werden (→ Beispiele im Kap. E Rn. 56 und 57). 65

Zusammenfassung

- ▶ Ist das Bestehen eines Miet-, Pacht- oder ähnlichen Nutzungsverhältnisses streitig, ist als Gegenstandswert das auf die streitige Zeit entfallende Entgelt (Miete, Pacht) anzunehmen. Ist das einjährige Entgelt geringer, ist dieses anzunehmen. 66

2.3.4 Erhöhungsklagen

Bei Ansprüchen auf Erhöhung des Mietzinses für **Wohnungen** ist höchstens der Jahresbetrag der zusätzlich verlangten Miete als Gegenstandswert für die Anwaltsgebühren maßgebend (§ 23 Abs. 1 S. 1 RVG → § 48 Abs. 1 S. 1 GKG → § 41 Abs. 5 GKG). Es ist also die Differenz zwischen dem alten und dem neuen monatlichen Mietzins zu ermitteln und mit 12 zu multiplizieren. Wird die Erhöhung der Miete nur für einen geringeren Zeitraum als für 1 Jahr gefordert, ist die monatliche Differenz mit der Anzahl der Monate zu multiplizieren, für welche die Erhöhung verlangt wird. Nach einer Entscheidung des Kammergerichts[7] gilt vorstehendes auch dann, wenn der Mieter sich mit einer negativen Feststellungsklage gegen die einseitige Mieterhöhung des Vermieters für seine Wohnung wendet. 67

Das zuvor Ausgeführte kommt nur dann zur Anwendung, wenn die Erhöhung des Mietzinses für Wohnraum verlangt wird. Wird die Erhöhung des Miet- oder Pachtzinses für **Geschäftsräume** (gewerblich genutzte Räume) oder für **bewegliche Sachen** verlangt, ergibt sich der Wert über § 23 Abs. 1 S. 1 RVG → § 48 Abs. 1 S. 1 GKG aus § 9 ZPO. Hiernach ist der 3½fache Jahresbetrag maßgebend, vorliegend also der 3½fache Jahresbetrag der Differenz zwischen der ursprünglichen Miete und der neuen erhöhten Miete. Wird die Erhöhung für einen geringeren Zeitraum als für 3½ Jahre verlangt, so ist für die Wertberechnung der geringere Zeitraum maßgebend. Wenn also die Erhöhung der Miete nur für die Dauer von 2 Jahren geltend gemacht wird, ist als Gegenstandswert auch nur der Unterschiedsbetrag zwischen der neuen und der alten Miete für 2 Jahre anzunehmen. Wird die Erhöhung für mehr als 3½ 68

---

[7] Kammergericht JurBüro 2015, 29.

Jahre verlangt, ist als Wert höchstens der Unterschiedsbetrag für 3½ Jahre anzunehmen.

69 **Beispiel:** Der Mieter einer Wohnung weigert sich, den erhöhten Mietzins von 620,00 EUR, früher 500,00 EUR, zu zahlen. Der Vermieter beauftragt den Rechtsanwalt, Klage auf Erhöhung der Miete zu erheben.

Gegenstandswert: 1.440,00 EUR
(12 × 120,00 EUR – Differenz zwischen der alten – 500,00 EUR – und der neuen – 620,00 EUR – Miete – § 23 Abs. 1 S. 1 RVG → § 48 Abs. 1 S. 1 GKG → § 41 Abs. 5 GKG).

70 **Beispiel:** Der Verpächter einer Gastwirtschaft verlangt eine Erhöhung der Pacht von 1.200,00 EUR monatlich auf 1.700,00 EUR. Im Pachtvertrag ist nicht vereinbart, dass der Pachtzins sich turnusgemäß erhöht. Nachdem der Pächter den erhöhten Pachtzins nicht zahlt, beauftragt der Verpächter den Rechtsanwalt Klage zu erheben.

Gegenstandswert: 21.000,00 EUR
(Differenz zwischen alter – 1.200,00 EUR – und erhöhter – 1.700,00 EUR – Pacht = 500,00 EUR; 500,00 EUR × 12 – Monate – = 6.000,00 EUR × 3½-facher Jahresbetrag = 21.000,00 EUR – § 23 Abs. 1 S. 1 RVG → § 48 Abs. 1 S. 1 GKG → § 9 ZPO).

71 Der **prozessuale Wert** (nach dem sich Zuständigkeit und Beschwer richten) einer Klage auf Erhöhung der Miete für **Wohnungen** richtet sich nicht nach § 41 Abs. 5 GKG, sondern nach § 9 ZPO. Als prozessualer Wert ist also der 3½fache Betrag des geltend gemachten Unterschiedsbetrages für 1 Jahr anzunehmen. Wenn die Erhöhung für einen kürzeren Zeitraum als 3½ Jahre verlangt wird, ist der für die gesamte Zeit geltend gemachte Unterschiedsbetrag als prozessualer Wert anzunehmen. Teilweise wurde in der Vergangenheit in Literatur und Rechtsprechung aber auch der Jahresbetrag – also der Gebührenstreitwert (§ 41 Abs. 5 GKG) – als prozessualer Wert in Wohnraummietsachen angenommen.[8]

72 In § 41 Abs. 5 GKG sind noch weitere Gegenstandswerte geregelt:

Bei Ansprüchen des Mieters auf Durchführung von Instandsetzungsmaßnahmen ist als Gegenstandswert der Jahresbetrag einer angemessenen Mietminderung anzunehmen.

Bei Ansprüchen des Vermieters auf Duldung einer Durchführung von Modernisierungs- oder Erhaltungsmaßnahmen ist der Jahresbetrag einer möglichen Mieterhöhung, in Ermangelung dessen einer sonst möglichen Mietminderung durch den Mieter maßgebend.

Auch in den beiden vorgenannten Fällen gilt meines Erachtens das Ausgeführte nur, wenn Wohnraum betroffen ist.

Wenn das Mietverhältnis vor Ablauf eines Jahres endet, ist auch in den beiden vorgenannten Fällen ein entsprechend niedrigerer Betrag als der Jahresbetrag als Gegenstandswert anzunehmen.

Zusammenfassung

73
- Bei Ansprüchen auf Erhöhung von Miete für Wohnraum ist der Jahresbetrag des zusätzlich geforderten Mietzinses anzunehmen.
- Endet das Mietverhältnis vor Ablauf eines Jahres, ist ein entsprechend niedrigerer Betrag anzunehmen, der abhängig von der Laufzeit des Vertrages ist.

2.3.5 Klage auf Feststellung der Berechtigung zur Minderung der Miete

74 Klagt der Mieter auf Feststellung einer Minderung der Miete, kommt § 41 Abs. 5 GKG und damit das in dem vorangegangenen Kapitel (→ Kap. D Rn. 67 ff.) Ausgeführte nicht zur Anwendung. Nach BGH[9] ist der Gegenstandswert einer Klage des

[8] Schneider/Herget, Streitwert, „Mietstreitigkeiten“, Rn. 3825 bis 3826.
[9] BGH Beschluss vom 14.6.2016 – VIII ZR 43/15, NJW-RR 2017, 204.

Mieters auf Feststellung, dass die Miete gemindert ist, mit dem 3 1/2-fachen Jahresbetrag der Minderung zu bestimmen.

Beispiel: Die monatliche Miete ist mit 900,00 EUR zzgl. Nebenkosten vereinbart. Das Mietverhältnis läuft auf unbestimmte Zeit. Wegen eines Mangels an der Mietsache mindert der Mieter die Miete um 30%, also 270,00 EUR. Der Vermieter widerspricht dieser Minderung. Der Mieter klagt auf Feststellung, dass die Miete ab 1.5. um 270,00 EUR monatlich gemindert ist. 75
Gegenstandswert: 11.340,00 EUR
(monatliche Minderung: 270,00 EUR x 12-Monate = 3.240,00 EUR x 3 1/2-facher Jahresbetrag = 11.340,00 EUR – §23 Abs. 1 S. 1 RVG → §48 Abs. 1 S. 1 GKG → §9 ZPO).
Wäre das Mietverhältnis befristet und würde sich die vom Mieter verlangte Minderung folglich nur noch für die restliche Vertragslaufzeit von zB 2 Jahren auswirken, so wäre nur der 2-fache Jahresbetrag der Minderung als Gegenstandswert anzunehmen.

Zusammenfassung

▶ Klagt der Mieter auf Feststellung, dass die Miete gemindert ist, ist der Gegenstandswert nach § 9 ZPO mit dem 3 ½-fachen Jahresbetrag der Minderung anzunehmen. Dies gilt nicht, wenn die Minderung – etwa wegen Befristung des Mietverhältnisses – nur für einen kürzeren Zeitraum vorgenommen wird. 76

2.4 Regelmäßig wiederkehrende Leistungen

2.4.1 Unterhalt

Bei regelmäßig wiederkehrenden Leistungen denkt man zunächst an Unterhalt. Bei der Wertbestimmung ist zu unterscheiden, ob Gegenstand der anwaltlichen Tätigkeit ist, 77
- der gesetzliche Unterhalt, der zB von einem Ehegatten an den anderen Ehegatten oder von Verwandten in gerader Linie untereinander zu gewähren ist (dies sind Unterhaltssachen/Familienstreitsachen nach dem FamFG → Kap. E Rn. 78 ff.)
- oder unterhaltsähnliche Leistungen, die von einer Person an eine andere Person aufgrund eines Vertrages zu zahlen sind (→ Kap. E Rn. 84 ff.)

2.4.1.1 Unterhaltssachen nach dem FamFG

Der Gegenstandswert (in Familiensachen – und somit auch in Unterhaltssachen – „Verfahrenswert“ genannt) in Unterhaltssachen nach dem FamFG (Gesetz über das Verfahren in Familiensachen und in den Angelegenheiten der freiwilligen Gerichtsbarkeit) bestimmt sich über § 23 Abs. 1 S. 1 RVG nach § 51 FamFG, sofern die Unterhaltssache eine Familienstreitsache ist und wiederkehrende Leistungen betrifft. Unterhaltssachen sind nach § 231 FamFG vor allem Verfahren, die 78
- durch die Verwandtschaft begründeten gesetzlichen Unterhaltspflicht betreffen (§ 231 Abs. 1 Nr. 1 FamFG)
- durch Ehe begründete gesetzliche Unterhaltspflicht betreffen (§ 231 Abs. 1 Nr. 2 FamFG)
- die Ansprüche nach § 1615 l BGB (Unterhaltsanspruch von Mutter und Vater aus Anlass der Geburt) oder § 1615 m BGB (Beerdigungskosten für die Mutter) betreffen (§ 231 Abs. 1 Nr. 3 FamFG).

Genannt sind hier also Verfahren, deren Gegenstand **gesetzliche Unterhaltsansprüche** sind.

Unterhaltssachen nach § 231 Abs. 1 FamFG sind nach § 112 Nr. 1 FamFG Familienstreitsachen.

Ist der Rechtsanwalt in einer Unterhaltssache nach dem FamFG, die eine Familienstreitsache ist, tätig, so ist als Verfahrenswert für die Anwaltsgebühren gem. § 23 Abs. 1 S. 1 RVG → § 51 Abs. 1 FamGKG der **Jahresbetrag des geforderten Unterhaltes** maßgebend. Unterhalt ist in der Regel monatlich zu zahlen. Den Jahresbetrag errech- 79 net man, indem man den monatlich zu zahlenden Unterhalt mit 12 (Monaten) multipliziert.

Unterhaltsrückstände aus der Zeit vor Klageeinreichung sind bei der Berechnung des Verfahrenswertes zu berücksichtigen. Sie **werden zu dem Jahresunterhalt addiert.** Der Gesamtbetrag bildet den Gegenstandswert für die Anwaltsgebühren (§ 51 Abs. 2 FamGKG).

Der Verfahrenswert für Unterhaltssachen nach dem FamFG, die Familienstreitsachen sind, wird ausführlich behandelt im → Kap. H Rn. 75 ff. Um unnötige Wiederholungen zu vermeiden, darf auf die Ausführungen in diesem Kapitel verwiesen werden.

80 Familienstreitsachen sind nach § 112 Nr. 3 FamFG auch die in § 266 Abs. 1 FamFG genannten sonstigen Familiensachen. In § 266 Abs. 1 FamFG sind aus der Ehe herrührende Ansprüche (§ 266 Abs. 1 Nr. 2 FamFG) oder Ansprüche zwischen miteinander verheirateten oder ehemals miteinander verheirateten Personen oder zwischen einer solchen und einem Elternteil im Zusammenhang mit Trennung oder Scheidung oder Aufhebung der Ehe (§ 266 Abs. 1 Nr. 3 FamFG) genannt. Solche Ansprüche sind ebenfalls nach § 51 Abs. 1 und 2 FamGKG mit dem Jahresbetrag zuzüglich Rückstände zu bewerten, sofern sie wiederkehrende Leistungen betreffen.[10]

81 **Beispiel:** Die Eheleute haben sich getrennt. Nach dem Gesetz würde sich kein Unterhaltsanspruch ergeben. Die Parteien haben in einem Vertrag vereinbart, dass der Ehemann im Falle der Trennung an die Ehefrau für die Dauer von 5 Jahren einen monatlichen Betrag von 1.000,00 EUR zahlt. Rückstände werden keine geltend gemacht.

Verfahrenswert: 12.000,00 EUR
(12 Monate × 1.000,00 EUR = 12.000,00 EUR – § 23 Abs. 1 S. 1 RVG → § 51 Abs. 1 FamGKG).

Meines Erachtens bestimmt sich der Verfahrenswert nach § 51 Abs. 1 FamGKG, da es sich um eine Familienstreitsachen nach §§ 112 Nr. 3, 266 Abs. 1 Nr. 2 oder 3 FamFG handeln dürfte und folglich § 51 Abs. 1 und 2 FamGKG zur Anwendung käme. Wenn die Parteien nicht miteinander verheiratet waren, würde § 9 ZPO für die Wertbestimmung zur Anwendung kommen (nachfolgendes → Kap. E Rn. 84 ff.).

82 Letzteres (→ Rn. 78 und 79) wurde durch die Änderung des § 51 Abs. 1 S. 2 FamGKG durch das 2. KostRMoG[11] auch noch einmal vom Gesetzgeber klargestellt. Also immer dann, wenn es um vertragliche Ansprüche zwischen den in § 266 Abs. 1 FamFG genannten Personen geht, kommt § 51 Abs. 1 und 2 FamGKG zur Anwendung. Bestehen die „vertraglichen (Unterhalts-)Ansprüche" nicht zwischen den in § 266 Abs. 1 FamFG genannten Personen, gilt das im nachfolgenden Kapitel (→ E Rn. 84) Ausgeführte.

Zusammenfassung

83
- In Unterhaltssachen, die Familienstreitsachen sind und wiederkehrende Leistungen betreffen, bestimmt sich der Verfahrenswert nach § 51 Abs. 1 und 2 FamGKG.
- Maßgeblich für den Verfahrenswert ist der für die ersten zwölf Monate nach Einreichung der Klage geforderte Betrag. Die bei Einreichung der Klage fälligen Rückstände werden dem Jahresbetrag hinzugerechnet.

2.4.1.2 Vertraglicher „Unterhalt"

84 In der Praxis kommt es auch – wenn auch vereinzelt – vor, dass „unterhaltsähnliche Leistungen" auf Grund einer vertraglichen Vereinbarung gezahlt werden, obwohl nach dem Gesetz keine Unterhaltspflicht besteht. Dies könnte zB der Fall sein, wenn die **in nicht ehelicher Gemeinschaft** lebenden Parteien durch Vertrag vereinbart haben, dass im Falle der Trennung der Mann der Frau monatlich – wiederkehrend – unterhaltsähnliche Beträge zahlt. In diesen Fällen, in denen nach dem Gesetz keine Unter-

[10] Meyer § 51 FamGKG Rn. 2.
[11] BGBl. I 2013, 2586 – In Kraft getreten am 1. 8. 2013.

haltspflicht besteht, ist der Gegenstandswert nicht auf den Jahresbetrag zuzüglich Rückstände gem. § 51 Abs. 1 und 2 FamGKG begrenzt. § 51 Abs. 1 und 2 FamGKG gilt nur in Unterhaltssachen, die Familienstreitsachen sind und wiederkehrende Leistungen betreffen. Kommt es aber wegen vertraglichen wiederkehrenden Leistungen zu einer gerichtlichen Auseinandersetzung, die keine Familienstreitsache ist, so ergibt sich der Gegenstandswert aus § 23 Abs. 1 S. 1 RVG → § 48 Abs. 1 S. 1 GKG → **§ 9 ZPO.** Er beläuft sich auf den **3½fachen Jahresbetrag** der zu zahlenden vertraglichen „unterhaltsähnlichen Leistungen".

Auszug aus der ZPO

§ 9 85

Wiederkehrende Nutzungen oder Leistungen

Der Wert des Rechts auf wiederkehrende Nutzungen oder Leistungen wird nach dem dreieinhalbfachen Wert des einjährigen Bezuges berechnet. Bei bestimmter Dauer des Bezugsrechts ist der Gesamtbetrag der künftigen Bezüge maßgebend, wenn er der geringere ist.

Beispiel: A und B haben über einen längeren Zeitraum zusammengelebt – ohne zu heiraten. – Sie haben schriftlich vereinbart, dass A an B im Falle der Trennung einen monatlichen Betrag von 1.000,00 EUR zahlt. Nun trennen sich A und B. A verweigert die Zahlung des vereinbarten Betrages. B beauftragt Rechtsanwalt C, den – vertraglich vereinbarten – monatlichen Betrag einzuklagen. 86

Gegenstandswert: 42.000,00 EUR
(3½ – Jahre – × 12 – Monate – = 42 – Monate – × 1.000,00 EUR = 42.000,00 EUR – § 23 Abs. 1 S. 1 RVG → § 48 Abs. 1 S. 1 GKG → § 9 ZPO.)

Ist abzusehen, dass die wiederkehrende Leistung nicht für 3½ Jahre zu zahlen ist, 87 etwa weil die berechtigte Person sehr alt ist und mit an Sicherheit grenzender Wahrscheinlichkeit feststeht, dass diese keine 3½ Jahre mehr lebt, so ist nicht der 3½fache Jahreswert als Gegenstandswert für die Anwaltsgebühren zugrunde zu legen. Dann ist die voraussichtliche Laufzeit der wiederkehrenden Leistung – hier anhand der Lebenserwartung – zu schätzen (§ 3 ZPO) und der in dieser Laufzeit zu zahlende Betrag ist als Gegenstandswert anzunehmen. Dies gilt auch, wenn in dem die wiederkehrende Leistung begründenden Vertrag vereinbart ist, dass der Unterhalt nur für eine bestimmte Dauer zu zahlen ist und diese vereinbarte Dauer 3½ Jahre nicht erreicht. Dann ist der Zeitraum, für den die wiederkehrende Leistung zu zahlen ist, Berechnungsgrundlage für den Gegenstandswert.

Beispiel: Sachverhalt wie vorangegangenes Beispiel Rn. 86 mit folgender Abweichung: Im Vertrag haben die Parteien vereinbart, dass der monatliche Betrag höchstens für die Dauer von 2 Jahren zu zahlen ist. 88

Gegenstandswert: 24.000,00 EUR
(2 × 12 = 24 Monate × 1.000,00 EUR = 24.000,00 EUR – § 23 Abs. 1 S. 1 RVG → § 48 Abs. 1 S. 1 GKG → § 9 ZPO).

Teilweise wird in der Rechtsprechung die Auffassung vertreten, dass Rückstände 89 auf die wiederkehrende Leistung, die aus der Zeit vor Klageeinreichung resultieren, entsprechend § 51 Abs. 2 FamGKG (bis 1. 9. 2009: § 42 Abs. 5 GKG) auch bei der Geltendmachung von vertraglichem Unterhalt zu dem Gegenstandswert des § 9 ZPO zu addieren sind (also wie in Unterhaltssachen nach dem FamFG, die Familienstreitsachen sind).[12] Dies würde bedeuten, dass zu dem 3½fachen Jahresbetrag noch die Rückstände aus der Zeit vor Einreichung der Klage zu addieren sind. Diese Auffassung, wonach auch bei der Geltendmachung von vertraglichem Unterhalt die bis zur Einreichung der Klage fälligen Rückstände zu dem Gegenstandswert des § 9 ZPO zu

[12] OLG Düsseldorf KostRsp ZPO § 9 Nr. 37.

addieren sind, wird dadurch gestärkt, dass der Gesetzgeber in der Gesetzesbegründung des 2. KostRMoG[13] selbst ausführt, dass auch bei einer Bestimmung des Gegenstandswertes nach § 9 ZPO die geltend gemachten Rückstände zu einer Erhöhung des Wertes führen.[14]

90 Ein Vertrag (zB ein gerichtlich protokollierter Vergleich) über **gesetzliche** Unterhaltsansprüche macht diese **nicht** zum vertraglichen Unterhalt im gebührenrechtlichen Sinne. Also auch wenn auf Abänderung eines gerichtlich protokollierten Vergleiches über gesetzliche Unterhaltsansprüche geklagt wird, beschränkt sich der Gegenstandswert für die Anwaltsgebühren auf den Jahresbetrag des abzuändernden Unterhaltes gem. § 51 Abs. 2 FamGKG und ist nicht etwa mit dem $3^1/_2$fachen Jahresbetrag anzunehmen. Gleiches gilt auch dann, wenn aus einem außergerichtlichen Vertrag, in welchem gesetzlicher Unterhalt geregelt wird (zB dessen Höhe), geklagt wird.

91 Der Gegenstandswert für die Anwaltsgebühren in Sachen, welche die Zahlung von Leibrente zum Gegenstand haben, ist ebenfalls nach § 9 ZPO zu bewerten. Also auch in solchen Sachen ist als Gegenstandswert für die Anwaltsgebühren der $3^1/_2$fache Jahresbetrag der Leibrente maßgebend.[15]

Zusammenfassung

92
- ▶ Werden wiederkehrende Leistungen geltend gemacht, die nicht aus einer gesetzlichen Unterhaltspflicht, sondern aus einer vertraglichen Vereinbarung herrühren und ist die Sache auch keine Familiensache nach §§ 112 Nr. 3, 266 Abs. 1 Nr. 2 oder 3 FamFG, bestimmt sich der Gegenstandswert nach § 9 ZPO auf den $3^1/_2$fachen Jahreswert.
- ▶ Umstritten ist, ob auch in diesen Fällen neben den zukünftigen Leistungen geltend gemachte rückständige Beträge beim Wert zu berücksichtigen sind.

2.4.1.3 Auskunftsklage, Stufenklage

93 Häufig kann der Kläger seinen Anspruch der Höhe nach nicht beziffern und ist zunächst darauf angewiesen, dass der Beklagte Auskunft erteilt (zB der Handelsvertreter benötigt Auskünfte über den Umfang der Lieferung aufgrund des von ihm vermittelten Geschäfts; der Miterbe benötigt Auskunft über den Nachlass, um seinen Anteil berechnen zu können; der Unterhaltsberechtigte benötigt Auskunft über die Höhe der Einkünfte des Unterhaltsverpflichteten, um die Höhe seines Unterhaltsanspruchs berechnen zu können). Dieser Auskunftsanspruch kann auch gerichtlich in Form einer sog **Auskunftsklage** geltend gemacht werden, wenn eine materiell-rechtliche Anspruchsgrundlage hierfür gegeben ist (zB gesetzliche oder vertragliche Anspruchsgrundlage). Der Gegenstandswert einer Auskunftsklage für die Anwaltsgebühren orientiert sich an dem Wert des Hauptanspruches, welcher nach Erteilung der Auskunft verlangt wird. Da die Auskunftsklage den noch geltend zu machenden Hauptanspruch aber quasi nur vorbereitet, kann für sie nicht der volle Wert des Hauptanspruches zugrunde gelegt werden. Als Wert für die Auskunftsklage ist nur ein Bruchteil des Wertes des Hauptanspruches anzunehmen. Die Rechtsprechung[16] nimmt meist zwischen $^1/_{10}$ und $^1/_4$ des Wertes des Hauptanspruches als Gegenstandswert für die Auskunft an. Maßgebend ist der Hauptanspruch, den sich der Kläger bei Klageerhebung erhofft. Dieser ist ggf. nach § 3 ZPO zu schätzen. Hierbei sind die vom Kläger in seiner Klageschrift vorgebrachten Behauptungen zugrunde zu legen. Bei dieser Regelung muss es auch dann bleiben, wenn sich nach Auskunftserteilung her-

[13] BT-Drucksache 17/11471 (neu), Seite 245 (rechte Spalte).

[14] Vgl. → Kap. E Rn. 102.

[15] Schneider/Herget, Streitwert, „Leibrente“, Rn. 3504 ff.

[16] Schneider/Herget, Streitwert, „Auskunftsanspruch“, Rn. 1391 und „Stufenklage“, Rn. 5075 ff.; Rehberg/Schons, „Stufenklage“ 1.2.1.

ausstellen sollte, dass sich überhaupt kein Hauptanspruch ergibt. Der Gegenstandswert ist dann nicht mit „Null" bzw. mit dem Mindestwert von 500 EUR anzusetzen.

Je weniger Kenntnisse der Kläger über die Höhe seines voraussichtlichen Haupt- 94
anspruches hat, desto höher ist der Gegenstandswert, also der Bruchteil von dem Wert des Hauptanspruches anzusetzen.[17]

In der Praxis ist es üblich, dass mit der Klage auf Auskunft gleichzeitig auch auf 95
Zahlung des Hauptanspruches geklagt wird, wobei der Zahlungsantrag erst dann spezifiziert wird, wenn die Auskunft erteilt wird. Man spricht dann von einer **Stufenklage.** Die Stufenklage hat eigentlich zwei Gegenstandswerte, nämlich

- zum einem den Wert des Auskunftsanspruches ($^1/_{10}$ – $^1/_4$ des Wertes des Unterhaltsanspruches)
- und zum anderen den Wert des Zahlungs-/Hauptanspruches (geforderter Betrag).

Die beiden Werte sind aber für die Berechnung des Gegenstandswertes für die 96
Anwaltsgebühren nicht zu addieren, sondern maßgebend ist gem. § 44 GKG (über § 23 Abs. 1 S. 1 RVG → § 48 Abs. 1 S. 1 GKG anwendbar) nur der höhere Wert. Dies ist in der Regel der Wert des Zahlungsanspruches, da der Wert der Auskunft nur mit einem Bruchteil des Wertes des Zahlungsanspruches anzusetzen ist.

Die Stufenklage wird auch noch einmal im anschließenden Kap. E „Stufenklage" 97
behandelt (→ Rn. 137). Um unnötige Wiederholungen zu vermeiden, wird auch auf das dort Ausgeführte verwiesen.

Zusammenfassung

- ▶ Der Wert der Auskunftsklage orientiert sich an dem Gegenstandswert der Ansprü- 98
che, die durch den Auskunftsanspruch vorbereitet werden sollen. Er ist mit einem Bruchteil des Wertes des Hauptanspruches anzunehmen ($^1/_{10}$ bis $^1/_2$).
- ▶ Treffen im Rahmen einer Stufenklage der Auskunftsanspruch und der Zahlungsanspruch/Hauptanspruch zusammen, gilt gem. § 44 GKG nur der höhere Wert.

2.4.2 Rente aus unerlaubter Handlung

Bis zum Inkrafttreten des 2. KostRMoG war der Gegenstandswert in den Sachen, 99
in welchen wegen

- der Tötung eines Menschen
- der Verletzung des menschlichen Körpers
- der Verletzung der Gesundheit eines Menschen

Schadensersatz in Form einer Geldrente verlangt wird, in § 42 Abs. 1 GKG geregelt. Diese Vorschrift galt sowohl dann, wenn die Geldrente aufgrund eines gesetzlichen Schadensersatzanspruches (zB §§ 843, 844, 845 BGB) gefordert wird, als auch dann, wenn die Rente wegen Ansprüchen aus einer Vertragsverletzung (zB eines Beförderungsvertrages – bei einem Bahnunfall kommen Personen zu Schaden – oder eines ärztlichen Behandlungsfehlers) herrühren.[18]

Der Gegenstandswert war mit dem **5fachen Jahresbetrag** in Ansatz zu bringen (monatliche Schadensersatzrente × 12 – Monate – × 5 – Jahre –).

Rückstände aus der Zeit vor Einreichung der Klage waren zu dem 5fachen Jahresbetrag zu addieren (§ 42 Abs. 4 GKG).

§ 42 Abs. 1 GKG wurde durch das 2. KostRMoG[19] aufgehoben. Da es seitdem an 100
einer speziellen Wertvorschrift für die Schadensersatzrente fehlt, kommt § 9 ZPO zur Anwendung (§ 23 Abs. 1 S. 1 RVG → § 48 Abs. 1 S. 1 GKG → § 9 ZPO). Der Gegenstandswert bestimmt sich auf den **3 $^1/_2$fachen Jahresbetrag** der geforderten Schadensersatzrente.

---

[17] Schneider/Herget, Streitwert, „Auskunftsanspruch", Rn. 1398.
[18] Meyer GKG § 42 Rn. 7 ff.
[19] BGBl. I 2013, 2586 – In Kraft getreten am 1. 8. 2013.

101 Wird die Schadensersatzrente nur für einen kürzeren Zeitraum als $3^1/_2$ Jahre gefordert, ist dieser kürzere Zeitraum für die Berechnung des Gegenstandswertes zugrunde zu legen.

102 Die bei Einreichung der Klage fälligen und mit geltend gemachten **Rückstände** sind dem Gegenstandswert hinzuzurechnen. Dies ergibt sich aus den Ausführungen des Gesetzgebers in der Gesetzesbegründung des 2. KostRMoG[20], die wie folgt lauten: „*Da § 9 ZPO nur die Bewertung des auf die Zukunft gerichteten Rechts auf wiederkehrende Leistungen erfasst, ist auch sichergestellt, dass, wie bisher über § 42 Abs. 4 (künftig Abs. 3) GKG, die Geltendmachung von Rückständen zu einer Erhöhung des Wertes führt.*“[21]

Praxistipp:

103 Schadensersatzrenten sind mit dem $3^1/_2$-fachen Jahresbetrag der geforderten Rente zu bewerten. In die Bestimmung des Gegenstandswertes fließen allerdings die bei Klageeinreichung fälligen Rückstände mit ein. Voraussetzung ist, dass diese Rückstände auch in der Klageschrift geltend gemacht werden. Diese Rückstände müssen aber nicht in einer Summe im Klageantrag gefordert werden, sondern es reicht aus, wenn der Klageantrag lautet: „*... eine Schadensersatzrente in Höhe von ... monatlich ab ... zu zahlen.*“

104 Nach § 843 Abs. 2 iVm § 760 Abs. 2 BGB ist die Schadensersatzrente für 3 Monate vorauszuzahlen. Als Rückstand fließen also nicht nur die Monate bis zur Einreichung der Klage in den Gegenstandswert ein, sondern auch die Rente für die beiden auf die Einreichung der Klage folgenden Monate.

105 **Beispiel:** In der Klageschrift verlangt der Rechtsanwalt für den Kläger eine monatliche Schadensersatzrente in Höhe von 1.000,00 EUR. Die Klage wird ab Januar gefordert. Die Klageschrift wird am 10. Juli eingereicht.

Gegenstandswert: 51.000,00 EUR

(1.000,00 EUR x 12-Monate – x $3^1/_2$-Jahre- = 42.000,00 EUR – § 23 Abs. 1 S. 1 RVG → § 48 Abs. 1 S. 1 GKG → § 9 ZPO – zuzüglich Rückstände = Januar bis September, denn zum Zeitpunkt der Einreichung der Klage sind die Schadensersatzrenten für die Monate Juli, August und September bereits fällig – also 9-Monate x 1.000,00 EUR = 9.000,00 EUR – § 42 Abs. 3 GKG, Wert insgesamt also: 42.000,00 EUR + 9.000,00 EUR = 51.000,00 EUR).

106 Nach § 843 Abs. 3 BGB kann der Verletzte statt einer Rente eine Abfindung in Form einer Einmalzahlung verlangen, wenn ein wichtiger Grund vorliegt. Wird eine Kapitalabfindung geltend gemacht, ist der verlangte Abfindungsbetrag als Gegenstandswert für die Anwaltsgebühren anzunehmen. Dies muss meines Erachtens auch dann gelten, wenn zunächst eine Rente geltend gemacht wird und man sich später auf eine Kapitalabfindung einigt. Denn dann wird doch zumindest konkludent im Rahmen der Verhandlungen eine Kapitalabfindung gefordert.[22]

Zusammenfassung

107 ▶ Wird Schadensersatz wegen der Tötung eines Menschen oder wegen der Verletzung des Körpers oder der Gesundheit eines Menschen in Form einer Geld**rente** verlangt, ist der $3^1/_2$fache Jahresbetrag als Streitwert anzunehmen (§ 9 ZPO), es sei denn, die Rente wird nur für einen kürzeren Zeitraum als für $3^1/_2$ Jahre verlangt.

▶ Rückstände sind beim Gegenstandswert zu berücksichtigen.

[20] BT-Drucksache 17/11471 (neu), Seite 245 (rechte Spalte).

[21] Meine anders lautende Meinung in der 16. Auflage Rn. 998 gebe ich auf.

[22] Enders JurBüro 2012, 393; OLG Hamm NJW 1966, 162; Hartung/Schons/Enders § 23 Rn. 57; Deller VersR 2013, 433.

2.4.3 Öffentlich-rechtliche Dienst- oder Amtsverhältnisse

Bei der Geltendmachung von wiederkehrenden Leistungen aus einem öffentlich-rechtlichen Dienst- oder Amtsverhältnis, einer Dienstpflicht oder einer Tätigkeit, die anstelle einer gesetzlichen Dienstpflicht geleistet werden kann, sowie bei Ansprüchen von Arbeitnehmern auf wiederkehrende Leistungen ist der 3 fache-Jahresbetrag als Streitwert für die Anwaltsgebühren anzunehmen (§ 23 Abs. 1 S. 1 RVG → § 48 Abs. 1 S. 1 GKG → § 42 Abs. 1 GKG). Wenn der insgesamt geforderte Betrag geringer ist, ist dieser als Streitwert zugrunde zu legen (§ 42 Abs. 1 S. 1, letzter Halbsatz GKG). Rückstände aus der Zeit vor der Klageerhebung sind noch zu dem Streitwert zu addieren (§ 42 Abs. 3 GKG). Dies gilt nicht in Rechtsstreitigkeiten vor den Gerichten für Arbeitssachen (§ 42 Abs. 3 S. 1 GKG). 108

Auszug aus dem GKG

§ 42 109
Wiederkehrende Leistungen

(1) Bei Ansprüchen auf wiederkehrende Leistungen aus einem öffentlich-rechtlichen Dienst- oder Amtsverhältnis, einer Dienstpflicht oder einer Tätigkeit, die anstelle einer gesetzlichen Dienstpflicht geleistet werden kann, bei Ansprüchen von Arbeitnehmern auf wiederkehrende Leistungen sowie in Verfahren vor Gerichten der Sozialgerichtsbarkeit, in denen Ansprüche auf wiederkehrende Leistungen dem Grunde oder der Höhe nach geltend gemacht oder abgewehrt werden, ist der dreifache Jahresbetrag der wiederkehrenden Leistungen maßgebend, wenn nicht der Gesamtbetrag der geforderten Leistungen geringer ist. Ist im Verfahren vor den Gerichten der Verwaltungs- und Sozialgerichtsbarkeit die Höhe des Jahresbetrags nicht nach dem Antrag des Klägers bestimmt oder nach diesem Antrag mit vertretbarem Aufwand bestimmbar, ist der Streitwert nach § 52 Abs. 1 und 2 zu bestimmen.

(3) Die bei Einreichung der Klage fälligen Beträge werden dem Streitwert hinzugerechnet; dies gilt nicht in Rechtsstreitigkeiten vor den Gerichten für Arbeitssachen.

Der Einreichung der Klage steht die Einreichung eines Antrags auf Bewilligung der Prozesskostenhilfe gleich, wenn die Klage alsbald nach Mitteilung der Entscheidung über den Antrag oder über eine alsbald eingelegte Beschwerde eingereicht wird.

Beispiel: Der Beamte S verklagt seinen Dienstherrn, ihm anstatt eines bislang gezahlten Zuschlages von 350,00 EUR ab August einen monatlichen Zuschlag von 480,00 EUR zu zahlen. Die Klage geht am 20. Dezember bei Gericht ein. 110

Gegenstandswert: 5.330,00 EUR
(Differenz zwischen dem gezahlten und dem mit der Klage geforderten Zuschlag = 130,00 EUR × 12 – Monate – × 3 – Jahre – 4.680,00 EUR – § 23 Abs. 1 S. 1 RVG → § 48 Abs. 1 S. 1 GKG → § 42 Abs. 1 GKG – zuzüglich Rückstände = Monate August – Dezember = 5 – Monate – × 130,00 EUR = 650,00 EUR – § 42 Abs. 3 GKG)

In Verfahren, welche die Begründung, die Umwandlung, das Bestehen, das Nichtbestehen oder die Beendigung eines besoldeten öffentlich-rechtlichen Dienst- oder Amtsverhältnisses betreffen, richtet sich der Gegenstandswert über § 23 Abs. 1 S. 1 RVG → § 48 Abs. 1 S. 1 GKG → nach § 52 Abs. 6 GKG.[23] § 52 Abs. 5 – jetzt Abs. 6 – GKG wurde durch das 2. KostRMoG[24] neu gefasst und führt auch zu inhaltlichen Änderungen gegenüber der alten Rechtslage. 111

[23] Bis zum 16. 7. 2014 fand sich die entsprechende Regelung in § 52 Abs. 5 GKG. Durch das Gesetz vom 8. 7. 2014 (BGBl. I S. 890) wurde ein neuer Abs. 5 in § 52 GKG eingefügt, so dass die bis dahin geltende Regelung des Abs. 5 in Abs. 6 verschoben wurde.

[24] BGBl. I 2013, 2586 – In Kraft getreten am 1. 8. 2013.

Auszug aus dem GKG

112 **§52**
Verfahren vor Gerichten der Verwaltungs-, Finanz- und Sozialgerichtsbarkeit

(6) In Verfahren, die die Begründung, die Umwandlung, das Bestehen, das Nichtbestehen oder die Beendigung eines besoldeten öffentlich-rechtlichen Dienst- oder Amtsverhältnisses betreffen, ist Streitwert

1. die Summe der für ein Kalenderjahr zu zahlenden Bezüge mit Ausnahme nicht ruhegehaltsfähiger Zulagen, wenn Gegenstand des Verfahrens ein Dienst- oder Amtsverhältnis auf Lebenszeit ist;
2. im Übrigen die Hälfte der für ein Kalenderjahr zu zahlenden Bezüge mit Ausnahme nicht ruhegehaltsfähiger Zulagen.

Maßgebend für die Berechnung ist das laufende Kalenderjahr. Bezügebestandteile, die vom Familienstand oder von Unterhaltsverpflichtungen abhängig sind, bleiben außer Betracht. Betrifft das Verfahren die Verleihung eines anderen Amts oder den Zeitpunkt einer Versetzung in den Ruhestand, ist Streitwert die Hälfte des sich nach den Sätzen 1 bis 3 ergebenden Betrags.

(7) Ist mit einem in Verfahren nach Absatz 6 verfolgten Klagebegehren ein aus ihm hergeleiteter vermögensrechtlicher Anspruch verbunden, ist nur ein Klagebegehren, und zwar das wertmäßig höhere, maßgebend.

113 Geregelt werden soll mit dieser Vorschrift der Gegenstandswert in Statusstreitigkeiten im öffentlichen Dienst, also zB der Beamten, Richter, Berufssoldaten und Soldaten auf Zeit.

In den Verfahren vorgenannter Art ist als Gegenstandswert die Summe der für ein Kalenderjahr zu zahlenden Bezüge mit Ausnahme nicht ruhegehaltsfähiger Zulagen anzunehmen, **wenn Gegenstand des Verfahrens ein Dienst- oder Amtsverhältnis auf Lebenszeit** ist (§ 52 Abs. 6 S. 1 Nr. 1 GKG).

114 Ist Gegenstand des Verfahrens **kein** Dienst- oder Amtsverhältnis auf Lebenszeit (zB Beamter auf Widerruf/Soldat auf Zeit) ist als Gegenstandswert die Hälfte der für ein Kalenderjahr zu zahlenden Bezüge mit Ausnahme nicht ruhegehaltsfähiger Zulagen anzunehmen (§ 52 Abs. 6 S. 1 Nr. 2 GKG).

115 Betrifft das Verfahren die Verleihung eines anderen Amtes (zB Laufbahnwechsel/Beförderung) oder den Zeitpunkt einer Versetzung in den Ruhestand, so soll die Hälfte der vorgenannten – in § 52 Abs. 6 S. 1–3 GKG – geregelten Werte angenommen werden (§ 52 Abs. 6 S. 4 GKG). Also beim Beamten auf Lebenszeit ist in diesen Fällen die Hälfte der für ein Kalenderjahr zu zahlenden Bezüge – mit Ausnahme nicht ruhegehaltsfähiger Zulagen – als Gegenstandswert zu bestimmen. Beim Beamten auf Widerruf oder Soldaten auf Zeit ist in diesen Fällen ein Viertel (die Hälfte von der Hälfte) der für ein Kalenderjahr zu zahlenden Bezüge mit Ausnahme nicht ruhegehaltsfähiger Zulagen als Gegenstandswert anzunehmen.

116 Ist ein in § 52 Abs. 6 GKG geregeltes Verfahren gleichzeitig mit einem daraus resultierenden Zahlungsanspruch verbunden, so sind die Werte des Feststellungsantrages und des Zahlungsantrages nicht zu addieren, sondern maßgebend ist nur der höhere Wert, also entweder der Wert des Feststellungsantrages oder der Wert des Zahlungsantrages (§ 52 Abs. 7 GKG).

Zusammenfassung

117
- ▶ Bei der Geltendmachung von wiederkehrenden Leistungen aus einem öffentlich-rechtlichen Dienst- oder Amtsverhältnis, einer Dienstpflicht oder einer Tätigkeit, die anstelle einer gesetzlichen Dienstpflicht geleistet werden kann, sowie bei Ansprüchen von Arbeitnehmern auf wiederkehrende Leistungen ist der 3-fache-Jahresbetrag als Streitwert für die Anwaltsgebühren anzunehmen, es sei denn, der insgesamt geforderte Betrag ist geringer (§ 42 Abs. 1 GKG).
- ▶ In Verfahren, welche die Begründung, die Umwandlung, das Bestehen, das Nichtbestehen oder die Beendigung eines besoldeten öffentlich-rechtlichen Dienst- oder

Amtsverhältnisses betreffen, richtet sich der Gegenstandswert nach § 52 Abs. 6 GKG.

2.5 Klage und Widerklage

Sind Klage und Widerklage bei Gericht anhängig, wird in der Regel über sie in demselben Prozess verhandelt. Für den Anwalt stellt sich dann die Frage, welchen Gegenstandswert er seinen Gebühren zugrunde legt: Den Gegenstandswert der Klage, den Gegenstandswert der Widerklage oder die Summe beider Gegenstandswerte. Geht man wieder systematisch vor, so gelangt man über § 23 Abs. 1 S. 1 RVG → § 48 Abs. 1 S. 1 GKG → zu § 45 Abs. 1 GKG. 118

Auszug aus dem GKG

§ 45 119

Klage und Widerklage, Hilfsanspruch, wechselseitige Rechtsmittel, Aufrechnung

(1) In einer Klage und in einer Widerklage geltend gemachte Ansprüche, die nicht in getrennten Prozessen verhandelt werden, werden zusammengerechnet. Ein hilfsweise geltend gemachter Anspruch wird mit dem Hauptanspruch zusammengerechnet, soweit eine Entscheidung über ihn ergeht. Betreffen die Ansprüche im Fall des Satzes 1 oder 2 denselben Gegenstand, ist nur der Wert des höheren Anspruchs maßgebend.

Betreffen Klage und Widerklage **denselben Streitgegenstand,** so sind die Gebühren entweder nach dem Wert der Klage oder dem der Widerklage zu berechnen. Die Werte der Klage und Widerklage sind nicht zu addieren. Es gilt nur der höhere Wert, also entweder der der Klage oder der der Widerklage (§ 45 Abs. 1 S. 3 GKG – siehe hierzu auch nachfolgendes Beispiel → Rn. 123 dieses Kapitels). 120

Betreffen Klage und Widerklage **nicht denselben Streitgegenstand,** so sind die **Gegenstandswerte** von Klage und Widerklage **zusammenzurechnen** und die Gebühren berechnen sich nach der Summe beider Gegenstandswerte (§ 45 Abs. 1 S. 1 GKG). 121

Wann betreffen nun Klage und Widerklage denselben Streitgegenstand?[25] Die Rechtsprechung hat hierzu die sog Identitätsformel entwickelt: Hiernach liegt derselbe Streitgegenstand dann vor, wenn beide Anträge sich gegenseitig ausschließen, also die Zuerkennung des einen Anspruchs automatisch die Abweisung des anderen zur Folge haben muss. Also wenn die Zuerkennung der Klageforderung (das Gericht gibt der Klage statt und verurteilt den Beklagten antragsgemäß) zwangsläufig die Abweisung der Widerklage zur Folge haben muss, liegt derselbe Streitgegenstand vor und die Gebühren entstehen nur nach dem einfachen Wert dieses Streitgegenstandes. Es gilt dann nur der höhere Wert, also entweder der der Klage oder der der Widerklage. 122

Beispiel: Der Kläger klagt auf Herausgabe eines Computers. Dieser hat einen Verkehrswert von 5.000,00 EUR. Der Beklagte erhebt Widerklage mit dem Antrag festzustellen, dass der Computer in seinem Eigentum steht. 123

Gegenstandswert: 5.000,00 EUR
(§ 23 Abs. 1 S. 1 RVG → § 48 Abs. 1 S. 1 GKG → §§ 3, 6 ZPO – § 45 Abs. 1 S. 3 GKG)

Vorliegend hätte die Zuerkennung des Klageanspruchs automatisch die Abweisung der Widerklage zur Folge, denn nur wenn festgestellt wird, dass der Kläger Eigentümer des Computers ist, kann er die Herausgabe verlangen. Wenn der Kläger aber Eigentümer ist, muss die Widerklage des Beklagten auf Feststellung, dass er Eigentümer ist, abgewiesen werden. Oder umgekehrt: Wenn feststeht, dass der Beklagte Eigentümer ist, wird seine Feststellungsklage Erfolg haben, während die Klage des Klägers abgewiesen werden muss, da er nicht Eigentümer ist und somit auch nicht die Herausgabe – gestützt auf Eigentum – verlangen kann. Die Klage ist vorliegend mit dem Ver-

---

[25] → Meyer GKG § 45 Rn. 12 ff.; Schneider/Herget, Streitwert, „Klage und Widerklage" Rn. 3311 ff.; Rehberg/Schons, „Widerklage" 1.1.2 – jeweils mit zahlreichen Beispielen und Rechtsprechungsnachweisen.

kehrswert des herausverlangten Gegenstandes zu bewerten (§§ 3, 6 ZPO). Für Feststellungsklagen (hier die Widerklage) ist in der Regel ein Abschlag vom Leistungsanspruch zu machen, also liegt der Gegenstandswert der Widerklage unter dem der Klage, so dass vorliegend der Wert der höheren Klage maßgebend ist. Wäre der Gegenstandswert der Widerklage höher als der der Klage, so wäre dieser den Anwaltsgebühren zugrunde zu legen.

124 Klage und Widerklage betreffen **nicht** denselben Streitgegenstand, wenn die Zuerkennung der Klageforderung nicht zwangsläufig die Abweisung der Widerklage zur Folge hat und umgekehrt. Dies ist der Fall, wenn die Ansprüche von Klage und Widerklage auf unterschiedlichen Anspruchsgrundlagen beruhen, also das Gericht zB Klage und Widerklage stattgeben oder beide abweisen könnte. Betreffen Klage und Widerklage nicht denselben Streitgegenstand, so sind die Gegenstandswerte von Klage und Widerklage zu addieren und nach dieser Summe berechnen sich die Anwaltsgebühren.

125 **Beispiel:** Der Kläger klagt auf Zahlung von 4.500,00 EUR aus einem Kaufvertrag über eine Maschine. Der Beklagte beantragt Klageabweisung und erhebt Widerklage auf Zahlung von 2.800,00 EUR aus einem Werkvertrag. Er hat für den Kläger Arbeiten durchgeführt.

Gegenstandswert: 7.300,00 EUR
(§ 23 Abs. 1 S. 1 RVG → § 48 Abs. 1 S. 1 GKG → § 3 ZPO – § 45 Abs. 1 S. 1 GKG)

Klage und Widerklage betreffen vorliegend nicht denselben Streitgegenstand, so dass die Gegenstandswerte von Klage (4.500,00 EUR) und Widerklage (2.800,00 EUR) zu addieren sind.

126 Betreffen Klage und Widerklage nur teilweise denselben Streitgegenstand und schließen sich nur insoweit gegenseitig aus, so erhöht sich der Gegenstandswert der Klage um den Teil der Widerklage, der einen anderen Gegenstand als die Klage betrifft.

127 **Beispiel:** Der Kläger klagt auf Zahlung eines Kaufpreises in Höhe von 15.000,00 EUR. Mit der Widerklage begehrt der Beklagte Feststellung, dass der Kaufvertrag, auf welchen der Kläger seinen Anspruch stützt, nichtig ist und darüber hinaus begehrt er vom Kläger Rückzahlung eines Darlehens von 7.000,00 EUR.

Gegenstandswert: 22.000,00 EUR
(§ 23 Abs. 1 S. 1 RVG → § 48 Abs. 1 S. 1 GKG → § 3 ZPO – § 45 Abs. 1 GKG)

Für die Widerklage ist ein Wert von 19.000,00 EUR anzunehmen. 12.000,00 EUR für den Feststellungsantrag (15.000,00 EUR ./. 20 % – da Feststellungsantrag) und 7.000,00 EUR für Zahlungsantrag betr. die Rückzahlung des Darlehens in Höhe von 7.000,00 EUR. Bezüglich des Feststellungsantrages ist der Streitgegenstand der Widerklage aber identisch mit dem der Klage, so dass nur der Wert der Widerklage mit dem der Klage zu addieren ist, welcher einen anderen Streitgegenstand (Darlehen) als die Klage betrifft.

128 Klage und Widerklage treffen häufig in Verkehrsunfallsachen zusammen (→ Kap. C Rn. 81 f.).

129 Wird über Klage und Widerklage in getrennten Prozessen verhandelt, so stellen sich die vorgehend dargestellten Probleme natürlich nicht. Dann entstehen nach getrennten Gegenstandswerten gesonderte Gebühren in dem Rechtsstreit über die Klage und in dem über die Widerklage.

130 Für den prozessualen Wert, also den Wert der Zuständigkeit und ggf. Beschwer bestimmt, gilt Vorstehendes nicht. Nach § 5 ZPO sind die Werte von Klage und Widerklage nicht zusammen zu rechnen. Die Zuständigkeit bestimmt sich also stets nur nach dem Wert der Klage. Also auch dann, wenn durch die Widerklage der Gegenstandswert auf über 5.000 EUR ansteigen würde, würde das Amtsgericht zuständig bleiben.

131 Die Widerklage kann auch als sog **Hilfswiderklage** erhoben werden. In diesen Fällen soll die Widerklage nur dann als erhoben gelten, wenn eine bestimmte prozessuale Situation eintritt, zB der Klage stattgegeben wird. Nach den von der Rechtspre-

chung[26] entwickelten Grundsätzen hierzu wird der Gegenstandswert der Hilfswiderklage nur dann berücksichtigt, **wenn über sie entschieden worden** ist. Also nur dann, wenn über die Hilfswiderklage ein Urteil ergangen ist und die Hilfswiderklage nicht denselben Streitgegenstand wie die Klage betrifft, ist der Wert der Hilfswiderklage mit dem Gegenstandswert der Klage zu addieren. Wurde über die Hilfswiderklage nicht entschieden, so kann der Gegenstandswert derselben nach der Rechtsprechung auch nicht berücksichtigt werden. Dies mag zwar für die Gerichtsgebühren richtig sein, denn wenn die prozessuale Situation, für welche die Hilfswiderklage erhoben wurde, nicht eintritt, entscheidet das Gericht auch nicht über diese. Etwas anderes muss **meines Erachtens** jedoch für die Anwaltsgebühren gelten: Der Rechtsanwalt befasst sich mit der Hilfswiderklage, formuliert die Anträge, begründet diese etc. Seine diesbezügliche Tätigkeit muss ihm vergütet werden. Es erscheint **meines Erachtens** angebracht, den Gegenstandswert der Hilfswiderklage mit dem der Klage zu addieren, natürlich vorausgesetzt, Klage und Hilfswiderklage betreffen nicht denselben Streitgegenstand. Nach dieser Summe der Werte sollten sich dann die Anwaltsgebühren berechnen. Dies wird der Rechtsanwalt aber nur dann durchsetzen können, wenn er zuvor mit dem Mandanten eine entsprechende Vergütungsvereinbarung geschlossen hat, wonach der Gegenstandswert der Hilfswiderklage mit dem der Klage auch dann zu addieren ist, wenn über die Hilfswiderklage nicht entschieden wird.

Vertritt der Rechtsanwalt als Prozessbevollmächtigter den Kläger, erhebt der Be- **132**
klagte **Drittwiderklage** mit welcher er eine andere, dritte Person in Anspruch nimmt und vertritt der Prozessbevollmächtigte des Klägers auch diese dritte Person, so handelt es sich für den Prozessbevollmächtigten des Klägers nicht um zwei gebührenrechtliche Angelegenheiten. Dies hat der BGH[27] zu der Fallgestaltung entschieden, die sich aus dem nachstehenden Beispiel (→ Kap. E Rn. 133) ergibt.

Beispiel: Der Ehemann hat ein Anlagengeschäft über 60.000,00 EUR getätigt. Er möchte Scha- **133**
densersatz in dieser Höhe von dem Anlagenberater fordern. Der Ehemann tritt seine Schadensersatzansprüche an seine Ehefrau ab, die die Klage gegen den Anlagenberater erhebt. Der Anlagenberater seinerseits erhebt in diesem Rechtsstreit eine Drittwiderklage gegen den Ehemann mit welcher er Feststellung begehrt, dass dem Ehemann kein Schadensersatzanspruch gegen ihn – den Anlagenberater – zusteht.

Nach BGH[28] liegt hier nur eine gebührenrechtliche Angelegenheit vor.

Die Gebühren bestimmen sich nach einem Gegenstandswert von 60.000,00 EUR, denn die Gegenstände von Klage und Drittwiderklage sind wirtschaftlich identisch. Allerdings vertritt der Rechtsanwalt mehrere Auftraggeber (Klägerin und Drittwiderbeklagten) so dass Nr. 1008 VV RVG zur Anwendung kommt und sich die Verfahrensgebühr um 0,3 erhöht.[29]

Sind die Gegenstände von Klage und Drittwiderklage nicht wirtschaftlich iden- **134**
tisch, sind die Werte zu addieren.[30]

Beispiel: Die Ehefrau hat ihrerseits ein Anlagengeschäft über 40.000,00 EUR getätigt. Der Ehe- **135**
mann hat mit dem gleichen Anbieter ein Anlagengeschäft über 80.000,00 EUR getätigt. Die Ehefrau erhebt Klage gegen den Anlagenberater wegen Schadensersatz in Höhe von 40.000,00 EUR. Der Anlagenberater reicht in demselben Rechtsstreit eine Drittwiderklage gegen den Ehemann ein in welcher er die Feststellung begehrt, dass dem Ehemann wegen des von ihm getätigten Anlagengeschäfts kein Schadensersatzanspruch in Höhe von 80.000,00 EUR zusteht.

Vorliegend sind die Gegenstände von Klage und Drittwiderklage nicht wirtschaftlich identisch. Die Werte der Ansprüche von Klage und Widerklage sind zu addieren und der Gegenstandswert beläuft sich auf (Klage 40.000,00 EUR + Drittwiderklage 80.000,00 EUR =) 120.000,00 EUR. Auch hier vertritt der Prozessbevollmächtigte des Klägers und des Drittwiderbeklagten zwar mehrere

---

[26] Schneider/Herget, Streitwert, „Hilfswiderklage", Rn. 3110 ff.

[27] BGH RVGreport 2016, 94.

[28] BGH RVGreport 2016, 94; so auch OLG Celle JurBüro 2015, 306 und OLG Stuttgart BeckRS 2016, 09657 unter Aufgabe seiner früheren anderslautenden Rechtsprechung.

[29] OLG Bamberg BeckRS 2016, 00610.

[30] OLG Köln RVGreport 2015, 458.

Auftraggeber; er vertritt diese aber nicht wegen desselben Gegenstandes, so dass Nr. 1008 VV RVG hier nicht zur Anwendung kommt und nur eine 1,3 Verfahrensgebühr Nr. 3100 VV RVG aus dem Wert von 120.000,00 EUR im I. Rechtszug entsteht.

Zusammenfassung

136
- Die Gegenstandswerte von Klage und Widerklage sind zusammenzurechnen und nach der Summe der Werte entstehen die Gebühren. Dies gilt nicht, wenn Klage und Widerklage denselben Gegenstand betreffen. Dann gilt nur der höhere Wert.
- Auch Klage und Drittwiderklage können für den Prozessbevollmächtigten dieselbe gebührenrechtliche Angelegenheit sein, wenn dieser den Kläger und den Drittwiderbeklagten vertritt. Betreffen Klage und Drittwiderklage denselben Gegenstand, ist Nr. 1008 VV RVG zu beachten (Erhöhung der Verfahrensgebühr wegen mehrerer Auftraggeber). Betreffen Klage und Drittwiderklage nicht denselben Gegenstand, sind die Werte zu addieren.

2.6 Stufenklage

137 Bevor ein Zahlungs- oder Herausgabeanspruch geltend gemacht werden kann, muss häufig vorab auf Auskunft, Rechnungslegung, Vorlegung von Vermögensverzeichnissen oder Abgabe einer eidesstattlichen Versicherung geklagt werden. Diese, den Hauptanspruch vorbereitenden Maßnahmen, werden oft zusammen mit dem eigentlichen Hauptanspruch in einer Klage – Stufenklage – geltend gemacht. Die Gegenstandswerte für die beiden Anträge sind nicht, wie sonst, zusammenzurechnen, sondern als Streitwert für das gesamte Verfahren ist **nur** der **höhere Wert** anzunehmen (§ 44 GKG). Dies wird in der Regel der Hauptanspruch (Zahlungs- oder Herausgabeanspruch) sein, da für den vorbereitenden Antrag auf Auskunft nur ein Bruchteil des Wertes des Hauptanspruches zugrunde zu legen ist.

Auszug aus dem GKG

138

§ 44
Stufenklage

Wird mit der Klage auf Rechnungslegung oder auf Vorlegung eines Vermögensverzeichnisses oder auf Abgabe einer eidesstattlichen Versicherung die Klage auf Herausgabe desjenigen verbunden, was der Beklagte aus dem zugrunde liegenden Rechtsverhältnis schuldet, ist für die Wertberechnung nur einer der verbundenen Ansprüche, und zwar der höhere, maßgebend.

139 Für die Auskunft nimmt die Rechtsprechung[31] meist zwischen $^1/_{10}$ und $^1/_4$ des Gegenstandswertes des Hauptanspruches = Leistungsanspruches an. Die Auskunfts-/Stufenklage wurde schon einmal in dem vorangegangenen → Kap. E Rn. 93 im Zusammenhang mit dem Gegenstandswert für wiederkehrende Leistungen behandelt. Um unnötige Wiederholungen zu vermeiden, sollen daher nachstehend die schon im vorangegangenen → Kap. E Rn. 93 ausführlich dargestellten Grundsätze nur noch einmal kurz angeführt werden:

140 Der Gegenstandswert der Anwaltsgebühren für den Auskunftsantrag orientiert sich am Wert des nachfolgenden Leistungsantrages (Zahlungs- oder Herausgabeantrag). Er ist nur mit einem Bruchteil des Wertes des Leistungsantrages anzunehmen; die Rechtsprechung nimmt meist zwischen $^1/_{10}$– $^1/_4$ des Wertes des Leistungsantrages an.[32] Je weniger der Kläger weiß, um seinen Leistungsantrag spezifizieren zu können, desto höher ist sein Interesse an der Erteilung der Auskunft durch den Beklagten und desto

[31] Schneider/Herget, Streitwert, „Auskunftsanspruch", Rn. 1391 und „Stufenklage", Rn. 5075 ff.; Rehberg/Schons, „Stufenklage" 1.2.1.
[32] Schneider/Herget, Streitwert, „Stufenklage", Rn. 5075 ff.

höher ist auch der Bruchteil anzusetzen. Maßgebend ist der Leistungsanspruch, den der Kläger bei Klageerhebung erwartet. Dieser ist ggf. gem. § 3 ZPO zu schätzen; hierbei sind die vom Kläger in der Klageschrift vorgebrachten Behauptungen heranzuziehen.

Der so ermittelte Wert für die Auskunft – abgestellt auf die Erwartungen des Klägers zum Zeitpunkt der Klageerhebung – bleibt auch dann bestehen, wenn sich nach Auskunft herausstellen sollte, dass überhaupt kein Anspruch besteht, der Kläger die Klage nach Auskunftserteilung zurücknimmt oder sich die Parteien nach erteilter Auskunft vergleichen. Bei dem so ermittelten Wert bleibt es auch dann, wenn sich nach Auskunftserteilung herausstellen sollte, dass der Leistungsantrag hinter den Erwartungen des Klägers zum Zeitpunkt der Klageerhebung zurückbleibt. Für den Wert betr. die Leistungsklage sind natürlich nicht die Erwartungen des Klägers zum Zeitpunkt der Erhebung der Auskunfts-/Stufenklage maßgebend, sondern der tatsächlich gestellte Leistungsantrag. Ab dem Zeitpunkt der Einreichung des Schriftsatzes mit dem spezifizierten Leistungsantrag ist dann der ggf. geringere Wert des Leistungsantrages maßgebend. 141

Beispiel: Es wird auf Auskunft/Rechnungslegung geklagt, gleichzeitig auf Zahlung nach Auskunft (Stufenklage). Aus der Klagebegründung geht hervor, dass der Kläger Zahlungsansprüche von mindestens 100.000,00 EUR erwartet. 142

Nach Auskunftserteilung stellt sich heraus, dass der Kläger längst nicht so hohe Ansprüche hat, wie er erwartete. Er reicht am 15. 1. einen Schriftsatz bei Gericht ein, in welchem er beantragt, den Beklagten zu verurteilen, an ihn 12.500,00 EUR zu zahlen.

Gegenstandswert für die Anwaltsgebühren:	bis	14. 1. =	25.000,00 EUR
	ab	15. 1. =	12.500,00 EUR

(Gegenstandswert für die Auskunftsklage ist ein Bruchteil – hier zB ¼ – der vom Kläger bei Klageerhebung erwarteten Ansprüche: also ¼ von 100.000,00 EUR = 25.000,00 EUR; dieser Wert ist zumindest solange maßgebend, bis der Kläger den spezifizierten Leistungsantrag stellt; erst ab dann würde sich der Wert für den Auskunftsantrag auf den Bruchteil des vom Kläger tatsächlich gestellten Leistungsantrages ermäßigen, hier also dann ¼ von 12.500,00 EUR = 3.125,00 EUR; da aber der Wert des Leistungsantrages höher ist, kommt ab Stellung desselben – hier ab 15. 1. – nur der Leistungsantrag mit einem Gegenstandswert von 12.500,00 EUR zum Tragen – § 44 GKG.

Vorliegend berechnen sich alle Gebühren, die bis zum 14. 1. entstanden sind, nach einem Gegenstandswert von 25.000,00 EUR, während sich alle Gebühren, die nach dem 15. 1. anfallen, nach einem Gegenstandswert von 12.500,00 EUR berechnen; ist eine Gebühr von dem höheren Gegenstandswert angefallen, bleibt sie bestehen und ist nicht etwa, wenn der Gebührentatbestand in dem Verfahrensabschnitt, in welchem der geringere Gegenstandswert gilt, noch einmal erfüllt wird, zu reduzieren; es muss auch hier der Grundsatz gelten: Die Gebühren entstehen in demselben Verfahren nur einmal und dann, wenn sie von unterschiedlich hohen Gegenstandswerten entstanden sind, gilt der höchste Wert.

Vorstehendes ist in der Rechtsprechung nicht unumstritten.[33]

Stellt sich nach Erteilung der Auskunft heraus, dass der Kläger weit höhere Ansprüche hat als bei Klageerhebung erwartet, so erhöht sich auch der Gegenstandswert für die Auskunftsklage nachträglich. 143

Beispiel: Aus der Klagebegründung der Stufenklage geht hervor, dass der Kläger Ansprüche in Höhe von 25.000,00 EUR erwartet. Nach Erteilung der Auskunft stellt sich heraus, dass der Kläger Anspruch in Höhe von 40.000,00 EUR hat. Er stellt einen entsprechenden Leistungsantrag. 144

Gegenstandswert:	für die Auskunft:	10.000,00 EUR
	für den Leistungsantrag:	40.000,00 EUR.

Es gilt nur der höhere Wert gem. § 44 GKG, also die 40.000,00 EUR.

(Der Gegenstandswert für die Auskunft wäre mit einem Bruchteil – hier zB ¼ – der vom Kläger bei Klageerhebung erwarteten Ansprüche anzusetzen, also mit ¼ von 25.000,00 EUR = 6.250,00 EUR; da sich aber nach Auskunftserteilung herausgestellt hat, dass von wesentlich höheren Ansprüchen, als bei Klageerhebung erwartet, auszugehen ist, ist auch der Wert für die Auskunftsklage/-antrag zu erhöhen auf den Bruchteil der tatsächlichen Ansprüche; hier: ¼ von 40.000,00 EUR = 10.000,00 EUR.)[34]

[33] Schneider/Herget, Streitwert, „Stufenklage", Rn. 5089–5091.
[34] Schneider/Herget, Streitwert, „Stufenklage", Rn. 5091.

145 Nun könnte man, wenn man das vorangegangene Beispiel betrachtet, meinen: Wozu betreibt man überhaupt so einen Aufwand für die Ermittlung des Gegenstandswertes für die Auskunftsklage/den Auskunftsantrag? Es gilt doch ohnehin der höhere Wert des Leistungsantrages! Aber: In der Praxis kann es vorkommen, dass in der Phase des Rechtsstreits, in welcher noch über die Auskunft verhandelt wird, Gebühren entstehen, die später in dem Rechtsstreit, wenn es um die Zahlung geht, nicht mehr entstehen (zB der Tatbestand der Terminsgebühr Nr. 3104 VV RVG wird nur erfüllt in der Phase des Rechtsstreits, in welchem nur die Auskunft anhängig ist). Die Gebühren, die in der Phase des Rechtsstreits anfallen, in welcher nur die Auskunft Gegenstand des Verfahrens ist und die später nicht mehr entstehen, fallen auch nur nach dem Gegenstandswert der Auskunft an und nicht nach dem höheren Wert des Leistungsantrages. Fallen die Gebühren in dem Verfahren über die Auskunft und über den Leistungsantrag an, so können sie zwar nur einmal verlangt werden, richten sich dann aber nach dem höchsten Gegenstandswert – in der Regel dem des Leistungsantrages.

146 Prozessual ist es auch zulässig, zunächst nur auf Auskunft zu klagen. Wenn dieser Rechtsstreit dann abgeschlossen und die Auskunft erteilt ist, kann in einem neuen – von dem Auskunftsprozess völlig getrennten – Prozess auf Zahlung geklagt werden. Der Anspruch auf Auskunft und Zahlung wird dann nicht in Form einer Stufenklage in einem Prozess geltend gemacht, sondern in **zwei völlig voneinander unabhängigen Prozessen.** Ist Letzteres der Fall, so entstehen in dem ersten Rechtsstreit die Gebühren nach dem Wert der Auskunft und in dem zweiten – gesonderten – Rechtsstreit gesonderte Gebühren nach dem Wert des Zahlungsantrages. Es können also **alle Gebühren zweimal entstehen,** einmal nach dem Wert der Auskunft in dem gesonderten Rechtsstreit über die Auskunft und einmal nach dem Wert des Zahlungsantrages in dem gesonderten Rechtsstreit über diesen Antrag. Werden die Ansprüche dagegen im Wege der Stufenklage geltend gemacht, entstehen die Gebühren nur einmal nach dem höchsten Wert.

147 Unter Umständen könnten sich bei der Geltendmachung in getrennten Prozessen (gesonderte Auskunfts- und Zahlungsklage) Probleme bei der Kostenerstattung ergeben. Die unterlegene und erstattungspflichtige Partei könnte argumentieren, dass die durch die getrennte Erhebung von Auskunfts- und Leistungsklage entstandenen Mehrkosten nicht erstattungsfähig sind, da Stufenklage hätte erhoben werden können, die nur geringere Kosten verursacht hätte.[35]

148 Ein Vorteil der Stufenklage ist auch, dass der Leistungsanspruch bereits mit Erhebung der Stufenklage in der sich später ergebenden Höhe **rechtshängig** wird.[36] Hierfür muss der Leistungsantrag bereits bei Klageeinreichung gestellt worden sein. Unerheblich ist, dass es anstatt auf einen bestimmten Betrag auf „... den sich nach Auskunftserteilung ergebenen Betrag ...“ gerichtet ist.

Zusammenfassung

149
- ▶ Der Wert der Auskunftsklage orientiert sich an dem Gegenstandswert der Ansprüche, die durch den Auskunftsanspruch vorbereitet werden sollen. Er ist mit einem Bruchteil des Wertes des Unterhaltsanspruches anzunehmen ($^1/_{10}$ bis $^1/_2$).
- ▶ Treffen im Rahmen einer Stufenklage der Auskunftsanspruch und der Zahlungsanspruch zusammen, gilt gem. § 44 GKG nur der höhere Wert.

2.7 Feststellungsklage

150 Es gibt Fälle, in denen klagt der Kläger nicht auf Zahlung/Leistung, sondern auf Feststellung, dass ihm ein bestimmter Anspruch gegenüber dem Beklagten zusteht. In der Regel wird dann auf Feststellung geklagt, wenn der zukünftige Zahlungsanspruch im Einzelnen noch nicht bezifferbar ist.

[35] Enders JurBüro 2001, 57.
[36] Zöller ZPO § 254 Rn. 1.

In der Praxis unterscheidet man die positive und die negative Feststellungsklage. 151
Die positive Feststellungsklage ist auf die Feststellung des Bestehens eines Rechtsverhältnisses oder eines Anspruches gerichtet. Sie kann auch auf die Feststellung der Echtheit einer Urkunde gerichtet sein. Hingegen wird mit der negativen Feststellungsklage das Ziel verfolgt, dass das Gericht durch Urteil das Nichtbestehen eines Rechtsverhältnisses oder einer Forderung oder die Unechtheit einer Urkunde feststellt.

Der Gegenstandswert für die Anwaltsgebühren einer Feststellungsklage richtet sich 152
über § 23 Abs. 1 S. 1 RVG → § 48 Abs. 1 S. 1 GKG → nach § 3 ZPO. Er ist zu schätzen. Maßgebend ist das Interesse des Klägers an der Feststellung.

Bei **positiven Feststellungsklagen** ist von dem Betrag auszugehen, der verlangt 153
würde, wenn auf Zahlung/Leistung geklagt würde. Sind die Ansprüche noch nicht bezifferbar, sind diese zu schätzen. Von dem **Betrag,** der im Falle einer **Leistungsklage** eingeklagt worden wäre, ist in der Regel ein **Abschlag von 20 %** zu machen. Der sich so ergebende Betrag (die verbleibenden 80 %) ist als Gegenstandswert für die Anwaltsgebühren in dem Prozess über die positive Feststellungsklage anzunehmen. Bei dem Abschlag von 20 % handelt es sich um einen Durchschnittswert;[37] im Einzelfall kann auch im Hinblick auf das zu bewertende Interesse des Klägers ein größerer Abschlag gerechtfertigt sein, ggf. auch ein geringerer. Der Gegenstandswert der positiven Feststellungsklage kann in der Regel aber nicht den vollen Wert des Leistungsanspruches erreichen, da das Feststellungsurteil kein Leistungsurteil ersetzt. Der Kläger muss trotz eines positiven Feststellungsurteils auf Leistung klagen, wenn der Beklagte nach dem Feststellungsurteil die Leistung verweigert.

Beispiel: Der Kläger klagt auf Feststellung, dass ihm der Beklagte wegen Nichterfüllung des 154
Vertrages Schadensersatz zu leisten hat. Der Kläger schätzt gem. seinen Angaben in der Klageschrift die ihm entstandenen Schäden auf 10.000,00 EUR.

Gegenstandswert: 8.000,00 EUR
(§ 23 Abs. 1 S. 1 RVG → § 48 Abs. 1 S. 1 GKG → § 3 ZPO – vorliegend handelt es sich um eine positive Feststellungsklage; der Leistungsanspruch des Klägers beläuft sich auf – geschätzt – 10.000,00 EUR . /. 20 % = 8.000,00 EUR; stellt sich im Laufe des Verfahrens heraus, dass der Leistungsanspruch des Klägers noch höher als 10.000,00 EUR ist, kann der Wert der Leistungsklage sich entsprechend erhöhen.)

Mit der negativen Feststellungsklage begehrt der Kläger Feststellung durch das 155
Gericht, dass eine Forderung, die der Beklagte ihm gegenüber zu haben behauptet, deren er sich also „berühmt", nicht besteht. Der Gegenstandswert der negativen Feststellungsklage ist in der Regel mit dem Forderungsbetrag anzunehmen, dessen sich der Beklagte gegenüber dem Kläger berühmt. Nach der überwiegenden Meinung in Literatur und Rechtsprechung[38] ist hiervon kein Abschlag zu machen. Als Gegenstandswert für eine **negative Feststellungsklage** ist also der **volle Forderungsbetrag** anzunehmen, **dessen sich der Beklagte berühmt.** Dies ist auch mit dem Grundsatz vereinbar, dass das Interesse des Klägers maßgebend ist. Denn mit der negativen Feststellungsklage kann im Falle eines Obsiegens die gesamte Forderung des Beklagten gegenüber dem Kläger zu Fall gebracht werden. Dem Beklagten ist dann im Hinblick auf das Feststellungsurteil wegen der darin behandelten Ansprüche eine Leistungsklage gegenüber dem Kläger abgeschnitten.

Beispiel: A behauptet, gegen B eine Forderung von 25.000,00 EUR zu haben. B erhebt Klage 156
gegen A auf Feststellung, dass die von A behauptete Forderung ihm gegenüber nicht besteht.

Gegenstandswert: 25.000,00 EUR
(§ 23 Abs. 1 S. 1 RVG → § 48 Abs. 1 S. 1 GKG → § 3 ZPO – es handelt sich um eine negative Feststellungsklage, der volle Wert der Forderung, derer sich der Beklagte berühmt, ist als Streitwert anzunehmen.)

---

[37] Schneider/Herget, Streitwert, „Feststellungsklage", Rn. 2292.
[38] Schneider/Herget, Streitwert, „Feststellungsklage", Rn. 2300.

Zusammenfassung

157 ▶ Für eine positive Feststellungsklage ist von dem Wert auszugehen, der verlangt würde, wenn eine Leistungsklage (zB Zahlungsklage) erhoben würde. Hiervon ist in der Regel ein Abschlag von 20 % zu machen.

▶ Bei einer negativen Feststellungsklage ist der volle Forderungsbetrag anzunehmen, dessen sich der Beklage berühmt.

2.8 Streitwerterhöhung durch hilfsweise Aufrechnung

158 Der Beklagte kann sich in einem bürgerlichen Rechtsstreit so verteidigen, dass er zum einen die Klageforderung bestreitet und für den Fall, dass das Gericht die Klageforderung als berechtigt ansieht, mit einer Gegenforderung aufrechnet. Man spricht dann von einer hilfsweisen Aufrechnung oder Eventualaufrechnung. Anwalt und Gericht haben sich in diesen Fällen nicht nur mit der Klageforderung, sondern in dem Falle, dass die Klageforderung zuerkannt wird, mit der für diesen Fall zur Aufrechnung gestellten Gegenforderung zu befassen. Diese Mehrtätigkeit muss entlohnt werden. Dies geschieht dadurch, dass der Gegenstandswert der Klage um den Gegenstandswert der hilfsweise zur Aufrechnung gestellten Gegenforderung erhöht wird, also beide Werte addiert werden und sich nach dieser Wertsumme die Gebühren berechnen (§ 23 Abs. 1 S. 1 RVG → § 48 Abs. 1 S. 1 GKG → § 45 Abs. 3 GKG).

Auszug aus dem GKG

159

§ 45

Klage und Widerklage, Hilfsanspruch, wechselseitige Rechtsmittel, Aufrechnung

(3) Macht der Beklagte hilfsweise die Aufrechnung mit einer bestrittenen Gegenforderung geltend, erhöht sich der Streitwert um den Wert der Gegenforderung, soweit eine der Rechtskraft fähige Entscheidung über sie ergeht.

(4) Bei einer Erledigung des Rechtsstreits durch Vergleich sind die Absätze 1 bis 3 entsprechend anzuwenden.

160 Voraussetzung für die Erhöhung des Gegenstandswertes der Klage um den Wert der hilfsweise zur Aufrechnung gestellten Gegenforderung sind:[39]

- die **Klageforderung** muss **bestritten sein,** die **Aufrechnung** muss folglich **hilfsweise** erfolgen;
- die hilfsweise zur Aufrechnung gestellte **Gegenforderung** muss **bestritten sein;**
- **über** die hilfsweise zur Aufrechnung gestellte **Gegenforderung** muss eine der **Rechtskraft fähige Entscheidung** ergehen.

161 Keine Wertaddition ist möglich, wenn die Klageforderung unstreitig ist und der Beklagte gegenüber der unstreitigen Klageforderung mit einer Gegenforderung aufrechnet. In diesem Fall ist als Gegenstandswert nur die Klageforderung anzunehmen. Damit sich der Gegenstandswert gem. § 45 Abs. 3 GKG erhöht, muss also die Klageforderung selbst auch zwischen den Parteien streitig sein. Nur dann kann eine hilfsweise Aufrechnung für den Fall erfolgen, dass das Gericht die Klageforderung zuerkennt.

162 Ist die Klageforderung streitig, die hilfsweise zur Aufrechnung gestellte Gegenforderung aber unstreitig, so ist ebenfalls keine Wertaddition möglich. Es ist also unbedingt erforderlich, dass auch die Gegenforderung vom Kläger bestritten ist.

163 Denn nur wenn Klageforderung und Gegenforderung bestritten sind, müssen sich das Gericht und die Anwälte mit den beiden Forderungen befassen, folglich entsteht auch nur dann die Mehrarbeit, die über die Wertaddition des § 45 Abs. 3 GKG abgegolten werden soll.

---

[39] Meyer GKG § 45 Rn. 30–33.

Die Wertaddition findet nur dann statt, wenn das Gericht über die hilfsweise zur Aufrechnung gestellte Gegenforderung tatsächlich entschieden hat, also eine der Rechtskraft fähige Entscheidung über sie ergeht. Eine der Rechtskraft fähige Entscheidung ist ein Urteil. 164

Also nur wenn in einem Urteil über die hilfsweise zur Aufrechnung gestellte Gegenforderung entschieden wird, wird der Wert der Gegenforderung zu dem Wert der Klageforderung addiert. Unerheblich ist, ob das Urteil tatsächlich rechtskräftig wird oder ob Berufung eingelegt wird (siehe hierzu auch noch im folgenden Text dieses Kap. – Rn. 176 ff.). 165

Das Gericht muss also in den Entscheidungsgründen des Urteils entweder zu dem Ergebnis gekommen sein, dass die Gegenforderung nicht besteht oder aber die Klageforderung durch die hilfsweise Aufrechnung mit der begründeten Gegenforderung erloschen/verbraucht ist. 166

Über die hilfsweise zur Aufrechnung gestellte Gegenforderung ergeht keine der Rechtskraft fähige Entscheidung im Sinne des § 45 Abs. 3 GKG, wenn das Gericht die Aufrechnung an sich für unzulässig hält. Dann braucht es über die Gegenforderung selbst nicht mehr zu entscheiden. Folglich erfolgt in diesem Fall keine Erhöhung des Gegenstandswerts durch die hilfsweise zur Aufrechnung gestellte Gegenforderung! Auch wenn das Gericht die Klage abweist, weil die Klageforderung nicht begründet ist oder nicht bewiesen werden konnte, erfolgt keine Wertaddition. In diesen Fällen braucht das Gericht ja über die hilfsweise zur Aufrechnung gestellte Gegenforderung nicht zu entscheiden. 167

Übersteigt die hilfsweise zur Aufrechnung gestellte Gegenforderung die Klageforderung, so wird sie nur in Höhe der Klageforderung berücksichtigt. Denn nur insoweit ergeht eine der Rechtskraft fähige Entscheidung über sie. Über den die Klageforderung übersteigenden Betrag braucht das Gericht nicht zu entscheiden, da der Teil der Gegenforderung, der der Höhe der Klageforderung entspricht, ausreicht, um die Klageforderung zu Fall zu bringen. Also kann nur der Teil der hilfsweise zur Aufrechnung gestellten Gegenforderung zu dem Wert der Klageforderung addiert werden, der der Höhe der Klageforderung entspricht.[40] Der über die Klageforderung hinausgehende Teil der Gegenforderung ist unberücksichtigt zu lassen. 168

Beispiel: Der Kläger klagt einen Betrag von 1.000,00 EUR ein. Der Beklagte bestreitet die Klageforderung und rechnet hilfsweise, für den Fall, dass das Gericht die Klageforderung zuerkennt, mit einer Gegenforderung von 800,00 EUR auf. Das Gericht verurteilt den Beklagten zur Zahlung von 200,00 EUR. Aus den Entscheidungsgründen des Urteils ist ersichtlich, dass das Gericht die Klageforderung und die Gegenforderung für begründet erachtet, folglich der Beklagte noch die Differenz zu zahlen hat. 169

Gegenstandswert: 1.800,00 EUR
(§ 23 Abs. 1 S. 1 RVG → § 48 Abs. 1 S. 1 GKG → § 3 ZPO – § 45 Abs. 3 GKG – sämtliche Voraussetzungen sind erfüllt, so dass die Gegenstandswerte von Klage – 1.000,00 EUR – und der der hilfsweise zur Aufrechnung gestellten Gegenforderung – 800,00 EUR – zu addieren sind.)

Beispiel: Der Kläger klagt auf Zahlung von 12.000,00 EUR. Der Beklagte bestreitet die Klageforderung und rechnet hilfsweise mit einer Gegenforderung in Höhe von 13.000,00 EUR auf. Das Gericht weist die Klage ab, weil es die Klageforderung nicht für begründet hält. 170

Gegenstandswert: 12.000,00 EUR
(§ 23 Abs. 1 S. 1 RVG → § 48 Abs. 1 S. 1 GKG → § 3 ZPO – das Gericht brauchte, nachdem bereits die Klageforderung unbegründet war, über die Gegenforderung nicht mehr zu entscheiden, somit keine Wertaddierung. Über die Gegenforderung ist keine der Rechtskraft fähige Entscheidung ergangen.

---

[40] Meyer GKG § 45 Rn. 35.

171 **Beispiel:** Sachverhalt wie angegangenes Beispiel → Rn. 170, jedoch weist das Gericht die Klage ab, weil die Klageforderung zwar begründet, jedoch durch Aufrechnung mit der ebenfalls begründeten Gegenforderung verbraucht ist.

Gegenstandswert: 24.000,00 EUR
(§ 23 Abs. 1 S. 1 RVG → § 48 Abs. 1 S. 1 GKG → § 3 ZPO – § 45 Abs. 3 GKG – Klageforderung 12.000,00 EUR + Gegenforderung 12.000,00 EUR; die Gegenforderung ist nicht in vollem Umfange zu berücksichtigen, da nur über 12.000,00 EUR – also in Höhe der Klageforderung – eine der Rechtskraft fähige Entscheidung über sie ergeht.)

172 Möglich ist auch, dass der Beklagte die hilfsweise Aufrechnung mit mehreren Gegenforderungen erklärt. Der Gegenstandswert der Klage ist dann um jede einzelne Gegenforderung zu erhöhen, über die das Gericht eine der Rechtskraft fähige Entscheidung (Urteil) getroffen hat. Jede Gegenforderung wird aber nur in Höhe der Klageforderung berücksichtigt, da nur insoweit eine der Rechtskraft fähige Entscheidung hierüber ergeht. Selbstverständlich gelten auch bei mehreren hilfsweise zur Aufrechnung gestellten Gegenforderungen für eine Wertaddition dieselben grundsätzlichen Voraussetzungen, wie auch bei nur einer hilfsweise zur Aufrechnung gestellten Gegenforderung.[41]

173 **Beispiel:** Der Kläger erhebt Klage auf Zahlung von 2.000,00 EUR. Der Beklagte bestreitet die Klageforderung und rechnet hilfsweise für den Fall, dass das Gericht die Klageforderung zuerkennt, mit folgenden Gegenforderungen auf, wobei jede der 4 Gegenforderungen auf einem anderen Rechtsgrund beruht:
1) mit einer Gegenforderung über 2.500,00 EUR
2) mit einer Gegenforderung über 1.800,00 EUR
3) mit einer Gegenforderung über 3.200,00 EUR
4) mit einer Gegenforderung über 5.000,00 EUR.

Das Gericht weist die Klage ab. Aus den Urteilsgründen ergibt sich, dass das Gericht die Klageforderung für begründet hält, die Gegenforderungen 1) und 2) dagegen für unbegründet, die Klageforderung aber durch Aufrechnung mit der begründeten 3) Gegenforderung erloschen ist.

Gegenstandswert: 7.800,00 EUR
(§ 23 Abs. 1 S. 1 RVG → § 48 Abs. 1 S. 1 GKG → § 3 ZPO – § 45 Abs. 3 GKG –
Klageforderung 2.000,00 EUR
+ 1) Gegenforderung 2.000,00 EUR
– kann nicht in voller Höhe berücksichtigt werden, da nur in Höhe der Klageforderung eine der Rechtskraft fähige Entscheidung ergeht –
+ 2) Gegenforderung 1.800,00 EUR
+ 3) Gegenforderung 2.000,00 EUR.

Die 4. Gegenforderung ist nicht zu berücksichtigen, da das Gericht über diese nicht mehr entscheidet, über sie ergeht folglich keine der Rechtskraft fähige Entscheidung mehr).

174 Auch wenn im Rahmen eines gerichtlich protokollierten Vergleichs eine hilfsweise zur Aufrechnung gestellte Gegenforderung mit erledigt wird, ist der Wert der hilfsweise zur Aufrechnung gestellten Gegenforderung mit dem der Klage zu addieren und nach der Wertsumme entstehen die Gebühren. Dann ergeht zwar über die Gegenforderung keine der Rechtskraft fähige Entscheidung (ein Vergleich ist keine der Rechtskraft fähige Entscheidung), jedoch bestimmt § 45 Abs. 4 GKG, dass § 45 Abs. 3 GKG bei Abschluss eines Vergleiches entsprechend gilt. Auch hier gilt der Grundsatz, dass die Gegenforderung nur in Höhe der Klageforderung zu berücksichtigen ist. Lediglich dann, wenn im Vergleich ausdrücklich bestimmt ist, dass sich durch den Vergleich die Gegenforderung in vollem Umfange erledigt, ist die **volle** Gegenforderung zum Wert der Klage zu addieren. Dies wiederum gilt aber nur für den Gegenstandswert des Vergleiches, nicht für den des Verfahrens. Für den Gegenstandswert des Verfahrens ist die Gegenforderung nur in Höhe der Klageforderung zu berücksichtigen.[42]

[41] Meyer GKG § 45 Rn. 37; Rehberg/Schons, „Aufrechnung" 1.2.5.
[42] Meyer GKG § 45 Rn. 40–44; Rehberg/Schons, „Aufrechnung" 1.2.4.

Beispiel: Es wird Klage eingereicht über einen Betrag in Höhe von 15.000,00 EUR. Der Beklagte bestreitet die Klageforderung und erklärt hilfsweise die Aufrechnung mit einer Gegenforderung in Höhe von 22.000,00 EUR. Nach Vertretung im Termin und nach durchgeführter Beweisaufnahme schließen die Parteien einen Vergleich, wonach der Kläger an den Beklagten noch einen Betrag in Höhe von 2.000,00 EUR zahlt. In dem Vergleich ist festgehalten, dass damit sämtliche Ansprüche zwischen den Parteien abgegolten sind, also die gesamte Klageforderung und die gesamte hilfsweise zur Aufrechnung gestellte Gegenforderung. 175

Gegenstandswert:	– für das Verfahren	30.000,00 EUR
	– für den Vergleich	37.000,00 EUR

(§23 Abs. 1 S. 1 RVG → §48 Abs. 1 S. 1 GKG → §3 ZPO – §45 Abs. 3 GKG – für den Gegenstandswert für das Verfahren ist die Gegenforderung nur in Höhe der Klageforderung zu berücksichtigen, da nur insoweit über sie verhandelt und Beweis erhoben werden braucht: also Klageforderung 15.000,00 EUR + Gegenforderung 15.000,00 EUR = 30.000,00 EUR.

Für den Gegenstandswert für den Vergleich ist die Gegenforderung in vollem Umfang zu berücksichtigen, da sie in vollem Umfang mit in den Vergleich einbezogen wurde: also Klageforderung 15.000,00 EUR + Gegenforderung 22.000,00 EUR = 37.000,00 EUR.

Dem Prozessbevollmächtigten entstehen folgende Gebühren:

1) 1,3 Verfahrensgebühr §§2, 13 RVG iVm Nr. 3100 VV RVG nach Wert: 30.000,00 EUR	1.121,90 EUR
2) 0,8 Verfahrensgebühr §§2, 13 RVG iVm Nr. 3101 Ziffer 2 VV RVG nach Wert: 7.000,00 EUR	324,00 EUR
Summe der beiden Verfahrensgebühren:	1.445,90 EUR
Die beiden Verfahrensgebühren dürfen gem. §15 Abs. 3 RVG eine 1,3 Gebühr nach Wert: 37.000,00 EUR nicht übersteigen =	1.316,90 EUR
3) 1,2 Terminsgebühr §§2, 13 RVG iVm Nr. 3104 VV RVG nach Wert: 37.000,00 EUR	1.215,60 EUR
4) 1,0 Einigungsgebühr §§2, 13 RVG iVm Nr. 1003 VV RVG nach Wert: 15.000,00 EUR	650,00 EUR
5) 1,5 Einigungsgebühr §§2, 13 RVG iVm Nr. 1000 VV RVG nach Wert: 22.000,00 EUR	1.113,00 EUR
Summe der beiden Einigungsgebühren:	1.763,00 EUR
Die beiden Einigungsgebühren dürfen gem. §15 Abs. 3 RVG eine 1,5 Gebühr nach Wert: 37.000,00 EUR nicht übersteigen =	1.519,50 EUR
zzgl. Auslagen und Umsatzsteuer	

Die Terminsgebühr bestimmt sich nach dem Gesamtwert.[43] Es kann unterstellt werden, dass der Prozessbevollmächtigte auch nach dem Wert der hilfsweisen zur Aufrechnung gestellten Ansprüche (22.000,00 EUR) einen Klageauftrag hatte. Er wird – notwendigerweise – auch diese Ansprüche vor Abschluss des Vergleiches mit der Gegenseite iSd Vorbemerkung 3 Abs. 3 VV RVG besprochen haben, sodass auch nach dem Wert von 22.000,00 EUR der Tatbestand der Terminsgebühr erfüllt ist.

Nach dem Wert von 15.000,00 EUR (Klageforderung) entsteht eine 1,0 Einigungsgebühr; nach dem Wert von 22.000,00 EUR (hilfsweise zur Aufrechnung gestellte Gegenforderung) fällt eine 1,5 Einigungsgebühr an. Insoweit kann wohl vertreten werden, dass es sich um nicht rechtshängige Ansprüche handelt.[44]

Probleme bereitet §45 Abs. 3 GKG, wenn zwar im I. Rechtszug über die hilfsweise zur Aufrechnung gestellte Gegenforderung eine der Rechtskraft fähige Entscheidung ergeht, diese aber im II. Rechtszug durch das Berufungsgericht wieder aufgehoben wird und das Berufungsgericht nicht mehr über die hilfsweise zur Aufrechnung gestellte Gegenforderung entscheidet, etwa weil es bereits die Klage für unschlüssig hält. Ermäßigt sich in diesem Fall der Gegenstandswert des I. Rechtszuges wieder auf die Klageforderung, da über die hilfsweise zur Aufrechnung gestellte Gegenforderung keine der Rechtskraft fähige Entscheidung besteht (denn das erstinstanzliche Urteil wurde ja durch das Berufungsgericht aufgehoben)? Literatur und Rechtsprechung[45] hierzu sind sich nicht einig. Überwiegend wird aber wohl die Auffassung vertreten, 176

---

[43] So auch Schneider, Fälle und Lösungen, §14 Beispiel 25, Seite 461. Meine andere, noch in der 16. Auflage unter Rn. 1064 vertretene Auffassung, wonach die Terminsgebühr nur nach dem Wert der Klageforderung entsteht, gebe ich hiermit auf.

[44] So auch Schneider, Fälle und Lösungen, §14, Beispiel 25, Seite 461.

[45] Schneider/Herget, Streitwert, „Aufrechnung“, Rn. 1334 ff.; Rehberg/Schons, „Aufrechnung“ 1.2.3; Meyer GKG §45 Rn. 38.

dass sich in vorgenannten Fällen der Gegenstandswert des I. Rechtszuges nicht rückwirkend ermäßigt. Denn nach § 45 Abs. 3 GKG kommt es darauf an, dass eine der Rechtkraft **fähige** Entscheidung über die hilfsweise zur Aufrechnung gestellte Gegenforderung ergeht oder ergangen ist und nicht, ob die Entscheidung auch tatsächlich rechtskräftig wird oder nicht. In dem I. Rechtszug ist aber eine der Rechtskraft fähige Entscheidung ergangen, auch wenn diese in dem II. Rechtszug wieder aufgehoben wird.

177 Folgt man der Gegenmeinung,[46] so ermäßigt sich der Gegenstandswert des I. Rechtszuges auf den der Klageforderung, wenn das erstinstanzliche Urteil, in welchem über die hilfsweise zur Aufrechnung gestellte Gegenforderung entschieden wird, durch das Berufungsgericht aufgehoben wird und das Berufungsgericht nicht mehr über die Gegenforderung entscheidet.

178 Ergeht über die hilfsweise zur Aufrechnung gestellte Gegenforderung erstmals im II. Rechtszug eine der Rechtskraft fähige Entscheidung, so erhöht sich der Gegenstandswert für den I. Rechtszug nicht rückwirkend um die Gegenforderung, da im I. Rechtszug keine der Rechtskraft **fähige** Entscheidung über diese ergangen ist.[47]

179 Nach einer teilweise vertretenen Gegenmeinung (siehe Fußnote 45 dieses Kapitels) erhöht sich dann doch rückwirkend der Gegenstandswert des I. Rechtszuges um den Wert der Gegenforderung, wenn erstmals das Berufungsgericht über die hilfsweise zur Aufrechnung gestellte Gegenforderung entscheidet.

180 **Beispiel:** In dem erstinstanzlichen Urteil spricht das Landgericht die Klageforderung in Höhe von 12.000,00 EUR zu; über die hilfsweise zur Aufrechnung gestellte Gegenforderung entscheidet es dahingehend, dass diese nicht besteht. Der Beklagte hatte mit einer Gegenforderung in Höhe von 18.000,00 EUR die Aufrechnung erklärt. Das Berufungsgericht hebt das erstinstanzliche Urteil auf und weist die Klage ab, weil bereits die Klage unschlüssig ist. Über die hilfsweise zur Aufrechnung gestellte Gegenforderung braucht das Berufungsgericht also überhaupt nicht mehr zu entscheiden.

Gegenstandswerte:	für den I. Rechtszug:	24.000,00 EUR
	für den II. Rechtszug:	12.000,00 EUR

(§ 23 Abs. 1 S. 1 RVG → § 48 Abs. 1 S. 1 GKG → § 3 ZPO – § 45 Abs. 3 GKG – § 47 GKG – im I. Rechtszug ist eine der Rechtskraft fähige Entscheidung über die hilfsweise zur Aufrechnung gestellte Gegenforderung ergangen, im II. Rechtszug wurde nicht über diese entschieden.)

181 **Beispiel:** In dem erstinstanzlichen Urteil weist das Gericht die Klage ab, weil die Klageforderung nicht bestehe. In dem Berufungsverfahren erkennt das Gericht dem Kläger die Klageforderung über 1.800,00 EUR zu, weist die Klage ebenfalls ab, weil die Klageforderung durch die hilfsweise vom Beklagten zur Aufrechnung gestellte Gegenforderung in Höhe von 2.000,00 EUR verbraucht ist.

Gegenstandswert:	für den I. Rechtszug	1.800,00 EUR
	für den II. Rechtszug	3.600,00 EUR

(Im I. Rechtszug wurde nicht über die Gegenforderung entschieden.)

Zusammenfassung

182 ▶ Eine hilfsweise Aufrechnung wirkt sich dann streitwerterhöhend aus, wenn
- die Klageforderung bestritten wird
- die hilfsweise zur Aufrechnung gestellte Gegenforderung bestritten wird
- über die hilfsweise zur Aufrechnung gestellte Gegenforderung eine er Rechtskraft fähige Entscheidung ergeht. Liegen diese Voraussetzungen vor, erhöht sich der Gegenstandswert um die hilfsweise zur Aufrechnung gestellte Gegenforderung, maximal in Höhe der Klageforderung.

[46] Siehe Rechtsprechungsnachweise bei Schneider/Herget, Streitwert, „Aufrechnung", Rn. 1336 unter Hinweis auf BGH KostRsp. GKG § 19 Nr. 92 = MDR 1985, 487 = WM 1985, 264; Rehberg/Schons, „Aufrechnung" 1.2.3; Meyer GKG § 45 Rn. 38.

[47] Meyer GKG § 45 Rn. 38; Rehberg/Schons, „Aufrechnung" 1.2.3; Schneider/Herget, Streitwert, „Aufrechnung", Rn. 1335.

▶ Die Erhöhung des Gegenstandswertes tritt auch dann ein, wenn sich der Rechtsstreit durch Vergleich erledigt.

2.9 Hilfsweise geltend gemachte Ansprüche

In der Praxis kommt es vor, dass der Kläger für den Fall, dass das Gericht seinen Klageantrag/-anspruch nicht für zulässig oder begründet erachtet, hilfsweise einen weiteren Anspruch geltend macht. Das Gericht wird über diesen Hilfsanspruch nur entscheiden, wenn es den Klageantrag für unzulässig oder unbegründet hält. 183

Auszug aus dem GKG

§45 184

Klage und Widerklage, Hilfsanspruch, wechselseitige Rechtsmittel, Aufrechnung

(1) In einer Klage und in einer Widerklage geltend gemachte Ansprüche, die nicht in getrennten Prozessen verhandelt werden, werden zusammengerechnet. Ein hilfsweise geltend gemachter Anspruch wird mit dem Hauptanspruch zusammengerechnet, soweit eine Entscheidung über ihn ergeht. Betreffen die Ansprüche im Fall des Satzes 1 oder 2 denselben Gegenstand, ist nur der Wert des höheren Anspruchs maßgebend.

(4) Bei einer Erledigung des Rechtsstreits durch Vergleich sind die Absätze 1 bis 3 entsprechend anzuwenden.

Nach §45 Abs. 1 S. 2 GKG werden die Werte von Hauptanspruch und dem geltend gemachten Hilfsanspruch zusammengerechnet und die Summe beider Werte ist als Gegenstandswert für die Anwalts- und Gerichtskosten anzunehmen. Voraussetzung ist allerdings, dass auch eine Entscheidung über den hilfsweise geltend gemachten Anspruch ergeht. Entscheidung bedeutet in diesem Zusammenhang, dass sich das Gericht in dem Urteil mit dem hilfsweise geltend gemachten Anspruch befasst hat. 185

Gibt das Gericht der Klage statt, weil es den Hauptanspruch als gegeben ansieht, so braucht es natürlich über den hilfsweise geltend gemachten Anspruch nicht zu entscheiden. In diesem Fall kann der Wert des Hilfsanspruchs nicht zum Wert des Hauptanspruchs addiert werden, da keine Entscheidung über ihn ergeht. Die Gebühren richten sich also nur nach dem Wert des Hauptanspruchs. 186

Wenn das Gericht aber den Hauptanspruch nicht als gegeben ansieht, der Klage aber dennoch stattgibt, weil der Hilfsanspruch besteht, so hat es über den Hilfsanspruch – mit – entschieden. In diesem Falle wären dann die Werte von Haupt- und Hilfsantrag zu addieren und als Gegenstandswert für die Anwaltsgebühren ist die Summe beider Werte anzunehmen.[48] 187

Bei Erledigung des Rechtsstreits durch Vergleich ergeht über den Hilfsanspruch keine Entscheidung. Dennoch bestimmt §45 Abs. 4 GKG, dass auch bei Erledigung des Rechtsstreits durch Vergleich §45 Abs. 1 GKG entsprechend anzuwenden ist. Also obwohl keine Entscheidung über den Hilfsanspruch ergeht, sind die Werte von Haupt- und Hilfsanspruch zu addieren, bei Erledigung des Rechtsstreits durch Vergleich.[49] Voraussetzung dürfte allerdings sein, dass sich der Hilfsanspruch im Rahmen des Vergleiches mit erledigt. Dies wird in der Regel der Fall sein. 188

Die Werte von Haupt- und Hilfsanspruch sind nicht zu addieren, wenn sie denselben Gegenstand betreffen. Dann ist nur der höhere Wert, entweder der Wert des Haupt- oder der Wert des Hilfsanspruches (§45 Abs. 1 S. 3 GKG) als Gegenstandswert für die Anwaltsgebühren anzunehmen. 189

---

[48] Meyer GKG §45 Rn. 17; Schneider/Herget Streitwert, „Hilfsantrag“ Rn. 3092.
[49] Schneider/Herget, Streitwert, „Hilfsantrag“ Rn. 3102 ff.

190 **Beispiel:** Der Kläger klagt auf Zahlung eines restlichen Kaufpreises von 50.000,00 EUR, hilfsweise, für den Fall, dass das Gericht den Kaufvertrag als nicht zustande gekommen ansieht – und folglich die Klage abweisen müsste – auf Herausgabe der Maschine mit einem Verkehrswert von 80.000,00 EUR. Das Gericht verurteilt den Beklagten zur Herausgabe der Maschine.

Gegenstandswert: 130.000,00 EUR
(§23 Abs. 1 S. 1 RVG → §48 Abs. 1 S. 1 GKG → §45 Abs. 1 S. 2 GKG – die Werte des Haupt- und des Hilfsanspruchs sind zu addieren).

Zusammenfassung

191 ▶ Ein hilfsweise geltend gemachter Anspruch wird mit dem Hauptanspruch zusammengerechnet, wenn eine Entscheidung über ihn ergeht. Dies gilt nicht, wenn Haupt- und Hilfsanspruch denselben Gegenstand betreffen.

2.10 Berufung und Revision

192 Der Gegenstandswert für die Anwaltsgebühren bestimmt sich in Berufungs- und Revisionsverfahren nach den Anträgen des Rechtsmittelklägers (§23 Abs. 1 S. 1 RVG → §48 Abs. 1 S. 1 GKG → §47 GKG).

Auszug aus dem GKG

193 **§47**
Rechtsmittelverfahren

(1) Im Rechtsmittelverfahren bestimmt sich der Streitwert nach den Anträgen des Rechtsmittelführers. Endet das Verfahren, ohne dass solche Anträge eingereicht werden, oder werden, wenn eine Frist für die Rechtsmittelbegründung vorgeschrieben ist, innerhalb dieser Frist Rechtsmittelanträge nicht eingereicht, ist die Beschwer maßgebend.

(2) Der Streitwert ist durch den Wert des Streitgegenstands des ersten Rechtszugs begrenzt. Das gilt nicht, soweit der Streitgegenstand erweitert wird.

(3) Im Verfahren über den Antrag auf Zulassung des Rechtsmittels und im Verfahren über die Beschwerde gegen die Nichtzulassung des Rechtsmittels ist Streitwert der für das Rechtsmittelverfahren maßgebende Wert.

194 Es kommt also darauf an, inwieweit der Kläger das in der Vorinstanz ergangene Urteil anficht. Wird das ergangene Urteil nur zum Teil mit dem Rechtsmittel angefochten, bestimmt sich der Gegenstandswert nur nach dem angefochtenen Teil des Urteils.

195 **Beispiel:** Das Amtsgericht hat ein Urteil verkündet, wonach der Beklagte verurteilt wird, an den Kläger 3.500,00 EUR zu zahlen. Der Beklagte legt Berufung ein und beantragt, das Urteil des I. Rechtszuges aufzuheben und die Klage kostenpflichtig abzuweisen.

Gegenstandswert des II. Rechtszuges: 3.500,00 EUR
(§23 Abs. 1 S. 1 RVG → §48 Abs. 1 S. 1 GKG → §47 Abs. 1 S. 1 GKG).

196 **Beispiel:** In dem I. Rechtszug klagt der Kläger auf Zahlung von 4.700,00 EUR. Die Klage wird kostenpflichtig abgewiesen. Der Kläger legt Berufung ein, beantragt aber jetzt nur noch, den Beklagten zur Zahlung von 2.000,00 EUR zu verurteilen.

Gegenstandswert des II. Rechtszuges: 2.000,00 EUR
(§23 Abs. 1 S. 1 RVG → §48 Abs. 1 S. 1 GKG → §47 Abs. 1 S. 1 GKG – der Kläger hat das Urteil gem. seinem Antrag nur in Höhe von 2.000,00 EUR angefochten, folglich bestimmt sich der Gegenstandswert des II. Rechtszuges nur auf 2.000,00 EUR).

197 Maßgebend ist der in der Berufungsbegründungsfrist angekündigte Antrag des Rechtsmittelklägers. Eine nachträgliche Verminderung des Wertes des Streitgegenstandes (etwa durch Schwankungen des Wechsel- und Börsenkurses) bleibt unberücksichtigt.

Streng zu unterscheiden ist zwischen dem Wert des Beschwerdegegenstandes und dem Gegenstandswert für die Anwaltsgebühren. Der Wert des Beschwerdegegenstandes bestimmt, ob ein Rechtsmittel überhaupt zulässig ist. Der Wert des Beschwerdegegenstandes ist nach §§ 3 bis 9 ZPO zu ermitteln, während sich der Anwaltsgebührenwert über § 23 Abs. 1 S. 1 RVG nach den für die Gerichtskosten geltenden Wertvorschriften richtet. Der Wert des Beschwerdegegenstandes kann, muss aber nicht mit dem Gegenstandswert für die Anwaltsgebühren identisch sein. Dies soll in dem nachstehenden Beispiel aus dem Bereich des Familienrechts (hier Beschwerde, anstatt Berufung) verdeutlicht werden. 198

Beispiel: In einem Antrag auf Zahlung von Unterhalt verlangt das 2 Jahre alte Kind einen monatlichen Unterhalt von 240,00 EUR. Das Gericht erkennt in dem ergehenden Beschluss auf Zahlung eines monatlichen Unterhaltes von 200,00 EUR. Gegen den Beschluss legt der Antragsteller (Kind) Beschwerde ein; im Beschwerdeverfahren begehrt das Kind auch noch die restlichen 40,00 EUR monatlichen Unterhalt. 199

Gegenstandswert des Beschwerdeverfahrens für die Anwaltsgebühren: 480,00 EUR
(§ 23 Abs. 1 S. 1 RVG → § 40 Abs. 1 FamGKG → § 51 Abs. 1 FamGKG – 12 × 40,00 EUR = 480,00 EUR)
Wert des Beschwerdegegenstandes: 1.680,00 EUR
(§ 9 ZPO, der über § 113 Abs. 1 S. 2 FamFG ebenfalls anzuwenden ist, da es sich bei einer Unterhaltssache (§ 231 FamFG) um eine Familienstreitsache (§ 112 Nr. 1 FamFG) handelt = 3,5 × 12 × 40,00 EUR = 1.680,00 EUR).

Vorstehendes Beispiel zeigt, dass der Wert des Beschwerdegegenstandes nicht bedenkenlos als Gegenstandswert für die Anwaltsgebühren übernommen werden kann und umgekehrt. Würde man im vorstehenden Beispiel (Rn. 199 – dieses Kap. –) den Anwaltsgebührenwert auch als Wert des Beschwerdegegenstandes annehmen, müsste man zu dem Schluss kommen, dass die Beschwerde unzulässig ist, da der nötige Wert des Beschwerdegegenstandes von 600 EUR (§ 61 Abs. 1 FamFG) nicht überschritten wird. Tatsächlich überschreitet der Wert des Beschwerdegegenstandes aber den Betrag von 600 EUR bei weitem, so dass die Beschwerde zulässig ist. 200

Grundsätzlich ist für den Anwaltsgebührenwert der **Antrag des Rechtsmittelklägers** entscheidend. Wird aber 201

- innerhalb der Berufungs- oder Revisionsbegründungsfrist kein schriftsätzlicher Antrag eingereicht
- oder endet das Verfahren, ohne dass überhaupt ein Antrag eingereicht wird,

so ist ausnahmsweise die Beschwer auch als Gegenstandswert für die Anwaltsgebühren anzunehmen[50] (§ 47 Abs. 1 S. 2 GKG).

Exkurs:

Unterscheide: **Beschwer** und **Wert des Beschwerdegegenstandes!** 202

Beschwer ist dasjenige, wegen welchem die Partei in dem vorangegangenem Verfahren unterlegen ist.[51]

Wert des Beschwerdegegenstandes ist der Betrag, den die beschwerte Partei in dem Rechtsmittelverfahren begehrt. Der Wert des Beschwerdegegenstandes orientiert sich also an dem Antrag des Rechtsmittelführers, also daran, was dieser mit dem Rechtsmittel erreichen will.

Beispiel: Der Kläger hatte 5.000,00 EUR eingeklagt. Ihm werden in dem Urteil 2.000,00 EUR zugesprochen. Die Beschwer beträgt 3.000,00 EUR. Er legt gegen das Urteil Berufung ein und beantragt, den Beklagten zu verurteilen, über die ihm bereits zugesprochenen Beträge hinaus weitere 1.000,00 EUR zu zahlen. Der Wert des Beschwerdegegenstandes beträgt 1.000,00 EUR. Der Gegenstandswert für die Anwaltsgebühren für das Berufungsverfahren beläuft sich ebenfalls auf 1.000,00 EUR. 203

---

[50] Meyer GKG § 47 Rn. 7.
[51] Meyer GKG § 47 Rn. 7.

204 In diesen Fällen, in denen die Beschwer auch als Gegenstandswert für die Anwaltsgebühren anzunehmen ist, wird der Gegenstandswert allerdings durch § 47 Abs. 2 S. 1 GKG der Höhe nach begrenzt auf den Gegenstandswert der 1. Instanz. Also wenn der Rechtsmittelkläger keine Anträge stellt, ist seine Beschwer auch als Gegenstandswert für die Anwaltsgebühren anzunehmen, jedoch darf der Anwaltsgebührenwert den der I. Instanz nicht übersteigen. Dies gilt auch dann, wenn der Rechtsmittelkläger die Anträge erst nach Ablauf der Berufungs-/Revisionsbegründungsfrist schriftsätzlich einreicht (Berufungs- und Revisionsbegründungen müssen die Berufungs- bzw. Revisionsanträge enthalten – §§ 520 Abs. 3 S. 1 Nr. 1, 551 Abs. 3 S. 1 Nr. 1 ZPO). Durch Anträge, die erst nach Ablauf der Frist eingehen, kann sich der Anwaltsgebührenwert im Nachhinein nicht mehr verringern. Wohl aber kann er sich durch solche Anträge erhöhen, dann nämlich, wenn in der Berufungsinstanz die Klage/der Streitgegenstand erweitert wird. Im Falle der Erweiterung der Klage bzw. des Streitgegenstandes ist dann auch die Erweiterung bei der Bestimmung des Gegenstandswertes zu berücksichtigen (§ 47 Abs. 2 S. 2 GKG).

205 **Beispiel:** In einem Rechtsstreit spricht das Gericht dem Kläger von den verlangten 7.000,00 EUR einen Betrag in Höhe von 5.000,00 EUR zu, im Übrigen weist es die Klage ab. Der Kläger legt Berufung ein, stellt aber innerhalb der Berufungsbegründungsfrist keinen Antrag. Im Termin zur Verhandlung über die Berufung beantragt er, den Beklagten über den ihm in I. Instanz zugesprochenen Betrag hinaus zur Zahlung von weiteren 1.000,00 EUR zu verurteilen.

Gegenstandswert für das Berufungsverfahren: 2.000,00 EUR
(§ 23 Abs. 1 S. 1 RVG → § 48 Abs. 1 S. 1 GKG → § 47 Abs. 1 S. 2 und Abs. 2 S. 1 GKG – der Rechtsmittelkläger hat vor Ablauf der Berufungsbegründungsfrist keinen Antrag gestellt, folglich ist die Beschwer als Anwaltsgebührenwert anzunehmen = 2.000,00 EUR – § 47 Abs. 1 S. 2 GKG – aber höchstens der Gegenstandswert der I. Instanz = 7.000,00 EUR – § 47 Abs. 2 S. 1 GKG).

206 **Beispiel:** Sachverhalt wie im vorangegangenen Beispiel (Rn. 205), jedoch stellt der Rechtsmittelkläger im Termin zur Verhandlung über die Berufung den Antrag, den Beklagten zu verurteilen, ihm über die erstinstanzlich ausgeurteilten 5.000,00 EUR hinaus weitere 4.000,00 EUR zu zahlen.

Gegenstandswert für das Berufungsverfahren: 4.000,00 EUR
(§ 23 Abs. 1 S. 1 RVG → § 48 Abs. 1 S. 1 GKG → § 47 Abs. 1 S. 2 und Abs. 2 S. 1 GKG – kein Antrag innerhalb der Berufungsbegründungsfrist, also ist Beschwer maßgebend = 2.000,00 EUR – § 47 Abs. 1 S. 2 GKG –
aber: hier wurde im Berufungsverfahren die Klage/der Streitgegenstand erweitert, folglich ist die Erhöhung von 2.000,00 EUR zu berücksichtigen – § 47 Abs. 1 S. 1 GKG.

207 In der Praxis kommt es nicht selten vor, dass das Rechtsmittel nur zur Fristwahrung eingelegt wird. Stellt sich nach näherer Prüfung der Erfolgsaussichten heraus, dass das Rechtsmittel doch nicht durchgeführt werden soll und wird dieses folglich wieder zurückgenommen, so ist als Gegenstandswert die Beschwer anzunehmen. Um die Kostenbelastung möglichst gering zu halten, könnte innerhalb der Rechtsmittelbegründungsfrist ein Antrag eingereicht werden, der weit hinter der Beschwer zurückbleibt. Dann würde sich der Gegenstandswert für das Rechtsmittelverfahren nach dem Antrag bestimmen.

208 **Beispiel:** In dem I. Rechtszug wird der Beklagte zur Zahlung von 10.000,00 EUR verurteilt. Gegen das Urteil lässt der Beklagte Berufung einlegen. Nach Prüfung der Erfolgsaussichten kommen der Beklagte und sein Prozessbevollmächtigter zu dem Schluss, dass das Rechtsmittel nicht durchgeführt werden soll. Die Berufung soll zurückgenommen werden.

Um das Kostenrisiko gering zu halten, wird innerhalb der Berufungsbegründungsfrist der Antrag gestellt, das erstinstanzliche Urteil nur insoweit aufzuheben, als der Beklagte zur Zahlung von mehr als 8.000,00 EUR verurteilt wurde.

Gegenstandswert des II. Rechtszuges: 2.000,00 EUR

Wäre die Berufung zurückgenommen worden, ohne dass ein Antrag gestellt worden wäre, würde der Gegenstandswert 10.000,00 EUR betragen.

Siehe hierzu aber auch die nachstehenden Ausführungen!

Der große Zivilsenat des BGH[52] hat entschieden, dass eingeschränkte Rechtsmittelanträge bei der Streitwertfestsetzung nach § 47 Abs. 1 GKG nicht mehr zu berücksichtigen sind, wenn sie **offensichtlich nicht auf Durchführung des Rechtsmittels gerichtet** sind.[53] Also wird derjenige, der einen eingeschränkten Rechtsmittelantrag stellt und dann das Rechtsmittel zurücknimmt, Gefahr laufen, dass das Gericht den Gegenstandswert dennoch nach der Beschwer und nicht nach dem eingeschränkten Rechtsmittelantrag bestimmt mit der Begründung, dass der Rechtsmittelantrag ganz offensichtlich nicht auf Durchführung des Rechtsmittels gerichtet war. 209

Zusammenfassung

▶ Im Rechtsmittelverfahren richtet sich der Gegenstandswert grundsätzlich nach den Anträgen des Rechtsmittelführers. Werden innerhalb der Rechtsmittelbegründungsfrist keine Anträge gestellt, so ist die Beschwer maßgebend. Der Gegenstandswert ist allerdings auf den des I. Rechtszuges begrenzt, es sei denn, der Streitgegenstand wurde im Rechtsmittelverfahren erweitert. 210

2.11 Arrest und einstweilige Verfügung

Liegt besondere Eilbedürftigkeit vor, so kann das Gericht auf Antrag einen Arrest oder eine einstweilige Verfügung erlassen. In diesem „Eilverfahren" wird aber regelmäßig nur eine vorläufige Regelung der Angelegenheit herbeigeführt. Die endgültige Entscheidung bleibt dem in der Regel nachfolgenden Zivilprozess – „zur Hauptsache" – vorbehalten. Das Verfahren über einen Arrest oder eine einstweilige Verfügung ist neben dem Zivilprozess „zur Hauptsache" ein besonderes Verfahren, in welchem gesonderte Gebühren entstehen. Folglich hat das Verfahren über einen Arrest oder eine einstweilige Verfügung auch einen eigenen Gegenstandswert. Da in dem Verfahren über einen Arrest oder eine einstweilige Verfügung nur eine vorläufige Regelung der Angelegenheit herbeigeführt wird, muss der Gegenstandswert für dieses Verfahren niedriger sein als der Gegenstandswert für den nachfolgenden Zivilprozess zur Hauptsache. 211

Auszug aus dem GKG

§ 53 212

Einstweiliger Rechtsschutz und Verfahren nach § 148 Abs. 1 und 2 des Aktiengesetzes

(1) In folgenden Verfahren bestimmt sich der Wert nach § 3 der Zivilprozessordnung

1. über die Anordnung eines Arrests, zur Erwirkung eines Europäischen Beschlusses zur vorläufigen Kontenpfändung, wenn keine Festgebühren bestimmt sind, und auf Erlass einer einstweiligen Verfügung sowie im Verfahren über die Aufhebung, den Widerruf oder die Abänderung der genannten Entscheidungen,
2. über den Antrag auf Zulassung der Vollziehung einer vorläufigen oder sichernden Maßnahme des Schiedsgerichts,
3. auf Aufhebung oder Abänderung einer Entscheidung auf Zulassung der Vollziehung (§ 1041 der Zivilprozessordnung) und ...

Im Verfahren über einen Arrest ist der Gegenstandswert für die Anwaltsgebühren zu schätzen (§ 23 Abs. 1 S. 1 RVG → § 48 Abs. 1 S. 1 GKG → § 53 Abs. 1 GKG → § 3 ZPO). Auszugehen ist von der Forderung, die durch den Arrest gesichert werden soll. Von dieser Forderung ist ein Bruchteil als Gegenstandswert für das Arrestverfahren 213

[52] BGHZ 70, 365 zitiert nach Schneider/Herget, Streitwert, „Rechtsmittel", Rn. 4659.

[53] Trotz BGHZ 70, 365 umstritten und zu differenzieren, siehe Ausführungen und jeweils weitere Nachweise bei Schneider/Herget, Streitwert, „Rechtsmittel", Rn. 4653 ff.; Meyer GKG § 47 Rn. 6.

anzunehmen. Die Höhe des Bruchteils richtet sich nach dem Interesse des Antragstellers an der Sicherung seiner Forderung. Je größer die Bedeutung der Sicherstellung für den Antragsteller ist, desto höher ist auch der Bruchteil anzusetzen. Nach der Rechtsprechung[54] ist etwa $^1/_3$ bis $^1/_2$ der zu sichernden Forderung als Gegenstandswert für das Arrestverfahren in Ansatz zu bringen. Bei den vorstehenden Bruchteilen handelt es sich jedoch nur um Richtwerte, die die Rechtsprechung entwickelt hat, von welchen aber im Einzelfall nach oben und nach unten abgewichen werden kann. Der volle Wert der durch den Arrest gesicherten Forderung kann dann ausnahmsweise als Gegenstandswert für die Anwaltsgebühren in dem Arrestverfahren in Ansatz gebracht werden, wenn ohne den Arrest die Realisierung der Forderung ganz vereitelt würde und der Arrest praktisch zur Befriedigung des Antragstellers führt, so dass keine Klage zur Hauptsache mehr nachfolgt.[55]

214 Ist das Vermögensobjekt, in das der Arrest ausgebracht werden soll, von geringerem Wert als der Bruchteil des Wertes der zu sichernden Forderung, welcher als Gegenstandswert in Ansatz gebracht werden soll, so ist der geringere Wert des Vermögensobjektes als Gegenstandswert dem Arrestverfahren zugrunde zu legen. Ist das Vermögensobjekt jedoch von höherem Wert als der Bruchteil der Forderung, so findet keine Erhöhung des Gegenstandswertes statt. Es bleibt dann dabei, dass als Gegenstandswert in dem Verfahren über den Arrest ein Bruchteil der zu sichernden Forderung in Ansatz zu bringen ist.

215 **Beispiel:** Der Antragsteller hat eine Forderung in Höhe von 27.000,00 EUR gegenüber dem Schuldner X. Der Schuldner X hat sich mittlerweile ins Ausland abgesetzt. Im Inland befindet sich nur noch eine Computeranlage im Werte von 30.000,00 EUR. Der Schuldner X hat bereits eine Möbelspedition beauftragt, diese zu verladen und an seinen neuen ausländischen Wohnsitz zu verbringen. Der Antragsteller beantragt den Erlass eines Arrestes in die Computeranlage wegen seiner Forderung.

Gegenstandswert für das Arrestverfahren: 18.000,00 EUR
(§ 23 Abs. 1 S. 1 RVG → § 48 Abs. 1 S. 1 GKG → § 53 Abs. 1 GKG → § 3 ZPO – da das Arrestverfahren für den Antragsteller von großer Bedeutung ist, denn ohne den Arrest wäre seine Forderung voraussichtlich nicht mehr realisierbar, erscheint es gerechtfertigt, $^2/_3$ der zu sichernden Forderung als Gegenstandswert für das Arrestverfahren anzunehmen: $^2/_3$ von 27.000,00 EUR = 18.000,00 EUR).

216 **Beispiel:** Sachverhalt wie im vorangegangenen Beispiel (→ Rn. 215), jedoch mit folgender Abweichung: Die Computeranlage hat nur einen Wert von 11.000,00 EUR.

Gegenstandswert für das Arrestverfahren: 11.000,00 EUR
(Das Vermögensobjekt, in das der Arrest ausgebracht werden soll, hat einen geringeren Wert als der in Ansatz zu bringende Bruchteil der zu sichernden Forderung, so dass der geringere Wert des Vermögensobjekts anzunehmen ist.)

217 Auch der Gegenstandswert in einstweiligen Verfügungsverfahren ist gem. § 23 Abs. 1 S. 1 RVG → § 48 Abs. 1 S. 1 GKG → § 53 Abs. 1 GKG → § 3 ZPO zu schätzen. Er ist grundsätzlich nur mit einem Bruchteil des Gegenstandswertes des Zivilprozesses zur Hauptsache anzunehmen. Die Rechtsprechung[56] hat sich auch hier zwischen $^1/_3$ und $^1/_2$ des Hauptsachewertes „eingependelt". Entscheidend für die Höhe des Bruchteils ist das Interesse des Antragstellers an der begehrten einstweiligen Verfügung zum Zeitpunkt der Antragstellung. Im Einzelfall kann von den „Richtwerten" $^1/_3$–$^1/_2$ des Hauptsachewertes abgewichen werden, nach oben oder nach unten. Der volle Wert der Hauptsache kann in einem einstweiligen Verfügungsverfahren als Gegenstandswert wohl nur dann zugrunde gelegt werden, wenn mit der einstweiligen Verfügung nicht nur eine vorläufige, sondern eine endgültige Regelung angestrebt wird, also ein Zivilprozess zur Hauptsache nicht mehr folgt.

[54] Schneider/Herget, Streitwert, „Arrest", Rn. 1108 ff.
[55] Schneider/Herget, Streitwert, „Arrest", Rn. 1113.
[56] Schneider/Herget, Streitwert, „Einstweilige Verfügung", Rn. 1978 ff.

Der Gegenstandswert für die Anwaltsgebühren in dem Zivilprozess zur „Hauptsache“ richtet sich nach den allgemeinen Grundsätzen für die Bestimmung des Gegenstandswertes (siehe die vorangegangenen Kapitel). Von diesem Wert ist ein Bruchteil für das einstweilige Verfügungsverfahren als Gegenstandswert in Ansatz zu bringen. In Unterhaltssachen ist für eine einstweilige Anordnung nach § 41 FamGKG in der Regel die Hälfte des für die Hauptsache bestimmten Wertes als Verfahrenswert anzunehmen[57] (→ Kap. H Rn. 128 ff.). 218

Zusammenfassung

▶ In Arrest- und einstweiligen Verfügungssachen ist der Gegenstandswert nach § 3 ZPO zu „schätzen“. In der Regel ist er mit einem Bruchteil ($^1/_3$ bis $^1/_2$) des Gegenstandswertes der Hauptsache anzunehmen. 219

2.12 Festsetzung des Streitwertes durch das Gericht

Ist nicht eindeutig klar, welcher Gegenstandswert den Anwaltsgebühren zugrunde zu legen ist, so setzt das Gericht den Gegenstandswert auf Antrag oder von Amts wegen fest. Das Gericht darf eine beantragte Wertfestsetzung auch dann nicht ablehnen, wenn der Wert offensichtlich ist[58] (wie zB bei Einklagung einer bestimmten Geldsumme). 220

Sind Gerichtsgebühren, die sich nach einem Streitwert richten, im Voraus zu zahlen, so setzt das Gericht den Wert bei Eingang der Klage oder des Antrages von sich aus gem. § 63 Abs. 1 GKG vorläufig fest. Dies natürlich nicht, wenn mit der Klage eine bestimmte Geldforderung geltend gemacht wird, also eindeutig ist, wie hoch sich der Gegenstandswert beläuft. 221

Endgültig festgesetzt wird der Wert für die Gerichtskosten dann gem. § 63 Abs. 2 GKG, wenn ein Urteil/Beschluss über den gesamten anhängigen Streitgegenstand ergangen ist, oder sich das Verfahren anderweitig, etwa durch Vergleich erledigt hat. 222

Hat das Gericht bereits gem. § 62 GKG den prozessualen Wert, nach dem sich die Zuständigkeit richtet, festgesetzt und ist dieser prozessuale Wert (§§ 3–9 ZPO) auch für die Gerichtskosten maßgebend (§ 48 Abs. 1 S. 1 GKG), weil sich eine speziellere Vorschrift aus den §§ 39 bis 60 GKG oder den §§ 22 bis 33 RVG oder einer sonstigen speziellen gesetzlichen Vorschrift nicht ergibt, so ist diese Wertfestsetzung auch für die Anwaltsgebühren zugrunde zu legen. 223

Auszug aus dem RVG

§ 32 224

Wertfestsetzung für die Gerichtsgebühren

(1) Wird der für die Gerichtsgebühren maßgebende Wert gerichtlich festgesetzt, ist die Festsetzung auch für die Gebühren des Rechtsanwalts maßgebend.

(2) [1]Der Rechtsanwalt kann aus eigenem Recht die Festsetzung des Werts beantragen und Rechtsmittel gegen die Festsetzung einlegen. [2]Rechtsbehelfe, die gegeben sind, wenn die Wertfestsetzung unterblieben ist, kann er aus eigenem Recht einlegen.

---

[57] Schneider/Herget, Streitwert, „Unterhaltssachen“ Rn. 8445 ff.
[58] Gerold/Schmidt § 32 Rn. 60.

Auszug aus dem GKG

225 **§62**

Wertfestsetzung für die Zuständigkeit des Prozessgerichts oder die Zulässigkeit des Rechtsmittels

Ist der Streitwert für die Entscheidung über die Zuständigkeit des Prozessgerichts oder die Zulässigkeit des Rechtsmittels festgesetzt, ist die Festsetzung auch für die Berechnung der Gebühren maßgebend, soweit die Wertvorschriften dieses Gesetzes nicht von den Wertvorschriften des Verfahrensrechts abweichen. Satz 1 gilt nicht in Verfahren vor den Gerichten für Arbeitssachen.

§63

Wertfestsetzung für die Gerichtsgebühren

(1) Sind Gebühren, die sich nach dem Streitwert richten, mit der Einreichung der Klage-, Antrags-, Einspruchs- oder Rechtsmittelschrift oder mit der Abgabe der entsprechenden Erklärung zu Protokoll fällig, setzt das Gericht sogleich den Wert ohne Anhörung der Parteien durch Beschluss vorläufig fest, wenn Gegenstand des Verfahrens nicht eine bestimmte Geldsumme in Euro ist oder gesetzlich kein fester Wert bestimmt ist. Einwendungen gegen die Höhe des festgesetzten Werts können nur im Verfahren über die Beschwerde gegen den Beschluss, durch den die Tätigkeit des Gerichts aufgrund dieses Gesetzes von der vorherigen Zahlung von Kosten abhängig gemacht wird, geltend gemacht werden. Die Sätze 1 und 2 gelten nicht in Verfahren vor den Gerichten der Finanzgerichtsbarkeit.

(2) Soweit eine Entscheidung nach §62 Satz 1 nicht ergeht oder nicht bindet, setzt das Prozessgericht den Wert für die zu erhebenden Gebühren durch Beschluss fest, sobald eine Entscheidung über den gesamten Streitgegenstand ergeht oder sich das Verfahren anderweitig erledigt. In Verfahren vor den Gerichten für Arbeitssachen oder der Finanzgerichtsbarkeit gilt dies nur dann, wenn ein Beteiligter oder die Staatskasse die Festsetzung beantragt oder das Gericht sie für angemessen hält.

(3) Die Festsetzung kann von dem Gericht, das sie getroffen hat, und, wenn das Verfahren wegen der Hauptsache oder wegen der Entscheidung über den Streitwert, den Kostenansatz oder die Kostenfestsetzung in der Rechtsmittelinstanz schwebt, von dem Rechtsmittelgericht von Amts wegen geändert werden. Die Änderung ist nur innerhalb von sechs Monaten zulässig, nachdem die Entscheidung in der Hauptsache Rechtskraft erlangt oder das Verfahren sich anderweitig erledigt hat.

§68

Beschwerde gegen die Festsetzung des Streitwerts

(1) Gegen den Beschluss, durch den der Wert für die Gerichtsgebühren festgesetzt worden ist (§63 Abs.2), findet die Beschwerde statt, wenn der Wert des Beschwerdegegenstands 200 Euro übersteigt. Die Beschwerde findet auch statt, wenn sie das Gericht, das die angefochtene Entscheidung erlassen hat, wegen der grundsätzlichen Bedeutung der zur Entscheidung stehenden Frage in dem Beschluss zulässt. Die Beschwerde ist nur zulässig, wenn sie innerhalb der in §63 Abs.3 Satz 2 bestimmten Frist eingelegt wird; ist der Streitwert später als einen Monat vor Ablauf dieser Frist festgesetzt worden, kann sie noch innerhalb eines Monats nach Zustellung oder formloser Mitteilung des Festsetzungsbeschlusses eingelegt werden. Im Fall der formlosen Mitteilung gilt der Beschluss mit dem dritten Tage nach Aufgabe zur Post als bekannt gemacht. §66 Abs.3, 4, 5 Satz 1, 2 und 5 sowie Abs.6 ist entsprechend anzuwenden. Die weitere Beschwerde ist innerhalb eines Monats nach Zustellung der Entscheidung des Beschwerdegerichts einzulegen.

(2) War der Beschwerdeführer ohne sein Verschulden verhindert, die Frist einzuhalten, ist ihm auf Antrag von dem Gericht, das über die Beschwerde zu entscheiden hat, Wiedereinsetzung in den vorigen Stand zu gewähren, wenn er die Beschwerde binnen zwei Wochen nach der Beseitigung des Hindernisses einlegt und die Tatsachen, welche die Wiedereinsetzung begründen, glaubhaft macht. Ein Fehlen des Verschuldens wird vermutet, wenn eine Rechtsbehelfsbelehrung unterblieben oder fehlerhaft ist. Nach Ablauf eines Jahres, von dem Ende der versäumten Frist an gerechnet, kann die Wiedereinsetzung nicht mehr beantragt werden. Gegen die Ablehnung der Wiedereinsetzung findet die Beschwerde statt. Sie ist nur zulässig, wenn sie innerhalb von zwei Wochen eingelegt wird. Die Frist beginnt mit der Zustellung der Entscheidung. §66 Abs.3 Satz 1 bis 3, Abs.5 Satz 1, 2 und 5 sowie Abs.6 ist entsprechend anzuwenden.

(3) Die Verfahren sind gebührenfrei. Kosten werden nicht erstattet.

Grundsätzlich ist der **für die Gerichtskosten festgesetzte Gegenstandswert auch für die Anwaltsgebühren maßgebend (§ 32 Abs. 1 RVG).** Das Festsetzungsverfahren für den Gerichtsgebührenwert regelt **§ 63 GKG.** Hiernach ist das Gericht für die Festsetzung des Gegenstandswertes zuständig, bei welchem der Rechtsstreit anhängig war oder ist. Der Rechtsanwalt hat gem. § 32 Abs. 2 RVG ein eigenes Recht, die Festsetzung des Gegenstandswertes zu beantragen, dh er kann von sich aus, ohne hierzu von seinem Mandanten beauftragt worden zu sein, den Antrag auf Festsetzung des Gegenstandswertes stellen. Den Antrag wird der Rechtsanwalt in der Regel schriftlich einreichen. Das Gericht entscheidet durch Beschluss. Bei der Festsetzung des Streit- bzw. Gegenstandswertes hat es die in den vorangegangenen Kapiteln erläuterten Wertvorschriften zu beachten. 226

Gegen den Beschluss kann der Rechtsanwalt aus eigenem Recht **Beschwerde** einlegen (§ 32 Abs. 2 RVG – § 68 Abs. 1 GKG). Die Beschwerde ist fristlos.[59] Sie kann jedoch nur innerhalb von 6 Monaten nach dem Zeitpunkt eingelegt werden, in welchem die Entscheidung in der Hauptsache (= Urteil in dem Zivilprozess, um dessen Gegenstandswert es hier geht) Rechtskraft erlangt hat oder das Verfahren sich anderweitig (zB Vergleich) erledigt hat (§ 68 Abs. 1 S. 3 GKG – § 63 Abs. 3 S. 2 GKG). Ist der Gegenstandswert später als 1 Monat vor Ablauf der vorgenannten 6-Monats-Frist festgesetzt worden, so kann die Beschwerde noch innerhalb eines Monats nach Zugang des Wertfeststellungsbeschlusses eingelegt werden (§ 68 Abs. 1 S. 3 – letzter Halbsatz GKG). 227

Beispiel: Das Urteil in dem bürgerlich rechtlichen Rechtsstreit ist am 25. 4. verkündet und am 27. 5. rechtskräftig geworden. Der Wertfestsetzungsbeschluss erging am 2. 7. 228

Beschwerde gegen den Beschluss kann noch bis zum 27. 11. eingelegt werden (6 Monate nach Rechtskraft des Urteils).

Beispiel: Ein den Zivilprozess beendender Vergleich wurde am 27. 4. geschlossen. Der Beschluss über die Festsetzung des Gegenstandswertes vom 22. 11. ist dem Rechtsanwalt am 24. 11. zugegangen. 229

Beschwerde gegen den Beschluss kann noch bis zum 24. 12. eingelegt werden, da der Beschluss nicht mindestens 1 Monat vor Ablauf der 6-Monats-Frist zugestellt worden ist (§ 68 Abs. 1 S. 3 GKG).

Die Beschwerde ist nur zulässig, wenn der Wert des Beschwerdegegenstandes[60] 200 EUR übersteigt (§ 68 Abs. 1 S. 1 GKG). Die Beschwerde kann auch eingelegt werden, wenn das Gericht, das die angefochtene Entscheidung erlassen hat, die Beschwerde wegen grundsätzlicher Bedeutung der zur Entscheidung stehenden Frage in dem Beschluss zugelassen hat (§ 68 Abs. 1 S. 2 GKG). Der Wert des Beschwerdegegenstandes errechnet sich nicht aus dem Unterschiedsbetrag der Gegenstandswerte an sich, sondern nach der Differenz der Gebühren. Die Beschwerde muss also zum Ziel haben, dass der Gegenstandswert derart hoch- oder herabgesetzt wird, dass der Rechtsanwalt mindestens 200,01 EUR Gebühren mehr oder weniger erhält.[61] 230

Beispiel: Das Gericht hat einen Wert von 5.000,00 EUR festgesetzt. Der Rechtsanwalt hält einen Wert von 8.500,00 EUR für richtig und stellt in seiner Beschwerde den Antrag, den Gegenstandswert auf 8.500,00 EUR festzusetzen. Bei dem Rechtsanwalt sind entstanden: eine 1,3 Verfahrensgebühr Nr. 3100 VV RVG und eine 1,2 Terminsgebühr Nr. 3104 VV RVG. 231

Die Beschwerde ist zulässig. Der notwendige Wert des Beschwerdegegenstands ist erreicht:
Bei einem Gegenstandswert von 5.000,00 EUR entstünden folgende Gebühren und Auslagen:

[59] Anders, wenn gegen eine Wertfestsetzung Beschwerde eingelegt werden soll, die ausschließlich für die Anwaltsgebühren erfolgt ist → Rn. 231 bis 247 dieses Kapitels.

[60] Zur Definition der Begriffe „Wert des Beschwerdegegenstandes" und „Beschwer": → Kap. E Rn. 202 (Exkurs); Schneider/Wolf § 33 Rn. 78–87.

[61] Meyer GKG § 68 Rn. 11; Gerold/Schmidt § 32 Rn. 94 ff.

Gegenstandswert: 5.000,00 EUR	
1) 1,3 Verfahrensgebühr §§ 2, 13 RVG iVm Nr. 3100 VV RVG	393,30 EUR
2) 1,2 Terminsgebühr §§ 2, 13 RVG iVm Nr. 3104 VV RVG	363,60 EUR
3) Pauschale für Entgelte für Post- und Telekommunikationsdienstleistungen Nr. 7002 VV RVG	20,00 EUR
4) 19 % Umsatzsteuer Nr. 7008 VV RVG	147,61 EUR
	924,51 EUR

Bei einem Gegenstandswert von 8.500,00 EUR entstünden folgende Gebühren und Auslagen:

Gegenstandswert: 8.500,00 EUR	
4) 1,3 Verfahrensgebühr §§ 2, 13 RVG iVm Nr. 3100 VV RVG	659,10 EUR
5) 1,2 Terminsgebühr §§ 2, 13 RVG iVm Nr. 3104 VV RVG	608,40 EUR
6) Pauschale für Entgelte für Post- und Telekommunikationsdienstleistungen Nr. 7002 VV RVG	20,00 EUR
4) 19 % Umsatzsteuer Nr. 7008 VV RVG	244,63 EUR
	1.532,13 EUR

Der Wert des Beschwerdegegenstandes beträgt: 1.532,13 EUR – 924,51 EUR = 607,62 EUR.

232 Auch die Umsatzsteuer, welche der Mandant an den Rechtsanwalt zu zahlen hat, ist bei der Berechnung des Wertes des Beschwerdegegenstandes zu berücksichtigen.[62]

233 Ist der notwendige Wert des Beschwerdegegenstandes nicht erreicht und hat das Gericht die Beschwerde auch nicht zugelassen, wird eine dennoch eingelegte Beschwerde als unzulässig verworfen. Daher ist vor Einlegung der Beschwerde gegen einen Wertfestsetzungsbeschluss stets zu prüfen, ob der notwendige Wert des Beschwerdegegenstandes erreicht ist oder das Gericht die Beschwerde zugelassen hat.

234 Soll mit der Beschwerde die Festsetzung eines **höheren Gegenstandswertes** erreicht werden, so wird der **Rechtsanwalt** in der Regel die Beschwerde **im eigenen Namen** einlegen müssen. Denn nur der Rechtsanwalt hat ein (Rechtsschutz)Interesse daran, dass ein höherer Gegenstandswert festgesetzt wird. Ist Ziel der Beschwerde die **Herabsetzung** des Gegenstandswertes, ist die Beschwerde im **Namen des Mandanten** einzulegen.

235 Das Verfahren über die Beschwerde gegen die Festsetzung des Gegenstandswertes ist gerichtsgebührenfrei (§ 68 Abs. 3 S. 1 GKG). Wird die Beschwerde allerdings verworfen oder zurückgewiesen, fallen Gerichtskosten in Höhe von 60 EUR (Nr. 1812 GKG KV) an.[63]

236 Im Verfahren über die Beschwerde gegen die Festsetzung des Gegenstandswertes findet **keine Kostenerstattung** statt (§ 68 Abs. 3 S. 2 GKG). Vertritt der Rechtsanwalt in einem Verfahren über die Beschwerde gegen die Festsetzung des Gegenstandswertes entsteht bei ihm eine 0,5 Verfahrensgebühr Nr. 3500 VV RVG. Voraussetzung ist natürlich, dass der Mandant die Tätigkeit in dem Beschwerdeverfahren auch in Auftrag gegeben hat. Diese 0,5 Verfahrensgebühr Nr. 3500 VV RVG zzgl. Auslagen und Umsatzsteuer kann der Rechtsanwalt aber für seinen Mandanten auch bei Obsiegen im Beschwerdeverfahren nicht erstattet verlangen.

237 Eine **weitere Beschwerde** ist nur zulässig, wenn das Landgericht als Beschwerdegericht entschieden und die weitere Beschwerde wegen grundsätzlicher Bedeutung der zur Entscheidung stehenden Frage in dem Beschluss zugelassen hat (§ 68 Abs. 1 S. 5 GKG → § 66 Abs. 4 GKG). Die weitere Beschwerde kann nur darauf gestützt werden, dass die Entscheidung auf einer Verletzung des Rechts beruht; die §§ 546 und 547 ZPO gelten entsprechend (§ 66 Abs. 4 S. 2 GKG). Eine Beschwerde an einen obersten Gerichtshof des Bundes findet nicht statt.

238 Sehr oft findet man in gerichtlichen Protokollen folgende Formulierungen: „... *der Streitwert wird im* ***Einvernehmen mit den Parteien und deren Prozessbevollmächtigten*** *auf ... festgesetzt ...*“. Auch in derartigen Fällen kann noch Beschwerde gegen die Festsetzung des Gegenstandswertes eingelegt werden.[64] Eine Beschwerde dürfte allerdings

[62] Gerold/Schmidt § 32 Rn. 95; Hartung/Schons/Enders § 32 Rn. 22.

[63] BGH, Beschluss vom 3. 3. 2014 – IV ZB 4/14; Niedersächsisches OVG, Beschluss vom 2. 4. 2014 – 7 OA 20/14.

[64] Meyer § 68 GKG Rn. 10 unter Hinweis auf OLG Karlsruhe JurBüro 2010, 200.

dann nicht mehr möglich sein, wenn die Parteien bzw. ihre Prozessbevollmächtigten nach Festsetzung des Gegenstandswertes **auf Rechtsmittel** insoweit **verzichtet** haben.

Sind die Rechtsmittel ausgeschöpft, kann immer noch eine **Gegenvorstellung** erhoben werden. Der BGH[65] hat entschieden, dass ein Rechtsanwalt aus eigenem Recht entsprechend § 32 Abs. 2 S. 1 RVG auch Gegenvorstellung gegen einen im Nichtzulassungsbeschwerdeverfahren ergangenen Streitwertbeschluss des BGH einlegen könne. Die Gegenvorstellung müsse allerdings innerhalb der entsprechend geltenden Frist von 6 Monaten nach §§ 68 Abs. 1 S. 3, 63 Abs. 3 S. 2 GKG eingelegt werden. Danach sei eine Änderung der Festsetzung des Gegenstandswertes nicht mehr möglich. 239

Vorstehend wurden die Fälle behandelt, in denen der Gerichtsgebührenwert mit dem Anwaltsgebührenwert identisch ist, folglich die Festsetzung des Gegenstandswertes für die Gerichtsgebühren auch für die Anwaltsgebühren gem. § 32 Abs. 1 RVG maßgebend ist. Was ist aber nun, wenn Gegenstandswert für die Gerichtsgebühren und Gegenstandswert für die Anwaltsgebühren nicht identisch sind? Dann ergeht für den Anwaltsgebührenwert eine besondere Festsetzung gem. **§ 33 RVG.** 240

Auszug aus dem RVG

§ 33 241

Wertfestsetzung für die Rechtsanwaltsgebühren

(1) Berechnen sich die Gebühren in einem gerichtlichen Verfahren nicht nach dem für die Gerichtsgebühren maßgebenden Wert oder fehlt es an einem solchen Wert, setzt das Gericht des Rechtszugs den Wert des Gegenstands der anwaltlichen Tätigkeit auf Antrag durch Beschluss selbstständig fest.

(2) Der Antrag ist erst zulässig, wenn die Vergütung fällig ist. Antragsberechtigt sind der Rechtsanwalt, der Auftraggeber, ein erstattungspflichtiger Gegner und in den Fällen des § 45 die Staatskasse.

(3) Gegen den Beschluss nach Absatz 1 können die Antragsberechtigten Beschwerde einlegen, wenn der Wert des Beschwerdegegenstands 200 EUR übersteigt. Die Beschwerde ist auch zulässig, wenn sie das Gericht, das die angefochtene Entscheidung erlassen hat, wegen der grundsätzlichen Bedeutung der zur Entscheidung stehenden Frage in dem Beschluss zulässt. Die Beschwerde ist nur zulässig, wenn sie innerhalb von zwei Wochen nach Zustellung der Entscheidung eingelegt wird.

(4) Soweit das Gericht die Beschwerde für zulässig und begründet hält, hat es ihr abzuhelfen; im Übrigen ist die Beschwerde unverzüglich dem Beschwerdegericht vorzulegen. Beschwerdegericht ist das nächsthöhere Gericht, in Zivilsachen der in

§ 119 Abs. 1 Nr. 1 des Gerichtsverfassungsgesetzes bezeichneten Art jedoch das Oberlandesgericht. Eine Beschwerde an einen obersten Gerichtshof des Bundes findet nicht statt. Das Beschwerdegericht ist an die Zulassung der Beschwerde gebunden; die Nichtzulassung ist unanfechtbar.

(5) War der Beschwerdeführer ohne sein Verschulden verhindert, die Frist einzuhalten, ist ihm auf Antrag von dem Gericht, das über die Beschwerde zu entscheiden hat, Wiedereinsetzung in den vorigen Stand zu gewähren, wenn er die Beschwerde binnen zwei Wochen nach der Beseitigung des Hindernisses einlegt und die Tatsachen, welche die Wiedereinsetzung begründen, glaubhaft macht. Ein Fehlen des Verschuldens wird vermutet, wenn eine Rechtsbehelfsbelehrung unterblieben oder fehlerhaft ist. Nach Ablauf eines Jahres, von dem Ende der versäumten Frist an gerechnet, kann die Wiedereinsetzung nicht mehr beantragt werden. Gegen die Ablehnung der Wiedereinsetzung findet die Beschwerde statt. Sie ist nur zulässig, wenn sie innerhalb von zwei Wochen eingelegt wird. Die Frist beginnt mit der Zustellung der Entscheidung. Absatz 4 Satz 1 bis 3 gilt entsprechend.

(6) Die weitere Beschwerde ist nur zulässig, wenn das Landgericht als Beschwerdegericht entschieden und sie wegen der grundsätzlichen Bedeutung der zur Entscheidung stehenden Frage in dem Beschluss zugelassen hat. Sie kann nur darauf gestützt werden, dass die Entscheidung auf einer Verletzung des Rechts beruht; die §§ 546 und 547 der Zivilprozessordnung gelten entsprechend. Über die weitere Beschwerde entscheidet das Oberlandesgericht. Absatz 3 Satz 3, Absatz 4 Satz 1 und 4 und Absatz 5 gelten entsprechend.

---

[65] BGH BeckRS 2016, 08172.

(7) Anträge und Erklärungen können ohne Mitwirkung eines Bevollmächtigten schriftlich eingereicht oder zu Protokoll der Geschäftsstelle abgegeben werden; § 129a der Zivilprozessordnung gilt entsprechend. Für die Bevollmächtigung gelten die Regelungen der für das zugrunde liegende Verfahren geltenden Verfahrensordnung entsprechend. Die Beschwerde ist bei dem Gericht einzulegen, dessen Entscheidung angefochten wird.

(8) Das Gericht entscheidet über den Antrag durch eines seiner Mitglieder als Einzelrichter; dies gilt auch für die Beschwerde, wenn die angefochtene Entscheidung von einem Einzelrichter oder einem Rechtspfleger erlassen wurde. Der Einzelrichter überträgt das Verfahren der Kammer oder dem Senat, wenn die Sache besondere Schwierigkeiten tatsächlicher oder rechtlicher Art aufweist oder die Rechtssache grundsätzliche Bedeutung hat. Das Gericht entscheidet jedoch immer ohne Mitwirkung ehrenamtlicher Richter. Auf eine erfolgte oder unterlassene Übertragung kann ein Rechtsmittel nicht gestützt werden.

(9) Das Verfahren über den Antrag ist gebührenfrei. Kosten werden nicht erstattet; dies gilt auch im Verfahren über die Beschwerde.

242 Eine gesonderte Festsetzung des Gegenstandswertes gem. § 33 RVG für die Anwaltsgebühren findet in folgenden Fällen statt:[66]

- wenn der Gegenstand der anwaltlichen Tätigkeit nicht mit dem des gerichtlichen Verfahrens identisch ist und somit der Gegenstandswert für die Gerichtsgebühren nicht für die Anwaltsgebühren übernommen werden kann;
- wenn zur Berechnung der Gerichtsgebühren kein Gegenstandswert erforderlich ist, weil es sich bei den anfallenden Gerichtsgebühren um Festgebühren oder Betragsrahmengebühren handelt;
- wenn das gerichtliche Verfahren gebührenfrei ist, also keine Gerichtsgebühren anfallen, folglich auch kein Gegenstandswert benötigt wird;
- wenn sich der Gegenstandswert für die Anwaltsgebühren nach besonderen Wertvorschriften richtet, also die Wertvorschriften für den Gegenstandswert für die Gerichtskosten nicht für den Anwaltsgebührenwert anzuwenden sind.

243 **Beispiel:** Der Rechtsanwalt vertritt den Mandanten als Verfahrensbevollmächtigter in einem Verfahren auf Gewährung von Prozesskostenhilfe. Das Gericht weist den Antrag zurück. Die Sache ist damit erledigt. Da keine Gerichtskosten anfallen, bedarf es auch keines Gegenstandswertes für die Gerichtkosten. Daher erfolgt die Festsetzung des Gegenstandswertes für die Anwaltsgebühren nach § 33 RVG. Eine Beschwerde in diesem Wertfestsetzungsverfahren wäre binnen 2 Wochen einzulegen.[67]

244 Sind keine Gerichtskosten zu erheben, etwa weil die Gerichtskosten der Bund oder ein Bundesland zu tragen hätten, die aber nach § 2 Abs. 1 GKG von der Zahlung von Gerichtskosten befreit sind, so wird ebenfalls kein Gerichtsgebührenwert festgesetzt. In diesen Fällen erfolgt die Festsetzung jedoch nicht nach § 33 Abs. 1 RVG, sondern nach § 32 RVG – § 63 GKG. Denn in diesen Verfahren würden ja generell Gerichtskosten anfallen, also bedarf es auch eines Gegenstandswertes für die Gerichtskosten. Nur weil die Partei, die die Gerichtskosten zu tragen hat, von der Zahlung derselben befreit ist, wird von Amts wegen kein Wert festgesetzt. Auf Antrag des Rechtsanwaltes wird das Gericht aber in diesen Fällen nach § 32 RVG – § 63 GKG den Wert festsetzen.

245 Doch zurück zum Wertfestsetzungsverfahren nach § 33 RVG: Antragsberechtigt ist der Rechtsanwalt, sein Auftraggeber, ein erstattungspflichtiger Gegner und – wenn Prozesskostenhilfe bewilligt ist – auch die Bundes- oder Landeskasse (§ 33 Abs. 2 S. 2 RVG). Der Antrag ist an das Gericht zu richten, wo der Rechtsstreit anhängig war oder ist. Dies bedeutet, dass das Gericht des I. Rechtszuges den Gegenstandswert für die I. Instanz, das Berufungsgericht den für die II. Instanz usw festsetzt.[68]

[66] Gerold/Schmidt § 33 Rn. 2 ff.; Schneider/Wolf § 33 Rn. 3 ff.
[67] OLG Rostock JurBüro 2009, 540.
[68] Schneider/Wolf § 33 Rn. 43.

Der Antrag ist erst zulässig, dh er kann erst gestellt werden, wenn die Anwaltsgebühren fällig sind (§ 33 Abs. 2 S. 1 RVG). Die Anwaltsgebühren/-vergütung sind gem. § 8 RVG fällig: 246
- wenn der Auftrag erledigt oder die Angelegenheit beendigt ist;
  in gerichtlichen Verfahren:
- wenn eine Kostenentscheidung ergangen ist;
- der Rechtszug beendet ist;
- das Verfahren länger als 3 Monate ruht.

Das Gericht setzt den Gegenstandswert für die Anwaltsgebühren durch Beschluss fest. Gegen den Beschluss kann Beschwerde eingelegt werden. Die **Beschwerde** ist **binnen 2 Wochen** seit Zustellung des Wertfestsetzungsbeschlusses **einzulegen** (§ 33 Abs. 3 S. 3 RVG). Hier liegt der wesentliche Unterschied zwischen der Wertfestsetzung nach § 32 RVG/§ 63 GKG und der nach § 33 RVG: Die Beschwerde gegen den Wertfestsetzungsbeschluss nach § 32 RVG/§ 63 GKG ist innerhalb von 6 Monaten nach rechtskräftigem Abschluss des Verfahrens (→ Rn. 227 dieses Kapitels), die gegen den Wertfestsetzungsbeschluss – ergangen im Verfahren – nach § 33 RVG ist innerhalb von 2 Wochen einzulegen. Deshalb ist es in der Praxis wichtig, zu unterscheiden, ob die Wertfestsetzung nach § 32 RVG/§ 63 GKG erfolgt ist oder nach § 33 RVG. 247

Auch ist die Beschwerde im Verfahren nach § 33 RVG nur zulässig, wenn der Wert des Beschwerdegegenstandes 200 EUR übersteigt (§ 33 Abs. 3 S. 1 RVG).

Die Beschwerde ist auch zulässig, wenn sie das Gericht, das die angefochtene Entscheidung erlassen hat, wegen der grundsätzlichen Bedeutung der zur Entscheidung stehenden Frage in dem Beschluss zulässt (§ 33 Abs. 3 S. 2 RVG).

Nach Nr. 1812 GKG KV fallen Gerichtskosten in Höhe von 60 EUR an, wenn die Beschwerde verworfen oder zurückgewiesen wird. Eine Kostenerstattung findet im Beschwerdeverfahren nicht statt (§ 33 Abs. 9 S. 2 RVG). 248

Im Verfahren nach § 33 RVG ist eine **weitere Beschwerde** gegen Entscheidungen des Landgerichts über die Beschwerde an das Oberlandesgericht statthaft, wenn das Beschwerdegericht diese wegen der grundsätzlichen Bedeutung der zur Entscheidung stehenden Frage zugelassen hat. Die weitere Beschwerde kann nur darauf gestützt werden, dass die Entscheidung auf einer Verletzung des Rechts beruht (§ 33 Abs. 6 RVG). Die weitere Beschwerde ist ebenfalls innerhalb von 2 Wochen seit Zustellung der Entscheidung über die erste Beschwerde einzulegen. 249

Zusammenfassung

- ▶ Grundsätzlich ist der für die Gerichtskosten festgesetzte Gegenstandswert auch für die Anwaltsgebühren maßgebend (§ 32 Abs. 1 RVG). Der Rechtsanwalt kann aus eigenem Recht die Festsetzung des Werts beantragen. 250
- ▶ Berechnen sich die Gerichtskosten nicht nach einem Gegenstandswert, kann der Rechtsanwalt Festsetzung des Gegenstandswertes für die Anwaltsgebühren nach § 33 RVG beantragen.
- ▶ In beiden Fällen ist eine Beschwerde nur zulässig, wenn der Wert des Beschwerdegegenstandes 200 EUR übersteigt oder das Gericht, das die angefochtene Entscheidung erlassen hat, die Beschwerde wegen der grundsätzlichen Bedeutung der zur Entscheidung anstehenden Frage zugelassen hat.
- ▶ Im Falle des § 33 RVG ist die Beschwerde innerhalb einer Frist von 2 Wochen einzulegen.

II. Anwaltsgebühren

251 Ist der Rechtsanwalt als Prozessbevollmächtigter in einem Zivilprozess/bürgerlichen Rechtsstreit in dem ersten Rechtszug tätig, wird er in der Regel berechnen können:

1,3 Verfahrensgebühr gemäß der Nr. 3100 VV RVG
1,2 Terminsgebühr gemäß der Nr. 3104 VV RVG.

Bei Abschluss eines Vergleiches kann noch eine 1,0 Einigungsgebühr gemäß der Nr. 1003 VV RVG hinzukommen.

252 **Berechnungsbeispiel für den I. Rechtszug:**

Gegenstandswert: 10.000,00 EUR	
(§ 23 Abs. 1 S. 1 RVG)	
1) 1,3 Verfahrensgebühr §§ 2, 13 RVG iVm Nr. 3100 VV RVG	*725,40 EUR*
2) 1,2 Terminsgebühr §§ 2, 13 RVG iVm Nr. 3104 VV RVG	*669,60 EUR*
3) 1,0 Einigungsgebühr §§ 2, 13 RVG iVm Nr. 1003 VV RVG	*558,00 EUR*
4) Pauschale für Entgelte für Post- und Telekommunikationsdienstleistungen Nr. 7002 VV RVG	*20,00 EUR*
Anwaltsgebühren netto:	*1.973,00 EUR*
5) 19 % Umsatzsteuer Nr. 7008 VV RVG	*374,87 EUR*
Summe:	*2.347,87 EUR*

253 Wird der Rechtsanwalt in dem Zivilprozess in einer besonders umfangreichen Beweisaufnahme tätig und vertritt er in mindestens drei gerichtlichen Terminen, in denen Zeugen oder Sachverständige vernommen werden, so entsteht noch die Zusatzgebühr der Nr. 1010 VV RVG in Höhe von 0,3.

254 In der Vorbemerkung 3 Abs. 1 VV RVG[69] wird zunächst klargestellt, dass Gebühren nach Teil 3 VV RVG (also zB die Verfahrensgebühr der Nr. 3100 VV RVG oder die Terminsgebühr der Nr. 3104 VV RVG) nur entstehen können, wenn der Rechtsanwalt von seinem Mandanten **den unbedingten Auftrag für** eine **Tätigkeit** als Prozess- oder Verfahrensbevollmächtigter, als Beistand für einen Zeugen oder Sachverständigen oder für eine sonstige Tätigkeit **in einem gerichtlichen Verfahren** erhalten hat. Es ist also nicht erforderlich, dass bereits ein gerichtliches Verfahren anhängig ist. Ausreichend ist, dass der Rechtsanwalt den Auftrag zur Tätigkeit in einem zu erwartenden oder einzuleitenden gerichtlichen Verfahren von seinem Mandanten erhalten hat (→ Kap. A Rn. 78).

1. Verfahrensgebühr – Erster Rechtszug

Auszug aus dem VV RVG

255 **Teil 3. Zivilsachen, Verfahren der öffentlich-rechtlichen Gerichtsbarkeiten, Verfahren nach dem Strafvollzugsgesetz, auch in Verbindung mit § 92 des Jugendgerichtsgesetzes, und ähnliche Verfahren**

Nr.	Gebührentatbestand	Gebühr oder Satz der Gebühr nach § 13 RVG
	Vorbemerkung 3: (1) Gebühren nach diesem Teil erhält der Rechtsanwalt, dem ein unbedingter Auftrag als Prozess- oder Verfahrensbevollmächtigter, als Beistand für einen Zeugen oder Sachverständigen oder für eine sonstige Tätigkeit in einem gerichtlichen Verfahren erteilt worden ist. Der Beistand für einen Zeugen oder Sachverständigen erhält die gleichen Gebühren wie ein Verfahrensbevollmächtigter.	

[69] Neu gefasst durch das 2. KostRMoG, BGBl. I 2013, 2586 ff., In Kraft getreten am 1. 8. 2013.

Nr.	Gebührentatbestand	Gebühr oder Satz der Gebühr nach § 13 RVG

(2) Die Verfahrensgebühr entsteht für das Betreiben des Geschäfts einschließlich der Information.

(3) Die Terminsgebühr entsteht sowohl für die Wahrnehmung von gerichtlichen Terminen als auch für die Wahrnehmung von außergerichtlichen Terminen und Besprechungen, wenn nichts anderes bestimmt ist. Sie entsteht jedoch nicht für die Wahrnehmung eines gerichtlichen Termins nur zur Verkündung einer Entscheidung. Die Gebühr für außergerichtliche Termine und Besprechungen entsteht für

1. die Wahrnehmung eines von einem gerichtlich bestellten Sachverständigen anberaumten Termins und

2. die Mitwirkung an Besprechungen, die auf die Vermeidung oder Erledigung des Verfahrens gerichtet sind; dies gilt nicht für Besprechungen mit dem Auftraggeber.

(4) Soweit wegen desselben Gegenstands eine Geschäftsgebühr nach Teil 2 entsteht, wird diese Gebühr zur Hälfte, bei Wertgebühren jedoch höchstens mit einem Gebührensatz von 0,75, auf die Verfahrensgebühr des gerichtlichen Verfahrens angerechnet. Bei Betragsrahmengebühren beträgt der Anrechnungsbetrag höchstens 175,00 €. Sind mehrere Gebühren entstanden, ist für die Anrechnung die zuletzt entstandene Gebühr maßgebend. Bei einer Betragsrahmengebühr ist nicht zu berücksichtigen, dass der Umfang der Tätigkeit im gerichtlichen Verfahren infolge der vorangegangenen Tätigkeit geringer ist. Bei einer wertabhängigen Gebühr erfolgt die Anrechnung nach dem Wert des Gegenstands, der auch Gegenstand des gerichtlichen Verfahrens ist.

(5) Soweit der Gegenstand eines selbstständigen Beweisverfahrens auch Gegenstand eines Rechtsstreits ist oder wird, wird die Verfahrensgebühr des selbstständigen Beweisverfahrens auf die Verfahrensgebühr des Rechtszugs angerechnet.

(6) Soweit eine Sache an ein untergeordnetes Gericht zurückverwiesen wird, das mit der Sache bereits befasst war, ist die vor diesem Gericht bereits entstandene Verfahrensgebühr auf die Verfahrensgebühr für das erneute Verfahren anzurechnen.

(7) Die Vorschriften dieses Teils sind nicht anzuwenden, soweit Teil 6 besondere Vorschriften enthält.

Abschnitt 1. Erster Rechtszug

Vorbemerkung 3.1:

(1) Die Gebühren dieses Abschnitts entstehen in allen Verfahren, für die in den folgenden Abschnitten dieses Teils keine Gebühren bestimmt sind.

(2) Dieser Abschnitt ist auch für das Rechtsbeschwerdeverfahren nach § 1065 ZPO anzuwenden.

Nr.	Gebührentatbestand	Gebühr oder Satz der Gebühr nach § 13 RVG
3100	Verfahrensgebühr, soweit in Nummer 3102 nichts anderes bestimmt ist .... (1) Die Verfahrensgebühr für ein vereinfachtes Verfahren über den Unterhalt Minderjähriger wird auf die Verfahrensgebühr angerechnet, die in dem nachfolgenden Rechtsstreit entsteht (§ 255 FamFG). (2) Die Verfahrensgebühr für einen Urkunden- oder Wechselprozess wird auf die Verfahrensgebühr für das ordentliche Verfahren angerechnet, wenn dieses nach Abstandnahme vom Urkunden- oder Wechselprozess oder nach einem Vorbehaltsurteil anhängig bleibt (§§ 596, 600 ZPO). (3) Die Verfahrensgebühr für ein Vermittlungsverfahren nach § 165 FamFG wird auf die Verfahrensgebühr für ein sich anschließendes Verfahren angerechnet.	1,3
3101	1. Endigt der Auftrag, bevor der Rechtsanwalt die Klage, den ein Verfahren einleitenden Antrag oder einen Schriftsatz, der Sachanträge, Sachvortrag, die Zurücknahme der Klage oder die Zurücknahme des Antrags enthält, eingereicht oder bevor er für seine Partei einen gerichtlichen Termin wahrgenommen hat; 2. soweit Verhandlungen vor Gericht zur Einigung der Parteien oder der Beteiligten oder mit Dritten über in diesem Verfahren nicht rechtshängige Ansprüche geführt werden; der Verhandlung über solche Ansprüche steht es gleich, wenn beantragt ist, eine Einigung zu Protokoll zu nehmen oder das Zustandekommen einer Einigung festzustellen (§ 278 Abs. 6 ZPO); oder 3. soweit in einer Familiensache, die nur die Erteilung einer Genehmigung oder die Zustimmung des Familiengerichts zum Gegenstand hat, oder in einem Verfahren der freiwilligen Gerichtsbarkeit lediglich ein Antrag gestellt und eine Entscheidung entgegengenommen wird,	

Nr.	Gebührentatbestand	Gebühr oder Satz der Gebühr nach § 13 RVG
	beträgt die Gebühr 3100 .... (1) Soweit in den Fällen der Nummer 2 der sich nach § 15 Abs. 3 RVG ergebende Gesamtbetrag der Verfahrensgebühren die Gebühr 3100 übersteigt, wird der übersteigende Betrag auf eine Verfahrensgebühr angerechnet, die wegen desselben Gegenstands in einer anderen Angelegenheit entsteht. (2) Nummer 3 ist in streitigen Verfahren der freiwilligen Gerichtsbarkeit, insbesondere in Verfahren nach dem Gesetz über das gerichtliche Verfahren in Landwirtschaftssachen, nicht anzuwenden.	0,8

Der zum **Prozessbevollmächtigten** in einem Zivilprozess/bürgerlichen Rechtsstreit bestellte Rechtsanwalt erhält die Verfahrensgebühr der Nr. 3100 des VV RVG.

Zum Prozessbevollmächtigten ist der Rechtsanwalt bestellt, der von seinem Mandanten **allgemein damit beauftragt wurde,** für ihn **den Zivilprozess im Ganzen zu führen.**

256 Ist ein Rechtsanwalt von seinem Mandanten von vornherein **nur mit Einzelhandlungen** im Rahmen eines Zivilprozesses **beauftragt,** so ist er **kein** Prozessbevollmächtigter. Für den nur mit Einzelhandlungen beauftragten Rechtsanwalt finden sich gesonderte Gebühren in Nr. 3400 ff. VV RVG.

257 **Beispiel:** Der Rechtsanwalt ist nur beauftragt, einen einzelnen Schriftsatz für den Mandanten zu fertigen und bei Gericht einzureichen. Er soll den Mandanten nicht als Prozessbevollmächtigter in dem Rechtsstreit vertreten.

Der Rechtsanwalt kann berechnen:

0,8 Verfahrensgebühr nach Nr. 3403 VV RVG zzgl. Auslagen und Umsatzsteuer.

258 Die Gebühr **entsteht** mit der **ersten Tätigkeit** des Rechtsanwaltes, die dieser nach Erteilung des Auftrages im Hinblick auf seine Tätigkeit als Prozessbevollmächtigter ausübt. Dies wird in der Regel die Entgegennahme der Informationen von seinem Mandanten sein.[70] Zu beachten ist allerdings, dass die 1,3 Verfahrensgebühr nach Nr. 3100 VV RVG sich auf eine 0,8 Gebühr ermäßigt, wenn der dem Rechtsanwalt erteilte Auftrag vorzeitig endet (→ Kap. E Rn. 275).

259 In dem I. Rechtszug fällt die Verfahrensgebühr der Nr. 3100 VV RVG in Höhe von **1,3** an. Im Berufungs- und Revisionsverfahren erhöht sich die Verfahrensgebühr (→ Kap. E Rn. 445). Die 1,3 Verfahrensgebühr nach Nr. 3100 VV RVG ist dem als Prozessbevollmächtigten tätigen Rechtsanwalt entstanden mit

- Einreichung der Klage bei Gericht
- Einreichung eines Schriftsatzes, der ein gerichtliches Verfahren einleitet
- Einreichung eines Schriftsatzes, der Sachanträge enthält (zB Klageerwiderung)
- Einreichung eines Schriftsatzes, der Sachvortrag enthält
- Einreichung eines Schriftsatzes, mit dem die Klage zurückgenommen wird
- Einreichung eines Schriftsatzes, mit dem der Antrag zurückgenommen wird
- Wahrnehmung eines vom Gericht anberaumten Verhandlungs-, Erörterungs- oder Beweisaufnahmetermins.

260 Vertritt der Prozessbevollmächtigte in derselben Angelegenheit **mehrere Personen,** erhöht sich die Verfahrensgebühr um 0,3 für jeden weiteren Auftraggeber gemäß Nr. 1008 VV RVG (→ Kap. C Rn. 74). Voraussetzung ist, dass der Gegenstand, wegen welchem der Anwalt für mehrere Auftraggeber tätig wird, derselbe ist.

261 Die Verfahrensgebühr gilt die gesamte Tätigkeit des Rechtsanwaltes für seine Tätigkeit als Prozessbevollmächtigter ab: Von der Aufnahme der Information vor Klageerhebung bis zum Abschluss des I. Rechtszuges. Dies aber nur dann, wenn der

[70] Gerold/Schmidt VV 3100 Rn. 15; Hartung/Schons/Enders Vorb. 3 VV Rn. 18.

Rechtsanwalt in dem Rechtszug keine weitere gebührenauslösende Tätigkeiten mehr ausübt.

Beispiel: Der Rechtsanwalt ist zum Prozessbevollmächtigten bestellt und hat auftragsgemäß Klage erhoben. Das Gericht bestimmt Termin zur mündlichen Verhandlung. Diesen Termin nimmt der Rechtsanwalt wahr. 262

Durch die Vertretung in dem Termin zur mündlichen Verhandlung ist die Terminsgebühr entstanden. Der Rechtsanwalt kann berechnen:
1) 1,3 Verfahrensgebühr §§ 2, 13 RVG iVm Nr. 3100 VV RVG
2) 1,2 Terminsgebühr §§ 2, 13 RVG iVm Nr. 3104 VV RVG
zzgl. Auslagen, Umsatzsteuer.

Beispiel: Nach Klageerhebung durch den zum Prozessbevollmächtigten bestellten Rechtsanwalt nimmt dieser den vom Gericht bestimmten Verhandlungstermin wahr. In dem Verhandlungstermin wird ein Vergleich geschlossen. Der Rechtsanwalt kann berechnen: 263
1) 1,3 Verfahrensgebühr §§ 2, 13 RVG iVm Nr. 3100 VV RVG
2) 1,2 Terminsgebühr §§ 2, 13 RVG iVm Nr. 3104 VV RVG
3) 1,0 Einigungsgebühr §§ 2, 13 RVG iVm Nr. 1003 VV RVG
zzgl. Auslagen, Umsatzsteuer.

Zur ersten Instanz gehörende Neben- und Abwicklungstätigkeiten werden ebenfalls noch mit der Verfahrensgebühr abgegolten. Um welche Tätigkeit es sich hierbei handelt, ist in § 19 RVG definiert. So gehört zB das Kostenfestsetzungsverfahren noch zum „gebührenrechtlichen" Rechtszug und löst keine gesonderten Gebühren aus (→ Kap. A Rn. 110 – anders: das Erinnerungs- und Beschwerdeverfahren gegen einen Kostenfestsetzungsbeschluss). 264

Die Verfahrensgebühr nach der Nr. 3100 VV RVG entsteht nach dem **Wert der** in dem Zivilprozess **anhängigen Ansprüche.** Von nicht anhängigen Ansprüchen kann die 1,3 Verfahrensgebühr nach der Nr. 3100 VV RVG nicht entstehen. Nach dem Wert der nicht anhängigen Ansprüche kann allenfalls eine 0,8 Verfahrensgebühr nach der Nr. 3101 Ziffer 1 oder 2 VV RVG entstehen (→ Kap. E Rn. 276 und 295). 265

Entscheidend für den Streitwert sind die während des Rechtszuges **höchsten** anhängigen Ansprüche.

Beispiel: Zunächst wird ein Betrag in Höhe von 5.000,00 EUR eingeklagt, später wird die Klage auf 8.000,00 EUR erhöht. Die Verfahrensgebühr entsteht nach einem Gegenstandswert von 8.000,00 EUR. 266

Beispiel: Es wird Klage erhoben über einen Betrag in Höhe von 20.000,00 EUR; später werden weitere Ansprüche in Höhe von 12.000,00 EUR anhängig gemacht. Die Klage wird dann in Höhe von 16.000,00 EUR zurückgenommen. Die Verfahrensgebühr entsteht nach einem Gegenstandswert von 32.000,00 EUR = höchster anhängiger Anspruch. 267

Spätere Ermäßigungen der anhängigen Ansprüche haben auf die Verfahrensgebühr keinen Einfluss (siehe vorstehendes Beispiel→ Rn. 267). Eine einmal nach einem höheren Wert entstandene Verfahrensgebühr bleibt bestehen und ermäßigt sich später nicht mehr. Wird aber der Rechtsanwalt erst zu einem Zeitpunkt als Prozessbevollmächtigter beauftragt, als sich der Wert schon ermäßigt hatte, so kann er die Verfahrensgebühr nur nach dem Wert der Ansprüche berechnen, die zum Zeitpunkt seines ersten Tätigwerdens noch anhängig waren. 268

Beispiel: Es sind eingeklagt: 10.000,00 EUR. Der Kläger nimmt die Klage um 6.000,00 EUR zurück. Erst jetzt beauftragt der Beklagte Rechtsanwalt N, ihn als Prozessbevollmächtigter in dem Rechtsstreit zu vertreten. Die Verfahrensgebühr kann Rechtsanwalt N nur nach einem Gegenstandswert von 4.000,00 EUR berechnen, denn nur insoweit waren Ansprüche noch anhängig, als er als Prozessbevollmächtigter beauftragt wurde. 269

270 Wird der Rechtsstreit übereinstimmend teilweise für erledigt erklärt und später die Klage wieder wegen anderer Gegenstände erweitert, entsteht die Verfahrensgebühr nach der Summe aller jemals anhängigen Ansprüche.[71]

271 **Beispiel:** Es werden zunächst 10.000,00 EUR eingeklagt. Die Hauptsache wird wegen 6.000,00 EUR übereinstimmend teilweise für erledigt erklärt. Später wird die Klage wegen anderer Ansprüche in Höhe von 4.000,00 EUR erweitert. Dann findet ein Termin zur mündlichen Verhandlung statt, in dem der Rechtsanwalt den Mandanten vertritt. Die Verfahrensgebühr entsteht nach einem Gegenstandswert von 14.000,00 EUR (10.000,00 EUR + 4.000,00 EUR), die Terminsgebühr fällt nur nach einem Gegenstandswert von 8.000,00 EUR an (4.000,00 EUR + 4.000,00 EUR) da zum Zeitpunkt des Entstehens dieser Gebühr nur 8.000,00 EUR anhängig waren.

272 Die Verfahrensgebühr entsteht in der Regel **in jedem Rechtszug nur einmal.** In jedem neuen Rechtszug, in welchem der Rechtsanwalt als Verfahrensbevollmächtigter tätig ist, kann er auch wieder eine neue – weitere – Verfahrensgebühr berechnen.

273 War der Rechtsanwalt wegen des Anspruches, welcher auch Gegenstand des Zivilprozesses ist, bereits vorgerichtlich tätig, so ist die für die vorgerichtliche Tätigkeit entstandene Geschäftsgebühr **zur Hälfte** auf die Verfahrensgebühr des gerichtlichen Verfahrens **anzurechnen** (Vorbemerkung 3 Abs. 4 VV RVG). Die Geschäftsgebühr ist aber höchstens mit einem Gebührensatz von 0,75 anzurechnen. Sie ist nur nach dem Wert des Gegenstandes anzurechnen, welcher auch Gegenstand des gerichtlichen Verfahrens ist (→ Kap. D Rn. 178). Die Geschäftsgebühr ist auch dann entsprechend anzurechnen, wenn die außergerichtliche Vertretung der Tätigkeit im gerichtlichen Verfahren folgt (→ Kap. D Rn. 169). Zu unterscheiden ist die Anrechnung der Geschäftsgebühr im Abrechnungsverhältnis des Anwalts zu seinem Mandanten und im Erstattungsverhältnis: Mandanten gegenüber dem erstattungspflichtigem Gegner (→ Kap. D Rn. 237).

Zusammenfassung

274
- ▶ Der zum Prozessbevollmächtigten bestellte Rechtsanwalt verdient mit dem ersten Tätigwerden im Hinblick auf den Rechtsstreit die Verfahrensgebühr.
- ▶ In dem I. Rechtszug fällt die Verfahrensgebühr nach Nr. 3100 VV RVG in Höhe von 1,3 an.
- ▶ Die Verfahrensgebühr berechnet sich nach dem Wert der – höchsten – in dem Rechtszug anhängigen Ansprüche.
- ▶ Die Verfahrensgebühr entsteht in jedem Rechtszug nur einmal.

1.1 Vorzeitige Beendigung des Auftrages

Auszug aus dem VV RVG

275

Nr.	Gebührentatbestand	Gebühr oder Satz der Gebühr nach § 13 RVG
3101	1. Endigt der Auftrag, bevor der Rechtsanwalt die Klage, den ein Verfahren einleitenden Antrag oder einen Schriftsatz, der Sachanträge, Sachvortrag, die Zurücknahme der Klage oder die Zurücknahme des Antrags enthält, eingereicht oder bevor er für seine Partei einen gerichtlichen Termin wahrgenommen hat; beträgt die Gebühr 3100	0,8

[71] Kammergericht Beschluss vom 27. 8. 2007 – 8 W 53/07 = JurBüro 2008, 148.

In der Praxis kommt es vor, dass der dem Prozessbevollmächtigten vom Mandanten erteilte Auftrag endet, bevor der Prozessbevollmächtigte eine Tätigkeit ausgeübt hat, die die 1,3 Verfahrensgebühr nach der Nr. 3100 VV RVG auslöst. Ist dies der Fall, entsteht nur eine **0,8** Verfahrensgebühr nach Nr. 3101 Ziffer 1 VV RVG. 276

Erste Voraussetzung für das Entstehen einer 0,8 Verfahrensgebühr nach Nr. 3101 Ziffer 1 VV RVG ist, dass der Rechtsanwalt von dem Mandanten überhaupt einen **Auftrag** hatte, als **Prozessbevollmächtigter** tätig zu werden. Hatte er nur den Auftrag, den Mandanten zu beraten, kann die Verfahrensgebühr der Nr. 3100 oder 3101 Ziffer 1 VV RVG noch nicht entstehen. Der Rechtsanwalt soll im Falle der Beratung auf eine Gebührenvereinbarung mit seinem Mandanten hinwirken. Hatte der Rechtsanwalt nur den Auftrag, außergerichtlich tätig zu werden, entsteht die Geschäftsgebühr nach Nr. 2300 VV RVG (→ Kap. D Rn. 100 ff.). 277

Zweite Voraussetzung ist, dass der dem Rechtsanwalt erteilte **Auftrag,** als Prozessbevollmächtigter tätig zu werden, **endet, bevor** der Rechtsanwalt eine der in Nr. 3101 Ziffer 1 VV RVG genannten und nachstehend aufgelisteten Tätigkeiten ausgeführt hat, nämlich dass: 278

- der Rechtsanwalt die Klage bei Gericht eingereicht hat
- der Rechtsanwalt den ein gerichtliches Verfahren einleitenden Antrag eingereicht hat
- der Rechtsanwalt einen Schriftsatz, der Sachanträge enthält, bei Gericht eingereicht hat
- der Rechtsanwalt einen Schriftsatz, der Sachvortrag enthält, bei Gericht eingereicht hat
- der Rechtsanwalt einen Schriftsatz, der die Zurücknahme der Klage enthält, bei Gericht eingereicht hat
- der Rechtsanwalt einen Schriftsatz, der die Zurücknahme des Antrags enthält, bei Gericht eingereicht hat
- der Rechtsanwalt für die Partei einen gerichtlichen Verhandlungs-, Erörterungs- oder Beweisaufnahmetermin wahrgenommen hat.

Wenn der Rechtsanwalt nämlich eine der vorgenannten Tätigkeiten bereits ausgeübt hat, ist ihm die 1,3 Verfahrensgebühr nach Nr. 3100 VV RVG entstanden. Eine einmal entstandene 1,3 Verfahrensgebühr nach Nr. 3100 VV RVG bleibt erhalten, auch dann, wenn der Auftrag sofort nach Ausübung einer der vorgenannten Tätigkeiten endet. Neben der 1,3 Verfahrensgebühr nach Nr. 3100 VV RVG kann die 0,8 Verfahrensgebühr nach Nr. 3101 Ziffer 1 VV RVG nicht entstehen. Ausnahme: Der Auftrag endet nur teilweise vorzeitig (nachstehende Beispiele → Rn. 290 und 291 dieses Kapitels).

Beispiel: Der Rechtsanwalt wird beauftragt, Klage über 5.000,00 EUR zu erheben. Bei Durchsicht der Unterlagen stellt er fest, dass sich der Gegner noch nicht in Verzug befindet. Um ihn in Verzug zu setzen, fordert der Rechtsanwalt den Gegner erst noch einmal außergerichtlich zur Zahlung auf. Auf dieses Anwaltsschreiben zahlt der Gegner. Eine Klage braucht nicht mehr erhoben zu werden. Es entsteht: 279

0,8 Verfahrensgebühr §§ 2, 13 RVG iVm Nr. 3101 Ziffer 1 VV RVG
zzgl. Auslagen, Umsatzsteuer.

Beispiel: Der Mandant erteilt dem Rechtsanwalt den Auftrag, 7.000,00 EUR zunächst außergerichtlich geltend zu machen. Der Rechtsanwalt fordert den Gegner zur Zahlung auf. Der Gegner zahlt den geforderten Betrag an den Mandanten. Eine Klage ist also nicht erforderlich. Es entsteht: 280

1,3 Geschäftsgebühr §§ 2, 13, 14 RVG iVm Nr. 2300 VV RVG.
Der Gebührenrahmen beträgt 0,5 bis 2,5; es wurde eine 1,3 Gebühr in Ansatz gebracht.
Im Unterschied zum vorangegangenen Beispiel Rn. 279, hat der Rechtsanwalt hier nur den Auftrag erhalten, außergerichtlich tätig zu werden.

Beispiel: Der Rechtsanwalt wird vom Mandanten beauftragt, 10.000,00 EUR einzuklagen und den Mandanten in dem Verfahren als Prozessbevollmächtigter zu vertreten. Der Rechtsanwalt fordert den Schuldner noch einmal außergerichtlich auf, den Anspruch zu befriedigen. Der Gegner 281 reagiert hierauf nicht. Der Rechtsanwalt fertigt die Klage und bevor er diese bei Gericht eingereicht hat, zahlt der Gegner den Gesamtbetrag.

Es entsteht:
0,8 Verfahrensgebühr §§2, 13 RVG iVm Nr. 3101 Ziffer 1 VV RVG
zzgl. Auslagen, Umsatzsteuer.

Es entsteht nur die 0,8 Verfahrensgebühr nach Nr. 3101 Ziffer 1 VV RVG weil die Klage noch nicht eingereicht war. Wäre die Klage bereits eingereicht gewesen, wäre eine 1,3 Verfahrensgebühr nach Nr. 3100 VV RVG entstanden.

282 **Praxistipp:**

Fertig gestellte Klageschriften oder Antragschriften, die ein gerichtliches Verfahren einleiten, oder Schriftsätze, die einen Sachantrag oder Sachvortrag enthalten, sollten umgehend bei Gericht eingereicht werden!

283 **Beispiel:** Dem Mandanten wurde die Klageschrift zugestellt. Er beauftragt den Rechtsanwalt, ihn als Prozessbevollmächtigter in dem Rechtsstreit zu vertreten und Klageabweisung zu beantragen. Der Rechtsanwalt fertigt einen Schriftsatz, in welchem er beantragt, die Klage kostenpflichtig abzuweisen und auf das Vorbringen in der Klageschrift erwidert. Nach Einreichung dieses Schriftsatzes wird die Klage vom Kläger zurückgenommen.

Dem Rechtsanwalt (Prozessbevollmächtigter des Beklagten) ist entstanden:
1,3 Verfahrensgebühr §§2, 13 RVG iVm Nrn. 3100, 3101 Ziffer 1 VV RVG
zzgl. Auslagen, Umsatzsteuer.

Hier hat das Mandat geendet, nachdem der Rechtsanwalt (Prozessbevollmächtigter des Beklagten) bereits eine Tätigkeit ausgeübt hatte, die die 1,3 Verfahrensgebühr nach Nr. 3100 VV RVG ausgelöst hat. Er hat nämlich bereits einen Schriftsatz mit Sachanträgen bei Gericht eingereicht, bevor sein Auftrag endete.

284 **Beispiel:** Dem Beklagten wurde die Klageschrift zugestellt. Das Gericht hat das schriftliche Vorverfahren gemäß §276 ZPO angeordnet und dem Beklagten aufgegeben, binnen 2 Wochen seine Verteidigungsabsicht anzuzeigen. Der Rechtsanwalt bestellt sich auftragsgemäß zum Prozessbevollmächtigten des Beklagten und zeigt in dem Schriftsatz dessen Verteidigungsabsicht an. Der Schriftsatz enthält noch keinen Sachantrag und auch noch keinen Sachvortrag. Bevor der Rechtsanwalt eine weitere Tätigkeit entfaltet, wird die Klage zurückgenommen.

Es ist umstritten,[72] ob der Rechtsanwalt (Prozessbevollmächtigte des Beklagten) jetzt nur eine
0,8 Verfahrensgebühr §§2, 13 RVG iVm Nrn. 3100, 3101 Ziffer 1 VV RVG
oder eine
1,3 Verfahrensgebühr §§2, 13 RVG iVm Nr. 3100 VV RVG
– jeweils zzgl. Auslagen und Umsatzsteuer –
ansetzen kann.

Nach einer weit verbreiteten Meinung wird vertreten, dass die Anzeige der Verteidigungsabsicht noch kein Sachantrag sei, mit der Folge, dass in dem hier gebildeten Beispiel nur eine 0,8 Verfahrensgebühr für den Beklagtenvertreten entstehe.

285 **Praxistipp:**

Die Bestellung durch den Prozessbevollmächtigten des Beklagten sollte neben der Anzeige der Verteidigungsabsicht auch einen Sachantrag oder Sachvortrag enthalten, damit die 1,3 Verfahrensgebühr Nr. 3100 VV RVG ausgelöst wird.

286 Wodurch die vorzeitige Beendigung des Auftrages eingetreten ist, ist für den Anfall der Verfahrensgebühr Nr. 3101 Ziffer 1 VV RVG unerheblich. Eine vorzeitige Beendigung des Auftrages kann eintreten

- aus in der Sache liegenden Gründen (zB der Gegner zahlt)
- dadurch, dass der Rechtsanwalt das Mandat niederlegt (zB weil der Mandant den geforderten Vorschuss nicht gezahlt hat)

[72] Schneider/Wolf VV 3101 Rn. 41, 42; Gerold/Schmidt VV 3101 Rn. 34; Hartung/Schons/Enders VV 3101 VV Rn. 21.

– weil der Mandant das Mandat kündigt (zB weil er das Vertrauensverhältnis zu dem Anwalt als gestört ansieht).[73]

Auch die 0,8 Verfahrensgebühr Nr. 3101 Ziffer 1 VV RVG fällt mit dem ersten Tätigwerden des Rechtsanwaltes nach Erteilung des Auftrages an. In der Regel wird dies die Entgegennahme der Information sein. 287

Als Gegenstandswert für die 0,8 Verfahrensgebühr Nr. 3101 Ziffer 1 VV RVG ist der Wert der in dem gerichtlichen Verfahren anhängigen (zB bei vorzeitiger Beendigung des Auftrags auf der Beklagtenseite) oder anhängig zu machenden Ansprüche (zB bei vorzeitiger Beendigung des Auftrags auf der Klägerseite) anzunehmen. 288

Möglich ist, dass der dem Rechtsanwalt erteilte Auftrag nur **teilweise** vorzeitig endigt und der Rechtsanwalt im Übrigen weiter als Prozessbevollmächtigter tätig ist. Dann entsteht: 289

- die 0,8 Verfahrensgebühr Nr. 3101 Ziffer 1 VV RVG nach dem Wert der Ansprüche, wegen welcher der Auftrag des Rechtsanwaltes vorzeitig endete
- die 1,3 Verfahrensgebühr Nr. 3100 VV RVG nach dem Wert der verbleibenden Ansprüche, wegen welcher der Rechtsanwalt weiter als Prozessbevollmächtigter tätig ist.
- Die Summe beider Gebühren darf nicht höher sein als eine 1,3 Gebühr aus dem Gesamtwert (§ 15 Abs. 3 RVG).[74]

Beispiel: Der Rechtsanwalt erhält den Auftrag 25.000,00 EUR einzuklagen und den Mandanten in dem Rechtsstreit als Prozessbevollmächtigter zu vertreten. Er fertigt die Klageschrift. Bevor er die Klageschrift eingereicht hat, zahlt der Beklagte 7.000,00 EUR. Der Rechtsanwalt ändert die Klage ab und reicht diese über den verbleibenden Anspruch in Höhe von 18.000,00 EUR ein. 290

Es sind entstanden:

1) 0,8 Verfahrensgebühr §§ 2, 13 RVG iVm Nr. 3101 Ziffer 1 VV RVG nach Wert: 7.000,00 EUR	324,00 EUR
2) 1,3 Verfahrensgebühr §§ 2, 13 RVG iVm Nr. 3100 VV RVG nach Wert: 18.000,00 EUR	904,80 EUR
Summe:	1.228,80 EUR
Die Summe dieser beiden Gebühren darf gem. § 15 Abs. 3 RVG nicht höher sein als eine 1,3 Gebühr nach Wert: 25.000,00 EUR	1.024,40 EUR.

Der Rechtsanwalt kann vorliegend nur die 1.024,40 EUR berechnen, nicht die 1.228,80 EUR.

Zzgl. der weiter eventuell entstandenen Gebühren, Auslagen und Umsatzsteuer.

Beispiel: Beim Amtsgericht ist ein Rechtsstreit anhängig über 4.000,00 EUR. Der Beklagte beauftragt Rechtsanwalt N ihn in dem Rechtsstreit als Prozessbevollmächtigter zu vertreten. Der Kläger nimmt die Klage um 3.500,00 EUR zurück. Erst nach Teil-Rücknahme der Klage reicht Rechtsanwalt N für den Beklagten einen Schriftsatz bei dem Amtsgericht ein, worin er sich für den Beklagten zum Prozessbevollmächtigten bestellt, Klageabweisung beantragt und auf die Klage erwidert. Der Beklagtenvertreter kann berechnen: 291

1) 0,8 Verfahrensgebühr §§ 2, 13 RVG iVm Nr. 3101 Ziffer 1 VV RVG nach Wert: 3.500,00 EUR	201,60 EUR
2) 1,3 Verfahrensgebühr §§ 2, 13 RVG iVm Nr. 3100 VV RVG nach Wert: 500,00 EUR	58,50 EUR
Summe:	260,10 EUR
(Die Summe dieser beiden Gebühren darf nicht höher sein als eine 1,3 Gebühr nach Wert: 4.000,00 EUR	327,60 EUR.

Es bleibt hier bei dem Ansatz der beiden Einzelgebühren mit 201,60 EUR + 58,50 EUR = 260,10 EUR, da diese nicht höher ist als die 1,3 Gebühr aus dem Gesamtwert.)

Zzgl. der weiter eventuell in dem Rechtsstreit entstandenen Gebühren, Auslagen und Umsatzsteuer.

[73] Schneider/Wolf VV 3101 Rn. 15 ff.

[74] Gerold/Schmidt VV 3101 Rn. 63 ff.

Zusammenfassung

292 ▶ Endigt der Auftrag des Rechtsanwaltes, bevor die 1,3 Verfahrensgebühr nach Nr. 3100 VV RVG entstanden ist, so kann der zum Prozessbevollmächtigten bestellte Rechtsanwalt eine 0,8 Verfahrensgebühr nach Nr. 3101 Ziffer 1 VV RVG berechnen.

▶ Die Gebühr entsteht nach dem Wert der Ansprüche, wegen welcher sich der Auftrag des Rechtsanwaltes vorzeitig erledigt.

1.2 Nicht rechtshängige Ansprüche

293 Wird wegen nicht rechtshängiger Ansprüche beantragt, eine Einigung zu Protokoll zu nehmen oder werden in einem Termin vor Gericht Verhandlungen über nicht rechtshängige Ansprüche geführt, so kann nach ganz überwiegender Meinung nach dem Wert der nicht rechtshängigen Ansprüche die 1,3 Verfahrensgebühr nach Nr. 3100 VV RVG nicht entstehen.

Auszug aus dem VV RVG

294

Nr.	Gebührentatbestand	Gebühr oder Satz der Gebühr nach § 13 RVG
3101	1. ... 2. soweit Verhandlungen vor Gericht zur Einigung der Parteien oder der Beteiligten oder mit Dritten über in diesem Verfahren nicht rechtshängige Ansprüche geführt werden; der Verhandlung über solche Ansprüche steht es gleich, wenn beantragt ist, eine Einigung zu Protokoll zu nehmen oder das Zustandekommen einer Einigung festzustellen (§ 278 Abs. 6 ZPO); oder 3. ... beträgt die Gebühr 3100 .... (1) Soweit in den Fällen der Nummer 2 der sich nach § 15 Abs. 3 RVG ergebende Gesamtbetrag der Verfahrensgebühren die Gebühr 3100 übersteigt, wird der übersteigende Betrag auf eine Verfahrensgebühr angerechnet, die wegen desselben Gegenstands in einer anderen Angelegenheit entsteht. (2) ...	0,8

295 **Nach** dem **Wert nicht rechtshängiger Ansprüche** entsteht nur eine 0,8 Verfahrensgebühr,

- soweit **Verhandlungen vor Gericht zur Einigung** über nicht rechtshängige Ansprüche geführt werden – Nr. 3101 Ziffer 2, 1. Alternative VV RVG (→ Kap. E Rn. 311).
- oder beantragt ist, eine **Einigung** der Parteien oder mit Dritten über in diesem Verfahren nicht rechtshängige Ansprüche **zu Protokoll zu nehmen** – Nr. 3101 Ziffer 2, 2. Alternative VV RVG (→ Kap. E Rn. 296).
- oder beantragt ist, eine **Einigung** der Parteien oder mit Dritten über in diesem Verfahren nicht rechtshängige Ansprüche **festzustellen** (§ 278 Abs. 6 ZPO) – Nr. 3101 Ziffer 2, 3. Alternative VV RVG (→ Kap. E Rn. 308).

1.2.1 Antrag, Einigung zu Protokoll zu nehmen

296 Der Prozessbevollmächtigte, der beantragt, eine Einigung der Parteien über **nicht rechtshängige Ansprüche zu Protokoll zu nehmen** erhält nach Nr. 3101 Ziffer 2 VV RVG eine **0,8 Verfahrensgebühr.** Diese bestimmt sich nach dem **Wert der nicht rechtshängigen Ansprüche,** wegen welcher beantragt wird, die Einigung zu Protokoll zu

nehmen. Es kommt nicht darauf an, auf welchen Betrag sich die Parteien geeinigt haben, sondern entscheidend ist, wie hoch die nicht rechtshängigen Ansprüche waren, die durch die Einigung erledigt wurden.

Beispiel: Neben den eingeklagten Ansprüchen behauptet der Kläger weitere, nicht rechtshängige Ansprüche in Höhe von 10.000,00 EUR. Wegen der nicht rechtshängigen Ansprüche haben sich die Parteien auf 5.000,00 EUR geeinigt. Der Mandant beauftragt den Rechtsanwalt, auch wegen der nicht rechtshängigen Ansprüche zu beantragen, eine Einigung zu Protokoll zu nehmen. Der Rechtsanwalt stellt den entsprechenden Antrag bei Gericht. 297

Die 0,8 Verfahrensgebühr nach Nr. 3101 Ziffer 2 VV RVG entsteht nach einem Wert von 10.000,00 EUR.

In der Praxis wird die 0,8 Verfahrensgebühr der Nr. 3101 Ziffer 2 VV RVG dann auftreten, wenn in einem gerichtlichen Verfahren auch nicht rechtshängige Ansprüche mitverglichen werden. Dann entstehen: 298

- 1,3 Verfahrensgebühr nach Nr. 3100 VV RVG nach dem Wert der anhängigen Ansprüche
- 0,8 Verfahrensgebühr nach Nr. 3101 Ziffer 2 VV RVG nach dem Wert der nicht rechtshängigen Ansprüche
- die Summe der beiden Einzelgebühren darf nicht höher sein als eine 1,3 Gebühr aus dem Gesamtwert (§ 15 Abs. 3 RVG).[75]

Wegen des Ansatzes der Terminsgebühr in derartigen Fällen siehe nachfolgendes Beispiel und auch → Kap. E Rn. 341 und 385. 299

Wegen des Ansatzes der Einigungsgebühr in derartigen Fällen siehe nachfolgendes Beispiel und auch → Kap. E Rn. 422. 300

Beispiel: In dem Zivilprozess sind 14.000,00 EUR eingeklagt. Der Kläger behauptet weitere, noch nicht rechtshängige Ansprüche in Höhe von 7.000,00 EUR. Insoweit haben die Prozessbevollmächtigten ebenfalls bereits Klageauftrag und führen in dem Termin zur mündlichen Verhandlung vor Gericht eine Besprechung zur Vermeidung einer Klageerweiterung. Unter Mitwirkung der Prozessbevollmächtigten einigen sich die Parteien auf die Zahlung von 15.000,00 EUR. Mit der Zahlung dieses Betrages sollen die eingeklagten und die nicht rechtshängigen Ansprüche erledigt sein. Die Prozessbevollmächtigten beantragen in dem mündlichen Verhandlungstermin vor Gericht, einen entsprechenden Vergleich zu protokollieren. 301

Es sind folgende Gebühren entstanden:

1) 1,3 Verfahrensgebühr §§ 2, 13 RVG iVm Nr. 3100 VV RVG nach Wert: 14.000,00 EUR	845,00 EUR
2) 0,8 Verfahrensgebühr §§ 2, 13 RVG iVm Nr. 3101 Ziffer 2 VV RVG nach Wert: 7.000,00 EUR	324,00 EUR
Summe:	1.169,00 EUR
Die Summe dieser beiden Gebühren darf gem. § 15 Abs. 3 RVG nicht höher sein als eine 1,3 Gebühr nach Wert: 21.000,00 EUR	964,60 EUR
Der Rechtsanwalt kann vorliegend die Verfahrensgebühren nur mit 964,60 EUR berechnen und nicht mit 1.169,00 EUR.	
3) 1,2 Terminsgebühr §§ 2, 13 RVG iVm Nr. 3104 VV RVG nach Wert: 21.000,00 €	890,40 EUR
4) 1,0 Einigungsgebühr §§ 2, 13 RVG iVm Nr. 1003 VV RVG nach Wert: 14.000,00 EUR	650,00 EUR
5) 1,5 Einigungsgebühr §§ 2, 13 RVG iVm Nr. 1000 VV RVG nach Wert: 7.000,00 EUR	607,50 EUR
Summe:	1.257,50 EUR
Die Summe dieser beiden Gebühren darf gem. § 15 Abs. 3 RVG nicht höher sein als eine 1,5 Gebühr nach Wert: 21.000,00 EUR	1.113,00 EUR
Der Rechtsanwalt kann vorliegend die Einigungsgebühren nur mit 1.113,00 EUR berechnen und nicht mit 1.257,50 EUR.	
zzgl. Auslagen und Umsatzsteuer.	

[75] Gerold/Schmidt VV 3101 Rn. 98.

302 Die 0,8 Verfahrensgebühr nach Nr. 3101 Ziffer 2 VV RVG fällt an mit der **Stellung des Antrages** die Einigung über nicht rechtshängige Ansprüche zu Protokoll zu nehmen. Sie bleibt aus diesem Grunde auch dann erhalten, wenn die Einigung letztlich doch nicht Bestand hat, weil zB der Vergleich widerrufen wird. Wird der Vergleich widerrufen, fällt zwar die Einigungsgebühr nach Nr. 1000 oder 1003 VV RVG nicht an. Die 0,8 Verfahrensgebühr nach Nr. 3101 Ziffer 2 VV RVG nach dem Wert der nicht anhängigen Ansprüche bleibt aber erhalten.[76] Dasselbe gilt für die auch nach dem Wert der nicht anhängigen Ansprüche entstandenen Terminsgebühr.

303 **Beispiel:** Eingeklagt sind 16.500,00 EUR. Der Kläger behauptet weitere, nicht rechtshängige Ansprüche in Höhe von 5.000,00 EUR. Insoweit haben die Prozessbevollmächtigten ebenfalls bereits einen Vertretungsauftrag für ein gerichtliches Verfahren und wirken in dem Termin zur mündlichen Verhandlung vor Gericht an einer Besprechung zur Vermeidung einer Klageerweiterung mit. In dem Termin zur mündlichen Verhandlung vor Gericht können sich die Prozessbevollmächtigten – unter dem Vorbehalt der Zustimmung der Parteien – einigen. Es wird beantragt, einen Vergleich zu protokollieren, wonach zur Abgeltung der eingeklagten und der nicht rechtshängigen Ansprüche insgesamt 20.000,00 EUR gezahlt werden. Innerhalb der Widerrufsfrist wird der Vergleich widerrufen. Der Rechtsstreit nimmt seinen weiteren Fortgang.

Der Rechtsanwalt, der als Prozessbevollmächtigter des Klägers oder des Beklagten tätig war, kann folgende Gebühren berechnen:

1) 1,3 Verfahrensgebühr §§ 2, 13 RVG iVm Nr. 3100 VV RVG nach Wert: 16.500,00 EUR	904,80 EUR
2) 0,8 Verfahrensgebühr §§ 2, 13 RVG iVm Nr. 3101 Ziffer 2 VV RVG nach Wert: 5.000,00 EUR	242,40 EUR
Summe:	1.147,20 EUR
Die Summe dieser beiden Gebühren darf gem. § 15 Abs. 3 RVG nicht höher sein als eine 1,3 Gebühr nach Wert: 21.500,00 EUR	964,60 EUR
Der Rechtsanwalt kann vorliegend die Verfahrensgebühr nur mit 964,60 EUR berechnen und nicht mit 1.147,20 EUR.	
3) 1,2 Terminsgebühr §§ 2, 13 RVG iVm Nr. 3104 VV RVG nach Wert: 21.500,00 €	890,40 EUR
zzgl. Auslagen und Umsatzsteuer.	

Die Einigungsgebühren kann der Rechtsanwalt nicht berechnen, da der Vergleich (= Einigung) widerrufen wurde.

304 Die 0,8 Verfahrensgebühr nach Nr. 3101 Ziffer 2 VV RVG fällt auch an, wenn die Einigung über nicht rechtshängige Ansprüche mit einem **Dritten** erzielt wird. Nach der Begründung des Gesetzes[77] sind Dritte zB Streithelfer. Schließt eine der Parteien also zB mit einem Streitverkündungsempfänger einen Vergleich über nicht rechtshängige Ansprüche, erhalten die Prozessbevollmächtigten die 0,8 Verfahrensgebühr der Nr. 3101 Ziffer 2 VV RVG nach dem Wert der nicht anhängigen Ansprüche.[78]

305 Nach Abs. 1 der Anmerkung zu Nr. 3101 VV RVG ist die 0,8 Verfahrensgebühr der Nr. 3101 Ziffer 2 VV RVG nach dem Wert der in diesem Verfahren nicht anhängigen Ansprüche auf eine Verfahrensgebühr anzurechnen, die der Rechtsanwalt wegen desselben Gegenstandes in einem anderen Verfahren erhält. Anzurechnen ist der Teil der Verfahrensgebühr, der nach Abgleichung nach § 15 Abs. 3 VV RVG den Teil der Verfahrensgebühr nach Nr. 3100 VV RVG nach dem Wert der in diesem Verfahren anhängigen Ansprüche übersteigt.[79] Im Ergebnis wird die 0,8 Verfahrensgebühr also infolge der Anrechnung dann nicht verlangt werden können, wenn Ansprüche mitverglichen werden, die bereits in einem anderen Verfahren rechtshängig sind und wegen welcher in dem anderen Verfahren bereits die 1,3 Verfahrensgebühr entstanden ist.

[76] Gerold/Schmidt VV 3101 Rn. 94; Hartung/Schons/Enders Nr. 3101 VV Rn. 45.
[77] Begründung des KostRMoG in BT-Drucksache 15/1971, S. 211 – linke Spalte.
[78] Schneider/Wolf VV 3101 Rn. 79; Gerold/Schmidt VV 3101 Rn. 91.
[79] Gerold/Schmidt VV 3101 Rn. 105; Hartung/Schons/Enders Nr. 3101 VV Rn. 64 ff.

Beispiel: Zwischen den Parteien A und B ist bei dem Landgericht Koblenz ein Rechtsstreit anhängig unter dem Aktenzeichen 5 O. 1000/17. In diesem Verfahren sind 8.000,00 EUR eingeklagt. 306

Zwischen denselben Parteien ist beim Amtsgericht Koblenz ein weiterer Rechtsstreit über 2.000,00 EUR anhängig unter dem Aktenzeichen 142 C 1056/17. In diesem Rechtsstreit ist die Terminsgebühr noch nicht entstanden.

In dem Verfahren 5 O. 1000/17 vergleichen sich die Parteien in der mündlichen Verhandlung vor Gericht dahingehend, dass zur Abgeltung aller Ansprüche und zur Erledigung beider Rechtsstreite ein Betrag in Höhe von 9.000,00 EUR gezahlt wird. In dem Rechtsstreit 5 O. 1000/17 haben beide Prozessbevollmächtigten beantragt, die Einigung zu Protokoll zu nehmen. Zuvor waren sowohl der Anspruch über 8.000,00 EUR als auch der Anspruch über 2.000,00 EUR Gegenstand der Vergleichsverhandlungen. In dem Verfahren vor dem Landgericht wird der entsprechende Vergleich geschlossen.

In dem Verfahren Landgericht Koblenz – 5 O. 1000/17 – sind folgende Gebühren entstanden:

1) 1,3 Verfahrensgebühr §§2, 13 RVG iVm Nr. 3100 VV RVG nach Wert: 8.000,00 EUR	592,80 EUR
2) 0,8 Verfahrensgebühr §§2, 13 RVG iVm Nr. 3101 Ziffer 2 VV RVG nach Wert: 2.000,00 EUR	120,00 EUR
Summe:	712,80 EUR
(Die Summe dieser beiden Gebühren darf gem. §15 Abs. 3 RVG nicht höher sein als eine 1,3 Gebühr nach Wert: 10.000,00 EUR = 725,40 EUR).	
3) 1,2 Terminsgebühr §§2, 13 RVG iVm Nr. 3104 VV RVG nach Wert: 10.000,00 €	669,60 EUR
4) 1,0 Einigungsgebühr §§2, 13 RVG iVm Nr. 1003 VV RVG nach Wert: 10.000,00 EUR	558,00 EUR
5) Pauschale für Entgelte für Post- und Telekommunikationsdienstleistungen Nr. 7002 VV RVG	20,00 EUR
zzgl. evtl. weiter entstandener Auslagen und Umsatzsteuer.	

In dem Verfahren Amtsgericht Koblenz – 142 C 1056/17 – ist folgende Verfahrensgebühr entstanden:

1) 1,3 Verfahrensgebühr §§2, 13 RVG iVm 3100 VV RVG nach Wert: 2.000,00 EUR	195,00 EUR.
Hierauf ist gem. Absatz 1 der Anmerkung zu Nr. 3101 VV RVG der Teil des Gesamtbetrages der Verfahrensgebühr aus dem Verfahren Landgericht Koblenz 5 O. 1000/17 anzurechnen, der die dort entstandene 1,3 Verfahrensgebühr nach dem Wert dieses Verfahrens (8.000,00 EUR) übersteigt:	
Also 712,80 EUR – 592,80 EUR = 120,00 EUR	
Auf die Verfahrensgebühr in diesem Verfahren sind	120,00 EUR
anzurechnen, so dass von der Verfahrensgebühr verbleiben:	75,00 EUR.
2) Pauschale für Entgelte für Post- und Telekommunikationsdienstleistungen Nr. 7002 VV RVG	20,00 EUR
zzgl. evtl. weiter entstandener Auslagen und Umsatzsteuer.	

Wäre in diesem Rechtsstreit ebenfalls bereits eine Terminsgebühr entstanden, wäre die in dem Verfahren Landgericht Koblenz – 5 O 1000/17 entstandene Terminsgebühr nach Abs. 2 der Anmerkung zu Nr. 3104 VV RVG teilweise hierauf anzurechnen (→ Kap. E Rn. 348).

Der Antrag, eine Einigung der Parteien oder mit einem Dritten nicht rechtshängige Ansprüche zu Protokoll zu nehmen, muss bei Gericht gestellt werden. Ob der Antrag in einem 307

- Termin zur mündlichen Verhandlung
- Erörterungstermin
- Termin zur Beweisaufnahme
- Termin zur Güteverhandlung gem. §278 Abs. 2 ZPO
- oder im schriftlichen Verfahren schriftsätzlich gestellt wird,

ist unerheblich.

Die 0,8 Verfahrensgebühr nach Nr. 3101 Ziffer 2 VV RVG entsteht auch dann, wenn das Gericht gemäß **§278 Abs. 6 ZPO** das Zustandekommen des Vergleiches über nicht rechtshängige Ansprüche **durch Beschluss feststellt.** In diesem Fall wird bei dem Rechtsanwalt die 0,8 Verfahrensgebühr der Nr. 3101 Ziffer 2 VV RVG dadurch ausgelöst, dass der Rechtsanwalt beantragt hat, die Einigung – (auch) über die nicht rechtshängigen Ansprüche – nach §278 Abs. 6 ZPO durch Beschluss festzustel- 308 len. Dieser Antrag muss nicht in einem Termin vor Gericht gestellt werden. Ein schriftsätzlicher Antrag reicht aus. Nach §278 Abs. 6 ZPO kann ein gerichtlicher Vergleich – losgelöst von einem Termin vor Gericht – auch dadurch geschlossen werden, dass das Gericht das Zustandekommen und den Inhalt eines Vergleiches in Form eines Beschlusses feststellt.

309 Eine **Terminsgebühr** nach Nr. 3104 VV RVG kann auch nach dem Wert nicht rechtshängiger Ansprüche entstehen, wenn der Rechtsanwalt auch insoweit einen Auftrag zur gerichtlichen Geltendmachung hatte und über diese nicht rechtshängigen Ansprüche eine **Besprechung** zur Vermeidung eines gerichtlichen Verfahrens geführt wurde und der Rechtsanwalt hieran mitgewirkt hat – Vorbemerkung 3 Abs. 3 VV RVG – (→ Kap. E Rn. 341 und 385). Die Terminsgebühr entsteht allerdings nicht, wenn wegen der nicht rechtshängigen Ansprüche lediglich beantragt wird, eine Einigung zu Protokoll zu nehmen (Abs. 3 der Anmerkung zu Nr. 3104 VV RVG).

Zusammenfassung

310
- ▶ Hat der Prozessbevollmächtigte bei Gericht beantragt, eine Einigung der Parteien oder mit Dritten über nicht rechtshängige Ansprüche zu Protokoll zunehmen, so entsteht eine 0,8 Verfahrensgebühr nach Nr. 3101 Ziffer 2 VV RVG.
- ▶ Die Gebühr fällt nach dem Wert der nicht rechtshängigen Ansprüche an, die durch die Einigung erledigt werden.
- ▶ Die 0,8 Verfahrensgebühr nach Nr. 3101 Ziffer 2 VV RVG nach dem Wert der nicht rechtshängigen Ansprüche darf zusammen mit der 1,3 Verfahrensgebühr nach Nr. 3100 VV RVG nach dem Wert der anhängigen Ansprüche nicht höher sein als eine 1,3 Verfahrensgebühr aus dem Gesamtwert (§ 15 Abs. 3 RVG).

1.2.2 Verhandlungen vor Gericht zur Einigung über nicht rechtshängige Ansprüche

311 Eine 0,8 Verfahrensgebühr nach Nr. 3101 Ziffer 2 VV RVG entsteht auch dann, wenn lediglich **Verhandlungen vor Gericht über nicht rechtshängige Ansprüche** geführt werden.[80] Dies ergibt sich aus der 1. Alternative der Nr. 3101 Ziffer 2 VV RVG.

Auszug aus dem VV RVG

312

Nr.	Gebührentatbestand	Gebühr oder Satz der Gebühr nach § 13 RVG
3101	1. ... 2. soweit Verhandlungen vor Gericht zur Einigung der Parteien oder der Beteiligten oder mit Dritten über in diesem Verfahren nicht rechtshängige Ansprüche geführt werden; der Verhandlung über solche Ansprüche steht es gleich, wenn beantragt ist, eine Einigung zu Protokoll zu nehmen oder das Zustandekommen einer Einigung festzustellen (§278 Abs. 6 ZPO); oder 3. ... beträgt die Gebühr 3100 .... (1) Soweit in den Fällen der Nummer 2 der sich nach § 15 Abs. 3 RVG ergebende Gesamtbetrag der Verfahrensgebühren die Gebühr 3100 übersteigt, wird der übersteigende Betrag auf eine Verfahrensgebühr angerechnet, die wegen desselben Gegenstands in einer anderen Angelegenheit entsteht. (2) ...	0,8

[80] Hartung/Schons/Enders Nr. 3101 VV Rn. 30ff.; Gerold/Schmidt VV 3101 Rn. 92.

Aufgrund der Formulierung in der Nr. 3101 Ziffer 2 VV RVG müssen die Verhandlungen aber wohl mit dem Ziel einer Einigung geführt werden. Ob die Einigung dann allerdings zustande kommt oder nicht, ist unerheblich.[81] Nach der 2. Alternative der Nr. 3101 Ziffer 2 VV RVG fällt die Gebühr auch dann an, wenn ein Antrag, eine Einigung zu Protokoll zu nehmen, nicht gestellt wird. 313

Klarstellend sei darauf hingewiesen, dass die 0,8 Verfahrensgebühr nach Nr. 3101 Ziffer 2 VV RVG in derselben Angelegenheit und wegen derselben nicht anhängigen Ansprüche **nicht** zweimal entstehen kann, einmal für die Verhandlungen vor Gericht über die nicht rechtshängigen Ansprüche und ein weiteres Mal für den Antrag, die Einigung zu Protokoll zu nehmen. 314

Voraussetzung für das Entstehen der Gebühr nach Nr. 3101 Ziffer 2 VV RVG ist, dass die Verhandlungen in einem Termin **vor Gericht** stattfinden.[82] Ob die Verhandlungen in einem mündlichen Verhandlungstermin, in einem Erörterungstermin, in einem Beweisaufnahmetermin oder in einer Güteverhandlung gem. § 278 Abs. 2 ZPO stattfinden, ist für den Anfall der Gebühr unerheblich. 315

Die 0,8 Verfahrensgebühr nach dem Wert der nicht rechtshängigen Ansprüche für Verhandlungen über solche bei Gericht darf zusammen mit der 1,3 Verfahrensgebühr nach Nr. 3100 VV RVG nicht höher sein als eine 1,3 Gebühr aus dem Gesamtwert – § 15 Abs. 3 RVG – (→ Kap. E Rn. 298 und 301). 316

Auch für die durch Verhandlungen vor Gericht zur Einigung über nicht rechtshängige Ansprüche ausgelöste 0,8 Verfahrensgebühr Nr. 3101 Ziffer 2 VV RVG gilt Abs. 1 der Anmerkung zu Nr. 3101 VV RVG. Auch diese ist also entsprechend Abs. 1 der Anmerkung zu Nr. 3101 VV RVG anzurechnen auf eine Verfahrensgebühr, die nach dem Wert der in dieser Sache nicht rechtshängigen Ansprüche in einem anderen Verfahren entsteht (wegen der Anrechnung siehe → Kap. E Rn. 305 f. und Rn. 348). 317

Eine Terminsgebühr nach Nr. 3104 VV RVG kann auch nach dem Wert nicht rechtshängiger Ansprüche entstehen, wenn der Rechtsanwalt auch insoweit einen Auftrag zur Vertretung in einem gerichtlichen Verfahren hatte und über diese nicht rechtshängigen Ansprüche eine Besprechung zur Vermeidung eines gerichtlichen Verfahrens geführt wurde und der Rechtsanwalt hieran mitgewirkt hat – Vorbemerkung 3 Abs. 3 VV RVG – (→ Kap. E Rn. 306 und 347 f.). Die Terminsgebühr entsteht allerdings nicht, wenn wegen der nicht rechtshängigen Ansprüche lediglich beantragt wird, eine Einigung zu Protokoll zu nehmen (Abs. 3 der Anmerkung zu Nr. 3104 VV RVG). 318

Zusammenfassung

- Führt der Prozessbevollmächtigte Verhandlungen vor Gericht über nicht rechtshängige Ansprüche, entsteht nach deren Wert eine 0,8 Verfahrensgebühr nach Nr. 3101 Ziffer 2 VV RVG. 319
- Die Verhandlungen über die nicht rechtshängigen Ansprüche müssen in einem Termin vor Gericht geführt werden.
- Die Verhandlungen müssen im Hinblick auf eine Einigung der Parteien geführt werden.
- Die 0,8 Verfahrensgebühr nach Nr. 3101 Ziffer 2 VV RVG nach dem Wert der nicht anhängigen Ansprüche darf zusammen mit der 1,3 Verfahrensgebühr nach Nr. 3100 VV RVG nach dem Wert der anhängigen Ansprüche nicht höher sein als eine 1,3 Verfahrensgebühr aus dem Gesamtwert (§ 15 Abs. 3 RVG).

[81] Gerold/Schmidt VV 3101 Rn. 94.

[82] Hartung/Schons/Enders Nr. 3101 VV Rn. 33; Schneider/Wolf VV 3101 Rn. 55; Gerold/Schmidt VV 3101 Rn. 92.

2. Terminsgebühr – Erster Rechtszug

320 Neben einer Verfahrensgebühr kann dem Prozessbevollmächtigten in bürgerlichen Rechtsstreitigkeiten eine Terminsgebühr entstehen.

Auszug aus dem VV RVG

321

Teil 3. Zivilsachen, ...

Nr.	Gebührentatbestand	Gebühr oder Satz der Gebühr nach § 13 RVG
Vorbemerkung 3: (1) Gebühren nach diesem Teil erhält der Rechtsanwalt, dem ein unbedingter Auftrag als Prozess- oder Verfahrensbevollmächtigter, als Beistand für einen Zeugen oder Sachverständigen oder für eine sonstige Tätigkeit in einem gerichtlichen Verfahren erteilt worden ist. Der Beistand für einen Zeugen oder Sachverständigen erhält die gleichen Gebühren wie ein Verfahrensbevollmächtigter. (2) ... (3) Die Terminsgebühr entsteht sowohl für die Wahrnehmung von gerichtlichen Terminen als auch für die Wahrnehmung von außergerichtlichen Terminen und Besprechungen, wenn nichts anderes bestimmt ist. Sie entsteht jedoch nicht für die Wahrnehmung eines gerichtlichen Termins nur zur Verkündung einer Entscheidung. Die Gebühr für außergerichtliche Termine und Besprechungen entsteht für 1. die Wahrnehmung eines von einem gerichtlich bestellten Sachverständigen anberaumten Termins und 2. die Mitwirkung an Besprechungen, die auf die Vermeidung oder Erledigung des Verfahrens gerichtet sind; dies gilt nicht für Besprechungen mit dem Auftraggeber.		
	Abschnitt 1. Erster Rechtszug	
3104	Terminsgebühr, soweit in Nummer 3106 nichts anderes bestimmt ist ...... (1) Die Gebühr entsteht auch, wenn 1. in einem Verfahren, für das mündliche Verhandlung vorgeschrieben ist, im Einverständnis mit den Parteien oder Beteiligten oder gemäß § 307 oder § 495a ZPO ohne mündliche Verhandlung entschieden oder in einem solchen Verfahren ein schriftlicher Vergleich geschlossen wird, 2. nach § 84 Abs. 1 Satz 1 VwGO oder § 105 Abs. 1 Satz 1 SGG durch Gerichtsbescheid entschieden wird und eine mündliche Verhandlung beantragt werden kann oder 3. das Verfahren vor dem Sozialgericht, für das mündliche Verhandlung vorgeschrieben ist, nach angenommenem Anerkenntnis ohne mündliche Verhandlung endet. (2) Sind in dem Termin auch Verhandlungen zur Einigung über in diesem Verfahren nicht rechtshängige Ansprüche geführt worden, wird die Terminsgebühr, soweit sie den sich ohne Berücksichtigung der nicht rechtshängigen Ansprüche ergebenden Gebührenbetrag übersteigt, auf eine Terminsgebühr angerechnet, die wegen desselben Gegenstands in einer anderen Angelegenheit entsteht. (3) Die Gebühr entsteht nicht, soweit lediglich beantragt ist, eine Einigung der Parteien oder der Beteiligten oder mit Dritten über nicht rechtshängige Ansprüche zu Protokoll zu nehmen.	1,2

322 Nach der durch das 2. KostRMoG (BGBl. I 2013, 2586 – in Kraft getreten am 1. 8. 2013) neu gefassten Vorbemerkung 3 Abs. 3 VV RVG löst jeder gerichtliche Termin, den der Rechtsanwalt wahrnimmt, die Terminsgebühr aus. Die **Terminsgebühr** nach **Nr. 3104** VV RVG **entsteht** dem Rechtsanwalt also zB **für** die **Wahrnehmung** eines **gerichtlichen**

- Verhandlungstermins
- Erörterungstermins
- Beweisaufnahmetermins
- Anhörungstermins

- und auch für die Wahrnehmung eines von einem gerichtlich bestellten Sachverständigen anberaumten Termins.

Ausnahme: Die Wahrnehmung eines gerichtlichen **Termins** nur **zur Verkündung einer Entscheidung** lässt die Terminsgebühr **nicht** entstehen.

Die Wahrnehmung eines außergerichtlichen Termins löst die Terminsgebühr nur dann aus, wenn es sich um einen **von einem gerichtlich bestellten Sachverständigen anberaumten Termin** handelt oder der Rechtsanwalt (der schon Klageauftrag hat) außergerichtlich mitwirkt an einer **Besprechung** mit der Gegenseite, die auf Vermeidung oder Erledigung des Verfahrens gerichtet ist (→ Kap. E Rn. 341 und Rn. 385). 323

Die Terminsgebühr kann aber auch im schriftlichen Verfahren entstehen (→ Kap. E Rn. 370). 324

In dem **I. Rechtszug** entsteht die Terminsgebühr in Höhe von 1,2. Die Terminsgebühr nach Nr. 3104 VV RVG fällt unabhängig davon in **Höhe** von **1,2** an, ob in dem Termin nicht streitige oder streitige Anträge gestellt worden sind.[83] Auch wenn in dem Termin die Sach- und Rechtslage – nur – erörtert worden ist, fällt die Terminsgebühr in voller Höhe an. Dies auch dann, wenn in dem Termin nur zur Prozess- und Sachleitung verhandelt wird oder überhaupt keine Anträge gestellt werden. Ferner entsteht die Terminsgebühr auch dann, wenn in dem Termin nur die Ehegatten (§ 128 FamFG) oder nur das Kind (§ 159 FamFG) angehört werden.[84] 325

Die Terminsgebühr fällt auch dann in Höhe von 1,2 an, wenn der Beklagte in dem Termin den Anspruch anerkennt. Dann ergeht nach § 307 ZPO ein Anerkenntnisurteil, auch ohne dass der Prozessbevollmächtigte des Klägers diese beantragt. Obwohl der Prozessbevollmächtigte des Klägers hier keinen Antrag stellt, erhält er eine 1,2 Terminsgebühr. Das Gleiche gilt für den Prozessbevollmächtigten des Beklagten, der das Anerkenntnis im Termin ausspricht. 326

Der Rechtsanwalt muss den Termin wahrnehmen. Er muss also anwesend sein und bereit sein, „… im Interesse seines Mandanten das Geschehen im Termin zu verfolgen, um, falls dies erforderlich wird, einzugreifen."[85] Passive Anwesenheit im Termin soll die Terminsgebühr nicht auslösen. Von passiver Anwesenheit spricht man dann, wenn der Rechtsanwalt zwar im Termin anwesend ist, aber nicht die Absicht hat, in dem Termin – in welcher Form auch immer – tätig zu werden (zB dann wenn er dem Mandanten wegen fehlender Vorschusszahlung mitgeteilt hat, er werde ihn in dem Termin nicht vertreten).[86] 327

Die Terminsgebühr entsteht nach Nr. 3105 VV RVG nur in Höhe von **0,5**, wenn der Rechtsanwalt nur einem Termin wahrnimmt, in dem eine Partei nicht erschienen oder nicht ordnungsgemäß vertreten ist und lediglich ein Antrag auf **Versäumnisurteil** oder zur Prozess- und Sachleitung gestellt wird (→ Kap. E Rn. 353). 328

Beispiel: Nachdem Klage erhoben worden ist, bestimmt das Gericht Termin zur mündlichen Verhandlung. In dem Termin zur mündlichen Verhandlung erkennt der Beklagtenvertreter die Klageforderung an. Es ergeht ein **Anerkenntnisurteil**. Die als Prozessbevollmächtigte tätigen Rechtsanwälte, also sowohl der Prozessbevollmächtigte des Klägers, als auch der Prozessbevollmächtigte des Beklagten können, vorausgesetzt sie haben den Termin wahrgenommen, berechnen: 329

1) 1,3 Verfahrensgebühr §§ 2, 13 RVG iVm Nr. 3100 VV RVG
2) 1,2 Terminsgebühr §§ 2, 13 RVG iVm Nr. 3104 VV RVG

zzgl. Auslagen und Umsatzsteuer.

Beispiel: Nach Klageerhebung bestimmt das Gericht Termin zur mündlichen Verhandlung. In diesem Termin, in dem beide Prozessbevollmächtigten anwesend sind, wird auf dringendes Anraten des Gerichts die Klage zurückgenommen. 330

Beide Prozessbevollmächtigten können berechnen:

1) 1,3 Verfahrensgebühr §§ 2, 13 RVG iVm Nr. 3100 VV RVG

[83] Gerold/Schmidt VV Vorb. 3 Rn. 108; Hartung/Schons/Enders Vorb. 3 VV Rn. 43.
[84] Schneider/Thiel § 3 Rn. 718.
[85] Zitiert nach Gerold/Schmidt VV Vorb. 3 Rn. 111; LG Kaiserslautern JurBüro 2006, 423.
[86] Schneider/Wolf VV Vorb. 3 Rn. 105.

2) 1,2 Terminsgebühr §§2, 13 RVG iVm Nr. 3104 VV RVG
zzgl. Auslagen und Umsatzsteuer.

331 Auch durch die Wahrnehmung eines Termins zur **Güteverhandlung** (§ 278 Abs. 2 ZPO) wird die Terminsgebühr nach Nr. 3104 VV RVG ausgelöst.

332 **Beispiel:** Nach Klageerhebung bestimmt das Gericht Termin zur Güteverhandlung (§ 278 Abs. 2 ZPO). Die anwesenden Prozessbevollmächtigten und die Parteien besprechen mit dem Gericht die Möglichkeiten einer Einigung. Schließlich wird ein Vergleich geschlossen.

Beide Prozessbevollmächtigten können berechnen:
1) 1,3 Verfahrensgebühr §§2, 13 RVG iVm Nr. 3100 VV RVG
2) 1,2 Terminsgebühr §§2, 13 RVG iVm Nr. 3104 VV RVG
3) 1,0 Einigungsgebühr §§2, 13 RVG iVm Nr. 1003 VV RVG
zzgl. Auslagen und Umsatzsteuer.

333 Als **Gegenstandswert** ist der Terminsgebühr in der Regel der Wert der **rechtshängigen Ansprüche** zugrunde zu legen. Die Terminsgebühr kann auch nach dem Gegenstandswert nicht rechtshängiger Ansprüche entstehen (→ Kap. E Rn. 341). Erhöht oder ermäßigt sich der Gegenstandswert im Laufe des Rechtszuges (zB Klageerhöhung oder teilweise Rücknahme der Klage), so ist auf die höchsten anhängigen Ansprüche abzustellen, wegen welcher der Tatbestand der Terminsgebühr ausgelöst wird.

334 **Beispiel:** Es wird Klage erhoben über 5.000,00 EUR. In dem Termin zur mündlichen Verhandlung werden streitige Anträge gestellt. Die Klage wird um 3.000,00 EUR erhöht. Das Gericht bestimmt neuen Termin. Nach erneuter streitiger Verhandlung ergeht ein Urteil. Den Prozessbevollmächtigten, die beide Termine wahrgenommen haben, sind folgende Gebühren entstanden:

1) 1,3 Verfahrensgebühr §§2, 13 RVG iVm Nr. 3100 VV RVG nach Wert: 8.000,00 EUR	592,80 EUR
2) 1,2 Terminsgebühr §§2, 13 RVG iVm Nr. 3104 VV RVG nach Wert: 8.000,00 EUR	547,20 EUR

zzgl. Auslagen, Umsatzsteuer.

Hätte nach der Klageerhöhung kein Termin mehr stattgefunden und wäre auch nicht im schriftlichen Verfahren (→ Kap. E Rn. 370) entschieden worden und wäre über die 3.000,00 EUR auch keine Besprechung zur Vermeidung oder Erledigung eines gerichtlichen Verfahrens geführt worden, so wäre die Terminsgebühr nur nach einem Gegenstandswert von 5.000,00 EUR entstanden, da zum Zeitpunkt der Tätigkeit, die die Terminsgebühr ausgelöst hat (Wahrnehmung des Termins) nur ein Anspruch in Höhe von 5.000,00 EUR anhängig war.

335 **Beispiel:** Es wird Klage erhoben über 4.200,00 EUR. Das Gericht bestimmt Termin zur mündlichen Verhandlung. Nach Erörterung in dem Termin zur mündlichen Verhandlung wird die Klage um 2.000,00 EUR zurückgenommen. Das Gericht entscheidet durch Urteil.

Den Prozessbevollmächtigten, die den Termin wahrgenommen haben, sind folgende Gebühren entstanden:

1) 1,3 Verfahrensgebühr §§2, 13 RVG iVm Nr. 3100 VV RVG nach Wert: 4.200,00 EUR	393,90 EUR
2) 1,2 Terminsgebühr §§2, 13 RVG iVm Nr. 3104 VV RVG nach Wert: 4.200,00 EUR	363,60 EUR

zzgl. Auslagen, Umsatzsteuer.

Wäre die Klage bereits vor dem Termin in Höhe von 2.000,00 EUR teilweise zurückgenommen worden, so wäre die Terminsgebühr nur nach einem Gegenstandswert von 2.200,00 EUR entstanden.

336 **Beispiel:** Es wird Klage erhoben über 7.600,00 EUR. Das Gericht bestimmt Termin zur mündlichen Verhandlung. Beide Prozessbevollmächtigten nehmen diesen Termin wahr. In dem Termin wird die Hauptsache für erledigt erklärt. Das Gericht entscheidet noch über die Kosten des Verfahrens durch Beschluss.

Beiden Prozessbevollmächtigten sind folgende Gebühren entstanden:

1) 1,3 Verfahrensgebühr §§2, 13 RVG iVm Nr. 3100 VV RVG nach Wert: 7.600,00 EUR	592,80 EUR
2) 1,2 Terminsgebühr §§2, 13 RVG iVm Nr. 3104 VV RVG nach Wert: 7.600,00 EUR	547,20 EUR

zzgl. Auslagen, Umsatzsteuer.

(Zur Terminsgebühr bei Erledigung der Hauptsache → Kap. E Rn. 430)

Beispiel: Es wird Klage erhoben über 9.000,00 EUR. Noch vor dem ersten Termin vor Gericht erklären die Parteien die Hauptsache in Höhe von 5.000,00 EUR schriftsätzlich übereinstimmend für erledigt. Die Klage wird dann vom Kläger wegen anderer Ansprüche in Höhe von 2.000,00 EUR erweitert. Wegen einer weiteren Zahlung des Beklagten wird die Klage dann um 3.000,00 EUR wieder schriftsätzlich übereinstimmend für erledigt erklärt. Das Gericht bestimmt Termin zur mündlichen Verhandlung. Beide Prozessbevollmächtigten nehmen diesen Termin wahr. In dem Termin werden wegen der noch anhängigen Ansprüche streitige Anträge gestellt. Nach dem Termin nimmt der Kläger die Klage um 1.000,00 EUR teilweise zurück. Anschließend wird die Klage vom Gericht abgewiesen. 337

1) 1,3 Verfahrensgebühr §§2, 13 RVG iVm Nr. 3100 VV RVG nach
Wert: 11.000,00 EUR — 785,20 EUR

2) 1,2 Terminsgebühr §§2, 13 RVG iVm Nr. 3104 VV RVG nach
Wert: 3.000,00 EUR — 241,20 EUR

zzgl. Auslagen, Umsatzsteuer.

Die Verfahrensgebühr entsteht nach der Summe aller jemals in diesem Verfahren anhängigen Ansprüche (9.000,00 EUR + 2.000,00 EUR = 11.000,00 EUR).[87]

Die Terminsgebühr entsteht nur nach dem Wert der Ansprüche, nach welchem der Tatbestand erfüllt worden ist (9.000,00 EUR – 5.000,00 EUR + 2.000,00 EUR – 3.000,00 EUR = 3.000,00 EUR), hier nach dem Wert der Ansprüche, die im Zeitpunkt der mündlichen Verhandlung (als die Terminsgebühr entstand) noch anhängig waren.

Die Terminsgebühr entsteht **in jedem Rechtszug** in der Regel **nur einmal** (§ 15 Abs. 2 RVG). Der Rechtsanwalt erhält also nicht für jeden Termin, den er wahrnimmt, eine gesonderte Terminsgebühr. Vertritt der Rechtsanwalt in demselben Rechtszug in einem Termin und führt er zudem noch eine auf die Erledigung des Verfahrens gerichtete Besprechung, so erhält er ebenfalls nur eine Terminsgebühr, obwohl beide Tätigkeiten (Vertretung in dem Termin und die Besprechung) den Tatbestand der Terminsgebühr auslösen. 338

Der Rechtsanwalt kann aber in einem Rechtszug mehrere Terminsgebühren erhalten, wenn das RVG zB anordnet, dass verschiedene oder besondere Angelegenheiten vorliegen. Dies ist zB der Fall für den Urkunden- oder Wechselprozess und das ordentliche Verfahren, das nach Abstandnahme vom Urkunden- oder Wechselprozess oder nach einem Vorbehaltsurteil anhängig bleibt – § 17 Nr. 5 RVG (→ Kap. E Rn. 613). Auch in einem einstweiligen Verfügungsverfahren und in dem dazu gehörigen Hauptsacheverfahren können sowohl in dem einstweiligen Verfügungsverfahren als auch in dem Hauptsacheverfahren jeweils eine gesonderte Terminsgebühr entstehen – § 17 Nr. 4 b RVG (→ Kap. E Rn. 572). Auch nach Zurückverweisung können in einem Rechtszug mehrere Terminsgebühren entstehen – § 21 RVG (→ Kap. E Rn. 527). 339

Zusammenfassung

- Die Terminsgebühr entsteht für die Vertretung in einem Verhandlungs-, Erörterungs- oder Beweisaufnahmetermin. 340
- Die Terminsgebühr entsteht auch für die Wahrnehmung eines von einem gerichtlich bestellten Sachverständigen anberaumten Termins.
- In dem I. Rechtszug fällt die Terminsgebühr nach Nr. 3104 RVG in Höhe von 1,2 an.
- Die Terminsgebühr berechnet sich nach dem Wert der höchsten anhängigen Ansprüche, wegen welcher der Rechtsanwalt in einem Termin vertritt.
- Die Terminsgebühr entsteht nicht für jeden Termin gesondert, sondern in der Regel nur einmal in jedem Rechtszug.

[87] Kammergericht Beschluss vom 27. 8. 2007 – 8 W 53/07 = JurBüro 2008, 148.

2.1 Terminsgebühr auch nach dem Wert nicht rechtshängiger Ansprüche

341 Nach der Vorbemerkung 3 Abs. 3 VV RVG entsteht dem Rechtsanwalt die Terminsgebühr auch für die Mitwirkung an auf die Erledigung oder **Vermeidung eines gerichtlichen Verfahrens gerichteten Besprechungen.** Nicht erforderlich ist, dass das Ziel „Vermeidung des gerichtlichen Verfahrens" auch tatsächlich erreicht wird (→ Kap. E Rn. 385).

Die Besprechung muss mit dem **Gegner,** dem Prozessbevollmächtigten des Gegners oder sonstigen Dritten „aus dem Lager des Gegners" geführt worden sein (→ Kap. E Rn. 391). Besprechungen des Rechtsanwaltes mit seinem eigenen Auftraggeber reichen nicht aus.

Voraussetzung für den Anfall der Terminsgebühr ist weiter, dass der Rechtsanwalt an den Verhandlungen/Besprechungen **mitwirkt,** die auf die Vermeidung eines gerichtlichen Verfahrens gerichtet sind (→ Kap. E Rn. 395).

Wirkt der Rechtsanwalt an einer auf die Vermeidung des gerichtlichen Verfahrens gerichteten Besprechung wegen noch nicht rechtshängiger Ansprüche mit, so entsteht die **Terminsgebühr auch nach dem Wert dieser nicht rechtshängigen Ansprüche.**[88]

Unerheblich ist, ob diese Besprechung in einem Termin vor Gericht oder außergerichtlich – ohne Beteiligung des Gerichts – stattfindet.[89]

342 Voraussetzung, damit die Terminsgebühr auch nach dem Wert nicht rechtshängiger Ansprüche entsteht, ist aber, dass der Rechtsanwalt auch wegen der bislang nicht rechtshängigen Ansprüche einen unbedingten **Auftrag zur Klageerhebung** bzw. zur Vertretung in einem gerichtlichen Verfahren hat.[90] Dies hatte schon der BGH[91] in zwei Grundsatzentscheidungen klargestellt (→ Kap. E Rn. 397). Nach der Neufassung der Vorbemerkung 3 Abs. 1 VV RVG[92] ist dies auch so im Gesetz normiert. Hat der Rechtsanwalt wegen der noch nicht rechtshängigen Ansprüche noch keinen Auftrag zur Klage bzw. zur Vertretung in einem gerichtlichen Verfahren, fällt nach dem Wert der nicht anhängigen Ansprüche nur eine Geschäftsgebühr Nr. 2300 VV RVG an. Dies auch dann, wenn eine Besprechung wegen der nicht anhängigen Ansprüche mit dem Ziel der Vermeidung eines gerichtlichen Verfahrens geführt wurde. Der erweiterte Umfang der anwaltlichen Tätigkeit durch die Besprechung kann dann nur über einen höheren Gebührensatz innerhalb des Satzrahmens von 0,5 bis 2,5 der Nr. 2300 VV RVG berücksichtigt werden.

343 Die 1,2 Terminsgebühr nach dem Wert der nicht rechtshängigen Ansprüche ausgelöst durch die Besprechung zur Vermeidung eines gerichtlichen Verfahrens und die 1,2 Terminsgebühr nach den rechtshängigen Ansprüchen, ausgelöst dadurch, dass der Rechtsanwalt in einem Termin vertreten hat, können nebeneinander entstehen. Die Gegenstandswerte (Wert der rechtshängigen und der Wert der nicht rechtshängigen Ansprüche) sind zu addieren und danach ist die 1,2 Terminsgebühr anzusetzen. Es muss hier nicht gerechnet werden:

1,2 Terminsgebühr aus dem Wert der rechtshängigen Ansprüche
+ 1,2 Terminsgebühr aus dem Wert der nicht rechtshängigen Ansprüche,
aber nach § 15 Abs. 3 RVG nicht mehr als 1,2 Terminsgebühr aus dem Gesamtwert.

---

[88] Gerold/Schmidt VV Vorb. 3 Rn. 164; Hartung/Schons/Enders Vorb. 3 VV Rn. 69; LG Regensburg JurBüro 2005, 647; LG Mönchengladbach JurBüro 2006, 420; OLG Koblenz JurBüro 2006, 473 = AGS 2006, 349; AG Marburg AGS 2007, 510; OLG Hamm JurBüro 2007, 482.

[89] Gerold/Schmidt VV Vorb. 3 Rn. 164 ff.; Hartung/Schons/Enders Vorb. 3 VV Rn. 53.

[90] Gerold/Schmidt VV Vorb. 3 Rn. 138 ff.; Hartung/Schons/Enders Vorb. 3 VV Rn. 58; Schneider/Wolf VV Vorb. 3 Rn. 139.

[91] BGH Urteil vom 8. 2. 2007 – IX ZR 215/05 = JurBüro 2007, 241; Urteil vom 1. 7. 2010 – IX ZR 198/09 = JurBüro 2010, 580.

[92] Neufassung erfolgte durch das 2. KostRMoG (BGBl. I 2013, 2586), in Kraft getreten am 1. 8. 2013.

Denn es handelt sich um keinen Fall des § 15 Abs. 3 RVG. Dieser kommt nur bei verschiedenen Gebührensätzen zur Anwendung. Hier ist der Gebührensatz aber identisch (1,2), so dass die Gegenstandswerte direkt addiert werden können.

Praxistipp: 344

Wurde dem Mandanten Prozess- oder Verfahrenskostenhilfe gewährt und sollen nicht anhängige Ansprüche mitverglichen werden, sollte der Rechtsanwalt beantragen, ***„... die Prozess- bzw. Verfahrenskostenhilfe und seine Beiordnung auf den Abschluss des Vergleichs auch über die nicht anhängigen Ansprüche zu erstrecken ...“***.

Teilweise wird in der Rechtsprechung vertreten, dass trotz Erstreckung der Prozess- bzw. Verfahrenskostenhilfe auf den Abschluss des Vergleichs auch über die nicht anhängigen Ansprüche aus der Staatskasse nicht die 1,2 Terminsgebühr nach dem Gesamtwert (Wert der anhängigen und der nicht anhängigen Ansprüche) zu zahlen ist, sondern nur eine 1,2 Terminsgebühr aus dem Wert der anhängigen Ansprüche.[93] Dasselbe wird auch für die 0,8 Verfahrensgebühr Nr. 3101 Ziffer 2 VV RVG vertreten. Ist bekannt, dass das zuständige Gericht diese Auffassung vertritt, sollte der Rechtsanwalt im Termin weiter beantragen: *„... die Prozess- bzw. Verfahrenskostenhilfe und seine Beiordnung auf den Abschluss des Vergleichs auch über die nicht anhängigen Ansprüche* ***und alle mit dem Vergleichsschluss zusammenhängenden Gebühren*** *zu erstrecken ...“*.

Anders stellt sich die Rechtslage nach § 48 Abs. 3 RVG dar, wenn in einer Ehesache eine in § 48 Abs. 3 RVG genannte nicht anhängige Folgesache mitverglichen wird (→ Kap. H Rn. 240 ff.).[94]

345 Wurde die Besprechung zur Vermeidung eines gerichtlichen Verfahrens wegen nicht rechtshängiger Ansprüche in einem Termin vor Gericht geführt, sollte der Rechtsanwalt darauf achten, dass dies durch das Gericht in das Terminsprotokoll aufgenommen wird. Dann kann der Rechtspfleger im Kostenfestsetzungsverfahren nachvollziehen, dass die Terminsgebühr auch nach dem Wert der nicht rechtshängigen Ansprüche entstanden ist. Ansonsten wird der Rechtsanwalt die die Terminsgebühr nach dem Wert der nicht rechtshängigen Ansprüche auslösenden Besprechung glaubhaft machen oder beweisen müssen, wenn der Gegner bestreitet, dass eine entsprechende Besprechung stattgefunden hat.[95] Lehnt das Gericht es ab, in das Protokoll aufzunehmen, dass eine Besprechung auch über nicht rechtshängige Ansprüche

---

[93] Ausführlich auch Enders JurBüro 2015, 561.

[94] **Terminsgebühr nach dem Gesamtwert und 0,8 Verfahrensgebühr nach dem Wert der nichtanhängigen Ansprüche aus der Staatskasse, wenn Prozess- oder Verfahrenskostenhilfe auch auf den Vergleich über die nicht anhängigen Ansprüche erstreckt wurde:** OLG Celle, Beschluss vom 8. 5. 2014 – 15 UF 166/13 = FamRZ 2014, 1878; OLG Celle, Beschluss vom 13.6.2016 – 21 WF 118/16 = JurBüro 2016, 470; OLG Düsseldorf, Beschluss vom 23.6.2016 – II-10 WF 5/16 = AGS 2016, 488; OLG Karlsruhe, Beschluss vom 9. 7. 2009 – 2 WF 33/09 und AGS 2017, 288; OLG Koblenz (7. Senat für Familiensachen), Beschluss vom 15.10.2008 – 7 WF 803/08; OLG Koblenz (14. Zivilsenat) = NJOZ 2006, 3716 = FamRZ 2006, 1691; OLG Koblenz (9. Zivilsenat/2. Senat für Familiensachen), Beschluss vom 10.12.2015 – 9 WF 931/15; OLG Köln (25. Zivilsenat) = AGS 2013, 350; OLG Nürnberg, Beschluss vom 5.7.2016 – 11 WF 832/16 = AGS 2016, 493; OLG Schleswig-Holstein, Beschluss vom 14. 2. 2012 – 15 WF 399/11; OLG Stuttgart, Beschluss vom 18.2.2016 – 8 WF 339/15; OLG Zweibrücken, Beschluss vom 29.4.2016 – 6 WF 57/16 = AGS 2016, 492. **Anderer Meinung: Terminsgebühr nur nach dem Wert der anhängigen Ansprüche und keine 0,8 Verfahrensgebühr Nr. 3101 Ziffer 2 VV RVG aus der Staatskasse:** OLG Bamberg, Beschluss vom 21. 3. 2011 – 4 W 42/10; OLG Celle, Beschluss vom 26. 2. 2015 – 10 WF 28/15 = BeckRS 2015, 08721; OLG Celle, Beschluss vom 21. 1. 2011 – 10 WF 6/11 = MDR 2011, 324; OLG Celle, Beschluss vom 12. 6. 2014– 10 WF 167/14; LG Detmold, Beschluss vom 29. 5. 2015 – 3 T 52/15; OLG Dresden, Beschluss vom 7. 2. 2014 – 23 WF 1209/13 = MDR 2014, 686 = FamRZ 2014, 1879; OLG Dresden, Beschluss vom 7. 5. 2015 – 19 WF 1424/14 = BeckRS 2015, 09517; OLG Dresden, Beschluss vom 25. 3. 2014 – 22 UF 572/13 = BeckRS 2014, 09881; OLG Hamm, Beschluss vom 14. 2. 2012 – 25 W 23/12; OLG Koblenz, Beschluss vom 19. 5. 2014 – 13 WF 369/14 = NJW-RR 2015, 61; OLG Köln, Beschluss vom 2. 10. 2014 – 12 WF 130/14; OLG München, Beschluss vom 19. 3. 2009 – 11 WF 812/09.

[95] OLG Koblenz JurBüro 2005, 417.

stattgefunden hat, sollte der Rechtsanwalt auf § 160 Abs. 4 ZPO hinweisen. Danach hat das Gericht den Beschluss, womit die Aufnahme bestimmter Tatsachen in das Protokoll abgelehnt wird, in das Protokoll aufzunehmen.

346 **Beispiel:** Es ist Klage erhoben über 11.000,00 EUR. Das Gericht bestimmt Termin zur mündlichen Verhandlung. In diesem mündlichen Verhandlungstermin führen die Parteien unter Mitwirkung ihrer Prozessbevollmächtigten auch Verhandlungen über nicht rechtshängige Ansprüche in Höhe von 7.000,00 EUR. Ziel der Verhandlung soll sein, eine Einigung über diese Ansprüche herbeizuführen. Beide Prozessbevollmächtigten hatten auch wegen der nicht rechtshängigen Ansprüche einen Vertretungsauftrag für das gerichtliche Verfahren. Die Prozessbevollmächtigten schließen einen Vergleich, wonach zur Abgeltung der anhängigen und der nicht anhängigen Ansprüche insgesamt vom Beklagten 13.000,00 EUR gezahlt werden.

Den Prozessbevollmächtigten sind folgende Gebühren entstanden:

1) 1,3 Verfahrensgebühr §§ 2, 13 RVG iVm Nr. 3100 VV RVG nach Wert: 11.000,00 EUR	785,20 EUR
2) 0,8 Verfahrensgebühr §§ 2, 13 RVG iVm Nr. 3101 Ziffer 2 VV RVG nach Wert: 7.000,00 EUR	324,00 EUR
Summe:	1.109,20 EUR
Die Summe dieser beiden Gebühren darf gem. § 15 Abs. 3 RVG nicht höher sein als eine 1,3 Gebühr nach Wert: 18.000,00 EUR	904,80 EUR
Der Rechtsanwalt kann vorliegend die Verfahrensgebühren nur mit 904,80 EUR berechnen und nicht mit 1.109,20 EUR.	
3) 1,2 Terminsgebühr §§ 2, 13 RVG iVm Nr. 3104 VV RVG nach Wert: 18.000,00 EUR	835,20 EUR
4) 1,0 Einigungsgebühr §§ 2, 13 RVG iVm Nr. 1003 VV RVG nach Wert: 11.000,00 EUR	604,00 EUR
2) 1,5 Einigungsgebühr §§ 2, 13 RVG iVm Nr. 1000 VV RVG nach Wert: 7.000,00 EUR	607,50 EUR
Summe:	1.211,50 EUR
Die Summe dieser beiden Gebühren darf gem. § 15 Abs. 3 RVG nicht höher sein als eine 1,5 Gebühr nach Wert: 18.000,00 EUR	
Der Rechtsanwalt kann vorliegend die Einigungsgebühren nur mit 1.044,00 EUR berechnen und nicht mit 1.211,50 EUR.	
zzgl. Auslagen und Umsatzsteuer.	

Die Terminsgebühr entsteht vorliegend nach der Summe der Werte der rechtshängigen (11.000,00 EUR) und der nicht rechtshängigen (7.000,00 EUR) Ansprüche. Nach dem Wert der nicht rechtshängigen Ansprüche ist die Terminsgebühr entstanden, da über die nicht rechtshängigen Ansprüche in dem Termin eine Besprechung im Hinblick auf die Vermeidung des Verfahrens auch wegen der nicht rechtshängigen Ansprüche geführt wurden (Vorbemerkung 3 Abs. 3 VV RVG).

347 Sind die in diesem Verfahren nicht rechtshängigen Ansprüche, über die im Termin Besprechungen/Verhandlungen mit dem Ziel einer Einigung geführt werden, Gegenstand eines anderen gerichtlichen Verfahrens, in welchem der Rechtsanwalt nach dem Wert dieser Ansprüche bereits die Terminsgebühr verdient hat, so sind die beiden Terminsgebühren aufeinander anzurechnen. Anzurechnen ist der Teil der Terminsgebühr, der den sich ohne die nicht rechtshängigen Ansprüche ergebenden Gebührenbetrag übersteigt. Im Ergebnis wird der Rechtsanwalt die Terminsgebühr nach dem Wert der nicht rechtshängigen Ansprüche nicht noch einmal erhalten, wenn ihm die Terminsgebühr bereits in dem anderen Verfahren, in welchem die Ansprüche rechtshängig sind, entstanden ist (Abs. 2 der Anmerkung zu Nr. 3104 VV RVG).[96]

348 **Beispiel:** Zwischen den Parteien A und B ist beim Landgericht Köln ein Rechtsstreit anhängig unter dem Aktenzeichen 23 O 1000/17. In diesem Verfahren sind 14.500,00 EUR eingeklagt.

Zwischen denselben Parteien ist beim Landgericht Köln ein weiterer Rechtsstreit über 7.000,00 EUR anhängig unter dem Aktenzeichen 23 O 1017/17.

In beiden Verfahren hat bereits ein Termin stattgefunden, den auch die Prozessbevollmächtigten wahrgenommen haben. Schließlich wird in dem Verfahren 23 O 1000/17 neuer Termin bestimmt. In diesem Termin verhandeln die Parteien mit dem Ziel einer Einigung auch über die in diesem Verfahren nicht anhängigen Ansprüche in Höhe von 7.000,00 EUR, die aber Gegenstand des Verfahrens

[96] Ausführlich hierzu: Hartung/Schons/Enders Nr. 3104 VV Rn. 44 ff.; OLG Hamm JurBüro 2007, 200.

23 O 1017/17 sind. Die Prozessbevollmächtigten schließen in dem Termin im Verfahren 23 O 1000/17 einen Vergleich, wonach der Beklagte an den Kläger 13.000,00 EUR zur Abgeltung der in diesem Verfahren anhängigen 14.500,00 EUR und der in dem Verfahren 23 O1017/17 anhängigen Ansprüche in Höhe von 7.000,00 EUR zahlt.
Die Prozessbevollmächtigten können mit den Mandanten abrechnen:

In dem Verfahren 23 O 1000/17 sind entstanden:

1) 1,3 Verfahrensgebühr §§ 2, 13 RVG iVm Nr. 3100 VV RVG nach Wert: 14.500,00 EUR	845,00 EUR
2) 0,8 Verfahrensgebühr §§ 2, 13 RVG iVm Nr. 3101 Ziffer 2 VV RVG nach Wert: 7.000,00 EUR	324,00 EUR
Summe:	1.169,00 EUR
(Die Summe dieser beiden Gebühren darf gem. § 15 Abs. 3 RVG nicht höher sein als eine 1,3 Gebühr nach Wert: 21.500,00 EUR =	964,60 EUR
Der Rechtsanwalt wird seinem Mandanten nur Verfahrensgebühren in Höhe von insgesamt 964,60 EUR in Rechnung stellen dürfen und nicht in Höhe von 1.169,00 EUR).	
3) 1,2 Terminsgebühr §§ 2, 13 RVG iVm Nr. 3104 VV RVG nach Wert: 21.500,00 €	890,40 EUR
4) 1,0 Einigungsgebühr §§ 2, 13 RVG iVm Nr. 1003 VV RVG nach Wert: 21.500,00 EUR	742,00 EUR
5) Pauschale für Entgelte für Post- und Telekommunikationsdienstleistungen Nr. 7002 VV RVG	20,00 EUR
zzgl. evtl. weiter entstandener Auslagen und Umsatzsteuer.	

In dem Verfahren 23 O 1017/17 sind entstanden:

1) 1,3 Verfahrensgebühr §§ 2, 13 RVG iVm 3100 VV RVG nach Wert: 7.000,00 EUR		526,50 EUR.
Hierauf ist gem. Absatz 1 der Anmerkung zu Nr. 3101 VV RVG der Teil des Gesamtbetrages der Verfahrensgebühr aus dem Verfahren Landgericht Köln 23 O 1000/17 anzurechnen, der die dort entstandene 1,3 Verfahrensgebühr nach dem Wert dieses Verfahrens (14.500,00 EUR) übersteigt:		
Also 964,60 EUR – 845,00 EUR =		119,60 EUR
Auf die Verfahrensgebühr in diesem Verfahren sind 119,60 EUR anzurechnen, so dass von der Verfahrensgebühr verbleiben:		406,90 EUR.
2) 1,2 Terminsgebühr §§ 2, 13 RVG iVm Nr. 3104 VV RVG nach Wert: 7.000,00 EUR		486,00 EUR
Hierauf anzurechnen gem. Abs. 2 der Anmerkung zu Nr. 3104 VV RVG ist der Teil der Terminsgebühr aus dem Verfahren 23 O 1000/17, der eine Terminsgebühr nach dem Wert der in diesem Verfahren rechtshängigen Ansprüche übersteigt.		
In dem Verfahren 23 O 1000/17 ist entstanden:		
1,2 Terminsgebühr nach 21.500,00 EUR	890,40 EUR	
Eine Terminsgebühr nach dem Wert der in diesem Verfahren rechtshängigen Ansprüche würde betragen:		
1,2 Terminsgebühr nach 14.500,00 EUR	780,00 EUR	
Differenz, die anzurechnen wäre		110,40 EUR
Der Rechtsanwalt könnte noch eine Terminsgebühr in Höhe von (486,00 EUR – 110,40 EUR =)		375,60 EUR
in diesem Verfahren 23 O 1017/17 verlangen.		
zzgl. Auslagen und Umsatzsteuer.		

Wäre in dem Verfahren (siehe vorangehendes Beispiel Rn. 348) – 23 O 1017/17 noch keine Terminsgebühr entstanden, müsste auch die Anrechnung nach Abs. 2 der Anmerkung zu Nr. 3104 VV RVG nicht erfolgen. Dann würde die in dem Verfahren (siehe vorangehendes Beispiel Rn. 348) 23 O 1000/17 entstandene Terminsgebühr von dem Mandanten gefordert werden können, ohne das irgendwo etwas angerechnet würde. 349

Die Terminsgebühr ist mE auch dann nach Abs. 2 der Anmerkung zu Nr. 3104 VV RVG anzurechnen, wenn später erst die Terminsgebühr in einer anderen Angelegenheit nach dem Wert der zunächst nicht rechtshängigen Ansprüche entsteht. Dies könnte zB der Fall sein, wenn nach einer Besprechung mit dem Ziel der Vermeidung eines gerichtlichen Verfahrens über in dem Verfahren A nicht rechtshängige Anspru- 350 che eine Einigung scheitert und die Ansprüche dann in dem Verfahren B gesondert eingeklagt werden.[97]

351 Die Terminsgebühr entsteht **nicht nach dem Wert der nicht rechtshängigen Ansprüche,** soweit lediglich beantragt ist, eine Einigung der Parteien oder mit einem Dritten über diese nicht rechtshängigen Ansprüche zu Protokoll zu nehmen (Abs. 3 der Anmerkung zu Nr. 3104 VV RVG). Wird der Rechtsanwalt allerdings wegen dieser nicht rechtshängigen Ansprüche in dem Termin weiter tätig, in dem er zB Verhandlungen über diese nicht rechtshängigen Ansprüche mit dem Ziel einer Einigung führt, so entsteht die Terminsgebühr doch auch nach dem Wert der nicht rechtshängigen Ansprüche (Vorbemerkung 3 Abs. 3 VV RVG – siehe vorstehende Ausführung).

Zusammenfassung

352 ▶ Die Terminsgebühr entsteht auch nach dem Wert nicht rechtshängiger Ansprüche,
- wenn der Rechtsanwalt auch wegen der nicht rechtshängigen Ansprüche einen unbedingten Auftrag zur Klageerhebung oder zur Vertretung in einem gerichtlichen Verfahren hat
- und wenn er in einem Termin vor Gericht oder auch außergerichtlich eine auf die Vermeidung des Verfahrens gerichtete Besprechung über solche Ansprüche führt.

▶ Die Besprechungen müssen mit dem Gegner oder einem Dritten geführt werden und der Rechtsanwalt muss an diesen mitwirken.

▶ Sind die nicht rechtshängigen Ansprüche Gegenstand eines anderen gerichtlichen Verfahrens und ist in diesem anderen gerichtlichen Verfahren ebenfalls eine Terminsgebühr entstanden, so ist der Teil der Terminsgebühr nach Absatz 2 der Anmerkung zu Nr. 3104 VV RVG anzurechnen, der die Terminsgebühr nach dem Wert der rechtshängigen Ansprüche übersteigt.

▶ Die Terminsgebühr entsteht nicht nach dem Wert nicht rechtshängiger Ansprüche, soweit diesbezüglich nur beantragt ist, eine Einigung der Parteien oder mit einem Dritten zu Protokoll zu nehmen.

2.2 Versäumnisurteil

353 Für einen Termin, in dem lediglich ein Antrag auf Versäumnisurteil gestellt wird, trifft Nr. 3105 VV RVG eine gesonderte Regelung.

Auszug aus dem VV RVG

354

Nr.	Gebührentatbestand	Gebühr oder Satz der Gebühr nach § 13 RVG
3105	Wahrnehmung nur eines Termins, in dem eine Partei oder ein Beteiligter nicht erschienen oder nicht ordnungsgemäß vertreten ist und lediglich ein Antrag auf Versäumnisurteil, Versäumnisentscheidung oder zur Prozess-, Verfahrens- oder Sachleitung gestellt wird: Die Gebühr 3104 beträgt .... (1) Die Gebühr entsteht auch, wenn 1. das Gericht bei Säumnis lediglich Entscheidungen zur Prozess-, Verfahrens- oder Sachleitung von Amts wegen trifft oder 2. eine Entscheidung gemäß § 331 Abs. 3 ZPO ergeht. (2) § 333 ZPO ist nicht entsprechend anzuwenden.	0,5

355 Die 1,2 Terminsgebühr nach Nr. 3104 VV RVG ermäßigt sich auf eine 0,5 Terminsgebühr nach Nr. 3105 VV RVG, wenn folgende drei Voraussetzungen eintreten:

[97] Gerold/Schmidt VV 3101 Rn. 106.

- Der Rechtsanwalt nimmt **nur einen Termin** wahr;
- In dem Termin ist **eine der Parteien nicht anwesend** oder nicht ordnungsgemäß vertreten;
- In dem Termin wird lediglich ein **Antrag auf Versäumnisurteil,** Versäumnisentscheidung (zB in Familienstreitsachen) **oder ein Antrag zur Prozess- und Sachleitung** gestellt.

Nur wenn alle drei Voraussetzungen erfüllt sind, tritt die Ermäßigung der Terminsgebühr auf eine 0,5 Gebühr nach Nr. 3105 VV RVG für den Rechtsanwalt, der in dem Termin den Antrag auf Erlass des Versäumnisurteils gestellt hat, ein. Nicht erforderlich ist, dass auf den Antrag hin auch tatsächlich ein (echtes) Versäumnisurteil ergeht.

Der Prozessbevollmächtigte, der in dem Termin **nicht** erschienen ist und **gegen** 356 dessen Partei der Antrag auf Erlass eines Versäumnisurteils gestellt worden ist, kann die 0,5 Terminsgebühr nach Nr. 3105 VV RVG nicht erhalten. Er kann aber die 1,2 Terminsgebühr nach Nr. 3104 VV RVG verdienen, wenn er seine Partei zB nach Einspruch gegen das Versäumnisurteil in einem Verhandlungs-, Erörterungs- oder Beweisaufnahmetermin vertritt. Auch dann, wenn er vor dem Termin mit dem gegnerischen Prozessbevollmächtigten eine Besprechung zur Erledigung des gerichtlichen Verfahrens geführt hat, kann er eine 1,2 Terminsgebühr berechnen.[98]

Wird der Antrag auf Erlass eines Versäumnisurteils deshalb gestellt, weil eine **er-** 357 **schienene** bzw. ordnungsgemäß vertretene Partei erklärt, nicht verhandeln zu wollen, so entsteht nicht nur eine 0,5 Terminsgebühr, sondern eine 1,2 Terminsgebühr nach Nr. 3104 VV RVG.[99] Die 1,2 Terminsgebühr entsteht dann dem Rechtsanwalt, der das Versäumnisurteil erwirkt hat, wie auch dem Rechtsanwalt, der erklärt hat, nicht verhandeln zu wollen und gegen dessen Partei das Versäumnisurteil ergangen ist. Denn auch er hat in dem Verhandlungstermin vertreten, so dass die Terminsgebühr angefallen ist.

Beispiel: Es wird Klage erhoben über 4.600,00 EUR. Das Gericht bestimmt Termin zur mündli- 358 chen Verhandlung. In diesem Termin erscheint der Beklagtenvertreter nicht. Auf Antrag des Klägervertreters ergeht ein Versäumnisurteil, welches rechtskräftig wird.

Der Prozessbevollmächtigte des Klägers kann folgende Gebühren berechnen:

Gegenstandswert: 4.600,00 EUR	
1) 1,3 Verfahrensgebühr §§ 2, 13 RVG iVm Nr. 3100 VV RVG	393,90 EUR
2) 0,5 Terminsgebühr §§ 2, 13 RVG iVm Nr. 3105 VV RVG	151,50 EUR
zzgl. Auslagen und Umsatzsteuer.	

Beispiel: Beim Amtsgericht ist eine Klage über 3.500,00 EUR anhängig. In dem Termin zur 359 mündlichen Verhandlung sind beide Prozessbevollmächtigten erschienen. Das Gericht weist den Beklagtenvertreter darauf hin, dass sein bisheriges Vorbringen nicht ausreichend sei. Der Beklagtenvertreter tritt die „Flucht in die Säumnis“ an und erklärt, nicht verhandeln zu wollen. Darauf ergeht auf Antrag des Klägervertreters ein Versäumnisurteil.

Beide Prozessbevollmächtigten können berechnen:

Gegenstandswert: 3.500,00 EUR	
1) 1,3 Verfahrensgebühr §§ 2, 13 RVG iVm Nr. 3100 VV RVG	327,60 EUR
2) 1,2 Terminsgebühr §§ 2, 13 RVG iVm Nr. 3104 VV RVG	302,40 EUR
zzgl. Auslagen und Umsatzsteuer.	

Nach Abs. 1 Ziffer 2 der Anmerkung zu Nr. 3105 VV RVG entsteht die Terms- 360 gebühr nur in Höhe von 0,5 auch dann, wenn im schriftlichen Verfahren gemäß § 331 Abs. 3 ZPO ein Versäumnisurteil ergeht, weil der Beklagte trotz der Aufforderung nach § 276 Abs. 1 S. 1, Abs. 2 ZPO nicht rechtzeitig angezeigt hat, dass er sich gegen die Klage verteidigen wolle.

---

98 AG Freiburg AGS 2006, 329.

99 Gerold/Schmidt VV 3105 Rn. 49; Mayer/Kroiß Nr. 3105 VV Rn. 12; OLG Koblenz JurBüro 2005, 360; Kammergericht JurBüro 2006, 134.

361 **Beispiel:** Es ist Klage über 1.250,00 EUR erhoben worden. Das Gericht ordnet das schriftliche Vorverfahren gemäß §276 Abs. 1 ZPO an. Es fordert den Beklagten mit Zustellung der Klage auf, wenn er sich gegen die Klage verteidigen wolle, dies binnen einer Notfrist von 2 Wochen dem Gericht schriftlich anzuzeigen und binnen weiterer 2 Wochen auf die Klage schriftlich zu erwidern. Der Beklagte zeigt seine Verteidigungsabsicht nicht an und erwidert auch nicht auf die Klage. Auf Antrag des Klägervertreters ergeht im schriftlichen Vorverfahren ein Versäumnisurteil gemäß §331 Abs. 3 ZPO.

Der Prozessbevollmächtigte des Klägers kann berechnen:

Gegenstandswert: 1.250,00 EUR	
1) 1,3 Verfahrensgebühr §§2, 13 RVG iVm Nr. 3100 VV RVG	149,50 EUR
2) 0,5 Terminsgebühr §§2, 13 RVG iVm Nr. 3105 VV RVG	57,50 EUR
zzgl. Auslagen und Umsatzsteuer.	

362 Hat das Gericht das schriftliche Verfahren nach § 495a ZPO angeordnet und äußert sich der Beklagte innerhalb der ihm gesetzten Frist nicht zur Sache und entscheidet daraufhin das Gericht nicht durch Versäumnis-, sondern durch **End**urteil, so entsteht nicht nur eine 0,5 Terminsgebühr, sondern eine 1,2 Terminsgebühr nach Nr. 3104 VV RVG.[100] Denn Nr. 3105 VV RVG kommt nur zur Anwendung, wenn ein Antrag auf Erlass eines Versäumnisurteils gestellt wird. Hier wird aber eben kein Antrag auf Erlass eines Versäumnisurteils gestellt, sondern gemäß dem Klageantrag ergeht ein **End**urteil. In der Rechtsprechung wird aber vielfach vertreten, dass in diesen Fällen nur eine 0,5 Terminsgebühr nach Nr. 3105 VV RVG entstehe.[101]

363 Die 0,5 Terminsgebühr nach Nr. 3105 VV RVG kann nicht neben der 1,2 Terminsgebühr nach Nr. 3104 VV RVG entstehen (§ 15 Abs. 2 RVG). Dies auch dann nicht, wenn über den Einspruch gesondert mündlich verhandelt wird (zB wenn Zweifel bestehen, ob dieser form- und fristgerecht eingelegt worden ist) oder wenn nach Einspruch gegen das Versäumnisurteil noch einmal zur Hauptsache streitig verhandelt wird. Denn eine Regelung, wie früher in § 38 BRAGO findet sich im RVG nicht wieder. Ist also sowohl der Tatbestand der Nr. 3104 VV RVG (1,2 Terminsgebühr) als auch der Tatbestand der Nr. 3105 VV RVG (0,5 Terminsgebühr) erfüllt, wird der Rechtsanwalt nur die 1,2 Terminsgebühr nach Nr. 3104 VV RVG berechnen können (§ 15 Abs. 2 RVG). Dies ergibt sich auch daraus, dass es in der Nr. 3105 VV RVG heißt: *„Die Gebühr 3104 beträgt … 0,5“*. Nr. 3105 schafft also keine neue Gebühr, sondern enthält nur einen Ermäßigungstatbestand für die in Nr. 3104 VV RVG geregelte Gebühr.

364 **Beispiel:** In dem ersten Termin zur mündlichen Verhandlung ist der Beklagte weder erschienen noch anwaltlich vertreten. Der Prozessbevollmächtigte des Klägers beantragt den Erlass eines Versäumnisurteils, welches auch antragsgemäß ergeht. Der Beklagte legt Einspruch ein. In dem nächsten Termin ist der Beklagte durch seinen Prozessbevollmächtigten vertreten. Es ergeht ein Urteil. Der Gegenstandswert wird auf 3.476,00 EUR festgesetzt.

Beide Prozessbevollmächtigten können berechnen:

Gegenstandswert: 3.476,00 EUR	
1) 1,3 Verfahrensgebühr §§2, 13 RVG iVm Nr. 3100 VV RVG	327,60 EUR
2) 1,2 Terminsgebühr §§2, 13 RVG iVm Nr. 3104 VV RVG	302,40 EUR
zzgl. Auslagen und Umsatzsteuer.	

Eine weitere 0,5 Terminsgebühr für das Versäumnisurteil entsteht bei dem Prozessbevollmächtigten des Klägers nicht.

365 **Beispiel:** Es wurde Klage über 12.500,00 EUR erhoben. In dem ersten mündlichen Verhandlungstermin ist der Beklagte nicht anwesend und auch nicht ordnungsgemäß vertreten. In dem Termin vor dem Landgericht erteilt die Kammer dem Prozessbevollmächtigten des Klägers den Hinweis, dass die Klage nicht schlüssig sei. Der Klägervertreter **erörtert** ausführlich mit dem Gericht die Sach- und Rechtslage. Schließlich erlässt das Gericht doch ein „echtes“ Versäumnisurteil gegen den Beklagten.

Der Prozessbevollmächtigte des Klägers kann berechnen:

---

[100] Enders JurBüro 2007, 57.

[101] AG Cloppenburg JurBüro 2007, 79; AG Freising JurBüro 2008, 142.

Gegenstandswert: 12.500,00 EUR

1) 1,3 Verfahrensgebühr §§2, 13 RVG iVm Nr. 3100 VV RVG	785,20 EUR
2) 1,2 Terminsgebühr §§2, 13 RVG iVm Nr. 3104 VV RVG	724,80 EUR

zzgl. Auslagen und Umsatzsteuer.

Vorliegend ist eine 1,2 Terminsgebühr entstanden, da nicht „lediglich ein Antrag auf Erlass eines Versäumnisurteils gestellt" worden ist, sondern der Klägervertreter die Sach- und Rechtslage mit dem Gericht erörtert hat.[102]

Beispiel: Klage ist über 13.500,00 EUR erhoben. In dem ersten Termin ist der Beklagten weder erschienen noch ordnungsgemäß vertreten. Es ergeht zugunsten des Klägers ein Versäumnisurteil. Gegen dieses wird Einspruch eingelegt. In dem zweiten Termin erscheint der Beklagte wieder nicht und auch kein Prozessbevollmächtigter für ihn. Es ergeht ein **zweites Versäumnisurteil.** 366

Dem Prozessbevollmächtigten des Klägers ist entstanden:

Gegenstandswert: 13.500,00 EUR

1) 1,3 Verfahrensgebühr §§2, 13 RVG iVm Nr. 3100 VV RVG	845,00 EUR
2) 1,2 Terminsgebühr §§2, 13 RVG iVm Nr. 3104 VV RVG	780,00 EUR

zzgl. Auslagen und Umsatzsteuer.

Da hier der Rechtsanwalt nicht nur einen, sondern zwei Termine wahrgenommen hat, entsteht nicht nur eine 0,5, sondern eine 1,2 Terminsgebühr.[103] Dies gilt auch, wenn das erste Versäumnisurteil im schriftlichen Vorverfahren gem. §276 Abs. 1 ZPO ergangen wäre.

Beispiel: Es wird zunächst der Antrag auf Erlass eines Mahnbescheides über 5.800,00 EUR gestellt, dann anschließend der Antrag auf Erlass des Vollstreckungsbescheides. Gegen den Vollstreckungsbescheid wird Einspruch eingelegt. In dem mündlichen Verhandlungstermin erscheint der Beklagte nicht und ist auch nicht vertreten. Auf Antrag des Klägervertreters ergeht ein 2. Versäumnisurteil, welches rechtskräftig wird. 367

Dem Prozessbevollmächtigten des Klägers ist entstanden:

Gegenstandswert: 5.800,00 EUR

1) 1,3 Verfahrensgebühr §§2, 13 RVG iVm Nr. 3100 VV RVG	460,20 EUR
2) 0,5 Verfahrensgebühr für Vollstreckungsbescheid §§2, 13 RVG iVm Nr. 3308 VV RVG	177,00 EUR
3) 0,5 Terminsgebühr §§2, 13 RVG iVm Nr. 3105 VV RVG	177,00 EUR

zzgl. Auslagen und Umsatzsteuer.

In diesen Fällen entsteht nur eine 0,5 Terminsgebühr Nr. 3105 VV RVG.[104]

Auch wenn eine Partei in einem Termin nicht erschienen oder nicht ordnungsgemäß vertreten ist und nur ein **Antrag zur Prozess- oder Sachleitung** – also kein Antrag auf Erlass eines Versäumnisurteils – gestellt wird, entsteht die Terminsgebühr nur in Höhe von 0,5 (Nr. 3105 VV RVG). 368

Zusammenfassung

369
- Wird in dem Termin lediglich ein Antrag auf Versäumnisurteil, auf Versäumnisentscheidung (zB in Familienstreitsachen) oder nur zur Prozess- und Sachleitung gestellt, weil in dem Termin eine Partei nicht erschienen oder nicht ordnungsgemäß vertreten ist, entsteht nur eine 0,5 Terminsgebühr nach Nr. 3105 VV RVG.
- Eine 0,5 Terminsgebühr nach Nr. 3105 VV RVG entsteht auch dann, wenn der Antrag auf Versäumnisurteil im schriftlichen Vorverfahren gestellt wird, weil die Partei nicht angezeigt hat, dass sie sich gegen die Klage verteidigen wolle.
- Sind in dem Termin beide Parteien erschienen und auch ordnungsgemäß vertreten, und wird dann ein Antrag auf Versäumnisurteil gestellt, weil eine der Parteien

102 BGH JurBüro 2007, 304; OLG Köln JurBüro 2006, 254; Kammergericht, JurBüro 2009, 30; Gerold/Schmidt VV 3105 Rn. 2; Hansens/Braun/Schneider Teil 8 Rn. 257, 258.

103 BGH Beschluss vom 7. 6. 2006 – VIII ZB 108/05 = RVG-Letter 2006, 86 = RVGreport 2006, 304 = JurBüro 2006, 585 = AGS 2006, 366 = AnwBl 2006, 674; BGH Beschluss vom 18. 7. 2006 – XI ZB 41/05 = JurBüro 2006, 639 = AGS 2006, 487 = AnwBl 2006, 675 = RVG-Letter 2006, 98.

104 AG Kaiserslautern JurBüro 2005, 475.

erklärt, nicht verhandeln zu wollen (§ 333 ZPO), so fällt eine 1,2 Terminsgebühr nach Nr. 3104 VV RVG an.

2.3 Schriftliches Verfahren

370 Nach Abs. 1 Ziffer 1 der Anmerkung zu Nr. 3104 VV RVG entsteht die 1,2 Terminsgebühr auch dann, wenn in einem Verfahren, für das die mündliche Verhandlung vorgeschrieben ist,
- im Einverständnis mit den Parteien
- oder gemäß § 307 ZPO
- oder gemäß § 495a ZPO

ohne mündliche Verhandlung entschieden oder in einem solchen Verfahren ein schriftlicher Vergleich geschlossen wird.

Auszug aus dem RVG

371

Nr.	Gebührentatbestand	Gebühr oder Satz der Gebühr nach § 13 RVG
3104	Terminsgebühr, soweit in Nummer 3106 nichts anderes bestimmt ist .... (1) Die Gebühr entsteht auch, wenn 1. in einem Verfahren, für das mündliche Verhandlung vorgeschrieben ist, im Einverständnis mit den Parteien oder Beteiligten oder gemäß § 307 oder § 495a ZPO ohne mündliche Verhandlung entschieden oder in einem solchen Verfahren ein schriftlicher Vergleich geschlossen wird, 2. ...	1,2

372 Die 1,2 Terminsgebühr nach Nr. 3104 VV RVG entsteht nach der Abs. 1 Ziffer 1 der Anmerkung zu Nr. 3104 auch im schriftlichen Verfahren, wenn folgende drei Voraussetzungen erfüllt sind:

373 **Erste Voraussetzung** ist, dass für das Verfahren die **mündliche Verhandlung vorgeschrieben** ist. Für einen Zivilprozess/bürgerlichen Rechtsstreit ist grundsätzlich die mündliche Verhandlung vor dem erkennenden Gericht vorgeschrieben (§ 128 Abs. 1 ZPO).

374 **Zweite Voraussetzung** ist, dass
- entweder mit Zustimmung der Parteien ohne mündliche Verhandlung entschieden wird (§ 128 Abs. 2 ZPO)
- oder ein Fall des § 307 ZPO gegeben ist (Anerkenntnis)
- oder ein Fall des § 495a ZPO vorliegt (Gericht kann sein Verfahren nach billigem Ermessen bestimmen, wenn der Streitwert 600 EUR nicht übersteigt).

375 Ergeht im einstweiligen Verfügungsverfahren ein Anerkenntnisurteil im schriftlichen Verfahren, entsteht nach OLG Oldenburg[105] eine Terminsgebühr.

376 **Dritte Voraussetzung** ist, dass eine **Entscheidung ergeht.**
Eine Entscheidung im Sinne des Abs. 1 Ziffer 1 der Anmerkung 1 zu § 3104 VV RVG liegt dann vor, wenn ein Urteil ergeht. Die Entscheidung muss aber nicht unbedingt ein Urteil sein. So soll auch eine gerichtliche Entscheidung genügen, die die Endentscheidung „wesentlich sachlich vorbereitet".[106] Entscheidungen, die ohne mündliche Verhandlung ergehen können, begründen die Terminsgebühr in der Regel

[105] OLG Oldenburg NJW 2017, 1250.
[106] Zitiert nach Schneider/Wolf VV 3104 Rn. 62.

nicht.[107] Wird also zB die Hauptsache übereinstimmend für erledigt erklärt und entscheidet das Gericht durch Beschluss nach § 91a ZPO über die Kosten des Verfahrens, so fällt keine Terminsgebühr an.[108]

Der Rechtsanwalt verdient in diesen Fällen die Terminsgebühr dadurch, dass er *„irgend eine Tätigkeit in Richtung der Förderung des Rechtsstreits entwickelt hat"*.[109] Die Stellung eines schriftsätzlichen Klage- oder Sachantrages oder auch Sachvortrag sind wohl ausreichend.[110] Ausgelöst wird die Terminsgebühr erst mit Erlass der Entscheidung durch das Gericht.[111]

Beispiel: Es ist Klage erhoben über 1.200,00 EUR. Mit Zustimmung der Parteien will das Gericht gemäß § 128 Abs. 2 ZPO eine Entscheidung ohne mündliche Verhandlung treffen. Das Gericht bestimmt eine Frist, bis zu der Schriftsätze eingereicht werden können. In dem anschließenden Verkündungstermin verkündet das Gericht ein Urteil. Beide Prozessbevollmächtigten, die Schriftsätze eingereicht haben, können berechnen: 377

Gegenstandswert: 1.200,00 EUR

1) 1,3 Verfahrensgebühr §§ 2, 13 RVG iVm Nr. 3100 VV RVG	149,50 EUR
2) 1,2 Terminsgebühr §§ 2, 13 RVG iVm Nr. 3104 VV RVG	138,00 EUR

zzgl. Auslagen und Umsatzsteuer.

Beispiel: Es ist eine Klage über 3.450,00 EUR anhängig. Das Gericht hat das schriftliche Vorverfahren gem. § 276 Abs. 1 ZPO angeordnet. Der Beklagte teilt innerhalb der ihm gesetzten Frist nicht mit, dass er sich gegen die Klage verteidigen will. Auf Antrag des Prozessbevollmächtigten des Klägers ergeht ein Versäumnisurteil, welches auch rechtskräftig wird. 378

Der Prozessbevollmächtigte des Klägers kann berechnen:

Gegenstandswert: 3.450,00 EUR

1) 1,3 Verfahrensgebühr §§ 2, 13 RVG iVm Nr. 3100 VV RVG	327,60 EUR
2) 0,5 Terminsgebühr §§ 2, 13 RVG iVm Nr. 3105 VV RVG	126,00 EUR

zzgl. Auslagen und Umsatzsteuer.

Beispiel: Beim Landgericht ist eine Klage über 12.000,00 EUR anhängig. Das Gericht ordnet das schriftliche Vorverfahren gem. § 276 Abs. 1 ZPO an. Der Prozessbevollmächtigte des Beklagten teilt innerhalb der Frist zur Anzeige der Verteidigungsabsicht schriftsätzlich dem Gericht mit, dass die Klageforderung anerkannt werde. Das Landgericht erlässt daraufhin ein **Anerkenntnisurteil**. 379

Beide Prozessbevollmächtigten können berechnen:

Gegenstandswert: 12.000,00 EUR

1) 1,3 Verfahrensgebühr §§ 2, 13 RVG iVm Nr. 3100 VV RVG	785,20 EUR
2) 1,2 Terminsgebühr[112] §§ 2, 13 RVG iVm Nr. 3104 VV RVG	724,80 EUR

zzgl. Auslagen und Umsatzsteuer.

Beispiel: Es wird Klage eingereicht über 2.478,00 EUR. Das Gericht bestimmt frühen ersten Termin (§ 272 Abs. 2, 275 ZPO) und bestimmt eine Frist zur schriftlichen Klageerwiderung. Der Beklagte erkennt schriftsätzlich durch seinen Prozessbevollmächtigten die Klageforderung an. Das Gericht hebt den Termin auf und erlässt ein **Anerkenntnisurteil** (§ 307 ZPO). Beide Prozessbevollmächtigten, die Schriftsätze eingereicht haben, können berechnen: 380

Gegenstandswert: 2.478,00 EUR

1) 1,3 Verfahrensgebühr §§ 2, 13 RVG iVm Nr. 3100 VV RVG	261,30 EUR
2) 1,2 Terminsgebühr[113] §§ 2, 13 RVG iVm Nr. 3104 VV RVG	241,20 EUR

zzgl. Auslagen und Umsatzsteuer.

Auch in diesem Fall fällt eine 1,2 Terminsgebühr an. Denn in Abs. 1 Ziffer 1 der Anmerkung zu Nr. 3104 VV RVG ist § 307 ZPO ausdrücklich erwähnt.

---

107 Mayer/Kroiß Nr. 3104 VV Rn. 21 ff.; Hartung/Schons/Enders Nr. 3104 VV Rn. 19 ff.; Gerold/Schmidt 3104 VV Rn. 26 ff.

108 BGH JurBüro 2008, 23.

109 Zitiert nach Gerold/Schmidt 3104 VV Rn. 54.

110 Hansens/Braun/Schneider Teil 8 Rn. 232.

111 Gerold/Schmidt VV 3104 Rn. 63.

112 OLG München AGS 2005, 342; OLG Stuttgart JurBüro 2005, 587; Thüringer OLG JurBüro 2005, 529.

113 LG Stuttgart AGS 2005, 328.

381 Kraft ausdrücklicher Erwähnung in Abs. 1 Ziffer 1 der Anmerkung zu Nr. 3104 VV RVG entsteht die Terminsgebühr auch dann, wenn im schriftlichen Verfahren **ein schriftlicher Vergleich geschlossen** wird. Für einen im I. Rechtszug auf Vorschlag des Gerichts nach § 278 Abs. 6 ZPO geschlossenen Vergleich hat der BGH das Entstehen der Terminsgebühr in zwei Entscheidungen[114] bestätigt. Nach Ansicht des BGH entsteht die Terminsgebühr auch dann, wenn vor Abschluss des schriftlichen Vergleichs nicht das schriftliche Verfahren nach § 128 Abs. 2 ZPO oder § 495a ZPO angeordnet worden ist.[115] Es ist ausreichend, dass generell für das Verfahren die mündliche Verhandlung vorgeschrieben ist.

382 **Beispiel:** Nachdem die Klage über 3.200,00 EUR erhoben worden ist, das Gericht das schriftliche Vorverfahren angeordnet hat und der Beklagte die Klageerwiderung vorgelegt hat, macht das Gericht den Parteien einen schriftlichen Vergleichsvorschlag. Beide Prozessbevollmächtigten stimmen nach Rücksprache mit ihren Mandanten dem Vergleichsvorschlag des Gerichts zu. Das Gericht stellt das Zustandekommen und den Inhalt des geschlossenen Vergleiches durch Beschluss fest.

Beide Prozessbevollmächtigten können berechnen:

Gegenstandswert: 3.200,00 EUR

1) 1,3 Verfahrensgebühr §§ 2, 13 RVG iVm Nr. 3100 VV RVG	327,60 EUR
2) 1,2 Terminsgebühr §§ 2, 13 RVG iVm Nr. 3104 VV RVG	302,40 EUR
3) 1,0 Einigungsgebühr §§ 2, 13 RVG iVm Nr. 1003 VV RVG	252,00 EUR

zzgl. Auslagen und Umsatzsteuer.

383 Das OLG Stuttgart[116] hat den Anfall der Terminsgebühr auch für den Fall bestätigt, dass in dem Berufungsverfahren ein schriftlicher Vergleich nach § 278 Abs. 6 ZPO geschlossen wird.

Für die vor einem Arbeitsgericht anhängigen Fälle hat das BAG[117] bestätigt, dass dem Prozessbevollmächtigten, der an dem Abschluss eines Vergleichs nach § 278 Abs. 6 ZPO mitwirkt, auch die Terminsgebühr zusteht.

Zusammenfassung

384
- ▶ Die 1,2 Terminsgebühr nach Nr. 3104 VV RVG entsteht auch, wenn das Gericht im schriftlichen Verfahren entscheidet (Abs. 1 Ziffer 1 der Anmerkung zu Nr. 3104 VV RVG).
- ▶ Dies gilt auch, wenn ein schriftlicher Vergleich geschlossen wird.

2.4 Auf die Vermeidung oder Erledigung des Verfahrens gerichtete Besprechungen

385 Nach Vorbemerkung 3 Abs. 3 VV RVG entsteht die 1,2 Terminsgebühr nach Nr. 3104 VV RVG auch **für das Mitwirken an auf die Vermeidung oder Erledigung des Verfahrens gerichteten Besprechungen auch** ohne Beteiligung des Gerichts.

---

[114] BGH Beschluss vom 27. 10. 2005 – III ZB 42/05 = JurBüro 2006, 73 = RVGreport 2005, 471 = RVG-Letter 2005, 134 = RVG professionell 2006, 1; BGH, Beschluss vom 3. 7. 2006 – II ZB 31/05 = AGS 2006, 488 = AnwBl. 2006, 676 = RVGreport 2006, 387 = RVG professionell 2006, 163 = RVG-Letter 2006, 99.

[115] Meine in der 13. Auflage unter den Rn. 1058 bis 1063 dargestellte, dem entgegenstehende Meinung, gebe ich im Hinblick auf diese BGH-Rechtsprechung auf.

[116] OLG Stuttgart JurBüro 2006, 21.

[117] BAG RVGreport 2006, 386.

Auszug aus dem VV RVG

	Teil 3. Zivilsachen, ...		386
Nr.	Gebührentatbestand	Gebühr oder Satz der Gebühr nach § 13 RVG	
Vorbemerkung 3: (1) Gebühren nach diesem Teil erhält der Rechtsanwalt, dem ein unbedingter Auftrag als Prozess- oder Verfahrensbevollmächtigter, als Beistand für einen Zeugen oder Sachverständigen oder für eine sonstige Tätigkeit in einem gerichtlichen Verfahren erteilt worden ist. Der Beistand für einen Zeugen oder Sachverständigen erhält die gleichen Gebühren wie ein Verfahrensbevollmächtigter. (2) ... (3) Die Terminsgebühr entsteht sowohl für die Wahrnehmung von gerichtlichen Terminen als auch für die Wahrnehmung von außergerichtlichen Terminen und Besprechungen, wenn nichts anderes bestimmt ist. Sie entsteht jedoch nicht für die Wahrnehmung eines gerichtlichen Termins nur zur Verkündung einer Entscheidung. Die Gebühr für außergerichtliche Termine und Besprechungen entsteht für 1. die Wahrnehmung eines von einem gerichtlich bestellten Sachverständigen anberaumten Termins und 2. die Mitwirkung an Besprechungen, die auf die Vermeidung oder Erledigung des Verfahrens gerichtet sind; dies gilt nicht für Besprechungen mit dem Auftraggeber.			

Nach der Begründung des Gesetzes[118] soll der Rechtsanwalt **nach seiner Bestellung zum Verfahrens- oder Prozessbevollmächtigten** in jeder Phase des Verfahrens zu einer möglichst frühen, der Sach- und Rechtslage entsprechenden Beendigung des Verfahrens beitragen. 387

Voraussetzung für den Anfall der Terminsgebühr für auf die Vermeidung oder Erledigung des Verfahrens gerichtete Besprechungen ist zunächst einmal, dass der Rechtsanwalt einen (unbedingten) **Auftrag** hatte, wegen der Ansprüche **in einem gerichtlichen Verfahren zu vertreten.**[119] Nach der Neufassung der Vorbemerkung 3 Abs. 1 VV RVG[120] ist dies auch so im Gesetz normiert. Der Auftrag muss also dahin gehen, die Ansprüche in einem gerichtlichen Verfahren geltend zu machen (zB Auftrag zur Klageerhebung). 388

Vertritt der Rechtsanwalt den Anspruchs**gegner** und ist das gerichtliche Verfahren noch nicht anhängig, muss ihm zum Zeitpunkt der Besprechung iSd Vorbemerkung 3 Abs. 3 VV RVG bereits ein (unbedingter) Vertretungsauftrag für das erwartete gerichtliche Verfahren vorliegen, damit ihm die Terminsgebühr der Nr. 3104 VV RVG schon vor Anhängigkeit eines gerichtlichen Verfahrens entstehen kann.[121] Ob dem Rechtsanwalt des Anspruchsgegners tatsächlich schon ein unbedingter Vertretungsauftrag für das zu erwartende gerichtliche Verfahren vorliegt, ist stets kritisch zu betrachten. Denn in der Regel wird der Anspruchsgegner doch seinen Rechtsanwalt dahingehend beauftragen, dass dieser versuchen soll die Ansprüche außergerichtlich abzuwehren und nur für den Fall, dass die Gegenseite tatsächlich auch Klage erhebt, ihn – den Anspruchsgegner – im gerichtlichen Verfahren zu vertreten. Dann liegt aber nur ein bedingter Vertretungsauftrag für das erwartete gerichtliche Verfahren vor und im Fall einer Besprechung mit der Gegenseite, die auf die Vermeidung eines gerichtlichen Verfahrens gerichtet ist, entsteht die Terminsgebühr bei dem Rechtsanwalt des Anspruchsgegners nicht. Wenn Ansprüche gegen den Mandanten bereits gerichtlich geltend werden, und dem Rechtsanwalt des Anspruchsgegners bereits ein unbedingter 389

[118] Begründung des Kostenrechtsmodernisierungsgesetzes in BT-Drucksache 15/1971 zu Teil 3 Vorbemerkung 3 (3), S. 209 – linke Spalte.

[119] Gerold/Schmidt VV Vorb. 3 Rn. 138; Mayer/Kroiß Vorbemerkung 3 Rn. 54; Hartung/Schons/Enders Vorb. 3 VV Rn. 58; BGH Urteil vom 8. 2. 2007 – IX ZR 215/05 = JurBüro 2007, 241.

[120] Neufassung erfolgte durch das 2. KostRMoG (BGBl. I 2013, 2586), in Kraft getreten am 1. 8. 2013.

[121] BGH Urteil vom 1. 7. 2010 – IX ZR 198/09 = JurBüro 2010, 580.

Vertretungsauftrag für das gerichtliche Verfahren vorliegt, wird die Besprechung mit der Gegenseite im Hinblick auf die Erledigung des gerichtlichen Verfahrens zweifellos die Terminsgebühr auslösen.

390 Hat der Rechtsanwalt zum Zeitpunkt der Teilnahme an einer auf die Vermeidung des gerichtlichen Verfahrens gerichteten Besprechung mit der Gegenseite noch keinen unbedingten Vertretungsauftrag für ein gerichtliches Verfahren, kann keine Terminsgebühr entstehen. Denn nur bei einem Auftrag zur Vertretung in einem gerichtlichen Verfahren kann der Rechtsanwalt die Gebühren nach Teil 3 des Vergütungsverzeichnisses zum RVG erhalten, in dem dann auch die Terminsgebühr unter der Nr. 3104 VV RVG geregelt ist. Hatte der Rechtsanwalt nur einen Auftrag zur außergerichtlichen Tätigkeit, so erhält er Gebühren nach Teil 2 des Vergütungsverzeichnisses zum RVG; in der Regel entsteht dann die Geschäftsgebühr Nr. 2300 VV RVG. Daneben kann die Terminsgebühr Nr. 3104 VV RVG nicht entstehen.

391 Die Terminsgebühr entsteht **nicht für Besprechungen mit** dem **Auftraggeber** des Rechtsanwaltes, auch dann nicht, wenn diese Besprechungen auf die Vermeidung oder Erledigung des Verfahrens gerichtet sind (Vorbemerkung 3 Abs. 3, letzter Halbsatz VV RVG). Die auf die Vermeidung oder Erledigung des Verfahrens gerichtete Besprechung muss also mit

- dem **Gegner**
- oder dem **Prozess**- oder Verfahrens**bevollmächtigten des Gegners**
- oder dem Haftpflichtversicherer des Gegners
- oder dem Leiter der übergeordneten Dienststelle der verklagten Behörde
- dem Streitverkündungsempfänger
- oder sonstigen Personen „aus dem Lager des Gegners“

geführt werden, damit die Terminsgebühr ausgelöst wird.[122]

392 Eine Besprechung mit dem Richter dürfte ausreichend sein, wenn dieser zB einen Vergleichsvorschlag macht und diesen zunächst mit dem einen und dann mit dem anderen Prozessbevollmächtigten telefonisch bespricht.[123]

393 Erforderlich für den Anfall der Terminsgebühr durch solche Besprechungen ist weiter, dass diese die Vermeidung oder Erledigung des Verfahrens zum Ziel haben. Ob dann auch tatsächlich durch die Besprechung eine Erledigung oder Vermeidung des Verfahrens erreicht wird, ist für den Anfall der Terminsgebühr unerheblich.[124]

394 Ob die Besprechung in einem persönlichen, **mündlichen Gespräch oder telefonisch** geführt wird, ist für den Anfall der Terminsgebühr unerheblich.[125] Schriftwechsel, auch wenn er per SMS oder Email geführt wird und ähnlich wie ein Gespräch abläuft, erfüllt den Tatbestand für die Terminsgebühr nicht.[126]

395 Der Rechtsanwalt muss an der auf die Vermeidung oder Erledigung des Verfahrens gerichteten Besprechung **mitgewirkt** haben. Er muss also bei der Besprechung anwesend sein oder das Telefonat mit geführt haben. Nicht erforderlich ist, dass er sich aktiv an der Besprechung beteiligt hat. Es genügt, dass er als Berater des Mandanten teilnimmt.[127] Nicht erforderlich ist, dass der Rechtsanwalt während der gesamten Dauer der Besprechung persönlich anwesend ist.

396 Unerheblich ist, ob die Besprechung in einem Termin vor Gericht oder außerhalb eines solchen geführt wird. Auch die außergerichtlich geführte Besprechung löst

[122] Gerold/Schmidt VV Vorb. 3 Rn. 184; Hansens/Braun/Schneider Teil 8 Rn. 221.

[123] OLG Düsseldorf Beschluss vom 1. 3. 2011 – I – 10 W 163/10 = JurBüro 2011, 304; Gerold/Schmidt VV Vorb. 3 Rn. 194 ff.

[124] Rehberg/Schons „Terminsgebühr des Teils 3“, 3.2; Hansens/Braun/Schneider Teil 8, Rn. 212; Schneider/Wolf VV Vorb. 3, Rn. 150.

[125] Gerold/Schmidt VV Vorb. 3 Rn. 177.

[126] BGH JurBüro 2010, 81: Tauschen die Prozessbevollmächtigten zur Vermeidung oder Erledigung Emails aus, entsteht keine Terminsgebühr. Anders zuvor: OLG Koblenz JurBüro 2007, 413.

[127] Gerold/Schmidt VV Vorb. 3 Rn. 198; Schneider/Wolf VV Vorb. 3 Rn. 143 ff.

unter den vorgenannten Voraussetzungen die Terminsgebühr der Nr. 3104 VV RVG aus.[128]

Die Terminsgebühr entsteht für auf die **Erledigung** bereits gerichtlich anhängiger Verfahren gerichteten Besprechungen. Sie fällt aber auch an, wenn die Besprechung gerichtet ist auf die **Vermeidung** eines Verfahrens. Vermieden werden kann aber nur ein Verfahren, welches noch gar nicht anhängig ist. Nachdem zunächst in der Rechtsprechung heftig umstritten war, ob die Terminsgebühr auch entstehen kann, wenn noch kein gerichtliches Verfahren anhängig ist, hat der BGH[129] dies in zwei Grundsatzentscheidungen klargestellt. Danach ist für das Entstehen der Terminsgebühr nicht erforderlich, dass schon ein gerichtliches Verfahren anhängig ist. Allerdings ist notwendig, dass der Rechtsanwalt im Zeitpunkt des Mitwirkens an der auf die Vermeidung des Verfahrens gerichteten Besprechung bereits einen unbedingten Vertretungsauftrag für ein gerichtliches Verfahren hatte (→ Rn. 388 f. dieses Kapitels). 397

Beispiel: Nach Einreichung der Klage über 3.500,00 EUR und Vorliegen der Klageerwiderung nimmt der Rechtsanwalt mit der Gegenseite Kontakt auf. Es kommt zu einer Besprechung mit den Parteien und dem Gegenanwalt. In dieser Besprechung vergleichen sich die Parteien dahingehend, dass zur Abgeltung der eingeklagten Ansprüche 1.800,00 EUR gezahlt werden. 398

Beide Prozessbevollmächtigten können berechnen:

Gegenstandswert: 3.500,00 EUR

1) 1,3 Verfahrensgebühr §§ 2, 13 RVG iVm Nr. 3100 VV RVG	327,60 EUR
2) 1,2 Terminsgebühr §§ 2, 13 RVG iVm Nr. 3104 VV RVG	302,40 EUR
3) 1,0 Einigungsgebühr §§ 2, 13 RVG iVm Nr. 1003 VV RVG	252,00 EUR

zzgl. Auslagen und Umsatzsteuer.

Die Terminsgebühr wurde ausgelöst durch das Mitwirken an der Besprechung, in der sich die Parteien verglichen haben. Die Besprechung war folglich auf die Erledigung des Verfahrens gerichtet (Vorbemerkung 3 Abs. 3 VV RVG).

Beispiel: Rechtsanwalt A ist beauftragt, Klage über 2.500,00 EUR zu erheben. Bevor er die Klageschrift bei Gericht einreicht, setzt er sich noch einmal mit dem Bevollmächtigten des Gegners, Rechtsanwalt G in Verbindung. Rechtsanwalt G hat von seinem Mandanten nur einen Auftrag zu außergerichtlichen Vertretung. Es kommt zu einer Besprechung der Angelegenheit, in der versucht werden soll, die Sache zu erledigen. In der Besprechung vergleichen sich die Parteien dahin gehend, dass der Gegner 1.250,00 EUR zahlt. 399

Rechtsanwalt A kann berechnen:

Gegenstandswert: 2.500,00 EUR

1) 0,8 Verfahrensgebühr §§ 2, 13 RVG iVm Nr. 3101 Ziffer 1 VV RVG	160,80 EUR
2) 1,2 Terminsgebühr §§ 2, 13 RVG iVm Nr. 3104 VV RVG	241,20 EUR
3) 1,5 Einigungsgebühr §§ 2, 13 RVG iVm Nr. 1000 VV RVG	301,50 EUR

zzgl. Auslagen und Umsatzsteuer.

Da die Klage noch nicht eingereicht war, ist die Verfahrensgebühr nur in Höhe von 0,8 entstanden. Die Terminsgebühr ist dadurch ausgelöst worden, dass Rechtsanwalt A mitgewirkt hat an der auf die Vermeidung des Verfahrens gerichteten Besprechung. Die Einigungsgebühr fällt vorliegend in Höhe von 1,5 an, da über den Gegenstand/Anspruch, über den sich die Parteien geeinigt haben, noch kein gerichtliches Verfahren anhängig war.

Rechtsanwalt G kann berechnen:

Gegenstandswert: 2.500,00 EUR

1) 2,0 Geschäftsgebühr §§ 2, 13, 14 RVG iVm Nr. 2300 VV RVG	402,00 EUR
2) 1,5 Einigungsgebühr §§ 2, 13 RVG iVm Nr. 1000 VV RVG	301,50 EUR

zzgl. Auslagen und Umsatzsteuer.

Da Rechtsanwalt G noch keinen Auftrag zur Vertretung in dem gerichtlichen Verfahren, sondern nur einen Auftrag zur außergerichtlichen Vertretung hatte, kann ihm nur die Geschäftsgebühr und keine Verfahrens- und auch keine Terminsgebühr entstehen. Allerdings wird er den Umfang der anwaltlichen Tätigkeit (hier: Besprechung) über die Höhe des Gebührensatzes innerhalb des Satzrahmens der Nr. 2300 VV RVG von 0,5 bis 2,5 berücksichtigen können.

---

128 Gerold/Schmidt VV Vorb. 3 Rn. 182.

129 BGH Urteil vom 8. 2. 2007 – IX ZR 215/05 = JurBüro 2007, 241 für den Anspruchsteller; BGH Urteil vom 1. 7. 2010 – IX ZR 198/09 = JurBüro 2010, 580 für den Anspruchsgegner.

400 Zu der Frage, welche Anforderungen an den Inhalt einer auf die Erledigung oder Vermeidung des Verfahrens gerichteten Besprechung zu stellen sind, hat der BGH Stellung bezogen: Eine Terminsgebühr fällt bereits dann an, wenn der gegnerische Rechtsanwalt eine auf die Erledigung des Verfahrens gerichtete Erklärung zwecks Prüfung und Weiterleitung an seine Partei entgegennimmt.[130] *„Eine auf eine Erledigung gerichtete Besprechung setzt als mündlicher Austausch von Erklärungen die Bereitschaft der Gegenseite voraus, überhaupt in Überlegungen mit dem Ziel einer einvernehmlichen Beendigung des Verfahrens einzutreten. Verweigert der Gegner von vornherein entweder ein sachbezogenes Gespräch oder eine gütliche Einigung, kommt eine Besprechung bereits im Ansatz nicht zustande.“*[131]

401 Werden in einem Berufungsverfahren bestimmte Rahmenbedingungen für eine mögliche Einigung in mehreren Parallelverfahren besprochen, so entsteht in dem Berufungsverfahren die Terminsgebühr auch nach dem Wert der Parallelverfahren.[132] Nach einer Entscheidung des BGH[133] vom 27. 2. 2007 – XI ZB 38/05 – soll zwar die Terminsgebühr nicht schon durch ein allgemeines Gespräch über die grundsätzliche Bereitschaft oder abstrakte Möglichkeit einer außergerichtlichen Erledigung ausgelöst werden. Es soll aber ausreichen, wenn der Gegner sich an einer außergerichtlichen Erledigung des Rechtsstreits interessiert zeigt.

402 Nach LAG Köln[134] ist eine Besprechung zwischen den Prozessbevollmächtigten nur dann auf die Erledigung des Verfahrens gerichtet, wenn sich beide Gesprächsteilnehmer an einer außergerichtlichen Erledigung interessiert zeigen. Das Erledigungsinteresse nur eines Gesprächsteilnehmers ist nicht ausreichend. In dem vom LAG Köln (aaO) entschiedenen Fall hatte ein Prozessbevollmächtigter erklärt, dass er zunächst eine höchstrichterliche Entscheidung zu einer vergleichbaren Problematik abwarten möchte, bevor er den Rechtsstreit außergerichtlich – vergleichsweise – erledige.

403 Nach einer Entscheidung des OLG Koblenz[135] liegt eine auf die Erledigung des Verfahrens zielende Besprechung schon darin, dass der Prozessbevollmächtigte des Beklagten bei dem Prozessbevollmächtigten des Klägers die Zahlung der Klageforderung ankündigt und um Rücknahme der Klage bittet.

404 Wird durch eine Besprechung iSd Vorbemerkung 3 Abs. 3 VV RVG eine Terminsgebühr ausgelöst und wird später in derselben Angelegenheit der Tatbestand der Terminsgebühr erneut erfüllt – etwa durch die Wahrnehmung eines gerichtlichen Termins – entsteht nur eine Terminsgebühr (vgl. → Kap. E Rn. 338 f.).

405 Eine Terminsgebühr, ausgelöst durch die Mitwirkung an einer Besprechung iSd Vormerkung 3 Abs. 3 VV RVG, entsteht entgegen der Meinung des BGH auch dann, wenn für das gerichtliche Verfahren eine mündliche Verhandlung nicht vorgeschrieben ist.[136] Einer vorgeschriebenen mündlichen Verhandlung bedarf es nämlich nur bei dem Tatbestand des Abs. 1 der Anmerkung zu Nr. 3104 VV RVG (Terminsgebühr entsteht im schriftlichen Verfahren, vgl. → Kap. E Rn. 373).

Zusammenfassung

406 ▶ Nach der Vorbemerkung 3 Abs. 3 VV RVG entsteht die Terminsgebühr auch, wenn der Rechtsanwalt an Besprechungen mitwirkt, die auf die Erledigung oder Vermeidung des Verfahrens gerichtet sind.

---

[130] BGH Beschluss vom 20. 11. 2006 – II ZB 9/06 = JurBüro 2007, 136.

[131] Zitiert aus den Gründen der Entscheidung des BGH Beschluss vom 20. 11. 2006 – II ZB 9/06 = JurBüro 2007, 136.

[132] BGH Beschluss vom 27. 2. 2007 – XI ZB 38/05 = JurBüro 2007, 303.

[133] BGH Beschluss vom 27.2.2007 – XI ZB 38/05 = JurBüro 2007, 303.

[134] LAG Köln BeckRS 2017, 106676.

[135] OLG Koblenz Beschluss vom 3. 5. 2005 – 14 W 265/05 – JurBüro 2005, 416.

[136] BGH Beschluss vom 15. 3. 2007 – V ZB 170/06 = JurBüro 2007, 526 mit abl. Anmerkung von Enders. Gegen BGH auch N. Schneider AGS 2007, 397; Schons AnwBl. 2007, 632; Klarstellung durch das 2. KostRMoG.

- ▶ Die Terminsgebühr entsteht nur, wenn der Rechtsanwalt wegen der Ansprüche, die Gegenstand der Besprechung sind, einen unbedingten Auftrag zur Vertretung in einem gerichtlichen Verfahren hat.
- ▶ Für Besprechungen mit seinem Auftraggeber fällt die Terminsgebühr nicht an. Die Besprechung muss mit dem Gegner oder dem gegnerischen Bevollmächtigten geführt werden.
- ▶ Unerheblich ist, ob die Besprechung auf Erledigung oder Vermeidung des gerichtlichen Verfahrens in einem gerichtlichen Termin oder außerhalb eines solchen geführt wird.

2.5 Festsetzung einer außerhalb eines gerichtlichen Termins entstandenen Terminsgebühr

Nach Inkrafttreten des RVG war zunächst umstritten, ob eine durch vorprozessuale oder außergerichtliche Besprechungen im Sinne der Vorbemerkung 3 Abs. 3 VV RVG entstandene Terminsgebühr in einem späteren Kostenfestsetzungsverfahren nach §§ 103, 104 ZPO festgesetzt werden konnte. Viele Gerichte lehnten dies ab. Zwischenzeitlich hat sich der BGH in mehreren Entscheidungen zu dieser Frage geäußert. Der BGH hatte zunächst einen Fall zu entscheiden, in dem die Prozessbevollmächtigten eine fernmündliche Unterredung über eine vergleichsweise Erledigung des Rechtsstreits geführt hatten. Diese auf die Erledigung des Rechtsstreits gerichtete Besprechung hatte die Terminsgebühr nach der Vorbemerkung 3 Abs. 3 VV RVG ausgelöst. In seinem Beschluss vom 20. 11. 2006 stellt der BGH[137] klar, dass eine Partei Anspruch auf Festsetzung einer Terminsgebühr hat, wenn die tatbestandlichen Voraussetzungen für den Anfall der Gebühr zwischen den Parteien unstreitig sind. 407

Nach einem weiteren Beschluss vom 4. 4. 2007[138] des BGH, ist es im Kostenfestsetzungsverfahren nicht erforderlich, dass sich die für die Festsetzung der beantragten Gebühren maßgeblichen Tatsachen ohne weitere Erhebungen aus der Gerichtsakte ergeben oder unstreitig sind. Also ist eine Terminsgebühr auch dann festsetzbar, wenn sich die Tatsachen, die die Gebühr ausgelöst haben, nicht ohne weiteres aus der Gerichtsakte ergeben. 408

In einem weiteren Beschluss vom 10. 5. 2007[139] hat der BGH entschieden, dass eine Terminsgebühr auch dann festgesetzt werden kann, wenn die tatsächlichen Voraussetzungen für den Anfall der Gebühren zwischen den Parteien streitig sind. In diesen Fällen wird dann die die Festsetzung der Terminsgebühr begehrende Partei die Tatsachen, welche die Terminsgebühr ausgelöst haben sollen, glaubhaft machen müssen. Im Kostenfestsetzungsverfahren kann sie sich zur Glaubhaftmachung der eidesstattlichen Versicherung und auch aller weiteren Beweismittel der ZPO bedienen.[140] 409

Nach BGH[141] kann eine Terminsgebühr, die dadurch entstanden ist, dass die Prozessbevollmächtigten nach einer ohne mündliche Verhandlung erlassenen einstweiligen Verfügung eine Besprechung geführt haben, die auf die Vermeidung eines Widerspruchs gegen die einstweilige Verfügung gerichtet war, nicht auf der Grundlage der in der vorausgegangenen einstweiligen Verfügung enthaltene Kostengrundentscheidung festgesetzt werden. Denn diese Kosten würden von der vorausgegangenen Kostengrundentscheidung nicht mehr erfasst. 410

Zusammenfassung

- ▶ Nach der Vorbemerkung 3 Abs. 3 VV RVG löst auch eine auf die Vermeidung oder Erledigung des Verfahrens gerichtete Besprechung die Terminsgebühr aus. Auch 411

---

[137] BGH Beschluss vom 20. 11. 2006 – II ZB 6/06 = JurBüro 2007, 26.
[138] BGH Beschluss vom 4. 4. 2007 – III ZB 79/06 = JurBüro 2007, 365.
[139] BGH Beschluss vom 10. 5. 2007 – VII ZB 110/06 = JurBüro 2007, 533.
[140] Musielak/Voit ZPO § 104 Rn. 18; Zöller ZPO § 104 Rn. 8.
[141] BGH Beschluss vom 7.2.2017 – VI ZB 43/16.

wenn diese Besprechung außerhalb eines gerichtlichen Termins stattgefunden hat, kann die Terminsgebühr nach §§ 103, 104 ZPO festgesetzt werden.

3. Einigungsgebühr im Zivilprozess – Erster Rechtszug

412 Die Einigungsgebühr wurde bereits behandelt in → Kap. C Rn. 5 ff. Auf das dort Ausgeführte darf verwiesen werden.

Auszug aus dem VV RVG

413

Nr.	Gebührentatbestand	Gebühr oder Satz der Gebühr nach § 13 RVG
1000	Einigungsgebühr ... (1) Die Gebühr entsteht für die Mitwirkung beim Abschluss eines Vertrags, durch den 1. der Streit oder die Ungewissheit der Parteien über ein Rechtsverhältnis beseitigt wird oder 2. die Erfüllung des Anspruchs bei gleichzeitigem vorläufigem Verzicht auf die gerichtliche Geltendmachung und, wenn bereits ein zur Zwangsvollstreckung geeigneter Titel vorliegt, bei gleichzeitigem vorläufigem Verzicht auf Vollstreckungsmaßnahmen geregelt wird (Zahlungsvereinbarung). Die Gebühr entsteht nicht, wenn sich der Vertrag ausschließlich auf ein Anerkenntnis oder einen Verzicht beschränkt. Im Privatklageverfahren ist Nummer 4147 anzuwenden. (2) Die Gebühr entsteht auch für die Mitwirkung bei Vertragsverhandlungen, es sei denn, dass diese für den Abschluss des Vertrags im Sinne des Absatzes 1 nicht ursächlich war. (3) Für die Mitwirkung bei einem unter einer aufschiebenden Bedingung oder unter dem Vorbehalt des Widerrufs geschlossenen Vertrag entsteht die Gebühr, wenn die Bedingung eingetreten ist oder der Vertrag nicht mehr widerrufen werden kann. (4) ...	1,5
1003	Über den Gegenstand ist ein anderes gerichtliches Verfahren als ein selbstständiges Beweisverfahren anhängig: Die Gebühren 1000 bis 1002 betragen ... Dies gilt auch, wenn ein Verfahren über die Prozesskostenhilfe anhängig ist, soweit nicht lediglich Prozesskostenhilfe für ein selbständiges Beweisverfahren oder die gerichtliche Protokollierung des Vergleichs beantragt wird oder sich die Beiordnung auf den Abschluss eines Vertrags im Sinne der Nummer 1000 erstreckt (§ 48 Abs. 3 RVG). Das Verfahren vor dem Gerichtsvollzieher steht einem gerichtlichen Verfahren gleich.	1,0

414 Ist über den Gegenstand der Einigung ein gerichtliches Verfahren anhängig, entsteht die Einigungsgebühr nach Nr. 1003 VV RVG in Höhe von **1,0**. Ausnahme:[142] Ist ein selbstständiges Beweisverfahren bei Gericht anhängig und vergleichen sich die Parteien darin über die Hauptsache, so bleibt es bei 567). Voraussetzung ist, dass noch keine Klage zur Hauptsache anhängig ist. Ist bereits neben dem selbstständigen Beweisverfahren eine Klage zur Hauptsache anhängig, entsteht die Einigungsgebühr nur in Höhe von 1,0 nach der Nr. 1003 VV RVG; dies auch dann, wenn der Vergleich über die Hauptsache in dem selbstständigen Beweisverfahren mitverglichen wird. Bei einer 1,5 Einigungsgebühr bleibt es dann, wenn **nur** ein gerichtliches Verfahren auf Gewährung von Prozesskostenhilfe für ein selbstständiges Beweisverfahren anhängig ist.

[142] Wegen der weiteren Ausnahmen → Kap. C Rn. 43.

In einem Zivilprozess dürfte die Einigungsgebühr in der Regel dann anfallen, wenn ein Vertrag iS. Nr. 1000 VV RVG oder ein **Vergleich** zwischen den Parteien geschlossen wird. Haben die Parteien in dem Vergleich einen Widerrufsvorbehalt vereinbart, so fällt die Einigungsgebühr nicht an, wenn eine der Parteien von der Widerrufsmöglichkeit Gebrauch machen und der Vergleich nicht zustande kommt (Abs. 3 der Anmerkung zu Nr. 1000 VV RVG). 415

Beispiel: Eingeklagt sind 8.000,00 EUR. In dem Termin zur mündlichen Verhandlung vergleichen sich die Parteien dahingehend, dass dem Kläger von dem Beklagten zur Abgeltung der eingeklagten Ansprüche ein Betrag in Höhe von 4.500,00 EUR gezahlt wird. In dem Vergleich ist ein Widerrufsvorbehalt vereinbart. Der Beklagte lässt den Vergleich durch seinen Prozessbevollmächtigten widerrufen. Nach erneuter streitiger mündlicher Verhandlung und Beweisaufnahme verkündet das Gericht ein Urteil. Es sind entstanden: 416

Gegenstandswert: 8.000,00 EUR

1) 1,3 Verfahrensgebühr §§ 2, 13 RVG iVm Nr. 3100 VV RVG	592,80 EUR
2) 1,2 Terminsgebühr §§ 2, 13 RVG iVm Nr. 3104 VV RVG	547,20 EUR

zzgl. Auslagen und Umsatzsteuer.

Da der Vergleich widerrufen wurde, fällt eine Einigungsgebühr nicht an.

Als **Gegenstandswert** für die Einigungsgebühr ist der Wert des Anspruchs anzunehmen, der durch den Vertrag iS. Nr. 1000 VV RVG/den Vergleich erledigt wird. In der Regel wird die Einigungsgebühr also nach dem eingeklagten Betrag entstehen. Sie entsteht nicht nach dem Betrag, auf den sich geeinigt/verglichen wird. Denn es kommt darauf an, **worüber** die Parteien eine Einigung erzielen bzw. sich vergleichen, **nicht worauf** sich die Parteien einigen bzw. vergleichen. 417

Beispiel: Es wird Klage erhoben über 12.000,00 EUR. Nach streitiger mündlicher Verhandlung und durchgeführter Beweisaufnahme wird ein Vergleich geschlossen, wonach der Beklagte zur Abgeltung der eingeklagten Ansprüche einen Betrag in Höhe von 6.800,00 EUR an den Kläger zahlt. Es ist ein Widerrufsvorbehalt vereinbart. Der Vergleich wird nicht widerrufen. 418

Es sind entstanden:

Gegenstandswert: 12.000,00 EUR

1) 1,3 Verfahrensgebühr §§ 2, 13 RVG iVm Nr. 3100 VV RVG	785,20 EUR
2) 1,2 Terminsgebühr §§ 2, 13 RVG iVm Nr. 3104 VV RVG	724,80 EUR
3) 1,0 Einigungsgebühr §§ 2, 13 RVG iVm Nr. 1003 VV RVG	604,00 EUR

zzgl. Auslagen und Umsatzsteuer.

Beispiel: Nach Klageerhebung über 3.000,00 EUR bestimmt das Gericht Termin zur mündlichen Verhandlung. In dem Termin erkennt der Beklagte 1.500,00 EUR an. Nach durchgeführter Beweisaufnahme vergleichen sich die Parteien dahin gehend, wonach der Beklagte zur Abgeltung des sich noch im Streit befindlichen Betrages einen Betrag in Höhe von 500,00 EUR zahlt. Der Vergleich wird ohne Widerrufsvorbehalt abgeschlossen. 419

Es sind entstanden:

1) 1,3 Verfahrensgebühr §§ 2, 13 RVG iVm Nr. 3100 VV RVG nach Wert: 3.000,00 EUR	261,30 EUR
2) 1,2 Terminsgebühr §§ 2, 13 RVG iVm Nr. 3104 VV RVG nach Wert: 3.000,00 EUR	241,20 EUR
3) 1,0 Einigungsgebühr §§ 2, 13 RVG iVm Nr. 1003 VV RVG nach Wert: 1.500,00 EUR	115,00 EUR

zzgl. Auslagen und Umsatzsteuer.

In dem vorliegenden Fall entsteht die Einigungsgebühr nur nach einem Gegenstandswert von 1.500,00 EUR, da nur noch dieser Betrag im Streit war, als der Vergleich geschlossen wurde. Der restliche Anspruch war durch das Anerkenntnis bereits erledigt und war nicht mehr Gegenstand des Vergleiches.

Ist über den Gegenstand, über den eine Einigung erzielt bzw. sich verglichen wird, ein Berufungs- oder Revisionsverfahren anhängig, so entsteht die Einigungsgebühr nach Nr. 1004 VV RVG in Höhe von 1,3 (→ Kap. E Rn. 460). 420

Zusammenfassung

421 ▶ Ist über den Gegenstand des Vergleiches oder der Einigung ein gerichtliches Verfahren anhängig, so entsteht nur eine 1,0 Einigungsgebühr nach Nr. 1003 VV RVG. Ausnahme:[143] Über den Gegenstand ist nur ein selbstständiges Beweisverfahren anhängig; dann bleibt es bei der 1,5 Einigungsgebühr nach Nr. 1000 VV RVG.

▶ Ist über den Gegenstand ein Berufungs- oder Revisionsverfahren anhängig, entsteht eine 1,3 Einigungsgebühr nach Nr. 1004 VV RVG.

3.1 Einigung auch über nicht anhängige Ansprüche

422 Werden in einem Zivilprozess nicht anhängige Ansprüche mitverglichen, so kann nach dem Wert der mitverglichenen nicht anhängigen Ansprüche eine 1,5 Einigungsgebühr nach Nr. 1000 VV RVG entstehen. Nach dem Wert der mitverglichenen anhängigen Ansprüche entsteht daneben nur eine 1,0 Einigungsgebühr nach Nr. 1003 VV RVG. Die Summe der

- 1,0 Einigungsgebühr nach Nr. 1003 VV RVG nach dem Wert der anhängigen Ansprüche
- und der 1,5 Einigungsgebühr nach Nr. 1000 VV RVG nach dem Wert der nicht rechtshängigen Ansprüche
- darf nicht höher sein als eine 1,5 Gebühr aus dem Gesamtwert (§ 15 Abs. 3 RVG).

Wegen des Ansatzes der Verfahrensgebühr in derartigen Fällen siehe nachfolgendes Beispiel und auch → Kap. E Rn. 423.

423 **Beispiel:** Der Kläger hat Ansprüche gegenüber dem Beklagten in Höhe von 20.000,00 EUR. Um das Kostenrisiko gering zu halten, wird zunächst Klage über einen Teilbetrag in Höhe von 5.000,00 EUR erhoben. In dem Termin werden auftragsgemäß auch Verhandlungen über die weiteren, noch nicht rechtshängigen Ansprüche des Klägers in Höhe von 15.000,00 EUR geführt mit dem Ziel einer Vermeidung eines gerichtlichen Verfahrens wegen dieser Ansprüche. Am Ende der Verhandlung schließen die Parteien einen Vergleich, wonach der Beklagte an den Kläger zur Abgeltung aller Ansprüche 12.000,00 EUR zahlt. Der Vergleich wird ohne Widerrufsvorbehalt abgeschlossen.

Es sind folgende Gebühren entstanden:

1) 1,3 Verfahrensgebühr §§ 2, 13 RVG iVm Nr. 3100 VV RVG nach Wert: 5.000,00 EUR	393,90 EUR
2) 0,8 Verfahrensgebühr §§ 2, 13 RVG iVm Nr. 3101 Ziffer 2 VV RVG nach Wert: 15.000,00 EUR	520,00 EUR
Summe:	913,30 EUR
(Die Summe dieser Gebühren darf gemäß § 15 Abs. 3 RVG nicht höher sein als eine 1,3 Gebühr nach Wert: 20.000,00 EUR	964,60 EUR.
Da die Summe der beiden Einzelgebühren (913,30 EUR) niedriger ist als eine 1,3 Gebühr nach Wert: 20.000,00 EUR (964,60 EUR), bleibt es bei dem Ansatz der beiden Einzelgebühren. Der Rechtsanwalt kann seinem Mandanten an Verfahrensgebühren insgesamt 913,30 EUR berechnen.)	
3) 1,2 Terminsgebühr §§ 2, 13 RVG iVm Nr. 3104 VV RVG nach Wert: 20.000,00 EUR	890,40 EUR
4) 1,0 Einigungsgebühr §§ 2, 13 RVG iVm Nr. 1003 VV RVG nach Wert: 5.000,00 EUR	303,00 EUR
5) 1,5 Einigungsgebühr §§ 2, 13 RVG iVm Nr. 1000 VV RVG nach Wert: 15.000,00 EUR	975,00 EUR
Summe:	1.278,00 EUR
Die Summe dieser beiden Gebühren darf gemäß § 15 Abs. 3 RVG nicht höher sein als eine 1,5 Gebühr nach Wert: 20.000,00 EUR	1.113,00 EUR.
Der Rechtsanwalt kann vorliegend die Einigungsgebühren nur mit 1.113,00 EUR berechnen und nicht mit 1.278,00 EUR.	
zzgl. Auslagen und Umsatzsteuer.	

424 Dasselbe gilt, wenn in einem gerichtlichen Verfahren über nicht rechtshängige Ansprüche die Einigung nicht in Form eines Vergleiches erzielt wird. Denn die Einigungsgebühr entsteht nach Abs. 1 der Anmerkung zu Nr. 1000 VV RVG für die

[143] Wegen der weiteren Ausnahmen → Kap. C Rn. 43.

Mitwirkung beim Abschluss eines Vertrags, durch den der Streit oder die Ungewissheit der Parteien über ein Rechtsverhältnis beseitigt wird (vgl. → Kap. C Rn. 16ff.).

Werden in einem gerichtlichen Verfahren Ansprüche mitverglichen, die zwar in diesem Verfahren nicht anhängig sind, die aber Gegenstand eines anderen – im I. Rechtzuges anhängigen – Zivilprozesses sind, so entsteht die Einigungsgebühr nur in Höhe von 1,0 (Nr. 1003 VV RVG) nach dem Gesamtwert. **425**

Werden in einem gerichtlichen Verfahren des I. Rechtszuges anderweitig anhängige Ansprüche mitverglichen, über die ein Berufungsverfahren anhängig ist, entsteht nach dem Wert der im I. Rechtszug anhängigen – verglichenen – Ansprüche eine 1,0 Einigungsgebühr (Nr. 1003 VV RVG) und nach dem Wert der im Berufungsverfahren anhängigen – mitverglichenen – Ansprüche eine 1,3 Einigungsgebühr (Nr. 1004 VV RVG).[144] Beide Einigungsgebühren dürfen nach § 15 Abs. 3 RVG nicht höher sein als eine 1,3 Einigungsgebühr nach dem Gesamtwert.[145] **426**

Zusammenfassung

- Werden nicht anhängige Gegenstände in einem Zivilprozess mitverglichen, so entsteht nach dem Wert der nicht anhängigen Ansprüche eine 1,5 Einigungsgebühr nach Nr. 1000 VV RVG. Dies gilt auch, wenn die Einigung nicht in Form eines Vergleiches erfolgt, sondern ein Vertrag iSd Nr. 1000 VV RVG abgeschlossen wird, durch den der Streit oder die Ungewissheit der Parteien über ein Rechtsverhältnis beseitigt wird. **427**
- Nach dem Wert der im I. Rechtszug anhängigen Ansprüche entsteht nur eine 1,0 Einigungsgebühr nach Nr. 1003 VV RVG. Ausnahme:[146] Über den Gegenstand des Vertrages/des Vergleiches ist nur ein selbstständiges Beweisverfahren anhängig.
- Die Summe der 1,0 Einigungsgebühr nach Nr. 1003 VV RVG nach dem Wert der anhängigen Ansprüche und die der 1,5 Einigungsgebühr nach Nr. 1000 VV RVG nach dem Wert der nicht anhängigen Ansprüche darf zusammen nicht höher sein als eine 1,5 Einigungsgebühr aus dem Gesamtwert (§ 15 Abs. 3 RVG).

4. Zusatzgebühr für besonders umfangreiche Beweisaufnahmen

Wird der Rechtsanwalt in einem Zivilprozess im Rahmen einer **428**
- besonders umfangreichen Beweisaufnahme tätig und
- finden mindestens drei gerichtliche Termine statt, in denen Sachverständige oder Zeugen vernommen werden,

so kann er neben den sonst entstehenden Gebühren (wie zB Verfahrensgebühr, Terminsgebühr) noch die Zusatzgebühr für besonders umfangreiche Beweisaufnahmen Nr. 1010 VV RVG in Höhe von 0,3 ansetzen. Die Gebühr wurde ausführlich in → Kap. C Rn. 133 behandelt.

Die 0,3 Zusatzgebühr kann nicht nur in einem Zivilprozess des I. Rechtszuges entstehen, sondern auch in einem Berufungs- oder Revisionsverfahren, wenn denn dort die Voraussetzungen für den Anfall der Gebühr erfüllt werden. **429**

---

[144] Hartung/Schons/Enders Nr. 1004 VV Rn. 12.

[145] Berechnungsbeispiel hierzu bei Enders JurBüro 2011, 393 (395 – Beispiel 12): vgl. auch Beispiel → Kap. E Rn. 451 (dort wird die Berechnung der Vergütung für die Fälle dargestellt, dass in einem Berufungsverfahren Ansprüche mitverglichen werden, über die ein anderes erstinstanzliches Verfahren anhängig ist).

[146] Wegen der weiteren Ausnahmen → Kap. C Rn. 43.

5. Erledigung der Hauptsache

430 Wird die Hauptsache **erstmals in einem Termin** zur mündlichen Verhandlung vor Gericht für erledigt erklärt, so entstehen sowohl die
- 1,3 Verfahrensgebühr Nr. 3100 VV RVG als auch
- die 1,2 Terminsgebühr Nr. 3104 VV RVG

nach dem Gegenstandswert der Hauptsache.[147]

431 Nach § 91a Abs. 1 S. 1 ZPO können Erledigungserklärungen auch durch Einreichung eines Schriftsatzes abgegeben werden. Wird die Hauptsache **übereinstimmend schriftsätzlich** für erledigt erklärt und wird der Tatbestand der Terminsgebühr erstmals nach dieser schriftsätzlichen übereinstimmenden Erledigungserklärung erfüllt, so entsteht die Terminsgebühr nur nach dem Wert der bis dahin entstandenen Kosten (Vergütung beider Prozessbevollmächtigten + Gerichtskosten).[148] Zu beachten ist, dass die Zustimmung des Beklagten zu unterstellen ist, wenn er nicht binnen zwei Wochen der schriftsätzlichen Erledigungserklärung des Klägers widersprochen hat (§ 91a Abs. 1 S. 2 ZPO).

432 **Beispiel:** Eingeklagt sind 5.000,00 EUR. In dem ersten Termin zur mündlichen Verhandlung erklären die Parteien die Hauptsache übereinstimmend für erledigt. Die Prozessbevollmächtigten stellen streitige Kostenanträge. Das Gericht entscheidet über die Kosten des Verfahrens gem. § 91a ZPO durch Beschluss.

Es sind folgende Gebühren bei beiden Prozessbevollmächtigten entstanden:

Gegenstandswert: 5.000,00 EUR	
1) 1,3 Verfahrensgebühr §§ 2, 13 RVG iVm Nr. 3100 VV RVG	393,90 EUR
2) 1,2 Terminsgebühr §§ 2, 13 RVG iVm Nr. 3104 VV RVG	363,60 EUR
zzgl. Auslagen und Umsatzsteuer.	

433 **Beispiel:** Eingeklagt sind 5.000,00 EUR. Der Klägervertreter erklärt die Hauptsache schriftsätzlich für erledigt und beantragt, dem Beklagten die Kosten des Rechtsstreits aufzuerlegen. Der Beklagtenvertreter schließt sich der Erledigungserklärung an, beantragt aber, dem Kläger die Kosten des Verfahrens aufzuerlegen. Das Gericht entscheidet ohne mündliche Verhandlung durch Beschluss über die Kosten.

Es sind folgende Gebühren entstanden:

Gegenstandswert: 5.000,00 EUR	
1) 1,3 Verfahrensgebühr §§ 2, 13 RVG iVm Nr. 3100 VV RVG	393,90 EUR
zzgl. Auslagen und Umsatzsteuer.	

Vorliegend ist keine Terminsgebühr entstanden. Die Hauptsache wurde schriftsätzlich für erledigt erklärt; die streitigen Kostenanträge wurden schriftsätzlich gestellt. Die Terminsgebühr kann nicht nach Abs. 1 Ziffer 1 der Anmerkung zu Nr. 3104 VV RVG entstehen, da für das weitere Verfahren nach Erledigung der Hauptsache keine mündliche Verhandlung vorgeschrieben ist. Denn das Gericht entscheidet durch Beschluss – ohne mündliche Verhandlung – über die Kosten (§ 91a ZPO).[149] Die Terminsgebühr wäre aber zB dann entstanden, wenn die Prozessbevollmächtigten vor Erledigung der Hauptsache eine Besprechung zur Erledigung des gerichtlichen Verfahrens im Sinne der Vorbemerkung 3 Abs. 3 VV RVG geführt hätten.

Hätte das Gericht nach übereinstimmender schriftsätzlicher Erledigungserklärung Termin zur mündlichen Verhandlung bestimmt, so wäre die Terminsgebühr nur nach dem Wert der bis dahin entstandenen Kosten entstanden.

434 Hat der Kläger die Möglichkeit, rechtzeitig vor dem Termin die Hauptsache schriftsätzlich für erledigt zu erklären, so wird er nicht bis zur mündlichen Verhandlung abwarten können, um die Terminsgebühr zu verdienen. Die Terminsgebühr wird zwar entstehen, wenn die Erledigung der Hauptsache erst in der mündlichen Verhandlung erklärt wird, sie ist aber dann **nicht erstattungsfähig,** da sie nicht notwendig war.[150]

---

[147] Ausführlich: Enders JurBüro 2005, 113 – Kap. 1 mwN; BGH JurBüro 2010, 651.
[148] Zum Kostenwert: Enders JurBüro 2005, 113 (114 – Kap. 1.2, Beispiel 3).
[149] BGH Beschluss vom 25. 9. 2007 – VI ZB 53/06 = JurBüro 2008, 23.
[150] BGH JurBüro 2010, 651; OLG München AGS 2005, 85; OLG Rostock JurBüro 2006, 489.

Beispiel: Beim Landgericht ist ein Rechtsstreit über 8.000,00 EUR anhängig. Nach Einreichung der Klageerwiderung korrespondieren die Prozessbevollmächtigten wegen eines möglichen Vergleichs. Schließlich kann man sich im Rahmen der Korrespondenz einigen und fixiert den Vergleich schriftlich. In dem Vergleich hat man sich darauf geeinigt, dass der Rechtsstreit dergestalt abgeschlossen wird, dass die Hauptsache übereinstimmend für erledigt erklärt wird und man beiderseits auf eine Kostenentscheidung des Gerichts verzichtet, weil man sich schon in dem Vergleich über die Kosten geeinigt hat. Der Vergleich wird nicht – auch nicht nach §278 Abs. 6 ZPO – gerichtlich protokolliert. Ein Termin bei Gericht hat nicht stattgefunden. Die Prozessbevollmächtigten haben auch keine Besprechung iSd Vorbemerkung 3 Abs. 3 VV RVG geführt. 435

Beide Prozessbevollmächtigte können berechnen:

Gegenstandswert: 8.000,00 EUR	
1) 1,3 Verfahrensgebühr §§2, 13 RVG iVm Nr. 3100 VV RVG	592,80 EUR
2) 1,2 Terminsgebühr §§2, 13 RVG iVm Nr. 3104 VV RVG	547,20 EUR
3) 1,0 Einigungsgebühr §§2, 13 RVG iVm Nr. 1000 VV RVG	456,00 EUR
zzgl. Auslagen und Umsatzsteuer.	

Nach OLG Köln[151] entsteht auch in diesen Fällen die Terminsgebühr über Abs. 1 Ziffer 1 der Anm. zu Nr. 3104 VV RVG. Denn nach OLG Köln wird in dieser Vorschrift nicht unterschieden, ob der Vergleich außergerichtlich oder bei Gericht geschlossen wird.

Widerspricht der Beklagte der schriftsätzlichen Erledigungserklärung des Klägers, so spricht man von einer **einseitigen** Erledigungserklärung. Ist die Hauptsache nur einseitig für erledigt erklärt worden, so ist in Rechtsprechung und Literatur umstritten, nach welchem Gegenstandswert die Gebühren entstehen, deren Tatbestand vor der einseitigen Erledigungserklärung noch nicht erfüllt worden ist. Vertreten werden für diese Fälle folgende drei Meinungen:[152] 436

- der Gegenstandswert ermäßigt sich nicht, es bleibt bei dem Hauptsachewert;
- der Gegenstandswert ist wie bei einer positiven Feststellungsklage zu bestimmen: vom Hauptsachewert ist ein Abschlag von etwa 50 % zu machen;
- der Gegenstandswert reduziert sich ab Erledigungserklärung auf den Kostenwert.

Wird die Hauptsache nur **teilweise** für erledigt erklärt, so ist ebenfalls zu unterscheiden, ob es sich um eine übereinstimmende oder um eine einseitige Erledigungserklärung handelt. 437

Wird die Hauptsache **teilweise übereinstimmend** für erledigt erklärt, so ist ebenfalls umstritten, nach welchem Wert sich die Gebühren richten, die erstmals nach teilweiser übereinstimmender Erledigungserklärung anfallen. Vertreten wird, dass diese Gebühren nach dem Wert des nicht erledigten Teils der Hauptsache entstehen. Nach anderer Auffassung sind zu dem nicht erledigten Teil der Hauptsache noch die auf den erledigten Teil der Hauptsache entfallenden Kosten zu addieren und die Summe bildet den Gegenstandswert für nach teilweise übereinstimmender Erledigungserklärung erstmals entstehende Gebühren.[153] 438

Umstritten ist auch, wie sich der Gegenstandswert für die Gebühren berechnet, die erstmals nach einer **teilweisen einseitigen** Erledigungserklärung entstehen. Für diese Fälle wird vertreten, dass sich der Gegenstandswert für die Gebühren, deren Tatbestand erstmals nach der teilweisen einseitigen Erledigungserklärung erfüllt wird, bestimmt, nach dem Wert des nicht erledigten Teils der Hauptsache zzgl. der auf den erledigten Teil entfallenden Kosten.[154] 439

Nicht jede Erledigung der Hauptsache wird eine **Einigungsgebühr** nach den Nummern 1000, 1003 VV RVG auslösen. Es wird sicherlich dann keine Einigungsgebühr entstehen, wenn der Beklagte die Hauptforderung einschließlich der Zinsen vollstän- 440

[151] OLG Köln JurBüro 2016, 467.

[152] Enders JurBüro 2005, 169 (170 – Kap. 3 mwN); Gerold/Schmidt Anhang VI Rn. 249.

[153] Enders JurBüro 2005, 169 (171 – Kap. 4., 4.1 – mwN); Gerold/Schmidt Anhang VI Rn. 235 unter Hinweis auf BGH NJW-RR 95, 1089; OLG Stuttgart OLGR 2009, 490.

[154] Gerold/Schmidt Anhang VI Gegenstandswert Rn. 238 ff. unter Hinweis auf BGH NJW 1988, 1465. **Anderer Meinung**: Kammergericht JurBüro 2007, 33 = RVGreport 2006, 477 mit zustimmender Anmerkung von Hansens; OLG Koblenz, ZMR 1988, 433; OLG Karlsruhe Justiz 1989, 86 (zitiert nach Gerold/Schmidt aaO) und auch Enders JurBüro 2005, 169 (171 – Kap. 4.2).

dig erfüllt hat, die Parteien danach die Hauptsache für erledigt erklären und das Gericht über die Kosten des Rechtsstreits entscheidet. Schließen die Parteien aber nach Erledigung der Hauptsache einen Vertrag im Sinne der Nr. 1000 VV RVG oder einen **Vergleich über die Kosten** wird nach dem Wert der Kosten die Einigungsgebühr entstehen. Hat der Kläger die Hauptsache **nur einseitig** für erledigt erklärt, und der Beklagte dem widersprochen, und schließen die Parteien dann einen Vergleich, wonach die Hauptsache erledigt ist und die Kosten des Rechtsstreits und des Vergleiches gegeneinander aufgehoben werden, so fällt eine Einigungsgebühr nach dem Wert der Hauptsache an. Dies zumindest dann, wenn das erkennende Gericht die Auffassung vertritt, dass eine einseitige Erledigungserklärung nicht zu einer Reduzierung des Wertes führt.[155]

441 **Beispiel:** In dem Rechtsstreit beim Landgericht ist ein Anspruch in Höhe von 12.000,00 EUR rechtshängig. Bei Gericht hat noch keine mündliche Verhandlung stattgefunden. Die Prozessbevollmächtigten besprechen miteinander, wie der Rechtsstreit erledigt werden kann. Man kann sich einigen. Es wird außergerichtlich ein Vergleich schriftlich dahingehend fixiert, dass der Beklagte zur Abgeltung der Klageforderung an den Kläger 8.000,00 EUR zahlt. Allerdings kann man sich wegen der Kostenverteilung nicht einigen. In dem Vergleich wird daher vereinbart, dass beide Parteien den Rechtsstreit in der Hauptsache übereinstimmend für erledigt erklären und man die Kostenverteilung dem Gericht überlässt. Die Erledigungserklärungen werden schriftsätzlich abgegeben. Das Gericht erlässt einen Beschluss von § 91a ZPO, wonach der Beklagte 2/3 der Kosten des Rechtsstreits und der Kläger $\frac{1}{3}$ zu tragen hat.

Beide Prozessbevollmächtigte können berechnen:

Gegenstandswert: 12.000,00 EUR	
1) 1,3 Verfahrensgebühr §§ 2, 13 RVG iVm Nr. 3100 VV RVG	785,20 EUR
2) 1,2 Terminsgebühr §§ 2, 13 RVG iVm Nr. 3104 VV RVG	724,80 EUR
3) 1,0 Einigungsgebühr §§ 2, 13 RVG iVm Nr. 1000, 1003 VV RVG	604,80 EUR
zzgl. Auslagen und Umsatzsteuer.	

Hier wurde zwar der Rechtsstreit durch übereinstimmende Erledigungserklärungen und anschließende Kostenentscheidung durch das Gericht abgeschlossen. Vorher wurde aber eine Einigung iSd Nr. 1000 VV RVG getroffen, so dass ohne Zweifel eine Einigungsgebühr entstanden ist.[156]

Zusammenfassung

442
- Wird die Hauptsache erstmals im Termin zur mündlichen Verhandlung für erledigt erklärt, so entstehen sowohl die 1,3 Verfahrensgebühr Nr. 3100 VV RVG als auch die 1,2 Terminsgebühr Nr. 3104 VV RVG nach dem Wert der Hauptsache.
- Wird die übereinstimmende Erledigungserklärung schriftsätzlich abgegeben und entscheidet das Gericht über die Kosten des Rechtsstreits durch Beschluss, entsteht keine Terminsgebühr. Die Terminsgebühr fällt aber zB dann an, wenn vor der Erledigungserklärung die Prozessbevollmächtigten eine auf die Erledigung des Verfahrens gerichtete Besprechung miteinander geführt haben.
- Umstritten ist, nach welchem Gegenstandswert Gebühren entstehen, deren Tatbestand erstmals ausgelöst wird nach einer einseitigen Erledigungserklärung, nach einer teilweise übereinstimmenden oder teilweise einseitigen Erledigungserklärung. Erfolgen derartige Erklärungen aber erstmals im Termin zur mündlichen Verhandlung, so bleibt es dabei, dass die Terminsgebühr nach dem vollen Wert der Hauptsache anzusetzen ist.
- Nicht jede Erledigungserklärung löst eine Einigungsgebühr aus. Die Einigungsgebühr kann aber entstehen, wenn die Hauptsacheerledigung Folge eines Vergleiches ist (Kap. E Rn. 440) oder sich die Parteien nach Erledigung der Hauptsache über die Kosten vergleichen.

[155] Enders JurBüro 2005, 169 (172 – Kap. 5.).
[156] OLG Köln AGS 2016, 457 mit Anmerkung von Schons; LG Köln AGS 2010, 218.

6. Berufung

Das Vergütungsverzeichnis zum RVG bestimmt in Teil 3, Abschnitt 2, Unterabschnitt 1 die konkrete Höhe der in dem Berufungsverfahren anfallenden Gebühren. 443
Dem als Prozessbevollmächtigten in einem Berufungsverfahren tätigen Rechtsanwalt können in der Regel folgende Gebühren entstehen:
1,6 Verfahrensgebühr gemäß Nr. 3200 VV RVG
1,2 Terminsgebühr gemäß Nr. 3202 VV RVG.
Bei Abschluss eines Vergleiches kann noch eine
1,3 Einigungsgebühr gemäß Nr. 1004 VV RVG
hinzukommen.

Vertritt der Rechtsanwalt in einem Berufungsverfahren auch in einer besonders umfangreichen Beweisaufnahme und finden mindestens drei gerichtliche Termine statt, in denen Sachverständige oder Zeugen vernommen werden, so kann weiter noch eine 0,3 Zusatzgebühr für besonders umfangreiche Beweisaufnahmen gemäß Nr. 1010 VV RVG entstehen (→ Kap. C Rn. 133).

6.1 Verfahrensgebühr in der Berufung

Auszug aus dem RVG

444

Nr.	Gebührentatbestand	Gebühr oder Satz der Gebühr nach § 13 RVG
3200	Verfahrensgebühr, soweit in Nummer 3204 nichts anderes bestimmt ist	1,6
3201	Vorzeitige Beendigung des Auftrags oder eingeschränkte Tätigkeit des Anwalts: Die Gebühr 3200 beträgt	1,1
	(1) Eine vorzeitige Beendigung liegt vor, 1. wenn der Auftrag endigt, bevor der Rechtsanwalt das Rechtsmittel eingelegt oder einen Schriftsatz, der Sach anträge, Sachvortrag, die Zurücknahme der Klage oder die Zurücknahme des Rechtsmittels enthält, eingereicht oder bevor er einen gerichtlichen Termin wahrgenommen hat, oder 2. soweit Verhandlungen vor Gericht zur Einigung der Parteien oder der Beteiligten oder mit Dritten über in diesem Verfahren nicht rechtshängige Ansprüche geführt werden; der Verhandlung über solche Ansprüche steht es gleich, wenn beantragt ist, eine Einigung zu Protokoll zu nehmen oder das Zustandekommen einer Einigung festzustellen (§278 Abs. 6 ZPO). Soweit in den Fällen der Nummer 2 der sich nach §15 Abs. 3 RVG ergebende Gesamtbetrag der Verfahrensgebühren die Gebühr 3200 übersteigt, wird der übersteigende Betrag auf eine Verfahrensgebühr angerechnet, die wegen desselben Gegenstands in einer anderen Angelegenheit entsteht. (2) ...	

Für seine Tätigkeit als Prozessbevollmächtigter in dem Berufungsverfahren erhält der Rechtsanwalt eine **1,6** Verfahrensgebühr nach Nr. 3200 VV RVG. Diese 1,6 Verfahrensgebühr ist entstanden, wenn der Rechtsanwalt eine der nachgenannten Tätigkeiten ausgeübt hat: 445

- Einlegung des Rechtsmittels
- Einreichung eines Schriftsatzes, der Sachanträge enthält
- Einreichung eines Schriftsatzes, der Sachvortrag enthält
- Einreichung eines Schriftsatzes, der die Zurücknahme der Klage enthält
- Einreichung eines Schriftsatzes, der die Zurücknahme des Rechtsmittels enthält
- Wahrnehmung eines Termins vor dem Berufungsgericht.

446 **Endigt der Auftrag vorzeitig,** also bevor der Rechtsanwalt eine der vorgenannten Tätigkeiten ausübt, so **ermäßigt sich die Verfahrensgebühr auf 1,1** (Nr. 3201 Ziffer 1 VV RVG).

447 Eine Ermäßigung auf eine 1,1 Gebühr tritt auch dann ein, soweit lediglich beantragt ist,

- eine Einigung der Parteien oder mit Dritten über in diesem Verfahren nicht rechtshängige Ansprüche zu Protokoll zu nehmen oder festzustellen (§ 278 Abs. 6 ZPO)
- oder soweit lediglich Verhandlungen zur Einigung über solche Ansprüche geführt werden (Nr. 3201 Ziffer 2 VV RVG).

448 Wird also in einem Berufungsverfahren auch ein Vergleich über dort nicht rechtshängige Ansprüche geschlossen, so entsteht eine

- 1,6 Verfahrensgebühr nach Nr. 3200 VV RVG nach dem Wert der anhängigen Ansprüche
- eine 1,1 Verfahrensgebühr nach Nr. 3201 Ziffer 2 VV RVG nach dem Wert der nicht rechtshängigen Ansprüche.
- Die Summe der beiden Einzelgebühren darf nicht höher sein als eine 1,6 Gebühr aus dem Gesamtwert (§ 15 Abs. 3 RVG). Dasselbe gilt auch, soweit lediglich Verhandlungen zur Einigung über nicht rechtshängige Ansprüche geführt werden.

449 Ist über die in dem Berufungsverfahren mitverglichenen oder mitverhandelten nicht rechtshängigen Ansprüche **ein anderes gerichtliches Verfahren anhängig,** und ist in diesem anderen Verfahren demselben Rechtsanwalt bereits eine Verfahrensgebühr entstanden, so sind die Verfahrensgebühren wie folgt anzurechnen: Nach der Anmerkung zu Nr. 3201 VV RVG ist der sich nach § 15 Abs. 3 RVG ergebende Gesamtbetrag der Verfahrensgebühren, der die 1,6 Verfahrensgebühr nach dem Wert der in diesem Berufungsverfahren anhängigen Ansprüche übersteigt, auf eine Verfahrensgebühr anzurechnen, die wegen der im Berufungsverfahren mitverglichenen Ansprüche nach dem Wert dieser Ansprüche in einem anderen Verfahren entstanden ist.[157] Im Ergebnis wird dem Rechtsanwalt im Berufungsverfahren also nur die 1,6 Verfahrensgebühr nach dem Wert der in der Berufung anhängigen Ansprüche bleiben.

450 **Beispiel:** Das Landgericht hat die Klage abgewiesen. Der Kläger hat Berufung eingelegt und verfolgt im Berufungsverfahren seinen Anspruch in Höhe von 20.000,00 EUR weiter. Daneben behauptet er weitere nicht anhängige Ansprüche in Höhe von 12.000,00 EUR. Diese 12.000,00 EUR sind auch noch nicht Gegenstand eines anderen gerichtlichen Verfahrens. Auftragsgemäß verhandelt der Prozessbevollmächtigte des Klägers in dem Termin vor dem Berufungssenat mit der Gegenseite auch über die weiteren – nicht anhängigen – Ansprüche des Klägers in Höhe von 12.000,00 EUR. Schließlich schließen die Parteien einen Vergleich, wonach der Beklagte zur Abgeltung der rechtshängigen und der nicht anhängigen Ansprüche einen Betrag in Höhe von 25.000,00 EUR an den Kläger zahlt. Der Vergleich wird bei Gericht protokolliert und wird dann auch wirksam.

Beide Prozessbevollmächtigte können berechnen:

1) 1,6 Verfahrensgebühr §§ 2, 13 RVG iVm Nr. 3200 VV RVG nach Wert: 20.000,00 EUR	1.187,20 EUR
2) 1,1 Verfahrensgebühr §§ 2, 13 RVG iVm Nr. 3201 Ziffer 2 VV RVG nach Wert: 12.000,00 EUR	664,40 EUR
Summe:	1.851,60 EUR
Die Summe dieser beiden Gebühren darf gem. § 15 Abs. 3 RVG nicht höher sein als eine 1,6 Gebühr nach Wert: 32.000,00 EUR	1.500,80 EUR.
Der Rechtsanwalt kann vorliegend die Verfahrensgebühr nur mit 1.500,80 EUR berechnen und nicht mit 1.851,60 EUR.	
3) 1,2 Terminsgebühr §§ 2, 13 RVG iVm Nr. 3202 VV RVG nach Wert: 32.000,00 EUR	1.125,60 EUR
4) 1,3 Einigungsgebühr §§ 2, 13 RVG iVm Nr. 1004 VV RVG nach Wert: 20.000,00 EUR	964,60 EUR
5) 1,5 Einigungsgebühr §§ 2, 13 RVG iVm Nr. 1000 VV RVG nach Wert: 12.000,00 EUR	906,00 EUR
Summe:	1.870,60 EUR

[157] Berechnungsbeispiel → Kap. E Rn. 450.

Die Summe dieser beiden Gebühren darf gem. § 15 Abs. 3 RVG
nicht höher sein als eine 1,5 Gebühr nach Wert: 32.000,00 EUR 1.407,00 EUR.
Der Rechtsanwalt kann vorliegend die Einigungsgebühr nur mit
1.407,00 EUR berechnen und nicht mit 1.870,60 EUR.
zzgl. Auslagen und Umsatzsteuer.

Beispiel: Zwischen den Parteien A und B ist bei dem Landgericht Stuttgart ein Berufungsver- 451
fahren anhängig unter dem Aktenzeichen 6 S 128/17. Gegenstand des Berufungsverfahrens ist ein Anspruch in Höhe von 3.800,00 EUR.

Zwischen denselben Parteien ist beim Amtsgericht Stuttgart ein weiterer Rechtsstreit über 2.500,00 EUR anhängig unter dem Aktenzeichen 142 C 3056/17.

In dem Berufungsverfahren vor dem Landgericht Stuttgart vergleichen sich die Parteien in dem Termin zur mündlichen Verhandlung dahingehend, dass zur Abgeltung aller Ansprüche und zur Erledigung beider Rechtsstreite ein Betrag in Höhe von 4.000,00 EUR gezahlt wird. In dem Berufungsverfahren haben beide Prozessbevollmächtigte auftragsgemäß beantragt, die Einigung zu Protokoll zu nehmen. Vorher wurde in dem Termin vor der Berufungskammer eine Besprechung zur Erledigung der in dem beim Amtsgericht Stuttgart anderweitig anhängigen Ansprüche geführt. Daraufhin protokolliert das Gericht einen entsprechenden Vergleich.

In dem Verfahren AG Stuttgart – 142 C 3056/17 hat auch schon ein Termin zur mündlichen Verhandlung stattgefunden, in dem die Parteien sich widersprechende Anträge gestellt hatten.

In dem Berufungsverfahren vor dem Landgericht Stuttgart – 6 S 128/17 sind folgende Gebühren entstanden:

1) 1,6 Verfahrensgebühr §§ 2, 13 RVG iVm Nr. 3200 VV RVG nach
Wert: 3.800,00 EUR 403,20 EUR
2) 1,1 Verfahrensgebühr §§ 2, 13 RVG iVm Nr. 3201 Ziffer 2 VV RVG
nach Wert: 2.500,00 EUR 221,10 EUR
Summe: 624,30 EUR
Die Summe dieser beiden Gebühren darf gem. § 15 Abs. 3 RVG
nicht höher sein als eine 1,6 Gebühr nach Wert: 6.300,00 EUR = 648,00 EUR.
Hier ist die Summe der Einzelgebühren niedriger.
3) 1,2 Terminsgebühr §§ 2, 13 RVG iVm Nr. 3202 VV RVG nach
Wert: 3.800,00 EUR + 2.500,00 EUR = 6.300,00 EUR 486,00 EUR
4) 1,3 Einigungsgebühr §§ 2, 13 RVG iVm Nr. 1004 VV RVG nach
Wert: 3.800,00 EUR 327,60 EUR
5) 1,0 Einigungsgebühr §§ 2, 13 RVG iVm Nr. 1003 VV RVG nach
Wert: 2.500,00 EUR 201,00 EUR
Summe: 528,60 EUR
Die Summe dieser beiden Gebühren darf gem. § 15 Abs. 3 RVG
nicht höher sein als eine 1,3 Gebühr nach Wert: 6.500,00 EUR 526,50 EUR.
Der Rechtsanwalt kann vorliegend die Einigungsgebühr nur mit
526,50 EUR berechnen und nicht mit 528,60 EUR.
zzgl. Auslagen und Umsatzsteuer.

In dem Verfahren AG Stuttgart 142 C 3056/17 sind folgende Gebühren entstanden:

1) 1,3 Verfahrensgebühr §§ 2, 13 RVG iVm Nr. 3100 VV RVG nach
Wert: 2.500,00 EUR 261,30 EUR
Hierauf anzurechnen ist nach der Anmerkung zu Nr. 3201 VV RVG
von der Verfahrensgebühr aus dem Verfahren – 6 S 128/17 – 221,10 EUR
so dass von der Verfahrensgebühr verbleiben: 40,20 EUR
2) 1,2 Terminsgebühr §§ 2, 13 RVG iVm Nr. 3104 VV RVG nach
Wert: 2.500,00 EUR 241,20 EUR
Hierauf anzurechnen ist nach Absatz 1 der Anmerkung zu Nr. 3202
iVm Abs. 2 der Anmerkung zu Nr. 3104 VV RVG:
1,2 Terminsgebühr nach 6.300,00 EUR 486,00 EUR
./. 1,2 Terminsgebühr nach 3.800,00 EUR 302,40 EUR
Die Differenz von 183,60 EUR
ist anzurechnen, so dass von der Terminsgebühr verbleiben: 57,60 EUR
zzgl. Auslagen und Umsatzsteuer.

Zusammenfassung

452 ▶ In der Berufungsinstanz beträgt die Verfahrensgebühr nach Nr. 3200 VV RVG 1,6.
▶ Endigt der Auftrag vorzeitig, so ermäßigt sich die Verfahrensgebühr auf 1,1 (Nr. 3201 Ziffer 1 VV RVG).
▶ Ist lediglich beantragt, eine Einigung der Parteien über in dem Berufungsverfahren nicht rechtshängige Ansprüche zu Protokoll zu nehmen oder werden lediglich Verhandlungen zur Einigung über solche Ansprüche geführt, so entsteht nach dem Wert der im Berufungsverfahren nicht rechtshängigen Ansprüche eine 1,1 Verfahrensgebühr (Nr. 3201 Ziffer 2 VV RVG).
▶ Die 1,6 Verfahrensgebühr nach Nr. 3200 VV RVG nach dem Wert der anhängigen Ansprüche darf zusammen mit der 1,1 Verfahrensgebühr nach Nr. 3201 Ziffer 2 VV RVG nach dem Wert der nicht anhängigen Ansprüche nicht höher sein als eine 1,6 Verfahrensgebühr aus dem Gesamtwert (§ 15 Abs. 3 RVG).

6.2 Terminsgebühr in der Berufung

Auszug aus dem VV RVG

453

Nr.	Gebührentatbestand	Gebühr oder Satz der Gebühr nach § 13 RVG
3202	Terminsgebühr, soweit in Nummer 3205 nichts anderes bestimmt ist .... (1) Absatz 1 Nr. 1 und 3 sowie die Absätze 2 und 3 der Anmerkung zu Nummer 3104 gelten entsprechend. (2) Die Gebühr entsteht auch, wenn nach § 79a Abs. 2, § 90a oder § 94a FGO ohne mündliche Verhandlung durch Gerichtsbescheid entschieden wird.	1,2
3203	Wahrnehmung nur eines Termins, in dem eine Partei oder ein Beteiligter, im Berufungsverfahren der Berufungskläger, im Beschwerdeverfahren der Beschwerdeführer, nicht erschienen oder nicht ordnungsgemäß vertreten ist und lediglich ein Antrag auf Versäumnisurteil, Versäumnisentscheidung oder zur Prozess-, Verfahrens- oder Sachleitung gestellt wird: Die Gebühr 3202 beträgt .... Die Anmerkung zu Nummer 3105 und Absatz 2 der Anmerkung zu Nummer 3202 gelten entsprechend.	0,5

454 In dem Berufungsverfahren entsteht die Terminsgebühr unter denselben Voraussetzungen wie auch in dem I. Rechtszug (→ Kap. E Rn. 322 ff.).

In dem Berufungsverfahren entsteht die Terminsgebühr nach Nr. 3202 VV RVG in Höhe von **1,2.**

Infolge der Bezugnahme in Nr. 3202 VV RVG auf die Anmerkungen zu Nr. 3104 VV RVG entsteht die Terminsgebühr im Berufungsverfahren auch dann, wenn das Gericht in dem Verfahren, für das eine mündliche Verhandlung vorgeschrieben ist, im Einverständnis mit den Parteien oder auf Grund einer gesetzlichen Vorschrift ohne mündliche Verhandlung entscheidet. Dies gilt auch dann, wenn in einem solchen Verfahren (für das Verfahren ist die mündliche Verhandlung vorgeschrieben, aber im Einverständnis der Parteien oder auf Grund einer gesetzlichen Vorschrift findet keine mündliche Verhandlung statt) ein schriftlicher Vergleich geschlossen wird.

455 Die Terminsgebühr der Nr. 3202 VV RVG entsteht allerdings nicht, wenn das Gericht die Berufung durch einstimmigen Beschluss unverzüglich gemäß § 522 Abs. 2 ZPO zurückweist. Denn für das Berufungsverfahren ist gemäß § 523 ZPO eine mündliche Verhandlung erst vorgeschrieben, wenn die Berufung nicht nach § 522 ZPO durch Beschluss verworfen oder zurückgewiesen wird. Also fehlt es in diesen Fällen

an einer Voraussetzung, nämlich der vorgeschriebenen mündlichen Verhandlung (→ Kap. E Rn. 370), die notwendig ist, damit die Terminsgebühr auch im schriftlichen Verfahren entsteht.

Wird aber nachdem das Gericht mitgeteilt hat, dass beabsichtigt sei, die Berufung gem. § 522 Abs. 2 ZPO zurückzuweisen, zwischen den Prozessbevollmächtigten eine Besprechung iSd Vorbemerkung 3 Abs. 3 VV RVG (etwa im Hinblick auf eine mögliche Einigung) geführt, so fällt die Terminsgebühr an. Denn der Tatbestand der Vorbemerkung 3 Abs. 3 VV RVG erfordert nicht, dass für das Verfahren eine mündliche Verhandlung vorgeschrieben ist.[158] Dies stellt der Gesetzgeber durch eine Neufassung[159] der Vorbemerkung 3 Abs. 3 VV RVG klar. 456

Ergeht in dem Termin im Berufungsverfahren auf Antrag des Berufungs**beklagten** ein Versäumnisurteil, weil der Berufungskläger nicht ordnungsgemäß vertreten ist, so entsteht die Terminsgebühr nach Nr. 3203 VV RVG nur in Höhe von **0,5.** Dies gilt nicht, wenn auf Antrag des Berufungs**klägers** ein Versäumnisurteil ergeht, weil der Berufungsbeklagte in dem Termin nicht erschienen oder nicht ordnungsgemäß vertreten ist. Dann entsteht die Terminsgebühr in Höhe von 1,2.[160] 457

Zusammenfassung

- Im Berufungsverfahren entsteht die Terminsgebühr unter denselben Voraussetzungen wie auch in dem I. Rechtszug in Höhe von 1,2 (Nr. 3202 VV RVG). 458
- Ergeht auf Antrag des Berufungs**beklagten** ein Versäumnisurteil, weil der Berufungskläger in dem Termin nicht erschienen ist oder nicht ordnungsgemäß vertreten ist, entsteht die Terminsgebühr nur in Höhe von 0,5 (Nr. 3203 VV RVG).

6.3 Einigungsgebühr in der Berufung

Auszug aus dem VV RVG

459

Nr.	Gebührentatbestand	Gebühr oder Satz der Gebühr nach § 13 RVG
1004	Über den Gegenstand ist ein Berufungs- oder Revisionsverfahren, ein Verfahren über die Beschwerde gegen die Nichtzulassung eines dieser Rechtsmittel oder ein Verfahren vor dem Rechtsmittelgericht über die Zulassung des Rechtsmittels anhängig: Die Gebühren 1000 bis 1002 betragen: .... (1) Dies gilt auch in den in den Vorbemerkungen 3.2.1 und 3.2.2 genannten Beschwerde- und Rechtsbeschwerdeverfahren. (2) Absatz 2 der Anmerkung zu Nummer 1003 ist anzuwenden.	1,3

Grundsätzlich kann die Einigungsgebühr auch in dem Berufungsverfahren unter denselben Voraussetzungen entstehen wie auch bei einer außergerichtlichen Einigung oder eine Einigung in dem I. Rechtszug (→ Kap. C Rn. 5 und E Rn. 412 ff.). Mit „Einigung" ist ein Vertrag iSd Nr. 1000 VV RVG gemeint oder ein Vergleich. Ist über den Gegenstand, über den die Einigung erzielt wird, ein Berufungsverfahren anhängig, so beträgt die Einigungsgebühr **1,3** (Nr. 1004 VV RVG). 460

[158] So OLG Düsseldorf JurBüro 2011, 304; OLG München JurBüro 2011, 360; Anders: BGH JurBüro 2007, 526 mit ablehnender Anmerkung von Enders JurBüro 2007, 526, Schons AnwBl. 2007, 632, N. Schneider AGS 2007, 397.

[159] Neufassung der Vorbemerkung 3 Abs. 3 VV RVG erfolgt durch das 2. KostRMoG (BGBl. I 2013, 2586), In Kraft getreten am 1. 8. 2013; Schneider/Thiel § 3 Rn. 711.

[160] Hartung/Schons/Enders Nr. 3203 VV Rn. 7.

461 Werden neben den im Berufungsverfahren anhängigen Ansprüchen noch nicht anhängige Ansprüche mitverglichen, so entsteht nach dem Wert der mitverglichenen nicht anhängigen Ansprüche eine 1,5 Einigungsgebühr nach Nr. 1000 VV RVG.[161] In diesen Fällen darf die Summe der beiden einzelnen Einigungsgebühren, nämlich

- der 1,3 Einigungsgebühr nach Nr. 1004 VV RVG nach dem Wert der im Berufungsverfahren anhängigen Ansprüche und die
- der 1,5 Einigungsgebühr nach Nr. 1000 VV RVG nach dem Wert nicht anhängigen Ansprüche
- gemäß § 15 Abs. 3 RVG nicht höher sein als eine 1,5 Einigungsgebühr nach dem Gesamtwert.

462 Werden in einem Berufungsverfahren Ansprüche im Rahmen einer Einigung (Vertrag iS. Nr. 1000 VV RVG oder Vergleich) mit erledigt, die zwar in dem Berufungsverfahren nicht anhängig sind, die aber Gegenstand eines **anderen** gerichtlichen Verfahrens des I. Rechtszuges sind, so entsteht nach dem Wert der mit erledigten Ansprüche nur eine 1,0 Einigungsgebühr nach Nr. 1003 VV RVG (→ Kap. E Rn. 451).[162] Dies muss meines Erachtens auch dann gelten, wenn über Ansprüche eine Einigung erzielt wird, die zwar nicht in dem Berufungsverfahren anhängig waren, aber bereits Gegenstand des I. Rechtszuges waren (zB bei teilweiser Abweisung der Klage oder nur teilweiser Einlegung der Berufung). Auch in diesen Fällen ist § 15 Abs. 3 RVG zu beachten. Also darf die Summe der beiden einzelnen Einigungsgebühren, nämlich

- der 1,3 Einigungsgebühr Nr. 1004 VV RVG nach dem Wert der im Berufungsverfahren anhängigen Ansprüche und die
- der 1,0 Einigungsgebühr Nr. 1003 VV RVG nach dem Wert der nicht im Berufungsverfahren, aber anderweitig in einem Verfahren des I. Rechtszuges anhängigen Ansprüche
- nicht höher sein als eine 1,3 Einigungsgebühr nach dem Gesamtwert.

Zusammenfassung

463 ▶ Ist über den Gegenstand der Einigung in Form eines Vertrags oder Vergleichs ein Berufungsverfahren anhängig, so entsteht die Einigungsgebühr in Höhe von 1,3.

6.4 Kostenerstattung bei Rücknahme der Berufung vor Begründung

464 Unabhängig von der Frage, welche Gebühren **entstanden** sind, ist die Frage zu beurteilen, ob die entstandenen Gebühren auch von der gegnerischen Partei zu erstatten sind. Denn zu **erstatten** sind gemäß § 91 ZPO nur notwendige Kosten. In der Praxis stellt sich dieses Problem häufig dann, wenn eine zunächst eingelegte Berufung vor ihrer Begründung zurückgenommen wird.

465 Wird dem Berufungsbeklagten die Berufungsschrift zugestellt, wird er in der Regel seinen Prozessbevollmächtigten konsultieren und ihn beauftragen, ihn auch in dem Berufungsverfahren zu vertreten. Der Prozessbevollmächtigte, der sich in dem II. Rechtszug dann für den Rechtsmittelbeklagten bestellt, wird in einem Schriftsatz in der Regel auch schon die kostenpflichtige Zurückweisung des Rechtsmittels beantragen. Die Einreichung eines Schriftsatzes mit Sachantrag (= Antrag auf Zurückweisung des Rechtsmittels) löst bei dem Prozessbevollmächtigten des Berufungsbeklagten die volle 1,6 Verfahrensgebühr Nr. 3200 VV RVG aus. Wird die Berufung aber dann vor ihrer Begründung zurückgenommen, mag zwar eine 1,6 Verfahrensgebühr bei dem Prozessbevollmächtigten des Berufungsbeklagten entstanden sein. Diese ist aber nicht erstattungsfähig. **Erstattungsfähig** ist nur eine **1,1 Verfahrensgebühr** nach

[161] Begründung des Gesetzesentwurfes des KostRMoG in BT-Drucksache 15/1971 zu Nr. 1004, S. 204 – rechte Spalte.

[162] N. Schneider Fälle und Lösungen zum RVG § 14 Beispiel 13.

Nr. 3201 Ziffer 1 VV RVG. Denn, so der BGH,[163] sei vor Einreichung der Rechtsmittelbegründung nicht notwendig, dass der Berufungsbeklagte einen Antrag auf Zurückweisung des Rechtsmittels stellen lässt. Der Berufungsbeklagte könne zwar seinen Prozessbevollmächtigten konsultieren, um sich zu informieren, ob denn jetzt schon weitere Schritte seinerseits zu veranlassen seien. Es sei aber nicht notwendig, dass der Berufungsbeklagte schon vor Begründung des Rechtsmittels einen Antrag auf Zurückweisung des Rechtsmittels stellen lasse. Hier ist dem Berufungsbeklagten zuzumuten, zunächst einmal abzuwarten, bis feststeht, dass das Rechtsmittel auch tatsächlich durchgeführt wird. Dies steht in der Regel erst dann fest, wenn der Rechtsmittelkläger die Berufung begründet habe.

Praxistipp: 466

Häufig informiert der Prozessbevollmächtigte des Berufungsklägers den gegnerischen Kollegen dahin, dass er die Berufung zunächst zur Fristwahrung eingelegt habe und bittet den Kollegen, zunächst noch keine weiteren kostenauslösende Maßnahmen zu veranlassen, bis feststehe, ob das Rechtsmittel tatsächlich durchgeführt werde oder nicht. Nur wenn der gegnerische Kollege bestätigt, dass er bis zum Ablauf der Berufungsbegründungsfrist keine weiteren kostenauslösende Maßnahmen in die Wege leiten werde, kommt ein sogenanntes **„Stillhalteabkommen"** zwischen den Parteien zustande. Hat der Berufungsbeklagte bestätigt, dass er bis zum Ablauf der Berufungsbegründungsfrist keine weiteren kostenauslösende Maßnahmen veranlassen werde, und wird die Berufung vor Begründung zurückgenommen, kann der Berufungsbeklagte für den Berufungsrechtszug keine Kostenerstattung vom Berufungskläger verlangen.

Bei Rücknahme des Rechtsmittels vor seiner Begründung wird der Berufungs**kläger** 467
an seinen Prozessbevollmächtigten eine 1,6 Verfahrensgebühr nach Nr. 3200 VV RVG zzgl. Auslagen und Umsatzsteuer zahlen müssen. Denn bei dem Prozessbevollmächtigten des Berufungsklägers ist die Verfahrensgebühr schon ausgelöst worden mit Einreichung der Berufungsschrift. Daneben wird der Berufungskläger noch Gerichtskosten in Höhe einer 1,0 Gebühr nach Nr. 1221 KV GKG zu zahlen haben.

In diesem Kapitel wurden nur die Fälle behandelt, in denen die Berufung vor ihrer 468
Begründung wieder zurückgenommen wird. Begründet der Berufungskläger das Rechtsmittel, lässt der Berufungsbeklagte erst dann den Antrag auf Zurückweisung des Rechtsmittels stellen und wird das Rechtsmittel auch durchgeführt, ist dem Berufungsbeklagten im Fall eines Obsiegens natürlich auch eine 1,6 Verfahrensgebühr nach Nr. 3201 VV RVG zu erstatten.

Zusammenfassung

▶ Wird die Berufung vor ihrer Begründung zurückgenommen, so ist dem Berufungs- 469
beklagten in der Regel nur eine 1,1 Verfahrensgebühr nach Nr. 3202 VV RVG zzgl. Auslagen und Umsatzsteuer vom Berufungskläger zu erstatten.

7. Revision

Der in einem Zivilprozess im Revisionsverfahren tätige Prozessbevollmächtigte 470
erhält eine Vergütung nach Teil 3, Abschnitt 2, Unterabschnitt 2 des VV RVG.

[163] So BGH schon zur Zeit der Geltung der BRAGO: BGH Beschluss vom 17. 12. 2002 – X ZB 9/02 = NJW 2003, 756 = JurBüro 2003, 257 = AnwBl. 2003, 242 = AGS 2003, 219; BGH Beschluss vom 3. 6. 2003 – VIII ZB 19/03 = JurBüro 2003, 595 = BB 2003, 1754; So auch BGH nach Inkrafttreten des RVG: BGH Beschluss vom 3. 7. 2007 – VI ZB 21/06 = JurBüro 2008, 35; So auch LG Stuttgart JurBüro 2005, 654; Kammergericht AGS 2005, 522; OLG München AGS 2005, 520.

7.1 Verfahrensgebühr in der Revision

Auszug aus dem VV RVG

471

Nr.	Gebührentatbestand	Gebühr oder Satz der Gebühr nach §13 RVG
3206	Verfahrensgebühr, soweit in Nummer 3212 nichts anderes bestimmt ist	1,6
3207	Vorzeitige Beendigung des Auftrags oder eingeschränkte Tätigkeit des Anwalts: Die Gebühr 3206 beträgt Die Anmerkung zu Nummer 3201 gilt entsprechend.	1,1
3208	Im Verfahren können sich die Parteien oder die Beteiligten nur durch einen beim Bundesgerichtshof zugelassenen Rechtsanwalt vertreten lassen: Die Gebühr 3206 beträgt	2,3
3209	Vorzeitige Beendigung des Auftrags, wenn sich die Parteien oder die Beteiligten nur durch einen beim Bundesgerichtshof zugelassenen Rechtsanwalt vertreten lassen können: Die Gebühr 3206 beträgt Die Anmerkung zu Nummer 3201 gilt entsprechend.	1,8

472 Bei der Höhe der Verfahrensgebühr im Revisionsverfahren wird unterschieden, ob die Parteien oder die (Verfahrens-)Beteiligten in einer Familiensache sich nur durch einen beim Bundesgerichtshof zugelassenen Rechtsanwalt vertreten lassen können oder nicht. Nach §78 Abs. 1 S. 3 ZPO müssen sich die Parteien vor dem Bundesgerichtshof durch einen bei dem Bundesgerichtshof zugelassenen Rechtsanwalt vertreten lassen.

7.1.1 Nur ein beim BGH zugelassener Rechtsanwalt kann vertreten

473 Können sich die Parteien in dem Verfahren nur durch einen beim Bundesgerichtshof zugelassenen Rechtsanwalt vertreten lassen, fällt die Verfahrensgebühr nach Nr. 3208 VV RVG in Höhe von **2,3** an.

Diese Vorschrift stellt auf das Verfahren ab. Vertritt also ein beim Bundesgerichtshof zugelassener Rechtsanwalt in einem Verfahren, in dem auch ein nicht beim Bundesgerichtshof zugelassener Rechtsanwalt vertreten könnte, so fällt nicht die – erhöhte – Verfahrensgebühr nach Nr. 3208 VV RVG in Höhe von 2,3 an, sondern nur die Verfahrensgebühr nach Nr. 3206 VV RVG in Höhe von 1,6.[164]

474 Vertritt der beim Bundesgerichtshof zugelassene Rechtsanwalt in einem Verfahren, in dem sich die Parteien nur durch einen beim Bundesgerichtshof zugelassenen Rechtsanwalt vertreten lassen können und **endigt** der dem Rechtsanwalt erteilte **Auftrag vorzeitig,** so ermäßigt sich die 2,3 Verfahrensgebühr auf eine **1,8** Verfahrensgebühr nach Nr. 3209 VV RVG. Eine vorzeitige Beendigung des Auftrages liegt vor, wenn der dem Rechtsanwalt vom Mandanten erteilte Auftrag endet,

- bevor der Rechtsanwalt das Rechtsmittel eingelegt hat
- bevor der Rechtsanwalt einen Schriftsatz, der Sachanträge oder Sachvortrag enthält, eingereicht hat
- bevor der Rechtsanwalt einen Schriftsatz, der die Zurücknahme der Klage oder die Zurücknahme des Rechtsmittels enthält, eingereicht hat
- bevor der Rechtsanwalt für seine Partei einen Termin wahrgenommen hat.

---

[164] Hartung/Schons/Enders Nr. 3206 VV Rn. 1 bis 3.

Dies ergibt sich aus der Anmerkung zu Nr. 3209 VV RVG. Dort wird auf die Anmerkung zu Nr. 3201 VV RVG verwiesen.

7.1.2 Auch ein nicht beim BGH zugelassener Rechtsanwalt kann vertreten

Können sich die Parteien in dem Verfahren auch durch einen **nicht** beim Bundesgerichtshof zugelassenen Rechtsanwalt vertreten lassen, so entsteht die Verfahrensgebühr nach Nr. 3206 VV RVG in Höhe von **1,6.** Diese ermäßigt sich bei vorzeitiger Beendigung des Auftrages nach Nr. 3207 VV RVG auf 1,1 (zur vorzeitigen Beendigung → vorangegangenes Kap. E Rn. 446). 475

Die Vorschriften der Nrn. 3206, 3207 VV RVG kommen insbesondere dann zur Anwendung, wenn der Rechtsanwalt als Verfahrensbevollmächtigter vertritt in einem Verfahren vor dem Bundesarbeitsgericht, dem Bundesverwaltungsgericht oder dem Bundessozialgericht (dort aber nur, wenn es sich um ein Verfahren handelt, in dem Wertgebühren entstehen, ansonsten ist für das Verfahren vor dem Bundessozialgericht Nr. 3212 VV RVG maßgebend → Kap. K Rn. 272).

Zusammenfassung

- Können sich die Parteien in dem Verfahren nur durch einen beim Bundesgerichtshof zugelassenen Rechtsanwalt vertreten lassen, entsteht nach Nr. 3208 VV RVG eine 2,3 Verfahrensgebühr. Diese ermäßigt sich im Falle der vorzeitigen Beendigung des Auftrages auf eine 1,8 Verfahrensgebühr (Nr. 3209 VV RVG). 476
- Können sich die Parteien auch durch einen nicht beim Bundesgerichtshof zugelassenen Rechtsanwalt in dem Verfahren vertreten lassen, so entsteht nach Nr. 3206 VV RVG eine 1,6 Verfahrensgebühr. Diese ermäßigt sich im Falle der vorzeitigen Beendigung des Auftrages auf eine 1,1 Verfahrensgebühr (Nr. 3207 VV RVG).

7.2 Terminsgebühr

Auszug aus dem VV RVG

477

Nr.	Gebührentatbestand	Gebühr oder Satz der Gebühr nach § 13 RVG
3210	Terminsgebühr, soweit in Nummer 3213 nichts anderes bestimmt ist	1,5
	Absatz 1 Nr. 1 und 3 sowie die Absätze 2 und 3 der Anmerkung zu Nummer 3104 und Abs. 2 der Anmerkung zur Nummer 3202 gelten entsprechend.	
3211	Wahrnehmung nur eines Termins, in dem der Revisionskläger oder Beschwerdeführer nicht ordnungsgemäß vertreten ist und lediglich ein Antrag auf Versäumnisurteil, Versäumnisentscheidung oder zur Prozess-, Verfahrens oder Sachleitung gestellt wird:	
	Die Gebühr 3210 beträgt	0,8
	Die Anmerkung zu Nummer 3105 und Absatz 2 der Anmerkung zu Nummer 3202 gelten entsprechend.	

Die Terminsgebühr entsteht dem im Revisionsverfahren tätigen Prozessbevollmächtigten nach Nr. 3210 VV RVG in Höhe von **1,5.** Dies unabhängig davon, ob sich die Parteien in dem Verfahren nur durch einen beim Bundesgerichtshof zugelassenen Rechtsanwalt vertreten lassen können oder nicht. 478

Die Terminsgebühr ermäßigt sich auf eine 0,8 Gebühr nach Nr. 3211 VV RVG, wenn nur ein Termin stattgefunden hat, in dem auf Antrag des Revisions**beklagten** 479 ein Versäumnisurteil ergangen ist, weil der Revisionskläger nicht ordnungsgemäß vertreten ist.

Hat der Revisions**kläger** ein Versäumnisurteil erwirkt, weil der Revisionsbeklagte nicht ordnungsgemäß vertreten ist, so fällt die Terminsgebühr in Höhe von 1,5 nach Nr. 3210 VV RVG an.

Zusammenfassung

480 ▶ Die Terminsgebühr entsteht im Revisionsverfahren in Höhe von 1,5 nach Nr. 3210 VV RVG.

▶ Sie ermäßigt sich auf eine 0,8 Gebühr, wenn in dem Termin auf Antrag des Revisions**beklagten** nur ein Versäumnisurteil ergeht, weil der Revisionskläger nicht ordnungsgemäß vertreten ist.

7.3 Einigungsgebühr in der Revision

481 Sollte der Rechtsanwalt in dem Revisionsverfahren beim Abschluss eines Vertrages iSd Nr. 1000 VV RVG oder eines Vergleiches mitwirken, so entsteht die Einigungsgebühr in Höhe von 1,3 nach Nr. 1004 VV RVG. Sie entsteht nach dem Wert des Gegenstandes, der durch den Vertrag oder den Vergleich erledigt wird. Voraussetzung ist, dass der Gegenstand im Revisionsverfahren anhängig ist.

Um unnötige Wiederholungen zu vermeiden, darf auf das im → Kap. E (Rn. 459) zur Berufung Ausgeführte verwiesen werden. Dies gilt entsprechend auch im Revisionsverfahren.

Zusammenfassung

482 ▶ Wirkt der Prozessbevollmächtigte im Revisionsverfahren beim Abschluss eines Vertrages, durch den der Streit oder die Ungewissheit der Parteien über ein Rechtsverhältnis beseitigt werden oder beim Abschluss eines Vergleiches mit, so entsteht die Einigungsgebühr in Höhe von 1,3 (Nr. 1004 VV RVG) nach dem Wert des Gegenstandes, der im Revisionsverfahren anhängig ist.

8. Beschwerde

483 Im Vergütungsverzeichnis zum RVG werden die einem Berufungs- oder Revisionsverfahren vergleichbare Beschwerde- und Rechtsbeschwerdeverfahren gebührenrechtlich anders behandelt als die übrigen Beschwerdeverfahren.

8.1 Beschwerden/Rechtsbeschwerden nach Vorbemerkung 3.2.1 VV RVG

Auszug aus dem VV RVG

484

Nr.	Gebührentatbestand	Gebühr oder Satz der Gebühr nach § 13 RVG
Unterabschnitt 1. Berufung, bestimmte Beschwerden und Verfahren vor dem Finanzgericht *Vorbemerkung 3.2.1:* Dieser Unterabschnitt ist auch anzuwenden in Verfahren 1. vor dem Finanzgericht, 2. über Beschwerden a) gegen die den Rechtszug beendenden Entscheidungen in Verfahren über Anträge auf Vollstreckbarerklärung ausländischer Titel oder auf Erteilung der Vollstreckungsklausel zu ausländischen Titeln sowie über Anträge auf Aufhebung oder Abänderung der Vollstreckbarerklärung oder der Vollstreckungsklausel,		

Nr.	Gebührentatbestand	Gebühr oder Satz der Gebühr nach § 13 RVG
	b) gegen die Endentscheidung wegen des Hauptgegenstands in Familiensachen und in den Angelegenheiten der freiwilligen Gerichtsbarkeit, c) gegen die den Rechtszug beendenden Entscheidungen im Beschlussverfahren vor den Gerichten für Arbeitssachen, d) gegen die den Rechtszug beendenden Entscheidungen im personalvertretungsrechtlichen Beschlussverfahren vor den Gerichten der Verwaltungsgerichtsbarkeit, e) nach dem GWB, f) nach dem EnWG, g) nach dem KSpG, h) nach dem VSchDG, i) nach dem SpruchG, j) nach dem WpÜG, 3. über Beschwerden a) gegen die Entscheidung des Verwaltungs- oder Sozialgerichts wegen des Hauptgegenstands in Verfahren des vorläufigen oder einstweiligen Rechtsschutzes, b) nach dem WpHG, c) gegen die Entscheidung über den Widerspruch des Schuldners (§ 954 Abs. 1 Satz 1 ZPO) im Fall des Artikels 5 Buchstabe a der Verordnung (EU) Nr. 655/2014, 4. über Rechtsbeschwerden nach dem StVollzG, auch iVm § 92 JGG.	
3200	Verfahrensgebühr, soweit in Nummer 3204 nichts anderes bestimmt ist	1,6
3201	Vorzeitige Beendigung des Auftrags oder eingeschränkte Tätigkeit des Anwalts: Die Gebühr 3200 beträgt	1,1
	(1) Eine vorzeitige Beendigung liegt vor, 1. wenn der Auftrag endigt, bevor der Rechtsanwalt das Rechtsmittel eingelegt oder einen Schriftsatz, der Sachanträge, Sachvortrag, die Zurücknahme der Klage oder die Zurücknahme des Rechtsmittels enthält, eingereicht oder bevor er einen gerichtlichen Termin wahrgenommen hat, oder 2. soweit Verhandlungen vor Gericht zur Einigung der Parteien oder der Beteiligten oder mit Dritten über in diesem Verfahren nicht rechtshängige Ansprüche geführt werden; der Verhandlung über solche Ansprüche steht es gleich, wenn beantragt ist, eine Einigung zu Protokoll zu nehmen oder das Zustandekommen einer Einigung festzustellen (§ 278 Abs. 6 ZPO). Soweit in den Fällen der Nummer 2 der sich nach § 15 Abs. 3 RVG ergebende Gesamtbetrag der Verfahrensgebühren die Gebühr 3200 übersteigt, wird der übersteigende Betrag auf eine Verfahrensgebühr angerechnet, die wegen desselben Gegenstands in einer anderen Angelegenheit entsteht. (2) Eine eingeschränkte Tätigkeit des Anwalts liegt vor, wenn sich seine Tätigkeit 1. in einer Familiensache, die nur die Erteilung einer Genehmigung oder die Zustimmung des Familiengerichts zum Gegenstand hat, oder 2. in einer Angelegenheit der freiwilligen Gerichtsbarkeit auf die Einlegung und Begründung des Rechtsmittels und die Entgegennahme der Rechtsmittelentscheidung beschränkt.	
3202	Terminsgebühr, soweit in Nummer 3205 nichts anderes bestimmt ist	1,2
	(1) Absatz 1 Nr. 1 und 3 sowie die Absätze 2 und 3 der Anmerkung zu Nummer 3104 gelten entsprechend. (2) Die Gebühr entsteht auch, wenn nach § 79a Abs. 2, § 90a oder § 94a FGO ohne mündliche Verhandlung durch Gerichtsbescheid entschieden wird.	
3203	Wahrnehmung nur eines Termins, in dem eine Partei oder ein Beteiligter, im Berufungsverfahren der Berufungskläger, im Beschwerdeverfahren der Beschwerdeführer, nicht erschienen oder nicht ordnungsgemäß vertreten ist und lediglich ein Antrag auf Versäumnisurteil, Versäumnisentscheidung oder zur Prozess-, Verfahrens- oder Sachleitung gestellt wird:	

Nr.	Gebührentatbestand	Gebühr oder Satz der Gebühr nach § 13 RVG
	Die Gebühr 3202 beträgt .... Die Anmerkung zu Nummer 3105 und Absatz 2 der Anmerkung zu Nummer 3202 gelten entsprechend.	0,5

485 In den in der Vorbemerkung 3.2.1 Nr. 2–4 VV RVG aufgeführten Beschwerde- oder Rechtsbeschwerdeverfahren gelten dieselben Gebührensätze wie auch in einem Berufungsverfahren. Für welche Beschwerde- und Rechtsbeschwerdeverfahren diese Gebührensätze gelten, ergibt sich aus dem vorstehend abgedruckten Gesetzestext, auf den verwiesen wird.

486 Die Vorbemerkung 3.2.1 VV RVG wurde durch das 2. KostRMoG[165] erweitert. Dem Prozessbevollmächtigten, der in einem Verfahren über eine Beschwerde gegen eine Endentscheidung wegen des Hauptgegenstands in einer Angelegenheit der freiwilligen Gerichtsbarkeit tätig wird, entstehen Gebühren wie bei Vertretung in einem Berufungsverfahren. In der Regel wird eine 1,6 Verfahrensgebühr Nr. 3200 VV RVG anfallen. Dies gilt zB bei Vertretung in Beschwerdeverfahren in Erbscheinssachen. Bis 31. 7. 2013 entstand dem Anwalt, der in einem Beschwerdeverfahren in einer Angelegenheit der freiwilligen Gerichtsbarkeit tätig wurde, in der Regel nur eine 0,5 Verfahrensgebühr nach Nr. 3500 VV RVG.

487 Neu durch das 2. KostRMoG in die Vorbemerkung 3.2.1 Ziffer 3 a VV RVG aufgenommen wurden Beschwerden gegen die Endentscheidung des Verwaltungs- oder Sozialgerichts wegen des Hauptgegenstands in Verfahren des vorläufigen oder einstweiligen Rechtsschutzes. Auch bei Vertretung in diesen Beschwerdeverfahren erhält der Prozessbevollmächtigte Gebühren wie bei Vertretung in einem Berufungsverfahren. Bis 31. 7. 2013 entstand auch in diesen Beschwerdeverfahren für den Prozessbevollmächtigten in der Regel nur eine 0,5 Verfahrensgebühr Nr. 3500 VV RVG.

488 Ist der Rechtsanwalt also in einem in der Vorbemerkung 3.2.1 Nr. 2–4 VV RVG genannten Beschwerde- oder Rechtsbeschwerdeverfahren als Verfahrensbevollmächtigter tätig, so erhält er eine **1,6 Verfahrensgebühr** nach Nr. 3200 VV RVG. Diese Gebühr ermäßigt sich bei vorzeitiger Beendigung (→ Kap. E Rn. 446 ff.) nach Nr. 3201 VV RVG auf 1,1.

489 Die Ermäßigung tritt auch dann ein, soweit in dem Beschwerde- bzw. Rechtsbeschwerdeverfahren lediglich beantragt ist, eine Einigung (Vertrag iS. Nr. 1000 VV RVG oder Vergleich) der Parteien oder mit Dritten über in diesem Beschwerde- oder Rechtsbeschwerdeverfahren nicht rechtshängige Ansprüche zu Protokoll zu nehmen oder festzustellen. Die ermäßigte Verfahrensgebühr entsteht dann nach dem Wert der Ansprüche, die in diesem Verfahren nicht rechtshängig sind und wegen welcher eine Einigung zu Protokoll genommen werden soll. Auch wenn lediglich Verhandlungen zur Einigung über in dem Beschwerde- bzw. Rechtsbeschwerdeverfahren nicht rechtshängige Ansprüche geführt werden, entsteht eine ermäßigte Verfahrensgebühr nach dem Wert dieser nicht rechtshängigen Ansprüche, über welche die Verhandlungen geführt werden.

490 Neben der ermäßigten Verfahrensgebühr nach dem Wert der nicht rechtshängigen Ansprüche kann dann noch eine 1,6 Verfahrensgebühr nach dem Wert der anhängigen Ansprüche entstehen, wobei dann wieder § 15 Abs. 3 RVG zu beachten ist. Dh: Die Summe der

- 1,6 Verfahrensgebühr nach Nr. 3200 VV RVG nach dem Wert der in dem Beschwerde- oder Rechtsbeschwerdeverfahren anhängigen Ansprüche

[165] BGBl. I 2013, 2586 f., in Kraft getreten am 1. 8. 2013.

- und der 1,1 Verfahrensgebühr nach Nr. 3201 Ziffer 2 VV RVG nach dem Wert der in dem Beschwerde- oder Rechtsbeschwerdeverfahren nicht anhängigen Ansprüche
- darf nicht höher sein als eine 1,6 Gebühr nach der Summe der Werte.

491 Werden in einem Beschwerde- oder Rechtsbeschwerdeverfahren die Tatbestände der **Terminsgebühr** erfüllt, kann diese noch neben der Verfahrensgebühr entstehen. Die Terminsgebühr entsteht dann nach Nr. 3202 VV RVG in Höhe von 1,2.

492 In der Regel wird die Terminsgebühr im Beschwerde- und Rechtsbeschwerdeverfahren nicht entstehen, da im Beschwerdeverfahren ein Termin nicht stattfindet und für das Beschwerde- und Rechtsbeschwerdeverfahren auch eine mündliche Verhandlung nicht vorgeschrieben ist (vgl. zB § 572 und § 577 ZPO). Im Beschwerde- oder Rechtsbeschwerdeverfahren kann die Terminsgebühr daher nur dann entstehen, wenn

- ausnahmsweise in dem Beschwerde- oder Rechtsbeschwerdeverfahren doch ein Termin vor Gericht stattfindet und der Rechtsanwalt in diesem Termin vertritt
- für das Beschwerde- oder Rechtsbeschwerdeverfahren ausnahmsweise eine mündliche Verhandlung vorgeschrieben ist und das Gericht im Einverständnis mit den Parteien ohne mündliche Verhandlung entscheidet (→ Kap. E Rn. 370)
- auf die Vermeidung oder Erledigung des Beschwerde- oder Rechtsbeschwerdeverfahrens gerichtete Besprechungen ohne Beteiligung des Gerichts geführt werden, wobei dies allerdings nicht für Besprechungen mit dem Auftraggeber gilt (→ Kap. E Rn. 385).

493 Wird ausnahmsweise in einem Beschwerde- oder Rechtsbeschwerdeverfahren ein Vergleich bzw. ein Vertrag iSd Abs. 1 der Anmerkung zu Nr. 1000 VV RVG geschlossen, wird der Rechtsanwalt, der an dem Vergleich/Vertrag mitgewirkt hat, eine 1,3 Einigungsgebühr Nrn. 1004, 1000 VV RVG ansetzen können (Abs. 1 der Anmerkung zu Nr. 1004 VV RVG).

8.2 Beschwerden/Rechtsbeschwerden nach Vorbemerkung 3.2.2 VV RVG

494 Eine weitere Sonderregelung für bestimmte Beschwerde- und Rechtsbeschwerdeverfahren findet sich in der Vorbemerkung 3.2.2 VV RVG.

Auszug aus dem VV RVG

495

Nr.	Gebührentatbestand	Gebühr oder Satz der Gebühr nach § 13 RVG
	Unterabschnitt 2. Revision, bestimmte Beschwerden und Rechtsbeschwerden *Vorbemerkung 3.2.2:* Dieser Unterabschnitt ist auch anzuwenden in Verfahren 1. über Rechtsbeschwerden a) in den in der Vorbemerkung 3.2.1 Nr. 2 genannten Fällen und b) nach § 20 KapMuG, 2. vor dem Bundesgerichtshof über Berufungen, Beschwerden oder Rechtsbeschwerden gegen Entscheidungen des Bundespatentgerichts und 3. vor dem Bundesfinanzhof über Beschwerden nach § 128 Abs. 3 FGO.	
3206	Verfahrensgebühr, soweit in Nummer 3212 nichts anderes bestimmt ist	1,6
3207	Vorzeitige Beendigung des Auftrags oder eingeschränkte Tätigkeit des Anwalts: Die Gebühr 3206 beträgt .... Die Anmerkung zu Nummer 3201 gilt entsprechend.	1,1

Nr.	Gebührentatbestand	Gebühr oder Satz der Gebühr nach § 13 RVG
3208	Im Verfahren können sich die Parteien oder die Beteiligten nur durch einen beim Bundesgerichtshof zugelassenen Rechtsanwalt vertreten lassen: Die Gebühr 3206 beträgt	2,3
3209	Vorzeitige Beendigung des Auftrags, wenn sich die Parteien oder die Beteiligten nur durch einen beim Bundesgerichtshof zugelassenen Rechtsanwalt vertreten lassen können: Die Gebühr 3206 beträgt .... Die Anmerkung zu Nummer 3201 gilt entsprechend.	1,8
3210	Terminsgebühr, soweit in Nummer 3213 nichts anderes bestimmt ist .... Absatz 1 Nr. 1 und 3 sowie die Absätze 2 und 3 der Anmerkung zu Nummer 3104 und Abs. 2 der Anmerkung zur Nummer 3202 gelten entsprechend.	1,5
3211	Wahrnehmung nur eines Termins, in dem der Revisionskläger oder Beschwerdeführer nicht ordnungsgemäß vertreten ist und lediglich ein Antrag auf Versäumnisurteil, Versäumnisentscheidung oder zur Prozess-, Verfahrens- oder Sachleitung gestellt wird: Die Gebühr 3210 beträgt .... Die Anmerkung zu Nummer 3105 und Absatz 2 der Anmerkung zu Nummer 3202 gelten entsprechend.	0,8

496 In den in der Vorbemerkung 3.2.2 VV RVG aufgeführten Beschwerdeverfahren erhält der Rechtsanwalt Gebühren nach Teil 3, Abschnitt 2, Unterabschnitt 2 VV RVG, also den Nrn. 3206 bis 3213 VV RVG. Dies sind die Gebühren, die auch für die Vertretung in einem Revisionsverfahren vorgesehen sind.

497 Ist der Rechtsanwalt in einem in der Vorbemerkung 3.2.2 VV RVG genannten Beschwerde- oder Rechtsbeschwerdeverfahren als Verfahrensbevollmächtigter tätig, so erhält er eine **1,6 Verfahrensgebühr** nach Nr. 3206 VV RVG. Diese Gebühr ermäßigt sich bei vorzeitiger Beendigung (→ Kap. E Rn. 445 und → Kap. E Rn. 475) nach Nr. 3207 VV RVG auf 1,1.

498 Können sich die Parteien oder die Beteiligten in dem Beschwerde- oder Rechtsbeschwerdeverfahren **nur durch einen beim BGH zugelassenen Rechtsanwalt vertreten lassen**, entsteht dem Verfahrensbevollmächtigten in dem in der Vorbemerkung 3.2.2 VV RVG genannten Beschwerdeverfahren eine **2.3 Verfahrensgebühr** nach Nr. 3208 VV RVG. Diese Gebühr ermäßigt sich bei vorzeitiger Beendigung (→ Kap. E Rn. 474) nach Nr. 3209 VV RVG auf 1,8.

499 Wird in dem Beschwerde- oder Rechtsbeschwerdeverfahren nach der Vorbemerkung 3.2.2 VV RVG einmal ausnahmsweise beantragt, eine Einigung (Vertrag iS. Nr. 1000 VV RVG oder Vergleich) der Parteien oder mit Dritten über in diesem Beschwerde- oder Rechtsbeschwerdeverfahren nicht rechtshängigen Ansprüche zu Protokoll zu nehmen oder festzustellen, fällt nach dem Wert der nicht anhängigen Ansprüche eine 1,1 Verfahrensgebühr nach Nr. 3207 VV RVG an. Wenn die Parteien sich nur durch einen beim BGH zugelassenen Rechtsanwalt vertreten lassen können, entsteht nach dem Wert der nicht rechtshängigen Ansprüche eine 1,8 Verfahrensgebühr nach Nr. 3209 VV RVG. Die Verfahrensgebühren nach dem Wert der im Beschwerde- oder Rechtsbeschwerdeverfahren rechtshängigen Ansprüche und die Verfahrensgebühr nach dem Wert der nicht rechtshängigen Ansprüche sind nach § 15 Abs. 3 RVG abzugleichen (→ Kap. E Rn. 475).

500 In der Regel wird im Beschwerdeverfahren eine Terminsgebühr nicht entstehen. Sollte ausnahmsweise der Tatbestand der Terminsgebühr erfüllt werden, entsteht

unabhängig davon, ob sich die Parteien in dem Verfahren nur durch einen beim BGH zugelassenen Anwalt vertreten lassen können oder nicht, eine **1,5 Terminsgebühr** nach Nr. 3210 VV RVG (→ Kap. E Rn. 477).

Wird ausnahmsweise in einem Beschwerde- oder Rechtsbeschwerdeverfahren ein 501
Vergleich bzw. ein Vertrag iSd Abs. 1 der Anmerkung zu Nr. 1000 VV RVG geschlossen, wird der Rechtsanwalt, der an dem Vergleich/Vertrag mitgewirkt hat, eine 1,3 Einigungsgebühr Nrn. 1004, 1000 VV RVG ansetzen können (Abs. 1 der Anmerkung zu Nr. 1004 VV RVG).

8.3 Übrige Beschwerden oder Rechtsbeschwerden

Ganz überwiegend sind Beschwerden, Nichtzulassungsbeschwerden und Erinne- 502
rungen in Teil 3 Abschnitt 5 VV RVG geregelt. Dieser Abschnitt kommt immer dann zur Anwendung, wenn das Beschwerde- oder Rechtsbeschwerdeverfahren nicht in der Vorbemerkung 3.2.1 oder 3.2.2 VV RVG genannt ist.

Auszug aus dem VV RVG

503

Nr.	Gebührentatbestand	Gebühr oder Satz der Gebühr nach § 13 RVG
	Abschnitt 5. Beschwerde, Nichtzulassungsbeschwerde und Erinnerung	
	Vorbemerkung 3.5: Die Gebühren nach diesem Abschnitt entstehen nicht in den in Vorbemerkung 3.1 Abs. 2 und in den Vorbemerkungen 3.2.1 und 3.2.2 genannten Beschwerdeverfahren.	
3500	Verfahrensgebühr für Verfahren über die Beschwerde und die Erinnerung, soweit in diesem Abschnitt keine besonderen Gebühren bestimmt sind	0,5
3501	Verfahrensgebühr für Verfahren vor den Gerichten der Sozialgerichtsbarkeit über die Beschwerde und die Erinnerung, wenn in den Verfahren Betragsrahmengebühren entstehen (§ 3 RVG), soweit in diesem Abschnitt keine besonderen Gebühren bestimmt sind	20,00 bis 210,00 €
3502	Verfahrensgebühr für das Verfahren über die Rechtsbeschwerde	1,0
3503	Vorzeitige Beendigung des Auftrags: Die Gebühr 3502 beträgt Die Anmerkung zu Nummer 3201 ist entsprechend anzuwenden.	0,5
3504	Verfahrensgebühr für das Verfahren über die Beschwerde gegen die Nichtzulassung der Berufung, soweit in Nummer 3511 nichts anderes bestimmt ist Die Gebühr wird auf die Verfahrensgebühr für ein nachfolgendes Berufungsverfahren angerechnet.	1,6
3505	Vorzeitige Beendigung des Auftrags: Die Gebühr 3504 beträgt Die Anmerkung zu Nummer 3201 ist entsprechend anzuwenden.	1,0
3506	Verfahrensgebühr für das Verfahren über die Beschwerde gegen die Nichtzulassung der Revision oder über die Beschwerde gegen die Nichtzulassung einer der in der Vorbemerkung 3.2.2 genannten Rechtsbeschwerden, soweit in Nummer 3512 nichts anderes bestimmt ist Die Gebühr wird auf die Verfahrensgebühr für ein nachfolgendes Revisions- oder Rechtsbeschwerdeverfahren angerechnet.	1,6

Nr.	Gebührentatbestand	Gebühr oder Satz der Gebühr nach § 13 RVG
3507	Vorzeitige Beendigung des Auftrags: Die Gebühr 3506 beträgt .... Die Anmerkung zu Nummer 3201 ist entsprechend anzuwenden.	1,1
3508	In dem Verfahren über die Beschwerde gegen die Nichtzulassung der Revision können sich die Parteien nur durch einen beim Bundesgerichtshof zugelassenen Rechtsanwalt vertreten lassen: Die Gebühr 3506 beträgt	2,3
3509	Vorzeitige Beendigung des Auftrags, wenn sich die Parteien nur durch einen beim Bundesgerichtshof zugelassenen Rechtsanwalt vertreten lassen können: Die Gebühr 3506 beträgt .... Die Anmerkung zu Nummer 3201 ist entsprechend anzuwenden.	1,8
3510	Verfahrensgebühr für Beschwerdeverfahren vor dem Bundespatentgericht 1. nach dem Patentgesetz, wenn sich die Beschwerde gegen einen Beschluss richtet, a) durch den die Vergütung bei Lizenzbereitschaftserklärung festgesetzt wird oder Zahlung der Vergütung an das Deutsche Patent- und Markenamt angeordnet wird, b) durch den eine Anordnung nach § 50 Abs. 1 des PatG oder die Aufhebung dieser Anordnung erlassen wird, c) durch den die Anmeldung zurückgewiesen oder über die Aufrechterhaltung, den Widerruf oder die Beschränkung des Patents entschieden wird, 2. nach dem Gebrauchsmustergesetz, wenn sich die Beschwerde gegen einen Beschluss richtet, a) durch den die Anmeldung zurückgewiesen wird, b) durch den über den Löschungsantrag entschieden wird, 3. nach dem Markengesetz, wenn sich die Beschwerde gegen einen Beschluss richtet, a) durch den über die Anmeldung einer Marke, einen Widerspruch oder einen Antrag auf Löschung oder über die Erinnerung gegen einen solchen Beschluss entschieden worden ist oder b) durch den ein Antrag auf Eintragung einer geographischen Angabe oder einer Ursprungsbezeichnung zurückgewiesen worden ist, 4. nach dem Halbleiterschutzgesetz, wenn sich die Beschwerde gegen einen Beschluss richtet, a) durch den die Anmeldung zurückgewiesen wird, b) durch den über den Löschungsantrag entschieden wird, 5. nach dem Geschmacksmustergesetz, wenn sich die Beschwerde gegen einen Beschluss richtet, durch den die Anmeldung eines Geschmacksmusters zurückgewiesen oder durch den über einen Löschungsantrag entschieden worden ist, 6. nach dem Sortenschutzgesetz, wenn sich die Beschwerde gegen einen Beschluss des Widerspruchsausschusses richtet	1,3
3511	Verfahrensgebühr für das Verfahren über die Beschwerde gegen die Nichtzulassung der Berufung vor dem Landessozialgericht, wenn Betragsrahmengebühren entstehen (§ 3 RVG) .... Die Gebühr wird auf die Verfahrensgebühr für ein nachfolgendes Berufungsverfahren angerechnet.	60,00 bis 680,00 €
3512	Verfahrensgebühr für das Verfahren über die Beschwerde gegen die Nichtzulassung der Revision vor dem Bundessozialgericht, wenn Betragsrahmengebühren entstehen (§ 3 RVG) . Die Gebühr wird auf die Verfahrensgebühr für ein nachfolgendes Revisionsverfahren angerechnet.	80,00 bis 880,00 €
3513	Terminsgebühr in den in Nummer 3500 genannten Verfahren	0,5

Nr.	Gebührentatbestand	Gebühr oder Satz der Gebühr nach § 13 RVG
3514	In dem Verfahren über die Beschwerde gegen die Zurückweisung des Antrags auf Anordnung eines Arrests, des Antrags auf Erlass eines Europäischen Beschlusses zur vorläufigen Kontenpfändung oder des Antrags auf Erlass einer einstweiligen Verfügung bestimmt das Beschwerdegericht Termin zur mündlichen Verhandlung: Die Gebühr 3513 beträgt	1,2
3515	Terminsgebühr in den in Nummer 3501 genannten Verfahren	20,00 bis 210,00 €
3516	Terminsgebühr in den in Nummer 3502, 3504, 3506 und 3510 genannten Verfahren	1,2
3517	Terminsgebühr in den in Nummer 3511 genannten Verfahren	50,00 bis 510,00 €
3518	Terminsgebühr in den in Nummer 3512 genannten Verfahren	60,00 bis 660,00 €

Soweit es sich nicht um ein in der Vorbemerkung 3.2.1. oder der Vorbemerkung 3.2.2. VV RVG genanntes Beschwerde- oder Rechtsbeschwerdeverfahren (→ vorangegangenes Kap. E Rn. 484 ff. und 494 ff.) handelt, sind die Gebühren für Beschwerde-, Rechtsbeschwerde- oder Nichtzulassungsbeschwerdeverfahren und die Erinnerung in Teil 3 Abschnitt 5 VV RVG geregelt. Wie sich aus dem vorstehenden – auszugsweisen – Abdruck des Vergütungsverzeichnisses ergibt, befinden sich in Teil 3 Abschnitt 5 VV RVG viele gesonderte Bestimmungen für einzelne Beschwerdeverfahren. Im Rahmen dieses Lehrbuches kann nicht auf jedes einzelne Beschwerdeverfahren eingegangen werden, daher ist im Zweifel das Gesetz oder einschlägige Kommentierung[166] hierzu heranzuziehen. 504

Sofern sich in Teil 3, Abschnitt 5 VV RVG **keine besondere Bestimmung** für das Beschwerdeverfahren findet, entsteht nach Nr. 3500 VV RVG für eine Beschwerde eine **0,5 Verfahrensgebühr.** Dies gilt zB für 505

- die Erinnerung gegen einen Kostenfestsetzungsbeschluss[167]
- die Beschwerde gegen einen Kostenfestsetzungsbeschluss
- die Beschwerde gegen einen Beschluss, mit welchem der Streitwert festgesetzt wurde
- die Beschwerde gegen einen Beschluss, mit dem die Prozesskostenhilfe abgelehnt wurde.

Sofern in Teil 3 Abschnitt 5 VV RVG keine besondere Bestimmung für die **Terminsgebühr** im Beschwerdeverfahren getroffen worden ist, entsteht nach Nr. 3513 VV RVG eine Terminsgebühr in Höhe von 0,5. Zum Entstehen der Terminsgebühr ist natürlich erforderlich, dass die Voraussetzungen für deren Anfall erfüllt worden sind (→ Kap. E Rn. 320 ff. und Kap. E Rn. 492 ff.). Wie bereits im vorangegangenen Kapitel (→ Kap. E Rn. 500) ausgeführt, wird in einem Beschwerdeverfahren in den seltensten Fällen eine Terminsgebühr entstehen, da in der Regel ohne mündliche Verhandlung durch Beschluss entschieden wird und die mündliche Verhandlung für ein Beschwerdeverfahren in der Regel nicht vorgeschrieben ist, so dass die Voraussetzungen der Nr. 3104 VV RVG iVm Abs. 1 Ziffer 1 der Anmerkung zu Nr. 3104 VV RVG nicht erfüllt werden können. Allerdings wird nach der Neufassung der Vorbemer- 506

[166] ZB Gerold/Schmidt VV 3500 bis VV 3515–3518; Hartung/Schons/Enders Nr. 3500 bis 3518 VV; Mayer/Kroiß VV 3500 bis Nrn. 3517–3518.
[167] Gerold/Schmidt VV 3500 Rn. 6.

kung 3 Abs. 3 VV RVG durch das 2. KostRMoG[168] die Terminsgebühr entstehen, wenn der Rechtsanwalt mit der Gegenseite eine Besprechung zur Vermeidung oder Erledigung des Beschwerdeverfahrens führt. Denn der Gesetzgeber stellt durch die Neufassung der Vorbemerkung 3 Abs. 3 VV RVG klar, dass hierfür (Terminsgebühr ausgelöst durch Besprechungen iSd Vorbemerkung 3 Abs. 3 VV RVG) für das gerichtliche Verfahren eine mündliche Verhandlung nicht vorgeschrieben sein muss.

507 **Ausnahme:** Nach der Vorbemerkung 3.1 Abs. 2 VV RVG richten sich die Gebühren in einem **Rechtsbeschwerdeverfahren nach § 1065 ZPO** nach Teil 3 Abschnitt 1 VV RVG. Es handelt sich hierbei um die Rechtsbeschwerde gegen gerichtliche Entscheidungen nach einem schiedsrichterlichen Verfahren. In diesem Rechtsbeschwerdeverfahren können, sofern die entsprechenden Tatbestände erfüllt worden sind, die gleichen Gebühren entstehen wie in dem I. Rechtszug eines ordentlichen Zivilprozesses (→ Kap. E Rn. 255 ff.). Es können also entstehen:
1,3 Verfahrensgebühr nach Nr. 3100 VV RVG
1,2 Terminsgebühr nach Nr. 3104 VV RVG
1,0 Einigungsgebühr nach Nr. 1003 VV RVG.

8.4 Beschwerden gegen die Nichtzulassung der Revision

Auszug aus dem VV RVG

508

Nr.	Gebührentatbestand	Gebühr oder Satz der Gebühr nach § 13 RVG
3506	Verfahrensgebühr für das Verfahren über die Beschwerde gegen die Nichtzulassung der Revision oder über die Beschwerde gegen die Nichtzulassung einer der in der Vorbemerkung 3.2.2 genannten Rechtsbeschwerden, soweit in Nummer 3512 nichts anderes bestimmt ist. Die Gebühr wird auf die Verfahrensgebühr für ein nachfolgendes Revisions- oder Rechtsbeschwerdeverfahren angerechnet.	1,6
3507	Vorzeitige Beendigung des Auftrags: Die Gebühr 3506 beträgt .... Die Anmerkung zu Nummer 3201 ist entsprechend anzuwenden.	1,1
3508	In dem Verfahren über die Beschwerde gegen die Nichtzulassung der Revision können sich die Parteien nur durch einen beim Bundesgerichtshof zugelassenen Rechtsanwalt vertreten lassen: Die Gebühr 3506 beträgt	2,3
3509	Vorzeitige Beendigung des Auftrags, wenn sich die Parteien nur durch einen beim Bundesgerichtshof zugelassenen Rechtsanwalt vertreten lassen können: Die Gebühr 3506 beträgt .... Die Anmerkung zu Nummer 3201 ist entsprechend anzuwenden.	1,8

509 Auch in dem Beschwerdeverfahren gegen die Nichtzulassung der Revision ist für die Bestimmung der Höhe der entstehenden Verfahrensgebühr zu unterscheiden, ob sich die Parteien nur durch einen beim Bundesgerichtshof zugelassenen Rechtsanwalt vertreten lassen können oder nicht.

510 **Können sich die Parteien nur durch einen beim Bundesgerichtshof zugelassenen Rechtsanwalt** in dem Verfahren über die Beschwerde gegen die Nichtzulassung der Revision vertreten lassen, so entsteht die **Verfahrensgebühr** in Höhe von **2,3.** Diese ermäßigt sich nach Nr. 3509 VV RVG auf eine 1,8 Verfahrensgebühr bei vorzeitiger

[168] BGBl. I 2013, 2586 f.; in Kraft getreten am 1. 8. 2013.

Beendigung des dem Rechtsanwalt erteilten Auftrages. Eine vorzeitige Beendigung des dem Rechtsanwalt erteilten Auftrages liegt vor, wenn der Auftrag endigt,

- bevor der Rechtsanwalt das Rechtsmittel eingelegt hat
- bevor der Rechtsanwalt einen Schriftsatz, der Sachanträge oder Sachvortrag enthält, in dem Beschwerdeverfahren eingereicht hat
- bevor der Rechtsanwalt einen Schriftsatz, der die Zurücknahme der Klage oder die Zurücknahme der Beschwerde enthält, eingereicht hat
- bevor der Rechtsanwalt für seine Partei einen Termin im Beschwerdeverfahren über die Nichtzulassung der Revision wahrgenommen hat.

Kann in dem Beschwerdeverfahren gegen die Nichtzulassung der Revision auch ein **nicht beim Bundesgerichtshof zugelassenen Rechtsanwalt** vertreten, so fällt die **Verfahrensgebühr** in Höhe von **1,6** nach Nr. 3506 VV RVG an. Im Falle der vorzeitigen Beendigung des Auftrages ermäßigt sich diese auf eine 1,1 Verfahrensgebühr (Nr. 3507 VV RVG). **511**

Die Verfahrensgebühren entstehen neben den Verfahrensgebühren, die derselbe Rechtsanwalt bereits für eine Tätigkeit in einem vorangegangenen Rechtszug erhalten hat. Die Verfahrensgebühr, die der Rechtsanwalt in dem Verfahren über die Beschwerde gegen die Nichtzulassung der Revision erhält, ist aber **anzurechnen** auf die Verfahrensgebühr, die der Rechtsanwalt für das nachfolgende Revisionsverfahren erhält (Anmerkung zu Nr. 3506 VV RVG). Wird auf die Beschwerde hin also die Revision zugelassen und wird derselbe Rechtsanwalt dann auch in dem nachfolgenden Revisionsverfahren tätig, erhält er die Verfahrensgebühr für das Beschwerdeverfahren und das nachfolgende Revisionsverfahren nur einmal. **512**

Beispiel: Der Mandant will gegen die Nichtzulassung der Revision Beschwerde einlegen. Da er sich in dem Verfahren nur durch einen beim Bundesgerichtshof zugelassenen Rechtsanwalt vertreten lassen kann, beauftragt er Rechtsanwalt R. Dieser legt auftragsgemäß Beschwerde gegen die Nichtzulassung der Revision ein. Auf die Beschwerde hin lässt der BGH die Revision zu. **513**

Anschließend wird Rechtsanwalt R von dem Mandanten beauftragt, nunmehr für ihn Revision gegen das Urteil des OLG einzulegen und ihn in dem Revisionsverfahren zu vertreten. In dem Revisionsverfahren vertritt Rechtsanwalt R den Mandanten auch in dem Termin. Anschließend ergeht ein Urteil. Der Gegenstandswert wird auf 100.000,00 EUR festgesetzt.

Es sind entstanden:

Beschwerde gegen die Nichtzulassung der Revision

Gegenstandswert: 100.000,00 EUR	
1) 2,3 Verfahrensgebühr §§ 2, 13 RVG iVm Nr. 3508 VV RVG	3.456,90 EUR
zzgl. Auslagen und Umsatzsteuer	

Revisionsverfahren:

Gegenstandswert: 100.000,00 EUR	
1) 2,3 Verfahrensgebühr §§ 2, 13 RVG iVm Nr. 3208 VV RVG	3.456,90 EUR
hierauf anzurechnen gemäß der Anmerkung zu Nr. 3506 VV RVG 2,3 Verfahrensgebühr aus dem Verfahren über die Beschwerde gegen die Nichtzulassung der Revision:	3.456,90 EUR
verbleiben von der Verfahrensgebühr:	0,00 EUR
2) 1,5 Terminsgebühr §§ 2, 13 RVG iVm Nr. 3210 VV RVG	2.254,50 EUR
zzgl. Auslagen und Umsatzsteuer.	

Die Verfahrensgebühr aus dem Verfahren über die Beschwerde gegen die Nichtzulassung der Revision ist auf die in dem nachfolgenden Revisionsverfahren entstehende Verfahrensgebühr **anzurechnen.** Zwar bestimmt § 17 Nr. 9 RVG, dass das Verfahren über ein Rechtsmittel und das Verfahren über die Beschwerde gegen die Nichtzulassung des Rechtsmittels verschiedene Angelegenheiten sind. Aber in der Anmerkung zu Nr. 3506 VV RVG wird die Anrechnung der beiden Verfahrensgebühren ausdrücklich vorgeschrieben.

In dem Beschwerdeverfahren gegen die Nichtzulassung der Revision wird wohl in der Regel keine mündliche Verhandlung stattfinden. Sollte ausnahmsweise eine mündliche Verhandlung in dem Beschwerdeverfahren stattfinden, so entsteht für den Rechtsanwalt, der in dem Termin vertreten hat, eine 1,2 Terminsgebühr nach Nr. 3516 VV RVG. Sie fällt nach der Vorbemerkung 3 Abs. 3 VV RVG auch dann an, **514** wenn der Rechtsanwalt in diesem Stadium des Verfahrens mitwirkt an auf die Erledigung des Verfahrens gerichteten Besprechungen mit dem Gegner oder dessen Bevollmächtigten (→ Kap. E Rn. 385). Ist in dem Beschwerdeverfahren eine Terminsgebühr entstanden, ist diese nicht auf die unter Umständen noch in dem nachfolgenden Revisionsverfahren selbst entstehende weitere Terminsgebühr anzurechnen.

515 Wird ein Berufungsurteil mit der Revision und hilfsweise wegen desselben Streitgegenstands mit einer Nichtzulassungsbeschwerde angegriffen, entstehen nach BGH[169] neben den Gebühren für das Revisionsverfahren keine weiteren Anwalts- und Gerichtsgebühren.

Zusammenfassung

516 Bei der Ermittlung, für welches Beschwerdeverfahren welche Gebühren entstehen empfiehlt sich das Vorgehen nachfolgendem **Prüfungsschema:**

- ▶ Die Beschwerde oder Rechtsbeschwerde ist in der Vorbemerkung 3.2.1 VV RVG genannt: Gebühren bestimmen sich nach Teil 3 Abschnitt 2 Unterabschnitt 1 VV RVG (Nr. 3200 bis 3205 VV RVG). Es entstehen Gebühren wie in einem Berufungsverfahren.
- ▶ Die Beschwerde oder Rechtsbeschwerde ist in der Vorbemerkung 3.2.2 VV RVG genannt: Gebühren bestimmen sich nach Teil 3 Abschnitt 2 Unterabschnitt 2 VV RVG (Nr. 3206 bis 3213 VV RVG). Es entstehen Gebühren wie in einem Revisionsverfahren.
- ▶ Die Beschwerde oder Rechtsbeschwerde ist weder in der Vorbemerkung 3.2.1 noch in der Vorbemerkung 3.2.2 VV RVG genannt: Es sind die in Teil 3 Abschnitt 5 VV RVG geregelten Nrn. 3501 bis 3518 VV RVG zu prüfen. Ist die Beschwerde dort in einer Nummer aufgeführt, gilt der dort ausgewiesene Gebührensatz oder Betragsrahmen.
- ▶ Ist die Beschwerde nicht in der Vorbemerkung 3.2.1 oder 3.2.2 VV RVG und auch nicht in den Nrn. 3501 bis 3518 VV RVG genannt, gilt die Nr. 3500 VV RVG. Es entsteht in der Regel eine 0,5 Verfahrensgebühr.
- ▶ Ausnahme: ZB Rechtsbeschwerdeverfahren nach § 1065 ZPO gegen gerichtliche Entscheidungen in schiedsrichterlichen Verfahren: 1,3 Verfahrensgebühr Nr. 3100 VV RVG (Vorbemerkung 3.1 Abs. 2 VV RVG).

9. Verweisung/Abgabe

Auszug aus dem RVG

517 **§ 20**
Verweisung, Abgabe

Soweit eine Sache an ein anderes Gericht verwiesen oder abgegeben wird, sind die Verfahren vor dem verweisenden oder abgebenden und vor dem übernehmenden Gericht ein Rechtszug. Wird eine Sache an ein Gericht eines niedrigeren Rechtszugs verwiesen oder abgegeben, ist das weitere Verfahren vor diesem Gericht ein neuer Rechtszug.

9.1 Verweisung auf einer instanzlichen Ebene

518 Wird eine Sache (zB ein Zivilprozess/bürgerlicher Rechtsstreit) an ein anderes Gericht verwiesen oder abgegeben, so sind gemäß § 20 S. 1 RVG die Verfahren vor dem verweisenden oder abgebenden Gericht und vor dem übernehmenden Gericht ein – gebührenrechtlicher – Rechtszug. Dies bedeutet, dass der Rechtsanwalt, der als

[169] BGH Beschluss vom 9. 12. 2014 – X ZR 94/13.

Prozessbevollmächtigter die Partei sowohl in dem Verfahren vor dem verweisenden Gericht als auch dann später – nach Verweisung – vor dem Gericht, an das verwiesen wurde, vertritt, die Gebühren **insgesamt nur einmal** erhält.

Ist zB bei dem Prozessbevollmächtigten durch seine Tätigkeit vor dem verweisenden 519 Gericht bereits die Verfahrensgebühr entstanden, entsteht diese durch die weitere Tätigkeit desselben Prozessbevollmächtigten vor dem Gericht, an das die Sache verwiesen wurde, nicht erneut. Hat der Prozessbevollmächtigte sowohl in einem Termin vor dem verweisenden Gericht als auch in einem Termin vor dem Gericht, an das verwiesen wurde, vertreten, so entsteht die Terminsgebühr nach Nr. 3104 VV RVG nur einmal.

Beispiel: Es wird Klage vor dem Arbeitsgericht erhoben. In dem ersten Termin weist das Ar- 520 beitsgericht darauf hin, dass es nicht zuständig ist. Beide Prozessbevollmächtigten beantragen Verweisung an das zuständige Amtsgericht. Vor dem Amtsgericht sind beide Prozessbevollmächtigten weiter für die Parteien tätig. Sie vertreten in einem Termin. Nach durchgeführter Beweisaufnahme wird die Sache durch einen Vergleich erledigt. Das Amtsgericht setzt den Gegenstandswert auf 3.700,00 EUR fest.

Dem Prozessbevollmächtigten, der sowohl in dem Verfahren vor dem Arbeitsgericht als auch in dem Verfahren vor dem Amtsgericht – nach Verweisung – tätig war, stehen folgende Gebühren zu:

Gegenstandswert: 3.700,00 EUR	
1) 1,3 Verfahrensgebühr §§ 2, 13 RVG iVm Nr. 3100 VV RVG	327,60 EUR
2) 1,2 Terminsgebühr §§ 2, 13 RVG iVm Nr. 3104 VV RVG	302,40 EUR
3) 1,0 Einigungsgebühr §§ 2, 13 RVG iVm Nr. 1003 VV RVG	252,00 EUR
zzgl. Auslagen und Umsatzsteuer.	

Unerheblich ist, ob 521

- ein Gericht der besonderen Gerichtsbarkeit (zB Arbeits-, Verwaltungs-, Sozial- oder Finanzgericht) an ein Gericht der ordentlichen Gerichtsbarkeit (Amtsgericht oder Landgericht) verweist oder umgekehrt,
- oder das Amtsgericht Koblenz zB an das Amtsgericht München verweist,
- oder das Amtsgericht an ein Landgericht verweist, weil dieses erstinstanzlich hier zuständig ist,
- oder das Landgericht – bei dem die Klage in erster Instanz anhängig ist – an das Amtsgericht verweist, weil dieses zuständig ist.

Die Verweisung muss nur auf einer **instanzlichen Ebene** erfolgen. Nicht auf der 522 gleichen instanzlichen Ebene wird verwiesen, wenn zB ein Gericht eines höheren Rechtszuges die Sache an ein Gericht eines niedrigeren Rechtszuges verweist. Dann ist die Sache gebührenrechtlich anders zu behandeln (→ nachfolgendes Kap. E Rn. 524).

Eine Besonderheit ergibt sich in der **Kostenerstattung** dann, wenn der Rechtsstreit 523 von einem Amts-, Land-, Sozial-, Finanz- oder Verwaltungsgericht an das zuständige Arbeitsgericht verwiesen wird. Sofern es sich um eine Verweisung auf einer instanzlichen Ebene handelt, entstehen die Gebühren vor dem verweisenden und dem Gericht, an welches verwiesen wird, zwar nur einmal. Nach § 12 a Abs. 1 S. 3 ArbGG kann der Beklagte aber die gesamten, vor dem unzuständigen Gericht entstandenen Gebühren und Auslagen erstattet erhalten (→ Kap. K Rn. 70).

9.2 Verweisung an ein Gericht eines niedrigeren Rechtszuges

Wird eine Sache an ein Gericht **eines niedrigeren Rechtszuges** verwiesen oder ab- 524 gegeben, so ist das weitere Verfahren vor diesem Gericht gemäß § 20 S. 2 RVG auch ein neuer – gebührenrechtlicher – Rechtszug. Dies bedeutet, dass in dem Verfahren nach Verweisung des Rechtsmittelgerichts an das Gericht des niedrigeren Rechtszuges alle Gebühren neu entstehen können. Eine Sache wird zB an ein Gericht des niedrigeren Rechtszuges verwiesen, wenn in der Rechtsmittelinstanz festgestellt wird, dass das erstinstanzlich angerufene Gericht überhaupt nicht zuständig war.

525 **Beispiel:** Bei dem Landgericht Hamburg ist ein Rechtsstreit über 26.500,00 EUR anhängig. Rechtsanwalt A vertritt die Mandantin als Prozessbevollmächtigter in dem Termin. Die Klage wird abgewiesen. Es wird Berufung eingelegt. Auch in dem Berufungsverfahren vertritt Rechtsanwalt A die Mandantin vor dem Oberlandesgericht Hamburg. In dem Termin vor dem Oberlandesgericht Hamburg weist der mit der Sache befasste Senat darauf hin, dass das Landgericht Hamburg überhaupt nicht zuständig war. Zuständig sei das Landgericht Karlsruhe gewesen. Die Sache wird an das Landgericht Karlsruhe verwiesen. Vor dem Landgericht Karlsruhe findet ein Termin statt, in welchem Rechtsanwalt A die Mandantin ebenfalls vertritt. Schließlich wird beim Landgericht Karlsruhe ein Vergleich geschlossen.

Rechtsanwalt A, der die Partei als Prozessbevollmächtigter vor allen drei Gerichten vertreten hat, kann folgende Gebühren berechnen:

I. Rechtszug vor dem LG Hamburg

Gegenstandswert: 26.500,00 EUR

1) 1,3 Verfahrensgebühr §§2, 13 RVG iVm Nr. 3100 VV RVG	1.121,90 EUR
2) 1,2 Terminsgebühr §§2, 13 RVG iVm Nr. 3104 VV RVG	1.035,60 EUR
zzgl. Auslagen und Umsatzsteuer.	

Berufungsverfahren vor dem OLG Hamburg

Gegenstandswert: 26.500,00 EUR

1) 1,6 Verfahrensgebühr §§2, 13 RVG iVm Nr. 3200 VV RVG	1.380,80 EUR
2) 1,2 Terminsgebühr §§2, 13 RVG iVm Nr. 3202 VV RVG	1.035,60 EUR
zzgl. Auslagen und Umsatzsteuer.	

I. Rechtszug LG Karlsruhe

Gegenstandswert: 26.500,00 EUR

1) 1,3 Verfahrensgebühr §§2, 13, 20 S. 2 RVG iVm Nr. 3100 VV RVG	1.121,90 EUR
2) 1,2 Terminsgebühr §§2, 13, 20 S. 2 RVG iVm Nr. 3104 VV RVG	1.035,60 EUR
zzgl. Auslagen und Umsatzsteuer.	

526 Von der in diesem Kapitel behandelten Verweisung an ein Gericht eines niedrigeren Rechtszuges ist die Zurückverweisung zu unterscheiden. Diese ist gesondert in §21 RVG geregelt (→ nachfolgendes Kap. E Rn. 527).

9.3 Zurückverweisung

Auszug dem RVG

527 **§21**
Zurückverweisung

(1) Soweit eine Sache an ein untergeordnetes Gericht zurückverwiesen wird, ist das weitere Verfahren vor diesem Gericht ein neuer Rechtszug.

(2) In den Fällen des §146 des Gesetzes über das Verfahren in Familiensachen und in den Angelegenheiten der freiwilligen Gerichtsbarkeit, auch in Verbindung §270 des Gesetzes über das Verfahren in Familiensachen und in den Angelegenheiten der freiwilligen Gerichtsbarkeit bildet das weitere Verfahren vor dem Familiengericht mit dem früheren einen Rechtszug.

(3) Wird eine Folgesache als selbständige Familiensache fortgeführt, sind das fortgeführte Verfahren und das frühere Verfahren dieselbe Angelegenheit.

528 Eine Zurückverweisung liegt vor, wenn das Berufungs- oder Revisionsgericht durch eine Entscheidung (Urteil) diesen Rechtszug beendet und anschließend die Sache an ein untergeordnetes Gericht zur abschließenden Entscheidung überträgt.

529 **Beispiel:** Rechtsanwalt K war in einem vor dem LG Köln anhängigen Rechtsstreit als Prozessbevollmächtigter tätig. Das LG Köln entscheidet durch Urteil zunächst über den Grund des Anspruchs. Gegen dieses Urteil legt der Beklagte Berufung ein. Nachdem das OLG Köln über die Berufung durch Urteil entschieden und die Entscheidung der Vorinstanz geändert hat, verweist es die Sache an das LG Köln zur Entscheidung über die Höhe des Anspruches zurück. Es liegt eine Zurückverweisung vor.

Eine Zurückverweisung iSd § 21 Abs. 1 RVG liegt nur vor, wenn das Rechtsmittelgericht eine Sachentscheidung trifft.[170] Hat das Rechtsmittelgericht das Rechtsmittel aus irgendwelchen formellen Gründen als unzulässig verworfen, ist keine Zurückverweisung mit der gebührenrechtlichen Folge des § 21 Abs. 1 RVG gegeben.[171] Nach BGH[172] liegt auch dann **keine** Zurückverweisung vor, wenn das **Rechtsmittelgericht** das angefochtene **Grundurteil bestätigt.** Folgt man dem, kann nur von einer Zurückverweisung iSd § 21 Abs. 1 RVG ausgegangen werden, wenn das Rechtsmittelgericht in einer Sachentscheidung das angefochtene Urteil ändert. 530

Übersichten, wann eine Zurückverweisung im Sinne des § 21 RVG vorliegt und in welchen Fällen diese nicht angenommen werden kann, finden sich in der einschlägigen Fachliteratur.[173]

Wird eine Sache an ein untergeordnetes Gericht **zurückverwiesen,** so ist das weitere Verfahren vor dem Gericht, an das zurückverwiesen worden ist, gemäß § 21 Abs. 1 RVG gebührenrechtlich ein neuer Rechtszug. Dies bedeutet, dass in dem Verfahren vor dem untergeordneten Gericht nach Zurückverweisung **alle Gebühren neu** entstehen können, unabhängig davon, ob sie in dem bisherigen Verfahren vor diesem Gericht schon einmal entstanden sind. 531

Die **Verfahrensgebühr**, die vor der Zurückverweisung bei dem untergeordneten Gericht bereits entstanden ist, ist nach der Vorbemerkung 3 Abs. 6 VV RVG auf die Verfahrensgebühr **anzurechnen**, die für das erneute Verfahren nach Zurückverweisung vor dem untergeordneten Gericht entsteht. Nach der Vorbemerkung 3 Abs. 6 VV RVG unterbleibt die Anrechnung, wenn an ein untergeordnetes Gericht zurückverwiesen wird, dass mit der Sache **noch nicht** befasst war. Dann kann die Verfahrensgebühr zweimal in Ansatz gebracht werden. 532

Die Terminsgebühr fällt zweimal an, wenn der Prozessbevollmächtigte vor dem Gericht des niedrigeren Rechtszuges sowohl in dem Verfahren bis zu dem angefochtenen Urteil als auch in dem Verfahrensabschnitt nach Zurückverweisung in einem Termin vertreten hat. 533

Beispiel: Bei dem LG München ist Klage über 15.000,00 EUR eingereicht worden. Es findet ein Verhandlungstermin statt, in welchem der Rechtsanwalt B die Partei als Prozessbevollmächtigter vertritt. Das Gericht verkündet ein Grundurteil. 534

Gegen das Grundurteil wird Berufung zum OLG München eingelegt. Auch in dem Berufungsverfahren vor dem OLG München vertritt Rechtsanwalt B die Partei als Prozessbevollmächtigter in dem Verhandlungstermin. Das OLG München ändert das Grundurteil des LG München dahingehend ab, dass die Klägerin 1/3 Verschulden an dem hier streitgegenständlichen Schaden trifft.

Zur Entscheidung über die Höhe der der Klägerin zustehenden Ansprüche wird die Sache an das LG München zurückverwiesen. Nach Zurückverweisung verfolgt die Klägerin ihre Ansprüche nur noch in Höhe von 10.000,00 EUR weiter. Nach Zurückverweisung findet vor dem LG München ein weiterer Verhandlungstermin statt, in welchem Rechtsanwalt B die Partei wiederum als Prozessbevollmächtigter vertritt. Nach durchgeführter Beweisaufnahme vergleichen sich die Parteien dahin gehend, dass die Beklagte zur Abgeltung der eingeklagten Ansprüche einen Betrag in Höhe von 8.000,00 EUR zahlt.

Rechtsanwalt B, der die Klägerin vor dem LG München und vor dem OLG München vertreten hat, kann folgende Gebühren berechnen:

Verfahren vor dem LG München bis zum Grundurteil

Gegenstandswert: 15.000,00 EUR

1) 1,3 Verfahrensgebühr §§ 2, 13 RVG iVm Nr. 3100 VV RVG	845,00 EUR
2) 1,2 Terminsgebühr §§ 2, 13 RVG iVm Nr. 3104 VV RVG	780,00 EUR

zzgl. Auslagen und Umsatzsteuer.

---

170 Hartung/Schons/Enders § 21 Rn. 9; Gerold/Schmidt § 21 Rn. 5.

171 Gerold/Schmidt § 21 Rn. 5; Mayer/Kroiß § 21 Rn. 15.

172 BGH JurBüro 2004, 479 = AGS 2004, 234 mit Anmerkung von N. Schneider; Siehe auch Schneider/Wolf § 21 Rn. 25.

173 ZB Mayer/Kroiß § 21 Rn. 5 bis 20; Schneider/Wolf § 21 Rn. 24 bis 30; Gerold/Schmidt § 21 Rn. 4 bis 7; Hartung/Schons/Enders § 21 Rn. 11–16.

LG München – Verfahren nach Zurückverweisung

Gegenstandswert: 10.000,00 EUR	
1) 1,3 Verfahrensgebühr §§ 2, 13 RVG iVm Nr. 3100 VV RVG	725,40 EUR
abzüglich hierauf gem. Vorbemerkung 3 Abs. 6 VV RVG anzurechnender 1,3 Verfahrensgebühr – entstanden vor Zurückverweisung – nach Wert: 10.000,00 EUR	725,40 EUR
verbleiben von der Verfahrensgebühr:	0,00 EUR
2) 1,2 Terminsgebühr §§ 2, 13, 21 Abs. 1 RVG iVm Nr. 3104 VV RVG	669,60 EUR
3) 1,0 Einigungsgebühr §§ 2, 13, 21 Abs. 1 RVG iVm Nr. 1003 VV RVG	558,00 EUR
zzgl. Auslagen und Umsatzsteuer.	

Verfahren vor dem OLG München

Gegenstandswert: 15.000,00 EUR	
1) 1,6 Verfahrensgebühr §§ 2, 13 RVG iVm Nr. 3200 VV RVG	1.040,00 EUR
2) 1,2 Terminsgebühr §§ 2, 13 RVG iVm Nr. 3202 VV RVG	780,00 EUR
zzgl. Auslagen und Umsatzsteuer.	

535 Keine Zurückverweisung iSd § 21 RVG dürfte vorliegen, wenn
- gegen das (Grund-)Urteil überhaupt kein Rechtsmittel eingelegt wird, diese also rechtskräftig wird und anschließend über die Höhe des Anspruchs entschieden wird[174]
- die Berufung zurückgenommen wurde[175]
- die Berufung als unzulässig verworfen wurde
- die gegen ein Teilurteil[176] eingelegte Berufung zurückgewiesen und anschließend das Verfahren in erster Instanz fortgesetzt wird.

536 **Beispiel:** Gegen das Grundurteil des LG Stuttgart wird Berufung eingelegt. In dem Termin zur Verhandlung über die Berufung nimmt der Kläger das Rechtsmittel zurück. Das OLG Stuttgart verweist die Sache nach Rücknahme der Berufung wieder an das LG Stuttgart, damit über die Höhe der Ansprüche entschieden werden kann.

Keine Zurückverweisung im Sinne des § 21 RVG, da keine Sachentscheidung seitens des Rechtsmittelgerichts erfolgt ist; die Berufung wurde zurückgenommen.

537 **Beispiel:** Bei dem AG Frankfurt ist eine Mietforderung anhängig und ein Räumungsanspruch. Das AG entscheidet mit Teilurteil zunächst über die Mietforderung. Gegen das Teilurteil wird Berufung eingelegt. Nachdem das LG Frankfurt die Berufung gegen das Teilurteil zurückgewiesen hat, verweist es die Sache an das AG Frankfurt zurück, damit über den Räumungsanspruch noch entschieden werden kann.

Keine Zurückverweisung im Sinne des § 21 RVG, da nur gegen ein Teilurteil Berufung eingelegt wurde und nach Zurückverweisung der Berufung das Verfahren in der ersten Instanz seinen weiteren Fortgang nimmt, damit noch über den Räumungsanspruch entschieden wird.

538 Die Verfahrensgebühr ist dann **nicht** nach der Vorbemerkung 3 Abs. 6 VV RVG anzurechnen (§ 15 Abs. 5 S. 2 RVG), wenn zwischen der Beendigung des Verfahrens vor Zurückverweisung und der Fortsetzung des Verfahrens nach Zurückverweisung mehr als zwei Kalenderjahre liegen (→ Kap. A Rn. 114 ff.).[177]

539 Lässt sich der Mandant nach Zurückverweisung an das untergeordnete Gericht in dem weiteren Verfahren durch einen anderen Rechtsanwalt vertreten als in dem Verfahren vor Zurückverweisung, so kommt ebenfalls die Anrechnungsvorschrift der Vorbemerkung 3 Abs. 6 VV RVG nicht zur Anwendung.[178] Die Verfahrensgebühr nach Zurückverweisung ist also nur dann auf die vor Zurückverweisung entstandene Verfahrensgebühr nach der Vorbemerkung 3 Abs. 6 VV RVG anzurechnen, wenn die Partei vor und nach Zurückverweisung vor dem untergeordneten Gericht von demselben Rechtsanwalt vertreten wird.

---

174 Hartung/Schons/Enders § 21 Rn. 8; Schneider/Wolf § 21 Rn. 17.

175 Schneider/Wolf § 21 Rn. 20.

176 Hartung/Schons/Enders § 21 Rn. 13; Gerold/Schmidt § 21 Rn. 6; Schneider/Wolf § 21 Rn. 27.

177 Hartung/Schons/Enders § 21 Rn. 21.

178 BGH AGS 2016, 502.

Hat das Familiengericht (oder das OLG) den Scheidungsantrag abgewiesen und wird diese Entscheidung in der Rechtsmittelinstanz aufgehoben, so hat gemäß § 146 FamFG das Rechtsmittelgericht die Sache an das Gericht zurückzuverweisen, dessen Entscheidung aufgehoben wurde, damit dort noch über die anstehenden Folgesachen entschieden werden kann. Nach § 21 Abs. 2 RVG bildet das weitere Verfahren vor dem Familiengericht mit dem früheren Verfahren einen Rechtszug. Das weitere Verfahren nach Zurückverweisung bildet also **keine** neue gebührenrechtliche Angelegenheit.[179] Nach Zurückverweisung entstehen die Gebühren also nicht neu. Allerdings können nach Zurückverweisung zB noch die Differenzen abgerechnet werden, wenn sich der Verfahrenswert erhöht hat und die Gebühren nunmehr nach dem höheren Wert anfallen.[180] Auch wenn nach Zurückverweisung eine Gebühr entsteht, die in dem Verfahrensstadium vor Zurückverweisung vor demselben Gericht noch nicht entstanden ist, kann diese Gebühr zusätzlich zu dem bereits vor Zurückverweisung entstandenen Gebühren noch angesetzt werden.[181] **540**

Wenn aber zwischen dem Abschluss des erstinstanzlichen Verfahrens und der Zurückverweisung nach § 146 FamFG mehr als zwei Kalenderjahre liegen, ist die Tätigkeit nach Zurückverweisung an das erstinstanzliche Gericht nach § 15 Abs. 5 S. 2 RVG eine neue gebührenrechtliche Angelegenheit (→ Kap. A Rn. 114).[182] **541**

§ 21 Abs. 2 RVG kommt auch dann zur Anwendung, wenn § 146 FamFG über § 270 FamFG in einer Lebenspartnerschaftssache greift. Weist das Rechtsmittelgericht die Sache allerdings nicht nach § 146 FamFG, sondern nach § 69 Abs. 1 S. 2 und 3 FamFG oder nach § 74 Abs. 5 S. 2 FamFG zurück, kommt § 21 **Abs. 2** RVG **nicht** zur Anwendung.[183] Denn dieser bezieht sich nur auf Fälle des § 146 FamFG. In den anderen, zuvor genannten, Fällen der Zurückverweisung gilt dann auch in Familiensachen § 21 **Abs. 1** RVG. **542**

Nach § 21 Abs. 3 RVG sind, wenn eine Folgesache als selbstständige Familiensache fortgeführt wird, das fortgeführte Verfahren und das frühere Verfahren dieselbe Angelegenheit. Allerdings ist hier zu unterscheiden, ob es sich um eine abgetrennte Folgesache nach § 137 Abs. 2 FamFG oder um eine abgetrennte Folgesache nach § 137 Abs. 3 FamFG handelt. Diese Unterschiede und die Auswirkungen des § 21 Abs. 3 RVG werden im → Kap. H Rn. 290 ff. dargestellt. **543**

Zusammenfassung

544

- Verweisung auf einer instanzlichen Ebene:
  Das Verfahren vor dem verweisenden und dem übernehmenden Gericht sind ein – gebührenrechtlicher – Rechtszug (§ 20 S. 1 RVG).
- Verweisung an ein Gericht eines niedrigeren Rechtszuges:
  Das Verfahren vor dem Gericht, an das das Rechtsmittelgericht verweist, ist ein neuer/gesonderter – gebührenrechtlicher – Rechtszug (§ 20 S. 2 RVG). Vor dem Gericht, an das verwiesen wurde, können also alle Gebühren noch einmal entstehen, unabhängig davon, ob sie bereits bei dem früheren erstinstanzlichen Gericht entstanden sind.
- Zurückverweisung:
  Das weitere Verfahren vor dem Gericht, an das zurückverwiesen wird, ist gebührenrechtlich ein neuer Rechtszug – § 21 Abs. 1 RVG. Alle Gebühren – mit Ausnahme der Verfahrensgebühr – können nach Zurückverweisung neu entstehen.

---

[179] Hartung/Schons/Enders § 21 Rn. 24; Schneider/Wolf § 21 Rn. 85.
[180] Hartung/Schons/Enders § 21 Rn. 25; Schneider/Wolf § 21 Rn. 86 – mit Berechnungsbeispiel.
[181] Hartung/Schons/Enders § 21 Rn. 24.
[182] Hartung/Schons/Enders § 21 Rn. 26; Schneider/Wolf § 21 Rn. 87.
[183] Hartung/Schons/Enders § 21 Rn. 28.

10. Selbstständiges Beweisverfahren

545 Nach den §§ 485 ff. ZPO kann ein **selbstständiges Beweisverfahren** stattfinden. Dieses kann parallel zu einem laufenden Zivilprozess zur Hauptsache durchgeführt werden. Ein selbstständiges Beweisverfahren kann aber auch anhängig werden, ohne dass bereits Klage zur Hauptsache erhoben ist. In einem selbstständigen Beweisverfahren kann die Beweiserhebung erfolgen durch Einnahme des Augenscheins, Vernehmung von Zeugen oder die Begutachtung durch einen Sachverständigen. Verfahrensvoraussetzung ist, dass der Gegner zustimmt oder zu besorgen ist, dass das Beweismittel verloren geht oder seine Benutzung erschwert wird. Ist ein Rechtsstreit noch nicht anhängig, kann eine Partei im Rahmen eines selbstständigen Beweisverfahrens die Einholung eines Sachverständigengutachtens beantragen,

- zum Zustand einer Person oder dem Zustand oder Wert einer Sache
- zur Ursache eines Personen- oder Sachschadens oder Sachmangels
- zum Aufwand für die Beseitigung eines Personenschadens, Sachschadens oder Sachmangels,

wenn sie ein rechtliches Interesse daran hat. Ein rechtliches Interesse ist nach § 485 Abs. 2 S. 2 ZPO anzunehmen, wenn die Feststellung der Vermeidung eines Rechtsstreits dient.

Ein selbstständiges Beweisverfahren wird eingeleitet durch einen Antrag (§ 487 ZPO). Über den Antrag entscheidet das Gericht durch Beschluss (§ 490 ZPO). Das selbstständige Beweisverfahren ist auch bei Gericht eine gesonderte Angelegenheit, auch dann, wenn der Zivilprozess zur Hauptsache bereits dort anhängig ist.

546 In § 19 RVG ist geregelt, welche Tätigkeiten des Rechtsanwaltes – gebührenrechtlich – zum Rechtszug gehören und mit den Gebühren, die der Rechtsanwalt im Rechtszug verdient, abgegolten sind. Dort ist das selbstständige Beweisverfahren nicht aufgeführt. Aus der Begründung zu § 19 RVG[184] geht hervor, dass das selbstständige Beweisverfahren immer eine **eigene gebührenrechtliche Angelegenheit** bilden soll. Eingeschränkt wird dies durch Absatz 5 der Vorbemerkung 3 VV RVG.[185]

Auszug aus dem VV RVG

547

Nr.	Gebührentatbestand	Gebühr oder Satz der Gebühr nach § 13 RVG
Vorbemerkung 3: (5) Soweit der Gegenstand eines selbstständigen Beweisverfahrens auch Gegenstand eines Rechtsstreits ist oder wird, wird die Verfahrensgebühr des selbstständigen Beweisverfahrens auf die Verfahrensgebühr des Rechtszugs angerechnet.		

548 Die Vergütung des Verfahrensbevollmächtigten in einem selbstständigen Beweisverfahren richtet sich nach Teil 3 VV RVG. Teil 3 gilt nicht nur für die in der Überschrift genannten Verfahren, sondern auch für **ähnliche** Verfahren, wozu das selbstständige Beweisverfahren gehört.[186]

[184] Begründung des KostRMoG zu § 19 RVG in BT-Drucksache 15/1971, S. 193 (rechte Spalte).
[185] Ausführlich zum selbstständigen Beweisverfahren: Gerold/Schmidt Anhang III; Hansens/Braun/Schneider Teil 8 F. Rn. 437 ff.
[186] Gerold/Schmidt Anhang III Rn. 2.

10.1 Verfahrensgebühr

In einem selbstständigen Beweisverfahren können bei dem Rechtsanwalt also dieselben Gebühren unter denselben Voraussetzungen anfallen, wie in einem bürgerlichen Rechtsstreit. In der Regel wird eine 549

1,3 Verfahrensgebühr nach Nr. 3100 VV RVG entstehen (→ Kap. E Rn. 255 ff.).

Endigt der Auftrag vorzeitig, ermäßigt sich die Verfahrensgebühr auf 0,8 nach Nr. 3101 Ziffer 1 VV RVG (→ Kap. E Rn. 275 ff.).

Ist in einem selbstständigen Beweisverfahren wegen dort nicht rechtshängiger Ansprüche lediglich beantragt, eine Einigung der Parteien oder mit Dritten zu Protokoll zu nehmen oder festzustellen, so entsteht nach dem Wert der nicht rechtshängigen Ansprüche eine 0,8 Verfahrensgebühr nach Nr. 3101 Ziffer 2 VV RVG (→ Kap. E Rn. 293 ff.). Diese fällt auch dann an, wenn in dem Beweisverfahren nur Verhandlungen vor Gericht zur Einigung über nicht rechtshängige Ansprüche geführt werden (→ Kap. E Rn. 311 ff.).[187] 550

Ist in einem selbstständigen Beweisverfahren wegen dort nicht rechtshängiger Ansprüche lediglich beantragt, eine Einigung der Parteien zu Protokoll zu nehmen oder werden Verhandlungen vor Gericht zur Einigung über nicht rechtshängige Ansprüche geführt, so ist § 15 Abs. 3 RVG zu beachten. Danach darf die Summe der 551

- 1,3 Verfahrensgebühr nach Nr. 3100 VV RVG nach dem Wert der in dem Beweisverfahren anhängigen Ansprüche
- und die der 0,8 Verfahrensgebühr nach Nr. 3101 Ziffer 2 VV RVG
- nicht höher sein als eine 1,3 Gebühr aus dem Gesamtwert.

Die in dem selbstständigen Beweisverfahren entstandene Verfahrensgebühr ist **anzurechnen** auf die Verfahrensgebühr eines Zivilprozesses, der neben dem selbstständigen Beweisverfahren anhängig ist (Vorbemerkung 3 Abs. 5 VV RVG). Voraussetzung ist, dass der **Gegenstand** des selbstständigen Beweisverfahrens und der Gegenstand des Zivilprozesses/Rechtsstreites **derselbe** ist.[188] 552

Weitere Voraussetzung dürfte meines Erachtens sein, dass das selbstständige Beweisverfahren und der Zivilprozess zwischen **denselben Parteien** anhängig ist oder wird.[189] Es dürfte unerheblich sein, in welcher Rolle die Partei an dem selbstständigen Beweisverfahren und in dem Zivilprozess beteiligt ist. Anzurechnen ist auch dann, wenn die vom Rechtsanwalt vertretene Partei in dem selbstständigen Beweisverfahren nur Nebenintervenient auf der Antragsteller- oder Antragsgegnerseite war und in dem Zivilprozess als Beklagte in Anspruch genommen wird.[190] Umgekehrt dürfte dasselbe gelten: Die Verfahrensgebühr des selbstständigen Beweisverfahrens ist auch dann auf die Verfahrensgebühr des Zivilprozesses anzurechnen (Vorbemerkung 3 Abs. 5 VV RVG), wenn die vom Rechtsanwalt vertretene Partei in dem selbstständigen Beweisverfahren Antragsgegnerin war und in dem Zivilprozess nur Nebenintervenient auf der Kläger- oder Beklagtenseite wird. 553

Hansens[191] rechnet die Verfahrensgebühr auch dann an, wenn zB Antragsgegner in dem selbstständigen Beweisverfahren der ausführende Handwerker ist, der Sachverständige dann aber zu dem Ergebnis kommt, dass der Mangel auf einen Planungsfehler des Architekten zurückzuführen ist und dann im nachfolgenden Hauptsacheprozess der Architekt verklagt wird. 554

Die Anrechnung der Verfahrensgebühr aus dem selbstständigen Beweisverfahren auf die Verfahrensgebühr eines Zivilprozesses über denselben Gegenstand hat auch dann zu erfolgen, wenn der Zivilprozess zum Zeitpunkt der Durchführung des selbstständigen Beweisverfahrens noch nicht anhängig war. Also auch wenn der Zivilpro- 555

---

187 Hansens/Braun/Schneider Teil 8 Rn. 447.
188 Schneider/Wolf VV Vorb. 3 Rn. 264.
189 Schneider/Wolf VV Vorb. 3 Rn. 267; Mayer/Kroiß Vorbemerkung 3 Rn. 145.
190 Enders JurBüro 2013, 113 ff.
191 In Hansens/Braun/Schneider Teil 8 Rn. 449.

zess erst nach Abschluss des selbstständigen Beweisverfahrens anhängig wird, sind die beiden Verfahrensgebühren aufeinander anzurechnen. Im Ergebnis kann also dem Rechtsanwalt, der die Partei sowohl in dem selbstständigen Beweisverfahren als auch in dem Zivilprozess über denselben Gegenstand vertritt, die Verfahrensgebühr nur einmal entstehen.

556 Die Verfahrensgebühr des selbstständigen Beweisverfahrens ist grundsätzlich nur dann auf die Verfahrensgebühr des Hauptsacheverfahrens nach der Vorbemerkung 3 Abs. 5 VV RVG anzurechnen, wenn **derselbe Anwalt** die Partei in dem selbstständigen Beweisverfahren und in dem Hauptsacheverfahren vertritt. Wird die Partei von unterschiedlichen Anwälten im selbstständigen Beweisverfahren und im Hauptsacheverfahren vertreten, fällt bei jedem Prozess- bzw. Verfahrensbevollmächtigten eine Verfahrensgebühr an, ohne dass eine Anrechnung stattfindet. Bei einem Anwaltswechsel zwischen dem selbstständigen Beweisverfahren und dem Hauptsacheverfahren kann es aber in der Kostenerstattung zu der Problematik kommen, dass das Gericht dahingehend erkennt, dass nur eine der beiden Verfahrensgebühren von dem unterlegenen Gegner zu erstatten sei, da der Anwaltswechsel nicht notwendig gewesen sei.[192]

557 Die Verfahrensgebühr des selbstständigen Beweisverfahrens ist gem. § 15 Abs. 5 S. 2 RVG nicht mehr anzurechnen, wenn zwischen Erledigung des Auftrages zur Vertretung in dem selbstständigen Beweisverfahren und dem Hauptsacheverfahren mehr als 2 Kalenderjahre vergangen sind (→ Kap. A Rn. 114).[193]

558 Nach § 15a Abs. 1 RVG kann der Rechtsanwalt wählen, welche der beiden Verfahrensgebühren er in vollem Umfang berechnet und bei Abrechnung welcher Tätigkeit er die in der Vorbemerkung 3 Abs. 5 VV RVG vorgeschriebene Anrechnung berücksichtigt (→ Kap. D Rn. 163). Er kann die in der Vorbemerkung 3 Abs. 5 VV RVG vorgeschriebene Anrechnung also entweder bei der Abrechnung der Vergütung für das selbstständige Beweisverfahren berücksichtigen oder bei der Abrechnung für den Zivilprozess zur Hauptsache.

559 **Beispiel:** Zwischen den Parteien ist ein Beweisverfahren anhängig.
Parallel zu dem Beweisverfahren ist über denselben Gegenstand ein Rechtsstreit anhängig.
Die Gegenstandswerte für das Beweisverfahren und die Klage werden auf jeweils 38.000,00 EUR festgesetzt.
Dem Rechtsanwalt, der sowohl in dem Beweisverfahren als Verfahrensbevollmächtigter als auch in dem Zivilprozess als Prozessbevollmächtigter tätig war, kann folgende Verfahrensgebühren abrechnen:

Selbstständiges Beweisverfahren
Gegenstandswert: 38.000,00 EUR

1) 1,3 Verfahrensgebühr §§ 2, 13 RVG iVm Nr. 3100 VV RVG	1.316,90 EUR

zzgl. der evtl. weiter in dem selbstständigem Beweisverfahren entstandenen Gebühren, Auslagen und Umsatzsteuer.

Zivilprozess – Hauptsache
Gegenstandswert: 38.000,00 EUR

1) 1,3 Verfahrensgebühr §§ 2, 13 RVG iVm Nr. 3100 VV RVG	1.316,90 EUR
hierauf anzurechnen nach der Vorbemerkung 3 Abs. 5 VV RVG die 1,3 Verfahrensgebühr aus dem selbstständigen Beweisverfahren:	1.316,90 EUR
verbleiben von der Verfahrensgebühr	0,00 EUR

zzgl. der evtl. weiter in dem Zivilprozess-Hauptsache entstandenen Gebühren, Auslagen und Umsatzsteuer.

560 **Beispiel:** – Sachverhalt wie vorrangegangenes **Beispiel → Rn. 559**
Der Rechtsanwalt, der sowohl in dem Beweisverfahren als Verfahrensbevollmächtigter als auch in dem Zivilprozess als Prozessbevollmächtigter tätig war, **kann auch wie folgt abrechnen:**

---

[192] Zur Notwendigkeit des Anwaltswechsels bei einem selbstständigen Beweisverfahrens eines einzelnen Wohnungseigentümers und späterem Hauptsacheverfahren durch die Wohnungseigentümergemeinschaft: BGH JurBüro 2014, 640 = AGS 2014, 538.

[193] Hartung/Schons/Enders Vorb. 3 VV Rn. 193; Schneider/Wolf VV Vorb. 3, Rn. 269.

Selbstständiges Beweisverfahren
Gegenstandswert: 38.000,00 EUR

1) 1,3 Verfahrensgebühr §§2, 13 RVG iVm Nr. 3100 VV RVG	1.316,90 EUR
hierauf anzurechnen nach der Vorbemerkung 3 Abs. 5 VV RVG die 1,3 Verfahrensgebühr aus dem Zivilprozess-Hauptsache:	1.316,90 EUR
verbleiben von der Verfahrensgebühr	0,00 EUR

zzgl. der evtl. weiter in dem selbstständigem Beweisverfahren entstandenen Gebühren, Auslagen und Umsatzsteuer.

Zivilprozess – Hauptsache
Gegenstandswert: 38.000,00 EUR

1) 1,3 Verfahrensgebühr §§2, 13 RVG iVm Nr. 3100 VV RVG	1.316,90 EUR

zzgl. der evtl. weiter in dem Zivilprozess-Hauptsache entstandenen Gebühren, Auslagen und Umsatzsteuer.

Die Ausübung des Wahlrechts durch den Rechtsanwalt will insbesondere dann gut durchdacht sein, wenn die Kostenverteilung im selbstständigen Beweisverfahren und im Zivilprozess zur Hauptsache unterschiedlich ist. Dann wird der Rechtsanwalt die für seinen Mandanten günstigste Konstellation wählen. 561

Beispiel: Nach dem Vergleich hat der Antragsteller/Kläger (= Mandant) die Kosten des selbstständigen Beweisverfahrens zu tragen. Die Kosten des Hauptsacheverfahrens sind ihm von der Gegenseite zu erstatten. Der Rechtsanwalt wird wie im vorangegangenen Beispiel → Rn. 560 abrechnen und nicht, wie im Beispiel → Rn. 559 dargestellt. 562

10.2 Terminsgebühr

In einem selbstständigen Beweisverfahren wird in der Regel ein gerichtlicher Termin (Verhandlungs- oder Erörterungstermin vor Gericht) nicht stattfinden. Die Terminsgebühr fällt aber auch an durch die Wahrnehmung eines von einem gerichtlich bestellten **Sachverständigen anberaumten Termins** (Vorbemerkung 3 Abs. 3 Ziffer 1 VV RVG). Bei Erfüllung des zuletzt genannten Tatbestandes wird dem Rechtsanwalt also auch in einem selbstständigen Beweisverfahren die Terminsgebühr entstehen können. Diese entsteht nach Nr. 3104 VV RVG in Höhe von **1,2.** 563

Die Terminsgebühr wird nach der Vorbemerkung 3 Abs. 3 Ziffer 2 VV RVG auch entstehen können durch das Mitwirken des Rechtsanwaltes an auf die Vermeidung oder Erledigung des Verfahrens gerichteten Besprechungen ohne Beteiligung des Gerichts (→ Kap. E Rn. 385). 564

Beispiel: Zwischen den Parteien ist ein Beweisverfahren anhängig. Der Verfahrensbevollmächtigte hat in diesem Beweisverfahren einen von dem gerichtlich bestellten Sachverständigen anberaumten Termin wahrgenommen. Des Weiteren hat der Verfahrensbevollmächtigte in dem selbständigen Beweisverfahren einen gerichtlichen Termin wahrgenommen, in welchem der Sachverständige zu dem zuvor schriftlich erstellten Gutachten noch einmal ergänzend vernommen wurde. 565

Parallel zu dem Beweisverfahren ist über denselben Gegenstand ein Rechtsstreit anhängig. Auch in diesem Rechtsstreit ist der Rechtsanwalt als Prozessbevollmächtigter für die Mandantin tätig. Im Rahmen des Rechtsstreits nimmt der Prozessbevollmächtigte auch zwei gerichtliche Termine wahr, in welchen jeweils drei Zeugen vernommen wurden. Die Beweisaufnahme war umfangreich. Schließlich verkündet das Gericht ein Urteil.

Die Gegenstandswerte für das Beweisverfahren und die Klage werden auf jeweils 38.000,00 EUR festgesetzt.

Dem Rechtsanwalt, der sowohl in dem Beweisverfahren als Verfahrensbevollmächtigter als auch in dem Zivilprozess als Prozessbevollmächtigter tätig war, sind folgende Gebühren entstanden:

Selbstständiges Beweisverfahren
Gegenstandswert: 38.000,00 EUR

1) 1,3 Verfahrensgebühr §§2, 13 RVG iVm Nr. 3100 VV RVG	1.316,90 EUR
2) 1,2 Terminsgebühr §§2, 13 RVG iVm Nr. 3104 VV RVG	1.215,60 EUR

zzgl. Auslagen und Umsatzsteuer.

Zivilprozess – Hauptsache
Gegenstandswert: 38.000,00 EUR

1) 1,3 Verfahrensgebühr §§2, 13 RVG iVm Nr. 3100 VV RVG	1.316,90 EUR
hierauf anzurechnen nach der Vorbemerkung 3 Abs. 5 VV RVG die 1,3 Verfahrensgebühr aus dem selbstständigen Beweisverfahren:	1.316,90 EUR
verbleiben von der Verfahrensgebühr	0,00 EUR
2) 1,2 Terminsgebühr §§2, 13 RVG iVm Nr. 3104 VV RVG	1.215,60 EUR

zzgl. Auslagen und Umsatzsteuer.

Die Zusatzgebühr der Nummer 1010 VV RVG für die Vertretung in einer besonders umfangreichen Beweisaufnahme ist weder in dem selbständigen Beweisverfahren noch in dem Zivilprozess zur Hauptsache entstanden. Diese Gebühr fällt nur an, wenn der Prozessbevollmächtigte zum einen in einer besonders umfangreichen Beweisaufnahme vertritt und zum anderen **in demselben gerichtlichen Verfahren mindestens drei Termine** stattgefunden haben, in denen Zeugen oder Sachverständige vernommen wurden. In dem vorstehend dargestellten Fall fanden zwar drei Termine statt, in denen Zeugen oder Sachverständige vernommen wurden. Jedoch fand ein Termin im selbständigen Beweisverfahren und die beiden weiteren Termine fanden in dem Zivilprozess zur Hauptsache statt.

566 **Beispiel:** Zwischen den Parteien ist zunächst ein selbstständiges Beweisverfahren anhängig. Während des laufenden Beweisverfahrens führt der Rechtsanwalt mit dem Gegner eine auf die Erledigung des Verfahrens gerichtete Besprechung. Man kann sich allerdings nicht einigen. Nach Vorlage des Gutachtens setzt das Gericht den Gegenstandswert für das Beweisverfahren auf 50.000,00 EUR fest.

Nach Abschluss des Beweisverfahrens wird zwischen denselben Parteien und wegen derselben Mängel der Hauptsacheprozess geführt. Eingeklagt werden Schadensersatzansprüche in Höhe von 140.000,00 EUR. Der Rechtsanwalt nimmt als Prozessbevollmächtigter für die Mandantin den Termin zur mündlichen Verhandlung wahr. Schließlich ergeht ein Urteil.

Dem Rechtsanwalt, der sowohl in dem Beweisverfahren als Verfahrensbevollmächtigter als auch in dem Zivilprozess als Prozessbevollmächtigter tätig war, sind folgende Gebühren entstanden:

Selbstständiges Beweisverfahren
Gegenstandswert: 50.000,00 EUR

1) 1,3 Verfahrensgebühr §§2, 13 RVG iVm Nr. 3100 VV RVG	1.511,90 EUR
2) 1,2 Terminsgebühr §§2, 13 RVG iVm Nr. 3104 VV RVG	1.395,60 EUR

zzgl. Auslagen und Umsatzsteuer.

Zivilprozess – Hauptsache
Gegenstandswert: 140.000,00 EUR

1) 1,3 Verfahrensgebühr §§2, 13 RVG iVm Nr. 3100 VV RVG	2.174,90 EUR
hierauf anzurechnen nach der Vorbemerkung 3 Abs. 5 VV RVG die 1,3 Verfahrensgebühr nach Wert: 50.000,00 EUR aus dem selbstständigen Beweisverfahren:	1.511,90 EUR
verbleiben von der Verfahrensgebühr	663,00 EUR
2) 1,2 Terminsgebühr §§2, 13 RVG iVm Nr. 3104 VV RVG	2.007,60 EUR

zzgl. Auslagen und Umsatzsteuer.

Die Verfahrensgebühr ist nur insoweit anzurechnen, als die Gegenstände des selbstständigen Beweisverfahrens und der Hauptsache identisch sind.

10.3 Einigungsgebühr

567 Wirkt der Rechtsanwalt in einem selbstständigen Beweisverfahren beim Abschluss eines Vertrages mit, durch den der Streit oder die Ungewissheit der Parteien über ein Rechtsverhältnis beseitigt wird oder beim Abschluss eines Vergleiches, so kann er neben der Verfahrens- und der Terminsgebühr noch eine **1,5** Einigungsgebühr nach Nr. 1000 VV RVG erhalten.

568 Die Einigungsgebühr ermäßigt sich nicht auf eine 1,0 Gebühr wenn über den Gegenstand, über den der Vertrag iSd Nr. 1000 VV RVG/der Vergleich erzielt wird, **nur** ein selbstständiges Beweisverfahren anhängig ist (Nr. 1003 VV RVG).

Ist allerdings über den Gegenstand des selbstständigen Beweisverfahrens gleichzeitig neben dem selbstständigen Beweisverfahren auch ein Zivilprozess anhängig, so entsteht die Einigungsgebühr nur in Höhe von 1,0 (Nr. 1003 VV RVG).

Zusammenfassung

- Ein selbstständiges Beweisverfahren ist immer eine gesonderte gebührenrechtliche Angelegenheit. 569
- Es entstehen dieselben Gebühren wie in einem Zivilprozess/bürgerlichen Rechtsstreit nach Teil 3 VV RVG:
  1,3 Verfahrensgebühr nach Nr. 3100 VV RVG
  1,2 Terminsgebühr nach Nr. 3104 VV RVG
  1,5 Einigungsgebühr nach Nr. 1000 VV RVG, wenn über den Gegenstand der Einigung nur ein selbstständiges Beweisverfahren anhängig ist (Nr. 1003 VV RVG).
  0,3 Zusatzgebühr nach Nr. 1010 VV RVG.
- Eine in einem selbstständigen Beweisverfahren entstandene Verfahrensgebühr wird auf die in einem Zivilprozess wegen der Hauptsache anfallende Verfahrensgebühr angerechnet (Vorbemerkung 3 Abs. 5 VV RVG).
- Die Verfahrensgebühr des selbstständigen Beweisverfahrens ist auf die Verfahrensgebühr des Zivilprozesses zur Hauptsache nur dann anzurechnen, wenn
  - die Gegenstände des selbstständigen Beweisverfahrens und der Hauptsache identisch sind
  - derselbe Rechtsanwalt sowohl in dem selbstständigen Beweisverfahren als auch in dem Hauptsacheverfahren vertritt
  - der Rechtsanwalt in dem selbstständigen Beweisverfahren als auch in dem Hauptsacherechtsstreit dieselbe Person vertritt.

10.4 Vorherige außergerichtliche Tätigkeit

War der Rechtsanwalt auftragsgemäß zunächst außergerichtlich tätig, vertritt er dann in einem selbstständigen Beweisverfahren und anschließend in einem Zivilprozess zur Hauptsache, so sind bei der Gesamtabrechnung zwei Anrechnungsvorschriften zu beachten: 570

- Nach der Vorbemerkung 3 Abs. 4 VV RVG ist die Geschäftsgebühr für die außergerichtliche Vertretung anzurechnen auf die Verfahrensgebühr des gerichtlichen Verfahrens.
- Gemäß der Vorbemerkung 3 Abs. 5 VV RVG ist die in dem selbstständigen Beweisverfahren entstandene Verfahrensgebühr auf die in dem Zivilprozess zur Hauptsache entstandene Verfahrensgebühr anzurechnen.

Rechnet der Rechtsanwalt gemäß der Vorbemerkung 3 Abs. 4 VV RVG zunächst die Geschäftsgebühr für die außergerichtliche Vertretung auf die Verfahrensgebühr des als nächstes folgenden gerichtlichen selbstständigen Beweisverfahrens an, so vermindert sich in dem selbstständigen Beweisverfahren die Verfahrensgebühr um die anrechenbaren Teile der Geschäftsgebühr. Für die weitere Anrechnung der Verfahrensgebühr des selbstständigen Beweisverfahrens auf die Verfahrensgebühr in dem Zivilprozess zur Hauptsache stellt sich dann die Frage, ob hier nur noch die Anrechnung der Geschäftsgebühr verbleibenden Teile der Verfahrensgebühr aus dem selbstständigen Beweisverfahren anzurechnen sind oder die volle Verfahrensgebühr aus dem selbstständigen Beweisverfahren. Richtig ist wohl, die volle Verfahrensgebühr aus dem selbstständigen Beweisverfahren auf die Verfahrensgebühr in dem Zivilprozess zur Hauptsache anzurechnen.[194]

Beispiel: Der Rechtsanwalt ist zunächst auftragsgemäß außergerichtlich tätig. Er macht für seinen Mandanten einen Anspruch in Höhe von 38.000,00 EUR geltend. 571

Nachdem die Gegenseite außergerichtlich die Regulierung der Ansprüche abgelehnt hat, wird zwischen den Parteien ein Beweisverfahren anhängig. Der Verfahrensbevollmächtigte nimmt in diesem Beweisverfahren einen von dem gerichtlich bestellten Sachverständigen anberaumten Termin wahr.

---

194 OLG Stuttgart JurBüro 2008, 525; OLG Stuttgart JurBüro 2008, 526; OLG München JurBüro 2009, 475; BGH JurBüro 2011, 80 zur ähnlichen Anrechnungssituation bei außergerichtlicher Vertretung, nachfolgendes Mahnverfahren und nachfolgendem streitigen Verfahren.

Parallel zu dem Beweisverfahren wird über denselben Gegenstand ein Rechtsstreit anhängig gemacht. Auch in diesem Rechtsstreit ist der Rechtsanwalt als Prozessbevollmächtigter für die Mandantin tätig. Nach streitiger mündlicher Verhandlung verkündet das Gericht in dem Rechtsstreit ein Urteil.

Die Gegenstandswerte für das Beweisverfahren und die Klage werden auf jeweils 38.000,00 EUR festgesetzt.

Dem Rechtsanwalt, der sowohl in dem Beweisverfahren als Verfahrensbevollmächtigter als auch in dem Zivilprozess als Prozessbevollmächtigter tätig war, sind folgende Gebühren entstanden:

Außergerichtliche Tätigkeit	
Gegenstandswert: 38.000,00 EUR	
1) 1,3 Geschäftsgebühr §§2, 13 RVG iVm Nr. 2300 VV RVG	1.316,90 EUR
zzgl. Auslagen und Umsatzsteuer.	
Selbstständiges Beweisverfahren	
Gegenstandswert: 38.000,00 EUR	
1) 1,3 Verfahrensgebühr §§2, 13 RVG iVm Nr. 3100 VV RVG	1.316,90 EUR
hierauf anzurechnen nach der Vorbemerkung 3 Abs. 4 VV RVG:	
0,65 Geschäftsgebühr aus der außergerichtlichen Tätigkeit:	658,45 EUR
verbleiben von der Verfahrensgebühr	658,45 EUR
2) 1,2 Terminsgebühr §§2, 13 RVG iVm Nr. 3104 VV RVG	1.215,60 EUR
zzgl. Auslagen und Umsatzsteuer.	
Zivilprozess – Hauptsache	
Gegenstandswert: 38.000,00 EUR	
1) 1,3 Verfahrensgebühr §§2, 13 RVG iVm Nr. 3100 VV RVG	1.316,90 EUR
hierauf anzurechnen nach der Vorbemerkung 3 Abs. 5 VV RVG die	
1,3 Verfahrensgebühr aus dem selbstständigen Beweisverfahren:	1.316,90 EUR
verbleiben von der Verfahrensgebühr	0,00 EUR
2) 1,2 Terminsgebühr §§2, 13 RVG iVm Nr. 3104 VV RVG	1.215,60 EUR
zzgl. Auslagen und Umsatzsteuer.	

11. Arrest und einstweilige Verfügung

572 Arrest und einstweilige Verfügung sind Eilverfahren. Mit einem Arrest will der Antragsteller spätere Zwangsvollstreckungsmaßnahmen wegen einer Geldforderung in das bewegliche oder unbewegliche Vermögen des Antragsgegners sichern. Mit einem Antrag auf Erwirkung eines Europäischen Beschlusses zur vorläufigen Kontenpfändung soll ein ausländisches Konto „vorläufig gepfändet“ werden (→ Kap. J Rn. 207 ff.).

Einstweilige Verfügungen regeln vorläufig einen Rechtszustand, wenn zu befürchten ist, dass die Verwirklichung des Rechts einer Partei vereitelt oder wesentlich erschwert werden könnte.

Die Entscheidung über einen Antrag auf Anordnung eines Arrestes oder einer einstweiligen Verfügung kann entweder – ohne mündliche Verhandlung – durch Beschluss oder nach mündlicher Verhandlung durch Urteil ergehen.

Da Arreste und einstweilige Verfügungen grundsätzlich einen Rechtszustand „nur vorläufig“ – also nicht endgültig – regeln, wird häufig neben einem Arrest oder einem einstweiligen Verfügungsverfahren noch ein Zivilprozess zur Hauptsache anhängig sein oder noch anhängig werden.

573 Nach § 17 Abs. 4 a) und b) RVG sind das Verfahren in der Hauptsache und ein Verfahren über einen Antrag auf Erlass eines Arrestes oder einer einstweiligen Verfügung **verschiedene – gebührenrechtliche – Angelegenheiten.**

Auszug aus dem RVG

§ 17 574
Verschiedene Angelegenheiten

Verschiedene Angelegenheiten sind
4. das Verfahren in der Hauptsache und ein Verfahren
a) auf Anordnung eines Arrests oder zur Erwirkung eines Europäischen Beschlusses zur vorläufigen Kontenpfändung,
b) auf Erlass einer einstweiligen Verfügung oder einer einstweiligen Anordnung,

Dies bedeutet, dass in einem Verfahren auf Anordnung eines Arrestes, auf Erlass einer einstweiligen Verfügung oder auf Erwirkung eines Europäischen Beschlusses zur vorläufigen Kontopfändung[195] dem Rechtsanwalt stets gesonderte Gebühren entstehen, unabhängig von den Gebühren, die ihm bereits in dem Zivilprozess über die Hauptsache entstanden sind oder in Zukunft noch entstehen.[196] 575

In einem Arrest- oder einstweiligen Verfügungsverfahren entstehen – wie auch in einem Zivilprozess – die Gebühren nach Teil 3 VV RVG. Sofern in dem Arrest oder einstweiligen Verfügungsverfahren also die entsprechenden Tatbestände für den Anfall der Gebühren erfüllt werden, können entstehen: 576
1,3 Verfahrensgebühr nach Nr. 3100 VV RVG
1,2 Terminsgebühr nach Nr. 3104 VV RVG.

Die Gebühren entstehen unter den gleichen Voraussetzungen wie auch in einem Zivilprozess, so dass auf das in den vorangegangenen Kapiteln hierzu Ausgeführte verwiesen werden kann (wegen der Verfahrensgebühr siehe → Kap. E Rn. 255 ff.; wegen der Terminsgebühr siehe → Kap. E Rn. 320 ff.). 577

Wurde in dem Arrest- oder einstweiligen Verfügungsverfahren ein Vertrag iSd Nr. 1000 VV RVG oder ein Vergleich geschlossen, durch den der Streit oder die Ungewissheit der Parteien über ein Rechtsverhältnis beseitigt wird und hat der Rechtsanwalt hieran mitgewirkt, so kann ihm auch noch die 1,0 Einigungsgebühr nach Nr. 1003 VV RVG entstehen (→ Kap. C Rn. 5). 578

Entscheidet das Gericht über den Antrag auf Erlass eines Arrestes oder einer einstweiligen Verfügung ohne mündliche Verhandlung durch Beschluss, so wird dem Rechtsanwalt nur die Verfahrensgebühr entstehen. Wird dann gegen den Beschluss Widerspruch (§ 924 ZPO) eingelegt und auf Grund mündlicher Verhandlung durch Urteil entschieden, so wird dem Prozessbevollmächtigten auch die Terminsgebühr entstehen. Dies insbesondere dann, wenn das Gericht direkt nach dem Antrag Termin zur mündlichen Verhandlung bestimmt, der Rechtsanwalt in diesem Termin vertritt und das Gericht dann durch Urteil entscheidet. 579

Beispiel: Der Rechtsanwalt stellt antragsgemäß für seinen Mandanten einen Antrag auf Erlass einer einstweiligen Verfügung. Das Gericht erlässt die einstweilige Verfügung durch Beschluss. Der Streitwert für das einstweilige Verfügungsverfahren wird auf 5.000,00 EUR festgesetzt. 580

Daneben ist das Hauptsacheverfahren anhängig. Der Rechtsanwalt vertritt die Partei in dem Termin. Anschließend verkündet das Gericht in der Hauptsache ein Urteil. Der Streitwert für das Hauptsacheverfahren wird auf 10.000,00 EUR festgesetzt.

Der Rechtsanwalt, der in beiden Verfahren für die Mandantschaft als Prozessbevollmächtigter tätig war, kann berechnen:

Verfahren über den Antrag auf Erlass der einstweiligen Verfügung
Gegenstandswert: 5.000,00 EUR

1) 1,3 Verfahrensgebühr §§ 2, 13 RVG iVm Nr. 3100 VV RVG	393,90 EUR

zzgl. Auslagen und Umsatzsteuer

---

[195] Ausführung zur Anwaltsvergütung im Verfahren auf Erwirkung eines Europäischen Beschlusses zur vorläufigen Kontenpfändung: → Kap. J Rn. 207 ff.).

[196] Ausführlich zur Vergütung im Arrest- und einstweiligen Verfügungsverfahren: → Gerold/Schmidt Anhang II; Hansens/Braun/Schneider Teil 8 G. Rn. 484 ff.

Zivilprozess – Hauptsache
Gegenstandswert: 10.000,00 EUR

1) 1,3 Verfahrensgebühr §§2, 13 RVG iVm Nr. 3100 VV RVG	725,40 EUR
2) 1,2 Terminsgebühr §§2, 13 RVG iVm Nr. 3104 VV RVG	669,60 EUR

zzgl. Auslagen und Umsatzsteuer.

581 **Beispiel:** Rechtsanwalt U vertritt die Partei als Prozessbevollmächtigter in einem einstweiligen Verfügungsverfahren. Das Gericht gibt dem Antrag auf Erlass einer einstweiligen Verfügung ohne mündliche Verhandlung durch Beschluss statt. Rechtsanwalt U legt für seine Partei gegen den Beschluss Widerspruch ein und beantragt, diesen aufzuheben. Das Gericht bestimmt Termin. In diesem Termin vertritt Rechtsanwalt U die Partei. Die einstweilige Verfügung wird schließlich durch Urteil aufgehoben. Der Gegenstandswert wird auf 7.000,00 EUR festgesetzt.

Noch während des laufenden einstweiligen Verfügungsverfahrens hat die Gegenseite Klage zur Hauptsache erhoben. In dem Zivilprozess bestimmt das Gericht Termin. Rechtsanwalt U beantragt für seine Partei in dem Termin Klageabweisung. Das Gericht führt eine Beweisaufnahme durch. In dem nächsten Termin vergleichen sich die Parteien. Das Gericht setzt den Gegenstandswert für das Klageverfahren auf 12.000,00 EUR fest.

Rechtsanwalt U kann berechnen:

Verfahren über den Antrag auf Erlass einer einstweiligen Verfügung
Gegenstandswert: 7.000,00 EUR

1) 1,3 Verfahrensgebühr §§2, 13 RVG iVm Nr. 3100 VV RVG	526,50 EUR
2) 1,2 Terminsgebühr §§2, 13 RVG iVm Nr. 3104 VV RVG	486,00 EUR

zzgl. Auslagen und Umsatzsteuer

Zivilprozess – Hauptsache
Gegenstandswert: 12.000,00 EUR

1) 1,3 Verfahrensgebühr §§2, 13 RVG iVm Nr. 3100 VV RVG	785,20 EUR
2) 1,2 Terminsgebühr §§2, 13 RVG iVm Nr. 3104 VV RVG	724,80 EUR
3) 1,0 Einigungsgebühr §§2, 13 RVG iVm Nr. 1003 VV RVG	604,00 EUR

zzgl. Auslagen und Umsatzsteuer.

582 Nach OLG Oldenburg[197] entsteht auch dann eine Terminsgebühr, wenn in einem einstweiligen Verfügungsverfahren ein Anerkenntnisurteil im schriftlichen Verfahren ergeht.

583 Führen die Verfahrensbevollmächtigten nach einer ohne mündliche Verhandlung ergangenen einstweiligen Verfügung eine Besprechung, die gerichtet ist auf die Vermeidung eines Widerspruchs, entsteht die Terminsgebühr. Allerdings ist diese Terminsgebühr nicht mit auf der Grundlage der in der einstweiligen Verfügung vorher ergangenen Kostengrundentscheidung festsetzbar. Nach BGH[198] wird diese Terminsgebühr nicht mehr von der vorher ergangenen Kostengrundentscheidung erfasst.

11.1 Schutzschrift

584 Muss eine Partei damit rechnen, dass eine einstweilige Verfügung gegen sie beantragt und vom Gericht auch ohne mündliche Verhandlung erlassen wird, kann sie eine sogenannte **„Schutzschrift"** bei dem Zentralen Schutzschriftenregister (§ 945a ZPO) einreichen. In dieser Schutzschrift kann sie schon zu dem zu erwartenden Antrag auf Erlass einer einstweiligen Verfügung Stellung nehmen um zu erreichen, dass das Gericht die einstweilige Verfügung für die Gegenseite vielleicht doch nicht oder nur nach mündlicher Verhandlung erlässt.

585 Hatte der Rechtsanwalt für seinen Mandanten die Schutzschrift gefertigt und bei dem Zentralen Schutzschriftenregister eingereicht, nachdem er zuvor einen Vertretungsauftrag für die Vertretung in dem zu erwartenden einstweiligen Verfügungsverfahren erhalten hat, dürfte ihm eine 1,3 Verfahrensgebühr nach Nr. 3100 VV RVG entstanden sein.[199] Denn die Schutzschrift enthält Sachvortrag. Die Einreichung eines

[197] OLG Oldenburg NJW 2017, 1250.

[198] BGH Beschluss vom 7.2.2017 – VI ZB 43/16.

[199] So: Gerold/Schmidt Anhang II Rn. 170; Hansens/Braun/Schneider Teil 8 G. Rn. 495; Schneider/Wolf VV 3101 Rn. 48; BGH AGS 2008, 274; OLG Nürnberg AGS 2005, 339 = RVGreport 2005, 230.

Schriftsatzes der Sachvortrag enthält, ist aber nach Nr. 3101 Ziffer 1 VV RVG schon ausreichend, um die 1,3 Verfahrensgebühr auszulösen. Eine nur 0,8 Verfahrensgebühr entsteht dann, wenn der Rechtsanwalt einen Auftrag für eine Einzeltätigkeit erhalten hat, also nur beauftragt war, die Schutzschrift einzureichen (Nr. 3403 VV RVG).[200]

Diese 1,3 Verfahrensgebühr nach Nr. 3100 VV RVG (und auch die 0,8 Verfahrensgebühr nach Nr. 3403 VV RVG) werden zwar bereits durch die Einreichung der Schutzschrift ausgelöst, sie entsteht aber nicht neben der Verfahrensgebühr, die der Rechtsanwalt in dem Verfahren über den Antrag auf Erlass der einstweiligen Verfügung dadurch verdient, dass er die Partei in diesem als Verfahrensbevollmächtigter vertritt. Insgesamt erhält der Rechtsanwalt die Verfahrensgebühr für die Einreichung der Schutzschrift und die Vertretung in dem einstweiligen Verfügungsverfahren also nur einmal. 586

Wird ein einstweiliges Verfügungsverfahren vor dem zuständigen Gericht anhängig, und ergeht eine Kostenentscheidung gegen den Antragsteller, ist die beim dem Antragsgegner bereits durch die Schutzschrift ausgelöste Verfahrensgebühr auch **erstattungsfähig.**[201] 587

11.2 Vollziehung eines Arrestes oder einer einstweiligen Verfügung

Die Vollziehung eines Arrestes in bewegliches Vermögen wird nach § 930 ZPO durch Pfändung bewirkt. Die Pfändung erfolgt nach denselben Grundsätzen wie jede andere Pfändung. Die Vollziehung eines Arrestes in ein Grundstück wird durch Eintragung einer Sicherungshypothek für die Forderung bewirkt (§ 932 ZPO). Die Vollziehung eines persönlichen Sicherheitsarrestes erfolgt entweder durch Haft oder durch sonstige Beschränkungen der persönlichen Freiheit nach besonderen Anordnungen des Arrestgerichtes (§ 933 ZPO). Für die einstweilige Verfügung sind die Arrestvorschriften entsprechend anwendbar (§ 936 ZPO). 588

Also wird der Rechtsanwalt zur Vollziehung eines Arrestes oder einer einstweiligen Verfügung weitere Anträge stellen müssen, zB den Gerichtsvollzieher beauftragen, den beweglichen Gegenstand auf Grund des Arrestbeschlusses zu pfänden oder beim Grundbuchamt einen Antrag auf Eintragung einer Sicherungshypothek. Diese Anträge/Aufträge zur Vollziehung eines Arrestes oder einer einstweiligen Verfügung sind nach § 18 Abs. 1 Nr. 2 RVG eine besondere Angelegenheit. 589

Auszug aus dem RVG

§ 18 590
Besondere Angelegenheiten

(1) Besondere Angelegenheiten sind

2. jede Vollziehungsmaßnahme bei der Vollziehung eines Arrests oder einer einstweiligen Verfügung (§§ 928 bis 934 und 936 der Zivilprozessordnung), die sich nicht auf die Zustellung beschränkt;

Stellt der Rechtsanwalt also gesonderte Anträge für die Vollziehung eines Arrestes oder einer einstweiligen Verfügung, so entstehen ihm hierfür gesonderte Gebühren, die er neben den Gebühren, die ihm in dem Verfahren auf Anordnung des Arrestes oder der einstweiligen Verfügung entstanden sind, berechnen kann. Für die Anträge/Aufträge auf Vollziehung eines Arrestes oder einer einstweiligen Verfügung entstehen Gebühren nach Teil 3, Abschnitt 3, Unterabschnitt 3. Es entsteht eine **0,3 Verfahrensgebühr nach Nr. 3309 VV RVG.**[202] 591

---

[200] Gerold/Schmidt Anhang II Rn. 172.

[201] Gerold/Schmidt Anhang II Rn. 178; Schneider/Wolf VV 3101 Rn. 48; Hansens/Braun/Schneider Teil 8 Rn. 495; BGH Beschluss vom 13. 3. 2008 – I ZB 20/07 = AGS 2008, 274; OLG Hamburg AGS 2005, 495; OLG Hamburg AGS 2016, 34; OLG Hamburg AGS 2016, 546.

[202] Hansens/Braun/Schneider Teil 8 Rn. 503.

Daneben kann noch eine 0,3 Terminsgebühr nach Nr. 3310 VV RVG entstehen.
592 Nach der Anmerkung zu Nr. 3310 VV RVG erhält der Rechtsanwalt die Terminsgebühr allerdings nur für die Teilnahme an einem gerichtlichen Termin, einem Termin zur Abgabe der Vermögensauskunft oder an einem Termin zur Abnahme der eidesstattlichen Versicherung. Diese Tatbestände dürften in einem Verfahren auf Vollziehung eines Arrestes oder einer einstweiligen Verfügung in der Regel nicht erfüllt werden, so dass die Terminsgebühr in diesem Verfahren kaum anfallen dürfte.

593 **Beispiel:** Rechtsanwältin W hat für ihre Mandantschaft einen Antrag auf Erlass eines Arrestes in einen Gegenstand gestellt. Bevor das Amtsgericht den Arrest erlässt, bestimmt es Termin. In dem Termin vertritt Rechtsanwältin W die Partei. Das Amtsgericht verkündet ein Urteil, wonach der Arrest – wie beantragt – angeordnet wird. Der Gegenstandswert für das Arrestverfahren setzt es auf 3.500,00 EUR fest.

Rechtsanwältin W beauftragt den Gerichtsvollzieher, den Gegenstand in Vollziehung des Arrestes zu pfänden. Der Gerichtsvollzieher führt die Pfändung durch.

Rechtsanwältin W kann berechnen:

Für das Verfahren über den Antrag auf Erlass des Arrestes	
Gegenstandswert: 3.500,00 EUR	
1) 1,3 Verfahrensgebühr §§ 2, 13 RVG iVm Nr. 3100 VV RVG	327,60 EUR
2) 1,2 Terminsgebühr §§ 2, 13 RVG iVm Nr. 3104 VV RVG	302,40 EUR
zzgl. Auslagen und Umsatzsteuer	
Für die Vollziehung des Arrestes	
Gegenstandswert: 3.500,00 EUR	
(Betrag der zu vollstreckenden Geldforderung einschließlich der Nebenforderungen oder geringerer Wert des zu pfändenden Gegenstandes – § 25 Abs. 1 Nr. 1 RVG)	
0,3 Verfahrensgebühr §§ 2, 13 RVG iVm Nr. 3309 VV RVG	75,60 EUR
zzgl. Auslagen und Umsatzsteuer.	

594 Eine besondere 0,3 Verfahrensgebühr für die Vollziehung eines Arrestes oder einer einstweiligen Verfügung **entsteht nicht,** wenn sich die **Vollziehungsmaßnahme auf** die **Zustellung** des Beschlusses/Urteils über den Arrest oder die einstweilige Verfügung **beschränkt** (§ 18 Abs. 1 Nr. 2 RVG).

11.3 Verfahren auf Abänderung oder Aufhebung eines Arrestes oder einer einstweiligen Verfügung

595 Wegen Erledigung des Arrestgrundes oder auf Grund von Sicherheitsleistung kann die Aufhebung eines Arrestes beantragt werden (§ 927 ZPO). Dies auch noch dann, wenn das Gericht den Arrest durch Urteil angeordnet hat. Nach Hinterlegung eines im Arrestbefehl festgesetzten Geldbetrages kann auch die Vollziehung des Arrestes aufgehoben werden (§ 934 ZPO). Auch eine einstweilige Verfügung kann später wegen veränderter Umstände aufgehoben werden (§§ 927, 936 ZPO). Ein europäischer Beschluss über eine vorläufige Kontenpfändung kann widerrufen werden (§ 949 ZPO). Ein derartiges Verfahren auf Abänderung oder Aufhebung eines Arrestes oder einer einstweiligen Verfügung oder Widerruf eines europäischen Beschlusses über eine vorläufige Kontenpfändung bildet gemäß § 16 Nr. 5 RVG **dieselbe Angelegenheit** mit dem Verfahren über die Anordnung des Arrestes oder der einstweiligen Verfügung bzw. dem Erlass eines europäischen Beschlusses zur vorläufigen Kontenpfändung.

Auszug aus dem RVG

Abschnitt 3. 596
Angelegenheit

§16
Dieselbe Angelegenheit

Dieselbe Angelegenheit sind

5. das Verfahren über die Anordnung eines Arrests, zur Erwirkung eines Europäischen Beschlusses zur vorläufigen Kontenpfändung, über den Erlass einer einstweiligen Verfügung oder einstweiligen Anordnung, über die Anordnung oder Wiederherstellung der aufschiebenden Wirkung, über die Aufhebung der Vollziehung oder die Anordnung der sofortigen Vollziehung eines Verwaltungsakts und jedes Verfahren über deren Abänderung, Aufhebung oder Widerruf;

Hat der Rechtsanwalt also bereits in einem Verfahren auf 597

- **Anordnung** eines Arrestes
- **Anordnung** einer einstweiligen Verfügung
- oder auf **Erlass** eines europäischen Beschlusses zur vorläufigen Kontenpfändung

die Partei als Verfahrensbevollmächtigter vertreten, so entstehen ihm keine weiteren gesonderten Gebühren, wenn er die Partei später auch noch in einem Verfahren

- auf **Abänderung oder Aufhebung** des Arrestes
- auf **Abänderung oder Aufhebung** der einstweiligen Verfügung
- über den **Widerruf** des Beschlusses über die vorläufige Kontenpfändung vertritt.

Ist allerdings in dem Verfahren über den Antrag auf Erlass eines Arrestes oder einer einstweiligen Anordnung oder des Erlasses eines europäischen Beschlusses zur vorläufigen Kontenpfändung noch keine Terminsgebühr entstanden, findet aber in dem späteren Verfahren auf Aufhebung oder Abänderung ein Termin statt, in dem der Rechtsanwalt auch vertritt, so kann er dann selbstverständlich neben der Verfahrensgebühr noch die Terminsgebühr berechnen.

Beispiel: Rechtsanwalt M stellt für seine Mandantin einen Antrag auf Erlass einer einstweiligen Verfügung. Das Gericht erlässt die einstweilige Verfügung ohne mündliche Verhandlung durch Beschluss. Der Gegenstandswert wird auf 16.500,00 EUR festgesetzt. 598

Nach drei Monaten beantragt die Gegenseite Aufhebung der einstweiligen Verfügung wegen veränderter Umstände. Das Gericht bestimmt auf diesen Antrag hin Termin zur mündlichen Verhandlung. In dem Termin vertritt Rechtsanwalt M seine Mandantin. Das Gericht hebt den Beschluss auf. Rechtsanwalt M kann berechnen:

Gegenstandswert: 16.500,00 EUR	
1) 1,3 Verfahrensgebühr §§2, 13 RVG iVm Nr. 3100 VV RVG	904,80 EUR
2) 1,2 Terminsgebühr §§2, 13 RVG iVm Nr. 3104 VV RVG	835,20 EUR
zzgl. Auslagen und Umsatzsteuer.	

Da gemäß §16 Nr. 5 RVG das Verfahren über einen Antrag auf Anordnung einer einstweiligen Verfügung und das Verfahren auf Abänderung oder Aufhebung derselben **dieselbe Angelegenheit** sind, können die Gebühren nur einmal entstehen.

Zusammenfassung

▶ Ein Verfahren über einen Antrag auf Erlass eines Arrestes oder einer einstweiligen Verfügung oder auf Erlass eines europäischen Beschlusses zur vorläufigen Kontenpfändung sind stets gesonderte gebührenrechtliche Angelegenheiten neben der Hauptsache (§ 17 Nr. 4 a) und b) RVG). Auch in dem Verfahren über den Antrag auf Erlass eines Arrestes oder einer einstweiligen Verfügung erhält der Rechtsanwalt Gebühren nach Teil 3 VV RVG. Es können entstehen: 599
1,3 Verfahrensgebühr nach Nr. 3100 VV RVG
1,2 Terminsgebühr nach Nr. 3104 VV RVG.

▶ Für die Einreichung einer Schutzschrift erhält der Rechtsanwalt eine 1,3 Verfahrensgebühr nach Nr. 3100 VV RVG, wenn er zuvor den Auftrag zur Vertretung als Verfahrensbevollmächtigter in dem zu erwartenden einstweiligen Verfügungsverfahren erhalten hat.

- Eine gesonderte gebührenrechtliche Angelegenheit ist auch jede Vollziehungsmaßnahme bei der Vollziehung eines Arrestes oder einer einstweiligen Verfügung, sofern sich die Vollziehung nicht auf die Zustellung beschränkt (§ 18 Abs. 1 Nr. 2 RVG). Für die Vollziehung entsteht eine
  0,3 Verfahrensgebühr nach Nr. 3309 VV RVG.
- Keine gesonderte gebührenrechtliche Angelegenheit ist ein Verfahren auf Abänderung oder Aufhebung eines Arrestes oder einer einstweiligen Verfügung oder der Vollziehung derselben. Ein derartiges Verfahren bildet dieselbe Angelegenheit mit dem Verfahren auf Anordnung eines Arrestes oder einer einstweiligen Verfügung (§ 16 Nr. 5 RVG). Dies gilt auch für das Verfahren auf Widerruf eines europäischen Beschlusses zur vorläufigen Kontenpfändung.

11.4 Abmahnung, einstweilige Verfügung, Abschlussschreiben und Hauptsache

600 In wettbewerbsrechtlichen und auch in presserechtlichen Angelegenheiten auf Unterlassung treten häufig Instrumentarien auf, die auch gebührenrechtlich einige Besonderheiten nach sich ziehen. Über diese Besonderheiten soll in dem nachstehenden Kapitel ein Überblick gegeben werden. In der Regel laufen die Angelegenheiten zB im Bereich des gewerblichen Rechtsschutzes wie folgt ab:

Zunächst erfolgt **eine außergerichtliche Abmahnung**. Gibt der Verletzer (Gegner) dann die geforderte Unterlassungsverpflichtungserklärung nicht ab, folgt eine **einstweilige Verfügung**. Nach Abschluss dieses gerichtlichen Verfahrens fordert der Verletzte den Gegner in einem sogenannten **„Abschlussschreiben“** noch einmal außergerichtlich auf, die in der einstweiligen Verfügung ergangene Entscheidung zur Klagevermeidung als endgültige Regelung anzuerkennen und zum anderen die in der einstweiligen Verfügung nicht geregelten Annex-Ansprüche (wie zB Verpflichtung zum Schadensersatz, Kostenerstattung) anzuerkennen. Gibt der Verletzte die geforderte Abschlusserklärung außergerichtlich nicht ab, wird eine gerichtliche **Klage zur Hauptsache** folgen.

601 In der Regel wird der Rechtsanwalt von seinem Mandanten zunächst nur den Auftrag für eine außergerichtliche Vertretung haben. Für die außergerichtliche **Abmahnung** wird daher in der Regel eine (0,5 bis 2,5) Geschäftsgebühr Nr. 2300 VV RVG entstehen. Diese Geschäftsgebühr ist nach ganz überwiegender Meinung[203] nach Maßgabe der Vorbemerkung 3 Abs. 4 VV RVG zur Hälfte, höchstens mit einem Gebührensatz von 0,75 anzurechnen auf die – in dem in der Regel nachfolgenden einstweiligen Verfügungsverfahren entstehende – 1,3 Verfahrensgebühr der Nr. 3100 VV RVG. Ist der Gegenstandswert in dem einstweiligen Verfügungsverfahren niedriger als der Gegenstandswert, nach dem die Geschäftsgebühr für die außergerichtliche Abmahnung berechnet wurde, ist die Geschäftsgebühr nur nach dem niedrigeren Wert des einstweiligen Verfügungsverfahrens anzurechnen.[204]

602 Gibt der Anspruchsgegner die in der außergerichtlichen Abmahnung geforderte Erklärungen nicht ab, folgt der außergerichtlichen Abmahnung ein gerichtliches **einstweiliges Verfügungsverfahren**. In diesem einstweiligen Verfügungsverfahren entstehen dem Prozess- bzw. Verfahrensbevollmächtigten die Gebühren nach Teil 3 VV RVG, also in der Regel eine 1,3 Verfahrensgebühr Nr. 3100 VV RVG. Wird auch der Tatbestand der Terminsgebühr (nach der Vorbemerkung 3 Abs. 3 oder nach Abs. 1

[203] Gerold/Schmidt Anhang II Rn. 133 mwN für die herrschende Meinung; für eine Anrechnung auch zB Kammergericht JurBüro 2009, 27; Kammergericht JurBüro 2009, 78. **Anderer Meinung:** Die Geschäftsgebühr für die Abmahnung ist nicht auf die Verfahrensgebühr des nachfolgenden einstweiligen Verfügungsverfahren anzurechnen: Weber in Münchener Anwalts-Handbuch Vergütungsrecht § 11 Rn. 17.

[204] Gerold/Schmidt Anhang II Rn. 136.

der Anmerkung zu Nr. 3104 VV RVG) erfüllt, kann auch die 1,2 Terminsgebühr der Nr. 3104 VV RVG anfallen.

Auf der Grundlage der im einstweiligen Verfügungsverfahren ergangenen Kosten- 603
grundentscheidung wird der Prozess- bzw. Verfahrensbevollmächtigte des Antragstellers dann die Kostenfestsetzung wegen der im einstweiligen Verfügungsverfahren entstandenen Anwaltsvergütung gegenüber dem Antragsgegner betreiben können. In dem Kostenfestsetzungsverfahren ist die Anrechnung der Geschäftsgebühr für die vorangegangene außergerichtliche Abmahnung nicht zu berücksichtigen, da sich der Antragsgegner nicht auf die Anrechnung berufen kann. Keine der drei Alternativen des § 15a Abs. 2 RVG, wonach die Geschäftsgebühr in der Kostenfestsetzung auf die Verfahrensgebühr anzurechnen wäre, wird in der Regel erfüllt sein.

Da nach ganz überwiegender Meinung[205] die **Kosten für die außergerichtliche** 604
Abmahnung nicht mit auf der Grundlage der im einstweiligen Verfügungsverfahren ergangenen Kostengrundentscheidung gegenüber dem Antragsgegner festgesetzt werden können[206] und der materiell-rechtliche Kostenerstattungsanspruch wegen der durch die außergerichtliche Abmahnung entstandenen vorprozessualen Kosten nicht mit im einstweiligen Verfügungsverfahren geltend gemacht werden kann, muss, wenn denn der Gegner diesen materiell-rechtlichen Kostenerstattungsanspruch nicht nach einer gesonderten außergerichtlichen Aufforderung (zB im Zusammenhang mit dem der einstweiligen Verfügung folgenden Abschlussschreiben) erfüllt, dieser materiell-rechtlicher Kostenerstattungsanspruch entweder in einer gesonderten Klage oder in der ohnehin nachfolgenden **Klage** zur Hauptsache mit als Nebenforderung geltend gemacht werden. Dabei ist dann die in der Vorbemerkung 3 Abs. 4 VV RVG vorgeschriebene **Anrechnung** der Geschäftsgebühr **zu berücksichtigen**, wenn bereits in dem einstweiligen Verfügungsverfahren eine 1,3 Verfahrensgebühr zugunsten des Antragstellers festgesetzt worden ist und man der herrschenden Meinung folgt, dass die Geschäftsgebühr für die Abmahnung auf die Verfahrensgebühr des nachfolgenden einstweiligen Verfügungsverfahrens anzurechnen ist.[207]

Beispiel: Der Rechtsanwalt wurde von dem Mandanten beauftragt, den Anspruchsgegner zu- 605
nächst außergerichtlich abzumahnen. Nachdem der Anspruchsgegner die in der Abmahnung geforderten Erklärungen nicht abgegeben hat, wird der Erlass einer einstweiligen Verfügung ihm gegenüber beantragt, die auch antragsgemäß ohne mündliche Verhandlung ergeht. Auf der Grundlage der in dem einstweiligen Verfügungsverfahren ergangenen Kostengrundentscheidung lässt der Prozess- bzw. Verfahrensbevollmächtigte für seinen Mandanten gegenüber dem Antragsgegner die im einstweiligen Verfügungsverfahren entstandene Anwaltsvergütung wie folgt festsetzen:

Gegenstandswert: 10.000,00 EUR	
1) 1,3 Verfahrensgebühr §§ 2, 13 RVG iVm Nr. 3100 VV RVG	725,40 EUR
zzgl. Auslagen und Umsatzsteuer.	

Für die außergerichtliche Abmahnung ist entstanden:

Gegenstandswert: 20.000,00 EUR	
1) 1,3 Geschäftsgebühr §§ 2, 13, 14 RVG iVm Nr. 2300 VV RVG	964,60 EUR
hierauf nach der Vorbemerkung 3 Abs. 4 VV RVG anzurechnen:	
0,65 Geschäftsgebühr nach Wert: 10.000,00 EUR	362,70 EUR
verbleiben von der Geschäftsgebühr	601,90 EUR
zzgl. Auslagen und Umsatzsteuer.	

Diese nach Anrechnung verbleibenden Kostenanteile für die außergerichtliche Abmahnung können, wenn denn eine materiell-rechtliche Anspruchsgrundlage für eine Kostenerstattung gegeben ist, von dem Antragsgegner für die außergerichtliche Abmahnung verlangt werden. Zahlt dieser diese nicht außergerichtlich, können diese in dem anschließenden gerichtlichen Hauptsacheverfahren mit eingeklagt werden.

---

[205] BGH WRP 2006, 237 = BB 2006, 127.

[206] Anders wohl Müller-Rabe in Gerold/Schmidt Anhang II Rn. 144, der ausnahmsweise eine Festsetzung der Kosten für die außergerichtliche Abmahnung in dem einstweiligen Verfügungsverfahren als zulässig erachtet, wenn der materiell-rechtliche Kostenerstattungsanspruch nach Grund und Höhe anerkannt und unbestritten ist.

[207] BGH Urteil vom 22. 3. 2011 – VI ZR 63/10 – JurBüro 2011, 470.

606 Hatte der Rechtsanwalt nach Abschluss des einstweiligen Verfügungsverfahrens von seinem Mandanten einen weiteren außergerichtlichen Vertretungsauftrag erhalten, in dessen Rahmen er von dem Gegner die sogenannte **Abschlusserklärung** einfordern soll, so entsteht hierfür in der Regel eine **weitere – gesonderte – Geschäftsgebühr.** Diese entsteht neben der Geschäftsgebühr, die bereits vor dem einstweiligen Verfügungsverfahren durch die Abmahnung entstanden ist.[208] Für das Abschlussschreiben (Aufforderung zur Abgabe einer Abschlusserklärung nach Erlass einer einstweiligen Verfügung) wird in der Regel eine Geschäftsgebühr der Nr. 2300 VV RVG (0,5 bis 2,5) entstehen und nicht nur eine Geschäftsgebühr der Nr. 2301 VV RVG (0,3).[209]

607 Das Abschlussschreiben gehört hinsichtlich der Anwaltsgebühren zur angedrohten Hauptsacheklage und nicht mehr zum vorangegangenen einstweiligen Verfügungsverfahren.[210] Kommt es nicht zu einem Hauptsacheprozess, weil der Gegner die geforderte Abschlusserklärung abgibt, ist die Geschäftsgebühr für das außergerichtliche Abschlussschreiben nicht auf die Verfahrensgebühr des vorangegangenen einstweiligen Verfügungsverfahrens anzurechnen, sondern bleibt anrechnungsfrei bestehen. Folgt dem außergerichtlichen Abschlussschreiben eine Klage zur Hauptsache, so ist die für das Abschlussschreiben entstandene Geschäftsgebühr auf die in dem Hauptsacheprozess entstandene Verfahrensgebühr gemäß der Vorbemerkung 3 Abs. 4 VV RVG zur Hälfte, höchstens mit einem Gebührensatz von 0,75 auf die Verfahrensgebühr des gerichtlichen Hauptsacheverfahrens anzurechnen.

608 **Beispiel:** In einer wettbewerbsrechtlichen Angelegenheit ist der Rechtsanwalt beauftragt, die endgültige Unterlassung von Wettbewerbsverstößen gegenüber dem Gegner durchzusetzen. Der Rechtsanwalt soll zunächst außergerichtlich eine Abmahnung fertigen (Wert: 20.000,00 EUR). Die Gegenseite meldet sich und teilt mit, dass sie zu einem Einlenken nicht bereit sei.

Daraufhin wird der Rechtsanwalt beauftragt, eine einstweilige Verfügung auf Unterlassung in die Wege zu leiten. Der Beschluss ergeht ohne mündliche Verhandlung. Der Gegenstandswert wird auf 10.000,00 EUR festgesetzt.

Nach Zustellung der einstweiligen Verfügung wird der Rechtsanwalt beauftragt, von der Gegenseite zunächst außergerichtlich eine Abschlusserklärung einzufordern. Die Gegenseite soll die einstweilige Verfügung zur Klagevermeidung als endgültige Regelung anerkennen.

Da die Gegenseite nicht fristgerecht die geforderte Abschlusserklärung abgibt, wird der Rechtsanwalt beauftragt, Klage zur Hauptsache zu erheben. In dem bürgerlichen Rechtsstreit findet ein Termin zur mündlichen Verhandlung statt, in welchem der Rechtsanwalt den Mandanten vertritt. Anschließend ergeht ein obsiegendes Urteil.

Der Rechtsanwalt kann berechnen:

Abmahnung

Gegenstandswert: 20.000,00 EUR	
1) 1,5 Geschäftsgebühr §§ 2, 13, 14 RVG iVm Nr. 2300 VV RVG	1.113,00 EUR
2) Pauschale für Entgelte für Post- und Telekommunikationsdienstleistungen Nr. 7002 VV RVG	20,00 EUR
zzgl. evtl. weiterer Auslagen und Umsatzsteuer.	

Einstweilige Verfügung

Gegenstandswert: 10.000,00 EUR	
1) 1,3 Verfahrensgebühr §§ 2, 13, 14 RVG iVm Nr. 3100 VV RVG	725,40 EUR
hierauf nach der überwiegenden Meinung nach der Vorbemerkung 3 Abs. 4 VV RVG anzurechnen	
./. 0,75 Geschäftsgebühr (für Abmahnung) nach Wert: 10.000,00 EUR	418,50 EUR
verbleiben von der Verfahrensgebühr:	306,90 EUR
2) Pauschale für Entgelte für Post- und Telekommunikationsdienstleistungen Nr. 7002 VV RVG	20,00 EUR
zzgl. evtl. weiterer Auslagen und Umsatzsteuer.	

[208] BGH Urteil vom 12. 3. 2009 – IX ZR 10/08.
[209] BGH JurBüro 2010, 591; BGH JurBüro 2015, 526.
[210] BGH JurBüro 2008, 361.

Abschlusserklärung
Gegenstandswert: 20.000,00 EUR

1) 1,3 Geschäftsgebühr §§ 2, 13, 14 RVG iVm Nr. 2300 VV RVG	964,60 EUR
2) Pauschale für Entgelte für Post- und Telekommunikationsdienstleistungen Nr. 7002 VV RVG	20,00 EUR

zzgl. evtl. entstandener weiterer Auslagen und Umsatzsteuer.

Klage zur Hauptsache
Gegenstandswert: 20.000,00 EUR

1) 1,3 Verfahrensgebühr §§ 2, 13, 14 RVG iVm Nr. 3100 VV RVG	964,60 EUR
hierauf anzurechnen gem. der Vorbemerkung 3 Abs. 4 VV RVG 0,65 Geschäftsgebühr (für Abschlusserklärung)	482,30 EUR
verbleiben von der Verfahrensgebühr	482,30 EUR
2) 1,2 Terminsgebühr §§ 2, 13, 14 RVG iVm Nr. 3104 VV RVG	890,40 EUR
3) Pauschale für Entgelte für Post- und Telekommunikationsdienstleistungen Nr. 7002 VV RVG	20,00 EUR

zzgl. evtl. entstandener weiterer Auslagen und Umsatzsteuer.

Schließt man sich der überwiegenden Meinung an, wäre die Geschäftsgebühr für die Abmahnung auf die Verfahrensgebühr des nachfolgenden einstweiligen Verfügungsverfahrens anzurechnen (→ Kap. E Rn. 601). Wenn man sich der Mindermeinung[211] von *Müller-Rabe* oder *Weber* anschließt, wäre die durch die Abmahnung ausgelöste Geschäftsgebühr Nr. 2300 VV RVG nicht auf die in dem einstweiligen Verfügungsverfahren entstandene Verfahrensgebühr anzurechnen. Auch die Geschäftsgebühr für die Abmahnung wäre dann auf die in der Klage zur Hauptsache entstandene Verfahrensgebühr anzurechnen. Nach Satz 2 der Vorbemerkung 3 Abs. 4 VV RVG ist aber, wenn mehrere Geschäftsgebühren entstanden sind, nur die zuletzt entstandene Geschäftsgebühr auf die Verfahrensgebühr des gerichtlichen Verfahrens anzurechnen. Folglich wäre dann hier nur die Geschäftsgebühr anzurechnen, die durch außergerichtliche Vertretung wegen Erlangung der Abschlusserklärung entstanden ist.

Gibt der Gegner die geforderte Abschlusserklärung nicht ab, folgt in der Regel eine 609
Klage zur Hauptsache. In dem Hauptsacheverfahren erhält der Rechtsanwalt Gebühren nach Teil 3 VV RVG. In der Regel wird eine

- 1,3 Verfahrensgebühr Nr. 3100 VV RVG
- 1,2 Terminsgebühr Nr. 3104 VV RVG

und, wenn auch deren Tatbestand erfüllt worden ist, eine 1,0 Einigungsgebühr Nrn. 1000, 1003 VV RVG

zzgl. Auslagen und Umsatzsteuer entstehen.

Diese Gebühren entstehen völlig unabhängig von den Gebühren, die dem Prozess- bzw. Verfahrensbevollmächtigten bereits in dem einstweiligen Verfügungsverfahren entstanden sind. Denn das einstweilige Verfügungsverfahren und die Klage zur Hauptsache sind nach § 17 Nr. 4 b RVG verschiedene gebührenrechtliche Angelegenheiten.

In dem Hauptsacheprozess können zum einen die durch die Abmahnung entstan- 610
denen vorprozessualen Kosten mit eingeklagt werden (siehe hierzu Beispiel → Rn. 605 dieses Kapitels) und zum anderen auch die durch das Abschlussschreiben entstandenen weiteren vorprozessualen Kosten. Wird für das Abschlussschreiben die volle Geschäftsgebühr (ohne Berücksichtigung der in der Vorbemerkung 3 Abs. 4 VV RVG vorgeschriebenen Anrechnung) eingeklagt und wird diese auch in dem Urteil tituliert, so ist in der Kostenfestsetzung im Anschluss an das Hauptsacheverfahren die in der Vorbemerkung 3 Abs. 4 VV RVG vorgeschriebene Anrechnung der Geschäftsgebühr für das Abschlussschreiben auf die Verfahrensgebühr des gerichtlichen Hauptsacheverfahrens zu berücksichtigen (§ 15a Abs. 2 RVG). Voraussetzung dafür, dass die entstandenen vorprozessualen Kosten erfolgreich mit eingeklagt werden können, ist natürlich, dass insoweit eine materiell-rechtliche Anspruchsgrundlage gegeben ist, wonach der Gegner diese Kosten zu erstatten hat.

[211] Nachweise vgl. Fußnote 203 dieses Kapitels.

611 Gibt der Abgemahnte nach dem außergerichtlichen Abschlussschreiben die geforderten Erklärungen ab und folgt kein Hauptsacheprozess, sind die Kosten für das Abschlussschreiben zu erstatten, wenn

- der Gläubiger vor Übersendung des Abschlussschreibens dem Schuldner eine angemessene **Wartefrist von 2 Wochen nach Zustellung des Urteils** durch das die einstweilige Verfügung erlassen oder bestätigt worden ist, eingeräumt hat
- der Gläubiger dem Schuldner in dem Abschlussschreiben eine **Erklärungsfrist von mindestens 2 Wochen** – seit Zugang des Abschlussschreibens – für die Prüfung der Frage einräumt, ob er die Abschlusserklärung abgeben will oder nicht
- die Summe aus Warte- und Erklärungsfrist **nicht kürzer** ist **als** die **Berufungsfrist.**[212]

Zusammenfassung

612 ▶ In wettbewerbsrechtlichen Angelegenheiten entsteht für die Abmahnung in der Regel eine (0,5 bis 2,5) Geschäftsgebühr Nr. 2300 VV RVG. Diese Geschäftsgebühr ist nach herrschender Auffassung auf die Verfahrensgebühr des anschließenden einstweiligen Verfügungsverfahrens nach Maßgabe der Vorbemerkung 3 Abs. 4 VV RVG anzurechnen.

▶ In dem anschließenden einstweiligen Verfügungsverfahren entstehen gesonderte Gebühren nach Teil 3 VV RVG, in der Regel eine 1,3 Verfahrensgebühr Nr. 3100 VV RVG und, wenn deren Tatbestand erfüllt worden ist, auch eine 1,2 Terminsgebühr Nr. 3104 VV RVG und eine 1,0 Einigungsgebühr Nrn. 1000, 1003 VV RVG.

▶ Für das Abschlussschreiben, in dem eine Abschlusserklärung vom Gegner gefordert wird, entsteht eine weitere, gesonderte (0,5 bis 2,5) Geschäftsgebühr Nr. 2300 VV RVG. Diese Geschäftsgebühr ist gebührenrechtlich dem Hauptsacheprozess zuzuordnen und nur auf die in dem nachfolgenden Hauptsacheprozess entstehende Verfahrensgebühr nach Maßgabe der Vorbemerkung 3 Abs. 4 VV RVG anzurechnen. Folgt kein Hauptsacheprozess, bleibt die für die Abschlusserklärung entstandene Geschäftsgebühr anrechnungsfrei bestehen.

▶ In dem Hauptsacheverfahren entstehen dem Prozess- bzw. Verfahrensbevollmächtigten gesonderte Gebühren nach Teil 3 VV RVG. In der Regel wird eine 1,3 Verfahrensgebühr Nr. 3100 VV RVG, eine 1,2 Terminsgebühr Nr. 3104 VV RVG und, vorausgesetzt auch deren Tatbestand wird erfüllt, eine 1,0 Einigungsgebühr Nrn. 1000, 1003 VV RVG entstehen.

12. Urkunden- oder Wechselprozess

613 Macht der Kläger einen Anspruch aus einer Urkunde, einem Wechsel oder einem Scheck geltend, so wird er im Urkunden-, Wechsel- oder Scheckprozess gemäß §§ 592 ff. ZPO klagen. Die Wahl dieser Verfahrensart bringt dem Kläger nämlich eine schnellere Durchsetzung seines Anspruches, weil

- im Urkunden- oder Wechselprozess als Beweismittel bezüglich der Echtheit oder Unechtheit einer Urkunde nur Urkunden und der Antrag auf Parteivernehmung zulässig ist (§ 595 Abs. 2 ZPO)
- eine Widerklage nicht statthaft ist (§ 595 Abs. 1 ZPO)
- Einwendungen des Beklagten als im Urkundenprozess unstatthaft zurückzuweisen sind, wenn der dem Beklagten obliegende Beweis nicht mit den im Urkundenprozess zulässigen Beweismitteln angetreten oder mit solchen Beweismitteln nicht vollständig geführt werden kann (§ 598 ZPO)
- im Wechselprozess kürzere Ladungsfristen als im ordentlichen Zivilprozess gelten (§ 604 Abs. 2 ZPO)

---

[212] BGH JurBüro 2015, 526.

- ein nach Landesrecht unter Umständen vorgeschriebener Einigungsversuch vor einer Gütestelle entbehrlich ist (§ 15a Abs. 2 S. 1 Nr. 4 EGZPO)
- trotz Einwendung des Beklagten gegen die Forderung (für die ihm die im Urkunden- oder Wechselprozess zulässigen Beweismittel – §§ 595 Abs. 2, 598 ZPO – nicht zur Verfügung stehen) ein **ohne Sicherheitsleistung vorläufig vollstreckbares Vorbehaltsurteil** ergeht (§ 708 Abs. 1 Nr. 4 ZPO).

Dem Beklagten, welcher dem im Urkunden- oder Wechselprozess geltend gemachten Anspruch widersprochen hat, ist in den Fällen, in denen ein Vorbehaltsurteil gegen ihn ergangen ist, die Ausführung seiner Rechte im so genannten Nachverfahren vorbehalten. In diesen Fällen folgt dem Vorbehaltsurteil das Nachverfahren. Dieses wird in Form eines ordentlichen Zivilprozesses geführt. In dem Nachverfahren kann der Beklagte alle Einwendungen vorbringen und ihm stehen auch wieder alle Beweismittel der ZPO zur Verfügung. Das Nachverfahren endet dann wiederum mit einem Urteil.

In Urkunden-, Wechsel- und Schecksachen finden also **in einem Rechtszug zwei Verfahren** statt:

1. Das Urkunden-, Wechsel- oder Scheckverfahren (Vorverfahren) bis zum Vorbehaltsurteil.
2. Das Nachverfahren bis zum Endurteil.

Nach § 17 Nr. 5 RVG sind das Urkunden- oder Wechselverfahren bis zum Vorbe- 614
haltsurteil und das Nachverfahren **verschiedene** – gebührenrechtliche – **Angelegenheiten.**

Auszug aus dem RVG

615

§ 17
Verschiedene Angelegenheiten

Verschiedene Angelegenheiten sind

5. der Urkunden- oder Wechselprozess und das ordentliche Verfahren, das nach Abstandnahme vom Urkunden- oder Wechselprozess oder nach einem Vorbehaltsurteil anhängig bleibt (§§ 596, 600 der Zivilprozessordnung),

Im Nachverfahren können also alle **Gebühren noch einmal entstehen,** ohne Rück- 616
sicht darauf, ob die Gebühren bereits im Urkunden- oder Wechselprozess entstanden ist. Allerdings ist nach Abs. 2 der Anmerkung zu Nr. 3100 VV RVG die in einem Urkunden- und Wechselprozess entstandene **Verfahrensgebühr anzurechnen** auf die in dem Nachverfahren (ordentliche Verfahren nach dem Vorbehaltsurteil oder nach Abstandnahme vom Urkundenprozess) entstandene Verfahrensgebühr.

Auszug aus dem VV RVG

617

Nr.	Gebührentatbestand	Gebühr oder Satz der Gebühr nach § 13 RVG
3100	Verfahrensgebühr, soweit in Nummer 3102 nichts anderes bestimmt ist .... (1) ... (2) Die Verfahrensgebühr für einen Urkunden- oder Wechselprozess wird auf die Verfahrensgebühr für das ordentliche Verfahren angerechnet, wenn dieses nach Abstandnahme vom Urkunden- oder Wechselprozess oder nach einem Vorbehaltsurteil anhängig bleibt (§§ 596, 600 ZPO).	1,3

618 Im Ergebnis wird also die Verfahrensgebühr nicht zweimal berechnet werden können. Ist aber der Gegenstandswert im Nachverfahren höher als im vorangegangen Urkunden- oder Wechselprozess, entsteht die Verfahrensgebühr nach dem höheren Wert und die Differenzen können noch abgerechnet werden (nachfolgendes Beispiel → Rn. 625).

Die Gebühren entstehen natürlich nur dann sowohl im Urkunden- oder Wechselprozess und auch im Nachverfahren, wenn der Rechtsanwalt auch in beiden Verfahrensabschnitten die entsprechenden Tätigkeiten ausgeübt hat, die die Gebühren auslösen.

619 **Beispiel:** Es wird Klage im Urkundenprozess über 12.000,00 EUR erhoben. Der Prozessbevollmächtigte vertritt die Partei in dem ersten Termin. Nach durchgeführter Parteivernehmung ergeht ein Vorbehaltsurteil. Danach folgt das Nachverfahren. In dem Nachverfahren vertritt der Rechtsanwalt die Partei in dem Termin und auch in der anschließenden Beweisaufnahme. Schließlich vergleichen sich die Parteien auf Zahlung eines Betrages in Höhe von 8.000,00 EUR zur Abgeltung der Klageforderung.

Der Prozessbevollmächtigte kann berechnen:

Urkundenprozess	
Gegenstandswert: 12.000,00 EUR	
1) 1,3 Verfahrensgebühr §§ 2, 13 RVG iVm Nr. 3100 VV RVG	785,20 EUR
2) 1,2 Terminsgebühr §§ 2, 13 RVG iVm Nr. 3104 VV RVG	724,80 EUR
zzgl. Auslagen und Umsatzsteuer	
Nachverfahren	
Gegenstandswert: 12.000,00 EUR	
1) 1,3 Verfahrensgebühr §§ 2, 13 RVG iVm Nr. 3100 VV RVG	785,20 EUR
Hierauf anzurechnen nach Abs. 2 der Anm. zu Nr. 3100 VV RVG:	
1,3 Verfahrensgebühr aus dem Urkundenprozess	785,20 EUR
verbleiben von der Verfahrensgebühr	0,00 EUR
2) 1,2 Terminsgebühr §§ 2, 13 RVG iVm Nr. 3104 VV RVG	724,80 EUR
3) 1,0 Einigungsgebühr §§ 2, 13 RVG iVm Nr. 1003 VV RVG	604,00 EUR
zzgl. Auslagen und Umsatzsteuer.[213]	

620 Nach § 15a Abs. 1 RVG hat der Rechtsanwalt ein Wahlrecht, ob er die in Abs. 2 der Anmerkung zu Nr. 3100 VV RVG vorgeschriebene Anrechnung der Verfahrensgebühr für den Urkunden- oder Wechselprozess bereits bei der Abrechnung der Vergütung für den Urkunden- oder Wechselprozess berücksichtigt oder erst bei der Abrechnung der Vergütung für das Nachverfahren, wie im vorangegangenem Beispiel → Rn. 619.

621 Die Ausübung des Wahlrechts durch den Rechtsanwalt will insbesondere dann gut durchdacht sein, wenn die Kostenverteilung betreffend den Urkunden- oder Wechselprozess und im Nachverfahren unterschiedlich ist. Dann wird der Rechtsanwalt die für seinen Mandanten günstigste Konstellation wählen (→ Kap. E Rn. 562 zur ähnlichen Situation bei einem selbstständigem Beweisverfahren und der Hauptsache).

622 Ist der Gegenstandswert im Nachverfahren niedriger als im vorangegangenem Urkunden- oder Wechselprozess, so ist die Verfahrensgebühr des Urkunden- oder Wechselprozesses nur nach dem niedrigeren Wert des Nachverfahrens anzurechnen.

623 **Beispiel:** Es wird Klage im Wechselprozess über 18.000,00 EUR erhoben. Der Prozessbevollmächtigte vertritt die Partei in dem ersten Termin. Der Beklagte erkennt 6.000,00 EUR an und behält sich im Übrigen die Geltendmachung von Einwendungen im Nachverfahren vor. Es ergeht ein Teilanerkenntnisurteil über 6.000,00 EUR, im Übrigen ein Vorbehaltsurteil. Im Nachverfahren verfolgt der Kläger den nicht anerkannten Anspruch in Höhe von 12.000,00 EUR weiter. Im Nachverfahren finden zwei Termine statt. In diesen beiden Terminen wird die Partei von dem Rechtsanwalt vertreten. Anschließend ergeht ein Endurteil.

[213] Mayer/Kroiß Nr. 3100 VV Rn. 10; Gerold/Schmidt 3100 VV Rn. 90 ff.; Hansens/Braun/Schneider Teil 8 Rn. 524.

Der Rechtsanwalt kann berechnen:

Wechselprozess

Gegenstandswert: 18.000,00 EUR	
1) 1,3 Verfahrensgebühr §§2, 13 RVG iVm Nr. 3100 VV RVG	904,80 EUR
2) 1,2 Terminsgebühr §§2, 13 RVG iVm Nr. 3104 VV RVG	835,20 EUR
zzgl. Auslagen und Umsatzsteuer	

Nachverfahren

Gegenstandswert: 12.000,00 EUR	
1) 1,3 Verfahrensgebühr §§2, 13 RVG iVm Nr. 3100 VV RVG	785,20 EUR
Hierauf anzurechnen nach Abs. 2 der Anm. zu Nr. 3100 VV RVG:	
1,3 Verfahrensgebühr aus dem Urkundenprozess nach Wert: 12.000,00 EUR	785,20 EUR
verbleiben von der Verfahrensgebühr:	0,00 EUR
2) 1,2 Terminsgebühr §§2, 13 RVG iVm Nr. 3104 VV RVG	724,80 EUR
zzgl. Auslagen und Umsatzsteuer.	

Die Verfahrensgebühr aus dem Wechselprozess ist hier nur nach einem Wert von 12.000,00 EUR anzurechnen, da in dem Nachverfahren auch nur eine Verfahrensgebühr nach 12.000,00 EUR entstanden ist.

Ist der Gegenstandswert im Nachverfahren höher als im vorangegangenen Urkunden- oder Wechselprozess, so ist die Verfahrensgebühr des Urkunden- oder Wechselprozesses nur nach dem niedrigeren Wert des Urkunden- oder Wechselprozesses anzurechnen. 624

Beispiel: Es wird Klage im Urkundenprozess über 20.000,00 EUR erhoben. Der Prozessbevoll- 625
mächtigte vertritt die Partei in dem ersten Termin. Es ergeht ein Vorbehaltsurteil. Danach folgt das Nachverfahren. In diesem wird die Klage um 10.000,00 EUR erhöht. In dem Nachverfahren vertritt der Rechtsanwalt die Partei in einem Termin und auch in der anschließenden Beweisaufnahme. Schließlich vergleichen sich die Parteien auf Zahlung eines Betrages in Höhe von 18.000,00 EUR zur Abgeltung der gesamten Klageforderung.

Der Prozessbevollmächtigte kann berechnen:

Urkundenprozess

Gegenstandswert: 20.000,00 EUR	
1) 1,3 Verfahrensgebühr §§2, 13 RVG iVm Nr. 3100 VV RVG	964,60 EUR
2) 1,2 Terminsgebühr §§2, 13 RVG iVm Nr. 3104 VV RVG	890,40 EUR
zzgl. Auslagen und Umsatzsteuer	

Nachverfahren

Gegenstandswert: 30.000,00 EUR	
1) 1,3 Verfahrensgebühr §§2, 13 RVG iVm Nr. 3100 VV RVG	1.121,90 EUR
Hierauf anzurechnen nach Abs. 2 der Anm. zu Nr. 3100 VV RVG:	
1,3 Verfahrensgebühr aus dem Urkundenprozess nach Wert: 20.000,00 EUR	964,60 EUR
verbleiben von der Verfahrensgebühr:	157,30 EUR
2) 1,2 Terminsgebühr §§2, 13 RVG iVm Nr. 3104 VV RVG	1.035,60 EUR
3) 1,0 Einigungsgebühr §§2, 13 RVG iVm Nr. 1003 VV RVG	863,00 EUR
zzgl. Auslagen und Umsatzsteuer.[214]	

Nimmt der Kläger in einem Urkundenprozess im ersten Termin vom Urkundenver- 626
fahren Abstand und wird in demselben Termin sodann im ordentlichen Verfahren verhandelt, fällt die Terminsgebühr zweimal an, einmal für das Urkundenverfahren und einmal für das Nachverfahren. Dies obwohl beide Termine in „einem zeitlichen Termin" stattgefunden haben.[215]

Die Gebühren entstehen sowohl im Urkunden- oder Wechselprozess als auch im Nachverfahren nach dem Wert der in dem jeweiligen Verfahrensabschnitt geltend gemachten Ansprüche. Zinsen, Provisionen und Protestkosten bleiben beim Gegenstandswert unberücksichtigt, wenn sie als Nebenforderung geltend gemacht werden (§ 23 Abs. 1 S. 1 RVG – § 43 Abs. 1 S. 1 GKG – § 4 ZPO).

214 Hansens/Braun/Schneider Teil 8 Rn. 525.

215 Gerold/Schmidt VV 3100 Rn. 89; Schneider, Fälle und Lösungen zum RVG, § 18 Beispiel 2; Schneider AGS 2005, 100.

627 Der Rechtsanwalt erhält sowohl für den Urkundenprozess als auch für das Nachverfahren eine gesonderte Pauschale für Entgelte für Post- und Telekommunikationsleistungen nach Nr. 7002 VV RVG. Denn aus der Anmerkung zu Nr. 7002 VV RVG geht hervor, dass die Pauschale **in jeder Angelegenheit** gefordert werden kann. Der Urkunden- oder Wechselprozess und das Nachverfahren sind gemäß § 17 Nr. 5 RVG verschiedene Angelegenheiten.

628 **Praxistipp:**

Wird der Anspruch im Urkunden- oder Wechselprozess anstatt in einem ordentlichen Zivilprozess verfolgt, bringt dies nicht nur dem Mandanten erhebliche Vorteile (→ Rn. 613 dieses Kapitels), sondern das Gebührenaufkommen des Rechtsanwaltes ist auch wesentlich höher (in der Regel zusätzliche Terminsgebühr für das Nachverfahren). Daher sollte stets geprüft werden, ob es nicht möglich ist, den Anspruch im Urkundenprozess geltend zu machen. In der Praxis ist hinreichend bekannt, dass Ansprüche aus zu Protest gegangenen Wechseln oder Schecks im Wechsel- oder Scheckprozess geltend gemacht werden können. Häufig wird aber übersehen, dass auch Ansprüche aus anderen Urkunden im Urkundenprozess verfolgt werden können, wie zB
- Anspruch auf Abschlagszahlung nach § 632a BGB[216]
- Anspruch auf Zahlung des Werklohns auf der Grundlage einer Fertigstellungsbescheinigung nach § 641a BGB[217]
- Anspruch des Bestellers auf Rückzahlung überzahlter Abschläge[218]
- Anspruch auf Duldung der Zwangsvollstreckung zB aus einer Hypothek, Grundschuld, Rentenschuld und Schiffshypothek,[219]
- Anspruch auf Zahlung von Miete sowohl aus Mietverträgen über gewerblich genutzte Räume[220] als auch aus Mietverträgen für Wohnraum[221] und auch für Betriebskostennachzahlungen aus Wohnraummietverträgen[222]
- Anspruch gegen den Bürgen aus dem Bürgschaftsvertrag[223]
- Rückgriffsanspruch des Bürgen gegen den Hauptschuldner.[224]

Die vorstehende Aufzählung ist nur beispielhaft und nicht abschließend. Wie sich aus den unter den entsprechenden Fußnoten aufgeführten Nachweisen ergibt, ist es auch teilweise umstritten, ob die Ansprüche tatsächlich im Urkundenprozess geltend gemacht werden können. Daher ist in jedem Einzelfall zu prüfen, ob die Geltendmachung des Anspruches im Urkundenprozess tatsächlich zulässig ist. Grundsätzlich kann nach § 592 ZPO ein Anspruch, welcher die Zahlung einer bestimmten Geldsumme oder die Leistung einer bestimmten Menge anderer vertretbarer Sachen oder Wertpapiere zum Gegenstand hat, im Urkundenprozess geltend gemacht werden, wenn **die sämtlichen zur Begründung des Anspruchs erforderlichen Tatsachen durch Urkunden bewiesen werden können.**

629 Auch wird der Rechtsanwalt zur Vermeidung einer Pflichtverletzung seinerseits aus dem Mandatsvertrag stets gehalten sein, zu prüfen, ob der Anspruch nicht im Urkundenverfahren geltend gemacht werden kann. Denn die schnellere Durchsetzung des Anspruchs im Urkundenprozess kann die Ansprüche des Mandanten unter Umständen noch sichern, während bei Durchsetzung der Ansprüche im ordentlichen Zivil-

---

216 Musielak/Voit ZPO § 592 Rn. 5.
217 Musielak/Voit ZPO § 592 Rn. 5.
218 Musielak/Voit ZPO § 592 Rn. 5 mwN.
219 Musielak/Voit ZPO § 592 Rn. 6 mit weiteren beispielhaften Aufzählungen und Nachweisen.
220 BGH NJW 1999, 1408 = NZM 1999, 401 = WM 1999, 1286.
221 BGH NJW 2005, 2701; wird teilweise kritisch gesehen: Baumbach/Lauterbach ZPO § 592 Rn. 5; Zöller ZPO § 592 Rn. 2; Musielak/Voit ZPO § 592 Rn. 5 und 9a.
222 BGH Urteil vom 22. 10. 2014 – VIII ZR 41/14.
223 Musielak/Voit ZPO § 592 Rn. 9.
224 Musielak/Voit ZPO § 592 Rn. 9; anderer Meinung: Zöller ZPO § 592 Rn. 2.

prozess die Ansprüche gegenüber dem Mandanten schon nicht mehr durchsetzbar sein könnten.

Zusammenfassung

- Der Urkunden- oder Wechselprozess und das als Nachverfahren folgende ordentliche Verfahren sind verschiedene gebührenrechtliche Angelegenheiten (§ 17 Abs. 5 RVG). 630
- Im Nachverfahren können also alle Gebühren noch einmal entstehen, unabhängig davon, ob diese schon in dem vorangegangenen Urkunden- oder Wechselprozess entstanden sind. Lediglich die im Urkunden- oder Wechselprozess entstandene Verfahrensgebühr ist auf die im Nachverfahren entstandene Verfahrensgebühr anzurechnen (Abs. 2 der Anmerkung zu Nr. 3100 VV RVG).

13. Korrespondenz-/Verkehrsanwalt

Korrespondenzanwalt – auch Verkehrsanwalt genannt – ist der Rechtsanwalt, der 631
für die Mandantschaft den Schriftverkehr mit dem Prozessbevollmächtigten führt. Er tritt dann auf, wenn der Rechtsstreit bei einem Gericht geführt werden muss, welches von dem Wohnort des Mandanten weit entfernt liegt. Ist die Partei selbst nicht in der Lage, ihren am Ort des zuständigen Gerichts ansässigen Prozessbevollmächtigten schriftlich mit den notwendigen Informationen zu versehen und ist es ihr auch nicht möglich, zu ihrem auswärtigen Prozessbevollmächtigten zu reisen, um diesem in persönlichen Gesprächen die notwendigen Informationen zu erteilen, so kann sie einen Rechtsanwalt an ihrem Wohnort oder in dessen Nähe mit der Führung der notwendigen Korrespondenz mit dem auswärtigen Prozessbevollmächtigten beauftragen. Auch wenn der Korrespondenzanwalt selbst bei dem auswärtigen Prozessgericht postulationsfähig ist, kann es durchaus sinnvoll sein, wenn der am Wohnsitz der Partei ansässige Rechtsanwalt nur als Korrespondenzanwalt tätig wird und ein am Sitz des zuständigen Gerichts ansässiger Rechtsanwalt als Prozessbevollmächtigter auftritt. Denn der am Wohnsitz der Partei ansässige Rechtsanwalt müsste, wenn er selbst Prozessbevollmächtigter würde, entweder selbst zu dem Prozessgericht reisen, um die dort anstehenden Termine wahrzunehmen oder aber er müsste einen Unterbevollmächtigten/Terminsvertreter einschalten.

Der Korrespondenzanwalt kommt heute meist nur noch im Revisionsverfahren vor 632
dem BGH vor. Meist wird der Mandant einen Rechtsanwalt an seinem Wohnort als Prozessbevollmächtigten beauftragen, der dann mit einem Terminsvertreter mit Kanzleisitz am Gerichtsort zusammenarbeitet.

Zusammenfassung

- Rechtsanwalt am Wohnsitz des Mandanten = Korrespondenz-/Verkehrsanwalt 633
- Rechtsanwalt am Gerichtsort = Prozessbevollmächtigter.

13.1 Gebühren beim Korrespondenz-/Verkehrsanwalt

Auszug aus dem VV RVG

634

Nr.	Gebührentatbestand	Gebühr oder Satz der Gebühr nach § 13 RVG
	Abschnitt 4. Einzeltätigkeiten	
	Vorbemerkung 3.4: (1) Für in diesem Abschnitt genannte Tätigkeiten entsteht eine Terminsgebühr nur, wenn dies ausdrücklich bestimmt ist.	
3400	Der Auftrag beschränkt sich auf die Führung des Verkehrs der Partei oder des Beteiligten mit dem Verfahrensbevollmächtigten: Verfahrensgebühr ...... Die gleiche Gebühr entsteht auch, wenn im Einverständnis mit dem Auftraggeber mit der Übersendung der Akten an den Rechtsanwalt des höheren Rechtszugs gutachterliche Äußerungen verbunden sind.	in Höhe der dem Verfahrensbevollmächtigten zustehenden Verfahrensgebühr, höchstens 1,0, bei Betragsrahmengebühren höchstens 420,00 €
3405	Endet der Auftrag 1. im Fall der Nummer 3400, bevor der Verfahrensbevollmächtigte beauftragt oder der Rechtsanwalt gegenüber dem Verfahrensbevollmächtigten tätig geworden ist, 2. im Fall der Nummer 3401, bevor der Termin begonnen hat: Die Gebühren 3400 und 3401 betragen ...... Im Fall der Nummer 3403 gilt die Vorschrift entsprechend.	höchstens 0,5, bei Betragsrahmengebühren höchstens 210,00 €

13.1.1 Verfahrensgebühr

635 Für die Führung des Schriftverkehrs der Mandantschaft mit dem Prozess- oder Verfahrensbevollmächtigten erhält der Rechtsanwalt nach Nr. 3400 VV RVG eine **Verfahrensgebühr in Höhe der dem Prozessbevollmächtigten zustehenden Verfahrensgebühr, höchstens jedoch eine 1,0 Gebühr.** Der Prozessbevollmächtigte in einem Zivilprozess erhält in dem I. Rechtszug eine 1,3 Verfahrensgebühr. Da der Korrespondenzanwalt nach Nr. 3400 VV RVG aber höchstens eine 1,0 Gebühr erhalten kann, steht dem Korrespondenzanwalt nicht die Verfahrensgebühr in Höhe von 1,3 zu, sondern nur in Höhe von 1,0, wenn er die Korrespondenz zwischen dem Mandanten und dem Prozessbevollmächtigten führt, der diesen in einem Zivilprozess des I. Rechtszuges vertritt.

636 Ist ein Zivilprozess in der Berufung anhängig, entsteht dem Prozessbevollmächtigten die Verfahrensgebühr in Höhe von 1,6. Ist der Zivilprozess in der Revision anhängig, entsteht dem Prozessbevollmächtigten die Verfahrensgebühr ebenfalls in Höhe von 1,6 und, wenn die Parteien sich nur durch einen beim Bundesgerichtshof zugelassenen Rechtsanwalt in der Revision vertreten lassen können, in Höhe von 2,3. Infolge der Beschränkung in Nr. 3400 VV RVG wird der Korrespondenzanwalt die Verfahrensgebühr aber auch dann nur in Höhe von 1,0 erhalten, wenn der Zivilprozess in der Berufung oder der Revision anhängig ist.

13.1.1.1 Verfahrensgebühr bei vorzeitiger Beendigung

Endigt der Auftrag des Korrespondenzanwaltes vorzeitig, so erhält er gemäß Nr. 3405 Ziffer 1 VV RVG eine Verfahrensgebühr in der Höhe, wie sie auch der Verfahrens-/Prozessbevollmächtigte bei vorzeitiger Beendigung seines Auftrages erhalten würde, jedoch **höchstens in Höhe von 0,5.** Dem Prozessbevollmächtigten steht in dem I. Rechtszug bei vorzeitiger Beendigung seines Auftrages eine 0,8 Verfahrensgebühr zu (Nr. 3101 Ziffer 1 VV RVG). Der Korrespondenzanwalt kann jedoch infolge der Beschränkung in Nr. 3405 Ziffer 1 VV RVG nur eine 0,5 Verfahrensgebühr bei vorzeitiger Beendigung seines Auftrages erhalten. 637

Eine vorzeitige Beendigung seines Auftrages liegt bei dem Korrespondenzanwalt vor, wenn sein Auftrag endigt, bevor

- er den Verfahrensbevollmächtigten beauftragt hat,
- er gegenüber dem Verfahrensbevollmächtigten tätig geworden ist (Nr. 3405 Ziffer 1 VV RVG).

13.1.2 Terminsgebühr

In der Regel wird sich mit der Verfahrensgebühr nach Nr. 3400 VV RVG zuzüglich Auslagen und Umsatzsteuer der gebührenrechtliche Anspruch des Korrespondenzanwaltes erschöpfen. 638

Möglich ist meines Erachtens aber, dass der auch als Korrespondenzanwalt tätige Rechtsanwalt eine Terminsgebühr verdient, wenn er auftragsgemäß entsprechend tätig geworden ist. Die Terminsgebühr entsteht dem Korrespondenzanwalt zB für die Vertretung in einem gerichtlichen Termin (mit Ausnahme eines Termins zur Verkündung einer Entscheidung) oder die Wahrnehmung eines von einem gerichtlich bestellten Sachverständigen anberaumten Termins. Dem steht meines Erachtens Abs. 1 der Vorbemerkung 3.4 VV RVG nicht entgegen.[225] 639

Beispiel: Der Korrespondenzanwalt wird von der Partei beauftragt, diese in dem bei dem Prozessgericht (Landgericht) anstehenden Termin zu vertreten. Der Korrespondenzanwalt soll neben dem Prozessbevollmächtigten in dem Termin auftreten. Der Korrespondenzanwalt nimmt auch den Termin wahr. Nach Abschluss der Instanz setzt das Gericht den Gegenstandswert auf 11.000,00 EUR fest. 640

Der Korrespondenzanwalt kann berechnen:

Gegenstandswert: 11.000,00 EUR	
1) 1,0 Verfahrensgebühr §§ 2, 13 RVG iVm Nr. 3400 VV RVG	604,00 EUR
2) 1,2 Terminsgebühr §§ 2, 13 RVG iVm Nrn. 3402, 3104 VV RVG	724,80 EUR
zzgl. Auslagen und Umsatzsteuer.	

In diesem Fall ist dem Korrespondenzanwalt zusätzlich die Terminsgebühr entstanden, da er auftragsgemäß in einem Verhandlungstermin vor Gericht vertreten hat.

Die Terminsgebühr entsteht in diesem Falle nach den Nrn. 3401, 3402 VV RVG, da der Korrespondenzanwalt hier gleichzeitig tätig wird als Terminsvertreter. Die Verfahrensgebühr des Terminsvertreters nach Nr. 3401 VV RVG erhält er nicht noch einmal neben der ihm nach Nr. 3400 VV RVG zustehenden Verfahrensgebühr.

Nach *Müller-Rabe*[226] kann die Terminsgebühr bei dem Korrespondenzanwalt auch dann entstehen, wenn dieser mitwirkt an einer auf die Vermeidung oder Erledigung des gerichtlichen Verfahrens gerichteten Besprechung. 641

13.1.3 Einigungsgebühr

Wenn der Korrespondenzanwalt auch noch beim Abschluss eines Vertrages, durch den der Streit oder die Ungewissheit der Parteien über ein Rechtsverhältnis beseitigt wird oder eines Vergleiches mitwirkt, kann er auch noch die Einigungsgebühr berech- 642

---

[225] Schneider/Wolf VV 3400 Rn. 59; Gerold/Schmidt VV 3400 Rn. 61.
[226] Gerold/Schmidt VV 3400 Rn. 61.

nen. Diese wird, da über den Gegenstand des Verfahrens ein gerichtliches Verfahren anhängig ist, in Höhe von 1,0 nach Nr. 1003 VV RVG entstehen. Der Korrespondenzanwalt wird aber dann nicht mehr an dem Abschluss eines Vertrages/Vergleiches mitwirken können, wenn er nur den vom Prozessbevollmächtigten bei Gericht bereits **fest abgeschlossenen** Vertrag/Vergleich mit der Mandantschaft bespricht. Er wird die Einigungsgebühr aber dann verdienen können, wenn zB ein **Vergleich mit Widerrufsvorbehalt** bei Gericht abgeschlossen worden ist, er diesen mit der Mandantin bespricht und dann dem Prozessbevollmächtigten mitteilt, dass der Vergleich nicht widerrufen werden soll. Er wird die Einigungsgebühr auch dann beanspruchen können, wenn er bereits vor Abschluss des Vertrages/Vergleiches bei Gericht im Hinblick auf diesen tätig geworden ist, also zB Verhandlungen mit der Gegenseite geführt hat oder mit dem Mandanten Vergleichsvorschläge der Gegenseite erörtert hat.[227]

Zusammenfassung

643 ▶ Der Korrespondenz-/Verkehrsanwalt erhält für die Führung des Schriftverkehrs für die Partei mit dem Prozessbevollmächtigten eine Verfahrensgebühr in Höhe der dem Prozessbevollmächtigten zustehenden Verfahrensgebühr, höchstens eine 1,0 Gebühr (Nr. 3400 VV RVG). Mit dieser Verfahrensgebühr ist der Gebührenanspruch des Korrespondenzanwaltes in der Regel erschöpft.

▶ Übt der Korrespondenz-/Verkehrsanwalt auftragsgemäß entsprechende Tätigkeiten aus, kann ihm auch noch eine
1,2 Terminsgebühr nach Nrn. 3402, 3104 VV RVG
und eine 1,0 Einigungsgebühr nach Nr. 1003 VV RVG
entstehen.

13.2 Gebühren des Prozessbevollmächtigten

644 Die gleichzeitige Tätigkeit eines Korrespondenz-/Verkehrsanwaltes berührt den gesetzlichen Gebührenanspruch des Prozessbevollmächtigten nicht. Dieser erhält, wie jeder andere Prozessbevollmächtigter auch, in der Regel eine
1,3 Verfahrensgebühr nach Nr. 3100 VV RVG und eine
1,2 Terminsgebühr nach Nr. 3104 VV RVG.

Damit bei dem Prozessbevollmächtigten die Gebühren anfallen, muss er entsprechende Tätigkeiten ausgeübt haben.

645 **Beispiel:** Der Mandant wohnt in Bremen. Er führt einen Rechtsstreit vor dem Landgericht München über 7.000,00 EUR. Er hat Rechtsanwalt U mit Kanzleisitz in Bremen beauftragt, für ihn die Korrespondenz mit seinem Prozessbevollmächtigten, Rechtsanwalt M in München zu führen. Das Landgericht München bestimmt Termin zur mündlichen Verhandlung. In diesem vertritt Rechtsanwalt M den Mandanten. Nach durchgeführter Beweisaufnahme bestimmt das Landgericht München neuen Termin. In diesem Termin wird unter Mitwirkung von Rechtsanwalt M ein Vergleich geschlossen, wonach die Beklagten zur Abgeltung der Klageforderung 5.000,00 EUR zahlen. Der Vergleich wird ohne Widerrufsvorbehalt abgeschlossen. Rechtsanwalt M in München teilt den Vergleich Rechtsanwalt U in Bremen mit, der diesen mit der Mandantschaft bespricht.

Die für den Kläger tätigen Rechtsanwälte können berechnen:

Rechtsanwalt U, Bremen = Korrespondenzanwalt
Gegenstandswert: 7.000,00 EUR

1) 1,0 Verfahrensgebühr §§ 2, 13 RVG iVm Nr. 3400 VV RVG	405,00 EUR
2) Pauschale für Entgelte für Post- und Telekommunikationsdienstleistungen Nr. 7002 VV RVG	20,00 EUR
	425,00 EUR

zzgl. evtl. entstandener weiterer Auslagen und Umsatzsteuer

Rechtsanwalt M, München = Prozessbevollmächtigter
Gegenstandswert: 7.000,00 EUR

1) 1,3 Verfahrensgebühr §§ 2, 13 RVG iVm Nr. 3100 VV RVG	526,50 EUR

[227] Gerold/Schmidt VV 3400 Rn. 65 ff.

2) 1,2 Terminsgebühr §§ 2, 13 RVG iVm Nr. 3104 VV RVG	486,00 EUR
3) 1,0 Einigungsgebühr §§ 2, 13 RVG iVm Nr. 1003 VV RVG	405,00 EUR
4) Pauschale für Entgelte für Post- und Telekommunikationsdienstleistungen Nr. 7002 VV RVG	20,00 EUR
	1.437,50 EUR

zzgl. evtl. entstandener weiterer Auslagen und Umsatzsteuer.

Der Korrespondenzanwalt kann keine Einigungsgebühr in Ansatz bringen, da er beim Abschluss des Vergleiches nicht mitgewirkt hat.

Zusammenfassung

▶ Der neben dem Korrespondenzanwalt tätige Hauptbevollmächtigte erhält die Gebühren ohne Einschränkungen. 646

13.3 Erstattung der Kosten des Korrespondenzanwaltes

Exkurs

Entstehung und **Erstattung** der Gebühren ist stets zu unterscheiden. 647

Entstehung bedeutet:

In welchem Umfang sind die gesetzlichen Gebühren bei dem Rechtsanwalt entstanden? Ganz entscheidend ist hier der dem Rechtsanwalt vom Mandanten erteilte Auftrag. Ist der Rechtsanwalt auftragsgemäß tätig geworden, sind Gebühren entstanden, deren Tatbestände durch die auftragsgemäße Tätigkeit des Rechtsanwaltes erfüllt worden sind. Der **Mandant** wird dem Rechtsanwalt die entstandenen Gebühren zu zahlen haben.

Erstattung bedeutet:

Inwieweit hat der „unterlegene" Gegner (also derjenige, der den Prozess „verloren" hat und zur Tragung der Kosten verurteilt worden ist) die dem Mandanten entstandenen Anwaltsgebühren zu ersetzen/zu erstatten? Selbst wenn der unterlegene Gegner nach der gerichtlichen Kostengrundentscheidung dem Mandanten dessen Kosten zu erstatten hat, ist immer noch zu prüfen, ob die Kosten, die der Mandant zur Festsetzung gegenüber dem unterlegenen Gegner anmeldet, auch tatsächlich notwendig waren. Denn nach § 91 Abs. 1 S. 1 ZPO sind nur die Kosten zu erstatten, die zur zweckentsprechenden Rechtsverfolgung oder Rechtsverteidigung notwendig waren.

In der Vergangenheit wurde vielfach die Erstattung der durch die Tätigkeit eines 648
Korrespondenzanwaltes entstandenen Gebühren durch den im Prozess unterlegenen Gegner abgelehnt mit der Begründung, diese Kosten seien nicht notwendig gewesen.[228]

Heute wird ein Korrespondenzanwalt in der Praxis allenfalls dann noch eingeschal- 649
tet, wenn es sich um ein Revisionsverfahren vor dem BGH handelt. In der Regel sind aber dann die beim Korrespondenzanwalt entstandenen Gebühren nicht erstattungsfähig. Nach BGH[229] sind die Kosten für einen Korrespondenzanwalt im Revisionsverfahren nur bei Vorliegen besonderer Umstände erstattungsfähig.

Zusammenfassung

▶ Wird der Rechtsanwalt als Korrespondenzanwalt in einem Revisionsverfahren vor 650
dem BGH tätig, sind die entstandenen Mehrkosten nur bei Vorliegen ganz besonderer Umstände erstattungsfähig.

---

[228] Siehe hierzu einschlägige Literatur, wie zB Gerold/Schmidt/von Eicken/Madert BRAGO, 15. Auflage, § 52 Rn. 28 ff.; Hansens BRAGO 8. Auflage § 52 Rn. 17 ff.; Enders, Die BRAGO für Anfänger, 11. Auflage, Rn. 705 ff.

[229] BGH JurBüro 2015, 197.

14. Terminsvertreter/Unterbevollmächtigter

651 Ist der Gerichtsort von dem Ort, an welchem der Prozess- oder Verfahrensbevollmächtigte seinen Kanzleisitz hat, sehr weit entfernt, so kann der Prozess- oder Verfahrensbevollmächtigte einen anderen Rechtsanwalt mit Kanzleisitz am Ort des Prozessgerichtes mit der Vertretung in den Terminen beauftragen. Der am Sitz des Prozessgerichts beauftragte Rechtsanwalt wird dann **Terminsvertreter** genannt.

652 **Beispiel:** Rechtsanwalt X aus Hamburg klagt beim Amtsgericht München eine Forderung von 2.000,00 EUR für seinen Mandanten B aus Hamburg ein. Er beauftragt Rechtsanwalt Z in München als Terminsvertreter tätig zu werden und den Termin zur mündlichen Verhandlung vor dem Amtsgericht München wahrzunehmen.
Rechtsanwalt X, Hamburg = Prozessbevollmächtigter
Rechtsanwalt Z, München = Terminsvertreter.

653 Im Nachstehenden wird der Prozess- oder Verfahrensbevollmächtigte nur als „Prozessbevollmächtigter" bezeichnet. Das nachfolgend für den Prozessbevollmächtigten Ausgeführte gilt aber ebenso auch für einen Verfahrensbevollmächtigten zB in einer familienrechtlichen Angelegenheit.

654 In der Praxis hat sich die Übung herausgebildet, den Rechtsanwalt mit Kanzleisitz am Ort des Prozessgerichts nicht nur zum Terminsvertreter zu bestellen, „sondern ihm die Vertretung in Untervollmacht ganz allgemein zu übertragen. Der Unterbevollmächtigte wird ermächtigt, die Ladungen, Schriftsätze, Entscheidungen usw entgegenzunehmen und den Auftraggeber insoweit voll zu vertreten, als der Verfahrensbevollmächtigte wegen der Entfernung des Gerichts an der Vertretung verhindert ist …".[230] Meines Erachtens ist es ausreichend, wenn der Rechtsanwalt mit Kanzleisitz am Gerichtsort „nur" zum Terminsvertreter bestellt wird.

Eine gesonderte Gebührenregelung findet sich im RVG für den Unterbevollmächtigten nicht. Für ihn gilt daher auch das im Nachstehenden zum Terminsvertreter Ausgeführte.

655 Für die Frage, ob der Prozessbevollmächtigte dem Terminsvertreter den **Auftrag im eigenem Namen oder im Namen des Mandanten** erteilt, ist folgendes zu überdenken:

Nach Ansicht des BGH[231] handelt der Rechtsanwalt **wettbewerbs- und rechtswidrig,** der einem anderen Rechtsanwalt das Mandat – **im Namen des Mandanten** – als Terminsvertreter unter der Bedingung anbietet, dass die erstattungsfähigen **Gebühren geteilt** werden. Denn dann würde der Terminsvertreter weniger an Gebühren erhalten, als ihm nach dem RVG zustehen würde. Der Terminsvertreter würde dann gegen § 49b Abs. 1 BRAO verstoßen, wonach es in gerichtlichen Verfahren unzulässig ist, geringere Gebühren und Auslagen zu vereinbaren oder zu fordern, als sich nach dem RVG ergeben würde.[232]

Der BGH (aaO) stellt in den Entscheidungsgründen seines Urteils ausdrücklich klar, dass kein Verstoß gegen § 49b Abs. 1 BRAO vorliege und damit auch kein wettbewerbs- und rechtswidriges Angebot unterbreitet wird, wenn der Rechtsanwalt dem Terminsvertreter das Mandat **im eigenem Namen** anbietet. Bietet der Rechtsanwalt dem Terminsvertreter das Mandat im eigenem Namen an, kann dies auch zu einer niedrigeren Vergütung als nach dem RVG erfolgen. Es bringt aber für den Prozessbevollmächtigten einige Gefahren mit sich, wenn er den Terminsvertreter in eigenem Namen und nicht im Namen des Mandanten beauftragt.

---

[230] Zitiert nach Gerold/Schmidt VV 3401 Rn. 10.

[231] BGH Urteil vom 1. 6. 2006 – I ZR 268/03 = AGS 2006, 471 = AnwBl. 2006, 672 = JurBüro 2007, 19.

[232] Ausführlich: Enders JurBüro 2007, 1 „Gebührenteilungsabrede von Prozessbevollmächtigten und Terminsvertreter kann wettbewerbswidrig sein. Wie verfahre ich nach der Entscheidung des BGH (JurBüro 2007, 19) in der Praxis?".

Beauftragt der Prozessbevollmächtigte den Terminsvertreter im eigenen Namen, so wird der Terminsvertreter Erfüllungsgehilfe des Prozessbevollmächtigten und verdient die Gebühren für diesen. Prozessbevollmächtigter und Terminsvertreter werden vereinbaren müssen, welche Vergütung der Terminsvertreter für seine Tätigkeit erhalten soll. Diese Vergütung, die der Prozessbevollmächtigte dann an den Terminsvertreter zahlt, wird der Prozessbevollmächtigte nicht ohne weiteres an den Mandanten „weiterberechnen" können. Will der Prozessbevollmächtigte die Vergütung, die er an den Terminsvertreter zahlt, von dem Mandanten ersetzt haben, wird er dies mit dem Mandanten vereinbaren müssen. 656

Der Prozessbevollmächtigte wird, wenn er den Terminsvertreter im eigenen Namen beauftragt, auch persönlich für die Vergütung des Terminsvertreters haften.

Ob die Vergütung, die der Prozessbevollmächtigte, der den Terminsvertreter im eigenen Namen beauftragt hat, an den Terminsvertreter zahlt, von dem unterlegenen Gegner erstattungsfähig ist, erscheint fraglich. Denn nach § 91 ZPO sind nur die gesetzlichen Gebühren und Auslagen eines Rechtsanwaltes zu erstatten. Man könnte versuchen, die Erstattungsfähigkeit damit zu argumentieren, dass man darstellt, dass die an den Terminsvertreter gezahlte Vergütung niedriger ist, als die Reisekosten des Prozessbevollmächtigten bzw. alternativ die gesetzliche Vergütung eines Terminsvertreters.

Auch darf nicht unberücksichtigt bleiben, dass gegenüber der Partei der Prozessbevollmächtigte, wenn er den Terminsvertreter im eigenen Namen beauftragt hat, für Fehler des Terminsvertreters und die daraus der Partei entstehenden Vermögensschäden haftet. Nach *Schons*[233] wird es in der Praxis möglicherweise auch Probleme mit den Vermögensschadenhaftpflichtversicherern der beteiligten Anwälte geben.

Praxistipp: 657

Im Hinblick auf die vorstehend aufgezeigten Probleme sollte der Prozessbevollmächtigte dem Terminsvertreter das Mandat meines Erachtens **im Namen des Mandanten erteilen.** Es sollte bei der „gesetzlichen Verteilung" der Gebühren nach dem RVG bleiben. In dem Auftragsschreiben des Prozessbevollmächtigten an den Terminsvertreter könnte zB wie folgt formuliert werden: ... „hiermit beauftrage ich Sie namens und in Vollmacht des Mandanten ... als Terminsvertreter tätig zu werden ... ." Eine Gebührenteilung sollte nicht vereinbart werden.

Das nachstehend für den Terminsvertreter/Unterbevollmächtigten Ausgeführte gilt auch für den **Beweisanwalt,** der früher in § 54 BRAGO geregelt war. Beweisanwalt ist derjenige Rechtsanwalt, der im Auftrage des Mandanten einen bei einem auswärtigen Gericht stattfindenden Beweistermin wahrnimmt (etwa wenn ein Zeuge im Wege der Rechtshilfe bei seinem Wohnsitzgericht vernommen wird). Da im RVG für den Beweisanwalt keine besonderen gebührenrechtlichen Regelungen getroffen werden, kann dieser dieselben Gebühren verdienen, wie der Terminsvertreter/Unterbevollmächtigte. 658

Zusammenfassung

- Prozess- oder Verfahrensbevollmächtigter (auch Hauptbevollmächtigter genannt) = der Rechtsanwalt mit Kanzleisitz am Wohnsitz des Mandanten oder in dessen Nähe. 659
- Terminsvertreter (Unterbevollmächtigter) = der Rechtsanwalt mit Kanzleisitz am Ort des Gerichts.
- Bei der Prüfung der Frage, ob der Auftrag dem Terminsvertreter im Namen des Mandanten oder im Namen des Prozessbevollmächtigten erteilt wird, sollten die vorstehend aufgezeigten Problematiken bedacht werden. Dies gilt ebenso für die

[233] Schons in Anmerkung zu BGH AGS 2006, 471 (475).

Frage, ob dem Terminsvertreter das Mandat unter der Bedingung der Gebührenteilung angeboten wird.

14.1 Gebühren beim Terminsvertreter

Auszug aus dem VV RVG

660

Nr.	Gebührentatbestand	Gebühr oder Satz der Gebühr nach § 13 RVG
	Abschnitt 4. Einzeltätigkeiten *Vorbemerkung 3.4:* Für in diesem Abschnitt genannte Tätigkeiten entsteht eine Terminsgebühr nur, wenn dies ausdrücklich bestimmt ist.	
3401	Der Auftrag beschränkt sich auf die Vertretung in einem Termin im Sinne der Vorbemerkung 3 Abs. 3: Verfahrensgebühr	in Höhe der Hälfte der dem Verfahrensbevollmächtigten zustehenden Verfahrensgebühr
3402	Terminsgebühr in dem in Nummer 3401 genannten Fall	in Höhe der einem Verfahrensbevollmächtigten zustehenden Terminsgebühr
3405	Endet der Auftrag 1. im Falle der Nummer 3400, bevor der Verfahrensbevollmächtigte beauftragt oder der Rechtsanwalt gegenüber dem Verfahrensbevollmächtigten tätig geworden ist, 2. im Falle der Nummer 3401, bevor der Termin begonnen hat: Die Gebühren 3400 und 3401 betragen .... Im Fall der Nummer 3403 gilt die Vorschrift entsprechend.	höchstens 0,5, bei Betragsrahmengebühren höchstens 210,00 €

14.1.1 Verfahrensgebühr

661 Nr. 3401 VV RVG regelt die Verfahrensgebühr des Rechtsanwaltes, dessen Auftrag auf die Vertretung in einem Termin beschränkt ist. Dies ist der Terminsvertreter. Dieser erhält eine Verfahrensgebühr **in Höhe der Hälfte der dem Verfahrensbevollmächtigten zustehenden Verfahrensgebühr** (Nr. 3401 VV RVG). Da die Verfahrensgebühr in den verschiedenen Rechtszügen unterschiedlich hoch ist, ist zu beachten, **für welchen Rechtszug** der Rechtsanwalt zum Terminsvertreter bestellt worden ist:

I. Rechtszug

662
- Verfahrensgebühr des Prozessbevollmächtigten (Nr. 3100 VV RVG) 1,3
- Verfahrensgebühr des Terminsvertreters (Nr. 3401 iVm Nr. 3100 VV RVG) 0,65

663 **Berufung**
- Verfahrensgebühr des Prozessbevollmächtigten (Nr. 3200 VV RVG). 1,6
- Verfahrensgebühr des Terminsvertreters (Nr. 3401 iVm Nr. 3200 VV RVG). 0,8

Revision (soweit sich die Parteien nicht nur durch einen beim Bundesgerichtshof zugelassenen Rechtsanwalt vertreten lassen können) 664
- Verfahrensgebühr des Prozessbevollmächtigten (Nr. 3206 VV RVG)..... 1,6
- Verfahrensgebühr des Terminsvertreters (Nr. 3401 iVm Nr. 3206 VV RVG)... 0,8.

Soweit das Revisionsverfahren beim Bundesgerichtshof anhängig ist und sich die Parteien nur durch einen dort zugelassenen Rechtsanwalt vertreten lassen können, wird sich die Frage eines Terminsvertreters nicht stellen.

665 Bei dem Terminsvertreter wird die Verfahrensgebühr mit dem ersten Tätigwerden nach Erteilung des Auftrages entstehen. Also wird zB der Schriftsatz des Terminsvertreters an das zuständige Gericht, worin er seine Bestellung zum Terminsvertreter anzeigt und ankündigt, welche Anträge er in dem Termin stellen wird, die Verfahrensgebühr auslösen. Allerdings wird die Verfahrensgebühr nach der in Nr. 3401 VV RVG vorgesehenen Höhe nur entstehen, wenn der Termin begonnen hat und der Terminsvertreter in diesem vertreten hat (→ nachfolgendes Kap. E Rn. 672).

666 Hat der Terminsvertreter in derselben Angelegenheit und wegen desselben Gegenstandes mehrere Personen als Auftraggeber, erhöht sich nach Nr. 1008 VV RVG dessen Verfahrensgebühr Nr. 3401 um 0,3 für jeden weiteren Auftraggeber, maximal um 2,0 (→ Kap. C Rn. 99). Die 0,3 Erhöhung für jeden weiteren Auftraggeber ist zu der zuvor ermittelten Verfahrensgebühr (Hälfte der dem Prozessbevollmächtigten zustehenden Verfahrensgebühr) zu addieren.[234]

667 **Beispiel:** Rechtsanwalt M ist als Terminsvertreter in einem beim Amtsgericht München anhängigen Verfahren tätig. Er hat 3 Personen wegen desselben Gegenstandes als Auftraggeber. Seine Verfahrensgebühr berechnet sich wie folgt:

0,65	Verfahrensgebühr Nr. 3401 VV RVG
+ 0,6	Erhöhung, mehrere Auftraggeber, Nr. 1008 VV RVG
= 1,25	Verfahrensgebühr Nr. 3401, 1008 VV RVG.

14.1.1.1 Verfahrensgebühr bei vorzeitiger Erledigung

668 Nach Nr. 3405 Ziffer 2 VV RVG ermäßigt sich die dem Terminsvertreter zustehende Verfahrensgebühr bei vorzeitiger Beendigung des Auftrags. Eine vorzeitige Beendigung des Auftrages liegt nach Nr. 3405 Ziffer 2 VV RVG vor, wenn der dem Terminsvertreter erteilte Auftrag endigt, **bevor der Termin**, in dem er vertreten soll, **begonnen** hat. Die dem Terminsvertreter im Falle der vorzeitigen Beendigung zustehende Verfahrensgebühr beläuft sich grundsätzlich nach Nr. 3401 VV RVG **in Höhe der Hälfte der dem Verfahrensbevollmächtigten zustehenden Verfahrensgebühr,** aber **höchstens 0,5** (Nr. 3405 Ziffer 2 VV RVG).

669 **Beispiel:** Rechtsanwalt M mit Kanzleisitz in Hannover ist zum Prozessbevollmächtigten bestellt. Er hat Klage bei dem Amtsgericht Stuttgart über 1.800,00 EUR erhoben. Das Gericht bestimmt Termin zur mündlichen Verhandlung. Rechtsanwalt M beauftragt seinen Kollegen A aus Stuttgart, im Namen seines Mandanten als Terminsvertreter tätig zu werden. Zwei Wochen vor dem Termin zahlt der Beklagte Hauptforderung, Zinsen und Kosten. Die Klage wird zurückgenommen. Der Termin wird aufgehoben.

Es sind entstanden:

Rechtsanwalt M, Hannover = Prozessbevollmächtigter
Gegenstandswert: 1.800,00 EUR

1) 1,3 Verfahrensgebühr §§ 2, 13 RVG iVm Nr. 3100 VV RVG	195,00 EUR

zzgl. Auslagen und Umsatzsteuer

[234] So: Hartung/Schons/Enders Nr. 1008 VV Rn. 15; Gerold/Schmidt VV 1008 Rn. 274; Hansens RVGreport 2004, 373 – Beispiel 8; Hansens/Braun/Schneider Teil 8 Rn. 331; Bischof/Jungbauer Nr. 1008 VV Rn. 100; Wolf JurBüro 2004, 518 (519); Enders JurBüro 2005, 1 (4) – dort auch mit dargestellter 2. Berechnungsalternative; Henke AnwBl. 2005, 135.

Rechtsanwalt A, Stuttgart = Terminsvertreter
Gegenstandswert: 1.800,00 EUR
1) 0,5 Verfahrensgebühr §§2, 13 RVG iVm Nr. 3401, 3405 Ziffer 2 VV RVG 75,00 EUR
zzgl. Auslagen und Umsatzsteuer.

Bei dem Terminsvertreter ist hier die Verfahrensgebühr nicht in Höhe von 0,65 entstanden, sondern nur in Höhe von 0,5 wegen der Beschränkung in Nr. 3405 Ziffer 2 VV RVG.

670 **Beispiel:** Beim Amtsgericht Bamberg ist eine Klage über 1.700,00 EUR gegen A aus Flensburg anhängig. Der Beklagte A beauftragt Rechtsanwalt N, Flensburg, ihn als Prozessbevollmächtigter in dem Rechtsstreit zu vertreten. Da das Amtsgericht Bamberg kurzfristig terminiert hatte, beauftragt Rechtsanwalt N, Flensburg, Rechtsanwalt U, Bamberg, im Namen des Mandanten, für diesen den Termin zur mündlichen Verhandlung als Terminsvertreter wahrzunehmen. Bevor Rechtsanwalt N, Flensburg, einen Schriftsatz bei dem Amtsgericht Bamberg einreichen kann, wird die Klage zurückgenommen.

Es sind entstanden:

Rechtsanwalt N, Flensburg = Prozessbevollmächtigter
Gegenstandswert: 1.700,00 EUR
1) 0,8 Verfahrensgebühr §§2, 13 RVG iVm Nr. 3101 Ziffer 1 VV RVG 120,00 EUR
zzgl. Auslagen und Umsatzsteuer

Rechtsanwalt U, Bamberg = Terminsvertreter
Gegenstandswert: 1.700,00 EUR
1) 0,4 Verfahrensgebühr §§2, 13 RVG iVm Nr. 3401, 3405 Ziffer 2 VV RVG 60,00 EUR
zzgl. Auslagen und Umsatzsteuer.

In diesem Fall erhält der Terminsvertreter meines Erachtens nur eine 0,4 Verfahrensgebühr (die Hälfte der dem Prozess-/Verfahrensbevollmächtigten zustehenden Verfahrensgebühr). Nr. 3405 Ziffer 2 VV RVG bestimmt lediglich, dass im Falle der vorzeitigen Endigung des Auftrages die Verfahrensgebühr **höchstens** 0,5 beträgt. Grundsätzlich bleibt es aber dabei, dass der Terminsvertreter die Hälfte der dem Verfahrensbevollmächtigten zustehenden Verfahrensgebühr erhält.

14.1.1.2 Nicht rechtshängige Ansprüche

671 Obwohl dies für den Terminsvertreter nicht gesondert im RVG geregelt ist, kann dieser meines Erachtens nach dem Wert nicht rechtshängiger Ansprüche eine weitere 0,8 Verfahrensgebühr nach Nr. 3101 Ziffer 2 VV RVG verdienen, wenn er auftragsgemäß

- beantragt, eine Einigung der Parteien über nicht rechtshängige Ansprüche zu Protokoll zu nehmen oder festzustellen
- oder Verhandlungen vor Gericht zur Einigung über nicht rechtshängige Ansprüche führt (→ Kap. E Rn. 311).[235]

Meines Erachtens erhält der Terminsvertreter hier die in Nr. 3101 Ziffer 2 VV RVG ausgewiesene 0,8 Verfahrensgebühr. Diese reduziert sich nicht auf die Hälfte. Der Terminsvertreter erfüllt in diesen Fällen selbst die Voraussetzungen für das Entstehen der Verfahrensgebühr nach Nr. 3101 VV RVG.[236] Denn er stellt den Antrag, die Einigung der Parteien über nicht rechtshängige Ansprüche zu Protokoll zu nehmen.

Auch hier ist § 15 Abs. 3 RVG zu beachten, also die Summe der

- Verfahrensgebühr nach dem Wert der anhängigen Ansprüche
- und der Verfahrensgebühr nach dem Wert der nicht rechtshängigen Ansprüche
- darf nicht höher sein, als eine Gebühr nach dem höchsten Gebührensatz aus der Summe der Werte.

---

[235] Ausführlich und mit Berechnungsbeispielen: Enders JurBüro 2005, 1 (2); Berechnungsbeispiel auch unter → Rn. 684 dieses Kapitels.

[236] Enders JurBüro 2005, 1 (2); Bischof/Jungbauer Nr. 3402 VV Rn. 43; Jungbauer Rechtsanwaltsvergütung, Kap. 8 Rn. 623; **Anderer Meinung:** Gerold/Schmidt VV 3401 Rn. 33 ff. und auch Schneider/Wolf VV 3401–3402 Rn. 79: nur 0,4 Verfahrensgebühr.

14.1.2 Terminsgebühr

Für die Vertretung in einem Termin erhält der Terminsvertreter eine Terminsgebühr nach Nr. 3402 VV RVG. 672

Diese Terminsgebühr fällt **in Höhe der einem Verfahrensbevollmächtigten zustehenden Terminsgebühr** an.

In dem I. Rechtszug und in der Berufung beträgt die Terminsgebühr des Terminsvertreters in der Regel also **1,2,** in der Revision 1,5.

Die Terminsgebühr ermäßigt sich auf 0,5, wenn der Terminsvertreter in dem Termin lediglich einen Antrag auf Versäumnisurteil, Versäumnisentscheidung oder zur Prozess- oder Sachleitung stellt, weil **eine Partei in dem Termin nicht erschienen oder nicht ordnungsgemäß vertreten ist** (→ Kap. E Rn. 353). 673

Die Terminsgebühr entsteht dem Terminsvertreter meines Erachtens unter denselben Voraussetzungen wie auch dem Verfahrens- oder Prozessbevollmächtigten (→ Kap. E Rn. 320 ff.). Sie entsteht also in der Regel durch die Vertretung in einem gerichtlichen Termin (mit Ausnahme eines Termins nur zur Verkündung einer Entscheidung) oder die Wahrnehmung eines von einem gerichtlich bestellten Sachverständigen anberaumten Termins. 674

Der Terminsvertreter verdient die Terminsgebühr auch dann, wenn er auftragsgemäß mitwirkt an einer auf die Vermeidung oder Erledigung des Verfahrens gerichteten Besprechung (Vorbemerkung 3 Abs. 3 VV RVG).[237] Dies ist insbesondere dann der Fall, wenn der Terminsvertreter in der mündlichen Verhandlung vor Gericht auch eine Besprechung zur Vermeidung eines gerichtlichen Verfahrens über nicht anhängige Ansprüche führt. Dann entsteht ihm die Terminsgebühr auch nach dem Wert der nicht rechtshängigen Ansprüche. 675

14.1.3 Einigungsgebühr

Wirkt der Terminsvertreter mit beim Abschluss eines Vertrages, durch den der Streit oder die Ungewissheit der Parteien über ein Rechtsverhältnis beseitigt wird oder eines Vergleiches kann er auch noch die Einigungsgebühr berechnen. Diese wird, da über den Gegenstand des Verfahrens ein gerichtliches Verfahren anhängig ist, in Höhe von 1,0 nach Nr. 1003 VV RVG entstehen. 676

Der Terminsvertreter wirkt an einer Einigung mit, wenn er zB den Vertrag/Vergleich in dem Termin abschließt und protokollieren lässt.

Beantragt der Terminsvertreter in dem Termin vor Gericht, eine Einigung der Parteien oder mit Dritten über in diesem Verfahren **nicht rechtshängige** Ansprüche zu Protokoll zu nehmen oder festzustellen, so entsteht nach dem Wert der nicht rechtshängigen Ansprüche eine 1,5 Einigungsgebühr, wenn denn der Vergleich/der Vertrag über die in dem Verfahren nicht rechtshängigen Ansprüche auch tatsächlich zustande kommt. 677

Wird in dem Termin ein Vertrag/Vergleich über rechtshängige und nicht rechtshängige Ansprüche geschlossen, fällt die Einigungsgebühr – auch beim Terminsvertreter – wie folgt an, wenn dieser entsprechend beim Abschluss des Vertrages/des Vergleiches mitgewirkt hat: 678

- 1,5 Einigungsgebühr nach Nr. 1000 VV RVG nach dem Wert der nicht anhängigen Ansprüche, die mit dem Vergleich/Vertrag erledigt wurden
- 1,0 Einigungsgebühr nach Nr. 1003 VV RVG nach dem Wert der in dem Verfahren anhängigen Ansprüche.
- Die Summe der beiden Einzelgebühren darf nicht höher sein als eine 1,5 Gebühr aus dem Gesamtwert (§ 15 Abs. 3 RVG) (siehe hierzu auch Beispiel im nachfolgenden → Kap. E Rn. 684).

---

[237] Gerold/Schmidt 3402 VV Rn. 4; Hansens/Braun/Schneider Teil 8 Rn. 335; Bischof/Jungbauer Nr. 3402 VV Rn. 5; Schneider/Wolf Nrn. 3401-3402 VV Rn. 4; Enders JurBüro 2005, 1 (6, 3. Absatz von oben).

Zusammenfassung

679 ▶ Der Terminsvertreter erhält als Verfahrensgebühr die Hälfte der dem Prozessbevollmächtigten entstehenden Verfahrensgebühr.
▶ Die Terminsgebühr erhält der Terminsvertreter in voller Höhe, wie sie auch der Verfahrens- oder Prozessbevollmächtigte erhalten würde.
▶ Ist der Terminsvertreter entsprechend tätig geworden, kann ihm auch die Einigungsgebühr entstehen.

14.2 Gebühren des Prozessbevollmächtigten

680 Der Verfahrens- oder Prozessbevollmächtigte, der neben dem Terminsvertreter tätig ist, erhält – wie jeder andere Prozessbevollmächtigte auch, die Gebühren nach Teil 3 VV RVG. In der Regel wird der Prozessbevollmächtigte in dem I. Rechtszug eine
1,3 **Verfahrensgebühr** nach Nr. 3100 VV RVG
erhalten.

681 Die **Terminsgebühr** wird der Prozessbevollmächtigte nur dann erhalten können, wenn er eine entsprechende Tätigkeit ausgeübt hat, die die Terminsgebühr auslöst. In der Regel wird der Prozessbevollmächtigte einen gerichtlichen Termin nicht wahrnehmen, denn dazu hat er den Terminsvertreter bestellt. Die Terminsgebühr könnte bei ihm durch Wahrnehmung eines von einem gerichtlich bestellten Sachverständigen anberaumten Termins entstehen. Sie könnte auch dann anfallen, wenn der Prozessbevollmächtigte mitwirkt an auf die Vermeidung oder Erledigung des Verfahrens gerichteten Besprechungen ohne Beteiligung des Gerichts – dies gilt nicht für Besprechungen mit dem Auftraggeber – (→ Kap. E Rn. 385 ff.).

682 Die **Einigungsgebühr** wird dem Prozessbevollmächtigten unter den üblichen Voraussetzungen entstehen (→ Kap. C Rn. 5).

683 **Beispiel:** Der Mandant hat seinen Wohnsitz in Aachen. Er hat Rechtsanwalt S, Aachen, zum Prozessbevollmächtigten für einen beim Landgericht Dresden anhängigen Rechtsstreit über 12.000,00 EUR bestellt. Rechtsanwalt S, Aachen, beauftragt im Auftrage des Mandanten Rechtsanwalt U, Dresden, in dem Verfahren als Terminsvertreter tätig zu werden und den anstehenden Termin wahrzunehmen. Rechtsanwalt U, Dresden, vertritt den Mandanten zunächst in dem Termin zur mündlichen Verhandlung und später noch einmal in einem Beweisaufnahmetermin. Das Landgericht Dresden verkündet schließlich ein Urteil.

Die für den Mandanten tätigen Anwälte können berechnen:

Rechtsanwalt S, Aachen = Prozessbevollmächtigter
Gegenstandswert: 12.000,00 EUR

1) 1,3 Verfahrensgebühr §§ 2, 13 RVG iVm Nr. 3100 VV RVG	785,20 EUR
2) Pauschale für Entgelt für Post- und Telekommunikationsdienstleistungen Nr. 7002 VV RVG	20,00 EUR

zzgl. evtl. entstandener weiterer Auslagen und Umsatzsteuer.

Rechtsanwalt U, Dresden = Terminsvertreter
Gegenstandswert: 12.000,00 EUR

1) 0,65 Verfahrensgebühr §§ 2, 13 RVG iVm Nr. 3401 VV RVG	392,60 EUR
2) 1,2 Terminsgebühr §§ 2, 13 RVG iVm Nr. 3402 VV RVG	724,80 EUR
3) Pauschale für Entgelt für Post- und Telekommunikationsdienstleistungen Nr. 7002 VV RVG	20,00 EUR

zzgl. evtl. entstandener weiterer Auslagen und Umsatzsteuer.

684 **Beispiel:** Der Mandant hat seinen Wohnsitz in Kiel. Er hat Rechtsanwalt P, Kiel, beauftragt, für ihn eine Klage beim Landgericht Stuttgart über 17.000,00 EUR zu erheben und ihn als Prozessbevollmächtigter in diesem Rechtsstreit zu vertreten. Im Auftrage des Mandanten bestellt Rechtsanwalt P seinen Kollegen K, Stuttgart, als Terminsvertreter. Rechtsanwalt K vertritt die Mandantschaft in dem Termin vor dem Landgericht Stuttgart.

Der Mandant hat neben den eingeklagten Ansprüchen in Höhe von 17.000,00 EUR noch weitere Ansprüche in Höhe von 10.000,00 EUR gegenüber dem Beklagten. Wegen dieser nicht rechtshängigen Ansprüche hat Rechtsanwalt P Klageauftrag. Zunächst soll Rechtsanwalt P eine Besprechung zur Vermeidung einer Klageerhöhung führen. Rechtsanwalt P führt auftragsgemäß ein Gespräch mit dem Gegenanwalt, in welchem Gegenstand die anhängigen und auch die nicht anhängigen Ansprüche sind. Schließlich kommt man überein, einen Vergleich zu schließen, wonach zur Abgeltung der anhängigen und der nicht anhängigen Ansprüche ein Betrag in Höhe von 20.000,00 EUR gezahlt werden soll. Der Vergleich soll bei Gericht protokolliert werden. In dem nächsten Termin beantragt Rechtsanwalt K, Stuttgart, den Vergleich der Parteien über die rechtshängigen und nicht rechtshängigen Ansprüche zu Protokoll zu nehmen.

Die für den Kläger tätigen Rechtsanwälte können berechnen:

Rechtsanwalt P, Kiel = Prozessbevollmächtigter

1) 1,3 Verfahrensgebühr §§ 2, 13 RVG iVm Nr. 3100 VV RVG nach Wert: 17.000,00 EUR	904,80 EUR
2) 0,8 Verfahrensgebühr §§ 2, 13 RVG iVm Nr. 3101 Ziffer 1 VV RVG nach Wert: 10.000,00 EUR	446,40 EUR
	1.351,20 EUR
Die Summe dieser beiden Gebühren darf gem. § 15 Abs. 3 RVG nicht höher sein als eine 1,3 Gebühr nach Wert: 27.000,00 EUR	1.121,90 EUR
Der Rechtsanwalt kann vorliegend die Verfahrensgebühr nur mit 1.121,90 EUR berechnen und nicht mit 1.351,20 EUR.	
3) 1,2 Terminsgebühr §§ 2, 13 RVG iVm Nr. 3104 VV RVG nach Wert: 27.000,00 EUR	1.035,60 EUR
4) 1,0 Einigungsgebühr §§ 2, 13 RVG iVm Nr. 1003 VV RVG nach Wert: 17.000,00 EUR	696,00 EUR
5) 1,5 Einigungsgebühr §§ 2, 13 RVG iVm Nr. 1000 VV RVG nach Wert: 10.000,00 EUR	837,00 EUR
Summe:	1.533,00 EUR
Die Summe dieser beiden Gebühren darf gem. § 15 Abs. 3 RVG nicht höher sein als eine 1,5 Gebühr nach Wert: 27.000,00 EUR =	1.294,50 EUR
Der Rechtsanwalt kann vorliegend die Einigungsgebühr nur mit 1.294,50 EUR berechnen und nicht mit 1.533,00 EUR.	
zzgl. Auslagen und Umsatzsteuer	

Vorliegend erhält der Prozessbevollmächtigte auch die Terminsgebühr nach Nr. 3104 VV RVG, weil er mitgewirkt hat an auf die Vermeidung oder Erledigung des Verfahrens gerichteten Besprechungen (Vorbemerkung 3 Abs. 3 VV RVG).

Gegenstand dieser Besprechungen waren sowohl die anhängigen als auch die nicht anhängigen Ansprüche, so dass die Terminsgebühr nach 27.000,00 EUR entstanden ist.

Nach dem Wert der nicht anhängigen Ansprüche erhält hier der Prozessbevollmächtigte eine 0,8 Verfahrensgebühr nach Nr. 3101 Ziffer 1 VV RVG, weil er den Auftrag hatte, auch diese Ansprüche gerichtlich geltend zu machen. Dadurch, dass es zu einem Vergleich gekommen ist, war dieser Auftrag vorzeitig beendigt.

Rechtsanwalt K, Stuttgart = Terminsvertreter

1) 0,65 Verfahrensgebühr §§ 2, 13 RVG iVm Nr. 3401 VV RVG nach Wert: 17.000,00 EUR	452,40 EUR
2) 0,8 Verfahrensgebühr §§ 2, 13 RVG iVm Nr. 3101 Ziffer 2 VV RVG nach Wert: 10.000,00 EUR	446,40 EUR
Summe:	898,80 EUR
Die Summe dieser beiden Gebühren darf gem. § 15 Abs. 3 RVG nicht höher sein als eine 0,8 Gebühr nach Wert: 27.000,00 EUR	690,40 EUR
Der Rechtsanwalt kann vorliegend die Verfahrensgebühr nur mit 690,40 EUR berechnen und nicht mit 898,80 EUR.	
3) 1,2 Terminsgebühr §§ 2, 13 RVG iVm Nr. 3402 VV RVG nach Wert: 17.000,00 EUR	835,20 EUR
4) 1,0 Einigungsgebühr §§ 2, 13 RVG iVm Nr. 1003 VV RVG nach Wert: 17.000,00 EUR	696,00 EUR
5) 1,5 Einigungsgebühr §§ 2, 13 RVG iVm Nr. 1000 VV RVG nach Wert: 10.000,00 EUR	837,00 EUR
Summe:	1.533,00 EUR
Die Summe dieser beiden Gebühren darf gem. § 15 Abs. 3 RVG nicht höher sein als eine 1,5 Gebühr nach Wert: 27.000,00 EUR	1.294,50 EUR
Der Rechtsanwalt kann vorliegend die Einigungsgebühr nur mit 1.294,50 EUR berechnen und nicht mit 1.533,00 EUR.	

Nach dem Wert der nicht rechtshängigen Ansprüche ist meines Erachtens eine 0,8 Verfahrensgebühr entstanden. Denn der Terminsvertreter hat doch den Antrag gestellt, die Einigung der Parteien zu Protokoll zu nehmen und damit den Tatbestand der Nr. 3101 Ziffer 2 VV RVG erfüllt.[238]

Die Terminsgebühr entsteht bei dem Terminsvertreter nur nach einem Gegenstandswert von 17.000,00 EUR. Wegen der nicht rechtshängigen Ansprüche hat der Terminsvertreter lediglich beantragt, eine Einigung der Parteien zu Protokoll zu nehmen. Dadurch wird die Terminsgebühr nach dem Wert der nicht anhängigen Ansprüche nicht ausgelöst (Abs. 3 der Anmerkung zu Nr. 3104 VV RVG). Lediglich wenn auch der Terminsvertreter in dem Termin noch Verhandlungen zur Einigung über diese nicht rechtshängigen Ansprüche geführt hätte, wäre ihm die Terminsgebühr auch nach dem Wert der nicht rechtshängigen Ansprüche in Höhe von 10.000,00 EUR entstanden.

Sowohl bei dem Terminsvertreter als auch die bei dem Prozessbevollmächtigten entstandenen Einigungsgebühren können **erstattungsfähig** sein, wenn es notwendig war, dass beide Rechtsanwälte an dem Zustandekommen des Vergleichs mitgewirkt haben.[239]

Zusammenfassung

685 ▶ Der Prozessbevollmächtigte erhält die Verfahrensgebühr in der Höhe, in der er sie auch erhalten würde, wenn in der Sache kein Terminsvertreter tätig würde.

▶ Weitere Gebühren erhält der neben dem Terminsvertreter tätige Prozessbevollmächtigte nur, wenn er selbst eine die Gebühr auslösende Tätigkeit ausgeübt hat.

14.3 „Teilung" der Gebühren

686 In der Praxis ist zu beobachten, dass zwischen den Prozessbevollmächtigten und dem Terminsvertreter vereinbart wird, dass die erstattungsfähigen Kosten geteilt werden. Geteilt werden zunächst die Gebühren, die entstanden wären, wenn ein Rechtsanwalt als Prozessbevollmächtigter tätig geworden wäre. Sollte das Gericht darüber hinaus auch noch Teile der Gebühren des Terminsanwaltes als (vom Gegner) erstattungsfähig anerkennen, wird auch dieser darüber hinausgehende Betrag mit in die Gebührenteilung einbezogen.

687 Gedeckt ist diese Gebührenteilung durch Prozessbevollmächtigten und Terminsvertreter allerdings durch § 49b Abs. 3 S. 2 und 3 BRAO **nicht!** Denn diese Vorschrift billigt nur die Gebührenteilung zwischen **Korrespondenzanwalt und Prozessbevollmächtigten.** Dort wird ausdrücklich nur auf Nr. 3400 VV RVG (= Korrespondenzanwalt) Bezug genommen, nicht aber auf den Terminsvertreter (Nr. 3401 VV RVG).

688 Meist wird im Rahmen der Gebührenteilung auf einen Teil der entstandenen gesetzlichen Gebühren verzichtet, nämlich, soweit diese nicht erstattungsfähig sind. Nach dem BGH[240] handelt ein Rechtsanwalt wettbewerbs- und rechtswidrig, wenn er einem anderen Rechtsanwalt das Mandat in Namen des Mandanten zu niedrigeren als den gesetzlichen Gebühren nach dem RVG anbietet. Um Wiederholungen zu vermeiden, darf auf die Ausführungen unter → Kap. E Rn. 655 verwiesen werden.

Zusammenfassung

689 ▶ Gebührenteilung zwischen Verfahrens- oder Prozessbevollmächtigten und Terminsvertreter ist nicht durch § 49b Abs. 3 S. 2 und 3 BRAO gedeckt.

[238] Enders JurBüro 2005, 1 (2).; Bischof/Jungbauer Nr. 3402 VV Rn. 43; Jungbauer Rechtsanwaltsvergütung, Kapitel 8 Rn. 623; **Anderer Meinung:** Gerold/Schmidt VV 3401 Rn. 33 ff. und auch Schneider/Wolf VV 3401–3402 Rn. 79: nur 0,4 Verfahrensgebühr.

[239] BGH JurBüro 2014, 367; OLG München JurBüro 2007, 595; Schneider/Wolf VV 3401–3402 Rn. 124–128.

[240] BGH Urteil vom 1. 6. 2006 – I ZR 268/03 = AGS 2006, 471 = AnwBl. 2006, 672 = JurBüro 2007, 19.

▶ Nach dem BGH handelt ein Rechtsanwalt, der einem anderen Rechtsanwalt im Namen des Mandanten das Mandat zu niedrigeren, als den gesetzlichen Gebühren nach dem RVG anbietet wettbewerbs- und rechtswidrig.

14.3.1 Rechnungsstellung an den Mandanten bei „Teilung" der Gebühren

Haben der Prozessbevollmächtigte und der Terminsvertreter eine Gebührenteilung vereinbart, so ist darauf zu achten, wie die Rechnung gegenüber dem Mandanten gestellt wird.[241] Sowohl der Terminsvertreter als auch der Prozessbevollmächtigte stellen dem Mandanten die jeweils bei ihnen angefallenen Gebühren in Rechnung und weisen die Umsatzsteuer hierauf aus und fordern Zahlung an sich. Anschließend stellt der Rechtsanwalt, der von dem anderen Rechtsanwalt im Rahmen der vereinbarten Gebührenteilung noch etwas zu erhalten hat, dem anderen Rechtsanwalt eine Rechnung, ebenfalls mit ausgewiesener Umsatzsteuer auf die zahlenden Gebührenanteile. 690

Beispiel: Haben der Terminsvertreter und der Prozessbevollmächtigte eine Teilung der **entstandenen** Gebühren vereinbart und unterstellt, eine Einigungsgebühr ist nicht angefallen, müsste die Rechnungsstellung wie folgt erfolgen: 691

Rechnung des Prozessbevollmächtigten an Mandanten:
1,3 Verfahrensgebühr Nr. 3100 VV RVG
+ Auslagen
+ Umsatzsteuer.

Rechnung des Terminsvertreters an Mandanten:
0,65 Verfahrensgebühr Nr. 3401 VV RVG
1,2 Terminsgebühr Nrn. 3104, 3402 VV RVG
+ Auslagen
+ Umsatzsteuer.

Rechnung des Prozessbevollmächtigten an Terminsvertreter:
0,275 Gebührendifferenz
+ Umsatzsteuer.

Beispiel: Haben der Terminsvertreter und der Prozessbevollmächtigte eine Teilung der **erstattungsfähigen** Gebühren vereinbart und unterstellt, eine Einigungsgebühr ist nicht angefallen und die durch den Terminsvertreter entstandenen Mehrkosten sind nicht erstattungsfähig, müsste die Rechnungsstellung wie folgt erfolgen: 692

Rechnung des Prozessbevollmächtigten an Mandanten:
1,3 Verfahrensgebühr Nr. 3100 VV RVG
+ Auslagen/Pauschale Nr. 7002 VV RVG
+ Umsatzsteuer.

Rechnung des Terminsvertreters an Mandanten:
1,2 Terminsgebühr Nrn. 3104, 3402 VV RVG
+ Umsatzsteuer.

Rechnung des Terminsvertreters an Prozessbevollmächtigten:
0,05 Gebührendifferenz
+ ½ der Pauschale Nr. 7002 VV RVG
+ Umsatzsteuer.

Insbesondere, wenn der Mandant zum Abzug der Vorsteuer berechtigt ist, ist eine ordnungsgemäße Rechnungsstellung wie vorstehend beschrieben, erforderlich.

[241] Ribbrock AnwBl. 2008, 184: Die Rechnungsstellung zwischen Haupt- und Unterbevollmächtigten.

14.4 Erstattung der Kosten des Terminsvertreters[242]

693 Der BGH hatte sich in mehreren Entscheidungen mit der Frage zu befassen, inwieweit die durch die Einschaltung eines Unterbevollmächtigten nach § 53 BRAGO entstandenen Mehrkosten durch die unterlegene Partei erstattungsfähig sind. Diese Rechtsprechung des BGH kann meines Erachtens auch auf die Erstattung der Mehrkosten Anwendung finden, die durch den nunmehr gebührenmäßig in Nr. 3401 und 3402 VV RVG geregelten Terminsvertreter entstehen.

694 Zunächst hat der BGH in einem Beschluss vom 16. 10. 2002 – VIII ZB 30/02[243] entschieden, dass die Zuziehung eines am Wohn- oder Geschäftsort der auswärtigen Partei ansässigen Rechtsanwaltes **regelmäßig** als zur zweckentsprechenden Rechtsverfolgung oder Rechtsverteidigung notwendig im Sinne von § 91 Abs. 2 S. 1, 2. Halbsatz ZPO anzusehen ist. Daraus folgt, dass die Partei grundsätzlich nicht darauf verwiesen werden kann, nur einen am Prozessort ansässigen Rechtsanwalt zu beauftragen. In derselben Entscheidung erkennt der BGH dahingehend, dass die Kosten eines Unterbevollmächtigten (Terminsvertreter) erstattungsfähig sind, soweit sie die durch die Tätigkeit des Terminsvertreters ersparten, erstattungsfähigen Reisekosten des Prozessbevollmächtigten nicht um mehr als 10 % übersteigen. Dies bedeutet, dass die durch die Einschaltung eines Terminsvertreters entstandenen Mehrkosten von der im Zivilprozess unterlegenen Partei zu erstatten sind, wenn diese nicht um 10 % höher sind als die Kosten, die entstanden wären, wenn der Prozessbevollmächtigte mit Kanzleisitz am Wohnsitz des Mandanten selbst zu dem Prozessgericht gereist wäre, um die dort anstehenden Termine wahrzunehmen.

695 Sind die Mehrkosten, die durch den Terminsvertreter entstanden sind, um mehr als 10% höher als die fiktiven Reisekosten des Prozessbevollmächtigten, wenn dieser selbst die Termine bei dem auswärtigen Gericht wahrgenommen hätte, sind die Mehrkosten des Terminsvertreters in Höhe von 110% der fiktiven Reisekosten des Prozessbevollmächtigten erstattungsfähig.[244]

696 **Beispiel:** Die Mehrkosten, die durch den Terminsvertreter entstanden sind, (0,65 Verfahrensgebühr Nr. 3401 VV RVG zzgl. Auslagen und Umsatzsteuer → Kap. E Rn. 713 – Beispiel) betragen 1.200,00 EUR. Hätte der Prozessbevollmächtigte selbst die Termine bei dem auswärtigen Gericht wahrgenommen, wären bei ihm Reisekosten (Fahrtkosten und Abwesenheitsgeld zzgl. Umsatzsteuer) in Höhe von 1.000,00 EUR für die Wahrnehmung der 2 Termine bei dem auswärtigen Gericht angefallen. Die Mehrkosten des Terminsvertreters sind in diesem Falle in Höhe von 1.100,00 EUR (1.000,00 EUR + 10% – = 100,00 EUR = 1.100,00 EUR) erstattungsfähig.

697 In zwei Entscheidungen hat sich der X. Senat des BGH dann dafür ausgesprochen, dass die erstattungsfähigen **Reisekosten** des nicht am Gerichtsort ansässigen Rechtsanwalts der Höhe nach **nicht** notwendig auf diejenigen Kosten **beschränkt** sind, die durch die Beauftragung eines Terminsvertreters entstanden wären.[245] Folgt man dieser Auffassung, können die beim Prozessbevollmächtigten durch die Wahrnehmung des Gerichtstermins entstandenen Reisekosten auch dann erstattungsfähig sein, wenn diese die Kosten eines Terminsvertreters um mehr als 10 % übersteigen würden.[246]

698 Der XII. Senat des BGH geht sogar noch einen Schritt weiter: Nach seiner Entscheidung vom 16. 4. 2008[247] sind die *„durch die Terminswahrnehmung eines am Wohn-*

---

[242] Ausführlich: Gerold/Schmidt VV 3401 Rn. 84 bis 147; Schneider/Wolf VV 3401–3402, Rn. 98 bis 128.

[243] BGH JurBüro 2003, 202 = BRAGOreport 2003, 13 (Hansens) = NJW 2003, 898 = AnwBl. 2003, 309 = AGS 2003, 97.

[244] BGH AnwBl 2015, 529.

[245] BGH Beschluss vom 13. 9. 2005 – X ZB 30/04 = RVGreport 2005, 476; BGH Beschluss vom 11. 12. 2007 – X ZB 21/07 = JurBüro 2008, 258.

[246] Kritisch Wedel in Anmerkung zu der Entscheidung des BGH JurBüro 2008, 259.

[247] BGH Beschluss vom 16. 4. 2008 – XII ZB 214/04 = JurBüro 2008, 430.

oder Geschäftssitz der auswärtigen Partei ansässigen Prozessbevollmächtigten regelmäßig nach §91 Abs.1 S.1 Halbs.2 ZPO als zur zweckentsprechenden Rechtsverfolgung notwendig anzusehen und damit erstattungsfähig. Dieser Grundsatz gilt selbst dann, wenn der sachbearbeitende Rechtsanwalt einer überörtlichen Anwaltssozietät angehört, die auch am Sitz des Prozessgerichts mit dort postulationsfähigen Rechtsanwälten vertreten ist.[248] In dem zu entscheidenden Fall hatte die in Bonn wohnende Partei eine überörtliche Anwaltssozietät mit Kanzleien in Bonn und in Berlin beauftragt. Sachbearbeiter war ein der Bonner Kanzlei zugehöriger Rechtsanwalt. Dieser reiste zweimal nach Berlin, um Gerichtstermine beim Amtsgericht – Familiengericht – Tempelhof-Kreuzberg wahrzunehmen. Der BGH hat die dadurch entstandenen Reisekosten als erstattungsfähig angesehen.

Von dem Grundsatz, dass die Kosten eines Terminsvertreters oder die Reisekosten eines auswärtigen Prozessbevollmächtigten erstattungsfähig sind, macht der BGH einige Ausnahmen: **699**

- Steht schon im Zeitpunkt der Beauftragung des Rechtsanwaltes fest, dass ein eingehendes Mandantengespräch für die Prozessführung nicht erforderlich sein wird, so sind die Mehrkosten, die dadurch entstanden sind, dass die Partei einen Rechtsanwalt mit Kanzleisitz an ihrem Wohnsitz und nicht direkt einen Rechtsanwalt mit Kanzleisitz am Gerichtsort beauftragt hat, nicht erstattungsfähig. Denn dann hätte die Partei direkt schriftlich einen Rechtsanwalt mit Kanzleisitz am Gerichtsort einschalten können. Dies kommt insbesondere bei gewerblichen Unternehmen in Betracht, die über eine eigene Rechtsabteilung verfügen, die die Sache bearbeitet hat.[249]
- Nach Ansicht des BGH kann der Partei auch dann eine Einschaltung eines Prozessbevollmächtigten mit Kanzleisitz am Gerichtsort zumutbar sein, wenn bei einem in tatsächlicher Hinsicht überschaubaren Streit um eine Geldforderung die Gegenseite versichert hat, nicht leistungsfähig zu sein und gegenüber der Klage keine Einwendung zu erheben.[250] **700**
- Beauftragt ein gewerbliches Unternehmen, das über eine eigene die Sache bearbeitende Rechtsabteilung verfügt, für die Führung eines Prozesses vor einem auswärtigen Gericht einen am Sitz des Unternehmens ansässigen Rechtsanwalt, sind dessen im Zusammenhang mit der Terminswahrnehmung anfallenden Reisekosten (und somit auch die Mehrkosten, die entstanden wären, wenn ein Terminsvertreter eingeschaltet worden wäre) im Allgemeinen **keine** notwendigen Kosten der Rechtsverfolgung oder Rechtsverteidigung. Dies gilt grundsätzlich auch für das Verfahren einer einstweiligen Verfügung.[251] **701**
- Auch ein **Verband zur Verfolgung gewerblicher Interessen** iSv §13 Abs.2 Nr.2 UWG ist in der Regel ebenso wie ein Unternehmen mit eigener Rechtsabteilung zu beurteilen.[252] **702**
- Verfügt das **Unternehmen** über **keine eigene Rechtsabteilung**, können ihm die Erstattung der Mehrkosten, die durch die Beauftragung eines Rechtsanwaltes mit Kanzleisitz am Sitz des Unternehmens nicht mit der Begründung versagt werden, ihm sei die Einrichtung einer Rechtsabteilung zuzumuten.[253] **703**
- Die Mehrkosten eines Terminsvertreters bzw. die Reisekosten des Prozessbevollmächtigten sind dann nicht erstattungsfähig, wenn eine Partei, die in ihrem eigenen Gerichtsstand klagt oder verklagt wird, mit ihrer Vertretung einen **auswärtigen** **704**

---

[248] Zitiert aus dem amtlichen Leitsatz zu der Entscheidung des BGH JurBüro 2008, 430.

[249] BGH JurBüro 2003, 202 = BRAGOreport 2003, 13 (Hansens).

[250] BGH JurBüro 2003, 202 = BRAGOreport 2003, 13 (Hansens).

[251] BGH Beschluss vom 10. 4. 2003 – I ZB 36/02 = JurBüro 2003, 370.

[252] BGH Beschluss vom 18. 12. 2003 – I ZB 18/03 = JurBüro 2004, 322 = RVGreport 2004, 154.

[253] BGH Beschluss vom 25. 3. 2004 – I ZB 28/03 = JurBüro 2004, 433 = RVGreport 2004, 236 = AGS 2004, 358 = NJW RR 2004, 857.

Rechtsanwalt beauftragt, der nicht an ihrem Wohnsitz und auch nicht am Gerichtsort kanzleiansässig ist.[254] Daran ändert auch nichts, wenn ein besonderes Vertrauensverhältnis zwischen Anwalt und Partei aufgrund langjähriger Zusammenarbeit entstanden ist.[255]

705 • Sind Wohnort der Partei und Gerichtsort nicht identisch und beauftragt die Partei in einem solchen Fall einen Rechtsanwalt, der weder am Wohnort der Partei noch am Gerichtsort seinen Kanzleisitz (**Rechtsanwalt am dritten Ort**) hat, können die dadurch entstandenen Mehrkosten insoweit erstattungsfähig sein, als sie die notwendigen fiktiven Reisekosten eines Prozessbevollmächtigten mit Kanzleisitz am Wohnort der Partei nicht übersteigen.[256]

706 Hingegen erkennt der BGH einer Bank die Zuziehung eines an ihrem Geschäftsort ansässigen Rechtsanwaltes und damit auch die Erstattung der Mehrkosten durch die Einschaltung eines Terminsvertreters bzw. die Erstattung der Reisekosten des auswärtigen Prozessbevollmächtigten zu, die zwar über eine Rechtsabteilung verfügt, aber keinen Anspruch aus einem Routinegeschäft geltend macht (in dem vom BGH entschiedenen Fall wurde ein Anspruch aus einer Bürgschaft geltend gemacht).[257] Dasselbe gilt, wenn Gegenstand des Verfahrens komplexe, rechtlich schwierige Fragen sind, die höchstrichterlich noch nicht geklärt sind.[258]

707 Auch dem Rechtsanwalt, der sich vor einem auswärtigen Prozessgericht selbst vertritt, gesteht der BGH Anspruch auf Erstattung von Reisekosten nach § 28 BRAGO zu.[259]

708 Beauftragt ein **Insolvenzverwalter** einen an seinem Sitz ansässigen Rechtsanwalt, sind die hierdurch entstehenden Mehrkosten in der Regel nicht erstattungsfähig.[260]

709 Beauftragt ein Haftpflicht**versicherer,** der keine eigene Rechtsabteilung eingerichtet hat, bei rechtlichen Schwierigkeiten einen an seinem Geschäfts ortansässigen Rechtsanwalt (sog „Outsourcing“), so sind in der Regel die hierdurch entstehenden Mehrkosten als zur zweckentsprechenden Rechtsverfolgung notwendig und damit erstattungsfähig.[261]

710 In einem weiteren Beschluss vom 21. 1. 2004 hat sich der BGH zu der Frage geäußert, ob die Mehrkosten erstattungsfähig sind, die dadurch entstehen, dass ein **Versicherer** einen nicht am Gerichtsort kanzleiansässigen „Hausanwalt“ mit der Geltendmachung rückständiger Versicherungsprämien beauftragt.[262]

711 In einem Beschluss vom 9. 9. 2004 beschäftigt sich der BGH mit der Frage, ob die Zuziehung eines Rechtsanwaltes am Geschäftsort für die Führung eines Regressprozesses notwendig im Sinne des § 91 Abs. 2 S. 1 ZPO ist, wenn das klagende Versicherungsunternehmen an einem anderen Ort als demjenigen, an dem der Schadenfall bearbeitet worden ist, eine Rechtsabteilung eingerichtet hat.[263]

Zwischenzeitlich hat der BGH in weiteren Entscheidungen zahlreiche weitere Fallkonstellationen behandelt.[264]

---

[254] BGH Beschluss vom 12. 12. 2002 – 1 ZB 29/02 = JurBüro 2003, 205.

[255] BGH Beschluss vom 22. 2. 2007 – VII ZB 93/06 = JurBüro 2007, 318.

[256] BGH Beschluss vom 18. 12. 2003 – I ZB 21/03 = JurBüro 2004, 431 = RVGreport 2004, 155, BGH Beschluss vom 11. 3. 2004 – VII ZB 24/03 = JurBüro 2004, 432.

[257] BGH Beschluss vom 18. 2. 2003 – XI ZB 10/02 = JurBüro 2003, 427 = AnwBl. 2003, 311 = BRAGOreport 2003, 94.

[258] BGH Beschluss vom 17. 2. 2004 – XI ZB 37/03 = AGS 2004, 359.

[259] BGH Beschluss vom 11. 2. 2003 – VIII ZB 92/02 = NJW 2003, 1534 = JurBüro 2003, 426.

[260] BGH Beschluss vom 13. 7. 2004 – X ZB 40/03 = JurBüro 2004, 658 = NJW 2004, 3187; BGH Beschluss vom 13. 6. 2006 – IX ZB 44/04 = RVGreport 2006, 356.

[261] BGH Beschluss vom 11. 11. 2003 – VI ZB 41/03 = RVGreport 2004, 34.

[262] BGH Beschluss vom 21. 1. 2004 – IV ZB 32/03 = BGH-report 2004, 706.

[263] BGH Beschluss vom 9. 9. 2004 – I ZB 5/04 = JurBüro 2005, 94.

[264] Eine Übersicht über die BGH-Rechtsprechung findet sich in: JurBüro 2005, 62 (63 – dort Kapitel 1.2); Bischof/Jungbauer Nr. 3402 VV Rn. 69–112; Hansens/Braun/Schneider Teil 8 Rn. 350; Schneider/Wolf VV 3401–3402 Rn. 107–123.

Wenn es um die Frage geht, ob und in welchem Umfange die Kosten eines Terminsvertreters erstattungsfähig sind, kann sich dies nur auf die **Mehrkosten** beziehen, die durch die Einschaltung des Terminsvertreters tatsächlich entstanden sind. Die Kosten **eines** Rechtsanwaltes sind generell erstattungsfähig. Wenn ein Terminsvertreter eingeschaltet ist, wird in der Regel bei dem Prozessbevollmächtigten die Terminsgebühr erspart. Also sind durch den Terminsvertreter in der Regel tatsächlich nur an Mehrkosten entstanden die 0,65 Verfahrensgebühr nach Nr. 3401 VV RVG zzgl. dessen Auslagen und der Umsatzsteuer auf dessen Gebühr und dessen Auslagen. Ist der Mandant zum Abzug der Vorsteuer berechtigt, kann er die Umsatzsteuer auf die Anwaltsgebühren ohnehin nicht vom unterlegenen Gegner erstattet verlangen. Dann kann die Umsatzsteuer auf die Gebühren und Auslagen des Terminsvertreters auch keine Rolle bei der Berechnung der Mehrkosten spielen, die durch seine Einschaltung entstanden sind. 712

Beispiel: Der Mandant mit Wohnsitz in Hamburg führt einen Prozess beim Amtsgericht München über 3.000,00 EUR. Rechtsanwalt M, Hamburg ist Prozessbevollmächtigter. Im Auftrage des Mandanten schaltet er Rechtsanwalt U, München, als Terminsvertreter ein. Dieser nimmt einen Termin bei dem Amtsgericht München wahr. Danach ergeht ein Urteil. 713

Es sind entstanden:

Rechtsanwalt M, Hamburg = Prozessbevollmächtigter

Gegenstandswert: 3.000,00 EUR	
1) 1,3 Verfahrensgebühr §§ 2, 13 RVG iVm Nr. 3100 VV RVG	261,30 EUR
2) Pauschale für Entgelt für Post- und Telekommunikationsdienstleistungen Nr. 7002 VV RVG	20,00 EUR
3) 19 % Umsatzsteuer Nr. 7008 VV RVG	53,45 EUR
	334,75 EUR

Rechtsanwalt U, München = Terminsvertreter

Gegenstandswert: 3.000,00 EUR	
1) 0,65 Verfahrensgebühr §§ 2, 13 RVG iVm Nr. 3401 VV RVG	130,65 EUR
2) 1,2 Terminsgebühr §§ 2, 13 RVG iVm Nr. 3402 VV RVG	241,20 EUR
3) Pauschale für Entgelt für Post- und Telekommunikationsdienstleistungen Nr. 7002 VV RVG	20,00 EUR
4) 19 % Umsatzsteuer Nr. 7008 VV RVG	74,45 EUR
	466,30 EUR

Kosten eines Rechtsanwaltes

Die Kosten **eines** Rechtsanwaltes sind gemäß § 91 ZPO in jedem Fall erstattungsfähig. Wenn nur ein Rechtsanwalt eingeschaltet worden wäre, wären an Gebühren und Auslagen – ohne Reisekosten – entstanden:

Gegenstandswert: 3.000,00 EUR	
1) 1,3 Verfahrensgebühr §§ 2, 13 RVG iVm Nr. 3100 VV RVG	261,30 EUR
2) 1,2 Terminsgebühr §§ 2, 13 RVG iVm Nr. 3104 VV RVG	241,20 EUR
3) Pauschale für Entgelt für Post- und Telekommunikationsdienstleistung Nr. 7002 VV RVG	20,00 EUR
4) 19 % Umsatzsteuer Nr. 7008 VV RVG	99,28 EUR
	621,78 EUR

Berechnung der Mehrkosten

Kosten des Prozessbevollmächtigten:	334,75 EUR	
+ Kosten des Terminsvertreters	466,30 EUR	
insgesamt entstanden:	801,05 EUR	
Die in jedem Fall erstattungsfähigen Kosten eines Rechtsanwaltes betragen:		621,78 EUR.
Mehrkosten somit:		179,27 EUR.

Vergleichsberechnung – sind diese Mehrkosten erstattungsfähig?

Nach der Rechtsprechung des BGH (ein Ausnahmefall liegt hier nicht vor) sind diese Mehrkosten erstattungsfähig, wenn diese die Reisekosten des Prozessbevollmächtigten (hier von Hamburg nach München) nicht um mehr als 10 % übersteigen. Hätte der Prozessbevollmächtigte, Rechtsanwalt M, Hamburg, selbst den Verhandlungstermin bei dem Amtsgericht München wahrgenommen, wären entstanden:

Fahrtkosten – angenommen Fahrt mit der Bahn von Hamburg nach München, I. Klasse, Normalpreis (Preisauskunft vom 30.6.2017)	484,00 EUR
Tage- und Abwesenheitsgeld Nr. 7005 Ziffer 3 VV RVG (Abwesenheit von mehr als 8 Stunden)	70,00 EUR
19 % Umsatzsteuer auf das Abwesenheitsgeld	13,30 EUR
Fahrtkosten und Tage- und Abwesenheitsgeld insgesamt:	567,30 EUR.

Vorliegend wären die Reisekosten des Prozessbevollmächtigten höher als die Mehrkosten, die durch die Einschaltung eines Terminsvertreters entstanden sind. Die durch die Einschaltung des Terminsvertreters entstandenen Mehrkosten sind also in vollem Umfange erstattungsfähig.

Wesentlich höhere Fahrtkosten wären angefallen, wenn man eine Fahrt mit dem eigenen PKW des Rechtsanwaltes unterstellt. Dann könnte er nach Nr. 7003 VV RVG 0,30 EUR für jeden gefahrenen Kilometer berechnen.

Hamburg bis München hin und zurück = 1554 km × 0,30 EUR = 466,20 EUR	
zzgl. Tage- und Abwesenheitsgeld Nr. 7005 VV RVG (Abwesenheit von mehr als 8 Stunden)	70,00 EUR
zzgl. 19 % Umsatzsteuer	101,88 EUR
	638,08 EUR.

Unterstellt man also für die Vergleichsberechnung, dass der Rechtsanwalt von Hamburg nach München mit dem eigenen PKW gefahren wäre, ist das Ergebnis noch wesentlich günstiger für den Mandanten und die Erstattungsfähigkeit der durch die Einschaltung eines Terminsvertreters entstandenen Mehrkosten. Nach OLG Stuttgart[265] kann bei der fiktiven Berechnung der Reisekosten grundsätzlich davon ausgegangen werden, dass ein Rechtsanwalt seine Geschäftsreisen mit dem eigenen Kraftfahrzeug unternimmt. Die Kosten für Flüge mit sog Billigfluglinien seien zur Berechnung fiktiver Reisekosten eines Prozessbevollmächtigten nicht geeignet.

Auch in die Berechnung der fiktiven Reisekosten[266] können notwendige Übernachtungskosten des Prozessbevollmächtigten an dem Ort des Prozessgerichts einbezogen werden. Dies insbesondere dann, wenn der Prozessbevollmächtigte die Hin- und Rückreise von seinem Kanzleisitz zu dem auswärtigen Gericht und die Wahrnehmung des Gerichtstermins nicht an einem Tag bewerkstelligen kann.[267]

714 Ist erforderlich, dass der Prozessbevollmächtigte, wenn er den Termin bei dem Prozessgericht selbst wahrgenommen hätte, am Ort des Prozessgerichts übernachtet hätte, so können auch die hierdurch entstandenen **Übernachtungskosten** in die Berechnung der fiktiven Reisekosten des Prozessbevollmächtigten einbezogen werden. Eine Übernachtung des Rechtsanwaltes am Ort des Prozessgerichts wird nach überwiegender Meinung dann als erforderlich angesehen, wenn die Reise zur Nachtzeit (Nachtzeit iSv § 758a Abs. 4 S. 2 ZPO: 21.00 Uhr bis 6.00 Uhr) hätte angetreten müssen oder erst später beendet werden könnte.[268] Eine Übernachtung wird teilweise auch dann als erforderlich angesehen, wenn Hin- und Rückfahrt mehr als 10 Stunden dauern.[269] Übernachtungskosten sind in der tatsächlich entstandenen Höhe zu ersetzen, allerdings nur soweit sie angemessen sind.[270] Bei Ermittlung der fiktiven Reisekosten des Prozessbevollmächtigten sind notwendige Übernachtungskosten ggf. zu schätzen. Hierbei wird es auf Verhältnisse am Ort des Prozessgerichts ankommen. In der Vergangenheit wurden für folgende Städte folgende Übernachtungskosten als angemessen angesehen:
- für Berlin: 113,45 EUR – netto –
- für den Bezirk des OLG Brandenburg für gehobene Mittelklasse: 80 EUR[271]

---

[265] OLG Stuttgart JurBüro 2005, 367.

[266] Fiktive Reisekosten sind die Reisekosten, die entstanden wären, wenn der Prozessbevollmächtigte selbst die Termine bei dem nicht an seinem Kanzleisitz gelegenen Gericht wahrgenommen hätte.

[267] Siehe hierzu auch die nachfolgenden Ausführungen → Kap. E Rn. 714.

[268] Gerold/Schmidt VV 7003–7006 Rn. 72; nach OLG Koblenz JurBüro 2011, 647 ist eine Übernachtung nur erforderlich, wenn Hin- und Rückreise nicht in der Zeit von 5.00 Uhr bis 22.00 Uhr zu bewältigen ist.

[269] Zöller ZPO § 91 Rn. 13.

[270] Gerold/Schmidt VV 7003–7006 Rn. 80.

[271] OLG Brandenburg NJW-RR 2014, 828 = Rpfleger 2014, 106.

- für Chemnitz: 61,36 EUR[272]
- für Frankfurt/Main: 170 EUR (außerhalb von Messezeiten)[273]
- für Großstädte im Bezirk des OLG Karlsruhe: 75 EUR[274]
- für Koblenz: 80 EUR.[275]

Ist eine Übernachtung notwendig, dehnt sich die Reisezeit auf 2 Tage aus. Dann fällt auch für den zweiten Tag noch das Tage- und Abwesenheitsgeld Nr. 7005 VV RVG an, welches dann ebenfalls noch in die fiktive Berechnung einbezogen werden kann.

Zusammenfassung

- ▶ Nach der Rechtsprechung des BGH sind die Kosten eines Terminsvertreters – von Ausnahmen abgesehen – in der Regel dann erstattungsfähig, wenn sie die Reisekosten des Prozessbevollmächtigten, die entstanden wären, wenn dieser selbst die Termine bei dem auswärtigen Prozessgericht wahrgenommen hätte, nicht um mehr als 10 % übersteigen. 715
- ▶ Die Kosten **eines** Prozessbevollmächtigten sind immer erstattungsfähig.
- ▶ Daher sind in die Prüfung, ob die durch die Einschaltung eines Terminsvertreters entstandenen Mehrkosten höher sind als die fiktiven Reisekosten des Prozessbevollmächtigten, nicht die vollen Kosten des Terminsvertreters einzustellen, sondern nur die tatsächlich entstandenen Mehrkosten. Denn bei Einschaltung eines Terminsvertreters wird in der Regel bei dem Prozessbevollmächtigten die 1,2 Terminsgebühr erspart.

14.4.1 Prognoserisiko

716 Der Prozessbevollmächtigte wird den Mandanten auch zu der Frage beraten müssen, ob ein Terminsvertreter eingeschaltet werden soll oder ob der Prozessbevollmächtigte selbst die Termine bei dem auswärtigen Prozessgericht wahrnehmen soll. Er wird also schon im Rahmen dieser Beratung die Vergleichsberechnung anstellen müssen (wie im Beispiel in → Kap. E Rn. 713), ob voraussichtlich die durch die Einschaltung eines Terminsvertreters entstandenen Mehrkosten günstiger sind oder ob die Reisekosten, die entstehen würden, wenn er selbst die Termine bei dem auswärtigen Prozessgericht wahrnimmt, geringer wären. Hier wird es entscheidend darauf ankommen, wie viele Termine bei dem Prozessgericht stattfinden, also wie oft der Prozessbevollmächtigte zu dem Prozessgericht reisen muss. Denn wenn er nur einmal reisen muss, kann dies günstiger sein als die Mehrkosten, die durch die Einschaltung eines Terminsvertreters entstehen würden. Dagegen kann, wenn der Prozessbevollmächtigte mehrfach zu dem Prozessgericht reisen muss, die Einschaltung eines Terminsvertreters günstiger sein. Der Prozessbevollmächtigte wird aber nicht absehen können, wie viele Termine bei dem Prozessgericht wahrzunehmen sind. Dieses Prognoserisiko zu Beginn des Mandates kann aber nicht zu Lasten der erstattungsberechtigten Partei gehen.[276] Nach einer Entscheidung des Kammergerichts[277] kann in der Regel davon ausgegangen werden, dass der Zivilprozess mit **einem Termin** erledigt wird. Nach dem BGH[278] braucht der Kläger mit mehr als zwei Terminen nicht zu rechnen; der Rechtsstreit soll in einem Termin erledigt werden (Haupttermin – § 272 Abs. 1 ZPO). Bei der Vergleichsberechnung, welcher Weg der kostengünstigste ist,

---

[272] OLG Dresden NJW-RR 1998, 1292.
[273] OLG Frankfurt/Main JurBüro 2009, 199 = AGS 2009, 141.
[274] OLG Karlsruhe NJW-RR 2003, 1654.
[275] OLG Koblenz JurBüro 2011, 647.
[276] Vgl. Enders JurBüro 2002, 338 Kapitel 4.2 unter Hinweis auf OLG Hamm JurBüro 2001, 366 und Kammergericht JurBüro 2001, 257.
[277] Kammergericht JurBüro 2001, 257.
[278] BGH Beschluss vom 11. 12. 2007 – X ZB 21/07 = JurBüro 2008, 258.

also ob der Prozessbevollmächtigte den anstehenden Termin selbst wahrnimmt oder ob er dem Mandanten anrät, einen Terminsvertreter einzuschalten, kann er also meines Erachtens in der Regel davon ausgehen, dass nur ein Termin – maximal zwei Termine – bei dem Prozessgericht wahrzunehmen ist.

717 In einem vom BGH[279] entschiedenen Fall war der Prozessbevollmächtigte des Klägers davon ausgegangen, dass mindestens zwei Termine vor dem auswärtigen Prozessgericht stattfinden würden. Das Prozessgericht hatte zunächst nur Termin zur Güteverhandlung und mündliche Verhandlung vor dem Einzelrichter ohne Ladung von Zeugen anberaumt, obwohl von beiden Parteien Zeugen zum Beweis ihrer – strittigen – Behauptungen benannt worden waren. Für die Anreise des Prozessbevollmächtigten des Klägers zu zwei Terminen vor dem auswärtigen Prozessgericht wären höhere Kosten entstanden, als durch die Beauftragung des Terminsvertreters. Nach dem ersten Termin hatten die Parteien dann allerdings einen (Beschluss)Vergleich nach § 278 Abs. 6 ZPO geschlossen, der das Verfahren beendete. Dennoch waren nach BGH (aaO) die höheren Kosten des Terminsvertreters zu erstatten, da diese ex ante (aus früherer Sicht) niedriger waren, als die Reisekosten eines Prozessbevollmächtigten.

Zusammenfassung

718 ▶ Das Prognoserisiko, ob ein oder mehrere Termine bei dem Prozessgericht wahrzunehmen sind, kann nicht zu Lasten der erstattungsberechtigten Partei gehen. Diese kann bei ihrer Entscheidung, ob sie einen Unterbevollmächtigten einschaltet oder ihren Prozessbevollmächtigten beauftragt, zu dem auswärtigen Prozessgericht zu reisen, um die anstehenden Termine wahrzunehmen, davon ausgehen, dass nur ein Termin bei dem Prozessgericht stattfindet.

15. Gerichtliche Mediation

719 Am 26. 7. 2012 ist das Gesetz zur Förderung der Mediation und anderer Verfahren der außergerichtlichen Konfliktbeilegung[280] in Kraft getreten. Ziel des Gesetzes ist es, die Mediation und andere Verfahren der außergerichtlichen Konfliktbeilegung zu fördern. Unter anderem werden die bisher praktizierten unterschiedlichen Modelle der gerichtsinternen Mediation in ein erheblich erweitertes Güterichterkonzept überführt und dieses auch für die Verfahrensordnungen der Arbeits-, Sozial-, Verwaltungs-, Patent-, Marken- sowie Finanzgerichte ausgedehnt. Nach § 278 Abs. 5 ZPO kann das Gericht die Parteien für die Güteverhandlung sowie für weitere Güteversuche vor einen hierfür bestimmten und nicht entscheidungsbefugten Richter (Güterichter) verweisen. Der **Güterichter** kann alle Methoden der Konfliktbeilegung einschließlich der **Mediation** einsetzen. Nach § 278a ZPO kann das Gericht den Parteien auch eine **Mediation oder ein anderes Verfahren der außergerichtlichen Konfliktbeilegung** vorschlagen. Entscheiden sich die Parteien zur Durchführung einer Mediation oder eines anderen Verfahrens der außergerichtlichen Konfliktbeilegung, ordnet das Gericht nach § 278 a Abs. 2 ZPO das Ruhen des Verfahrens an. Eine Mediation vor einem Güterichter oder einem „gerichtsunabhängigen" Mediator kann nur durchgeführt werden, wenn beide Parteien dies wollen. Häufig wird die Partei darauf bestehen, dass der Rechtsanwalt, der sie in dem Rechtsstreit als Prozessbevollmächtigter vertritt, sie auch in der Mediation „begleitet".

720 Für die Teilnahme an einer Mediation, die im Zusammenhang mit einem gerichtlichen Verfahren durchgeführt wird, erhält der Rechtsanwalt, der ohnehin als **Prozessbevollmächtigter** in dem Rechtsstreit für die Partei tätig ist, **keine gesonderte Vergütung.** Denn für ihn gehört die Mediation gebührenrechtlich zum Rechtszug (§ 19

[279] BGH Beschluss vom 10. 7. 2012 – VIII ZB 106/11; zum Prognoserisiko siehe auch JurBüro 2014, 367.

[280] BGBl. I 2012, 1577.

Abs. 1 S. 2 Nr. 2 RVG) und ist folglich mit den Gebühren, die er ohnehin im Rechtszug verdient, abgegolten.[281] Lediglich die Reisekosten (Nrn. 7003 bis 7006 VV RVG) für die Wahrnehmung des Mediationstermins wird der Prozessbevollmächtigte neben seiner Vergütung, die er für die Tätigkeit im Prozess erhält, liquidieren können.

Allerdings wird die Wahrnehmung des Mediationstermins bei dem Prozessbevoll- 721
mächtigten die 1,2 **Terminsgebühr** Nr. 3104 VV RVG auslösen.[282] Zwar ist der Mediationstermin kein außergerichtlicher oder gerichtlicher Termin im Sinne der Vorbemerkung 3 Abs. 3 VV RVG. In dem Mediationstermin in der Regel wird aber eine auf die Erledigung des Verfahrens gerichtete Besprechung geführt werden. Die Mitwirkung an dieser **Besprechung** wird bei dem Prozessbevollmächtigten die Terminsgebühr der Nr. 3104 VV RVG entstehen lassen (Vorbemerkung 3 Abs. 3 VV RVG).

Kommt es in dem Mediationstermin zu einer Einigung und wirkt der Rechtsanwalt 722
an einem Vertrag im Sinne von Abs. 1 der Anmerkung zu Nr. 3104 VV RVG mit, wird er auch noch die Einigungsgebühr nach Nrn. 1000, 1003 VV RVG liquidieren können. Die Einigungsgebühr entsteht nur in Höhe einer 1,0 Gebühr, da über den Anspruch, über den sich die Parteien in dem Mediationstermin vergleichen, ein gerichtliches Verfahren anhängig ist (Nr. 1003 VV RVG).

Beispiel: Es wird Klage erhoben über 4.800,00 EUR. Nach Vorliegen der Klageerwiderung 723
schlägt das Gericht den Parteien eine Mediation vor. Beide Parteien sind damit einverstanden. An dem Mediationstermin nehmen auch beide Prozessbevollmächtigten teil. Nach ausführlichen Besprechungen, unter welchen Bedingungen eine Einigung der Parteien möglich ist, kommt es schließlich zu einem Vergleich. Unter Mitwirkung der Rechtsanwälte wird der Vergleich von dem Mediationsrichter protokolliert.

Beide Prozessbevollmächtigten können berechnen:
Gegenstandswert: 4.800,00 EUR

1) 1,3 Verfahrensgebühr §§ 2, 13 RVG iVm Nr. 3100 VV RVG	393,90 EUR
2) 1,2 Terminsgebühr §§ 2, 13 RVG iVm Nr. 3104 VV RVG	363,60 EUR
3) 1,0 Einigungsgebühr §§ 2, 13 RVG iVm Nr. 1003 VV RVG	303,00 EUR
4) Pauschale für Entgelte für Post- und Telekommunikationsdienstleistungen Nr. 7002 VV RVG	20,00 EUR

zzgl. evtl. weiterer entstandenen Auslagen und Umsatzsteuer.

Beispiel: Bei dem Landgericht ist ein Rechtsstreit über 10.000,00 EUR anhängig. Nach Vorliegen 724
der Klageerwiderung schlägt das Gericht den Parteien eine Mediation vor. Beide Parteien stimmen dem zu. In dem Mediationstermin, an welchem neben den Parteien auch deren Prozessbevollmächtigte teilnehmen, kann eine Einigung nicht erreicht werden. Der Rechtsstreit setzt sich fort. Das Gericht bestimmt Haupttermin, in welchem 3 Zeugen vernommen werden. Anschließend wird ein Sachverständigengutachten eingeholt. Schließlich ergeht ein Urteil.

Beide Prozessbevollmächtigten können berechnen:
Gegenstandswert: 10.000,00 EUR

1) 1,3 Verfahrensgebühr §§ 2, 13 RVG iVm Nr. 3100 VV RVG	725,40 EUR
2) 1,2 Terminsgebühr §§ 2, 13 RVG iVm Nr. 3104 VV RVG	669,60 EUR
3) Pauschale für Entgelte für Post- und Telekommunikationsdienstleistungen Nr. 7002 VV RVG	20,00 EUR

zzgl. evtl. weiterer Auslagen und Umsatzsteuer.

Die Terminsgebühr, die in dem Mediationstermin bei dem Prozessbevollmächtigten 725
durch die Mitwirkung an der Besprechung im Hinblick auf die Erledigung des Verfahrens entstanden ist, wird der Prozessbevollmächtigte im Falle des Scheiterns der gerichtlichen Mediation nicht neben einer Terminsgebühr verlangen können, die im Rahmen seiner Tätigkeit als Prozessbevollmächtigter in dem Verfahren ohnehin entsteht (zB durch die Wahrnehmung des Termins zur mündlichen Verhandlung). Da die gerichtliche Mediation zum Rechtszug gehört und keine besondere gebührenrechtliche Angelegenheit ist, gilt auch hier § 15 Abs. 2 RVG, wonach der Rechtsanwalt die Gebühren in derselben Angelegenheit – in gerichtlichen Verfahren allerdings in jedem

---

[281] OLG Braunschweig AnwBl. 2007, 88; OLG Rostock JurBüro 2007, 194.
[282] OLG Hamm AnwBl. 2006, 287; OVG Greifswald JurBüro 2007, 136.

Rechtszug (§ 17 Nr. 1 RVG) – nur einmal fordern kann. Im Falle des Scheiterns der gerichtlichen Mediation wird der Rechtsanwalt für seine Tätigkeit im Hinblick auf die gerichtliche Mediation im Ergebnis keine gesonderten Gebühren erhalten.

726 **Praxistipp:**

Will der Rechtsanwalt seine Mehrtätigkeit, die er im Rahmen einer Mediation, die im Zusammenhang mit einem gerichtlichen Verfahren durchgeführt wird, erbringt, gesondert vergütet haben, wird er mit dem Mandanten eine Vergütungsvereinbarung schließen müssen. Meines Erachtens sollte er sich im Rahmen einer Vergütungsvereinbarung zumindest für den Fall, dass die Mediation scheitert, von dem Mandanten eine gesonderte Vergütung im Rahmen einer Vergütungsvereinbarung versprechen lassen.

727 Nicht zu verwechseln ist die in diesem Kapitel behandelte Tätigkeit des Prozessbevollmächtigten in einer Mediation, in der er eine Partei begleitet (sei es ob die Mediation im Zusammenhang mit einem gerichtlichen Verfahren steht oder nicht) mit der Tätigkeit des Rechtsanwaltes als **Mediator.** Wird der Rechtsanwalt als Mediator tätig, soll er gemäß § 34 Abs. 1 RVG auf eine Gebührenvereinbarung hinwirken (→ Kap. D Rn. 325).

728 Ist der Rechtsanwalt **ausschließlich** als Vertreter/Bevollmächtigter seines Mandanten in einer außergerichtlichen Mediation tätig (oder anders ausgedrückt: „begleitet" er die Mandantschaft durch die Mediation), wird er eine (0,5 bis 2,5) Geschäftsgebühr nach der Nr. 2300 VV RVG ansetzen können. Erreicht er im Rahmen der außergerichtlichen Mediation noch eine Einigung, kann daneben noch eine (1,5) Einigungsgebühr nach der Nr. 1000 VV RVG anfallen.[283]

Zusammenfassung

729
- ▶ Der als Prozessbevollmächtigter in einem gerichtlichen Verfahren für die Partei tätige Rechtsanwalt erhält für die – zusätzliche – Vertretung in einer Mediation, die im Zusammenhang mit diesem gerichtlichen Verfahren durchgeführt wird, keine gesonderte Vergütung. Diese Tätigkeit wird mit den Gebühren, die er für seine Tätigkeit als Prozessbevollmächtigter ohnehin erhält, abgegolten.
- ▶ Wirkt der Prozessbevollmächtigte in dem Mediationstermin an einer Besprechung zur Erledigung des gerichtlichen Verfahrens mit, wird hierdurch bereits die 1,2 Terminsgebühr der Nr. 3104 VV RVG ausgelöst.
- ▶ Der Rechtsanwalt sollte sich zumindest für den Fall, dass die Mediation scheitert, von dem Mandanten eine gesonderte Vergütung für seine Tätigkeit in dem Mediationsverfahren im Rahmen einer Vergütungsvereinbarung versprechen lassen.

16. Verbindung von Verfahren[284]

730 Das Gericht kann die Verbindung mehrerer bei ihm anhängiger Zivilprozesse zum Zwecke gleichzeitiger Verhandlung und Entscheidung anordnen (§ 147 ZPO). Voraussetzung ist, dass die Ansprüche, die in den einzelnen Zivilprozessen geltend gemacht werden, in rechtlichem Zusammenhang stehen oder in einer Klage hätten geltend gemacht werden können. Unerheblich ist, ob die Prozesse zwischen denselben oder verschiedenen Parteien anhängig sind. Gebührenrechtlich gelten bei Verbindung von Zivilprozessen folgende Grundsätze:

- Jedes **einzelne** bei Gericht anhängige **Verfahren** ist auch für den Rechtsanwalt eine **gesonderte gebührenrechtliche Angelegenheit.** Die Gebühren entstehen nach dem Wert der in dem einzelnen Verfahren anhängigen Ansprüche. Die in dem einzel-

[283] Enders JurBüro 2013, 169 f. und JurBüro 2013, 225 f.

[284] Ausführlich: Enders JurBüro 2007, 170 ff. und JurBüro 2007, 225 ff.

nen Verfahren – vor Verbindung – entstandenen Gebühren bleiben grundsätzlich bestehen.

- **Ab Verbindung** mehrerer – zuvor getrennt anhängiger – Verfahren liegt beim Rechtsanwalt nur noch **eine gebührenrechtliche Angelegenheit** vor. Die Werte der einzelnen verbundenen Zivilprozesse sind zu addieren und nach der Summe der Werte fallen die Gebühren, deren Tatbestand nach Verbindung erfüllt wird, erneut an.[285]
- Ist der Tatbestand einer Gebühr sowohl vor als auch nach Verbindung erfüllt worden, **kann der Rechtsanwalt wählen,**
  - ob er die vor Verbindung entstandenen Gebühren nach den Einzelwerten
  - **oder** die nach Verbindung nach der Summe der Gegenstandswerte entstandene Gebühr

  mit dem Mandanten abrechnet.[286]

  Dieses Wahlrecht des Rechtsanwaltes hat der BGH bestätigt.[287]

Der Rechtsanwalt wird sich für die – für ihn – günstigste Variante entscheiden können. In der Regel wird es am günstigsten sein, die vor Verbindung in den Einzelverfahren entstandenen Gebühren abzurechnen.

Die Pauschale nach Nr. 7002 VV RVG für Entgelte für Post- und Telekommunikationsdienstleistungen kann in jeder Angelegenheit gefordert werden (Anmerkung zu Nr. 7002 VV RVG). Auch wegen dieser Pauschale hat der Rechtsanwalt das Wahlrecht, ob er die vor Verbindung entstandenen Pauschalen abrechnet oder die nach Verbindung angefallenen Pauschalen. Entscheidet er sich dafür, die vor Verbindung entstandenen Pauschalen abzurechnen, wird er für jedes einzelne Verfahren eine gesonderte Pauschale ansetzen können. Entscheidet er sich dafür, die nach Verbindung entstandene Pauschale Nr. 7002 VV RVG abzurechnen, wird er nur eine Pauschale ansetzen können. 731

Beispiel: Bei dem Amtsgericht Hamburg sind zwischen denselben Parteien anhängig 732
- Rechtsstreit – C 100/17 – mit einem Gegenstandswert von 2.000,00 EUR
- Rechtsstreit – C 200/17 – mit einem Gegenstandswert von 2.500,00 EUR.

In beiden Verfahren sind die Parteien identisch. Die Prozessbevollmächtigten vertreten die Parteien sowohl in dem Verfahren – C 100/17 – als auch in – C 200/17 –. In beiden Verfahren nehmen die Prozessbevollmächtigten für die Parteien zunächst jeweils den Termin zur mündlichen Verhandlung war. Danach werden die Rechtsstreite – C 100/17 und C 200/17 – verbunden. Führend ist das Aktenzeichen – C 200/17 –. Nach Verbindung vertreten die Prozessbevollmächtigten die Parteien in einem Termin, in welchem Zeugen vernommen werden. Nach Beendigung der Beweisaufnahme verkündet das Gericht ein Urteil.

Vor Verbindung sind entstanden:

Rechtsstreit **– C 100/17 –**

Gegenstandswert: 2.000,00 EUR

1) 1,3 Verfahrensgebühr §§ 2, 13 RVG iVm Nr. 3100 VV RVG	195,00 EUR
2) 1,2 Terminsgebühr §§ 2, 13 RVG iVm Nr. 3104 VV RVG	180,00 EUR
3) Pauschale für Entgelte für Post- und Telekommunikationsdienstleistungen Nr. 7002 VV RVG	20,00 EUR
4) 19 % Umsatzsteuer Nr. 7008 VV RVG	75,05 EUR
	470,05 EUR

Rechtsstreit **– C 200/17 –**

Gegenstandswert: 2.500,00 EUR

1) 1,3 Verfahrensgebühr §§ 2, 13 RVG iVm Nr. 3100 VV RVG	261,30 EUR
2) 1,2 Terminsgebühr §§ 2, 13 RVG iVm Nr. 3104 VV RVG	241,20 EUR
3) Pauschale für Entgelte für Post- und Telekommunikationsdienstleistungen Nr. 7002 VV RVG	20,00 EUR

[285] Hartung/Schons/Enders § 15 Rn. 13; Gerold/Schmidt VV 3100 Rn. 40; Schneider/Wolf § 15 Rn. 180; Hansens/Braun/Schneider Teil 8 Rn. 319; Rehberg/Schons „Verbindung“ 2.2.

[286] Hartung/Schons/Enders § 15 Rn. 18; Gerold/Schmidt VV 3100 Rn. 41; Schneider/Wolf § 15 Rn. 180; Hansens/Braun/Schneider Teil 8 Rn. 319.

[287] BGH JurBüro 2010, 414.

4) 19 % Umsatzsteuer Nr. 7008 VV RVG	99,28 EUR
	621,78 EUR
Summe Rechtsstreit – C 100/17 und C 200/17 –:	1.091,83 EUR

Nach Verbindung sind entstanden:
Gegenstandswert: 4.500,00 EUR

1) 1,3 Verfahrensgebühr §§ 2, 13 RVG iVm Nr. 3100 VV RVG	393,90 EUR
2) 1,2 Terminsgebühr §§ 2, 13 RVG iVm Nr. 3104 VV RVG	363,60 EUR
3) Pauschale für Entgelte für Post- und Telekommunikationsdienstleistungen Nr. 7002 VV RVG	20,00 EUR
4) 19 % Umsatzsteuer Nr. 7008 VV RVG	147,73 EUR
	925,23 EUR

Bei dem Prozessbevollmächtigten des Klägers und dem Prozessbevollmächtigten des Beklagten sind in diesem Fall dieselben Gebühren entstanden. Für beide Prozessbevollmächtigten wäre es die günstigste Variante, wenn sie die vor Verbindung entstandenen Gebühren mit insgesamt 1.091,83 EUR abrechnen würden und nicht die nach Verbindung entstandenen Gebühren von 925,23 EUR.

Entscheidet der Prozessbevollmächtigte sich dafür, die vor Verbindung entstandenen Gebühren abzurechnen, sind diese – höheren – Kosten auch von der unterlegenen Partei zu **erstatten**.

Allerdings wird die erstattungspflichtige Partei einwenden können, dass es nicht notwendig war, mehrere Klagen zu erheben und folglich nur die Gebühren zu erstatten sind, die entstanden wären, wenn der Kläger direkt von Anbeginn an alle Ansprüche in einer Klage zusammengefasst hätte. Die erstattungsberechtigte Partei wird dann darlegen müssen, dass nachvollziehbare Gründe für mehrere getrennte Klagen vorgelegen haben.[288] Nachvollziehbare Gründe für die Geltendmachung der Ansprüche in mehreren Prozessen könnten zB gegeben sein, wenn die getrennte Geltendmachung geschieht um das Prozesskostenrisiko des Klägers zu minimieren.[289] Kann der erstattungsberechtigte Kläger nicht darlegen, dass nachvollziehbare Gründe für die getrennte Geltendmachung der Ansprüche in mehreren Klagen vorgelegen haben, sind nur die nach Verbindung entstandenen Gebühren und Auslagen erstattungsfähig. Der erstattungsberechtigte Kläger ist dann so zu stellen, als hätte er von Anbeginn an die Ansprüche in einer Klage geltend gemacht.

733 Wenn der Rechtsanwalt prüft, ob er die vor oder die nach Verbindung entstandenen Gebühren abrechnet, kann die Betrachtung für jede einzelne Gebühr gesondert vorgenommen werden. Möglich ist also, dass der Rechtsanwalt zB die – höheren – vor Verbindung entstandenen Verfahrensgebühren mit dem Mandanten abrechnet und die nach Verbindung entstandene – höhere – Terminsgebühr in seine Vergütungsberechnung einfließen lässt.

734 **Beispiel:** Bei dem Amtsgericht Hamburg sind zwischen denselben Parteien anhängig:
- Rechtsstreit – C 100/17 – mit einem Gegenstandswert von 2.000,00 EUR
- Rechtsstreit – C 200/17 – mit einem Gegenstandswert von 2.500,00 EUR.

In dem Rechtsstreit – C 100/17 – vertritt der Rechtsanwalt in einer mündlichen Verhandlung. In dieser mündlichen Verhandlung werden die Verfahren – C 100/17 – und – C 200/17 – verbunden. Das Gericht bestimmt neuen Termin. In dieser mündlichen Verhandlung werden Zeugen gehört. Danach ergeht ein Urteil. In der Sache – C 200/17 – ist vor Verbindung keine Terminsgebühr entstanden.

Vor Verbindung sind entstanden:
Rechtsstreit **– C 100/17 –**
Gegenstandswert: 2.000,00 EUR

1) 1,3 Verfahrensgebühr §§ 2, 13 RVG iVm Nr. 3100 VV RVG	195,00 EUR
2) 1,2 Terminsgebühr §§ 2, 13 RVG iVm Nr. 3104 VV RVG	180,00 EUR
3) Pauschale für Entgelte für Post- und Telekommunikationsdienstleistungen Nr. 7002 VV RVG	20,00 EUR
4) 19 % Umsatzsteuer Nr. 7008 VV RVG	75,05 EUR
	470,05 EUR

Rechtsstreit **– C 200/17 –**
Gegenstandswert: 2.500,00 EUR

1) 1,3 Verfahrensgebühr §§ 2, 13 RVG iVm Nr. 3100 VV RVG	261,30 EUR
2) Pauschale für Entgelte für Post- und Telekommunikationsdienstleistungen Nr. 7002 VV RVG	20,00 EUR
3) 19 % Umsatzsteuer Nr. 7008 VV RVG	53,45 EUR
	334,75 EUR
Summe Rechtsstreit – C 100/17 – und – C 200/17 –	804,80 EUR

[288] Rehberg/Schons, „Mehrere Ansprüche" 2.
[289] BGH JurBüro 2013, 30.

Nach Verbindung sind entstanden:
Gegenstandswert: 4.500,00 EUR

1) 1,3 Verfahrensgebühr §§2, 13 RVG iVm Nr. 3100 VV RVG	393,90 EUR
2) 1,2 Terminsgebühr §§2, 13 RVG iVm Nr. 3104 VV RVG	363,60 EUR
3) Pauschale für Entgelte für Post- und Telekommunikationsdienstleistungen Nr. 7002 VV RVG	20,00 EUR
4) 19 % Umsatzsteuer Nr. 7008 VV RVG	147,73 EUR
	925,23 EUR

Die vor Verbindung entstandenen Verfahrensgebühren mit (195,00 EUR + 261,30 EUR =) 456,30 EUR sind höher als die nach Verbindung entstandene Verfahrensgebühr von 393,90 EUR. Also wird der Rechtsanwalt sich hier dafür entscheiden, die vor Verbindung entstandenen Verfahrensgebühren abzurechnen.

Die vor Verbindung entstandene Terminsgebühr mit 180,00 EUR ist niedriger als die nach Verbindung entstandene Terminsgebühr in Höhe von 363,60 EUR. Folglich wird der Rechtsanwalt hier die nach Verbindung entstandene Terminsgebühr abrechnen.

Der Rechtsanwalt wird also hier folgende Vergütung **gegenüber seinem Mandanten abrechnen** können:[290]

1) 1,3 Verfahrensgebühr §§2, 13 RVG iVm Nr. 3100 VV RVG nach Wert: 2.000,00 EUR (Rechtsstreit – C 100/17 – vor Verbindung)	195,00 EUR
2) 1,3 Verfahrensgebühr §§2, 13 RVG iVm Nr. 3100 VV RVG nach Wert: 2.500,00 EUR (Rechtsstreit – C 200/17 – vor Verbindung)	261,30 EUR
3) 1,2 Terminsgebühr §§2, 13 RVG iVm Nr. 3104 VV RVG nach Wert: 4.500,00 EUR (nach Verbindung)	363,60 EUR
4) Pauschale für Entgelte für Post- und Telekommunikationsdienstleistungen Nr. 7002 VV RVG (Rechtsstreit – C 100/17 – vor Verbindung)	20,00 EUR
5) Pauschale für Entgelte für Post- und Telekommunikationsdienstleistungen Nr. 7002 VV RVG (Rechtsstreit – C 200/17 – vor Verbindung)	20,00 EUR
6) 19 % Umsatzsteuer Nr. 7008 VV RVG	163,38 EUR
	1.023,28 EUR

Bei Verbindung von zwei oder mehreren Zivilprozessen können noch weitere gebührenrechtliche Varianten eintreten. Diese können im Rahmen dieses Werkes nicht vollständig dargestellt werden. Es darf an dieser Stelle auf einschlägige Fachliteratur hingewiesen werden.[291] 735

Zusammenfassung

- Vor Verbindung liegen getrennte gebührenrechtliche Angelegenheiten vor. In den einzelnen Angelegenheiten entstehen die Gebühren nach dem Wert der dort jeweils anhängigen Ansprüche. 736
- Nach Verbindung entstehen die Gebühren nach der Summe der Werte erneut.
- Ist die Gebühr sowohl vor als auch nach Verbindung entstanden, steht dem Rechtsanwalt ein Wahlrecht zu, ob er die vor Verbindung entstandenen Gebühren abrechnet oder die nach Verbindung entstandenen Gebühren. In der Regel ist die Abrechnung der vor Vorbindung entstandenen Gebühren für den Rechtsanwalt günstiger.

17. Trennung von Verfahren[292]

Das Gericht kann anordnen, dass mehrere in einer Klage erhobene Ansprüche in getrennten Prozessen verhandelt werden (§ 145 Abs. 1 ZPO). Aber auch wenn auf der Kläger- oder Beklagtenseite mehrere Parteien (Streitgenossen) an dem Prozess beteiligt 737

---

[290] Hartung/Schons/Enders § 15 Rn. 20; Gerold/Schmidt VV 3100 Rn. 46.

[291] Gerold/Schmidt VV 3100 Rn. 46 ff.; Unterschiedliche Parteien in den verbundenen Verfahren: Enders JurBüro 2007, 169 (171); Änderung des Streitgegenstandes nach Verbindung: Nach BGH JurBüro 2010, 414 ist Enders JurBüro 2007, 225 (228) und Schneider/Wolf § 15 Rn. 180 nicht zu folgen.

[292] Ausführlich: Enders JurBüro 2007, 564.

sind, kann das Gericht beschließen, dass gegen einen oder mehrere Streitgenossen in einem getrennten Verfahren verhandelt werden soll.[293] Infolge der Trennung werden aus dem einen gerichtlichen Verfahren zwei (oder mehrere) selbständige, voneinander unabhängige Verfahren. Für die Vergütung des Rechtsanwalts gelten folgende Grundsätze:

- Zunächst, nämlich **bis zur Trennung** der Verfahren liegt nur **eine gebührenrechtliche Angelegenheit** vor.[294] Die Gebühren entstehen nur einmal aus dem Gesamtwert der in dem Verfahren anhängigen Ansprüche.
- **Nach** der **Trennung** werden aus der zunächst einer gebührenrechtlichen Angelegenheit **mehrere** selbstständige **gebührenrechtliche Angelegenheiten.** In den getrennten Verfahren entstehen die Gebühren jeweils gesondert nach dem Wert der darin behandelten Ansprüche.
- Nach ganz überwiegender Meinung hat der **Rechtsanwalt** ein **Wahlrecht,**
  - ob er die vor Trennung entstandenen Gebühren- und Auslagenpauschalen abrechnet
  - oder die nach Trennung entstehenden Gebühren und Auslagen.[295] Dieses Wahlrecht des Rechtsanwaltes hat der BGH für die Verbindung von bürgerlichen Rechtsstreitigkeiten bestätigt.[296] In einer weiteren Entscheidung bestätigt der BGH[297] „indirekt" das Wahlrecht des Rechtsanwalts auch für den Fall der Trennung von Verfahren.

In der Regel wird die Abrechnung der nach Trennung entstandenen Gebühren für den Rechtsanwalt günstiger sein.

738 **Beispiel:** Bei dem Landgericht Stuttgart ist ein Rechtsstreit anhängig, in welchem dieselben Parteien über 10.000,00 EUR und einen weiteren Anspruch in Höhe von 19.000,00 EUR, insgesamt also über 29.000,00 EUR streiten. Das Gericht bestimmt Termin zur mündlichen Verhandlung. In dem Termin werden die Parteien durch ihre Prozessbevollmächtigten vertreten. Das Landgericht beschließt, im Anschluss an die mündliche Verhandlung die Trennung der Verfahren. In dem Ursprungsverfahren – 5 O 100/17 – soll über den Anspruch in Höhe von 10.000,00 EUR weiter verhandelt werden. In einem weiteren Verfahren mit dem neuen Aktenzeichen – 5 O 200/17 – soll über den Anspruch in Höhe von 19.000,00 EUR verhandelt werden. Nach Trennung der Verfahren findet in beiden Prozessen eine mündliche Verhandlung statt, in welcher die Parteien durch ihre Prozessbevollmächtigten vertreten werden. Nach durchgeführten Beweisaufnahmen ergehen dann in beiden Verfahren Urteile. Bei beiden Prozessbevollmächtigten ist folgende Anwaltsvergütung entstanden:

Vor Trennung sind entstanden:
Rechtsstreit – 5 O 100/17 –
Gegenstandswert: 29.000,00 EUR

1) 1,3 Verfahrensgebühr §§2, 13 RVG iVm Nr. 3100 VV RVG	1.121,90 EUR
2) 1,2 Terminsgebühr §§2, 13 RVG iVm Nr. 3104 VV RVG	1.035,60 EUR
3) Pauschale für Entgelte für Post- und Telekommunikationsdienstleistungen Nr. 7002 VV RVG	20,00 EUR
4) 19% Umsatzsteuer Nr. 7008 VV RVG	413,73 EUR
	2.591,23 EUR

Nach Trennung sind entstanden:
Rechtsstreit – **5 O 100/17 –**
Gegenstandswert: 10.000,00 EUR

1) 1,3 Verfahrensgebühr §§2, 13 RVG iVm Nr. 3100 VV RVG	725,40 EUR
2) 1,2 Terminsgebühr §§2, 13 RVG iVm Nr. 3104 VV RVG	669,60 EUR
3) Pauschale für Entgelte für Post- und Telekommunikationsdienstleistungen Nr. 7002 VV RVG	20,00 EUR
4) 19% Umsatzsteuer Nr. 7008 VV RVG	268,85 EUR
	1.683,85 EUR

[293] Musielak/Voit ZPO § 145 Rn. 2; Zöller ZPO § 145 Rn. 2.
[294] Hartung/Schons/Enders § 15 Rn. 26; Schneider/Wolf § 15 Rn. 171.
[295] Hartung/Schons/Enders § 15 Rn. 28; Gerold/Schmidt 3100 VV Rn. 61; Schneider/Wolf § 15 Rn. 171ff.; Hansens/Braun/Schneider Teil 8 Rn. 318; Musielak/Voit ZPO § 145 Rn. 35; Zöller ZPO § 145 Rn. 28; Rehberg/Schons „Trennung".
[296] BGH JurBüro 2010, 414.
[297] BGH JurBüro 2015, 71.

Rechtsstreit **– 5 O 200/17 –**
Gegenstandswert: 19.000,00 EUR

1) 1,3 Verfahrensgebühr §§ 2, 13 RVG iVm Nr. 3100 VV RVG	904,80 EUR
2) 1,2 Terminsgebühr §§ 2, 13 RVG iVm Nr. 3104 VV RVG	835,20 EUR
3) Pauschale für Entgelte für Post- und Telekommunikationsdienstleistungen Nr. 7002 VV RVG	20,00 EUR
4) 19 % Umsatzsteuer Nr. 7008 VV RVG	334,40 EUR
	2.094,40 EUR

In diesem Fall ist es für den Rechtsanwalt günstiger, die nach Trennung entstandenen Gebühren abzurechnen, also für

Rechtsstreit – 5 O 100/17 –	1.683,85 EUR
+ Rechtsstreit – 5 O 200/17 –	2.094,40 EUR
insgesamt	3.778,25 EUR[298]

Wenn nach Trennung in den Einzelverfahren nicht mehr alle Gebühren, die vor Trennung entstanden sind, entstehen, muss dem Rechtsanwalt wegen der einzelnen Gebühren ein Wahlrecht zugestanden werden. Er kann dann gegenüber stellen, ob es für ihn günstiger ist, die vor Trennung nach dem Gesamtwert entstandene Verfahrensgebühr oder die nach Trennung nach den Einzelwerten entstandene Verfahrensgebühr abzurechnen. Gleiches gilt für die Terminsgebühr und auch evtl. weiter in dem Verfahren entstandenen Gebühren.[299] 739

War der Rechtsanwalt zunächst auftragsgemäß außergerichtlich tätig und ist eine Geschäftsgebühr entstanden, erhebt er dann eine Klage und erfolgt dann eine Trennung in mehrere gerichtliche Verfahren, so ist die Geschäftsgebühr nach dem vollen Gegenstandswert nur einmal zur Hälfte, höchstens mit 0,75 (Vorbemerkung 3 Abs. 4 VV RVG) auf die Verfahrensgebühr des gerichtlichen Verfahrens anzurechnen.[300] Die anrechenbaren Teile der Geschäftsgebühr sind also nur einmal von einer Verfahrensgebühr in Abzug zu bringen und nicht etwa in jedem der getrennten Verfahren gesondert. Je nach Gestaltung des Falles kann der insgesamt anzurechnende Betrag aus der Geschäftsgebühr aber nach dem Verhältnis der Gegenstandswerte der getrennten Verfahren verteilt und die Anrechnung der Teilbeträge in den getrennten Verfahren erfolgen.[301] 740

Wegen weiterer, in der Praxis möglicher gebührenrechtlicher Varianten bei Trennung von Verfahren darf auf einschlägige Fachliteratur verwiesen werden.[302] 741

Zusammenfassung

- Bis zur Prozesstrennung liegt nur eine gebührenrechtliche Angelegenheit vor. 742
- Ab dem Zeitpunkt der Prozesstrennung ist von mehreren selbständigen gebührenrechtlichen Angelegenheiten auszugehen.
- Dem Rechtsanwalt steht ein Wahlrecht zu, ob er die vor Prozesstrennung entstandenen Gebühren oder die nach Prozesstrennung entstandenen Gebühren abrechnet. In der Regel wird günstiger sein, die nach Prozesstrennung aus den Einzelwerten der getrennten Verfahren entstandenen Gebühren mit dem Mandanten abzurechnen.

[298] So rechnen auch: Gerold/Schmidt 3100 VV Rn. 61; Schneider/Wolf § 15 Rn. 174; Hansens/Braun/Schneider Teil 8 Rn. 318.
[299] Enders JurBüro 2007, 564 (566) dort auch mit Berechnungsbeispiel.
[300] BGH JurBüro 2015, 71.
[301] Vgl. mit Berechnungsbeispielen: Enders, JurBüro 2015, 113.
[302] Hartung/Schons/Enders § 15 Rn. 24–36; Gerold/Schmidt 3100 VV Rn. 62–68; Enders JurBüro 2007, 564 ff.

18. Das Kostenfestsetzungsverfahren

743 Um auch über die Kosten des Rechtsstreits einen vollstreckbaren Titel zu erlangen, muss sich der Rechtsanwalt des Kostenfestsetzungsverfahrens bedienen. Ein Urteil entscheidet zwar über die Kostentragungspflicht dem Grunde nach, nicht jedoch über die Höhe (den Betrag) der zu erstattenden Kosten. Hierüber wird in dem Kostenfestsetzungsverfahren entschieden, welches sich dem streitigen Verfahren anschließt.

744 Das Kostenfestsetzungsverfahren wird eingeleitet durch das sogenannte Kostenfestsetzungsgesuch, auch Kostenfestsetzungsantrag genannt. Dieses wird immer bei dem **Gericht I. Instanz** eingereicht, auch wenn der Rechtsstreit im Berufungsverfahren anhängig war (§ 103 ZPO). Das Kostenfestsetzungsgesuch muss eine spezifizierte Kostenberechnung enthalten. Ihm ist zumindest eine Abschrift zum Zwecke der Mitteilung an den Gegner beizufügen. Außerdem sind entsprechende Belege beizufügen, wenn Kosten geltend gemacht werden, die nicht im Gebührenrecht ihren Ursprung haben. Berechnet der Rechtsanwalt Auslagen, die die Pauschale für Entgelte für Post- und Telekommunikationsdienstleistungen gem. Nr. 7002 VV RVG übersteigen, so hat er durch anwaltliche Versicherung glaubhaft zu machen, dass diese auch tatsächlich entstanden sind (§ 104 Abs. 2 S. 1 ZPO).

745 Selbstständige oder Unternehmer können in der Regel die von ihnen an den Anwalt auf dessen Gebühren gezahlte **Umsatzsteuer** wieder als Vorsteuer gegenüber dem Finanzamt geltend machen. Sie wenden also tatsächlich die Umsatzsteuer nicht auf. Aus diesem Grund wurde durch das KostRÄndG 1994 § 104 ZPO dahingehend ergänzt, dass zur Berücksichtigung von Umsatzsteuerbeträgen im Kostenfestsetzungsverfahren die Erklärung des Antragstellers genügt, dass er die Umsatzsteuer nicht als Vorsteuer abziehen kann (§ 104 Abs. 2 S. 3 ZPO). Die Umsatzsteuer auf die Anwaltsgebühren wird also nur dann gegenüber dem erstattungspflichtigen Gegner mit festgesetzt, wenn der Antragsteller die Erklärung abgibt, dass er nicht vorsteuerabzugsberechtigt ist. Diese Erklärung sollte bereits in dem Kostenfestsetzungsgesuch abgegeben werden. Die Erklärung ist wahrheitsgemäß abzugeben. Ob in dem einfach zu haltenden Kostenfestsetzungsverfahren zu klären ist, ob der Antragsteller vorsteuerabzugsberechtigt oder nicht, wenn dies zwischen den Parteien streitig wird oder die Angaben des Antragstellers offensichtlich unrichtig sind, ist in der Rechtsprechung umstritten.[303] Immer dann, wenn eine Partei erklärt, dass sie vorsteuerabzugsberechtigt sei, wird das Gericht die Umsatzsteuer auf die ihr entstandenen Anwaltsgebühren nicht mit gegenüber dem erstattungspflichtigen Gegner festsetzen.

746 Das Kammergericht[304] hat für den Fall, dass Kraftfahrzeughaftpflichtversicherer und Halter gemeinschaftlich in dem Rechtsstreit in Anspruch genommen werden und beide obsiegen, dahingehend entschieden, dass die Umsatzsteuer auf die Anwaltsgebühren in vollem Umfange mit vom unterlegenen Kläger zu erstatten ist. Denn, so die Begründung des Kammergerichts, sei im Innenverhältnis die nicht zum Vorsteuerabzug berechtigte Haftpflichtversicherung allein zur Kostentragung verpflichtet. Es könne daher nicht mehr darauf ankommen, ob der Halter des am Unfall beteiligten Fahrzeuges vorsteuerabzugsberechtigt sei oder nicht.

[303] Hansens JurBüro 1995, 174 ff.; von Eicken/Madert NJW 1996, 1649 (1651) 4.; Enders JurBüro 1996, 617 (619); bislang zu § 104 Abs. 2 S. 3 ZPO veröffentlichte Rechtsprechung: OLG München JurBüro 1995, 34; OLG Karlsruhe JurBüro 1995, 35; OLG Koblenz JurBüro 1995, 206; KG JurBüro 1995, 206; OLG Düsseldorf JurBüro 1996, 426; OLG München JurBüro 1996, 427; LG Karlsruhe JurBüro 1996, 427; AG Charlottenburg JurBüro 1996, 428 mit Anmerkung von Baumgärtel und Hansens; OLG Braunschweig MDR 1995, 321; OLG Celle KostRsp ZPO § 104 (B) Nr. 222; OLG Jena KostRsp ZPO § 104 (B) Nr. 227; OLG Schleswig JurBüro 1996, 260; LG Berlin JurBüro 1996, 260; Brandenburgisches OLG JurBüro 1997, 257; BGH JurBüro 2005, 145; OLG Düsseldorf JurBüro 2005, 369; OLG Koblenz JurBüro 2007, 316; OLG Karlsruhe JurBüro 2007, 317; OLG Nürnberg 2007, 649.

[304] Kammergericht JurBüro 1998, 197; so auch OLG Köln JurBüro 2001, 428.

Auf Antrag ist auszusprechen, dass der festgesetzte Kostenbetrag zu **verzinsen** ist. 747
Seit dem 1. 10. 2001 beträgt die Höhe der Zinsen auf festgesetzte Kosten 5 Prozentpunkte über dem Basiszinssatz nach § 247 BGB (§ 104 Abs. 1 S. 2 ZPO). Bis dahin waren festgesetzte Kosten mit 4 % zu verzinsen. Die Verzinsung beginnt mit dem Eingang des Kostenfestsetzungsantrages bei Gericht.

Dies gilt auch dann noch, wenn zwischen dem Eingang des Kostenfestsetzungsan- 748
trages bei Gericht und dem darauf ergehenden Kostenfestsetzungsbeschluss mehrere Jahre liegen.

Beispiel: Das Urteil wird am 24.1.2013 verkündet. Am 14.2.2013 geht der Kostenfestsetzungs- 749
antrag des Klägers bei Gericht ein. Da der Beklagte gegen das Urteil Berufung einlegen lässt, entscheidet das Gericht zunächst nicht über diesen Kostenfestsetzungsantrag. Das Berufungsverfahren endet im Februar 2018 mit Rücknahme der Berufung. Nachdem die Akten wieder bei dem Landgericht eingegangen sind, entscheidet der Rechtspfleger im März 2018 über den Kostenfestsetzungsantrag vom 14.2.2013. Die Verzinsung der festzusetzenden Kosten ist ab 14.2.2013 auszusprechen.

Praxistipp: 750

Ergeben sich zugunsten des Mandanten Kostenerstattungsansprüche, sollte der Kostenfestsetzungsantrag immer zügig nach Bekanntwerden der Kostengrundentscheidung bei Gericht eingereicht werden, damit die Verzinsung der festzusetzenden Kosten möglichst frühzeitig eintritt.

Im Falle des § 105 Abs. 2 ZPO beginnt die Verzinsung mit der Verkündung des 751
Urteils. Die Verzinsung der festzusetzenden Kosten erfolgt nur auf Antrag, nicht automatisch von Amts wegen.

Die **Zinsen** auf die festgesetzten – vom Gegner zu erstattenden – Kosten **stehen dem** 752
Mandanten zu. Der Rechtsanwalt darf die Zinsen auf die festgesetzten Kosten nicht „für sich behalten". Dies auch dann nicht, wenn er von dem Mandanten keine Vorschüsse verlangt hat und am Ende des Mandates die vom Gegner an ihn gezahlten festgesetzten Kosten mit seinem Vergütungsanspruch gegenüber dem Mandanten verrechnet.

Praxistipp: 753

Will der Rechtsanwalt die Zinsen auf die festgesetzten Kosten „für sich vereinnahmen", wird er dies zuvor mit dem Mandanten vereinbaren müssen.[305] Es handelt sich mE um eine Vergütungsvereinbarung iSd § 3a RVG, so dass diese mindestens der Textform bedarf.

Eine vollstreckbare Ausfertigung des Kostenfestsetzungsbeschlusses wird ebenfalls 754
nur auf Antrag erteilt. Es empfiehlt sich, auch diesen Antrag bereits in dem Kostenfestsetzungsgesuch zu stellen.

Beispiel für ein Kostenfestsetzungsgesuch: 755

An das
Amtsgericht/Landgericht
In Sachen
… ./… .
Aktenzeichen
beantrage ich die Festsetzung nachstehender, dem Kläger entstandener Kosten, gegenüber dem Beklagten wie folgt:
Gegenstandswert: …
1) …
2) …
3) …
4) …

[305] N. Schneider NJW-Spezial 2014, 219.

Der Kläger kann die Umsatzsteuer auf die Anwaltsgebühren nicht als Vorsteuer geltend machen.
Die seitens des Klägers vorgelegten Gerichtskosten bitte ich bei der Entscheidung ebenfalls zu berücksichtigen.
Ich beantrage ferner,
a) die Verzinsung des festzusetzenden Betrages mit 5 Prozentpunkten über dem jeweiligen Basiszinssatz nach §247 BGB seit dem Eingang des heutigen Antrages bei Gericht auszusprechen (§104 Abs. 1 S. 2 ZPO);
b) dem Kläger, z. Hd. des Unterzeichners, eine vollstreckbare Ausfertigung des Festsetzungsbeschlusses zu erteilen.
(Unterschrift)
Rechtsanwalt

756 Nur in den in §15a Abs. 2 RVG genannten Fällen ist die in der Vorbemerkung 3 Abs. 4 VV RVG vorgeschriebene Anrechnung der Geschäftsgebühr auf die Verfahrensgebühr in der Kostenfestsetzung bzw. Kostenausgleichung zu berücksichtigen (→ Kap. D Rn. 237 ff.). Die Geschäftsgebühr ist nach der Vorbemerkung 3 Abs. 4 VV RVG zur Hälfte, höchstens mit 0,75 auf die Verfahrensgebühr des gerichtlichen Verfahrens anzurechnen.

757 Über das Kostenfestsetzungsgesuch entscheidet der Rechtspfleger durch Kostenfestsetzungsbeschluss. Dieser wird dem Antragsgegner von Amts wegen zugestellt; dem Antragsteller nur dann, wenn sein Gesuch ganz oder teilweise zurückgewiesen wurde.

Mit der Zwangsvollstreckung aus dem Kostenfestsetzungsbeschluss darf frühestens 2 Wochen nach Zustellung desselben begonnen werden (§798 ZPO).

Zusammenfassung

758
- Über das Kostenfestsetzungsgesuch/den Kostenfestsetzungsantrag entscheidet das Gericht des I. Rechtszuges.
- Unbedingt mit in das Kostenfestsetzungsgesuch aufzunehmen sind die Anträge auf Verzinsung der festgesetzten Kosten und auf Erteilung einer vollstreckbaren Ausfertigung des zu erlassenden Kostenfestsetzungsbeschlusses.

18.1 Rechtsmittel/Rechtsbehelf gegen den Kostenfestsetzungsbeschluss

759 Nach §11 Abs. 1 RPflG ist gegen die Entscheidung des Rechtspflegers das Rechtsmittel gegeben, das nach den allgemeinen verfahrensrechtlichen Vorschriften zulässig ist. Gem. §104 Abs. 3 S. 1 ZPO findet gegen Entscheidungen im Kostenfestsetzungsverfahren, und damit auch gegen den Kostenfestsetzungsbeschluss die **sofortige Beschwerde** statt. Gem. §569 Abs. 1 S. 1 ZPO ist die Beschwerde binnen einer **Notfrist** von **2 Wochen** ab Zustellung des Kostenfestsetzungsbeschlusses einzulegen. Die Beschwerde ist bei dem Gericht einzulegen, von dem der Kostenfestsetzungsbeschluss erlassen worden ist oder bei dem Beschwerdegericht (§569 Abs. 1 S. 1 ZPO). Die Beschwerde ist nur zulässig, wenn der Wert des Beschwerdegegenstandes 200 EUR übersteigt (§567 Abs. 2 S. 2 ZPO). Mit der Beschwerde muss also das Ziel verfolgt werden, dass mindestens 200,01 EUR mehr oder weniger an Kosten festgesetzt werden.

760 Nach §11 Abs. 2 RPflG kann in den Fällen, in welchen gegen die Entscheidung nach den allgemeinen verfahrensrechtlichen Vorschriften ein Rechtsmittel nicht gegeben ist, binnen einer Frist von 2 Wochen **Erinnerung** eingelegt werden. Wenn also die sofortige Beschwerde gegen den Kostenfestsetzungsbeschluss nicht zulässig ist, weil etwa eine Beschwer von 200,01 EUR nicht erreicht wird, kann gegen den Kostenfestsetzungsbeschluss binnen der **Frist** von **2 Wochen** seit Zustellung desselben Erinnerung eingelegt werden.[306] Meine in der Vorauflage[307] vertretene Meinung,

[306] So auch von Eicken AGS 1998, 161; von Eicken/Hellstab/Dörndorfer/Asperger, Die Kostenfestsetzung Rn. B. 193 ff.
[307] Enders, RVG für Anfänger, 16. Auflage Rn. 1617.

wonach die Erinnerung in Verfahren nach dem Gesetz über das Verfahren in Familiensachen und in Angelegenheiten der freiwilligen Gerichtsbarkeit in analoger Anwendung des § 63 Abs. 1 FamFG innerhalb einer Frist von einem Monat einzulegen ist, gebe ich hiermit auf. Auch in diesen Verfahren ist die Erinnerung gegen einen Kostenfestsetzungsbeschluss wohl innerhalb der Frist von zwei Wochen einzulegen.[308] In der Praxis wird der Rechtsanwalt die entsprechende Frist aus der Rechtsmittelbelehrung des Kostenfestsetzungsbeschlusses entnehmen können. Der Erinnerung kann der Rechtspfleger dann abhelfen, also seine Entscheidung im Sinne der Erinnerung abändern. Hilft er der Erinnerung nicht ab, muss er diese dem Richter derselben Instanz vorlegen, der dann über die Erinnerung entscheidet (§ 11 Abs. 2 S. 2 und 3 RPflG).

Seit Inkrafttreten des ZPO-RG am 1. 1. 2002 ist die **Rechtsbeschwerde** zum BGH 761
auch im Kosten- und Vergütungsfestsetzungsverfahren möglich.[309] Im Kosten- und Vergütungsfestsetzungsverfahren ist die Zulassung der Rechtsbeschwerde durch das Beschwerdegericht erforderlich. Die Beschwerde ist zuzulassen, wenn die Rechtssache grundsätzliche Bedeutung hat oder der Fortbildung des Rechts oder die Sicherung einer einheitlichen Rechtsprechung eine Entscheidung des Rechtsbeschwerdegerichts erfordert (§ 574 ZPO). Die Rechtsbeschwerde ist nach § 575 Abs. 1 ZPO binnen einer **Notfrist** von **einem Monat seit** Zustellung des Beschlusses beim Rechtsbeschwerdegericht – das ist nach § 133 GVG in Zivilsachen der Bundesgerichtshof – einzulegen und zu begründen. Die Parteien müssen sich durch einen beim BGH zugelassenen Rechtsanwalt in dem Rechtsbeschwerdeverfahren vertreten lassen.

Durch das Gesetz zur Einführung einer Rechtsbehelfsbelehrung im Zivilprozess 762
und zur Änderung anderer Vorschriften vom 5. 12. 2012[310] ist mit Inkrafttreten zum 1. 1. 2014 ua § 232 ZPO neu gefasst worden. Danach hat jede anfechtbare gerichtliche Entscheidung, also auch ein Kostenfestsetzungsbeschluss, eine **Rechtsbehelfsbelehrung** zu enthalten. Diese Rechtsbehelfsbelehrung hat Hinweise über das statthafte Rechtsmittel, den Einspruch, den Widerspruch oder die Erinnerung sowie über das Gericht, bei dem der Rechtsbehelf einzulegen ist, über den Sitz des Gerichtes und über die einzuhaltende Form und Frist zu enthalten. Dies gilt **nicht** in Verfahren, in denen sich die Parteien durch einen Rechtsanwalt vertreten lassen müssen, es sei denn, es ist über einen Einspruch oder Widerspruch zu belehren oder die Belehrung ist an einen Zeugen oder Sachverständigen zu richten (§ 232 S. 2 ZPO). Ist eine Rechtsbehelfsbelehrung unterblieben oder fehlerhaft, kann die Partei nach den Vorschriften der §§ 233 f. ZPO Wiedereinsetzung in den vorherigen Stand beantragen. Es ist dann zu vermuten, dass sie kein Verschulden an der Versäumung der Rechtsmittelfrist trifft (§ 233 S. 2 ZPO). Richtet sich der Rechtsbehelf nicht nach der ZPO, sondern nach dem RVG (wie zB bei der Festsetzung der Vergütung des gerichtlich bestellten oder beigeordneten Rechtsanwaltes gegen die Staatskasse) findet sich eine entsprechende Vorschrift, wonach jede anfechtbare Entscheidung eine Belehrung über den statthaften Rechtsbehelf zu enthalten hat, in § 12c RVG. In § 33 Abs. 5 S. 2 RVG ist dann geregelt, dass das Fehlen eines Verschuldens zu vermuten ist, wenn eine Rechtsbehelfsbelehrung unterblieben oder fehlerhaft ist.[311]

Zusammenfassung

▶ Gegen den Kostenfestsetzungsbeschluss kann binnen zwei Wochen sofortige Be- 763
schwerde eingelegt werden, wenn der Wert des Beschwerdegegenstandes 200 EUR übersteigt.

---

308 Von Eicken/Hellstab/Dörndorfer/Asperger Rn. E 13.
309 Hansens AnwBl. 2002, 11 (17); von Eicken/Hellstab/Dörndorfer/Asperger Rn. B 218.
310 BGBl. I 2012, 2418.
311 Hartung/Schons/Enders, § 12 c Rn. 7.

- Ist der Wert des Beschwerdegegenstandes nicht über 200 EUR, kann nur Erinnerung binnen einer Frist von zwei Wochen eingelegt werden.
- Hat das Beschwerdegericht die Rechtsbeschwerde zugelassen, kann binnen einer Frist von einem Monat Rechtsbeschwerde zum BGH eingelegt werden.

18.2 Kosten im Kostenfestsetzungsverfahren

764 Für die Erwirkung des Kostenfestsetzungsbeschlusses selbst entstehen bei dem Rechtsanwalt keine gesonderten Gebühren. Vielmehr wird diese Tätigkeit durch die im Rechtszug entstandenen Kosten mit abgegolten (§ 19 Nr. 14 RVG).

765 Jedoch gelten die Verfahren über die Erinnerung und die Beschwerde gebührenrechtlich jeweils als besondere Angelegenheit. In diesen Verfahren können gem. Nr. 3500 VV RVG eine 0,5 Verfahrensgebühr entstehen. Voraussetzung für den Anfall der Gebühr ist natürlich eine entsprechende Tätigkeit des Rechtsanwaltes in dem Verfahren.

Im Verfahren über die Rechtsbeschwerde nach § 574 ZPO entsteht gem. Nr. 3502 VV RVG eine 1,0 Verfahrensgebühr.

Als Gegenstandswert ist der Betrag anzunehmen, dessen Fest- oder Absetzung der Rechtsanwalt in dem Erinnerungs- oder Beschwerdeverfahren begehrt.

766 Nach § 16 Nr. 10 RVG gelten im Kostenfestsetzungsverfahren mehrere Verfahren über die
a) die Erinnerung
b) die Beschwerde in demselben Beschwerderechtszug
als dieselbe – gebührenrechtliche – Angelegenheit.

Zusammenfassung

767
- Das Kostenfestsetzungsverfahren gehört gebührenrechtlich zum Rechtszug, löst also bei dem Rechtsanwalt keine gesonderten Gebühren aus.
- Gesonderte Gebühren entstehen aber für die Vertretung im Erinnerungs-, Beschwerde- und Rechtsbeschwerdeverfahren.

18.3 Rückfestsetzung von Kosten

768 Sind aufgrund eines vorläufig vollstreckbaren Titels Kosten festgesetzt und auch gezahlt bzw. beigetrieben worden und wird der Titel dann später aufgehoben oder abgeändert, ist grundsätzlich im Kostenfestsetzungsverfahren eine Rückfestsetzung von Kosten möglich. Denn nach § 91 Abs. 4 ZPO gehören zu den Kosten des Rechtsstreits auch die Kosten, die die obsiegende Partei der unterlegenen Partei im Verlaufe des Rechtsstreits gezahlt hat.

769 **Beispiel:** Bei dem Landgericht ist ein Rechtsstreit über 15.000,00 EUR anhängig. Nach mündlicher Verhandlung wird der Beklagte antragsgemäß verurteilt.

Der Kläger lässt die ihm entstandene Anwaltsvergütung zzgl. der von ihm gezahlten Gerichtskosten gegen den Beklagten festsetzen. Auf den Kostenfestsetzungsbeschluss zahlt der Beklagte 2.836,55 EUR zzgl. 18,91 EUR an Zinsen.

Gegen das Urteil lässt der Beklagte Berufung einlegen. In dem Berufungsverfahren findet eine mündliche Verhandlung statt. Das Oberlandesgericht weist unter Aufhebung des Urteils des Landgerichts die Klage ab. Nach dem Urteil des Oberlandesgerichts hat der Kläger die Kosten des Verfahrens zu tragen.

Der Beklagte kann nicht nur die ihm durch die Tätigkeit seines Prozessbevollmächtigten in dem I. und II. Rechtszug entstandenen Gebühren und Auslagen gegen den Kläger festsetzen lassen, sondern auch die von ihm bereits an den Kläger aufgrund des vorläufig vollstreckbaren Kostenfestsetzungsbeschlusses gezahlten Kosten. Denn dadurch, dass die Kostengrundentscheidung aufgehoben worden ist, ist auch der darauf basierende Kostenfestsetzungsbeschluss gegenstandslos geworden mit der Folge, dass der Kläger die ihm aufgrund dieses Kostenfestsetzungsbeschlusses gezahlten Kosten an den Beklagten zurückzuzahlen hat. Der Beklagtenvertreter wird also in seinen Kostenfestsetzungsantrag folgende Gebühren und Auslagen einstellen:

I. Rechtszug	
Gegenstandswert: 15.000,00 EUR	
1) 1,3 Verfahrensgebühr §§ 2, 13 RVG iVm Nr. 3100 VV RVG	845,00 EUR
2) 1,2 Terminsgebühr §§ 2, 13 RVG iVm Nr. 3104 VV RVG	780,00 EUR
3) Pauschale für Entgelte für Post- und Telekommunikationsdienstleistungen Nr. 7002 VV RVG	20,00 EUR
4) 19% Umsatzsteuer Nr. 7008 VV RVG	312,55 EUR
	1.957,55 EUR
II. Rechtszug	
Gegenstandswert: 15.000,00 EUR	
1) 1,6 Verfahrensgebühr §§ 2, 13 RVG iVm Nr. 3200 VV RVG	1.040,00 EUR
2) 1,2 Terminsgebühr §§ 2, 13 RVG iVm Nr. 3202 VV RVG	780,00 EUR
3) Pauschale für Entgelte für Post- und Telekommunikationsdienstleistungen Nr. 7002 VV RVG	20,00 EUR
4) 19% Umsatzsteuer Nr. 7008 VV RVG	349,60 EUR
	2.189,60 EUR
III. Bereits an den Kläger aufgrund des mittlerweile gegenstandslos gewordenen Kostenfestsetzungsbeschlusses vom ... gezahlter Kosten	2.836,55 EUR
zzgl. gezahlte Zinsen auf die festgesetzten Kosten	18,91 EUR

Kosten, die aufgrund eines vorläufig vollstreckbaren und später geänderten Urteils überzahlt wurden und im Wege der Rückfestsetzung festgesetzt werden, sind ab **Einreichung des Rückfestsetzungsantrags zu verzinsen.**[312] Zinsen die auf die festgesetzten Kosten gezahlt wurden, sind bei der Rückfestsetzung mit festzusetzen. 770

Eine Rückfestsetzung kann scheitern, wenn die Zahlung der Kosten umstritten ist oder materiell-rechtliche Einwendungen gegen den Rückerstattungsanspruch erhoben werden (zB: Erstattungspflichtige Partei behauptet anderweitige Verrechnung oder Aufrechnung)[313]; dann muss gesonderte Klage auf Rückzahlung der Kosten erhoben werden (Anspruchsgrundlage § 717 Abs. 2 ZPO). 771

Zusammenfassung

- Ist aufgrund einer noch nicht rechtskräftigen Kostengrundentscheidung eine Kostenfestsetzung erfolgt und wurden nach dem Kostenfestsetzungsbeschluss die festgesetzten Kosten gezahlt, sind diese Kosten zurückzuzahlen, wenn die dem Kostenfestsetzungsbeschluss zugrunde gelegte Kostengrundentscheidung im Rechtsmittelverfahren aufgehoben wird. 772
- Die Rückfestsetzung (§ 91 Abs. 4 ZPO) kann im Kostenfestsetzungsverfahren nach §§ 103, 104 ZPO erfolgen.

18.4 Nachträgliche Änderung des Streitwerts

In der Praxis kommt es vor, dass nach Rechtskraft des Kostenfestsetzungsbeschlusses der Streit- bzw. Gegenstandswert erstmals festgesetzt oder im Rahmen eines Beschwerdeverfahrens geändert wird. Weicht der letztlich festgesetzte – geänderte – Streit- bzw. Gegenstandswert von dem Wert ab, der der Kostenfestsetzung zugrunde gelegt wurde, ergeben sich 773

- bei einem letztlich höher festgesetzten Streit- bzw. Gegenstandswert Nachforderungen der erstattungsberechtigten Partei
- bei einem letztlich festgesetzten niedrigeren Streit- bzw. Gegenstandswert eine Überzahlung der erstattungspflichtigen Partei.

In beiden Fällen ist der bereits ergangene Kostenfestsetzungsbeschluss **auf Antrag abzuändern.** Über den Antrag entscheidet das Gericht des I. Rechtszugs (§ 107 ZPO). Allerdings ist der Antrag auf Änderung der Kostenfestsetzung binnen einer Frist **von** 774

[312] OLG Zweibrücken JurBüro 2004, 657; OLG Koblenz JurBüro 2012, 31.

[313] Baumbach/Lauterbach ZPO § 104 Rn. 14; Musielak/Voit ZPO § 91 Rn. 34a; Zöller ZPO § 104 Rn. 21 „Rückfestsetzung".

einem Monat zu stellen. Die Frist beginnt mit der Zustellung und, wenn es einer solcher nicht bedarf, mit der Verkündung des den Wert des Streitgegenstandes festsetzenden Beschlusses (§ 107 Abs. 2 ZPO).[314] Die Vorschrift des § 107 ZPO ermöglicht zugunsten der Kostengerechtigkeit eine Durchbrechung der Rechtskraft des ergangenen Kostenfestsetzungsbeschlusses. Dies aber nur in den Fällen, in denen die Überzahlung oder die höheren zu erstattenden Kosten darauf beruhen, dass nachträglich der Streitwert geändert wurde.[315]

Zusammenfassung

775 ▶ Wird, nachdem ein Kostenfestsetzungsbeschluss rechtskräftig geworden ist, der Streit- bzw. Gegenstandswert nachträglich geändert und ergibt sich daraus eine Überzahlung der erstattungspflichtigen Partei oder eine Nachforderung der erstattungsberechtigten Partei, so ist der ergangene Kostenfestsetzungsbeschluss auf Antrag nach § 107 ZPO zu ändern.
▶ Der Antrag ist binnen einer Frist von einem Monat seit Bekanntwerden der Streitwertänderung zu stellen.
▶ Durch den Antrag nach § 107 ZPO wird die Rechtskraft des Kostenfestsetzungsbeschlusses durchbrochen.

314 Ausführlich Enders JurBüro 2017, 113.
315 OLG Hamburg BeckRS 2016, 10944.

F. Prozesskostenhilfe/Verfahrenskostenhilfe

I. Allgemeines

1 Die Prozesskostenhilfe ist in den §§ 114 bis 127 ZPO geregelt. Die Gerichtsordnungen für die Verfahren vor den besonderen Gerichten enthalten in der Regel keine eigenen Bestimmungen über die Prozesskostenhilfe, sondern erklären die Vorschriften der §§ 114 bis 127 ZPO für sinngemäß anwendbar. So zB

- § 11a Abs. 3 ArbGG für die Verfahren vor den Arbeitsgerichten
- § 142 Abs. 1 FGO für die Verfahren vor den Finanzgerichten
- § 166 VwGO für die Verfahren vor den Verwaltungsgerichten
- § 73a SGG für die Verfahren vor den Sozialgerichten.

In Familiensachen wird die Prozesskostenhilfe als „Verfahrenskostenhilfe" bezeichnet. Das FamFG regelt in seinem allgemeinen Teil unter Abschnitt 6 in den §§ 76 bis 78 die Verfahrenskostenhilfe. Nach § 76 Abs. 1 S. 1 FamFG finden auf die Bewilligung von Verfahrenskostenhilfe die Vorschriften der ZPO über die Prozesskostenhilfe, also die §§ 114 bis 127 ZPO entsprechend Anwendung, soweit im FamFG nichts Abweichendes geregelt ist. Unterschiedliche Regelungen ergeben sich zB bei der Beiordnung eines Rechtsanwaltes (weil für die in § 111 FamFG genannten übrigen Familiensachen die Beiordnung eines Anwaltes in § 78 Abs. 2 FamFG abweichend von § 121 Abs. 2 ZPO geregelt ist).[1] **Grundsätzlich gilt aber das im Nachfolgenden für die Prozesskostenhilfe Ausgeführte auch für die Verfahrenskostenhilfe in Familiensachen.**

1. Voraussetzungen für die Gewährung von Prozesskostenhilfe/Verfahrenskostenhilfe

2 Für die Gewährung von Prozess- und auch von Verfahrenskostenhilfe ist Voraussetzung (§ 114 ZPO),

- dass die **Partei** nach ihren persönlichen und wirtschaftlichen Verhältnissen nicht in der Lage ist, die Kosten der **Prozessführung** nicht, nur zum Teil oder nur in Raten **zu bestreiten**
- die beabsichtigte Rechtsverfolgung oder Rechtsverteidigung **hinreichend Aussicht auf Erfolg** bietet
- die beabsichtigte Rechtsverfolgung/Rechtsverteidigung **nicht mutwillig** erscheint.

3 Das Gericht ordnet Ratenzahlungen an, wenn unter Berücksichtigung der nach § 115 ZPO möglichen Absetzungen positive Einkünfte der Partei verbleiben. Die Höhe der Raten konnte bis zum 31. 12. 2013 aus der Tabelle zu § 115 Abs. 2 ZPO entnommen werden. § 115 Abs. 2 ZPO ist durch das Gesetz zur Änderung des Prozesskostenhilfe- und Beratungshilferechts[2] neu gefasst worden. Danach sind generell Monatsraten **in Höhe der Hälfte des einzusetzenden Einkommens** von der Partei zu zahlen.

4 Möglich ist auch, dass das Gericht eine einmalige Zahlung aus dem Vermögen der Partei anordnet (zB wenn das Sparguthaben der Partei das Schonvermögen nach dem Zwölften Buch des Sozialgesetzbuches übersteigt, der übersteigende Betrag aber andererseits nicht ausreicht, um die Prozesskosten voll zu finanzieren).

5 Hat die Partei eine anderweitige Möglichkeit zur Abdeckung der Prozesskosten, muss sie hiervon Gebrauch machen. Hat die Partei zB eine Rechtsschutzversicherung abgeschlossen und ist die Rechtsschutzversicherung eintrittspflichtig, so ist diese in

[1] → Kap. F Rn. 21 ff.
[2] BGBl. I 2013, 3533 f. – in Kraft getreten am 1. 1. 2014.

Anspruch zu nehmen. Auch ist die Möglichkeit zu prüfen, ob die Partei einen Anspruch auf Prozesskostenvorschuss gegenüber einem Unterhaltsverpflichteten hat. Einen Anspruch auf Prozesskostenvorschuss können haben:

- **Eheleute** gegeneinander unabhängig davon, ob sie zusammen oder getrennt leben (§§ 1360 a Abs. 4, 1361 Abs. 4 S. 4 BGB)[3]
- **Lebenspartner** gegeneinander unabhängig davon, ob sie zusammen oder getrennt leben (§ 3 LPartG)[4]
- **minderjährige Kinder** gegenüber ihren Eltern (§§ 1610 Abs. 2, 1615 a BGB).[5]

Keinen Anspruch auf Zahlung eines Prozesskostenvorschusses haben **geschiedene Ehegatten untereinander.**[6]

Wird Prozesskostenvorschuss für eine Familien- oder Familienstreitsache verlangt, spricht man vom „Verfahrenskostenvorschuss“. Hierfür gelten die Ausführungen in diesem Kapitel entsprechend.

Besteht ein Anspruch auf Zahlung von Prozesskostenvorschuss und ist dieser Anspruch auch durchsetzbar, kann keine Prozesskostenhilfe/Verfahrenskostenhilfe gewährt werden. Notfalls ist der Anspruch auf Zahlung eines Prozesskostenvorschusses mittels einstweiliger Anordnung (vgl. §§ 49 ff. FamFG) oder im Wege eines Zahlungsantrages durchzusetzen.

2. Prozesskostenhilfe/Verfahrenskostenhilfe nur auf Antrag

6 Prozess- oder Verfahrenskostenhilfe wird einer Partei **nur auf Antrag** gewährt. Der Antrag auf Gewährung von Prozesskostenhilfe ist bei dem **zuständigen Prozessgericht** zu stellen, bei dem der Rechtsstreit schwebt oder anhängig gemacht werden soll. In einer Familiensache ist der Antrag auf Verfahrenskostenhilfe bei dem zuständigen Familiengericht zu stellen. Über einen Antrag auf Gewährung von Prozesskostenhilfe für die Zwangsvollstreckung entscheidet das Vollstreckungsgericht.

Für den Antrag auf Bewilligung von Prozesskostenhilfe und für die Vertretung in dem Bewilligungsverfahren besteht **kein Anwaltszwang.**[7] Dem Antrag auf Bewilligung von Prozess- bzw. Verfahrenskostenhilfe sind beizufügen:

- eine Darstellung des Streitverhältnisses unter Angabe der Beweismittel – § 117 Abs. 1 S. 2 ZPO
- die Erklärung der Partei über ihre persönlichen und wirtschaftlichen Verhältnisse nebst den entsprechenden Belegen – § 117 Abs. 2 S. 1 ZPO.

Die Darstellung des Streitverhältnisses unter Angabe der Beweismittel geschieht in der Praxis oft dadurch, dass dem Antrag auf Gewährung von Prozesskostenhilfe die beabsichtigte Klage beigefügt und hierauf verwiesen wird.

Praxistipp:

7 Hat der Rechtsanwalt den Auftrag, die Klage nur zu erheben, wenn Prozesskostenhilfe bewilligt wird, muss dies unbedingt in dem Antrag auf Gewährung von Prozesskostenhilfe klargestellt werden.

Diese Klarstellung kann dadurch erfolgen, dass der dem Prozesskostenhilfeantrag beigefügte Klageentwurf als

„Entwurf“

oder als

[3] Dürbeck/Gottschalk Rn. 429a f.; Zöller ZPO § 115 Rn. 67.
[4] Zöller ZPO § 115 Rn. 67.
[5] Dürbeck/Gottschalk Rn. 432; Zöller ZPO § 115 Rn. 67b.
[6] Dürbeck/Gottschalk Rn. 430; Zöller ZPO § 115 Rn. 67a.
[7] Baumbach/Lauterbach ZPO § 117 Rn. 14; Zöller ZPO § 117 Rn. 2.

„beabsichtigte Klage"
bezeichnet wird oder in dem die „Klage"
nicht unterschrieben
wird.

Auch eindeutig ist die Klarstellung in dem Prozesskostenhilfeantrag dahingehend,
„dass die beigefügte Klage nur als erhoben gelten soll, wenn Prozesskostenhilfe bewilligt wird".

Fehlt es an einer entsprechenden Klarstellung, so kann die Klage bereits anhängig 8
werden, ohne dass dies gewollt war.[8] Wird die Klage anhängig, so fällt die 3,0 Gebühr an Gerichtskosten an (GKG KV Nr. 1210). Selbst im Falle der sofortigen Rücknahme der Klage würden diese Gerichtskosten nicht im vollen Umfange zurückerstattet, sondern nur auf eine 1,0 Gebühr ermäßigt (Nr. 1211 GKG KV).

3. Bewilligung der Prozesskostenhilfe/Verfahrenskostenhilfe

Die Bewilligung der Prozess- bzw. Verfahrenskostenhilfe erfolgt durch Beschluss. 9
Nach ganz überwiegender Meinung tritt die Wirkung der Prozess- bzw. Verfahrenskostenhilfe aber nicht erst mit Verkündung des Bewilligungsbeschlusses ein, sondern **wirkt auf den Zeitpunkt zurück, in dem die Partei einen formgerechten und vollständigen Antrag gestellt hatte.**[9] Dies gilt insbesondere dann, wenn in dem Bewilligungsbeschluss kein Zeitpunkt genannt ist, ab dem die Prozess- bzw. Verfahrenskostenhilfe bewilligt wird.[10]

Beispiel: Ein formgerechter und vollständiger Antrag ist am 20. 1. gestellt worden. Am 12. 2. 10
findet der Termin bei Gericht statt, in welchem der Rechtsanwalt die Partei vertritt. Das Gericht bewilligt erst am 2. 3. die Prozesskostenhilfe und ordnet den Rechtsanwalt bei. Am 15. 3. verkündet das Gericht ohne weitere mündliche Verhandlung ein Urteil.

Die Terminsgebühr ist aus der Staatskasse zu erstatten. Prozesskostenhilfe wurde zwar erst am 2. 3. bewilligt, jedoch wirkt die Bewilligung auf den Zeitpunkt der formgerechten und vollständigen Antragsstellung (20. 1.) zurück und somit wird auch die Tätigkeit des Rechtsanwaltes in dem Termin vom 12. 2. mit von der Prozesskostenhilfe erfasst.

Die Bewilligung kann aber niemals zurückwirken auf einen Zeitraum vor Stellung 11
des Prozess- bzw. Verfahrenskostenhilfeantrages, es sei denn, dies ist in dem Bewilligungsbeschluss ausdrücklich einmal so ausgesprochen worden.

Die Bewilligung der Prozesskostenhilfe umfasst grundsätzlich nur das Verfahren, 12
für welche sie beantragt worden ist. Sie erstreckt sich nicht automatisch auch auf Nebenverfahren. So ist grundsätzlich **für jeden Rechtszug gesondert** Prozesskostenhilfe zu beantragen. Auch innerhalb des Rechtszuges kann ein weiterer Antrag auf Prozesskostenhilfe erforderlich sein, zB bei **Klageerhöhung** oder einer **Widerklage.** Dann ist zu beantragen, die für den Rechtszug gewährte Prozesskostenhilfe auch auf die Klageerhöhung bzw. die Widerklage zu erstrecken. Auch für die **Zwangsvollstreckung ist gesondert** Prozesskostenhilfe zu beantragen. In Familiensachen ist zB neben der Ehescheidung für anhängig zu machende **einstweiligen Anordnungen** oder Folgesachen **gesondert** Verfahrenskostenhilfe zu beantragen.

Auch für den Abschluss eines Vergleiches in einer Familiensache sollte der Rechts- 13
anwalt gesondert Verfahrenskostenhilfe beantragen, damit seine Partei auch insoweit von der Zahlung der Gerichtskosten (zB 0,25 Gebühr nach Nr. 1500 FamGKG KV) befreit ist.[11]

---

[8] Baumbach/Lauterbach ZPO § 117 Rn. 8, 9; Zöller ZPO § 117 Rn. 7, 8.
[9] Baumbach/Lauterbach ZPO § 119 Rn. 11; Zöller ZPO § 119 Rn. 39.
[10] Baumbach/Lauterbach ZPO § 119 Rn. 4, 5; Zöller ZPO § 119 Rn. 41.
[11] → Rn. F 44.

14 Die Wirkungen der Prozesskostenhilfe sind in § 122 ZPO geregelt. Dort ist ua bestimmt, dass die Partei die rückständigen und die entstehenden Gerichtskosten und Gerichtsvollzieherkosten nicht zu zahlen hat und auch nicht die Kosten des ihr beigeordneten Rechtsanwaltes. Dieser erhält seine Vergütung aus der Staatskasse. Nur wenn Ratenzahlungen angeordnet sind, zahlt die Partei die Gerichts-, Gerichtsvollzieherkosten und die Kosten des ihr beigeordneten Rechtsanwaltes quasi in Raten an die Staatskasse zurück (höchstens sind 48 Raten zu zahlen).

Gemäß § 122 Abs. 1 S. 1 Nr. 3 ZPO können die beigeordneten Rechtsanwälte **Ansprüche auf Vergütung gegen die Partei nicht geltend machen.** Der Rechtsanwalt kann also nicht etwa die Differenz zwischen den geringeren Prozesskostenhilfegebühren und den höheren Wahlanwaltsgebühren gegenüber der Partei geltend machen. Wurden allerdings der Partei im Rahmen der ihr gewährten Prozesskostenhilfe Ratenzahlungen auferlegt, kann der Rechtsanwalt die Differenz zwischen Prozesskostenhilfe- und Wahlanwaltsgebühren gegenüber der Staatskasse geltend machen (→ Kap. F Rn. 89).

15 In der Praxis wird vielfach nicht bedacht, dass die Partei, auch wenn ihr Prozesskostenhilfe bewilligt worden ist, **im Falle ihres Unterliegens** trotzdem **die dem Gegner entstandenen Kosten zu erstatten hat** (§ 123 ZPO). Die hilfebedürftige Partei hat dem obsiegenden Gegner die diesem entstandenen vollen Wahlanwaltsgebühren und nicht nur die geringeren Prozesskostenhilfegebühren zu erstatten.

16 Nach § 31 Abs. 3 GKG hat die Prozesskostenhilfe-Partei, die in einem Rechtsstreit unterlegen ist, dem obsiegenden Kläger allerdings nicht die von diesem vorgelegten Gerichtskosten zu erstatten. Dies gilt auch dann, wenn der Prozesskostenhilfe-Partei Prozesskostenhilfe unter Anordnung von Ratenzahlungen bewilligt worden ist.[12] Kann der obsiegende Kläger die vom unterlegenen Beklagten zu tragenden Gerichtskosten nicht von diesem erstattet verlangen, weil dem Beklagten Prozesskostenhilfe bewilligt worden ist, so sind dem Kläger die von ihm verauslagten Gerichtskosten aus der Staatskasse zurückzuerstatten (§ 31 Abs. 3 S. 1, 2 Halbsatz GKG).

17 Ob dem Kläger die Gerichtskosten auch dann zurückzuerstatten sind, wenn das Verfahren durch einen Vergleich abgeschlossen wurde, in welchem sich der Beklagte verpflichtet hat, die gesamten Kosten des Rechtsstreits zu übernehmen, war umstritten.[13] Durch das 2. KostRMoG[14] wurde dem § 31 GKG ein neuer Absatz 4 angefügt. Danach gilt das vorstehend Ausgeführte (→ Rn. 16 dieses Kapitels) auch dann, wenn das Verfahren durch **Vergleich** beendet worden ist. Dies aber nur, wenn folgende drei, in § 31 Abs. 4 GKG genannten Voraussetzungen erfüllt werden:

1. Der Vergleich muss vor Gericht abgeschlossen werden (oder es muss sich um einen gegenüber dem Gericht angenommenen Vergleich handeln)
2. der Vergleich einschließlich der Kostenverteilung muss vom Gericht vorgeschlagen worden sein
3. das Gericht muss in seinem Vergleichsvorschlag ausdrücklich festgestellt haben, dass die Kostenregelung der sonst zu erwartenden Kostenentscheidung entspricht.

Werden diese Voraussetzungen erfüllt, und hat der Beklagte in dem Vergleich die gesamten Kosten des Rechtsstreits übernommen, sind dem Kläger die 3,0 Gerichtskosten, die er bei Klageeinreichung eingezahlt hat, zurückzuerstatten. Dies gilt natürlich nur, wenn dem Beklagten Prozess- oder Verfahrenskostenhilfe bewilligt worden ist. Eine gleichlautende Regelung wie in § 31 Abs. 4 GKG wurde auch in anderen Kostengesetzen eingeführt, wie zB in § 26 Abs. 4 FamGKG oder in § 33 GNotKG.

18 Wird die Bewilligung von Prozesskostenhilfe abgelehnt, so kann hiergegen gemäß § 127 Abs. 2 S. 2 ZPO **sofortige Beschwerde** eingelegt werden. Die Frist zur Einlegung dieser sofortigen Beschwerde beträgt gemäß § 127 Abs. 2 S. 3 ZPO **einen Monat.** Für die Beschwerde im Prozesskostenhilfeverfahren besteht **kein Anwaltszwang.**[15]

---

[12] Zöller ZPO § 122 Rn. 25; Meyer GKG/FamGKG 2014, § 31 Rn. 32.
[13] Vgl. die Nachweise unter Rn. 1524 der 15. Auflage RVG für Anfänger, Fußnote 626.
[14] BGBl. I 2013, 2586 f. – In Kraft getreten am 1. 8. 2013.
[15] Musielak/Voit ZPO § 127 Rn. 13.

Unterscheide

▶ Bewilligung von Prozess- bzw. Verfahrenskostenhilfe 19
▶ und Beiordnung eines Rechtsanwaltes.

Nur wenn das Gericht Prozess- bzw. Verfahrenskostenhilfe bewilligt und den Rechtsanwalt beigeordnet hat, kann der Rechtsanwalt seine Gebühren aus der Staatskasse verlangen.

4. Beiordnung eines Rechtsanwaltes

Ist der Partei Prozess- oder Verfahrenskostenhilfe bewilligt, bedeutet dies noch 20 nicht, dass auch die Kosten des von ihr eingeschalteten Rechtsanwaltes aus der Staatskasse übernommen werden. Dafür ist es erforderlich, dass der Rechtsanwalt der Partei **beigeordnet** wird. Die Beiordnung eines Rechtsanwaltes im Rahmen der Prozesskostenhilfe ist in § 121 ZPO geregelt. Ist in dem Verfahren, in welchem der Partei Prozesskostenhilfe gewährt worden ist, eine Vertretung durch Rechtsanwälte vorgeschrieben, wird der Partei ein zur Vertretung bereiter Rechtsanwalt ihrer Wahl beigeordnet (§ 121 Abs. 1 ZPO). Die Partei kann also grundsätzlich unter den bei dem betreffenden Gericht niedergelassenen Rechtsanwälten frei auswählen. Sie hat dann den Rechtsanwalt, der ihr beigeordnet werden soll, namentlich zu benennen.

Ist in dem Verfahren **eine Vertretung durch Rechtsanwälte nicht vorgeschrieben,** wird der Partei auf ihren Antrag ein zur Vertretung bereiter Rechtsanwalt ihrer Wahl beigeordnet, wenn

- **die Vertretung durch einen Rechtsanwalt erforderlich erscheint**[16]
- **oder der Gegner durch einen Rechtsanwalt vertreten ist (§ 121 Abs. 2 ZPO).**

In Familiensachen kann die Beiordnung eines Rechtsanwaltes problematisch sein. 21 In Ehesachen gelten die Vorschriften der §§ 114 bis 127 ZPO entsprechend (§ 113 Abs. 1 S. 1, 2 FamFG). Folglich richtet sich in diesen Sachen die Beiordnung eines Rechtsanwaltes nach § 121 ZPO. Nach § 121 Abs. 1 ZPO ist, wenn die Vertretung durch Anwälte vorgeschrieben ist, der Partei ein zur Vertretung bereiter Rechtsanwalt ihrer Wahl beizuordnen. Vor den Familiengerichten und dem Oberlandesgericht müssen sich die Ehegatten in **Ehesachen** (§ 111 Nr. 1, 121 ff. FamFG) und **Folgesachen** im Verbund und die Beteiligten **in selbstständigen Familienstreitsachen** (§ 112 FamFG, zB Unterhaltssachen, Güterrechtssachen) durch einen Rechtsanwalt vertreten lassen (§ 114 Abs. 1 FamFG). In diesen Sachen ist die Beiordnung eines Rechtsanwaltes also unproblematisch, weil die Vertretung durch einen Rechtsanwalt vorgeschrieben ist (§ 121 Abs. 1 ZPO).

In den in § 111 FamFG genannten **übrigen Familiensachen** (also nicht Ehesachen 22 und Familienstreitsachen, denn für die gilt § 121 ZPO) wie zB Kindschaftssachen, Abstammungssachen, Adoptivsachen, Ehewohnungs- und Haushaltssachen, Gewaltschutzsachen, Versorgungsausgleichssachen ist die Beiordnung eines Rechtsanwaltes in **§ 78 FamFG** geregelt. Nach § 78 Abs. 2 FamFG wird dem Beteiligten, wenn eine Vertretung durch einen Rechtsanwalt nicht vorgeschrieben ist, auf seinen Antrag hin ein zur Vertretung bereiter Rechtsanwalt seiner Wahl beigeordnet, wenn wegen der Schwierigkeit der Sach- und Rechtslage die Vertretung durch einen Rechtsanwalt erforderlich erscheint. Dies könnte in der Praxis Probleme machen. Hierzu hat sich der BGH[17] wie folgt geäußert:

„a) Ist eine Vertretung durch einen Rechtsanwalt nicht vorgeschrieben, ist dem Beteiligten im Rahmen der bewilligten Verfahrenskostenhilfe ein Rechtsanwalt beizuordnen, wenn dies wegen der Schwierigkeit der Sach- und Rechtslage erforderlich ist. Entscheidend ist dabei, ob ein bemittelter Rechtssuchender in der Lage des

---

[16] Zur Erforderlichkeit der Vertretung durch einen Rechtsanwalt: Baumbach/Lauterbach ZPO § 121 Rn. 32–52; Zöller ZPO § 121 Rn. 3–11; Musielak/Voit ZPO § 121 Rn. 11–17.

[17] BGH Beschluss vom 23. 6. 2010 – XII ZR 232/09 = JurBüro 2011, 97.

Unbemittelten vernünftigerweise einen Rechtsanwalt mit der Wahrnehmung seiner Interessen beauftragt hätte.

b) Die gebotene einzelfallbezogene Prüfung lässt eine Herausbildung von Regeln, nach denen der mittellosen Partei für bestimmte Verfahren immer oder grundsätzlich ein Rechtsanwalt beizuordnen ist, regelmäßig nicht zu. Ein Regel-Ausnahme-Verhältnis ist nach der gebotenen individuellen Bemessung deswegen nicht mit dem Gesetz vereinbar.

c) Das Verfahren kann sich für einen Beteiligten auch allein wegen einer schwierigen Sachlage oder allein wegen einer schwierigen Rechtslage so kompliziert darstellen, dass auch ein bemittelter Beteiligter einen Rechtsanwalt hinzuziehen würde. Jeder der genannten Umstände kann also die Beiordnung eines Rechtsanwaltes erforderlich machen.

d) Die Erforderlichkeit zur Beiordnung eines Rechtsanwaltes beurteilt sich auch nach den subjektiven Fähigkeiten des betroffenen Beteiligten.

e) Auch wenn der Grundsatz der Waffengleichheit kein allein entscheidender Gesichtspunkt für die Beiordnung eines Rechtsanwaltes im Rahmen der Verfahrenskostenhilfe mehr ist, kann der Umstand der anwaltlichen Vertretung anderer Beteiligter ein Kriterium für die Erforderlichkeit zur Beiordnung eines Rechtsanwaltes wegen der Schwierigkeit der Sach- oder Rechtslage sein.[18]

4.1 Reisekosten des auswärtigen Prozessbevollmächtigten

23 § 121 Abs. 3 ZPO ist mit Wirkung vom 1. 6. 2007 neu gefasst worden.[19] Er lautet seitdem: „*Ein nicht im dem* Bezirk des Prozessgerichts *niedergelassener Rechtsanwalt kann nur beigeordnet werden, wenn dadurch weitere Kosten nicht entstehen.*“ Bereits hieraus ergibt sich meines Erachtens im Umkehrschluss, dass eine Beiordnung eines Rechtsanwaltes mit Kanzleisitz am **Ort des Prozessgerichts nicht mehr zulässig** ist.[20] Mindestens muss eine Beiordnung zu den Bedingungen eines im **Bezirk des Prozessgerichts** niedergelassenen Rechtsanwalts erfolgen.

24 Der im Bezirk des Prozessgerichts niedergelassene Rechtsanwalt ist auch dann – ohne Einschränkungen – beizuordnen, wenn er seine Kanzlei nicht am Ort des Prozessgerichts hat und durch Reisen zum Prozessgericht zwecks Wahrnehmung der Termine Reisekosten nach den Nrn. 7003 bis 7006 VV RVG anfallen.[21]

25 **Beispiel:** Der Prozess ist anhängig beim Amtsgericht 56564 Neuwied/Rhein. Rechtsanwalt M hat seinen Kanzleisitz in 56579 Rengsdorf. Rengsdorf liegt im Bezirk des Amtsgerichts Neuwied. Rechtsanwalt M ist nach § 121 Abs. 3 ZPO ohne Einschränkung beizuordnen. Ihm sind aus der Staatskasse[22] auch die entstehenden Reisekosten von Rengsdorf nach Neuwied zwecks Wahrnehmung der Gerichtstermine aus der Staatskasse im Rahmen der Prozesskostenhilfe zu ersetzen.

26 Die Beiordnung eines nicht in dem Bezirk des Prozessgerichts niedergelassenen Rechtsanwaltes ist dagegen problematisch. Sie kann nach § 121 Abs. 3 ZPO nur erfolgen, wenn dadurch weitere Kosten (zB Reisekosten zur Wahrnehmung der Termine bei dem auswärtigen Prozessgericht) nicht entstehen.

27 **Beispiel:** Der in Hamburg niedergelassene Rechtsanwalt führt für den Mandanten (Wohnsitz in Hamburg) einen Rechtsstreit bei dem Landgericht Koblenz. Er kann allenfalls beigeordnet werden mit der Einschränkung „*... zu den kostenrechtlichen Bedingungen eines Rechtsanwaltes mit Kanzleisitz im Bezirk des Landgerichts Koblenz ...*“. Eine Beiordnung „*... zu den kostenrechtlichen*

[18] Zitiert wurde der amtliche Leitsatz zu der Entscheidung des BGH Beschluss vom 23. 6. 2010 – XII ZR 232/09 = JurBüro 2011, 97.

[19] Gesetz zur Stärkung der Selbstverwaltung der Rechtsanwaltschaft (BGBl. I, 2007, S. 358).

[20] So deutlich auch: OLG Rostock Beschluss vom 17. 1. 2011 – 1 W 53/09 = JurBüro 2011, 372; OLG Celle Beschluss vom 28. 4. 2011 – 10 WF 123/11 = JurBüro 2011, 486.

[21] OLG Celle Beschluss vom 8. 10. 2007 – 10 WF 357/07 = JurBüro 2008, 261.

[22] Gemeint ist die Bundes- oder Landeskasse (siehe hierzu § 45 Abs. 1 RVG).

Bedingungen eines Rechtsanwaltes mit Kanzleisitz am Ort des Prozessgerichts (also in Koblenz) ...“ dürfte nicht mehr erfolgen. Wenn die Voraussetzungen des § 121 Abs. 4 ZPO vorliegen und die Reisekosten des Hamburger Rechtsanwaltes die Kosten eines Verkehrsanwaltes voraussichtlich nicht übersteigen, wird in der Praxis von einer einschränkenden Beiordnung abgesehen (→ Rn. 30 dieses Kapitels).

Wenn der Rechtsanwalt in dem Beispiel → Rn. 27 dieses Kapitels „*... zu den kostenrechtlichen Bedingungen eines Rechtsanwaltes mit Kanzleisitz im Bezirk des Landgerichts Koblenz...*.“ beigeordnet worden wäre, könnte er Reisekosten (Fahrtkosten und Abwesenheitsgelder) in der Höhe aus der Staatskasse erstattet verlangen, die angefallen wären, wenn der Rechtsanwalt von dem am weitesten vom Ort des Prozessgerichts entfernt gelegenen Ort[23] **im Gerichtsbezirk** zum Termin angereist wäre.[24] 28

Praxistipp:

Der Rechtsanwalt sollte bereits in dem Antrag auf Bewilligung von Prozess- bzw. Verfahrenskostenhilfe darauf hinweisen, dass er mit einer einschränkenden Beiordnung nicht einverstanden ist und begründen, warum er uneingeschränkt bzw. mindestens zu den kostenrechtlichen Bedingungen eines Rechtsanwaltes mit Kanzleisitz im Bezirk des Prozessgerichts beizuordnen ist. Dann kann ihm nicht entgegengehalten werden, er sei konkludent mit einer einschränkenden Beiordnung einverstanden gewesen.[25] Erfolgt dennoch eine einschränkende Beiordnung, kann der Rechtsanwalt im eigenem Namen sofortige Beschwerde einlegen.[26] 29

Es wird in der Praxis stets zu prüfen sein, ob die Voraussetzungen des § 121 Abs. 4 ZPO gegeben sind und ein zusätzlicher Verkehrsanwalt oder eine vollkommen uneingeschränkte Beiordnung zu erfolgen hat. Bei der Prüfung dieser Frage wird die einschlägige BGH Rechtsprechung zu berücksichtigen sein. Der BGH[27] hatte zur Frage der Erstattung der Kosten eines Unterbevollmächtigten (→ Kap. E Rn. 694) entschieden, dass die Hinzuziehung eines am Wohn- oder Geschäftsort der auswärtigen Partei ansässigen Rechtsanwalts **regelmäßig** als zur zweckentsprechenden Rechtsverfolgung oder Rechtsverteidigung notwendig im Sinne von § 91 Abs. 2 S. 1 Halbs. 2 ZPO anzusehen sei. 30

In einem weiteren Beschluss hat der BGH[28] dann klargestellt, dass Bemittelte und Unbemittelte nach Art. 3 Abs. 1 GG in Verbindung mit dem allgemeinen Rechtsstaatsprinzip bei der Verwirklichung ihres Rechtsschutzes weitgehend gleichzustellen seien. Also sei im Rahmen der Prozesskostenhilfe stets zu prüfen, ob besondere Umstände für die Beiordnung eines zusätzlichen Verkehrsanwaltes im Sinne von § 121 Abs. 4 ZPO vorliegen. Nur wenn *dieses* nicht der Fall sei, dürfe der auswärtige Rechtsanwalt „*... zu den Bedingungen eines Rechtsanwaltes mit Kanzleisitz am Gerichtsort ...*“ beigeordnet werden. 31

Mittlerweile haben zahlreiche Oberlandesgerichte[29] dahingehend entschieden, das bei Beiordnung eines am Wohnsitz der Partei ansässigen Rechtsanwaltes in der Regel 32

---

[23] Diesen kann man dem Buch: Schneider „Reisekostentabelle für auswärtige Anwälte 2016“ entnehmen.

[24] OLG Oldenburg Beschluss vom 16. 2. 2010 – 11 WF 33/10 = JurBüro 2010, 433; OLG Frankfurt/Main Beschluss vom 29. 5. 2009 – 2 WF 154/09 = AGS 2010, 184.

[25] So BGH Beschluss vom 10. 10. 2006 – XI ZB 1/06 zur Rechtslage vor Änderung des § 121 Abs. 3 ZPO; vgl. Zöller ZPO § 121 Rn. 13.

[26] OLG Celle Beschluss vom 28. 4. 2011 – 10 WF 123/11 = JurBüro 2011, 486; OLG Köln Beschluss vom 28. 4. 2005 – 14 WF 35/05 = JurBüro 2005, 429.

[27] BGH JurBüro 2003, 202.

[28] BGH JurBüro 2004, 604 = AGS 2004, 349 und AGS 2004, 384 mit Anmerkung von N. Schneider.

[29] OLG Rostock JurBüro 2011, 372; OLG Celle JurBüro 2011, 486; OLG Koblenz JurBüro 2003, 476; OLG Hamm AGS 2005, 71; OLG Nürnberg JurBüro 2005, 369; OLG Oldenburg

geprüft werden müsse, ob noch eine einschränkende Beiordnung erfolgen könne oder zumindest ein Verkehrsanwalt nach § 121 Abs. 4 ZPO beigeordnet werden müsse **oder die Reisekosten des auswärtigen Prozessbevollmächtigten auf die durch einen zusätzlichen Verkehrsanwalt entstehenden Mehrkosten der Höhe nach beschränkt werden.**[30] Wegen der entschiedenen Fälle darf auf die Gründe der jeweiligen Entscheidungen verwiesen werden. Die weitere Entwicklung der Rechtsprechung bleibt abzuwarten, insbesondere auch, ob weitere Gerichte dieser Tendenz folgen.

33 Der ohne Einschränkungen der Partei beigeordnete Rechtsanwalt wird meines Erachtens nicht ohne weiteres davon ausgehen können, dass seine Reisekosten für die Wahrnehmung der Termine bei dem Prozessgericht aus der Staatskasse erstattet werden.[31] Nach § 46 Abs. 1 RVG sind Auslagen, insbesondere Reisekosten, aus der Staatskasse nicht zu vergüten, wenn sie zur sachgemäßen Durchführung der Angelegenheit nicht erforderlich waren.

34 Nach der Begründung[32] des RVG zu der Vorschrift des § 46 begründet die negative Fassung des Satzes 1 eine Beweislast für die Staatskasse, dass Auslagen zur sachgemäßen Wahrnehmung der Interessen der Parteien nicht erforderlich waren. Im Zweifel ist – so die Begründung – die Notwendigkeit der Auslagen anzuerkennen. Es soll nicht Aufgabe des Urkundsbeamten oder des auf die Erinnerung entscheidenden Gerichts sein, seine eigene Auffassung an die Stelle der Meinung des Rechtsanwalts zu setzen. Der Rechtsanwalt habe den Rechtsstreit geführt, nur er ist für die sachgemäße Wahrnehmung der Interessen der Partei verantwortlich und nur er beurteilt zunächst einmal, ob die Auslagen (Reisekosten oder Ähnliches) erforderlich waren.

Praxistipp:

35 Auf Antrag des beigeordneten Rechtsanwaltes stellt das Gericht vor Antritt einer Reise fest, ob diese erforderlich ist (§ 46 Abs. 2 S. 1 RVG). Diese Feststellung ist dann auch für das spätere Festsetzungsverfahren (gegenüber Staatskasse) bindend (§ 46 Abs. 2 S. 1 RVG). Der Rechtsanwalt sollte also vor Antritt der Reise bei Gericht beantragen, festzustellen, dass die Reise erforderlich im Sinne des § 46 RVG ist.

36 Wird der auswärtige Rechtsanwalt auf Antrag der Partei ohne Einschränkungen beigeordnet, so wird er, wenn man der Rechtsprechung des Kammergerichts[33] folgt, die für die Wahrnehmung der Termine bei dem Prozessgericht bei ihm anfallenden Reisekosten aus der Staatskasse erstattet verlangen können. Will er Rechtsicherheit haben, stellt er vorsorglich weiter den Antrag, dass das Gericht vor Antritt der Reise feststellt, dass diese erforderlich ist (→ Rn. 35 dieses Kapitels).

Will der Rechtsanwalt nicht selbst reisen, wird er bei dem Prozessgericht die Beiordnung eines – zusätzlichen – Terminsvertreters beantragen können. Möglicherweise wird das Gericht dies aber ablehnen mit der Begründung, dass nach § 121 Abs. 4 ZPO nur die Beiordnung eines Verkehrsanwaltes in Betracht komme. Das Gebührengesamtaufkommen bei Tätigkeit eines Prozessbevollmächtigten und eines Verkehrsanwaltes (Prozessbevollmächtigter: 1,3 Verfahrensgebühr + 1,2 Terminsgebühr/Verkehrsanwalt: 1,0 Verfahrensgebühr = insgesamt: 3,5 Gebühren) ist aber höher als bei Tätigwerden eines Prozessbevollmächtigten und eines Terminsvertreters (Prozessbevollmächtigter: 1,3 Verfahrensgebühr/Terminsvertreter: 0,65 Verfahrensgebühr + 1,2 Terminsgebühr = insgesamt: 3,15 Gebühren).

JurBüro 2006, 320; OLG Köln JurBüro 2005, 429; OLG Saarbrücken JurBüro 2006, 96; OLG Düsseldorf AGS 2005, 513. Siehe zu der Problematik auch: LAG Hessen AGS 2005, 513; BAG RVG-Letter 2005, 116; OLG Karlsruhe RVG-Letter 2005, 118; OLG Braunschweig JurBüro 2006, 261.

[30] Kammergericht JurBüro 2010, 537.

[31] So aber wohl Kammergericht JurBüro 2011, 94.

[32] Gesetzesbegründung zu § 46 RVG in BT-Drucksache 15/1971, S. 200, linke Spalte.

[33] Kammergericht JurBüro 2011, 94.

4.1.1 Checkliste – Erstattung der Reisekosten des beigeordneten Rechtsanwaltes aus der Staatskasse

In der nachfolgenden Checkliste wird in Ergänzung und Zusammenfassung der Ausführungen in dem vorangegangenen Kapitel (→ Kap. F Rn. 23 ff.) eine Übersicht gegeben, in welchen Fällen der im Wege der Prozess- oder Verfahrenskostenhilfe beigeordnete Rechtsanwalt Reisekosten aus der Staatskasse (Bundes- oder Landeskasse) erstattet verlangen kann: 37

- ✓ Ist der beigeordnete Rechtsanwalt im Bezirk des Prozessgerichts, aber nicht am Ort des Prozessgerichts, ansässig, und ist eine uneingeschränkte Beiordnung erfolgt, so sind ihm die Reisekosten für die Wahrnehmung der Termine bei dem Gericht (Fahrtkosten → Kap. A Rn. 257 und Tage- und Abwesenheitsgeld → Kap. A Rn. 259) aus der Staatskasse in tatsächlich angefallener Höhe zu erstatten.
- ✓ Ist der beigeordnete Rechtsanwalt im Bezirk des Prozessgerichts, aber nicht am Ort des Prozessgerichts, ansässig und erfolgte die Beiordnung unter der Einschränkung *„... zu den kostenrechtlichen Bedingungen eines Rechtsanwaltes mit Kanzleisitz am Ort des Prozessgerichts ..."* so kann der Rechtsanwalt im eigenen Namen gegen diese einschränkende Beiordnung Beschwerde nach § 127 ZPO einlegen.[34]
- ✓ Ist der beigeordnete Rechtsanwalt außerhalb des Bezirks des Prozessgerichts ansässig und wird er beigeordnet mit der Einschränkung *„... zu den kostenrechtlichen Bedingungen eines Rechtsanwaltes mit Kanzleisitz im Bezirk des Prozessgerichts ..."* kann er aus der Staatskasse Reisekosten in der Höhe erstattet verlangen, die angefallen wären, wenn der Rechtsanwalt von den am weitesten vom Ort des Prozessgerichts entfernt gelegenen Ort **im Gerichtsbezirk** zum Termin bei dem Prozessgericht angereist wäre.
- ✓ Ist der beigeordnete Rechtsanwalt nicht im Bezirk des Prozessgerichts ansässig und erfolgt die Beiordnung dergestalt, dass seine Reisekosten der Höhe nach auf die durch einen zusätzlichen Verkehrsanwalt entstehenden Mehrkosten beschränkt werden, kann der Rechtsanwalt aus der Staatskasse die entstandenen Reisekosten in tatsächlicher Höhe verlangen, jedoch maximal in Höhe einer 1,0 Verfahrensgebühr für einen Verkehrsanwalt (Nr. 3400 VV RVG) zzgl. Auslagen und Umsatzsteuer.
- ✓ Ist der nicht in dem Bezirk des Prozessgerichts ansässige Rechtsanwalt ohne Einschränkungen beigeordnet worden, erhält er die Reisekosten für die Wahrnehmung der Gerichtstermine in vollem Umfange aus der Staatskasse erstattet. Allerdings sollte dann vor Antritt der Reise der Antrag nach § 46 RVG gestellt werden, dass das Gericht die Erforderlichkeit der Reise feststellt.

4.2 Umfang der Beiordnung

Die Beiordnung eines Rechtsanwaltes im Wege der der Partei gewährten Prozess- bzw. Verfahrenskostenhilfe gilt in der Regel nur für den Verfahrensabschnitt, für welchen der Partei auch Prozess- bzw. Verfahrenskostenhilfe bewilligt worden ist (→ Kap. F Rn. 12 ff.). So wirkt auch die Beiordnung nur für **den Rechtszug,** für den sie erfolgt ist. Für jeden neuen Rechtszug muss auch eine neue Beiordnung erfolgen, ebenso wie für jeden neuen Rechtszug erneut Prozess- oder Verfahrenskostenhilfe bewilligt werden muss. Auch erstreckt sich eine Beiordnung nicht automatisch auf die Verteidigung gegen eine erhobene **Widerklage.** Wurde zunächst nur für die Klage Prozesskostenhilfe bewilligt und der Rechtsanwalt beigeordnet, ist für eine Widerklage gesondert Prozesskostenhilfe und die Beiordnung eines Rechtsanwaltes zu beantragen. Ebenso verhält es sich im Falle einer **Klageerhöhung.** 38

Nach § 48 Abs. 2 RVG erstreckt sich die Beiordnung eines Rechtsanwaltes, die für eine Berufung oder eine Revision erfolgt ist, auch für die Rechtsverteidigung gegen eine **Anschlussberufung** oder eine **Anschlussrevision.** Dies gilt aber dann nicht, wenn der Beiordnungsbeschluss ausdrücklich bestimmt, dass der Rechtsanwalt für die Rechtsverteidigung gegen die Anschlussberufung oder Anschlussrevision nicht beigeordnet ist. 39

Wurde der Rechtsanwalt für die Erwirkung eines Arrestes oder einer einstweiligen Verfügung beigeordnet, so erstreckt sich gemäß § 48 Abs. 2 RVG die Beiordnung auch auf die **Vollziehung** des Arrestes oder der einstweiligen Verfügung. Dies gilt nicht, 40

[34] OLG Köln JurBüro 2005, 429; OLG Celle JurBüro 2011, 486.

wenn der Beiordnungsbeschluss ausdrücklich bestimmt, dass der Rechtsanwalt für die Vollziehung des Arrestes oder der einstweiligen Verfügung nicht beigeordnet ist.

41 In anderen Angelegenheiten, die mit dem Hauptprozess nur zusammenhängen, erhält der für den Hauptprozess beigeordnete Rechtsanwalt eine Vergütung aus der Bundes- oder Landeskasse nur dann, wenn er ausdrücklich auch für die andere Angelegenheit beigeordnet ist. Dies gilt nach § 48 Abs. 5 RVG insbesondere für

1. die Zwangsvollstreckung, die Vollstreckung und den Verwaltungszwang
2. das Verfahren über den Arrest, die einstweilige Verfügung und die einstweilige Anordnung
3. das selbstständige Beweisverfahren
4. das Verfahren über die Widerklage, ausgenommen die Rechtsverteidigung gegen die Widerklageantrag in Ehesachen und in Lebenspartnerschaftssachen nach § 269 Abs. 1 Nr. 1 und 2 FamFG.

Wenn also der in der „Hauptsache" im Wege der Prozesskostenhilfe beigeordnete Rechtsanwalt in einem der vorgenannten Verfahren tätig werden soll, muss er für dieses besonders Prozesskostenhilfe und seine Beiordnung beantragen.

42 Eine Ausnahme regelt § 48 Abs. 3 RVG: Danach erstreckt sich die **Beiordnung** eines Rechtsanwaltes in einer **Ehesache auch auf den Abschluss eines Vertrags** (im Sinne von Nr. 1000 VV RVG)/**Vergleiches,** wenn dieser Vertrag/Vergleich regelt:

- den gegenseitigen Unterhalt der Ehegatten
- den Unterhalt gegenüber den Kindern im Verhältnis der Ehegatten zueinander
- die Sorge für die Person der gemeinschaftlichen minderjährigen Kinder
- die Regelung des Umgangs mit einem Kind
- die Rechtsverhältnisse an der Ehewohnung und den Haushaltsgegenständen
- die Ansprüche aus dem ehelichen Güterrecht.

Dies gilt auch dann, wenn die vorgenannten Gegenstände nicht anhängig sind.

43 § 48 Abs. 3 RVG wurde durch das 2. KostRMoG[35] neu gefasst. Bis zum Inkrafttreten der Neuregelung durch das 2. KostRMoG wurde in der Rechtsprechung[36] kontrovers gesehen, ob von der Beiordnung nur die 1,5 Einigungsgebühr nach dem Wert der nicht anhängigen Ansprüche erfasst wird oder auch die 0,8 Verfahrensgebühr nach dem Wert der nicht anhängigen Ansprüche und die 1,2 Terminsgebühr nach dem Gesamtwert. Durch die Neufassung des § 48 Abs. 3 S. 1 RVG stellt der Gesetzgeber klar, dass **alle mit der Herbeiführung der Einigung erforderlichen Tätigkeiten** von der Beiordnung erfasst werden. Aus der Staatskasse werden also im Falle des Anwendungsbereiches des § 48 Abs. 3 S. 1 RVG in der Fassung durch das 2. KostRMoG folgende zusätzliche Gebühren, die durch den Vergleich über die nicht anhängigen Ansprüche entstanden sind, zu vergüten sein:

- 0,8 Verfahrensgebühr nach dem Wert der nicht anhängigen Ansprüche
- 1,2 Terminsgebühr aus dem Gesamtwert der Ehesache, der anhängigen Folgesachen und der nicht anhängigen, mitverglichenen Folgesachen
- 1,5 Einigungsgebühr aus dem Wert der nicht anhängigen, mitverglichenen Folgesachen.[37]

Bezüglich der Verfahrens- und Einigungsgebühren ist natürlich die in § 15 Abs. 3 RVG vorgesehene Abgleichung zu berücksichtigen.

---

[35] BGBl. I 2013, 2586 f. – in Kraft getreten am 1. 8. 2013.
[36] Vgl. die Nachweise bei Schneider/Thiel § 3 Rn. 274 ff.
[37] BGBl. I 2013, 3533 f. – in Kraft getreten am 1. 1. 2014.

Praxistipp:

Der Rechtsanwalt sollte trotz der „automatischen“ Erstreckung der Beiordnung nach § 48 Abs. 3 RVG vor Abschluss des Vergleiches beantragen, „... *die* ***Verfahrenskostenhilfe*** *auf den Abschluss des Vergleichs auch über die nicht anhängigen Ansprüche* ***zu erstrecken*** ...“! Unterlässt er diesen Antrag, erstreckt sich nach § 48 Abs. 3 RVG **nur die Beiordnung** auf den Abschluss des Vergleiches auch über die nicht anhängigen Folgesachen. Dies hat zur Folge, dass der Mandant von der Zahlung der Gerichtskosten insoweit nicht befreit wäre, als nicht anhängige Folgesachen in dem Vergleich mit geregelt wurden. Nach dem Wert der nicht anhängigen Folgesachen müsste der Mandant eine 0,25 Gebühr an Gerichtskosten zahlen (Nr. 1500 FamGKG KV). 44

§ 48 Abs. 3 RVG kommt **nur in Ehesachen** zur Anwendung, also dann, wenn ein Antrag auf Scheidung oder Aufhebung der Ehe anhängig ist und dann nicht anhängige Folgesachen, die in § 48 Abs. 3 RVG genannt sind, mitverglichen werden. § 48 Abs. 3 RVG gilt also nicht in Familiensachen, in denen kein Antrag auf Scheidung der Ehe oder Aufhebung derselben anhängig ist (zB in einer selbständigen Kindschaftssache „Elterliche Sorge“ wird der Gegenstand „Umgangsregelung“ mitverglichen). Auch in einer Zivilsache, in der nicht anhängige Ansprüche mitverglichen werden, greift § 48 Abs. 3 RVG nicht. In diesen Sachen ist also unbedingt vom Rechtsanwalt der Antrag zu stellen, „***... die Prozess- oder Verfahrenskostenhilfe und die Beiordnung des Rechtsanwalts auf den Abschluss des Vergleichs auch über die nicht anhängigen Gegenstände zu erstrecken ...***“. Selbst wenn das Gericht diesem Antrag stattgibt, kann es zu Problemen bei der Zahlung der 0,8 Verfahrensgebühr Nr. 3101 Ziffer 2 VV RVG und der Terminsgebühr aus dem Wert der nicht anhängigen Ansprüche kommen. Denn teilweise wird in der Rechtsprechung[38] vertreten, dass in diesen Fällen sich die Erstreckung der Verfahrenskostenhilfe nicht auf die 0,8 Verfahrensgebühr Nr. 3101 Ziffer 2 RVG und auch nicht auf die 1,2 Terminsgebühr aus dem Wert der nicht anhängigen Ansprüche beziehe und daher nur eine Einigungsgebühr nach dem Wert der nicht anhängigen Ansprüche, die mitverglichen wurden, aus der Staatskasse zu zahlen sei. 45

[38] **Terminsgebühr nach dem Gesamtwert und 0,8 Verfahrensgebühr nach dem Wert der nichtanhängigen Ansprüche aus der Staatskasse, wenn Prozess- oder Verfahrenskostenhilfe auch auf den Vergleich über die nicht anhängigen Ansprüche erstreckt wurde:** OLG Celle, Beschluss vom 8. 5. 2014 – 15 UF 166/13 = FamRZ 2014, 1878; OLG Celle, Beschluss vom 13. 6. 2016 – 21 WF 118/16 = JurBüro 2016, 470; OLG Düsseldorf, Beschluss vom 23. 6. 2016 – II-10 WF 5/16 = AGS 2016, 488; OLG Karlsruhe, Beschluss vom 9. 7. 2009 – 2 WF 33/09 und AGS 2017, 288; OLG Koblenz (7. Senat für Familiensachen), Beschluss vom 15. 10. 2008 – 7 WF 803/08; OLG Koblenz (14. Zivilsenat) = NJOZ 2006, 3716 = FamRZ 2006, 1691; OLG Koblenz (9. Zivilsenat/2. Senat für Familiensachen), Beschluss vom 10. 12. 2015 – 9 WF 931/15; OLG Köln (25. Zivilsenat) = AGS 2013, 350; OLG Nürnberg, Beschluss vom 5. 7. 2016 – 11 WF 832/16 = AGS 2016, 493; OLG Schleswig-Holstein, Beschluss vom 14. 2. 2012 – 15 WF 399/11; OLG Stuttgart, Beschluss vom 18. 2. 2016 – 8 WF 339/15; OLG Zweibrücken, Beschluss vom 29. 4. 2016 – 6 WF 57/16 = AGS 2016, 492. **Anderer Meinung: Terminsgebühr nur nach dem Wert der anhängigen Ansprüche und keine 0,8 Verfahrensgebühr Nr. 3101 Ziffer 2 VV RVG aus der Staatskasse:** OLG Bamberg, Beschluss vom 21. 3. 2011 – 4 W 42/10; OLG Celle, Beschluss vom 26. 2. 2015 – 10 WF 28/15 = BeckRS 2015, 08721; OLG Celle, Beschluss vom 21. 1. 2011 – 10 WF 6/11 = MDR 2011, 324; OLG Celle, Beschluss vom 12. 6. 2014 – 10 WF 167/14; LG Detmold, Beschluss vom 29. 5. 2015 – 3 T 52/15; OLG Dresden, Beschluss vom 7. 2. 2014 – 23 WF 1209/13 = MDR 2014, 686 = FamRZ 2014, 1879; OLG Dresden, Beschluss vom 7. 5. 2015 – 19 WF 1424/14 = BeckRS 2015, 09517; OLG Dresden, Beschluss vom 25. 3. 2014 – 22 UF 572/13 = BeckRS 2014, 09881; OLG Hamm, Beschluss vom 14. 2. 2012 – 25 W 23/12; OLG Koblenz, Beschluss vom 19. 5. 2014 – 13 WF 369/14 = NJW-RR 2015, 61; OLG Köln, Beschluss vom 2. 10. 2014 – 12 WF 130/14; OLG München, Beschluss vom 19. 3. 2009 – 11 WF 812/09.

Praxistipp:

46 Ist bekannt, dass das zuständige Gericht die Auffassung vertritt, dass trotz Erstreckung der Verfahrenskostenhilfe auf den Vergleich auch über die nicht anhängigen Ansprüche aus der Staatskasse nur die Einigungsgebühr nach dem Wert der mitverglichenen nicht anhängigen Gegenstände zu zahlen ist, sollte der Rechtsanwalt beantragen, ***„... die Prozess- oder Verfahrenskostenhilfe und seine Beiordnung auf den Abschluss des Vergleichs auch über die nicht anhängigen Ansprüche und alle mit dem Vergleichsschluss zusammenhängenden Gebühren zu erstrecken ...“.***[39]

4.2.1 Beiordnung für die Zwangsvollstreckung

47 Für die Zwangsvollstreckung muss auch dann gesondert Prozesskostenhilfe beantragt und bewilligt werden, wenn die Partei bereits in dem vorangegangenen Zivilprozess Prozesskostenhilfe gewährt erhalten hat.

48 Das für die Bewilligung der Prozesskostenhilfe für die Zwangsvollstreckung zuständige Vollstreckungsgericht kann gemäß § 119 Abs. 2 ZPO für die Gesamtvollstreckung in das gesamte bewegliche Vermögen des Schuldners **pauschal** Prozesskostenhilfe bewilligen (§ 119 Abs. 2 ZPO), sofern die Vollstreckungshandlungen in seinen Zuständigkeitsbereich fallen. Hierunter fällt zB die Pfändung und Verwertung von körperlicher Sachen, ein Pfändungs- und Überweisungsbeschluss in Forderungen und das Verfahren auf Einholung einer Vermögensauskunft des Schuldners. Gesondert Prozesskostenhilfe zu beantragen ist dann wieder für Zwangsvollstreckungsmaßnahmen in das unbewegliche Vermögen des Schuldners, also zB einen Zwangsversteigerungsantrag oder einen Antrag auf Anordnung der Zwangsverwaltung.[40]

49 Schwierigkeiten macht häufig die Beiordnung eines Rechtsanwaltes für die Zwangsvollstreckung im Rahmen der gewährten Prozesskostenhilfe. Die Beiordnung eines Rechtsanwaltes wird häufig abgelehnt mit der Begründung, der Gläubiger könne die entsprechenden Anträge selbst – ggfls. über die Rechtsantragstelle bei Gericht – stellen. Die Beiordnung wird wohl selten pauschal für die gesamte Zwangsvollstreckung zB in das bewegliche Vermögen erfolgen. Sie wird, wenn sie überhaupt erfolgt, auf einzelne Zwangsvollstreckungsmaßnahmen beschränkt werden.[41] Das LG Koblenz[42] hat hierzu in einer für die Praxis wichtigen Entscheidung mit folgendem Leitsatz entschieden:

„Mit Rücksicht auf die Vielzahl denkbarer Vollstreckungshandlungen sowie die tatsächlichen und rechtlichen Schwierigkeiten bei der Durchsetzung des Vollstreckungsanspruchs ist, auch zB im Hinblick auf eine fachgerechte Auswertung des Vermögensverzeichnisses regelmäßig die Vertretung durch einen Rechtsanwalt erforderlich. Das hat zur Folge, dass grundsätzlich im Verfahren der Zwangsvollstreckung ein Rechtsanwalt beizuordnen ist. Das gilt insbesondere auch für die – vom Amtsgericht hier vorgenommene – Pauschalbewilligung nach § 119 Abs. 2 ZPO.“

50 Auch nach dem BGH[43] darf dem Gläubiger die Beiordnung eines Rechtsanwaltes für eine Zwangsvollstreckungsmaßnahme (hier für eine Lohnpfändung) nicht ohne Prüfung des Einzelfalls versagt werden. Dies gilt insbesondere auch für eine Lohnpfändung bzw. erweiterte Pfändung von Arbeitslohn wegen Unterhalts.[44] Beantragt ein minderjähriger Unterhaltsgläubiger für die Zwangsvollstreckung die Beiordnung

[39] Ausführlich: Enders JurBüro 2015, 561; → Kap. H Rn. 239 ff.
[40] Musielak/Voit ZPO § 119 Rn. 8; Zöller ZPO § 119 Rn. 33; Baumbach/Lauterbach ZPO § 119 Rn. 68–70.
[41] Musielak/Voit ZPO § 121 Rn. 15; Zöller ZPO § 121 Rn. 7; Baumbach/Lauterbach ZPO § 121 Rn. 50.
[42] LG Koblenz JurBüro 2002, 321.
[43] BGH JurBüro 2004, 42.
[44] BGH RVGreport 2006, 280.

eines Rechtsanwaltes, kann diese nicht mit der Begründung versagt werden, es besteht die Möglichkeit, die Beistandschaft des Jugendamtes zu beantragen.[45] Einer 22-jährigen Schülerin, die als Gläubigerin ein Zwangsversteigerungsverfahren zur Aufhebung einer Gemeinschaft betreibt, ist im Rahmen der ihr gewährten Prozesskostenhilfe ein Rechtsanwalt beizuordnen.[46] Ebenso ist regelmäßig die Beiordnung eines Rechtsanwalts erforderlich, wenn Ansprüche aus einem Titel über monatlich laufend fällig werdenden Unterhalt durch Eintragung einer Zwangshypothek gesichert werden sollen.[47]

4.3 Vergütungsvereinbarung

51 Gemäß § 4 Abs. 5 RVG (in der Fassung bis zum 30. 6. 2008) wurde durch eine Vereinbarung, nach der ein im Wege der Prozesskostenhilfe beigeordneter Rechtsanwalt eine Vergütung erhalten sollte, **eine Verbindlichkeit nicht begründet.** Hatte der Auftraggeber freiwillig und ohne Vorbehalt geleistet, so konnte er nach der bis zum 30. 6. 2008 geltenden Regelung das Geleistete nicht deshalb zurückfordern, weil eine Verbindlichkeit nicht bestanden hatte. Durch das am 1. 7. 2008 in Kraft getretene Gesetz zur Neuregelung des Verbots der Vereinbarung von Erfolgshonoraren[48] wurde dies geändert. Seitdem ist in § 3a Abs. 3 RVG normiert, dass eine Vereinbarung, nach der ein im Wege der Prozesskostenhilfe beigeordneter Rechtsanwalt für die von der Beiordnung erfassten Tätigkeiten eine höhere als die gesetzliche Vergütung erhalten soll, **nichtig** ist.

52 Wenn aber die Vergütungsvereinbarung mit der Prozesskostenhilfepartei nichtig ist, wird die Partei an den Rechtsanwalt aufgrund der Vergütungsvereinbarung gezahlte Beträge auch dann zurückfordern können, wenn sie die Zahlung freiwillig und vorbehaltslos geleistet hat. Für Rückforderungsansprüche der Prozesskostenhilfepartei gelten die allgemeinen Vorschriften des BGB über die ungerechtfertigte Bereicherung, also die §§ 812 ff. BGB (§ 3a Abs. 3 S. 2 RVG). Nur wenn der Mandant in dem Zeitpunkt, in dem er die vereinbarte Vergütung an den Rechtsanwalt gezahlt hat, gewusst hat, dass die Vergütungsvereinbarung mit seinem Anwalt nichtig war und er eigentlich nicht zur Zahlung verpflichtet ist, wird er das Geleistete nicht zurückfordern können (→ Kap. B Rn. 92).

53 Allerdings ist eine Vereinbarung, nach der ein im Wege der Prozesskostenhilfe beigeordneter Rechtsanwalt für die von der Beiordnung erfasste Tätigkeit eine höhere als die gesetzliche Vergütung erhalten soll, nur insoweit nichtig, als sie Tätigkeiten betrifft, die von der im Rahmen der Prozesskostenhilfe erfolgten Beiordnung des Rechtsanwaltes erfasst werden. Wird eine **Vergütungsvereinbarung für Tätigkeiten getroffen, die** ohnehin **nicht von der Beiordnung erfasst** werden, so ist diese Vergütungsvereinbarung **nicht** nach § 3a Abs. 3 S. 1 RVG **nichtig.** War der Rechtsanwalt zB schon außergerichtlich für die Partei tätig und hat er für seine außergerichtliche Tätigkeit eine Vergütung mit der Partei vereinbart, wird er dann anschließend im gerichtlichen Verfahren der Partei im Rahmen der dieser dort gewährten Prozesskostenhilfe beigeordnet, so ist die Vergütungsvereinbarung für die außergerichtliche Tätigkeit nicht nichtig. Denn die außergerichtliche Tätigkeit wird von der Beiordnung des Rechtsanwaltes im Rahmen der Prozesskostenhilfe nicht erfasst. Für eine außergerichtliche Tätigkeit kann bekanntlich keine Prozesskostenhilfe gewährt werden, folglich kann auch keine Beiordnung erfolgen.

54 In einem gerichtlichen Verfahren kann die Beiordnung eines auswärtigen Rechtsanwaltes dergestalt eingeschränkt werden, dass dieser nur zu den kostenrechtlichen Bedingungen eines Rechtsanwaltes mit Niederlassung im Bezirk des Prozessgerichts

---

[45] BGH JurBüro 2006, 430.
[46] LG Heilbronn JurBüro 2011, 40.
[47] OLG München, RVGreport 2017, 114.
[48] BGBl. I 2008, 1000.

erfolgt. Der auswärtige Rechtsanwalt erhält dann keine Reisekosten, die zB für die Wahrnehmung der Gerichtstermine anfallen, aus der Staatskasse erstattet. Wenn in diesem Fall der Rechtsanwalt mit seinem Mandanten eine Vergütungsvereinbarung treffen würde, wonach der Mandant ihm die **Reisekosten** nach den Nrn. 7003 bis 7007 VV RVG zu erstatten hat, so wäre diese Vereinbarung auch nicht nach § 3a Abs. 3 S. 1 RVG nichtig. Denn auch in diesem Fall würde die Vergütungsvereinbarung Reisekosten betreffen, die nicht aus der Staatskasse zu erstatten sind.

55 In § 3a Abs. 3 S. 1 RVG heißt es, dass eine Vereinbarung, nach der ein im Wege der Prozesskostenhilfe beigeordneter Rechtsanwalt für die von der Beiordnung erfasste Tätigkeit eine **höhere als die gesetzliche Vergütung erhalten soll,** nichtig ist. Es stellt sich nunmehr die Frage, was hier gemeint ist. Ist eine Vergütungsvereinbarung schon dann nichtig, wenn der Rechtsanwalt eine höhere als die Prozesskostenhilfevergütung nach der Tabelle zu § 49 RVG vereinbart oder erst dann, wenn die vereinbarte Vergütung die Wahlanwaltsvergütung nach der Tabelle zu § 13 RVG übersteigt. *Mayer*[49] vertritt die Auffassung, dass in § 3a Abs. 3 S. 1 RVG unter „gesetzliche Vergütung" die Wahlanwaltsvergütung nach der Tabelle zu § 13 RVG gemeint sei. Werde also eine Vergütungsvereinbarung mit der Prozesskostenhilfepartei geschlossen, nach welcher diese keine höhere als die gesetzliche Wahlanwaltsvergütung nach der Tabelle zu § 13 RVG zu zahlen habe, so sei die Vereinbarung nicht nichtig im Sinne von § 3a Abs. 3 S. 1 RVG. Allerdings sei hier zu beachten, dass gemäß § 122 Abs. 1 Nr. 3 ZPO die beigeordneten Rechtsanwälte Ansprüche auf Vergütung gegen die Partei nicht geltend machen können, solange die Prozesskostenhilfebewilligung und die Beiordnung bestehe. Eine derartige Vergütungsvereinbarung käme dann zum Tragen, wenn die Prozesskostenhilfebewilligung aufgehoben würde. Meines Erachtens kann der Rechtsanwalt aber dann, wenn die Prozesskostenhilfebewilligung aufgehoben wird, ohnehin die Differenz zwischen der PKH-Vergütung und der Wahlanwaltsvergütung gegenüber der Partei geltend machen (→ Kap. F Rn. 107). Nach *N. Schneider*[50] kann der Rechtsanwalt, der mit seinem Mandanten vereinbart hat, dass dieser die Differenz zwischen der Prozesskostenhilfe- und der Wahlanwaltsvergütung an ihn zu zahlen hat, diese Beträge auch dann fordern, wenn noch Prozesskostenhilfe bewilligt ist.

Zusammenfassung

56
- ▶ Prozess- und Verfahrenskostenhilfe wird nur auf Antrag gewährt.
- ▶ Die Prozess- und Verfahrenskostenhilfe erstreckt sich grundsätzlich nur auf das Verfahren, für welches sie gewährt wurde. Für eine Klageerhöhung, eine Widerklage, einstweilige Verfügungen, einstweilige Anordnungen, ein selbstständiges Beweisverfahren, die Zwangsvollstreckung etc. ist gesondert Prozess- bzw. Verfahrenskostenhilfe zu beantragen.
- ▶ Damit der Rechtsanwalt einen Vergütungsanspruch gegenüber der Staatskasse hat, muss seinem Mandanten für das betreffende Verfahren Prozess- bzw. Verfahrenskostenhilfe bewilligt worden sein und der Rechtsanwalt muss dem Mandanten **beigeordnet** worden sein.
- ▶ Ist der Rechtsanwalt im Bezirk des Prozessgerichts ansässig, sind die entstandenen Reisekosten aus der Staatskasse zu erstatten (→ Checkliste Kap. F Rn. 37).

[49] Mayer AnwBl. 2008, 479 (482); Mayer in Gerold/Schmidt § 3a Rn. 42.

[50] Schneider AGS 2009, 11 f. (zitiert nach Gerold/Schmidt, § 3a Rn. 42); So wohl auch: Schneider/Wolf § 3a Rn. 130; Hartung/Schons/Enders § 3a Rn. 145.

5. Checkliste – Belehrungspflichten des Rechtsanwaltes im Zusammenhang mit der Prozesskostenhilfe/Verfahrenskostenhilfe

Im Rahmen der Prozess- bzw. der Verfahrenskostenhilfe ergeben sich meines Erachtens folgende Belehrungspflichten des Rechtsanwaltes gegenüber dem Mandanten: 57

- ✓ Ergeben sich im Rahmen des Mandates **Anhaltspunkte** dafür, dass die **Einkommens- und Vermögensverhältnisse** des Mandanten so gering sind, dass diesem Prozess- bzw. Verfahrenskostenhilfe – auch mit Raten – zu gewähren ist, so ist der Mandant auf die **Möglichkeit, Prozess- oder Verfahrenskostenhilfe** zu beantragen, **hinzuweisen**.
- ✓ Der Rechtsanwalt wird mit dem Mandanten abklären müssen, ob das gerichtliche Verfahren in jedem Falle durchgeführt werden soll, oder nur, wenn dem Mandanten Prozess- bzw. Verfahrenskostenhilfe gewährt wird. Auch für den Fall, dass der Rechtsanwalt in dem gerichtlichen Verfahren nur tätig werden soll, wenn dem Mandanten Prozess- bzw. Verfahrenskostenhilfe gewährt wird, **entstehen für** die **Tätigkeit** in dem **PKH bzw. VKH-Bewilligungsverfahren Anwaltsgebühren**. Diese Anwaltsgebühren wird der **Mandant** an den von ihm beauftragten Rechtsanwalt **selbst zu zahlen** haben. Hierauf ist er hinzuweisen.
- ✓ Wird dem Mandanten ein PKH bzw. VKH-Antrag der Gegenseite zur Stellungnahme vom Gericht zugestellt und entstehen dem Mandanten in dem Bewilligungsverfahren bereits hierdurch Anwaltskosten sind diese in der Regel nicht zu erstatten, wenn die PKH bzw. VKH abgelehnt wird.
- ✓ Der Mandant wird darüber zu belehren sein, dass er in dem PKH- bzw. VKH-Antrag **wahrheitsgemäß Angaben zur Sache und zu seinen Einkommens- und Vermögensverhältnissen** zu machen hat. Andernfalls soll das Gericht die zunächst bewilligte Prozess- bzw. Verfahrenskostenhilfe später wieder aufheben (§ 124 Abs. 1 Nr. 1 und 2 ZPO).
- ✓ Nach § 120 a Abs. 2 ZPO hat die **Partei von sich aus** noch bis zu 4 Jahre nach rechtskräftigem Abschluss oder sonstigen Beendigung des gerichtlichen Verfahrens **Verbesserungen ihrer wirtschaftlichen Verhältnisse dem Gericht anzuzeigen**. Das Gericht wird dann erneut prüfen, ob aufgrund der verbesserten wirtschaftlichen Verhältnisse Ratenzahlungen, höhere Ratenzahlungen oder Einmalzahlungen aus dem Vermögen anzuordnen sind.
- ✓ Nach § 120 a Abs. 2 ZPO hat die Partei auch von sich aus dem Gericht **Änderungen ihrer Anschrift** unverzüglich mitzuteilen.
- ✓ Der Mandant ist darauf hinzuweisen, dass **im Falle seines Unterliegens** er die der **Gegenseite** entstandenen **Kosten** an diese zu **erstatten** hat. Er hat die vollen Wahlanwaltsgebühren zu erstatten (§ 123 ZPO).
- ✓ Der Mandant ist darauf hinzuweisen, dass die Anordnung von Ratenzahlungen in Betracht kommt. Das Gericht kann maximal **48 Raten** von ihm einfordern. Je nach Höhe der Kosten und der festgesetzten Monatsraten **zahlt** die **Partei** die gesamten **Anwalts- und Gerichtskosten** in Raten **an die Staatskasse zurück** (§ 115 Abs. 2 ZPO).
- ✓ Das Gericht kann **bis zu 4 Jahre** nach rechtskräftigem Abschluss des Verfahrens die **Einkommens- und Vermögensverhältnisse** des Mandanten **überprüfen** und, sofern eine Besserung eingetreten ist, noch nachträglich **Ratenzahlungen** oder auch Einmalzahlungen aus dem Vermögen **anordnen** (§ 120 a Abs. 1 ZPO).
- ✓ Nach § 120 a Abs. 3 ZPO soll das Gericht nach der rechtskräftigen Entscheidung oder sonstige Beendigung des Verfahrens prüfen, ob eine Änderung der Entscheidung über die im Rahmen der bewilligten Prozess- oder Verfahrenskostenhilfe zu leistenden Raten- oder Einmal(zahlungen) mit Rücksicht auf das **durch die Rechtsverfolgung** oder Rechtsverteidigung **Erlangte** geboten ist. Erlangt die Partei also aufgrund der Rechtsverfolgung für welche Prozesskosten- oder Verfahrenskostenhilfe bewilligt wurde, vom Gegner einen größeren Betrag, der das Schonvermögen übersteigt, muss sie damit rechnen, dass das Gericht anordnet, dass die Partei sofort die Gerichtskosten, die an den ihr beigeordneten Anwalt gezahlte Vergütung und die Differenz zwischen der Prozesskostenhilfe und der Wahlanwaltsvergütung an die Bundes- oder Landeskasse zu zahlen hat. Auch hierüber wird die Partei aufzuklären sein.
- ✓ Wird der Mandant nach rechtskräftigem Abschluss des Verfahrens vom Gericht aufgefordert, seine **aktuellen Einkommens- und Vermögensverhältnisse darzulegen**, so muss er dieser **Aufforderung unbedingt nachkommen**. Ansonsten **droht** die **Aufhebung der Prozess- bzw. Verfahrenskostenhilfe** mit der Folge, dass der Mandant sofort alle angefallenen Gerichts- und Anwaltskosten an die Staatskasse zurückzuzahlen hat (§ 124 Abs. 1 Nr. 2 ZPO).
- ✓ Hat das Gericht Ratenzahlungen angeordnet, so hat der Mandant die **Raten pünktlich zu zahlen**. Kommt der Mandant mit der Zahlung einer Monatsrate länger als 3 Monate in

Rückstand, droht die Aufhebung der Prozess- bzw. Verfahrenskostenhilfebewilligung (§ 124 Abs. 1 Nr. 5 ZPO).

✓ **Bei Verschlechterung** der Einkommens- und Vermögensverhältnisse kann der **Mandant Aufhebung oder Ermäßigung** einer angeordneten **Ratenzahlung beantragen** (§ 120 a Abs. 1 ZPO).

II. Vergütung des beigeordneten Rechtsanwaltes

Begriffe:

58 PKH-Anwalt = Der Rechtsanwalt, der der Partei im Rahmen der Prozess- oder der Verfahrenskostenhilfe beigeordnet worden ist.

Wahlanwalt = Der Rechtsanwalt, der nicht im Rahmen der Prozess- oder Verfahrenskostenhilfe für die Partei tätig ist.

PKH-Gebühren = geringere Gebühren nach der Tabelle zu § 49 RVG die der im Rahmen der Prozess- oder Verfahrenskostenhilfe beigeordnete Anwalt aus der Staatskasse erhält.

Wahlanwaltsgebühren = volle – nicht ermäßigte – Gebühren nach der Tabelle zu § 13 RVG.

PKH-Partei = die Partei in einem Rechtsstreit auf Antrag Prozesskostenhilfe oder in einer Familiensache die Verfahrenskostenhilfe bewilligt worden ist.

Wegen der besseren Lesbarkeit werden in → Kap. F teilweise diese Begriffe verwandt.

59 Der im Rahmen der Prozess- oder Verfahrenskostenhilfe beigeordnete Rechtsanwalt erhält seine Vergütung aus der Staatskasse. Die Gebühren fallen unter den gleichen Voraussetzungen an wie auch bei dem Anwalt, der nicht im Wege der Prozess- oder Verfahrenskostenhilfe beigeordnet worden ist. Allerdings sind die Gebühren der Höhe nach beschränkt. Denn die dem im Wege der Prozess- oder Verfahrenskostenhilfe beigeordneten Rechtsanwalt entstehenden Gebühren sind nicht aus der Tabelle zu § 13 RVG zu entnehmen, sondern aus der Tabelle zu § 49 RVG. Bis zu einem Verfahrenswert von 4.000 EUR sind die Tabellen identisch. Ab einem Verfahrenswert von 4.000 EUR wirft die für den im Wege der Prozess- oder Verfahrenskostenhilfe beigeordneten Rechtsanwalt gültige Tabelle des § 49 RVG geringere Gebühren aus. Ab einem Verfahrenswert von 30.000 EUR steigert sich die Tabelle des § 49 RVG nicht mehr.

Zusammenfassung

60 ▶ Dem im Wege der Prozess- oder Verfahrenskostenhilfe beigeordnete Rechtsanwalt entstehen die Gebühren unter denselben Voraussetzungen wie dem Rechtsanwalt, der nicht im Rahmen der Prozess- oder Verfahrenskostenhilfe für die Partei tätig wird.

▶ Der im Wege der Prozess- oder Verfahrenskostenhilfe beigeordnete Rechtsanwalt erhält aber – geringere – Gebühren nach der Tabelle zu § 49 RVG.

1. Festsetzungsantrag

61 Der im Wege der Prozess- oder Verfahrenskostenhilfe beigeordnete Rechtsanwalt erhält eine Vergütung **nur auf Antrag.**

Der Antrag kann **formfrei** gestellt werden. Der Rechtsanwalt kann die von der Justiz herausgegebenen Antragsformulare (interne Kennung HKR 120a) benutzen; er muss diese Antragsformulare aber nicht verwenden.[51]

Antragsinhalt:
- Genaue Bezeichnung des antragstellenden Rechtsanwaltes (nebst Angabe der Bankverbindung)
- Bezeichnung des zuständigen Gerichts
- Angabe der Sache und gerichtliches Aktenzeichen
- detaillierte Berechnung (§ 10 RVG) der angefallenen Gebühren und Auslagen
- Berechnung der Umsatzsteuer (ab 1. 7. 2002 auch Angabe der Steuernummer des Rechtsanwaltes).

Daneben hat sich der Rechtsanwalt in dem Antrag dazu zu erklären,
- ob und ggfls. in welcher Höhe er Zahlungen von der Partei oder einem Dritten bis zum Tage der Antragstellung erhalten hat (§ 55 Abs. 5 S. 2 RVG)
- ob und ggfls. in welcher Höhe er Vorschüsse aus der Staatskasse erhalten hat
- bei Zahlungen auf eine anzurechnende Gebühr (zB die Geschäftsgebühr) ist nicht nur diese Zahlung, sondern auch der Gebührensatz oder der Betrag der Gebühr und bei Wertgebühren auch der zugrunde gelegte Wert anzugeben (§ 55 Abs. 5 S. 3 RVG)
- ob und in welcher Höhe er in derselben Sache bereits Zahlungen aus der Staatkasse im Rahmen der dem Mandanten gewährten Beratungshilfe oder vom Gegner im Wege eines übergegangenen Kostenerstattungsanspruchs gemäß § 9 Beratungshilfegesetz erhalten hat (wenn er vorher bereits im Rahmen der Beratungshilfe für die Partei tätig war).[52]

Zuständig für die Entscheidung über den Antrag des beigeordneten Rechtsanwaltes auf Festsetzung der Vergütung ist grundsätzlich der Urkundsbeamte der Geschäftsstelle des **Gerichts des Rechtszuges** (§ 55 RVG). Der Antrag ist also grundsätzlich bei dem Gericht zu stellen, welches die Prozess- oder Verfahrenskostenhilfe bewilligt und die Beiordnung beschlossen hat und vor welchem die Tätigkeit entfaltet wurde. Jedoch setzt eine aus der Landeskasse zu gewährende Vergütung (die Vergütung wird aus der Landeskasse gewährt, wenn das Verfahren vor Gerichten eines Landes – also nicht vor einem Bundesgericht – stattgefunden hat) der Urkundsbeamte des Gerichts des **I. Rechtszuges** fest, wenn das Verfahren durch rechtskräftige Entscheidung oder in sonstiger Weise beendet ist.[53] 62

Die Stellung des Antrages des beigeordneten Anwaltes auf Gewährung der Vergütung aus der Staatskasse ist grundsätzlich an keine Frist gebunden. Ausnahme: Der Antrag auf Festsetzung der weiteren Vergütung gemäß § 50 RVG, wenn der Urkundsbeamte dem Rechtsanwalt gemäß § 55 Abs. 6 RVG eine Frist zur Vorlage der Berechnung gesetzt hat (→ Kap. F Rn. 71). Allerdings gelten auch in dem Verhältnis des beigeordneten Rechtsanwalts gegen die Staatskasse die allgemeinen **Verjährungs**regeln. Gemäß § 195 BGB verjähren die Ansprüche des beigeordneten Rechtsanwaltes gegen die Staatskasse in **drei Jahren.** Die Verjährungsfrist beginnt mit Ablauf des Jahres, in welchem die Leistung verlangt werden kann (§ 199 Abs. 1 BGB).[54] Allerdings kann der Anspruch des beigeordneten Rechtsanwaltes gegenüber der Staatskasse auch schon vor Ablauf der Verjährungsfrist **verwirkt** sein. So ist zB eine Nachliquidation unzulässig, wenn sie erst nach Ablauf des auf die Endabrechnung folgenden Kalenderjahres betrieben wird.[55] 63

---

[51] Hartung/Schons/Enders § 55 Rn. 13; Gerold/Schmidt § 55 Rn. 20; Schneider/Wolf § 55 Rn. 19.

[52] Hartung/Schons/Enders § 55 Rn. 16 ff.; Schneider/Wolf § 55 Rn. 24 ff.

[53] Hartung/Schons/Enders § 55 Rn. 23; Gerold/Schmidt § 55 Rn. 11.

[54] Schneider/Wolf § 55 Rn. 51; OLG Stuttgart JurBüro 2002, 538.

[55] Gerold/Schmidt § 55 Rn. 42; Schneider/Wolf § 55 Rn. 51.

Praxistipp:

64 Der Antrag auf Festsetzung der Vergütung des beigeordneten Anwaltes sollte stets nach Fälligkeit der Vergütung gestellt werden. Gemäß § 8 RVG ist die Vergütung fällig, wenn eine Kostenentscheidung ergangen oder der Rechtszug beendigt ist oder wenn das Verfahren länger als drei Monate ruht. Die Vergütung wird auch fällig, wenn der Auftrag erledigt oder die Angelegenheit beendigt ist.

65 Gemäß § 47 RVG kann der beigeordnete Rechtsanwalt für die entstandenen Gebühren und die entstandenen und voraussichtlich entstehenden Auslagen aus der Bundes- oder Landeskasse einen angemessenen **Vorschuss** fordern.

2. Rechtsmittel im Festsetzungsverfahren

66 Gegen Entscheidungen im Vergütungsfestsetzungsverfahren des beigeordneten Rechtsanwalts gegen die Staatskasse kann **Erinnerung** gemäß § 56 RVG eingelegt werden. Die Erinnerung ist **nicht befristet.** Denn § 56 Abs. 2 S. 1 RVG verweist nach seiner Neufassung durch das JKomG[56] für die Erinnerung nicht auf § 33 Abs. 3 S. 3 RVG, der zur Einlegung der Beschwerde eine Frist von 2 Wochen bestimmt. Allerdings kann das Recht auf Erinnerung verwirkt sein, wenn die Erinnerung erst nach Ablauf des auf die Festsetzung folgenden Kalenderjahres erhoben wird.[57] Über die Erinnerung entscheidet der Richter des Rechtszuges, in welchem der angefochtene Kostenbeschluss ergangen ist.

67 Gegen die Entscheidung über die Erinnerung kann **Beschwerde** eingelegt werden (§ 56 RVG). § 56 Abs. 2 S. 1 RVG verweist für die Beschwerde auf die Vorschriften des § 33 Abs. 3 bis 8 RVG. Die Beschwerde ist allerdings **nur zulässig,** wenn der Beschwerdegegenstand **200 EUR** übersteigt. Der Rechtsanwalt muss also mit der Beschwerde mindestens erreichen wollen, dass ihm mindestens 200,01 EUR mehr an Gebühren und Auslagen gegenüber der Staatskasse festgesetzt werden. Die Beschwerde ist aber auch zulässig, wenn das Gericht, das die Entscheidung erlassen hat, die Beschwerde wegen grundsätzlicher Bedeutung der zur Entscheidung anstehenden Frage zugelassen hat. Wurde die Beschwerde zugelassen, bedarf es für deren Zulässigkeit keiner Beschwer von mindestens 200 EUR.

68 Die Beschwerde muss gem. § 33 Abs. 3 S. 3 RVG binnen einer Frist von **zwei Wochen** eingelegt werden. Die Frist beginnt mit der Zustellung der anzufechtenden Entscheidung.

69 Eine weitere Beschwerde an einen obersten Gerichtshof des Bundes findet nicht statt (§ 33 Abs. 4 RVG). Hat allerdings das Landgericht als Beschwerdegericht entschieden und eine weitere Beschwerde wegen grundsätzlicher Bedeutung der zur Entscheidung stehenden Fragen zugelassen, so kann weitere Beschwerde zum OLG eingelegt werden (§ 33 Abs. 6 RVG). Die – zugelassene – weitere Beschwerde kann nur darauf gestützt werden, dass die Entscheidung auf einer Verletzung des Rechts beruht (§ 33 Abs. 6 RVG).

70 Gemäß § 56 Abs. 2 S. 2 und 3 RVG ist das Verfahren über die Erinnerung und die Beschwerde gerichtsgebührenfrei. Es findet keine Kostenerstattung statt.

3. Fristsetzung für Berechnung nach § 50 RVG

71 Hat das Gericht Prozess- oder Verfahrenskostenhilfe mit Ratenzahlungen angeordnet, werden dem beigeordneten Rechtsanwalt unter Umständen nicht nur die gerin-

---

[56] Gesetz über die Verwendung elektronischer Kommunikationsformen in der Justiz (Justizkommunikationsgesetz – JKomG), BGBl. I 2005, 837 (856) – in Kraft getreten am 1. 4. 2005.

[57] Hartung/Schons/Enders § 56 Rn. 11; Schneider/Wolf § 56 Rn. 12.

geren Prozesskostenhilfegebühren (Tabelle zu § 49 RVG) aus der Staatskasse erstattet, sondern auch noch die Differenz bis zu den Wahlanwaltsgebühren – Tabelle zu § 13 RVG – (→ Kap. F Rn. 89 ff.). Nach § 55 Abs. 6 RVG kann der Urkundsbeamte dem beigeordneten Rechtsanwalt eine Frist von **einem Monat** setzen, binnen deren der Anwalt die Differenz zwischen den PKH-Gebühren und den Wahlanwaltsgebühren anzumelden, also eine entsprechende Berechnung der Wahlanwaltsgebühren einzureichen hat. Diese Frist ist unbedingt einzuhalten. Kommt der Rechtsanwalt der Aufforderung des Urkundsbeamten innerhalb der ihm gesetzten Frist nicht nach, erlöschen seine Ansprüche gegenüber der Staatskasse (§ 55 Abs. 6 S. 2 RVG). Es erlöschen nicht nur die Ansprüche des beigeordneten Rechtsanwaltes auf die Differenz zwischen PKH-Gebühren und Wahlanwaltsgebühren gegenüber der Staatskasse, sondern sämtliche Ansprüche auf Vergütung aus der Beiordnung.[58] Werden also innerhalb der Monatsfrist auch nicht die PKH-Gebühren angemeldet, erlischt auch der Anspruch des Rechtsanwaltes auf Zahlung dieser gegenüber der Staatskasse. Dies gilt natürlich nicht, wenn der Rechtsanwalt die PKH-Gebühren schon vor Fristsetzung durch den Urkundsbeamten angemeldet hatte und nur versäumt, die Differenz zu den Wahlanwaltsgebühren rechtzeitig anzumelden.

Eine wirksame Fristsetzung nach § 55 Abs. 6 RVG mit der Folge, dass die Ansprü- 72
che des beigeordneten Rechtsanwalts auf Vergütung gegenüber der Staatskasse erlöschen, setzt nach LAG Düsseldorf[59] voraus, dass im Rahmen der Prozesskostenhilfebewilligung Ratenzahlungen (oder Einmalzahlungen aus dem Vermögen) angeordnet wurden.

Praxistipp:

Ist dem Mandanten Prozesskostenhilfe unter Anordnung von Ratenzahlung bewilligt worden, 73
so sollte der Rechtsanwalt eine Berechnung über die Differenz der PKH-Gebühren (Tabelle zu § 49 RVG) zu den Wahlanwaltsgebühren (Tabelle zu § 13 RVG) direkt mit seinem Antrag auf Festsetzung der PKH-Vergütung bei Gericht einreichen.

Eine vom Gericht gesetzte Frist zur Vorlage der Berechnung der weiteren Vergütung 74
gemäß § 50 RVG muss unbedingt eingehalten werden, da ansonsten der Anspruch des Rechtsanwaltes auf die weitere Vergütung aus der Staatskasse erlischt.

4. Anzeige von Zahlungen

Zahlungen, die der im Rahmen der Prozess- bzw. Verfahrenskostenhilfe beigeord- 75
nete Rechtsanwalt von der Partei oder einem Dritten erhalten hat, sind der Staatskasse anzuzeigen. Zahlungen, die bis zum Tage seines Antrags auf Festsetzung der Vergütung erfolgt sind, sind in dem Antrag aufzuführen (§ 55 Abs. 5 S. 2 RVG). Zahlungen, die nach Antragstellung von der Partei oder einem Dritten erfolgen, sind nachträglich unverzüglich anzuzeigen (§ 55 Abs. 5 S. 4 RVG).

Bei Zahlungen auf eine anzurechnende Gebühr (wie zB die Geschäftsgebühr 76
Nr. 2300 VV RVG) ist diese Zahlung, der Satz oder der Betrag der Gebühr und bei Wertgebühren auch der zugrunde gelegte Wert anzugeben. Diese Angaben sind erforderlich, damit der Urkundsbeamte der Geschäftsstelle des Gerichts bei der Festsetzung der Vergütung prüfen kann, inwieweit die gezahlten Gebühren auf die aus der Staatskasse zu zahlenden Gebühren anzurechnen sind.

[58] Gerold/Schmidt § 55 Rn. 38; Schneider/Wolf § 55 Rn. 95; OLG Zweibrücken MDR 1998, 526 = Rpfleger 1998, 434 = JurBüro 1998, 591 zur früheren parallelen Vorschrift des § 128 Abs. 2 BRAGO.

[59] LAG Düsseldorf AGS 2017, 292.

77 **Beispiel:** Der Rechtsanwalt hat den Mandanten zunächst außergerichtlich vertreten. Für die außergerichtliche Vertretung hat er mit dem Mandanten abgerechnet:
Verfahrenswert: 12.000,00 EUR

1) 1,3 Geschäftsgebühr §§ 2, 13, 14 RVG iVm Nr. 2300 VV RVG	785,20 EUR
2) Pauschale für Entgelte für Post- und Telekommunikationsdienstleistungen Nr. 7002 VV RVG	20,00 EUR
3) 19 % Umsatzsteuer Nr. 7008 VV RVG	152,99 EUR
	958,19 EUR

Der Mandant hat diesen Betrag auch an den Rechtsanwalt gezahlt.
Der außergerichtlichen Vertretung folgt ein Zivilprozess wegen desselben Anspruchs, der auch schon außergerichtlich geltend gemacht wurde. Für diesen Zivilprozess wird dem Mandanten Prozesskostenhilfe bewilligt und der Rechtsanwalt beigeordnet. In seinem späteren Vergütungsfestsetzungsantrag gegenüber der Staatskasse wird der Rechtsanwalt angeben müssen:
- Zahlung von Mandant: 958,19 EUR
- Zahlung erfolgte auf eine 1,3 Geschäftsgebühr Nr. 2300 VV RVG nach Verfahrenswert: 12.000,00 EUR = 785,20 EUR.

Praxistipp:

78 Der Rechtsanwalt sollte seinem Vergütungsfestsetzungsantrag eine Abschrift seiner Rechnung an den Mandanten für die außergerichtliche Tätigkeit beifügen. Dann kann der Urkundsbeamte der Geschäftsstelle bei Gericht direkt erkennen, welche Zahlung auf die Geschäftsgebühr erfolgt ist. Denn nur insoweit stellt sich überhaupt die Frage der Anrechnung auf die aus der Staatskasse zu zahlende Verfahrensgebühr.[60] Der Rechtsanwalt könnte hier vertreten, dass der anzurechnende Betrag der Geschäftsgebühr zunächst auf die Differenz zwischen der PKH-Vergütung und der Wahlanwaltsvergütung zu verrechnen ist.[61]

Die Zahlungen sind auch dann anzuzeigen, wenn der beigeordnete Rechtsanwalt der Meinung ist, dass diese sich auf die aus der Staatskasse zu erstattende Vergütung nicht auswirken (etwa nach § 58 RVG → Kap. F Rn. 97).

Zusammenfassung

79 ▶ Zahlungen, die der Rechtsanwalt in der Sache bereits erhalten hat, muss er der Staatskasse anzeigen. Dies unabhängig davon, ob die Zahlung von Mandanten, von dem Gegner oder einem Dritten oder der Staatskasse erfolgt ist.
▶ Der beigeordnete Rechtsanwalt sollte von sich aus die Verrechnung der Zahlungen bzw. Vorschüsse der Partei oder eines Dritten dartun und darlegen, aus welchen Gründen die Zahlungen nicht auf die aus der Staatskasse zu erstattende Vergütung anzurechnen sind.

III. Wahlanwaltsgebühren trotz Prozesskostenhilfe/ Verfahrenskostenhilfe

80 Da die PKH-Gebühren nach der Tabelle zu § 49 RVG ab einem Gegenstandswert von 4000 EUR wesentlich geringer sind als die Wahlanwaltsgebühren, muss sich für den Rechtsanwalt die Frage stellen, ob er in dem vorliegenden Fall nicht doch die Möglichkeit hat, noch die Differenz zwischen den PKH-Gebühren und den Wahlanwaltsgebühren zu erlangen. Nachstehend sollen die Fallkonstellationen aufgezeigt werden, in denen der Rechtsanwalt trotz Beiordnung im Rahmen der seinem Mandanten gewährten Prozesskostenhilfe die Möglichkeit hat, Wahlanwaltsgebühren zu erhalten.

[60] Zur Anrechnung der Geschäftsgebühr bei Prozesskostenhilfe → Kap. D Rn. 206 ff.
[61] Zur Anrechnung der Geschäftsgebühr bei Prozesskostenhilfe → Kap. D Rn. 210 ff.

1. Obsiegen der PKH-Partei

Obsiegt die PKH-Partei in dem Rechtsstreit, so hat sie gegenüber dem unterlegenen Gegner – genau wie die Partei, der keine Prozess- oder Verfahrenskostenhilfe bewilligt worden ist – einen Kostenerstattungsanspruch gemäß §§ 91 ff. ZPO. Gemäß § 91 Abs. 2 S. 1 ZPO sind der obsiegenden Partei die gesetzlichen Gebühren und Auslagen des von ihr beauftragten Rechtsanwaltes zu erstatten. Der PKH-Partei sind also nicht nur die sich aus der Tabelle zu § 49 RVG ergebenden Gebühren zu erstatten, sondern die **vollen Wahlanwaltsgebühren** (Tabelle zu § 13 RVG). Der beigeordnete Rechtsanwalt sollte gemäß § 126 Abs. 1 ZPO die Wahlanwaltsgebühren im eigenen Namen gegenüber dem unterlegenen Gegner festsetzen lassen und diese dann im eigenen Namen beitreiben. 81

Es bleibt dem Rechtsanwalt überlassen, ob er zunächst Festsetzung der Prozesskostenhilfegebühren gegenüber der Staatskasse beantragt und nur die Differenz bis zu den Wahlanwaltsgebühren gemäß § 126 Abs. 1 ZPO im eigenen Namen gegenüber dem unterlegenen Gegner festsetzen lässt oder ob er die vollen Wahlanwaltsgebühren gegenüber dem unterlegenen Gegner festsetzen lässt. Letzteres bietet sich zB dann an, wenn zu erwarten ist, dass der unterlegene Gegner leistungsfähig ist und die Kosten direkt nach Festsetzung zahlt. Ist unsicher, ob die festgesetzten Kosten von dem Gegner beigetrieben werden können, so sollte der Rechtsanwalt den sicheren Weg beschreiten und zunächst den ihm im Rahmen der seiner Partei gewährten Prozesskostenhilfe und seiner Beiordnung zustehenden Anspruch auf Erstattung der PKH-Gebühren gegenüber der Staatskasse geltend machen und dann nur noch die Differenz bis zu den Wahlanwaltsgebühren gegenüber dem unterlegenen Gegner gemäß § 126 Abs. 1 ZPO im eigenen Namen festsetzen lassen. Auch dann, wenn der Rechtsanwalt zunächst die vollen Wahlanwaltsgebühren gegenüber dem unterlegenen Gegner hat festsetzen lassen und sich dann herausstellt, dass der Gegner nicht leistungsfähig ist, kann der Rechtsanwalt auch später noch den Kostenerstattungsanspruch gegenüber der Staatskasse geltend machen. In diesem Fall wird auf dem Kostenfestsetzungsbeschluss zu vermerken sein, dass der Anspruch auf die Staatskasse übergegangen ist, soweit sie Prozesskostenhilfegebühren an den Rechtsanwalt gezahlt hat. 82

Die Festsetzung auf den eigenen Namen wird der Rechtsanwalt gesondert **beantragen** müssen.

Praxistipp:

Der im Rahmen der Prozesskostenhilfe beigeordnete Anwalt sollte immer von der Möglichkeit des § 126 Abs. 1 ZPO Gebrauch machen und die **Kosten im eigenen Namen gegenüber dem erstattungspflichtigen Gegner** festsetzen lassen. Denn wenn der Rechtsanwalt grob fahrlässig einen Anspruchsübergang auf die Staatskasse vereitelt, weil die Gegenseite aufrechnet, verliert er unter Umständen seinen Anspruch auf Vergütung gegenüber der Staatskasse.[62] 83

Der Antrag könnte etwa lauten:

„... beantrage ich – Rechtsanwalt – die Festsetzung der nachstehend berechneten Anwaltsgebühren im eigenen Namen gegenüber dem (unterlegenen Gegner) gemäß § 126 Abs. 1 ZPO: ...“ 84

Hat der Rechtsanwalt Festsetzung der Kosten im eigenen Namen gegenüber dem unterlegenen Gegner beantragt, so kann der **Gegner nur** mit Kosten **aufrechnen,** die nach der in demselben Rechtsstreit über die Kosten erlassenen Entscheidung von der Partei zu erstatten sind (§ 126 Abs. 2 ZPO). Die Aufrechnungsmöglichkeiten des Gegners werden also eingeschränkt. 85

---

[62] Musielak/Voit ZPO § 126 Rn. 6 unter Hinweis auf OLG München, NJW-RR 1997, 1356 m. weit. Nachw.; LG Würzburg JurBüro 1987, 1193 f.; ausf. Fladrich/Bischof NJW 1998, 407 ff.

86 Hatte die PKH-Partei eine ihr vorprozessual entstandene Geschäftsgebühr in vollem Umfang (zuzüglich Auslagen und Umsatzsteuer) mit eingeklagt und hat das Gericht der PKH-Partei die Geschäftsgebühr als materiell-rechtlichen Kostenerstattungsanspruch auch in vollem Umfang zugesprochen, wird die Anrechnung der Geschäftsgebühr nach der Vorbemerkung 3 Abs. 4 VV RVG auf die Verfahrensgebühr des gerichtlichen Verfahrens auch dann im Kostenfestsetzungsverfahren zu berücksichtigen sein, wenn der Rechtsanwalt die Festsetzung im eigenen Namen gem. § 126 Abs. 1 ZPO beantragt.[63] Denn der PKH-Anwalt kann im Rahmen der Kostenfestsetzung nach § 126 Abs. 1 ZPO nur die Kosten erstattet verlangen, die auch der PKH-Partei zu erstatten wären.

87 Hat der Rechtsanwalt zunächst im Namen seiner Partei Festsetzung der entstandenen Wahlanwaltsgebühren (abzüglich der PKH-Gebühren, die aus der Staatskasse an ihn gezahlt wurden) gegenüber dem unterlegenen Gegner beantragt und erfolgt dann eine Aufrechnung der Gegenseite oder die Pfändung des Kostenerstattungsanspruches durch einen Dritten, kann der beigeordnete Anwalt solange noch mit Erfolg den ursprünglichen Festsetzungsantrag auf einen Festsetzungsantrag im eigenen Namen nach § 126 ZPO umstellen, solange über seinen ursprünglichen Festsetzungsantrag (den er im Namen der Partei gestellt hat) noch nicht rechtskräftig entschieden worden ist.[64]

Zusammenfassung

88 ▶ Hat die PKH-Partei in dem Rechtsstreit obsiegt, kann der beigeordnete Rechtsanwalt im eigenen Namen Festsetzung der bei ihm entstandenen Wahlanwaltsgebühren gegenüber dem unterlegenen Gegner beantragen.

2. Prozesskostenhilfe/Verfahrenskostenhilfe mit Ratenzahlung

89 Wurde der Partei **Prozess- oder Verfahrenskostenhilfe mit Ratenzahlung** bewilligt, so kann der Rechtsanwalt auch noch die **Differenz zwischen den PKH-Gebühren und den Wahlanwaltsgebühren aus der Staatskasse** erstattet verlangen (§ 50 RVG). Die PKH-Partei hat die Ratenzahlung nämlich solange fortzusetzen, bis auch die Differenz zwischen den PKH-Gebühren und den Wahlanwaltsgebühren abgedeckt ist. Höchstens sind jedoch 48 Raten von der hilfebedürftigen Partei zu zahlen, auch dann, wenn der Rechtsstreit über mehrere Instanzen geführt wurde (§ 115 Abs. 2 ZPO).[65]

90 Die Monate, in denen die Partei keine Raten gezahlt hat, weil sie gemäß § 120 Abs. 3 ZPO wegen voraussichtlicher Kostendeckung durch die bis dahin gezahlten Raten von der Zahlungspflicht einstweilen befreit war, zählen bei der Ermittlung der Höchstgrenze von 48 Monaten **nicht** mit. Für die Monate, in der sie von ihrer Zahlungspflicht einstweilen befreit war, wird sie also erforderlichenfalls später Raten „nachzuzahlen" haben, dh, ihre Zahlungspflicht verlängert sich dann auch ggfls. über den Zeitraum von 48 Monaten hinaus. Insgesamt hat sie aber nicht mehr als 48 Raten zu zahlen.[66]

91 Wurde zunächst Prozess- bzw. Verfahrenskostenhilfe ohne Ratenzahlung bewilligt und setzt dann später die Ratenzahlungspflicht ein wegen verbesserter Einkommensverhältnisse oder fällt zeitweilig die Ratenzahlungspflicht wegen verschlechterter Einkommensverhältnisse weg, so zählen die ratenfreien Monate **nicht** mit, wenn es darum geht, ob bereits 48 Monatsraten bezahlt worden sind.[67] Die 48 Raten sind also

[63] Hansens RVGreport 2007, 286; Hansens RVGreport 2008, 1.
[64] BGH BeckRS 2015, 20310.
[65] Zöller ZPO § 115 Rn. 43; Baumbach/Lauterbach ZPO § 115 Rn. 46.
[66] Zöller ZPO § 115 Rn. 44, 45; Musielak/Voit ZPO § 115 Rn. 33.
[67] Umstritten, so aber: Zöller ZPO § 115 Rn. 45; Musielak/Voit ZPO § 115 Rn. 33; Baumbach/Lauterbach ZPO § 115 Rn. 45.

nicht als zeitliche Grenze, sondern als Begrenzung der Zahlungsverpflichtung zu sehen – also auch, wenn erst nach Ablauf von 3 Jahren nach Rechtskraft der Entscheidung in der Hauptsache Ratenzahlungen angeordnet werden, sind noch 48 Raten zu zahlen.

Die von der PKH-Partei zu zahlenden Monatsraten werden zunächst auf die an den Rechtsanwalt bereits gezahlten bzw. zuzahlenden PKH-Gebühren und die Gerichtskosten verrechnet. Erst wenn diese abgedeckt sind und dann noch ein Überschuss vorhanden ist, kann der Rechtsanwalt noch Erstattung der Differenz bis zu den Wahlanwaltsgebühren nach der Tabelle zu § 13 RVG verlangen. Wenn die 48 Raten nicht ausreichen, um auch die Differenz zwischen den Wahlanwaltsgebühren und den PKH-Gebühren abzudecken, hat der Rechtsanwalt auch keinen Anspruch auf Erstattung der Differenz zwischen den PKH-Gebühren und den vollen Wahlanwaltsgebühren. Reichen die von der hilfebedürftigen Partei gezahlten Raten nicht aus, um die volle Differenz zwischen den Wahlanwaltsgebühren und den PKH-Gebühren abzudecken, so kann der Rechtsanwalt aus der Staatskasse nur den Überschuss erhalten, der nach Abdeckung der angefallenen Gerichts- und Anwaltskosten (PKH-Gebühren) verbleibt. 92

Gemäß § 50 Abs. 2 RVG soll der Rechtsanwalt unverzüglich eine Berechnung der bei ihm nach der Tabelle zu § 13 RVG angefallenen Wahlanwaltsgebühren zur Gerichtsakte reichen. Der Urkundsbeamte der Geschäftsstelle kann dann absehen, in welcher Höhe Wahlanwaltsgebühren entstanden sind und kann dann solange Ratenzahlung anordnen, bis auch die Wahlanwaltsgebühren durch die Ratenzahlung gedeckt sind. Der Rechtsanwalt sollte zunächst den üblichen Antrag auf Erstattung der PKH-Gebühren gegenüber der Staatskasse bei Gericht einreichen. Die PKH-Gebühren werden ihm dann aus der Staatskasse – wie üblich – erstattet. Die Differenz zu den Wahlanwaltsgebühren kann der Rechtsanwalt erst dann aus der Staatskasse erstattet erhalten, wenn diese durch die Ratenzahlung der PKH-Partei gedeckt sind. Diese Differenz wird also in der Regel erheblich später ausgezahlt werden als die PKH-Gebühren nach der Tabelle zu § 49 RVG. In der Praxis müssen hier die Fristen überwacht werden, damit auch tatsächlich nach Einzug der entsprechenden Raten das Gericht die Differenz zwischen den Wahlanwaltsgebühren und den PKH-Gebühren noch an den Rechtsanwalt auszahlt. Der Urkundsbeamte der Geschäftsstelle kann gemäß § 55 Abs. 6 RVG dem Rechtsanwalt eine Frist von einem Monat zur Einreichung der Berechnung gemäß § 50 RVG setzen. Diese Frist ist unbedingt einzuhalten, da ansonsten die Ansprüche des Rechtsanwaltes erlöschen (→ Kap. F Rn. 71). 93

Der beigeordnete Rechtsanwalt kann auch dann, wenn zunächst Prozess- bzw. Verfahrenskostenhilfe ohne Ratenzahlung bewilligt wurde und dann später wegen verbesserter Einkommens- und Vermögensverhältnisse der hilfebedürftigen Partei Ratenzahlung angeordnet wurde, noch die Differenz zwischen den PKH-Gebühren und den Wahlanwaltsgebühren gegenüber der Staatskasse geltend machen.[68] 94

Beispiel: Der Rechtsanwalt wurde dem Mandanten im Rahmen der diesem bewilligten Prozesskostenhilfe als Prozessbevollmächtigter in einem Zivilprozess beigeordnet. Das Gericht hat monatliche Ratenzahlungen durch den Mandanten in Höhe von 95,00 EUR angeordnet. 95

Der Rechtsanwalt stellt zunächst den Antrag auf Festsetzung und Erstattung folgender PKH-Gebühren durch die Staatskasse:

Gegenstandswert: 12.650,00 EUR

1) 1,3 Verfahrensgebühr gem. §§ 2, 49 RVG iVm Nr. 3100 VV RVG	417,30 EUR
2) 1,2 Terminsgebühr gem. §§ 2, 49 RVG iVm Nr. 3104 VV RVG	385,20 EUR
3) Pauschale für Entgelte für Post- und Telekommunikationsdienstleistungen Nr. 7002 VV RVG	20,00 EUR
4) 19 % Umsatzsteuer gem. Nr. 7008 VV RVG	156,28 EUR
	978,78 EUR

[68] LG Nürnberg-Fürth Rpfleger 1994, 259.

Diese PKH-Gebühren wird das Gericht festsetzen und die Auszahlung aus der Landeskasse an den Rechtsanwalt veranlassen.

Da hier im Rahmen der Prozesskostenhilfe Ratenzahlungen angeordnet worden sind, soll der PKH-Anwalt unverzüglich auch eine Berechnung seiner Wahlanwaltsgebühren (in §50 Abs. 2 RVG „Regelvergütung" genannt) zur Gerichtsakte reichen:

Gegenstandswert: 12.650,00 EUR	
1) 1,3 Verfahrensgebühr gem. §§2, 13 RVG iVm Nr. 3100 VV RVG	785,20 EUR
2) 1,2 Terminsgebühr gem. §§2, 13 RVG iVm Nr. 3104 VV RVG	724,80 EUR
3) Pauschale für Entgelte für Post- und Telekommunikationsdienstleistungen Nr. 7002 VV RVG	20,00 EUR
4) 19% Umsatzsteuer gem. Nr. 7008 VV RVG	290,70 EUR
	1.820,70 EUR
Nach Abzug der PKH-Vergütung	978,78 EUR
verbleibt als weitere Vergütung nach §50 RVG:	841,92 EUR

Die vom Mandanten im Rahmen der ihm gewährten Prozesskostenhilfe zu zahlenden Raten werden zunächst auf die Gerichtskosten und die aus der Landeskasse gezahlte PKH-Vergütung verrechnet. Wenn danach durch die Ratenzahlungen auch die obige weitere Vergütung abgedeckt ist, dann erhält der PKH-Anwalt auch noch den Betrag in Höhe von 841,92 EUR aus der Landeskasse ausgezahlt.

Zusammenfassung

96 ▶ Bei Prozess- oder Verfahrenskostenhilfe mit Ratenzahlung kann der Rechtsanwalt die Differenz zwischen PKH-Gebühren und Wahlanwaltsgebühren aus der Staatskasse erhalten.

▶ Der PKH-Anwalt soll eine Berechnung über diese sog weitere Vergütung unverzüglich bei Gericht einreichen.

▶ Eine vom Gericht gem. §55 Abs. 6 RVG gesetzte Monatsfrist zur Einreichung der Berechnung der Wahlanwaltsgebühren ist unbedingt einzuhalten. Ansonsten droht Verlust des Vergütungsanspruches.

3. Anrechnung von Vorschüssen und Zahlungen

97 Die Verrechnung von Vorschüssen oder Zahlungen, die der im Rahmen der Prozess- oder Verfahrenskostenhilfe beigeordnete Rechtsanwalt von der Mandantschaft oder einem Dritten erhalten hat, ist in §58 RVG geregelt. **Vorschüsse** und Zahlungen kann der beigeordnete Rechtsanwalt **zunächst auf die Differenz zwischen der Wahlanwaltsvergütung und der PKH-Vergütung verrechnen,** also auf die Vergütung, wegen welcher der Rechtsanwalt keinen Anspruch gegen die Staatskasse hat. Erst wenn diese Differenz ausgeglichen ist, muss ein evtl. darüber hinausgehender Vorschuss auf die PKH-Vergütung angerechnet werden.

98 **Beispiel:** Für eine Klage über 7.000,00 EUR wird dem Kläger Prozesskostenhilfe bewilligt. Nach streitiger Verhandlung ergeht ein Urteil, wonach die Klage abgewiesen wird.

Der Kläger hatte an den ihm beigeordneten RA X folgenden **Vorschuss** gezahlt:

Gegenstandswert: 7.000,00 EUR	
1) 2,0 Verfahrensgebühr §§2, 9, 13 RVG als Vorschuss	810,00 EUR
2) 19% Umsatzsteuer gem. Nr. 7008 VV RVG	153,90 EUR
	963,90 EUR

Die **Wahlanwaltsvergütung** beträgt:

Gegenstandswert: 7.000,00 EUR	
1) 1,3 Verfahrensgebühr gem. §§2, 13 RVG iVm Nr. 3100 VV RVG	526,50 EUR
2) 1,2 Terminsgebühr gem. §§2, 13 RVG iVm Nr. 3104 VV RVG	486,00 EUR
3) Pauschale für Entgelte für Post- und Telekommunikationsdienstleistungen Nr. 7002 VV RVG	20,00 EUR
Anwaltsvergütung – netto/ohne Umsatzsteuer –	1.032,50 EUR

4) 19 % Umsatzsteuer gem. Nr. 7008 VV RVG	196,18 EUR
Anwaltsvergütung – brutto/inclusive Umsatzsteuer –	1.228,68 EUR

Die **PKH-Vergütung** beträgt:

Gegenstandswert: 7.000,00 EUR

1) 1,3 Verfahrensgebühr gem. §§ 2, 49 RVG iVm Nr. 3100 VV RVG	360,10 EUR
2) 1,2 Terminsgebühr gem. §§ 2, 49 RVG iVm Nr. 3104 VV RVG	332,40 EUR
3) Pauschale für Entgelte für Post- und Telekommunikationsdienstleistungen Nr. 7002 VV RVG	20,00 EUR
Anwaltsvergütung – netto/ohne Umsatzsteuer –	712,50 EUR
4) 19 % Umsatzsteuer gem. Nr. 7008 VV RVG	135,38 EUR
Anwaltsvergütung – brutto/inclusive Umsatzsteuer –	847,88 EUR

Die **Differenz** zwischen den **Wahlanwaltsgebühren** und den **PKH-Gebühren** beträgt:

Wahlanwaltsgebühren – netto –	1.032,50 EUR
./. PKH-Gebühren – netto –	712,50 EUR
	320,00 EUR.

Auf diese Differenz kann der Vorschuss von 810,00 EUR – netto – zunächst verrechnet werden, so dass verbleiben (810,00 EUR abzüglich 320,00 EUR) 490,00 EUR.

Nur dieser Überschuss ist auf die aus der Staatskasse zu zahlenden Gebühren anzurechnen. Der Rechtsanwalt kann also aus der Staatskasse noch erstattet erhalten:

PKH-Gebühren – netto –	712,50 EUR
./. Differenz/Überschuss des gezahlten Vorschusses	490,00 EUR.
verbleiben:	222,50 EUR
+ 19 % Umsatzsteuer Nr. 7008 VV RVG	42,28 EUR.
insgesamt also noch aus der Staatskasse zu zahlen:	264,78 EUR.

Der Rechtsanwalt kann den Vorschuss auch zunächst auf Auslagen verrechnen, für welche er keinen Anspruch gegen die Staatskasse hat. Dies gilt insbesondere für Reisekosten gemäß Nr. 7003–7005 VV RVG, die entstanden sind durch die Wahrnehmung von Gerichtsterminen, und die nicht aus der Staatskasse erstattet werden, weil der Rechtsanwalt nur beigeordnet worden ist ... *„zu den Bedingungen eines Rechtsanwalts mit Kanzleisitz im Bezirk des Prozessgerichts“* ..., aber seine Kanzlei außerhalb des Bezirks des Prozessgerichts gelegen ist.

War der Rechtsanwalt zunächst außergerichtlich tätig und ist die für diese Tätigkeit 99
entstandene Geschäftsgebühr nach der Vorbemerkung 3 Abs. 4 VV RVG auf die Verfahrensgebühr für das gerichtliche Verfahren anzurechnen, so stellt sich die Frage, ob sich hierdurch die aus der Staatskasse an den beigeordneten Rechtsanwalt zu zahlende Vergütung mindert. Dies ist nicht der Fall, wenn der Mandant auf die Geschäftsgebühr nichts an den Rechtsanwalt gezahlt hat.[69] Dies ist auch dann nicht der Fall, wenn der Mandant nur die nicht anrechenbaren Teile der Geschäftsgebühr an den Rechtsanwalt gezahlt hat.[70] Hat der Mandant die volle Geschäftsgebühr an den Rechtsanwalt gezahlt, kann meines Erachtens der anzurechnende Anteil der Geschäftsgebühr zunächst nach § 58 Abs. 2 RVG auf die Differenz zwischen Wahlanwaltsvergütung und der PKH-Vergütung verrechnet werden.[71] Ist der anzurechnende Betrag der Geschäftsgebühr niedriger als die Differenz zwischen der Wahlanwaltsvergütung und der PKH-Vergütung, mindert sich die aus der Staatskasse an den beigeordneten Rechtsanwalt zu zahlende PKH-Vergütung meines Erachtens nicht.

Ist der anzurechnende Teil der Geschäftsgebühr höher als die Differenz zwischen 100
der Wahlanwaltsvergütung und der PKH-Vergütung, ist der die Differenz übersteigende Anteil der anzurechnenden Geschäftsgebühr von der aus der Staatskasse zu zahlenden PKH-Vergütung abzusetzen.

Ergibt sich keine Differenz zwischen der Wahlanwaltsvergütung und der PKH-Vergütung und ergeben sich auch sonst keine Auslagen, die nicht aus der Staatskasse übernommen werden (zB Reisekosten), so ist die aus der Staatskasse zu zahlende Verfahrensgebühr um die anzurechnenden Anteile der Geschäftsgebühr zu mindern.

[69] → Kap. D Rn. 207.
[70] → Kap. D Rn. 208.
[71] → Kap. D Rn. 210.

101 **Beispiel:** Der Rechtsanwalt ist zunächst außergerichtlich tätig. Für die außergerichtliche Vertretung, die umfangreich und schwierig war, rechnet er ab:
Gegenstandswert: 7.000,00 EUR

1) 1,7 Geschäftsgebühr §§2, 13, 14 RVG iVm Nr.2300 VV RVG	688,50 EUR
2) Pauschale für Entgelte für Post- und Telekommunikationsdienstleistungen Nr.7002 VV RVG	20,00 EUR
3) 19% Umsatzsteuer gem. Nr.7008 VV RVG	134,62 EUR
	843,12 EUR

Diesen Betrag zahlt der Mandant auch in vollem Umfang an den Rechtsanwalt.

Nach der außergerichtlichen Tätigkeit wird der Rechtsanwalt beauftragt, Klage zu erheben und den Mandanten in dem Zivilprozess als Prozessbevollmächtigter zu vertreten. Auf Antrag wird in dem Zivilprozess dem Mandanten Prozesskostenhilfe – ohne Anordnung von Ratenzahlungen – bewilligt und der Rechtsanwalt beigeordnet. In dem Termin vor Gericht vertritt der Rechtsanwalt die Partei. Anschließend ergeht ein Urteil, welches auch rechtskräftig wird.

Auch bei Prozesskostenhilfe für das nachfolgende gerichtliche Verfahren verbleibt es dabei, dass die Geschäftsgebühr der Nr.2300 VV RVG anzurechnen ist auf die Verfahrensgebühr des nachfolgenden gerichtlichen Verfahrens.

Nach der Vorbemerkung 3 Abs.4 VV RVG sind von der Geschäftsgebühr anzurechnen auf die Verfahrensgebühr des nachfolgenden gerichtlichen Verfahrens:

0,75 Geschäftsgebühr nach Gegenstandswert 7.000,00 EUR	303,75 EUR

Dieser anzurechnende Teil der Geschäftsgebühr kann zunächst verrechnet werden auf die Differenz zwischen der Wahlanwaltsvergütung und der PKH-Vergütung:

Wahlanwaltsvergütung – netto – (siehe vorangegangenes Beispiel → Rn.98)	1.032,50 EUR
./. PKH Vergütung – netto – (siehe vorangegangenes Beispiel → Rn.98)	712,50 EUR
Differenz – netto –	320,00 EUR

Auf diese Differenz kann der anzurechnende Teil der Geschäftsgebühr von 303,75 EUR zunächst verrechnet werden, so dass hiervon nichts von der aus der Staatskasse zu zahlende PKH-Vergütung in Abzug zu bringen ist.[72]

Selbstverständlich würde sich – wenn hier im Rahmen der gewährten Prozesskostenhilfe der Partei die Zahlung von Raten auferlegt worden wäre – die weitere Vergütung nach §50 RVG um den anzurechnenden Betrag mindern.

Die Frage der Verrechnung der anzurechnenden Teile der Geschäftsgebühr stellt sich nur dann, wenn der Mandant die Vergütung für die außergerichtliche Vertretung in vollem Umfange auch tatsächlich an den Rechtsanwalt gezahlt hat.

102 Vertritt das zuständige Gericht die Auffassung, dass die vom Mandanten gezahlten anrechenbaren Anteile der Geschäftsgebühr nicht auf die Differenz zwischen PKH-Vergütung und Wahlanwaltsvergütung verrechnet werden können, treten weitere Probleme auf. Denn dann stellt sich die Frage, ob von der aus der Staatskasse zu zahlenden Verfahrensgebühr die anrechenbaren Teile der Geschäftsgebühr aus der Tabelle zu §49 RVG (PKH-Gebühren) oder aus der Tabelle zu §13 RVG (Wahlanwaltsgebühren) zu entnehmen sind.[73]

103 Bei dem vorstehend unter den Rn.99 bis 102 Ausgeführten bleibt es auch dann, wenn die PKH-Partei die Geschäftsgebühr mit eingeklagt hat und diese ihr auch im Urteil zugesprochen wurde. Allerdings kann die Frage der Anrechnung im Erstattungsverhältnis (Kostenfestsetzung der obsiegenden PKH-Partei gegenüber dem Gegner) anders zu beurteilen sein.

104 Im Rahmen des Erstattungsverhältnisses muss die Geschäftsgebühr, die im Erkenntnisverfahren voll tituliert worden ist, in der **Kostenfestsetzung gegenüber dem unterlegenen Gegner** auf die Verfahrensgebühr des gerichtlichen Verfahrens angerechnet werden. Hierdurch kann sich aber nicht der Vergütungsanspruch des beigeordneten Rechtsanwaltes gegenüber der Staatskasse mindern.

105 Die Frage, ob ein zugunsten des Mandanten gegenüber dem Gegner titulierter Erstattungsanspruch im Rahmen der Vorbemerkung 3 Abs.4 VV RVG auf die aus der Staatskasse zu zahlende Verfahrensgebühr anzurechnen ist und somit den Vergü-

[72] → Kap. D Rn.210.
[73] → Kap. D Rn.212f. mit weiteren Nachweisen.

tungsanspruch des beigeordneten Rechtsanwaltes mindert, kann sich meines Erachtens allenfalls dann stellen, wenn der Gegner die titulierte Geschäftsgebühr an den beigeordneten Rechtsanwalt zahlt und dieser nach entsprechender Aufrechnungserklärung gegenüber seinem Mandanten den Betrag nicht an diesen auszahlt, sondern auf seinen Vergütungsanspruch für die außergerichtliche Tätigkeit in dieser Sache verrechnet und dadurch die Geschäftsgebühr „gezahlt" ist.[74] Nach OLG Düsseldorf[75] und dem Brandenburgischen OLG[76] kann eine zugunsten der PKH-Partei titulierte Geschäftsgebühr nur dann zu einer Ermäßigung der aus der Staatskasse an den beigeordneten Anwalt zu zahlenden Verfahrensgebühr führen, wenn auf die Geschäftsgebühr etwa gezahlt worden ist.

Zusammenfassung

- Vorschüsse und Zahlungen, die der beigeordnete Rechtsanwalt von dem Mandanten oder einem Dritten erhalten hat, können zunächst auf die Differenz zwischen Wahlanwaltsvergütung und PKH-Vergütung verrechnet werden. Sie können auch auf Auslagen verrechnet werden, wegen welcher der Rechtsanwalt keinen Anspruch gegen die Landeskasse hat. 106
- Auch anzurechnende Teile der Geschäftsgebühr einer vorangegangenen außergerichtlichen Tätigkeit können zunächst auf die Differenz zwischen Wahlanwaltsvergütung und PKH-Vergütung verrechnet werden.

4. Aufhebung der Prozesskostenhilfe/Verfahrenskostenhilfe – Bewilligung

Nach § 124 ZPO kann die einmal bewilligte Prozesskostenhilfe und auch die Verfahrenskostenhilfe wieder aufgehoben werden. 107

Wenn die Bewilligung der Prozess- oder Verfahrenskostenhilfe aufgehoben wird, entfallen deren Wirkungen, genauer gesagt die Vergünstigungen des § 122 ZPO. Nach § 122 Abs. 1 Nr. 3 ZPO kann der Rechtsanwalt solange, wie Prozess- oder Verfahrenskostenhilfe bewilligt ist, keine Ansprüche auf Vergütung gegenüber seinem eigenen Mandanten geltend machen. Wird die Bewilligung der Prozess oder Verfahrenskostenhilfe aufgehoben, entfällt auch diese Sperre. Für den der Partei im Rahmen der Prozess- oder Verfahrenskostenhilfe beigeordneten Rechtsanwalt bedeutet dies, dass dieser **nach Aufhebung der Prozess- oder Verfahrenskostenhilfe**-Bewilligung die während seiner Tätigkeit entstandenen Gebühren – und zwar **Wahlanwaltsgebühren** – gegen seine Mandantschaft **geltend machen kann.**[77] Der Rechtsanwalt kann also die „vollen" Gebühren nach der Tabelle zu § 13 RVG seinem Mandanten in Rechnung stellen – nicht etwa nur die PKH-Gebühren (Tabelle zu § 49 RVG). Zahlt der Mandant nicht, kann er die „vollen" Gebühren auch gemäß § 11 RVG diesem gegenüber festsetzen lassen, um diese dann anschließend ggfls. zwangsweise beizutreiben.

Unabhängig vom Vorstehenden berührt die Aufhebung der Prozess- oder Verfahrenskostenhilfe-Bewilligung den Anspruch des Rechtsanwaltes gegenüber der Staatskasse nicht.[78] Der Rechtsanwalt kann auch noch nach Aufhebung der Prozess- oder Verfahrenskostenhilfe-Bewilligung **die während seiner Beiordnung entstandenen Gebühren gegenüber der Staatskasse geltend machen** – selbstverständlich nur Gebühren nach der Tabelle zu § 49 RVG –. Die aus der Staatskasse gezahlten PKH-Gebühren 108

---

[74] → Ausführlich: Enders „Miteinklagen der Geschäftsgebühr im Prozesskostenhilfemandat" – Teil I, JurBüro 2010, 1 ff.; Teil II, JurBüro 2010, 57 ff.; Teil III, JurBüro 2010, 113 ff.; JurBüro 2010, 169 ff.

[75] OLG Düsseldorf JurBüro 2011, 581.

[76] Brandenburgisches OLG JurBüro 2011, 581.

[77] Zöller ZPO § 124 Rn. 24.

[78] Rehberg/Schons „Prozesskostenhilfe" 6.3; Zöller ZPO § 124 Rn. 25.

sind auf die Wahlanwaltsgebühren, die der Rechtsanwalt nach Aufhebung der PKH-Bewilligung gegen den Mandanten geltend macht, anzurechnen, dh sie sind hiervon abzusetzen.

109 Liegt eine der in § 124 Abs. 1 Nr. 1 bis 5 ZPO geregelten Alternativen vor, kann das Gericht die Prozesskostenhilfe auch während des laufenden Rechtszugs aufheben. Auch in diesen Fällen kann der Rechtsanwalt die während seiner Beiordnung entstandenen Gebühren gegenüber der Staatskasse geltend machen. Vertritt er den Mandanten auch nach Aufhebung der Prozesskostenhilfe weiter, muss der Mandant die danach entstandenen Gebühren selbst zahlen (Wahlanwaltsgebühren).

110 **Beispiel:** Der Rechtsanwalt vertritt den Mandanten in einem Rechtsstreit vor dem Landgericht wegen eines Anspruchs in Höhe von 10.000,00 EUR. Dem Mandanten wurde Prozesskostenhilfe – ohne Ratenzahlung – bewilligt und der Rechtsanwalt wurde ihm beigeordnet. Nach der mündlichen Verhandlung vor dem Landgericht, in welcher der Rechtsanwalt den Mandanten als Prozessbevollmächtigter vertreten hat, hebt das Gericht die Prozesskostenhilfe auf. Absprachegemäß vertritt der Rechtsanwalt den Mandanten auch weiterhin. Im nächsten mündlichen Verhandlungstermin wird ein Vergleich geschlossen.

Der Rechtsanwalt kann wegen seiner Vergütung wie folgt verfahren:

Der Rechtsanwalt stellt zunächst den Antrag auf Festsetzung und Erstattung folgender **PKH-Gebühren durch die Staatskasse:**

Gegenstandswert: 10.000,00 EUR

1) 1,3 Verfahrensgebühr §§ 2, 49 RVG iVm Nr. 3100 VV RVG	399,10 EUR
2) 1,2 Terminsgebühr §§ 2, 49 RVG iVm Nr. 3104 VV RVG	368,40 EUR
3) Pauschale für Entgelte für Post- und Telekommunikationsdienstleistungen Nr. 7002 VV RVG	20,00 EUR
4) 19% Umsatzsteuer Nr. 7008 VV RVG	149,63 EUR
	937,13 EUR.

Diese Gebühren sind während der wirksamen Beiordnung des Rechtsanwaltes entstanden. Er kann diese Gebühren – nach der Tabelle zu § 49 RVG – aus der Staatskasse verlangen.

Da nach Aufhebung der Prozesskostenhilfe die Sperre des § 122 Abs. 1 Nr. 3 ZPO entfällt, kann der Rechtsanwalt zum einen mit dem Mandanten direkt die Differenzen zwischen den PKH-Gebühren und den Wahlanwaltsgebühren abrechnen und ferner noch die Gebühren, die nach Aufhebung der Prozesskostenhilfe entstanden sind.

Neben der Vergütung, die er gegenüber der Staatskasse geltend macht, kann der Rechtsanwalt noch folgende Gebühren dem Mandanten in Rechnung stellen:

Gegenstandswert: 10.000,00 EUR

1) 1,3 Verfahrensgebühr §§ 2, 13 RVG iVm Nr. 3100 VV RVG	725,40 EUR
abzüglich hierauf aus der Staatskasse gezahlter:	
1,3 Verfahrensgebühr §§ 2, 49 RVG iVm Nr. 3100 VV RVG	399,10 EUR
Differenz:	326,30 EUR
2) 1,2 Terminsgebühr §§ 2, 13 RVG iVm Nr. 3104 VV RVG	669,60 EUR
abzüglich hierauf aus der Staatskasse gezahlter:	
1,2 Terminsgebühr §§ 2, 49 RVG iVm Nr. 3104 VV RVG	368,40 EUR
Differenz:	301,20 EUR
3) 1,0 Einigungsgebühr §§ 2, 13 RVG iVm Nr. 1003 VV RVG	558,00 EUR
4) 19% Umsatzsteuer Nr. 7008 VV RVG	225,25 EUR
	1.410,75 EUR.

Da es sich um dieselbe gebührenrechtliche Angelegenheit handelt, kann die Pauschale für Entgelte für Post- und Telekommunikationsdienstleistungen Nr. 7002 VV RVG nur einmal angesetzt werden.

Zusammenfassung

111 ▶ Wird die Prozess- oder Verfahrenskostenhilfe aufgehoben, kann der beigeordnete Rechtsanwalt die Differenz zwischen den PKH-Gebühren und Wahlanwaltsgebühren gegenüber dem Mandanten nachliquidieren.

5. Teilweise Bewilligung von Prozesskostenhilfe/ Verfahrenskostenhilfe

Nach § 114 ZPO ist Prozess- oder Verfahrenskostenhilfe nur zu bewilligen, wenn ua die beabsichtigte Rechtsverfolgung oder Rechtsverteidigung hinreichende Aussicht auf Erfolg bietet. Wenn nun die beabsichtigte Rechtsverfolgung dem Gericht nur teilweise aussichtsreich erscheint, wird es dem Antragsteller nur teilweise Prozess- oder Verfahrenskostenhilfe bewilligen können. Im Rahmen der nur für einen Teil des Streitgegenstandes gewährten Prozess- oder Verfahrenskostenhilfe erfolgt dann auch die Beiordnung des Rechtsanwaltes, natürlich nur insoweit, wie Prozess- oder Verfahrenskostenhilfe bewilligt wurde. Der Rechtsanwalt erhält dann natürlich auch nur nach dem Teil des Gegenstandswertes seine Gebühren im Rahmen der Prozess- oder Verfahrenskostenhilfe aus der Staatskasse erstattet, wegen welchen dem Mandanten Prozess- oder Verfahrenskostenhilfe bewilligt wurde. 112

Ob dem Rechtsanwalt auch wegen des Teils des Anspruches, wegen welchem dem Mandanten keine Prozess- oder Verfahrenskostenhilfe bewilligt wurde, Gebühren gegen den Mandanten zustehen, ist abhängig von dem ihm erteilten Auftrag. Hat der Mandant den Rechtsanwalt beauftragt, ihn wegen des gesamten Gegenstandes/Anspruches zu vertreten, so steht ihm sicherlich wegen des Teils des Gegenstandes – wegen welchem keine Prozess- oder Verfahrenskostenhilfe bewilligt wurde – ein Gebührenanspruch gegen den Mandanten zu. 113

Meines Erachtens ist gegenüber dem Mandanten wie folgt abzurechnen: 114

- Wahlanwaltsgebühr – Tabelle zu § 13 RVG – aus dem Gesamtwert
- **abzüglich** Wahlanwaltsgebühr aus dem Teil des Gegenstandswertes, wegen welchem der Partei Prozesskostenhilfe bewilligt worden ist
- = der Betrag, den der Rechtsanwalt von seinem Auftraggeber fordern kann.

Bezüglich des Teils des Gegenstandes/Anspruches, wegen welchem dem Mandanten PKH bewilligt worden ist, ist der Gebührenanspruch des Rechtsanwalts abgegolten mit den aus der Staatskasse zu erstattenden PKH-Gebühren. Der Rechtsanwalt hat diesbezüglich keinen weiteren Anspruch mehr gegen den Mandanten. Also muss der Rechtsanwalt sich – da sein Gebührenanspruch insoweit abgegolten ist – Wahlanwaltsgebühren aus dem Teilwert (wegen welchem PKH bewilligt worden ist) absetzen lassen und nicht nur PKH-Gebühren aus dem Teilwert.[79] 115

Beispiel: Es wird Klage erhoben über einen Anspruch von 20.000,00 EUR. Dem Mandanten wird wegen eines Teils des geltend gemachten Anspruchs von 14.000,00 EUR Prozesskostenhilfe bewilligt, im Übrigen nicht. Der Mandant beauftragt den Rechtsanwalt aber dennoch, ihn weiterhin wegen des gesamten Anspruchs zu vertreten. Nach Vertretung in der mündlichen Verhandlung wird ein Urteil verkündet. 116

Abrechnung gegenüber dem Mandanten:
(Wahlanwaltsgebühren)
Gegenstandswert: 20.000,00 EUR

1) 1,3 Verfahrensgebühr §§ 2, 13 RVG iVm Nr. 3100 VV RVG	964,60 EUR
abzüglich 1,3 Verfahrensgebühr nach Wert: 14.000,00 EUR	845,00 EUR
Differenz:	119,60 EUR
2) 1,2 Terminsgebühr §§ 2, 13 RVG iVm Nr. 3104 VV RVG	890,40 EUR
abzüglich 1,2 Terminsgebühr nach Wert: 14.000,00 EUR	780,00 EUR
Differenz:	110,40 EUR
3) 19 % Umsatzsteuer Nr. 7008 VV RVG	43,70 EUR
	273,70 EUR

[79] So ganz überwiegende Meinung: Gerold/Schmidt VV 3335 Rn. 71; Mayer/Kroiß § 15 Rn. 119 ff.; Rehberg/Schons, „Prozesskostenhilfe“ 7.4 „Teilweise Bewilligung:“ Schneider/Wolf § 48 Rn. 105, 106; OLG Düsseldorf (10. Senat) AGS 2005, 457 = RVG-Letter 2005, 47.

Die Pauschale für Entgelte für Post- und Telekommunikationsdienstleistungen Nr. 7002 VV RVG erhält der Rechtsanwalt aus der Staatskasse erstattet und kann diese gegenüber dem Mandanten nicht noch ein zweites Mal geltend machen, da es sich um **eine** Angelegenheit handelt. Der Rechtsanwalt könnte dem Mandanten aber noch andere Auslagen – soweit entstanden – berechnen, die nicht aus der Staatskasse erstattet werden.

Abrechnung gegenüber der Staatskasse:
(PKH-Gebühren)
Gegenstandswert: 14.000,00 EUR

1) 1,3 Verfahrensgebühr §§ 2, 49 RVG iVm Nr. 3100 VV RVG	435,50 EUR
2) 1,2 Terminsgebühr §§ 2, 49 RVG iVm Nr. 3104 VV RVG	402,00 EUR
3) Pauschale für Entgelte für Post- und Telekommunikationsdienstleistungen Nr. 7002 VV RVG	20,00 EUR
4) 19 % Umsatzsteuer Nr. 7008 VV RVG	162,93 EUR
	1.020,43 EUR

Diesen Betrag erhält der Rechtsanwalt aus der Staatskasse erstattet.

Zusammenfassung

117 ▶ Ist nur teilweise Prozess- oder Verfahrenskostenhilfe bewilligt, so kann der Rechtsanwalt gegenüber dem Mandanten abrechnen:
Wahlanwaltsgebühr – Tabelle zu § 13 RVG – aus dem Gesamtwert **abzüglich** Wahlanwaltsgebühr aus dem Teil des Gegenstandswertes, wegen welchem der Partei Prozess- oder Verfahrenskostenhilfe bewilligt worden ist.

▶ Gegenüber der Landeskasse rechnet der beigeordnete Rechtsanwalt Gebühren nach dem Teil des Wertes ab, für welchen Prozess- oder Verfahrenskostenhilfe gewährt worden ist.

IV. Das Prozesskostenhilfe-/Verfahrenskostenhilfe-Prüfungsverfahren

1. Grundsätzliches

118 Einer Bewilligung von Prozess- oder Verfahrenskostenhilfe geht ein so genanntes Prüfungsverfahren voraus, in welchem das Gericht prüft, ob die Voraussetzungen für die Gewährung von Prozess- oder Verfahrenskostenhilfe überhaupt vorliegen. Dieses Verfahren nennt man Prozesskostenhilfe-Prüfungsverfahren oder Prozesskostenhilfe-Bewilligungsverfahren, in Familiensachen Verfahrenskostenhilfe-Prüfungsverfahren oder Verfahrenskostenhilfe-Bewilligungsverfahren. Um nicht unnötig zu verwirren, wird in diesem → Kap. F meist der Begriff „Prozesskostenhilfe-Prüfungsverfahren" verwandt. Das Ausgeführte gilt aber grundsätzlich auch im Verfahrenskostenhilfe-Prüfungsverfahren in Familiensachen.

Auszug aus dem RVG

119 **§ 16**
Dieselbe Angelegenheit

Dieselbe Angelegenheit sind

2. das Verfahren über die Prozesskostenhilfe und das Verfahren, für das die Prozesskostenhilfe beantragt worden ist;
3. mehrere Verfahren über die Prozesskostenhilfe in demselben Rechtszug;

Gemäß § 16 Nr. 2 RVG bildet das Prozesskostenhilfe-Prüfungsverfahren mit dem Zivilprozess (oder anderen Verfahren) für das die Prozesskostenhilfe beantragt wird, **dieselbe** – gebührenrechtliche – Angelegenheit. Dies bedeutet, dass der Rechtsanwalt gesonderte Gebühren für eine Tätigkeit im Prozesskostenhilfe-Prüfungsverfahren nur erhalten kann, wenn er in dem Verfahren, für welches er für seinen Mandanten Prozesskostenhilfe beantragt, nicht gleichzeitig tätig wird. Ist der Rechtsanwalt in dem Zivilprozess, für welchen er für seinen Mandanten Prozesskostenhilfe beantragt, bereits als Prozessbevollmächtigter tätig, so erhält er nur die Gebühren, die er für seine Tätigkeit als Prozessbevollmächtigter ohnehin erhält. Dasselbe gilt, wenn zB Verfahrenskostenhilfe für eine Familiensache beantragt wird und der Rechtsanwalt in diesem Verfahren bereits Verfahrensbevollmächtigter für seinen Mandanten ist. Dasselbe gilt auch dann, wenn der Rechtsanwalt zunächst nur in dem Prozesskostenhilfe-Prüfungsverfahren für den Mandanten tätig war und nach Bewilligung der Prozesskostenhilfe dann den Auftrag erhält, jetzt auch den Mandanten als Prozessbevollmächtigter in dem Zivilprozess zu vertreten. 120

Beispiel: Der Rechtsanwalt wird von dem Mandanten beauftragt, für ihn eine Klage zu erheben und ihn in dem Rechtsstreit als Prozessbevollmächtigter zu vertreten. Gleichzeitig soll der Rechtsanwalt für den Mandanten einen Antrag auf Bewilligung von Prozesskostenhilfe stellen. Der Rechtsanwalt reicht die Klage ein. Parallel dazu stellt er einen Antrag auf Bewilligung von Prozesskostenhilfe für den I. Rechtszug. Das Gericht bewilligt die begehrte Prozesskostenhilfe und ordnet den Rechtsanwalt bei. Der Rechtsanwalt vertritt in dem Termin. Anschließend ergeht ein Urteil. 121

Der beigeordnete Rechtsanwalt kann gegenüber der Staatskasse folgende Gebühren geltend machen

1) 1,3 Verfahrensgebühr §§ 2, 49 RVG iVm Nr. 3100 VV RVG
2) 1,2 Terminsgebühr §§ 2, 49 RVG iVm Nr. 3104 VV RVG

zzgl. Auslagen und Umsatzsteuer.

Daneben erhält der Rechtsanwalt keine gesonderten Gebühren für seine Tätigkeit im Prozesskostenhilfe-Prüfungsverfahren.

Beispiel: Der Rechtsanwalt wird von dem Mandanten beauftragt, einen Antrag auf Bewilligung von Prozesskostenhilfe für einen Zivilprozess zu stellen. Nach Fertigung und Einreichung eines entsprechenden Antrags lehnt das Gericht die begehrte Prozesskostenhilfe für die beabsichtigte Rechtsverfolgung mangels Erfolgsaussichten ab. Der Rechtsanwalt wird in dieser Angelegenheit weiter nicht tätig. 122

Der Rechtsanwalt kann berechnen:

1,0 Verfahrensgebühr §§ 2, 13 RVG iVm Nr. 3335 VV RVG

zzgl. Auslagen und Umsatzsteuer.

Zum Anfall der Verfahrensgebühr in dem vorliegenden Fall → Kap. F Rn. 133. Da der Rechtsanwalt hier nur im Prozesskostenhilfe-Prüfungsverfahren tätig geworden ist, kann er die hierfür vorgesehene Verfahrensgebühr nach Nr. 3335 VV RVG erhalten. Die Gebühren für die Tätigkeit in dem Prozesskostenhilfe-Bewilligungsverfahren hat der Mandant zu übernehmen. Diese werden nicht aus der Landeskasse erstattet, auch dann nicht, wenn später Prozesskostenhilfe bewilligt wird.

Beispiel: Der Rechtsanwalt wird beauftragt, für den Mandanten einen Antrag auf Gewährung von Prozesskostenhilfe für einen Zivilprozess zu stellen. **Für den Fall, dass Prozesskostenhilfe bewilligt wird, wird der Rechtsanwalt weiter beauftragt, den Mandanten dann auch in dem anhängig zu machenden Zivilprozess als Prozessbevollmächtigter zu vertreten.** Der Rechtsanwalt fertigt den Antrag auf Gewährung von Prozesskostenhilfe und reicht zur Darstellung des Sachverhaltes einen Entwurf der Klageschrift mit bei Gericht ein. Das Gericht bewilligt die beantragte Prozesskostenhilfe. Der Rechtsanwalt wird auftragsgemäß auch als Prozessbevollmächtigter in dem Rechtsstreit tätig, das Gericht hat ihn im Rahmen der dem Mandanten gewährten Prozesskostenhilfe beigeordnet. Der Rechtsanwalt nimmt den Termin wahr. Nach durchgeführter Beweisaufnahme verkündet das Gericht ein Urteil. 123

Der Rechtsanwalt kann gegenüber der Staatskasse berechnen:

1) 1,3 Verfahrensgebühr §§ 2, 49 RVG iVm Nr. 3100 VV RVG
2) 1,2 Terminsgebühr §§ 2, 49 RVG iVm Nr. 3104 VV RVG

zzgl. Auslagen und Umsatzsteuer.

Der Rechtsanwalt hat zwar hier zunächst in dem Prozesskostenhilfe-Prüfungsverfahren vertreten. Da er aber später in derselben Sache als Prozessbevollmächtigter tätig geworden ist, erhält er für die Vertretung im Prozesskostenhilfe-Prüfungsverfahren keine gesonderten Gebühren.

124 **Beispiel:** Der Rechtsanwalt wird von dem Mandanten beauftragt, für ihn eine Klage zu erheben und ihn in dem Rechtsstreit als Prozessbevollmächtigter zu vertreten. Gleichzeitig soll der Rechtsanwalt für den Mandanten einen Antrag auf Gewährung von Prozesskostenhilfe stellen. Die Klage soll jedoch unabhängig davon erhoben werden, ob dem Mandanten Prozesskostenhilfe bewilligt wird oder nicht. Der Rechtsanwalt reicht gleichzeitig die Klage und einen Antrag auf Gewährung von Prozesskostenhilfe für den I. Rechtszug bei Gericht ein. Völlig überraschend lehnt das Gericht die Bewilligung von Prozesskostenhilfe ab. Der Mandant wünscht nicht, dass die Sache weiter betrieben wird und beauftragt den Rechtsanwalt, die Klage zurückzunehmen.

Der Rechtsanwalt kann an Gebühren gegenüber dem Mandanten berechnen:
1,3 Verfahrensgebühr §§ 2, 13 RVG iVm Nr. 3100 VV RVG
zzgl. Auslagen und Umsatzsteuer.

Vorliegend hat der Rechtsanwalt den unbedingten Auftrag, den Mandanten als Prozessbevollmächtigter zu vertreten. Ihm ist daher die 1,3 Verfahrensgebühr nach Nr. 3100 VV RVG entstanden.

125 Im Prozesskostenhilfe-Prüfungsverfahren findet eine Kostenerstattung nicht statt (§ 118 Abs. 1 S. 4 ZPO). Der Gegner der Partei, die Prozesskostenhilfe beantragt hat, kann also evtl. ihm in dem PKH-Prüfungsverfahren entstandene Anwaltskosten nicht erstattet verlangen.

126 **Beispiel:** In einer Sache A gegen B hat A einen Antrag auf Gewährung von Prozesskostenhilfe gestellt. Das Gericht leitet diesen Antrag dem B zur Stellungnahme zu. B beauftragt Rechtsanwalt M, für ihn die Stellungnahme abzugeben. Nachdem Rechtsanwalt M die Stellungnahme abgegeben hat, lehnt das Gericht die begehrte Prozesskostenhilfe ab.

B kann die ihm durch die Tätigkeit von Rechtsanwalt M entstandenen Anwaltskosten nicht von A erstattet verlangen. B muss diese Kosten selbst übernehmen.

127 Eine ganz andere Frage ist, ob derjenige, der als Antragsgegner in ein Prozesskostenhilfe-Prüfungsverfahren „hineingezogen" wird, aus **materiell-rechtlichen** Gesichtspunkten einen Kostenerstattungsanspruch gegenüber dem Antragsteller im PKH-Prüfungsverfahren hat. So hat zB das AG Bergisch Gladbach[80] wie folgt entschieden (Leitsatz):

„Beantragt eine hilfebedürftige Partei Prozesskostenhilfe für die Geltendmachung völlig unberechtigter Schmerzensgeldforderungen, so sind dem Antragsgegner die ihm im Prozesskostenhilfe-Bewilligungsverfahren entstandenen Anwaltskosten aus positiver Forderungsverletzung zu erstatten."

Wenn sich eine materiell-rechtliche Anspruchsgrundlage für eine Kostenerstattung ergibt, ist der Antragsgegner des PKH-Bewilligungsverfahrens gezwungen, diesen Kostenerstattungsanspruch notfalls im gerichtlichen Mahnverfahren oder mit gesonderter Klage gegenüber dem Antragsteller geltend zu machen, wenn dieser auf außergerichtliche Zahlungsaufforderung nicht reagiert.

128 Das in diesen Kapiteln zu → F Rn. 118 ff. Ausgeführte gilt auch dann, wenn der Rechtsanwalt in einem Verfahren auf **Aufhebung** der Prozesskostenhilfe tätig wird oder in einem Verfahren auf **Abänderung** oder **Anordnung** von Ratenzahlungen oder Einmalzahlungen.

129 In der Praxis erlebt man häufig, dass Jahre, nachdem das Verfahren abgeschlossen ist, dann plötzlich die Prozesskostenhilfe aufgehoben wird. Der Mandant sucht dann seinen früheren Prozessbevollmächtigten wieder auf und bittet ihn, hinsichtlich der Aufhebung der Prozesskostenhilfe weiter tätig zu werden. Auch wenn die Tätigkeit des Rechtsanwaltes als Prozessbevollmächtigter bereits abgeschlossen ist, handelt es sich in diesen Fällen noch um dieselbe Angelegenheit im Sinne des § 16 Nr. 2 RVG, wenn der Rechtsanwalt dann später beauftragt wird, in dem Verfahren über die Aufhebung der Prozesskostenhilfe für den Mandanten weiter tätig zu werden. Dies ergibt sich aus § 15 Abs. 5 S. 1 RVG. Hier ist auch § 15 Abs. 5 S. 2 RVG zu beachten. Danach handelt es sich um eine **neue** Angelegenheit, wenn der frühere Auftrag seit mehr als zwei Kalenderjahren erledigt ist (→ Kap. A Rn. 114). Ist also die Tätigkeit

[80] AG Bergisch Gladbach JurBüro 2002, 149.

des Rechtsanwaltes als Prozessbevollmächtigter seit mehr als zwei Kalenderjahren erledigt, kann er in dem Verfahren über die Aufhebung der Prozesskostenhilfe gesonderte Gebühren verdienen, nämlich die 1,0 Verfahrensgebühr nach Nr. 3335 VV RVG, wenn Prozesskostenhilfe für einen Zivilprozess oder in einer Familiensache Verfahrenskostenhilfe bewilligt worden war.

Praxistipp:

Ist die Tätigkeit des Rechtsanwaltes als Prozessbevollmächtigter seit mehr als zwei Kalenderjahren erledigt und wird der Rechtsanwalt dann beauftragt, den früheren Mandanten in einem Verfahren wegen Aufhebung der Prozesskostenhilfe, Anordnung von Ratenzahlungen oder Anordnung von Einmalzahlungen zu vertreten, so handelt es sich nach § 15 Abs. 5 S. 2 RVG um eine neue gebührenrechtliche Angelegenheit. Für die Tätigkeit in dem Verfahren über die Prozesskostenhilfe kann der Rechtsanwalt dann eine gesonderte Verfahrensgebühr nach Nr. 3335 VV RVG zuzüglich Auslagen und Umsatzsteuer verlangen. Diese Kosten hat der Mandant zu tragen. 130

Gemäß § 16 Nr. 3 RVG gelten auch mehrere Verfahren über die Prozesskostenhilfe 131 in demselben Rechtszug als dieselbe Angelegenheit. Vertritt der Rechtsanwalt also zB in dem Prozesskostenhilfe-Prüfungsverfahren und später dann noch einmal in einem Verfahren über die Aufhebung der Prozesskostenhilfe, so erhält er die Verfahrensgebühr nach Nr. 3335 VV RVG nur einmal. Ist er gleichzeitig Prozessbevollmächtigter, entstehen für beide Verfahren über die Prozesskostenhilfe neben den Gebühren, die der Rechtsanwalt ohnehin für seine Tätigkeit als Prozessbevollmächtigter erhält, keine gesonderten Gebühren. Eine Ausnahme liegt nur dann vor, wenn ein Fall des § 15 Abs. 5 S. 2 RVG gegeben ist (siehe hierzu die vorstehenden Ausführungen).

Zusammenfassung

- Das Prozesskostenhilfe-Prüfungsverfahren ist zusammen mit dem Zivilprozess/ 132 Verfahren, für welches Prozesskostenhilfe beantragt wird, dieselbe gebührenrechtliche Angelegenheit.
- Gesonderte Gebühren für die Tätigkeit im Prozesskostenhilfe-Prüfungsverfahren kann der Rechtsanwalt nur dann verlangen, wenn er ausschließlich im Prozesskostenhilfe-Prüfungsverfahren tätig war.
- Wird der Rechtsanwalt auch in dem Zivilprozess als Prozessbevollmächtigter tätig, so erhält er für eine Tätigkeit, die er daneben in dem Prozesskostenhilfe-Prüfungsverfahren ausübt, keine gesonderten Gebühren.
- Gebühren für eine Tätigkeit im Prozesskostenhilfe-Prüfungsverfahren werden in der Regel nicht aus der Landeskasse erstattet (Ausnahme: Für das PKH-Prüfungsverfahren wurde Prozesskostenhilfe bewilligt → Kap. F Rn. 143).

2. Verfahrensgebühr

Ist der Rechtsanwalt ausschließlich im Prozesskostenhilfe-Prüfungsverfahren oder 133 im Verfahrenskostenhilfe-Prüfungsverfahren tätig, so entsteht ihm nach Nr. 3335 VV RVG eine Verfahrensgebühr.

Auszug aus dem VV RVG

134

Nr.	Gebührentatbestand	Gebühr oder Satz der Gebühr nach § 13 RVG
3335	Verfahrensgebühr für das Verfahren über die Prozesskostenhilfe	in Höhe der Verfahrensgebühr für das Verfahren, für das die Prozesskostenhilfe beantragt wird, höchstens 1,0
3337	Vorzeitige Beendigung des Auftrags im Falle der Nummern 3324 bis 3327, 3334 und 3335: Die Gebühren 3324 bis 3327, 3334 und 3335 betragen höchstens .... Eine vorzeitige Beendigung liegt vor, 1. wenn der Auftrag endigt, bevor der Rechtsanwalt den das Verfahren einleitenden Antrag oder einen Schriftsatz, der Sachanträge, Sachvortrag oder die Zurücknahme des Antrags enthält, eingereicht oder bevor er einen gerichtlichen Termin wahrgenommen hat, oder 2. soweit lediglich beantragt ist, eine Einigung der Parteien oder der Beteiligten zu Protokoll zu nehmen oder soweit lediglich Verhandlungen vor Gericht zur Einigung geführt werden.	0,5

135 Die Verfahrensgebühr nach Nr. 3335 VV RVG fällt in Höhe der Verfahrensgebühr an, die in dem Verfahren entsteht, für welches die Prozess- oder Verfahrenskostenhilfe beantragt wird. Höchstens entsteht die Verfahrensgebühr nach Nr. 3335 VV RVG als 1,0 Verfahrensgebühr.

136 **Beispiel:** Die Prozesskostenhilfe wird beantragt zur Durchführung eines Zivilprozesses im ersten Rechtszug. Die Verfahrensgebühr Nr. 3335 VV RVG beträgt 1,0. Für die Tätigkeit als Prozessbevollmächtigter in dem Zivilprozess würde eine 1,3 Verfahrensgebühr Nr. 3100 VV RVG entstehen. Nach der Nr. 3335 VV RVG kann aber höchstens eine 1,0 Verfahrensgebühr anfallen.

137 **Beispiel:** Der Rechtsanwalt soll Prozesskostenhilfe für eine Zwangsvollstreckungsmaßnahme beantragen. Die Verfahrensgebühr der Nr. 3335 VV RVG entsteht nur in Höhe von 0,3. Denn auch in der Zwangsvollstreckung, für welche die Prozesskostenhilfe beantragt wird, fällt nur eine 0,3 Verfahrensgebühr nach Nr. 3309 VV RVG an.

138 Die Verfahrensgebühr nach Nr. 3335 VV RVG fällt schon mit dem ersten Tätigwerden des Rechtsanwaltes nach Erteilung des Auftrags durch den Mandanten an. In voller Höhe (zB 1,0, wenn Prozesskostenhilfe für einen Zivilprozess beantragt würde) ist sie mit Einreichung des Antrags auf Gewährung von Prozesskostenhilfe bei Gericht entstanden. Endigt der dem Rechtsanwalt erteilte Auftrag vorher, so entsteht die Verfahrensgebühr nach Nr. 3337 VV RVG nur in Höhe von 0,5. Meines Erachtens ist die Nr. 3337 VV RVG so auszulegen, dass höchstens eine 0,5 Verfahrensgebühr im Falle der vorzeitigen Beendigung des Auftrags für den Prozesskostenhilfeantrag anfällt. War der Rechtsanwalt beauftragt, Prozesskostenhilfe für die Zwangsvollstreckung zu beantragen und endet dieser Auftrag, bevor er einen entsprechenden Antrag auf Bewilligung der Prozesskostenhilfe bei Gericht eingereicht hat, kann der Rechtsanwalt nur eine 0,3 Verfahrensgebühr ansetzen.

139 In der Regel wird mit der Verfahrensgebühr die Tätigkeit des Rechtsanwaltes in dem Prozesskostenhilfe-Bewilligungsverfahren abgegolten sein. Denn in der Regel wird im Prozesskostenhilfe-Prüfungsverfahren eine mündliche Verhandlung nicht stattfinden.

Praxistipp:

Damit der Rechtsanwalt im Falle der Ablehnung der Prozesskostenhilfe wegen der Gebühren, die im Prozesskostenhilfe-Bewilligungsverfahren entstanden sind, abgesichert ist, empfiehlt es sich, dass er zu Beginn des Mandats von dem Mandanten einen Vorschuss in Höhe der 1,0 Verfahrensgebühr (wenn zB Prozesskostenhilfe für einen Zivilprozess oder Verfahrenskostenhilfe für eine Familiensache begehrt wird) nach Nr. 3335 VV RVG anfordert. Dieser vom Mandanten gezahlte Vorschuss kann, wenn Prozess- oder Verfahrenskostenhilfe bewilligt wird, gemäß § 58 RVG auf die Vergütung oder die Auslagen verrechnet werden, für die kein Anspruch gegen die Staatskasse besteht (→ Kap. F Rn. 97 ff.).[81] **140**

3. Terminsgebühr

141 Gemäß § 118 Abs. 1 S. 3 ZPO kann das Gericht auch im Prozesskostenhilfe-Bewilligungsverfahren die Parteien zur mündlichen Erörterung laden. Dies insbesondere dann, wenn eine Einigung zu erwarten ist. Hat das Gericht einen Termin zur mündlichen Erörterung bestimmt, so kann nach der Vorbemerkung 3.3.6 VV RVG eine **1,2 Terminsgebühr** nach Nr. 3104 VV RVG entstehen, wenn der Rechtsanwalt in diesem Termin vertritt (→ Kap. E Rn. 320 ff.).

Die Terminsgebühr nach Nr. 3104 VV RVG entsteht allerdings nicht generell im Prozesskostenhilfe-Prüfungsverfahren. Denn Abs. 1 Ziffer 1 der Anmerkung zu Nr. 3104 VV RVG (Terminsgebühr auch im schriftlichen Verfahren) ist hier nicht anwendbar. Denn für das Prozesskostenhilfe-Prüfungsverfahren ist grundsätzlich keine mündliche Verhandlung vorgeschrieben.

Entsteht in dem Prozesskostenhilfe-Prüfungsverfahren die Terminsgebühr, kommt es dann in diesem Termin nicht zu einer Einigung und fällt im späteren Hauptsacheverfahren die Terminsgebühr nicht mehr an, so bleibt dem zunächst im Prozesskostenhilfe-Prüfungsverfahren und später als Prozessbevollmächtigten tätigen Rechtsanwalt natürlich die Terminsgebühr erhalten.

Der Rechtsanwalt erhält die Terminsgebühr aber nicht zweimal, wenn er zunächst im Prozesskostenhilfe-Prüfungsverfahren einen Termin wahrnimmt und später noch einmal in dem Zivilprozess in einem Termin vertritt.

Zusammenfassung

▶ Findet im Prozesskostenhilfe-Prüfungsverfahren – ausnahmsweise – ein Termin zur mündlichen Erörterung vor Gericht statt, so kann der Rechtsanwalt, der die Partei in diesem Termin vertritt, für seine Tätigkeit im Prozesskostenhilfe-Prüfungsverfahren auch die 1,2 Terminsgebühr nach Nr. 3104 VV RVG berechnen (Vorbemerkung 3.3.6 VV RVG). **142**

4. Prozesskostenhilfe/Verfahrenskostenhilfe für Prüfungsverfahren

143 Die für eine Tätigkeit des Rechtsanwaltes im Prozesskostenhilfe-Prüfungsverfahren entstandenen Gebühren hat grundsätzlich der Mandant zu tragen. Diese werden nicht aus der Landeskasse übernommen, auch dann nicht, wenn für den Zivilprozess die Prozesskostenhilfe oder die Familiensache die Verfahrenskostenhilfe bewilligt wird. Für das Prozesskostenhilfe-Prüfungsverfahren selbst kann grundsätzlich keine Prozesskostenhilfe gewährt werden. Für eine Beratung über die Erfolgsaussichten eines Prozesskostenhilfeantrages kann der Rechtsanwalt eine Beratungshilfegebühr nach

[81] Ausführlich: Enders JurBüro 2003, 225.

Nr. 2501 VV RVG in Höhe von 35 EUR berechnen.[82] Dies aber nur dann, wenn dem Mandanten keine Prozesskostenhilfe gewährt wird oder der Rechtsanwalt ausschließlich die Beratung vorgenommen hat und im weiteren Verfahren nicht tätig geworden ist. Wird der Rechtsanwalt nämlich im weiteren Verfahren nach Bewilligung der Prozesskostenhilfe tätig, ist die Beratungshilfegebühr gemäß Abs. 2 der Anmerkung zu Nr. 2501 VV RVG auf die dann entstehenden Gebühren anzurechnen.

144 Ausnahmsweise ist für das Prozesskostenhilfe-Prüfungsverfahren dann Prozesskostenhilfe – unter Beiordnung eines Rechtsanwaltes – zu bewilligen, wenn in dem Prozesskostenhilfe-Prüfungsverfahren ein Vergleich abgeschlossen wird, in welchem – auch – die Hauptsache mitverglichen wird.[83] Umstritten ist in diesem Zusammenhang, ob dann die Prozesskostenhilfe im Prüfungsverfahren nur für den Abschluss des Vergleiches zu bewilligen ist oder ob die Prozesskostenhilfe dann für das gesamte Prüfungsverfahren zu bewilligen ist.[84] Der BGH[85] hat entschieden, dass im Falle des Abschlusses eines Vergleiches in einem Erörterungstermin im Prozesskostenhilfe-Prüfungsverfahren Prozesskostenhilfe nur für den Vergleich und nicht für das gesamte Prozesskostenhilfe-Prüfungsverfahren bewilligt werden könne. Aus den Gründen dieser Entscheidung ergibt sich, dass aus der Staatskasse nur die Vergleichsgebühr des § 23 BRAGO zu erstatten ist. Übertragen ins RVG würde dies bedeuten, dass der Rechtsanwalt nur die Einigungsgebühr Nr. 1000, 1003 VV RVG (PKH-Gebühren aus Tabelle zu § 49 RVG) aus der Staatskasse erstattet erhalten würde.

145 Im Prozesskostenhilfeverfahren dürften aber, wenn der dem Rechtsanwalt erteilte Auftrag hierauf beschränkt war, neben der Einigungsgebühr noch weiter **entstehen:**

1,0 Verfahrensgebühr Nr. 3335 VV RVG

1,2 Terminsgebühr Nr. 3104 VV RVG iVm der Vorbemerkung 3.3.6 VV RVG.

Diese Gebühren wird der Rechtsanwalt aber nicht aus der Staatskasse erhalten können, wenn die Gerichte dem BGH folgen und Prozesskostenhilfe nur für den Abschluss des Vergleiches im Prozesskostenhilfe-Prüfungsverfahren bewilligen. Der Rechtsanwalt wird diese Gebühren dann dem Mandanten in Rechnung stellen müssen. Gegenüber dem Mandanten wird er Wahlanwaltsgebühren nach der Tabelle zu § 13 RVG in Ansatz bringen können.

Praxistipp:

146 Der Rechtsanwalt wird den Mandanten entsprechend **belehren** müssen, dass der Mandant selbst die Verfahrens- und die Terminsgebühr zu tragen hat, wenn das Gericht die Prozesskostenhilfe nur für den Abschluss des Vergleiches im Prozesskostenhilfe-Prüfungsverfahren bewilligt.

Wird dagegen abgewartet, bis das Gericht für die Hauptsache Prozesskostenhilfe bewilligt hat und dann der Vergleich geschlossen, wird die gesamte Vergütung aus der Staatskasse gezahlt. Allerdings geht der Mandant, der im Prozesskostenhilfe-Prüfungsverfahren den Vergleich nicht schließt, das Risiko ein, dass das Gericht ihm keine oder nur teilweise Prozesskostenhilfe bewilligt. Ferner sollte die Möglichkeit in Betracht gezogen werden, dass im Hauptsacheverfahren dann der Vergleich nicht mehr oder nicht mehr zu den Konditionen geschlossen werden kann.

Ferner wird zu berücksichtigen sein, dass, wenn der Mandant Prozesskostenhilfe nur unter Anordnung von Ratenzahlungen zu erwarten hat, es für ihn im Ergebnis unter Umständen die teurere Lösung darstellt, wenn der Vergleich nicht bereits im Prozesskostenhilfe-Prüfungsverfahren geschlossen wird, sondern zunächst abgewartet wird, bis die Prozesskostenhilfe bewilligt worden ist und dann der Vergleich erst im Hauptsacheverfahren vereinbart wird.

[82] BGH AnwBl. 1985, 216.
[83] Zöller ZPO § 114 Rn. 3 und § 118 Rn. 8; Baumbach/Lauterbach ZPO § 114 Rn. 35 und 43.
[84] Zöller ZPO § 118 Rn. 8; Baumbach/Lauterbach ZPO § 114 Rn. 43.
[85] BGH Beschluss vom 8. 6. 2004 – VI ZB 49/03 = JurBüro 2004, 601.

Nach OLG Braunschweig[86] kommt die Bewilligung von Prozesskostenhilfe für das gesamte Prozesskostenhilfe-Bewilligungsverfahren dann in Betracht, wenn nach Bewilligungsreife das Verfahren infolge richterlicher Hinweise in gütlicher Weise eine Erledigung findet. 147

Nach dem Kammergericht[87] kann ausnahmsweise für das gesamte Prozesskostenhilfe-Bewilligungsverfahren die Prozesskostenhilfe gewährt werden, wenn die Partei durch das Gericht zur Stellungnahme durch einen Rechtsanwalt aufgefordert wird. 148

Zusammenfassung

- Die im Prozesskostenhilfe-Prüfungsverfahren entstehenden Gebühren trägt grundsätzlich der Mandant. 149
- Prozesskostenhilfe kann für das Prozesskostenhilfe-Prüfungsverfahren grundsätzlich nicht bewilligt werden, ausnahmsweise aber dann, wenn in dem Prozesskostenhilfe-Prüfungsverfahren ein Vergleich oder ein Vertrag im Sinne des Nr. 1000 VV RVG abgeschlossen wird, mit dem auch die Hauptsache erledigt wird.
- Nach Rechtsprechung des BGH ist im Prozesskostenhilfe-Prüfungsverfahren nur für den Abschluss des Vergleiches und nicht für das gesamte Verfahren Prozesskostenhilfe zu bewilligen. Aus der Staatskasse wird dann nur die Einigungsgebühr erstattet, während der Mandant selbst die Verfahrens- und die Terminsgebühr zu übernehmen hat.

5. Gegenstandswert

Der Gegenstandswert für die Anwaltsgebühren für die Tätigkeit in einem Prozesskostenhilfe- oder Verfahrenskostenhilfe-Bewilligungsverfahren bestimmt sich nach § 23a RVG. 150

Auszug aus dem RVG

§ 23a 151
Gegenstandswert im Verfahren über die Prozesskostenhilfe

(1) Im Verfahren über die Bewilligung der Prozesskostenhilfe oder die Aufhebung der Bewilligung nach § 124 Absatz 1 Nummer 1 der Zivilprozessordnung bestimmt sich der Gegenstandswert nach dem für die Hauptsache maßgebenden Wert; im Übrigen ist er nach dem Kosteninteresse nach billigem Ermessen zu bestimmen.

(2) Der Wert nach Absatz 1 und der Wert für das Verfahren, für das die Prozesskostenhilfe beantragt worden ist, werden nicht zusammengerechnet.

Im Verfahren über die Bewilligung der Prozesskosten- oder Verfahrenskostenhilfe bestimmt sich der Gegenstandswert nach dem für die Hauptsache maßgebenden Wert. 152

Beispiel: Der Rechtsanwalt wird beauftragt, für eine Klage über 10.000,00 EUR Prozesskostenhilfe zu beantragen. 153

Die Gebühren in dem Prozesskostenhilfe-Prüfungsverfahren richten sich nach einem Gegenstandswert von 10.000,00 EUR.

Nach dem Wert der Hauptsache richten sich die Gebühren auch dann, wenn der Rechtsanwalt in einem Verfahren vertritt, in welchem die Prozesskostenhilfe gemäß § 124 Abs. 1 **Nr. 1** ZPO aufgehoben wird oder aufgehoben werden soll. § 124 Abs. 1 Nr. 1 ZPO regelt die Aufhebung der Prozesskostenhilfe für den Fall, dass die Partei 154

[86] OLG Braunschweig AGS 2007, 513.
[87] Kammergericht JurBüro 2006, 430.

durch unrichtige Darstellung des Streitverhältnisses die für die Bewilligung der Prozesskostenhilfe maßgebenden Voraussetzungen vorgetäuscht hat.

155 Vertritt der Rechtsanwalt die Partei in einem Verfahren, in welchem es um die Aufhebung der Prozesskostenhilfe aus einem anderen Grund geht (zB § 124 Abs. 1 **Nr. 2 bis 5** oder § 124 Abs. 2 ZPO), so bestimmt sich der Gegenstandswert nach dem **Kosteninteresse.** Das Kosteninteresse der Partei bestimmt sich nach der Höhe der Kosten, die auf die Partei zukämen, wenn die Prozesskostenhilfe aufgehoben würde, also:

– Gerichtskosten
\+ Zeugen- und Sachverständigenauslagen
\+ PKH-Vergütung des beigeordneten – eigenen – Rechtsanwaltes
\+ weitere Vergütung des beigeordneten – eigenen – Rechtsanwaltes (Differenz zwischen PKH-Gebühren und Wahlanwaltsgebühren).

Zusammenfassung

156 ▶ Gegenstandswert der Anwaltsgebühren, die für eine Tätigkeit im Prozesskostenhilfe-Prüfungsverfahren entstehen, ist grundsätzlich der Wert der Hauptsache (§ 23a RVG).

▶ Im Verfahren über die Aufhebung der Prozesskostenhilfebewilligung nach § 124 Abs. 1 **Nr. 1** ZPO bestimmt sich der Gegenstandswert ebenfalls nach dem für die Hauptsache maßgebenden Wert.

▶ In allen übrigen Verfahren über die Aufhebung der Prozesskostenhilfebewilligung (zB nach § 124 Abs. 1 **Nr. 2 bis 5** oder § 124 Abs. 2 ZPO) bestimmt sich der Gegenstandswert nach dem Kosteninteresse.

▶ § 23a Abs. 2 RVG stellt klar, dass die Gegenstandswerte des Prüfungsverfahrens und des Verfahrens, für welches Prozesskostenhilfe bewilligt worden ist, **nicht** zusammenzurechnen sind. Dies auch dann nicht, wenn für das PKH-Prüfungsverfahren keine besonderen Gebühren entstehen, weil es mit dem Zivilprozess, für welchen Prozesskostenhilfe bewilligt wurde, dieselbe Angelegenheit bildet.

6. Beschwerde

157 Das Gericht entscheidet über den Antrag auf Gewährung von Prozesskostenhilfe durch Beschluss. Ebenso trifft es Entscheidungen über die Aufhebung der Prozesskostenhilfe oder die Anordnung oder Abänderung von Raten- oder Einmalzahlungen durch Beschluss. Gegen diese Beschlüsse, die die Prozesskostenhilfe betreffen, ist sofortige Beschwerde möglich. Die Frist beträgt gemäß § 127 Abs. 2 S. 3 bzw. Abs. 3 S. 3 ZPO einen Monat. Das gilt auch in Familiensachen (§ 76 Abs. 2 FamFG).

Vertritt der Rechtsanwalt die Partei in einem Beschwerdeverfahren, so ist dies eine **besondere** – gebührenrechtliche – **Angelegenheit.** Für seine Tätigkeit im Beschwerdeverfahren erhält der Rechtsanwalt gemäß Nr. 3500 VV RVG eine 0,5 Verfahrensgebühr. Da im Beschwerdeverfahren regelmäßig eine mündliche Verhandlung nicht stattfindet, ist damit die Tätigkeit des Rechtsanwaltes im Beschwerdeverfahren vergütungsrechtlich abgegolten.

158 Als Gegenstandswert für die in dem Beschwerdeverfahren entstehende Gebühr ist der Wert der Hauptsache maßgebend, wenn sich die Beschwerde gegen die Versagung der Prozesskostenhilfe oder gegen die Aufhebung der Bewilligung nach § 124 Abs. 1 **Nr. 1** ZPO richtet (§ 23a Abs. 1 RVG). Richtet sich die Beschwerde gegen eine Entscheidung des Gerichts, wonach die PKH-Bewilligung nach § 124 Abs. 1 **Nr. 2 bis 5** oder § 124 Abs. 2 ZPO aufgehoben wird, so bestimmt sich der Gegenstandswert für die im Beschwerdeverfahren entstandene Anwaltsgebühr nach dem Kosteninteresse (→ vorangegangenes Kap. F Rn. 150 ff.).[88]

[88] → Enders JurBüro 1997, 505 Kapitel 4.

Die Kosten des Beschwerdeverfahrens hat der Mandant persönlich zu tragen. Diese werden nicht aus der Staatskasse erstattet, es sei denn, für das Beschwerdeverfahren wurde ausnahmsweise Prozesskostenhilfe bewilligt und ein Rechtsanwalt beigeordnet. 159

Zusammenfassung

- Eine Beschwerde gegen eine Prozesskostenhilfe-Entscheidung ist stets eine besondere – gebührenrechtliche – Angelegenheit. Dies auch dann, wenn der Rechtsanwalt in dem Zivilprozess – für welchen Prozesskostenhilfe abgelehnt wurde – als Prozessbevollmächtigter tätig ist. 160
- Für seine Tätigkeit in dem Beschwerdeverfahren erhält der Rechtsanwalt eine zusätzliche 0,5 Verfahrensgebühr nach Nr. 3500 VV RVG.

7. Unterschiedliche Gegenstandswerte im Prozesskostenhilfe-Prüfungsverfahren und im Zivilprozess

Hat der Rechtsanwalt zunächst nur den Auftrag zur Vertretung im Prozesskostenhilfe-Prüfungsverfahren (es soll Prozesskostenhilfe für einen Zivilprozess beantragt werden), also noch keinen Klageauftrag oder nur einen bedingten Klageauftrag (Klage nur dann zu erheben, wenn die begehrte Prozesskostenhilfe hierfür bewilligt wird) so gilt, wenn nur teilweise Prozesskostenhilfe bewilligt wird, folgendes: 161

Die Gebühren aus der Staatskasse werden nur nach dem Gegenstandswert erstattet (Tabelle zu § 49 RVG – PKH-Gebühren), wegen welchem Prozesskostenhilfe bewilligt und der Rechtsanwalt beigeordnet wurde.

Da die 1,0 Verfahrensgebühr Nr. 3335 VV RVG aber aus einem höheren Wert entstanden ist, können noch Differenzen mit dem Mandanten abgerechnet werden. Die Ermittlung dieser Differenzen gestaltet sich recht schwierig und es existieren auch unterschiedliche Auffassungen, wie sie zu berechnen ist.

Kommt das Gericht nach Abschluss des Prozesskostenhilfe-Prüfungsverfahrens zu dem Ergebnis, dass dem Antragsteller teilweise Prozesskostenhilfe zu gewähren ist und wird die **Klage nur insoweit erhoben, als dem Kläger Prozesskostenhilfe bewilligt** worden ist, so entstehen dem Rechtsanwalt, der den Kläger sowohl im Prozesskostenhilfe-Prüfungsverfahren als auch in dem anschließenden Klageverfahren vertritt, folgende Gebühren: 162

Zunächst ist eine 1,0 Verfahrensgebühr Nr. 3335 VV RVG nach dem Gesamtwert (Tabelle zu § 13 RVG – Wahlanwaltsgebühren) entstanden. Diese ist aber nach dem Teil des Gegenstandswertes, für welchen die Prozesskostenhilfe bewilligt worden ist, auf die 1,3 Verfahrensgebühr Nr. 3100 VV RVG anzurechnen.

Die verbleibende 1,0 Verfahrensgebühr Nr. 3335 VV RVG nach dem Teil des Gegenstandswertes, nach welchem keine Prozesskostenhilfe bewilligt worden ist, darf zusammen mit der 1,3 Verfahrensgebühr Nr. 3100 VV RVG nach dem Gegenstandswert, für welchen Prozesskostenhilfe bewilligt worden ist, nicht höher sein als eine 1,3 Verfahrensgebühr nach dem Gesamtwert (§ 15 Abs. 3 RVG). Bei dieser Prüfung sind alle Gebühren aus der Tabelle zu § 13 RVG (Wahlanwaltsgebühren) anzusetzen.[89] 163

Nach der Prüfung nach § 15 Abs. 3 RVG ist dann eine 1,3 Verfahrensgebühr Nr. 3100 VV RVG aus dem Teil des Gegenstandswertes, wegen welchem PKH bewilligt worden ist, nach der Tabelle zu § 13 RVG (Wahlanwaltsgebühren) abzusetzen, weil insoweit der Gebührenanspruch des Rechtsanwaltes durch die PKH-Gebühr, die er aus der Staatskasse erhält, „abgegolten" ist. 164

Beispiel: Der Rechtsanwalt hat zunächst nur den Auftrag zur Vertretung im Prozesskostenhilfe-Prüfungsverfahren. Er begehrt für seinen Mandanten Prozesskostenhilfe für eine Klage über 165

[89] So Hansens/Braun/Schneider Teil 3 Rn. 59; Schneider/Wolf VV 3335 Rn. 22.

100.000,00 EUR. Die Klage soll nur erhoben werden, wenn und ggfls. soweit Prozesskostenhilfe bewilligt wird. Das Landgericht bewilligt dem Kläger Prozesskostenhilfe wegen eines Teilbetrages in Höhe von 70.000,00 EUR. Im Übrigen lehnt es die Prozesskostenhilfe ab. Der Rechtsanwalt erhebt auftragsgemäß Klage wegen der Forderung in Höhe von 70.000,00 EUR. Der Rechtsanwalt kann folgende Gebühren berechnen:

Aus der **Staatskasse** erhält der Rechtsanwalt folgende PKH-Vergütung:

1) 1,3 Verfahrensgebühr §§ 2, 49 RVG iVm Nr. 3100 VV RVG nach Wert: 70.000,00 EUR	581,10 EUR
zzgl. weiterer in dem Zivilprozess entstandenen Gebühren (wie zB die Terminsgebühr, Einigungsgebühr) und Auslagen.	

Mit dem **Mandanten** kann der Rechtsanwalt zusätzlich abrechnen:[90]

1) 1,0 Verfahrensgebühr §§ 2, 13 RVG iVm Nr. 3335 VV RVG nach Wert: 30.000,00 EUR	863,00 EUR
2) 1,3 Verfahrensgebühr §§ 2, 13 RVG iVm Nr. 3100 VV RVG nach Wert: 70.000,00 EUR	1.732,90 EUR
	2.595,90 EUR
gem. § 15 Abs. 3 RVG nicht mehr als 1,3 Gebühr nach Wert: 100.000,00 EUR	1.953,90 EUR
abzüglich 1,3 Verfahrensgebühr §§ 2, 13 RVG iVm Nr. 3100 VV RVG nach Wert: 70.000,00 EUR	1.732,90 EUR
also kann der Rechtsanwalt noch	221,00 EUR
zzgl. Umsatzsteuer dem Mandanten in Rechnung stellen.	

166 Erhält der Rechtsanwalt trotz – nur – teilweiser Bewilligung Prozesskostenhilfe von der Partei den Auftrag, die Gesamtforderung geltend zu machen, so gilt das im → Kap. F Rn. 112 ff. Ausgeführte.

Zusammenfassung

167 ▶ Ist der Gegenstandswert im Prozesskostenhilfe-Bewilligungsverfahren höher als in dem Verfahren, in dem Prozesskostenhilfe bewilligt wurde, so hat der Mandant einen Teil der im Prozesskostenhilfe-Bewilligungsverfahren entstandenen Gebühren zu tragen. Dies aber nur dann, wenn er den Rechtsanwalt zunächst nur mit der Vertretung im Prozesskostenhilfe-Prüfungsverfahren beauftragt hatte und der Rechtsstreit auch nur über den Teil geführt wird, wegen welchem dem Mandanten PKH bewilligt wurde.

[90] So rechnen: Hansens/Braun/Schneider Teil 3 Rn. 59; Schneider/Wolf VV 3335 Rn. 22; Hartung/Schons/Enders § 16 Rn. 16 u. 17; anders: Gerold/Schmidt VV 3335 Rn. 72.

G. Verfahren der freiwilligen Gerichtsbarkeit

I. Allgemeines

Verfahren der freiwilligen Gerichtsbarkeit sind verfahrensrechtlich seit dem 1. 9. 2009[1] in dem FamFG geregelt. So sind zB in Buch 3 des FamFG die Betreuungs- und Unterbringungssachen geregelt, in Buch 4 FamFG die Nachlass- und Teilungssachen, in Buch 8 die Aufgebotssachen. 1

Wird der Rechtsanwalt in einem Verfahren der freiwilligen Gerichtsbarkeit als Verfahrensbevollmächtigter tätig, so entstehen grundsätzlich die in Teil 3 des Vergütungsverzeichnisses zum RVG geregelten Gebühren. Denn in der Überschrift zu Teil 3 des Vergütungsverzeichnisses zum RVG heißt es: *„Zivilsachen, ... und ähnliche Verfahren ...“*. Unter – *ähnliche Verfahren* – sind meines Erachtens auch die Verfahren der freiwilligen Gerichtsbarkeit einzuordnen.[2] Grundsätzlich kann gesagt werden, dass der Rechtsanwalt, der in einem Verfahren der freiwilligen Gerichtsbarkeit als Verfahrensbevollmächtigter einer Partei tätig wird, **dieselben Gebühren** verdienen kann **wie** bei einer Tätigkeit **in einem Zivilprozess.** Dem in einem Verfahren der freiwilligen Gerichtsbarkeit tätigen Rechtsanwalt können also im I. Rechtszug entstehen: 2

1,3 Verfahrensgebühr Nr. 3100 VV RVG
1,2 Terminsgebühr Nr. 3104 VV RVG.

Daneben können noch die in Teil 1 geregelten *„Allgemeine Gebühren“* (zB die Einigungsgebühr) entstehen, wenn deren Tatbestand in der betreffenden Angelegenheit erfüllt wird. Selbstverständlich können auch die in Teil 7 geregelten *„Auslagen“* angesetzt werden, wenn die auch sonst üblichen Voraussetzungen für die Anwendung der Auslagenregelungen gegeben sind. 3

Die Verfahrensgebühr und die Terminsgebühr entstehen grundsätzlich unter den gleichen Voraussetzungen wie auch dem Prozessbevollmächtigten in einem Zivilprozess. Es kann daher auf das in den → Kap. E Rn. 255 ff. verwiesen werden. Es sind allerdings Besonderheiten zu beachten, die in den nachfolgenden → Kap. G behandelt werden. 4

Auch für das Entstehen der Einigungsgebühr nach Nr. 1000 VV RVG (→ Kap. C Rn. 5 ff.) bedarf es in Angelegenheiten der freiwilligen Gerichtsbarkeit derselben Voraussetzungen wie in einem Zivilprozess. Die Verfahrensgebühr kann sich auch in Angelegenheiten der freiwilligen Gerichtsbarkeit nach Nr. 1008 VV RVG erhöhen, wenn der Rechtsanwalt in derselben Angelegenheit wegen desselben Gegenstandes vertritt (→ Kap. C Rn. 74 ff.). 5

Allerdings ist zu beachten, dass sich die Gebühren in Angelegenheiten der freiwilligen Gerichtsbarkeit nur dann nach Teil 3 VV RVG richten, wenn der Rechtsanwalt als **Verfahrensbevollmächtigter** einer Partei oder eines Beteiligten tätig wird. Wird der Rechtsanwalt zB als Betreuer tätig, erhält er überhaupt keine Vergütung nach dem RVG (§ 1 Abs. 2 RVG). Er erhält dann eine Vergütung nach § 4 des Vormünder- und Betreuervergütungsgesetzes (VBVG), wenn das Gericht festgestellt hat, dass er die Betreuung berufsmäßig führt.[3] 6

---

[1] Inkraft treten des Gesetzes über das Verfahren in Familiensachen und in den Angelegenheiten der freiwilligen Gerichtsbarkeit (FamFG), BGBl I 2008, 2586 ff.
[2] So auch Hartung/Schons/Enders Vorb. 3 VV Rn. 2.
[3] Hartung/Schons/Enders § 1 Rn. 108.

7 **Beispiel:** Die Partei wehrt sich in einem Betreuungsverfahren gegen die Anordnung einer Betreuung. Rechtsanwältin M vertritt sie als Verfahrensbevollmächtigte in diesem Betreuungsverfahren. Es können die Gebühren nach Teil 3 VV RVG entstehen.

8 **Beispiel:** Der Rechtsanwalt wird zum Betreuer bestellt. Das Gericht hat festgestellt, dass er die Betreuung berufsmäßig führt. Der Rechtsanwalt erhält keine Vergütung nach dem RVG, sondern nach §4 VBVG.

Zusammenfassung

9 ▶ Für eine Tätigkeit als Verfahrensbevollmächtigter in einem Verfahren der freiwilligen Gerichtsbarkeit erhält der Rechtsanwalt Gebühren nach Teil 3 VV RVG – also dieselben Gebühren wie ein Prozessbevollmächtigter in einem Zivilprozess.

▶ Es können entstehen:
1,3 Verfahrensgebühr Nr. 3100 VV RVG
1,2 Terminsgebühr Nr. 3104 VV RVG
1,0 Einigungsgebühr Nr. 1003 VV RVG.

II. Verfahrensgebühr – Besonderheiten

Auszug aus dem VV RVG

10

Nr.	Gebührentatbestand	Gebühr oder Satz der Gebühr nach §13 RVG
3101	1. Endigt der Auftrag, bevor der Rechtsanwalt die Klage, den ein Verfahren einleitenden Antrag oder einen Schriftsatz, der Sachanträge, Sachvortrag, die Zurücknahme der Klage oder die Zurücknahme des Antrags enthält, eingereicht oder bevor er einen gerichtlichen Termin wahrgenommen hat; 2. soweit Verhandlungen vor Gericht zur Einigung der Parteien oder der Beteiligten oder mit Dritten über in diesem Verfahren nicht rechtshängige Ansprüche geführt werden; der Verhandlung über solche Ansprüche steht es gleich, wenn beantragt ist, eine Einigung zu Protokoll zu nehmen oder das Zustandekommen einer Einigung festzustellen (§278 Abs. 6 ZPO); oder 3. soweit in einer Familiensache, die nur die Erteilung einer Genehmigung oder die Zustimmung des Familiengerichts zum Gegenstand hat, oder in einem Verfahren der freiwilligen Gerichtsbarkeit lediglich ein Antrag gestellt und eine Entscheidung entgegengenommen wird, beträgt die Gebühr 3100 .... (1) Soweit in den Fällen der Nummer 2 der sich nach §15 Abs. 3 RVG ergebende Gesamtbetrag der Verfahrensgebühren die Gebühr 3100 übersteigt, wird der übersteigende Betrag auf eine Verfahrensgebühr angerechnet, die wegen desselben Gegenstands in einer anderen Angelegenheit entsteht. (2) Nummer 3 ist in streitigen Verfahren der freiwilligen Gerichtsbarkeit, insbesondere in Verfahren nach dem Gesetz über das gerichtliche Verfahren in Landwirtschaftssachen, nicht anzuwenden.	0,8

11 Auch für Tätigkeiten in einem Verfahren der freiwilligen Gerichtsbarkeit fällt die Verfahrensgebühr nur in Höhe von 0,8 an, **wenn der Auftrag endigt,** bevor der Rechtsanwalt den ein Verfahren einleitenden Antrag bei Gericht eingereicht oder bevor er eine der übrigen in Nr. 3101 Ziffer 1 VV RVG aufgeführten Tätigkeiten ausgeübt hat. In diesem Zusammenhang ist in der Begründung des RVG folgendes

ausgeführt: *„Da jedoch das FGG-Amtsverfahren keiner Sachanträge bedarf, ist das Haftungsrisiko des Anwalts (im Hinblick auf eine fehlerhafte Antragstellung) zurzeit der Einleitung des Verfahrens ungleich geringer einzustufen. Folglich soll dem Anwalt erst dann die volle Verfahrensgebühr nach Nr. 3100 VV RVG erwachsen, wenn er für seinen Mandanten in der Sache vorträgt.“*[4] Dies kann meines Erachtens nur bedeuten:

Hat der Rechtsanwalt den das Verfahren einleitenden Antrag bei Gericht eingereicht, so ist die Verfahrensgebühr in Höhe von 1,3 entstanden. Dies ergibt sich ganz klar aus Nummer 3101 Ziffer 1 VV RVG. Hat der Rechtsanwalt den das Verfahren einleitenden Antrag nicht gestellt und wird er erst später in dem Verfahren tätig, so ist die (volle) 1,3 Verfahrensgebühr entstanden, sobald der Rechtsanwalt einen Schriftsatz eingereicht hat, der **Sachvortrag** enthält (Nr. 3101 Ziffer 1 VV RVG).

Eine **Ausnahme** für die Verfahren der freiwilligen Gerichtsbarkeit ist dann in **12**
Nr. 3101 Ziffer 3 VV RVG geregelt:

Stellt der Rechtsanwalt in einer Familiensache, die nur die Erteilung einer Genehmigung oder die Zustimmung des Familiengerichts zum Gegenstand hat, oder in einem Verfahren der freiwilligen Gerichtsbarkeit **lediglich einen Antrag** und **nimmt eine Entscheidung entgegen,** entsteht die **Verfahrensgebühr** nur in Höhe von **0,8.** Nach der Begründung des Gesetzes soll mit dieser Regelung verhindert werden, dass dem Rechtsanwalt, der in einem nicht streitigen Verfahren der freiwilligen Gerichtsbarkeit (oder in einer Familiensache, die nur die Erteilung einer Genehmigung oder die Zustimmung des Familiengerichts zum Gegenstand hat) tätig wird und sich seine Tätigkeit darauf beschränkt, bei Gericht einen Antrag zu stellen und die Entscheidung entgegenzunehmen, die Gebühr mit einem Gebührensatz in Höhe von 1,3 anfällt.[5]

Beispiel: Der Rechtsanwalt stellt einen Antrag auf Erteilung einer vormundschaftsgerichtlichen **13**
Genehmigung und nimmt die Entscheidung entgegen.

Es ist nur eine 0,8 Verfahrensgebühr nach Nr. 3101 Ziffer 3 VV RVG entstanden.

Nach Abs. 2 der Anmerkung zu Nr. 3101 soll die in Nr. 3101 Ziffer 3 VV RVG **14**
geregelte Ausnahme **nicht** in **streitigen Verfahren** der freiwilligen Gerichtsbarkeit, insbesondere nicht in Verfahren nach dem Gesetz über das gerichtliche Verfahren in Landwirtschaftssachen gelten. Auch wenn in diesen – vorstehend aufgeführten – Sachen der Rechtsanwalt nur einen Antrag stellt und daraufhin die Entscheidung des Gerichts ergeht, weil sich niemand gemeldet hat und widerstreitende Interessen geltend gemacht hat, entsteht die Verfahrensgebühr in Höhe von 1,3.

Beispiel: Der Rechtsanwalt stellt einen Antrag auf Regelung des Umgangs des nicht sorgebe- **15**
rechtigten Vaters mit seinem Kind. Gegenanträge werden nicht gestellt, so dass nach Anhörung der Mutter, des Kindes und des Jugendamtes die begehrte Entscheidung ergeht.

Obwohl hier lediglich ein Antrag gestellt und eine Entscheidung ergangen ist, fällt nach Abs. 2 der Anmerkung zu Nr. 3101 VV RVG eine 1,3 Verfahrensgebühr an.[6] Denn es handelt sich nicht um eine Familiensache, die nur die Erteilung einer Genehmigung oder die Zustimmung des Familiengerichts zum Gegenstand hat. Folglich gilt die Ausnahmeregelung der Nr. 3101 Ziffer 3 VV RVG nicht.

Nach Inkrafttreten des 2. KostRMoG[7] fallen in Verfahren über Beschwerden in **16**
Angelegenheiten der freiwilligen Gerichtsbarkeit Gebühren wie in einem Berufungsverfahren an. Dies ergibt sich daraus, dass in die Vorbemerkung 3.2.1 Ziffer 2 b) VV RVG die Angelegenheiten der freiwilligen Gerichtsbarkeit aufgenommen wurden. In

---

[4] Begründung des Gesetzes zur Modernisierung des Kostenrechts in BT-Drucksache 15/1971 zu Nr. 3101 VV RVG – S. 212 – linke Spalte.

[5] Begründung des Gesetzes zur Modernisierung des Kostenrechts in BT-Drucksache 15/1971 zu Nummer 3101 VV RVG – S. 212 – linke Spalte.

[6] So auch OLG Nürnberg JurBüro 2005, 190 = RVGreport 2005, 105 für ein Verfahren auf Regelung der elterlichen Sorge.

[7] BGBl. I 2013, 2586f. – in Kraft getreten am 1. 8. 2013.

der Regel wird also in einem Beschwerdeverfahren in einer Angelegenheit der freiwilligen Gerichtsbarkeit eine 1,6 Verfahrensgebühr Nr. 3200 VV RVG entstehen. Beschränkt sich die Tätigkeit des Anwaltes in einer Angelegenheit der freiwilligen Gerichtsbarkeit auf die Einlegung und Begründung des Rechtsmittels und die Entgegennahme der Rechtsmittelentscheidung, liegt eine eingeschränkte Tätigkeit im Sinne des Absatzes 2 der Anmerkung zu Nr. 3201 VV RVG[8] vor. Dann entsteht nur eine 1,1 Verfahrensgebühr. Sind an dem Verfahren aber weitere Personen beteiligt, die in der Sache vortragen und ist dieser Vortrag von dem Anwalt zu prüfen und ist ggfls. erneuter Vortrag erforderlich, entsteht nicht nur eine 1,1 Verfahrensgebühr Nr. 3201 VV RVG, sondern eine 1,6 Verfahrensgebühr Nr. 3200 VV RVG.[9]

17 **Beispiel:** Der Rechtsanwalt hat für den Mandanten einen Antrag auf Erteilung eines Erbscheins gestellt. Der Antrag wird abgelehnt. Auftragsgemäß legt der Rechtsanwalt für den Mandanten Beschwerde ein. Der Rechtsanwalt begründet die Beschwerde und nimmt die Rechtsmittelentscheidung entgegen.

Für seine Tätigkeit im Beschwerdeverfahren kann der Rechtsanwalt eine 1,1 Verfahrensgebühr Nr. 3201 VV RVG berechnen (Abs. 2 der Anmerkung zu Nr. 3201 VV RVG).

18 **Beispiel:** – Sachverhalt wie vorangegangenes Beispiel, Rn. 17 jedoch mit folgender Variante: In dem Beschwerdeverfahren meldet sich eine dritte Person, die Zurückweisung der Beschwerde beantragt und Sachvortrag tätigt. Der Rechtsanwalt muss sich mit diesem Sachvortrag auseinandersetzen und nimmt hierzu Stellung.

Für die Tätigkeit des Rechtsanwaltes in dem Beschwerdeverfahren kann dieser eine 1,6 Verfahrensgebühr Nr. 3200 VV RVG ansetzen. Denn seine Tätigkeit beschränkt sich nicht auf die Einlegung und Begründung des Rechtsmittels und die Entgegennahme der Rechtsmittelentscheidung.

19 Dasselbe gilt in Beschwerdeverfahren in einer Familiensache, die nur die Erteilung einer Genehmigung oder die Zustimmung des Familiengerichts zum Gegenstand hat (Ziffer 1 des Absatzes 2 der Anmerkung zu der Nr. 3201 VV RVG).

20 Nr. 3101 Ziffer 2 VV RVG ist auch in Angelegenheiten der freiwilligen Gerichtsbarkeit anwendbar: Wird also in einem derartigen Verfahren lediglich beantragt, eine Einigung der Parteien oder mit Dritten über in diesem Verfahren **nicht rechtshängigen Ansprüche** zu Protokoll zu nehmen oder festzustellen, oder werden lediglich Verhandlungen vor Gericht zur Einigung über nicht rechtshängige Ansprüche geführt, so entsteht nach dem Wert der nicht rechtshängigen Ansprüche nur eine 0,8 Verfahrensgebühr (→ Kap. E Rn. 293).

Zusammenfassung

21 ▶ Die Verfahrensgebühr entsteht in einer Familiensache, die nur die Erteilung einer Genehmigung oder die Zustimmung des Familiengerichts zum Gegenstand hat oder in einem Verfahren der freiwilligen Gerichtsbarkeit nur in Höhe von 0,8, wenn der Rechtsanwalt lediglich einen Antrag gestellt und eine Entscheidung entgegengenommen hat (Nr. 3101 Ziffer 3 VV RVG).

▶ Beschränkt sich die Tätigkeit des Anwaltes
- in einer Familiensache, die nur die Erteilung einer Genehmigung oder die Zustimmung des Familiengerichts zum Gegenstand hat oder
- in einer Angelegenheit der freiwilligen Gerichtsbarkeit

auf die Einlegung und Begründung des Rechtsmittels und der Entgegennahme der Rechtsmittelentscheidung, so liegt im Beschwerdeverfahren eine eingeschränkte Tätigkeit vor und es entsteht nur eine 1,1 Verfahrensgebühr nach Nr. 3201 VV RVG.

---

[8] Eingeführt durch das 2. KostRMoG BGBl. I 2013, 2586 f. – in Kraft getreten am 1. 8. 2013.

[9] Gesetzesbegründung zu Art. 8 Abs. 2 Nr. 31 des Gesetzesentwurfes der Bundesregierung zum 2. KostRMoG, BT-Drucksache 17/11471 (neu).

H. Familiensachen und Lebenspartnerschaftssachen

1 Im Nachfolgenden wird die seit dem 1. 9. 2009 geltende Rechtslage dargestellt. Für die Fälle, in denen noch die bis zum 31. 8. 2009 geltende Rechtslage zur Anwendung kommt, wird auf die Vorauflage[1] verwiesen.

2 Seit 1. 9. 2009 sind Familiensachen verfahrensrechtlich in dem Gesetz über das Verfahren in Familiensachen und in den Angelegenheiten der freiwilligen Gerichtsbarkeit (FamFG)[2] geregelt. Familiensachen sind nach § 111 FamFG zB

- Ehesachen (zB Scheidung der Ehe, Aufhebung der Ehe – § 121 FamFG)
- Kindschaftssachen (zB Elterliche Sorge, Umgangsrecht, – § 151 FamFG)
- Abstammungssachen
- Adoptionssachen
- Ehewohnungs- und Haushaltssachen
- Gewaltschutzsachen
- Versorgungsausgleichssachen
- Unterhaltssachen
- Güterrechtssachen
- Sonstige Familiensachen
- Lebenspartnerschaftssachen.

3 § 112 FamFG bestimmt, welche Familiensachen sog Familienstreitsachen sind. Familienstreitsachen sind zB

- Unterhaltssachen nach § 231 Abs. 1 und Lebenspartnerschaftssachen nach § 269 Abs. 1 Nr. 8 und 9 FamFG
- Güterrechtssachen nach § 261 Abs. 1 und Lebenspartnerschaftssachen nach § 269 Abs. 1 Nr. 10 FamFG.

In Ehesachen und Familienstreitsachen gelten die Allgemeinen Vorschriften der ZPO und die Vorschriften der ZPO über das Verfahren vor den Landgerichten entsprechend (§ 113 Abs. 1 und 2 ZPO), sofern sich aus dem FamFG nichts Abweichendes ergibt.

4 Obwohl teilweise die ZPO anzuwenden ist, treten an die Stelle der Bezeichnungen nach der ZPO in Familiensachen folgende Bezeichnungen (§ 113 Abs. 5 FamFG):

- Prozess oder Rechtsstreit = Verfahren
- Klage = Antrag
- Kläger = Antragssteller
- Beklagter = Antragsgegner
- Partei = Beteiligter.

5 Zwei Personen gleichen Geschlechts können nach dem Lebenspartnerschaftsgesetz eine Lebenspartnerschaft begründen. Was unter den Lebenspartnerschaftssachen zu subsumieren ist, ergibt sich aus § 269 FamFG (zB Aufhebung der Lebenspartnerschaft auf Grund des Lebenspartnerschaftsgesetzes). Für diese gelten die entsprechenden Verfahrensvorschriften des FamFG entsprechend (so zB in Sachen wegen Aufhebung einer Lebenspartnerschaft die für das Verfahren auf Scheidung einer Ehe geltenden Vorschriften – § 270 Abs. 1 FamFG). Das im Nachfolgenden zum Verfahrenswert und zu der Vergütung in Familiensachen Ausgeführte gilt entsprechend auch für Lebenspartnerschaftssachen.

---

[1] Enders RVG für Anfänger, 14. Auflage, Rn. 1586 ff.

[2] BGBl. I 2008, 2586 ff.

I. Verfahrenswerte

6 In Familiensachen wird der den Anwaltsgebühren zugrunde zu legende Wert nicht als „Gegenstandswert“, sondern als **„Verfahrenswert“** bezeichnet.[3] Wie die Verfahrenswerte zu bestimmen sind, ist im Gesetz über Gerichtskosten in Familiensachen (FamGKG)[4] geregelt.

7 Vor Bestimmung des Verfahrenswertes ist zunächst zu klären, ob das Verfahren als

- einstweilige Anordnung
- selbstständiges (isoliertes) Verfahren
- Folgesache im Verbund

anhängig ist. Es gelten dann nämlich teilweise unterschiedliche Wertvorschriften, die auch zu unterschiedlichen Werten führen.

8 **Beispiel:** Familiensache: Kindschaftssache wegen Regelung der elterliche Sorge:
- als selbstständige Familiensache
  Verfahrenswert: 3.000,00 EUR – § 23 Abs. 1 S. 1 RVG → § 45 FamGKG
- als Folgesache im Verbund
  Verfahrenswert: 20 % des Verfahrenswertes der Ehesache, höchstens 3.000,00 EUR – § 23 Abs. 1 S. 1 RVG → § 44 Abs. 2 FamGKG
- als einstweilige Anordnung
  Verfahrenswert: In der Regel die Hälfte des für die Hauptsache bestimmten Wertes – § 23 Abs. 1 S. 1 RVG → § 41 FamGKG.

1. Grundsätzliche Behandlung der einzelnen Verfahrenswerte

9 Bevor aufgezeigt wird, wie die Verfahrenswerte zu bestimmen sind, soll kurz dargestellt werden,

- ob nach jedem einzelnen Verfahrenswert eine gesonderte Abrechnung erfolgen kann
- oder ob die einzelnen Verfahrenswerte der in einer Familiensache anhängigen Gegenstände zu addieren sind und nach der Summe der Verfahrenswerte die Gebühren nur einmal abgerechnet werden können.

Auch hierfür ist wieder entscheidend, ob der Gegenstand in einer selbstständigen (isolierten) Familiensache, als Folgesache im Verbund oder in einem einstweiligen Anordnungsverfahren anhängig geworden ist.

Grundsätzlich gilt, dass jeder einzelne Gegenstand der anwaltlichen Tätigkeit mit einem gesonderten Verfahrenswert zu bewerten ist.

Mit „Gegenstand“ ist hier der Gegenstand der anwaltlichen Tätigkeit gemeint. Vertritt der Rechtsanwalt zB in Kindschaftssache auf Regelung der elterlichen Sorge, so ist Gegenstand der anwaltlichen Tätigkeit die Regelung der elterlichen Sorge, die mit dem gesetzlich vorgeschriebenen Verfahrenswert zu bewerten ist.

1.1 … in der selbstständigen (isolierten) Familiensache

10 In einer selbstständigen (isolierten) Familiensache ist in der Regel nur ein Gegenstand anhängig. Nach dem Wert dieses Gegenstandes bestimmen sich dann die Anwaltsgebühren.

---

[3] Diese Bezeichnung wurde mit Inkrafttreten des FGG-Reformgesetzes (FGG-RG – BGBl. I 2008, 2586) zum 1. 9. 2009 eingeführt.

[4] In Kraft getreten am 1. 9. 2009 als Art. 2 des FGG-RG.

11 **Beispiel:** Der Rechtsanwalt vertritt in einer Kindschaftssache wegen Regelung der elterlichen Sorge, die als selbstständiges (isoliertes) Verfahren anhängig ist. Der Verfahrenswert beläuft sich auf 3.000,00 EUR (§23 Abs. 1 S. 1 RVG → §45 FamGKG). Nach diesem Verfahrenswert berechnen sich die entstehenden Anwaltsgebühren. Dies unabhängig davon, ob noch weitere selbstständige Familiensachen neben diesem Verfahren anhängig sind.

12 In derselben selbstständigen (isolierten) Familiensache können aber auch mehrere Gegenstände anhängig sein. Dann sind die Verfahrenswerte der einzelnen Gegenstände zu addieren (§22 Abs. 1 RVG, §33 Abs. 1 FamGKG). Nach der Summe der Verfahrenswerte bestimmen sich dann die entstehenden Gebühren. Beim Ansatz der einzelnen Gebühren ist zu beachten, dass der Rechtsanwalt auch tatsächlich betreffend aller Gegenstände eine Tätigkeit ausgeübt hat, die die Gebühr auslöst. Ist dies nicht der Fall, so entsteht die Gebühr nur nach dem Wert des Gegenstandes, wegen welchem die die Gebühr auslösende Tätigkeit ausgeübt wurde (→ Kap. H Rn. 245 – Beispiel einer Abrechnung im Verbund).

13 **Beispiel:** In einem Unterhaltsverfahren werden folgende Ansprüche geltend gemacht:

a) Unterhalt für das Kind M in Höhe von 500,00 EUR monatlich zzgl. Rückstände 1.000,00 EUR
Verfahrenswert: 12 × 500,00 EUR = 6.000,00 EUR + – Rückstand – 1.000,00 EUR = **7.000,00 EUR**

b) Unterhalt für die Ehefrau in Höhe von 1.000,00 EUR monatlich zzgl. Rückstände 2.000,00 EUR
Verfahrenswert: 12 × 1.000,00 EUR = 12.000,00 EUR + – Rückstand – 2.000,00 EUR = **14.000,00 EUR**.

Die Verfahrenswerte bestimmen sich nach §23 Abs. 1 S. 1 RVG → §51 FamGKG.

Die Verfahrenswerte sind gemäß §22 Abs. 1 RVG, §33 Abs. 1 FamGKG zu addieren, da die Gegenstände in derselben selbstständigen Familiensache anhängig gemacht wurden. Die Gebühren bestimmen sich nach der Summe der Verfahrenswerte (7.000,00 EUR + 14.000,00 EUR) = 21.000,00 EUR.

Hätte zB ein Termin nur wegen des Gegenstandes des Unterhaltes für das Kind M stattgefunden, würde sich die Terminsgebühr nur nach diesem Verfahrenswert bestimmen.

14 Sind mehrere selbstständige Familiensachen nebeneinander, also in gesonderten Verfahren – anhängig, sind die Verfahrenswerte nicht zu addieren. In jeder selbstständigen Familiensache ist der Verfahrenswert des in dieser anhängigen Gegenstandes zu ermitteln und nach diesem einzelnen Wert richten sich die Gebühren.

15 **Beispiel:** Zwischen denselben Ehepartnern sind zur gleichen Zeit das im vorgegangenen Beispiel (→ Rn. 11 dieses Kapitels) behandelte Verfahren auf Regelung der elterlichen Sorge und das im vorangegangenen Beispiel (→ Rn. 13 dieses Kapitels) behandelte Unterhaltsverfahren in getrennten Verfahren anhängig.

Die Verfahrenswerte der selbstständigen Familiensachen sind nicht zu addieren. In jeder Sache entstehen gesonderte Gebühren nach dem Verfahrenswert der betreffenden Sache. In dem Verfahren wegen Regelung der elterlichen Sorge entstehen die Gebühren also nach einem Verfahrenswert von 3.000,00 EUR. In dem Verfahren wegen der Unterhaltsansprüche entstehen die Gebühren nach einem Verfahrenswert von 14.000,00 EUR.

Zusammenfassung

16
- ▶ In selbstständigen (isolierten) Familiensachen ist in der Regel nur ein Gegenstand anhängig. Nach dem Verfahrenswert dieses einzelnen Gegenstandes bestimmen sich die Gebühren.
- ▶ Selbst wenn mehrere selbstständige (isolierte) Familiensachen nebeneinander in gesonderten Verfahren anhängig sind, sind die Werte dieser einzelnen Verfahren nicht zu addieren. In jedem einzelnen Verfahren ist der Verfahrenswert besonders zu bestimmen und nach diesem Wert richten sich die Gebühren, die in der jeweiligen Angelegenheit entstanden sind.
- ▶ Nur wenn in derselben selbstständigen (isolierten) Familiensache (also in einem gerichtlichen Verfahren) ausnahmsweise einmal mehrere Gegenstände anhängig sind, sind die Verfahrenswerte der einzelnen Gegenstände zu addieren und nach der Summe der Verfahrenswerte entstehen die Gebühren.

1.2 ... im Verbund

17 Mehrere Familiensachen, die zwischen denselben Parteien anhängig sind, sind – sofern die Ehescheidung anhängig ist – zusammen mit der Scheidungssache zu verhandeln. Wird dem Scheidungsantrag stattgegeben, ist über die anderen anhängigen Familiensachen = Folgesachen mit zu entscheiden. Diesen Zusammenschluss zwischen denselben Parteien anhängigen Familiensachen nennt man den Verbund (§ 137 FamFG). Der Verbund tritt jedoch nur unter folgenden Voraussetzungen ein:

- ein Antrag auf Ehe**scheidung** – nicht Eheaufhebung, Ehenichtigkeit – muss anhängig sein,
- in der Folgesache muss eine Entscheidung für den Fall der Scheidung zu treffen sein,
- die Folgesache muss spätestens zwei Wochen vor der mündlichen Verhandlung im ersten Rechtszug in der Scheidungssache anhängig gemacht worden sein.

18 Eine Folgesache wird grundsätzlich nur **auf Antrag** anhängig.

Lediglich der Versorgungsausgleich wird in den Fällen der §§ 6 bis 19 und 28 Versorgungsausgleichsgesetz gemäß § 137 Abs. 2 S. 2 FamFG **von Amts wegen** anhängig, also ohne dass es eines besonderen Antrages bedarf.

19 Jedes einzelne im Verbund anhängige Verfahren ist mit einem eigenen Verfahrenswert zu bewerten. **Die Verfahrenswerte aller im Verbund anhängigen Familiensachen sind zu addieren** und nach der Summe der Verfahrenswerte berechnet sich die Anwaltsgebühr (§ 16 Nr. 4 RVG, § 22 Abs. 1 RVG, § 44 Abs. 1 FamGKG). Im Verbund entstehen also nicht nach den einzelnen Verfahrenswerten der Scheidung und der Folgesachen gesonderte Gebühren, sondern die Gebühren entstehen nur einmal nach der Summe der Verfahrenswerte aller im Verbund anhängigen Verfahren (→ Kap. H Rn. 232).

20 **Beispiel:** Für seine Mandantin stellt der Rechtsanwalt den Antrag auf Scheidung der Ehe. Von Amts wegen wird das Verfahren auf Durchführung des Versorgungsausgleiches mit anhängig. Auf Antrag wird ein Verfahren auf Übertragung der alleinigen elterlichen Sorge über die beiden Kinder auf die Antragstellerin anhängig. Ferner wird ein Antrag auf Zahlung von nachehelichem Ehegattenunterhalt in Höhe von 800,00 EUR monatlich gestellt.

Zwischen dem Verfahren auf Ehescheidung und den Folgesachen tritt ein Verbund ein (§ 137 Abs. 2 FamFG).

Die einzelnen Gegenstände sind wie folgt zu bewerten:

- Ehescheidung 6.000,00 EUR
  3-faches monatliches Nettoeinkommen beider Ehegatten
  § 23 Abs. 1 S. 1 RVG → § 43 FamGKG
- Versorgungsausgleich 3.000,00 EUR
  § 23 Abs. 1 S. 1 RVG → § 50 FamGKG
- elterliche Sorge 1.200,00 EUR
  § 23 Abs. 1 S. 1 RVG → § 44 Abs. 2 FamGKG
- Unterhalt
  12 × monatlich geforderter Unterhalt in Höhe von 800,00 EUR = 9.600,00 EUR
  Rückstände werden nicht geltend gemacht
  § 23 Abs. 1 S. 1 RVG → § 51 FamGKG
  Summe der Werte: 19.800,00 EUR

Die Verfahrenswerte sind zu addieren und nach der Summe der Verfahrenswerte entstehen die Gebühren einmal.

21 Natürlich müssen, damit die entsprechende Gebühr nach der vollen Summe der Verfahrenswerte entsteht, auch in allen Folgesachen die Voraussetzungen für den Anfall der Gebühr gegeben sein. Ist dies nicht der Fall, entsteht die Gebühr nur nach der Summe der Werte der Folgesachen, in welchen der Rechtsanwalt eine entsprechende Tätigkeit ausgeübt hat, die die Gebühr auslöst.

22 **Beispiel:** Sachverhalt wie vorangegangenes Beispiel, → Rn. 20 dieses Kapitels. – In der Folgesache Unterhalt findet kein Termin statt. In der Scheidungssache, dem Versorgungsausgleich und der elterlichen Sorge hat der Rechtsanwalt aber in einem Termin vertreten. Die Terminsgebühr entsteht nur nach einem Verfahrenswert von 10.200,00 EUR.

Zusammenfassung

▶ Die Verfahrenswerte der Scheidung und aller im Verbund anhängigen Familiensachen sind zu addieren. 23
▶ Die Anwaltsgebühren berechnen sich grundsätzlich nach der Summe der Verfahrenswerte.

1.3 ... im einstweiligen Anordnungsverfahren

24 Ein einstweiliges Anordnungsverfahren ist ein Eilverfahren, ähnlich einer einstweiligen Verfügung in bürgerlichen Rechtsstreitigkeiten. Einstweilige Anordnungen sind für den Rechtsanwalt immer besondere – gebührenrechtliche – Angelegenheiten (§ 17 Nr. 4 b) RVG). Daraus folgt, dass für jedes einstweilige Anordnungsverfahren ein **gesonderter Verfahrenswert** zu ermitteln ist. Dieser Wert ist nicht mit in den Verfahrenswert des Verbundes einzurechnen, sondern nach diesem Wert entstehen für das einstweilige Anordnungsverfahren gesonderte Gebühren.

25 **Beispiel:** Anhängig sind in getrennten familiengerichtlichen Verfahren:
- eine einstweilige Anordnung auf Regelung der elterlichen Sorge
- eine einstweilige Anordnung auf Regelung des Umgangs eines Elternteils mit dem Kind.

Ein Antrag auf Scheidung der Ehe ist noch nicht anhängig.
Für jedes der beiden Verfahren ist ein eigener Verfahrenswert zu bestimmen:
- Einstweilige Anordnung Regelung der elterlichen Sorge 1.500,00 EUR
  § 23 Abs. 1 S. 1 RVG → § 41 FamGKG → § 45 FamGKG
- Einstweilige Anordnung Regelung des Umgangsrechts 1.500,00 EUR
  § 23 Abs. 1 S. 1 RVG → § 41 FamGKG → § 45 FamGKG.

In jedem der beiden einstweiligen Anordnungsverfahren entstehen, völlig unabhängig voneinander die Gebühren, deren Tatbestände in dem jeweiligen Verfahren erfüllt werden.

26 **Beispiel:** Zwischen denselben Eheleuten ist anhängig
- im Verbund die Scheidung und die Folgesachen, wie im Beispiel → Rn. 20 dieses Kapitels
- die beiden einstweiligen Anordnungsverfahren wie im Beispiel → Rn. 25 dieses Kapitels.

Der Rechtsanwalt kann in allen drei Angelegenheiten (1. Angelegenheit: Scheidung und Folgesachen im Verbund/2. Angelegenheit: Einstweilige Anordnung elterliche Sorge/3. Angelegenheit: Einstweilige Anordnung Umgangsrecht) Gebühren völlig unabhängig voneinander nach den jeweiligen Verfahrenswerten abrechnen.

Zusammenfassung

▶ Da einstweilige Anordnungsverfahren besondere – gebührenrechtliche – Angelegenheiten sind (§ 17 Nr. 4 b) RVG), haben diese stets einen eigenen Verfahrenswert. 27
▶ Der Verfahrenswert eines einstweiligen Anordnungsverfahrens ist nicht etwa mit dem Verfahrenswert der Hauptsache oder mit dem Verfahrenswert einer im Verbund anhängigen Sache zusammenzurechnen.
▶ In einstweiligen Anordnungsverfahren entstehen grundsätzlich gesonderte Gebühren, unabhängig davon, welche Gebühren schon in der Hauptsache entstanden sind.

2. Bestimmung der einzelnen Verfahrenswerte

28 In den nachstehenden Kapiteln soll aufgezeigt werden, nach welchen gesetzlichen Vorschriften die einzelnen Verfahrenswerte in Familien- und Lebenspartnerschaftssachen zu bestimmen sind und wie sich diese berechnen.

2.1 Ehescheidung oder Aufhebung einer Lebenspartnerschaft

Auszug aus dem FamGKG

29 **Unterabschnitt 2.**
Besondere Wertvorschriften

§43
Ehesachen

(1) In Ehesachen ist der Verfahrenswert unter Berücksichtigung aller Umstände des Einzelfalls, insbesondere des Umfangs und der Bedeutung der Sache und der Vermögens- und Einkommensverhältnisse der Ehegatten, nach Ermessen zu bestimmen. Der Wert darf nicht unter 3.000 Euro und nicht über 1 Million Euro angenommen werden.

(2) Für die Einkommensverhältnisse ist das in drei Monaten erzielte Nettoeinkommen der Ehegatten einzusetzen.

30 Bei der Ehescheidung oder Aufhebung einer Lebenspartnerschaft handelt es sich um eine nichtvermögensrechtliche Angelegenheit. Der Verfahrenswert für die Anwaltsgebühren richtet sich nach §23 Abs.1 S.1 RVG → §43 FamGKG.

31 Nach §43 FamGKG sind bei der Bestimmung des Verfahrenswertes für die Ehescheidung alle Umstände des Einzelfalls zu berücksichtigen, insbesondere:
- die Einkommensverhältnisse der Ehegatten
- die Vermögensverhältnisse der Ehegatten
- der Umfang der Sache
- die Bedeutung der Sache für die Eheleute.

32 Der Verfahrenswert in eine Ehescheidungssache darf nicht unter 3.000 EUR und nicht über eine 1.000.000 EUR angenommen werden.

33 Bei der Bestimmung des Verfahrenswertes ist auszugehen vom **3-fachen Netto-Monatseinkommen beider Ehegatten oder Lebenspartner** (§43 Abs.2 FamGKG). Entscheidend für die Berechnung des Verfahrenswertes ist das in den letzten drei Monaten vor Einreichung des Antrags (Antrag auf Scheidung der Ehe oder auf Aufhebung der Lebenspartnerschaft) erzielte Netto-Einkommen (§34 FamGKG).[5]

34 Urlaubs- und Weihnachtsgeld, die einmal jährlich ausgezahlt werden, sind auf 12 Monate umzulegen und dann mit dem auf die drei Monate entfallenden Anteil zu berücksichtigen.

35 Zu berücksichtigen sind alle Einkünfte der Eheleute, also auch zB Einkünfte aus Kapitalvermögen, Einkünfte aus Vermietung und Verpachtung (auch hier sind nicht die Bruttoeinnahmen, sondern nur die nach Abzug der Kosten verbleibenden Nettoeinnahmen zu berücksichtigen), Renteneinkünfte, Krankengeld usw.[6] Ob nach dem SGB II bezogene Leistungen bei der Bestimmung des Verfahrenswertes für die Ehesache zu berücksichtigen sind, ist umstritten.[7] Kindergeld soll als Einkommen zu

---

[5] Hartung/Schons/Enders §23 Rn.66.

[6] Mayer/Kroiß Anhang I Kapitel IV Rn.21; N. Schneider Gebühren in Familiensachen, Rn.1036.

[7] Aus der jüngsten Rechtsprechung: **SGB II Leistungen sind bei der Bestimmung des Verfahrenswertes für Ehesachen zu berücksichtigen:** OLG Zweibrücken NJW 2011, 1234; OLG Brandenburg BeckRS 2011, 06411; OLG Brandenburg AGS 2016, 125; OLG Celle 15. Senat NJW 2010, 3587 (anderer Meinung: 10. und 12. Senat des OLG Celle – siehe nachfolgende Nachweise).
Anderer Meinung: SGB II Leistungen sind nicht zu berücksichtigen: OLG Naumburg BeckRS 2011, 27396; OLG Stuttgart BeckRS 2011, 07432; OLG Hamm FamRZ 2011, 1422; OLG Bremen BeckRS 2011, 23609; OLG Celle 12. Senat BeckRS 2011, 22264; OLG Celle 10. Senat Beschluss vom 8. 6. 2011 – 10 WF 39/11; OLG Celle 10. Senat Beschluss vom 10.3.2016 – 10 WF 75/16. Rechtsprechungsübersicht hierzu zB bei Schneider/Herget, „Ehesachen" Rn.7144ff. und tabellarische Übersicht Rn.7169a.

berücksichtigen sein.[8] Umstritten ist auch, ob Wohngeld als Einkommen in die Berechnung des Verfahrenswertes für die Ehesache einfließt.[9]

Sind nur die Einkünfte im gesamten Kalenderjahr bekannt, sind diese durch 12 – Monate – zu dividieren und mit 3 – Monaten – zu multiplizieren und fließen mit diesem Ergebnis in die Wertberechnung ein. 36

Wie die übrigen in § 43 FamGKG genannten Merkmale (Vermögensverhältnisse der Eheleute, Umfang der Sache, Bedeutung der Sache) bei der Bestimmung des Verfahrenswertes zu berücksichtigen sind, ist in Literatur und Rechtsprechung umstritten. Es kann zurückgegriffen werden auf die Rechtsprechung, die zu den früheren, im wesentlichen gleichlautenden Bestimmungen, der § 12 Abs. 2 GKG[10] bzw. § 48 Abs. 2 GKG[11] ergangen ist. Auf dieser Rechtsprechung basieren auch die nachfolgenden Ausführungen zum Verfahrenswert in Ehesachen. 37

Für **jedes Kind,** dem die Eheleute gegenüber unterhaltspflichtig sind, ist eine monatliche **Pauschale** vom zusammengerechneten Netto-Einkommen beider Ehegatten **abzusetzen.** Die Höhe dieser Pauschale ist in Rechtsprechung und Literatur umstritten.[12] Zum Teil werden Pauschalen von 200 EUR[13], 250 EUR[14] oder 300 EUR[15] pro Monat und pro Kind abgesetzt. Teilweise setzt die Rechtsprechung den Mindestunterhaltsbetrag[16] nach der Düsseldorfer Tabelle oder den nach der Düsseldorfer Tabelle tatsächlich zu zahlenden Unterhalt[17] pro Kind und pro Monat ab. Nach OLG Köln[18] sind bei der Bestimmung des Verfahrenswertes für die Scheidung überhaupt keine Freibeträge für unterhaltsberechtigte Kinder abzusetzen. 38

Gemäß § 43 Abs. 1 FamGKG sollen bei der Bestimmung des Verfahrenswertes für eine Ehesache oder einer Lebenspartnerschaftssache auch die **Vermögensverhältnisse der Parteien** zu berücksichtigen sein. Da es auch insoweit im Gesetz an einer Konkretisierung mangelt, muss auf die von Literatur und Rechtsprechung entwickelten Meinungen hierzu zurückgegriffen werden. Die Meinungen, wie die Vermögensverhältnisse der Parteien zu berücksichtigen sind, gehen weit auseinander, so dass hier nur die „grobe Richtung“ dargestellt und Durchschnittswerte angegeben werden können: 39

Auszugehen ist vom Nettovermögen, also dem Vermögen, das nach Abzug der Schulden verbleibt. Das Vermögen ist mit dem Verkehrswert zu bewerten (nicht Neuwert/nicht Einheitswert bei Grundstücken). Von dem Nettovermögen gewährt die Rechtsprechung teils Freibeträge.[19] So setzt zB das OLG Bamberg[20] grundsätzlich einen Freibetrag von 60.000 EUR für jeden Ehegatten ab. Der 15. Senat des OLG 40

---

[8] Schneider/Herget „Ehesachen“ Rn. 7156 – umstritten: Rechtsprechungsübersicht bei Schneider/Herget „Ehesachen“ Rn. 7169a.

[9] Mayer/Kroiß Anhang I Kapitel IV Rn. 21 unter Hinweis auf OLG Karlsruhe, FamRZ 2006, 1055: Wohngeld ist als Einkommen bei der Bestimmung des Streitwerts zu berücksichtigen; **Anderer Meinung:** OLG Hamm, FamRZ 2006, 718; Schneider/ Herget „Ehesachen“ Rn. 7155, 7169a.

[10] In § 12 Abs. 2 GKG war der Wert der Ehescheidung bis 30. 6. 2004 geregelt.

[11] In § 48 GKG war der Wert der Ehescheidung bis 31. 8. 2009 geregelt.

[12] Mayer/Kroiß Anhang I Kapitel IV Rn. 24; N. Schneider, Gebühren in Familiensachen, Rn. 1039.

[13] Kammergericht RVGreport 2010, 36 = FamRZ 2009, 1854.

[14] ZB OLG Karlsruhe FamRZ 2008, 2050, 2051; weitere Rechtsprechungsnachweise bei Mayer/Kroiß Anhang I Kapitel IV Rn. 24.

[15] ZB OLG Brandenburg FamRZ 2007, 1321; weitere Rechtsprechungsnachweise bei Mayer/ Kroiß Anhang I Kapitel IV Rn. 24.

[16] ZB OLG Hamm FamRZ 1997, 36.

[17] ZB OLG Schleswig OLGR 2003, 272.

[18] OLG Köln NJW 2017, 276 = JurBüro 2017, 24 = AGS 2017, 46.

[19] Mayer/Kroiß Anhang I Kapitel IV Rn. 26; N. Schneider Gebühren in Familiensachen, Rn. 1042 ff. Schneider/Herget, Streitwert, „Ehesachen“ Rn. 7223 ff.

[20] OLG Bamberg JurBüro 2017, 86.

Brandenburg[21] zieht vom Nettovermögen Freibeträge von 60.000 EUR je Ehegatten und 10.000 EUR je Kind ab. In einer anderen Entscheidung geht der 10. Senat des OLG Brandenburg[22] vom vollen Verkehrswert des Grundstücks aus und lässt hiervon 5% (ohne vorher irgendwelche Freibeträge abzuziehen) in den Verfahrenswert der Scheidung mit einfließen. Das OLG Dresden[23] ging in einer Entscheidung von 30.000 EUR für jeden Ehegatten und 10.000 EUR für jedes Kind aus.[24] Das OLG Hamm[25] ging von Freibeträgen von 30.000 EUR je Ehegatten aus. Der 5. Senat des OLG Karlsruhe[26] hat Feibeträge von 60.000 € für jeden Ehegatten angenommen. Das OLG Koblenz[27] ging in seiner Entscheidung von Freibeträge von 60.000 EUR pro Ehegatten und 30.000 EUR pro Kind aus.

41 Von dem Nettovermögen abzüglich der Freibeträge sind 5 bis 10 % zu dem Wert, ermittelt auf Grund des Einkommens, zuzuschlagen. Die Rechtsprechung tendiert dahin, dass bei Betriebsvermögen 5 %, bei frei verfügbarem Privatvermögen 10 % zugeschlagen werden.[28]

42 In den Fällen, in denen die Parteien kein Vermögen, sondern nur Schulden haben, gilt folgendes:

Ebenso wie Vermögen den anhand des Einkommens ermittelten Verfahrenswert erhöhen kann, können **Schulden** zu einer Herabsetzung des Wertes führen. Einigkeit in der Rechtsprechung besteht lediglich dahingehend, dass Schulden nur dann berücksichtigt werden, wenn sie im Hinblick auf das Einkommen der Parteien unverhältnismäßig hoch sind. Soweit es sich um verhältnismäßig geringe Schulden handelt, bleiben sie bei der Berechnung des Wertes außer Betracht. Wie die Schulden sich bei der Wertberechnung auswirken, darüber besteht in der Rechtsprechung keine Einigkeit. Teils nimmt man die von den Parteien zu zahlenden Tilgungsraten – für drei Monate – und setzt diese von dem anhand des Einkommens ermittelten Wert ab, teils wird ein prozessualer Abschlag vom vorher errechneten Verfahrenswert gemacht (etwa 15 %).[29]

43 Nach § 43 Abs. 1 FamGKG ist bei der Berechnung des Verfahrenswertes auch der **Umfang der Sache** zu berücksichtigen. Die Rechtsprechung tendiert überwiegend dahin, bei den so genannten „einverständlichen" Scheidungen, also Sachen von geringem Umfang, einen Abschlag von dem Wert, der vorher auf Grund der Einkommens- und Vermögensverhältnisse ermittelt wurde, zu machen.[30] Ob dieser Tendenz in der Rechtsprechung gefolgt werden kann, erscheint zumindest zweifelhaft. Denn nach der Statistik kommt die „einverständliche" Scheidung in der Praxis am häufigsten vor. Somit sollte dieser „statistische Normalfall" auch verfahrenswertmäßig als Regelfall angenommen und in einverständlichen Scheidungssachen von einem Ab-

---

[21] OLG Brandenburg (15.Senat) FamRZ 2015, 529.

[22] OLG Brandenburg (10. Senat) AGS 2016, 337.

[23] OLG Dresden OLG-NL 2005, 234.

[24] Weitere Rechtsprechungsübersicht zB bei Mayer/Kroiß Anhang I Kapitel IV Rn. 26; N. Schneider, Gebühren in Familiensachen, Rn. 1042 ff.

[25] OLG Hamm AGS 2016, 122.

[26] OLG Karlsruhe FamRZ 2014, 1226 = NJW-RR 2014, 68.

[27] OLG Koblenz FamRZ 2003, 1681.

[28] Mayer/Kroiß Anhang I Kapitel IV Rn. 26; N. Schneider, Gebühren in Familiensachen, Rn. 1046; Schneider/Herget, Streitwert, „Ehesachen" Rn. 7220; Rehberg/Schons, „Familien- und Lebenspartnerschaftssachen" B. 2.2.3; zB OLG Brandenburg (10.Senat) AGS 2016, 337: 5% vom vollen Verkehrswert des Grundstücks ohne Abzug von Freibeträgen sind wertrelevant; OLG Hamm AGS 2016, 122: Vermögen ist nach Abzug der Freibeträge mit 5% zu bewerten; OLG Karlsruhe (2. Senat) FamRZ 1999, 1288 und OLG Karlsruhe (5. Senat) FamRZ 2014, 1226 = NJW-RR 2014, 68: 5% vom Vermögen nach Abzug der Freibeträge sind wertrelevant.

[29] Schneider/Herget, Streitwert, „Ehesachen", Rn. 7181 ff.; Mayer/Kroiß Anhang I Kapitel IV Rn. 24.

[30] Rehberg/Schons, „Familien- und Lebenspartnerschaftssachen", B. 2.2.4; Schneider/Herget, Streitwert, „Ehesachen" Rn. 7240 ff.; Mayer/Kroiß Anhang I Kapitel IV Rn. 28; N. Schneider, Gebühren in Familiensachen, Rn. 1048.

schlag von anhand der Einkommens- und Vermögensverhältnisse errechneten Verfahrenswert abgesehen werden.[31]

Ist eine Scheidungssache besonders umfangreich, fordert sie also von dem Rechtsanwalt wesentlich mehr Arbeitsaufwand als für Scheidungssachen üblich, kann natürlich auch ein prozentualer Zuschlag zu dem vorher auf Grund der Einkommens- und Vermögensverhältnisse ermittelten Verfahrenswert gemacht werden. In welcher Höhe der Zuschlag gemacht wird, wird letztlich vom Umfang der Angelegenheit = Arbeitsaufwand des Rechtsanwaltes abhängen. Literatur und Rechtsprechung geben hierzu keine Richtlinien. Es wird stets auf den Einzelfall bzw. dessen Umfang ankommen.[32] Eine Erhöhung des Verfahrenswertes könnte zB in Betracht kommen, wenn ausländisches Recht „eine Rolle im Scheidungsverfahren spielt" und damit ein besonderer Arbeitsmehraufwand für den Rechtsanwalt verbunden ist.[33]

Nach § 43 Abs. 1 FamGKG ist auch die **Bedeutung der Sache** bei der Ermittlung 44
des Verfahrenswertes zu berücksichtigen. Hat die Scheidung bzw. die Aufhebung der Lebenspartnerschaft eine große Bedeutung für die Parteien, kann ein prozentualer Zuschlag zu dem vorher auf Grund der Einkommens- und Vermögensverhältnisse ermittelten Wert erfolgen. Dies könnte bei langer Ehedauer zB der Fall sein, bei mehreren Kindern oder wenn die Parteien im öffentlichen Leben eine besondere Stellung haben. Bei geringer Bedeutung der Sache für die Parteien (etwa wenn die Parteien voneinander finanziell unabhängig sind, die Ehe nur von kurzer Dauer war oder die Ehegatten schon lange getrennt gelebt haben) hat dann ein Abschlag von dem Wert zu erfolgen. Der Bemessungsfaktor „Bedeutung der Sache" ist relativ schwer zu definieren.[34] Er hat aber in der Praxis nur eine geringe Bedeutung und wird oft gänzlich unberücksichtigt gelassen.

Zwischenzeitlich hat das BVerfG[35] entschieden, dass nicht stets der Mindestwert 45
von 2.000 EUR (ab 1. 8. 2013: 3.000 EUR) für die Ehescheidung anzunehmen ist, wenn beiden Parteien Verfahrenskostenhilfe – ohne Anordnung von Ratenzahlungen – bewilligt worden ist.

Beispiel: Der Rechtsanwalt wird beauftragt, Ehescheidungsantrag zu stellen. Es liegen folgen- 46
de Einkommens- und Vermögensverhältnisse vor:

Bei Antragstellung hat der Ehemann ein monatliches Einkommen von 3.000,00 EUR – netto –. Er erhält ein 13. und 14. Monatsgehalt am Jahresende, welche sich netto auf ca. 5.000,00 EUR belaufen.

Die Ehefrau hat ein monatliches Einkommen von 1.400,00 EUR – netto – monatlich bei Antragstellung und bei Beendigung des Rechtszuges von 1.200,00 EUR. Irgendwelche Sonderzahlungen werden ihr nicht gewährt.

Aus der Ehe sind 3 Kinder hervorgegangen, welche bei Antragstellung 15, 13 und 9 Jahre alt sind. Dem Ehemann wird auf Antrag ein monatliches Kindergeld von (192,00 EUR + 192,00 EUR + 198,00 EUR =) 582,00 EUR gezahlt.

Die Parteien haben ein gemeinsames Barvermögen von 320.000,00 EUR. Sie sind Eigentümer eines Wohnhauses, dessen Einheitswert auf 25.000,00 EUR festgesetzt worden ist. Im Falle einer Veräußerung wäre für das Wohnhaus ein Kaufpreis von 400.000,00 EUR zu erzielen.

Die Ehefrau widerspricht der Scheidung und beruft sich auf die Härteklausel. Das Verfahren zieht sich über 3 Jahre hin. Der Anwalt hatte in dieser Sache einen sehr hohen Arbeitsaufwand, bedingt durch zahlreiche Besprechungen mit seinem Mandanten, 5 Gerichtstermine und eine Vielzahl gewechselter Schriftsätze. Seine Handakte betreffend die Scheidung umfasst bei Abschluss des Verfahrens 380 Seiten.

---

[31] Schneider/Herget, Streitwert, „Ehesachen" Rn. 7262 ff.; Mayer/Kroiß Anhang I Kapitel IV Rn. 30.

[32] Schneider/Herget, Streitwert, „Ehesachen" Rn. 7240 ff.; Rehberg/Schons, „Familien- und Lebenspartnerschaftssachen", B. 2.2.4.

[33] N. Schneider, Gebühren in Familiensachen, Rn. 1048; OLG Karlsruhe AGS 2007, 583.

[34] Schneider/Herget, Streitwert „Ehesachen" Rn. 7236 ff.

[35] BVerfG Beschluss vom 23. 8. 2005 – 1 BvR 46/05 = NJW 2005, 2980 = AnwBl. 2005, 651; BVerfG, Beschluss vom 22. 2. 2006 – 1 BvR 2139/05 = AGS 2006, 352.

Verfahrenswert: 83.844,77 EUR
(§ 23 Abs. 1 S. 1 RVG – § 43 FamGKG):

Einkommen des Ehemannes:	3.000,00 EUR
+ 13. und 14. Monatsgehalt = 5.000,00 EUR : 12 – Monate – =	416,66 EUR
also monatlich	3.416,66 EUR;
Einkommen der Ehefrau:	
Einkommen bei Antragstellung =	1.400,00 EUR
Einkommen bei Beendigung der Instanz =	1.200,00 EUR
Einkommen bei Antragstellung Ist maßgebend – § 34 FamGKG – Ermäßigung tritt nicht ein	
Einkommen beider Ehegatten (3.416,66 EUR + 1.400,00 EUR =)	4.816,66 EUR
Kindergeld (Stand 2017: 192,00 + 192,00 + 198,00 EUR)	582,00 EUR
./. 300,00 EUR pro Kind, also	900,00 EUR
verbleiben	4.498,66 EUR
4.498,66 EUR × 3 Monate	= 13.495,98 EUR
Vermögen	
Barvermögen:	320.000,00 EUR
Wohnhaus – Verkehrswert ist maßgebend –	400.000,00 EUR
Vermögen insgesamt:	720.000,00 EUR
./. Freibetrag von 60.000,00 EUR je Ehegatte und von 30.000,00 EUR je Kind, also	210.000,00 EUR
verbleiben	510.000,00 EUR
hiervon 10 %	51.000,00 EUR

also Verfahrenswert auf Grund Einkommens- und Vermögensverhältnissen 13.495,98 EUR + 51.000,00 EUR = 64.495,98 EUR
+ Zuschlag wegen besonderen Umfangs von 30 % (30 % von 64.495,98 EUR) = 19.348,79 EUR
also Verfahrenswert insgesamt: (64.495,98 EUR + 19.348,79 EUR =) 83.844,77 EUR.

2.2 Kindschaftssachen

47 Kindschaftssachen sind Angelegenheiten, in denen das Familiengericht zB über die elterliche Sorge für Kinder, das Umgangsrecht mit den Kindern oder über die Herausgabe von Kindern an den anderen Elternteil zu entscheiden hat. Es ist zu unterscheiden, ob die Kindschaftssache als selbstständige (isolierte) Familiensache, als Folgesache im Verbund oder als einstweiliges Anordnungsverfahren anhängig ist.

2.2.1 Kindschaftssachen als selbstständige Familiensache

Auszug aus dem FamGKG

48

§ 45
Bestimmte Kindschaftssachen

(1) In einer Kindschaftssache, die

1. die Übertragung oder Entziehung der elterlichen Sorge oder eines Teils der elterlichen Sorge,
2. das Umgangsrecht einschließlich der Umgangspflegschaft oder
3. das Recht auf Auskunft über die persönlichen Verhältnisse des Kindes oder
4. die Kindesherausgabe

betrifft, beträgt der Verfahrenswert 3000 Euro. …

(2) Eine Kindschaftssache nach Absatz 1 ist auch dann als ein Gegenstand zu bewerten, wenn sie mehrere Kinder betrifft.

(3) Ist der nach Absatz 1 bestimmte Wert nach den besonderen Umständen des Einzelfalls unbillig, kann das Gericht einen höheren oder einen niedrigeren Wert festsetzen.

49 Ist eine Kindschaftssache als selbstständiges (isoliertes) Verfahren anhängig, so bestimmt sich der Verfahrenswert nach § 45 FamGKG. Voraussetzung ist allerdings, dass die Kindschaftssache einen in § 45 Abs. 1 FamGKG genannten Gegenstand betrifft. § 45 Abs. 1 FamGKG nennt zB:

1. Die Übertragung oder Entziehung der elterlichen Sorge oder eines Teils der elterlichen Sorge,

2. das Umgangsrecht einschließlich der Umgangspflegschaft oder
3. die Kindesherausgabe (§ 45 Abs. 1 S. 1 Nr. 1 bis 3 FamGKG).

Betrifft die als selbstständiges (isoliertes) Verfahren anhängige Kindschaftssache einen der in § 45 Abs. 1 FamGKG aufgeführten Gegenstände, beträgt der Verfahrenswert **3.000 EUR** (§ 45 Abs. 1 S. 1, letzter Halbsatz FamGKG).

Von diesem (Regel-)Verfahrenswert kann nur abgewichen werden, wenn nach den besonderen Umständen des Einzelfalls ein Verfahrenswert von 3.000 EUR unbillig ist.[36] Dann kann das Gericht einen höheren oder einen niedrigeren Wert festsetzen (§ 45 Abs. 3 FamGKG). Nach dem OLG Celle[37] erscheint die Anhebung des Verfahrenswertes regelmäßig angezeigt, wenn in einem Sorgerechtsverfahren die Einholung eines schriftlichen Sachverständigengutachtens geboten ist und das Amtsgericht die Beteiligten – unabhängig von einer gesonderten Kindesanhörung – in mehr als einem Termin anhört. Ein Absenken des in § 45 Abs. 1 S. 1 Nr. 1 FamGKG bestimmten (Regel-)Verfahrenswertes kommt nach OLG Celle[38] und OLG Brandenburg[39] allenfalls bei Vorliegen einer ganz besonderen, ins Auge fallende Abweichung von einer durchschnittlichen Kindschaftssache in Betracht. 50

Es bleibt auch dann bei einem Verfahrenswert von 3.000 EUR, wenn die Kindschaftssache mehrere Kinder betrifft (§ 45 Abs. 2 FamGKG). Dies nach OLG Koblenz[40] auch dann, wenn dasselbe Verfahren mehrere Kinder betrifft, die teilweise bei der Mutter und teilweise beim Vater leben. 51

Sind in derselben selbstständigen (isolierten) Kindschaftssache mehrere Gegenstände anhängig, so ist jeder Gegenstand mit einem Wert von – in der Regel – 3.000 EUR zu bewerten.[41] 52

Beispiel: In einer Kindschaftssache ist in demselben Verfahren beim Familiengericht anhängig die Übertragung der elterlichen Sorge auf die Kindesmutter allein und auf Antrag des Ehemannes die Regelung des Umgangsrechts. Der Verfahrenswert ist wie folgt zu bestimmen: 53
1) Regelung der elterlichen Sorge
§ 23 Abs. 1 S. 1 RVG → § 45 Abs. 1 FamGKG
Verfahrenswert: 3.000,00 EUR
2) Regelung des Umgangsrechts
§ 23 Abs. 1 S. 1 RVG → § 45 Abs. 1 FamGKG
Verfahrenswert: 3.000,00 EUR
Verfahrenswert insgesamt: 6.000,00 EUR

Sind mehrere Gegenstände (zB elterliche Sorge und Umgangsrecht) in getrennten selbstständigen (isolierten) Verfahren bei Gericht anhängig, so ist der Wert in der Regel für jedes Verfahren mit 3.000 EUR anzusetzen und in jedem Verfahren entstehen gesonderte Gebühren nach diesem Verfahrenswert.[42] Es handelt sich dann um zwei verschiedene gebührenrechtliche Angelegenheiten. 54

[36] OLG Brandenburg AGS 2016, 526.
[37] OLG Celle JurBüro 2011, 257.
[38] OLG Celle JurBüro 2012, 249.
[39] OLG Brandbenburg JurBüro 2015, 251.
[40] OLG Koblenz AGS 2017, 130.
[41] Hartung/Schons/Enders § 23 Rn. 87.
[42] Enders JurBüro 2009, 337, 339, Beispiel 1.

2.2.2 Kindschaftssachen als Folgesache im Verbund

Auszug aus dem FamGKG

55

§ 44
Verbund

(2) [1]Sind in § 137 Abs. 3 des Gesetzes über das Verfahren in Familiensachen und in den Angelegenheiten der freiwilligen Gerichtsbarkeit genannte Kindschaftssachen Folgesachen, erhöht sich der Verfahrenswert nach § 43 für jede Kindschaftssache um 20 Prozent, höchstens um jeweils 3000 Euro; eine Kindschaftssache ist auch dann als ein Gegenstand zu bewerten, wenn sie mehrere Kinder betrifft. Die Werte der übrigen Folgesachen werden hinzugerechnet. § 33 Abs. 1 S. 2 ist nicht anzuwenden.

(3) Ist der Betrag, um den sich der Verfahrenswert der Ehesache erhöht (Absatz 2), nach den besonderen Umständen des Einzelfalls unbillig, kann das Gericht einen höheren oder einen niedrigeren Betrag berücksichtigen.

56 Ist eine in § 137 Abs. 3 FamFG genannte Kindschaftssache als Folgesache im Verbund anhängig, bestimmt sich der Verfahrenswert nach § 44 Abs. 2 und 3 FamGKG. In § 137 Abs. 3 FamFG sind folgende Kindschaftssachen genannt:
- Übertragung oder Entziehung der elterlichen Sorge,
- das Umgangsrecht,
- die Herausgabe eines gemeinschaftlichen Kindes der Ehegatten,
- das Umgangsrecht eines Ehegatten mit dem Kind eines anderen Ehegatten.

Ist einer dieser Gegenstände als Folgesache im Verbund mit der Scheidungssache anhängig, so **erhöht** sich der Verfahrenswert der Ehesache (§ 43 FamGKG) **um 20 %, höchstens um 3.000 EUR**. Auszugehen ist also vom Wert der Ehesache (Scheidung), der zunächst nach § 43 FamGKG zu bestimmen ist.[43] Von dem Verfahrenswert für die Ehesache (Scheidung) sind dann für die Kindschaftssache, die als Folgesache im Verbund anhängig ist, 20 %, höchstens 3.000 EUR als Verfahrenswert anzunehmen.

57 Dieser Verfahrenswert für die Kindschaftssache ist – genau wie die anderen Verfahrenswerte der im Verbund anhängigen Folgesachen – zu dem Verfahrenswert für die Ehesache zu addieren und nach der Summe der Verfahrenswerte bestimmen sich die im Verbund entstehenden Gebühren.[44]

Praxistipp:

58 Der Verfahrensbevollmächtigte sollte darauf achten, dass das Familiengericht die Verfahrenswerte für die Ehesache und die Kindschaftssache getrennt festsetzt. Addiert das Familiengericht die Einzelwerte für die Scheidung und die Kindschaftssache direkt zusammen und setzt nur einen gemeinsamen Wert fest, ergeben sich Schwierigkeiten, wenn zB nach dem Verfahrenswert der Kindschaftssache Gebühren entstehen, die nach dem Verfahrenswert der Ehesache nicht anfallen.

59 Für **jede Kindschaftssache** erhöht sich der Verfahrenswert der Ehesache (Scheidung) um 20 %, höchstens um jeweils 3.000 EUR.

60 **Beispiel:** Neben der Ehesache (Scheidung) sind im Verbund als Folgesachen folgende Kindschaftssachen anhängig
a) Kindschaftssache wegen Regelung der elterlichen Sorge
b) Kindschaftssache wegen Regelung des Umgangsrechts.

Der Verfahrenswert für die Ehesache wird vom Gericht auf 12.000,00 EUR festgesetzt. Die Verfahrenswerte für die beiden Kindschaftssachen bestimmen sich wie folgt:

1) Kindschaftssache Regelung der elterlichen Sorge
§ 23 Abs. 1 S. 1 RVG – § 44 Abs. 2 FamGKG
Verfahrenswert: 2.400,00 EUR (20 % von 12.000,00 EUR)

---

[43] → Kap. H Rn. 29 ff.
[44] → Kap. H Rn. 17 ff.

2) Kindschaftssache Regelung des Umgangsrechts
§23 Abs. 1 S. 1 RVG – §44 Abs. 2 FamGKG
Verfahrenswert: 2.400,00 EUR (20 % von 12.000,00 EUR).
Der Verfahrenswert des Verbundes beträgt:
Ehesache 12.000,00 EUR + Kindschaftssache elterliche Sorge 2.400,00 EUR + Kindschaftssache Umgangsrecht 2.400,00 EUR + Verfahrenswerte der übrigen im Verbund anhängigen Folgesachen.

Beispiel: Neben der Ehesache (Scheidung) ist im Verbund als Folgesache eine Kindschaftssache wegen Regelung der elterlichen Sorge anhängig. 61
Der Verfahrenswert für die Ehesache wird vom Gericht auf 20.000,00 EUR festgesetzt. Der Verfahrenswert für die Kindschaftssache bestimmt sich wie folgt:
§23 Abs. 1 S. 1 RVG – §44 Abs. 2 FamGKG
Verfahrenswert: 3.000,00 EUR (20 % von 20.000,00 EUR, höchstens 3.000,00 EUR)
Der Verfahrenswert des Verbundes beträgt:
Ehesache 20.000,00 EUR + Kindschaftssache elterliche Sorge 3.000,00 EUR + Verfahrenswerte der übrigen im Verbund anhängigen Folgesachen.

Bei dem Verfahrenswert (20 % des Verfahrenswertes der Ehesache, höchstens 3.000 EUR) bleibt es auch dann, wenn die Kindschaftssache mehrere Kinder betrifft (§ 44 Abs. 2 S. 1, letzter Halbsatz FamGKG).[45] 62

Für eine Kindschaftssache, die als Folgesache im Verbund anhängig ist, kann ein höherer oder niedrigerer Verfahrenswert berücksichtigt werden, wenn der regelmäßig anzunehmende Verfahrenswert von 20 % des Wertes der Ehesache (höchstens 3.000 EUR) im Einzelfall unbillig ist.[46] 63

Wird im Scheidungsverbundverfahren eine nicht anhängige Kindschaftssache mitverglichen, so bestimmt sich der Mehrwert des Vergleichs für diesen Gegenstand nicht nach § 44 Abs. 2 S. 1 FamGKG (20% vom Verfahrenswert der Ehesache), sondern nach § 45 FamGKG (in der Regel 3.000 EUR).[47] 64

2.2.3 Kindschaftssachen als einstweilige Anordnung

Auszug aus dem FamGKG

§41 65
Einstweilige Anordnung
Im Verfahren der einstweiligen Anordnung ist der Wert in der Regel unter Berücksichtigung der geringeren Bedeutung gegenüber der Hauptsache zu ermäßigen. Dabei ist von der Hälfte des für die Hauptsache bestimmten Werts auszugehen.

§ 41 FamGKG regelt generell den Verfahrenswert für einstweilige Anordnungen. Er ist daher auch anzuwenden, wenn in einer Kindschaftssache eine einstweilige Anordnung anhängig ist. 66

Betrifft eine einstweilige Anordnung eine Kindschaftssache, so ist von dem Verfahrenswert der Hauptsache auszugehen und dieser ist in der Regel unter Berücksichtigung der geringeren Bedeutung gegenüber der Hauptsache zu ermäßigen (§ 41 S. 1 FamGKG). Dabei ist von der **Hälfte des für die Hauptsache bestimmten Wertes** auszugehen (§ 41 S. 2 FamGKG). Hieraus ist zu schließen, dass in der Regel die Hälfte des Verfahrenswertes der Hauptsache als Verfahrenswert für die einstweilige Anordnung anzunehmen ist.[48] 67

Es ist also zunächst zu ermitteln, ob die Kindschaftssache in der Hauptsache als Folgesache im Verbund anhängig ist oder als selbstständiges (isoliertes) Verfahren. 68

---

[45] Hartung/Schons/Enders § 23 Rn. 86.
[46] → Kap. H Rn. 55.
[47] OLG Karlsruhe AGS 2015, 456.
[48] Enders JurBüro 2009, 337 (339 – Kapitel 2.2.3).

69 Ist die Kindschaftssache als Folgesache im Verbund anhängig, so ist der Verfahrenswert für diese Kindschaftssache mit 20 % des Verfahrenswertes der Ehesache, höchstens 3.000 EUR anzusetzen. Die Hälfte hiervon ist dann in der Regel als Verfahrenswert für die einstweilige Anordnung in der Kindschaftssache anzusetzen.

70 **Beispiel:** Neben der Ehesache (Verfahrenswert: 10.000,00 EUR) ist im Verbund eine Kindschaftssache wegen Regelung der elterlichen Sorge anhängig. Zu dieser Kindschaftssache wird noch ein Verfahren auf Erlass einer einstweiligen Anordnung betreffend einer vorläufigen Regelung der elterlichen Sorge anhängig. Die Verfahrenswerte sind wie folgt zu bestimmen:
Ehesache: 10.000,00 EUR
Kindschaftssache/Elterliche Sorge als Folgesache im Verbund (20 % des Wertes der Ehesache): 2.000,00 EUR.
Einstweilige Anordnung in der Kindschaftssache (1/2 von 2.000,00 EUR =) 1.000,00 EUR.

71 Ist die Kindschaftssache als selbstständiges (isoliertes) Verfahren anhängig, so beträgt der Verfahrenswert in der Regel 3.000 EUR (§ 45 FamGKG). Die Hälfte hiervon wäre dann als Verfahrenswert für ein einstweiliges Anordnungsverfahren anzusetzen, welches neben einer als selbstständiges (isoliertes) Verfahren über die Kindschaftssache anhängig würde.

72 **Beispiel:** Eine Ehesache ist noch nicht anhängig. Als selbstständiges (isoliertes) Verfahren ist eine Kindschaftssache betreffend die Regelung des Umgangsrechts anhängig. Dazu wird dann noch eine einstweilige Anordnung betreffend die vorläufige Regelung des Umgangsrechts anhängig gemacht.
Die Verfahrenswerte bestimmen sich wie folgt:
Selbstständige (isolierte) Kindschaftssache: 3.000,00 EUR
Einstweilige Anordnung (1/2 von 3.000,00 EUR =) 1.500,00 EUR.

73 Nach dem seit 1. 9. 2009 gültigen Verfahrensrecht kann auch eine einstweilige Anordnung anhängig sein, ohne dass eine Hauptsache wegen desselben Gegenstandes anhängig wird. Dann ist zu überdenken, in welcher Form die Hauptsache anhängig gemacht worden wäre, als Folgesache im Verbund oder als selbstständiges (isoliertes) Verfahren. Da die Kindschaftssache in der Regel sowohl als Folgesache im Verbund als auch als selbstständiges (isoliertes) Verfahren hätte anhängig gemacht werden können, wird der Rechtsanwalt in der Regel argumentieren, dass die Kindschaftssache als selbstständiges (isoliertes) Verfahren in der Hauptsache anhängig gemacht worden wäre. Denn dann kann der Verfahrenswert für die einstweilige Anordnung in der Regel mit 1.500 EUR (1/2 von 3.000 EUR) angesetzt werden. Ein höherer Verfahrenswert für die einstweilige Anordnung kann auch nicht erreicht werden, wenn die Kindschaftssache in der Hauptsache als Folgesache im Verbund anhängig gemacht worden wäre. Denn auch dann gilt für die Hauptsache nach § 44 Abs. 2 FamGKG, dass der Wert höchstens 3.000 EUR beträgt, folglich könnte für die einstweilige Anordnung in der Regel auch nur (die Hälfte hiervon) 1.500 EUR als Verfahrenswert angesetzt werden.

74 Wird durch eine Regelung in einem einstweiligen Anordnungsverfahren die Hauptsache entbehrlich, weil zB in dem einstweiligen Anordnungsverfahren ein Vergleich geschlossen wird, wonach sich die Parteien endgültig einigen, so ist der Verfahrenswert für das einstweilige Anordnungsverfahren nicht nur auf die Hälfte des Verfahrenswertes für die Hauptsache anzusetzen, sondern höher. So hat das OLG Düsseldorf[49] für eine einstweilige Anordnung in einer Unterhaltssache, in welcher die Entscheidung über die Hauptsache vorweggenommen wurde, den vollen Hauptsachewert angesetzt.

---

[49] OLG Düsseldorf JurBüro 2010, 305.

2.3 Unterhaltssachen

Der Verfahrenswert in Unterhaltssachen und in sonstigen den Unterhalt betreffenden Familiensachen, soweit diese jeweils Familienstreitsachen sind und wiederkehrende Leistungen betreffen, bestimmt sich nach § 51 FamGKG. Diese Vorschrift ist über § 23 Abs. 1 S. 1 RVG auch für die Bestimmung des Anwaltsgebührenwertes maßgebend. Der Wert bestimmt sich nach dem **für die ersten 12 Monate nach Einreichung des Antrags geforderten Unterhaltsbetrag.** Wird Unterhalt nur für einen kürzeren Zeitraum als ein Jahr gefordert, ist der Gesamtbetrag der geforderten Leistung als Verfahrenswert anzunehmen. 75

Die Vorschrift des § 51 FamGKG ist meines Erachtens auch noch anzuwenden, 76 wenn sich zwischen Eheleuten zwar rechnerisch keine Unterhaltsansprüche nach dem Gesetz ergeben würden, aber die Ehegatten einen Vertrag geschlossen hätten, woraus sich ein Anspruch auf eine wiederkehrende Leistung ergibt und dieser vom Rechtsanwalt für die Mandantin eingefordert wird.[50]

§ 51 FamGKG ist aber nicht anzuwenden für vertragliche Ansprüche auf wieder- 77 kehrende Leistungen, die **nicht** aus einer Ehe herrühren oder zwischen Ehegatten oder geschiedenen Ehegatten geltend gemacht werden. Zu denken ist hier zB an Ansprüche auf wiederkehrende Leistungen aus einem Altenteilsvertrag oder „Unterhaltsvereinbarungen" zwischen Partnern einer nicht ehelichen Lebensgemeinschaft. Ist Gegenstand der anwaltlichen Tätigkeit ein derartiger vertraglicher Unterhaltsanspruch, so berechnet sich der Gegenstandswert nach § 23 Abs. 1 S. 1 RVG, § 48 Abs. 1 S. 1 GKG, **§ 9 ZPO**. Danach bestimmt sich der Wert nach dem **$3^1/_2$-fachen Jahresbetrag.**[51] Wird vertraglicher Unterhalt nicht für mindestens $3^1/_2$ Jahre, sondern nur für einen kürzeren Zeitraum geltend gemacht, sind die Leistungen für diesen kürzeren Zeitraum als Gegenstandswert anzunehmen (→ Kap. E Rn. 87 f.).

Achtung! Auch der Wert des Beschwerdegegenstandes (§ 61 FamFG: in vermögens- 78 rechtlichen Angelegenheiten ist die Beschwerde nur zulässig, wenn der Wert des Beschwerdegegenstandes 600 EUR übersteigt) bestimmt sich meines Erachtens **nicht** nach § 51 FamGKG. Der Wert bestimmt sich auch dann, wenn Gegenstand des Verfahrens gesetzliche Unterhaltsansprüche (Familienstreitsachen, die wiederkehrende Leistungen betreffen) sind, nach § 9 ZPO. Denn § 51 FamGKG regelt nur den **Gebührenwert**. Der **Wert des Beschwerdegegenstandes** ist nach § 9 ZPO zu bewerten und beläuft sich auf den **$3^1/_2$-fachen Jahresbetrag.** Voraussetzung ist, dass der Unterhalt voraussichtlich noch für $3^1/_2$ Jahre oder länger zu zahlen ist. Ist nur eine kürzere Bezugsdauer Gegenstand des Verfahrens oder soll das Urteil nur wegen einer kürzeren Bezugsdauer angefochten werden, so ist der Unterhalt (zugesprochene oder abgewiesene Differenz) für diese kürzere Bezugsdauer als Berechnungsgrundlage anzunehmen.

Beispiel: Das 18-jährige Kind macht in dem Verfahren gesetzlichen Unterhalt gegen seinen 79 Vater geltend. Es verlangt Abänderung eines gerichtlich protokollierten Vergleiches, wonach monatlich 700,00 EUR zu zahlen sind. Mit dem Antrag werden monatlich – ab Juli – 730,00 EUR Unterhalt verlangt. Der Antrag geht am 14. September bei dem Familiengericht ein. Aus der Antragsbegründung geht hervor, dass das Studium/Ausbildung des Kindes voraussichtlich mit dem 25. Lebensjahr beendet ist. Der Antrag wird zurückgewiesen. Ist eine Beschwerde zulässig?

Verfahrenswert für die Anwaltsgebühren: 450,00 EUR
(12 × 30,00 EUR – Differenz zwischen 730,00 EUR und 700,00 EUR – = 360,00 EUR
+ Rückstände Juli bis September – 3 Monate á 30,00 EUR = 90,00 EUR
– § 23 Abs. 1 S. 1 RVG → § 51 Abs. 1 und 2 FamGKG)

Rechtsmittelwert/Wert des Beschwerdegegenstandes: 1.260,00 EUR
(3 $^1/_2$ Jahre × 12 × 30,00 EUR – Differenz – = 1.260,00 EUR
– § 9 ZPO).

---

[50] Zur Abgrenzung der Anwendung des § 51 FamGKG oder des § 9 ZPO → Kap. E Rn. 77 bis Rn. 92.

[51] Madert/Müller-Rabe, Kostenhandbuch Familiensachen, B. V. 1. a) Rn. 39.

Würde man vorliegend – fälschlicherweise – den Wert des Beschwerdegegenstandes mit dem Jahresbetrag + Rückstände (450,00 EUR) nach § 51 Abs. 1 und 2 FamGKG bewerten, müsste man zwangsläufig zu dem Schluss kommen, dass eine Beschwerde im Falle einer Zurückweisung des Antrags nicht zulässig ist, da der erforderliche Wert des Beschwerdegegenstandes von 600,00 EUR (§ 61 FamGKG) nicht erreicht ist. Richtigerweise dürfte eine Beschwerde zulässig sein, da der Wert des Beschwerdegegenstandes mit 1.260,00 EUR die Grenze von 600,00 EUR bei weitem übersteigt. Obwohl es sich um eine Familienstreitsache handelt, bestimmt sich der Wert des Beschwerdegegenstandes nach § 9 ZPO. Denn für Familienstreitsachen sind nach § 113 Abs. 1 FamFG die allgemeinen Vorschriften der ZPO (und damit auch § 9 ZPO) entsprechend anzuwenden.

2.3.1 Unterhaltssachen als selbstständige Familiensachen oder als Folgesachen im Verbund

80 Macht der Rechtsanwalt auftragsgemäß Unterhaltsansprüche geltend oder wehrt er diese ab, so macht es für die Ermittlung des Verfahrenswertes keinen Unterschied, ob über die Unterhaltsansprüche eine selbstständige Familiensache anhängig ist oder ob hierüber eine Folgesache im Verbund geführt wird.

Auszug aus dem FamGKG

81 **§ 51**

Unterhaltssachen und sonstige den Unterhalt betreffende Familiensachen

(1) In Unterhaltssachen und in sonstigen den Unterhalt betreffenden Familiensachen, soweit diese jeweils Familienstreitsachen sind und wiederkehrende Leistungen betreffen, ist der für die ersten zwölf Monate nach Einreichung des Antragsgeforderte Betrag maßgeblich, höchstens jedoch der Gesamtbetrag der geforderten Leistung. Bei Unterhaltsansprüchen nach den §§ 1612a bis 1612c des Bürgerlichen Gesetzbuchs ist dem Wert nach Satz 1 der Monatsbetrag des zum Zeitpunkt der Einreichung des Antrags geltenden Mindestunterhalts nach der zu diesem Zeitpunkt maßgebenden Altersstufe zugrunde zu legen.

(2) Die bei Einreichung des Antrags fälligen Beträge werden dem Wert hinzugerechnet. Der Einreichung des Antrags wegen des Hauptgegenstands steht die Einreichung eines Antrags auf Bewilligung der Verfahrenskostenhilfe gleich, wenn der Antrag wegen des Hauptgegenstands alsbald nach Mitteilung der Entscheidung über den Antrag auf Bewilligung der Verfahrenskostenhilfe oder über eine alsbald eingelegte Beschwerde eingereicht wird. Die Sätze 1 und 2 sind im vereinfachten Verfahren zur Festsetzung von Unterhalt Minderjähriger entsprechend anzuwenden.

(3) In Unterhaltssachen, die nicht Familienstreitsachen sind, beträgt der Wert 500 Euro. Ist der Wert nach den besonderen Umständen des Einzelfalls unbillig, kann das Gericht einen höheren Wert festsetzen.

82 Der Verfahrenswert für Unterhaltssachen und in sonstigen den Unterhalt betreffenden Familiensachen, soweit diese jeweils Familienstreitsachen sind und wiederkehrende Leistungen betreffen, ist in § 51 FamGKG geregelt, der über § 23 Abs. 1 S. 1 RVG auch für den Anwaltsgebührenwert maßgebend ist.

Unterhaltssachen sind nach § 231 FamFG vor allem Verfahren, die

- durch die Verwandtschaft begründete gesetzliche Unterhaltspflicht betreffen (§ 231 Abs. 1 Nr. 1 FamFG)
- durch Ehe begründete gesetzliche Unterhaltspflicht betreffen (§ 231 Abs. 1 Nr. 2 FamFG)
- die Ansprüche nach § 1615 l BGB (Unterhaltsanspruch von Mutter und Vater aus Anlass der Geburt) oder § 1615 m BGB (Beerdigungskosten für die Mutter) betreffen (§ 231 Abs. 1 Nr. 3 FamFG).

Genannt sind hier also Verfahren, deren Gegenstand gesetzliche Unterhaltsansprüche sind.

Unterhaltssachen nach § 231 Abs. 1 FamFG sind nach § 112 Nr. 1 FamFG Familienstreitsachen.

Auch Streitigkeiten über vertragliche Unterhaltsansprüche sind nach § 51 FamGKG zu bewerten, wenn sie zwischen miteinander verheirateten oder ehemals miteinander verheirateten Personen begründet worden sind. Es handelt sich dann nach § 266 FamFG um sonstige Familiensachen. Auch sonstige Familiensachen sind Familienstreitsachen (§ 112 Nr. 3 FamFG) und somit nach § 51 FamGKG zu bewerten.[52] 83

Ist der Rechtsanwalt in einer Unterhaltssache iSd § 51 FamGKG tätig, so ist als Verfahrenswert für die Anwaltsgebühren gemäß § 23 Abs. 1 S. 1 RVG → § 51 FamGKG der für die **ersten zwölf Monate nach Einreichung des Antrags** geforderte Unterhaltsbetrag maßgeblich. Unterhalt ist in der Regel monatlich zu zahlen. In dem Antrag wird daher der monatlich zu zahlende Unterhalt beziffert sein. Dieser monatlich geforderte Unterhalt ist mit 12 – Monaten – zu multiplizieren. Das Ergebnis (also der Jahresbetrag des geforderten Unterhaltes) bildet den Verfahrenswert. Hinzu kommen noch die in der Klage oder in dem Antrag gleichzeitig mit geltend gemachten **Unterhaltsrückstände** (ausführlich: → Rn. 94 ff. dieses Kapitels). 84

Entscheidend ist der **in dem Zahlungsantrag** geforderte Unterhaltsbetrag, also nicht der, der letztlich ausgeurteilt wird und auch nicht der Betrag, auf den die Parteien sich vergleichen. 85

Werden gesetzliche Unterhaltsansprüche geltend gemacht, die in verschiedenen Zeiträumen unterschiedlich hoch sind, ist auf die **ersten zwölf Monate nach Einreichung des Antrags** abzustellen. Nur der für die ersten zwölf Monate nach Einreichung des Antrags geforderte Unterhalt fließt in die Berechnung des Verfahrenswertes ein. 86

Beispiel: Im Dezember 2015 wird ein Zahlungsantrag gestellt, worin die Antragstellerin vom Antragsgegner im Jahre 2016 einen monatlichen Unterhalt von 500,00 EUR und im Jahre 2017 einen monatlichen Unterhalt von 700,00 EUR fordert. Schließlich vergleichen sich die Parteien auf einen Unterhalt für 2016 und 2017 in Höhe von 450,00 EUR. 87
Verfahrenswert: 6.000,00 EUR
(12 × 500,00 EUR = 6.000,00 EUR
– § 23 Abs. 1 S. 1 RVG → § 51 Abs. 1 FamGKG).

Wird mit der Klage oder dem Zahlungsantrag Unterhalt für einen – beschränkten – kürzeren Zeitraum als 1 Jahr geltend gemacht, so ist nicht der Jahresbetrag als Verfahrenswert anzunehmen, sondern nur der insgesamt geforderte Betrag an Unterhalt (§ 51 Abs. 1 S. 1, letzter Halbsatz FamGKG). 88

Beispiel: Gemäß Zahlungsantrag wird Unterhalt nur für die Monate Februar bis September in Höhe von monatlich 1.000,00 EUR begehrt. 89
Verfahrenswert: 8.000,00 EUR
(8 Monate – Februar bis September – × 1.000,00 EUR = 8.000,00 EUR
– § 23 Abs. 1 S. 1 RVG → § 51 Abs. 1 S. 1, letzter Halbsatz FamGKG).

Der Gesamtbetrag des geforderten Unterhaltes ist also als Verfahrenswert den Anwaltsgebühren zugrunde zu legen, wenn dieser geringer ist als der Jahresbetrag. 90

Der im Antrag geforderte Unterhaltsbetrag ist auch dann für die Berechnung des Verfahrenswertes maßgebend, wenn der Antragsgegner bereits freiwillig einen Teilbetrag auf den mit Antrag geltend gemachten Betrag zahlt.[53] Etwas anderes gilt nur dann, wenn sich aus dem Antrag oder der Antragsbegründung eindeutig ergibt, dass in diesem Unterhaltsverfahren lediglich die Differenz zwischen dem freiwillig gezahlten und dem mit dem Antrag geforderten Betrag anhängig sein soll. Dann ist die Differenz zwischen dem mit dem Antrag geforderten und dem freiwillig gezahlten Unterhalt als Verfahrenswert maßgebend. 91

Beispiel: Der Antragsgegner zahlt freiwillig einen Unterhalt von monatlich 500,00 EUR. Der Antragssteller fordert in seinem Antrag auf Zahlung von Unterhalt einen monatlichen Unterhalt von 92

[52] Schneider/Thiel § 5 Rn. 26.
[53] Schneider/Herget, „Unterhaltssachen“, Rn. 8479.

700,00 EUR ein. Weder im Antrag noch in der Begründung ist erwähnt, dass nur die Differenz in Höhe von 200,00 EUR anhängig gemacht wird.
Verfahrenswert: 8.400,00 EUR
(12 × 700,00 EUR = 8.400,00 EUR
– § 23 Abs. 1 S. 1 RVG → § 51 Abs. 1 FamGKG).

93 **Beispiel:** Der Antragsgegner zahlt freiwillig einen Unterhalt von 500,00 EUR. Die Antragstellerin macht in ihrem Antrag auf Zahlung von Unterhalt beim Familiengericht die Differenz zwischen dem vom Antragsgegner gezahlten und von ihr geforderten Unterhalt (700,00 EUR) in Höhe von monatlich 200,00 EUR anhängig.
Verfahrenswert: 2.400,00 EUR
(12 × 200,00 EUR = 2.400,00 EUR
– § 23 Abs. 1 S. 1 RVG → § 51 Abs. 1 FamGKG).

94 **Unterhaltsrückstände** aus der Zeit vor Einreichung des Zahlungsantrags sind bei der Berechnung des Verfahrenswertes zu berücksichtigen. Sie **werden** zu dem Jahresbetrag (Unterhalt für die ersten zwölf Monate nach Einreichung des Antrags) **addiert.** Der Gesamtbetrag bildet den Verfahrenswert für die Anwaltsgebühren (§ 51 Abs. 2 FamGKG).

95 Maßgebend ist der Tag der Einreichung des Antrags bei Gericht. Es kommt also nicht darauf an, wann der Antrag zugestellt und damit die Sache rechtshängig wird.

Alle Unterhaltsbeträge, die bis zur Einreichung des Antrags bei Gericht fällig sind, werden also zu dem Jahresbetrag addiert. Der gesetzliche Unterhalt ist monatlich im Voraus zu zahlen (zB § 1612 Abs. 3 BGB). Dies bedeutet, dass der Unterhalt für einen Monat spätestens am 1. dieses Monats zu zahlen ist. Folglich zählt der Unterhalt für den Monat, in dem der Antrag bei Gericht eingereicht wird, bereits als Rückstand, da er zum Zeitpunkt der Antragseinreichung bereits fällig ist (es sei denn, der Antrag geht ausgerechnet am 1. des Monats bei Gericht ein).

96 **Beispiel:** Am 13. 1. geht ein Antrag auf Zahlung von Unterhalt beim Familiengericht ein, in welcher die Antragstellerin 700,00 EUR monatlich ab Juli des vorangehenden Jahres geltend macht.
Verfahrenswert: 13.300,00 EUR
(12 × 700,00 EUR = 8.400,00 EUR
+ Rückstände 7 – Monate Juli bis Januar – × 700,00 EUR = 4.900,00 EUR, also insgesamt 13.300,00 EUR
– § 23 Abs. 1 S. 1 RVG → § 51 Abs. 1 und Abs. 2 FamGKG).

97 Die Einreichung eines **Verfahrenskostenhilfeantrages** steht der Einreichung des **Zahlungsantrages gleich.** Alle bis zur Einreichung des Verfahrenskostenhilfeantrages fälligen Unterhaltsrückstände sind als Rückstände mit dem Jahresbetrag zu addieren. In Verfahrenskostenhilfesachen kommt es also nicht auf den Zeitpunkt der Gewährung der Verfahrenskostenhilfe oder die anschließende Zustellung des Zahlungsantrages an. Würde man auf letzteres abstellen, so würde die ohnehin schon „hilfebedürftige (arme)“ Partei durch Erhöhung des Verfahrenswertes (da höhere Rückstände) gegenüber einem „reichen“ Kläger erheblich benachteiligt. Die Einreichung eines Verfahrenskostenhilfeantrages steht der Einreichung eines Zahlungsantrages aber nur dann gleich, wenn der Zahlungsantrag alsbald nach Mitteilung der Entscheidung über den Verfahrenskostenhilfeantrag eingereicht wird (§ 51 Abs. 2 S. 2 FamGKG).

2.3.1.1 Unterhaltsabänderungsantrag

98 Bei einem Unterhalts**abänderungsantrag** errechnet sich der Verfahrenswert für die Anwaltsgebühren nach § 23 Abs. 1 S. 1 RVG → § 51 Abs. 1 und Abs. 2 FamGKG wie folgt:

- **Differenzbetrag** zwischen dem ursprünglichen Unterhalt und dem neuen – erhöhten oder ermäßigten – Unterhalt × **12 – Monate –**
  + evtl. bestehende Unterhaltsrückstände, wobei als Rückstand nur die Differenz zwischen dem „alten und neuen“ Unterhalt gilt.

Beispiel: Der Antragsteller verlangt in seinem Antrag Abänderung eines Beschlusses auf Zahlung von Unterhalt. Anstatt des nach dem Beschluss zu zahlenden Unterhalts von monatlich 500,00 EUR verlangt er jetzt in dem Abänderungsantrag einen Betrag in Höhe von 800,00 EUR. 99
Verfahrenswert: 3.600,00 EUR
(12 × 300,00 EUR – Differenzbetrag zwischen 500,00 EUR und 800,00 EUR – = 3.600,00 EUR
– §23 Abs. 1 S. 1 RVG → §51 Abs. 1 FamGKG).

Auch hier gilt der Grundsatz, dass, wenn die Abänderung für einen kürzeren Zeitraum als ein Jahr verlangt wird, dann der Gesamtbetrag der Differenz zwischen dem „alten“ und dem „neuen“ Unterhalt als Verfahrenswert zugrunde zu legen ist (§ 51 Abs. 1 S. 1, letzter Halbsatz FamGKG). 100

Bei einem Unterhaltsabänderungsantrag ist die Frage, ob sich der Verfahrenswert durch Rückstände gemäß § 51 Abs. 2 FamGKG erhöht, nicht ganz einfach zu beurteilen. Grund ist der § 238 Abs. 3 FamFG. Danach darf eine gerichtliche Entscheidung nur für die Zeit nach Rechtshängigkeit des Abänderungsantrages abgeändert werden (§ 238 Abs. 3 FamFG). Dies gilt aber nicht, soweit die Abänderung nach den Vorschriften des bürgerlichen Rechts (§ 1360a Abs. 3, § 1361 Abs. 4 S. 4, § 1585b Abs. 2, § 1613 Abs. 1 BGB) bereits zu einem früheren Zeitpunkt verlangt werden kann (§ 238 Abs. 3 S. 2 FamFG). So kann zB gemäß § 1613 Abs. 1 BGB für die Vergangenheit ab dem 1. des Monats Unterhalt verlangt werden, in welchem der Zahlungspflichtige zur Zahlung aufgefordert und in Verzug gekommen ist. Ausreichend ist auch, wenn der Zahlungspflichtige zum Zwecke der Geltendmachung des Unterhaltsanspruches aufgefordert worden ist, über seine Einkünfte und sein Vermögen Auskunft zu erteilen. Wurde also der Unterhaltspflichtige bereits vor Erhebung des Abänderungsantrages aufgefordert, einen höheren Unterhalt zu zahlen, können auch Rückstände mit geltend gemacht werden mit der Folge, dass diese Rückstände auch beim Verfahrenswert des Unterhaltsabänderungsantrages zu berücksichtigen sind. Dies betrifft die Fälle, in denen die Abänderung eines Urteils oder eines Beschlusses mit dem Abänderungsantrag begehrt und mit dem Antrag eine **Unterhaltserhöhung** verlangt wird. 101

Beispiel: Der Antragsteller beantragt in dem Abänderungsantrag, der am 3. 4. beim Gericht eingeht, einen früheren Beschluss auf Zahlung von Unterhalt ab Januar dahingehend abzuändern, dass der Antragsgegner anstelle der bislang zu zahlenden 1.200,00 EUR nun 1.500,00 EUR Unterhalt zahlt. Der Antragsgegner war mit Anwaltsschreiben bereits im Januar aufgefordert worden, den erhöhten Unterhalt zu zahlen. 102
Verfahrenswert: 4.800,00 EUR
(12 × 300,00 EUR – Differenz zwischen 1.500,00 EUR und 1.200,00 EUR – = 3.600,00 EUR
+ Rückstände 4 – Monate Januar bis April – × 300,00 EUR = 1.200,00 EUR, insgesamt also 4.800,00 EUR
– §23 Abs. 1 S. 1 RVG (→ §51 Abs. 1 und Abs. 2 FamGKG).

Wird mit dem Abänderungsantrag **Herabsetzung des Unterhaltes** begehrt, ist der Antrag auf Herabsetzung des Unterhaltes auch zulässig für die Zeit ab dem ersten des auf ein entsprechendes Auskunfts- oder Verzichtsverlangen des Antragstellers folgenden Monats (§ 238 Abs. 3 S. 3 FamFG). Also können auch bei einem Antrag auf Herabsetzung von Unterhalt die Monate mit beim Verfahrenswert berücksichtigt werden, die vor Anhängigkeit des Abänderungsantrages liegen und für die in dem Antrag Abänderung verlangt wird. Für eine mehr als ein Jahr vor Rechtshängigkeit zurückliegende Zeit kann eine Herabsetzung nach § 238 Abs. 3 S 4 FamFG nicht verlangt werden. 103

Für den gerichtlichen **Vergleich (§ 794 Abs. 1 Nr. 1 ZPO)** gilt nach § 239 FamFG, dass jeder Teil die Abänderung, also auch Abänderung für zurückliegende Zeiträume beantragen kann. 104

Beispiel: Der Antragsteller beantragt in der Antragsschrift – eingegangen bei Gericht am 19. 1. – einen früheren gerichtlichen Vergleich ab November des vorangegangenen Jahres dahingehend abzuändern, dass der Beklagte anstelle der darin vereinbarten 700,00 EUR nur noch 500,00 EUR monatlichen Unterhalt zahlt. 105

Verfahrenswert: 3.000,00 EUR
(12 × 200,00 EUR – Differenzbetrag zwischen 700,00 EUR und 500,00 EUR – = 2.400,00 EUR
+ Rückstände 3 – Monate November bis Januar – × 200,00 EUR = 600,00 EUR insgesamt: 3.000,00 EUR
– § 23 Abs. 1 S. 1 RVG → § 51 Abs. 1 und Abs. 2 FamGKG).

2.3.1.2 Antrag und Widerantrag

106 Auch **Antrag** und **Widerantrag** (**Klage** und **Widerklage**) können in einem Unterhaltsverfahren vorkommen. Verlangt der Antragsteller in seinem Antrag die Erhöhung des titulierten Unterhaltes, während die Antragsgegnerin mit dem Widerantrag die Herabsetzung des titulierten Betrages fordert, dann sind die Verfahrenswerte von Antrag und Widerantrag zu addieren, weil Antrag und Widerantrag nicht denselben (Unterhalts-)Gegenstand betreffen. Der Rechtsanwalt berechnet seine Gebühren aus dem zusammengerechneten Wert von Antrag und Widerantrag – § 39 Abs. 1 S. 1 FamGKG (→ Kap. E Rn. 118 ff. für Klage und Widerklage in einem bürgerlichen Rechtsstreit).

107 **Beispiel:** Die Antragstellerin beantragt die Abänderung eines Unterhaltsvergleiches, wonach der Antragsgegner an sie monatlich 500,00 EUR Unterhalt zu zahlen hat. Sie verlangt mit ihrem Antrag monatlichen Unterhalt ab August von 700,00 EUR. Der Antrag geht am 4. Dezember bei Gericht ein.

Der Antragsgegner reicht am 14. Januar seinerseits einen Widerantrag ein und beantragt den Unterhaltsvergleich dahingehend abzuändern, dass er ab September des vorangegangenen Jahres nur noch monatlichen Unterhalt von 400,00 EUR zu zahlen hat.

Verfahrenswert des **Antrags:** 3.400,00 EUR
(12 × 200,00 EUR – Differenz 500,00 EUR zu 700,00 EUR – = 2.400,00 EUR
+ Rückstände August bis Dezember 5 Monate á 200,00 EUR = 1.000,00 EUR
– § 23 Abs. 1 S. 1 RVG → § 51 Abs. 1 und Abs. 2 FamGKG).
Verfahrenswert des **Widerantrags:** 1.700,00 EUR
(12 × 100,00 EUR – Differenz 500,00 EUR zu 400,00 EUR – = 1.200,00 EUR
+ Rückstände September bis Januar 5 Monate á 100,00 EUR = 500,00 EUR
– § 23 Abs. 1 S. 1 RVG → § 51 Abs. 1 und Abs. 2 FamGKG).

Verfahrenswert für die **Anwaltsgebühren:** 5.100,00 EUR
(Addition der Werte von Antrag 3.400,00 EUR und Widerantrag 1.700,00 EUR gemäß § 39 Abs. 1 S. 1 FamGKG).

108 Die Werte von Antrag und Widerantrag sind nicht zusammenzurechnen, wenn Antrag und Widerantrag denselben Gegenstand betreffen. Dann gilt gemäß § 39 Abs. 1 S. 3 FamGKG nur der Wert des höheren Anspruches (→ Kap. E Rn. 118 ff.).

2.3.1.3 Unterhalt als Prozentsatz des jeweiligen Mindestunterhalts

109 Nach § 1612a BGB kann ein minderjähriges Kind von einem Elternteil, mit dem es nicht in einem Haushalt lebt, den **Unterhalt als Prozentsatz** des **jeweiligen Mindestunterhalts** verlangen. Wie der Mindestunterhalt zu berechnen ist, ergibt sich aus § 1612a BGB. Dieser ist nach dem Alter des unterhaltsberechtigten Kindes gestaffelt. Zu berücksichtigen ist, dass sich das Kindergeld unter Umständen mindernd auf die Höhe des Unterhaltsbetrags auswirkt (§ 1612b BGB).

110 Gemäß § 51 Abs. 1 S. 2 FamGKG gilt auch in den Fällen, in denen Unterhalt als Prozentsatz des jeweiligen Mindestunterhaltes verlangt wird, grundsätzlich der für die ersten 12 Monate nach Einreichung des Antrages geforderte Betrag, also der Jahresbetrag als Verfahrenswert. Berechnungsgrundlage für den Jahresbetrag ist der Monatsbetrag des Mindestunterhalts, der im Zeitpunkt der Einreichung des Antrages maßgebend ist (§ 51 Abs. 1 S. 2 FamGKG). Ist das unterhaltsberechtigte Kind während der 12 Monate nach Antragseinreichung in die nächste Altersstufe einzustufen, bleibt dies beim Verfahrenswert unberücksichtigt. Maßgebend für die Bestimmung des Verfahrenswertes ist die Altersstufe, die im Zeitpunkt der Einreichung des Antrages

anzunehmen ist. Werden 150 % des jeweiligen Mindestunterhalts als Unterhalt gefordert, so sind auch diese 150 % des Mindestunterhalts, der zum Zeitpunkt der Antragseinreichung maßgebend ist, als Berechnungsgrundlage für den Jahresbetrag anzunehmen.

Beispiel: Mit dem Antrag auf Zahlung von Unterhalt werden für das 13-jährige Kind im Oktober 2017 Unterhaltsansprüche ab August 2017 in Höhe von 150 % des jeweiligen Mindestunterhalts nach § 1612a BGB geltend gemacht. 111

Der Antrag wird am 14. Oktober 2017 bei dem Amtsgericht – Familiengericht – Köln eingereicht. Sowohl die Antragstellerin als auch der Antragsgegner leben in Köln.

Der Mindestunterhalt beträgt nach § 1612 a Abs. 1, 4 BGB iVm § 1 der Mindestunterhaltsverordnung[54] in der 3. Altersstufe ab dem 1.1.2017: 460,00 EUR.

Im Antrag werden 150 % dieses Mindestunterhaltes geltend gemacht, also: 460,00 EUR × 150 % = 690,00 EUR. Hierauf anzurechnen ist ½ des Kindergeldes von 192,00 EUR, also 96,00 EUR (§ 1612b Abs. 1 S. 1 Nr. 1 BGB), so dass verbleiben: 690 EUR – 96,00 EUR = 594,00 EUR
594,00 EUR × 12 – Monate – = 7.128,00 EUR
+ Rückstände 3 – Monate August bis Oktober – × 594,00 EUR = 1.782,00 EUR
Verfahrenswert: 8.910,00 EUR (7.128,00 EUR + 1.782,00 EUR)
(§ 23 Abs. 1 S. 1 RVG → § 51 Abs. 1 und Abs. 2 FamGKG).

Auch im Falle der Geltendmachung von Kindesunterhalt als Prozentsatz des Mindestunterhalts nach § 1612a BGB werden Rückstände gemäß § 51 Abs. 2 FamGKG mit bei der Berechnung des Verfahrenswertes berücksichtigt. Diese sind zu dem Jahresbetrag zu addieren. Es fließen die tatsächlich als Rückstand zu zahlenden Beträge in die Addition ein. 112

Das Vorstehende gilt auch, wenn Unterhalt als Vomhundertsatz des jeweiligen Mindestunterhalts nach § 1612a BGB **im vereinfachten Verfahren** über den Unterhalt Minderjähriger gemäß §§ 249 ff. FamFG geltend gemacht wird. 113

2.3.1.4 Unterhalt für die Dauer des Getrenntlebens und nachehelicher Unterhalt

Zu unterscheiden ist zwischen 114

- dem Unterhalt für die **Dauer des Getrenntlebens** (§ 1361 BGB)
- dem Unterhalt für die **Zeit nach der Scheidung** der Ehe (§§ 1569 ff. BGB).

Es handelt sich um zwei völlig voneinander getrennte Gegenstände, so dass jeder mit einem gesonderten Verfahrenswert zu bewerten ist. Voraussetzung ist natürlich, dass der Rechtsanwalt auftragsgemäß wegen dieser beiden Verfahrensgegenstände tätig wird.[55]

Nach OLG Bamberg[56] sind der Unterhalt für die Dauer des Getrenntlebens und der Unterhalt für die Zeit nach der Scheidung auch dann jeweils mit einem eigenen Verfahrenswert zu bewerten, wenn die Gegenstände nicht anhängig waren und in einem Vergleich einheitlich behandelt werden. 115

Wird in einer Angelegenheit zunächst Unterhalt für die Dauer des Getrenntlebens geltend gemacht, so ist hierfür der Jahresbetrag + Rückstände als Verfahrenswert den Anwaltsgebühren zugrunde zu legen.[57] 116

Wird in derselben Sache noch nachehelicher Unterhalt verlangt, so ist hierfür noch einmal – also gesondert – der Jahresbetrag + Rückstände als Verfahrenswert anzunehmen.

Ob die Verfahrenswerte zu addieren sind und von dem zusammengerechneten Wert die Gebühren einmal entstehen, oder ob nach den jeweiligen – getrennten – Verfahrenswerten gesonderte Gebühren entstehen, hängt davon ab, ob die beiden Gegen- 117

54 Mindestunterhaltsverordnung vom 3.12.2015 (BGBl. I S. 2188).
55 N. Schneider, Gebühren in Familiensachen, Rn. 2173.
56 OLG Bamberg Beschluss vom 13. 5. 2011 – 2 WF 121/11 – JurBüro 2011, 418.
57 Groß § 8 Rn. 43 ff.

stände – Getrenntlebensunterhalt/nachehelicher Unterhalt – in einem Verfahren anhängig sind oder ob sie in zwei getrennten Verfahren verfolgt werden.

Sind sie in einem Verfahren anhängig, so entstehen nach dem zusammengerechneten Verfahrenswert die Gebühren nur einmal.[58] In der Praxis wird es aber wohl kaum vorkommen, dass die beiden Gegenstände in einem Verfahren nebeneinander anhängig sind. Dies wird schon daran scheitern, dass der Getrenntlebensunterhalt nicht in den Verbund einbezogen werden kann. Im Verbund können nur Verfahren anhängig sein, in denen eine Entscheidung für den Fall der Scheidung getroffen werden soll. Dies ist eben beim Getrenntlebensunterhalt nicht der Fall. Hier wird Unterhalt für die Dauer des Getrenntlebens vor der Scheidung geltend gemacht und nicht Unterhalt für den Fall der Scheidung.

Dagegen kommt das Verfahren auf Zahlung von nachehelichem Unterhalt stets in den Verbund – natürlich vorausgesetzt, es wird rechtzeitig anhängig gemacht.

Es werden also in der Regel zwei getrennte Verfahren anhängig sein, ein Verfahren auf Zahlung von Unterhalt für die Dauer des Getrenntlebens und ein Verfahren auf Zahlung von nachehelichem Unterhalt. In beiden Verfahren entstehen nach dem jeweiligen Verfahrenswert gesonderte Gebühren.

118 Klarstellend wird darauf hingewiesen, dass der Unterhalt für die Kinder sowohl neben dem Unterhalt für die Dauer des Getrenntlebens als auch neben dem nachehelichen Unterhalt stets mit einem eigenen – gesonderten – Verfahrenswert zu bewerten ist. Beim Kindesunterhalt wird jedoch nicht zwischen Unterhalt für die Dauer des Getrenntlebens und Unterhalt für die Zeit nach der Scheidung unterschieden.

119 **Beispiel:** Zunächst reicht Rechtsanwalt B für seine Mandantin G einen Antrag auf Zahlung von Unterhalt für die Dauer des Getrenntlebens beim Familiengericht ein. Der Antrag wird am 14. 1. beim Familiengericht eingereicht. In ihm wird Unterhalt ab November des vergangenen Jahres in Höhe von monatlich 700,00 EUR verlangt.

Am 14. 3. wird Ehescheidungsantrag gestellt. Gleichzeitig wird ein Antrag auf Zahlung von Kindesunterhalt ab Dezember des vergangenen Jahres in Höhe von 400,00 EUR und Ehegattenunterhalt für die Zeit nach der Scheidung in Höhe von 800,00 EUR gestellt. Die Ehe wird am 15. 7. rechtskräftig geschieden.

Verfahrenswert für das Verfahren wegen Unterhalt für die Dauer des Getrenntlebens:
10.500,00 EUR
(12 × 700,00 EUR = 8.400,00 EUR
\+ Rückstände November bis Januar 3 × 700,00 EUR = 2.100,00 EUR
also Verfahrenswert 8.400,00 EUR + 2.100,00 EUR = 10.500,00 EUR
– § 23 Abs. 1 S. 1 RVG → § 51 Abs. 1 und Abs. 2 FamGKG).

Vorliegend ist, da die Ehe im Juli rechtskräftig geschieden wird, Unterhalt nur für November bis Juli = 9 Monate zu zahlen. Nach § 51 Abs. 1 S. 1 FamGKG ist der Jahresbetrag als Verfahrenswert dann nicht anzunehmen, wenn der Gesamtbetrag der geforderten Leistungen geringer ist. Man könnte also vorliegend die Meinung vertreten, dass Verfahrenswert für das Verfahren wegen Unterhalt für die Dauer des Getrenntlebens 6.300,00 EUR wäre, nämlich der tatsächlich zu zahlende Unterhalt für November bis Juli = 9 Monate á 700,00 EUR = 6.300,00 EUR. Nach überwiegender Rechtsprechung kommt es aber für die Berechnung des Verfahrenswertes eines Antrages auf Zahlung von Unterhalt auf den Zeitpunkt der Antragseinreichung an. Es ist unbeachtlich, wenn sich bei Beendigung des Verfahrens herausstellt, dass der Unterhalt tatsächlich nur für weniger als ein Jahr geschuldet wird, etwa weil die Ehe der Parteien zu einem früheren Zeitpunkt geschieden wird und damit die Verpflichtung zur Zahlung von Trennungsunterhalt entfällt.[59] Teilweise wird in der Rechtsprechung aber die Auffassung vertreten, dass nicht vom Jahresbetrag auszugehen ist, wenn der Unterhalt tatsächlich nur für einen geringeren Zeitraum zu zahlen ist, wie zB bei einem Antrag auf Zahlung von Unterhalt für die Dauer des Getrenntlebens, wenn Rechtskraft der Scheidung bereits vor Ablauf eines Jahres nach Antragseinreichung eintritt und damit die Verpflichtung zur Zahlung von Trennungsunterhalt entfällt.[60]

---

[58] Kindermann, Die Abrechnung in Ehe- und Familiensachen, Rn. 183.

[59] Schneider/Herget, Streitwert, „Unterhaltssachen" Rn. 8494 mit zahlreichen Rechtsprechungsnachweisen; Groß § 8 Rn. 39.

[60] Schneider/Herget, Streitwert, „Unterhaltssachen" Rn. 8495.

Verfahrenswerte
- **für das Verfahren auf nachehelichen Unterhalt:** 9.600,00 EUR
- **für das Verfahren auf Kindesunterhalt:** 6.400,00 EUR

(nachehelicher Ehegattenunterhalt: 12 × 800,00 EUR = 9.600,00 EUR – keine Rückstände – Kindesunterhalt: 12 × 400,00 EUR = 4.800,00 EUR
+ Rückstände Dezember bis März = 4 – Monate – × 400,00 EUR = 1.600,00 EUR
4.800,00 EUR + 1.600,00 EUR = 6.400,00 EUR
- §23 Abs. 1 S. 1 RVG → §51 Abs. 1 und 2 FamGKG –.
Beide Verfahrenswerte bilden zusammen mit den übrigen Werten der im Verbund anhängigen Verfahren den Verfahrenswert des Verbundes).

Für das Verfahren auf Unterhalt für die Dauer des Getrenntlebens entstehen nach dem Verfahrenswert von 10.500,00 EUR gesonderte Gebühren.

Daneben fallen aus dem Verfahrenswert des Verbundes Gebühren an. Diese sind nicht aufeinander anzurechnen, können also jeweils in vollem Umfange verlangt werden.

2.3.1.5 Unterhaltsverzicht

Im Rahmen eines Scheidungsverfahrens wird häufig zwischen den Eheleuten ein **Unterhaltsverzicht** im Rahmen eines Vergleiches geschlossen. Die Ehegatten können auf nachehelichen Unterhalt (§ 1585c BGB) verzichten, nicht aber auf Unterhalt für die Dauer des Getrenntlebens, nicht auf künftigen Verwandtenunterhalt und auch nicht auf Kindesunterhalt. Wertmäßig ist der in einem Vergleich geregelte Unterhaltsverzicht für die Zukunft in der Regel mit dem Jahresbetrag des Unterhaltes zu bewerten, auf den verzichtet wurde. Es ist also der reale Unterhalt zu ermitteln, der monatlich zu zahlen wäre, wenn es nicht zu dem Verzicht gekommen wäre und dieser reale monatliche Unterhalt ist dann mit 12 Monaten zu multiplizieren.[61] Wird in dem Vergleich auch auf bestehende und geltend gemachte Unterhaltsrückstände verzichtet, so sind auch diese Unterhaltsrückstände mit dem konkret geforderten Betrag zu bewerten und in die Berechnung des Verfahrenswertes einzubeziehen (§ 51 Abs. 2 FamGKG). 120

Die Bewertung des Unterhaltsverzichtes macht in der Praxis auch dann Schwierigkeiten, wenn über die Höhe des möglicherweise einmal zu zahlenden Unterhaltes keine hinreichend sicheren Anhaltspunkte vorhanden sind oder sehr unwahrscheinlich ist, dass überhaupt in Zukunft jemals eine Unterhaltspflicht entstehen wird. Nach ganz überwiegender Ansicht liegt aber auch in diesen Fällen ein wirtschaftlich zu bewertendes „Regelungsinteresse" vor. Dieses Regelungsinteresse wird in Rechtsprechung und Literatur zB mit 900 EUR bis 1.000 EUR bewertet.[62] 121

Verzichten beide Parteien gegenseitig (wechselseitig) auf Unterhaltsansprüche, so ist zu beachten, dass zwei Gegenstände vorhanden sind, die bewertet werden müssen: 122
- einmal den Unterhaltsanspruch der Ehefrau gegen den Ehemann
- und zum anderen der Unterhaltsanspruch des Ehemannes gegen die Ehefrau.

Für beide Gegenstände sind die Werte gesondert zu ermitteln und anschließend zu addieren.[63] Ergeben sich hinsichtlich eines Unterhaltsanspruches reale zukünftige Unterhaltsbeträge und ist hinsichtlich des anderen Unterhaltsanspruches eher ungewiss, ob überhaupt und gegebenenfalls in welcher Höhe zukünftige Ansprüche entstehen, so ist der eine Unterhaltsanspruch mit den realen monatlich zukünftigen Beträgen zu bewerten, während der andere Unterhaltsanspruch dann mit einem Wert zwischen 900 EUR und 1.000 EUR zu bewerten ist. Sind bzgl. beider Unterhaltsansprüche keine hinreichend sicheren Anhaltspunkte vorhanden, in welcher Höhe diese einmal entstehen könnten, so sind beide Unterhaltsansprüche jeweils gesondert zu bewerten, also bei einem gegenseitigen Unterhaltsverzicht könnte in diesen Fällen von einem

[61] Groß § 11 Rn. 56 ff.
[62] Groß § 11 Rn. 70 ff. Die Werte variieren in der Literatur und in den ergangenen Entscheidungen!
[63] Groß § 11 Rn. 70 ff.

Wert von zB 2.000 EUR (für jeden Unterhaltsanspruch 1.000 EUR) ausgegangen werden.[64]

123 **Beispiel:** Die Eheleute verzichten im Rahmen eines Scheidungsfolgenvergleiches gegenseitig auf Unterhalt. Beide Eheleute sind berufstätig. Entsprechend dem Einkommen der Eheleute berechnet der Rechtsanwalt den möglichen zukünftigen Unterhaltsanspruch der Frau gegenüber dem Mann auf 700,00 EUR.

Wegen eines möglichen Unterhaltsanspruches der Ehefrau gegen den Ehemann liegen keine hinreichend sicheren Anhaltspunkte vor und es ist zudem sehr unwahrscheinlich, dass überhaupt in Zukunft jemals eine Unterhaltspflicht der Ehefrau gegenüber dem Ehemann entsteht.
Verfahrenswerte für den gegenseitigen Unterhaltsverzicht: 9.627,00 EUR.
(Unterhaltsanspruch der Frau gegen den Mann 700,00 EUR × 12 – Monate – = 8.400,00 EUR;
8.400,00 EUR + 1.227,00 EUR = 9.627,00 EUR).

124 Vergleichen sich die Parteien dahin gehend, dass die Unterhaltsansprüche durch eine einmalige Abfindung für jetzt und die Zukunft abgefunden werden, so bleibt es bei dem Jahreswert des § 51 Abs. 1, 2 FamGKG zuzüglich Rückstände. Der Abfindungsbetrag als solcher hat auf den Verfahrenswert keinen Einfluss, auch dann nicht, wenn der Abfindungsbetrag höher ist als der Jahresbetrag + Rückstände. Es kommt darauf an, **worüber** man sich vergleicht, nicht worauf man sich vergleicht.[65]

Praxistipp:

125 Will der Rechtsanwalt hier seinen Gebühren den Abfindungsbetrag als Verfahrenswert zugrunde legen, so wird er – um Rechtsicherheit zu haben – insoweit mit dem Mandanten eine Vergütungsvereinbarung treffen müssen. In der Vergütungsvereinbarung wird auch vereinbart werden müssen, für welche Gebühren der Abfindungsbetrag als Verfahrenswert anzunehmen sein soll (zB nur für die Verfahrens- und die Einigungsgebühr oder für alle Gebühren).

126 **Beispiel:** Die Ehefrau hat gegen den Ehemann einen monatlichen Unterhalt von 1.000,00 EUR eingeklagt. Die Klage ging am 14. 1. bei Gericht ein. Unterhalt wird ab dem Monat August des vorangegangenen Jahres verlangt. Die Parteien vergleichen sich im März auf eine Kapitalabfindung betreffend den Unterhalt von 120.000,00 EUR.
Verfahrenswert: 18.000,00 EUR
(12 × 1.000,00 EUR = 12.000,00 EUR
+ Rückstände August bis Januar = 6 Monate á 1.000,00 EUR = 6.000,00 EUR
– § 23 Abs. 1 S. 1 RVG – § 51 Abs. 1 und Abs. 2 FamGKG).

127 *Groß*[66] erörtert, dass, wenn eine Kapitalabfindung (Grundlage § 1585 Abs. 2 BGB) anstatt monatlicher Unterhaltszahlungen gefordert wurde, sich der geforderte Abfindungsbetrag auch im Verfahrenswert wiederfinden muss.

Groß[67] beschreibt auch, dass wenn die Gegenleistung (Abfindung) sogar über dem Kapitalisierungsbetrag (nicht dem Jahresbetrag) liegt, sich der Abfindungsbetrag – soweit er den Kapitalisierungsbetrag – übersteigt, zumindest bei der Bestimmung des Verfahrenswertes für den Vergleich Berücksichtigung finden muss.

---

[64] Groß § 11 Rn. 70 ff.

[65] Groß § 11 Rn. 70 ff.; Madert/Müller-Rabe, Kostenhandbuch Familiensachen B. V. 13. Rn. 72; jeweils mit weiteren Nachweisen auch zur Gegenmeinung, wonach der zu zahlende Abfindungsbetrag als Gegenstandswert für den Vergleich anzunehmen ist; Kindermann, Die Abrechnung in Ehe- und Familiensachen Rn. 142 bis 148 mit kritischen Ausführungen zu der Meinung, dass nur der Jahresbetrag zzgl. Rückstände Gegenstandswert sein sollen und nicht die höhere Kapitalabfindung; Schneider/Herget, Streitwert, „Unterhaltssachen" Rn. 8509 ff.

[66] Groß § 11 Rn. 61.

[67] Groß § 11 Rn. 61 ff.

2.3.2 Unterhalt als einstweilige Anordnung

Ist in einer Unterhaltssache eine einstweilige Anordnung anhängig, so bestimmt sich der Verfahrenswert nach § 41 FamGKG. 128

Auszug aus dem FamGKG

§ 41 129

Einstweilige Anordnung

Im Verfahren der einstweiligen Anordnung ist der Wert in der Regel unter Berücksichtigung der geringeren Bedeutung gegenüber der Hauptsache zu ermäßigen. Dabei ist von der Hälfte des für die Hauptsache bestimmten Werts auszugehen.

Für ein Verfahren der einstweiligen Anordnung ist der Verfahrenswert **geringer** anzusetzen, **als** der **Verfahrenswert** in **der Hauptsache**. Nach § 41 S. 2 FamGKG ist hier von der **Hälfte** des für die Hauptsache bestimmten Wertes auszugehen. 130

In Unterhaltssachen im Sinne des § 51 FamGKG bestimmt sich der Verfahrenswert für ein Hauptsacheverfahren nach dem für die ersten 12 Monate nach Einreichung des Zahlungsantrags geforderten Betrags; hinzukommen die bis zur Einreichung des Zahlungsantrags geforderten Rückstände (§ 51 Abs. 1 und 2 FamGKG). Die Hälfte der in der Hauptsache für die ersten 12 Monate nach Einreichung des Zahlungsantrages geforderten Beträge plus der Rückstände ist danach in der Regel als Verfahrenswert für ein einstweiliges Anordnungsverfahren in Unterhaltssachen anzunehmen. 131

Wird in dem Antrag auf Erlass einer einstweiligen Anordnung ein geringerer monatlicher Betrag gefordert, als in der Hauptsache, bleibt es meines Erachtens dennoch dabei, dass die Hälfte des Wertes der Hauptsache als Verfahrenswert für das einstweilige Anordnungsverfahren anzusetzen ist.[68] 132

Beispiel: Im Wege der einstweiligen Anordnung wird Unterhalt in Höhe von monatlich 500,00 EUR verlangt. 133

Daneben ist ein Verfahren zur Hauptsache anhängig, in welchem monatlicher Unterhalt von 750,00 EUR zuzüglich Rückstände für drei Monate verlangt wird.

Verfahrenswert für die Hauptsache: 11.250,00 EUR
(12 × 750,00 EUR = 9.000,00 EUR
+ Rückstände 3 Monate á 750,00 EUR = 2.250,00 EUR)
– § 23 Abs. 1 S. 1 RVG → § 51 Abs. 1 und 2 FamGKG –.

Verfahrenswert für die einstweilige Anordnung: 5.625,00 EUR
(½ des Verfahrenswertes der Hauptsache von 11.250,00 EUR
– § 23 Abs. 1 S. 1 RVG → § 41 FamGKG –)

Hier ist für die einstweilige Anordnung meines Erachtens die Hälfte des Verfahrenswertes der Hauptsache als Verfahrenswert anzunehmen und nicht nur 6 – Monate – à 500,00 EUR = 3.000,00 EUR.

Wenn zu der einstweiligen Anordnung keine Hauptsache anhängig ist und auch keine anhängig wird, stellt sich die Frage, was als Berechnungsgrundlage für den Verfahrenswert für das einstweilige Anordnungsverfahren anzunehmen ist: Der in der einstweiligen Anordnung geforderte monatliche Unterhalt oder wird man dann hingehen und prüfen müssen, welcher Unterhalt in einem Hauptsacheverfahren geltend gemacht worden wäre und dann den Verfahrenswert des „fiktiven" Hauptsacheverfahrens berechnen und davon dann die Hälfte als Verfahrenswert für das einstweilige Anordnungsverfahren annehmen müssen. 134

---

[68] Hartung/Schons/Enders § 23 Rn. 104.

135 **Beispiel:** Im Wege der einstweiligen Anordnung wird Unterhalt in Höhe von monatlich 500,00 EUR verlangt. Ein Verfahren zur Hauptsache ist und wird nicht anhängig. In der einstweiligen Anordnung wurde der maximal mögliche Unterhalt gefordert.

Verfahrenswert: 3.000,00 EUR
(6 × 500,00 EUR = 3.000,00 EUR
– § 23 Abs. 1 S. 1 RVG → § 51 Abs. 1 und 2 FamGKG → § 41 FamGKG).

136 Wird durch die einstweilige Anordnung die Hauptsache vorweg genommen, ist nach OLG Düsseldorf[69] der volle Hauptsachewert für das einstweilige Anordnungsverfahren anzunehmen. Dies könnte zB der Fall sein, wenn in dem Verfahren über die einstweilige Anordnung ein Vergleich geschlossen wird, worin die Parteien den Unterhalt endgültig regeln und es folglich keines Zahlungsantrages in der Hauptsache mehr bedarf.

Werden in einer einstweiligen Anordnung – ausnahmsweise – auch Rückstände mit geltend gemacht, sind die bis zur Einreichung des Antrages auf Erlass der einstweiligen Anordnung fälligen Beträge mit in die Berechnung des Verfahrenswertes einzubeziehen.[70]

Die Wertvorschrift des § 41 FamGKG schreibt den Verfahrenswert für eine einstweilige Anordnung nicht auf die Hälfte des Verfahrenswertes der Hauptsache fest, sondern lässt auch höhere oder niedrige Verfahrenswerte für eine einstweilige Anordnung zu.[71]

2.4 Versorgungsausgleichssachen

137 Der Verfahrenswert für den Versorgungsausgleich bestimmt sich nach § 50 FamGKG.

Auszug aus dem FamGKG

138

§ 50
Versorgungsausgleichssachen

(1) In Versorgungsausgleichssachen beträgt der Verfahrenswert für jedes Anrecht 10 Prozent, bei Ausgleichsansprüchen nach der Scheidung für jedes Anrecht 20 Prozent des in drei Monaten erzielten Nettoeinkommens der Ehegatten. Der Wert nach Satz 1 beträgt ingesamt mindestens 1000 Euro.

(2) In Verfahren über einen Auskunftsanspruch oder über die Abtretung von Versorgungsansprüchen beträgt der Verfahrenswert 500 Euro.

(3) Ist der nach den Absätzen 1 und 2 bestimmte Wert nach den besonderen Umständen des Einzelfalls unbillig, kann das Gericht einen höheren oder einen niedrigeren Wert festsetzen.

139 In Versorgungsausgleichssachen ist der Verfahrenswert mit **10 % des in drei Monaten erzielten Nettoeinkommens der Ehegatten für jedes Anrecht** anzunehmen. In Ausnahmefällen, nämlich bei Ausgleichsansprüchen nach der Scheidung sind 20 % des in drei Monaten erzielten Nettoeinkommens der Ehegatten für das betreffende Verfahren über den Versorgungsausgleich als Verfahrenswert anzunehmen.[72] Der Verfahrenswert beträgt insgesamt mindestens 1.000 EUR.

140 Zunächst ist für die Wertbestimmung das in drei Monaten erzielte Nettoeinkommen beider Ehegatten zu ermitteln. Es kann hier nicht einfach auf den für die Ehesache (Scheidung) festgesetzten Verfahrenswert zurückgegriffen werden. Denn bei der Bestimmung des Verfahrenswertes für die Ehesache ist nicht vom reinen Nettoein-

[69] OLG Düsseldorf JurBüro 2010, 305.
[70] OLG Köln AGS 2010, 618.
[71] Brandenburgisches OLG JurBüro 2010, 368.
[72] → Kap. H Rn. 145.

kommen der Parteien für drei Monate auszugehen. In der Regel werden bei dem Verfahrenswert für die Ehesache Abzüge für unterhaltsberechtigte Kinder gemacht. Oder die Vermögensverhältnisse der Parteien wirken sich werterhöhend aus. Unter Umständen sind bei dem Verfahrenswert für die Eheleute auch Zu- oder Abschläge wegen des Umfangs der Sache oder der Bedeutung der Sache für die Parteien berücksichtigt worden. All diese Komponenten, die nach § 43 Abs. 1 FamGKG bei der Bestimmung des Wertes für die Ehesache (Scheidung) zu berücksichtigen sind,[73] sind bei der Bestimmung des Verfahrenswertes für den Versorgungsausgleich nicht zu beachten.[74] Hier ist vom reinen Nettoeinkommen, das beide Ehegatten in drei Monaten erzielen, auszugehen.

Schwanken die Einkommen der Ehegatten stark, kann meines Erachtens sowohl vertreten werden, dass das Nettoeinkommen der Ehegatten bei Antragstellung (Einreichung des Scheidungsantrages) anzusetzen ist (§ 34 S. 1 FamGKG) oder aber das – höhere – Nettoeinkommen der Ehegatten bei Entscheidung des Versorgungsausgleiches (§ 34 S. 2 FamGKG iVm § 11 Abs. 1 Ziffer 1 FamGKG).[75] 141

Für jedes Anrecht, das Gegenstand des Versorgungsausgleiches ist, sind 10 % des in drei Monaten erzielten Nettoeinkommens der Ehegatten als Verfahrenswert anzunehmen. Zu berücksichtigen sind also sowohl die von dem Ehemann als auch die von der Ehefrau erworbenen Anrechte. Unerheblich ist, ob aus dem Anrecht letztlich auch Anwartschaften zu übertragen sind oder ob sich hieraus keine zu übertragenden Anwartschaften ergeben. Schon in der Gesetzesbegründung stellt der Gesetzgeber klar, dass jedes verfahrensgegenständliche Anrecht bei der Bestimmung des Verfahrenswertes zu berücksichtigen ist.[76] Nicht zu berücksichtigen sind allerdings vermeintliche Anrechte (zB aus einer Kapitallebensversicherung), die keine für den Versorgungsausgleich in Betracht zu ziehende Anrechte iSd VersAusglG sein können. 142

Beispiel: Zwischen den Eheleuten ist eine Ehesache (Scheidung) anhängig. Im Verbund mit anhängig ist der Versorgungsausgleich. 143

Der Ehemann hat Anrechte erworben
- in der gesetzlichen Rentenversicherung
- in einer betrieblichen Altersversorgung
- im Rahmen eines abgeschlossenen Riester-Renten-Vertrags.

Die Ehefrau hat Anrechte erworben
- im Rahmen der gesetzlichen Rentenversicherung
- im Rahmen einer betrieblichen Altersversorgung.

Das monatliche Nettoeinkommen beider Ehegatten beläuft sich auf 4.000,00 EUR. Auszugehen für die Bestimmung des Verfahrenswertes für den Versorgungsausgleich ist von dem in drei Monaten erzielten Nettoeinkommen beider Ehegatten, hier also von 3 × 4.000,00 EUR = 12.000,00 EUR. Gegenstand des Versorgungsausgleiches sind hier fünf Anrechte. Für jedes Anrecht sind 10 %, hier also 5 × 10 % = 50 % von dem in drei Monaten erzielten Nettoeinkommen beider Ehegatten anzusetzen. Hier also 50 % von 12.000,00 EUR = 6.000,00 EUR. Der Verfahrenswert für den Versorgungsausgleich beläuft sich auf 6.000,00 EUR. Mit diesem Verfahrenswert fließt die Folgesache Versorgungsausgleich in den Gesamtwert des Verbundes ein.

Der Verfahrenswert für den Versorgungsausgleich ist mit **mindestens 1.000 EUR** anzusetzen (§ 50 Abs. 1 S. 2 FamGKG). Es ist aber nicht jedes Anrecht mit mindestens 1.000 EUR zu bewerten, sondern wenn die Berechnung (ausgehend von 10 % für jedes Anrecht des in drei Monaten erzielten Nettoeinkommens der Ehegatten) weniger als 1.000 EUR ergibt, dann ist ein Verfahrenswert von mindestens 1.000 EUR anzunehmen. 144

---

[73] → Kap. H Rn. 29 ff.

[74] OLG Koblenz JurBüro 2011, 305: Abzüge für unterhaltsberechtigte Kinder sind bei der Bestimmung des Verfahrenswertes für den Versorgungsausgleich nicht zu machen; Anderer Meinung: AG Ludwigslust JurBüro 2010, 476 mit abl. Anmerkung von Enders.

[75] Hartung/Schons/Enders § 23 Rn. 96.

[76] BT-Drucksache 16/11 903 vom 11. 2. 2009 Begründung zu § 50 VAStrRefG; Enders JurBüro 2009, 337 (341); Hartung/Schons/Enders § 23 Rn. 97; OLG Stuttgart AGS 2010, 620.

145 Bei **Ausgleichsansprüchen** nach der Scheidung ist der Verfahrenswert mit **20 %** des in drei Monaten erzielten Nettoeinkommens der Ehegatten für jedes Anrecht anzusetzen. Meines Erachtens greift diese Regelung nur, wenn das Versorgungsausgleichsverfahren erst nach Scheidung der Ehe eingeleitet wird. Dies kann etwa der Fall sein, wenn ein geschiedener Ehegatte einen Anspruch auf eine schuldrechtliche Ausgleichsrente hat (etwa bei einer erst später unverfallbar gewordenen betrieblichen Altersversorgung oder Beteiligung eines ausländischen Versorgungsträgers).[77]

2.5 Haushaltssachen

146 Seit Inkrafttreten der Reform des Verfahrensrechts in Familiensachen spricht der Gesetzgeber nicht mehr von Hausratssachen, sondern von Haushaltssachen. Haushaltssachen sind solche Sachen, in denen ein Ehegatte von dem anderen Ehegatten die ihm gehörenden Haushaltsgegenstände herausverlangt oder verlangt, dass im gemeinsamen Eigentum stehende Haushaltsgegenstände ihm überlassen und übereignet werden.

2.5.1 Haushaltssachen als selbstständige Familiensachen oder als Folgesachen im Verbund

147 Der Verfahrenswert für Haushaltssachen ist in § 48 Abs. 2 FamGKG geregelt. Dieser unterscheidet zwischen Haushaltssachen bei Getrenntleben der Eheleute und Haushaltssachen, die anlässlich der Scheidung anhängig werden.

Für die Bestimmung des Verfahrenswertes in Haushaltssachen ist es unerheblich, ob die Haushaltssache als selbstständige (isolierte) Familiensache oder als Folgesache im Verbund anhängig wird.

Auszug aus dem FamGKG

148 **§ 48**

(2) In Haushaltssachen nach § 200 Absatz 2 Nummer 1 des Gesetzes über das Verfahren in Familiensachen und in den Angelegenheiten der freiwilligen Gerichtsbarkeit beträgt der Wert 2.000 €, in Haushaltssachen nach § 200 Absatz 2 Nummer 2 des Gesetzes über das Verfahren in Familiensachen und in den Angelegenheiten der freiwilligen Gerichtsbarkeit 3.000 €.

(3) Ist der nach den Absätzen 1 und 2 bestimmte Wert nach den besonderen Umständen des Einzelfalls unbillig, kann das Gericht einen höheren oder einen niedrigeren Wert festsetzen.

149 § 48 Abs. 2 FamGKG unterscheidet:
- Haushaltssachen nach § 200 Abs. 2 Nr. 1 FamFG (bei Getrenntleben der Eheleute)
- Haushaltssachen nach § 200 Abs. 2 Nr. 2 FamFG (Sachen die anlässlich der Scheidung anhängig werden).

Es ergeben sich unterschiedliche Werte.

150 In § 200 Abs. 2 Nr. 1 FamFG wird auf § 1361a BGB verwiesen. Danach kann, wenn die Ehegatten **getrennt leben** jeder von ihnen die ihm gehörenden Haushaltsgegenstände von dem anderen Ehegatten herausverlangen. Haushaltsgegenstände, die den Ehegatten gemeinsam gehören, sind zwischen ihnen nach den Grundsätzen der Billigkeit zu verteilen (§ 1361a Abs. 2 BGB). Können sich die Ehegatten nicht einigen, so entscheidet das zuständige Gericht. Für eine Haushaltssache nach § 200 Abs. 2 Nr. 1 FamFG bestimmt § 48 Abs. 2 S. 1 FamGKG einen Verfahrenswert von **2.000 EUR.**

151 In § 200 Abs. 2 Nr. 2 FamFG wird auf § 1568b BGB verwiesen. Danach kann jeder Ehegatte verlangen, dass ihm der andere Ehegatte **anlässlich der Scheidung** die im gemeinsamen Eigentum stehenden Haushaltsgegenstände überlässt und übereignet,

[77] Hartung/Schons/Enders § 23 Rn. 99; Enders JurBüro 2009, 337 (341).

wenn er auf deren Nutzung unter Berücksichtigung des Wohls der im Haushalt lebenden Kinder und der Lebensverhältnisse der Ehegatten in stärkeren Maße angewiesen ist als der andere Ehegatte oder dies aus anderen Gründen der Billigkeit entspricht. In diesen Fällen ist ein Verfahrenswert von **3.000 EUR** anzusetzen.

Bei den Verfahrenswerten handelt es sich meines Erachtens um Werte, die in der Regel anzusetzen sind. Allerdings eröffnet § 48 Abs. 3 FamGKG die Möglichkeit, dass das Gericht einen höheren oder niedrigeren Wert festsetzt, wenn die „Regelwerte" des § 48 Abs. 2 FamGKG nach den besonderen Umständen des Einzelfalls unbillig sind. Man wird meines Erachtens dann eine Unbilligkeit annehmen können, wenn Haushaltsgegenstände „verteilt" werden, deren Verkehrswert die nach § 48 Abs. 2 FamGKG anzunehmenden Verfahrenswerte bei weitem übersteigt. **152**

2.5.2 Haushaltssachen als einstweilige Anordnung

Ist eine Haushaltssache als einstweilige Anordnung anhängig, so bestimmt sich der Wert nach § 41 FamGKG. Danach ist der Wert in der Regel unter Berücksichtigung der geringeren Bedeutung einer einstweiligen Anordnung gegenüber der Hauptsache zu ermäßigen. In der Regel ist von der Hälfte des für die Hauptsache bestimmten Wertes auszugehen. **153**

Es ist also zunächst zu prüfen, ob als Hauptsache eine Haushaltssache nach § 200 Abs. 2 Nr. 1 oder Nr. 2 FamFG anhängig ist. Ist eine Haushaltssache nach § 200 Abs. 2 Nr. 1 FamFG als Hauptsache anhängig, so ist der Verfahrenswert für die daneben anhängige einstweilige Anordnung auf 1.000 EUR (die Hälfte von 2.000 EUR) anzusetzen. Ist eine Haushaltssache nach § 200 Abs. 2 Nr. 2 FamFG (bei Scheidung) als Hauptsache anhängig, ist für die daneben anhängige einstweilige Anordnung ein Verfahrenswert von 1.500 EUR (die Hälfte von 3.000 EUR) anzunehmen.

Auch der Wert einer einstweiligen Anordnung kann im Einzelfall höher als die Hälfte des für die Hauptsache bestimmten Wertes angesetzt werden. Dies ist meines Erachtens insbesondere dann der Fall, wenn durch eine abschließende Regelung im Verfahren der einstweiligen Anordnung ein Hauptsacheverfahren entbehrlich wird.[78]

2.6 Ehewohnungssachen

Ehewohnungssachen sind solche Sachen, in denen ein Ehegatte von dem anderen Ehegatten verlangt, dass dieser ihm die Ehewohnung oder einen Teil derselben zur alleinigen Nutzung überlässt. Dieses Begehren kann sowohl anlässlich der Trennung der Eheleute als auch anlässlich der Scheidung gestellt werden. **154**

2.6.1 Ehewohnungssachen als selbstständige Familiensachen oder als Folgesachen im Verbund

Der Verfahrenswert für Ehewohnungssachen ist in § 48 Abs. 1 FamGKG geregelt. Dieser unterscheidet zwischen Ehewohnungssachen bei Getrenntleben der Eheleute und Haushaltssachen, die anlässlich der Scheidung anhängig werden. **155**

Für die Bestimmung des Verfahrenswertes in Ehewohnungssachen ist es unerheblich, ob die Ehewohnungssache als selbstständige (isolierte) Familiensache oder als Folgesache im Verbund anhängig wird.

---

[78] So OLG Düsseldorf JurBüro 2010, 305 für den Fall, dass in einem einstweiligen Anordnungsverfahren auf Zahlung von Unterhalt die Hauptsache vorweg genommen wird.

Auszug aus dem FamGKG

156 **§48**

(1) In Ehewohnungssachen nach §200 Absatz 1 Nummer 1 des Gesetzes über das Verfahren in Familiensachen und in den Angelegenheiten der freiwilligen Gerichtsbarkeit beträgt der Verfahrenswert 3.000 EUR, in Ehewohnungssachen nach §200 Absatz 1 Nummer 2 des Gesetzes über das Verfahren in Familiensachen und in den Angelegenheiten der freiwilligen Gerichtsbarkeit 4.000 EUR.

(3) Ist der nach den Absätzen 1 und 2 bestimmte Wert nach den besonderen Umständen des Einzelfalls unbillig, kann das Gericht einen höheren oder einen niedrigeren Wert festsetzen.

157 §48 Abs.1 FamGKG unterscheidet:
- Ehewohnungssachen nach §200 Abs.1 Nr.1 FamFG (bei Getrenntleben der Eheleute)
- Ehewohnungssachen nach §200 Abs.1 Nr.2 FamFG (Sachen die anlässlich der Scheidung anhängig werden).

Es ergeben sich unterschiedliche Werte.

158 In §200 Abs.1 Nr.1 FamFG wird auf §1361b BGB verwiesen. Danach kann, wenn die Ehegatten **getrennt leben** jeder von ihnen verlangen, dass ihm der andere Ehegatte die Ehewohnung oder einen Teil derselben zur alleinigen Benutzung überlässt. Für eine Ehewohnungssache nach §200 Abs.1 Nr.1 FamFG bestimmt §48 Abs.1 S.1 FamGKG einen Verfahrenswert von **3.000 EUR.**

159 In §200 Abs.1 Nr.2 FamFG wird auf §1568a BGB verwiesen. Danach kann ein Ehegatte verlangen, dass ihm der andere Ehegatte **anlässlich der Scheidung** die Ehewohnung überlässt, wenn er auf deren Nutzung unter Berücksichtigung des Wohls der im Haushalt lebenden Kinder und der Lebensverhältnisse der Ehegatten in stärkerem Maße angewiesen ist als der andere Ehegatte. In diesen Fällen ist ein Verfahrenswert von **4.000 EUR** anzusetzen.

160 Bei den Verfahrenswerten handelt es sich meines Erachtens um Werte, die in der Regel anzusetzen sind. Allerdings eröffnet §48 Abs.3 FamGKG die Möglichkeit, dass das Gericht einen höheren oder niedrigeren Wert festsetzt, wenn die „Regelwerte" des §48 Abs.1 FamGKG nach den besonderen Umständen des Einzelfalls unbillig sind. Man wird meines Erachtens dann eine Unbilligkeit annehmen können, wenn die Nutzung an einer Ehewohnung „geregelt" wird, deren – notfalls geschätzter – Jahresmietwert im groben Missverhältnis zu den in §48 Abs.1 FamGKG bestimmten Werten steht.

2.6.2 Ehewohnungssachen als einstweilige Anordnung

161 Ist eine Ehewohnungssache als einstweilige Anordnung anhängig, so bestimmt sich der Verfahrenswert nach §41 FamGKG. Danach ist der Wert in der Regel unter Berücksichtigung der geringeren Bedeutung einer einstweiligen Anordnung gegenüber der Hauptsache zu ermäßigen. In der Regel ist von der Hälfte des für die Hauptsache bestimmten Wertes auszugehen.

Es ist also zunächst zu prüfen, ob als Hauptsache eine Ehewohnungssache nach §200 Abs.1 Nr.1 oder Nr.2 FamFG anhängig ist. Ist eine Ehewohnungssache nach §200 Abs.1 Nr.1 FamFG als Hauptsache anhängig, so ist der Verfahrenswert für die daneben anhängige einstweilige Anordnung auf 1.500 EUR (die Hälfte von 3.000 EUR) anzusetzen. Ist eine Ehewohnungssache nach §200 Abs.1 Nr.2 FamFG (bei Scheidung) als Hauptsache anhängig, ist für die daneben anhängige einstweilige Anordnung ein Verfahrenswert von 2.000 EUR (die Hälfte von 4.000 EUR) anzunehmen.

Auch der Wert einer einstweiligen Anordnung kann im Einzelfall höher als die Hälfte des für die Hauptsache bestimmten Wertes angesetzt werden. Dies ist meines

Erachtens insbesondere dann der Fall, wenn durch eine abschließende Regelung im Verfahren der einstweiligen Anordnung ein Hauptsacheverfahren entbehrlich wird.[79]

2.7 Zugewinnausgleichssachen

Leben die Eheleute während der Ehe im gesetzlichen Güterstand der Zugewinngemeinschaft, so hat der Ehegatte mit dem höheren Zugewinn dem anderen Ehepartner die Hälfte des überschüssigen Betrages zu zahlen. Diese Verfahren auf Zahlung des Zugewinnausgleiches können sowohl als selbstständiges (isoliertes) Verfahren als auch als Folgesache im Rahmen des Verbundes anhängig sein. Als Verfahrenswert ist immer, also unabhängig davon, ob das Verfahren als selbstständiges (isoliertes) Verfahren oder als Folgesache im Verbund anhängig ist, der eingeklagte/geforderte Betrag maßgebend[80] (§ 23 Abs. 1 S. 1 RVG, § 35 FamGKG). Gegenstand einer einstweiligen Anordnung kann der Anspruch auf Zugewinnausgleich nicht sein. 162

Nicht der gesamte Zugewinn ist als Verfahrenswert den Anwaltsgebühren zugrunde zu legen, sondern nur der eingeklagte/geforderte Betrag. Es kommen also vorliegend die Grundsätze wie bei einer „ganz normalen" Zahlungsklage zur Anwendung. 163

Beispiel: Das Vermögen der Ehefrau hat sich während der Ehezeit von 30.000,00 EUR auf 50.000,00 EUR erhöht. Zugewinn somit 20.000,00 EUR. 164

Das Vermögen des Ehemannes hat sich während der Ehezeit um 70.000,00 EUR erhöht.

Differenz zwischen Zugewinn Ehefrau und Zugewinn Ehemann (70.000,00 EUR – 20.000,00 EUR =) 50.000,00 EUR. Hiervon steht der Ehefrau 1/2 = 25.000,00 EUR zu. Sie macht einen Antrag auf Zahlung von 25.000,00 EUR beim Familiengericht anhängig.
Verfahrenswert: 25.000,00 EUR
(§ 23 Abs. 1 S. 1 RVG → § 35 FamGKG).

Praxistipp:

Es empfiehlt sich dann eine Vergütungsvereinbarung, wenn abzusehen ist, da sich rechnerisch kein Zugewinn und damit auch keine Ausgleichsforderung ergeben könnte. Denn dann hätte der Rechtsanwalt unter Umständen erheblichen Arbeitsaufwand (Bestimmung der jeweiligen Anfangs- und Endvermögen/Berechnung der Zugewinnausgleichsforderung) in die Sache investiert und könnte – wenn sich keine Ausgleichsforderung ergeben würde – unter Umständen nur den Mindestwert von 500 EUR für seine Gebühren ansetzen. 165

Nennt die Mandantin einen konkreten Betrag, der als Ausgleichsforderung geltend gemacht werden soll, ist dieser Betrag als Verfahrenswert anzunehmen. Macht die Gegenseite eine konkrete Ausgleichsforderung geltend und wird der Rechtsanwalt beauftragt, diese Forderung für seinen Mandanten abzuwehren, ist dieser Betrag als Verfahrenswert maßgebend. 166

Bevor die Höhe des Anspruchs auf Zugewinn beziffert werden kann, ist es erforderlich, dass die Ehegatten Auskunft über ihr Anfangs- und ihr Endvermögen erteilen, damit daraus dann der Zugewinn errechnet werden kann. Erteilt ein Ehegatte die Auskunft nicht freiwillig, kann der andere Ehegatte einen Antrag bei dem Familiengericht stellen, ihm aufzugeben, die Auskunft zu erteilen. Der Verfahrenswert für einen derartigen Auskunftsantrag beläuft sich auf ein Bruchteil des zu erwartenden Ausgleichsanspruches. In der Praxis wird dieser Bruchteil meist zwischen $\frac{1}{10}$ bis $\frac{1}{4}$ in Ansatz gebracht.[81] Je weniger der anspruchsstellende Ehegatte über Anfangs- und 167

---

[79] So OLG Düsseldorf JurBüro 2010, 305 für den Fall, dass in einem einstweiligen Anordnungsverfahren auf Zahlung von Unterhalt die Hauptsache vorweg genommen wird.

[80] Hartung/Schons/Enders § 23 Rn. 105; Schneider/Herget, Streitwert, „Zugewinngemeinschaft" Rn. 9099; N. Schneider, Gebühren in Familiensachen, Rn. 2545.

[81] Schneider/Herget, Streitwert, „Auskunftsanspruch" Rn. 1391 und „Stufenklage" Rn. 5075; → Kap. E Rn. 93.

Endvermögen des anderen Ehegatten weiß, desto höher ist der Bruchteil in Ansatz zu bringen.

168 **Beispiel:** Die Ehefrau hat gegenüber dem Ehemann beim Familiengericht einen Antrag auf Auskunftserteilung über sein Anfangs- und Endvermögen gestellt. Sie kennt weder annähernd Anfangs- noch Endvermögen, da ihr Ehemann stets die finanziellen Dinge während der Ehe geregelt hat. Der Rechtsanwalt schätzt nach dem Gespräch mit der Ehefrau den Zugewinn des Ehemannes auf 100.000,00 EUR. Den der Ehefrau ermittelt er mit 20.000,00 EUR.

Verfahrenswert für den Auskunftsantrag: 20.000,00 EUR
(geschätzter Zugewinn Ehemann minus Zugewinn der Ehefrau = 100.000,00 EUR – 20.000,00 EUR = 80.000,00 EUR, hiervon 1/2 = 40.000,00 EUR – also der erwartete Ausgleichsanspruch – davon ein Bruchteil als Verfahrenswert für die Auskunftsklage, hier angenommen mit 1/2, da die Ehefrau wenig Kenntnis über Anfangs- und Endvermögen ihres Ehemannes hat (§ 23 Abs. 1 S. 1 RVG → § 3 ZPO).

169 Wird Auskunft und Zahlung gleichzeitig – also in Form eines Stufenantrags – geltend gemacht, so ist nur der höhere Wert als Verfahrenswert anzunehmen. Da der Wert der Auskunft nur mit einem Bruchteil des Zahlungsanspruchs zu bewerten ist, wird meist der Wert des Zahlungsantrages als Verfahrenswert zugrunde zu legen sein (→ Kap. E Rn. 137).

170 Stellt sowohl der eine als auch der andere Ehegatte einen Antrag auf Zahlung von Zugewinnausgleich gegenüber dem jeweils anderen Ehegatten, so ist von einer Gegenstandsverschiedenheit auszugehen und die Summe der beiden gegenseitigen Zahlungsanträge als Verfahrenswert anzunehmen.[82]

2.7.1 Zugewinnstundung, Übertragung von Vermögensgegenständen

171 Auf Antrag des ausgleichspflichtigen Ehegatten ist es möglich, dass das Familiengericht die Zugewinnausgleichsforderung stundet (§ 1382 BGB). Ggfls. kann das Familiengericht anordnen, dass der zahlungspflichtige Ehegatte für die gestundete Ausgleichsforderung eine Sicherheit leistet. Auch ist es auf Antrag des ausgleichsberechtigten Ehegatten möglich, dass das Familiengericht anordnet, dass der andere Ehegatte bestimmte Gegenstände aus dem „Familienvermögen" an den ausgleichsberechtigten Ehegatten unter Anrechnung auf dessen Ausgleichsforderung zu übertragen hat (§ 1383 BGB).

172 Nach § 1382 Abs. 5 BGB kann der Antrag auf Stundung, wenn über die Ausgleichsforderung ein „Rechtsstreit" anhängig wird, nur in diesem Verfahren gestellt werden. Dies gilt auch für den Antrag auf Übertragung von Vermögensgegenständen (§ 1383 Abs. 3 BGB). Nach § 52 FamGKG handelt es sich um ein Verfahren, wenn in einer Güterrechtssache, die Familienstreitsache ist, auch über einen Antrag auf Stundung oder über einen Antrag auf Übertragung von Vermögensgegenständen entschieden wird. Die Werte sind zusammenzurechnen (§ 52 S. 2 FamGKG). Dies bedeutet aber im Umkehrschluss, dass ein Antrag auf Stundung oder ein Antrag auf Übertragung von Vermögensgegenständen in jedem Fall mit einem eigenem Verfahrenswert zu bewerten ist.

173 Für die Ermittlung des Verfahrenswertes für das Verfahren auf **Stundung der Zugewinnausgleichsforderung** ist das Interesse maßgebend, das der Antragsteller an der Stundung hat.[83] Es ist nicht die Ausgleichsforderung als Verfahrenswert anzunehmen. Das Interesse des Antragstellers an der Stundung ist ggfls. zu schätzen, um es betragsmäßig zu erfassen.

---

[82] OLG Celle AGS 2010, 614; OLG Köln JurBüro 2014, 535; OLG Hamm AGS 2016, 230; Anderer Meinung: OLG Düsseldorf, Beschluss vom 14. 6. 1993 – 5 WF 91/93; OLG München, Beschluss vom 9. 8. 2006 – 10 WF 154/06.

[83] Schneider/Herget, Streitwert, „Zugewinngemeinschaft" Rn. 9128 ff.; N. Schneider, Gebühren in Familiensachen, Rn. 2555.

Beispiel: Der Antragsteller beantragt, ihm die Zugewinnausgleichsforderung für ein Jahr zu stunden. Gestundet werden soll eine Ausgleichsforderung von 100.000,00 EUR. Würde die Stundung nicht erfolgen, müsste der Antragsteller einen Kredit aufnehmen, für welchen er 7,5 % Zinsen zahlen müsste. Der Antragsteller bietet von sich aus an, der Antragsgegnerin 2 % Zinsen für das Jahr der Stundung zu zahlen. 174

Verfahrenswert: 5.500,00 EUR
(Mit dem Antrag will der Antragsteller erreichen, dass er Zinsen spart, 5,5 % Zinsersparnis für ein Jahr von 100.000,00 EUR = 5.500,00 EUR – das Interesse des Antragstellers an der Stundung beläuft sich somit auf 5.500,00 EUR).[84]

Der Wert des Verfahrens auf **Sicherheitsleistung** für die gestundete Zugewinnausgleichsforderung ist mit einem Bruchteil der gesicherten Ausgleichsforderung zu bemessen. Je höher das Ausfallrisiko ist, je höher wird das Bruchteil anzusetzen sein.[85] 175

Beispiel: Sachverhalt wie vorangegangenes Beispiel (→ Rn. 174) mit folgender Ergänzung: Die Antragsgegnerin beantragt, dass der Antragsgegner Sicherheit durch die Hinterlegung von Wertpapieren leistet. 176

Verfahrenswert: 10.000,00 EUR
($\frac{1}{10}$ der gesicherten Ausgleichsforderung von 100.000,00 EUR).

Ist Gegenstand des Verfahrens, dass der ausgleichspflichtige Ehegatte an den Antragsteller (= anderer Ehegatte) **bestimmte Gegenstände zu übertragen** hat, so ist als Verfahrenswert nicht der Wert des zu übertragenden Gegenstandes maßgebend, sondern vielmehr das Interesse des Antragstellers anstatt Geld den Gegenstand zu erhalten.[86] 177

Beispiel: Die Antragstellerin beantragt, ihr die Original Barock-Wohnzimmereinrichtung zu übertragen. Diese hätte auf dem freien Markt einen Wert von 40.000,00 EUR. 178
Sie ist bereit, sich auf die Ausgleichsforderung von 150.000,00 EUR einen Betrag von 30.000,00 EUR für die Übertragung der Wohnzimmereinrichtung anrechnen zu lassen.

Verfahrenswert: 30.000,00 EUR
(Erfüllungswirkung: 30.000,00 EUR; um diesen Betrag ermäßigt sich die Ausgleichsforderung bei Übertragung der Gegenstände; in dieser Höhe dürfte auch das Interesse der Antragstellerin zu bewerten sein).

2.8 Gewaltschutzsachen

Nach dem Gesetz zum zivilrechtlichen Schutz vor Gewalttaten und Nachstellungen (Gewaltschutzgesetz – GewSchG) kann das Gericht Maßnahmen zum Schutz vor Gewalt und Nachstellungen anordnen. Dies geschieht insbesondere, wenn eine Person vorsätzlich den Körper, die Gesundheit oder die Freiheit einer anderen Person widerrechtlich verletzt. Das Gericht kann dann auf Antrag der verletzten Person die zur Abwendung weiterer Verletzungen erforderlichen Maßnahmen treffen, wie zB das dem oder der gewalttätigen Person aufgegeben wird, es zu unterlassen, die Wohnung der verletzten Person zu betreten oder sich in einem bestimmten Umkreis der Wohnung der verletzten Person aufzuhalten. 179

Ist der Rechtsanwalt als Verfahrensbevollmächtigter in einer derartigen Gewaltschutzsache tätig, bestimmt sich der Verfahrenswert nach § 49 FamGKG. Diese Wertvorschrift ist nach § 23 Abs. 1 S. 1 RVG auch für die Anwaltsgebühren maßgebend. 180

[84] OLG Köln AGS 2003, 362.
[85] N. Schneider, Gebühren in Familiensachen, Rn. 2553.
[86] N. Schneider, Gebühren in Familiensachen, Rn. 2556; Schneider/Herget, Streitwert, „Zugewinngemeinschaft“ Rn. 9131.

Auszug aus dem FamGKG

181 **§49**
Gewaltschutzsachen

(1) In Gewaltschutzsachen nach §1 des Gewaltschutzgesetzes und in Verfahren nach dem EU-Gewaltschutzverfahrensgesetz beträgt der Verfahrenswert 2.000,00 EUR, in Gewaltschutzsachen nach §2 des GewSchG 3.000,00 EUR.

(2) Ist der nach Absatz 1 bestimmte Wert nach den besonderen Umständen des Einzelfalls unbillig, kann das Gericht einen höheren oder einen niedrigeren Wert festsetzen.

182 Vertritt der Rechtsanwalt als Verfahrensbevollmächtigter in einer Gewaltschutzsache nach § 1 GewSchG, ist in der Regel von einem Verfahrenswert von **2.000 EUR** auszugehen (§49 Abs. 1 FamGKG). Nach § 1 GewSchG kann das Gericht zB anordnen, dass die gewalttätige Person es unterlässt, Verbindung zur verletzten Person aufzunehmen, mit dieser zusammenzutreffen, sich in einem bestimmten Umkreis der Wohnung der verletzten Person aufzuhalten oder ähnliches.

183 Vertritt der Rechtsanwalt in einem Verfahren nach § 2 GewSchG, beträgt der Verfahrenswert in der Regel **3.000 EUR** (§ 49 Abs. 1 FamGKG). Nach § 2 GewSchG kann das Gericht anordnen, dass der verletzten Person die gemeinsam genutzte Wohnung zur alleinigen Benutzung überlassen wird.

184 Bevor der Verfahrenswert bestimmt wird, muss sich der Rechtsanwalt Klarheit darüber verschaffen, ob es sich um ein Verfahren nach § 1 oder § 2 GewSchG handelt. Da es sich bei § 1 und § 2 GewSchG um sehr ausführliche Gesetzestexte handelt, wird ein Blick in diese Vorschriften Klarheit bringen.

185 Das Gericht kann von den (Regel-)Verfahrenswerten von 2.000 EUR oder 3.000 EUR abweichen und einen höheren oder niedrigeren Wert festsetzen, wenn diese Werte nach den besonderen Umständen des Einzelfalls unbillig sind (§ 49 Abs. 2 FamGKG).

186 Ist eine Gewaltschutzsache als **einstweilige Anordnung** (§ 214 FamFG) anhängig, bestimmt sich der Wert nach § 41 FamGKG. Danach ist im Verfahren der einstweiligen Anordnung der Wert in der Regel unter Berücksichtigung der geringeren Bedeutung gegenüber der Hauptsache zu ermäßigen. Dabei ist von der Hälfte des für die Hauptsache bestimmten Wertes auszugehen (§ 41 S. 2 FamGKG). In der Regel wird also in einstweiligen Anordnungen in Gewaltschutzsachen die Hälfte des für die Hauptsache bestimmten Wertes als Verfahrenswert anzunehmen sein. § 41 FamGKG lässt dem Gericht aber die Möglichkeit, von diesem Regelwert (Hälfte des Hauptsachewertes) abzuweichen und einen niedrigeren oder einen höheren Wert festzusetzen.

2.9 Prozesskostenvorschuss/Verfahrenskostenvorschuss

187 Unter Umständen wird der Unterhaltsverpflichtete an die unterhaltsbedürftige Partei einen Verfahrenskostenvorschuss (in bürgerlichen Rechtsstreitigkeiten: Prozesskostenvorschuss) zu zahlen haben. Dies kann dann der Fall sein, wenn zB die Ehefrau nicht in der Lage ist, die Verfahrenskosten für die Scheidung und die Folgesachen aus eigenen Mitteln zu bestreiten, weil sie zB kein oder nur geringeres Einkommen hat. Verfügt ihr Ehemann über entsprechendes Einkommen, ist er im Rahmen seiner Unterhaltspflicht auch verpflichtet, seiner Ehefrau die ihr entstehenden Verfahrenskosten für die Scheidung und die Folgesachen zur Verfügung zu stellen. Zahlt er den Verfahrenskostenvorschuss nicht freiwillig, so kann seine Ehefrau beim Familiengericht einen Antrag auf Zahlung eines Verfahrenskostenvorschusses stellen. Als Verfahrenswert für ein derartiges Verfahren ist der verlangte Verfahrenskostenvorschussbetrag anzunehmen (§ 23 Abs. 1 S. 1 RVG → § 35 FamGKG).

188 **Beispiel:** Die Ehefrau verlangt von dem Ehemann einen Verfahrenskostenvorschuss in Höhe von 2.026,65 EUR mit einstweiliger Anordnung. Der Betrag setzt sich wie folgt zusammen:

Gegenstandswert: 12.000,00 EUR	
1,3 Verfahrensgebühr	785,20 EUR
1,2 Terminsgebühr	724,80 EUR
Pauschale Auslagen	20,00 EUR
19 % Umsatzsteuer	290,70 EUR
	1.820,70 EUR
2,0 Gerichtskosten	534,00 EUR
	2.354,70 EUR

Verfahrenswert für das Verfahren auf Zahlung des Verfahrenskostenvorschusses: 2.354,70 EUR (§23 Abs. 1 S. 1 RVG → §35 FamGKG).

Nach einer weitverbreiteten Meinung[87] ist der als Verfahrenskostenvorschuss verlangte Gesamtbetrag auch dann als Verfahrenswert anzunehmen, wenn der Verfahrenskostenvorschuss im Wege einer einstweiligen Anordnung geltend gemacht wird.

2.10 Zusammenfassung/Übersicht über Verfahrenswerte in Familien- und Partnerschaftssachen

In diesem Kapitel soll eine Zusammenfassung/Übersicht über die Verfahrenswerte in Familien- und Partnerschaftssachen gegeben werden. Diese Zusammenfassung/Übersicht erfolgt stichwortartig. Im Zweifelsfalle ist daher das in dem betreffenden vorangegangenen Kapitel Ausgeführte nachzulesen oder tiefer gehende Fachliteratur heranzuziehen. 189

Ehescheidung oder Aufhebung einer Lebenspartnerschaft	(§ 23 Abs. 1 S. 1 RVG → § 43 FamGKG) Verfahrenswert: 3-faches – Netto – Monatseinkommen beider Ehegatten Mindestwert: 3.000 EUR Zu berücksichtigen sind: alle Umstände des Einzelfalles, insbesondere Umfang und Bedeutung der Sache und Vermögensverhältnisse der Parteien.
Kindschaftssachen (zB Elterliche Sorge, Umgangsrecht, Kindesherausgabe)	*... als selbstständige (isolierte) Familiensache* (§ 23 Abs. 1 S. 1 RVG → § 45 FamGKG) Verfahrenswert: 3.000 EUR *... als Folgesache im Verbund* (§ 23 Abs. 1 S. 1 RVG → § 44 Abs. 2 FamGKG) Verfahrenswert: 20 % des Wertes der Ehesache, – höchstens 3.000 EUR *... als einstweilige Anordnung* (§ 41 FamGKG) Verfahrenswert: Hälfte des Hauptsachewertes

[87] OLG Bamberg, Beschluss vom 13. 5. 2011 – 2 WF 102/11; OLG Bremen, AGS 2014, 521; OLG Düsseldorf, Beschluss vom 13. 2. 2014 – 27 F 156/13; OLG Frankfurt/Main, Beschluss vom 22. 8. 2013 – 3 WF 216/13 = AGS 2013, 585; OLG Karlsruhe, Beschluss vom 19. 2. 1979 – 16 WF 87/78 und Beschluss vom 13. 2. 2017 – 2 WF 278/16 = AGS 2017, 282; OLG Köln JurBüro 2014, 536; OLG Schleswig, Beschluss vom 21. 11. 1977 – 8 WE 198/77. **Anderer Meinung:** Da es sich um eine einstweilige Anordnung handelt, ist nach § 41 FamGKG nur der hälftige Betrag des geforderten Verfahrenskostenvorschusses als Verfahrenswert zugrunde zu legen: OLG Celle, Beschluss vom 9. 9. 2013 – 10 WF 230/13; OLG Frankfurt, Beschluss vom 4. 4. 2014 – 5 WF 40/14; OLG Zweibrücken, AGS 2016, 527 = RVGreport 2017. 71.

Unterhaltssachen im Sinne des § 51 FamGKG	*... als selbstständige (isolierte) Familiensache oder als Folgesache im Verbund* (§ 23 Abs. 1 S. 1 RVG → § 51 FamGKG) Verfahrenswert: Der für die ersten zwölf Monate nach Einreichung des Antrages geforderte Unterhaltsbetrag = Jahresbetrag + Rückstände *... als einstweilige Anordnung* (§ 23 Abs. 1 S. 1 RVG → § 41 FamGKG) Verfahrenswert: Hälfte des Hauptsachewertes
Versorgungsausgleichssachen	*... als selbstständige (isolierte) Familiensache oder als Folgesache im Verbund* (§ 23 Abs. 1 S. 1 RVG → § 50 FamGKG) Verfahrenswert: 10 % von dem 3-monatigen Nettoeinkommen beider Ehegatten für jedes Anrecht Wird das Verfahren erst nach der Scheidung anhängig: Verfahrenswert: 20 % von dem 3-monatigen Nettoeinkommen beider Ehegatten für jedes Anrecht
Haushaltssachen	*als selbstständige (isolierte) Familiensache oder als Folgesache im Verbund* (§ 23 Abs. 1 S. 1 RVG → § 48 Abs. 2 FamGKG) Getrenntleben Verfahrenswert: 2.000 EUR Scheidung Verfahrenswert: 3.000 EUR *... als einstweilige Anordnung* (§ 23 Abs. 1 S. 1 RVG → § 41 FamGKG) Verfahrenswert: Hälfte des Hauptsachewertes
Ehewohnungssachen	*... als selbstständige Familiensache oder als Folgesache im Verbund* (§ 23 Abs. 1 S. 1 RVG → § 48 Abs. 1 FamGKG) Getrenntleben Verfahrenswert: 3.000 EUR Scheidung Verfahrenswert: 4.000 EUR *... als einstweilige Anordnung* (§ 23 Abs. 1 S. 1 RVG → § 41 FamGKG) Verfahrenswert: Hälfte des Hauptsachewertes
Zugewinnausgleichssachen	*... als selbstständiges Verfahren oder als Folgesache im Verbund* (§ 23 Abs. 1 S. 1 RVG → § 35 FamGKG) Verfahrenswert: der geforderte Betrag

Gewaltschutzsachen	*... als selbstständige Familiensache* (§ 23 Abs. 1 S. 1 RVG → § 49 FamGKG) Gewaltschutzsache nach § 1 GewSchG Verfahrenswert: 2.000 EUR Gewaltschutzsache nach § 2 GewSchG Verfahrenswert: 3.000 EUR *... als einstweilige Anordnung* (§ 23 Abs. 1 S. 1 RVG → § 41 FamGKG) Verfahrenswert: Hälfte des Hauptsachewertes
Prozesskostenvorschuss/ Verfahrenskostenvorschuss	(§ 23 Abs. 1 S. 1 RVG → § 35 FamGKG) Verfahrenswert: Der als Verfahrenskostenvorschuss verlangte Betrag

II. Anwaltsgebühren

1. Grundsätzliches

In Familien- und Lebenspartnerschaftssachen können grundsätzlich dieselben Gebühren entstehen wie auch in einem Zivilprozess (bürgerliche Rechtsstreitigkeit). Es können also entstehen: 190

- für eine Beratung
  → Gebührenvereinbarung
- für eine außergerichtliche Tätigkeit/außergerichtliche Vertretung
  → 0,5 bis 2,5 Geschäftsgebühr Nr. 2300 VV RVG
  – Eine Gebühr von mehr als 1,3 kann nur gefordert werden, wenn die Tätigkeit umfangreich oder schwierig war. –
- für die Tätigkeit als Verfahrensbevollmächtigter in einem gerichtlichen Verfahren
  → 1,3 Verfahrensgebühr Nr. 3100 VV RVG
  → 1,2 Terminsgebühr Nr. 3104 VV RVG
  → 0,3 Zusatzgebühr für besonders umfangreiche Beweisnahmen Nr. 1010 VV RVG.

Die Gebühren entstehen unter den gleichen Voraussetzungen wie auch in einem Zivilprozess. Sie können sich entsprechend ermäßigen (zB bei vorzeitiger Beendigung des Auftrages nur 0,8 Verfahrensgebühr Nr. 3101 VV RVG) oder entsprechend erhöhen (zB erhöht sich die Verfahrensgebühr im Beschwerdeverfahren über Endentscheidungen in Familiensachen – wie im Berufungsverfahren – auf 1,6 nach Nr. 3200 VV RVG). Neben den vorgenannten Gebühren können selbstverständlich in Familien- und Lebenspartnerschaftssachen auch die allgemeinen Gebühren nach Teil 1 des Vergütungsverzeichnisses zum RVG entstehen, wie zB eine 1,0 oder 1,5 Einigungsgebühr Nr. 1000, 1003 VV RVG. Eine Einigungsgebühr kann nach dem Wert der Ehesache (Scheidung) nicht entstehen (Absatz 5 der Anmerkung zu Nr. 1000 VV RVG). Die Einigungsgebühr kann auch nicht entstehen, nach dem Wert des Verfahrensgegenstandes: Aufhebung der Lebenspartnerschaft auf Grund des Lebenspartnerschaftsgesetzes. Nach dem Wert der Ehesache (Scheidung) oder der Aufhebung der Lebenspartnerschaft kann aber eine **Aussöhnungsgebühr** entstehen (→ Kap. H Rn. 205). Werden aber in einer Ehesache oder in einem Verfahren auf Aufhebung der Lebenspartnerschaft Folgesachen mitverglichen oder wird hierüber ein Vertrag im Sinne der Nummer 1000 VV RVG geschlossen, so kann nach dem Wert der Folgesachen auch die Einigungsgebühr berechnet werden. 191

Zusammenfassung

192 ▶ In Familien- und Lebenspartnerschaftssachen können grundsätzlich dieselben Gebühren entstehen wie in bürgerlichen Rechtsstreitigkeiten (Zivilprozess).
▶ Die Gebühren entstehen, ermäßigen oder erhöhen sich unter denselben Voraussetzungen wie auch in bürgerlichen Rechtsstreitigkeiten (Zivilprozess).
▶ In gerichtlichen Verfahren ist nicht zu unterscheiden, ob es sich um ein selbstständiges Verfahren, eine einstweilige Anordnung oder um eine Folgesache im Verbund handelt. Die anwaltliche Vergütung richtet sich in allen Fällen nach Teil 3 des Vergütungsverzeichnisses.

2. Außergerichtliche Tätigkeit

193 Grundsätzlich gilt das in den → Kap. D Rn. 44 ff. Ausgeführte auch in Familien- und Lebenspartnerschaftssachen.

2.1 Beratung

194 Nach der ab dem 1. 7. 2006 gültigen Neufassung[88] des § 34 Abs. 1 RVG soll der Rechtsanwalt für die **Beratung** auf eine **Gebührenvereinbarung** hinwirken (Ausführlich: → Kap. D Rn. 44 ff.). Für die Gebührenvereinbarung für eine Beratung gelten die Formvorschriften des § 3a Abs. 1 S. 1 und 2 RVG nicht (§ 3a Abs. 1 S. 4 RVG).

195 Wurde keine Gebührenvereinbarung geschlossen, erhält der Rechtsanwalt gemäß § 34 Abs. 1 S. 2 RVG eine Gebühr nach den Vorschriften des bürgerlichen Rechts (→ Kap. D Rn. 56 ff.). Ist der Auftraggeber Verbraucher, beträgt die Gebühr höchstens 250 EUR (§ 34 Abs. 1 S. 3 RVG). Ist der Auftraggeber Verbraucher und handelt es sich um ein erstes Beratungs**gespräch,** beträgt die Gebühr höchstens 190 EUR (§ 34 Abs. 1 S. 3 RVG). Diese Höchstgrenzen gelten nicht, wenn eine Gebührenvereinbarung getroffen wurde.

196 Nach § 34 Abs. 2 RVG ist die Gebühr für eine Beratung **anzurechnen,** auf die Gebühren für eine sonstige Tätigkeit, die mit der Beratung zusammenhängt. Dies gilt auch für eine vereinbarte Gebühr. Es empfiehlt sich, dass in der Gebührenvereinbarung die Anrechnung der Gebühr für die Beratung ausgeschlossen wird (→ Kap. D Rn. 67 ff.).

Wenn die Anrechnung der vereinbarten Gebühr für die Beratung nicht ausgeschlossen worden ist, ist die vereinbarte Gebühr gemäß § 34 Abs. 2 RVG auf jede Gebühr anzurechnen, die für eine Tätigkeit entsteht, die mit der Raterteilung zusammenhängt. Sie ist aber nur insoweit anzurechnen, als **sich der Gegenstand der Beratung und der nachfolgenden Tätigkeit decken.** Wenn die Gegenstände der Beratung und der sonstigen anwaltlichen Tätigkeit nicht identisch sind, findet keine Anrechnung statt. Sind die Gegenstände der Beratung und der sonstigen anwaltlichen Tätigkeit nur teilweise identisch, so ist nur insoweit anzurechnen, wie Identität der Gegenstände der Beratung und der sonstigen Tätigkeit besteht.

197 **Beispiel:** Der Rechtsanwalt wird beauftragt, die Mandantin über die Scheidung (Wert: 4.000,00 EUR), Unterhalt (Wert: 4.800,00 EUR), Zugewinnausgleichsansprüche (Wert: 2.500,00 EUR) und den Versorgungsausgleich (Wert: 1.000,00 EUR) zu beraten. Der Rechtsanwalt vereinbart mit der Mandantin für die Beratung eine Gebühr von 300,00 EUR zuzüglich Auslagen von Pauschal 20,00 EUR und 19 % Umsatzsteuer. Die Anrechnung der Gebühr für die Beratung wurde nicht ausgeschlossen.

Nachdem die Sache zunächst erledigt ist, wird der Rechtsanwalt 5 Monate später beauftragt, den Antrag auf Scheidung der Ehe zu stellen. Als Folgesache wird nur der Versorgungsausgleich mit im Verbund anhängig. Am Ende des Verfahrens setzt das Gericht den Verfahrenswert für die Scheidung auf 4.000,00 EUR und für den Versorgungsausgleich auf 1.000,00 EUR fest.

[88] Artikel 5 des KostRMoG, BGBl. I 2004, 718 (847).

Für die Beratung werden abgerechnet:

1) Vereinbarte Gebühr	300,00 EUR
2) Auslagen – Pauschal gem. Vereinbarung	20,00 EUR

zzgl. 19 % Umsatzsteuer.

Für die Tätigkeit im gerichtlichen Verfahren/Antrag auf Scheidung der Ehe und Folgesache Versorgungsausgleich im Verbund sind entstanden:

Verfahrenswert: 5.000,00 EUR
(Scheidung: 4.000,00 EUR + Versorgungsausgleich: 1.000,00 EUR)

1) 1,3 Verfahrensgebühr §§ 2, 13 RVG iVm Nr. 3100 VV RVG	393,90 EUR
hierauf anzurechnen gemäß § 34 Abs. 2 RVG die vereinbarte Gebühr für die Beratung, aber nur insoweit, wie die Gegenstände der Beratung und des gerichtlichen Verfahrens identisch sind: 300,00 EUR (vereinbarte Gebühr für die Beratung): 12.300,00 EUR (Summe aller Gegenstände, wegen welcher beraten wurde: 4.000,00 EUR – Scheidung – + 4.800,00 EUR – Unterhalt – + 2.500,00 EUR – Zugewinnausgleich – + 1.000,00 EUR – Versorgungsausgleich –) × 5.000,00 EUR (Summe der Gegenstände, die in das gerichtliche Verfahren übergegangen sind: 4.000,00 EUR – Scheidung – + 1.000,00 EUR – Versorgungsausgleich –):	121,95 EUR
	271,95 EUR

zzgl. der weiteren im gerichtlichen Verfahren anfallenden Gebühren, wie zB Terminsgebühr, Auslagen und Umsatzsteuer.

Die vereinbarte Gebühr für die Beratung ist vorliegend nur anzurechnen, soweit die Gegenstände der Beratung und des nachfolgenden gerichtlichen Verfahrens identisch waren (Scheidung und Versorgungsausgleich). Meines Erachtens ist der anzurechnende Anteil der vereinbarten Gebühr für die Beratung nach dem Verhältnis der Verfahrenswerte zu ermitteln, wie vorstehend geschehen.

Wegen der im vorangegangenen Beispiel aufgezeigten Anrechnungsprobleme sollte 198
die Anrechnung der vereinbarten Gebühr für eine Beratung ausgeschlossen werden. Wenn die Anrechnung in der Vereinbarung mit dem Mandanten nicht ausgeschlossen wird, sollte zumindest mit dem Mandanten vereinbart werden, wie anzurechnen ist, wenn die Gegenstände der Beratung und der sonstigen Tätigkeit, die mit der Beratung in einem Zusammenhang steht, nur teilweise identisch sind.[89]

Zusammenfassung

- Ab dem 1. 7. 2006 soll der Rechtsanwalt für eine Beratung auf eine Gebührenver- 199
einbarung hinwirken.
- Wurde keine Gebührenvereinbarung getroffen, erhält der Rechtsanwalt eine Vergütung nach den Vorschriften des bürgerlichen Rechts. Ist der Auftraggeber Verbraucher, beträgt diese Vergütung höchstens 250 EUR und wenn es sich um ein erstes Beratungsgespräch handelt, höchstens 190 EUR.
- Auch eine vereinbarte Gebühr für eine Beratung ist anzurechnen auf Gebühren, die der Rechtsanwalt für sonstige Tätigkeiten erhält, die mit der Beratung zusammenhängen. Dies gilt nicht, wenn in der Vergütungsvereinbarung die Anrechnung ausgeschlossen wurde.

2.2 Außergerichtliche Vertretung

Für eine außergerichtliche Vertretung (die Tätigkeit muss über eine Beratung hin- 200
ausgehen) in einer Familien- und Lebenspartnerschaftssache erhält der Rechtsanwalt eine **0,5 bis 2,5 Geschäftsgebühr** nach Nr. 2300 VV RVG. Eine Gebühr von mehr als 1,3 kann nur gefordert werden, wenn die Tätigkeit umfangreich oder schwierig war. Die Gebühr fällt unter den gleichen Voraussetzungen an wie auch in sonstigen bürgerlich rechtlichen Streitigkeiten (→ Kap. D Rn. 100 ff.).

Die Geschäftsgebühr entsteht auch für die Mitwirkung bei der Gestaltung eines 201
Vertrages (Vorbemerkung 2.3 Abs. 3 VV RVG). Der Rechtsanwalt wirkt in einer

[89] → Enders JurBüro 2006, 561 und JurBüro 2006, 617 mit Muster.

Familiensache zB mit an der Gestaltung eines Vertrages, wenn er im Rahmen eines außergerichtlichen Vertretungsauftrags für seinen Mandanten eine Scheidungsfolgenvereinbarung entwirft oder einzelne Passagen eines von einem Dritten entworfenen Scheidungsfolgenvereinbarung ändert und neu formuliert. (→ Kap. H Rn. 252 ff.). Auch wenn der Rechtsanwalt im Rahmen eines außergerichtlichen Vertretungsauftrags eine von der Gegenseite oder einem Dritten (zB Notar) entworfene Scheidungsfolgenvereinbarung nur prüft und keine Änderungen formuliert, hat er nach BGH[90] an der Gestaltung eines Vertrages iSd Vorbemerkung 2.3 Abs. 3 VV RVG mitgewirkt und die Geschäftsgebühr der Nr. 2300 VV RVG ist entstanden (→ Kap. D Rn. 105 ff.).

202 Die für eine außergerichtliche Vertretung entstandene Geschäftsgebühr ist zur Hälfte, jedoch höchstens mit einem Gebührensatz von 0,75 auf die Verfahrensgebühr des gerichtlichen Verfahrens **anzurechnen** (Vorbemerkung 3 Abs. 4 VV RVG). Dies aber nur dann, soweit die Gegenstände der außergerichtlichen Tätigkeit und des gerichtlichen Verfahrens identisch sind (→ Kap. D Rn. 178).

203 **Beispiel:** Der Rechtsanwalt hat auftragsgemäß außergerichtlich Unterhaltsansprüche von monatlich 500,00 EUR zuzüglich Rückstände für 4 Monate in Höhe von 2.000,00 EUR geltend gemacht. Nach Zugang des anwaltlichen Aufforderungsschreibens hat der Gegner den geforderten Unterhaltsbetrag anerkannt und gezahlt.

Anschließend wird der Rechtsanwalt im gerichtlichen Verfahren auftragsgemäß als Verfahrensbevollmächtigter tätig. Er stellt für die Mandantin den Antrag auf Scheidung (Wert: 6.000,00 EUR). Von Amts wegen wird die Folgesache Versorgungsausgleich (Wert: 1.800,00 EUR) mit anhängig. Ansonsten werden keine Folgesachen anhängig.

Der Rechtsanwalt kann berechnen:

Für seine außergerichtliche Tätigkeit/Vertretung:
Verfahrenswert: 8.000,00 EUR
(12 × 500,00 EUR = 6.000,00 EUR + – Rückstände – 2.000,00 EUR)
1) 1,3 Geschäftsgebühr §§ 2, 13, 14 RVG iVm Nr. 2300 VV RVG 592,80 EUR
zzgl. Auslagen und Umsatzsteuer.

Diese Geschäftsgebühr ist **nicht anzurechnen** auf die in dem gerichtlichen Verfahren entstandenen Gebühren, da der Gegenstand der außergerichtlichen Tätigkeit (Unterhalt) nicht Gegenstand des gerichtlichen Verfahrens war.

Für das gerichtliche Verfahren:
Verfahrenswert: 7.800,00 EUR
(Scheidung: 6.000,00 EUR + Versorgungsausgleich: 1.800,00 EUR)
1) 1,3 Verfahrensgebühr §§ 2, 13 RVG iVm Nr. 3100 VV RVG 592,80 EUR
zzgl. evtl. weiterer in dem gerichtlichen Verfahren entstandener Gebühren, wie zB die Terminsgebühr, Auslagen und Umsatzsteuer.

Auch bei außergerichtlicher Tätigkeit kann die Einigungsgebühr nach Nr. 1000 VV RVG entstehen, wenn deren Tatbestände erfüllt sind.

Zusammenfassung

204
- ▶ Für eine außergerichtliche Tätigkeit/Vertretung in einer Familien- oder Lebenspartnerschaftssache kann der Rechtsanwalt eine 0,5 bis 2,5 Geschäftsgebühr nach Nr. 2300 VV RVG berechnen. Eine Gebühr von mehr als 1,3 kann nur gefordert werden, wenn die Tätigkeit umfangreich oder schwierig war.
- ▶ Die Geschäftsgebühr ist zur Hälfte, jedoch höchstens mit einem Gebührensatz von 0,75 auf die Verfahrensgebühr eines gerichtlichen Verfahrens anzurechnen (Vorbemerkung 3 Abs. 4 VV RVG). Sie ist aber nur insoweit anzurechnen, als die Gegenstände der außergerichtlichen Vertretung auch Gegenstand des gerichtlichen Verfahrens geworden sind.

[90] BGH JurBüro 2015, 358.

2.3 Aussöhnungsgebühr

Wirkt der Rechtsanwalt mit bei der Aussöhnung der Eheleute oder von Lebenspartnern, die eine Lebenspartnerschaft geschlossen haben, so kann eine Aussöhnungsgebühr nach der Nr. 1001 VV RVG entstehen. 205

Auszug aus dem VV RVG

Teil 1. Allgemeine Gebühren

Nr.	Gebührentatbestand	Gebühr oder Satz der Gebühr nach § 13 RVG
	Vorbemerkung 1: Die Gebühren dieses Teils entstehen neben den in anderen Teilen bestimmten Gebühren.	
1001	Aussöhnungsgebühr .... Die Gebühr entsteht für die Mitwirkung bei der Aussöhnung, wenn der ernstliche Wille eines Ehegatten, eine Scheidungssache oder ein Verfahren auf Aufhebung der Ehe anhängig zu machen, hervorgetreten ist und die Ehegatten die eheliche Lebensgemeinschaft fortsetzen oder die eheliche Lebensgemeinschaft wieder aufnehmen. Dies gilt entsprechend bei Lebenspartnerschaften.	1,5
	Über den Gegenstand ist ein anderes gerichtliches Verfahren als ein selbstständiges Beweisverfahren anhängig:	
1003	Die Gebühren 1000 bis 1002 betragen .... (1) Dies gilt auch, wenn ein Verfahren über die Prozesskostenhilfe anhängig ist, soweit nicht lediglich Prozesskostenhilfe für ein selbständiges Beweisverfahren oder die gerichtliche Protokollierung des Vergleichs beantragt wird oder sich die Beiordnung auf den Abschluss eines Vertrags im Sinne der Nummer 1000 erstreckt (§ 48 Abs. 3 RVG). ...	1,0

206

Voraussetzung für den Anfall der Aussöhnungsgebühr ist zunächst einmal, dass der ernstliche Wille eines Ehegatten vorhanden ist, eine Scheidungssache oder ein Verfahren auf Aufhebung der Ehe anhängig zu machen. Diese Voraussetzung ist natürlich auch dann erfüllt, wenn das Scheidungsverfahren bereits anhängig ist. 207

Weitere Voraussetzung für die Aussöhnungsgebühr ist, dass die Parteien – nach Aussöhnung – die eheliche Lebensgemeinschaft fortsetzen oder die eheliche Lebensgemeinschaft wieder aufnehmen.

Ferner muss der Rechtsanwalt an der Aussöhnung der Eheleute mitgewirkt haben.

Die Aussöhnungsgebühr kann sowohl im Rahmen einer außergerichtlichen Vertretung als auch während eines gerichtlichen Verfahrens anfallen. Sie entsteht in Höhe von 1,0, wenn bereits das Verfahren auf Scheidung der Ehe anhängig ist (Nr. 1003 VV RVG). Sie beträgt 1,5, wenn noch kein gerichtliches Verfahren auf Scheidung der Ehe anhängig ist. 208

Die Aussöhnungsgebühr entsteht neben den Gebühren, die der Rechtsanwalt in der Sache für seine sonstige Tätigkeit erhält. Hat der Rechtsanwalt schon den Antrag auf Scheidung der Ehe bei dem Familiengericht gestellt, fällt die Aussöhnungsgebühr neben der Verfahrensgebühr und auch neben einer evtl. entstandenen Terminsgebühr an.[91] 209

[91] OLG Düsseldorf JurBüro 2008, 195.

Zusammenfassung

210 ▶ Für das Mitwirken bei der Aussöhnung der Eheleute erhält der Rechtsanwalt eine Aussöhnungsgebühr. Diese beträgt 1,5, wenn das Scheidungsverfahren noch nicht anhängig ist und 1,0, wenn dieses bereits anhängig ist.

▶ Voraussetzung für das Entstehen der Aussöhnungsgebühr ist, dass der ernstliche Wille einer Partei vorhanden ist, ein Scheidungsverfahren anhängig zu machen oder ein Scheidungsverfahren bereits anhängig ist.

▶ Voraussetzung ist weiter, dass die Parteien nach der Aussöhnung die eheliche Lebensgemeinschaft fortsetzen oder wieder aufnehmen.

3. Tätigkeit im gerichtlichen Verfahren

211 Für eine Tätigkeit als Verfahrens- oder Prozessbevollmächtigter in einer Familien- oder Lebenspartnerschaftssache erhält der Rechtsanwalt Gebühren nach Teil 3 VV RVG.

Im ersten Rechtszug kann also entstehen:
1,3 Verfahrensgebühr Nr. 3100 VV RVG
1,2 Terminsgebühr Nr. 3104 VV RVG
0,3 Zusatzgebühr für besonders umfangreiche Beweisaufnahmen Nr. 1010 VV RVG
1,0 Einigungsgebühr Nr. 1003 VV RVG.

Die Gebühren entstehen grundsätzlich unter denselben Voraussetzungen wie auch in einem bürgerlichen Rechtsstreit/Zivilprozess. Es kann daher auf das in dem → Kap. E (Rn. 251 ff.) Ausgeführte verwiesen werden.

In Familiensachen ist zu unterscheiden, ob das gerichtliche Verfahren
- als selbstständige (isolierte) Familiensache
- im Verbund als Folgesache
- als einstweilige Anordnung

anhängig ist.

Dies gilt auch für Lebenspartnerschaftssachen, soweit die Verfahrensvorschriften für Familiensachen auch hierauf anzuwenden sind.

3.1 Selbstständige Familiensache

212 In allen selbstständig (isoliert) anhängigen Familien- und Lebenspartnerschaftssachen entstehen Gebühren nach Teil 3 des Vergütungsverzeichnisses. Dies unabhängig davon, ob es sich um eine Familien- oder Familienstreitsache handelt.

In selbstständig (isoliert) anhängigen Familiensachen können also entstehen:
1,3 Verfahrensgebühr Nr. 3100 VV RVG
1,2 Terminsgebühr Nr. 3104 VV RVG
0,3 Zusatzgebühr für besonders umfangreiche Beweisaufnahmen Nr. 1010 VV RVG
1,0 Einigungsgebühr Nr. 1003 VV RVG.

Die Gebühren entstehen, ermäßigen oder erhöhen sich unter denselben Voraussetzungen wie auch in einem bürgerlichen Rechtsstreit/Zivilprozess (→ Kap. E Rn. 251 ff.).

213 So entsteht zB auch in Familiensachen und Familienstreitsachen die **Terminsgebühr** auch dann, wenn im **schriftlichen Verfahren** entschieden wird (Abs. 1 der Anmerkung zu Nr. 3104 VV RVG). Nach Abs. 1 der Anmerkung zu Nr. 3104 VV RVG fällt die Terminsgebühr bei einer Entscheidung ohne mündliche Verhandlung aber nur dann an, wenn grundsätzlich für das Verfahren eine mündlichen Verhandlung vorgeschrieben ist. Nach OLG Stuttgart[92] kann die Terminsgebühr auch entstehen, wenn ein Elternteil gem. § 1671 BGB die Übertragung der elterlichen Sorge auf sich alleine beantragt und im Einverständnis mit den Beteiligten ohne gerichtlichen Termin ent-

[92] OLG Stuttgart JurBüro 2010, 644 = RVGreport 2010, 420.

schieden wird. Denn, so das OLG Stuttgart (aaO), sei in § 155 Abs. 2 S. 1 FamFG für den Regelfall die Durchführung eines Erörterungstermins in den in § 155 Abs. 1 FamFG genannten Fällen vorgesehen. Die Terminsgebühr könne in Verfahren, die die elterliche Sorge betreffen, nicht mit der Begründung versagt werden, dass in diesem Verfahren keine mündliche Verhandlung vorgeschrieben sei, weil diese nicht in § 155 Abs. 1 FamFG erwähnt ist.[93]

214 Wirkt der Rechtsanwalt in einem **einstweiligen Anordnungsverfahren**, in dem keine mündliche Verhandlung stattgefunden hat, mit an einer **Besprechung** zur Erledigung des Verfahrens, entsteht die **Terminsgebühr** nach der 3. Alternative der Vorbemerkung 3 Abs. 3 VV RVG. Völlig richtig weist das OLG München[94] darauf hin, dass es hier nicht darauf ankomme, ob eine mündliche Verhandlung vorgeschrieben sei oder nicht. Denn für das Entstehen der Terminsgebühr durch eine Besprechung iSd Vorbemerkung 3 Abs. 3 VV RVG sei nicht erforderlich, dass für das Verfahren grundsätzlich eine mündliche Verhandlung vorgeschrieben sei.

215 Nachdem dies zunächst in der Rechtsprechung teilweise angezweifelt wurde, hat der Gesetzgeber durch das am 1. 9. 2009 in Kraft getretene FGG-RG[95] in Abs. 5 der Anmerkung zu Nr. 1000 VV RVG und in Abs. 2 der Anmerkung zu Nr. 1003 VV RVG klargestellt, dass auch in **Kindschaftssachen** eine **Einigungsgebühr** entstehen kann.

Nach Abs. 5 S. 3 der Anmerkung zu Nr. 1000 VV RVG entsteht die Einigungsgebühr in Kindschaftssachen auch für die Mitwirkung an einer Vereinbarung, über deren Gegenstand nicht vertraglich verfügt werden kann.

Nach Abs. 2 der Anmerkung zu Nr. 1003 VV RVG entsteht die Einigungsgebühr in Kindschaftssachen auch für die Mitwirkung des Rechtsanwaltes am Abschluss eines gerichtlichen Vergleichs (§ 156 Abs. 2 FamFG) und an einer Vereinbarung, über deren Gegenstand nicht vertraglich verfügt werden kann, wenn hierdurch eine gerichtliche Entscheidung entbehrlich wird oder wenn die Entscheidung der getroffenen Vereinbarung folgt.

216 **Beispiel:** Der Rechtsanwalt wirkt in einer als selbstständiges Verfahren anhängigen Kindschaftssache mit an einer Einigung der Parteien über eine Umgangsregelung betreffend die gemeinsamen Kinder. Das Gericht billigt diese und nimmt die Regelung als Vergleich auf (§ 156 Abs. 2 FamFG). Ein Erörterungstermin vor Gericht hat nicht stattgefunden. Der Rechtsanwalt hat außergerichtlich eine Besprechung mit dem gegnerischen Bevollmächtigten zur Erledigung des gerichtlichen Verfahrens geführt. Der Rechtsanwalt kann berechnen:
Verfahrenswert: 3.000,00 EUR

1) 1,3 Verfahrensgebühr §§ 2, 13 RVG iVm Nr. 3100 VV RVG	261,30 EUR
2) 1,2 Terminsgebühr §§ 2, 13 RVG iVm Nr. 3104 VV RVG	241,20 EUR
3) 1,0 Einigungsgebühr §§ 2, 13 RVG iVm Nr. 1000, 1003 VV RVG	201,00 EUR
+ Auslagen, Umsatzsteuer.	

217 **Beispiel:** In dem Termin zur Erörterung vor dem Familiengericht in der selbstständig (isoliert) anhängigen Kindschaftssache erarbeiten die Parteien unter Mitwirkung ihrer Verfahrensbevollmächtigten eine gemeinsame Vereinbarung zur Regelung der elterlichen Sorge. Das Familiengericht folgt in seiner Entscheidung dieser Vereinbarung. Der Rechtsanwalt kann berechnen:
Verfahrenswert: 3.000,00 EUR

1) 1,3 Verfahrensgebühr §§ 2, 13 RVG iVm Nr. 3100 VV RVG	261,30 EUR
2) 1,2 Terminsgebühr §§ 2, 13 RVG iVm Nr. 3104 VV RVG	241,20 EUR
3) 1,0 Einigungsgebühr §§ 2, 13 RVG iVm Nr. 1000, 1003 VV RVG	201,00 EUR
+ Auslagen, Umsatzsteuer.	

In der Rechtsprechung[96] wird teilweise vertreten, dass **im Verfahren nach § 1666 BGB** grundsätzlich – mangels Verfügungsbefugnis der Eltern – keine Einigungsgebühr

[93] Anderer Meinung: OLG Celle JurBüro 2011, 641; OLG München JurBüro 2012, 246.
[94] OLG München RVGreport 2010, 419.
[95] BGBl. I 2008, 2586.
[96] Kammergericht JurBüro 2010, 360; OLG Stuttgart AGS 2011, 276 = RVGreport 2011, 225.

entstehen könne. *Schneider/Wolf* [97] hält dies für nicht zutreffend. Nach § 1666 BGB kann das Gericht Maßnahmen zur Abwendung von Gefahren für das körperliche, geistige oder seelische Wohl des Kindes oder seines Vermögens treffen, wenn die Eltern nicht gewillt oder in der Lage sind, die Gefahr abzuwenden.

218 Jede als selbstständiges (isoliertes) Verfahren anhängige Familiensache bildet eine **gesonderte gebührenrechtliche Angelegenheit.** In jeder selbstständig (isoliert) anhängigen Familiensache können also gesonderte Verfahrens- und Terminsgebühren entstehen.

219 Die Gebühren entstehen nach dem Wert des Gegenstandes, der in dem selbstständigen (isolierten) Verfahren anhängig ist. In der Regel wird nur ein Gegenstand in der selbstständigen (isolierten) Familiensache anhängig sein. Sind in **derselben** selbstständigen (isolierten) Familiensache mehrere Gegenstände anhängig, sind die Werte der einzelnen Gegenstände zu addieren und nach der Summe der Werte entstehen die Gebühren.

220 Sind mehrere selbstständige (isolierte) Familiensachen zwischen denselben Parteien **nebeneinander in gesonderten Verfahren** anhängig, sind die Werte der einzelnen Verfahren nicht zu addieren. In jedem Einzelverfahren ist der Verfahrenswert besonders zu bestimmen und nach diesem Wert richten sich die in diesem Verfahren entstandenen Gebühren (→ Kap. H Rn. 10 – mit Beispielen).

Zusammenfassung

221 ▶ In selbstständigen (isolierten) Familiensachen entstehen Gebühren nach Teil 3 VV RVG. Die Gebühren entstehen unter denselben Voraussetzungen wie auch in einem bürgerlichen Rechtsstreit (Zivilprozess).
▶ Jede selbstständig (isoliert) anhängige Familiensache bildet auch eine gesonderte gebührenrechtliche Angelegenheit.

3.1.1 Besondere Verfahren zur einvernehmlichen Regelung in Kindschaftssachen

222 Das Familiengericht soll in Kindschaftssachen, die die elterliche Sorge bei Trennung und Scheidung, den Aufenthalt des Kindes, das Umgangsrecht oder die Herausgabe des Kindes betreffen, in jeder Lage des Verfahrens auf ein Einvernehmen der Beteiligten hinwirken, wenn dies dem Kindeswohl nicht widerspricht (§ 156 Abs. 1 S. 1 FamFG). Dies unabhängig davon, ob es sich um eine selbstständige (isolierte) Kindschaftssache handelt oder ob die Kindschaftssache als Folgesache im Verbund geführt wird. Um das Einvernehmen zu erreichen, können auch „Einigungsversuche" außerhalb des gerichtlichen Verfahrens vorgenommen werden. Das Familiengericht soll nach § 156 Abs. 1 S. 2 und 3 FamFG hinweisen auf

- die Möglichkeit der Beratung durch die Beratungsstellen und -dienste der Träger der Kinder- und Jugendhilfe insbesondere zur Entwicklung eines einvernehmlichen Konzeptes für die Wahrnehmung der elterlichen Sorge
- die Möglichkeit der Mediation
- oder die Möglichkeit einer sonstigen außergerichtlichen Streitbeilegung.

Nach § 156 Abs. 4 FamFG kann das Gericht sogar anordnen, dass die Eltern an einer Beratung durch die Beratungsstellen und -dienste der Träger der Kinder- und Jugendhilfe teilnehmen.

223 Häufig wird der Verfahrensbevollmächtigte, der die Partei in der Kindschaftssache selbst vor dem Familiengericht vertritt, dann auch gebeten, gemeinsam mit der Partei an der Beratung durch die Beratungsstellen und -dienste der Träger der Kinder- und Jugendhilfe teilzunehmen. Für die Wahrnehmung des Beratungstermins bei der Beratungsstelle oder dem -dienst der Träger der Kinder- und Jugendhilfe erhält der

[97] Schneider/Wolf VV 1000 Rn. 145.

Verfahrensbevollmächtigte **keine gesonderte Vergütung.**[98] Hier fällt nicht etwa eine gesonderte Terminsgebühr an. Denn auch die Vertretung in mehreren Terminen in demselben Rechtszug und in derselben gebührenrechtlichen Angelegenheit löst die Terminsgebühr der Nr. 3104 VV RVG nur einmal aus. Eine gesonderte Geschäftsgebühr kann für die Wahrnehmung des Beratungstermins bei der Beratungsstelle oder dem -dienst der Träger der Kinder- und Jugendhilfe ebenfalls nicht entstehen. Denn nach § 19 Abs. 1 S. 1 Nr. 2 RVG gehören „außergerichtliche Verhandlungen" zum Rechtszug und werden mit den Gebühren abgegolten, die der Verfahrensbevollmächtigte ohnehin für das gerichtliche Verfahren erhält.

Allerdings kann die Besprechung in einem Beratungstermin vor einer Beratungs- 224
stelle oder einem -dienst der Träger der Kinder- und Jugendhilfe eine **Terminsgebühr** der Nr. 3104 VV RVG auslösen. Denn der Rechtsanwalt hat von seinem Mandanten einen Auftrag zur Vertretung in einem gerichtlichen Verfahren, er ist Verfahrensbevollmächtigter in der beim Familiengericht anhängigen Kindschaftssache. Im Rahmen dieses Auftrages führt er dann eine Besprechung zur Erledigung dieses gerichtlichen Verfahrens mit der Gegenseite oder dem Sachbearbeiter der Beratungsstelle, welche nach der Vorbemerkung 3 Abs. 3 VV RVG die Terminsgebühr auslöst.[99] Allerdings können nicht zwei Terminsgebühren entstehen, nämlich eine für die Besprechung im Rahmen der Beratung durch die Beratungsstellen und -dienste der Träger der Kinder- und Jugendhilfe und eine weitere durch die Vertretung in dem gerichtlichen Termin.

Beispiel: Der Rechtsanwalt vertritt die Mandantin als Verfahrensbevollmächtigter in der beim 225
Familiengericht anhängigen Kindschaftssache. Die Kindschaftssache wegen Regelung des Umgangsrechts wird als selbstständiges (isoliertes) Verfahren geführt. Nachdem die Erwiderung von der Gegenseite vorliegt, ordnet das Gericht an, dass die Eltern an einer Beratung durch die Beratungsstelle des zuständigen Jugendamtes zur Entwicklung eines einvernehmlichen Konzeptes teilnehmen. Der Verfahrensbevollmächtigte nimmt mit der Mandantin zusammen den Termin wahr und wirkt an der Besprechung mit. In der Besprechung kommt es schließlich zu einer einvernehmlichen Regelung. Das Gericht nimmt die einvernehmliche Regelung als Vergleich auf und billigt diese (§ 156 Abs. 2 FamFG).

Der Verfahrensbevollmächtigte kann berechnen:
Verfahrenswert: 3.000,00 EUR

1) 1,3 Verfahrensgebühr §§ 2, 13 RVG iVm Nr. 3100 VV RVG	261,30 EUR
2) 1,2 Terminsgebühr §§ 2, 13 RVG iVm Nr. 3104 VV RVG	241,20 EUR
3) 1,0 Einigungsgebühr §§ 2, 13 RVG iVm Nr. 1003 VV RVG	201,00 EUR

zzgl. Auslagen, Umsatzsteuer.

In der Beratung bei dem Jugendamt hat der Rechtsanwalt mitgewirkt an einer auf die Erledigung der Kindschaftssache gerichteten Besprechung, wodurch nach der Vorbemerkung 3 Abs. 3 VV RVG die Terminsgebühr ausgelöst wurde. Er hat ferner in der Beratung beim Jugendamt mitgewirkt an dem Vergleich, sodass auch die Einigungsgebühr der Nrn. 1000, 1003 VV RVG entstanden ist.

In dem in dem vorangegangenen Beispiel aufgezeigten Fall (Beispiel, → Rn. 225) 226
ist das Gebührengesamtaufkommen realistisch im Verhältnis zum Arbeitsaufkommen des Anwaltes. Denn mehr an Gebühren hätte der Rechtsanwalt auch nicht verdienen können, wenn das gerichtliche Verfahren mit einer mündlichen Verhandlung durchgeführt worden wäre und mit einem Vergleich geendet hätte.

Kommt es allerdings in dem Beratungstermin bei der Beratungsstelle oder dem -dienst der Träger der Kinder- und Jugendhilfe nicht zu einer Einigung und setzt sich die bei dem Familiengericht anhängige Kindschaftssache dann fort, hat der Anwalt zwar Mehraufwand durch die Wahrnehmung des Beratungstermins, erhält diesen Mehraufwand aber nicht gesondert vergütet.

---

[98] Enders JurBüro 2009, 617 (618).

[99] Vgl. zur ähnlichen Problematik bei der Teilnahme eines Prozessbevollmächtigten an einer gerichtsnahen Mediation in einem Zivilprozess: OLG Braunschweig AnwBl 2007, 88; OLG Rostock JurBüro 2007, 194.

227 **Beispiel:** Anhängig beim Familiengericht ist eine selbstständige (isolierte) Familiensache wegen Übertragung der alleinigen elterlichen Sorge auf die Kindesmutter. Der Rechtsanwalt vertritt die Kindesmutter in diesem Verfahren als Verfahrensbevollmächtigter. Das Gericht ordnet an, dass die Eltern an einer Beratung des zuständigen Jugendamtes zur Entwicklung eines einvernehmlichen Konzeptes für die Wahrnehmung der elterlichen Sorge teilnehmen. Der Rechtsanwalt nimmt mit der Mandantin an dieser Beratung teil. In dem Beratungstermin beim Jugendamt kann kein Einvernehmen erzielt werden. Das Familiengericht bestimmt Termin zur mündlichen Verhandlung. Ein Sachverständigengutachten wird eingeholt. Der Rechtsanwalt vertritt in einem weiteren Termin zur mündlichen Verhandlung vor dem Familiengericht. Schließlich verkündet das Gericht seine Entscheidung durch Beschluss.

In der selbstständig (isoliert) anhängigen Kindschaftssache kann der Verfahrensbevollmächtigte der Antragstellerin (Kindesmutter) folgende Gebühren berechnen:

Verfahrenswert: 3.000,00 EUR	
1) 1,3 Verfahrensgebühr §§2, 13 RVG iVm Nr. 3100 VV RVG	261,30 EUR
2) 1,2 Terminsgebühr §§2, 13 RVG iVm Nr. 3104 VV RVG	241,20 EUR
zzgl. Auslagen und Umsatzsteuer.	

In diesem Fall erhält der Rechtsanwalt für die Teilnahme an dem Beratungstermin beim Jugendamt keine gesonderte Vergütung.

Praxistipp:

228 Will der Rechtsanwalt für den Arbeitsaufwand im Zusammenhang mit dem Beratungstermin bei der Beratungsstelle oder dem -dienst der Träger der Kinder- und Jugendhilfe eine gesonderte Vergütung erhalten, so wird er mit der Mandantschaft eine Vergütungsvereinbarung treffen müssen. Es könnte zB vereinbart werden, dass der Rechtsanwalt für die Wahrnehmung des Beratungstermins eine gesonderte Terminsgebühr nach der Nr. 3104 VV RVG erhält, eine gesonderte Pauschale oder eine 1,5 Geschäftsgebühr Nr. 2300 VV RVG. In die Vergütungsvereinbarung könnte auch aufgenommen werden, dass die Vergütung nur für den Fall anfällt, dass eine Einigung bei der Beratungsstelle nicht zustande kommt.

Zusammenfassung

229 ▶ Nimmt der Rechtsanwalt mit der Partei zusammen in einer Kindschaftssache einen Beratungstermin bei einer Beratungsstelle oder einem -dienst der Träger der Kinder- und Jugendhilfe teil, so erhält er hierfür keine gesonderte Vergütung. Diese Tätigkeit ist abgegolten mit den Gebühren, die er ohnehin für seine Tätigkeit als Verfahrensbevollmächtigter in der Kindschaftssache erhält.

▶ Wirkt der Rechtsanwalt in dem Beratungstermin bei der Beratungsstelle oder dem -dienst der Träger der Kinder- und Jugendhilfe mit an einer Besprechung, die auf die Erledigung der gerichtlich anhängigen Kindschaftssache gerichtet ist, so wird hierdurch nach der Vorbemerkung 3 Abs. 3 VV RVG die Terminsgebühr ausgelöst. Allerdings entsteht die Terminsgebühr nicht ein zweites Mal, wenn der Rechtsanwalt anschließend in einem mündlichen Verhandlungstermin vor dem Familiengericht in derselben Sache vertritt.

3.2 Ehescheidung und Folgesachen im Verbund

230 Im Verbund (zum Verbund → Kap. H Rn. 17) zusammen mit der Ehescheidung anhängige Folgesachen sind gebührenrechtlich **dieselbe Angelegenheit mit der Ehescheidung** (§ 16 Nr. 4 RVG).

Auszug aus dem RVG

231 **§16**

Dieselbe Angelegenheit

Dieselbe Angelegenheit sind ...

4. eine Scheidungssache oder ein Verfahren über die Aufhebung einer Lebenspartnerschaft und die Folgesachen;...

Dies bedeutet, dass die **Verfahrenswerte aller im Verbund anhängigen Familiensachen zu addieren** sind und nach der **Summe der Verfahrenswerte** die Anwaltsgebühren entstehen. Im Verbund entstehen also nicht nach den einzelnen Verfahrenswerten der einzelnen Verfahren gesonderte Gebühren, sondern die Gebühren entstehen **nur einmal** nach der Summe aller im Verbund anhängigen Gegenstände. 232

Natürlich müssen, damit die entsprechende Gebühr nach der vollen Summe der Verfahrenswerte entsteht, wegen der Scheidung und aller Folgesachen die Voraussetzungen für den Anfall der Gebühr gegeben sein. Ist dies nicht der Fall, entsteht die Gebühr nur nach der Summe der Werte der Folgesachen, in welcher der Rechtsanwalt eine entsprechende Tätigkeit ausgeübt hat, die die Gebühr auslöst (→ Kap. H Rn. 21). Im Verbund entstehen Anwaltsgebühren nach Teil 3 VV RVG. Es können also anfallen: 233

1,3 Verfahrensgebühr Nr. 3100 VV RVG
1,2 Terminsgebühr Nr. 3104 VV RVG
0,3 Zusatzgebühr für besonders umfangreiche Beweisaufnahmen Nr. 1010 VV RVG
1,0 Einigungsgebühr Nr. 1003 VV RVG (→ Kap. C Rn. 5).

Die Gebühren entstehen unter denselben Voraussetzungen wie auch in einem bürgerlichen Rechtsstreit/Zivilprozess (→ Kap. E Rn. 251 ff.).

Die 1,3 Verfahrensgebühr Nr. 3100 VV RVG fällt nach dem Wert der Ehescheidung und aller **anhängigen** Folgesachen an. Werden über nicht anhängige Folgesachen lediglich Verhandlungen vor Gericht zur Einigung über solche Ansprüche geführt, so entsteht nach dem Wert der nicht anhängigen Folgesachen nur eine 0,8 Verfahrensgebühr nach Nummer 3101 Ziffer 2 VV RVG. Dies auch dann, wenn wegen im Verbund nicht rechtshängiger Ansprüche lediglich beantragt wird, eine Einigung der Parteien zu Protokoll zu nehmen (Nummer 3101 Ziffer 2 VV RVG). 234

Die Summe der

- Verfahrensgebühr Nr. 3100 VV RVG nach dem Wert der rechtshängigen Gegenstände
- und die der 0,8 Verfahrensgebühr Nr. 3101 Ziffer 2 VV RVG nach dem Wert der nicht rechtshängigen Ansprüche
- darf nicht höher sein als eine 1,3 Gebühr aus dem Gesamtwert (§ 15 Abs. 3 RVG).

Diese Konstellation tritt in Familiensachen häufig auf, wenn nicht rechtshängige Folgesachen mitverglichen werden (→ Kap. H Rn. 248 ff.).

Die 1,2 **Terminsgebühr** Nr. 3104 VV RVG entsteht nach dem Wert der Ehescheidung und der Folgesachen, in welchen ein Termin stattgefunden hat. Voraussetzung ist natürlich, dass der Rechtsanwalt in dem Termin/ den Terminen die Partei vertreten hat. Hat in einer Folgesache kein Termin stattgefunden, so kann der Wert dieser Folgesache beim Verfahrenswert für den Ansatz der Terminsgebühr nicht berücksichtigt werden. Da ein Termin grundsätzlich nur in anhängigen Folgesachen stattfindet, entsteht die Terminsgebühr in der Regel nur nach dem Wert anhängiger Folgesachen. 235

Die Terminsgebühr kann aber auch nach dem Verfahrenswert einer Folgesache ausgelöst werden, wenn über die Folgesache eine Besprechung zur Erledigung derselben mit der Gegenseite geführt wird und der Rechtsanwalt hieran mitwirkt (Vorbemerkung 3 Abs. 3 VV RVG). 236

Die Terminsgebühr kann auch nach dem Wert nicht anhängiger Folgesachen entstehen, wenn der Rechtsanwalt insoweit mitgewirkt hat an auf die Vermeidung des Verfahrens gerichteten Besprechungen – auch ohne Beteiligung des Gerichts. Voraussetzung ist, dass dem Rechtsanwalt wegen der nicht anhängigen Folgesachen bereits ein – unbedingter – „Klageauftrag" vorlag, bzw. der Auftrag, die nicht anhängigen Folgesachen in das gerichtliche Verfahren einzubringen.[100] Die Terminsgebühr entsteht nicht, wenn diese Besprechung nur mit dem Auftraggeber des Rechtsanwaltes geführt wurde (→ Kap. H Rn. 249). 237

---

[100] BGH Urteil vom 8. 2. 2007 – IX ZR 215/05 = JurBüro 2007, 241 für den Anspruchssteller; BGH Urteil vom 1. 7. 2010 – IX ZR 198/09 = JurBüro 2010, 580 für den Anspruchsgegner.

Praxistipp:

238 Wird im Termin unter Mitwirkung des Rechtsanwaltes eine Besprechung geführt zur Vermeidung eines gerichtlichen Verfahrens wegen bislang nicht anhängiger Scheidungsfolgen, so sollte der Rechtsanwalt darauf achten, dass diese Besprechung im Terminsprotokoll aufgenommen wird. Dann wird der Rechtspfleger später den Anfall der Terminsgebühr auch nach dem Wert nicht anhängiger Scheidungsfolgen nachvollziehen können.

239 Ist dem Mandanten Verfahrenskostenhilfe für das Verfahren gewährt und der Rechtsanwalt beigeordnet worden und wurden nicht anhängige Ansprüche mitverglichen, so **entsteht** zwar die Terminsgebühr auch nach dem Wert der **nicht anhängigen Ansprüche**, wenn der Rechtsanwalt wegen der mitverglichenen nicht anhängigen Ansprüche eine Besprechung iSd Vorbemerkung 3 Abs. 3 VV RVG geführt hat. Für die Frage, ob diese Terminsgebühr auch aus der Staatskasse an den beigeordneten Rechtsanwalt zu zahlen ist, ist folgendes zu beachten:

240 Ist eine **Ehesache** anhängig und werden in dieser nicht anhängige Folgesachen (die in § 48 Abs. 3 RVG genannt sind) mitverglichen, so erstreckt sich nach § 48 Abs. 3 RVG die Beiordnung des Rechtsanwalts auf alle mit der Herbeiführung der Einigung erforderlichen Tätigkeiten. In den Fällen des § 48 Abs. 3 RVG wird dem beigeordneten Rechtsanwalt deshalb auch die Terminsgebühr nach dem Wert der mitverglichenen nicht anhängigen Folgesachen aus der Staatskasse gezahlt werden. Dasselbe gilt für die 0,8 Verfahrensgebühr Nr. 3101 Ziffer 2 VV RVG nach dem Wert der nicht anhängigen Ansprüche.

Praxistipp:

241 Auch wenn § 48 Abs. 3 RVG zur Anwendung kommt, sollte der beiordnete Rechtsanwalt beantragen, ***„… die Verfahrenskostenhilfe auf den Abschluss des Vergleichs auch über die nicht anhängigen Ansprüche zu erstrecken …“***. Denn nur wenn auch die Verfahrenskostenhilfe auf den Abschluss des Vergleichs erstreckt wird, ist die Partei von der Zahlung der Gerichtskosten befreit (→ Kap. F Rn. 44).

242 § 48 Abs. 3 RVG kommt **nur in Ehesachen** zur Anwendung, also dann, wenn ein Antrag auf Scheidung oder Aufhebung der Ehe anhängig ist und dann nicht anhängige Folgesachen, die in § 48 Abs. 3 RVG genannt sind, mitverglichen werden. Ist aber ein Antrag auf Scheidung oder Aufhebung der Ehe nicht anhängig und werden nicht anhängige Ansprüche mitverglichen, muss der Rechtsanwalt auf jeden Fall beantragen, ***„… die Verfahrenskostenhilfe und seine Beiordnung auf den Abschluss des Vergleichs auch über die nicht anhängigen Ansprüche zu erstrecken …“***. Selbst wenn das Gericht diesem Antrag stattgibt, kann es zu Problemen bei der Zahlung der Terminsgebühr nach dem Gesamtwert (Wert der anhängigen und nicht anhängigen Gegenstände) und der 0,8 Verfahrensgebühr Nr. 3101 Ziffer 2 VV RVG nach dem Wert der mitverglichenen nicht anhängigen Ansprüche aus der Staatskasse kommen. Denn teilweise wird in der Rechtsprechung[101] vertreten, dass in diesen Fällen sich die

[101] **Terminsgebühr nach dem Gesamtwert und 0,8 Verfahrensgebühr nach dem Wert der nicht anhängigen Ansprüche aus der Staatskasse, wenn Verfahrenskostenhilfe auch auf den Vergleich über die nicht anhängigen Ansprüche erstreckt wurde:** OLG Celle, Beschluss vom 8. 5. 2014 – 15 UF 166/13 = FamRZ 2014, 1878; OLG Celle, Beschluss vom 13. 6. 2016 – 21 WF 118/16 = JurBüro 2016, 470; OLG Düsseldorf, Beschluss vom 23. 6. 2016 – II-10 WF 5/16 = AGS 2016, 488; OLG Karlsruhe, Beschluss vom 9. 7. 2009 – 2 WF 33/09; OLG Koblenz (7. Senat für Familiensachen), Beschluss vom 15. 10. 2008 – 7 WF 803/08; OLG Koblenz (14. Zivilsenat) = NJOZ 2006, 3716 = FamRZ 2006, 1691; OLG Koblenz (9. Zivilsenat/2. Senat für Familiensachen), Beschluss vom 10. 12. 2015 – 9 WF 931/15; OLG Köln (25. Zivilsenat) = AGS 2013, 350; OLG Nürnberg, Beschluss vom 5. 7. 2016 – 11 WF 832/16 = AGS 2016, 493; OLG Schleswig-Holstein, Beschluss vom 14. 2. 2012 – 15 WF 399/11; OLG Stuttgart, Beschluss vom

Erstreckung der Verfahrenskostenhilfe nicht auf die Besprechung beziehe und daher nur eine Einigungsgebühr nach dem Wert der nicht anhängigen Gegenstände, die mitverglichen wurden, aus der Staatskasse zu zahlen sei.

Praxistipp:

Ist bekannt, dass das zuständige Gericht die Auffassung vertritt, dass trotz Erstreckung der 243
Verfahrenskostenhilfe auf den Vergleich auch über die nicht anhängigen Gegenstände aus der Staatskasse nur die Einigungsgebühr nach dem Wert der mitverglichenen nicht anhängigen Gegenstände zu zahlen ist, sollte der Rechtsanwalt beantragen, ***„... die Verfahrenskostenhilfe und seine Beiordnung auf den Abschluss des Vergleichs auch über die nicht anhängigen Ansprüche und alle mit dem Vergleichsschluss zusammenhängenden Gebühren zu erstrecken ...“***.[102]

Die **Einigungsgebühr** kann nicht nach dem Wert der Ehescheidung entstehen 244
(Abs. 5 der Anmerkung zu Nr. 1000 VV RVG). Nach dem Wert der Scheidung kann eine Aussöhnungsgebühr entstehen (→ Kap. H Rn. 205 ff.). Die Einigungsgebühr kann aber nach dem Wert der Folgesachen entstehen, über die ein Vertrag im Sinne der Nummer 1000 VV RVG oder ein Vergleich geschlossen wird. Sind die Ansprüche, über die der Vertrag/der Vergleich geschlossen wird, bereits Gegenstand eines gerichtlichen Verfahrens, entsteht die Einigungsgebühr nur in Höhe von 1,0 (Nr. 1003 VV RVG – Kap. C Rn. 42).

Werden in dem Vertrag/Vergleich Folgesachen erledigt, über die noch kein gerichtliches Verfahren anhängig ist, so entsteht die Einigungsgebühr in Höhe von 1,5 nach Nummer 1000 VV RVG.

Werden im Verbund sowohl anhängige als auch nicht anhängige Gegenstände verglichen, so entsteht

- nach dem Wert der nicht anhängigen Ansprüche eine 1,5 Einigungsgebühr Nr. 1000 VV RVG
- nach dem Wert der anhängigen Ansprüche eine 1,0 Einigungsgebühr Nr. 1003 VV RVG.
- Die Summe dieser beiden Einzelgebühren darf nicht höher sein als eine 1,5 Gebühr aus dem Gesamtwert (§ 15 Abs. 3 RVG).

Es bleibt auch dann bei einer 1,5 Einigungsgebühr, wenn nur für die gerichtliche Protokollierung des Vergleiches Verfahrenskostenhilfe beantragt wird (Anmerkung zu Nr. 1003 VV RVG). Es bleibt auch dann bei einer 1,5 Einigungsgebühr, wenn sich die Beiordnung nach § 48 Abs. 3 RVG (→ Kap. F Rn. 43) des Rechtsanwaltes im Rahmen der der Partei gewährten Verfahrenskostenhilfe auf den Abschluss des Vergleiches erstreckt.

Beispiel: Der Rechtsanwalt stellt den Antrag auf Scheidung der Ehe (Wert: 9.000,00 EUR). 245
Daneben wird von Amts wegen das Verfahren auf Durchführung des Versorgungsausgleiches mit anhängig (Wert: 3.600,00 EUR). Auf Antrag wird die Folgesache auf Regelung der elterlichen Sorge

18. 2. 2016 – 8 WF 339/15; OLG Zweibrücken, Beschluss vom 29. 4. 2016 – 6 WF 57/16 = AGS 2016, 492. **Anderer Meinung: Terminsgebühr nur nach dem Wert der anhängigen Ansprüche und keine 0,8 Verfahrensgebühr Nr. 3101 Ziffer 2 VV RVG aus der Staatskasse:** OLG Bamberg, Beschluss vom 21. 3. 2011 – 4 W 42/10; OLG Celle, Beschluss vom 26. 2. 2015 – 10 WF 28/15 = BeckRS 2015, 08721; OLG Celle, Beschluss vom 21. 1. 2011 – 10 WF 6/11 = MDR 2011, 324; OLG Celle, Beschluss vom 12. 6. 2014– 10 WF 167/14; LG Detmold, Beschluss vom 29. 5. 2015 – 3 T 52/15; OLG Dresden, Beschluss vom 7. 2. 2014 – 23 WF 1209/13 = MDR 2014, 686 = FamRZ 2014, 1879; OLG Dresden, Beschluss vom 7. 5. 2015 – 19 WF 1424/14 = BeckRS 2015, 09517; OLG Dresden, Beschluss vom 25. 3. 2014 – 22 UF 572/13 = BeckRS 2014, 09881; OLG Hamm, Beschluss vom 14. 2. 2012 – 25 W 23/12; OLG Koblenz, Beschluss vom 19. 5. 2014 – 13 WF 369/14 = NJW-RR 2015, 61; OLG Köln, Beschluss vom 2. 10. 2014 – 12 WF 130/14; OLG München, Beschluss vom 19. 3. 2009 – 11 WF 812/09.

[102] Ausführlich: Enders JurBüro 2015, 561; → Kap. F Rn. 42 ff.

anhängig (Wert: 1.800,00 EUR) und ein Verfahren auf Zahlung von nachehelichem Unterhalt in Höhe von 500,00 EUR monatlich (Wert: 6.000,00 EUR). Bevor das Gericht Termin zur mündlichen Verhandlung bestimmt, wird der Antrag auf Zahlung von nachehelichem Unterhalt zurückgenommen. Nachdem die Auskünfte für die Durchführung des Versorgungsausgleiches vorliegen, bestimmt das Gericht Termin zur mündlichen Verhandlung in der Scheidung und allen noch anhängigen Folgesachen. Der Rechtsanwalt vertritt in dem Termin die Partei. Der Antragsgegner stimmt sowohl der Scheidung der Ehe, der Durchführung des Versorgungsausgleiches als auch der alleinigen Übertragung der elterlichen Sorge an die Antragstellerin zu.

Der Rechtsanwalt der Antragstellerin kann berechnen:

1) 1,3 Verfahrensgebühr §§ 2, 13 RVG iVm Nr. 3100 VV RVG nach Wert: 20.400,00 EUR	964,60 EUR
2) 1,2 Terminsgebühr §§ 2, 13 RVG iVm Nr. 3104 VV RVG nach Wert: 14.400,00 EUR	780,00 EUR
+ Auslagen, Umsatzsteuer.	

Die Verfahrensgebühr entsteht nach dem Wert der Scheidung und aller Folgesachen, da alle Folgesachen anhängig waren. Die Terminsgebühr entsteht nicht nach dem Wert der Folgesache Unterhalt, da dieser Antrag bereits zurückgenommen war, bevor das Gericht Termin bestimmt hat. Insoweit wurde der Tatbestand der Terminsgebühr nicht erfüllt.

Zusammenfassung

246 ▶ Die Verfahrenswerte der Scheidung und aller im Verbund anhängigen Folgesachen sind zu addieren.

▶ Die Anwaltsgebühren berechnen sich grundsätzlich nach der Summe der Verfahrenswerte.

▶ Im Verbund können im I. Rechtszug entstehen:
1,3 Verfahrensgebühr Nr. 3100 VV RVG
1,2 Terminsgebühr Nr. 3104 VV RVG
0,3 Zusatzgebühr für besonders umfangreiche Beweisaufnahmen Nr. 1010 VV RVG
1,0 oder 1,5 Einigungsgebühr Nr. 1000, 1003 VV RVG.

▶ Damit die Gebühr auch nach dem Wert der betreffenden Folgesache entsteht, muss der Rechtsanwalt auch betreffend dieser Folgesache eine entsprechende Tätigkeit ausgeübt haben, die die Gebühr auslöst.

3.3 Scheidungsfolgenvereinbarung

247 Wird ein Vertrag/Vergleich für die Scheidungsfolgen unter Mitwirkung des Rechtsanwaltes geschlossen, so kann sich unter Umständen für ihn das Problem stellen, welche Gebühren er für seine Tätigkeit im Hinblick auf den Abschluss der Scheidungsfolgenvereinbarung berechnen kann. Es ist zu unterscheiden, ob ihm der Auftrag erteilt wurde, die Scheidungsfolgenvereinbarung ausschließlich außergerichtlich herbeizuführen, oder ob ihm im Rahmen des ohnehin bestehenden Prozessmandates zur Durchführung des gerichtlichen Scheidungsverfahrens der Auftrag erteilt wird, eine Scheidungsfolgenvereinbarung herbeizuführen und den Vertrag/Vergleich dann auch später gerichtlich protokollieren zu lassen.[103]

3.3.1 Auftrag im Rahmen des Mandates für das gerichtliche Verfahren

248 Wird der Rechtsanwalt von dem Mandanten im Rahmen des ohnehin bestehenden Mandates zur gerichtlichen Durchführung des Scheidungsverfahrens beauftragt, für ihn die Scheidungsfolgen zu regeln und den Vertrag/Vergleich gerichtlich protokollieren zu lassen, so gilt das im vorstehenden → Kap. H (→ Rn. 230 ff.) Ausgeführte. Der Rechtsanwalt erhält also dann **nach dem Wert der nicht anhängigen Folgesachen**
- 0,8 Verfahrensgebühr Nr. 3101 Ziffer 2 VV RVG
- 1,5 Einigungsgebühr Nr. 1000 VV RVG.

[103] Kindermann Rn. 430 bis 436.

Wird über die nicht anhängigen Folgesachen eine auf die Vermeidung des Verfahrens gerichtete Besprechung geführt, so entsteht nach dem Wert der nicht anhängigen Folgesachen, die Gegenstand einer derartigen Besprechung waren, auch eine **1,2 Terminsgebühr** (Vorbemerkung 3 Abs. 3 VV RVG). Unerheblich ist, ob diese Besprechung vor Gericht oder außergerichtlich geführt wird. Dies gilt allerdings nicht für Besprechungen, die der Rechtsanwalt nur mit seiner Auftraggeberin/seinem Auftraggeber führt. 249

Beispiel: Der Rechtsanwalt ist beauftragt, das Scheidungsverfahren durchzuführen. Er stellt den Antrag auf Ehescheidung (Wert: 6.000,00 EUR). Von Amts wegen wird der Versorgungsausgleich anhängig (Wert: 1.800,00 EUR). Die Mandantin beauftragt den Rechtsanwalt dann, die bislang nicht anhängigen Scheidungsfolgen Ehegattenunterhalt (Wert: 6.000,00 EUR), Kindesunterhalt (Wert: 3.000,00 EUR) und Zugewinnausgleich (Wert: 5.000,00 EUR) zu regeln. Der Anwalt soll im Rahmen des Mandates eine auf die Vermeidung eines gerichtlichen Verfahrens wegen dieser bislang nicht anhängigen Folgesachen gerichtete Besprechung führen. Die Einigung über die Scheidungsfolgen soll gerichtlich protokolliert werden, damit ein vollstreckbarer Titel geschaffen wird. 250

Der Rechtsanwalt führt mit der Gegenseite wegen der vorgenannten nicht anhängigen Folgesachen mehrere Besprechungen. Schließlich kann er eine Einigung erzielen. In dem Termin, der zur Ehescheidung und zur Verhandlung über den Versorgungsausgleich bestimmt wird, stellt er dann den Antrag, den mit der Gegenseite ausgehandelten Vergleich über die vorgenannten Scheidungsfolgen zu protokollieren. Antragsgemäß protokolliert der Familienrichter einen entsprechenden Vergleich.

Der Rechtsanwalt kann für seine Tätigkeit als Verfahrensbevollmächtigter in dem Scheidungsverfahren und die Herbeiführung der Scheidungsfolgenvereinbarung folgende Gebühren berechnen:

1) 1,3 Verfahrensgebühr §§ 2, 13 RVG iVm Nr. 3100 VV RVG aus Wert: 7.800,00 EUR	592,80 EUR
2) 0,8 Verfahrensgebühr §§ 2, 13 RVG iVm Nr. 3101 Ziffer 2 VV RVG aus Wert: 14.000,00 EUR	520,00 EUR
	1.112,80 EUR
Die beiden Verfahrensgebühren dürfen gem. § 15 Abs. 3 RVG nicht höher sein als eine 1,3 Gebühr aus dem Gesamtwert 21.800,00 EUR	964,60 EUR
Der Rechtsanwalt kann hier also nur die 964,60 EUR berechnen.	
3) 1,2 Terminsgebühr §§ 2, 13 RVG iVm Nr. 3104 VV RVG aus Wert: 21.800,00 EUR	890,40 EUR
4) 1,5 Einigungsgebühr §§ 2, 13 RVG iVm Nr. 1000 VV RVG aus Wert: 14.000,00 EUR	975,00 EUR.

zzgl. Auslagen, Umsatzsteuer.

Zusammenfassung

- ▶ Hat der Rechtsanwalt den Auftrag zur Regelung der Scheidungsfolgen im Rahmen des ohnehin bestehenden Prozessmandates zur gerichtlichen Durchführung der Ehescheidung erhalten, insbesondere auch mit dem Ziel, dass die Scheidungsfolgenvereinbarung später gerichtlich protokolliert wird, um auf diese Weise einen vollstreckbaren Titel zu erlangen, so können nach dem Wert der in der Scheidungsfolgenvereinbarung geregelten **nicht anhängigen** Gegenstände entstehen: 251
  0,8 Verfahrensgebühr Nr. 3100 Ziffer 2 VV RVG
  evtl. 1,2 Terminsgebühr Nr. 3104 VV RVG
  1,5 Einigungsgebühr Nr. 1000 VV RVG.
- ▶ Die Terminsgebühr entsteht dann nach dem Wert auch nicht anhängiger Folgesachen, wenn der Rechtsanwalt mitgewirkt hat an einer auf die Vermeidung oder Erledigung des Verfahrens gerichteten Besprechung eben wegen dieser nicht anhängigen Folgesachen.

3.3.2 Auftrag zur außergerichtlichen Erledigung

Hat der Rechtsanwalt von seiner Mandantin/seinem Mandanten den Auftrag erhalten, die Scheidungsfolgenvereinbarung **außergerichtlich** herbeizuführen, so entstehen nach dem Wert der Scheidungsfolgen, die Gegenstand der Verhandlungen und des Vertrages/Vergleiches waren, 252

0,5 bis 2,5 Geschäftsgebühr Nr. 2300 VV RVG
1,5 Einigungsgebühr Nr. 1000 VV RVG.

Die Mandantin/der Mandant wird dem Rechtsanwalt dann einen Auftrag zur außergerichtlichen Herbeiführung der Scheidungsfolgenvereinbarung erteilen, wenn er zB die ohnehin angespannte Situation zwischen den Eheleuten nicht noch weiter durch eine mögliche gerichtliche Auseinandersetzung auch über die Scheidungsfolgen belasten will. Auch dann, wenn die Mandantin/der Mandant vor Einleitung des Scheidungsverfahrens selbst – etwa schon während des Trennungsjahres – „Sicherheit“ wegen der Scheidungsfolgen haben will, wird er dem Rechtsanwalt den Auftrag erteilen, die Scheidungsfolgenvereinbarung außergerichtlich herbeizuführen. Die Scheidungsfolgenvereinbarung könnte dann etwa als Anwaltsvergleich (§ 796a ZPO) geschlossen werden, um auf diesem Wege einen vollstreckbaren Titel zu erlangen. Denkbar ist auch, dass ein Auftrag zur außergerichtlichen Herbeiführung der Scheidungsfolgenvereinbarung erteilt wird, wenn etwa wegen der Übertragung von Miteigentumsanteilen an einem Grundbesitz im Rahmen der Vermögensauseinandersetzung ohnehin eine notarielle Beurkundung erfolgen muss und in die Urkunde auch die Scheidungsfolgenvereinbarung mit aufgenommen wird.

253 **Beispiel:** Die Mandantin sucht den Rechtsanwalt in seiner Kanzlei auf. Sie lebt von ihrem Ehemann getrennt und möchte das Scheidungsverfahren durchführen. Bevor der Scheidungsantrag gestellt wird, will sie jedoch die Scheidungsfolgen geregelt wissen. Sie beauftragt daher den Rechtsanwalt, außergerichtlich eine Scheidungsfolgenvereinbarung über die Gegenstände nachehelicher Ehegattenunterhalt (Wert: 3.960,00 EUR), Kindesunterhalt (Wert: 2.160,00 EUR) und Ausgleich der Zugewinnansprüche (Wert: 10.000,00 EUR) herbeizuführen. Der Rechtsanwalt soll sich außergerichtlich mit dem Gegenanwalt in Verbindung setzen und versuchen, mit diesem die Scheidungsfolgenvereinbarung herbeizuführen. Der Vergleich soll als Anwaltsvergleich abgeschlossen werden.

Auftragsgemäß nimmt der Rechtsanwalt mit dem Gegenanwalt Kontakt auf. In mehreren Besprechungen, in welchen auch die Parteien anwesend sind, kommt es schließlich zu einem Vergleich über die vorstehenden Scheidungsfolgen. Die anwaltliche Tätigkeit war sowohl umfangreich als auch schwierig.

Der Rechtsanwalt kann berechnen:
Verfahrenswert: 16.120,00 EUR
(3.960,00 EUR + 2.160,00 EUR + 10.000,00 EUR)

1) 1,8 Geschäftsgebühr §§ 2, 13 RVG iVm Nr. 2300 VV RVG	1.252,80 EUR
2) 1,5 Einigungsgebühr §§ 2, 13 RVG iVm Nr. 1000 VV RVG	1.044,00 EUR

+ Auslagen, Umsatzsteuer.

Daneben können noch die Verfahrens- und die Terminsgebühr in dem gerichtlichen Verfahren auf Durchführung der Ehescheidung entstehen. Werden die Gegenstände, die in der Scheidungsfolgenvereinbarung behandelt wurden, nicht mehr Gegenstand des gerichtlichen Verfahrens, so ist die Geschäftsgebühr nicht anzurechnen.

254 Hat der Rechtsanwalt ausschließlich einen Auftrag zur **außergerichtlichen** Herbeiführung der Scheidungsfolgenvereinbarung erhalten, so kann die Terminsgebühr nicht entstehen. Für eine außergerichtliche Vertretung gilt Teil 2, Abschnitt 3 des Vergütungsverzeichnisses. Nur die dort geregelten Gebühren und die in Teil 1 des Vergütungsverzeichnisses geregelten allgemeinen Gebühren können entstehen, nicht aber die in Teil 3 geregelte Terminsgebühr. Die Terminsgebühr nach dem Wert der nicht anhängigen Folgesachen kann nur dann entstehen, wenn dem Rechtsanwalt ein **Auftrag zur gerichtlichen Erledigung** erteilt worden ist (→ Kap. H Rn. 249).

Zusammenfassung

255 ▶ Hat der Rechtsanwalt von seinem Mandanten den Auftrag erhalten, die Scheidungsfolgenvereinbarung ausschließlich außergerichtlich herbeizuführen, so können entstehen:
0,5 bis 2,5 Geschäftsgebühr Nr. 2400 VV RVG
1,5 Einigungsgebühr Nr. 1003 VV RVG.

3.3.3 Zunächst Auftrag zur außergerichtlichen Erledigung und später zur gerichtlichen Protokollierung des Vergleiches

Wird der dem Rechtsanwalt zunächst erteilte Auftrag zur außergerichtlichen Tätigkeit im Hinblick auf eine Scheidungsfolgenvereinbarung später erweitert, zB dahingehend, den Vergleich nunmehr doch gerichtlich protokollieren zu lassen, so ist die für die außergerichtliche Tätigkeit entstandene Geschäftsgebühr entsprechend der Vorbemerkung 3 Abs. 4 VV RVG auf die dann nach dem Wert der nicht anhängigen Folgesachen entstehende Verfahrensgebühr **zur Hälfte, maximal mit 0,75 anzurechnen.** 256

Beispiel: – Sachverhalt wie vorangegangenes Beispiel → Rn. 253 – mit folgender Variante: 257
Der Vergleich wird nicht als Anwaltsvergleich geschlossen. Nachdem später die Scheidung (Wert: 4.000,00 EUR) und im Verbund der Versorgungsausgleich (Wert: 2.000,00 EUR) beim Familiengericht anhängig werden, wird der Rechtsanwalt beauftragt, den bereits außergerichtlich ausgehandelten Vergleich nunmehr doch gerichtlich zu protokollieren.
Der Rechtsanwalt kann berechnen:

Außergerichtliche Tätigkeit:
Verfahrenswert: 16.120,00 EUR
(3.960,00 EUR + 2.160,00 EUR + 10.000,00 EUR)

1) 1,8 Geschäftsgebühr §§ 2, 13 RVG iVm Nr. 2300 VV RVG	1.252,80 EUR
+ Auslagen, Umsatzsteuer	

Gerichtliche Tätigkeit:

1) 1,3 Verfahrensgebühr §§ 2, 13 RVG iVm Nr. 3100 VV RVG nach Wert: (4.000,00 EUR + 2.000,00 EUR =) 6.000,00 EUR	460,20 EUR
2) 0,8 Verfahrensgebühr §§ 2, 13 RVG iVm Nr. 3101 Ziffer 2 VV RVG nach Wert: 16.120,00 EUR	556,80 EUR
auf die 0,8 Verfahrensgebühr ist nach der Vorbemerkung 3 Abs. 4 VV RVG anzurechnen:	
0,75 Geschäftsgebühr der Nr. 2300 VV RVG nach Wert: 16.120,00 EUR	522,00 EUR
verbleiben von der 0,8 Verfahrensgebühr:	34,80 EUR
1) und 2) dürfen nach § 15 Abs. 3 RVG nicht höher sein als eine 1,3 Gebühr nach Wert: 22.120,00 EUR = 1.024,40 EUR. Die beiden Verfahrensgebühren betragen nach Anrechnung nur 460,20 EUR + 34,80 EUR = 495,00 EUR, so dass nach § 15 Abs. 3 RVG nichts mehr abzusetzen ist.	
3) 1,2 Terminsgebühr §§ 2, 13 RVG iVm Nr. 3104 VV RVG nach Wert: 6.000,00 EUR	424,80 EUR
4) 1,5 Einigungsgebühr §§ 2, 13 RVG iVm Nr. 1000 VV RVG nach Wert: 16.120,00 EUR	1.044,00 EUR
+ Auslagen, Umsatzsteuer	

Die Geschäftsgebühr ist vorliegend nur auf die 0,8 Verfahrensgebühr der Nr. 3101 Ziffer 2 VV RVG anzurechnen. Denn die Anrechnung erfolgt nach der Vorbemerkung 3 Abs. 4 VV RVG nur insoweit, als der Gegenstand der außergerichtlichen Tätigkeit und der des gerichtlichen Verfahrens derselbe ist. Hier entsteht nach dem Wert der Gegenstände, wegen welcher der Rechtsanwalt schon außergerichtlich tätig war, nur eine 0,8 Verfahrensgebühr.

In den vorliegenden Fällen ist zunächst nach der Vorbemerkung 3 Abs. 4 VV RVG anzurechnen und dann die Prüfung nach § 15 Abs. 3 VV RVG vorzunehmen.[104] Denn § 15 Abs. 3 RVG soll doch nur verhindern, dass die Summe der beiden Verfahrensgebühr höher ist als eine 1,3 Verfahrensgebühr nach dem Gesamtwert. Nach Anrechnung ist die Summe der beiden Verfahrensgebühren vorliegend aber nicht höher.

Die Terminsgebühr entsteht nicht auch noch nach dem Wert der nicht anhängigen – mitverglichenen Gegenstände. Denn hierüber wurde nach Erteilung des Auftrages für das gerichtliche Verfahren keine Besprechung zur Vermeidung eines gerichtlichen Verfahrens mehr geführt. Lediglich die Beantragung, eine Einigung der Parteien über nicht rechtshängige Ansprüche zu Protokoll zu nehmen, löst die Terminsgebühr nicht aus (Abs. 3 der Anmerkung zu Nr. 3104 VV RVG).

Die Einigungsgebühr fällt nur einmal an.

---

[104] So auch N. Schneider, RVG-Beratungspraxis, 2005, 11 (13); Enders, RVG – Probleme und Chancen, Festschrift für Wolfgang Madert S. 84; Enders JurBüro 2009, 225; OLG Stuttgart JurBüro 2009, 246; OLG München JurBüro 2012, 355; OLG Karlsruhe JurBüro 2012, 357. **Anderer Meinung:** LG Bonn AGS 2008, 484.

Zusammenfassung

258 ▶ Wird zunächst der Auftrag erteilt, die Scheidungsfolgenvereinbarung außergerichtlich herbeizuführen entsteht zunächst einmal die Geschäftsgebühr.

▶ Wird der Auftrag dann später dahingehend erweitert, das der Vergleich über die Scheidungsfolgen gerichtlich protokolliert werden soll, ist die Geschäftsgebühr zur Hälfte, höchstens mit 0,75 anzurechnen auf die im gerichtlichen Verfahren nach dem Wert der nichtanhängigen Scheidungsfolgen entstehenden 0,8 Verfahrensgebühr nach Nr. 3101 Ziffer 2 VV RVG.

3.4 Einstweilige Anordnungen

259 Gemäß § 17 Nr. 4 b) RVG sind

- das Verfahren in der Hauptsache
- und das Verfahren über eine einstweilige Anordnung

stets **verschiedene gebührenrechtliche Angelegenheiten.**

260 Dies bedeutet, dass ein Verfahren über eine einstweilige Anordnung stets eine gesonderte gebührenrechtliche Angelegenheit ist, unabhängig davon ob das Verfahren über die Hauptsache als Folgesache im Verbund oder als selbstständige (isolierte) Familiensache anhängig ist. Wenn über den Gegenstand nur ein Verfahren über eine einstweilige Anordnung und daneben nicht noch eine Hauptsache anhängig ist, ist ohnehin klar, dass die im Verfahren der einstweiligen Anordnung entstehenden Gebühren und Auslagen auch abgerechnet werden können. Im Verfahren über eine einstweilige Anordnung können alle Gebühren gesondert entstehen. Dies unabhängig davon, ob sie bereits in der neben der einstweiligen Anordnung anhängigen Hauptsache angefallen sind.

261 Durch das 2. KostRMoG[105] wurde § 17 Nr. 4 RVG geändert. Durch diese Änderung stellt der Gesetzgeber klar, dass nicht nur ein Verfahren über eine einstweilige Änderung, welches auf Antrag einer Partei abhängig geworden ist, gebührenrechtlich eine eigene Angelegenheit ist, sondern auch ein Verfahren über eine einstweilige Anordnung, welches von Amts wegen eingeleitet wurde.

262 In Verfahren über eine einstweilige Anordnung entstehen Gebühren nach Teil 3 VV RVG. Sofern die entsprechenden Gebührentatbestände in dem einstweiligen Anordnungsverfahren erfüllt werden, können also entstehen:
1,3 Verfahrensgebühr Nr. 3100 VV RVG
1,2 Terminsgebühr Nr. 3104 VV RVG
0,3 Zusatzgebühr für besonders umfangreiche Beweisaufnahmen Nr. 1010 VV RVG
1,0 Einigungsgebühr Nr. 1003 VV RVG.

263 Sind zwischen denselben Parteien mehrere einstweilige Anordnungen anhängig, so waren diese – nach der bis zum 31. 8. 2009 geltenden Rechtslage – eine gebührenrechtliche Angelegenheit, wenn sie unter demselben Buchstaben des § 18 Abs. 1 Nr. 1 RVG genannt waren.[106] Mit Inkrafttreten des FGG-RG[107] zum 1. 9. 2009 ist dies geändert worden. § 18 Abs. 1 Nr. 1 und 2 RVG wurden aufgehoben bzw. durch Nachrücken der Nr. 3 ersetzt. Seitdem ist klar, dass jedes einstweilige Anordnungsverfahren stets eine gesonderte gebührenrechtliche Angelegenheit für den Anwalt ist.

264 **Beispiel:** In einer Familiensache sind neben der im Verbund anhängigen Scheidung und den Folgesachen: Kindschaftssache betreffend die Regelung der elterlichen Sorge, nachehelicher Ehegattenunterhalt, Ehewohnung folgende **einstweilige Anordnungen** anhängig:

- Vorläufige Regelung der elterlichen Sorge (Wert: 1.200,00 EUR)
- Zahlung von Kindesunterhalt (Wert: 1.800,00 EUR)

---

[105] BGBl I 2013, 2586 f. – In Kraft getreten am 1. 8. 2013.

[106] Zur Rechtslage bis zum 31. 8. 2009 vgl.: Enders, RVG für Anfänger, 14. Auflage, Rn. 1808 bis 1816.

[107] BGBl. I 2008, 2586.

In der einstweiligen Anordnung betreffend die vorläufige Regelung der elterlichen Sorge findet ein Termin statt, in dem der Rechtsanwalt die Partei vertritt. In der einstweiligen Anordnung betreffend den Kindesunterhalt ergeht der Beschluss, ohne dass ein Termin stattfindet.

In den beiden einstweiligen Anordnungsverfahren kann die als Verfahrensbevollmächtigte tätige Rechtsanwältin berechnen:

Einstweilige Anordnung auf vorläufige Regelung der elterlichen Sorge
Verfahrenswert: 1.200,00 EUR

1) 1,3 Verfahrensgebühr §§ 2, 13 RVG iVm Nr. 3100 VV RVG	149,50 EUR
2) 1,2 Terminsgebühr §§ 2, 13 RVG iVm Nr. 3104 VV RVG	138,00 EUR
+ Auslagen und Umsatzsteuer.	

Einstweilige Anordnung auf Zahlung von Kindesunterhalt
Verfahrenswert: 1.800,00 EUR

1) 1,3 Verfahrensgebühr §§ 2, 13 RVG iVm Nr. 3100 VV RVG	195,00 EUR
+ Auslagen und Umsatzsteuer.	

Die vorstehenden Gebühren in den einstweiligen Anordnungsverfahren entstehen unabhängig von den Gebühren in der Hauptsache (Ehescheidung und Folgesachen, die im Verbund anhängig sind) und sind auf diese nicht anzurechnen.

Nach § 54 FamFG kann das Familiengericht die Entscheidung in der einstweiligen Anordnung aufheben oder ändern. Ein **Verfahren auf Aufhebung oder Änderung** einer einstweiligen Anordnung ist mit dem ursprünglichen Verfahren auf Erlass der einstweiligen Anordnung **dieselbe gebührenrechtliche Angelegenheit** (§ 16 Nr. 5 RVG). Der Verfahrensbevollmächtigte, der also sowohl in dem Verfahren bis zum Erlass der einstweiligen Anordnung vertreten hat und anschließend auch im Verfahren auf Aufhebung oder Änderung der einstweiligen Anordnung vertritt, erhält die Gebühren nur einmal. Allerdings können die Gebühren (zB Terminsgebühr oder Einigungsgebühr), deren Tatbestände bis zum Erlass der einstweiligen Anordnung noch nicht erfüllt wurden, aber die dann im Verfahren auf Aufhebung oder Abänderung entstehen, noch abgerechnet werden. 265

Beispiel: Ein Antrag auf Scheidung ist noch nicht gestellt. Der Rechtsanwalt vertritt in einem Verfahren auf Erlass einer einstweiligen Anordnung wegen Regelung des Umgangsrechts mit dem Kind. Der Beschluss ergeht ohne mündliche Verhandlung. Drei Monate später beantragt der Antragsgegner Änderung der Entscheidung, da sich bei ihm die tatsächlichen Verhältnisse geändert haben. Das Gericht bestimmt nunmehr Termin zur mündlichen Verhandlung. In der mündlichen Verhandlung schließen die Parteien einen Vergleich. 266

Der Verfahrensbevollmächtigte kann insgesamt berechnen:

Einstweilige Anordnung auf Regelung des Umgangsrechts
Verfahrenswert: 1.500,00 EUR

1) 1,3 Verfahrensgebühr §§ 2, 13 RVG iVm Nr. 3100 VV RVG	149,50 EUR
2) 1,2 Terminsgebühr §§ 2, 13 RVG iVm Nr. 3104 VV RVG	138,00 EUR
3) 1,0 Einigungsgebühr §§ 2, 13 RVG iVm Nr. 1000, 1003 VV RVG	115,00 EUR
+ Auslagen und Umsatzsteuer.	

Bis zum Erlass der einstweiligen Anordnung ist nur die Verfahrensgebühr entstanden. Das Verfahren auf Änderung ist zwar dieselbe – gebührenrechtliche – Angelegenheit mit dem Verfahren bis zum Erlass der einstweiligen Anordnung. Die erstmals im Änderungsverfahren entstandene Terminsund die Einigungsgebühr können aber noch angesetzt werden. Eine neue Verfahrensgebühr fällt im Änderungsverfahren allerdings nicht an.

Die Terminsgebühr kann im Verfahren auf Erlass einer einstweiligen Anordnung entstehen, wenn 267

- der Rechtsanwalt einen Termin zur mündlichen Verhandlung vor dem Familiengericht wahrnimmt (Vorbemerkung 3 Abs. 4 VV RVG)
- der Rechtsanwalt mit dem Gegner oder dessen Verfahrensbevollmächtigten eine Besprechung zur Erledigung oder Vermeidung (nachdem er den unbedingten Auftrag zur Vertretung als Verfahrensbevollmächtigter im gerichtlichen Verfahren des gerichtlichen Verfahrens hat) führt (Vorbemerkung 3 Abs. 4 VV RVG).

Die Terminsgebühr entsteht nicht, wenn nach dem Antrag die einstweilige Anordnung vom Familiengericht erlassen und damit das Verfahren beendet ist. 268

269 Nach dem OLG Brandenburg[108] entsteht die Terminsgebühr im Verfahren über eine einstweilige Anordnung aber dann, wenn der Antragsgegner den in dem Antrag auf Erlass einer einstweiligen Anordnung geltend gemachten Anspruch anerkennt. Abs. 1 Nr. 1 der Anmerkung zu Nr. 3104 VV RVG sei entsprechend anzuwenden. Die Entscheidung des OLG Brandenburg (aaO) ist ergangen in einem Verfahren über eine einstweilige Anordnung wegen Trennungsunterhalt. Ein Verfahren wegen Trennungsunterhalt sei, so das OLG Brandenburg (aaO) eine Familienstreitsache (§ 112 Nr. 1 iVm § 231 Abs. 1 Nr. 2 FamFG), in der gem. § 113 Abs. 1 S. 2 FamFG die Allgemeinen Vorschriften der ZPO und die Vorschriften der ZPO über das Verfahren vor den Landgerichten entsprechend gelten. Der Anerkenntnisbeschluss sei somit nach § 307 ZPO ergangen. Für diese Fälle könne das einstweilige Anordnungsverfahren nicht als „Verfahren ohne vorgeschriebene mündliche Verhandlung" qualifiziert werden.[109]

Zusammenfassung

270
- Einstweilige Anordnungen bilden grundsätzlich eine besondere gebührenrechtliche Angelegenheit neben dem Hauptsacheverfahren (zB der Ehescheidung und den im Verbund anhängigen Folgesachen).
- In einstweiligen Anordnungsverfahren können entstehen:
  1,3 Verfahrensgebühr Nr. 3100 VV RVG
  1,2 Terminsgebühr Nr. 3104 VV RVG
  1,0 Einigungsgebühr Nr. 1003 VV RVG.
- Jedes einstweilige Anordnungsverfahren ist eine gesonderte gebührenrechtliche Angelegenheit.
- Ein Verfahren auf Aufhebung oder Änderung einer einstweiligen Anordnung ist dieselbe – gebührenrechtliche – Angelegenheit mit dem Verfahren auf Erlass der einstweiligen Anordnung.

3.4.1 Im Verfahren über die einstweilige Anordnung wird die Hauptsache mitverglichen

271 In der Praxis kommt es häufig vor, dass die Hauptsache und dazu ein einstweiliges Anordnungsverfahren anhängig werden. Das Gericht bestimmt dann in dem einstweiligen Anordnungsverfahren Termin zur mündlichen Verhandlung. In diesem Termin schließen die Parteien dann einen Vergleich, in welchem nicht nur die einstweilige Anordnung sondern auch die Hauptsache mit erledigt wird. In diesen Fällen wird in dem einstweiligen Anordnungsverfahren die – dort nicht anhängige – Hauptsache mitverglichen. Es wird also in dem einstweiligen Anordnungsverfahren ein sog. „Mehrvergleich" geschlossen. Nach dem OLG Köln[110] ist in dem einstweiligen Anordnungsverfahren ein Vergleichsmehrwert in Höhe der Hauptsache festzusetzen. Allerdings entstehen in der Hauptsache nicht allein dadurch die Terminsgebühr und die Einigungsgebühr, dass diese in der einstweiligen Anordnung mitverglichen wird.[111] Es gelten die Abrechnungsgrundsätze wie beim Mitvergleichen anderweitiger anhängiger Ansprüche in einem gerichtlichen Verfahren (→ Kap E Rn. 305 f. und Kap. E Rn. 347 f.).

272 **Beispiel:** Die geschiedene Ehefrau hat durch Rechtsanwalt M einen Antrag auf Zahlung von Unterhalt gegenüber ihrem früheren Ehemann beim Familiengericht erheben lassen. In dieser Antragsschrift verlangt sie einen monatlichen Unterhalt in Höhe von 800,00 EUR zuzüglich Rückstände für 3 Monate.

---

[108] OLG Brandenburg RVGreport 2017, 223.
[109] So auch OLG Oldenburg RVGreport 2017, 225 für ein zivilrechtliches einstweiliges Verfügungsverfahren.
[110] OLG Köln AGS 2015, 460.
[111] OLG Hamm JurBüro 2007, 200; OLG Stuttgart JurBüro 2005, 303.

Gleichzeitig hat sie einen Antrag auf Erlass einer einstweiligen Anordnung durch Rechtsanwalt M stellen lassen, worin ebenfalls ein monatlicher Unterhalt in Höhe von 800,00 EUR verlangt wird.

In dem einstweiligen Anordnungsverfahren bestimmt das Gericht Termin zur mündlichen Verhandlung. In diesem Termin wird auf Anregung des Familienrichters auch eine Besprechung geführt zur Erledigung des anhängigen Hauptsacheverfahrens. Die Parteien schließen auf Vorschlag des Gerichts unter Mitwirkung von Rechtsanwalt M einen Vergleich, wonach der geschiedene Ehemann sich verpflichtet, an die Ehefrau einen monatlichen Unterhalt in Höhe von 700,00 EUR zu zahlen. Mit diesem Vergleich sind sowohl das einstweilige Anordnungsverfahren als auch die Hauptsache erledigt.

Rechtsanwalt M kann berechnen:

Einstweilige Anordnung	
1) 1,3 Verfahrensgebühr §§ 2, 13 RVG iVm Nr. 3100 VV RVG nach Wert: 6.000,00 EUR	460,20 EUR
2) 0,8 Verfahrensgebühr §§ 2, 13 RVG iVm Nr. 3101 Ziffer 2 VV RVG nach Wert: 12.000,00 EUR	483,20 EUR
	943,40 EUR
1) und 2) dürfen gem. § 15 Abs. 3 RVG nicht höher sein als eine 1,3 Verfahrensgebühr nach Wert: 18.000.00 EUR	904,80 EUR
Der Rechtsanwalt kann in dem einstweiligen Anordnungsverfahren die Verfahrensgebühr nur mit 904,80 EUR in Ansatz bringen.	
3) 1,2 Terminsgebühr §§ 2, 13 RVG iVm Nr. 3104 VV RVG nach Wert: 18.000,00 EUR	835,20 EUR
4) 1,0 Einigungsgebühr §§ 2, 13 RVG iVm Nr. 1000, 1003 VV RVG nach Wert: 18.000,00 EUR	696,00 EUR
5) Pauschale für Entgelte für Post- und Telekommunikationsdienstleistungen Nr. 7002 VV RVG	20,00 EUR
zzgl. evtl. entstandener weiterer Auslagen und Umsatzsteuer.	
Hauptsache	
Verfahrenswert: 12.000,00 EUR	
1) 1,3 Verfahrensgebühr §§ 2, 13 RVG iVm Nr. 3100 VV RVG	785,20 EUR
hierauf anzurechnen nach Abs. 1 der Anmerkung zu Nr. 3101 VV RVG der nach Anrechnung verbleibende Teil der in dem einstweiligen Anordnungsverfahren entstandenen 0,8 Verfahrensgebühr (904,80 EUR – 460,20 EUR =)	444,60 EUR
verbleiben von der Verfahrensgebühr	340,60 EUR
2) Pauschale für Entgelte für Post- und Telekommunikationsdienstleistungen Nr. 7002 VV RVG	20,00 EUR
zzgl. evtl. entstandener weiterer Auslagen und Umsatzsteuer.	

Das Gleiche gilt auch, wenn in der Hauptsache die einstweilige Anordnung mitverglichen wird.

Da in dem Termin des einstweiligen Anordnungsverfahrens auch eine Besprechung 273 zur Erledigung des Hauptsacheverfahrens stattgefunden und der Rechtsanwalt hieran mitgewirkt hat, entsteht in dem einstweiligen Anordnungsverfahren die Terminsgebühr nach dem Wert des einstweiligen Anordnungsverfahrens plus dem Wert des Hauptsacheverfahrens (Vorbemerkung 3 Abs. 3 VV RVG).

Wurde bereits vor dem Termin eine Besprechung unter Mitwirkung der Prozessbe- 274 vollmächtigten geführt, welche zum Gegenstand die Erledigung des einstweiligen Anordnungsverfahrens und die Erledigung des Hauptsacheverfahrens hatte, so ist meines Erachtens sowohl in dem einstweiligen Anordnungsverfahren als auch in dem Hauptsacheverfahren bereits hierdurch die Terminsgebühr ausgelöst worden. Entsteht dann, wie im vorangegangenem Beispiel (→ Rn. 272) die Terminsgebühr nach dem Wert der einstweiligen Anordnung als auch nach dem Wert der Hauptsache, sind die Terminsgebühren nach Abs. 2 der Anmerkung zu Nr. 3104 VV RVG aufeinander anzurechnen (→ Kap. E Rn. 348). Dasselbe würde gelten, wenn in dem Hauptsacheverfahren bereits vor Abschluss des Vergleiches in dem einstweiligen Anordnungsverfahren bereits ein Termin vor dem Familiengericht stattgefunden hätte, in welchem der Rechtsanwalt seine Partei vertreten hätte.

Wird sowohl die einstweilige Anordnung als auch die Hauptsache für den gleichen 275 Zeitpunkt vom Gericht terminiert und werden beide Sachen aufgerufen und vertritt der Rechtsanwalt in beiden Terminen, so ist in jeder Sache die Terminsgebühr durch die Vertretung in dem Termin ausgelöst worden.

276 Wird sowohl in der einstweiligen Anordnung als auch in der Hauptsache jeweils ein Vergleich geschlossen, entsteht in beiden Verfahren die Einigungsgebühr nach dem jeweiligen Wert.

Zusammenfassung

277 ▶ Wird in einer einstweiligen Anordnung die Hauptsache mitverglichen, so fallen allein dadurch eine Terminsgebühr und eine Einigungsgebühr in dem Hauptsacheverfahren nicht an. Das Gleiche gilt auch umgekehrt, wenn in der Hauptsache die einstweilige Anordnung mitverglichen wird.

▶ Durch den Antrag in dem einstweiligen Anordnungsverfahren, eine Einigung über die im Hauptsacheverfahren anhängigen Ansprüche zu Protokoll zu nehmen, entsteht in dem einstweiligen Anordnungsverfahren nach dem Verfahrenswert der dort mitverglichenen, im Hauptsacheverfahren anhängigen Ansprüche eine 0,8 Verfahrensgebühr Nr. 3101 Ziffer 2 VV RVG. Diese ist nach Maßgabe des Abs. 1 der Anmerkung zu Nr. 3101 VV RVG anzurechnen auf die in der Hauptsache entstandene Verfahrensgebühr.

▶ Entsteht sowohl in der einstweiligen Anordnung eine Terminsgebühr nach dem Wert der dort anhängigen sowie der mitverglichenen, im Hauptsacheverfahren anhängigen Ansprüche und ist im Hauptsacheverfahren ebenfalls eine Terminsgebühr entstanden, ist die Terminsgebühr nach Maßgabe des Abs. 2 der Anmerkung zu Nr. 3104 VV RVG anzurechnen.

3.5 Verbindung von selbstständigen (isolierten) Familiensachen

278 Werden selbstständig (isoliert) anhängige Familiensachen miteinander verbunden (§ 20 FamFG), ohne dass ein Verfahrensverbund nach § 137 FamFG eintritt, kommen – gebührenrechtlich – dieselben Grundsätze zur Anwendung, wie bei Verbindung von Zivilprozessen:

- Jedes **einzelne** beim Familiengericht anhängige **Verfahren** ist für den Rechtsanwalt eine **gesonderte gebührenrechtliche Angelegenheit.** Die Gebühren entstehen nach dem Verfahrenswert der in dem einzelnen Verfahren anhängigen Ansprüche. Die in dem einzelnen Verfahren – vor Verbindung – entstandenen Gebühren bleiben grundsätzlich bestehen.
- **Ab Verbindung** mehrerer – zuvor getrennt anhängiger – selbstständiger (isolierter) Familiensachen nach § 20 FamFG (ohne dass ein Verbund eintritt) liegt beim Rechtsanwalt nur noch **eine gebührenrechtliche Angelegenheit** vor. Die Werte der einzelnen verbundenen Familiensachen sind zu addieren und nach der Summe der Werte fallen die Gebühren, deren Tatbestand nach Verbindung erfüllt wird, erneut an.[112]
- Ist der Tatbestand einer Gebühr sowohl vor als auch nach Verbindung erfüllt worden, **kann der Rechtsanwalt wählen,**
  - ob er die vor Verbindung entstandenen Gebühren nach den Einzelwerten
  - **oder** die nach Verbindung nach der Summe der Verfahrenswerte entstandene Gebühr

  mit dem Mandanten abrechnet.

Dieses Wahlrecht des Rechtsanwaltes hat der BGH für den Zivilprozess bestätigt.[113]

279 Der Rechtsanwalt wird sich für die – für ihn – günstigste Variante entscheiden können. In der Regel wird es am günstigsten sein, die vor Verbindung in den Einzelverfahren entstandenen Gebühren abzurechnen.

Auch wegen der Pauschale für Entgelte für Post- und Telekommunikationsdienstleistungen Nr. 7002 VV RVG hat der Rechtsanwalt das Wahlrecht, ob er die vor Verbindung entstandenen Pauschalen abrechnet oder die nach Verbindung angefallene Pauschale.

---

[112] Enders JurBüro 2010, 449.
[113] BGH JurBüro 2010, 414.

Auf die Darstellungen und Beispiele in → Kap. E Rn. 732 bis 734 darf verwiesen werden.[114]

Zusammenfassung

- ▶ Bei Verbindung von selbstständigen (isolierten) Familiensachen nach § 20 FamFG (ohne das ein Verbund eintritt), gelten die Grundsätze wie für die Verbindung von Zivilprozessen. 280
- ▶ Der Rechtsanwalt hat ein Wahlrecht, ob er die vor Verbindung entstandenen Gebühren abrechnet oder die nach Verbindung entstandenen Gebühren.

3.6 Einbeziehung vorher selbstständiger Familiensachen in den Verbund[115]

Schon vor Rechtshängigkeit einer Scheidungssache können andere Familiensachen (zB Regelung der elterlichen Sorge, Unterhalt usw) anhängig sein. 281

Sobald jedoch ein Ehescheidungsantrag rechtshängig wird, können die bereits vorher anhängigen Familiensachen zusammen mit der Scheidungssache selbst einen sog Verbund (§ 137 FamFG) bilden. Ein Verbund kann nur mit solchen Folgesachen eintreten, in denen eine Entscheidung für den Fall der Scheidung zu treffen ist. Folgesachen, in denen keine Regelung für den Fall der Scheidung getroffen werden soll, sondern zB nur für die Dauer des Getrenntlebens, kommen nicht in den Verbund, sondern bleiben als selbstständige Familiensache anhängig, auch wenn Scheidungsantrag gestellt wird.

Der Eintritt selbstständiger Familiensachen in den Verbund entspricht gebührenrechtlich der Verbindung im Zivilprozess. Dieser weit verbreiteten und durchaus praktikablen Meinung[116] schließe ich mich an. Es gelten folgende Grundsätze: 282

- Die
  - selbstständige Familiensache
  - und die Scheidung mit den Folgesachen im Verbund

  sind vor Einbeziehung der selbstständigen Familiensache in den Verbund für den Rechtsanwalt jeweils **gesonderte gebührenrechtliche Angelegenheiten.** Die Gebühren entstehen nach dem Verfahrenswert der in den einzelnen Angelegenheiten anhängigen Ansprüche. Die in den einzelnen Angelegenheiten – vor Verbindung – entstandenen Gebühren bleiben grundsätzlich bestehen.
- **Ab Einbeziehung** der selbstständigen Familiensache **in** den **Verbund** liegt beim Rechtsanwalt nur noch **eine gebührenrechtliche Angelegenheit** vor. Die Werte der einzelnen – dann im Verbund anhängigen – Familiensachen sind zu addieren und nach der Summe der Werte fallen die Gebühren, deren Tatbestand nach Einbeziehung erfüllt wird, erneut an.
- Ist der Tatbestand einer Gebühr sowohl vor als auch nach der Einbeziehung der selbstständigen Familiensache in den Verbund erfüllt worden, **kann der Rechtsanwalt wählen,**
  - ob er die vor Einbeziehung entstandenen Gebühren nach den Einzelwerten
  - **oder** die nach Einbeziehung nach der Summe der Verfahrenswerte entstandene Gebühr

  mit dem Mandanten abrechnet.

  Dieses Wahlrecht des Rechtsanwalts hat der BGH für den Zivilprozess bestätigt.[117] Der Rechtsanwalt wird sich für die günstigste Variante entscheiden können.

Nach diesen Grundsätzen verfährt die überwiegende Meinung auch dann, wenn sich nach Einbeziehung einer zunächst selbstständig (isoliert) anhängigen Familiensache der Verfahrenswert derselben reduziert, weil im Verbund andere Wertvorschrif- 283

[114] Ausführlich: Enders JurBüro 2010, 449.
[115] Ausführlich: Enders JurBüro 2010, 505.
[116] Hartung/Schons/Enders § 16 Rn. 37; Gerold/Schmidt VV 3100 Rn. 59; Enders JurBüro 2010, 505.
[117] BGH JurBüro 2010, 414.

ten zur Anwendung kommen, als für die Wertbestimmung in selbstständigen Verfahren. So bestimmt sich zB der Verfahrenswert für eine selbstständig (isoliert) anhängige Kindschaftssache zB auf Regelung der elterlichen Sorge nach § 45 FamGKG. Danach ist der Verfahrenswert in der Regel mit 3.000 EUR anzunehmen. Ist eine Kindschaftssache auf Regelung der elterlichen Sorge dagegen als Folgesache im Verbund anhängig, bestimmt sich der Wert nach § 44 Abs. 2 FamGKG auf 20 % des Verfahrenswertes der Ehesache, höchstens 3.000 EUR. Der Verfahrenswert für die Kindschaftssache im Verbund kann also niedriger sein, als der Verfahrenswert in der selbstständig anhängigen Sache.

284 Das OLG Frankfurt[118] und das Pfälz. OLG Zweibrücken[119] haben entschieden, dass sich bei Einbeziehung einer selbstständig (isoliert) anhängigen Familiensache wegen Umgangsregelung in den Verbund der Verfahrenswert erst ab Einbeziehung der selbstständigen Familiensache in den Verbund reduziert. Die vor Einbeziehung in der selbstständigen Familiensache entstandenen Gebühren bestimmen sich nach dem höheren Verfahrenswert, der für die selbstständige Familiensache anzunehmen war. Auch hier gilt der Grundsatz, dass die vor Einbeziehung der selbstständigen (isolierten) Familiensache in den Verbund nach dem höheren Wert entstandenen Gebühren dem Rechtsanwalt erhalten bleiben. Der Rechtsanwalt kann auch hier wieder sein Wahlrecht ausüben, ob er die vor Einbeziehung in den Verbund entstandenen Gebühren in Ansatz bringt oder die nach Einbeziehung in den Verbund entstandenen Gebühren. Der Rechtsanwalt wird die jeweils höheren Gebühren ansetzen können.

285 **Beispiel:** Zunächst ist anhängig eine selbstständige (isolierte) Kindschaftssache wegen Regelung der elterlichen Sorge (Wert: 3.000,00 EUR). In diesem Verfahren vertritt der Rechtsanwalt in einem Termin zur mündlichen Verhandlung.

Danach wird der Antrag auf Scheidung der Ehe (Wert: 8.000,00 EUR) gestellt. Mit als Folgesache im Verbund anhängig wird der Versorgungsausgleich (Wert: 2.400,00 EUR). Die selbstständig (isoliert) anhängige Kindschaftssache „Regelung der elterlichen Sorge“ wird auf Antrag mit in den Verbund einbezogen. Danach bestimmt das Gericht Termin zur mündlichen Verhandlung, in dem in Anwesenheit der Prozessbevollmächtigten und der Parteien über die Ehescheidung, den Versorgungsausgleich und die elterliche Sorge verhandelt wird. Anschließend ergeht ein Urteil.

Vor Einbeziehung der Kindschaftssache (elterliche Sorge) in den Verbund sind entstanden: Selbstständiges (isoliertes) Kindschaftssache (elterliche Sorge) vor Einbeziehung in den Verbund

Verfahrenswert: 3.000,00 EUR

1) 1,3 Verfahrensgebühr §§ 2, 13 RVG iVm Nr. 3100 VV RVG	261,30 EUR
2) 1,2 Terminsgebühr §§ 2, 13 RVG iVm Nr. 3104 VV RVG	241,20 EUR
3) Pauschale für Entgelte für Post- und Telekommunikationsdienstleistungen Nr. 7002 VV RVG	20,00 EUR
4) 19 % Umsatzsteuer Nr. 7008 VV RVG	99,28 EUR
	621,78 EUR

Verbund: Ehescheidung/Versorgungsausgleich vor Einbeziehung der Kindschaftssache (elterliche Sorge)

Verfahrenswert: 10.400,00 EUR (Ehescheidung: 8.000,00 EUR + Versorgungsausgleich: 2.400,00 EUR)

1) 1,3 Verfahrensgebühr §§ 2, 13 RVG iVm Nr. 3100 VV RVG	785,20 EUR
2) Pauschale für Entgelte für Post- und Telekommunikationsdienstleistungen Nr. 7002 VV RVG	20,00 EUR
3) 19 % Umsatzsteuer Nr. 7008 VV RVG	152,99 EUR
	958,19 EUR
Summe **Kindschaftssache (elterliche Sorge)** und **Verbund** vor Einbeziehung der Kindschaftssache (elterliche Sorge) in den Verbund	1.579,97 EUR

[118] OLG Frankfurt, RVGreport 2006, 159 = AGS 2006, 193; die Entscheidung ist zu dem bis 31. 8. 2009 geltenden Verfahrensrecht ergangen, kann aber meines Erachtens auch entsprechend auf das ab 1. 9. 2009 nach dem FamFG geltenden neuen Verfahrensrecht übertragen werden.

[119] Pfälz.OLG Zweibrücken AGS 2006, 303; die Entscheidung ist zu dem bis 31. 8. 2009 geltenden Verfahrensrecht ergangen, kann aber meines Erachtens auch entsprechend auf das ab 1. 9. 2009 nach dem FamFG geltenden neuen Verfahrensrecht übertragen werden.

Nach Einbeziehung der Kindschaftssache (elterliche Sorge) in den Verbund sind entstanden: Verfahrenswert: 12.000,00 EUR (Ehescheidung: 8.000,00 EUR + Versorgungsausgleich: 2.400,00 EUR + Kindschaftssache (elterliche Sorge) – Wert bestimmt sich ab Einbeziehung in den Verbund nach §44 Abs. 2 FamGKG –: 1.600,00 EUR)

1) 1,3 Verfahrensgebühr §§2, 13 RVG iVm Nr. 3100 VV RVG	785,20 EUR
2) 1,2 Terminsgebühr §§2, 13 RVG iVm Nr. 3104 VV RVG	724,80 EUR
3) Pauschale für Entgelte für Post- und Telekommunikationsdienstleistungen Nr. 7002 VV RVG	20,00 EUR
4) 19% Umsatzsteuer Nr. 7008 VV RVG	290,70 EUR
	1.820,70 EUR

Die Summe der vor Einbeziehung der Kindschaftssache (elterliche Sorge) in den Verbund in den getrennten Verfahren entstandenen Gebühren mit 1.579,97 EUR ist niedriger als die im Verbund nach Einbeziehung der Kindschaftssache (elterliche Sorge) entstandenen Gebühren mit 1.820,70 EUR. Der Rechtsanwalt kann sich in diesen Fällen dafür entscheiden, entweder die vor Einbeziehung des zunächst selbstständig (isoliert) anhängigen Verfahrens in den Verbund entstandenen Gebühren abzurechnen oder die nach Einbeziehung in den Verbund entstandene Vergütung. Er wird sich für die günstigste Variante entscheiden können. Mit *Volpert* [120] bin ich der Ansicht, dass auch in diesen Fällen dem Anwalt das Wahlrecht – die günstigste Variante abzurechnen – für jede einzelne Gebühr zustehen muss.[121] Der Rechtsanwalt wird also meines Erachtens **gegenüber dem Mandanten abrechnen** können:

1) 1,3 Verfahrensgebühr §§2, 13 RVG iVm Nr. 3100 VV RVG nach Wert: 3.000,00 EUR (Kindschaftssache – elterliche Sorge – vor Einbeziehung in den Verbund)	261,30 EUR
2) 1,3 Verfahrensgebühr §§2, 13 RVG iVm Nr. 3100 VV RVG nach Wert: 10.400,00 EUR (Verbund vor Einbeziehung der Kindschaftssache – elterliche Sorge –)	785,20 EUR
3) 1,2 Terminsgebühr §§2, 13 RVG iVm Nr. 3104 VV RVG nach Wert: 12.000,00 EUR (nach Einbeziehung der elterlichen Sorge in den Verbund)	724,80 EUR
4) Pauschale für Entgelte für Post- und Telekommunikationsdienstleistungen Nr. 7002 VV RVG (elterliche Sorge vor Einbeziehung in den Verbund)	20,00 EUR
5) Pauschale für Entgelte für Post- und Telekommunikationsdienstleistungen Nr. 7002 VV RVG (Verbund vor Einbeziehung der elterlichen Sorge)	20,00 EUR
6) 19% Umsatzsteuer Nr. 7008 VV RVG	344,15 EUR
	2.155,45 EUR

Es würde den Rahmen dieses Werkes sprengen, hier auch noch die vereinzelt vertretenen anderen Meinungen wie zB von *Volpert*[122] oder *Jungbauer*[123] oder *Schneider/Wolf*[124] darzustellen. 286

Problematisch kann die Berechnung der Anwaltsvergütung auch dann werden, wenn nach Einbeziehung der zunächst selbstständigen (isolierten) Familiensache in den Verbund weitere Folgesachen im Verbund anhängig werden.[125] 287

Zusammenfassung

- ▶ Die Einbeziehung vorher selbstständiger (isolierter) Familiensachen in den Verbund entspricht gebührenrechtlich der Verbindung von Zivilprozessen. 288
- ▶ Die vor Einbeziehung in den getrennten Verfahren nach den Einzelwerten entstandenen Gebühren bleiben bestehen.
- ▶ Nach Einbeziehung der vorher selbstständigen (isolierten) Familiensache in den Verbund entstehen die Gebühren nach zusammengerechneten Werten.

[120] Volpert RVGreport 2006, 131 (132 – Beispiel 21).
[121] Für die Verbindung in bürgerlichen Rechtsstreitigkeiten wird dies auch vertreten in: Schneider/Wolf §16 Rn. 89; Gerold/Schmidt VV 3100 Rn. 45, 46 und 59.
[122] Volpert RVGreport 2006, 131 (133).
[123] Jungbauer, Abrechnung in Familiensachen, Rn. 708.
[124] Schneider/Wolf §16 Rn. 90 unter Hinweis auf OLG Köln AGS 2008, 116.
[125] Enders JurBüro 2010, 505 (508).

▶ Sind die Gebühren sowohl vor als auch nach Einbeziehung der zunächst selbstständigen Sache in den Verbund entstanden, kann der Rechtsanwalt wählen, ob er die vor oder nach Einbeziehung angefallenen Gebühren in Ansatz bringt.

3.7 Weitere Folgesachen werden im Verbund anhängig

289 Ist die Scheidung im Verbund mit Folgesachen (zB Versorgungsausgleich) rechtshängig und wird sodann eine weitere Folgesache im Verbund anhängig gemacht, liegt keine Verbindung im gebührenrechtlichen Sinne vor. In diesem Fall handelt es sich nur um eine Erweiterung der Anträge bzw. der im Verbund anhängigen Gegenstände. Die Gebühren entstehen dann nur einmal und zwar nach der Summe der Werte der Scheidung und aller im Verbund anhängigen Folgesachen.[126] Dies natürlich nur dann, wenn auch wegen aller anhängigen Folgesachen die Gebührentatbestände erfüllt werden.

3.8 Abtrennung von Folgesachen

290 Wird dem Scheidungsantrag stattgegeben, ist in dem Beschluss, in welchem die Ehe geschieden wird, auch gleichzeitig über anhängige Folgesachen zu entscheiden (§ 137 Abs. 1 FamFG). Nach § 140 FamFG kann eine Folgesache aber auch abgetrennt werden. Wird eine Folgesache abgetrennt, ist zu unterscheiden ob es sich bei der abgetrennten Folgesache um eine Folgesache nach § 137 Abs. 2 FamFG oder eine Folgesache nach § 137 Abs. 3 FamFG handelt. Eine **Ausnahme** bilden abgetrennte Folgesachen über den Versorgungsausgleich, wenn die Scheidung und die Folgesache Versorgungsausgleich bereits vor dem 1. 9. 2009 anhängig waren und erst nach dem 1. 9. 2009 die abgetrennte Folgesache fortgeführt wird.

3.8.1 Abtrennung einer in § 137 Abs. 2 FamFG genannten Folgesache[127]

291 In § 137 Abs. 2 FamFG sind folgende Folgesachen aufgeführt:
- Versorgungsausgleichssachen
- Unterhaltssachen, sofern sie die Unterhaltspflicht gegenüber einem gemeinschaftlichen Kind oder die durch die Ehe begründete gesetzliche Unterhaltspflicht betreffen mit Ausnahme des vereinfachten Verfahrens über den Unterhalt Minderjähriger
- Ehewohnungs- und Haushaltssachen
- Güterrechtssachen.

Wird einer der vorgenannten Folgesachen abgetrennt, bleibt das abgetrennte Verfahren nach § 137 Abs. 5 S. 1 FamFG Folgesache. Sind mehrere Folgesachen abgetrennt worden, besteht der Verbund auch unter ihnen fort (§ 137 Abs. 5 S. 1 letzter Halbsatz FamFG).

292 Gebührenrechtlich ist eine in § 137 Abs. 2 FamFG genannte Folgesache, die abgetrennt wird, **so zu behandeln, als sei die Abtrennung nicht erfolgt.**[128] Dies bedeutet, dass der Rechtsanwalt nicht mehr an Gebühren erhalten kann, als er – bei gleicher Tätigkeit – nach dem Gesamtverfahrenswert des Verbundes erhalten hätte, wenn die Abtrennung nicht erfolgt wäre.

293 Wenn aber nach der Abtrennung in der abgetrennten Folgesache eine Gebühr entsteht, die vor Abtrennung im Verbund nach dem Verfahrenswert der abgetrennten Folgesache noch nicht angefallen war, so kann der Rechtsanwalt noch die Differenz zwischen

[126] Hartung/Schons/Enders § 16 Rn. 42.

[127] Ausführlich und mit Berechnungsbeispielen: Enders JurBüro 2010, 393 (Kapitel 3); Hartung/Schons/Enders § 16 Rn. 45 ff.

[128] So auch Schneider/Wolf § 16 Rn. 70 ff.; Mayer/Kroiß § 16 Rn. 21; Gerold/ Schmidt § 21 Rn. 17 ff; N. Schneider, Gebühren in Familiensachen, Rn. 1581; Jungbauer, Abrechnung in Familiensachen, Rn. 701; Enders JurBüro 2010, 393 (394).

- der Gebühr, die nach dem Verfahrenswert des Verbundes (ohne den Verfahrenswert der abgetrennten Folgesache) entstanden ist
- und der Gebühr, die nach dem Verfahrenswert des Verbundes (einschließlich dem Verfahrenswert der abgetrennten Folgesache) entsteht,

fordern.

Der Verfahrenswert der abgetrennten Folgesache verändert sich nach Abtrennung nicht.[129] Denn nach § 137 Abs. 5 S. 1 FamFG bleibt die abgetrennte Folgesache auch nach Abtrennung Folgesache. Folglich können nicht evtl. andere Wertbestimmungen, die für eine selbstständige (isolierte) Familiensache gelten würden, angewendet werden. 294

Das in diesem Kapitel Ausgeführte **gilt nicht,** wenn Ehescheidung und Versorgungsausgleich bereits vor dem 1. 9. 2009 anhängig waren, die Folgesache Versorgungsausgleich abgetrennt wurde und diese Folgesache Versorgungsausgleich nach dem 1. 9. 2009 fortgeführt wird. In diesen Fällen gilt das in dem nachfolgenden Kapitel (→ Kap. H Rn. 296) Ausgeführte. 295

3.8.2 Abgetrennter Versorgungsausgleich war bereits vor dem 1. 9. 2009 anhängig[130]

Waren die Scheidung und der Versorgungsausgleich bereits vor dem 1. 9. 2009 beim Familiengericht anhängig, ist der Versorgungsausgleich dann abgetrennt worden und wird die abgetrennte Folgesache Versorgungsausgleich erst am 1. 9. 2009 oder später fortgesetzt, ist nach Artikel 111 Abs. 4 FGG-RG für den abgetrennten Versorgungsausgleich das „neue" Verfahrensrecht, das zum 1. 9. 2009 in Kraft getreten ist, anzuwenden.[131] Nach Artikel 111 Abs. 4 S. 2 FGG-RG sind diese Folgesachen **als selbstständige Familiensachen fortzuführen.**[132] Wenn nun die Folgesache Versorgungsausgleich verfahrensrechtlich zu einem selbstständigen Verfahren wird, ist sie folglich auch selbstständig abzurechnen. Dies hat der BGH[133] bestätigt. 296

Da auch auf diese abgetrennte Folgesache Versorgungsausgleich nach Artikel 111 Abs. 4 S. 1 FGG-RG das seit dem 1. 9. 2009 geltende „neue" Verfahrensrecht anzuwenden ist, gilt auch für die Abrechnung der anwaltlichen Vergütung das ab 1. 9. 2009 geltende „neue" Recht. Folglich ist der Verfahrenswert für das abgetrennte und nach dem 1. 9. 2009 wieder fortgesetzte Verfahren über den Versorgungsausgleich für die Vergütung, die nach dem 1. 9. 2009 entsteht, nach § 50 FamGKG und nicht mehr nach § 49 GKG (aF) zu bestimmen.[134] Wie der Verfahrenswert nach neuem Recht zu bestimmen ist, ist in → Kap. H Rn. 137 ff. ausführlich beschrieben. 297

Nach dem Verfahrenswert, der für die abgetrennte Folgesache Versorgungsausgleich ermittelt wurde, entstehen dann für die Tätigkeit, die der Rechtsanwalt in der abgetrennten Folgesache Versorgungsausgleich nach deren Fortführung ausübt, neue Gebühren. Allerdings muss berücksichtigt werden, dass unter Umständen schon der frühere Verbund abgerechnet wurde. In den Verfahrenswert des Verbundes wird dann in der Regel auch der Verfahrenswert der Folgesache Versorgungsausgleich, die seinerzeit im Verbund mit anhängig war, eingeflossen sein. Also sind in der „alten" Abrechnung betreffend den Verbund (vor Abtrennung der Folgesache Versorgungsausgleich) Gebührenanteile enthalten, die die Folgesache Versorgungsausgleich be- 298

---

129 Schneider/Wolf § 16 Rn. 74.

130 Ausführlich: N. Schneider AGS 2009, 517, Grabow FamRB 2010, 93; Enders JurBüro 2010, 337.

131 Das neue Verfahrensrecht in Familiensachen wurde durch das FGG-RG (BGBl. I 2008, 2586) zum 1. 9. 2009 eingeführt.

132 Schneider/Wolf § 16 Rn. 78 ff.; Hartung/Schons/Enders § 16 Rn. 51.

133 BGH Beschluss vom 16. 2. 2011 – XII ZB 261/10 = JurBüro 2011, 298.

134 OLG Frankfurt/Main JurBüro 2010, 476; Hartung/Schons/Enders § 16 Rn. 51; Enders JurBüro 2010, 337 (338 – Kapitel 1.4); N. Schneider AGS 2009, 517 (518 – linke Spalte); Grabow FamRB 2010, 93.

treffen. Nach § 21 Abs. 3 RVG sind aber das fortgeführte Verfahren und das frühere Verfahren dieselbe gebührenrechtliche Angelegenheit, wenn eine Folgesache als selbstständige Familiensache fortgeführt wird. Dies bedeutet meines Erachtens, dass nicht zweimal Gebühren für dieselbe Folgesache abgerechnet werden können.[135] „Sind also für die abgetrennte Folgesache Versorgungsausgleich bereits im Verbund Gebühren abgerechnet worden und fällt dieselbe Gebühr später nach Abtrennung noch einmal an, so ist gegenüber zu stellen:

- Die Gebühr (zB Verfahrensgebühr), die im Verbund entstanden ist, unter Einbeziehung des Verfahrenswertes für die später abgetrennte Folgesache Versorgungsausgleich;
- die Gebühr, die im Verbund entstanden wäre, ohne Berücksichtigung des Verfahrenswertes der später abgetrennten Folgesache Versorgungsausgleich.

Die sich hieraus ergebende Differenz ist als eine Art „Vorschuss“ auf die nach Abtrennung der Folgesache Versorgungsausgleich entstehende Gebühr gutzuschreiben, dh hiervon abzusetzen.“[136]

299 **Beispiel:** Der Rechtsanwalt ist Verfahrensbevollmächtigter in einem seit Dezember 2008 anhängigen Scheidungsverfahren. Im Verbund ist der Versorgungsausgleich anhängig. Das Familiengericht hatte die Scheidung der Ehe ausgesprochen und den Versorgungsausgleich abgetrennt. Die Verfahrenswerte hat das Familiengericht wie folgt festgesetzt:
- Scheidung 8.000,00 EUR
- Versorgungsausgleich 2.000,00 EUR (§ 49 GKG).

Im Januar 2012 wird das abgetrennte Verfahren betreffend den Versorgungsausgleich fortgesetzt und der Versorgungsausgleich durchgeführt. Eine mündliche Verhandlung findet nicht mehr statt. Das Familiengericht setzt den Verfahrenswert für das abgetrennte Verfahren über den Versorgungsausgleich auf 2.400,00 EUR fest (3 Anrechte á 10 %, also 30 % vom 3-fachen monatlichen Nettoeinkommen der Ehegatten = 8.000,00 EUR – § 50 FamGKG).

Vor Abtrennung der Folgesache Versorgungsausgleich sind folgende Gebühren im Verbund entstanden:

Verfahrenswert: (Scheidung: 8.000,00 EUR + Versorgungsausgleich: 2.000,00 EUR =) 10.000,00 EUR

1) 1,3 Verfahrensgebühr §§ 2, 13 RVG iVm Nr. 3100 VV RVG	631,80 EUR
2) 1,2 Terminsgebühr §§ 2, 13 RVG iVm Nr. 3104 VV RVG	583,20 EUR
3) Pauschale für Entgelte für Post- und Telekommunikationsdienstleistungen Nr. 7002 VV RVG	20,00 EUR
4) 19 % Umsatzsteuer Nr. 7008 VV RVG	234,65 EUR
	1.469,65 EUR.

Es ist zu ermitteln, welche Verfahrensgebühr im Verbund entstanden ist und welche entstanden wäre, wenn der Verfahrenswert für die Folgesache Versorgungsausgleich nicht berücksichtigt würde. Es ist also folgendes gegenüber zu stellen:

1,3 Verfahrensgebühr nach Verfahrenswert: 10.000,00 EUR	631,80 EUR
abzüglich 1,3 Verfahrensgebühr nach Verfahrenswert: 8.000,00 EUR	535,60 EUR
Differenz:	96,20 EUR.

Diese Differenz ist in der Abrechnung für die abgetrennte Folgesache Versorgungsausgleich abzusetzen.

Für die abgetrennte Folgesache Versorgungsausgleich kann der Rechtsanwalt abrechnen:

Verfahrenswert: 2.400,00 EUR

1) 1,3 Verfahrensgebühr §§ 2, 13 RVG iVm Nr. 3100 VV RVG	209,30 EUR
abzüglich Differenz/Verfahrensgebühr, ermittelt wie vorstehend	96,20 EUR
verbleiben von der Verfahrensgebühr	113,10 EUR
2) Pauschale für Entgelte für Post- und Telekommunikationsdienstleistungen Nr. 7002 VV RVG	20,00 EUR
3) 19 % Umsatzsteuer Nr. 7008 VV RVG	25,29 EUR
	158,39 EUR.

Es wurde ohne mündliche Verhandlung entschieden. Auch nach Abs. 1 Nr. 1 der Anmerkung zu Nr. 3104 VV RVG entsteht keine Terminsgebühr, da eine mündliche Verhandlung nicht vorgeschrieben ist.[137] Dies könnte man auch anders sehen: Nach § 221 Abs. 1 FamFG **soll** das Gericht die

[135] Hartung/Schons/Enders § 16 Rn. 51; Enders JurBüro 2010, 337 (339 – Kapitel 1.5).
[136] Zitiert nach Enders JurBüro 2010, 337 (339 – Kapitel 1.5).
[137] So N. Schneider AGS 2009, 517 (518 – Beispiel 3).

Angelegenheit Versorgungsausgleich mit den Beteiligten erörtern. Hieraus könnte man auf eine vorgeschriebene mündliche Verhandlung schließen mit der Folge, dass die Terminsgebühr auch dann entstehen könnte, wenn das Familiengericht nach Fortführung den Versorgungsausgleich im schriftlichen Verfahren entscheidet. Wenn nach Fortführung der abgetrennten Sache eine Terminsgebühr entsteht, wären hiervon wieder die bereits früher im Verbund entstandenen, den Versorgungsausgleich betreffenden Gebührenanteile – wie vorstehend für die Verfahrensgebühr aufgezeigt, herauszurechnen – und in Abzug zu bringen.

Praxistipp:

Für das abgetrennte und fortgeführte Verfahren betreffend den Versorgungsausgleich muss neu Verfahrenskostenhilfe und Beiordnung des Rechtsanwaltes beantragt werden. Denn nach BGH[138] gilt die vor Abtrennung gewährte Prozesskostenhilfe und die Beiordnung des Rechtsanwaltes nicht fort. Die Beiordnung eines Rechtsanwaltes könnte nach §78 Abs.2 FamFG fraglich sein.[139] 300

Sind für den Verbund noch Gebühren nach der BRAGO entstanden, so gilt im Prinzip das in dem vorangegangenen Beispiel (→ Rn.299) Aufgezeigte entsprechend. Dann ist der Anteil aus der seinerzeit abgerechneten Prozessgebühr herauszurechnen, der die seinerzeit im Verbund anhängige Folgesache Versorgungsausgleich betrifft und dieser Anteil ist von der im abgetrennten Versorgungsausgleichsverfahren neu entstehenden Verfahrensgebühr abzusetzen.[140] 301

3.8.3 Abtrennung einer in § 137 Abs. 3 FamFG genannten Folgesache[141]

Kindschaftssachen, die betreffen 302
- die Übertragung oder Entziehung der elterlichen Sorge
- das Umgangsrecht mit einem gemeinschaftlichen Kind der Ehegatten
- die Herausgabe eines gemeinschaftlichen Kindes der Ehegatten
- das Umgangsrecht eines Ehegatten mit dem Kind des anderen Ehegatten

sind nach §137 Abs.3 FamFG Folgesachen und werden in der Regel in den Verbund mit einbezogen. Nach §137 Abs.5 S.2 FamFG sind diese Folgesachen nach Abtrennung vom Verbund als selbstständige Verfahren fortzuführen. Also fallen nach Fortführung der abgetrennten Folgesache neue Gebühren an. Die abgetrennte Folgesache ist nach Abtrennung als neue, eigene gebührenrechtliche Angelegenheit zu behandeln.[142]

Es ist aber zu berücksichtigen, dass in der Abrechnung für den Verbund der Verfahrenswert der im Verbund anhängigen Folgesache mit in den Gesamtverfahrenswert des Verbundes eingeflossen ist und in dieser Abrechnung bereits Gebührenteile enthalten sind, die ebenfalls die später abgetrennte Folgesache betreffen. Nach §21 Abs.3 RVG sind das fortgeführte Verfahren und das frühere Verfahren dieselbe Angelegenheit. Deshalb können für die abgetrennte Kindschaftssache nicht zweimal Gebühren, einmal im Verbund und einmal im abgetrennten Verfahren nebeneinander verlangt werden.[143] Diese Fälle sind meines Erachtens gebührenrechtlich so zu behandeln, wie die Prozesstrennung in einem bürgerlichen Rechtsstreit.[144] „Dies bedeutet, dass dem Rechtsanwalt ein Wahlrecht zusteht. Er kann entweder 303
- die vor Abtrennung im Verbund nach dem Gesamtwert entstandenen Gebühren – unter Einschluss der Verfahrenswerte der abgetrennten Folgesache – berechnen

[138] BGH JurBüro 2011, 298.
[139] → Kap. F Rn.20ff.
[140] Ausführlich N. Schneider AGS 2009, 517 mit Berechnungsbeispielen.
[141] Ausführlich Enders JurBüro 2010, 393 (394 – Kapitel 4); Hartung/Schons/ Enders §16 Rn.53 ff.
[142] Schneider/Wolf §16 Rn.77ff.
[143] Hartung/Schons/Enders §16 Rn.53ff.
[144] Hartung/Schons/Enders §16 Rn.56; Enders JurBüro 2010, 393 (395).

oder

- die Gebühren, die im Verbund (ohne den Verfahrenswert der abgetrennten Folgesache) entstanden wären
- und daneben die Gebühren, die in der abgetrennten Folgesache nach deren Verfahrenswert nach Abtrennung entstehen.[145]"

Dieses Wahlrecht hat der BGH[146] für die Verbindung von bürgerlichen Rechtsstreitigkeiten bestätigt.

304 Das im → Kap. E Rn. 737 zur Trennung von Verfahren (bürgerlichen Rechtsstreitigkeiten) Ausgeführte ist also auch bei Abtrennung einer in § 137 Abs. 3 FamFG genannten Folgesache entsprechend anzuwenden. Berechnungsbeispiele finden sich in Hartung/Schons/Enders[147] und in dem Aufsatz von Enders JurBüro 2010, 393 (395).

Das in diesem → Kap. H Rn. 302 ff. Ausgeführte gilt auch

- bei Rücknahme des Scheidungsantrages für Folgesachen, die nach § 141 FamFG fortgeführt werden
- bei Abweisung des Scheidungsantrages, wenn eine Folgesache nach § 142 FamFG fortgeführt wird.[148]

Zusammenfassung

305 ▶ Bei Abtrennung von Folgesachen aus dem Verbund ist zu unterscheiden, ob es sich um eine Folgesache nach § 137 Abs. 2 oder Abs. 3 FamFG handelt.

▶ Abgetrennte Folgesachen nach § 137 Abs. 2 FamFG bleiben nach Abtrennung Folgesachen. Sie werden nicht zu einer neuen gebührenrechtlichen Angelegenheit (§ 137 Abs. 5 S. 1 FamFG).

▶ Eine Ausnahme bildet eine Folgesache über den Versorgungsausgleich dann, wenn der Versorgungsausgleich als Folgesache im Verbund schon vor dem 1. 9. 2009 anhängig war und erst am 1. 9. 2009 oder später fortgeführt wird.

▶ Abgetrennte Folgesachen nach § 137 Abs. 3 FamFG sind nach Abtrennung als selbstständige Verfahren fortzuführen. Das fortgeführte Verfahren ist eine neue gebührenrechtliche Angelegenheit (§ 137 Abs. 5 S. 2 FamFG). Die Sachen sind so zu behandeln, wie bei einer Trennung in bürgerlichen Rechtsstreitigkeiten.

3.9 Der in einer Familiensache beigeordnete Rechtsanwalt

306 Gemäß § 138 FamFG kann das Familiengericht dem Antragsgegner in einer Scheidungssache zur Wahrnehmung seiner Rechte für die Scheidungssache und eine Kindschaftssache als Folgesache vom Amts wegen einen Rechtsanwalt beiordnen, wenn diese Maßnahme nach der freien Überzeugung des Gerichts zum Schutz des Antragsgegners unabweisbar erscheint und dieser von sich aus keinen Rechtsanwalt als Verfahrensbevollmächtigten bestellt hat. Dieser Rechtsanwalt hat dann die Stellung eines Beistandes, dh, er ist darauf beschränkt, den Antragsteller über die Tragweite der Scheidung und deren Folgen aufzuklären, ihn hierüber zu beraten und evtl. neben ihm schriftlich oder mündlich vorzutragen. Es obliegt ihm allerdings nicht, den Antragsgegner zu vertreten.

Der gem. § 625 ZPO beigeordnete Rechtsanwalt kann **von dem Antragsgegner** gem. § 39 RVG eine Vergütung fordern wie ein Prozessbevollmächtigter.

---

145 Zitiert nach Enders JurBüro 2010, 393 (395).
146 BGH JurBüro 2010, 414.
147 Hartung/Schons/Enders § 16 Rn. 56.
148 Hartung/Schons/Enders § 16 Rn. 57; Enders JurBüro 2010, 393 (396 – Kapitel 5).

Auszug aus dem RVG

§39 307
Von Amts wegen beigeordneter Rechtsanwalt

(1) Der Rechtsanwalt, der nach §138 des Gesetzes über das Verfahren in Familiensachen und in den Angelegenheiten der freiwilligen Gerichtsbarkeit, auch in Verbindung mit §270 des Gesetzes über das Verfahren in Familiensachen und in den Angelegenheiten der freiwilligen Gerichtsbarkeit, dem Antragsgegner beigeordnet ist, kann von diesem die Vergütung eines zum Prozessbevollmächtigten bestellten Rechtsanwalts und einen Vorschuss verlangen.

(2) ...

Der dem Antragsgegner gem. §138 FamFG beigeordnete Rechtsanwalt kann von 308 dem Antragsgegner dieselben Gebühren verlangen, wie wenn er als Verfahrensbevollmächtigter für diesen tätig wäre. Natürlich muss der beigeordnete Rechtsanwalt Tätigkeiten ausüben, die die Gebühren auslösen. Da der beigeordnete Rechtsanwalt in der Regel keinen Schriftsatz mit Sachvortrag oder einem Gegenantrag einreicht, wird er die 1,3 Verfahrensgebühr nach Nr. 3100 VV RVG dann erhalten können, wenn er mit dem Antragsgegner einen gerichtlichen Termin wahrgenommen hat. Denn nach Ziffer 1 zu Nr. 3101 VV RVG wird die volle 1,3 Verfahrensgebühr der Nr. 3100 VV RVG auch dadurch ausgelöst, dass der Rechtsanwalt einen gerichtlichen Termin wahrnimmt.

Hatte der Rechtsanwalt mit dem Antragsgegner einen Verhandlungs-, Erörterungs- 309 oder Beweisaufnahmetermin wahrgenommen, so entsteht ihm auch die 1,2 Terminsgebühr nach Nr. 3104 VV RVG.

Zahlt der Antragsgegner die dem Rechtsanwalt zustehenden Gebühren nicht, so 310 muss der Rechtsanwalt den Antragsgegner in Verzug setzen (Mahnung mit Zahlungsfrist). Befindet sich der Antragsgegner mit der Zahlung der Vergütung in Verzug, so kann der Rechtsanwalt eine Vergütung **aus der Landeskasse** verlangen (§45 Abs. 2 RVG). Gegenüber der Landeskasse kann der Rechtsanwalt allerdings nur die Verfahrenskostenhilfegebühren geltend machen, also die geringeren Gebühren gemäß der Tabelle zu §49 RVG.

Die Differenz zu den vollen gesetzlichen Gebühren nach der Tabelle zu §13 RVG 311 kann der Rechtsanwalt noch von dem Antragsgegner fordern. Er kann diese Kosten gemäß §11 RVG gegenüber dem Antragsgegner festsetzen lassen.

Evtl. von dem Antragsgegner gezahlte Vorschüsse kann der Rechtsanwalt wie der 312 im Wege der Prozesskostenhilfe beigeordnete Rechtsanwalt verrechnen (→ Kap. F Rn. 97 ff.). Einen Vorschuss aus der Staatskasse kann der Rechtsanwalt nur verlangen, wenn der Antragsgegner mit der Zahlung eines Vorschusses in Verzug ist (§47 Abs. 1 S. 2 RVG).

Erteilt der Antragsgegner dem ihm nach §138 FamFG beigeordneten Rechtsanwalt 313 Prozess- bzw Verfahrensvollmacht, so wird dieser zu seinem Verfahrensbevollmächtigten. Hierdurch wird der Anspruch des Rechtsanwaltes auf Erstattung der Gebühren nach der Tabelle zu §49 RVG nicht berührt.

Zusammenfassung

- Der gem. §138 FamFG in einer Scheidungssache beigeordnete Rechtsanwalt hat 314 Anspruch auf eine Vergütung wie ein Verfahrensbevollmächtigter.
- Der Vergütungsanspruch richtet sich gegen den Antragsgegner, dem der Rechtsanwalt gem. §138 FamFG beigeordnet worden ist.
- Ist der Antragsgegner mit der Zahlung der Vergütung in Verzug gekommen, kann der beigeordnete Rechtsanwalt gem. §45 Abs. 2 RVG eine Vergütung aus der Landeskasse in Höhe der Verfahrenskostenhilfegebühren nach der Tabelle zu §49 RVG verlangen.

3.10 Beschwerde und Rechtsbeschwerde in Familiensachen

315 In Verfahren über **Beschwerden** gegen Endentscheidungen in Familiensachen erhält der Rechtsanwalt eine Vergütung nach Teil 3, Abschnitt 2, Unterabschnitt 1 VV RVG (Vorbemerkung 3.2.1 Abs. 1 Nr. 2 b) VV RVG).

Es kann also entstehen:
1,6 Verfahrensgebühr Nr. 3200 VV RVG
1,2 Terminsgebühr Nr. 3202 VV RVG
0,3 Zusatzgebühr für besonders umfangreiche Beweisaufnahmen Nr. 1010 VV RVG
1,3 Einigungsgebühr Nr. 1000, 1004 VV RVG.

Natürlich müssen in dem Beschwerdeverfahren die Gebührentatbestände erfüllt werden, damit die Gebühren entstehen.

Nach OLG Stuttgart[149] entsteht in einer Familienstreitsache im Beschwerderechtszug auch dann eine 1,2 Terminsgebühr nach Nr. 3202 VV RVG, wenn durch Anerkenntnisbeschluss ohne mündliche Verhandlung entschieden wurde (Abs. 1 Ziffer 1 der Anmerkung zu Nr. 3104 VV RVG, welcher nach Abs. 1 Ziffer 1 der Anmerkung zu Nr. 3202 VV RVG entsprechend gilt).

In Verfahren über **Rechtsbeschwerden** in Familiensachen erhält der Rechtsanwalt eine Vergütung nach Teil 3, Abschnitt 2, Unterabschnitt 2 VV RVG (Vorbemerkung 3.2.2 Nr. 1 b) VV RVG).

Es kann also entstehen:
1,6 Verfahrensgebühr Nr. 3206 VV RVG
1,5 Terminsgebühr Nr. 3210 VV RVG
0,3 Zusatzgebühr für besonders umfangreiche Beweisaufnahmen Nr. 1010 VV RVG
1,3 Einigungsgebühr Nr. 1000, 1004 VV RVG.

Natürlich müssen in dem Rechtsbeschwerdeverfahren die Gebührentatbestände erfüllt werden, damit die Gebühren entstehen.

316 Können sich die Parteien in dem Rechtsbeschwerdeverfahren **nur durch einen beim BGH zugelassenen Rechtsanwalt vertreten lassen,** so erhält der beim Bundesgerichtshof zugelassene Rechtsanwalt für seine Tätigkeit in dem Rechtsbeschwerdeverfahren
2,3 Verfahrensgebühr Nr. 3208 VV RVG
1,5 Terminsgebühr Nr. 3210 VV RVG
0,3 Zusatzgebühr für besonders umfangreiche Beweisaufnahmen Nr. 1010 VV RVG
1,3 Einigungsgebühr Nr. 1000, 1004 VV RVG.

317 Befindet sich in Teil 3, Abschnitt 5 VV RVG eine Sonderregelung für ein Beschwerdeverfahren, so gilt diese Sonderregelung.

Ist das Beschwerdeverfahren **nicht** unter die Vorbemerkung 3.2.1 Abs. 1 Nr. 2. b) VV RVG einzuordnen und findet sich in Teil 3, Abschnitt 5 VV RVG auch keine Sonderregelung, so entsteht eine 0,5 Verfahrensgebühr nach Nr. 3500 VV RVG.

318 Im Beschwerde- oder Rechtsbeschwerdeverfahren kann, wenn der Rechtsanwalt mitwirkt am Abschluss eines Vertrages iS. Abs. 1 der Anmerkung zu Nr. 1000 VV RVG auch eine **Einigungsgebühr** entstehen. Die Einigungsgebühr entsteht dann in Höhe von 1,3 (Abs. 1 der Anmerkung zu Nr. 1004 VV RVG).

Zusammenfassung

319 ▶ Gemäß der Vorbemerkung 3.2.1 Abs. 1 Nr. 2 b) VV RVG können in Verfahren über Beschwerden gegen Endentscheidungen in Familiensachen entstehen:
1,6 Verfahrensgebühr Nr. 3200 VV RVG
1,2 Terminsgebühr Nr. 3202 VV RVG
0,3 Zusatzgebühr für besonders umfangreiche Beweisaufnahmen Nr. 1010 VV RVG
1,3 Einigungsgebühr Nr. 1000, 1004 VV RVG.

---

[149] OLG Stuttgart JurBüro 2017, 413.

- ▶ Gemäß der Vorbemerkung 3.2.2 Nr. 1 b) VV RVG können in Verfahren über Rechtsbeschwerden in Familiensachen entstehen:
  1,6 Verfahrensgebühr Nr. 3206 VV RVG
  1,5 Terminsgebühr Nr. 3210 VV RVG
  0,3 Zusatzgebühr für besonders umfangreiche Beweisaufnahmen Nr. 1010 VV RVG
  1,3 Einigungsgebühr Nr. 1000, 1004 VV RVG.
- ▶ Können sich die Parteien in dem in der Vorbemerkung 3.2.2 Nr. 1 b) VV RVG aufgeführten Rechtsbeschwerdeverfahren nur durch einen beim Bundesgerichtshof zugelassenen Anwalt vertreten lassen, können entstehen:
  2,3 Verfahrensgebühr Nr. 3208 VV RVG
  1,5 Terminsgebühr Nr. 3210 VV RVG
  0,3 Zusatzgebühr für besonders umfangreiche Beweisaufnahmen Nr. 1010 VV RVG
  1,3 Einigungsgebühr Nr. 1000, 1004 VV RVG.
- ▶ Ist in Teil 3 Abschnitt 5 VV RVG für das betreffende Beschwerdeverfahren eine gesonderte Regelung getroffen, so gilt diese.

3.11 Das vereinfachte Verfahren über den Unterhalt Minderjähriger

Für ein minderjähriges Kind kann der diesem zustehende Individual-Unterhalt gegenüber dem Unterhaltspflichtigen im sogenannten vereinfachten Verfahren gemäß §§ 249 ff. FamFG geltend gemacht werden. Der Antrag muss die in § 250 FamFG geforderten Angaben enthalten und ist mittels des vorgeschriebenen Formulars zu stellen (§ 259 FamFG). Die Entscheidung ergeht durch Beschluss (§ 253 FamFG). 320

Für die Vertretung im vereinfachten Verfahren über den Unterhalt Minderjähriger erhält der Rechtsanwalt Gebühren nach Teil 3 Abschnitt 1 VV RVG. Denn nach Abs. 1 der Vorbemerkung 3.1 VV RVG entstehen die Gebühren des Abschnittes 1 in allen Verfahren, soweit in den folgenden Abschnitten dieses Teils keine besonderen Gebühren für das betreffende Verfahren bestimmt sind. Da sich in den weiteren Abschnitten in Teil 3 keine besonderen Bestimmungen für das vereinfachte Verfahren über den Unterhalt Minderjähriger finden, kann im Verfahren über den Unterhalt Minderjähriger entstehen: 321
1,3 Verfahrensgebühr Nr. 3100 VV RVG.

Da die Entscheidung durch Beschluss ergeht, wird eine mündliche Verhandlung nicht stattfinden. Folglich entsteht auch keine Terminsgebühr. Eine **1,2 Terminsgebühr** Nr. 3104 VV RVG kann aber entstehen für die Mitwirkung auf die Vermeidung oder Erledigung des Verfahrens gerichteten Besprechungen (Vorbemerkung 3 Abs. 3 VV RVG) (→ Kap. E Rn. 385). Entsteht in dem vereinfachten Verfahren über den Unterhalt Minderjähriger eine Terminsgebühr, so ist diese nach Abs. 4 der Anmerkung zu Nr. 3104 VV RVG anzurechnen auf die Terminsgebühr eines nachfolgenden streitigen Verfahrens nach § 255 FamFG. 322

Nach § 17 Nr. 3 RVG sind 323

- das vereinfachte Verfahren über den Unterhalt Minderjähriger
- und das streitige Verfahren

verschiedene – gebührenrechtliche – **Angelegenheiten.** Allerdings schreibt Abs. 1 der Anmerkung zu Nr. 3100 VV RVG die Anrechnung der Verfahrensgebühr für ein vereinfachtes Verfahren über den Unterhalt Minderjähriger auf die Verfahrensgebühr vor, die in dem nachfolgenden streitigen Verfahren des § 255 FamFG entsteht. In Abs. 1 der Anmerkung zu Nr. 3100 VV RVG wird ausdrücklich Bezug genommen auf § 255 FamFG.

Nach **§ 255 Abs. 1 FamFG** können beide Parteien nach Abschluss des vereinfachten Verfahrens die Durchführung des streitigen Verfahrens beantragen. Das Gericht hat dann wie nach Eingang eines Antrags in einer Unterhaltssache weiter zu verfahren, es folgt also ein sog streitiges Unterhaltsverfahren. In diesem streitigem Unterhaltsverfahren können wiederum Gebühren nach Teil 3 des Vergütungsverzeichnisses entstehen, also eine 1,3 Verfahrensgebühr Nr. 3100 VV RVG und eine 1,2 Termins- 324 gebühr nach Nr. 3104 VV RVG. Allerdings ist die für das vereinfachte Verfahren entstandene 1,3 Verfahrensgebühr Nr. 3100 VV RVG auf die in dem sich anschließenden streitigen Verfahren entstehende 1,3 Verfahrensgebühr Nr. 3100 VV RVG anzurechnen. Dies bedeutet im Ergebnis, dass die 1,3 Verfahrensgebühr für das vereinfachte Verfahren nicht noch neben der in dem sich anschließenden streitigen Verfahren entstehende 1,3 Verfahrensgebühr berechnet werden kann.

325 Im vereinfachten Verfahren kann der Unterhalt des minderjährigen Kindes nur bis maximal zum 1,2-fachen Betrag des Mindestunterhalts nach § 1612a Abs. 1 BGB geltend gemacht werden. Ist der dem Kind zustehende Individual-Unterhalt höher, muss die darüber hinausgehende Differenz mit einem „normalen" Zahlungsantrag in einem gesonderten Unterhaltsverfahren beim Familiengericht geltend gemacht werden. In diesem Fall ist die im vereinfachten Verfahren entstandene 1,3 Verfahrensgebühr Nr. 3100 VV RVG meines Erachtens nicht auf die im Unterhaltsverfahren über die Differenz bis zum Individual-Unterhalt entstehende 1,3 Verfahrensgebühr Nr. 3100 VV RVG anzurechnen. Denn zum einen schreibt Absatz 1 der Anmerkung zu Nr. 3100 VV RVG eine Anrechnung nur für ein nachfolgendes streitiges Verfahren nach § 255 FamFG vor und zum anderen sind die Gegenstände des vereinfachten Verfahrens und des nachfolgenden Rechtsstreits dann nicht identisch.

326 Die im vereinfachten Verfahren über den Unterhalt Minderjähriger entstehenden Kosten können direkt in dem Beschluss, welcher das Verfahren abschließt, mit festgesetzt werden (§ 251 Abs. 1 S. 3 FamFG).

Zusammenfassung

327
- ▶ Das vereinfachte Verfahren über den Unterhalt Minderjähriger und das streitige Verfahren sind gemäß § 17 Nr. 3 RVG verschiedene gebührenrechtliche Angelegenheiten.
- ▶ Im vereinfachten Verfahren über den Unterhalt Minderjähriger entstehen Gebühren nach Teil 3 Abschnitt 1 des Vergütungsverzeichnisses. In der Regel wird nur eine 1,3 Verfahrensgebühr nach Nr. 3100 VV RVG anfallen.
- ▶ Die Verfahrensgebühr für ein vereinfachtes Verfahren über den Unterhalt Minderjähriger wird auf die Verfahrensgebühr angerechnet, die in einem nachfolgenden streitigen Verfahren nach § 255 FamFG entsteht (Abs. 1 der Anmerkung zu Nr. 3100 VV RVG).

3.12 Vermittlungsverfahren nach § 165 FamFG

328 Macht ein Elternteil geltend, dass der andere Elternteil die Durchführung einer gerichtlichen Entscheidung oder eines gerichtlich gebilligten Vergleichs über den **Umgang mit dem gemeinschaftlichen Kind** vereitelt oder erschwert, vermittelt das Gericht auf Antrag eines Elternteils zwischen den Eltern (§ 165 Abs. 1 FamFG). Das Gericht hat die Eltern unverzüglich zu einem Vermittlungstermin zu laden (§ 165 Abs. 2 FamFG). Bleibt das gerichtliche Vermittlungsverfahren erfolglos, prüft das Gericht, ob Ordnungsmittel ergriffen, Änderungen der Umgangsregelung vorgenommen oder Maßnahmen in Bezug auf die Sorge ergriffen werden sollen (§ 165 Abs. 5 S. 2 FamFG). Wird ein entsprechendes Verfahren von Amts wegen oder auf einen binnen eines Monats gestellten Antrag eines Elternteils eingeleitet, werden die Kosten des Vermittlungsverfahrens als Teil der Kosten des anschließenden Verfahrens behandelt (§ 165 Abs. 5 S. 3 FamFG).

Das **Vermittlungsverfahren nach § 165 FamFG** und **ein sich anschließendes gerichtliches Verfahren** sind nach § 17 Nr. 8 RVG **verschiedene – gebührenrechtliche – Angelegenheiten**. Allerdings bestimmt Abs. 3 der Anmerkung zu Nr. 3100 VV RVG, dass die Verfahrensgebühr für ein Vermittlungsverfahren nach § 165 FamFG auf die **Verfahrensgebühr** für ein sich anschließendes Verfahren **anzurechnen** ist.

Beispiel: Die Rechtsanwältin vertritt zunächst in einem Vermittlungsverfahren nach § 165 FamFG. Sie nimmt den vom Familiengericht bestimmten Vermittlungstermin zusammen mit der Mandantin wahr. Das Vermittlungsverfahren bleibt erfolglos. 329

Auf Antrag der Rechtsanwältin wird ein Verfahren auf Neuregelung des Umgangsrechts in die Wege geleitet. Auch in diesem Verfahren vertritt die Rechtsanwältin die Mandantin als Verfahrensbevollmächtigte und nimmt den Termin zur mündlichen Verhandlung wahr. Das Gericht verkündet einen Beschluss, wonach das Umgangsrecht anders geregelt wird.

Vermittlungsverfahren nach § 165 FamFG

Verfahrenswert: 3.000,00 EUR

1) 1,3 Verfahrensgebühr §§ 2, 13 RVG iVm Nr. 3100 VV RVG	261,30 EUR
2) 1,2 Terminsgebühr §§ 2, 13 RVG iVm Nr. 3104 VV RVG	241,20 EUR
3) Pauschale Nr. 7002 VV RVG	20,00 EUR
4) 19 % Umsatzsteuer Nr. 7008 VV RVG	99,28 EUR
	621,78 EUR

Anschließendes gerichtliches Verfahren wegen Neuregelung des Umgangsrechts

Verfahrenswert: 3.000,00 EUR

1) 1,3 Verfahrensgebühr §§ 2, 13 RVG iVm Nr. 3100 VV RVG	261,30 EUR
hierauf anzurechnen nach Abs. 3 der Anmerkung zu Nr. 3100 VV RVG	
1,3 Verfahrensgebühr aus dem Vermittlungsverfahren:	– 261,30 EUR
verbleiben von der Verfahrensgebühr	0,00 EUR
2) 1,2 Terminsgebühr §§ 2, 13 RVG iVm Nr. 3104 VV RVG	241,20 EUR
3) Pauschale Nr. 7002 VV RVG	20,00 EUR
4) 19 % Umsatzsteuer Nr. 7008 VV RVG	49,63 EUR
	310,83 EUR

Auch in dem Vermittlungsverfahren ist der Verfahrenswert analog § 45 Abs. 1 Nr. 2 FamGKG auf 3.000 EUR zu bestimmen.[150]

3.13 Rechtsanwalt als Verfahrensbeistand

Nach § 158 Abs. 1 FamFG hat das Familiengericht in einer Kindschaftssache dem minderjährigen Kind einen geeigneten Verfahrensbeistand zu bestellen. Dieser Verfahrensbeistand wird neben dem Verfahrensbevollmächtigten der Antragstellerin/des Antragstellers und dem Verfahrensbevollmächtigten der Antragsgegnerin/des Antragsgegners tätig. Er hat die Interessen des Kindes wahrzunehmen. Als Verfahrensbeistand kann auch ein Rechtsanwalt bestellt werden. Dieser erhält aber dann **keine Vergütung nach dem RVG.** Der Verfahrensbeistand in Kindschaftssachen wird nach § 158 Abs. 7 FamFG vergütet. Voraussetzung für eine Vergütung ist, dass die Verfahrensbeistandschaft **berufsmäßig** geführt wird. Wird ein Rechtsanwalt als Verfahrensbeistand bestellt, so führt dieser die Verfahrensbeistandschaft berufsmäßig. 330

Der Verfahrensbeistand, der die Verfahrensbeistandschaft berufsmäßig führt, erhält nach § 158 Abs. 7 S. 2 FamFG eine einmalige Vergütung von **350 EUR.** 331

Nach § 158 Abs. 4 FamFG kann das Gericht dem Verfahrensbeistand, sofern dies im Einzelfall erforderlich ist, **zusätzliche Aufgaben** übertragen. Dies kann zB sein: Gespräche mit den Eltern und weiteren Bezugspersonen des Kindes zu führen sowie am Zustandekommen einer einvernehmlichen Regelung über den Verfahrensgegenstand mitzuwirken. Hat das Gericht den Verfahrensbeistand derartige zusätzliche Aufgaben übertragen und führt der Verfahrensbeistand die Verfahrensbeistandschaft berufsmäßig, erhält er nach § 158 Abs. 7 S. 3 FamFG eine einmalige Vergütung von **550 EUR.** 332

Sowohl die Vergütung nach § 158 Abs. 7 S. 2 FamFG in Höhe von 350 EUR als auch die Vergütung nach § 158 Abs. 7 S. 3 FamFG in Höhe von 550 EUR sind Pauschalen, mit denen auch bereits Ansprüche auf Ersatz anlässlich der Verfahrensbeistandschaft entstandenen Aufwendungen (zB Fahrtkosten und Abwesenheitsgeld und sogar die auf die Vergütung anfallende Umsatzsteuer abgegolten ist – § 158 Abs. 7 S. 4 333

[150] Schneider/Wolf § 17 Rn. 458 ff.

FamFG).[151] Der zum Verfahrensbeistand bestellte Rechtsanwalt kann also neben der Pauschale von 350 EUR bzw. 550 EUR keine Auslagen (zB Dokumentenpauschale, Fahrtkosten, Abwesenheitsgeld) und auch nicht die Umsatzsteuer ansetzen.

334 Die Vergütung ist aus der Staatskasse zu zahlen (§ 158 Abs. 7 S. 5 FamFG). Allerdings wird die an den Verfahrensbeistand aus der Staatskasse gezahlte Vergütung als gerichtliche Auslagen wieder gegenüber dem Mündel geltend gemacht, sofern dieses nicht mittellos ist (Nr. 2013 FamGKG KV).[152]

335 Ist der Rechtsanwalt als Verfahrensbeistand für mehrere Kinder bestellt worden, so ist **für jedes Kind eine gesonderte Pauschale** anzusetzen.[153]

336 Ist der Rechtsanwalt sowohl in einem **Hauptsacheverfahren** als auch in einem **Eilverfahren** zum Verfahrensbeistand bestellt, erhält er die Vergütungspauschale **für jedes Verfahren gesondert.**[154]

337 Die Vergütung nach § 158 Abs. 7 S. 2 oder S. 3 FamFG ist **für jeden Rechtszug** zu zahlen. Die erstinstanzliche Bestellung gilt fort, wenn sie vom Gericht zweiter Instanz nicht aufgehoben oder abgeändert worden ist.[155]

338 Behandelt das Familiengericht die elterliche Sorge und das Umgangsrecht in einem gerichtliche Verfahren, soll die Pauschale ebenfalls zweimal, nämlich für jeden Gegenstand gesondert anfallen.[156]

339 Der nicht berufsmäßige Verfahrensbeistand erhält keine Pauschale von 350 EUR oder 550 EUR als Vergütung, sondern nur Ersatz von Aufwendungen. Für den nicht berufsmäßigen Verfahrensbeistand ist der Aufwendungsersatz in § 1835 Abs. 1 bis 2 BGB geregelt (§ 158 Abs. 7 S. 1 FamFG → § 277 Abs. 1 S. 1 FamFG → § 1835 Abs. 1 bis 2 BGB).

Zusammenfassung

340 ▶ Ein Rechtsanwalt führt eine Verfahrensbeistandschaft berufsmäßig. Er erhält keine Vergütung nach dem RVG. Er erhält eine Pauschale von 350 EUR oder 550 EUR (§ 158 Abs. 7 S. 2 oder 3 FamFG). Mit der Pauschale sind auch alle Auslagen und auch die Umsatzsteuer abgegolten.

3.14 Abrechnungsbeispiel beim Zusammentreffen mehrerer Verfahren

341 In diesem Kapitel soll an einem Fallbeispiel die Abrechnung von Fällen aufgezeigt werden, in denen mehrere Verfahren neben- oder nacheinander anhängig sind.

Beispiel: Die Eheleute leben getrennt. Die Ehefrau beantragt in einer Kindschaftssache die Übertragung der alleinigen elterlichen Sorge auf sich. Nachdem der Ehemann ihrem Antrag nicht zustimmt, beantragt sie den Erlass einer einstweiligen Anordnung betreffend der elterlichen Sorge. Die einstweilige Anordnung erlässt das Gericht ohne mündliche Verhandlung. In der Kindschaftssache auf Übertragung der alleinigen elterlichen Sorge findet ein Termin statt, in welchem der Rechtsanwalt die Ehefrau vertritt.

Nach Abschluss des Verfahrens macht der Rechtsanwalt auftragsgemäß das Scheidungsverfahren (Wert: 6.000,00 EUR) anhängig. Von Amts wegen wird der Versorgungsausgleich mit anhängig (Wert: 1.800,00 EUR). Auf Antrag wird nachehelicher Unterhalt für die Ehefrau in Höhe von monatlich 400,00 EUR anhängig.

Gleichzeitig stellt der Rechtsanwalt Anträge auf Erlass einstweiliger Anordnungen wegen
- Zahlung von Kindesunterhalt von monatlich 200,00 EUR
- Übertragung von Haushaltsgegenständen (Wert: 1.000,00 EUR)

---

[151] BGH JurBüro 2011, 100.
[152] Zimmermann, Das neue FamFG, Rn. 366.
[153] BGH JurBüro 2011, 100.
[154] BGH JurBüro 2011, 151.
[155] OLG Stuttgart JurBüro 2011, 379.
[156] BeckOK FamFG/Schlünder FamFG § 158 Rn. 42b.

In der einstweiligen Anordnung wegen des Kindesunterhaltes findet ein Termin statt, in welchem der Rechtsanwalt seine Mandantin vertritt. Die einstweilige Anordnung wegen Übertragung von Haushaltsgegenständen ergeht, ohne dass darüber ein Termin stattfindet.

Im Verbund findet über die Ehescheidung und alle Folgesachen ein Termin statt. In dem Termin bespricht der Rechtsanwalt auftragsgemäß mit dem Gegenanwalt nicht rechtshängige Zugewinnausgleichsansprüche in Höhe von 8.500,00 EUR im Hinblick auf eine mögliche Einigung und die Vermeidung einer gerichtlichen Auseinandersetzung auch über diese Ansprüche. Schließlich schließen die Parteien einen Vergleich, wonach der Antragsgegner den geforderten monatlichen Kindesunterhalt von 180,00 EUR, einen monatlichen nachehelichen Unterhalt für die Antragstellerin (Ehefrau) von 320,00 EUR und zum Ausgleich der Zugewinnausgleichsansprüche einen Betrag von 6.500,00 EUR zahlt. Wegen des nicht anhängigen Kindesunterhaltes wurde nur der Antrag gestellt, die Einigung der Parteien zu Protokoll zu nehmen. Das Gericht verkündet einen Beschluss, wonach die Ehe geschieden und der Versorgungsausgleich durchgeführt wird.

Der Rechtsanwalt der Antragstellerin kann berechnen:

1. Selbstständige (isolierte) Kindschaftssache auf Regelung der elterlichen Sorge

Verfahrenswert: 3.000,00 EUR

1) 1,3 Verfahrensgebühr §§2, 13 RVG iVm Nr. 3100 VV RVG	261,30 EUR
2) 1,2 Terminsgebühr §§2, 13 RVG iVm Nr. 3104 VV RVG	241,20 EUR
3) Pauschale für Post- und Telekommunikationsdienstleistungen Nr. 7002 VV RVG	20,00 EUR
4) 19 % Umsatzsteuer Nr. 7008 VV RVG	99,28 EUR
	621,78 EUR

2. Einstweilige Anordnung im Zusammenhang mit der selbstständigen (isolierten) Kindschaftssache auf vorläufige Regelung der elterlichen Sorge

Verfahrenswert: 1.500,00 EUR

1) 1,3 Verfahrensgebühr §§2, 13 RVG iVm Nr. 3100 VV RVG	149,50 EUR
2) Pauschale für Post- und Telekommunikationsdienstleistungen Nr. 7002 VV RVG	20,00 EUR
3) 19 % Umsatzsteuer Nr. 7008 VV RVG	32,21 EUR
	201,71 EUR.

3. Einstweilige Anordnung über Kindesunterhalt

Verfahrenswert: 1.200,00 EUR
(6 × 200,00 EUR)

1) 1,3 Verfahrensgebühr §§2, 13 RVG iVm Nr. 3100 VV RVG	149,50 EUR
2) 1,2 Terminsgebühr §§2, 13 RVG iVm Nr. 3104 VV RVG	138,00 EUR
3) Pauschale für Post- und Telekommunikationsdienstleistungen Nr. 7002 VV RVG	20,00 EUR
4) 19 % Umsatzsteuer Nr. 7008 VV RVG	58,43 EUR
	365,93 EUR

4. Einstweilige Anordnung wegen Übertragung von Haushaltsgegenständen

Verfahrenswert: 1.000,00 EUR

1) 1,3 Verfahrensgebühr §§2, 13 RVG iVm Nr. 3100 VV RVG	104,00 EUR
2) Pauschale für Post- und Telekommunikationsdienstleistungen Nr. 7002 VV RVG	20,00 EUR
3) 19 % Umsatzsteuer Nr. 7008 VV RVG	23,56 EUR
	147,56 EUR

5. Ehescheidung, Versorgungsausgleich und Vergleich im Verbund

Verfahrenswert: 12.600,00 EUR
(Scheidung: 6.000,00 EUR + Versorgungsausgleich: 1.800,00 EUR + nachehelicher Unterhalt für Ehefrau: 12 × 400,00 EUR = 4.800,00 EUR
nicht rechtshängig:
Zugewinnausgleich: 8.500,00 EUR
Kindesunterhalt: 12 × 180,00 EUR = 2.160,00 EUR)

1) 1,3 Verfahrensgebühr §§2, 13 RVG iVm Nr. 3100 VV RVG nach Wert: 12.600,00 EUR	785,20 EUR
2) 0,8 Verfahrensgebühr §§2, 13 RVG iVm Nr. 3101 Ziffer 2 VV RVG nach Wert: 10 660,00 EUR	483,20 EUR
Summe:	1.268,40 EUR
Die Summe dieser beiden Gebühren darf gem. §15 Abs. 3 RVG nicht höher sein als eine 1,3 Gebühr nach Wert: 23.260,00 EUR	1.024,40 EUR

Der Rechtsanwalt kann vorliegend nur die 1.024,40 EUR berechnen, nicht die 1.268,40 EUR.

3) 1,2 Terminsgebühr §§2, 13 RVG iVm Nr. 3104 VV RVG nach Wert: 21.100,00 EUR	890,40 EUR
4) 1,0 Einigungsgebühr §§2, 13 RVG iVm Nr. 1003 VV RVG nach Wert: 4.800,00 EUR	303,00 EUR
5) 1,5 Einigungsgebühr §§2, 13 RVG iVm Nr. 1000 VV RVG nach Wert: 10.660,00 EUR	906,00 EUR
Summe:	1.209,00 EUR
Die Summe dieser beiden Gebühren darf gem. §15 Abs. 3 VV RVG nicht höher sein als eine 1,5 Gebühr nach Wert: 15.460,00 EUR	975,00 EUR
Der Rechtsanwalt kann vorliegend nur die 975,00 EUR berechnen, nicht die 1.209,00 EUR.	
6) Pauschale für Post- und Telekommunikationsdienstleistungen Nr. 7002 VV RVG	20,00 EUR
7) 19% Umsatzsteuer Nr. 7008 VV RVG	552,86 EUR
	3.462,66 EUR.

Die Terminsgebühr entsteht auch nach dem Wert des nicht anhängigen Gegenstandes Zugewinnausgleich (8.500,00 EUR). Denn auch insoweit wurde der Tatbestand der Terminsgebühr erfüllt. Es wurde eine Besprechung mit dem Ziel der Vermeidung einer gerichtlichen Auseinandersetzung geführt (Vermeidung, dass der Zugewinnausgleich als Folgesache im Verbund anhängig gemacht wird). Die Terminsgebühr entsteht nicht nach dem Wert des nicht im Verbund anhängigen Gegenstandes Kindesunterhalt, denn insoweit wurde lediglich der Antrag gestellt, die Einigung zu Protokoll zu nehmen (Abs. 3 der Anmerkung zu Nr. 3104 VV RVG).

3.15 Behandlung eines Verfahrenskostenvorschusses in der Kostenfestsetzung

342 Im Rahmen ihres Unterhaltsanspruchs kann die unterhaltsberechtigte Partei einen Anspruch auf Leistung eines Prozesskostenvorschusses (in Familiensachen: Verfahrenskostenvorschuss) gegenüber der unterhaltspflichtigen Partei haben, wenn diese entsprechend leistungsfähig ist.[157] Die unterhaltspflichtige Partei ist unter Umständen auch für ein Unterhaltsverfahren, welches die unterhaltsberechtigte Partei ihr gegenüber anstreben möchte, verfahrenskostenvorschusspflichtig. In der Vergangenheit war umstritten,[158] ob und ggf. in welchem Umfang ein geleisteter Verfahrenskostenvorschuss im Kostenfestsetzungsverfahren zu berücksichtigen und auf den Kostenerstattungsanspruch des Verfahrenskostenvorschussempfängers anzurechnen war. Würde der Verfahrenskostenvorschuss nicht auf den Kostenerstattungsanspruch des Verfahrenskostenvorschussempfängers gegenüber der diesen leistenden Partei angerechnet, ergäbe sich unter Umständen im Einzelfall die Situation, dass die leistungspflichtige Partei der anderen Partei die Prozesskosten zweimal zahlt, nämlich einmal über den Verfahrenskostenvorschuss und ein zweites Mal über den Kostenerstattungsanspruch.

343 Nach einer Entscheidung des BGH[159] kommt bei einer Kostenquotelung die Anrechnung eines unstreitig geleisteten Prozesskostenvorschusses im Kostenfestsetzungsverfahren nur in Betracht, wenn der Vorschuss den Kostenerstattungsanspruch des Empfängers übersteigt. In diesem Fall kann nach BGH (aaO) eine Anrechnung erfolgen, wenn und soweit der Vorschuss und ein bestehender Kostenerstattungsanspruch zusammen über die dem Vorschussempfänger entstandenen Kosten hinausgehen.

344 **Beispiel:** In dem vom BGH (aaO) entschiedenen Fall hatte die Klägerin Kosten in Höhe von insgesamt:

Außergerichtliche Kosten:	2.489,88 EUR
+ Gerichtskosten	715,50 EUR
	3.205,38 EUR
Sie hatte einen Prozesskostenvorschuss für das Verfahren erhalten von:	2.100,00 EUR

[157] → Kap. F Rn. 5.
[158] Nachweise in der Begründung zu BGH JurBüro 2010, 252.
[159] BGH JurBüro 2010, 252.

Des Weiteren hätte sich nach der Kostengrundentscheidung und durchgeführter Kostenquotelung einen Erstattungsanspruch zu ihren Gunsten in Höhe von	1.525,86 EUR
ergeben, so dass die Klägerin erhalten hätte:	3.625,86 EUR.

Damit hätte sie mehr Kosten erhalten als ihr tatsächlich entstanden wären.

In Höhe des die tatsächlichen Kosten übersteigenden Betrages ist der Prozesskostenvorschuss auf den Erstattungsanspruch anzurechnen (erhalten würde die Klägerin: 3.625,86 EUR, sie hat aber nur Kosten in Höhe von 3.205,38 EUR, also übersteigender Betrag: 420,48 EUR).

Also rechnet der BGH den Betrag von 420,48 EUR auf den Kostenerstattungsanspruch an und die Klägerin erhält nur 1.525,86 EUR – 420,48 EUR = 1.105,38 EUR erstattet.

Zusammenfassung

▶ Hat die unterhaltspflichtige Partei einen Verfahrenskostenvorschuss gezahlt und hat sie in demselben Verfahren, für das sie den Verfahrenskostenvorschuss gezahlt hat, noch einen Kostenerstattungsanspruch gegen sich, ist im Hinblick auf die Entscheidung des BGH zu prüfen, ob und inwieweit der geleistete Verfahrenskostenvorschuss auf den Kostenerstattungsanspruch anzurechnen ist. 345

I. Die Gebühren im gerichtlichen Mahnverfahren

Die Anwaltsvergütung für die Tätigkeit im gerichtlichen Mahnverfahren ist in Teil 3, Abschnitt 3, Unterabschnitt 2 VV RVG geregelt. 1

Auszug aus dem VV RVG

Unterabschnitt 2. Mahnverfahren 2

Vorbemerkung 3.3.2:
Die Terminsgebühr bestimmt sich nach Abschnitt 1.

Nr.	Gebührentatbestand	Gebühr oder Satz der Gebühr nach § 13 RVG
3305	Verfahrensgebühr für die Vertretung des Antragstellers .... Die Gebühr wird auf die Verfahrensgebühr für einen nachfolgenden Rechtsstreit angerechnet.	1,0
3306	Beendigung des Auftrags, bevor der Rechtsanwalt den verfahrenseinleitenden Antrag oder einen Schriftsatz, der Sachanträge, Sachvortrag oder die Zurücknahme des Antrags enthält, eingereicht hat: Die Gebühr 3305 beträgt	0,5
3307	Verfahrensgebühr für die Vertretung des Antragsgegners ..... Die Gebühr wird auf die Verfahrensgebühr für einen nachfolgenden Rechtsstreit angerechnet.	0,5
3308	Verfahrensgebühr für die Vertretung des Antragstellers im Verfahren über den Antrag auf Erlass eines Vollstreckungsbescheids .... Die Gebühr entsteht neben der Gebühr 3305 nur, wenn innerhalb der Widerspruchsfrist kein Widerspruch erhoben oder der Widerspruch gemäß § 703a Abs. 2 Nr. 4 ZPO beschränkt worden ist. Nummer 1008 ist nicht anzuwenden, wenn sich bereits die Gebühr 3305 erhöht.	0,5

I. Vertretung des Antragstellers im Verfahren

Vertritt der Rechtsanwalt in dem gerichtlichen Mahnverfahren den **Antragsteller,** erhält er eine **1,0 Verfahrensgebühr** gem. Nr. 3305 VV RVG. Diese Gebühr fällt an, mit der Einreichung des **Antrages auf Erlass des Mahnbescheides** bei Gericht.[1] Als Gegenstandswert für diese Gebühr ist der mit Mahnbescheid geltend gemachte Anspruch – also die geltend gemachte Hauptforderung – zugrunde zu legen. 3

Endigt der dem Rechtsanwalt erteilte Auftrag, bevor er einen Antrag auf Erlass des Mahnbescheides bei Gericht eingereicht hat, **ermäßigt** sich die Verfahrensgebühr auf 0,5 (Nr. 3306 VV RVG). 4

Legt der Antragsgegner gegen den Mahnbescheid Widerspruch ein, geht das Mahnverfahren – sofern die Durchführung des streitigen Verfahrens beantragt wird – in einen ordentlichen Zivilprozess über. In diesem Rechtsstreit wird dem Rechtsanwalt für seine Tätigkeit als Prozessbevollmächtigter die 1,3 Verfahrensgebühr Nr. 3100 VV 5

[1] Gerold/Schmidt VV 3305–3308 Rn. 9; Schneider/Wolf VV Vorb. 3.3.2, VV 3305–3306 Rn. 20.

RVG entstehen. Der Rechtsanwalt kann zusätzlich zu der 1,3 Verfahrensgebühr Nr. 3100 VV RVG **nicht** noch die 1,0 Verfahrensgebühr Nr. 3305 VV RVG für die Tätigkeit im Mahnverfahren verlangen. Denn nach der Anmerkung zu Nr. 3305 VV RVG ist die 1,0 Verfahrensgebühr für die Tätigkeit im Mahnverfahren auf die 1,3 Verfahrensgebühr für einen nachfolgenden Rechtsstreit **anzurechnen.** Dies bedeutet, dass die 1,0 Verfahrensgebühr Nr. 3305 VV RVG von der im streitigen Verfahren entstehenden 1,3 Verfahrensgebühr Nr. 3100 VV RVG in Abzug zu bringen ist.

6 **Beispiel:** Der Rechtsanwalt beantragt den Erlass eines Mahnbescheides über eine Hauptforderung von 11.500,00 EUR. Der Mahnbescheid wird vom Amtsgericht erlassen und dem Antragsgegner zugestellt. Der Antragsgegner legt gegen den Mahnbescheid Widerspruch ein. Der Rechtsanwalt zahlt für seinen Mandanten die weiteren Gerichtskosten ein und beantragt die Durchführung des streitigen Verfahrens. In dem sich anschließenden Rechtsstreit vertritt er seinen Auftraggeber als Prozessbevollmächtigter.

Für die Vertretung im Mahnverfahren sind entstanden:

Gegenstandswert: 11.500,00 EUR	
1,0 Verfahrensgebühr §§ 2,13 RVG iVm Nr. 3305 VV RVG	604,00 EUR
zzgl. Auslagen und Umsatzsteuer.	

Für seine Tätigkeit in dem sich anschließenden Zivilprozess sind entstanden:

1,3 Verfahrensgebühr §§ 2, 13 RVG iVm Nr. 3100 VV RVG	785,20 EUR
hierauf nach der Anmerkung zu Nr. 3305 VV RVG anzurechnen:	
1,0 Verfahrensgebühr Nr. 3305 VV RVG	604,00 EUR
verbleiben von der Verfahrensgebühr	181,20 EUR

zzgl. evtl. weiterer in dem Zivilprozess entstandener Gebühren (wie zB die Terminsgebühr) und Auslagen und Umsatzsteuer.

7 Anzurechnen ist die im Mahnverfahren entstandene 1,0 Verfahrensgebühr Nr. 3305 VV RVG auf die 1,3 Verfahrensgebühr Nr. 3100 VV RVG nur insoweit, als die Gegenstände des Mahnverfahrens und des nachfolgenden streitigen Verfahrens identisch sind (→ Kap. I Rn. 42 f.).

8 Nach § 17 Nr. 2 RVG sind das Mahnverfahren und das nach Widerspruch gegen den Mahnbescheid folgende streitige Verfahren verschiedene Angelegenheiten. Dennoch ist infolge der ausdrücklichen Anrechnungsvorschrift in der Anmerkung zu Nr. 3305 VV RVG die 1,0 Verfahrensgebühr Nr. 3305 VV RVG für die Tätigkeit im Mahnverfahren auf die 1,3 Verfahrensgebühr Nr. 3100 VV RVG für die Tätigkeit in dem nachfolgenden Rechtsstreit anzurechnen.

9 **Praxistipp:**

Nach § 17 Nr. 2 RVG sind das Mahnverfahren und das streitige Verfahren verschiedene Angelegenheiten. Nach der Anmerkung zu Nr. 7002 VV RVG kann die Pauschale für Entgelte für Post- und Telekommunikationsdienstleistungen in jeder Angelegenheit verlangt werden. Somit ist im Gesetz klar geregelt, dass der Rechtsanwalt, der sowohl im Mahnverfahren als auch im nachfolgenden Rechtsstreit vertritt, die Pauschale Nr. 7002 VV RVG zweimal ansetzen kann. Einmal für die Tätigkeit im Mahnverfahren nach den dort entstandenen Gebühren und ein weiteres Mal für die Tätigkeit in dem nachfolgenden Rechtsstreit nach den dort anfallenden Gebühren (→ Kap. A Rn. 244). Beide Pauschalen sind am Ende des Rechtsstreits mit gegenüber dem unterlegenen Gegner festzusetzen.

10 Wird der **Antragsteller** zunächst außergerichtlich, dann im gerichtlichen Mahnverfahren und schließlich im nachfolgenden streitigen Verfahren vertreten, so ist

- nach der Vorbemerkung 3 Abs. 4 VV RVG die für die außergerichtliche Vertretung entstandene Geschäftsgebühr der Nr. 2300 VV RVG auf die in dem gerichtlichen Mahnverfahren entstandene 1,0 Verfahrensgebühr der Nr. 3305 VV RVG anzurechnen (Vorbemerkung 3 Abs. 4 VV RVG)
- die im gerichtlichen Mahnverfahren entstandene Verfahrensgebühr der Nr. 3305 VV RVG anzurechnen auf die in dem nachfolgenden streitigen Verfahren entstehende Verfahrensgebühr der Nr. 3100 VV RVG (Anmerkung zu Nr. 3305 VV RVG).

Hier stellte sich die Problematik, ob die 1,0 Verfahrensgebühr für die Vertretung des Antragstellers im gerichtlichen Mahnverfahren in vollem Umfange auf die 1,3 Verfahrensgebühr der Nr. 3100 VV RVG für die Vertretung im streitigen Verfahren anzurechnen war oder nur die Teile der 1,0 Verfahrensgebühr Nr. 3305 VV RVG, die nach der vorangegangenen Anrechnung der Geschäftsgebühr hiervon verblieben. Diese Frage hat der BGH[2] dahingehend entschieden, dass die Verfahrensgebühr für die Vertretung des Antragstellers im gerichtlichen Mahnverfahren der Nr. 3305 VV RVG **in vollem Umfange** auf die Verfahrensgebühr der Nr. 3100 VV RVG für die Vertretung im streitigen Verfahren **anzurechnen** ist.

Beispiel: Der Rechtsanwalt vertritt zunächst auftragsgemäß **außergerichtlich** und macht für den Anspruchssteller eine Forderung in Höhe von 8.800,00 EUR gegenüber dem Anspruchsgegner geltend. Da der Gegner die ihm gesetzte Frist verstreichen lässt, leitet der Rechtsanwalt für den Anspruchssteller auftragsgemäß das gerichtliche Mahnverfahren ein. Gegen den Mahnbescheid wird Widerspruch eingelegt. Der Antragsteller führt das streitige Verfahren durch. In dem streitigen Verfahren kommt es zu einem Termin vor Gericht, anschließend zu einer Beweisaufnahme. Der Rechtsanwalt vertritt den Mandanten sowohl in dem Termin vor Gericht als auch in der Beweisaufnahme als Prozessbevollmächtigter. Danach verkündet das Landgericht ein Urteil. 11

Dem Rechtsanwalt des Antragstellers sind folgende Gebühren entstanden:

Für die außergerichtliche Vertretung:

Gegenstandswert: 8.800,00 EUR	
1) 1,3 Geschäftsgebühr §§ 2, 13, 14 RVG iVm Nr. 2300 VV RVG	659,10 EUR
2) Pauschale für Post- und Telekommunikationsdienstleistungen Nr. 7002 VV RVG	20,00 EUR
zzgl. evtl. entstandener weiterer Auslagen und Umsatzsteuer.	

Für die Vertretung im Mahnverfahren:

Gegenstandswert: 8.800,00 EUR	
1) 1,0 Verfahrensgebühr §§ 2, 13 RVG iVm Nr. 3305 VV RVG	507,00 EUR
abzgl. hierauf nach der Vorbemerkung 3 Abs. 4 VV RVG anzurechnender 0,65 Geschäftsgebühr Nr. 2300 VV RVG	329,55 EUR
verbleiben von der Verfahrensgebühr	177,45 EUR
2) Pauschale für Post- und Telekommunikationsdienstleistungen Nr. 7002 VV RVG	20,00 EUR
zzgl. evtl. entstandener weiterer Auslagen und Umsatzsteuer.	

Für die Tätigkeit in dem sich anschließenden Zivilprozess:

Gegenstandswert: 8.800,00 EUR	
1) 1,3 Verfahrensgebühr §§ 2, 13 RVG iVm Nr. 3100 VV RVG	659,10 EUR
hierauf anzurechnen gem. der Anmerkung zu Nr. 3305 VV RVG 1,0 Verfahrensgebühr für Vertretung im gerichtlichen Mahnverfahren Nr. 3305 VV RVG	507,00 EUR
verbleiben von der Verfahrensgebühr	152,10 EUR
2) 1,2 Terminsgebühr §§ 2, 13 RVG iVm Nr. 3104 VV RVG	608,40 EUR
3) Pauschale für Post- und Telekommunikationsdienstleistungen Nr. 7002 VV RVG	20,00 EUR
zzgl. evtl. entstandener weiterer Auslagen und Umsatzsteuer.	

Zusammenfassung

- Für die Vertretung des Antragstellers im gerichtlichen Mahnverfahren entsteht eine 1,0 Verfahrensgebühr Nr. 3305 VV RVG. 12
- Diese 1,0 Verfahrensgebühr für die Vertretung im Mahnverfahren ist auf die 1,3 Verfahrensgebühr Nr. 3100 VV RVG anzurechnen, wenn nach Widerspruch gegen den Mahnbescheid ein Rechtsstreit nachfolgt und der Rechtsanwalt für die Partei als Prozessbevollmächtigter in diesem nachfolgenden Rechtsstreit tätig wird.

[2] BGH Beschluss vom 28. 10. 2010 – VII ZB 116/09 – NJW 2011, 1368.

II. Vertretung des Antragstellers über den Vollstreckungsbescheid

13 Für seine Tätigkeit im Verfahren auf Erlass des **Vollstreckungsbescheides** entsteht dem Rechtsanwalt eine **0,5 Verfahrensgebühr Nr. 3308 VV RVG.**

Die Gebühr entsteht nach dem Wert des Anspruchs, über welchen der Erlass des Vollstreckungsbescheides beantragt wird. Dies wird in der Regel die im Mahnbescheid geltend gemachte Hauptforderung sein. Hat der Antragsgegner allerdings nach Erlass des Mahnbescheides einen Teil der Forderung bezahlt, ermäßigt sich der Gegenstandswert für die 0,5 Verfahrensgebühr Nr. 3308 VV RVG.

14 **Beispiel:** Im Mahnbescheid wurde eine Hauptforderung von 15.000,00 EUR geltend gemacht. Nach Erlass des Mahnbescheides zahlt der Antragsgegner 10.000,00 EUR. Es wird Erlass des Vollstreckungsbescheides über den verbleibenden Betrag in Höhe von 5.000,00 EUR beantragt.

Der Rechtsanwalt kann berechnen:

1) 1,0 Verfahrensgebühr §§ 2,13 RVG iVm Nr. 3305 VV RVG nach Wert: 15.000,00 EUR	650,00 EUR
2) 0,5 Verfahrensgebühr §§ 2, 13 RVG iVm Nr. 3308 VV RVG nach Wert: 5.000,00 EUR	151,50 EUR

zzgl. Auslagen und Umsatzsteuer.

15 **Beispiel:** Mit Mahnbescheid wurde eine Hauptforderung von 22.000,00 EUR geltend gemacht. Der Antragsgegner legt gegen den Mahnbescheid teilweise Widerspruch ein, nämlich gegen eine Teil-Hauptforderung von 12.000,00 EUR. Über 10.000,00 EUR wird der Erlass des Vollstreckungsbescheides beantragt.

Der Rechtsanwalt kann berechnen:

1) 1,0 Verfahrensgebühr §§ 2,13 RVG iVm Nr. 3305 VV RVG nach Wert: 22.000,00 EUR	742,00 EUR
2) 0,5 Verfahrensgebühr §§ 2, 13 RVG iVm Nr. 3308 VV RVG nach Wert: 10.000,00 EUR	279,00 EUR

zzgl. Auslagen und Umsatzsteuer.

16 Die 0,5 Verfahrensgebühr Nr. 3308 VV RVG für das Verfahren über den Erlass des Vollstreckungsbescheides entsteht mit dem ersten Tätigwerden des Rechtsanwaltes im Hinblick auf die Erwirkung des Vollstreckungsbescheides. In der Regel wird sie durch Einreichung des Antrages auf Erlass des Vollstreckungsbescheides bei Gericht ausgelöst. Zu beachten ist allerdings, dass der Antrag nicht vor Ablauf der Widerspruchsfrist gestellt werden kann (§ 699 Abs. 1 S. 2 ZPO). Der Antragsgegner hat die Möglichkeit, gegen den Mahnbescheid binnen 2 Wochen seit Zustellung des Mahnbescheides Widerspruch einzulegen. Legt er Widerspruch ein, kann der Vollstreckungsbescheid nicht mehr erlassen werden. Ein **vor Ablauf dieser Widerspruchsfrist gestellter Antrag auf** Erlass des **Vollstreckungsbescheides löst** die 0,5 Verfahrensgebühr Nr. 3308 VV RVG **nicht aus.**[3] Im Falle des Widerspruches gegen den Mahnbescheid kann die 0,5 Verfahrensgebühr Nr. 3308 VV RVG nicht entstehen (Anmerkung zu Nr. 3308 VV RVG).

17 Hat der Rechtsanwalt noch keine Kenntnis von dem – innerhalb der Widerspruchsfrist – gegen den Mahnbescheid eingelegten Widerspruch und stellt er folglich nach Ablauf der Widerspruchsfrist den Antrag auf Erlass des Vollstreckungsbescheides, entsteht die 0,5 Verfahrensgebühr nach Nr. 3308 VV RVG nicht.[4] In diesem Fall steht dem Anfall der Gebühr die Anmerkung zu Nr. 3308 VV RVG entgegen. Denn es ist ein Widerspruch innerhalb der Widerspruchsfrist erhoben worden.

---

[3] Gerold/Schmidt VV 3305–3308 Rn. 22; Hartung/Schons/Enders Nrn. 3305–3308 VV, Rn. 63.

[4] Hartung/Schons/Enders Nrn. 3305–3308 VV, Rn. 64; Schneider/Wolf Nr. 3308 VV Rn. 11 unter Hinweis auf OLG Hamm JurBüro 1975, 1085; OLG Hamburg JurBüro 1983, 239 = MDR 1983, 239; Mayer/Kroiß Nr. 3308 Rn. 11.

Ist der Antrag auf Erlass des Vollstreckungsbescheides nach Ablauf der Widerspruchsfrist gestellt worden und geht ein Widerspruch erst nach Ablauf der Widerspruchsfrist bei dem Mahngericht ein, entsteht die 0,5 Verfahrensgebühr Nr. 3308 VV RVG, wenn der Rechtsanwalt im Zeitpunkt der Antragsstellung noch keine Kenntnis von dem eingelegten Widerspruch hatte.[5] 18

Die 0,5 Verfahrensgebühr Nr. 3308 VV RVG für den Vollstreckungsbescheid entsteht **neben** der 1,0 Verfahrensgebühr Nr. 3305 VV RVG für den Mahnbescheid. 19

Eine einmal entstandene 0,5 Verfahrensgebühr Nr. 3308 VV RVG bleibt bestehen. Sie wird auf andere Gebühren **nicht angerechnet.**[6] Sie bleibt auch dann bestehen, wenn sich dem Mahnverfahren ein ordentlicher Zivilprozess anschließt.

Beispiel: Es ergeht ein Mahnbescheid über 25.000,00 EUR. Der Antragsgegner legt keinen Widerspruch ein. Der Rechtsanwalt des Antragstellers beantragt den Erlass des Vollstreckungsbescheides. Der Vollstreckungsbescheid wird erlassen. Der Antragsgegner legt gegen diesen Einspruch ein. Es schließt sich ein ordentlicher Zivilprozess an. 20

Der Rechtsanwalt des Antragstellers kann berechnen:

Für die Vertretung im Mahnverfahren sind entstanden:

Gegenstandswert: 25.000,00 EUR	
1) 1,0 Verfahrensgebühr §§ 2, 13 RVG iVm Nr. 3305 VV RVG	788,00 EUR
2) 0,5 Verfahrensgebühr §§ 2, 13 RVG iVm Nr. 3308 VV RVG	394,00 EUR
3) Pauschale für Entgelte für Post- und Telekommunikationsdienstleistungen Nr. 7002 VV RVG	20,00 EUR
zzgl. Umsatzsteuer	

Für seine Tätigkeit in dem sich anschließenden Zivilprozess sind entstanden:

Gegenstandswert: 25.000,00 EUR	
1) 1,3 Verfahrensgebühr §§ 2, 13 RVG iVm Nr. 3100 VV RVG	1.024,40 EUR
hierauf anzurechnen nach der Anmerkung zu Nr. 3305 VV RVG:	
1,0 Verfahrensgebühr Nr. 3305 VV RVG	788,00 EUR
verbleiben von der Verfahrensgebühr	236,40 EUR
zzgl. der weiteren Gebühren, die in dem ordentlichen Zivilprozess entstanden sind	
zzgl. Auslagen (2 × Pauschale Nr. 7002 VV RVG) und Umsatzsteuer.	

Die im Mahnverfahren entstandene 1,0 Verfahrensgebühr Nr. 3305 VV RVG für die Tätigkeit des Rechtsanwaltes im Verfahren über den Antrag auf Erlass des Mahnbescheides ist auf die im anschließenden Zivilprozess entstandene 1,3 Verfahrensgebühr Nr. 3100 VV RVG anzurechnen (Anmerkung zu Nr. 3305 VV RVG). Dagegen kann die 0,5 Verfahrensgebühr Nr. 3308 VV RVG für den Vollstreckungsbescheid neben den im sich anschließenden Zivilprozess entstandenen Gebühren verlangt werden.

Die 0,5 Verfahrensgebühr Nr. 3308 VV RVG erhöht sich bei mehreren Auftraggebern nur dann nach Nr. 1008 VV RVG, wenn sich nicht schon die 1,0 Verfahrensgebühr nach Nr. 3305 VV RVG erhöht hat (Satz 2 der Anmerkung zu Nr. 3308 VV RVG). Die 0,5 Verfahrensgebühr wird sich also in der Praxis nur in dem Ausnahmefall nach Nr. 1008 VV RVG erhöhen, in dem der Rechtsanwalt in der Sache erstmals mit dem Antrag auf Erlass des Vollstreckungsbescheides tätig wird. 21

Die Pauschale für Entgelte für Post- und Telekommunikationsdienstleistungen Nr. 7002 VV RVG kann im Mahnverfahren nur einmal mit maximal 20 EUR entstehen. Es können also nicht 20 EUR auf die Verfahrensgebühr nach Nr. 3305 VV RVG erhoben werden und daneben noch weitere 20 EUR auf die Verfahrensgebühr nach Nr. 3308 VV RVG. Selbstverständlich sind aber beide Gebühren bei der Berechnung der Höhe der Gebühr zu berücksichtigen. 22

Zusammenfassung

- ▶ Für den Antrag auf Erlass des Vollstreckungsbescheides oder die Vertretung im Verfahren über den Vollstreckungsbescheid entsteht dem Rechtsanwalt eine 0,5 Verfahrensgebühr nach Nr. 3308 VV RVG. 23

---

[5] Hartung/Schons/Enders Nrn. 3305–3308 VV Rn. 65 mwN.

[6] Gerold/Schmidt VV 3305–3308 Rn. 66.

▶ Diese 0,5 Verfahrensgebühr nach Nr. 3308 VV RVG ist nicht auf andere Gebühren anzurechnen. Sie bleibt auch dann erhalten, wenn gegen den Vollstreckungsbescheid Einspruch eingelegt wird und sich ein Rechtsstreit anschließt.

III. Vertretung des Antragsgegners

24 Für die Vertretung des Antrags**gegners** im gerichtlichen Mahnverfahren erhält der Rechtsanwalt eine 0,5 Verfahrensgebühr nach Nr. 3307 VV RVG. In der Regel wird der Rechtsanwalt für den Antragsgegner dergestalt im gerichtlichen Mahnverfahren tätig, in dem er für diesen Widerspruch gegen den Mahnbescheid einlegt.

Als Gegenstandswert für diese Gebühr ist der Betrag zugrunde zu legen, wegen dessen der Widerspruch eingelegt wird.

25 Die 0,5 Verfahrensgebühr Nr. 3307 VV RVG ist auf die in dem sich anschließenden Zivilprozess dem Rechtsanwalt entstehende 1,3 Verfahrensgebühr Nr. 3100 VV RVG anzurechnen (Anmerkung zu Nr. 3307 VV RVG). Sie kann also nicht neben der 1,3 Verfahrensgebühr Nr. 3100 VV RVG verlangt werden.

26 Der Rechtsanwalt, der **nur** beauftragt ist, **Widerspruch** gegen den Mahnbescheid einzulegen, wird auch **nur 0,5 Verfahrensgebühr Nr. 3307 VV RVG** berechnen können.

27 Die **1,3 Verfahrensgebühr Nr. 3100 VV RVG** wird dem Rechtsanwalt erst dann entstehen, wenn er neben dem Auftrag, Widerspruch gegen den Mahnbescheid einzulegen, auch den **Auftrag zur Vertretung im nachfolgenden Rechtsstreit** (Prozessauftrag) von seinem Mandanten erteilt erhalten hat. Dieser Auftrag kann direkt mit dem Auftrag zur Einlegung des Widerspruchs gegen den Mahnbescheid erteilt worden sein.

28 Der Prozessauftrag kann aber auch unter der Bedingung erteilt worden sein, zunächst abzuwarten, ob der Gegner nach Widerspruch gegen den Mahnbescheid tatsächlich die Klage begründet und dem Verfahren als ordentlichen Zivilprozess weiteren Fortgang gibt. Dann fällt die 1,3 Verfahrensgebühr Nr. 3100 VV RVG erst mit dem Eintritt der Bedingung an, also dann, wenn der Gegner die Klage begründet hat und das Verfahren als ordentlicher Zivilprozess seinen weiteren Fortgang nimmt.[7]

29 Wenn der Rechtsanwalt neben dem Auftrag, Widerspruch gegen den Mahnbescheid einzulegen, von seinem Mandanten den Auftrag erhalten hat, ihn auch in dem zu erwartenden Streitverfahren zu vertreten und er den Widerspruch mit einem Sachantrag (Antrag auf Klageabweisung) verbindet, ist dem Rechtsanwalt meines Erachtens die 1,3 Verfahrensgebühr Nr. 3100 VV RVG entstanden. Unabhängig von der Entstehung der Gebühr ist die Frage zu beurteilen, ob die 1,3 Verfahrensgebühr Nr. 3100 VV RVG auch im Falle eines Obsiegens von der unterlegenen Partei **erstattungsfähig** ist. Nimmt der Kläger vor Klagebegründung die Klage/den Mahnbescheid zurück, ohne dass es zu einer weiteren Antragstellung seinerseits gekommen ist, so erweist sich der Antrag des Beklagten auf Klageabweisung als überflüssig. Dies hat meines Erachtens zur Folge, dass in den Fällen, in denen im gerichtlichen Mahnverfahren nach Widerspruch gegen den Mahnbescheid dieser zurückgenommen oder dem Verfahren kein Fortgang gegeben wird, dem Antragsgegner nur eine 0,5 Verfahrensgebühr nach Nr. 3307 VV RVG zu erstatten ist.[8]

Der Rechtsanwalt wird den Mandanten darauf hinweisen müssen, dass es ausreichend ist, ihm zunächst nur den Auftrag zur Einlegung des Widerspruchs und nur für den Fall, dass der Antragsteller das streitige Verfahren einleitet, einen Auftrag zur Vertretung in dem nachfolgenden Rechtsstreit zu erteilen. Wird dann das streitige

---

[7] Gerold/Schmidt VV 3305–3308 Rn. 44–47; Rehberg/Schons, „Mahnverfahren" 3.5.1.

[8] So auch: Schneider/Wolf VV 3307 Rn. 22; Rehberg/Schons, „Mahnverfahren" 3.6.2; Abweichende Auffassungen dargestellt bei Gerold/Schmidt VV 3305–3308 Rn. 49 ff.

Verfahren nicht eingeleitet, wird bei dem Rechtsanwalt des Antragsgegners nur eine 0,5 Verfahrensgebühr Nr. 3307 VV RVG entstehen.[9]

Wird der **Antragsgegner** zunächst außergerichtlich, dann im gerichtlichen Mahnverfahren und schließlich im nachfolgenden streitigen Verfahren vertreten, so ist 30

- nach der Vorbemerkung 3 Abs. 4 VV RVG die für die außergerichtliche Vertretung entstandene Geschäftsgebühr der Nr. 2300 VV RVG auf die in dem gerichtlichen Mahnverfahren entstandene 0,5 Verfahrensgebühr der Nr. 3307 VV RVG anzurechnen (Vorbemerkung 3 Abs. 4 VV RVG)
- die im gerichtlichen Mahnverfahren entstandene Verfahrensgebühr der Nr. 3307 VV RVG anzurechnen auf die in dem nachfolgenden streitigen Verfahren entstehende Verfahrensgebühr der Nr. 3100 VV RVG (Anmerkung zu Nr. 3307 VV RVG).

Die Verfahrensgebühr für die Vertretung des Antragsgegners im gerichtlichen Mahnverfahren der Nr. 3307 VV RVG entsteht nur in Höhe von 0,5. Der anzurechnende Betrag aus der vorprozessual entstandenen Geschäftsgebühr ist meist höher. Das OLG Köln[10] vertritt die Auffassung, dass der Gebührenanteil aus dem anrechenbaren Teil der Geschäftsgebühr, der durch die Anrechnung auf die 0,5 Verfahrensgebühr der Nr. 3307 VV RVG nicht verbraucht ist, noch auf die 1,3 Verfahrensgebühr des nachfolgenden streitigen Verfahrens anzurechnen ist.

Beispiel: Der Rechtsanwalt vertritt zunächst auftragsgemäß **außergerichtlich** und wehrt für den Anspruchsgegner eine Forderung in Höhe von 11.000,00 EUR ab. Der Gegner leitet das gerichtliche Mahnverfahren ein. Der Rechtsanwalt legt auftragsgemäß Widerspruch gegen den Mahnbescheid ein. 31

Der Antragsteller führt das streitige Verfahren durch. In dem streitigen Verfahren wird der Rechtsanwalt als Prozessbevollmächtigter des Beklagten tätig. Er vertritt in einem Termin vor Gericht, anschließend in einer Beweisaufnahme. Danach verkündet das Landgericht ein Urteil.

Dem Rechtsanwalt des **Antragsgegners** sind folgende Gebühren entstanden:

Für die außergerichtliche Vertretung:

Gegenstandswert: 11.000,00 EUR	
1) 1,3 Geschäftsgebühr §§ 2, 13, 14 RVG iVm Nr. 2300 VV RVG	785,20 EUR
2) Pauschale für Post- und Telekommunikationsdienstleistungen Nr. 7002 VV RVG	20,00 EUR
zzgl. evtl. entstandener weiterer Auslagen und Umsatzsteuer.	

Für die Vertretung im Mahnverfahren:

Gegenstandswert: 11.000,00 EUR	
1) 0,5 Verfahrensgebühr §§ 2, 13 RVG iVm Nr. 3307 VV RVG	302,00 EUR
abzgl. hierauf nach der Vorbemerkung 3 Abs. 4 VV RVG anzurechnender 0,65 Geschäftsgebühr Nr. 2300 VV RVG	392,60 EUR
verbleiben von der Verfahrensgebühr	0,00 EUR
2) Pauschale für Post- und Telekommunikationsdienstleistungen Nr. 7002 VV RVG	20,00 EUR
zzgl. evtl. entstandener weiterer Auslagen und Umsatzsteuer.	

Für die Tätigkeit in dem sich anschließenden Zivilprozess:

Gegenstandswert: 11.000,00 EUR	
1) 1,3 Verfahrensgebühr §§ 2, 13 RVG iVm Nr. 3100 VV RVG	785,20 EUR
hierauf anzurechnen gem. der Anmerkung zu Nr. 3307 VV RVG 0,5 Verfahrensgebühr für Vertretung im gerichtlichen Mahnverfahren Nr. 3307 VV RVG	302,00 EUR
hierauf weiter anzurechnen nach OLG Köln (aaO) noch offene Differenz von Anrechnung der Geschäftsgebühr (392,60 EUR – 302,00 EUR =)	90,60 EUR
verbleiben von der Verfahrensgebühr	392,60 EUR
2) 1,2 Terminsgebühr §§ 2, 13 RVG iVm Nr. 3104 VV RVG	724,80 EUR
3) Pauschale für Post- und Telekommunikationsdienstleistungen Nr. 7002 VV RVG	20,00 EUR
zzgl. evtl. entstandener weiterer Auslagen und Umsatzsteuer.	

---

[9] Hartung/Schons/Enders Nrn. 3305–3308 VV Rn. 52.
[10] OLG Köln AGS 2009, 476.

Zusammenfassung

32 ▶ Für die Vertretung des Antragsgegners im gerichtlichen Mahnverfahren erhält der Rechtsanwalt eine 0,5 Verfahrensgebühr nach Nr. 3307 VV RVG.
▶ Diese 0,5 Verfahrensgebühr nach Nr. 3307 VV RVG ist auf die 1,3 Verfahrensgebühr nach Nr. 3100 VV RVG anzurechnen, wenn der Rechtsanwalt in dem nach Widerspruch folgenden Rechtsstreit für den Antragsgegner als Prozessbevollmächtigter tätig wird.

IV. Terminsgebühr auch im gerichtlichen Mahnverfahren

33 Durch das Anhörungsrügengesetz[11] wurde die Vorbemerkung 3.3.2 in Teil 3, Abschnitt 3, Unterabschnitt 2 VV RVG, der die Gebühren im Mahnverfahren regelt, eingefügt. Nach dieser Vorbemerkung bestimmt sich die Terminsgebühr nach Abschnitt 1 des Teil 3 VV RVG. Also kann auch der Rechtsanwalt, der auftragsgemäß den Antragsteller oder Antragsgegner in dem gerichtlichen Mahnverfahren vertritt, die Terminsgebühr der Nr. 3104 VV RVG verdienen. In dem gerichtlichen Mahnverfahren findet kein Termin bei Gericht statt. Der Rechtsanwalt wird die Terminsgebühr also nicht durch die Vertretung in einem von einem Gericht oder einem gerichtlich bestellten Sachverständigen anberaumten Termin verdienen können. Aber nach der Vorbemerkung 3 Abs. 3 VV RVG löst auch die Mitwirkung an auf die Vermeidung oder Erledigung des Verfahrens gerichteten Besprechungen – ohne Beteiligung des Gerichts – die Terminsgebühr aus. Dies gilt nicht für Besprechungen mit dem Auftraggeber. Die Besprechung muss also mit dem Gegner, dessen Bevollmächtigten oder Dritten aus dem Lager des Gegners geführt werden (→ Kap. E Rn. 385 ff.). Hat der Rechtsanwalt also den **Auftrag**, den Mandanten **in dem gerichtlichen Mahnverfahren zu vertreten** und wirkt er dann mit an einer **Besprechung** im Hinblick auf die **Erledigung oder Vermeidung des gerichtlichen Mahnverfahrens**, so entsteht bei ihm eine 1,2 Terminsgebühr Nr. 3104 VV RVG.[12]

34 **Beispiel:** Der Rechtsanwalt ist beauftragt, das gerichtliche Mahnverfahren wegen einer Hauptforderung von 8.500,00 EUR in die Wege zu leiten. Bevor er den Antrag auf Erlass des Mahnbescheides bei dem zuständigen Mahngericht einreicht, meldet sich der Antragsgegner telefonisch bei dem Rechtsanwalt. Es wird eine Besprechung im Hinblick auf die Vermeidung des gerichtlichen Mahnverfahrens geführt. Schließlich zahlt der Gegner den geforderten Betrag zuzüglich der Kosten.

Der Rechtsanwalt kann berechnen:

Gegenstandswert: 8.500,00 EUR	
1) 0,5 Verfahrensgebühr §§ 2, 13 RVG iVm Nr. 3306 VV RVG	253,50 EUR
2) 1,2 Terminsgebühr §§ 2, 13 RVG iVm Nr. 3104 VV RVG	608,40 EUR
zzgl. Auslagen und Umsatzsteuer.	

Es ist nur eine 0,5 Verfahrensgebühr entstanden, da der Auftrag des Rechtsanwaltes beendet war, bevor der Rechtsanwalt den verfahrenseinleitenden Antrag eingereicht hat. Die 1,2 Terminsgebühr ist dadurch ausgelöst worden, dass der Rechtsanwalt mitgewirkt hat an einer Besprechung zur Vermeidung des gerichtlichen Mahnverfahrens.

35 **Beispiel:** Der Rechtsanwalt vertritt den Antragsteller im gerichtlichen Mahnverfahren. Er hat einen Mahnbescheid über eine Hauptforderung in Höhe von 4.500,00 EUR beantragt. Nach Zustellung des Mahnbescheides meldet sich der Antragsgegner telefonisch bei dem Rechtsanwalt des Antragstellers. Es wird eine Besprechung geführt im Hinblick auf die Erledigung des Verfahrens. Schließlich erklärt der Antragsgegner sich bereit, keinen Widerspruch gegen den Mahnbescheid einzulegen und auch Vollstreckungsbescheid gegen sich ergehen und rechtskräftig werden zu lassen. Im Gegenzug lässt der Antragsteller dem Antragsgegner nach, die Forderung in monatlichen Teilzahlungen zu tilgen.

---

[11] Anhörungsrügengesetz vom 14. 12. 2004, BGBl. I 2004, 3220, in Kraft getreten am 1. 1. 2005.

[12] Hartung/Schons/Enders Vorb. 3.3.2 VV Rn. 1; Hansens RVGreport 2005, 83 ff.; Enders JurBüro 2005, 225 ff.

Der Rechtsanwalt kann berechnen:

Gegenstandswert: 4.500,00 EUR	
1) 1,0 Verfahrensgebühr §§2, 13 RVG iVm Nr. 3305 VV RVG	303,00 EUR
2) 0,5 Verfahrensgebühr §§2, 13 RVG iVm Nr. 3308 VV RVG	151,50 EUR
3) 1,2 Terminsgebühr §§2, 13 RVG iVm Nr. 3104 VV RVG	363,60 EUR
4) 1,0 Einigungsgebühr §§2, 13 RVG iVm Nr. 1003 VV RVG	303,00 EUR
zzgl. Auslagen und Umsatzsteuer.	

Eine bereits vor Beantragung des Mahnbescheides entstandene Terminsgebühr ist in den Antrag auf Erlass des Mahnbescheides mit aufzunehmen. In dem Online-Antrag auf Erlass eines Mahnbescheides könnte die Terminsgebühr als „Sonstige Nebenforderung" eingestellt und als „Terminsgebühr Nr. 3104 VV RVG" bezeichnet werden. 36

Ist die Terminsgebühr erst nach dem Antrag auf Erlass des gerichtlichen Mahnbescheides entstanden, so kann sie in dem Antrag auf Erlass des Vollstreckungsbescheides mit eingestellt werden. Dies kann dort in der Zeile 7 unter „Sonstige Kosten" geschehen. 37

Nach OLG München[13] sind die Anwaltskosten einer außergerichtlichen Einigung im Vollstreckungsbescheid zu berücksichtigen, wenn feststeht, dass der Schuldner auch diese Kosten tragen soll. 38

Wird die Terminsgebühr nicht im Vollstreckungsbescheid festgesetzt, kann meines Erachtens die Festsetzung der Terminsgebühr zuzüglich eventueller entstandener Auslagen und der hierauf entfallenden Umsatzsteuer auch in einem gesonderten Festsetzungsverfahren im Anschluss an das gerichtliche Mahnverfahren möglich sein.[14] 39

Durch das 2. Justizmodernisierungsgesetz[15] wurde die Anmerkung zu Nr. 3104 VV RVG um einen Absatz 4 erweitert. Danach ist eine in einem vorausgegangenen Mahnverfahren entstandene Terminsgebühr **auf die Terminsgebühr des nachfolgenden Rechtsstreits anzurechnen.**[16] 40

Beispiel: Auftragsgemäß hat Rechtsanwalt M für den Auftraggeber den Erlass eines Mahnbescheides über 7.600,00 EUR beantragt. Nach Zustellung des Mahnbescheides meldet sich der Antragsgegner persönlich telefonisch bei Rechtsanwalt M. In diesem Telefonat wird eine Besprechung geführt mit dem Ziel der Erledigung des gerichtlichen Mahnverfahrens. Eine Einigung kann jedoch nicht erreicht werden. Der Gegner legt gegen den Mahnbescheid Widerspruch ein. 41

Rechtsanwalt M vertritt den Antragsteller/Kläger auch in dem streitigen Verfahren. Er nimmt den vom Gericht bestimmten Termin zur mündlichen Verhandlung für diesen wahr. Anschließend ergeht ein Urteil.

Rechtsanwalt M kann berechnen:

Für die Tätigkeit im gerichtlichen Mahnverfahren:

Gegenstandswert: 7.600,00 EUR	
1) 1,0 Verfahrensgebühr §§2, 13 RVG iVm Nr. 3305 VV RVG	456,00 EUR
2) 1,2 Terminsgebühr §§2, 13 RVG iVm Nr. 3104 VV RVG	547,20 EUR
3) Pauschale für Entgelte für Post- und Telekommunikationsdienstleistungen Nr. 7002 VV RVG	20,00 EUR
zzgl. evtl. weiterer Auslagen und Umsatzsteuer.	

Für die Vertretung in dem nachfolgenden streitigen Verfahren:

Gegenstandswert: 7.600,00 EUR	
1) 1,3 Verfahrensgebühr §§2, 13 RVG iVm Nr. 3100 VV RVG	592,80 EUR
hierauf anzurechnen gem. der Anmerkung zu Nr. 3305 VV RVG	
1,0 Verfahrensgebühr Nr. 3305 VV RVG	456,00 EUR
verbleiben von der Verfahrensgebühr:	136,80 EUR
2) 1,2 Terminsgebühr §§2, 13 RVG iVm Nr. 3104 VV RVG	547,20 EUR
hierauf anzurechnen gem. Abs. 4 der Anmerkung zu Nr. 3104 VV RVG	
1,2 Terminsgebühr Nr. 3104 VV RVG aus dem Mahnverfahren	547,20 EUR
verbleiben von der Terminsgebühr:	0,00 EUR

[13] OLG München JurBüro 2007, 593.

[14] Zöller ZPO § 699 Rn. 10; Musielak/Voit ZPO § 699 Rn. 6; BGH JurBüro 2009, 315: Zuständig ist das Mahngericht.

[15] 2. Justizmodernisierungsgesetz, BGBl. I 2006, 3416 f., in Kraft getreten am 31. 12. 2006.

[16] Keine Anrechnung der Terminsgebühr des Mahnverfahrens in der Zeit von 1. 1. 2005 bis 31. 12. 2006 – Siehe hierzu: Enders, RVG für Anfänger, 13. Auflage, Rn. 1762, 1763.

3) Pauschale für Entgelte für Post- und Telekommunikationsdienstleistungen Nr. 7002 VV RVG — 20,00 EUR
zzgl. evtl. weiterer Auslagen und Umsatzsteuer.

42 Die im Mahnverfahren entstandene Terminsgebühr ist auf die im nachfolgenden streitigen Verfahren entstandene Terminsgebühr nur soweit anzurechnen, als die Gegenstände des Mahnverfahrens und des nachfolgenden streitigen Verfahrens identisch sind.

43 **Beispiel:** Auftragsgemäß hat Rechtsanwalt M für den Auftraggeber den Erlass eines Mahnbescheides über 16.000,00 EUR beantragt. Nach Zustellung des Mahnbescheides meldet sich der Antragsgegner persönlich telefonisch bei Rechtsanwalt M. In diesem Telefonat wird eine Besprechung geführt mit dem Ziel der Erledigung des gerichtlichen Mahnverfahrens. Eine Einigung kann jedoch nicht erreicht werden. Der Gegner legt gegen den Mahnbescheid Teil-Widerspruch wegen der Hauptforderung in Höhe von 8.000,00 EUR, der hierauf entfallenden Zinsen und Kosten ein. Soweit kein Widerspruch eingelegt wurde, beantragt Rechtanwalt M den Erlass des Vollstreckungsbescheides.

Soweit Widerspruch eingelegt wurde, leitet Rechtsanwalt M im Namen seines Mandanten das streitige Verfahren ein. Rechtsanwalt M vertritt den Antragsteller/Kläger in dem streitigen Verfahren als Prozessbevollmächtigter. Er nimmt den vom Gericht bestimmten Termin zur mündlichen Verhandlung für diesen wahr. Anschließend ergeht ein Urteil.

Rechtsanwalt M kann berechnen:

Für die Tätigkeit im gerichtlichen Mahnverfahren:
Gegenstandswert: 16.000,00 EUR

1) 1,0 Verfahrensgebühr §§ 2, 13 RVG iVm Nr. 3305 VV RVG	650,00 EUR
2) 1,2 Terminsgebühr §§ 2, 13 RVG iVm Nr. 3104 VV RVG	780,00 EUR
3) 0,5 Verfahrensgebühr §§ 2, 13 RVG iVm Nr. 3308 VV RVG nach Wert: 8000,00 EUR	228,00 EUR
4) Pauschale für Entgelte für Post- und Telekommunikationsdienstleistungen Nr. 7002 VV RVG	20,00 EUR

zzgl. evtl. weiterer Auslagen und Umsatzsteuer.

Für die Vertretung in dem nachfolgenden streitigen Verfahren:
Gegenstandswert: 8.000,00 EUR

1) 1,3 Verfahrensgebühr §§ 2, 13 RVG iVm Nr. 3100 VV RVG	592,80 EUR
hierauf anzurechnen gem. der Anmerkung zu Nr. 3305 VV RVG 1,0 Verfahrensgebühr Nr. 3305 VV RVG nach Wert: 8000,00 EUR	456,00 EUR
verbleiben von der Verfahrensgebühr:	136,80 EUR
2) 1,2 Terminsgebühr §§ 2, 13 RVG iVm Nr. 3104 VV RVG	547,20 EUR
hierauf anzurechnen gem. Abs. 4 der Anmerkung zu Nr. 3104 VV RVG 1,2 Terminsgebühr Nr. 3104 VV RVG aus dem Mahnverfahren nach Wert: 8.000,00 EUR	547,20 EUR
verbleiben von der Terminsgebühr:	0,00 EUR
3) Pauschale für Entgelte für Post- und Telekommunikationsdienstleistungen Nr. 7002 VV RVG	20,00 EUR

zzgl. evtl. weiterer Auslagen und Umsatzsteuer.

Zusammenfassung

44
- Ist der Rechtsanwalt beauftragt, im gerichtlichen Mahnverfahren zu vertreten, kann ihm auch die Terminsgebühr Nr. 3104 VV RVG entstehen (Vorbemerkung 3.3.2 VV RVG).
- Die Terminsgebühr fällt dann an, wenn der Rechtsanwalt, nachdem er den Auftrag zur Vertretung in dem gerichtlichen Mahnverfahren erhalten hat, eine Besprechung führt im Hinblick auf die Vermeidung oder Erledigung des gerichtlichen Mahnverfahrens (Vorbemerkung 3 Abs. 3 VV RVG).
- Ist die Terminsgebühr sowohl im gerichtlichen Mahnverfahren als auch im nachfolgenden streitigen Verfahren entstanden, ist die im gerichtlichen Mahnverfahren entstandene Terminsgebühr anzurechnen auf die im nachfolgenden streitigen Verfahren entstandene Terminsgebühr.

V. Anrechnung der Geschäftsgebühr auch im gerichtlichen Mahnverfahren

War der Rechtsanwalt vor seiner Tätigkeit in dem gerichtlichen Mahnverfahren bereits wegen desselben Gegenstandes auftragsgemäß außergerichtlich tätig, ist in der Regel für die außergerichtliche Vertretung eine Geschäftsgebühr nach der Nr. 2300 VV RVG entstanden. Diese Geschäftsgebühr ist nach der Vorbemerkung 3 Abs. 4 VV RVG anzurechnen auf die Verfahrensgebühr eines gerichtlichen Verfahrens. Folglich ist sie auch anzurechnen auf die 1,0 Verfahrensgebühr für die Vertretung des Antragstellers im Verfahren über den Antrag auf Erlass eines Mahnbescheides nach Nr. 3305 VV RVG. Nach der Vorbemerkung 3 Abs. 4 VV RVG ist die Geschäftsgebühr zur Hälfte, höchstens mit einem Gebührensatz von 0,75 anzurechnen (→ Kap. D Rn. 153 ff.). 45

Ist eine materiell-rechtliche Anspruchsgrundlage für die **Erstattung** der vorprozessual entstandenen Kosten gegeben, können diese auch mit in den Antrag auf Erlass eines Mahnbescheides aufgenommen werden. Nach der Rechtsprechung des BGH[17] kann die **volle** (zB 1,3) **Geschäftsgebühr** mit in dem Mahnbescheid gegenüber dem Gegner geltend gemacht werden. Neben der vollen Geschäftsgebühr können auch die im Rahmen der außergerichtlichen Vertretung entstandenen Auslagen (zB Pauschale Nr. 7002 VV RVG) und, wenn der Antragsteller nicht zum Abzug der Vorsteuer berechtigt ist, die auf die Geschäftsgebühr und die Auslagen anzusetzende Umsatzsteuer im Mahnbescheid mit geltend gemacht werden. 46

In dem Online-Antrag auf Erlass eines Mahnbescheides wird der auf die Verfahrensgebühr Nr. 3305 VV RVG anzurechnende Betrag der Geschäftsgebühr beim Ausfüllen der Antragsmaske abgefragt. Um den Betrag, den der Antragsteller als „*Auf die Verfahr.gebühr Nr. 3305 VV RVG ist anzurechnen*“ angibt, wird bei der Festsetzung der Gebühren für das gerichtliche Mahnverfahren die 1,0 Verfahrensgebühr Nr. 3305 VV RVG gemindert, also die Geschäftsgebühr insoweit auf diese Verfahrensgebühr angerechnet. Hier ist nur der anzurechnende Anteil der Geschäftsgebühr – ohne Auslagen(pauschale) Nr. 7002 VV RVG und Umsatzsteuer anzugeben. 47

Zusammenfassung

- ▶ Im Abrechnungsverhältnis zu seinem Mandanten hat der Rechtsanwalt eine entstandene Geschäftsgebühr grundsätzlich auch auf die Verfahrensgebühr des gerichtlichen Mahnverfahrens nach der Vorbemerkung 3 Abs. 4 VV RVG anzurechnen. 48
- ▶ Hat der Rechtsanwalt zunächst außergerichtlich vertreten, kann die hierfür entstandene Geschäftsgebühr zuzüglich Auslagen und – wenn der Antragsteller nicht zum Abzug der Vorsteuer berechtigt ist – Umsatzsteuer als materiell-rechtlicher **Kostenerstattungs**anspruch mit in den Antrag auf Erlass des Mahnbescheides aufgenommen werden.
- ▶ Werden diese vorprozessualen Kosten mit in den Antrag auf Erlass des Mahnbescheides aufgenommen, hat der Antragsteller in dem Antrag auf Erlass des Mahnbescheides auch den Betrag anzugeben, der von der Geschäftsgebühr auf die 1,0 Verfahrensgebühr der Nr. 3305 VV RVG anzurechnen ist.
- ▶ Als anzurechnender Betrag ist nur der anzurechnende Anteil der Geschäftsgebühr ohne Auslagen und ohne Umsatzsteuer anzugeben.

---

[17] BGH NJW 2007, 2049 = JurBüro 2007, 357 = RVGreport 2007, 226 = AGS 2007, 283 = AnwBl. 2007, 630.

VI. Europäisches Mahnverfahren

49 Das europäische Mahnverfahren wurde mit Verordnung (EG) Nr. 1896/2006 eingeführt. Die korrespondierenden Vorschriften in der ZPO finden sich in den § 1087 bis 1096. In Deutschland ist der europäische Zahlungsbefehl ausschließlich beim Amtsgericht Wedding zu beantragen.

50 Für die Vertretung des Antragstellers im Verfahren auf Erlass eines europäischen Zahlungsbefehls erhält der Rechtsanwalt eine 1,0 Verfahrensgebühr nach Nr. 3305 VV RVG.[18] Hinzu kommen Auslagen nach Teil 7 und die gesetzliche Umsatzsteuer (falls diese überhaupt zu erheben ist).

51 Die 1,0 Verfahrensgebühr nach Nr. 3305 VV RVG kann sich nach Nr. 3306 VV RVG auf eine 0,5 Verfahrensgebühr ermäßigen, falls sich der Auftrag des Rechtsanwaltes auf Vertretung im Verfahren über den Erlass eines europäischen Zahlungsbefehls erledigt, bevor der Rechtsanwalt einen verfahrenseinleitenden Antrag bei Gericht eingereicht hat.

52 Eine 0,5 Verfahrensgebühr für die Vertretung des Antragstellers im Verfahren über den Antrag auf Erlass eines Vollstreckungsbescheides nach Nr. 3308 VV RVG kann wohl im Verfahren über einen Antrag auf Erlass eines europäischen Zahlungsbefehls nicht entstehen. Denn wenn der Schuldner nicht rechtzeitig gegen den europäischen Zahlungsbefehl Einspruch einlegt, wird der Zahlungsbefehl vollstreckbar. Ein Verfahren auf Erlass eines Vollstreckungsbescheides, wie bei einem deutschen Mahnverfahren nach § 688 ff. ZPO findet in dem Verfahren über den Erlass eines europäischen Zahlungsbefehls überhaupt nicht statt.

53 Legt der Rechtsanwalt für den **Antragsgegner** Einspruch gegen einen europäischen Zahlungsbefehl ein, geht das Verfahren direkt ins „streitige Verfahren" über (§ 1090 ZPO). Daher entsteht dem Rechtsanwalt, der den Antragsgegner vertritt und für diesen gegen einen europäischen Zahlungsbefehl Einspruch einlegt, direkt eine 1,3 Verfahrensgebühr nach Nr. 3100 VV RVG.[19] Denn durch den Einspruch gegen den europäischen Zahlungsbefehl erfolgt zwangsläufig die Abgabe des Verfahrens an das für die Durchführung des streitigen Verfahrens zuständige Gericht. Somit stellt bereits der Einspruch den das streitige Verfahren einleitenden Antrag dar und löst die volle 1,3 Verfahrensgebühr Nr. 3100 VV RVG aus.

54 **Praxistipp:**

Vollstreckt der Rechtsanwalt aus einem europäischen Zahlungsbefehl, muss die Vollstreckung vom Antragsteller bei dem Gericht oder der Behörde beantragt werden, die in dem Mitgliedstaat, in dem die Vollstreckung betrieben werden soll, für Vollstreckungssachen zuständig sind. Wird ein ausländischer Rechtsanwalt, der in dem Mitgliedstaat niedergelassen ist, in dem die Vollstreckung erfolgen soll, mit der Vollstreckung beauftragt, muss unbedingt mit diesem abgeklärt werden, welche Vergütung bei ihm im Rahmen der Vollstreckung anfällt.

Will der in Deutschland ansässige Rechtsanwalt für die Führung der Korrespondenz mit dem ausländischen Kollegen, der die Zwangsvollstreckung betreibt, eine Vergütung berechnen, empfiehlt sich mit dem Mandanten zu vereinbaren, welche Vergütung der Rechtsanwalt hierfür erhält.

---

[18] Schneider/Wolf VV Vorb. 3.3.2, VV 3305-3306 Rn. 179.

[19] Schneider/Wolf VV 3307 Rn. 104.

J. Zwangsvollstreckung

I. Zwangsvollstreckung in das bewegliche Vermögen

1. Allgemeines

Nach § 18 Abs. 1 Nr. 1 RVG ist jede Zwangsvollstreckungsmaßnahme zusammen mit den durch diese vorbereiteten weiteren Vollstreckungshandlungen bis zur Befriedigung des Gläubigers eine besondere – gebührenrechtliche – Angelegenheit. Die Tätigkeit in der Zwangsvollstreckung wird also nicht mehr mit den Gebühren abgegolten, die der Rechtsanwalt für seine Tätigkeit in dem der Zwangsvollstreckung vorausgegangenen Erkenntnisverfahren – das zu dem Titel geführt hat – erhält. Vielmehr entstehen dem Rechtsanwalt für seine Tätigkeiten in der Zwangsvollstreckung stets gesonderte Gebühren. 1

Zusammenfassung

▶ In der Zwangsvollstreckung entstehen dem Rechtsanwalt gesonderte Gebühren neben den Gebühren, die er für seine Tätigkeit in dem vorausgegangenen Erkenntnisverfahren erhält. 2

2. Gebühren

Die Gebühren in der Zwangsvollstreckung sind in Teil 3, Abschnitt 3, Unterabschnitt 3 VV RVG geregelt. 3

Auszug aus dem VV RVG

Unterabschnitt 3. Vollstreckung und Vollziehung 4

Nr.	Gebührentatbestand	Gebühr oder Satz der Gebühr nach § 13 RVG
Vorbemerkung 3.3.3: (1) Dieser Unterabschnitt gilt für 1. die Zwangsvollstreckung, 2. die Vollstreckung, 3. Verfahren des Verwaltungszwangs und 4. die Vollziehung eines Arrestes oder einstweiligen Verfügung, soweit nachfolgend keine besonderen Gebühren bestimmt sind. Er gilt auch für Verfahren auf Eintragung einer Zwangshypothek (§§ 867 und 870a ZPO). (2) …		
3309	Verfahrensgebühr	0,3
3310	Terminsgebühr .... Die Gebühr entsteht für die Teilnahme an einem gerichtlichen Termin, einem Termin zur Abgabe der Vermögensauskunft oder zur Abnahme der eidesstattlichen Versicherung.	0,3

2.1 Verfahrensgebühr

5 Nach Nr. 3309 VV RVG kann in der Zwangsvollstreckung eine **0,3 Verfahrensgebühr** entstehen.

Diese wird mit dem ersten Tätigwerden des Rechtsanwalts nach Erhalt des Auftrages zur Vertretung in der Zwangsvollstreckung anfallen. Sie entsteht in der Regel also bereits mit der Entgegennahme der Informationen.[1]

Eine Ermäßigung ist für die Verfahrensgebühr Nr. 3309 VV RVG nicht vorgesehen. Es bleibt dem Rechtsanwalt also auch dann eine 0,3 Verfahrensgebühr erhalten, wenn sich der Auftrag vorzeitig erledigt (zB der Schuldner zahlt, bevor der Rechtsanwalt dem Gerichtsvollzieher den Zwangsvollstreckungsauftrag erteilt hat).

6 Auch die Verfahrensgebühr nach Nr. 3309 VV RVG kann sich nach Nr. 1008 VV RVG erhöhen, wenn **Auftraggeber** des Rechtsanwalts in der Zwangsvollstreckung **mehrere Personen** sind und der Gegenstand der anwaltlichen Tätigkeit (also der Anspruch, wegen welchem vollstreckt wird) derselbe ist (→ Kap. C Rn. 74). Die **Gebühr erhöht sich** dann **für jeden weiteren Auftraggeber um 0,3,** beträgt also bei 2 Auftraggebern (0,3 Verfahrensgebühr Nr. 3309 VV RVG + 0,3 Erhöhung Nr. 1008 VV RVG) 0,6. Mehrere Erhöhungen dürfen 2,0 nicht übersteigen (Abs. 3 der Anmerkung zu Nr. 1008 VV RVG). Der Rechtsanwalt wird also maximal eine 2,3 Verfahrensgebühr in der Zwangsvollstreckung erhalten können.[2]

7 Die 0,3 Verfahrensgebühr entsteht in der Regel für jede Zwangsvollstreckungsmaßnahme gesondert (→ Kap. J Rn. 44).

Mit der 0,3 Verfahrensgebühr für jede Zwangsvollstreckungsmaßnahme wird das Gebührenaufkommen in der Regel erschöpft sein. Hinzu kommen noch Auslagen und die Umsatzsteuer.

In Angelegenheiten der Zwangsvollstreckung können aber auch noch eine 0,3 Terminsgebühr (→ Kap. J Rn. 9) und eine Einigungsgebühr (→ Kap. J Rn. 175) entstehen, wenn deren Tatbestände erfüllt werden.

Zusammenfassung

8
- ▶ In der Zwangsvollstreckung erhält der Rechtsanwalt nach Nr. 3309 VV RVG eine 0,3 Verfahrensgebühr. Die Gebühr entsteht in der Regel für jede Zwangsvollstreckungsmaßnahme gesondert.
- ▶ Die Gebühr kann sich nach Nr. 1008 VV RVG erhöhen, wenn der Rechtsanwalt mehrere Auftraggeber vertritt.

2.2 Terminsgebühr

9 Nach Nr. 3310 VV RVG kann in Angelegenheiten der Zwangsvollstreckung neben der Verfahrensgebühr (Nr. 3309 VV RVG) eine **Terminsgebühr** entstehen. Auch die Terminsgebühr nach Nr. 3310 VV RVG fällt in Höhe von **0,3** an.

Die Terminsgebühr entsteht für die Teilnahme
- an einem gerichtlichen Termin in einer Angelegenheit der Zwangsvollstreckung
- oder einem Termin zur Abgabe der Vermögensauskunft
- oder einem Termin zur Abnahme der eidesstattlichen Versicherung.

Dies ergibt sich aus der Anmerkung zu Nr. 3310 VV RVG.

10 Die Terminsgebühr in der Zwangsvollstreckung wird nicht ausgelöst durch eine Besprechung mit dem Schuldner, oder dessen Bevollmächtigten oder dem Gerichtsvollzieher im Hinblick auf die Erledigung eines gerichtlichen Verfahrens über eine Zwangsvollstreckungsmaßnahme oder die Vermeidung weiterer – gerichtlicher –

---

[1] Gerold/Schmidt VV Vorb. 3309 Rn. 37; Schneider/Wolf VV Vorb. 3309–3310 Rn. 19.

[2] Hartung/Schons/Enders Nr. 1008 VV Rn. 13; LG Frankfurt/Main NJW 2004, 3642 = RVGreport 2005, 65 = AGS 2005, 18; LG Hamburg AGS 2005, 497; AG Singen JurBüro 2006, 329.

Zwangsvollstreckungsmaßnahmen.[3] Denn der Tatbestand der Terminsgebühr Nr. 3310 VV RVG ist abschließend in der Anmerkung zu Nr. 3310 VV RVG geregelt. Diese spezielle Vorschrift geht der allgemeinen Vorschrift in der Vorbemerkung 3 Abs. 3 VV RVG vor.[4]

Zusammenfassung

- ▶ In Angelegenheiten der Zwangsvollstreckung kann auch eine 0,3 Terminsgebühr nach Nr. 3310 VV RVG entstehen. 11
- ▶ Diese fällt für die Teilnahme an einem gerichtlichen Termin an oder an einem Termin zur Abnahme der eidesstattlichen Versicherung.

3. Gegenstandswert

Der Gegenstandswert in Zwangsvollstreckungsangelegenheiten, die sich gegen das bewegliche Vermögen des Schuldners richten, richtet sich nach § 25 RVG. Diese spezielle Vorschrift geht allen übrigen Wertvorschriften vor. 12

Auszug aus dem RVG

§ 25 13
Gegenstandswert in der Vollstreckung und bei der Vollziehung

(1) In der Zwangsvollstreckung, in der Vollstreckung, in Verfahren des Verwaltungszwangs und bei der Vollziehung eines Arrests oder eine einstweiligen Verfügung bestimmt sich der Gegenstandswert

1. nach dem Betrag der zu vollstreckenden Geldforderung einschließlich der Nebenforderungen; soll ein bestimmter Gegenstand gepfändet werden und hat dieser einen geringeren Wert, ist der geringere Wert maßgebend; wird künftig fällig werdendes Arbeitseinkommen nach § 850 d Abs. 3 der Zivilprozessordnung gepfändet, sind die noch nicht fälligen Ansprüche nach § 51 Abs. 1 Satz 1 des Gesetzes über Gerichtskosten in Familiensachen und § 9 der Zivilprozessordnung zu bewerten; im Verteilungsverfahren (§ 858 Abs. 5, §§ 872 bis 877 und 882 der Zivilprozessordnung) ist höchstens der zu verteilende Geldbetrag maßgebend;
2. nach dem Wert der herauszugebenden oder zu leistenden Sachen; der Gegenstandswert darf jedoch den Wert nicht übersteigen, mit dem der Herausgabe- oder Räumungsanspruch nach den für die Berechnung von Gerichtskosten maßgeblichen Vorschriften zu bewerten ist;
3. nach dem Wert, den die zu erwirkende Handlung, Duldung oder Unterlassung für den Gläubiger hat, und
4. in Verfahren über die Erteilung der Vermögensauskunft nach § 802 c der Zivilprozessordnung nach dem Betrag, der einschließlich der Nebenforderungen aus dem Vollstreckungstitel noch geschuldet wird; der Wert beträgt jedoch höchstens 2000 Euro.

(2) In Verfahren über Anträge des Schuldners ist der Wert nach dem Interesse des Antragstellers nach billigem Ermessen zu bestimmen.

Nach § 25 Abs. 1 Nr. 1 RVG bestimmt sich der **Gegenstandswert** für die Anwaltsgebühren bei Pfändung einer beweglichen Sache oder einer Forderung nach dem Betrag der **zu vollstreckenden Geldforderung einschließlich aller Nebenforderungen.** Als Gegenstandswert für die Anwaltsgebühren ist also anzunehmen:[5] 14

- – die titulierte Hauptforderung, wegen welcher vollstreckt wird;
- + die angelaufenen Zinsen bis zu dem Tage, an dem die Zwangsvollstreckung ausgeführt oder der Auftrag zurückgenommen wird;

---

[3] Gerold/Schmidt VV 3310 Rn. 8; Schneider/Wolf VV 3310 Rn. 13.
[4] Hartung/Schons/Enders Vorb. 3.3.3–3310 VV Rn. 74.
[5] Gerold/Schmidt § 25 Rn. 6 und 7; Hartung/Schons/Enders § 25 Rn. 4.

+ die titulierten vorgerichtlichen Nebenkosten, wie zB vorgerichtliche Mahnkosten, Inkassogebühren etc;
+ die festgesetzten Kosten/die Kosten des gerichtlichen Mahnverfahrens;
+ die Kosten der bisherigen Vollstreckungsmaßnahmen.

15 All diese Beträge sind zu addieren und deren Summe ist den 0,3 Anwaltsgebühren nach Nr. 3309 und 3310 VV RVG als Gegenstandswert zugrunde zu legen. Nicht zum Gegenstandswert gehören die Kosten der laufenden Vollstreckungshandlung, also die, die der Rechtsanwalt gerade mit seinem Auftrag/Antrag einleiten will.

16 Wird nicht wegen der gesamten Hauptforderung zuzüglich aller Nebenkosten vollstreckt, sondern nur wegen einer Teilforderung, so ist die Teilforderung, wegen welcher die Zwangsvollstreckung betrieben wird, als Gegenstandswert den Anwaltsgebühren zugrunde zu legen. In der Praxis wird, um Kosten zu sparen, häufig nur wegen einer Teilforderung vollstreckt.

17 **Beispiel:** Der Beklagte wurde verurteilt, 4.000,00 EUR nebst 10% Zinsen seit dem 2. 10. des vorangegangenen Jahres zu zahlen; die von ihm zu erstattenden Kosten wurden auf 1.500,00 EUR festgesetzt; die bisherigen Vollstreckungskosten belaufen sich auf 150,00 EUR. Der Rechtsanwalt erteilt am 2. 10. einen Vollstreckungsauftrag an den Gerichtsvollzieher.

Gegenstandswert: 6.050,00 EUR
(§25 Abs. 1 Nr. 1 RVG – 4.000,00 EUR – Hauptforderung – + 400,00 EUR – Zinsen – + 1.500,00 EUR – festgesetzte Kosten – + 150,00 EUR – bisherige Vollstreckungskosten –).

Müller-Rabe in *Gerold/Schmidt*[6] will sogar die laufenden Zinsen bis zum Tage der Ausführung der Vollstreckungsmaßnahme beim Gegenstandswert berücksichtigen. Dem gegenüber meinen *Schneider/Herget*[7] und *Wolf* in *Schneider/Wolf,*[8] dass es auf den Zeitpunkt der Erteilung des Auftrages ankomme – entsprechend §40 GKG und somit Zinsen nur bis zum Zeitpunkt der Erteilung des Auftrages/Stellung des Antrages zu berücksichtigen seien.

18 **Beispiel:** Sachverhalt wie vorangegangenes Beispiel (→ Rn. 17 dieses Kapitels), jedoch wird Vollstreckungsauftrag nur wegen einer Teil-Hauptforderung von 1.000,00 EUR erteilt.

Gegenstandswert: 1.000,00 EUR
(§25 Abs. 1 Nr. 1 RVG – nur die Teilforderung, wegen welcher vollstreckt wird, ist maßgebend).

19 Wird die Zwangsvollstreckung nur in einen **bestimmten Gegenstand** betrieben und hat dieser Gegenstand einen geringeren Wert als die Forderung, wegen welcher vollstreckt wird, so ist der geringere Wert des Gegenstandes maßgebend, in welchen vollstreckt wird (§25 Abs. 1 Nr. 1 RVG). Dies gilt aber nur, wenn der Rechtsanwalt des Gläubigers den Gerichtsvollzieher beauftragt, einen bestimmten, von ihm genau bezeichneten Gegenstand wegen der Forderung zu pfänden. Nur dann ist der Wert des zu pfändenden Gegenstandes maßgebend, wenn dieser geringer ist als die Forderung, wegen welcher vollstreckt wird. Dies gilt insbesondere dann nicht, wenn der Rechtsanwalt des Gläubigers den Gerichtsvollzieher – wie in der Praxis üblich – beauftragt, die Zwangsvollstreckung in das gesamte bewegliche Vermögen des Schuldners zu versuchen. Dann ist der Wert der Forderung zuzüglich sämtlicher Nebenforderungen maßgebend und den Anwaltsgebühren als Gegenstandswert zugrunde zu legen.

20 **Beispiel:** Sachverhalt wie im vorangegangenen Beispiel (→ Rn.17 dieses Kapitels): Der Rechtsanwalt erteilt dem Gerichtsvollzieher einen Vollstreckungsauftrag auf Pfändung und Verwertung körperlicher Sachen. Die Zwangsvollstreckung soll wegen der gesamten Forderung in das bewegliche Vermögen des Schuldners versucht werden.

Gegenstandswert: 6.050,00 EUR
(§25 Abs. 1 Nr. 1 RVG – der volle Wert ist maßgebend, da die Zwangsvollstreckung wegen der gesamten Forderung in das gesamte bewegliche Vermögen erfolgen sollte).

---

[6] Gerold/Schmidt §25 Rn. 7; so auch Mümmler JurBüro 1995, 395.
[7] Schneider/Herget, Streitwert, „Zwangsvollstreckung" Rn. 6479.
[8] Schneider/Wolf §25 Rn. 18.

Beispiel: Sachverhalt wie im vorangegangenen Beispiel (→ Rn. 17 dieses Kapitels): Der Rechtsanwalt beauftragt den Gerichtsvollzieher wegen der gesamten Forderung nur das TV-Gerät der Marke B ..., Serien-Nr.... zu pfänden. Der Gerichtsvollzieher pfändet das Gerät. Er schätzt den gewöhnlichen Verkaufswert = Verkehrswert auf 1.000,00 EUR. In der sich anschließenden Versteigerung wird ein Erlös von 750,00 EUR erzielt. 21

Gegenstandswert: 1.000,00 EUR
(§ 25 Abs. 1 Nr. 1 RVG – der geringere Wert der zu pfändenden Sache ist maßgebend; entscheidend ist der Verkehrswert der Sache zum Zeitpunkt der Erteilung des Vollstreckungsauftrages, denn dadurch wird der Gebührentatbestand erfüllt; es kommt auf den Verkehrswert der zu pfändenden Sache an, nicht darauf, welcher Erlös letztlich für diese erzielt wird).

Der geringere Wert der gepfändeten Sache ist dann **nicht** maßgebend, wenn der Rechtsanwalt dem Gerichtsvollzieher den Auftrag erteilt hatte, die Zwangsvollstreckung wegen der **gesamten Forderung** in das gesamte Vermögen des Schuldners zu versuchen und der Gerichtsvollzieher von sich aus einen Gegenstand pfändet, der einen geringeren Wert als die Forderung hat. Der geringere Wert einer gepfändeten Sache ist erst dann maßgebend, wenn – durch die Pfändung – ein Pfandrecht an der Sache entstanden ist. Also: Ist eine Sache wegen der Gesamtforderung bereits gepfändet und fallen danach weitere Gebühren an, wie etwa bei einem Antrag gem. § 825 ZPO, so richten sich diese weiteren Gebühren nach dem geringeren Wert der gepfändeten Sache. 22

Beispiel: Sachverhalt wie im vorangegangenen Beispiel (→ Rn. 17 dieses Kapitels): Dem Gerichtsvollzieher wird vom Gläubigervertreter ein Vollstreckungsauftrag auf Pfändung und Verwertung körperlicher Sachen wegen der Gesamtforderung erteilt. Der Gerichtsvollzieher pfändet ein Klavier mit einem Verkehrswert von 3.000,00 EUR. Der Rechtsanwalt stellt für den Gläubiger einen Antrag gem. § 825 ZPO auf anderweitige Verwertung. 23

Gegenstandswert für die Gebühr für den Vollstreckungsauftrag an den Gerichtsvollzieher: 6.050,00 EUR
(§ 25 Abs. 1 Nr. 1 RVG)

Gegenstandswert für die Gebühr für den Antrag gem. § 825 ZPO: 3.000,00 EUR
(§ 25 Abs. 1 Nr. 1 RVG).

Es entstehen jedoch nur die weiteren Gebühren nach dem geringeren Wert der gepfändeten Sache, die auch nur die gepfändete Sache betreffen. Wird nach Abschluss dieser Vollstreckungsmaßnahme wieder wegen der Gesamtforderung in das gesamte bewegliche Vermögen des Schuldners vollstreckt, richtet sich der Gegenstandswert für die dadurch entstehenden Anwaltsgebühren natürlich wieder nach der Gesamtforderung – selbstverständlich abzüglich der mittlerweile vom Schuldner gezahlten/beigetriebenen Beträge. 24

Beispiel: Sachverhalt wie vorangegangenes Beispiel (→ Rn. 17 dieses Kapitels): Nach Verwertung des Klaviers für 2.000,00 EUR beantragt der Rechtsanwalt für den Schuldner den Erlass eines Pfändungs- und Überweisungsbeschlusses, aufgrund dessen dann die Restforderung befriedigt wird. 25

Gegenstandswert: 4.424,50 EUR
(§ 25 Abs. 1 Nr. 1 RVG – 6.050,00 EUR + weitere Zinsen 120,00 EUR + weitere Kosten 254,50 EUR ./. Erlös Klavier 2.000,00 EUR).

Der Grundsatz des § 25 Abs. 1 Nr. 1 RVG, wonach wenn ein bestimmter Gegenstand gepfändet werden soll, dessen geringerer Wert als Gegenstandswert anzunehmen ist, gilt auch dann, wenn in eine Forderung vollstreckt wird. Die Vollstreckung in eine Forderung geschieht durch **Pfändungs- und Überweisungsbeschluss.** In diesem ist die Forderung, die gepfändet und überwiesen werden soll, genau zu bezeichnen. Bei Vollstreckung in eine Forderung wird also stets „ein bestimmter Gegenstand" im Sinne des § 25 Abs. 1 Nr. 1 RVG gepfändet. Der Wert der gepfändeten Forderung soll stets dann als Gegenstandswert für die Gebühren anzunehmen, wenn dieser geringer 26 ist als der Betrag der Forderung, wegen welcher vollstreckt wird.[9] Maßgebend ist der Wert der zu pfändenden Forderung im Zeitpunkt der Antragstellung.[10] Ist dieser geringer als der Betrag der Forderung, wegen welcher vollstreckt wird, so ist der geringere Wert als Gegenstandswert anzunehmen.

27 Umstritten ist, wie der Gegenstandswert zu bestimmen ist, wenn der Pfändungs- und Überweisungsbeschluss ins Leere geht, weil die Forderung nicht – oder nicht mehr – besteht oder bereits durch andere Gläubiger bis zur völligen Erschöpfung vorgepfändet ist.[11] In Literatur und Rechtsprechung werden drei Meinungen vertreten:

- Anwaltsgebührenwert ist der Betrag der zu vollstreckenden Geldforderung einschließlich der Nebenforderungen (§ 25 Abs. 1 Nr. 1 RVG)[12]
- Anwaltsgebührenwert ist der Mindestwert in Höhe von 500 EUR, es entsteht eine 0,3 Verfahrensgebühr in Höhe von 15 EUR/Anwaltsgebührenwert = „Null“; es fällt nur die Mindestgebühr nach § 13 Abs. 2 RVG in Höhe von 15 EUR an[13]
- Anwaltsgebührenwert ist der Betrag, dessen Realisierung sich der Gläubiger oder sein Rechtsanwalt subjektiv bei Ausbringung der Pfändung erhofft.[14]

28 Meines Erachtens bleibt es auch dann bei dem Anwaltsgebührenwert der zu vollstreckenden Forderung einschließlich der Nebenforderungen, wenn sich im Nachhinein herausstellt, dass die Forderungspfändung „ins Leere geht“, weil zB die gepfändete Forderung nicht oder nicht mehr besteht. Es kommt darauf an, wie hoch der Wert des Pfandgegenstandes nach der Erwartung des Gläubigers im Zeitpunkt der Stellung des Antrages auf Erlass des Pfändungs- und Überweisungsbeschlusses ist. In der Regel wird der Gläubiger stets erwarten, dass durch die Pfändung seine volle Forderung realisiert wird.[15] Es wäre systemwidrig, den Gegenstandswert von dem Ergebnis bzw. dem Erfolg einer anwaltlichen Maßnahme abhängig zu machen.[16] Wird zB eine Klage abgewiesen, reduziert sich der Gegenstandswert auch nicht auf „Null“.

29 **Praxistipp:**

Der Anwaltsgebührenwert für die Vollstreckungsmaßnahme „Pfändungs- und Überweisungsbeschluss“ bestimmt sich nach dem Betrag der zu vollstreckenden Geldforderung einschließlich der Nebenforderungen (Hauptforderung + Zinsen + Kosten). Nur wenn von vornherein bekannt ist, dass die zu pfändende Geldforderung geringer ist, ist der geringere Wert der zu pfändenden Geldforderung als Anwaltsgebührenwert anzunehmen.

[9] Schneider/Herget, Streitwert, „Pfändung“, Rn. 4444, 4445.

[10] Schneider/Herget, Streitwert, „Pfändung“, Rn. 4444.

[11] Gerold/Schmidt § 25 Rn. 13 ff.; Schneider/Wolf § 25 Rn. 44 ff.; Schneider/Herget, Streitwert, „Pfändung“, Rn. 4444 bis 4451, jeweils mwN.

[12] So auch: LG Kiel, JurBüro 1991, 1198; LG Koblenz, AGS 2005, 510; LG Hamburg (322 T), AnwBl 2006, 499; LG Düsseldorf, RVGreport 2005, 358; LG Mannheim, Beschluss vom 2. 2. 2015 – 10 T 129/14 = JurBüro 2015, 328; OLG Karlsruhe, RVGreport 2011, 73 = AGS 2010, 539; Enders, RVG für Anfänger, 17. Auflage, Rn. J 27 ff.; Hartung/Schons/Enders, RVG, 3. Auflage, § 25 Rn. 13, 14; Hansens ZAP 2017, 375.

[13] Nur eine 0,3 Verfahrensgebühr nach dem Mindestwert von 500 EUR: LG Stuttgart, Beschluss vom 10. 6. 2013 – 2 T 196/13; LG Heilbronn, Beschluss vom 14. 6. 2013 – 1 T 90/13; OLG Köln, Rpfleger 2001, 149; OLG Brandenburg, RVGreport 2016, 470 = JurBüro 2017, 99; LG Hamburg, ZMR 2009, 697; AG Hamburg-Altona, AGS 2007, 100; Gerold/Schmidt, RVG, 22. Auflage, § 25 Rn. 17; Schneider/Herget, Streitwert Kommentar, 14. Auflage, Rn. 4446; Göttlich/Mümmler, RVG, 6. Auflage, Seite 1282; Mayer/Kroiß, RVG, 6. Auflage, § 25 Rn. 11; Riedel/Sußbauer, RVG, 10. Auflage, § 25 Rn. 12; Schneider/Wolf, RVG, 8. Auflage, § 25 Rn. 44.

[14] OLG Naumburg, RVGreport 2014, 441 = AGS 2014, 516; eine sehr ausführliche Übersicht mit zahlreichen Verweisen auf Literatur und Rechtsprechung findet sich in Bischof/Jungbauer § 25 Rn. 12 bis 12g.

[15] So LG Koblenz, AGS 2005, 510.

[16] So LG Düsseldorf, RVGreport 2005, 358; Hansens ZAP 2017, 375 (380).

Es bleibt meines Erachtens bei dem Betrag der zu vollstreckenden Geldforderung einschließlich der Nebenforderungen als Anwaltsgebührenwert, wenn sich erst nach Pfändung herausstellt, dass die gepfändete Forderung nicht oder nicht mehr besteht oder durch andere Gläubiger bereits in vollem Umfange vorgepfändet ist.

In der Praxis wird die Regelung des §25 Abs. 1 Nr. 1 RVG bei einem Pfändungs- 30
und Überweisungsbeschluss kaum beachtet. In der Regel werden die Anwaltsgebühren bei Beantragung des Pfändungs- und Überweisungsbeschlusses nach dem Gesamtbetrag der zu vollstreckenden Forderung berechnet.

Beispiel: Sachverhalt wie im vorangegangenen Beispiel (→ Rn. 17 dieses Kapitels). Der Rechts- 31
anwalt beauftragt jedoch nicht den Gerichtsvollzieher, sondern beantragt den Erlass eines Pfändungs- und Überweisungsbeschlusses. Nach Zustellung des Pfändungs- und Überweisungsbeschlusses erfüllt der Drittschuldner die Gesamtforderung.

Gegenstandswert: 6.050,00 EUR
(§25 Abs. 1 Nr. 1 RVG – Hauptforderung + Zinsen + Kosten).

In diesem Falle (→ Beispiel Rn. 31 dieses Kapitels) ist unstreitig, dass als Gegenstandswert der 0,3 Verfahrensgebühr Nr. 3309 VV RVG für den Antrag auf Erlass des Pfändungs- und Überweisungsbeschlusses die Hauptforderung, die Zinsen und alle bisher angefallenen Kosten zugrunde zu legen sind.

Beispiel: Sachverhalt wie im vorangegangenen Beispiel (→ Rn. 17 dieses Kapitels). Der Rechts- 32
anwalt beauftragt jedoch nicht den Gerichtsvollzieher, sondern beantragt den Erlass eines Pfändungs- und Überweisungsbeschlusses. Mit diesem soll die angebliche Forderung des Schuldners gegen den Drittschuldner A gepfändet werden. Aus dem Vermögensverzeichnis ergibt sich, dass der Schuldner gegen den Drittschuldner A eine Forderung in Höhe von 2.500,00 EUR hat. Nach Zustellung des Pfändungs- und Überweisungsbeschlusses zahlt der Drittschuldner 2.500,00 EUR.

Gegenstandswert: 2.500,00 EUR
(§25 Abs. 1 Nr. 1 RVG – Höhe der gepfändeten Forderung)

In dem vorangegangenem Beispiel (→ Rn. 32) wird in einen bestimmten Gegenstand – hier in eine bestimmte Forderung – vollstreckt, die einen geringeren Wert als die Gesamtforderung hat, wegen welcher vollstreckt wird = 6.050 EUR. Hier war bereits bei Antragstellung bekannt, dass die zu pfändende Forderung des Schuldners gegen den Drittschuldner nur in Höhe von 2.500 EUR besteht. Folglich konnte der Gläubiger auch nicht erwarten, dass seine Gesamtforderung realisiert wird. In diesem Fall ist der Gegenstandswert für die 0,3 Verfahrensgebühr Nr. 3309 VV RVG für den Antrag auf Erlass des Pfändungs- und Überweisungsbeschlusses nur mit 2.500 EUR anzunehmen.

Beispiel: Sachverhalt wie im vorangegangenen Beispiel (→ Rn. 17 dieses Kapitels). Der Rechts- 33
anwalt beauftragt jedoch nicht den Gerichtsvollzieher, sondern beantragt den Erlass eines Pfändungs- und Überweisungsbeschlusses wegen der Gesamtforderung. Aus dem Vermögensverzeichnis geht nur der Drittschuldner hervor, nicht jedoch die Höhe der Forderung des Schuldners gegen den Drittschuldner. Nach Zustellung des Pfändungs- und Überweisungsbeschlusses teilt der Drittschuldner mit, dass die Forderung in Höhe von 4.000,00 EUR bestehe, jedoch bereits im vollen Umfange durch einen anderen Gläubiger gepfändet worden sei.

Gegenstandswert: 6.050,00 EUR
(§25 Abs. 1 Nr. 1 RVG – Hauptforderung + Zinsen + Kosten).

In dem vorangegangenen Beispiel (→ Rn. 33) ist meines Erachtens der Gegenstandswert für die 0,3 Verfahrensgebühr Nr. 3309 VV RVG mit der Gesamtforderung in Ansatz zu bringen. Der Gläubiger konnte bei Beantragung des Pfändungs- und Überweisungsbeschlusses davon ausgehen, dass die Gesamtforderung befriedigt würde. Ihm war nicht bekannt, dass die Forderung des Schuldners gegen den Drittschuldner nicht mehr besteht.

Meines Erachtens könnte in dem in diesem Beispiel (→ Rn. 33 dieses Kapitels) dargestellten Fall die Diskussion aufkommen, ob hier als Gegenstandswert für die 0,3 Verfahrensgebühr Nr. 3309 VV RVG für den Antrag auf Erlass des Pfändungs- und Überweisungsbeschlusses nicht der Mindestwert von 500 EUR anzusetzen ist (vgl. → Kap. J Rn. 27).

34 **Praxistipp:**

Setzt der Gerichtsvollzieher oder der Rechtspfleger die 0,3 Verfahrensgebühr Nr. 3309 VV RVG für einen Antrag auf Erlass eines Pfändungs- und Überweisungsbeschlusses nur nach dem Mindestwert in Höhe von 500 EUR an, weil der Pfändungs- und Überweisungsbeschluss ins Leere gegangen ist, kann der Gläubigervertreter versuchen, aufgrund der vorstehend zitierten Rechtsprechung (vgl. → Kap. J Rn. 27) hiergegen mit einer Erinnerung nach § 766 ZPO vorzugehen um zu erreichen, dass sich die 0,3 Verfahrensgebühr Nr. 3309 VV RVG für den Antrag auf Erlass des Pfändungs- und Überweisungsbeschlusses nach dem vollen Gegenstandswert (Hauptforderung + Zinsen + Kosten) bestimmt. Alternativ bietet sich meines Erachtens die Möglichkeit, die Kosten der Zwangsvollstreckung (und somit auch die Kosten für den Antrag auf Erlass des Pfändungs- und Überweisungsbeschlusses) gemäß § 788 ZPO gegenüber dem Schuldner festsetzen zu lassen.

35 Werden mit demselben Pfändungs- und Überweisungsbeschluss mehrere Forderungen gegenüber verschiedenen Drittschuldnern gepfändet, so kann maximal als Gegenstandswert einmal die zu vollstreckende Hauptforderung zuzüglich aller Nebenforderungen angenommen werden. Hier kann nicht etwa für jede gepfändete Forderung als Gegenstandswert die Hauptforderung zuzüglich aller Nebenforderungen angesetzt werden.[17]

36 Wird wegen künftig fällig werdendem Unterhalt oder wegen künftig fällig werdender Schadensersatzrenten laufendes, künftig fällig werdendes Arbeitseinkommen gepfändet (§ 850 d Abs. 3 ZPO), so ist der Gegenstandswert gem. § 25 Abs. 1 Nr. 1 3. Halbsatz RVG wie folgt zu bewerten:

bei Unterhaltsansprüchen:[18]

- bis zum Zeitpunkt der Antragstellung (Pfändungs- und Überweisungsbeschluss) angelaufenen Rückstände
+ Jahresbetrag der Unterhaltsleistung wegen der zukünftig fällig werdenden Beträge (§ 51 Abs. 1 S. 1 FamGKG)
+ Zinsen und sämtliche Kosten.

bei Schadensersatzrenten:

- bis zum Zeitpunkt der Antragstellung (Pfändungs- und Überweisungsbeschluss) angelaufene Rückstände
+ 3 ½-facher Jahresbetrag der Schadensersatzrente wegen der zukünftig fällig werdenden Beträge (§ 9 ZPO)
+ Zinsen und sämtliche Kosten.

Dies gilt aber nur, wenn wegen zukünftiger Unterhaltsansprüche oder Schadensersatzrenten in erst in Zukunft fällig werdendes Arbeitseinkommen vollstreckt wird. Mit den Zuschlägen des einjährigen bzw. 3 ½-jährigen Betrages soll bewertet werden, dass die Pfändung auch wegen erst in Zukunft fällig werdender Ansprüche zukünftiges Arbeitsentgelt umfasst.

37 **Beispiel:** Es wird wegen eines laufenden Unterhaltes in Höhe von monatlich 800,00 EUR vollstreckt. Der Unterhaltsrückstand beläuft sich auf 5.600,00 EUR. An Kosten sind 826,00 EUR entstanden. Der Rechtsanwalt beantragt den Erlass eines Pfändungs- und Überweisungsbeschlusses gegenüber dem Arbeitgeber des Schuldners und pfändet gem. § 850 d Abs. 3 ZPO auch das in Zukunft fällig werdende Arbeitseinkommen des Schuldners wegen der in Zukunft fällig werdenden Unterhaltsansprüche mit.

---

[17] BGH Beschluss vom 10. 3. 2011 – VII ZB 3/10 = NJW RR 2011, 379.
[18] Hartung/Schons/Enders § 25 Rn. 15; Schneider/Wolf § 25 Rn. 48 ff.

Gegenstandswert: 16.026,00 EUR
(§25 Abs. 1 Nr. 1 RVG – 5.600,00 EUR + 12 × 800,00 EUR = 9.600,00 EUR + 826,00 EUR = 16.026,00 EUR).

Auch hier gilt, dass der Wert der gepfändeten Forderung als Gegenstandswert anzunehmen ist, wenn dieser geringer ist als der Betrag der Forderung, wegen welcher vollstreckt wird. 38

Wird der Gerichtsvollzieher aufgrund eines vollstreckbaren Räumungstitels mit der zwangsweisen Räumung der Wohnung beauftragt, so ist als Gegenstandswert für die Anwaltsgebühren für den Räumungsauftrag der Jahresmietzins anzunehmen (entsprechend §41 Abs. 2 GKG). Wird gleichzeitig noch wegen Mietrückständen in das gesamte bewegliche Vermögen vollstreckt, sind diese noch zu dem Jahresmietzins zu addieren und die Summe bildet den Gegenstandswert. Nach §25 Abs. 1 Nr. 2 RVG bestimmt sich der Gegenstandswert zwar nach dem Wert der herauszugebenden oder zu leistenden Sachen; **der Gegenstandswert darf jedoch den Wert nicht übersteigen, mit dem der Herausgabe- oder Räumungsanspruch nach den für die Berechnung von Gerichtskosten maßgeblichen Vorschriften zu bewerten ist.** Der für die Berechnung von Gerichtskosten in Räumungssachen maßgebliche Wert bestimmt sich nach §41 Abs. 2 S. 1 GKG. Danach ist der Wert für Räumungssachen mit dem Jahresmiet-/Jahrespachtzins anzunehmen. Diese Beschränkung auf den Jahresmiet-/Jahrespachtzins gilt allerdings **nur** dann, wenn die Räumung/Herausgabe der Wohnung, des Gebäudes oder des Grundstücks verlangt wird **wegen Beendigung eines Miet-, Pacht- oder ähnlichen Nutzungsverhältnisses.** Es bleibt auch dann bei dieser Beschränkung auf den Jahresmiet-/Jahrespachtzins, wenn der Räumungsanspruch daneben **auch** auf Eigentum, Besitz, ungerechtfertigte Bereicherung oder einen anderen Rechtsgrund gestützt wird. 39

Ist der Räumungs-/Herausgabeanspruch aber **nicht** auf die Beendigung eines Miet-, Pacht- oder ähnlichen Nutzungsverhältnisses gestützt, sondern **nur** auf einen anderen Rechtsgrund (Eigentum, Besitz, ungerechtfertigte Bereicherung pp.), so bestimmt sich der Gerichtsgebührenwert nach dem **Verkehrswert der herauszugebenden Sache** (§6 ZPO).[19] **In diesen Fällen** richtet sich auch der **Anwaltsgebührenwert** für die Räumungsvollstreckung nach dem **Verkehrswert** der zu räumenden Wohnung (§25 Abs. 1 Nr. 2 RVG).[20] 40

Beispiel: Der Rechtsanwalt beauftragt den Gerichtsvollzieher, die Wohnung zwangsweise zu räumen und gleichzeitig wegen der ebenfalls titulierten Mietrückstände für vier Monate in Höhe von insgesamt 1.600,00 EUR die Zwangsvollstreckung in das bewegliche Vermögen des Schuldners vorzunehmen. 41

Gegenstandswert: 6.400,00 EUR
(§25 Abs. 1 Nr. 2 RVG iVm §41 Abs. 2 GKG – 12 × 400,00 EUR – monatlicher Mietzins – = 4.800,00 EUR + Mietrückstände 1.600,00 EUR + evtl. entstandene Kosten).

Der Gegenstandswert der Anwaltsgebühren im **Verfahren über die Erteilung einer Vermögensauskunft nach §802c ZPO** bestimmt sich grundsätzlich auch nach dem Betrag der Forderung, wegen welcher vollstreckt wird. Er ist jedoch gem. §25 Abs. 1 Nr. 4 RVG auf **höchstens 2.000 EUR** (bis 31. 7. 2013: 1.500 EUR) begrenzt. 42

Zusammenfassung

- Der Gegenstandswert in der Zwangsvollstreckung in das bewegliche Vermögen richtet sich nach §25 RVG. 43

---

[19] Schneider/Herget, Streitwert, „Mietstreitigkeiten“, Rn. 4043; Meyer GKG, §41 Rn. 13.

[20] Meyer GKG §41 Rn. 13; Von Eicken AGS 1998, 33; Enders JurBüro 1998, 225 (226) Kapitel 1.2.

- Als Gegenstandswert ist den Gebühren für Zwangsvollstreckungsmaßnahmen grundsätzlich die Hauptforderung + Zinsen + Kosten zugrunde zu legen.
- Soll ein bestimmter Gegenstand gepfändet werden und hat dieser einen geringeren Wert als die offene Forderung – wegen welcher vollstreckt wird –, so ist der geringere Wert der zu pfändenden Sache anzunehmen.
- Für das Verfahren über den Antrag auf Abnahme der eidesstattlichen Versicherung gilt ein Höchstwert von 2.000 EUR.
- Wird auf Räumung/Herausgabe einer Wohnung vollstreckt, darf der Gegenstandswert in der Zwangsvollstreckung nicht höher sein als der Wert des Erkenntnisverfahrens. In der Regel ist daher auch in der Zwangsvollstreckung eines Räumungstitels die Miete für ein Jahr anzunehmen. Wird gleichzeitig noch wegen Mietrückständen vollstreckt, sind diese zu der Jahresmiete zu addieren.
- Wird künftig fällig werdendes Arbeitseinkommen wegen noch nicht fälliger Unterhaltsansprüche gepfändet, sind die zukünftigen Ansprüche mit dem Jahresbetrag gem. § 51 Abs. 1 S. 1 FamGKG zu bewerten. Hinzu kommen natürlich die Rückstände, wegen welcher vollstreckt wird.

4. Mehrere Vollstreckungsmaßnahmen in einer Sache

44 Sind aufgrund eines vollstreckbaren Titels mehrere Zwangsvollstreckungsmaßnahmen gegen den Schuldner erforderlich, so erhält der Rechtsanwalt für jede Zwangsvollstreckungsmaßnahme eine gesonderte 0,3 Verfahrensgebühr nach Nr. 3309 VV RVG.

45 **Beispiel:** Folgende Zwangsvollstreckungsmaßnahmen werden gegenüber dem Schuldner ausgebracht:
a) Vollstreckungsauftrag an Gerichtsvollzieher auf Pfändung und Verwertung körperlicher Sachen
b) Vollstreckungsauftrag an Gerichtsvollzieher auf Einholung einer Vermögensauskunft des Schuldners
c) Antrag auf Erlass eines Pfändungs- und Überweisungsbeschlusses.

Für jede Maßnahme (a, b und c) fällt eine gesonderte 0,3 Verfahrensgebühr Nr. 3309 VV RVG an; ferner kann der Rechtsanwalt jeweils Ersatz der Auslagen und der Umsatzsteuer verlangen. In dem Verfahren auf Einholung einer Vermögensauskunft des Schuldners könnte noch zusätzlich eine 0,3 Terminsgebühr Nr. 3310 VV RVG entstehen, wenn der Rechtsanwalt an dem Termin teilnimmt.

46 Gem. § 18 Abs. 1 Nr. 1 RVG ist zwar **einerseits** jede Vollstreckungsmaßnahme eine besondere – gebührenrechtliche – Angelegenheit. **Andererseits** gilt aber jede Vollstreckungsmaßnahme zusammen mit den durch diese **vorbereiteten weiteren Vollstreckungshandlungen** als eine Angelegenheit im gebührenrechtlichen Sinne. In derselben Angelegenheit der Zwangsvollstreckung kann die 0,3 Verfahrensgebühr Nr. 3309 VV RVG aber nur einmal entstehen.

47 **Beispiel:** Der Rechtsanwalt erteilt dem Gerichtsvollzieher einen Vollstreckungsauftrag auf Einholung einer Vermögensauskunft des Schuldners. Hierfür ist eine 0,3 Verfahrensgebühr Nr. 3309 VV RVG entstanden. Der Schuldner erscheint im Termin nicht. Es ergeht Haftbefehl. Der Rechtsanwalt beauftragt den Gerichtsvollzieher, den Schuldner zu verhaften. Für den Verhaftungsauftrag erhält der Rechtsanwalt **keine gesonderte** 0,3 Verfahrensgebühr Nr. 3309 VV RVG. Der Verhaftungsauftrag bildet zusammen mit dem Vollstreckungsauftrag auf Einholung der Vermögensauskunft eine Angelegenheit der Zwangsvollstreckung im gebührenrechtlichen Sinne.[21] Bei dem Verhaftungsauftrag handelt es sich praktisch nur um die Fortsetzung/Vollendung der Vollstreckungsmaßnahme auf Einholung einer Vermögensauskunft. Nach Verhaftung stellt der Schuldner das geforderte Vermögensverzeichnis auf. Dem Rechtsanwalt wird dieses übersandt und er prüft dieses auf sich ergebende Vollstreckungsmöglichkeiten durch. Auch hierfür entsteht keine gesonderte 0,3 Verfahrensgebühr Nr. 3309 VV RVG, da es sich um die Fortsetzung der Vollstreckungsmaßnahme handelt.

---

[21] Hartung/Schons/Enders § 18 Rn. 36; Rehberg/Schons, „Haftauftrag".

Beispiel: Fortsetzung des vorangegangenen Beispiels (→ Rn. 47). Anhand des Vermögensverzeichnisses stellt der Rechtsanwalt fest, wo der Schuldner arbeitet. Er lässt dem Arbeitgeber ein vorläufiges Zahlungsverbot (§ 845 ZPO) zustellen. Nach Zustellung des vorläufigen Zahlungsverbotes beantragt er den Erlass eines Pfändungs- und Überweisungsbeschlusses (Lohnpfändung), der anschließend dem Arbeitgeber des Schuldners zugestellt wird. Das vorläufige Zahlungsverbot = Vorpfändung bereitet die eigentliche Pfändung, die durch den Pfändungs- und Überweisungsbeschluss erfolgt, nur vor. Es handelt sich bei diesen beiden Maßnahmen um eine Angelegenheit der Zwangsvollstreckung,[22] so dass der Rechtsanwalt nur eine 0,3 Verfahrensgebühr Nr. 3309 VV RVG berechnen kann. Diese kann natürlich neben der 0,3 Verfahrensgebühr Nr. 3309 VV RVG verlangt werden, die für die vorangegangene Vollstreckungsmaßnahme – siehe Beispiel → Rn. 47 – entstanden ist. 48

Ist der Rechtsanwalt **nur** damit beauftragt worden – siehe Beispiel → Rn. 47 – einen Verhaftungsauftrag zu erteilen, war er also im vorangegangenen Verfahren auf Einholung einer Vermögensauskunft nicht tätig (zB weil der Mandant den Vollstreckungsauftrag auf Einholung der Vermögensauskunft selbst erteilt hatte), so kann er für den Verhaftungsauftrag eine 0,3 Verfahrensgebühr Nr. 3309 VV RVG berechnen. Ist er danach wie im Beispiel → Rn. 48 weiter tätig, kann er für jede weitere Angelegenheit der Zwangsvollstreckung auch weitere Gebühren berechnen, er könnte also neben der 0,3 Verfahrensgebühr Nr. 3309 VV RVG für den Verhaftungsauftrag die 0,3 Verfahrensgebühr für den Antrag auf Erlass des Pfändungs- und Überweisungsbeschlusses berechnen. 49

Auch wird der Rechtsanwalt für ein vorläufiges Zahlungsverbot eine gesonderte 0,3 Verfahrensgebühr Nr. 3309 VV RVG berechnen können, wenn er **nur** das vorläufige Zahlungsverbot ausgebracht hat, ohne dass diesem ein Pfändungs- und Überweisungsbeschluss nachfolgt und hierdurch eine 0,3 Verfahrensgebühr Nr. 3309 VV RVG ausgelöst wird. Nur 2 × kann er die 0,3 Verfahrensgebühr Nr. 3309 VV RVG (1 × für das vorläufige Zahlungsverbot und 1 × für den Pfändungs- und Überweisungsbeschluss in dieselbe Forderung des Schuldners ./. denselben Drittschuldner) eben nicht berechnen, da es sich um eine Angelegenheit im gebührenrechtlichen Sinne handelt. Sind also mehrere Vollstreckungsmaßnahmen in einer Sache aus demselben Titel gegen denselben Schuldner ausgebracht worden, ist stets zu prüfen, ob es sich bei jeder Vollstreckungsmaßnahme um eine besondere Angelegenheit handelt und besondere Gebühren anfallen, oder ob durch diese nur eine andere Vollstreckungsmaßnahme vorbereitet oder fortgesetzt wird und diese beiden Vollstreckungsmaßnahmen somit **eine Angelegenheit** im Sinne des § 18 Abs. 1 Nr. 1 RVG bilden. Bilden sie eine Angelegenheit im Sinne von § 18 Abs. 1 Nr. 1 RVG, so entsteht die 0,3 Verfahrensgebühr Nr. 3309 VV RVG nur einmal. Siehe hierzu auch das nachfolgende Kap. J Rn. 69. 50

Zusammenfassung

- Für jede Zwangsvollstreckungsmaßnahme entstehen grundsätzlich gesonderte Gebühren. 51
- Allerdings bildet eine Zwangsvollstreckungsmaßnahme eine gebührenrechtliche Angelegenheit mit der weiteren Zwangsvollstreckungsmaßnahme, wenn sie diese nur vorbereitet (zB vorläufiges Zahlungsverbot und Pfändungs- und Überweisungsbeschluss sind eine gebührenrechtliche Angelegenheit).

5. Mehrere Schuldner

Wird aufgrund eines vollstreckbaren Titels gleichzeitig gegen mehrere Schuldner vollstreckt, so handelt es sich bzgl. eines jeden Schuldners um eine besondere Angelegenheit. Dies bedeutet, dass bzgl. jedes Schuldners eine gesonderte 0,3 Verfahrensgebühr Nr. 3309 VV RVG anfällt, auch wenn der Rechtsanwalt des Gläubigers nur 52

[22] Hartung/Schons/Enders § 18 Rn. 51; Rehberg/Schons, „Vorpfändung".

mit einem Antrag gleichzeitig gegen mehrere Schuldner vollstreckt.[23] Dies gilt auch dann, wenn es sich bei den Schuldnern um Eheleute handelt.

53 **Beispiel:** Gläubiger A hat eine titulierte Forderung gegen die Eheleute B. Rechtsanwalt X erteilt im Namen des A in einem Schriftstück dem Gerichtsvollzieher den Vollstreckungsauftrag, die Pfändung und Verwertung körperlicher Sachen bei den Eheleuten B zu versuchen.

RA X kann 2 × 0,3 Verfahrensgebühr Nr. 3309 VV RVG, 2 × die Auslagenpauschale der Nr. 7002 VV RVG jeweils zzgl. Umsatzsteuer berechnen.

Auch die gemeinsame Vollstreckung gegen Eheleute wegen Räumung einer Wohnung sind zwei verschiedene Angelegenheiten, so dass die Gebühren für den Zwangsvollstreckungsauftrag auf Räumung der Wohnung für jeden der schuldnerischen Ehegatten gesondert entstehen (vgl. Nachweis unter → Fußnote 23 dieses Kapitels).

Zusammenfassung

54 ▶ Zwangsvollstreckungsmaßnahmen gegen mehrere Schuldner sind stets gesonderte gebührenrechtliche Angelegenheiten. Dies auch dann, wenn mehrere Schuldner aus einem Titel zur Zahlung verpflichtet sind.
▶ Für jede Zwangsvollstreckungsmaßnahme gegenüber jedem Schuldner entsteht also eine gesonderte 0,3 Verfahrensgebühr Nr. 3309 VV RVG.

6. Aufforderung vor Zwangsvollstreckung

55 Hat der Rechtsanwalt bereits von seinem Mandanten einen Auftrag für die Zwangsvollstreckung erhalten, und fordert er vor Einleitung der ersten Zwangsvollstreckungsmaßnahme den Schuldner noch einmal – unter Androhung der Zwangsvollstreckung – zur Zahlung auf, so lässt dieses Aufforderungsschreiben die 0,3 Verfahrensgebühr Nr. 3309 VV RVG **entstehen.**

56 Leistet der Schuldner auf die Zahlungsaufforderung und Androhung der Zwangsvollstreckung nicht, bildet diese mit der nachfolgenden ersten Zwangsvollstreckungsmaßnahme eine – gebührenrechtliche – Angelegenheit.[24] Es entsteht dann für
- die Zahlungsaufforderung mit Androhung der Zwangsvollstreckung und
- die nachfolgende erste Zwangsvollstreckungsmaßnahme

bei dem Rechtsanwalt des Gläubigers nur eine 0,3 Verfahrensgebühr Nr. 3309 VV RVG zzgl. Auslagen und Umsatzsteuer.

57 Leistet der Schuldner auf die Zahlungsaufforderung mit Androhung der Zwangsvollstreckung und kommt es nicht zu weiteren Zwangsvollstreckungsmaßnahmen, stellt sich die Frage, ob die 0,3 Verfahrensgebühr Nr. 3309 VV RVG zzgl. Auslagen und Umsatzsteuer vom Schuldner zu **erstatten** ist. Grundsätzlich gehören die durch die Zahlungsaufforderung mit Androhung der Zwangsvollstreckung entstandenen Gebühren zu den Kosten der Zwangsvollstreckung (§ 788 ZPO). Allerdings müssen, damit die Gebühr vom Schuldner zu erstatten ist, weitere Voraussetzungen erfüllt sein:
- dem Gläubiger muss eine vollstreckbare Ausfertigung des Titels (also Titel und Vollstreckungsklausel) vorliegen[25]
- eine evtl. Sicherheitsleistung muss erbracht sein[26]
- die Leistungspflicht des Schuldners darf nicht von einer Bedingung abhängen bzw. der Gläubiger muss die Bedingungen seinerseits erfüllt haben[27]

---

[23] Hartung/Schons/Enders § 18 Rn. 62; Gerold/Schmidt VV 3309 Rn. 301.
[24] Gerold/Schmidt VV 3309 Rn. 432, 433.
[25] Gerold/Schmidt VV 3309 Rn. 438.
[26] Gerold/Schmidt VV 3309 Rn. 439.
[27] Gerold/Schmidt VV 3309 Rn. 440 und VV 3309 Rn. 112.

- dem Schuldner muss ausreichend Zeit eingeräumt worden sein, um freiwillig zu leisten (in der Regel 14 Tage)[28].

Dagegen ist nicht erforderlich, dass der Titel bereits förmlich an den Schuldner zugestellt worden ist. Der Schuldner muss allerdings Kenntnis von seiner Leistungspflicht haben. Die Erstattungsfähigkeit der 0,3 Verfahrensgebühr Nr. 3309 VV RVG für die Zahlungsaufforderung mit Androhung der Zwangsvollstreckung hängt allerdings **nicht** davon ab, dass **bereits eine vollstreckbare Ausfertigung des Titels an den Schuldner zugestellt** worden ist.[29] 58

Zusammenfassung

- ▶ Auch die Zahlungsaufforderung vor Zwangsvollstreckung und die Androhung von Vollstreckungsmaßnahmen kann bereits die 0,3 Verfahrensgebühr nach Nr. 3309 VV RVG auslösen. 59
- ▶ Diese Gebühr für die Androhung von Vollstreckungsmaßnahmen ist auf die 0,3 Verfahrensgebühr Nr. 3309 VV RVG für die erste folgende Vollstreckungsmaßnahme anzurechnen.
- ▶ Sind die unter → Kap J Rn. 57 genannten Voraussetzungen erfüllt, ist die 0,3 Verfahrensgebühr Nr. 3309 VV RVG auch vom Schuldner zu erstatten.

7. Festsetzung der Vollstreckungskosten

Die Kosten der Zwangsvollstreckung fallen – soweit sie notwendig waren (§ 91 ZPO) – dem Schuldner zur Last. Sie sind mit dem zur Zwangsvollstreckung stehenden Anspruch beizutreiben. Dies bedeutet, dass der Gerichtsvollzieher nicht nur die Hauptforderung, die Zinsen und die festgesetzten Kosten beizutreiben hat, sondern auch die Kosten der bisherigen Zwangsvollstreckung, also der Kosten, die durch frühere Zwangsvollstreckungsmaßnahmen aus demselben Titel gegen den Schuldner entstanden sind. Diese Kosten sind auch dann mit beizutreiben, wenn sie nicht noch einmal ausdrücklich vom Gericht festgesetzt worden sind. Zum Nachweis gegenüber dem Gerichtsvollzieher oder dem Vollstreckungsgericht genügt, dass die Vollstreckungsunterlagen über die früheren Vollstreckungsmaßnahmen beigefügt sind, aus welchen sich dann die dadurch entstandenen Kosten in der Regel ergeben (zB Abschrift eines früheren Vollstreckungsauftrages, Gerichtsvollzieherprotokoll, Ausfertigung des früher ergangenen Pfändungs- und Überweisungsbeschlusses etc.). 60

Die Vollstreckungskosten können auf Antrag gegenüber dem Schuldner festgesetzt werden (§ 788 Abs. 2 ZPO). Es können nicht nur die dem Gläubiger durch Zwangsvollstreckungsmaßnahmen entstandenen Anwaltskosten gegenüber dem Schuldner festgesetzt werden, sondern auch die vom Gläubiger für Zwangsvollstreckungsmaßnahmen eingezahlten Gerichts- und Gerichtsvollzieherkosten. 61

Nach § 788 Abs. 2 ZPO ist das **Vollstreckungsgericht** für die Festsetzung der Vollstreckungskosten zuständig. Örtlich zuständig ist das Vollstreckungsgericht, bei dem zum Zeitpunkt der Stellung des Kostenfestsetzungsantrages eine Vollstreckungsmaßnahme anhängig ist. Nach Beendigung der Zwangsvollstreckung ist das Vollstreckungsgericht örtlich zuständig, in dessen Bezirk die letzte Vollstreckungshandlung erfolgte (§ 788 Abs. 2 S. 1 ZPO). 62

In den Fällen, in welchen die Vollstreckung vor dem Prozessgericht des I. Rechtszuges abläuft (Vollstreckung gem. §§ 887, 888 und 890 ZPO), ist auch das Prozessgericht des I. Rechtszuges für die Festsetzung der aus diesen Maßnahmen resultierenden Vollstreckungskosten zuständig (§ 788 Abs. 2 S. 2 ZPO). 63

[28] Gerold/Schmidt VV 3309 Rn. 440 und VV 3309 Rn. 116–119.
[29] Gerold/Schmidt VV 3309 Rn. 437.

64 Nach § 788 Abs. 1 S. 3 ZPO **haften mehrere Schuldner auch für die Kosten der Zwangsvollstreckung als Gesamtschuldner,** unter der Voraussetzung, dass sie wegen der Hauptforderung als Gesamtschuldner verurteilt worden sind. Dies gilt nur für Vollstreckungskosten, die nach dem 1. 1. 1999 entstanden sind (Art. 13 Nr. 3 der Überleitungsvorschriften der 2. Zwangsvollstreckungsnovelle).[30] Die Haftung von mehreren Schuldnern als Gesamtschuldner für Vollstreckungskosten entfällt, wenn ein Schuldner weitere Kosten durch von ihm eingelegte Rechtsbehelfe verursacht (§ 100 Abs. 3 ZPO analog).

65 Auch festgesetzte Zwangsvollstreckungskosten sind gemäß § 104 Abs. 1 S. 2 ZPO mit 5 Prozentpunkten über dem Basiszinssatz des § 247 BGB zu verzinsen. Die Verzinsung erfolgt nur auf Antrag.

66 § 197 BGB wurde durch das Gesetz zur Anpassung von Verjährungsvorschriften an das Gesetz zur Modernisierung des Schuldrechts vom 9. 12. 2004[31] um die Nr. 6 ergänzt. Danach verjähren Ansprüche auf Erstattung der Kosten der Zwangsvollstreckung in 30 Jahren.

67 **Praxistipp:**

Der Rechtsanwalt sollte immer die Festsetzung der Vollstreckungskosten beantragen, zumindest dann, wenn das Mandat bei ihm abgeschlossen werden oder für längere Zeit ruhen soll. Dies hat folgende Vorteile:

- Bei späteren Vollstreckungsmaßnahmen muss nicht mehr eine Vielzahl von Anlagen zum Nachweis der bislang entstandenen Vollstreckungskosten beigelegt werden.
- Auch die festgesetzten Vollstreckungskosten sind mit 5 Prozentpunkten über dem Basiszinssatz des § 247 BGB zu verzinsen.

Auch Kosten der Zwangsvollstreckung kann der Rechtsanwalt **nach § 11 RVG gegen den eigenen Mandanten** festsetzen lassen, wenn diese beim Schuldner nicht beitreibbar sind und auch der Mandant diese nach der Vergütungsberechnung nicht an den Rechtsanwalt zahlt. Es können nicht nur die durch die Zwangsvollstreckungsmaßnahmen nach dem RVG entstandenen Gebühren gegenüber dem Mandanten festgesetzt werden, sondern auch die durch Zwangsvollstreckungsmaßnahmen entstandenen Gerichts- und Gerichtsvollzieherkosten, mit denen der Rechtsanwalt in Vorlage getreten ist. Zuständig für die Festsetzung der Vollstreckungskosten gem. § 11 RVG gegenüber dem eigenen Mandanten ist das Vollstreckungsgericht (→ Rn. 62 dieses Kapitels).[32]

Zusammenfassung

68 ▶ Auch Kosten der Zwangsvollstreckung können gem. § 788 ZPO vom Vollstreckungsgericht gegenüber dem Schuldner festgesetzt werden.

▶ Aus den in dem vorangegangenen Praxistipp genannten Gründen soll der Rechtsanwalt die Festsetzung der entstandenen Zwangsvollstreckungskosten beantragen.

8. Einzelne Angelegenheiten

69 Nicht jede Vollstreckungsmaßnahme ist eine besondere Angelegenheit, so dass auch nicht für jede Vollstreckungsmaßnahme eine gesonderte 0,3 Verfahrensgebühr Nr. 3309 VV RVG entsteht (→ Kap. J Rn. 46 ff.). Für welche Tätigkeit im Rahmen der Zwangsvollstreckung der Rechtsanwalt eine gesonderte 0,3 Verfahrensgebühr Nr. 3309 VV RVG erhält, ist in den §§ 18 und 19 RVG geregelt.

---

[30] Siehe hierzu auch Prof. Johannes Behr JurBüro Sonderheft zur 2. Zwangsvollstreckungsnovelle (Beilage zu Heft 5/98) Kapitel I. 7.

[31] BGBl. I 2004, 3214.

[32] BGH JurBüro 2005, 421.

Nachstehend soll eine Übersicht darüber gegeben werden, welche Tätigkeit des Rechtsanwaltes im Zwangsvollstreckungsverfahren eine besondere Angelegenheit darstellt und welche nicht. Infolge der Vielzahl der in der Praxis möglicher Kombinationen kann die nachstehende Übersicht nicht abschließend sein. 70

8.1 Notfristzeugnis, Rechtskraftzeugnis und Vollstreckungsklausel

Die Einholung des Notfrist- und des Rechtskraftzeugnisses gehört gem. § 19 Nr. 9 RVG gebührenrechtlich zum Rechtszug und löst folglich keine besonderen Gebühren aus. Gleiches gilt für die **erstmalige** Einholung der Vollstreckungsklausel, die nach der Bestimmung des § 19 Nr. 13 RVG gebührenrechtlich zum Rechtszug gehört. 71

Wird allerdings auf Erteilung der Vollstreckungsklausel geklagt (§ 731 ZPO), so entstehen gesonderte Gebühren gem. Teil 3 des VV RVG. Es können die 1,3 Verfahrensgebühr Nr. 3100 VV RVG und die 1,2 Terminsgebühr Nr. 3104 VV RVG entstehen (§ 19 Nr. 13 – zweiter Halbsatz – VV RVG). 72

Im Verfahren über Einwendungen gegen die Vollstreckungsklausel (§ 732 ZPO) kann eine gesonderte 0,3 Verfahrensgebühr Nr. 3309 VV RVG entstehen (§ 18 Abs. 1 Nr. 4 RVG).[33] 73

Zusammenfassung

- Die Einholung des Notfrist- und Rechtskraftzeugnisses sowie die erstmalige Einholung der Vollstreckungsklausel löst keine gesonderten Gebühren aus. 74

8.2 Zustellung

Die Einholung der Zustellungsbescheinigung beim Prozessgericht gilt nicht als besondere Angelegenheit, so dass hierfür auch keine Gebühren entstehen. Auch die Zustellung des Titels im Parteibetrieb lässt keine gesonderte Gebühr entstehen (§ 19 Nr. 9 RVG). Die erstmalige Einholung der Vollstreckungsklausel, des Rechtskraftzeugnisses und der Zustellungsbescheinigung bereiten praktisch die Zwangsvollstreckung vor. Sie bilden daher mit den nachfolgenden Vollstreckungsmaßnahmen eine gebührenrechtliche Angelegenheit. 75

In der Praxis wird häufig nicht bedacht, dass bereits durch die Einholung der Vollstreckungsklausel oder durch die Zustellung des Titels bzw. Einholung der Zustellungsbescheinigung die 0,3 Verfahrensgebühr nach Nr. 3309 VV RVG ausgelöst wird. Voraussetzung ist allerdings, dass der Rechtsanwalt von seinem Mandanten den **Auftrag** hatte, Zwangsvollstreckungsmaßnahmen gegenüber dem Schuldner zu veranlassen. Holt er dann vor Erteilung eines Auftrages die Vollstreckungsklausel oder die Zustellungsbescheinigung ein oder veranlasst er die Zustellung des Titels an den Schuldner, um die Voraussetzungen für die Zwangsvollstreckung zu schaffen, so lässt dieses erste Tätigwerden nach Erteilung des Auftrages zur Zwangsvollstreckung bei dem Rechtsanwalt des Gläubigers die 0,3 Verfahrensgebühr Nr. 3309 VV RVG bereits entstehen. Denn die Gebühr fällt mit dem ersten Tätigwerden nach Erteilung des Auftrages an.[34] Dieses erste Tätigwerden kann die Einholung der Vollstreckungsklausel, die Einholung der Zustellungsbescheinigung oder auch die Zustellung des Titels sein. 76

Ist der Auftrag dann nach dieser ersten Tätigkeit des Rechtsanwalt beendet, etwa weil der Schuldner zahlt, so kann der Rechtsanwalt dennoch die 0,3 Verfahrensgebühr Nr. 3309 VV RVG verlangen, die auch meines Erachtens vom Schuldner zu erstatten ist, wenn der Schuldner hinreichend Gelegenheit/Zeit hat, nach Vorliegen des Titels freiwillig zu leisten (ca. 2 Wochen dürften ausreichend sein). Folgt dieser ersten Tätigkeit – wie Einholung der Vollstreckungsklausel oder der Zustellungsbeschei- 77

---

[33] Gerold/Schmidt VV 3309 Rn. 402.

[34] Gerold/Schmidt VV 3309 Rn. 10, 450.

gung oder Zustellung des Urteils – eine Zwangsvollstreckungsmaßnahme, so bildet diese erste Tätigkeit mit der folgenden Zwangsvollstreckungsmaßnahme eine gebührenrechtliche Angelegenheit mit der Folge, dass die 0,3 Verfahrensgebühr Nr. 3309 VV RVG für diese ersten Tätigkeiten und die anschließende Zwangsvollstreckungsmaßnahme nur einmal entsteht.

Zusammenfassung

78 ▶ Die Einholung der Zustellungsbescheinigung oder die Zustellung des Titels im Parteibetrieb löst keine gesonderte Gebühr aus.

8.3 Vollstreckungsauftrag

79 Grundsätzlich wird der Gerichtsvollzieher nur tätig aufgrund eines entsprechenden Vollstreckungsauftrages des Gläubigers. Durch die Erteilung des Vollstreckungsauftrages wird die entsprechende Zwangsvollstreckungsmaßnahme eingeleitet. Die 0,3 Verfahrensgebühr für die Vollstreckungsmaßnahme wird allerdings schon ausgelöst durch das erste Tätigwerden des Rechtsanwaltes nach Erteilung des Auftrages für die betreffende Zwangsvollstreckungsmaßnahme durch den Mandanten. Das erste Tätigwerden des Rechtsanwaltes in der Zwangsvollstreckungsmaßnahme wird in der Regel die Entgegennahme der Information durch seinen Auftraggeber sein (→ Kap. J Rn. 5). Hat der Mandant dem Rechtsanwalt einen Auftrag für die Zwangsvollstreckung insgesamt erteilt, und hat der Rechtsanwalt die Informationen für die entsprechende Zwangsvollstreckungsmaßnahme im Rahmen einer vorangegangenen Zwangsvollstreckungsmaßnahme oder aus dem Vermögensverzeichnis erlangt, so wird die 0,3 Verfahrensgebühr Nr. 3309 VV RVG für die nachfolgende Zwangsvollstreckungsmaßnahme meines Erachtens ausgelöst mit der Vorbereitung dieser Maßnahme, spätestens aber mit Erteilung des Vollstreckungsauftrages für diese Maßnahme.

8.4 Kombinierte Aufträge

80 Nach § 802a ZPO sind die Regelungsbefugnisse des Gerichtsvollziehers durch das zum 1. 1. 2013 in Kraft getretene Gesetz zur Reform der Sachauferklärung in der Zwangsvollstreckung erweitert worden.[35] Nach § 802a Abs. 2 ZPO kann der Gerichtsvollzieher aufgrund eines entsprechenden Vollstreckungsauftrages des Gläubigers

1. eine gütliche Erledigung der Sache (§ 802b ZPO) versuchen,
2. eine Vermögensauskunft des Schuldners (§ 802c ZPO) einholen,
3. Auskünfte Dritter über das Vermögen des Schuldners (§ 802 l ZPO) einholen,
4. die Pfändung und Verwertung körperlicher Sachen betreiben,
5. eine Vorpfändung (§ 845 ZPO) durchführen.

81 Der Gläubiger kann verschiedene Zwangsvollstreckungsmaßnahmen miteinander in einem Vollstreckungsauftrag kombinieren. Kombiniert der Gläubiger in einem Vollstreckungsauftrag mehrere Vollstreckungsmaßnahmen miteinander, stellt sich die Frage, ob für jede Vollstreckungsmaßnahme eine gesonderte 0,3 Verfahrensgebühr Nr. 3309 VV RVG direkt bei Erteilung des kombinierten Auftrages entsteht. Dies wird in der Regel nicht der Fall sein. Denn die in dem kombinierten Vollstreckungsauftrag erteilten weiteren Aufträge stehen doch häufig unter der Bedingung, dass diese nur auszuführen sind, wenn die zunächst in Auftrag gegebene Vollstreckungsmaßnahme nicht zu einer vollständigen Befriedigung des Gläubigers führt. Für den Folgeauftrag entsteht nur dann eine weitere 0,3 Verfahrensgebühr Nr. 3309 VV RVG, wenn aus diesem zunächst bedingten Auftrag (für den Fall, dass die vorangegangene Zwangsvollstreckungsmaßnahme nicht zu einer vollständigen Befriedigung des Gläubigers

---

[35] BGBl. I 2009, 2258 ff. (= Gesetz zur Reform der Sachaufklärung in der Zwangsvollstreckung).

führt) ein unbedingter Vollstreckungsauftrag wird. Also **nur wenn dieser Folgeauftrag** auch **tatsächlich zur Ausführung kommt,** entsteht hierfür eine **weitere 0,3 Verfahrensgebühr Nr. 3309 VV RVG.**

Beispiel: Der Gläubigervertreter erteilt dem Gerichtsvollzieher folgenden Vollstreckungsauftrag: 82
1. Pfändung und Verwertung körperlicher Sachen
2. für den Fall, dass die erste Maßnahme nicht zu einer vollständigen Befriedigung des Gläubigers führt, Einholung einer Vermögensauskunft des Schuldners.

Der Gerichtsvollzieher erscheint bei dem Schuldner um den Vollstreckungsauftrag auf Pfändung und Verwertung körperlicher Sachen auszuführen. Der Schuldner zahlt die komplette Forderung.
Bei dem Gläubigervertreter ist entstanden:
Gegenstandswert: Hauptforderung + Zinsen + Kosten
0,3 Verfahrensgebühr Nr. 3309 VV RVG
zzgl. Auslagen und Umsatzsteuer.

Beispiel: Der Gläubigervertreter hatte dem Gerichtsvollzieher folgenden Vollstreckungsauftrag erteilt: 83
1. Pfändung und Verwertung körperlicher Sachen
2. für den Fall, dass die erste Maßnahme nicht zu einer vollständigen Befriedigung des Gläubigers führt, Einholung einer Vermögensauskunft des Schuldners.

Der Gerichtsvollzieher findet pfändbare Habe in der Wohnung des Schuldners nicht vor. Er leitet daraufhin das Verfahren auf Einholung der Vermögensauskunft ein und führt dieses auch durch.
Bei dem Gläubigervertreter sind entstanden:
Für den Vollstreckungsauftrag auf Pfändung und Verwertung körperlicher Sachen
Gegenstandswert: Hauptforderung + Zinsen + Kosten
0,3 Verfahrensgebühr Nr. 3309 VV RVG
zzgl. Auslagen und Umsatzsteuer.
Für den Vollstreckungsauftrag auf Einholung der Vermögensauskunft des Schuldners
Gegenstandswert: Hauptforderung + Zinsen + Kosten, höchstens 2.000,00 EUR
0,3 Verfahrensgebühr Nr. 3309 VV RVG
zzgl. Auslagen und Umsatzsteuer.

84 Im vorangegangenen Beispiel (→ Rn. 82) fällt für den Vollstreckungsauftrag auf Einholung einer Vermögensauskunft des Schuldners bei dem Gläubigervertreter keine Gebühr an, da dieser bedingt erteilte Auftrag nicht zur Ausführung gekommen ist. Im vorangegangenen Beispiel (→ Rn. 83) fällt eine weitere 0,3 Verfahrensgebühr Nr. 3309 VV RVG zuzüglich Auslagen und Umsatzsteuer für den zweiten Vollstreckungsauftrag auf Einholung einer Vermögensauskunft des Schuldners an, weil in diesem Fall dieser Vollstreckungsauftrag auch zur Ausführung gekommen ist. Aus dem zunächst bedingt erteilten Auftrag für den zweiten Vollstreckungsauftrag ist in dem Moment, in dem der erste Vollstreckungsauftrag erfolglos war, ein unbedingter Auftrag geworden.

Zusammenfassung

▶ Bei kombinierten Aufträgen entsteht für den bedingt erteilten Folgeauftrag beim Gläubigervertreter nur dann eine gesonderte Gebühr, wenn der Folgeauftrag auch tatsächlich zur Ausführung gekommen ist. 85

8.5 Ermittlung des Aufenthaltsortes des Schuldners

86 Nach § 755 Abs. 1 ZPO darf der Gerichtsvollzieher aufgrund eines **Vollstreckungsauftrages des Gläubigers** zur Ermittlung des Aufenthaltsortes des Schuldners bei der Meldebehörde die gegenwärtigen Anschriften sowie Angaben zur Haupt- und Nebenwohnung des Schuldners erheben. Wenn der Aufenthaltsort des Schuldners bei der Meldebehörde nicht zu ermitteln ist, darf der Gerichtsvollzieher nach § 755 Abs. 2 ZPO weitere Auskünfte erheben (zB beim Ausländerzentralregister, bei der Ausländerbehörde, bei Träger der gesetzlichen Rentenversicherung sowie bei dem Kraftfahrt-Bundesamt). Die Ermittlungen darf der Gerichtsvollzieher nur anstellen, wenn ihm

der Gläubiger einen entsprechenden Vollstreckungsauftrag (zB auf Einholung der Vermögensauskunft des Schuldners oder auf Pfändung und Verwertung körperlicher Sachen) erteilt. Dieser Vollstreckungsauftrag wird beim Gläubiger eine gesonderte 0,3 Verfahrensgebühr Nr. 3309 VV RVG zuzüglich Auslagen und Umsatzsteuer auslösen. Durch die vom Gerichtsvollzieher eingeholten Auskünfte entsteht beim Gläubigervertreter keine weitere – gesonderte – Gebühr.

87 Gibt der Gerichtsvollzieher den Vollstreckungsauftrag, nachdem er durch eingeholte Auskünfte den Aufenthaltsort des Schuldners ausfindig gemacht hat, an einen anderen Gerichtsvollzieher bei dem jetzt zuständigen anderen Amtsgericht – Vollstreckungsgericht – weiter, damit dieser den Auftrag ausführt, entsteht bei dem Gläubigervertreter keine weitere zweite 0,3 Verfahrensgebühr Nr. 3309 VV RVG.

88 Gibt der Gerichtsvollzieher den Vollstreckungsauftrag an den Gläubigervertreter zurück, nachdem er den neuen Wohnsitz des Schuldners ausfindig gemacht hat und erteilt der Gläubigervertreter dann dem nunmehr zuständigen anderen Gerichtsvollzieher bei einem anderen Amtsgericht einen neuen Vollstreckungsauftrag, so handelt es sich meines Erachtens um eine Fortsetzung des alten Auftrages mit der Folge, dass der Gläubigervertreter für den neuen Auftrag keine weitere gesonderte 0,3 Verfahrensgebühr Nr. 3309 VV RV ansetzen kann.

89 Richtet der **Gläubigervertreter** selbst eine **Anfrage an** die zuständige **Meldebehörde**, um den aktuellen Wohnsitz des Schuldners in Erfahrung zu bringen, so wird für diese Anfrage bei der Meldebehörde keine gesonderte 0,3 Verfahrensgebühr Nr. 3309 VV RVG entstehen.[36] Die Einholung einer Auskunft bei der Meldebehörde wird abgegolten mit der 0,3 Verfahrensgebühr Nr. 3309 VV RVG, die der Rechtsanwalt für die vorausgegangene Zwangsvollstreckungsmaßnahme erhalten hat oder die er für eine danach eingeleitete Vollstreckungsmaßnahme erhält.

Zusammenfassung

90 ▶ Erteilt der Gläubigervertreter dem Gerichtsvollzieher einen Vollstreckungsauftrag zur Ermittlung des Aufenthaltsortes des Schuldners, wird dieser Vollstreckungsauftrag eine gesonderte 0,3 Verfahrensgebühr Nr. 3309 VV RVG zuzüglich Auslagen und Umsatzsteuer auslösen. Für die vom Gerichtsvollzieher eingeholten Auskünfte erhält der Gläubigervertreter keine weiteren Gebühren.

▶ Holt der Gläubigervertreter selbst bei der Meldebehörde eine Auskunft nach dem Wohnsitz des Schuldners ein, wird dies keine gesonderte 0,3 Verfahrensgebühr Nr. 3309 VV RVG und auch keine Geschäftsgebühr nach Nr. 2301 VV RVG auslösen.

8.6 Gütliche Erledigung der Sache

91 Nach § 802 a Abs. 2 Nr. 1 ZPO kann der Gerichtsvollzieher aufgrund eines entsprechenden Vollstreckungsauftrages eine gütliche Erledigung der Sache versuchen. Nach § 802 b Abs. 1 ZPO soll der Gerichtsvollzieher in jeder Lage des Verfahrens auf eine gütliche Erledigung bedacht sein. Er kann also auch ohne, dass der Gläubigervertreter eine gütliche Erledigung in Auftrag gegeben hat, stets von sich aus versuchen, mit dem Schuldner eine gütliche Erledigung (zB Ratenzahlungsvereinbarung) herbeizuführen.

92 Ein **Vollstreckungsauftrag**, der darauf **beschränkt** ist, dass der Gerichtsvollzieher eine gütliche Erledigung der Sache mit dem Schuldner versuchen soll, wird die 0,3 Verfahrensgebühr Nr. 3309 VV RVG zuzüglich Auslagen und Umsatzsteuer bei dem Gläubigervertreter auslösen. Ist der **Auftrag** allerdings **kombiniert mit weiteren Vollstreckungsmaßnahmen**, ist die gütliche Erledigung als vorbereitende Maßnahme im Sinne des § 18 Abs. 1 Nr. 1 RVG zu sehen mit der Folge, dass sie mit der nachfolgenden

[36] BGH JurBüro 2004, 191.

Zwangsvollstreckungsmaßnahme nur eine gebührenrechtliche Angelegenheit bildet. Allerdings wird die 0,3 Verfahrensgebühr schon ausgelöst durch den Vollstreckungsauftrag, die gütliche Erledigung der Sache zu versuchen.

Beispiel: Der Gläubigervertreter erteilt dem Gerichtsvollzieher folgenden Vollstreckungsauftrag: 93
1. Die gütliche Erledigung der Sache zu versuchen,
2. für den Fall, dass eine gütliche Erledigung nicht möglich ist, die Pfändung und Verwertung körperlicher Sachen zu betreiben.

Die gütliche Erledigung scheitert, so dass der Gerichtsvollzieher den Vollstreckungsauftrag auf Pfändung und Verwertung körperlicher Sachen ausführt.

Der Gläubigervertreter kann berechnen:

Für den Vollstreckungsauftrag, die gütliche Erledigung der Sache zu versuchen und die Pfändung und Verwertung körperlicher Sachen zu betreiben
Gegenstandswert: Hauptforderung + Zinsen + Kosten
0,3 Verfahrensgebühr Nr. 3309 VV RVG
zzgl. Auslagen und Umsatzsteuer.

Es entsteht nur eine 0,3 Verfahrensgebühr Nr. 3309 VV RVG, da die gütliche Erledigung der Sache als vorbereitende Vollstreckungshandlung im Sinne des § 18 Abs. 1 Nr. 1 RVG zu qualifizieren ist. Allerdings wird der Vollstreckungsauftrag auf gütliche Erledigung der Sache schon die 0,3 Verfahrensgebühr auslösen; dh, wäre in dem hier besprochenen Fall der Vollstreckungsauftrag auf Pfändung und Verwertung körperlicher Sachen nicht zur Ausführung gekommen, weil der Gerichtsvollzieher mit dem Schuldner eine Ratenzahlungsvereinbarung geschlossen und die Angelegenheit sich dadurch erledigt hätte, könnte der Gläubigervertreter ebenfalls die 0,3 Verfahrensgebühr Nr. 3309 VV RVG ansetzen.

Zusammenfassung

- ▶ Ist der Vollstreckungsauftrag auf eine gütliche Erledigung der Sache beschränkt, wird auch dieser Vollstreckungsauftrag beim Gläubiger eine 0,3 Verfahrensgebühr Nr. 3309 VV RVG zuzüglich Auslagen und Umsatzsteuer entstehen lassen. 94
- ▶ Steht der Vollstreckungsauftrag auf gütliche Erledigung der Sache im Zusammenhang mit anderen Vollstreckungsmaßnahmen, wird der Rechtsanwalt für die gütliche Erledigung der Sache keine gesonderte 0,3 Verfahrensgebühr Nr. 3309 VV RVG ansetzen können (§ 18 Abs. 1 Nr. 1 RVG).
- ▶ Bei kombinierten Aufträgen wird schon der Vollstreckungsauftrag auf gütliche Erledigung der Sache die 0,3 Verfahrensgebühr Nr. 3309 VV RVG auslösen. Auch wenn es dann nicht zur Ausführung der weiteren Aufträge kommt, ist die 0,3 Verfahrensgebühr Nr. 3309 VVRVG einmal entstanden.

8.7 Vermögensauskunft des Schuldners

Das Verfahren auf Einholung einer Vermögensauskunft des Schuldners (§§ 802 f 95
und 802 g ZPO) ist nach § 18 Abs. 1 Nr. 16 RVG stets eine besondere – gebührenrechtliche – Angelegenheit. Ein Vollstreckungsauftrag auf Einholung einer Vermögensauskunft des Schuldners wird also stets eine 0,3 Verfahrensgebühr Nr. 3309 VV RVG zuzüglich Auslagen und Umsatzsteuer entstehen lassen. Daneben kann der Rechtsanwalt noch eine 0,3 Terminsgebühr Nr. 3310 VV RVG verdienen, wenn er für seinen Mandanten auch den Termin zur Abnahme der eidesstattlichen Versicherung vor dem Gerichtsvollzieher wahrnimmt (Anmerkung zu Nr. 3310 VV RVG). Als **Gegenstandswert** ist diesen Gebühren der Betrag, der zu vollstreckenden Geldforderung einschließlich der Nebenforderung zugrunde zu legen. Der Wert ist allerdings in § 25 Abs. 1 Nr. 4 RVG gedeckelt und darf höchstens mit 2.000 EUR angesetzt werden. Diese Wertobergrenze gilt allerdings nur für die Vollstreckungsmaßnahme auf Einholung einer Vermögensauskunft des Schuldners.

Praxistipp:

96 Vielfach wird nach den Änderungen durch das Gesetz zur Reform der Sachaufklärung in der Zwangsvollstreckung als erste Maßnahme vom Gläubigervertreter ein Vollstreckungsauftrag auf Einholung einer Vermögensauskunft des Schuldners erteilt. Kombiniert der Rechtsanwalt den Vollstreckungsauftrag dahingehend, dass er zunächst den Gerichtsvollzieher beauftragt, eine gütliche Erledigung der Sache zu versuchen und für den Fall, dass diese scheitert, eine Vermögensauskunft des Schuldners einzuholen, handelt es sich zwar nur um eine Vollstreckungsmaßnahme im Sinne des § 18 Abs. 1 Nr. 1 RVG. Es entsteht folglich nur eine 0,3 Verfahrensgebühr Nr. 3309 VV RVG zuzüglich Auslagen und Umsatzsteuer. Die Gebühr wird sich nach dem vollen Gegenstandswert (Hauptforderung + Zinsen + Kosten) bestimmen. Die Streitwertobergrenze des § 25 Abs. 1 Nr. 4 RVG von 2.000 EUR kommt hier nicht zur Anwendung. Denn der erste Vollstreckungsauftrag zur gütlichen Erledigung der Sache wird die Gebühr schon auslösen. Für diese Vollstreckungsmaßnahme gilt die Streitwertobergrenze nicht.[37]

Der Gläubigervertreter wird aber immer auch die beim Gerichtsvollzieher entstehenden Kosten „im Auge behalten müssen".[38] Für den Versuch einer gütlichen Erledigung der Sache (§ 802 b ZPO) erhält der Gerichtsvollzieher eine Gebühr von 16 EUR (Nr. 207 GvKostG KV). Diese Gebühr ermäßigt sich auf 8 EUR, wenn der Gerichtsvollzieher gleichzeitig mit einer auf eine Maßnahme nach § 802 a Abs. 2 S. 1 Nr. 2 (Vollstreckungsauftrag auf Einholung einer Vermögensauskunft) oder Nr. 4 (Vollstreckungsauftrag auf Pfändung und Verwertung körperlicher Sachen) betraut ist (Nr. 208 GvKostG KV).

97 Beantragt der Rechtsanwalt beim Gerichtsvollzieher, weil ihm bekannt geworden ist, dass der Schuldner bereits für einen anderen Gläubiger eine Vermögensauskunft erteilt und ein Vermögensverzeichnis aufgestellt hat, nur die **Erteilung einer Abschrift des Vermögensverzeichnisses**, so wird dadurch schon die 0,3 Verfahrensgebühr Nr. 3309 VV RVG ausgelöst.[39] Wird der Rechtsanwalt dann noch weiter in dem Verfahren auf Einholung einer Vermögensauskunft tätig, zB weil er einen Antrag auf Nachbesserung/Ergänzung der Angaben des Schuldners im Vermögensverzeichnis stellt, entsteht keine zweite Verfahrensgebühr, da es sich um eine Vollstreckungsmaßnahme im Sinne des § 18 Abs. 1 Nr. 1 RVG handelt.

8.7.1 Nachbesserung/Ergänzung der Angaben im Vermögensverzeichnis

98 Sind die Angaben des Schuldners im Vermögensverzeichnis unvollständig oder ungenau, kann der Gläubiger dem Gerichtsvollzieher einen Vollstreckungsauftrag auf Nachbesserung/Ergänzung der Vermögensauskunft durch den Schuldner erteilen. Dieses Verfahren auf Nachbesserung/Ergänzung stellt eine Fortsetzung des ursprünglichen Verfahrens auf Einholung der Vermögensauskunft dar. Es ist folglich **keine gesonderte gebührenrechtliche Angelegenheit**. Die Tätigkeit des Rechtsanwaltes in diesem Verfahren wird mit der 0,3 Verfahrensgebühr Nr. 3309 VV RVG abgegolten, die der Gläubigervertreter in dem ursprünglichen Verfahren auf Einholung der Vermögensauskunft erhalten hat.[40]

99 War der Rechtsanwalt allerdings in dem **ursprünglichen Verfahren auf Einholung der Vermögensauskunft nicht tätig** und hat er folglich die 0,3 Verfahrensgebühr Nr. 3309 VV RVG für die Vollstreckungsmaßnahme Einholung der Vermögensauskunft des Schuldners noch nicht verdient, so entsteht sie durch diese Tätigkeit, also die Erteilung des Vollstreckungsauftrages auf Nachbesserung/Ergänzung der Vermögensauskunft des Schuldners.

100 In der Praxis kommt es häufig vor, dass der Schuldner die **Vermögensauskunft bereits für einen anderen Gläubiger abgegeben** und ein Vermögensverzeichnis aufgestellt hat. In der Regel wird dann der Rechtsanwalt beim Gerichtsvollzieher nur die

---

[37] Hartung/Schons/Enders § 18 Rn. 31, 32; Enders JurBüro 2013, 1 (2, Kap. 2.1).

[38] Nr. 207, 208 GvKostG KV wurde durch BGBl. I 2016, 2591 neu gefasst. Zur Rechtslage bis zum 25. 11. 2016 → RVG für Anfänger, 17. Aufl., Kap. J Rn. 92.

[39] Hartung/Schons/Enders § 18 Rn. 33; Enders JurBüro 2013, 1 (5, Kap. 6.).

[40] Hartung/Schons/Enders § 18 Rn. 34; Enders JurBüro 2013, 1 (3, Kap. 3.).

Erteilung einer Abschrift des Vermögensverzeichnisses beantragen. Stellt er dann nach Erhalt des Vermögensverzeichnisses fest, dass die Angaben des Schuldners ungenau oder unvollständig sind, wird er dem Gerichtsvollzieher einen Vollstreckungsauftrag auf Nachbesserung/Ergänzung der Vermögensauskunft erteilen. Auch in diesen Fällen steht die 0,3 Verfahrensgebühr Nr. 3309 VV RVG dem Rechtsanwalt nur einmal zu. Ausgelöst wird sie bereits durch den Auftrag an den Gerichtsvollzieher auf Erteilung einer Abschrift des Vermögensverzeichnisses.

Zusammenfassung

- Der Vollstreckungsauftrag auf Nachbesserung/Ergänzung der Vermögensauskunft bzw. der Angaben im Vermögensverzeichnis löst in der Regel beim Gläubigervertreter keine gesonderte 0,3 Verfahrensgebühr Nr. 3309 VV RVG aus. 101

8.7.2 Erneute Vermögensauskunft

102 Grundsätzlich ist der Schuldner nur alle zwei Jahre verpflichtet, eine Vermögensauskunft zu erteilen. Macht ein Gläubiger Tatsachen glaubhaft, die auf eine wesentliche Veränderung der Vermögensverhältnisse des Schuldners schließen lassen, ist der Schuldner nach § 802d ZPO zur erneuten Vermögensauskunft auch vor Ablauf der 2-Jahresfrist verpflichtet. Ein Vollstreckungsauftrag an den Gerichtsvollzieher auf erneute Vermögensauskunft gemäß § 802d ZPO ist eine gesonderte Vollstreckungsmaßnahme im Sinne des § 18 Abs. 1 Nr. 1 RVG und löst damit eine **gesonderte** Vergütung beim Gläubigervertreter in Gestalt der **0,3 Verfahrensgebühr** Nr. 3309 VV RVG zuzüglich Auslagen und Umsatzsteuer aus.[41] Dies auch dann, wenn der Gläubigervertreter bereits in dem ersten Verfahren auf Einholung einer Vermögensauskunft durch den Schuldner tätig war. Auch für das Verfahren auf erneute Vermögensauskunft gilt die Streitwertobergrenze des § 25 Abs. 1 Nr. 4 RVG von 2.000 EUR.

Zusammenfassung

- Der Vollstreckungsauftrag auf erneute Vermögensauskunft nach § 802d ZPO löst eine gesonderte 0,3 Verfahrensgebühr Nr. 3309 VV RVG zuzüglich Auslagen und Umsatzsteuer beim Gläubigervertreter aus. 103

8.7.3 Verhaftung des Schuldners

104 Nach § 802g Abs. 1 ZPO erlässt das Gericht auf Antrag des Gläubigers gegen den Schuldner, der dem Termin zur Abgabe der Vermögensauskunft unentschuldigt fern bleibt oder die Abgabe der Vermögensauskunft gemäß § 802c ZPO ohne Grund verweigert, zur Erzwingung der Abgabe einen Haftbefehl. Der Antrag des Gläubigers auf Erlass des Haftbefehls löst keine gesonderte 0,3 Verfahrensgebühr Nr. 3309 VV RVG beim Gläubigervertreter aus.

105 Erteilt der Gläubigervertreter dem Gerichtsvollzieher einen **Vollstreckungsauftrag auf Verhaftung des Schuldners**, löst auch dieser Verhaftungsauftrag beim Gläubigervertreter **keine gesonderte 0,3 Verfahrensgebühr** Nr. 3309 VV RVG aus. Auch der Vollstreckungsauftrag auf Verhaftung des Schuldners wird noch mit der 0,3 Verfahrensgebühr Nr. 3309 VV RVG abgegolten, die der Rechtsanwalt für den Vollstreckungsauftrag auf Einholung einer Vermögensauskunft des Schuldners erhalten hat.

106 Anders kann dies sein, wenn der Rechtsanwalt erstmals mit dem Vollstreckungsauftrag auf Verhaftung des Schuldners tätig wird und bisher in der Vollstreckungsmaßnahme wegen der Einholung einer Vermögensauskunft des Schuldners noch nicht tätig war. Dann löst der Verhaftungsauftrag bei dem Gläubigervertreter die 0,3 Ver-

[41] Hartung/Schons/Enders § 18 Rn. 35; Enders JurBüro 2013, 1 (4, Kap. 4.).

fahrensgebühr Nr. 3309 VV RVG aus.[42] Anders kann dies auch dann sein, wenn der Vollstreckungsauftrag auf Verhaftung des Schuldners mit anderen Vollstreckungsmaßnahmen kombiniert wird.

107 **Beispiel:** Der Gläubigervertreter hat dem zuständigen Gerichtsvollzieher zunächst einen Vollstreckungsauftrag auf Erteilung einer Vermögensauskunft des Schuldners erteilt. Der Schuldner ist zum Termin zur Abgabe der Vermögensauskunft nicht erschienen. Auf Antrag des Gläubigers erlässt das Vollstreckungsgericht einen Haftbefehl. Der Gläubigervertreter erteilt nach Vorliegen des Haftbefehls dem Gerichtsvollzieher folgenden weiteren Vollstreckungsauftrag:

1. Pfändung und Verwertung körperlicher Sachen
2. für den Fall, dass der erste Vollstreckungsauftrag erfolglos verläuft, den Schuldner zu verhaften und ihm die Vermögensauskunft abzunehmen.

Der Gerichtsvollzieher findet pfändbare Habe nicht vor. Der Schuldner gibt, nachdem ihm der Gerichtsvollzieher die Verhaftung androht, die Vermögensauskunft ab und erstellt ein Vermögensverzeichnis, dessen Richtigkeit er an Eidesstatt versichert.

Der Gläubigervertreter kann berechnen:

Für den Vollstreckungsauftrag betreffend die Einholung der Vermögensauskunft des Schuldners einschließlich des Verhaftungsauftrages
Gegenstandswert: Hauptforderung + Zinsen + Kosten, höchstens 2.000,00 EUR
0,3 Verfahrensgebühr Nr. 3309 VV RVG
zzgl. Auslagen und Umsatzsteuer.

Für den Vollstreckungsauftrag betreffend die Pfändung und Verwertung körperlicher Sachen
Gegenstandswert: Hauptforderung + Zinsen + Kosten
0,3 Verfahrensgebühr Nr. 3309 VV RVG
zzgl. Auslagen und Umsatzsteuer.

Zusammenfassung

108 ▶ Der Antrag auf Erlass des Haftbefehls und ein Vollstreckungsauftrag auf Verhaftung des Schuldners gehören gebührenrechtlich zu der Vollstreckungsmaßnahme auf Einholung einer Vermögensauskunft des Schuldners. Der Antrag auf Erlass des Haftbefehls und der Vollstreckungsauftrag auf Verhaftung des Schuldners wird bei dem Rechtsanwalt, der ohnehin im Rahmen der Vollstreckungsmaßnahme auf Einholung einer Vermögensauskunft des Schuldners tätig geworden ist und die 0,3 Verfahrensgebühr Nr. 3309 VV RVG zuzüglich Auslagen und Umsatzsteuer verdient hat, keine weiteren Gebühren auslösen.

▶ Anders kann dies sein, wenn der Vollstreckungsauftrag auf Verhaftung des Schuldners mit anderen Vollstreckungsmaßnahmen kombiniert ist.

8.8 Auskünfte Dritter über das Vermögen des Schuldners

109 Nach § 802 l ZPO kann der Gerichtsvollzieher bei Dritten Auskünfte über das Vermögen des Schuldners einholen. Voraussetzung hierfür ist, dass der Schuldner seiner Pflicht zur Abgabe einer Vermögensauskunft nicht nachgekommen ist oder bei einer Vollstreckung in die im Vermögensverzeichnis aufgeführten Vermögensgegenstände eine vollständige Befriedigung des Gläubigers voraussichtlich nicht zu erwarten ist. Der Gerichtsvollzieher ist befugt, bei den Trägern der gesetzlichen Rentenversicherung den Arbeitgeber des Schuldners zu erfragen, beim Bundeszentralamt für Steuern Daten betreffend die Bankverbindung des Schuldners abzurufen oder beim Kraftfahrt-Bundesamt Fahrzeug- und Halterdaten abzufragen (§ 802 l Abs. 1 S. 1 ZPO). Der Gläubiger muss dem Gerichtsvollzieher einen Vollstreckungsauftrag zur Einholung dieser Auskünfte erteilen. Der Gläubiger kann alle in § 802 l Abs. 1 ZPO vorgesehenen Auskünfte durch den Gerichtsvollzieher einholen lassen; er kann seinen Auftrag auch auf die Einholung einzelner Auskünfte beschränken.

110 Ein Vollstreckungsauftrag auf Einholung von Auskünften Dritter über das Vermögen des Schuldners gehört meines Erachtens nicht mehr zu der Vollstreckungsmaß-

[42] Hartung/Schons/Enders § 18 Rn. 36; Enders JurBüro 2013, 1 (4, Kap. 5.).

nahme Einholung einer Vermögensauskunft des Schuldners. Meines Erachtens löst der Vollstreckungsauftrag auf Einholung von Auskünften Dritter über das Vermögen des Schuldners eine **neue 0,3 Verfahrensgebühr** Nr. 3309 VV RVG beim Gläubigervertreter aus.[43]

Nach *Schneider/Wolf*[44] handelt es sich zwar bei dem Vollstreckungsauftrag auf Einholung einer Vermögensauskunft des Schuldners (§ 802 c ZPO) und dem Vollstreckungsauftrag auf Einholung Auskünfte Dritter über das Vermögen des Schuldners (§ 802 l ZPO) um dieselbe gebührenrechtliche Angelegenheit, so dass die **0,3 Verfahrensgebühr Nr. 3309 VV RVG nur einmal entsteht. Aber** sie bestimmt sich **nach dem Wert der vollen Forderung**, wegen welcher vollstreckt wird (Hauptforderung + Zinsen + Kosten – § 25 Abs. 1 Nr. 1 RVG) und nicht nur nach dem Höchstwert von 2.000 EUR. § 25 Abs. 1 Nr. 4 RVG soll dann nicht zur Anwendung kommen, wenn der Gerichtsvollzieher beide Vollstreckungsaufträge ausführt![45] 111

Folgen nach dieser Vollstreckungsmaßnahme aufgrund von Informationen, die der Rechtsanwalt durch die bei Dritten eingeholten Auskünfte erlangt, **weitere Vollstreckungshandlungen**, so bilden diese wiederum **eine Vollstreckungsmaßnahme** im Sinne des § 18 Abs. 1 Nr. 1 RVG mit dem Vollstreckungsauftrag auf Einholung Auskünfte Dritter über das Vermögen des Schuldners. 112

Beispiel: Der Gläubigervertreter erteilt dem Gerichtsvollzieher folgenden Vollstreckungsauftrag: 113
1. Einholung einer Vermögensauskunft des Schuldners
2. für den Fall, dass die Voraussetzungen gemäß § 802 l Abs. 1 ZPO eintreten, Auskünfte Dritter über das Vermögen des Schuldners einzuholen
3. für den Fall, dass sich eine Forderung des Schuldners gegenüber einem Dritten ergibt, eine Vorpfändung durchzuführen.

Der Gerichtsvollzieher führt das Verfahren auf Vermögensauskunft des Schuldners durch. Die Voraussetzungen des § 802 l Abs. 1 ZPO treten ein. Der Gerichtsvollzieher holt bei allen drei Behörden/Institutionen Auskünfte über das Vermögen des Schuldners ein. Von dem Träger der gesetzlichen Rentenversicherung erfährt der Gerichtsvollzieher Name und Anschrift des Arbeitgebers des Schuldners. Der Gerichtsvollzieher veranlasst auftragsgemäß eine Vorpfändung.

Der Gläubigervertreter kann berechnen:

Für den Vollstreckungsauftrag auf Einholung einer Vermögensauskunft des Schuldners
Gegenstandswert: Hauptforderung + Zinsen + Kosten, höchstens 2.000,00 EUR
0,3 Verfahrensgebühr Nr. 3309 VV RVG
zzgl. Auslagen und Umsatzsteuer.

Für den Vollstreckungsauftrag auf Einholung Auskünfte Dritter über das Vermögen des Schuldners und die Vorpfändung
Gegenstandswert: Hauptforderung + Zinsen + Kosten
0,3 Verfahrensgebühr Nr. 3309 VV RVG
zzgl. Auslagen und Umsatzsteuer.

Meines Erachtens wird durch den Vollstreckungsauftrag auf Einholung Auskünfte Dritter über das Vermögen des Schuldners eine weitere 0,3 Verfahrensgebühr Nr. 3309 VV RVG zuzüglich Auslagen und Umsatzsteuer ausgelöst. Diese Maßnahme bildet aber eine Angelegenheit mit der nachfolgenden Vollstreckungshandlung betreffend die Vorpfändung, da es die Vorpfändung vorbereitet (§ 18 Abs. 1 Nr. 1 RVG). Denn die Informationen für die Vorpfändung (Name und Anschrift des Arbeitgebers des Schuldners) hat der Gläubiger durch die bei Dritten eingeholten Auskünfte erhalten.

Würde in dieser Angelegenheit der Gläubigervertreter noch den Erlass eines Pfändungs- und Überweisungsbeschlusses beantragen, wäre auch dieser Antrag noch mit der 0,3 Verfahrensgebühr Nr. 3309 VV RVG gebührenrechtlich abgegolten, die der Rechtsanwalt für den Vollstreckungsauftrag Einholung von Auskünften Dritter über das Vermögen des Schuldners und die Vorpfändung ansetzen kann.

---

[43] Hartung/Schons/Enders § 18 Rn. 41; Enders JurBüro 2012, 633 (640, Kap. 7.); Enders JurBüro 2015, 617; LG Frankfurt/Main JurBüro 2017, 44 = RVGreport 2017, 97; Anderer Meinung: AG Hechingen BeckRS 2017, 114642.

[44] Schneider/Wolf § 18 Rn. 199, 200; Volpert, RVGreport 2017, 82 (83).

[45] Der Text unter dieser Rn. wurde zitiert aus dem RVG-Tipp von Enders, JurBüro 2015, 617 (618).

114 Dasselbe würde gelten, wenn im Rahmen der eingeholten Auskünfte Dritter über das Vermögen des Schuldners ein pfändbarer Gegenstand bekannt würde (zB ein PKW) und der Gläubigervertreter einen weiteren Vollstreckungsauftrag auf Pfändung und Verwertung dieser körperlichen Sache dem zuständigen Gerichtsvollzieher erteilen würde. Dann wäre die Zwangsvollstreckungshandlung auf Einholung Auskünfte Dritter über das Vermögen des Schuldners und der anschließende Vollstreckungsauftrag auf Pfändung und Verwertung körperlicher Sachen eine Vollstreckungsmaßnahme im Sinne des § 18 Abs. 1 Nr. 1 RVG mit der Folge, dass dann die 0,3 Verfahrensgebühr Nr. 3309 VV RVG zuzüglich Auslagen und Umsatzsteuer nur einmal anfallen würde.

115 Verlaufen alle vom Gerichtsvollzieher eingeholten Auskünfte bei Dritten über das Vermögen des Schuldners negativ, so bleibt die durch den Vollstreckungsauftrag auf Einholung Auskünfte Dritter über das Vermögen des Schuldners ausgelöste 0,3 Verfahrensgebühr Nr. 3309 VV RVG zuzüglich Auslagen und Umsatzsteuer mE bestehen.[46]

116 Zwangsvollstreckungsmaßnahmen, die sich im Vollstreckungsantrag auf Einholung Auskünfte Dritter über das Vermögen des Schuldners anschließen, ohne dass der Gläubiger die Informationen hierfür aus den eingeholten Auskünften entnommen hat, lösen eine weitere – gesonderte – 0,3 Verfahrensgebühr Nr. 3309 VV RVG aus. Denn in diesen Fällen ist die Vollstreckungshandlung betreffend die Einholung Auskünfte Dritter über das Vermögen des Schuldners keine vorbereitende Maßnahme für die nachfolgende Vollstreckungsmaßnahme im Sinne des § 18 Abs. 1 Nr. 1 RVG. Verlaufen also alle vom Gerichtsvollzieher eingeholten Auskünfte Dritter über das Vermögen des Schuldners negativ und erfährt der Gläubiger auf anderem Wege von einer bestehenden Forderung des Schuldners, so löst ein Antrag auf Erlass eines Pfändungs- und Überweisungsbeschlusses in diese Forderung eine weitere gesonderte 0,3 Verfahrensgebühr Nr. 3309 VV RVG aus.[47]

Zusammenfassung

117
- ▶ Durch den Vollstreckungsauftrag auf Einholung Auskünfte Dritter über das Vermögen des Schuldners entsteht beim Gläubigervertreter eine weitere 0,3 Verfahrensgebühr Nr. 3309 VV RVG zuzüglich Auslagen und Umsatzsteuer. Diese Vollstreckungsmaßnahme gehört meines Erachtens nicht mehr gebührenrechtlich zu der vorangegangenen Zwangsvollstreckungsmaßnahme Einholung einer Vermögensauskunft des Schuldners.
- ▶ Werden im Rahmen der eingeholten Auskünfte bei Dritten über das Vermögen des Schuldners Informationen bekannt, aufgrund deren weitere Vollstreckungsmaßnahmen ausgebracht werden (zB Vorpfändung oder Antrag auf Pfändung und Verwertung körperlicher Sachen), dann würde die Vollstreckungshandlung wegen Einholung Auskünfte Dritter über das Vermögen des Schuldners wieder eine Vollstreckungsmaßnahme mit einem nachfolgenden Vollstreckungsauftrag oder einem Antrag auf Erlass eines Pfändungs- und Überweisungsbeschlusses bilden (§ 18 Abs. 1 Nr. 1 RVG).

8.9 Pfändung und Verwertung körperlicher Sachen

118 Erteilt der Gläubigervertreter im Namen des Gläubigers dem zuständigen Gerichtsvollzieher einen Vollstreckungsauftrag auf Pfändung und Verwertung körperlicher Sachen, so erhält er hierfür eine 0,3 Verfahrensgebühr Nr. 3309 VV RVG zuzüglich Auslagen und Umsatzsteuer. Eine derartige Vollstreckungsmaßnahme ist immer eine besondere Angelegenheit im Sinne des § 18 Abs. 1 Nr. 1 RVG.

---

[46] Nachweise unter → Kap. J Fußnote 43.
[47] Hartung/Schons/Enders § 18 Rn. 42.

Kann der Gerichtsvollzieher dem Auftrag nicht nachkommen, weil der Schuldner verzogen ist und ermittelt der Gläubigervertreter selbst den neuen Wohnsitz des Schuldners und erteilt dann einem Gerichtsvollzieher bei einem anderen Vollstreckungsgericht einen neuen Vollstreckungsauftrag auf Pfändung und Verwertung körperlicher Sachen, so handelt es sich nicht um eine neue – zweite – gebührenrechtliche Angelegenheit. Die 0,3 Verfahrensgebühr Nr. 3309 VV RVG fällt hier meines Erachtens nur einmal an.[48] 119

Verläuft der erste Vollstreckungsauftrag auf Pfändung und Verwertung körperlicher Sachen erfolglos und wird später ein neuer Zwangsvollstreckungsauftrag erteilt, so handelt es sich in folgenden Fällen um eine **neue gebührenrechtliche Angelegenheit** mit der Folge, dass neben der Gebühr für den ersten Vollstreckungsauftrag noch eine gesonderte Gebühr für den zweiten Vollstreckungsauftrag entsteht und vom Schuldner zu erstatten ist: 120

a. der erste Vollstreckungsauftrag auf Pfändung und Verwertung körperlicher Sachen wurde für die Wohnung des Schuldners erteilt, dort wird Pfändbares nicht vorgefunden und dann wird ein zweiter Vollstreckungsauftrag auf Pfändung und Verwertung körperlicher Sachen unter der Anschrift des Geschäftslokals des Schuldners erteilt;

b. wenn anzunehmen ist, dass der Schuldner seit dem ersten Vollstreckungsauftrag neues pfändbares Vermögen erlangt hat;

c. wenn seit dem ersten Vollstreckungsauftrag zwei Kalenderjahre vergangen sind (§ 15 Abs. 5 S. 2 RVG);

d. wenn sich der zweite Vollstreckungsauftrag in einem bestimmten Gegenstand richtet;

e. wenn der Gläubiger durch den ersten Vollstreckungsauftrag nur teilweise befriedigt wurde und ein weiterer zweiter Vollstreckungsauftrag auf Pfändung und Verwertung körperlicher Sachen zur Beitreibung der Restforderung notwendig wird.

Zusammenfassung

- ▶ Der Vollstreckungsauftrag auf Pfändung und Verwertung körperlicher Sachen löst eine 0,3 Verfahrensgebühr Nr. 3309 VV RVG zuzüglich Auslagen und Umsatzsteuer aus. 121
- ▶ Mehrere Vollstreckungsaufträge in derselben Sache können die 0,3 Verfahrensgebühr Nr. 3309 VV RVG auch mehrfach entstehen lassen.

8.10 Vorpfändung

Die Ausfertigung eines vorläufigen Zahlungsverbotes (Vorpfändung – § 845 ZPO) und die Weitergabe desselben an einen Gerichtsvollzieher mit der Bitte um Zustellung an Schuldner und Drittschuldner stellt keine besondere Angelegenheit im gebührenrechtlichen Sinn dar, so dass der Rechtsanwalt hierfür keine besondere Gebühr berechnen kann. Die diesbezügliche Tätigkeit des Rechtsanwaltes wird mit den Gebühren für den nachfolgenden Pfändungs- und Überweisungsbeschluss abgegolten. Sie bildet zusammen mit diesen eine Angelegenheit iSd § 18 Abs. 1 Nr. 1 RVG, da es diesen quasi vorbereitet = Vorpfändung. Der Rechtsanwalt wird allerdings dann für das vorläufige Zahlungsverbot eine gesonderte 0,3 Verfahrensgebühr Nr. 3309 VV RVG berechnen können, wenn ihm kein Pfändungs- und Überweisungsbeschluss nachfolgt, er also die 0,3 Verfahrensgebühr hierfür nicht verdient.[49] Siehe hierzu auch vorangegangenes → Kap. J Rn. 50. 122

Die 0,3 Verfahrensgebühr Nr. 3309 VV RVG für die Vollstreckungsmaßnahme „Pfändung und Überweisung einer Forderung“ wird allerdings schon ausgelöst durch das dem Pfändungs- und Überweisungsbeschluss vorausgehende vorläufige Zahlungsverbot. 123

---

[48] Vgl. zur Rechtslage bis 31. 12. 2012: RVG für Anfänger, 15. Auflage, Rn. 2130.
[49] Hartung/Schons/Enders § 18 Rn. 52; Gerold/Schmidt VV 3309 Rn. 426.

Zusammenfassung

124 ▶ Das vorläufige Zahlungsverbot löst in der Regel keine gesonderte 0,3 Verfahrensgebühr Nr. 3309 VV RVG aus. Es bildet eine gebührenrechtliche Angelegenheit mit dem nachfolgenden Pfändungs- und Überweisungsbeschluss.

8.11 Pfändungs- und Überweisungsbeschluss

125 Der Antrag auf Erlass eines Pfändungs- und Überweisungsbeschlusses stellt stets eine besondere Angelegenheit in gebührenrechtlicher Hinsicht dar, so dass der Rechtsanwalt hier eine 0,3 Verfahrensgebühr Nr. 3309 VV RVG berechnen kann. Hierbei spielt es keine Rolle, ob mit dem Pfändungs- und Überweisungsbeschluss das Arbeitseinkommen, eine sonstige Forderung oder aufgrund von Unterhaltsansprüchen gepfändet werden soll oder in einer Sache mehrere Pfändungs- und Überweisungsbeschlüsse ausgebracht werden. Für jeden Antrag auf Erlass eines Pfändungs- und Überweisungsbeschlusses fällt die 0,3 Verfahrensgebühr Nr. 3309 VV RVG gesondert an.

126 Wird aber wegen gleichartigen Forderungen ein einheitlicher Pfändungs- und Überweisungsbeschluss beantragt (zB Kontenpfändung gegenüber mehreren Banken in einem Pfändungs- und Überweisungsbeschluss), so fällt die 0,3 Verfahrensgebühr Nr. 3309 VV RVG nur einmal an.[50] Dasselbe gilt, wenn unterschiedliche Forderungen gegen verschiedene Drittschuldner mit einem Pfändungs- und Überweisungsbeschluss gepfändet würden (zB der Anspruch auf zukünftige Rente gegenüber dem Rentenversicherungsträger, eine Kontenpfändung gegen die Bank und eine Pfändung des Arbeitseinkommens gegenüber dem Arbeitgeber).[51]

127 Zum Gegenstandswert der 0,3 Verfahrensgebühr gem. Nr. 3309 VV RVG insbesondere bei Beantragung eines Pfändungs- und Überweisungsbeschlusses, siehe → Kap. J Rn. 26 ff.

Zusammenfassung

128 ▶ Der Antrag auf Erlass eines Pfändungs- und Überweisungsbeschlusses löst eine 0,3 Verfahrensgebühr Nr. 3309 VV RVG aus.

8.12 Durchsuchungsanordnung § 758a ZPO

129 Für die Einholung einer richterlichen Durchsuchungsanordnung gem. § 758a ZPO erhält der Rechtsanwalt keine besonderen Gebühren. Dies ergibt sich aus § 19 Abs. 2 Nr. 1 RVG. Die Einholung einer Durchsuchungsanordnung bereitet einen Zwangsvollstreckungsauftrag in das bewegliche Vermögen des Schuldners aber nur vor. Sie bildet daher meines Erachtens eine gebührenrechtliche Angelegenheit mit dem Zwangsvollstreckungsauftrag.[52]

130 Der Rechtsanwalt wird dem Gerichtsvollzieher in der Regel zunächst einen Vollstreckungsauftrag auf Pfändung und Verwertung körperlicher Sachen erteilen. Der Schuldner verweigert dann bei Erscheinen des Gerichtsvollziehers die Durchsuchung seiner Wohnung. Der Rechtsanwalt wird dann einen Antrag auf Erteilung einer richterlichen Durchsuchungsanordnung stellen. Nach Vorliegen der Durchsuchungsanordnung wird er dem Gerichtsvollzieher einen neuen Vollstreckungsauftrag auf Pfändung und Verwertung körperlicher Sachen erteilen. Die gesamte Tätigkeit für den ersten Vollstreckungsauftrag, die Einholung der Durchsuchungsanordnung und der dann folgende Vollstreckungsauftrag wird mit einer 0,3 Verfahrensgebühr

---

[50] Hartung/Schons/Enders § 18 Rn. 53; Gerold/Schmidt VV 3309 Rn. 207 bis 211.
[51] Hartung/Schons/Enders § 18 Rn. 53.
[52] Gerold/Schmidt VV 3309 Rn. 234.

Nr. 3309 VV RVG abgegolten, die bereits durch den ersten Vollstreckungsauftrag ausgelöst wird.

Ist der Rechtsanwalt **ausschließlich** beauftragt, eine Durchsuchungsanordnung einzuholen, so wird durch diesen Antrag die 0,3 Verfahrensgebühr Nr. 3309 VV RVG ausgelöst. Dies auch dann, wenn er bereits vorher im Erkenntnisverfahren tätig war. Denn die Einholung der Durchsuchungsanordnung gehört nicht mehr zum Erkenntnisverfahren des vorangegangenen Zivilprozesses, sondern zur Zwangsvollstreckung.[53] 131

Zusammenfassung

- Die Einholung einer richterlichen Durchsuchungsanordnung gem. § 758a ZPO wird in der Regel keine gesonderte 0,3 Verfahrensgebühr Nr. 3309 VV RVG auslösen, da sie eine gebührenrechtliche Angelegenheit mit dem Vollstreckungsauftrag auf Pfändung und Verwertung körperlicher Sachen bildet. 132
- Ist der Rechtsanwalt aber ausschließlich beauftragt, eine Durchsuchungsanordnung einzuholen, wird durch den Antrag auf Erteilung der Durchsuchungsanordnung die 0,3 Verfahrensgebühr Nr. 3309 VV RVG ausgelöst werden.

8.13 Erinnerungen gegen die Art und Weise der Zwangsvollstreckung § 766 ZPO

Nach Inkrafttreten des RVG war zunächst umstritten, ob die Erinnerung gegen die Art und Weise der Zwangsvollstreckung eine eigene gebührenrechtliche Angelegenheit ist und ob hierdurch eine 0,5 Verfahrensgebühr nach Nr. 3500 VV RVG oder nur eine 0,3 Verfahrensgebühr nach Nr. 3309 VV RVG ausgelöst wird.[54] 133

Durch das 2. Justizmodernisierungsgesetz[55] hat der Gesetzgeber durch die Aufnahme des Erinnerungsverfahrens des § 766 ZPO in § 19 Abs. 2 Nr. 2 RVG klargestellt, dass das Erinnerungsverfahren gebührenrechtlich zur (Zwangs-)Vollstreckungsmaßnahme gehört. Dies bedeutet, dass die Erinnerung für den Rechtsanwalt des **Gläubigers** in der Regel keine zusätzlichen Gebühren auslöst. Die Tätigkeit im Erinnerungsverfahren ist gebührenrechtlich abgegolten mit der 0,3 Verfahrensgebühr Nr. 3309 VV RVG, die der Rechtsanwalt bereits für die Zwangsvollstreckungsmaßnahme erhalten hat.[56] 134

Der vom **Schuldner** beauftragte Rechtsanwalt, der erstmals mit Einlegung der Erinnerung für den Schuldner in der Zwangsvollstreckung tätig wird, wird eine 0,3 Verfahrensgebühr Nr. 3309 VV RVG für die Tätigkeit in dem Verfahren über die Erinnerung nach § 766 ZPO abrechnen können. Dies aber nur dann, wenn er in der mit der Erinnerung angefochtenen Zwangsvollstreckungsmaßnahme noch nicht tätig war. War er bereits vorher für den Schuldner in dieser Zwangsvollstreckungsmaßnahme tätig und ist hierdurch bereits die 0,3 Verfahrensgebühr Nr. 3309 VV RVG ausgelöst worden, fällt dem Rechtsanwalt des Schuldners durch die Tätigkeit in dem Erinnerungsverfahren keine zweite 0,3 Verfahrensgebühr an. 135

Beispiel: Der Gerichtsvollzieher pfändet eine Sache. Der Schuldner lässt, vertreten durch Rechtsanwalt S, Erinnerung gegen die Art und Weise der Zwangsvollstreckung gem. § 766 ZPO einlegen. Rechtsanwalt S war vorher in dieser Zwangsvollstreckungsmaßnahme für den Schuldner noch nicht tätig. Rechtsanwalt G, der den Gläubiger in der Zwangsvollstreckung vertritt und für diesen dem Gerichtsvollzieher den entsprechenden Sachpfändungsauftrag erteilt hatte, wird für den Gläubiger auch in dem Erinnerungsverfahren tätig. 136

---

[53] Gerold/Schmidt VV 3309 Rn. 234.

[54] Vgl.: RVG für Anfänger, 12. Auflage, Rn. 1695; RVG für Anfänger, 13. Auflage, Rn. 1877 ff.

[55] BGBl. I 2006, 3416 ff. In Kraft getreten am 31. 12. 2006.

[56] Hartung/Schons/Enders § 19 Rn. 23.

Für den Sachpfändungsauftrag und die Tätigkeit in dem Erinnerungsverfahren kann **Rechtsanwalt G** (Gläubigervertreter) abrechnen:
0,3 Verfahrensgebühr Nr. 3309 VV RVG
zzgl. Auslagen und Umsatzsteuer.

Für die Tätigkeit in dem Erinnerungsverfahren kann Rechtsanwalt S (Schuldnervertreter) abrechnen:
0,3 Verfahrensgebühr Nr. 3309 VV RVG
zzgl. Auslagen und Umsatzsteuer.

137 Des Weiteren wurde durch das 2. Justizmodernisierungsgesetz[57] § 15 Abs. 6 RVG ergänzt. Hierdurch wurde klargestellt, dass der Rechtsanwalt für die Tätigkeit in einem Verfahren über eine Erinnerung nach § 766 ZPO allenfalls eine 0,3 Verfahrensgebühr nach Nr. 3309 VV RVG beanspruchen kann und keine 0,5 Verfahrensgebühr nach Nr. 3500 VV RVG anfällt. Denn der Rechtsanwalt, der nur mit einer Tätigkeit beauftragt ist, die nach § 19 RVG zum Rechtszug gehört, darf nicht mehr an Gebühren erhalten, als der Rechtsanwalt, der mit der gesamten Angelegenheit beauftragt ist. Nach § 19 Abs. 2 Nr. 2 RVG gehört das Verfahren über eine Erinnerung nach § 766 ZPO zur Zwangsvollstreckung. Da in der Zwangsvollstreckung nur eine 0,3 Verfahrensgebühr anfällt, kann auch im Erinnerungsverfahren nach § 766 ZPO keine höhere Verfahrensgebühr entstehen.[58]

138 In dem Verfahren über die Erinnerung gegen die Art und Weise der Zwangsvollstreckung kann eine 0,3 **Terminsgebühr** nach Nr. 3310 VV RVG entstehen, wenn der Rechtsanwalt an einem gerichtlichen Termin teilnimmt. Diese entsteht dann auch dem Rechtsanwalt des Gläubigers, vorausgesetzt, ihm ist wegen der angefochtenen Zwangsvollstreckungsmaßnahme noch keine Terminsgebühr entstanden.

Zusammenfassung

139
- ▶ Die Tätigkeit des Rechtsanwalts in einem Verfahren über eine Erinnerung gegen die Art und Weise der Zwangsvollstreckung nach § 766 ZPO gehört – gebührenrechtlich – zur Zwangsvollstreckung (§ 19 Abs. 2 Nr. 2 RVG).
- ▶ Für den Rechtsanwalt des Gläubigers, der schon wegen der mit der Erinnerung angefochtenen Zwangsvollstreckungsmaßnahme tätig war, entsteht für die Tätigkeit in dem Erinnerungsverfahren keine gesonderte 0,3 Verfahrensgebühr nach Nr. 3309 VV RVG.
- ▶ Für den Rechtsanwalt des Schuldners, der vorher noch nicht wegen der mit der Erinnerung angefochtenen Zwangsvollstreckungsmaßnahme tätig war, fällt für die Vertretung in dem Erinnerungsverfahren dann eine 0,3 Verfahrensgebühr nach Nr. 3309 VV RVG an.

8.14 Vollstreckungsabwehrklage § 767 ZPO

140 In dem Rechtsstreit über eine Vollstreckungsabwehrklage erhält der Rechtsanwalt Gebühren nach Teil 3 des Vergütungsverzeichnisses zum RVG. Es können dieselben Gebühren entstehen wie in jedem anderen Zivilprozess/bürgerlichen Rechtsstreit (→ Kap. E Rn. 251). Die Gebühren für die Vertretung in dem Rechtsstreit über die Vollstreckungsabwehrklage fallen stets gesondert an. Sie entstehen unabhängig von den Gebühren, die der Rechtsanwalt als Prozessbevollmächtigter in dem vorangegangenen Rechtsstreit verdient hat und unabhängig von den für Zwangsvollstreckungstätigkeiten entstandenen Gebühren.

---

[57] BGBl. I 2006, 3416 ff., in Kraft getreten am 31. 12. 2006.
[58] Hartung/Schons/Enders § 19 Rn. 23; Schneider NJW 2007, 325, 328 – Kapitel II. 3. a).

Zusammenfassung

▶ In einem Rechtsstreit über eine Vollstreckungsabwehrklage entstehen stets gesonderte Gebühren nach Teil 3 VV RVG. 141

8.15 Drittwiderspruchsklage § 771 ZPO

Dem Rechtsanwalt, der seine Partei im Verfahren über eine Drittwiderspruchsklage vertritt, entstehen Gebühren nach Teil 3 des Vergütungsverzeichnisses zum RVG. Es können dieselben Gebühren entstehen wie in jedem anderen Zivilprozess/bürgerlichen Rechtsstreit (→ Kap. E Rn. 251). Die Drittwiderspruchsklage stellt stets eine gesonderte gebührenrechtliche Angelegenheit dar, dh die Gebühren entstehen unabhängig von den dem Rechtsanwalt sonst entstandenen Gebühren. 142

Als Streitwert ist der geringere Wert maßgebend, also entweder der Wert der Forderung des betreibenden Gläubigers oder der Wert des Gegenstandes, in welchen die Zwangsvollstreckung erfolgte.[59] 143

Zusammenfassung

▶ In einem Rechtsstreit über eine Drittwiderspruchsklage entstehen stets gesonderte Gebühren nach Teil 3 VV RVG. 144

8.16 Klage auf vorzugsweise Befriedigung § 805 ZPO

Ebenfalls in dem Verfahren über eine Klage auf vorzugsweise Befriedigung gem. § 805 ZPO entstehen dem Rechtsanwalt Gebühren nach Teil 3 des Vergütungsverzeichnisses zum RVG. Es können dieselben Gebühren entstehen wie in jedem anderen Zivilprozess/bürgerlichen Rechtsstreit (→ Kap. E Rn. 251). Auch bei dieser Klage handelt es sich um eine gesonderte gebührenrechtliche Angelegenheit. 145

Zusammenfassung

▶ In einem Rechtsstreit über eine Klage auf vorzugsweise Befriedigung entstehen stets gesonderte Gebühren nach Teil 3 VV RVG. 146

8.17 Austauschpfändung § 811a ZPO

In dem Verfahren über die **Zulassung** der Austauschpfändung (**§ 811a ZPO**) kann die 0,3 Verfahrensgebühren Nr. 3309 VV RVG gesondert anfallen, ohne dass eine Anrechnung auf die bereits entstandenen oder noch entstehenden Gebühren stattfindet. Denn gem. § 18 Abs. 1 Nr. 7 RVG ist das Verfahren auf Zulassung der Austauschpfändung eine besondere gebührenrechtliche Angelegenheit. 147

Dies gilt nicht, wenn der Gerichtsvollzieher bereits eine vorläufige Austauschpfändung gem. § 811b ZPO vorgenommen hat. Da diese in § 18 Abs. 1 Nr. 7 RVG und auch sonst in § 18 Abs. 1 RVG nicht erwähnt ist, stellt das Verfahren über die **Genehmigung einer vorläufigen Austauschpfändung** gem. **§ 811b ZPO** keine gesonderte gebührenrechtliche Angelegenheit dar.[60] Die Tätigkeit des Rechtsanwaltes wird abgegolten durch die für den Zwangsvollstreckungsauftrag entstandene 0,3 Verfahrensgebühr Nr. 3309 VV RVG. 148

Als Gegenstandswert für die in dem Verfahren über die Zulassung der Austauschpfändung (§ 811a ZPO) entstandenen Gebühren ist der zu schätzende Überschuss des Versteigerungserlöses anzunehmen.[61] 149

---

[59] Rehberg/Schons, „Drittwiderspruchsklage (§ 771 ZPO)" 2.
[60] Rehberg/Schons, „Austauschpfändung"; Gerold/Schmidt VV 3309 Rn. 195.
[61] Gerold/Schmidt § 25 RVG Rn. 24.

Zusammenfassung

150 ▶ Das Verfahren über die Zulassung der Austauschpfändung (§ 811a ZPO) ist eine besondere gebührenrechtliche Angelegenheit.
▶ Das Verfahren über die Genehmigung einer vorläufigen Austauschpfändung (§ 811b ZPO) ist keine besondere gebührenrechtliche Angelegenheit.

8.18 Vollstreckungsschutzantrag § 765a ZPO

151 Auch der Vollstreckungsschutzantrag gem. § 765a ZPO stellt eine besondere Angelegenheit im gebührenrechtlichen Sinne dar, so dass der Rechtsanwalt, der einen derartigen Antrag für den Schuldner stellt, eine 0,3 Verfahrensgebühr Nr. 3309 VV RVG erhält (§ 18 Abs. 1 Nr. 6 RVG). Ebenfalls erhält der Bevollmächtigte des Gläubigers, der in diesem Verfahren tätig wird, diese Gebühr.

Zusammenfassung

152 ▶ In einem Verfahren über einen Vollstreckungsschutzantrag gem. § 765a ZPO entsteht eine gesonderte 0,3 Verfahrensgebühr Nr. 3309 VV RVG.

8.19 Anderweitige Verwertung § 825 ZPO

153 Für die Tätigkeit im Verfahren über einen Antrag auf anderweitige Verwertung eines gepfändeten Gegenstandes, welchen sowohl der Gläubiger als auch der Schuldner stellen kann, erhält der Rechtsanwalt ebenfalls eine gesonderte 0,3 Verfahrensgebühr Nr. 3309 VV RVG.[62] Denn nach § 18 Abs. 1 Nr. 8 RVG ist das Verfahren über einen Antrag nach § 825 ZPO eine besondere gebührenrechtliche Angelegenheit.

Zusammenfassung

154 ▶ Für die Tätigkeit in einem Verfahren über einen Antrag auf anderweitige Verwertung erhält der Rechtsanwalt eine gesonderte 0,3 Verfahrensgebühr Nr. 3309 VV RVG.

8.20 Zwangsvollstreckung zur Erwirkung der Herausgabe von Sachen und zur Erwirkung von Handlungen oder Unterlassungen §§ 883 ff. ZPO

8.20.1 Erwirkung einer vertretbaren Handlung

155 Nimmt der Schuldner eine vertretbare Handlung nicht vor, so ist der Gläubiger auf Antrag zu ermächtigen, diese auf Kosten des Schuldners durch einen Dritten vornehmen zu lassen (§ 887 ZPO). Gleichzeitig kann der Gläubiger beantragen, den Schuldner zur Vorauszahlung der hierdurch entstehenden Kosten zu verurteilen (§ 887 Abs. 2 ZPO). Diese beiden Anträge (Einholung der Ermächtigung und Vorauszahlung der Kosten) bilden eine Angelegenheit der Zwangsvollstreckung, so dass der Rechtsanwalt für beide Verfahren nur eine 0,3 Verfahrensgebühr Nr. 3309 VV RVG berechnen kann, auch wenn beide Verfahren getrennt voneinander betrieben werden.[63] Als Gegenstandswert ist der Wert der vorzunehmenden Handlung maßgebend.[64]

156 Aus dem Beschluss, womit der Schuldner zur Vorauszahlung der Kosten verurteilt wird, kann ebenfalls wieder die Zwangsvollstreckung betrieben werden, so dass dem Rechtsanwalt für entsprechende Tätigkeiten, wie Zwangsvollstreckungsauftrag, Pfändungs- und Überweisungsbeschluss usw wiederum gesonderte 0,3 Verfahrensgebühren nach Nr. 3309 VV RVG entstehen können.[65] Diese Gebühren richten sich aber

---

[62] Ausführlich: Enders JurBüro 1999, 57 (60) Kapitel 3.
[63] Gerold/Schmidt VV 3309 Rn. 264, 265.
[64] Gerold/Schmidt § 25 RVG Rn. 37.
[65] Gerold/Schmidt VV 3309 Rn. 266 ff.

dann nach dem beizutreibenden Kostenbetrag. Diese Gebühren entstehen neben der Gebühr für das Verfahren über den Antrag auf Ermächtigung, die Handlung von einem Dritten auf Kosten des Schuldners vornehmen zulassen.

Zusammenfassung

- Das Verfahren über die Vollstreckung einer vertretbaren Handlung gem. § 887 ZPO stellt eine besondere gebührenrechtliche Angelegenheit dar. 157
- Der Antrag, den Gläubiger zu ermächtigen, die Handlung auf Kosten des Schuldners durch einen Dritten vornehmen zu lassen und den Schuldner zur Vorauszahlung der Kosten zu verurteilen, stellt eine gebührenrechtliche Angelegenheit dar.
- Für die Zwangsvollstreckung aus dem Beschluss, in welchem der Schuldner zur Vorauszahlung der Kosten verurteilt wird, fallen wieder gesonderte Gebühren an.

8.20.2 Erwirkung einer unvertretbaren Handlung

Nimmt der Schuldner eine unvertretbare Handlung nicht vor, kann auf Antrag des Gläubigers von dem Prozessgericht zunächst ein Zwangsgeld oder Zwangshaft angedroht und für den Fall des fruchtlosen Fristablaufs auch festgesetzt werden (§ 888 ZPO). Dieses Verfahren bildet gem. § 18 Abs. 1 Nr. 13 RVG eine besondere Angelegenheit, so dass der Rechtsanwalt eine 0,3 Verfahrensgebühr Nr. 3309 VV RVG berechnen kann. 158

Diese Gebühr gilt die gesamte Tätigkeit des Rechtsanwaltes in dem Verfahren ab, auch wenn mehrmals ein Zwangsgeld bzw. Zwangshaft angeordnet wird.[66] 159

Obwohl das Zwangsgeld an die Staatskasse zu zahlen ist, erfolgt die Betreibung durch den Gläubiger. Die von diesem wegen des Zwangsgeldes ausgebrachten Zwangsvollstreckungsmaßnahmen bilden keine besondere Angelegenheit, so dass diesbzgl. keine besonderen Gebühren entstehen.[67] Die Tätigkeit des Rechtsanwaltes wird mit der bei Stellung des Antrages auf Zwangsgeld entstandenen 0,3 Verfahrensgebühr Nr. 3309 VV RVG abgegolten. Diese Gebühr richtet sich nach dem Wert der vorzunehmenden Handlung. 160

Zusammenfassung

- Das Verfahren auf Androhung oder Festsetzung eines Zwangsgeldes oder Zwangshaft im Rahmen einer Zwangsvollstreckung wegen einer unvertretbaren Handlung ist eine besondere gebührenrechtliche Angelegenheit. Es kann eine gesonderte 0,3 Verfahrensgebühr Nr. 3309 VV RVG entstehen. 161

8.20.3 Erzwingung von Unterlassung und Duldung

Wenn der Schuldner entgegen seiner Verpflichtung eine Handlung nicht unterlässt oder die Handlung des Gläubigers nicht duldet, so wird ihm auf Antrag des Gläubigers vom Prozessgericht ein Ordnungsgeld und für den Fall der Nichtbeitreibbarkeit eine Ordnungsstrafe angedroht. Diese Androhung kann schon im Urteil ausgesprochen werden. Dann ist sie gebührenrechtlich mit den im Erkenntnisverfahren entstandenen Gebühren abgegolten. 162

Ist die Androhung noch nicht im Urteil ausgesprochen und stellt der Rechtsanwalt erst nach dem Urteil den Antrag auf Androhung eines Ordnungsgeldes oder einer Ordnungshaft, so wird durch diese Tätigkeit schon die 0,3 Verfahrensgebühr Nr. 3309 VV RVG ausgelöst. Allerdings bildet das Verfahren über die Androhung

[66] Gerold/Schmidt VV 3309 Rn. 290.
[67] Gerold/Schmidt VV 3309 Rn. 290.

eine Angelegenheit mit dem weiteren Verfahren auf Festsetzung des Ordnungsgeldes oder der Ordnungshaft.[68]

163 Unterlässt oder duldet der Schuldner die Handlung trotz Androhung nicht, so kann der Gläubiger die Festsetzung des Ordnungsgeldes ersatzweise der Ordnungsstrafe beantragen. Für die Vertretung des Gläubigers in diesem Verfahren erhält der Rechtsanwalt eine 0,3 Verfahrensgebühr Nr. 3309 VV RVG (§ 18 Abs. 1 Nr. 14 RVG). Das Ordnungsgeld wird von Amts wegen beigetrieben, so dass der Rechtsanwalt Gebühren diesbezüglich nicht erhalten kann.

Handelt der Schuldner dann der Entscheidung immer noch zuwider, so kann nach vorheriger Androhung wieder ein Ordnungsgeld ersatzweise Ordnungsstrafe angeordnet werden. Diese weiteren Anträge können jeweils eine neue Angelegenheit sein, so dass die 0,3 Verfahrensgebühr Nr. 3309 VV RVG für jeden Antrag gesondert anfällt. § 18 Abs. 1 Nr. 14 RVG bestimmt, dass **jede Verurteilung** zu einem Ordnungsgeld eine neue Angelegenheit ist. Entscheidet das Gericht also über mehrere Anträge in einer Entscheidung, fällt die 0,3 Verfahrensgebühr nur einmal an. Voraussetzung für eine neue Angelegenheit ist auch, dass dem weiteren Antrag eine erneute Zuwiderhandlung nach Verhängung des Ordnungsgeldes zugrunde liegt.[69] Als Gegenstandswert ist nicht die Höhe des Ordnungsgeldes, sondern der Wert der Zuwiderhandlung bzw. des geschützten Rechts maßgebend.

164 Nach Zuwiderhandlung und Strafandrohung kann gegenüber dem Schuldner auch auf Antrag des Gläubigers eine Sicherheitsleistung für den dem Gläubiger durch zukünftige Zuwiderhandlung drohenden Schaden festgesetzt werden.

Für diesen Antrag nach § 890 Abs. 3 ZPO erhält der Rechtsanwalt ebenfalls eine 0,3 Verfahrensgebühr Nr. 3309 VV RVG (§ 18 Abs. 1 Nr. 15 RVG). Diese richtet sich nach der Höhe des wahrscheinlich entstehenden Schadens.[70]

Zusammenfassung

165
- ▶ Jedes Verfahren auf Verurteilung zu einem Ordnungsgeld gem. § 890 ZPO im Rahmen einer Zwangsvollstreckung wegen Unterlassung oder Duldung stellt gem. § 18 Abs. 1 Nr. 14 RVG eine besondere gebührenrechtliche Angelegenheit dar.
- ▶ Ebenso stellt die Verurteilung zur Bestellung einer Sicherheit im Falle des § 890 Abs. 3 ZPO gem. § 18 Abs. 1 Nr. 15 RVG eine besondere gebührenrechtliche Angelegenheit dar.

8.21 Vorherige Ankündigung der Zwangsvollstreckung gegen eine juristische Person des öffentlichen Rechts § 882a ZPO

166 Ist beabsichtigt, die Zwangsvollstreckung gegenüber einer juristischen Person des öffentlichen Rechts zu betreiben, so muss dies 4 Wochen vorher der Schuldnerin mitgeteilt werden. Für diese Anzeige erhält der Rechtsanwalt keine besonderen Gebühren (§ 19 Abs. 2 Nr. 4 RVG).

Diese Anzeige bildet eine gebührenrechtliche Angelegenheit mit der folgenden Zwangsvollstreckungsmaßnahme, zB einem Zwangsvollstreckungsauftrag oder einem Pfändungs- und Überweisungsbeschluss.

Folgt allerdings keine Zwangsvollstreckungsmaßnahme, so fällt eine 0,3 Verfahrensgebühr Nr. 3309 VV RVG an, da die Gebühr durch die erste Tätigkeit nach Erteilung des Auftrags durch den Mandanten bereits ausgelöst wird.[71]

---

[68] Gerold/Schmidt VV 3309 Rn. 355, 358.
[69] Siehe hierzu aber auch: Gerold/Schmidt VV 3309 Rn. 359.
[70] Gerold/Schmidt VV 3309 Rn. 363 und § 25 RVG Rn. 36.
[71] Gerold/Schmidt VV 3309 Rn. 168, 169.

Zusammenfassung

- Die Ankündigung der Zwangsvollstreckung gegen eine juristische Person des öffentlichen Rechts löst keine gesonderte 0,3 Verfahrensgebühr nach Nr. 3309 VV RVG aus. 167

8.22 Aufhebung einer Vollstreckungsmaßnahme

Nimmt der Rechtsanwalt im Zwangsvollstreckungsverfahren einen Antrag zurück, weil zB zwischenzeitlich Zahlung seitens des Schuldners erfolgte, so erhält er hierfür keine besondere Gebühr. Die 0,3 Verfahrensgebühr Nr. 3309 VV RVG, die bei Antragstellung entstanden ist, bleibt selbstverständlich bestehen. 168

Zusammenfassung

- Die Aufhebung einer Zwangsvollstreckungsmaßnahme löst keine besonderen Gebühren bei dem Rechtsanwalt aus. 169

8.23 Löschung der Eintragung im Schuldnerverzeichnis § 882e ZPO

Vertritt der Rechtsanwalt den **Schuldner** im Verfahren auf Löschung der Eintragung im Schuldnerverzeichnis, so kann ihm eine 0,3 Verfahrensgebühr Nr. 3309 VV RVG erwachsen (§ 18 Abs. 1 Nr. 17 RVG). 170

Der **Gläubiger** ist in der Regel an diesem Verfahren nicht beteiligt, so dass dessen Bevollmächtigter in diesem Verfahren keine gesonderten Gebühren erhält. Auch für die Bewilligung der Löschung bzw. die Erstellung einer entsprechenden Quittung erwachsen dem Rechtsanwalt des Gläubigers keine gesonderten Gebühren. 171

Dem **Gläubiger**vertreter kann aber dann eine weitere 0,3 Verfahrensgebühr Nr. 3309 VV RVG durch eine Tätigkeit im Verfahren auf Löschung der Eintragung im Schuldnerverzeichnis entstehen, wenn er nach Einleitung des Verfahrens durch den Schuldner in diesem tätig wird, weil er zB vom Gericht gehört wird.[72]

Zusammenfassung

- Für die Vertretung des Schuldners im Verfahren auf Löschung der Eintragung des Schuldners im Schuldnerverzeichnis erhält der Rechtsanwalt eine 0,3 Verfahrensgebühr Nr. 3309 VV RVG. 172

8.24 Weitere vollstreckbare Ausfertigung § 733 ZPO

Geht die vollstreckbare Ausfertigung eines Titels verloren oder wird aus irgendwelchen anderen Gründen die Anforderung einer weiteren vollstreckbaren Ausfertigung notwendig, so erhält der Rechtsanwalt für einen derartigen Antrag eine 0,3 Verfahrensgebühr Nr. 3309 VV RVG (§ 18 Abs. 1 Nr. 5 RVG). 173

Zusammenfassung

- Die Anforderung einer weiteren vollstreckbaren Ausfertigung löst bei dem Rechtsanwalt eine gesonderte 0,3 Verfahrensgebühr Nr. 3309 VV RVG aus. 174

---

[72] Hartung/Schons/Enders § 18 Rn. 38, 39; Gerold/Schmidt 3309 VV Rn. 337; Mayer/Kroiß § 18 Rn. 116 ff.; Schneider/Wolf § 18 Rn. 207, 208.

9. Die Ratenzahlungsvereinbarung

9.1 Einigungsgebühr

175 In der Praxis ergibt sich häufig folgende Fallgestaltung:

Die Forderung ist tituliert. Der Rechtsanwalt betreibt für den Gläubiger die Zwangsvollstreckung gegenüber dem Schuldner. Der Schuldner meldet sich bei dem Rechtsanwalt des Gläubigers und es wird vereinbart, dass die Zwangsvollstreckung eingestellt wird und der Schuldner die Forderung in monatlichen Raten abträgt. In der Praxis stellt sich dann die Frage, ob durch eine derartige Ratenzahlungsvereinbarung die Einigungsgebühr Nr. 1000 VV RVG ausgelöst wird.

176 Durch das 2. KostRMoG wurde in Absatz 1 Ziffer 2 der Anmerkung zu Nr. 1000 VV RVG klargestellt, dass die Einigungsgebühr entsteht, wenn der Rechtsanwalt an einer (Raten)Zahlungsvereinbarung mitwirkt (→ Kap. C Rn. 21).[73] Danach entsteht die Einigungsgebühr, wenn

- sich der Schuldner zur Erfüllung des Anspruchs verpflichtet
- und sich der Gläubiger gleichzeitig – zumindest vorläufig – verpflichtet, auf die gerichtliche Geltendmachung der Forderung zu verzichten
- oder der Gläubiger, wenn die Forderung bereits tituliert ist, sich – zumindest vorläufig – verpflichtet, auf Vollstreckungsmaßnahmen zu verzichten.

177 Damit die Einigungsgebühr entsteht, muss der Anwalt an dem Abschluss der (Raten)Zahlungsvereinbarung **mitgewirkt** haben. Eine Mitwirkung des Rechtsanwaltes an einer Zahlungsvereinbarung ist **nicht** gegeben, wenn der Gerichtsvollzieher im Rahmen der Zwangsvollstreckung eine Zahlungsvereinbarung mit dem Schuldner trifft und der Rechtsanwalt als Gläubigervertreter diese hinnimmt. Eine Mitwirkung wäre auch dann noch nicht gegeben, wenn der Gläubigervertreter sich zB in dem Vollstreckungsauftrag allgemein dem Gerichtsvollzieher gegenüber mit der Gestattung von Ratenzahlungen durch diesen einverstanden erklärt.[74]

178 Eine Mitwirkung des Rechtsanwaltes am Abschluss einer (Raten)Zahlungsvereinbarung wäre zB gegeben, wenn

- der Rechtsanwalt als Gläubigervertreter direkten Kontakt zum Schuldner hätte und mit diesem die Zahlungsvereinbarung aushandeln und abschließen würde;
- der Gläubiger in seinem Vollstreckungsauftrag ein konkretes Angebot für eine Zahlungsvereinbarung macht (zB unter Nutzung des Feldes E 2 oder E 4 des Vollstreckungsauftrages an die Gerichtsvollzieherin/den Gerichtsvollzieher) und der Schuldner exakt dieses Angebot gegenüber dem Gerichtsvollzieher annimmt;
- der Gläubigervertreter seinem Vollstreckungsauftrag an den Gerichtsvollzieher eine vorbereitete Zahlungsvereinbarung beifügt, der Schuldner diese vorbereitete Zahlungsvereinbarung annimmt und unterzeichnet;
- der Gläubigervertreter der vom Gerichtsvollzieher getroffenen Zahlungsvereinbarung widerspricht (§ 802 b Abs. 3 ZPO), selbst mit dem Schuldner Kontakt aufnimmt und mit dem Schuldner eine andere Zahlungsvereinbarung trifft.

179 Nach dem ebenfalls durch das 2. KostRMoG[75] neu eingeführten § 31b RVG beträgt der Gegenstandswert der Einigungsgebühr nur 20 % des Anspruchs, wenn Gegenstand der Einigung **nur eine Zahlungsvereinbarung** ist (→ Ausführlich: Kap. C Rn. 60 ff.). Zunächst ist zu prüfen, ob es sich tatsächlich um einen Vertrag im Sinne der Ziffer 2 des Absatzes 1 der Anmerkung zu Nr. 1000 VV RVG handelt. Dies ist nur bei unstreitigen Forderungen der Fall. Besteht zunächst Streit oder Ungewissheit über ein Rechtsverhältnis und wird dieser Streit oder die Ungewissheit über das Rechtsverhältnis durch den Abschluss des Vertrages beseitigt, so handelt es sich um

[73] BGBl. I 2013, 2586 f. – in Kraft getreten am 1. 8. 2013.

[74] So schon BGH AGS 2006, 496 = RVGreport 2006, 382 = JurBüro 2007, 24 zur Rechtslage bis 31. 7. 2013.

[75] BGBl. I 2013, 2586 f. – in Kraft getreten am 1. 8. 2013.

einen Fall der Ziffer 1 des Absatzes 1 der Anmerkung zu Nr. 1000 VV RVG. In diesem Fall kommt § 31 b RVG nicht zur Anwendung.

§ 31b RVG kommt meist nur dann zur Anwendung, wenn der Anspruch **unstreitig** 180
ist. Dies ist oft bei titulierten Ansprüchen der Fall. § 31 b RVG kommt aber auch nur dann zur Anwendung, wenn Gegenstand der Einigung **nur** eine Zahlungsvereinbarung ist. Enthält die Zahlungsvereinbarung mit dem Gegner **mehr** als **nur die Regelung der Zahlungsmodalitäten**, kommt § 31 b RVG nicht zur Anwendung. Die Ermäßigung des Gegenstandswertes auf 20 % des Anspruchs tritt also nicht ein, wenn die Zahlungsvereinbarung zB auch regelt die Stellung von Sicherheiten durch den Schuldner, die Zahlung höherer Zinsen, die Abtretung von pfändbaren Lohn- und Gehaltsansprüchen oder ähnliches.[76]

Es stellt sich die weitere Frage, in welcher **Höhe** die Einigungsgebühr in derartigen 181
Fällen entsteht. ME entsteht die Einigungsgebühr Nr. 1000 VV RVG in Höhe von 1,5, wenn in dem Zeitpunkt, in welchem der Gebührentatbestand erfüllt wird, keine Zwangsvollstreckungsmaßnahme **bei Gericht und dem Gerichtsvollzieher** anhängig ist. Durch das 2. Justizmodernisierungsgesetz[77] ist die Anmerkung zu Nr. 1003 VV RVG um einen Satz 2 erweitert worden, der lautet: *„Das Verfahren vor dem Gerichtsvollzieher steht einem gerichtlichen Verfahren gleich."* Also entsteht auch dann nur eine 1,0 Einigungsgebühr, wenn zum Zeitpunkt des Abschlusses der Ratenzahlungsvereinbarung nur eine Zwangsvollstreckungsmaßnahme vor dem Gerichtsvollzieher anhängig ist. Eine 1,5 Einigungsgebühr wird durch eine Ratenzahlungsvereinbarung nur dann ausgelöst werden können, wenn zum Zeitpunkt der Erfüllung der Voraussetzungen für das Entstehen der Gebühr weder eine Zwangsvollstreckungsmaßnahme bei dem Gericht noch bei dem Gerichtsvollzieher anhängig ist.

Der Schuldner hat die **Einigungsgebühr** nur dann **zu erstatten**, wenn diese unter 182
die **notwendigen Kosten der Zwangsvollstreckung** fällt. Nach einer Entscheidung des BGH[78] ist dies dann der Fall, wenn der Schuldner die Einigungsgebühr in der schriftlichen Ratenzahlungsvereinbarung übernommen hat.

Praxistipp: 183

Es empfiehlt sich, darauf zu achten, dass der Schuldner sich in der Ratenzahlungsvereinbarung auch dazu verpflichtet, die durch die Vereinbarung ausgelöste Einigungsgebühr Nr. 1000, 1003 VV RVG dem Gläubiger zu erstatten. Wenn der Schuldner sich in einer Ratenzahlungsvereinbarung auch verpflichtet hat, die Einigungsgebühr zu erstatten und diese nach Rechtsprechung des BGH folglich unter die notwendigen Kosten der Zwangsvollstreckung fällt, dann hat der Gerichtsvollzieher die Einigungsgebühr auch mit vom Schuldner beizutreiben.

In der Praxis stellt sich meist das Problem, dass der Gläubigervertreter dem Schuld- 184
ner eine vorbereitete Ratenzahlungsvereinbarung übersendet, in welcher sich der Schuldner auch verpflichten soll, die entstehende Einigungsgebühr zu erstatten. Der Schuldner nimmt zwar die Ratenzahlung auf, gibt die ihm übersandte schriftliche Vereinbarung aber nicht unterzeichnet zurück. Nach LG Augsburg[79] handelt es sich auch dann um eine Annahme der Zahlungsbedingungen durch den Schuldner, wenn dieser zwar die in der Ratenzahlungsvereinbarung angebotenen Ratenzahlungen aufnimmt, aber die Vereinbarung nicht unterzeichnet zurückgibt. Durch diese konkludente Annahme durch Aufnahme der Ratenzahlungen habe der Schuldner dann auch akzeptiert, dass er sich verpflichte, die Einigungsgebühr zu erstatten. Ähnlich hat das AG Heidelberg[80] entschieden. In dem vom AG Heidelberg (aaO) entschiedenen

[76] Hartung/Schons/Enders § 31 b Rn. 5, 6; Enders JurBüro 2013, 561 ff.; Mayer/Kroiß § 31b Rn. 3; AG Vaihingen an der Enz JurBüro 2015, 550.
[77] 2. Justizmodernisierungsgesetz, BGBl. I 2006, 3416 ff., in Kraft getreten am 31. 12. 2006.
[78] BGH Beschluss vom 24. 1. 2006 – VII ZB 74/05 = JurBüro 2006, 327.
[79] LG Augsburg JurBüro 2013, 45.
[80] AG Heidelberg, Beschluss vom 18.3.2015 – 1 M 10715 = DGVZ 2016, 113.

Fall enthielt die vom Gläubiger vorgesehene und dem Schuldner übersandte schriftliche Ratenzahlungsvereinbarung folgende Formulierung: **„*Die Schuldnerin erklärt sich – gegebenenfalls auch ohne Unterzeichnung – mit der ersten Rate zur Annahme des Ratenzahlungsangebotes und zur Übernahme der damit verbundenen Kosten bereit.*"** In dem vom AG Heidelberg (aaO) entschiedenen Fall waren nach der Vereinbarung monatliche Raten von 50 EUR, erstmals fällig am 22.7. zu zahlen. Der Schuldner hatte am 23.7. eine Rate von 50 EUR gezahlt und am 4.9. eine weitere Rate von 25 EUR. Insbesondere durch die Zahlung der ersten Rate habe der Schuldner (so das AG Heidelberg aaO) die Ratenzahlungsvereinbarung insgesamt angenommen.

185 Im Hinblick auf diese Rechtsprechung des LG Augsburg[81] und des AG Heidelberg[82] kann in der Praxis versucht werden, die Erstattung der Einigungsgebühr durch den Schuldner durchzusetzen. Wenn der Gerichtsvollzieher sich weigert, die Einigungsgebühr mit beizutreiben, könnte Erinnerung nach § 766 ZPO eingelegt werden mit dem Antrag „ *den Gerichtsvollzieher anzuweisen, auch die Einigungsgebühr in Höhe von mit beizutreiben ...*". Es könnte aber auch versucht werden, die Einigungsgebühr nach § 788 ZPO als Kosten der Zwangsvollstreckung gegenüber dem Schuldner festsetzen zu lassen.

186 Trifft der Gläubiger mit dem Schuldner eine Ratenzahlungsvereinbarung, und kommt des Schuldner seinen Ratenzahlungsverpflichtungen daraus nicht nach, veranlasst der Gläubiger häufig weitere Zwangsvollstreckungsmaßnahmen. Oft meldet sich der Schuldner dann erneut in der Kanzlei des Gläubigervertreters und vereinbart mit dem Bevollmächtigten des Gläubigers wiederum eine Ratenzahlung. Es stellt sich dann die Frage, ob für diese zweite Ratenzahlungsvereinbarung auch eine zweite Einigungsgebühr bei dem Gläubigervertreter entsteht. Dies ist dann der Fall, wenn sich nach Scheitern der ersten Ratenzahlungsvereinbarung eine neue gebührenrechtliche Angelegenheit eröffnet hat und in dieser weiteren gebührenrechtlichen Angelegenheit erneut der Tatbestand für das Entstehen der Einigungsgebühr nach Nr. 1000, 1003 VV RVG erfüllt wird.[83]

187 **Beispiel:** Der Gläubigervertreter hat dem Gerichtsvollzieher einen Vollstreckungsauftrag auf Pfändung und Verwertung körperlicher Sachen erteilt. Der Schuldner meldet sich bei dem Rechtsanwalt des Gläubigers und trifft mit diesem eine Ratenzahlungsvereinbarung. In der Ratenzahlungsvereinbarung verpflichtet sich der Schuldner auch, höhere als die titulierten Zinsen zu zahlen. Nach Zahlung der ersten beiden Raten nimmt der Gläubigervertreter den Vollstreckungsauftrag bei dem Gerichtsvollzieher zurück.

Nach Zahlung weiterer zwei Raten stellt der Schuldner die Ratenzahlungen ein. Da mittlerweile der Arbeitgeber des Schuldners bekannt geworden ist, beantragt der Gläubigervertreter wegen der noch offenstehenden Restforderung den Erlass eines Pfändungs- und Überweisungsbeschlusses gegenüber dem Arbeitgeber des Schuldners als Drittschuldner. Der Pfändungs- und Überweisungsbeschluss wird erlassen und an die Drittschuldnerin und den Schuldner zugestellt. Danach meldet sich der Schuldner erneut bei dem Gläubigervertreter und trifft mit diesem eine neue Ratenzahlungsvereinbarung. Zur Absicherung des Gläubigers verpflichtet sich der Schuldner zur Sicherungsübereignung seines KFZs. Nach Zahlung der beiden ersten Raten teilt der Gläubigervertreter dem Drittschuldner mit, dass – bis auf Widerruf – die pfändbaren Beträge wieder an den Schuldner ausgezahlt werden können.

Bei dem Rechtsanwalt des Gläubigers sind entstanden:

Erster Vollstreckungsauftrag auf Pfändung und Verwertung körperlicher Sachen
Gegenstandswert: 10.000,00 EUR (Hauptforderung + Zinsen + Kosten)

1) 0,3 Verfahrensgebühr §§ 2, 13 RVG iVm Nr. 3309 VV RVG	167,40 EUR
2) 1,0 Einigungsgebühr §§ 2, 13 RVG iVm Nr. 1000, 1003 VV RVG	558,00 EUR

zzgl. Auslagen und Umsatzsteuer.

Antrag auf Erlass des Pfändungs- und Überweisungsbeschlusses
Gegenstandswert: 8.500,00 EUR (Hauptforderung + Zinsen + Kosten/Rest)

1) 0,3 Verfahrensgebühr §§ 2, 13 RVG iVm Nr. 3309 VVR VG	152,10 EUR
2) 1,5 Einigungsgebühr §§ 2, 13 RVG iVm Nr. 1000 VV RVG	760,50 EUR

zzgl. Auslagen und Umsatzsteuer.

---

[81] LG Augsburg JurBüro 2013, 45.
[82] AG Heidelberg, Beschluss vom 18. 3. 2015 – 1 M 10715 = DGVZ 2016, 113.
[83] Enders JurBüro 2017, 169.

Die erste gebührenrechtliche Angelegenheit (Vollstreckungsauftrag auf Pfändung und Verwertung körperlicher Sachen) endete mit Rücknahme dieses Auftrags. Durch den Antrag auf Erlass eines Pfändungs- und Überweisungsbeschlusses wurde eine neue – zweite – gebührenrechtliche Angelegenheit eingeleitet. In dieser zweiten gebührenrechtlichen Angelegenheit wurde der Tatbestand der Einigungsgebühr durch die hier getroffene neue – zweite – Ratenzahlungsvereinbarung erneut erfüllt, sodass eine zweite Einigungsgebühr entstanden ist.

Da in der ersten Angelegenheit „Vollstreckungsauftrag auf Pfändung und Verwertung körperlicher Sachen" zum Zeitpunkt des Abschlusses der Ratenzahlungsvereinbarung diese noch beim Gerichtsvollzieher anhängig war, entsteht in dieser Angelegenheit die Einigungsgebühr nur in Höhe von 1,0.

In der zweiten Angelegenheit „Pfändungs- und Überweisungsbeschluss" war zum Zeitpunkt des Abschlusses der Ratenzahlungsvereinbarung keine Zwangsvollstreckungsmaßnahme mehr bei Gericht oder dem Gerichtsvollzieher anhängig, sodass hier die Einigungsgebühr in Höhe von 1,5 angesetzt werden kann.

Zusammenfassung

- Wirkt der Rechtsanwalt an einer (Raten- oder Teil-)Zahlungsvereinbarung mit, so fällt die Einigungsgebühr nach Nr. 1000 VV RVG an. Durch das 2. KostRMoG wurde in Ziffer 2 des Absatzes 1 der Anmerkung zu Nr. 1000 VV RVG klargestellt, dass dies auch dann der Fall ist, wenn die Forderung unstreitig ist. 188
- Entsteht die Einigungsgebühr nach Ziffer 2 des Absatzes 1 der Anmerkung zu Nr. 1000 VV RVG, so kann die Einigungsgebühr unter Umständen nur nach einem Gegenstandswert angesetzt werden, der 20 % des Anspruchs beträgt (§ 31b RVG). Diese Wertbeschränkung kommt nicht zur Anwendung, wenn die Zahlungsvereinbarung nicht nur Zahlungsmodalitäten regelt, sondern auch weitere Vereinbarungen enthält.
- Ist zum Zeitpunkt des Abschlusses der Ratenzahlungsvereinbarung entweder eine Zwangsvollstreckungsmaßnahme bei dem Gericht oder dem Gerichtsvollzieher anhängig, entsteht die Einigungsgebühr nur in Höhe einer 1,0 Gebühr.
- Nur wenn zum Zeitpunkt des Abschlusses der Ratenzahlungsvereinbarung keine Zwangsvollstreckungsmaßnahme anhängig ist, kann eine 1,5 Einigungsgebühr entstehen.

Es stellt sich die Frage, welche Gebühren neben der Einigungsgebühr Nr. 1000, 1003 VV RVG entstehen, wenn der Rechtsanwalt wegen einer Ratenzahlungsvereinbarung tätig wird. Entscheidend ist der dem Rechtsanwalt erteilte Auftrag (→ nachfolgende Kap. J Rn. 190 ff.). 189

9.2 Auftrag zur Durchführung der Zwangsvollstreckung

In der Regel wird der Rechtsanwalt in dem Zeitpunkt, in welchem er wegen einer Ratenzahlungsvereinbarung tätig wird, von seinem Mandanten den Auftrag haben, die Zwangsvollstreckung gegenüber dem Schuldner durchzuführen. Für jede einzelne Zwangsvollstreckungsmaßnahme entsteht ihm dann in der Regel eine 0,3 Verfahrensgebühr Nr. 3309 VV RVG. Mit dieser 0,3 Verfahrensgebühr Nr. 3309 VV RVG ist dann auch die Tätigkeit des Rechtsanwaltes im Hinblick auf die Ratenzahlungsvereinbarung abgegolten, bis auf die hierdurch ausgelöste Einigungsgebühr. 190

Zusammenfassung

- Hatte der Rechtsanwalt den Auftrag zur Durchführung der Zwangsvollstreckung, werden dem Rechtsanwalt durch den Ratenzahlungsvergleich neben der Einigungsgebühr Nr. 1000, 1003 VV RVG keine weiteren Gebühren entstehen. 191
- Die 0,3 Verfahrensgebühr Nr. 3309 VV RVG ist bereits durch die Zwangsvollstreckungsmaßnahme ausgelöst worden und entsteht für die Tätigkeit im Hinblick auf die Ratenzahlungsvereinbarung nicht noch einmal gesondert.

9.3 Auftrag zur außergerichtlichen Geltendmachung der Forderung

192 Lag dem Rechtsanwalt nur der Auftrag vor, die Forderung gegenüber dem Schuldner außergerichtlich geltend zu machen und wendet sich der Schuldner bereits in diesem frühen Stadium des Mandates an den Rechtsanwalt, um mit diesem die Ratenzahlungsvereinbarung abzuschließen, so können entstehen:
1. 0,5 bis 2,5 Geschäftsgebühr Nr. 2300 VV RVG
2. 1,5 Einigungsgebühr Nr. 1000 VV RVG.

Die Geschäftsgebühr wird schon durch das erste Schreiben ausgelöst, mit dem der Schuldner zur Zahlung aufgefordert wird. Sie entsteht nicht noch einmal gesondert im Rahmen des Abschlusses der Ratenzahlungsvereinbarung. Die Geschäftsgebühr Nr. 2300 VV RVG gilt auch die Besprechung mit dem Schuldner über die Ratenzahlungsvereinbarung mit ab.

Zusammenfassung

193 ▶ Hatte der Rechtsanwalt den Auftrag, die Forderung außergerichtlich gegenüber dem Schuldner geltend zu machen, entsteht neben der Geschäftsgebühr Nr. 2300 VV RVG noch die Einigungsgebühr Nr. 1000 VV RVG.

9.4 Auftrag zur gerichtlichen Geltendmachung/Klage ist aber noch nicht eingereicht

194 Liegt dem Rechtsanwalt bereits der Klageauftrag vor, ist die Klage aber noch nicht eingereicht und wendet sich der Schuldner dann an den Rechtsanwalt, um mit diesem eine Ratenzahlungsvereinbarung abzuschließen, so entsteht, wenn es dann durch die Ratenzahlungsvereinbarung nicht mehr zu einer Klageeinreichung kommt, eine 0,8 Verfahrensgebühr Nr. 3101 Ziffer 1 VV RVG.

War der Rechtsanwalt bereits vorher außergerichtlich tätig, so ist die für die außergerichtliche Tätigkeit entstandene Geschäftsgebühr Nr. 2300 VV RVG gemäß der Vorbemerkung 3 Abs. 4 VV RVG auf diese Verfahrensgebühr zur Hälfte, höchstens mit einem Gebührensatz von 0,75 anzurechnen.

195 Wendet sich der Schuldner telefonisch oder durch persönliche Vorsprache an den Rechtsanwalt und führt der **Rechtsanwalt** mit dem Schuldner eine Besprechung im Hinblick auf die Vermeidung eines gerichtlichen Verfahrens, so kann in diesen Fällen auch noch die 1,2 Terminsgebühr Nr. 3104 VV RVG entstehen (Vorbemerkung 3 Abs. 3 VV RVG).

Daneben kann dann noch eine 1,5 Einigungsgebühr Nr. 1000 VV RVG anfallen.

Zusammenfassung

196 ▶ Hatte der Rechtsanwalt den Auftrag zur gerichtlichen Geltendmachung der Forderung und erübrigt sich die Einreichung der Klage durch die Ratenzahlungsvereinbarung, so fällt eine 0,8 Verfahrensgebühr Nr. 3101 Ziffer 1 VV RVG an.
▶ Eine für eine vorangegangene außergerichtliche Tätigkeit entstandene Geschäftsgebühr ist zur Hälfte, maximal mit 0,75 auf diese Verfahrensgebühr anzurechnen.
▶ Durch eine Besprechung im Hinblick auf die Vermeidung eines gerichtlichen Verfahrens wird in diesen Fällen auch noch die Terminsgebühr der Nr. 3104 VV RVG in Höhe von 1,2 entstehen.
▶ Daneben kann noch die Einigungsgebühr Nr. 1000 VV RVG entstehen.

9.4.1 Entstehen die Gebühren auch, wenn der Rechtsanwalt nicht persönlich tätig wird?

197 Die gesetzlichen Gebühren nach dem RVG entstehen grundsätzlich nur, wenn der Rechtsanwalt persönlich tätig wird. § 5 RVG regelt, dass auch Tätigkeiten, die der

Rechtsanwalt nicht persönlich vornimmt, nach dem RVG vergütet werden, wenn der Rechtsanwalt vertreten wird durch einen anderen Rechtsanwalt, den allgemeinen Vertreter, einen Assessor bei einem Rechtsanwalt oder einen zur Ausbildung zugewiesenen Referendar.

Mit „Assessor bei einem Rechtsanwalt" ist nicht nur der Assessor gemeint, dessen **198** Antrag auf Zulassung zur Rechtsanwaltschaft läuft, sondern auch der Assessor, der – aus welchen Gründen auch immer – keine Zulassung zur Rechtsanwaltschaft beantragt hat und auch nicht beabsichtigt, eine derartige zu beantragen. Der für den Rechtsanwalt tätige Assessor wird mit dem Rechtsanwalt allerdings in einer vertraglichen Beziehung stehen müssen.[84]

Nicht erwähnt in § 5 RVG sind sonst in der Anwaltskanzlei tätige Personen, wie zB **199** die Bürovorsteherin/der Bürovorsteher, die Rechtsfachwirtin/der Rechtsfachwirt, die/der Rechtsanwaltsfachangestellte oder auch sonstige Kanzleimitarbeiterinnen/Kanzleimitarbeiter ohne juristische Ausbildung. Wird nur eine nicht in § 5 RVG genannte Person (also zB die Rechtsfachwirtin) tätig, können grundsätzlich keine Gebühren nach dem RVG entstehen.

In den in dem vorangegangenen →Kap. J (Rn. 194 ff.) behandelten Fällen kann dies in der Kanzlei zu „Gebührenverlusten" führen, wenn nur eine nicht in § 5 RVG genannte Person tätig wird.

Hatte der Rechtsanwalt bereits einen **Klageauftrag** und kommt es nicht mehr zu **200** einer Klageeinreichung, weil zB eine Ratenzahlungsvereinbarung mit dem Schuldner getroffen wird, entsteht eine **0,8 Verfahrensgebühr Nr. 3101 Ziffer 1 VV RVG**. Das Entstehen dieser Verfahrensgebühr dürfte unproblematisch sein, denn die Gebühr wird bereits ausgelöst mit dem ersten Tätigwerden des Rechtsanwaltes nach Erteilung des Auftrages. Dies dürfte in der Regel die Entgegennahme der Informationen sein.[85] In der Regel wird der Rechtsanwalt das Mandat und damit die Informationen selbst von dem Mandanten entgegennehmen. Dies ist bereits ausreichend, um die 0,8 Verfahrensgebühr Nr. 3101 Ziffer 1 VV RVG auszulösen. Unerheblich wäre dann, wenn das weitere Mandat ausschließlich von der in der Kanzlei angestellten Rechtsfachwirtin bearbeitet würde. Hat der Rechtsanwalt das Mandat nicht selbst entgegengenommen, sondern hat eine nicht in § 5 RVG genannte Person (zB die Rechtsfachwirtin) das erste Gespräch mit dem Mandanten geführt, wird der Rechtsanwalt in der Regel das erste Anschreiben an die Gegenseite, womit dieser die Erhebung der Klage angedroht und ihr noch einmal unter Fristsetzung Gelegenheit zur Zahlung der geforderten Beträge gegeben wird, persönlich unterzeichnet haben. Auch dies dürfte ausreichen, um die Verfahrensgebühr auszulösen.

Meldet sich der Schuldner nach Erhalt dieses Aufforderungsschreibens (der Rechts- **201** anwalt hat Klageauftrag, die Klage aber noch nicht eingereicht, sondern dem Schuldner noch einmal Gelegenheit zur Erfüllung des Anspruchs gegeben) und wird mit dem Schuldner eine Ratenzahlungsvereinbarung besprochen, so lässt diese Besprechung die **1,2 Terminsgebühr Nr. 3104 VV RVG** entstehen. Denn es handelt sich um eine Besprechung zur Vermeidung eines gerichtlichen Verfahrens im Sinne der Vorbemerkung 3 Abs. 3 VV RVG. Diese **Besprechung** muss der **Rechtsanwalt** aber **persönlich** (oder eine in § 5 RVG genannte Person) geführt haben. Hat diese Besprechung eine nicht in § 5 RVG genannte Person (zB die in der Kanzlei beschäftigte Rechtsfachwirtin) geführt, wird hierdurch die Terminsgebühr nicht ausgelöst. Dies auch dann nicht, wenn der Rechtsanwalt in einem anschließenden Schreiben den Inhalt der Besprechung noch einmal bestätigt. Ausgelöst wird die Terminsgebühr durch das Mitwirken an der Besprechung. Der Rechtsanwalt muss also mündlich und persönlich mit dem Gegner gesprochen haben, damit die Terminsgebühr entsteht.

---

[84] Hartung/Schons/Enders § 5 Rn. 16, 17.

[85] Vgl. → Kap. E Rn. 258.

202 **Praxistipp:**

Der Rechtsanwalt (oder eine in § 5 RVG genannte Person) müssen die Besprechung mit dem Schuldner persönlich führen, wenn hierdurch die Terminsgebühr der Nr. 3104 VV RVG ausgelöst werden soll. Daher muss die Rechtsfachwirtin, die das Telefonat mit dem Schuldner zunächst entgegennimmt, dieses an den Rechtsanwalt „durchstellen" und der Rechtsanwalt muss persönlich die Besprechung mit dem Gegner im Sinne der Vorbemerkung 3 Abs. 3 VV RVG führen!

203 Führt nur eine nicht in § 5 RVG genannte Person die Besprechung mit dem Gegner und kommt in dieser Besprechung eine Ratenzahlungsvereinbarung zustande, stellt sich weiter die Frage, ob dann die **Einigungsgebühr** Nr. 1000 VV RVG entstanden ist. Auch für das Entstehen der Einigungsgebühr ist die Mitwirkung des Rechtsanwaltes (oder einer in § 5 RVG genannten Person) erforderlich. In der Praxis wird aber in der Regel die getroffene Ratenzahlungsvereinbarung dem Schuldner schriftlich bestätigt. Diese schriftliche Fixierung der Ratenzahlungsvereinbarung wird der Rechtsanwalt persönlich unterzeichnen. Hierdurch hat er an dem Abschluss des Vertrages im Sinne von Abs. 1 der Anmerkung zu Nr. 1000 VV RVG (= die Ratenzahlungsvereinbarung) mitgewirkt mit der Folge, dass die Einigungsgebühr der Nr. 1000 VV RVG ausgelöst worden ist.[86]

204 Auch durch Tätigkeiten, die der Rechtsanwalt einer nicht in § 5 RVG genannten Person (zB der Rechtsanwaltsfachangestellten) überträgt, wird „das Mandat" gefördert bzw. seiner Erledigung zugeführt. Nach einer weit verbreiteten Ansicht kann der Rechtsanwalt daher für Arbeiten, die, wenn er sie persönlich ausgeführt hätte, Gebühren nach dem RVG auslösen würden, eine angemessene Vergütung nach § 612 BGB berechnen, wenn diese Arbeiten nicht durch eine in § 5 RVG genannte Person (zB die Rechtsanwaltsfachangestellte) erledigt werden. Umstritten ist, wie hoch die angemessene Vergütung nach dem BGB ist. Vertreten wird, dass ein Bruchteil der gesetzlichen Vergütung nach dem RVG angesetzt werden kann. Für die Höhe des Bruchteils ist entscheidend, welche Ausbildung der jeweilige Kanzleimitarbeiter, der die Arbeiten letztlich erledigt hat, hat.[87] *„Jungbauer[88] vertritt die Auffassung, dass sich auch die angemessene Vergütung nach § 612 BGB für die Tätigkeit einer Rechtsfachwirtin durchaus in Höhe der Vergütung nach dem RVG bewegen könne, wenn es sich um Tätigkeiten handele, die in der Praxis üblicherweise diesem Personenkreis (zB einer Rechtsfachwirtin) übertragen würden. Dies gelte zB für Inkassomandate oder auch die außergerichtliche Schadensregulierung durchschnittlicher Unfallsachen.*"[89]

Zusammenfassung

205
- Eine Vergütung nach dem RVG kann grundsätzlich nur verlangt werden, wenn der Rechtsanwalt persönlich tätig wird oder durch eine in § 5 RVG genannte Person vertreten wird.
- Für Tätigkeiten, die durch eine nicht in § 5 RVG genannte Person (zB die Rechtsfachwirtin, die Bürovorsteherin, die Rechtsanwaltsfachangestellte) ausgeführt werden, entstehen keine Gebühren nach dem RVG.

10. Berechnungsbeispiel/Mahnverfahren und Zwangsvollstreckung

206 In diesem Kapitel soll an einem Berechnungsbeispiel dargestellt werden, wie abzurechnen ist, wenn mehrere gebührenrechtliche Angelegenheiten vorliegen.

---

[86] Hartung/Schons/Enders § 5 Rn. 25.
[87] Hartung/Schons/Enders § 5 Rn. 23.
[88] Jungbauer JurBüro 2008, 228.
[89] Zitiert nach Hartung/Schons/Enders § 5 Rn. 24.

Es soll von folgendem Sachverhalt ausgegangen werden:

Die Firma C hat gegenüber Herrn B eine Forderung in Höhe von 3.600 EUR. Hinzu kommen 10 % Zinsen seit dem 12. 5. 2017. Die Firma C beauftragt Rechtsanwalt B mit der Geltendmachung und Beitreibung dieser Forderung. Rechtsanwalt B beantragt den Erlass eines Mahnbescheides bzgl. der obigen Forderung am 2. 9. 2017. Dieser wird vom Gericht antragsgemäß erlassen und dem Schuldner zugestellt.

Nach Ablauf der Widerspruchsfrist beantragt Rechtsanwalt B den Erlass des Vollstreckungsbescheides. Da der Schuldner keinen Widerspruch gegen den Mahnbescheid eingelegt hat, wird auch der Vollstreckungsbescheid antragsgemäß erlassen und Rechtsanwalt B übersandt.

Rechtsanwalt B beauftragt nunmehr den zuständigen Gerichtsvollzieher mit der Zustellung des Vollstreckungsbescheides.

Nachdem dieser zugestellt worden und die Einspruchsfrist abgelaufen ist, erteilt Rechtsanwalt B dem zuständigen Gerichtsvollzieher einen Vollstreckungsauftrag auf Pfändung und Verwertung körperlicher Sachen (12. 12. 2017).

Dieser Vollstreckungsauftrag ist kombiniert mit einem Auftrag zur Einholung der Vermögensauskunft des Schuldners für den Fall, dass der Pfändungsversuch erfolglos verläuft. Der Pfändungsversuch verläuft fruchtlos, weil der Gerichtsvollzieher keine pfändbare Habe in der Wohnung des Schuldners vorfindet. Der Gerichtsvollzieher leitet das Verfahren auf Einholung der Vermögensauskunft ein. Der Schuldner bleibt dem Termin zur Abgabe der Vermögensauskunft unentschuldigt fern; auf schriftlichen Antrag des Gläubigers ergeht Haftbefehl.

Der Rechtsanwalt beauftragt den Gerichtsvollzieher mit der Verhaftung des Schuldners; der Auftrag ist nicht mit einer anderen Vollstreckungsmaßnahme kombiniert.

Der Gerichtsvollzieher verhaftet den Schuldner und nimmt ihm die Vermögensauskunft ab.

Nachdem Rechtsanwalt B das Vermögensverzeichnis vorliegt, beantragt dieser den Erlass eines Pfändungs- und Überweisungsbeschlusses (12. 5. 2018). Drittschuldnerin ist die Arbeitgeberin des Schuldners. Diese führt die pfändbaren Beträge aus dem Gehaltsanspruch des Schuldners an die Gläubigerin ab.

Als die Forderung der Firma C vollständig befriedigt ist, bewilligt Rechtsanwalt B die Löschung der Eintragung des Schuldners im Schuldnerverzeichnis.

Welche Kosten kann Rechtsanwalt B berechnen, für

a) den Mahnbescheid,
b) den Vollstreckungsbescheid,
c) den Zustellungsauftrag,
d) den Vollstreckungsauftrag auf Pfändung und Verwertung körperlicher Sachen, kombiniert mit einem Auftrag auf Einholung der Vermögensauskunft des Schuldners,
e) den Verhaftungsauftrag,
f) den Pfändungs- und Überweisungsbeschluss,
g) die Löschungsbewilligung?

a) Mahnbescheid

Streitwert: 3.600,00 EUR

1) 1,0 Verfahrensgebühr §§ 2, 13 RVG iVm Nr. 3305 VV RVG	252,00 EUR
2) Pauschale[90] Nr. 7002 VV RVG	20,00 EUR
3) 19 % Umsatzsteuer Nr. 7008 VV RVG	51,68 EUR
	323,68 EUR

[90] Der Übersichtlichkeit halber wird in diesem Beispiel die Pauschale für Entgelte für Post- und Telekommunikationsdienstleistungen nach Nr. 7002 VV RVG abgekürzt bezeichnet mit Pauschale Nr. 7002 VV RVG.

b) Vollstreckungsbescheid

Streitwert: 3.600,00 EUR

1) 0,5 Verfahrensgebühr §§ 2, 13 RVG iVm Nr. 3308 VV RVG	126,00 EUR
2) Pauschale Nr. 7002 VV RVG	0,00 EUR
3) 19 % Umsatzsteuer Nr. 7008 VV RVG	23,94 EUR
	149,94 EUR

Bei dem Mahn- und Vollstreckungsbescheid handelt es sich um eine Angelegenheit i. S. d. Nr. 7002 VV RVG. Daher kann der Rechtsanwalt insgesamt nur einmal die Pauschale der Nr. 7002 VV RVG für Post- und Telekommunikationsdienstleistungen in Höhe von 20 EUR berechnen. Hat der Rechtsanwalt – wie im vorstehenden Beispiel – schon beim Mahnbescheid die volle Pauschale erhalten, so kann er beim Vollstreckungsbescheid diese nicht mehr verlangen.

c) Zustellungsauftrag

Für den Zustellungsauftrag fällt keine gesonderte Gebühr an.

d) Vollstreckungsauftrag:

aa) Pfändung und Verwertung körperlicher Sachen

bb) für den Fall, dass aa) erfolglos verläuft: Einholung der Vermögensauskunft des Schuldners

aa) Gebühr für Vollstreckungsauftrag auf Pfändung und Verwertung körperlicher Sachen

Der Gegenstandswert errechnet sich wie folgt:

1) Hauptforderung	3.600,00 EUR
2) 10 % Zinsen seit dem 12. 5. 2017–12. 12. 2017	210,00 EUR
3) Kosten des Mahnbescheides	323,68 EUR
4) Kosten des Vollstreckungsbescheides	149,94 EUR
	4.283,62 EUR

zzgl. der Gerichts- und Zustellungskosten!

Streitwert: 4.283,62 EUR

1) 0,3 Verfahrensgebühr §§ 2, 13 RVG iVm Nr. 3309 VV RVG	90,90 EUR
2) Pauschale Nr. 7002 VV RVG	18,18 EUR
3) 19 % Umsatzsteuer Nr. 7008 VV RVG	20,73 EUR
	129,81 EUR

bb) Gebühr für Vollstreckungsauftrag auf Einholung der Vermögensauskunft des Schuldners

Der Streitwert beträgt hier nur 2.000,00 EUR da eine Streitwertbegrenzung vorliegt (§ 25 Abs. 1 Nr. 4 RVG).

Streitwert: 2.000,00 EUR

1) 0,3 Verfahrensgebühr §§ 2, 13 RVG iVm Nr. 3309 VV RVG	45,00 EUR
2) Pauschale Nr. 7002 VV RVG	9,00 EUR
3) 19 % Umsatzsteuer Nr. 7008 VV RVG	10,26 EUR
	64,26 EUR

e) Verhaftungsauftrag

Für den Verhaftungsauftrag erhält der Rechtsanwalt keine gesonderte Gebühr, es sei denn, der Verhaftungsauftrag ist mit einem Vollstreckungsauftrag für eine andere Vollstreckungsmaßnahme kombiniert.

f) Pfändungs- und Überweisungsbeschluss

Streitwert wie bei d)	4.283,62 EUR
+ weitere Zinsen	150,00 EUR
+ Kosten wie bei d) aa) und bb)	194,07 EUR
(+ Gerichts- und Gerichtsvollzieherkosten)	4.627,69 EUR

Streitwert: 4.627,69 EUR

1) 0,3 Verfahrensgebühr §§ 2, 13 RVG iVm Nr. 3309 VV RVG	90,90 EUR
2) Pauschale Nr. 7002 VV RVG	18,18 EUR
3) 19 % Umsatzsteuer Nr. 7008 VV RVG	20,73 EUR
	129,81 EUR

g) Löschungsbewilligung

Für diese Löschungsbewilligung kann der Rechtsanwalt des Gläubigers keine gesonderten Gebühren berechnen.

11. Grenzüberschreitende vorläufige Kontenpfändung

Seit 18.1.2017 findet in allen EU-Mitgliedstaaten – außer dem Vereinigten Königreich und Dänemark – die europäische Kontenpfändungsverordnung (EuKoPfVO)[91] Anwendung. Hierdurch soll die Eintreibung grenzüberschreitender Forderungen für Bürger und Unternehmen erleichtert und die Vollstreckung gerichtlicher Entscheidungen in Zivil- und Handelssachen in Streitfällen mit grenzüberschreitendem Bezug vereinfacht werden. Gläubiger sollen in die Lage versetzt werden, in allen EU-Mitgliedsstaaten unter denselben Bedingungen Beschlüsse zur vorläufigen Kontenpfändung zu erwirken. 207

In Deutschland wurde die EU-Verordnung umgesetzt durch das Gesetz zur Durchführung der Verordnung (EU) Nr. 655/2014 sowie zur Änderung sonstiger zivilprozessualer, grundbuchrechtlicher und vermögensrechtlicher Vorschriften und zur Änderung der Justizbeitreibungsordnung (EuKoPf-VODG) vom 21.11.2016[92]. Dieses regelt zB welche Gerichte, Behörden und Personen im Inland für den Erlass und die Durchführung des Beschlusses zur vorläufigen Kontenpfändung, für die Veranlassung und die Durchführung von Zustellungen sowie für die Entscheidungen über etwaige Rechtsbehelfe zuständig sind.[93] Die Vorschriften finden sich zB in den §§ 946 bis 959 ZPO. 208

Verfahrensrechtlich und auch hinsichtlich der Vergütung des Rechtsanwaltes zu unterscheiden sind die Fälle, in denen der Gläubiger noch keinen Zahlungstitel gegen den Schuldner vorliegen hat und die Fälle, in denen die Forderung bereits tituliert ist. 209

11.1 Es liegt noch kein Zahlungstitel vor

Liegt noch kein Zahlungstitel vor, handelt es sich um ein Verfahren nach Art. 5 Buchstabe a der EuKoPfVO. Nach dem letzten Halbsatz der Vorbemerkung 3.3.3 Abs. 2 S. 2 VV RVG bestimmen sich die Gebühren in diesen Fällen nach den für Arrestverfahren geltenden Vorschriften (→ Kap. E Rn. 572 ff.). Dies bedeutet, dass in diesen Verfahren dem Anwalt Gebühren nach Teil 3 Abschnitt 1 VV RVG entstehen können. Es kann also zB eine 1,3 Verfahrensgebühr Nr. 3100 VV RVG und – wenn deren Tatbestand erfüllt wird – auch eine 1,2 Terminsgebühr Nr. 3104 VV RVG entstehen. Daneben können natürlich noch die in Teil 1 VV RVG geregelten allgemeinen Gebühren und die in Teil 7 VV RVG geregelten Auslagen anfallen. 210

Praxistipp: 211

Bevor ein Verfahren auf grenzüberschreitende vorläufige Kontenpfändung in die Wege geleitet wird, sollte der Gläubiger immer bedenken, dass er sich schadensersatzpflichtig macht, wenn sich der Beschluss zur vorläufigen Kontenpfändung als von Anfang an ungerechtfertigt erweist (§ 958 ZPO).

[91] Verordnung (EU) Nr. 655/2014 vom 15.5.2014.

[92] BGBl. I vom 25.11.2016, S. 2591; Ausführlich hierzu: – Klüsener, JurBüro 2017, 57 ff; Volpert, RVGreport 2017, 122 ff; Mock, RVG professionell 2017, 22.

[93] Klüsener JurBüro 2017, 57.

11.2 Die Forderung ist bereits tituliert

212 Ist die Forderung bereits tituliert, handelt es sich um ein Verfahren nach Art. 5 Buchstabe **b** EuKoPfVO. Wird der Rechtsanwalt dann in einem Verfahren zur Erwirkung eines europäischen Beschlusses zur vorläufigen Kontenpfändung tätig, entstehen Gebühren wie in einer Angelegenheit der Zwangsvollstreckung. Dies ergibt sich aus der Vorbemerkung 3.3.3 Abs. 2 S. 1 VV RVG. Es kann eine 0,3 Verfahrensgebühr nach der Nr. 3309 VV RVG und eine 0,3 Terminsgebühr nach der Nr. 3310 VV RVG entstehen, wenn der jeweilige Tatbestand der Gebühr erfüllt wird (→ Kap. J Rn. 5 ff.). Es entstehen also dieselben Gebühren, wie wenn eine Geldforderung durch Pfändungs- und Überweisungsbeschluss nach der ZPO gepfändet wird.

11.3 Einschränkung oder Beendigung der Vollstreckung zur vorläufigen Kontenpfändung

213 Nach Art. 34 EuKoPfVO kann der Schuldner die Einschränkung oder die Beendigung der Vollstreckung eines europäischen Beschlusses zur vorläufigen Kontenpfändung – unter bestimmten Voraussetzungen – beantragen. Vertritt der Rechtsanwalt in diesem Verfahren, erhält er Gebühren nach den Nrn. 3309, 3310 VV RVG. Dies unabhängig davon, ob der europäische Beschluss zur vorläufigen Kontenpfändung aufgrund einer titulierten Forderung oder wegen einer nicht titulierten Forderung ergangen ist.

Zusammenfassung

214
- ▶ Vertritt der Rechtsanwalt in einem Verfahren wegen grenzüberschreitender vorläufiger Kontenpfändung und ist die Forderung noch nicht tituliert, entstehen Gebühren nach Teil 3 Abschnitt 1 VV RVG wie in einem Arrestverfahren vor einem ordentlichen Gericht.
- ▶ Vertritt der Rechtsanwalt in einem Verfahren wegen grenzüberschreitender vorläufiger Kontenpfändung und ist die Forderung bereits tituliert, entstehen Gebühren nach Teil 3 Abschnitt 3 Unterabschnitt 3 VV RVG wie in der Zwangsvollstreckung in das bewegliche Vermögen.

II. Zwangsvollstreckung in das unbewegliche Vermögen

1. Zwangshypothek

215 Ist der Rechtsanwalt in dem Verfahren auf Eintragung einer Zwangshypothek (§§ 867 und 870a ZPO) tätig, so richten sich die Gebühren nach Teil 3, Abschnitt 3, Unterabschnitt 3 VV RVG. Dies ergibt sich aus der Vorbemerkung 3.3.3 VV RVG. Dem Rechtsanwalt können entstehen:
0,3 Verfahrensgebühr Nr. 3309 VV RVG
0,3 Terminsgebühr Nr. 3310 VV RVG.

216 In der Regel wird nur die 0,3 Verfahrensgebühr Nr. 3309 VV RVG anfallen. Da ein Termin im Verfahren auf Eintragung einer Zwangshypothek nicht stattfindet, wird die Terminsgebühr Nr. 3310 VV RVG nicht entstehen können.

217 Der Gegenstandswert bestimmt sich nach § 25 RVG. Er bestimmt sich auf den Betrag, welcher durch die Eintragung einer Zwangshypothek gesichert werden soll, also im allgemeinen auf die Hauptforderung zuzüglich Zinsen und Kosten.

218 Das Verfahren auf Eintragung einer Zwangshypothek ist gemäß § 18 Abs. 1 Nr. 11 RVG eine besondere gebührenrechtliche Angelegenheit. Die 0,3 Verfahrensgebühr Nr. 3309 VV RVG entsteht also unabhängig von den Gebühren, die für andere Zwangsvollstreckungsmaßnahmen aus demselben Titel anfallen.

Beispiel: Der Rechtsanwalt stellt für den Mandanten einen Antrag auf Eintragung einer Zwangshypothek. Gemäß dem Titel steht dem Gläubiger eine Hauptforderung in Höhe von 5.000,00 EUR, Zinsen in Höhe von 500,00 EUR und Kosten in Höhe von 1.200,00 EUR zu. Die Eintragung der Zwangshypothek soll wegen der Gesamtforderung in Höhe von 6.700,00 EUR erfolgen. 219

Der Rechtsanwalt kann für den Antrag auf Eintragung einer Zwangshypothek und für die Vertretung in dem Verfahren über diesen Antrag folgende Gebühren berechnen:

Gegenstandswert: 6.700,00 EUR

1) 0,3 Verfahrensgebühr §§ 2, 13 RVG iVm Nr. 3309 VV RVG 121,50 EUR

zzgl. Auslagen und Umsatzsteuer.

Soll mit **einem** Antrag aus **demselben Titel** die Eintragung einer Zwangssicherungshypothek wegen Teilbeträgen zu Lasten verschiedener Grundstücke erfolgen, liegt meines Erachtens **eine** gebührenrechtliche Angelegenheit vor mit der Folge, dass die 0,3 Verfahrensgebühr Nr. 3309 VV RVG nur einmal aus dem Gesamtwert entsteht. **Anders** dann, wenn getrennte Anträge zu verschiedenen Amtsgerichten zu stellen sind, weil die zu belastenden Grundstücke nicht alle in einem Amtsgerichtsbezirk liegen. Dann fällt meines Erachtens für jeden Antrag eine gesonderte 0,3 Verfahrensgebühr aus der jeweiligen Teilforderung an, wegen welcher die Eintragung einer Zwangshypothek erfolgen soll. Denn in diesem Fall bilden die einzelnen Anträge an die verschiedenen Amtsgerichte jeweils gesonderte gerichtliche Verfahren und jedes gesonderte gerichtliche Verfahren ist in der Regel auch anwaltsgebührenrechtlich eine besondere Angelegenheit. 220

Zusammenfassung

- Beantragt der Rechtsanwalt für den Mandanten die Eintragung einer Zwangshypothek, entsteht eine 0,3 Verfahrensgebühr Nr. 3309 VV RVG. 221
- Gegenstandswert für diese Verfahrensgebühr ist die Forderung, wegen welcher der Eintrag einer Zwangshypothek erfolgen soll.
- Bei dem Verfahren über einen Antrag auf Eintragung einer Zwangshypothek handelt es sich um eine besondere gebührenrechtliche Angelegenheit, so dass die 0,3 Verfahrensgebühr Nr. 3309 VV RVG für diesen Antrag neben den Verfahrensgebühren Nr. 3309 VV RVG für andere Zwangsvollstreckungsmaßnahmen entstehen kann.

2. Zwangsversteigerung

2.1 Gegenstandswert

Der Gegenstandswert für die Tätigkeit des Rechtsanwaltes in einem Zwangsversteigerungsverfahren ist in § 26 RVG geregelt. 222

Auszug aus dem RVG

223

§ 26
Gegenstandswert in der Zwangsversteigerung

In der Zwangsversteigerung bestimmt sich der Gegenstandswert

1. bei der Vertretung des Gläubigers oder eines anderen nach § 9 Nr. 1 und 2 des Gesetzes über die Zwangsversteigerung und die Zwangsverwaltung Beteiligten nach dem Wert des dem Gläubiger oder dem Beteiligten zustehenden Rechts; wird das Verfahren wegen einer Teilforderung betrieben, ist der Teilbetrag nur maßgebend, wenn es sich um einen nach § 10 Abs. 1 Nr. 5 des Gesetzes über die Zwangsversteigerung und die Zwangsverwaltung zu befriedigenden Anspruch handelt; Nebenforderungen sind mitzurechnen; der Wert des Gegenstands der Zwangsversteigerung (§ 66 Abs. 1, § 74a Abs. 5 des Gesetzes über die Zwangsversteigerung und die Zwangsverwaltung), im Verteilungsverfahren der zur Verteilung kommende Erlös, sind maßgebend, wenn sie geringer sind;

2. bei der Vertretung eines anderen Beteiligten, insbesondere des Schuldners, nach dem Wert des Gegenstands der Zwangsversteigerung, im Verteilungsverfahren nach dem zur Verteilung kommenden Erlös; bei Miteigentümern oder sonstigen Mitberechtigten ist der Anteil maßgebend;
3. bei der Vertretung eines Bieters, der nicht Beteiligter ist, nach dem Betrag des höchsten für den Auftraggeber abgegebenen Gebots, wenn ein solches Gebot nicht abgegeben ist, nach dem Wert des Gegenstands der Zwangsversteigerung.

224 Vertritt der Rechtsanwalt in dem Zwangsversteigerungsverfahren den **Gläubiger,** bestimmt sich der Gegenstandswert nachdem dem Gläubiger zustehenden Recht. Wird also wegen einer titulierten Forderung vollstreckt, ist diese maßgebend für den Gegenstandswert, wobei Nebenforderungen wie Zinsen und Kosten mit in die Gegenstandswertberechnung einzubeziehen und zur Hauptforderung zu addieren sind. Wird nur wegen einer Teilforderung die Zwangsversteigerung betrieben, ist diese Teilforderung maßgebend für die Bestimmung des Gegenstandswertes.

Im Zwangsversteigerungsverfahren ist der Wert des Gegenstandes der Zwangsversteigerung maßgebend, **wenn dieser geringer ist** als der Wert des dem Gläubiger zustehenden Rechts. Mit „Wert des Gegenstandes der Zwangsversteigerung" ist der Wert des Grundstückes, das zur Versteigerung ansteht, gemeint. Der Wert des Grundstückes wird vom Gericht festgesetzt.

Im Verteilungsverfahren ist der zur Verteilung kommende Erlös für die Gegenstandswertberechnung maßgebend, **wenn dieser geringer ist** als die Forderung bzw. das dem Gläubiger zustehende Recht.

225 Vertritt der Rechtsanwalt in dem Zwangsversteigerungsverfahren den **Schuldner** oder einen anderen Beteiligten, so bestimmt sich der Gegenstandswert nach dem Wert des Gegenstandes der Zwangsversteigerung. Maßgebend ist sodann wohl der Wert des zur Versteigerung anstehenden Grundstücks (§ 26 Nr. 2 RVG). Für die Vertretung im Verteilungsverfahren hat der Rechtsanwalt den zur Verteilung kommenden Erlös zugrunde zu legen.

226 Vertritt der Rechtsanwalt im Zwangsversteigerungsverfahren einen **Bieter,** der nicht Beteiligter ist, so bestimmt sich der Gegenstandswert nach dem Betrag des höchsten für den Auftraggeber abgegebenen Gebotes (§ 26 Nr. 3 RVG). Ist ein Gebot nicht abgegeben worden, ist für die Wertbestimmung der Gegenstand der Zwangsversteigerung maßgebend. Bleiben Rechte bestehen (zB eingetragene Grundschulden) sind diese dem Bargebot zuzurechnen und somit mit bei der Wertbestimmung zu berücksichtigen.[94]

Zusammenfassung

227
- ▶ Bei Vertretung des Gläubigers ist der Gegenstandswert nachdem dem Gläubiger zustehenden Recht zu bestimmen. Wird die Zwangsversteigerung wegen einer titulierten Forderung betrieben, ist diese Forderung einschließlich Nebenkosten maßgebend. Ist der vom Gericht festgesetzte Wert des Grundstücks geringer, ist dieser für das Zwangsversteigerungsverfahren maßgebend. Im Verteilungsverfahren ist der zur Verteilung kommende Erlös maßgebend, wenn dieser geringer ist als das dem Gläubiger zustehende Recht.
- ▶ Bei Vertretung des Schuldners oder eines anderen Beteiligten ist der Wert des zur Versteigerung kommenden Grundstücks maßgebend für die Bestimmung des Gegenstandswertes. Im Verteilungsverfahren bestimmt sich der Gegenstandswert nach dem zur Verteilung kommenden Erlös.
- ▶ Bei Vertretung eines Bieters, der nicht Beteiligter ist, bestimmt sich der Gegenstandswert nach dem Betrag des höchsten für den Auftraggeber abgegebenen Gebotes. Wenn kein Gebot abgegeben wurde, bestimmt sich der Gegenstandswert nach dem Wert des zur Versteigerung anstehenden Grundstückes.

[94] Gerold/Schmidt § 26 Rn. 7.

2.2 Anwaltsgebühren

Die Anwaltsgebühren richten sich im Zwangsversteigerungsverfahren nach Teil 3, Abschnitt 3, Unterabschnitt 4 VV RVG. 228

Auszug aus dem VV RVG

229

Nr.	Gebührentatbestand	Gebühr oder Satz der Gebühr nach § 13 RVG
	Unterabschnitt 4. Zwangsversteigerung und Zwangsverwaltung	
3311	Verfahrensgebühr ... Die Gebühr entsteht jeweils gesondert 1. für die Tätigkeit im Zwangsversteigerungsverfahren bis zur Einleitung des Verteilungsverfahrens; 2. im Zwangsversteigerungsverfahren für die Tätigkeit im Verteilungsverfahren und zwar auch für eine Mitwirkung an einer außergerichtlichen Verteilung. 3. ... 4. ... 5. ... 6. für die Tätigkeit im Verfahren über Anträge auf einstweilige Einstellung oder Beschränkung der Zwangsvollstreckung und einstweilige Einstellung des Verfahrens sowie für Verhandlungen zwischen Gläubiger und Schuldner mit dem Ziel der Aufhebung des Verfahrens.	0,4
3312	Terminsgebühr ... Die Gebühr entsteht nur für die Wahrnehmung eines Versteigerungstermins für einen Beteiligten. Im Übrigen entsteht im Verfahren der Zwangsversteigerung und der Zwangsverwaltung keine Terminsgebühr.	0,4

Im Zwangsversteigerungsverfahren können Verfahrensgebühren und eine Terminsgebühr entstehen.

Jeweils eine **gesonderte 0,4 Verfahrensgebühr Nr. 3311 VV RVG** entsteht für 230

- die Tätigkeit im Zwangsversteigerungsverfahren bis zur Einleitung des Verteilungsverfahrens (Ziffer 1 der Anmerkung zu Nr. 3311 VV RVG)
- in Zwangsversteigerungsverfahren für die Tätigkeit im Verteilungsverfahren und zwar auch für eine Mitwirkung an einer außergerichtlichen Verteilung (Ziffer 2 der Anmerkung zu Nr. 3311 VV RVG)
- die Tätigkeit im Verfahren über Anträge auf einstweilige Einstellung oder Beschränkung der Zwangsvollstreckung und einstweilige Einstellung des Verfahrens sowie für Verhandlungen zwischen Gläubiger und Schuldner mit dem Ziel der Aufhebung des Verfahrens (Ziffer 6 der Anmerkung zu Nr. 3311 VV RVG).

Neben diesen Verfahrensgebühren nach Nr. 3311 VV RVG kann im Zwangsver- 231
steigerungsverfahren noch eine **0,4 Terminsgebühr nach Nr. 3312 VV RVG** entstehen. Die Terminsgebühr entsteht nach der Anmerkung zu Nr. 3312 VV RVG für die Wahrnehmung eines Versteigerungstermins für einen Beteiligten. Im Übrigen entsteht im Verfahren der Zwangsversteigerung keine Terminsgebühr.

Beispiel: Der Rechtsanwalt vertritt den Gläubiger. Dem Gläubiger steht gegenüber dem Schuldner eine titulierte Forderung in folgender Höhe zu: 232

Hauptforderung 10.000,00 EUR + Zinsen 750,00 EUR + Kosten 1.000,00 EUR. Wegen der Gesamtforderung betreibt der Rechtsanwalt für den Gläubiger die Zwangsversteigerung in den Grundbesitz des Schuldners. Der Rechtsanwalt nimmt den Versteigerungstermin für den Gläubiger wahr und vertritt den Gläubiger auch im Verteilungsverfahren.

Der Rechtsanwalt kann berechnen:

Gegenstandswert: 11.750,00 EUR
(10.000,00 EUR + 750,00 EUR + 1.000,00 EUR – §26 Nr. 1 RVG)

1) 0,4 Verfahrensgebühr §§2, 13 RVG iVm Nr. 3311 (Ziffer 1 der Anmerkung zu Nr. 3311) VV RVG	241,60 EUR
2) 0,4 Verfahrensgebühr §§2, 13 RVG iVm Nr. 3311 (Ziffer 2 der Anmerkung zu Nr. 3311) VV RVG	241,60 EUR
3) 0,4 Terminsgebühr §§2, 13 RVG iVm Nr. 3312 VV RVG	241,60 EUR

zzgl. Auslagen, Umsatzsteuer.

233 Meiner Meinung nach können sich alle[95] in Nr. 3311 VV RVG bezeichneten Verfahrensgebühren nach Nr. 1008 VV RVG erhöhen, wenn Auftraggeber des Rechtsanwalts in derselben Zwangsversteigerungssache mehrere Personen sind. Dies könnte zB der Fall sein, wenn der Rechtsanwalt mehrere Gläubiger, die in einer Rechtsgemeinschaft zueinander stehen, wegen derselben – gemeinsamen – Forderung vertritt.[96]

Vertritt der Rechtsanwalt allerdings mehrere Gläubiger, die nicht in einer Rechtsgemeinschaft zueinander stehen, wegen verschiedener Forderungen, so können die Gebühren nach Teil 3, Abschnitt 3, Unterabschnitt 4 VV RVG meines Erachtens mehrfach entstehen. Sie entstehen dann jeweils nach der Einzelforderung, wegen welcher er den betreffenden Gläubiger in dem Zwangsversteigerungsverfahren vertritt.[97]

234 **Beispiel:** Rechtsanwalt U ist zu verschiedenen Zeiten beauftragt worden, Zwangsvollstreckungsmaßnahmen auszubringen:
- von Gläubiger A wegen einer Forderung von 20.000,00 EUR
- von Gläubiger B wegen einer Forderung von 40.000,00 EUR.

Jeder Gläubiger vollstreckt aus einem anderen Titel. Die Gläubiger stehen in keiner Rechtsbeziehung zueinander. Schuldner ist zufällig dieselbe Person.

Für Gläubiger A stellt Rechtsanwalt U einen Zwangsversteigerungsantrag.

Für Gläubiger B tritt er später dem Zwangsversteigerungsverfahren bei.

Meines Erachtens kann Rechtsanwalt U die Verfahrensgebühr Nr. 3311 VV RVG jeweils getrennt nach den Einzelwerten abrechnen und nicht nur einmal nach den addierten Werten. Denn es handelt sich doch um zwei völlig getrennte gebührenrechtliche Angelegenheiten. Es kann doch keine Rolle spielen, dass sich die beiden Angelegenheiten zufällig gegen denselben Schuldner richten und dass der Rechtsanwalt zufällig für beide Gläubiger in demselben Zwangsversteigerungsverfahren tätig wird.

Anders könnte dies dann zu beurteilen sein, wenn die Gläubiger A und B den Rechtsanwalt gemeinsam beauftragt hätten, ihre Ansprüche in einem einheitlichen Mandat zu behandeln. Dann wären die einzelnen Werte zu addieren und der Rechtsanwalt könnte hier einmal die Gebühren nach dem Gesamtwert (20.000,00 EUR + 40.000,00 EUR = 60.000,00 EUR) ansetzen.

235 **Praxistipp:**

Eine 0,4 Verfahrensgebühr entsteht nach der Ziffer 6 der Nr. 3311 VV RVG auch schon für Verhandlungen zwischen Gläubiger und Schuldner mit dem Ziel der Aufhebung des Verfahrens. Die Gebühr entsteht auch dann, wenn kein förmliches Verfahren vor Gericht auf einstweilige Einstellung des Zwangsversteigerungsverfahrens bei Gericht anhängig wird. Also auch der Anruf des Schuldners bei dem Rechtsanwalt des Gläubigers und die Besprechung, unter welchen Voraussetzungen der Gläubiger bereit sei, den Zwangsversteigerungsantrag zurückzunehmen, dürfte die Gebühr bereits auslösen.

---

[95] Nach Gerold/Schmidt VV 3311, 3312 Rn. 21 soll sich wohl nur die 0,4 Verfahrensgebühr Nr. 3311 Ziffer 1 VV RVG erhöhen. Nach meiner Meinung können sich alle in Nr. 3311 VV RVG Verfahrensgebühren geregelten Verfahrensgebühren erhöhen, denn nach Nr. 1008 VV RVG erhöhen sich alle im RVG als „Verfahrensgebühr" bezeichnete Gebühren. Nr. 3311 VV RVG enthält eben keine Anmerkung, wonach sich nur die in Ziffer 1 der Nr. 3311 VV RVG geregelte Verfahrensgebühr erhöht (wie zB in Satz 2 der Anmerkung zu Nr. 3308 VV RVG geregelt).

[96] Schneider/Wolf Vor VV 3311, 3312 Rn. 9.

[97] **Anderer Meinung:** Die Werte sind zu addieren und nach dem Gesamtwert nur einmal die Gebühren, ohne Erhöhung nach Nr. 1008 VV RVG: Schneider/Wolf Vor VV 3311, 3312 Rn. 10; Gerold/Schmidt VV 3311 Rn. 21.

In demselben Zwangsversteigerungsverfahren entsteht die Gebühr nach Nr. 3311 Ziffer 6 VV RVG meines Erachtens nur einmal, auch wenn deren Tatbestand mehrfach ausgelöst wird (§ 15 Abs. 2 RVG). 236

Zusammenfassung

▶ Im Zwangsversteigerungsverfahren kann der Rechtsanwalt jeweils eine 0,4 Verfahrensgebühr Nr. 3311 VV RVG erhalten für 237
- die Tätigkeit im Zwangsversteigerungsverfahren bis zur Einleitung des Verteilungsverfahrens
- für die Tätigkeit im Verteilungsverfahren
- für die Tätigkeit im Verfahren über Anträge auf einstweilige Einstellung oder Beschränkung der Zwangsvollstreckung und einstweilige Einstellung des Verfahrens sowie für Verhandlungen zwischen Gläubiger und Schuldner mit dem Ziel der Aufhebung des Verfahrens.

▶ Für die Wahrnehmung eines Versteigerungstermins entsteht zusätzlich noch eine 0,4 Terminsgebühr Nr. 3312 VV RVG.

3. Zwangsverwaltung

3.1 Gegenstandswert

Ist der Rechtsanwalt in einem Zwangsverwaltungsverfahren tätig, so bestimmt sich der Gegenstandswert nach § 27 RVG. 238

Auszug aus dem RVG

239

§ 27
Gegenstandswert in der Zwangsverwaltung

In der Zwangsverwaltung bestimmt sich der Gegenstandswert bei der Vertretung des Antragstellers nach dem Anspruch, wegen dessen das Verfahren beantragt ist; Nebenforderungen sind mitzurechnen; bei Ansprüchen auf wiederkehrende Leistungen ist der Wert der Leistungen eines Jahres maßgebend. Bei der Vertretung des Schuldners bestimmt sich der Gegenstandswert nach dem zusammengerechneten Wert aller Ansprüche, wegen derer das Verfahren beantragt ist, bei der Vertretung eines sonstigen Beteiligten nach § 23 Abs. 3 Satz 2.

Vertritt der Rechtsanwalt in dem Zwangsverwaltungsverfahren den **Gläubiger,** bestimmt sich der Gegenstandswert nach der Höhe dessen Forderungen, wegen welcher er das Verfahren betreibt. Nebenforderungen sind mitzurechnen. Betreibt der Gläubiger das Zwangsverwaltungsverfahren also wegen der Hauptforderung, Zinsen und Kosten, ist als Gegenstandswert der Gesamtbetrag (Hauptforderung + Zinsen + Kosten) anzunehmen. 240

Lautet der Titel auf wiederkehrende Leistungen, so ist der Jahresbetrag dieser wiederkehrenden Leistung als Gegenstandswert zugrunde zu legen, wobei die bis zur Anordnung der Zwangsverwaltung angelaufenen Rückstände noch zu dem Jahresbetrag zu addieren sind. Auch in diesem Fall sind Nebenforderungen (wie zB Zinsen und Kosten) hinzuzurechnen. Wird das Verfahren jedoch wegen einem geringeren Betrag als dem Jahresbetrag betrieben, so ist dieser geringere Betrag maßgebend.[98] 241

Vertritt der Rechtsanwalt in dem Zwangsverwaltungsverfahren den **Schuldner,** bestimmt sich der Gegenstandswert nach dem zusammengerechneten Wert aller Ansprüche, wegen welcher das Verfahren beantragt ist. In diesem Falle sind also die Forderungen aller Gläubiger zusammenzurechnen, die das Zwangsverwaltungsverfahren gegenüber dem Schuldner betreiben. 242

---

[98] Gerold/Schmidt § 27 Rn. 2.

243 Bei der Vertretung eines **sonstigen Beteiligten** bestimmt sich der Gegenstandswert nach § 23 Abs. 3 S. 2 RVG. Danach ist der Gegenstandswert nach billigem Ermessen zu bestimmen. In Ermangelung genügender tatsächlicher Anhaltspunkte für eine Schätzung und bei nicht vermögensrechtlichen Gegenständen ist der Gegenstandswert mit 5.000 EUR, nach Lage des Falles niedriger oder höher, jedoch nicht über 500.000 EUR anzunehmen. Maßgebend dürfte hier das Interesse des sonstigen Beteiligten an dem Zwangsverwaltungsverfahren sein, welches Anhaltspunkte für den Gegenstandswert hergeben kann.

Zusammenfassung

244
- ▶ Der Gegenstandswert für eine Tätigkeit in einem Zwangsverwaltungsverfahren bestimmt sich nach § 27 RVG.
- ▶ Bei Vertretung des Gläubigers bestimmt sich der Wert nach der Höhe dessen Forderung (einschließlich Nebenforderungen), wegen der er das Verfahren betreibt.
- ▶ Bei Vertretung des Schuldners bestimmt sich der Gegenstandswert nach dem zusammengerechneten Wert aller Ansprüche, wegen welcher das Verfahren beantragt ist.
- ▶ Bei Vertretung eines sonstigen Beteiligten ist das Interesse des Beteiligten an dem Zwangsverwaltungsverfahren Anhaltspunkt für die Bestimmung des Gegenstandswertes.

3.2 Anwaltsgebühren

245 Der Rechtsanwalt, der als **Vertreter des Antragstellers** (Gläubigers) des **Antragsgegners** (Schuldners) oder eines **sonstigen Beteiligten** in einem Zwangsverwaltungsverfahren tätig wird, erhält eine Vergütung nach Teil 3, Abschnitt 3, Unterabschnitt 4 VV RVG.

Auszug aus dem VV RVG

246

Unterabschnitt 4. Zwangsversteigerung und Zwangsverwaltung

Nr.	Gebührentatbestand	Gebühr oder Satz der Gebühr nach § 13 RVG
3311	Verfahrensgebühr .... Die Gebühr entsteht jeweils gesondert 1. ... 2. ... 3. im Verfahren der Zwangsverwaltung für die Vertretung des Antragstellers im Verfahren über den Antrag auf Anordnung der Zwangsverwaltung oder auf Zulassung des Beitritts; 4. im Verfahren der Zwangsverwaltung für die Vertretung des Antragstellers im weiteren Verfahren einschließlich des Verteilungsverfahrens; 5. im Verfahren der Zwangsverwaltung für die Vertretung eines sonstigen Beteiligten im ganzen Verfahren einschließlich des Verteilungsverfahrens und 6. für die Tätigkeit im Verfahren über Anträge auf einstweilige Einstellung oder Beschränkung der Zwangsvollstreckung und einstweilige Einstellung des Verfahrens sowie für Verhandlungen zwischen Gläubiger und Schuldner mit dem Ziel der Aufhebung des Verfahrens	0,4
3312	Terminsgebühr .... Die Gebühr entsteht nur für die Wahrnehmung eines Versteigerungstermins für einen Beteiligten. Im Übrigen entsteht im Verfahren der Zwangsversteigerung und der Zwangsverwaltung keine Terminsgebühr.	0,4

Vertritt der Rechtsanwalt in dem Zwangsverwaltungsverfahren den **Antragsteller,** so können **jeweils eine gesonderte 0,4 Verfahrensgebühr Nr. 3311 VV RVG** entstehen 247

- für die Vertretung im Verfahren über den Antrag auf Anordnung der Zwangsverwaltung oder auf Zulassung des Beitritts (Ziffer 3 der Anmerkung zu Nr. 3311 VV RVG)
- für die Vertretung im weiteren Verfahren der Zwangsverwaltung einschließlich des Verteilungsverfahrens (Ziffer 4 der Anmerkung zu Nr. 3311 VV RVG)
- für die Tätigkeit im Verfahren über Anträge auf einstweilige Einstellung oder Beschränkung der Zwangsvollstreckung und einstweilige Einstellung des Verfahrens sowie für Verhandlungen zwischen Gläubiger und Schuldner mit dem Ziel der Aufhebung des Verfahrens (Ziffer 6 der Anmerkung zu Nr. 3311 VV RVG).

Übt der Rechtsanwalt als Vertreter des Gläubigers die die vorstehenden Gebühren auslösenden Tätigkeiten aus, so können die vorstehenden Gebühren in derselben Sache nebeneinander entstehen.

Beispiel: Der Rechtsanwalt stellt für seinen Mandanten, den Gläubiger A, einen Antrag auf Anordnung der Zwangsverwaltung in den Grundbesitz des Schuldners B. Er vertritt den Gläubiger nicht nur im Verfahren über den Antrag auf Anordnung der Zwangsverwaltung, sondern auch im weiteren Verfahren. Schließlich meldet sich der Schuldner bei ihm, und es werden Verhandlungen mit dem Ziel der Aufhebung des Verfahrens geführt. Die Verhandlungen scheitern. 248

Der Gläubiger betreibt das Zwangsversteigerungsverfahren wegen einer titulierten Hauptforderung in Höhe von 11.000,00 EUR, Zinsen in Höhe von 1.800,00 EUR und Kosten in Höhe von 1.300,00 EUR.

Der als Vertreter des Antragstellers (Gläubigers) tätige Rechtsanwalt kann berechnen:

Gegenstandswert: 14.100,00 EUR
(Hauptforderung 11.000,00 EUR + Zinsen 1.800,00 EUR + Kosten 1.300,00 EUR – §27 RVG)

1) 0,4 Verfahrensgebühr §§2, 13 RVG iVm Nr. 3311 (Ziffer 3 der Anmerkung zu Nr. 3311) VV RVG für die Vertretung in dem Verfahren über den Antrag auf Anordnung der Zwangsverwaltung	260,00 EUR
2) 0,4 Verfahrensgebühr §§2, 13 RVG iVm Nr. 3311 (Ziffer 4 der Anmerkung zu Nr. 3311) VV RVG für die Vertretung in dem weiteren Verfahren	260,00 EUR
3) 0,4 Verfahrensgebühr §§2, 13 RVG iVm Nr. 3311 (Ziffer 6 der Anmerkung zu Nr. 3311) VV RVG für Verhandlungen mit dem Ziel der Aufhebung des Verfahrens	260,00 EUR

zzgl. Auslagen und Umsatzsteuer.

Vertritt der Rechtsanwalt im Zwangsverwaltungsverfahren einen sonstigen Beteiligten, so kann er die nachfolgenden Gebühren erhalten; mit sonstigen Beteiligten ist auch der **Antragsgegner** (Schuldner)[99] gemeint: 249

Jeweils eine **gesonderte 0,4 Verfahrensgebühr Nr. 3311 VV RVG** entsteht

- für die Vertretung im ganzen Verfahren einschließlich des Verteilungsverfahrens (Ziffer 5 der Anmerkung zu Nr. 3311 VV RVG)
- für Tätigkeiten im Verfahren über Anträge auf einstweilige Einstellung und Beschränkung der Zwangsvollstreckung und einstweilige Einstellung des Verfahrens sowie für Verhandlungen zwischen Gläubiger und Schuldner mit dem Ziel der Aufhebung des Verfahrens (Ziffer 6 der Anmerkung zu Nr. 3311 VV RVG).[100]

Beispiel: Der Rechtsanwalt vertritt den Antragsgegner (Schuldner) im Zwangsverwaltungsverfahren. Das Zwangsverwaltungsverfahren wird von mehreren Gläubigern wegen Forderungen in Höhe von insgesamt 25.000,00 EUR betrieben. Der Rechtsanwalt vertritt den Antragsgegner in dem gesamten Zwangsverwaltungsverfahren. Er stellt für den Antragsgegner auch einen Antrag auf Einstellung des Verfahrens, welcher aber dann abgelehnt wird. 250

Der Rechtsanwalt kann berechnen:

Gegenstandswert: 25.000,00 EUR
(Summe aller Ansprüche, wegen derer das Verfahren beantragt ist – §27 RVG)

1) 0,4 Verfahrensgebühr §§2, 13 RVG iVm Nr. 3311 (Ziffer 5 der Anmerkung zu Nr. 3311) VV RVG für die Vertretung in dem Zwangsverwaltungsverfahren	315,20 EUR

[99] Schneider/Wolf VV 3311–3312 Rn. 37.
[100] Schneider/Wolf VV 3311–3312 Rn. 39, 40.

2) 0,4 Verfahrensgebühr §§2, 13 RVG iVm Nr. 3311 (Ziffer 6 der Anmerkung zu Nr. 3311) VV RVG für Tätigkeit im Verfahren über den Antrag auf Einstellung des Verfahrens 315,20 EUR
zzgl. Auslagen und Umsatzsteuer.

251 Die Verfahrensgebühren können sich dann erhöhen, wenn der Rechtsanwalt mehrere Auftraggeber vertritt und die Voraussetzungen der Nr. 1008 VV RVG erfüllt werden (→ Kap. C Rn. 74 ff.).

252 Eine Terminsgebühr wird in dem Verfahren auf Zwangsverwaltung nicht entstehen können (Anmerkung zu Nr. 3312 VV RVG).[101]

253 Schließen die Parteien einen Vertrag im Sinne der Nr. 1000 VV RVG oder einen Vergleich, so kann neben den Verfahrensgebühren noch die Einigungsgebühr Nr. 1003 VV RVG in Höhe von 1,0 entstehen.[102] Werden Verhandlungen mit dem Ziel der Aufhebung des Verfahrens geführt und kommt es dann zu einer Einigung iSd Nr. 1000 VV RVG ist umstritten, ob dann neben der Einigungsgebühr der Nrn. 1000, 1003 VV RVG noch eine weitere Verfahrensgebühr nach Ziffer 6 der Anmerkung zu Nr. 3311 VV RVG entstehen kann.[103]

Zusammenfassung

254 ▶ Vertritt der Rechtsanwalt im Zwangsverwaltungsverfahren den **Antragsteller**, so können entstehen:
- 0,4 Verfahrensgebühr Nr. 3311 (Ziffer 3 der Anmerkung) VV RVG für die Vertretung im Verfahren über den Antrag auf Anordnung der Zwangsverwaltung oder auf Zulassung des Beitritts
- 0,4 Verfahrensgebühr Nr. 3311 (Ziffer 4 der Anmerkung) VV RVG für die Vertretung im weiteren Verfahren
- 0,4 Verfahrensgebühr Nr. 3311 (Ziffer 6 der Anmerkung) VV RVG für die Tätigkeit im Verfahren über Anträge auf einstweilige Einstellung oder Beschränkung der Zwangsvollstreckung und einstweilige Einstellung des Verfahrens sowie für Verhandlungen zwischen Gläubiger und Schuldner mit dem Ziel der Aufhebung des Verfahrens.

▶ Vertritt der Rechtsanwalt den **Antragsgegner** (Schuldner) so können entstehen:
- 0,4 Verfahrensgebühr Nr. 3311 (Ziffer 5 der Anmerkung) VV RVG für die Vertretung im ganzen Verfahren einschließlich des Verteilungsverfahrens
- 0,4 Verfahrensgebühr Nr. 3311 (Ziffer 6 der Anmerkung) VV RVG für die Tätigkeit im Verfahren über Anträge auf einstweilige Einstellung oder Beschränkung der Zwangsvollstreckung und einstweilige Einstellung des Verfahrens sowie Verhandlungen zwischen Gläubiger und Schuldner mit dem Ziel der Aufhebung des Verfahrens.

101 Schneider/Wolf VV 3311–3312 Rn. 41.
102 Schneider/Mock, Das neue Gebührenrecht für Anwälte, S. 334 § 29 Rn. 18.
103 Verneinend: Schneider/Wolf VV 3311–3312 Rn. 18; Bejahend: Mayer/Kroiß Nr. 3311 VV Rn. 33.

III. Insolvenzverfahren

Die Gebühren für die Vertretung des Gläubigers oder eines Schuldners im Insolvenzverfahren sind in Teil 3, Abschnitt 3, Unterabschnitt 5 VV RVG geregelt. 255

Auszug aus dem VV RVG

Unterabschnitt 5. Insolvenzverfahren, Verteilungsverfahren nach der Schifffahrtsrechtlichen Verteilungsordnung 256

Nr.	Gebührentatbestand	Gebühr oder Satz der Gebühr nach § 13 RVG
	Vorbemerkung 3.3.5: (1) Die Gebührenvorschriften gelten für die Verteilungsverfahren nach der SVertO, soweit dies ausdrücklich angeordnet ist. (2) Bei der Vertretung mehrerer Gläubiger, die verschiedene Forderungen geltend machen, entstehen die Gebühren jeweils besonders. (3) Für die Vertretung des ausländischen Insolvenzverwalters entstehen die gleichen Gebühren wie für die Vertretung des Schuldners.	
3313	Verfahrensgebühr für die Vertretung des Schuldners im Eröffnungsverfahren .... Die Gebühr entsteht auch im Verteilungsverfahren nach der SVertO.	1,0
3314	Verfahrensgebühr für die Vertretung des Gläubigers im Eröffnungsverfahren .... Die Gebühr entsteht auch im Verteilungsverfahren nach der SVertO.	0,5
3315	Tätigkeit auch im Verfahren über den Schuldenbereinigungsplan: Die Verfahrensgebühr 3313 beträgt	1,5
3316	Tätigkeit auch im Verfahren über den Schuldenbereinigungsplan: Die Verfahrensgebühr 3314 beträgt	1,0
3317	Verfahrensgebühr für das Insolvenzverfahren .... Die Gebühr entsteht auch im Verteilungsverfahren nach der SVertO und im Verfahren über Anträge nach Artikel 36 Abs. 9 der Verordnung (EU) 2015/848.	1,0
3318	Verfahrensgebühr für das Verfahren über einen Insolvenzplan	1,0
3319	Vertretung des Schuldners, der den Plan vorgelegt hat: Die Verfahrensgebühr 3318 beträgt	3,0
3320	Die Tätigkeit beschränkt sich auf die Anmeldung einer Insolvenzforderung: Die Verfahrensgebühr 3317 beträgt .... Die Gebühr entsteht auch im Verteilungsverfahren nach der SVertO.	0,5
3321	Verfahrensgebühr für das Verfahren über einen Antrag auf Versagung oder Widerruf der Restschuldbefreiung .... (1) Das Verfahren über mehrere gleichzeitig anhängige Anträge ist eine Angelegenheit. (2) Die Gebühr entsteht auch gesondert, wenn der Antrag bereits vor Aufhebung des Insolvenzverfahrens gestellt wird.	0,5
3322	Verfahrensgebühr für das Verfahren über Anträge auf Zulassung der Zwangsvollstreckung nach § 17 Abs. 4 SVertO	0,5
3323	Verfahrensgebühr für das Verfahren über Anträge auf Aufhebung von Vollstreckungsmaßregeln (§ 8 Abs. 5 und § 41 SVertO)	0,5

Der Gegenstandswert für diese Gebühren ist in § 28 RVG geregelt. 257

Auszug aus dem RVG

258 **§28**
Gegenstandswert im Insolvenzverfahren

(1) Die Gebühren der Nummern 3313, 3317 sowie im Fall der Beschwerde gegen den Beschluss über die Eröffnung des Insolvenzverfahrens der Nummern 3500 und 3513 des Vergütungsverzeichnisses werden, wenn der Auftrag vom Schuldner erteilt ist, nach dem Wert der Insolvenzmasse (§58 des Gerichtskostengesetzes) berechnet. Im Fall der Nummer 3313 des Vergütungsverzeichnisses beträgt der Gegenstandswert jedoch mindestens 4000 EUR.

(2) Ist der Auftrag von einem Insolvenzgläubiger erteilt, werden die in Absatz 1 genannten Gebühren und die Gebühr nach Nummer 3314 nach dem Nennwert der Forderung berechnet. Nebenforderungen sind mitzurechnen.

(3) Im Übrigen ist der Gegenstandswert im Insolvenzverfahren unter Berücksichtigung des wirtschaftlichen Interesses, das der Auftraggeber im Verfahren verfolgt, nach §23 Abs. 3 Satz 2 zu bestimmen.

1. Eröffnungsverfahren

259 Vertritt der Rechtsanwalt in einem Verfahren über den **Antrag auf Eröffnung des Insolvenzverfahrens,** so ist zunächst zu unterscheiden, ob er den Schuldner oder den Gläubiger vertritt. Bei Vertretung des **Schuldners** entsteht eine **1,0 Verfahrensgebühr** Nr. 3313 VV RVG.

Vertritt der Rechtsanwalt in einem Verfahren über den Antrag auf Eröffnung des Insolvenzverfahrens einen **Gläubiger,** so erhält er eine **0,5 Verfahrensgebühr** Nr. 3314 VV RVG.

260 Das Eröffnungsverfahren beginnt mit der Einreichung des Antrages auf Eröffnung des Insolvenzverfahrens. Es endet mit der Zurückweisung des Eröffnungsantrages als unzulässig oder unbegründet, mit der Rücknahme des Eröffnungsantrages oder mit der Eröffnung des Insolvenzverfahrens. Die Gebühren der Nrn. 3313 und 3314 VV RVG gelten die gesamte Tätigkeit des Rechtsanwaltes im Verfahren über einen Antrag auf Eröffnung des Insolvenzverfahrens ab, sie kann sich jedoch erhöhen, wenn der Rechtsanwalt **auch** im Verfahren über einen **Schuldenbereinigungsplan** tätig wird (→ Rn. 261 dieses Kapitels). Die Gebühr für das Eröffnungsverfahren entsteht, sobald der Rechtsanwalt den Auftrag zur Vertretung in einem bereits anhängigen Eröffnungsverfahren oder zur Stellung eines Antrages auf Eröffnung eines Insolvenzverfahrens erhalten hat und in Ausführung des Auftrages irgendwie tätig geworden ist.[104] Die Gebühr ermäßigt sich nicht bei einer vorzeitigen Erledigung des Auftrages, auch dann nicht, wenn der Rechtsanwalt den Antrag auf Eröffnung eines Insolvenzverfahrens noch nicht bei Gericht eingereicht hat.[105]

261 Ist der Rechtsanwalt **auch** im Verfahren über einen **Schuldenbereinigungsplan** tätig, so **erhöhen** sich die vorgenannten Verfahrensgebühren

- bei Vertretung des **Schuldners** auf eine **1,5 Verfahrensgebühr** nach der Nr. 3315 VV RVG,
- bei Vertretung des **Gläubigers** auf eine **1,0 Verfahrensgebühr** nach der Nr. 3316 VV RVG.

262 Der **Gegenstandswert** für die Vertretung in einem Verfahren über den Antrag auf Eröffnung des Insolvenzverfahrens und im Verfahren über einen Schuldenbereinigungsplan richtet sich, wenn der **Schuldner** vertreten wird, nach dem **Wert der Insolvenzmasse** (§28 Abs. 1 S. 1 RVG). Der Gegenstandswert beträgt **mindestens 4.000 EUR.** Der Begriff „Insolvenzmasse" ist in §35 InsO definiert. Danach ist Insolvenzmasse das gesamte Vermögen des Schuldners zur Zeit der Eröffnung des

[104] Gerold/Schmidt VV Vorb. 3.3.5, 3313–3323 Rn. 37.
[105] Gerold/Schmidt VV Vorb. 3.3.5, 3313–3323 Rn. 38.

Verfahrens und das er während des Verfahrens erlangt. Vermögen, welches der Schuldner während des laufenden Insolvenzverfahrens neu erwirbt und welches der Zwangsvollstreckung unterliegt, gehört also ebenfalls zur Insolvenzmasse, und ist folglich bei der Ermittlung des Gegenstandswertes mit zu bewerten. Es gilt der Verkehrswert des Vermögens, den dieses zur Zeit der Beendigung des Verfahrens hat (§ 58 Abs. 1 S. 1 GKG).[106]

Wird der **Gläubiger** vertreten, so ist Gegenstandswert für die Gebühren der Nrn. 3314, 3316 VV RVG der Nennwert der Forderung (§ 28 Abs. 2 RVG). Dies bedeutet, die Forderung ist maßgebend, die der Gläubiger hat und gegenüber dem Schuldner im Insolvenzverfahren geltend macht. Nebenforderungen, wie Zinsen und Kosten sind mitzurechnen (§ 28 Abs. 2 S. 2 RVG).[107] 263

Die Gebühren der Nrn. 3313 bis 3316 VV RVG, für die Tätigkeit in dem Eröffnungsverfahren oder im Verfahren über einen Schuldenbereinigungsplan sind nicht auf die Gebühren anzurechnen, die in dem anschließenden Insolvenzverfahren dem Rechtsanwalt entstehen können. Sie bleiben neben diesen Gebühren als eigenständige Gebühren bestehen.[108] 264

War der Rechtsanwalt, bevor er im Verfahren über die Eröffnung eines Insolvenzverfahrens tätig wird, bereits außergerichtlich tätig, so ist die für die außergerichtliche Tätigkeit entstandene Geschäftsgebühr der Nr. 2300 VV RVG nach der Vorbemerkung 3 Abs. 4 VV RVG auf die Verfahrensgebühr für die Tätigkeit im Eröffnungsverfahren zur Hälfte, höchstens mit 0,75 anzurechnen. Anzurechnen ist die Geschäftsgebühr maximal in Höhe des Gebührensatzes der Verfahrensgebühr, die im nachfolgenden Insolvenzeröffnungsverfahren entsteht. 265

Zusammenfassung

- ▶ Wird der **Schuldner** im Insolvenzeröffnungsverfahren vertreten, so können entstehen: 266
  - 1,0 Verfahrensgebühr Nr. 3313 VV RVG
  - 1,5 Verfahrensgebühr Nr. 3315 VV RVG bei Tätigkeit auch im Verfahren über den Schuldenbereinigungsplan

  Gegenstandswert: Wert der Insolvenzmasse, mindestens 4.000 EUR.
- ▶ Wird der **Gläubiger** im Insolvenzeröffnungsverfahren vertreten, so können entstehen:
  - 0,5 Verfahrensgebühr Nr. 3314 VV RVG
  - 1,0 Verfahrensgebühr Nr. 3316 bei Tätigkeit auch im Verfahren über den Schuldenbereinigungsplan

  Gegenstandswert: Forderung einschließlich Nebenforderungen.

2. Insolvenzverfahren

Liegen die Voraussetzungen für die Durchführung des Insolvenzverfahrens vor, schließt sich dem Eröffnungsverfahren das eigentliche Insolvenzverfahren an. Das Insolvenzverfahren beginnt in dem Augenblick, in dem das Insolvenzgericht den Eröffnungsbeschluss nach außen wirksam erlässt. Für die **Vertretung im Insolvenzverfahren** entsteht dem Rechtsanwalt eine **1,0 Verfahrensgebühr Nr. 3317 VV RVG.** Nr. 3317 VV RVG unterscheidet nicht, ob der Gläubiger oder der Schuldner vom Rechtsanwalt vertreten wird. Die 1,0 Verfahrensgebühr Nr. 3317 VV RVG gilt die gesamte Tätigkeit des Rechtsanwaltes im Insolvenzverfahren ab. Für Besprechungen/Verhandlungen mit dem Insolvenzverwalter oder mit anderen Verfahrensbeteiligten, die Wahrnehmung von Terminen, die Anmeldung von Forderungen, die Prüfung von 267

---

[106] Hartung/Schons/Enders § 28 Rn. 6; Gerold/Schmidt § 28 Rn. 3 bis 10.
[107] Hartung/Schons/Enders § 28 Rn. 9; Gerold/Schmidt § 28 Rn. 6.
[108] Gerold/Schmidt VV Vorb. 3.3.5, 3313–3323 Rn. 45.

Forderungen, die Mitwirkung im Verteilungsverfahren oder sonstige Tätigkeiten entstehen dem Rechtsanwalt, der den Gläubiger oder Schuldner im Insolvenzverfahren vertritt, keine gesonderten Gebühren. Nur die Vertretung in einem Verfahren über einen **Insolvenzplan oder im Verfahren über einen Antrag auf Versagung oder Widerruf der Restschuldbefreiung** löst **gesonderte** Gebühren aus (→ Kap. J Rn. 271 ff. und 279 ff.).

268 Die 1,0 Verfahrensgebühr Nr. 3317 VV RVG für die Vertretung im Insolvenzverfahren fällt unabhängig vom Umfang der Tätigkeit des Rechtsanwaltes im Insolvenzverfahren an. Sie ermäßigt sich auch dann nicht, wenn der Rechtsanwalt im Insolvenzverfahren nicht von Anbeginn an tätig war, sondern erst später im Verlauf des Insolvenzverfahrens tätig wird. Auch wenn sich der Auftrag zur Vertretung im Insolvenzverfahren vorzeitig erledigt, ermäßigt sich die 1,0 Verfahrensgebühr Nr. 3317 VV RVG nicht.

269 **Gegenstandswert** der 1,0 Verfahrensgebühr Nr. 3317 VV RVG ist,
- wenn der **Schuldner** vertreten wird: Wert der Insolvenzmasse (→ Kap. J Rn. 262)
- wenn der **Gläubiger** vertreten wird: Nennwert der **Forderung zuzüglich den Nebenforderungen.** Dies ergibt sich aus § 28 RVG.

Die 1,0 Verfahrensgebühr Nr. 3317 VV RVG entsteht unabhängig von den Gebühren der Nrn. 3313 bis 3316 VV RVG für die Tätigkeit im Eröffnungsverfahren und über einen Schuldenbereinigungsplan.[109]

Zusammenfassung

270 ▶ Für die Vertretung im Insolvenzverfahren erhält der Rechtsanwalt, der den Gläubiger oder den Schuldner vertritt, eine 1,0 Verfahrensgebühr Nr. 3317 VV RVG.
▶ Gegenstandswert ist bei Vertretung des Schuldners der Wert der Insolvenzmasse, bei Vertretung des Gläubigers dessen Forderung einschließlich Nebenforderungen.

3. Insolvenzplan

271 Im Insolvenzverfahren kann ein Insolvenzplan aufgestellt werden (§§ 217 ff. InsO). In dem Insolvenzplan kann die weitere Abwicklung der Insolvenz – abweichend von der Regelinsolvenz nach der InsO – zwischen den Gläubigern, dem Insolvenzverwalter und dem Schuldner geregelt werden. So kann der Insolvenzplan zB die Verwertung der Insolvenzmasse, deren Verteilung an die Beteiligten, oder die Haftung des Schuldners nach Beendigung des Insolvenzverfahrens abweichend von den sonstigen Bestimmungen der InsO regeln. Ziel eines Insolvenzplanes ist häufig auch die Erhaltung des Unternehmens.

272 Für die Tätigkeit **im Verfahren über einen Insolvenzplan** erhält der Rechtsanwalt **eine besondere 1,0 Verfahrensgebühr Nr. 3318 VV RVG.** Diese 1,0 Verfahrensgebühr erhält der Rechtsanwalt unabhängig davon, ob er einen Gläubiger, den Schuldner, den Insolvenzverwalter oder einen weiteren Beteiligten im Verfahren über den Insolvenzplan vertritt.[110]

273 Vertritt der Rechtsanwalt **den Schuldner, der den Plan vorgelegt** hat, so erhält der Rechtsanwalt eine **3,0 Verfahrensgebühr** Nr. 3319 VV RVG. Diese 3,0 Verfahrensgebühr erhält der Rechtsanwalt in diesen Fällen nicht neben der 1,0 Verfahrensgebühr Nr. 3318 VV RVG, sondern an Stelle dieser Gebühr. Denn Nr. 3319 VV RVG bestimmt, dass in diesen Fällen die Verfahrensgebühr Nr. 3318 VV RVG 3,0 beträgt.

Die 3,0 Verfahrensgebühr Nr. 3319 VV RVG kann der Rechtsanwalt nur berechnen, wenn er in dem Verfahren über den Insolvenzplan den Schuldner vertritt. Zweite Voraussetzung ist, dass der Schuldner den Insolvenzplan vorgelegt hat.

---

[109] Gerold/Schmidt VV Vorb. 3.3.5, 3313–3323 Rn. 45.
[110] Gerold/Schmidt VV Vorb. 3.3.5, 3313–3323 Rn. 53.

Beispiel: Der Rechtsanwalt wird von der Schuldnerin, einer GmbH, beauftragt, einen Antrag auf Eröffnung eines Insolvenzverfahrens betreffend ihr Vermögen zu stellen. Der Rechtsanwalt fertigt den Antrag auf Eröffnung und reicht diesen bei Gericht ein. Antragsgemäß wird das Insolvenzverfahren eröffnet. Sowohl in dem Eröffnungsverfahren als auch in dem Insolvenzverfahren ist der Rechtsanwalt auftragsgemäß als Vertreter der Schuldnerin tätig. Auftragsgemäß arbeitet er einen Insolvenzplan aus und legt diesen vor. In dem anschließenden Verfahren über den Insolvenzplan vertritt der Rechtsanwalt die Schuldnerin ebenfalls. 274

Der Rechtsanwalt kann folgende Gebühren berechnen:
Gegenstandswert: 150.000,00 EUR/20.000,00 EUR

1) 1,0 Verfahrensgebühr §§ 2, 13 RVG iVm Nr. 3313 VV RVG für die Tätigkeit im Eröffnungsverfahren nach Wert: 150.000,00 EUR	1.758,00 EUR
2) 1,0 Verfahrensgebühr §§ 2, 13 RVG iVm Nr. 3317 VV RVG für die Tätigkeit im Insolvenzverfahren nach Wert: 150.000,00 EUR	1.758,00 EUR
3) 3,0 Verfahrensgebühr §§ 2, 13 RVG iVm Nr. 3319 VV RVG für die Tätigkeit im Verfahren über den Insolvenzplan nach Wert: 20.000,00 EUR	2.226,00 EUR

zzgl. Auslagen und Umsatzsteuer.

Der Gegenstandswert der 3,0 Verfahrensgebühr Nr. 3319 VV RVG bestimmt sich nach § 28 Abs. 3 RVG. Danach ist der Gegenstandswert vom Rechtsanwalt unter Berücksichtigung des wirtschaftlichen Interesses, das der Auftraggeber im Verfahren (hier also mit dem Insolvenzplan) verfolgt, nach § 23 Abs. 3 S. 2 RVG zu bestimmen. Nach § 23 Abs. 3 S. 2 RVG hat der Rechtsanwalt den Gegenstandswert nach billigem Ermessen zu bestimmen. Tatsächliche Anhaltspunkte, die der Rechtsanwalt im Rahmen seines Ermessens zu berücksichtigen hat, sind vorliegend dann die wirtschaftlichen Interessen des Auftraggebers.[111] 275

Der Wert nach § 28 Abs. 3 RVG kann also identisch sein mit dem Wert der Insolvenzmasse, wenn der Schuldner vertreten wird und Gegenstand des Insolvenzplanes zB die Erhaltung des Unternehmens oder des Vermögens des Schuldners ist. 276

Wird der Gläubiger vertreten, bildet dessen Forderung die tatsächlichen Anhaltspunkte, die der Rechtsanwalt im Rahmen seines Ermessens bei der Bestimmung des Gegenstandswertes zu berücksichtigen hat. Sieht der Insolvenzplan nur eine teilweise Befriedigung der Forderung des Gläubigers vor, stellt sich die Frage, ob als Gegenstandswert für die Verfahrensgebühr der Nr. 3318 VV RVG für die Tätigkeit im Verfahren über den Insolvenzplan die volle Forderung anzunehmen ist oder nur der Teil der Forderung, welcher Gegenstand des Insolvenzplanes ist. Beides kann man meines Erachtens vertreten, denn die nach § 23 Abs. 3 S. 2 RVG zu berücksichtigenden wirtschaftlichen Interessen des Auftraggebers – hier des Gläubigers – gehen sicherlich stets dahin, volle Befriedigung seiner Forderungen zu erzielen.[112] 277

Zusammenfassung

- ▶ Vertritt der Rechtsanwalt in einem Verfahren über einen Insolvenzplan, so erhält er neben den sonst entstehenden Gebühren eine 1,0 Verfahrensgebühr Nr. 3318 VV RVG. 278
- ▶ Vertritt der Rechtsanwalt in einem Verfahren über einen Insolvenzplan den Schuldner, der den Plan vorgelegt hat, so entsteht eine 3,0 Verfahrensgebühr Nr. 3319 VV RVG.
- ▶ Der Gegenstandswert ist nach § 23 Abs. 3 S. 2 RVG zu bestimmen; Anhaltspunkte für die Wertbestimmung können sich aus dem wirtschaftlichen Interesse ergeben, das der Mandant in dem Verfahren über den Insolvenzplan verfolgt.

[111] Gerold/Schmidt § 28 Rn. 11.
[112] Hartung/Schons/Enders § 28 Rn. 13.

4. Restschuldbefreiung

279 Für die Tätigkeit **im Verfahren** über einen Antrag **auf Versagung oder Widerruf der Restschuldbefreiung** erhält der Rechtsanwalt eine **0,5 Verfahrensgebühr Nr. 3321 VV RVG.** Durch diese Gebühr wird die gesamte Tätigkeit des Rechtsanwaltes in dem Verfahren über einen Antrag auf Versagung oder Widerruf der Restschuldbefreiung abgegolten.

280 Es ist unerheblich, ob der Rechtsanwalt in dem Verfahren über einen Antrag auf Versagung oder Widerruf der Restschuldbefreiung für den Gläubiger, den Schuldner oder einen sonstigen an diesem Verfahrensabschnitt Beteiligten tätig ist.

Die Gebühr für die Tätigkeit im Verfahren über einen Antrag auf Versagung oder Widerruf der Restschuldbefreiung gem. Nr. 3321 VV RVG entsteht neben den sonst im Verfahren entstehenden Gebühren, zB neben der 0,5 Verfahrensgebühr Nr. 3314 VV RVG oder neben der 1,0 Verfahrensgebühr Nr. 3317 VV RVG (Abs. 2 der Anmerkung zu Nr. 3321 VV RVG).

281 Das Verfahren über mehrere gleichzeitig gestellte Anträge auf Versagung oder Widerruf der Restschuldbefreiung bildet eine gebührenrechtliche Angelegenheit (Abs. 1 der Anmerkung zu Nr. 3321 VV RVG).

282 Der **Gegenstandswert** bestimmt sich gem. § 28 Abs. 3 RVG unter Berücksichtigung der wirtschaftlichen Interessen, die der Auftraggeber im Verfahren auf Versagung oder Widerruf der Restschuldbefreiung verfolgt nach § 23 Abs. 3 S. 2 RVG. Nach § 23 Abs. 3 S. 2 RVG hat der Rechtsanwalt den Gegenstandswert nach billigem Ermessen zu bestimmen. Anhaltspunkte für die im Rahmen des billigen Ermessens vorzunehmende Schätzung sind die wirtschaftlichen Interessen des Auftraggebers, den der Rechtsanwalt im Verfahren auf Restschuldbefreiung vertritt. Wird der Schuldner vertreten, dürfte sein Interesse identisch sein mit dem Schuldenbetrag, von dem er in dem Verfahren befreit werden will. Wird der Gläubiger vertreten, und geht es darum, dass der Gläubiger sich gegen eine Restschuldbefreiung wendet, könnte sich der Gegenstandswert nach der Forderung des Gläubigers richten, die im Verfahren über die Restschuldbefreiung erlöschen soll.

Zusammenfassung

283 ▶ Für eine Tätigkeit in dem Verfahren über einen Antrag auf Versagung oder Widerruf der Restschuldbefreiung erhält der Rechtsanwalt eine 0,5 Verfahrensgebühr Nr. 3321 VV RVG.

▶ Der Gegenstandswert ist nach § 23 Abs. 3 S. 2 RVG zu bestimmen; Anhaltspunkte für die Wertbestimmung können sich aus dem wirtschaftlichen Interesse ergeben, das der Mandant in dem Verfahren über den Antrag auf Versagung oder Widerruf der Restschuldbefreiung verfolgt.

5. Anmeldung einer Insolvenzforderung

284 **Beschränkt** sich die Tätigkeit des Rechtsanwalts **auf die Anmeldung einer Insolvenzforderung,** so erhält der Rechtsanwalt hierfür eine 0,5 Verfahrensgebühr Nr. 3320 VV RVG.

285 Diese Gebühr kann nicht neben der 1,0 Verfahrensgebühr nach Nr. 3317 VV RVG für die Vertretung im Insolvenzverfahren entstehen.[113] Ist der Rechtsanwalt über die reine Anmeldung einer Insolvenzforderung hinaus im Insolvenzverfahren selbst tätig, erhält er die 1,0 Verfahrensgebühr Nr. 3317 VV RVG (→ Kap. J Rn. 267). Diese Gebühr für das Insolvenzverfahren gilt dann auch die Tätigkeit auf Anmeldung einer

[113] Schneider/Wolf VV 3320 Rn. 3; Hartung/Schons/Enders Nrn. 3313–3323 VV Rn. 34.

Insolvenzforderung mit ab. Ist der Rechtsanwalt aber **nur** beauftragt, eine Insolvenzforderung anzumelden, so erhält er die 0,5 Verfahrensgebühr Nr. 3320 VV RVG.

Die Gebühr wird aber wohl neben der 0,5 Verfahrensgebühr Nr. 3314 VV RVG für das Eröffnungsverfahren entstehen können, in den Fällen, in denen der Rechtsanwalt auftragsgemäß im Verfahren über den Antrag auf Eröffnung des Insolvenzverfahrens tätig war und dann anschließend, wenn das Verfahren eröffnet worden ist, **nur** beauftragt worden ist, die Forderung anzumelden.[114] **286**

Gegenstandswert für die 0,5 Verfahrensgebühr Nr. 3320 VV RVG ist gem. § 28 Abs. 2 RVG der Nennwert der Forderung zuzüglich Nebenforderungen wie Zinsen und Kosten, also die Forderungen, die der Rechtsanwalt für den Gläubiger anmeldet. **287**

Hartung[115] vertritt entgegen der herrschenden Meinung die Auffassung, dass die 0,5 Verfahrensgebühr Nr. 3320 VV RVG zweimal angesetzt werden kann, wenn derselbe Rechtsanwalt für einen Gläubiger eine Forderung zur Insolvenztabelle anmeldet, diese vom Insolvenzverwalter bestritten wird, dieser dann erfolgreich verklagt wird und der Rechtsanwalt danach die Forderung erneut zur Insolvenztabelle anmeldet. In dem Zivilprozess gegen den Insolvenzverwalter können neben den Gebühren nach Nr. 3320 VV RVG noch die Gebühren nach Teil 3, Abschnitt 1 VV RVG (1,3 Verfahrensgebühr Nr. 3100 VV RVG, 1,2 Terminsgebühr Nr. 3104 VV RVG zuzüglich Auslagen und Umsatzsteuer) entstehen. **288**

Zusammenfassung

- Beschränkt sich die Tätigkeit des Rechtsanwaltes auf die Anmeldung einer Insolvenzforderung, so erhält er hierfür eine 0,5 Verfahrensgebühr Nr. 3320 VV RVG. **289**
- Gegenstandswert ist die Forderung, die er für den Gläubiger anmeldet, einschließlich der Nebenforderungen.

6. Beschwerdeverfahren

Ist der Rechtsanwalt auftragsgemäß auch in einem Beschwerdeverfahren, welches im Rahmen eines Insolvenzverfahrens anhängig ist, tätig, erhält er für diese **Tätigkeit im Beschwerdeverfahren** eine **gesonderte 0,5 Verfahrensgebühr nach Nr. 3500 VV RVG.**[116] Es muss diese allgemeine Vorschrift für das Beschwerdeverfahren gelten, da weder in der Vorbemerkung 3.2.1 VV RVG noch in der Vorbemerkung 3.2.2 VV RVG noch in Teil 3, Abschnitt 3, Unterabschnitt 5 VV RVG keine besondere Gebührenvorschrift für Beschwerdeverfahren, die im Rahmen eines Insolvenzverfahrens anhängig werden, getroffen ist. **290**

Gegenstandswert ist im Falle der Beschwerde gegen den Beschluss über die Eröffnung des Insolvenzverfahrens die Insolvenzmasse (§ 28 Abs. 1 RVG). Im Übrigen richtet sich der Gegenstandswert gem. § 28 Abs. 3 RVG nach dem wirtschaftlichen Interesse, das der Auftraggeber im Beschwerdeverfahren verfolgt. **291**

Zusammenfassung

- Für Beschwerdeverfahren, die im Rahmen eines Insolvenzverfahrens anhängig werden, erhält der Rechtsanwalt eine 0,5 Verfahrensgebühr nach Nr. 3500 VV RVG. **292**
- Gegenstandswert ist im Falle der Beschwerde gegen den Beschluss über die Eröffnung des Insolvenzverfahrens die Insolvenzmasse, ansonsten orientiert sich der Wert am wirtschaftlichen Interesse des Auftraggebers.

---

114 Schneider/Wolf VV 3320 Rn. 4.
115 Hartung/Schons/Enders Nrn. 3313–3323 VV Rn. 30 bis 33.
116 Gerold/Schmidt VV Vorb. 3.3.5, 3313–3323 Rn. 62.

7. Außergerichtliche Schuldenbereinigung

293 Einem Verbraucherinsolvenzverfahren muss ein Versuch der außergerichtlichen Einigung mit den Gläubigern über die Schuldenbereinigung auf der Grundlage eines Plans vorausgehen (§ 305 Abs. 1 Nr. 1 InsO). Ist der Rechtsanwalt für den Schuldner außergerichtlich tätig, so entsteht ihm eine Geschäftsgebühr Nr. 2300 VV RVG (→ Kap. D Rn. 100 ff.).

294 Es stellt sich zunächst die Frage, ob der außergerichtliche Schuldenbereinigungsversuch eine gebührenrechtliche Angelegenheit darstellt, oder jede Tätigkeit gegenüber einem – jeden – anderen Gläubiger eine andere, gesonderte gebührenrechtliche Angelegenheit ist. Entscheidend dürfte der dem Rechtsanwalt erteilte Auftrag sein. Geht der Auftrag des Mandanten dahin, dass der Rechtsanwalt im Hinblick auf ein später einzuleitendes Insolvenzverfahren einen Schuldenbereinigungsplan erstellen und auf der Grundlage dieses Planes die Schuldenbereinigung mit allen Gläubigern versuchen soll, so ist meines Erachtens von einer gebührenrechtlichen Angelegenheit auszugehen. Die Geschäftsgebühr der Nr. 2300 VV RVG entsteht dann einmal.

295 Neben der Geschäftsgebühr der Nr. 2300 VV RVG kann noch eine Einigungsgebühr nach der Nr. 1000 VV RVG entstehen, wenn es außergerichtlich zu einem Vertrag i. S. d. Nr. 1000 VV RVG/Vergleich mit allen Gläubigern kommt. Die Einigungsgebühr fällt als 1,5 Gebühr an, wenn über die Ansprüche noch kein gerichtliches Verfahren anhängig ist (Nrn. 1000, 1003 VV RVG).

296 Gegenstandswert für die Anwaltsgebühren ist, wenn der Schuldner vertreten wird, das gesamte Vermögen des Schuldners zum Zeitpunkt des Tätigwerdens des Rechtsanwalts in Anwendung des § 28 Abs. 1 S. 1 RVG (→ Kap. J Rn. 262).

297 Anzurechnen ist die für die außergerichtliche Schuldenbereinigung entstandene Geschäftsgebühr der Nr. 2300 VV RVG nach der Vorbemerkung 3 Abs. 4 VV RVG auf die in einem sich anschließenden gerichtlichen Insolvenzverfahren entstehenden Gebühren zur Hälfte, höchstens mit 0,75 und auch höchstens mit dem Gebührensatz der Verfahrensgebühr des nachfolgenden gerichtlichen Verfahrens.

298 Für die außergerichtliche Schuldenbereinigung kann auch Beratungshilfe gewährt werden. Welche Gebühren hierfür im Rahmen der Beratungshilfe entstehen, wurde bereits im → Kap. D Rn. 368 abgehandelt.

299 Anders ist die Sachlage meines Erachtens dann zu beurteilen, wenn der Rechtsanwalt von seinem Mandanten den Auftrag hatte, nur mit einem Gläubiger außergerichtlich über „Abfindung" von dessen Forderung zu verhandeln. Dann dürfte Gegenstandswert der entstehenden Geschäftsgebühr und der evtl. anfallenden Einigungsgebühr die Forderung dieses Gläubigers sein.

300 Der BGH[117] hat einen ähnlichen Sachverhalt entschieden: Hier war der Rechtsanwalt von einem Unternehmen beauftragt worden, mit zahlreichen Gläubigern dieses Unternehmens einen freiwilligen Vergleich zur Entschuldung des Unternehmens zu verhandeln. Es handele sich nach BGH (aaO) um dieselbe Angelegenheit, solange der Rechtsanwalt nur ein einheitliches Rundschreiben verfasse. Die Geschäftsgebühr entstehe dann nach der Summe der Werte der einzelnen Forderungen. Müsse sich der Rechtsanwalt allerdings mit einem Gläubiger gesondert auseinandersetzen, so werde diese Auseinandersetzung mit diesem Gläubiger auch eine gesonderte gebührenrechtliche Angelegenheit.[118] Für diese Auseinanderansetzung kann dann eine gesonderte Geschäftsgebühr aus dem Wert der Forderung dieses Gläubigers angesetzt werden, wobei dann allerdings dieser Wert aus dem Gesamtwert „herauszurechnen" ist.

[117] BGH Versäumnisurteil v. 3. 5. 2005 – IX ZR 401/01 = NJW 2005, 2927.
[118] Hartung/Schons/Enders § 15 Rn. 125.

Zusammenfassung

▶ Hat der Rechtsanwalt den Auftrag, außergerichtlich mit den Gläubigern seines Mandanten eine Einigung auf der Grundlage eines Planes herbeizuführen – etwa im Hinblick auf ein später einzuleitenden Verbraucherinsolvenzverfahren –, so entsteht für die außergerichtliche Tätigkeit die Geschäftsgebühr der Nr. 2300 VV RVG. 301

K. Besondere Gerichtsbarkeit

I. Arbeitsgericht

1. Streit- bzw. Gegenstandswert

1.1 Grundsätzliches

Nach Inkrafttreten des KostRMoG am 1. 7. 2004 ist auch in Arbeitsgerichtssachen das GKG anwendbar (§ 1 Nr. 5 GKG). Das ArbGG enthält dann keine Sonderregelungen mehr für die Gerichtskosten im arbeitsgerichtlichen Verfahren, wie etwa in § 12 ArbGG aF. 1

Grundsätzlich richtet sich der Gegenstandswert für die Anwaltsgebühren nach dem Klagebegehren, also nach dem, was der Kläger tatsächlich fordert. Der Wert ist einfach zu bestimmen, wenn der Kläger einen einmaligen, genau bezifferten Geldbetrag fordert (der Kläger macht mit der Klage 1.500 EUR geltend, der Streitwert für die Gebühren beträgt 1.500 EUR). Macht der Kläger einen nichtvermögensrechtlichen Anspruch geltend (zB Ausstellung eines Zeugnisses – Streitwert idR ein Brutto-Monatseinkommen), so ist der Wert für die Gebühren vom Gericht nach freiem Ermessen festzusetzen (§ 23 Abs. 1 S. 1 RVG – § 48 Abs. 1 S. 1 GKG – § 3 ZPO). Bei Bestimmung des nichtvermögensrechtlichen Streitwertes hat das Gericht alle Umstände des Einzelfalles, insbesondere den Umfang und die Bedeutung der Sache und die Vermögens- und Einkommensverhältnisse der Parteien zu berücksichtigen. Der Wert darf nicht über 1.000.000 EUR liegen (§ 48 Abs. 2 GKG). 2

Besondere Regelungen für das arbeitsgerichtliche Verfahren finden sich in § 42 Abs. 1, 2 und 3 GKG, wohin die frühere Wertvorschrift des § 12 Abs. 7 ArbGG aF verschoben worden ist. 3

Im Rahmen dieses Buches kann der Gegenstandswert für das arbeitsgerichtliche Verfahren sicherlich nicht allumfassend dargestellt werden. Es soll im Nachstehenden auf das für die Praxis Wichtigste eingegangen werden.

Auszug aus dem GKG

§ 42 4

Wiederkehrende Leistungen

(1) Bei Ansprüchen auf wiederkehrende Leistungen aus einem öffentlich-rechtlichen Dienst- oder Amtsverhältnis, einer Dienstpflicht oder einer Tätigkeit, die anstelle einer gesetzlichen Dienstpflicht geleistet werden kann, bei Ansprüchen von Arbeitnehmern auf wiederkehrende Leistungen sowie in Verfahren vor Gerichten der Sozialgerichtsbarkeit, in denen Ansprüche auf wiederkehrende Leistungen dem Grunde oder der Höhe nach geltend gemacht oder abgewehrt werden, ist der dreifache Jahresbetrag der wiederkehrenden Leistungen maßgebend, wenn nicht der Gesamtbetrag der geforderten Leistungen geringer ist. Ist im Verfahren vor den Gerichten der Verwaltungs- und Sozialgerichtsbarkeit die Höhe des Jahresbetrags nicht nach dem Antrag des Klägers bestimmt oder nach diesem Antrag mit vertretbarem Aufwand bestimmbar, ist der Streitwert nach § 52 Abs. 1 und 2 zu bestimmen.

(2) Für die Wertberechnung bei Rechtsstreitigkeiten vor den Gerichten für Arbeitssachen über das Bestehen, das Nichtbestehen oder die Kündigung eines Arbeitsverhältnisses ist höchstens der Betrag des für die Dauer eines Vierteljahres zu leistenden Arbeitsentgelts maßgebend; eine Abfindung wird nicht hinzugerechnet. Bei Rechtsstreitigkeiten über Eingruppierungen ist der Wert des dreijährigen Unterschiedsbetrags zur begehrten Vergütung maßgebend, sofern nicht der Gesamtbetrag der geforderten Leistungen geringer ist.

(3) Die bei Einreichung der Klage fälligen Beträge werden dem Streitwert hinzugerechnet; dies gilt nicht in Rechtsstreitigkeiten vor den Gerichten für Arbeitssachen. Der Einreichung der Klage steht die Einreichung eines Antrags auf Bewilligung der Prozesskostenhilfe gleich, wenn die Klage alsbald nach Mitteilung der Entscheidung über den Antrag oder über eine alsbald eingelegte Beschwerde eingereicht wird.

5 Zur Vereinheitlichung der Rechtsprechung der Landesarbeitsgerichte zu Streitwertfragen hat eine Streitwertkommission einen Streitwertkatalog – auch – für die Arbeitsgerichtsbarkeit herausgegeben. Dieser Streitwertkatalog (überarbeitete Fassung 5.4.2016) ist zB auf den Internetseiten der Landesarbeitsgerichte veröffentlicht. Der Streitwertkatalog dient in der Praxis als Orientierungshilfe bei der Bestimmung des Streit- bzw. Gegenstandeswertes in arbeitsrechtlichen Angelegenheiten. Der Streitwertkatalog ist nicht bindend für die Festsetzung des Streit- bzw. Gegenstandswertes.[1]

1.2 Kündigungsschutzklagen[2]

6 Bei Rechtsstreitigkeiten über das Bestehen, das Nichtbestehen oder die fristlose oder ordentliche Kündigung eines Arbeitsverhältnisses (auch „Bestandsstreitigkeiten“ genannt) ist als Streitwert höchstens der Betrag des für die Dauer eines Vierteljahres zu leistenden Arbeitsentgeltes maßgebend (§ 42 Abs. 2 GKG). Als typische Rechtsstreitigkeiten fallen hierunter die sog Kündigungsschutzklagen und die entsprechenden Klagen der Arbeitnehmer, die nicht unter das Kündigungsschutzgesetz fallen. Auch fallen hierunter Prozesse, in denen es um das Zustandekommen eines Arbeitsvertrages oder um die Anfechtung eines solchen wegen Irrtums oder arglistiger Täuschung geht. In all solchen Streitigkeiten bestimmt § 42 Abs. 2 S. 1 GKG die **Obergrenze** des Streitwertes auf **das für die Dauer eines Vierteljahres zu leistende Arbeitsentgelt.** Gemeint ist hiermit das dreifache monatliche **Brutto**arbeitsentgelt. Evtl. Zuschläge und Prämien zum monatlichen Bruttoarbeitsentgelt sind mit zu berücksichtigen. § 42 Abs. 2 S. 1 GKG bestimmt nicht den Regelstreitwert vorgenannter Rechtsstreitigkeiten, sondern nur den Höchstwert. Das Gericht kann also unter Berücksichtigung der Umstände des Einzelfalles auch einen Wert festsetzen, der unter dem dreifachen monatlichen Bruttoarbeitsentgelt liegt.[3] Entgegen der früheren Rechtsprechung des Bundesarbeitsgerichts[4] kann es nach *Schaefer*[5] bei der Bestimmung des Gegenstandswerts in Kündigungsschutzsachen nicht darauf ankommen, wie lange das Arbeitsverhältnis bestanden hat. Vielmehr sei darauf abzustellen, wie lange das Arbeitsverhältnis ohne die Kündigung noch bestanden hätte. Wenn das Arbeitsverhältnis noch länger als drei Monate bestanden hätte, sei als Gegenstandswert der Betrag des für die Dauer eines Vierteljahres zu leistenden Arbeitsentgelts anzunehmen. Ähnliches wird auch im Streitwertkatalog für die Arbeitsgerichtsbarkeit vorgeschlagen. Dort heißt es unter I. 19 wie folgt:

---

[1] LAG Köln BeckRS 2016, 66153: der Streitwertkatalog enthält lediglich Empfehlungen; das Gericht hat im Einzelfall das ihm eingeräumte Ermessen auszuüben; dem Streitwertkatalog kommt jedoch im Hinblick auf eine einheitliche bundesweite Rechtsprechung besonderes Gewicht zu. So orientieren zB ihre Rechtsprechung an diesem Katalog: LAG Hessen BeckRS 2015, 67000 und LAG Sachsen BeckRS 2015, 66577.

[2] Umfassende Abhandlung mit zahlreichen Nachweisen: Brinkmann, Der Streitwert bei Kündigungen, JurBüro 2005, 119 ff.; Brinkmann, Die Streitwerte bei Kündigungsstreitigkeiten, RVGreport 2005, 209 ff.; Brinkmann, Gegenstandswerte im arbeitsgerichtlichen Beschlussverfahren, RVGreport 2005, 292 ff.; Mayer/Kroiß Anhang I Kapitel II; Hartung/Schons/Enders § 23 Rn. 121 ff.

[3] Rehberg/Schons, „Arbeitsgerichtsverfahren“ 8.3 c); Brinkmann JurBüro 2005, 119 (120 – Kapitel 4.).

[4] BAG BB 1985, 1742 = NZA 1985, 309; RVG für Anfänger, 17. Auflage, Kap. K Rn. 6.

[5] Schaefer/Schaefer, Anwaltsgebühren im Arbeitsrecht, 4. Auflage, § 2 Rn. 49.

*„**Kündigung (eine)***
Die Vergütung für ein Vierteljahr, es sei denn unter Auslegung des Klageantrags und der Klagebegründung ist nur ein Fortbestand des Arbeitsverhältnisses von unter drei Monaten im Streit (dann entsprechend geringerer Wert)".

Wird in der Kündigungsschutzklage oder einer ähnlichen Feststellungsklage **zugleich** ein **Zahlungsanspruch geltend gemacht,** ist zu unterscheiden, ob es sich um Zahlungsansprüche handelt, die bereits aus einer Zeit vor dem vermeintlichen Ende des Arbeitsverhältnisses durch die angegriffene Kündigung resultieren oder ob es sich um Entgelt handelt, welches für die Zeit nach dem vermeintlichen Ende des Arbeitsverhältnisses verlangt wird. Unstreitig sind die Werte des Feststellungsantrags – mit welchem die Kündigung angegriffen wird – und des Zahlungsantrages zu addieren, wenn rückständiges Arbeitsentgelt mit eingeklagt wurde, welches aus der Zeit vor der vermeintlichen Beendigung des Arbeitsverhältnisses durch die angegriffene Kündigung resultiert. 7

Beispiel: Der Kläger beantragt, 8
1. festzustellen, dass die Kündigung vom 25. 1. 2018 zum 31. 3. 2018 sozial ungerechtfertigt und damit rechtsunwirksam ist und das Arbeitsverhältnis weiter fortbesteht;
2. die Beklagte zu verurteilen, ihm die Gehälter für die Monate Dezember 2017 und Januar 2018 in Höhe von insgesamt 6.000,00 EUR zu zahlen.

Der Streitwert für den Feststellungsantrag wird auf (3 × monatl. Arbeitsentgelt – Höchstgrenze) festgesetzt; hinzu kommt noch der Streitwert für den Zahlungsanspruch von	9.000,00 EUR
	6.000,00 EUR
so dass der Streitwert beträgt.	15.000,00 EUR

Umstritten ist, ob der neben einem Feststellungsantrag – mit welchem die Kündigung angegriffen wird – gestellte Zahlungsantrag sich auch dann werterhöhend auswirkt, wenn in diesem Entgelte für die Zeit nach dem vermeintlichen Ende des Arbeitsverhältnisses durch die angegriffene Kündigung geltend gemacht werden.[6] Teilweise wird vertreten, dass zumindest für die ersten 3 Monate – nach dem vermeintlichen Ende des Arbeitsverhältnisses durch die angegriffene Kündigung – eine wirtschaftliche Identität der Anträge vorliege und deshalb eine Addition der Werte des Feststellungsantrags und des Zahlungsantrags – für die ersten 3 Monate nach der vermeintlichen Beendigung des Arbeitsverhältnisses unterbleibe. Es sei nur der höhere Wert maßgebend. Werden auch noch weitere Zahlungsansprüche, die über die ersten drei Monate nach der vermeintlichen Beendigung des Arbeitsverhältnisses hinausgehen, geltend gemacht sollen diese sich wieder werterhöhend auswirken.[7] 9

Einer Addition der Werte des Kündigungsschutzantrages und der daneben geltend gemachten Zahlungsansprüche steht meines Erachtens nicht § 42 Abs. 3 S. 1 GKG entgegen. Dieser betrifft meines Erachtens die Fälle, in denen wiederkehrende Leistungen im Sinne des Absatzes 1 des § 42 GKG (oder auch Eingruppierungssachen § 42 Abs. 2 S. 2 GKG) geltend gemacht werden, nicht aber dann, wenn neben dem Kündigungsschutzantrag noch rückständiges Arbeitsentgelt mit eingeklagt wird. 10

Werden Feststellungsklage und Zahlungsklage jeweils gesondert erhoben, werden selbstverständlich die Werte nicht zusammengerechnet, sondern der Rechtsanwalt erhält jeweils gesonderte Gebühren nach den gesonderten Werten. 11

Mit der Kündigungsschutzklage, also der Feststellungsklage, dass durch die Kündigung das Arbeitsverhältnis nicht aufgelöst wird, kann gleichzeitig auch ein Antrag auf **Weiterbeschäftigung** gestellt werden. Der Arbeitnehmer hat nämlich einen Anspruch darauf, für die Dauer des Kündigungsschutzprozesses weiter beschäftigt zu 12

---

6 Brinkmann JurBüro 2005, 119 (125 – Kapitel 10); Mayer/Kroiß Anhang I Kapitel II Rn. 25.
7 Brinkmann JurBüro 2005, 119 (125 – Kapitel 10) mwN; Mayer/Kroiß Anhang I Kapitel II Rn. 25 ff.

werden. Diesen Anspruch kann er mit in einer Kündigungsschutzklage geltend machen, und zwar neben dem Feststellungsantrag, dass durch die Kündigung das Arbeitsverhältnis nicht aufgelöst worden ist. Es ist in der Rechtsprechung und Literatur umstritten, ob ein derartiger Weiterbeschäftigungsantrag den Wert des Kündigungsschutzprozesses erhöht. Nach *Mayer*[8] ist zu unterscheiden, ob der Weiterbeschäftigungsantrag im Wege eines eigenständigen Klageantrags verfolgt wird oder hilfsweise für den Fall des Obsiegens mit dem Kündigungsschutzantrag gestellt wird. Wird der Weiterbeschäftigungsantrag als eigenständigen Klageantrags gestellt, tritt nach *Mayer* (aaO) eine Werterhöhung ein. Streitig ist dann nur, ob der Weiterbeschäftigungsantrag mit einem oder zwei Bruttomonatsgehältern zu bewerten sei. Wenn der Weiterbeschäftigungsantrag nur hilfsweise für den Fall des Obsiegens mit dem Kündigungsantrag gestellt wird (unechter Hilfsantrag), ist nach *Mayer* (aaO) umstritten, ob überhaupt und ggf. in welchem Umfang eine Werterhöhung eintritt.

13 Einigen sich die Parteien in einem Kündigungsschutzprozess über die Aufhebung des Arbeitsverhältnisses gegen Zahlung einer **Abfindung**, so erhöht sich hierdurch der Streitwert nicht (§ 42 Abs. 2 S. 1 GKG). Dies insbesondere dann nicht, wenn es sich bei der Abfindung um eine solche im Sinne der §§ 9, 10 KSchG handelt. Nach § 9 KSchG ist durch den Arbeitgeber dann eine angemessene Abfindung zu zahlen, wenn das Arbeitsverhältnis durch die Kündigung nicht aufgelöst ist, jedoch dem Arbeitnehmer die Fortsetzung des Arbeitsverhältnisses nicht zuzumuten ist. Die Abfindungssumme ist auch dann nicht bei der Berechnung des Streitwertes zu berücksichtigen, wenn sich die Parteien in einem Vergleich auf eine Abfindung im Sinne der §§ 9, 10 KSchG einigen.

14 Dagegen wirken sich Abfindungsregelungen, die **nicht** auf den §§ 9, 10 KSchG und vergleichbaren Absprachen beruhen, sondern auf besonderen Rechtsgrundlagen streitwerterhöhend aus.[9] Streitwerterhöhend wirken sich insbesondere Leistungen aus einem Rationalisierungsschutzabkommen, aus einem Sozialplan, aus vertraglichen Absprachen oder aus § 113 BetrVG aus. Werden derartige Ansprüche im Kündigungsschutzprozess geltend gemacht für den Fall, dass sich die Kündigung als wirksam erweist, so ist die geforderte Abfindungssumme dem Streitwert des Kündigungsschutzprozesses zuzuschlagen, wenn das Arbeitsgericht über beide Anträge entscheidet oder sich die Parteien über eine derartige Abfindungsregelung vergleichen (siehe genauer und weitere Nachweise unter den Fundstellen in → Fußnote 9 dieses Kapitels K).

Zusammenfassung

15 ▶ Bei Rechtsstreitigkeiten vor den Gerichten für Arbeitssachen über das Bestehen, das Nichtbestehen oder die Kündigung eines Arbeitsverhältnisses ist höchstens der Betrag für die Dauer eines Vierteljahres zu leistenden Arbeitsentgeltes als Streitwert anzunehmen (§ 42 Abs. 2 GKG).
▶ Eine Abfindung, die auf den §§ 9, 10 KSchG beruht, ist nicht hinzuzurechnen.
▶ Umstritten ist, ob ein in der Kündigungsschutzklage geltend gemachter Zahlungsantrag oder der Antrag auf Weiterbeschäftigung sich werterhöhend auswirken.

1.3 Abmahnung

16 Verstößt ein Arbeitnehmer gegen einzelvertragliche, tarifvertragliche oder gesetzliche Pflichten, erhält er unter Umständen von seinem Arbeitgeber eine sogenannte Abmahnung. Wird der Rechtsanwalt tätig im Hinblick auf den Streit über eine Abmahnung ist der Gegenstandswert regelmäßig mit einer Bruttomonatsvergütung anzunehmen. Mehrere in einem Verfahren angegriffene Abmahnungen sind höchstens

[8] Mayer/Kroiß Anhang I Kapitel II Rn. 19 ff. mwN.
[9] Hartung/Schons/Enders § 23 Rn. 122; Rehberg/Schons, „Arbeitsgerichtsverfahren“, Kapitel 8.3 e); Brinkmann JurBüro 2005, 119 (127 – Kapitel 12.).

mit der Bruttovergütung für drei Monate zu bewerten[10]. Dies wird auch so im Streitwertkatalog für die Arbeitsgerichtsbarkeit vorgeschlagen (→Streitwertkatalog für die Arbeitsgerichtsbarkeit Ziffer I. 2.).

Nach dem LAG Sachsen-Anhalt[11] ist die Geltendmachung der Entfernung mehrerer Abmahnungen aus der Personalakte mit einem Bruttomonatsentgelt für die erste Abmahnung und für jede weitere Abmahnung mit einem Zuschlag von ⅓ eines Bruttomonatsentgeltes zu bewerten, wobei der Gesamtwert die Bruttomonatsvergütung für drei Monate nicht überschreiten soll. 17

Bei mehreren Abmahnungen ist auch immer die Frage zu stellen, ob es sich um dieselbe oder um verschiedene gebührenrechtliche Angelegenheiten handelt. Hatte der Rechtsanwalt einen außergerichtlichen Vertretungsauftrag dahingehend, dass er den Arbeitgeber im Namen des Arbeitnehmers auffordern soll, die Abmahnung aus der Personalakte zu entfernen und kommt der Arbeitgeber dieser Aufforderung nach, so ist damit diese Angelegenheit beendet. Erhält der Rechtsanwalt nach Beendigung der Angelegenheit einen neuen Auftrag zur Entfernung einer neuen – anderen – Abmahnung aus der Personalakte, so ist dies für den Rechtsanwalt eine neue gebührenrechtliche Angelegenheit. 18

Beispiel: Der Rechtsanwalt vertritt den Arbeitnehmer und fordert auftragsgemäß außergerichtlich den Arbeitgeber auf, die nach Ansicht des Arbeitnehmers unberechtigte Abmahnung vom 13.2. aus der Personalakte zu entfernen. Nach Erhalt des anwaltlichen Aufforderungsschreibens entfernt der Arbeitgeber die Abmahnung aus der Personalakte und bestätigt dies schriftlich. 19

Einige Wochen später erscheint derselbe Arbeitnehmer erneut bei dem Rechtsanwalt und beauftragt ihn, wiederum außergerichtlich die Entfernung einer weiteren Abmahnung vom 10.4. aus der Personalakte vom Arbeitgeber zu fordern. Nach einem entsprechenden zweiten Aufforderungsschreiben lenkt der Arbeitgeber wieder ein und entfernt auch diese zweite Abmahnung aus der Personalakte. Das monatliche Bruttoeinkommen des Arbeitnehmers beträgt 3.200,00 EUR.

Da die erste Angelegenheit betreffend die Abmahnung vom 13.2. erledigt war, als der Rechtsanwalt den Auftrag für die zweite Abmahnung vom 10.4. erhalten hat, ist meines Erachtens von zwei gebührenrechtlichen Angelegenheiten auszugehen. Der Rechtsanwalt kann wie folgt abrechnen:

Erste Angelegenheit: Entfernung der Abmahnung vom 13.2.

Gegenstandswert: 3.200,00 EUR

1) 1,3 Geschäftsgebühr §§ 2, 13, 14 RVG iVm Nr. 2300 VV RVG	327,60 EUR
2) Pauschale für Entgelte für Post- und Telekommunikationsdienstleistungen Nr. 7002 VV RVG	20,00 EUR

zzgl. evtl. entstandener weiterer Auslagen und Umsatzsteuer.

Zweite Angelegenheit: Entfernung der Abmahnung vom 10.4.

Gegenstandswert: 3.200,00 EUR

1) 1,3 Geschäftsgebühr §§ 2, 13, 14 RVG iVm Nr. 2300 VV RVG	327,60 EUR
2) Pauschale für Entgelte für Post- und Telekommunikationsdienstleistungen Nr. 7002 VV RVG	20,00 EUR

zzgl. evtl. entstandener weiterer Auslagen und Umsatzsteuer.

Beispiel: – Sachverhalt wie vorangegangenes Beispiel → Kap. K Rn. 19 jedoch mit folgender Variante: Nach dem ersten Aufforderungsschreiben entfernt der Arbeitgeber die Abmahnung vom 13.2. nicht aus der Personalakte. Es entwickelt sich diesbezüglich ein langwieriger Schriftverkehr. Noch während des laufenden Streits um die Entfernung der Abmahnung vom 13.2. erhält der Arbeitnehmer die weitere Abmahnung vom 10.4. von seinem Arbeitgeber. Er beauftragt den Rechtsanwalt auch diesbezüglich, für ihn tätig zu werden und die Entfernung auch dieser Abmahnung aus der Personalakte vom Arbeitgeber zu verlangen. 20

Es handelt sich um eine gebührenrechtliche Angelegenheit. Folgt man dem LAG Sachsen-Anhalt[12] so ist der Streitwert wie folgt zu erhöhen:

Für die erste Abmahnung vom 13.2.: 3.200,00 EUR

Für die weitere Abmahnung vom 10.4.: ⅓ des Bruttomonatsentgeltes = 1.066,66 EUR

---

[10] LAG Berlin JurBüro 2015, 192; Sächsisches LAG AGS 2015, 427.

[11] LAG Sachsen-Anhalt Beschluss vom 18. 1. 2013 – 1 Ta 169/12.

[12] LAG Sachsen-Anhalt Beschluss vom 18. 1. 2013 – 1 Ta 169/12, NZA-RR 2013, 314 (Ls.)

Gegenstandswert: 4.266,66 EUR
1) 1,3 Geschäftsgebühr §§2, 13, 14 RVG iVm Nr. 2300 VV RVG 393,90 EUR
2) Pauschale für Entgelte für Post- und Telekommunikationsdienstleistungen Nr. 7002 VV RVG 20,00 EUR
zzgl. evtl. entstandener weiterer Auslagen und Umsatzsteuer.

21 **Zusammenfassung**

- Ist Gegenstand der anwaltlichen Tätigkeit eine Abmahnung, bestimmt sich der Gegenstandswert regelmäßig auf eine Bruttomonatsvergütung.
- Wird in derselben gebührenrechtlichen Angelegenheit wegen mehrerer Abmahnungen gestritten, erhöht sich der Wert für die erste Abmahnung (eine Bruttomonatsvergütung) in der Regel für jede weitere Abmahnung mit einem Drittel des Bruttomonatsentgeltes, wobei der Gesamtwert die Bruttomonatsvergütung für drei Monate nicht übersteigen soll.

1.4 Änderungskündigung

22 Nach Ziffer I. 4. des Streitwertkatalogs für die Arbeitsgerichtsbarkeit ist als Gegenstandswert bei einem Streit um eine Änderungskündigung, die unter Vorbehalt angenommen worden ist, eine Bruttomonatsvergütung bis zu einem Vierteljahresentgelt, je nach dem Grad der Vertragsänderung anzunehmen. Bei Änderungskündigungen mit Vergütungsänderung oder sonstigen messbaren wirtschaftlichen Nachteilen ist die 3-fache Jahresdifferenz, mindestens eine Monatsvergütung, höchstens die Vergütung für ein Vierteljahr als Gegenstandswert anzunehmen (Ziffer I. 4.2 des Streitwertkatalogs für die Arbeitsgerichtsbarkeit).[13]

23 Wird dagegen das Änderungsangebot abgelehnt, so geht es um einen Kündigungsschutzantrag gem. §4 S. 1 KSchG. Dann ist nach *Mayer*[14] für den Gegenstandswert das für die Dauer eines Vierteljahres zu leistende Bruttoarbeitsentgelt maßgebend (§42 Abs. 2 S. 1 GKG).

Zusammenfassung

24 - Als Gegenstandswert bei einem Streit um eine Änderungskündigung, die unter Vorbehalt angenommen worden ist, ist eine Monatsvergütung bis zu einem Vierteljahresentgelt je nach dem Grad der Vertragsänderung anzunehmen. Hat die Änderungskündigung eine Reduzierung des Arbeitsentgeltes zum Ziel, ist die monatliche Vergütungsdifferenz mit dem 3-fachen Jahresbetrag zu bewerten, wobei auch hier höchstens das Entgelt für die Dauer eines Vierteljahres als Gegenstandswert in der Regel anzunehmen ist.

1.5 Wiederkehrende Leistungen

25 Bei Klagen auf wiederkehrende Leistungen vor dem Arbeitsgericht ist als Gebühren-Streitwert der dreifache Jahresbetrag der eingeklagten Leistung maßgebend (§42 Abs. 1 S. 1 GKG).[15] Als regelmäßig wiederkehrende Leistungen können zB Lohn- und Gehaltsansprüche, Ruhegelder, Renten aus Schadensersatzverpflichtungen usw geltend gemacht werden.

26 Hier bestimmt §42 Abs. 1 S. 1 GKG allerdings den Regelstreitwert, dh, werden wiederkehrende Leistungen vor dem Arbeitsgericht geltend gemacht, ist der Streitwert

[13] So auch schon LAG Baden-Württemberg RVGreport 2010, 199; LAG Rheinland-Pfalz JurBüro 2008, 478: Da bei Annahme unter Vorbehalt nicht der Bestand des Arbeitsverhältnisses im Streit steht, sondern nur einzelne Arbeitsbedingungen, ist die Obergrenze des Vierteljahresentgeltes grundsätzlich zu halbieren.

[14] Mayer/Kroiß Anh. I Kap. II Rn. 2.

[15] Rehberg/Schons, „Arbeitsgerichtsverfahren"; 8.3.f.) – Rechtsstreitigkeiten über wiederkehrende Leistungen.

für die Gebühren immer der dreifache Jahresbetrag. Eine Ausnahme gibt es allerdings auch hier: Ist der insgesamt geforderte Betrag geringer (so zB wenn nur für zwei Jahre regelmäßig wiederkehrende Leistungen geltend gemacht werden) als der dreifache Jahresbetrag, so ist der geringere Betrag als Streitwert zugrunde zu legen.

Evtl. Rückstände der begehrten Leistungen, die schon vor Klageerhebung entstanden sind, sind bei der Berechnung des Gebührenstreitwertes nicht mit hinzuzurechnen (§ 42 Abs. 3 S. 1, letzter Halbsatz GKG).

Zusammenfassung

▶ Werden in Sachen vor dem Arbeitsgericht wiederkehrende Leistungen geltend gemacht, ist als Gegenstandswert der dreifache Jahresbetrag der wiederkehrenden Leistung maßgebend, wenn nicht der Gesamtbetrag der geforderten Leistung geringer ist. 27

1.6 Eingruppierungsklagen

Mit der Eingruppierungsklage begehrt der Kläger, dass festgestellt wird, dass er nach einer höheren Lohn- oder Gehaltsgruppe zu bezahlen ist als bisher. Bei diesen sog Eingruppierungsklagen ist der dreifache Jahresbetrag des Unterschiedes zwischen dem bislang erhaltenen Lohn (bzw. Gehalt) und dem begehrten Lohn als Streitwert für die Gebühren maßgebend (§ 42 Abs. 2 S. 2 GKG). Bei der Streitwertberechnung ist von den Bruttobeträgen auszugehen. Vor Klageerhebung angefallene Rückstände sind nicht mit hinzuzurechnen (§ 42 Abs. 3 S. 1, letzter Halbsatz GKG). Ist der insgesamt geforderte Unterschiedsbetrag geringer als der Unterschiedsbetrag für 3 Jahre, so ist der geringere Betrag als Streitwert anzunehmen. Dies kann zB dann der Fall sein, wenn nur für 1 Jahr der Unterschiedsbetrag verlangt wird; dann ist auch nur der für das 1 Jahr verlangte Unterschied maßgebend. 28

Zusammenfassung

▶ Bei Rechtsstreitigkeiten über die Eingruppierung ist der Wert des dreijährigen Unterschiedsbetrages zwischen dem bislang erhaltenen Lohn/Gehalt und dem begehrten Lohn/Gehalt maßgebend. 29

1.7 Arbeitszeugnis

Ist Gegenstand der anwaltlichen Tätigkeit die Erteilung eines Arbeitszeugnisses, kommt es zunächst darauf an, um welche Art von Zeugnis gestritten wird. Auch wenn der Gegenstand der anwaltlichen Tätigkeit um das Zeugnis derselbe ist, wird er unter Umständen von den Gerichten unterschiedlich bewertet. Daher können die nachfolgenden Ausführungen nur Anhaltspunkte dafür geben, wie der Gegenstandswert beim Streit um ein Arbeitszeugnis zu bestimmen ist. 30

Ist Gegenstand des Verfahrens die Erteilung eines **qualifizierten** Arbeitszeugnisses, ist in der Regel der Gegenstandswert hierfür mit einem Bruttomonatsverdienst anzusetzen.[16] Dies auch dann, wenn die Erteilung eines qualifizierten Arbeitszeugnisses neben dem Kündigungsschutzantrag gefordert wird. Die Gegenstandswerte für den Kündigungsschutzantrag und den Antrag auf Erteilung eines qualifizierten Arbeitszeugnisses sind dann zu addieren. 31

Nach dem LAG Hamburg[17] ist der Wert auch dann mit einem Bruttomonatsverdienst anzusetzen, wenn lediglich Streit über die Zeugnisnote besteht. 32

---

[16] Mayer/Kroiß Anh. I Kap. II Rn. 38.

[17] LAG Hamburg Beschluss vom 30. 7. 2015 – 3 Ta 19/15 = AGS 2015, 463 (abweichend von LAG Hamburg Beschluss vom 2. 6. 2010 – 2 Ta 10/10).

33 Wird ein **Zwischen- und** ein **Endzeugnis** kumulativ oder hilfsweise im Verfahren verlangt, bleibt es nach Ziffer I. 25.3 des Streitwertkatalogs für die Arbeitsgerichtsbarkeit bei dem Gegenstandswert von einem Bruttomonatsverdienst.

34 Wird nur die Erteilung eines **einfachen** Arbeitszeugnisses verlangt, soll der Gegenstandswert nach Ziffer I. 25.1 des Streitwertkatalogs für die Arbeitsgerichtsbarkeit nur 10% der Bruttomonatsvergütung betragen.

35 Wird nur die Erteilung eines Zwischenzeugnisses geltend gemacht, ist der Gegenstandswert nach LAG Chemnitz[18] regelmäßig auf einen halben Bruttomonatsverdienst festzusetzen.

36 Nach dem LAG Hamburg[19] orientiert sich der Gegenstandswert, wenn lediglich die Erteilung eines Zeugnisses vereinbart ist, an dem Titulierungsinteresse, dass regelmäßig mit 500 EUR zu bewerten sei. Erst wenn inhaltliche Regelungen zu einem Zeugnis vereinbart würden, sei der Gegenstand mit einem Bruttomonatsentgelt anzunehmen. Nach der Entscheidung des LAG Hamburg (aaO) sind Zeugnisregelungen auch dann werterhöhend zu berücksichtigen, wenn über sie zuvor nicht gestritten wird.

Zusammenfassung

37 ▶ Ist Gegenstand der anwaltlichen Tätigkeit die Erteilung eines qualifizierten Arbeitszeugnisses, ist in der Regel der Gegenstandswert hierfür mit einem Bruttomonatsverdienst anzusetzen. Die Wertbestimmung ist in der arbeitsgerichtlichen Rechtsprechung aber nicht unumstritten, wie die vorstehenden Ausführungen zeigen.

2. Anwaltsgebühren

2.1 Beratung

38 Für eine Beratung/Auskunft soll der Rechtsanwalt auf eine Vergütungsvereinbarung hinwirken (§ 34 RVG). Es kann auf das in den Kapiteln D. II. 1. bis 2.4. Ausgeführte verwiesen werden (→ Rn. 44 ff.).

39 Neben der „Gebühr" für die Beratung kann auch eine Einigungsgebühr Nr. 1000 VV RVG entstehen. Dann darf aber eine vom Rechtsanwalt mit dem Mandanten für die Beratung getroffene Gebührenvereinbarung dem nicht entgegenstehen. Hat der Rechtsanwalt mit dem Mandanten für die Beratung eine Pauschale vereinbart, wird er daneben eine Einigungsgebühr, auch wenn deren Tatbestand erfüllt worden wäre, nicht ansetzen können. Etwas anderes gilt dann, wenn sich der Rechtsanwalt in der Vergütungsvereinbarung vorbehalten hätte, dass neben der Pauschale noch gesetzliche Gebühren abgerechnet werden können, soweit sie entstehen. Das Gleiche gilt, wenn der Rechtsanwalt mit dem Mandanten für die Beratung eine Zeitvergütung vereinbart hätte. Hat der Rechtsanwalt aber keine Vergütungsvereinbarung für die Beratung mit seinem Mandanten getroffen, so erhält er gemäß § 34 Abs. 1 S. 3 RVG für die Beratung – wenn sein Auftraggeber/Mandant Verbraucher ist – eine Gebühr von höchstens 250 EUR und wenn es sich nur um ein erstes Beratungsgespräch handelt eine Gebühr in Höhe von höchstens 190 EUR. Neben diesen „Gebühren" können aber noch weitere gesetzliche Gebühren entstehen, wie zB die Einigungsgebühr, wenn deren Tatbestand erfüllt wird.

40 Das neben der „Gebühr" für eine Beratung auch eine Einigungsgebühr entstehen kann, wird bestätigt durch Abs. 1 S. 4 der Anmerkung zu Nr. 1005 VV RVG. Dort ist die Höhe der Einigungs- oder Erledigungsgebühr für eine sozialrechtliche Angelegen-

[18] LAG Chemnitz Beschluss vom 11. 7. 2011 – 4 Ta 135/11.
[19] LAG Hamburg JurBüro 2013, 425.

heit, in denen im gerichtlichen Verfahren Betragsrahmengebühren entstehen, geregelt, wenn diese Einigungsgebühr neben einer „Gebühr" für eine Beratung entsteht.

Beispiel:[20] Der Mandant beauftragt den Rechtsanwalt, ihn anwaltlich zu beraten. Dem Mandanten wurde von dem Arbeitgeber ein Aufhebungsvertrag angeboten. Der Arbeitgeber hat dem Mandanten eine betriebsbedingte Kündigung in Aussicht gestellt für den Fall, dass der Aufhebungsvertrag nicht zustande komme. Der Rechtsanwalt berät den Mandanten wegen der mit einem Aufhebungsvertrag verbundenen Vor- und Nachteile. Er gibt dem Mandanten Tipps, wie er eine höhere Abfindungszahlung aushandeln kann. Die weiteren Verhandlungen mit dem Arbeitgeber führt der Mandant selbst, wobei der Rechtsanwalt ihn mehrfach im Hintergrund berät. Schließlich schließt der Mandant selbst mit dem Arbeitgeber den Aufhebungsvertrag. Im Rahmen des Mandates sind bei dem Rechtsanwalt Entgelte für Telekommunikationsdienstleistungen angefallen. 41

Der Rechtsanwalt kann berechnen:

1) „Gebühr" für Beratung – § 34 Abs. 1 S. 3 RVG – höchstens	250,00 EUR
2) 1,5 Einigungsgebühr §§ 2, 13 RVG iVm Nr. 1000 VV RVG nach Gegenstandswert: 12.000,00 EUR	906,00 EUR
3) Pauschale für Entgelte für Post- und Telekommunikationsdienstleistungen Nr. 7002 VV RVG	20,00 EUR

zzgl. evtl. entstandener weiterer Auslagen und Umsatzsteuer.

Da der Arbeitgeber für den Fall, dass der Aufhebungsvertrag nicht zustande kommt, eine betriebsbedingte Kündigung in Aussicht gestellt hat, besteht zumindest „Ungewissheit" im Sinne des Abs. 1 Ziffer 1 der Anmerkung zu Nr. 1000 VV RVG. Der Rechtsanwalt hat auch durch die Beratungen „im Hintergrund" an dem Zustandekommen des Vertrages im Sinne der Nr. 1000 VV RVG mitgewirkt, so dass die Einigungsgebühr zustande gekommen ist.[21] Der Gegenstandswert bestimmt sich nach der Rechtsprechung des BAG auch im Falle eines Aufhebungsvertrages auf höchstens das für die Dauer eines Vierteljahres zuzahlende Entgelt (hier: monatliches Bruttoarbeitsentgelt 4.000,00 EUR × 3-Monate = 12.000,00 EUR).[22]

2.2 Außergerichtliche Vertretung

Vertritt der Rechtsanwalt den Mandanten in einer arbeitsrechtlichen Angelegenheit außergerichtlich, entstehen Gebühren nach Teil 2 des Vergütungsverzeichnisses zum RVG. 42

Für eine außergerichtliche Vertretung entsteht eine 0,5 bis 2,5 Geschäftsgebühr nach Nr. 2300 VV RVG. Eine Gebühr von mehr als 1,3 kann nur gefordert werden, wenn die Tätigkeit umfangreich oder schwierig war. 43

Die Geschäftsgebühr ist zur Hälfte, höchstens mit 0,75 auf die Verfahrensgebühr eines gerichtlichen Verfahrens anzurechnen. Es kann auf das in dem Kap. D Ausgeführte verwiesen werden (→ Rn. 100 ff.). 44

Neben der Geschäftsgebühr können bei außergerichtlicher Vertretung auch die in Teil 1 VV RVG geregelten Gebühren (wie zB die Einigungsgebühr Nr. 1000 VV RVG) anfallen.

Zusammenfassung

▶ Vertritt der Rechtsanwalt in einer arbeitsrechtlichen Sache außergerichtlich, so können die in Teil 1 und 2 VV RVG geregelten Gebühren entstehen. 45

2.3 Urteilsverfahren

In dem Verfahren vor dem Arbeitsgericht fallen die gleichen Gebühren wie in einem bürgerlichen Rechtsstreit vor dem ordentlichen Gericht (Amts-/Landgericht) an. Die Gebühren richten sich also auch in Verfahren vor dem Arbeitsgericht nach Teil 3 des Vergütungsverzeichnisses zum RVG. Im I. Rechtszug vor dem Arbeitsgericht können 46

[20] Ausführlich zur Problematik des Entstehens der Einigungsgebühr in diesen Fällen: Enders JurBüro 2010, 561 ff.

[21] → Kap. C Rn. 30.

[22] BAG JurBüro 2001, 477.

also folgende Gebühren entstehen, wenn der Rechtsanwalt entsprechende Tätigkeiten, die die Gebühren auslösen, ausgeübt hat:

- 1,3 Verfahrensgebühr Nr. 3100 VV RVG
- 1,2 Terminsgebühr Nr. 3104 VV RVG
- 0,3 Zusatzgebühr für besonders umfangreiche Beweisaufnahmen Nr. 1010 VV RVG
- 1,0 Einigungsgebühr Nr. 1003 VV RVG.

Um unnötige Wiederholungen zu vermeiden, darf auf das in Kap. E (→ Rn. 251 ff.) Ausgeführte verwiesen werden.

47 Als Besonderheit ist in arbeitsgerichtlichen Angelegenheiten zu beachten, dass dem streitigen Verfahren vor der Kammer des Arbeitsgerichts in I. Instanz stets eine Güteverhandlung vorausgehen muss. Vertritt der Rechtsanwalt seinen Auftraggeber in dieser Güteverhandlung, so wird hierdurch schon die 1,2 Terminsgebühr Nr. 3104 VV RVG ausgelöst. Kommt es in der Güteverhandlung nicht zu einer Einigung und folgt ein Termin vor der Kammer des Arbeitsgerichts, den der Rechtsanwalt ebenfalls wahrnimmt, so erhält der Rechtsanwalt die Terminsgebühr hierfür **nicht** noch ein zweites Mal.

48 **Beispiel:** Der Arbeiter B steht seit über 10 Jahren bei der Firma F in einem unbefristeten Arbeitsverhältnis. Sein monatliches Brutto-Gehalt beträgt 3.000,00 EUR. Die Firma F kündigt ihm zum 30. 6. Er beauftragt Rechtsanwalt S, Klage zu erheben. Es wird auf Feststellung geklagt, dass das Arbeitsverhältnis durch die Kündigung nicht aufgelöst ist und fortbesteht. In der Güteverhandlung wird die Sach- und Rechtslage erörtert. Nachdem eine Einigung nicht zustande kommt, wird neuer Termin vor der Kammer des Arbeitsgerichts bestimmt. In diesem Termin wird streitig verhandelt und schließlich ein Beweisbeschluss verkündet. Nach durchgeführter Beweisaufnahme vergleichen sich die Parteien schließlich dahingehend, dass das Arbeitsverhältnis nicht zum 30. 6., sondern zum 31. 12. endet.

Der Rechtsanwalt kann berechnen:

Gegenstandswert: 9.000,00 EUR
(§ 42 Abs. 2 GKG – höchstens das für die Dauer eines Vierteljahres zu zahlende Arbeitsentgelt – also 3.000,00 EUR – Brutto-Gehalt – × 3 – Monate –)

1) 1,3 Verfahrensgebühr §§ 2, 13 RVG iVm Nr. 3100 VV RVG	659,10 EUR
2) 1,2 Terminsgebühr §§ 2, 13 RVG iVm Nr. 3104 VV RVG	608,40 EUR
3) 1,0 Einigungsgebühr §§ 2, 13 RVG iVm Nr. 1003 VV RVG	507,00 EUR

zzgl. Auslagen und Umsatzsteuer.

Zusammenfassung

49 ▶ Im Arbeitsgerichtsprozess entstehen Gebühren nach Teil 3 VV RVG. Daneben können noch die in Teil 1 VV RVG geregelten Gebühren (wie zB die Einigungsgebühr Nrn. 1000, 1003 VV RVG) anfallen. Die Gebühren entstehen unter denselben Voraussetzungen, wie auch in einem Zivilprozess vor einem Amts- oder Landgericht.

2.4 Beschlussverfahren

50 Neben dem „normalen" Urteilsverfahren, das durch eine Klage oder einen Mahnbescheid – gegen den dann Widerspruch eingelegt wird – eingeleitet wird und mit einem Urteil endet, kennt das Arbeitsgerichtsgesetz noch das sog Beschlussverfahren. Dieses wird auf Antrag eingeleitet und endet durch Beschluss. Es findet in den Fällen des § 2a ArbGG statt, nämlich bei Streitigkeiten aus dem Betriebsverfassungsgesetz, dem Mitbestimmungsgesetz usw.

51 In dem Beschlussverfahren erhält der Rechtsanwalt meines Erachtens eine Vergütung nach Teil 3 des Vergütungsverzeichnisses zum RVG.[23] Denn nach der Überschrift zu Teil 3 des Vergütungsverzeichnisses gilt dieser Teil auch in *„ähnlichen Verfahren"*. Es entstehen dieselben Gebühren wie in einem Zivilprozess (→ Kap. E Rn. 251 ff.).

[23] So auch: Rehberg/Schons, „Arbeitsgerichtsverfahren" 3.2.

Die Gebühren entstehen auch unter denselben Voraussetzungen wie in einem Zivilprozess. Da in der Regel das Arbeitsgericht ohne mündliche Verhandlung entscheiden dürfte (Beschlussverfahren), wird in der Regel in dem Beschlussverfahren nur eine 1,3 Verfahrensgebühr Nr. 3100 VV RVG entstehen können. Wenn aber in dem Beschlussverfahren die Tatbestände für weitere Gebühren erfüllt werden, dann können auch weitere Gebühren anfallen, wie zB die Einigungsgebühr der Nrn. 1000, 1003 VV RVG.

Gegen die ergehenden Beschlüsse kann Beschwerde eingelegt werden. Im **Beschwerdeverfahren** entstehen gem. der Vorbemerkung 3.2.1 Abs. 1 Nr. 3 VV RVG die Gebühren nach Teil 3 Abschnitt 2 Unterabschnitt 1 VV RVG. Es können also die Gebühren wie in einem Berufungsverfahren entstehen. In der Regel wird also eine 1,6 Verfahrensgebühr Nr. 3200 VV RVG entstehen. 52

Zusammenfassung

- Im arbeitsgerichtlichen Beschlussverfahren entstehen Gebühren nach Teil 3 VV RVG. Daneben können auch noch die in Teil 1 VV RVG geregelten Gebühren anfallen. Die Gebühren entstehen unter denselben Voraussetzungen wie auch in einem ordentlichen Zivilprozess. 53
- In einem Verfahren über eine Beschwerde gegen einen im arbeitsgerichtlichen Beschlussverfahren ergangenen Beschluss entstehen Gebühren nach Teil 3, Abschnitt 2, Unterabschnitt 1 VV RVG, wie in einem Berufungsverfahren eines bürgerlichen Rechtsstreites/Zivilprozesses.

2.5 Verfahren vor dem Ausschuss

Treten Streitigkeiten zwischen einem Auszubildenden und einem Ausbildenden auf, so kann dem Verfahren vor dem Arbeitsgericht ein Verfahren vor einem Ausschuss vorangehen (§ 111 Abs. 2 ArbGG). Vertritt der Rechtsanwalt eine Partei in dem Verfahren vor dem Ausschuss, so erhält er eine **1,5 Geschäftsgebühr Nr. 2303 VV RVG.** Mit dieser Gebühr wird in der Regel seine gesamte Tätigkeit in diesem Verfahren vor dem Ausschuss abgegolten sein. Lediglich, wenn er an einem Vertrag iSd Nr. 1000 VV RVG/Vergleich mitwirkt, kann er noch zusätzlich eine 1,5 Einigungsgebühr nach Nr. 1000 VV RVG erhalten. 54

Die 1,5 Geschäftsgebühr Nr. 2303 VV RVG ist auf die Verfahrensgebühr eines evtl. nachfolgenden arbeitsgerichtlichen Verfahrens zur Hälfte, höchstens mit 0,75 anzurechnen (Vorbemerkung 3 Abs. 4 VV RVG). 55

Ist dem Verfahren vor dem Ausschuss eine außergerichtliche Vertretung vorausgegangen, ist die hierfür entstandene (0,5 bis 2,5) Geschäftsgebühr der Nr. 2300 VV RVG, auf die 1,5 Geschäftsgebühr der Nr. 2303 VV RVG anzurechnen. Diese Anrechnung erfolgt allerdings nur zur Hälfte, höchstens mit einem Gebührensatz von 0,75 (Vorbemerkung 2.3 Abs. 6 VV RVG). 56

Zusammenfassung

- Für eine Tätigkeit in einem Verfahren vor dem Ausschuss (§ 111 Abs. 2 ArbGG) erhält der Rechtsanwalt eine 1,5 Verfahrensgebühr Nr. 2303 VV RVG. 57

2.6 Verfahren vor dem Schiedsgericht

Bei Streitigkeiten zwischen Tarifvertragsparteien haben die Parteien häufig die Zuständigkeit eines Schiedsgerichts vereinbart. Vertritt der Rechtsanwalt die Partei in dem Verfahren vor dem Schiedsgericht (§§ 101, 104 ArbGG), so gilt gem. § 36 Abs. 1 Nr. 2 RVG Teil 3 Abschnitt 1 und 2 des Vergütungsverzeichnisses zum RVG entsprechend. Im Verfahren vor dem Schiedsgericht können dem Rechtsanwalt also dieselben Gebühren entstehen wie in einem bürgerlichen Rechtsstreit vor einem Amts-, Land- 58

oder Arbeitsgericht. Entsprechende anwaltliche Tätigkeiten vorausgesetzt, können im I. Rechtszug vor dem Schiedsgericht also entstehen:
- 1,3 Verfahrensgebühr Nr. 3100 VV RVG
- 1,2 Terminsgebühr Nr. 3104 VV RVG
- 1,5 Einigungsgebühr Nr. 1000 VV RVG.

Zusammenfassung

59 ▶ Für eine Tätigkeit in einem Verfahren vor dem Schiedsgericht (§§ 101, 104 ArbGG) erhält der Rechtsanwalt Gebühren nach Teil 3, Abschnitt 1 und 2 des Vergütungsverzeichnisses zum RVG.

2.7 Sonstige besondere Verfahren

60 Ist die **Tätigkeit** des Rechtsanwalts auf ein Verfahren vor den Gerichten der Arbeitssachen **beschränkt**, welches zum Gegenstand hat:
- die Bestimmung einer Frist (§ 102 Abs. 3 ArbGG)
- die Ablehnung eines Schiedsrichters (§ 103 Abs. 3 ArbGG)
- die Vornahme einer Beweisaufnahme oder einer Verteidigung (§ 106 Abs. 2 ArbGG),

so erhält der Rechtsanwalt eine 0,75 Verfahrensgebühr Nr. 3326 VV RVG.

Ist der Rechtsanwalt gleichzeitig auch in der Hauptsache (Verfahren vor dem Schiedsgericht) beauftragt, so fällt die 0,75 Verfahrensgebühr Nr. 3326 VV RVG nicht an, weil dann gem. § 16 Nr. 9 RVG diese Verfahren dieselbe Angelegenheit mit dem Verfahren vor dem Schiedsgericht bilden.

Endigt der Auftrag vorzeitig, so entsteht nach der Nr. 3337 VV RVG nur eine 0,5 Verfahrensgebühr.

61 In diesem Verfahren kann der Rechtsanwalt auch eine 0,5 Terminsgebühr Nr. 3332 VV RVG verdienen.

Zusammenfassung

62 ▶ Für eine Tätigkeit in einem der im vorgenannten Kapitel aufgeführten Verfahren kann der Rechtsanwalt dann eine 0,75 Verfahrensgebühr erhalten, wenn sich seine Tätigkeit hierauf beschränkt. Ist der Rechtsanwalt gleichzeitig auch in dem Verfahren vor dem Schiedsgericht tätig, bilden die vorgenannten Verfahren dieselbe Angelegenheit mit dem Verfahren vor dem Schiedsgericht.

3. Kostenerstattung

63 Eine Besonderheit **im arbeitsgerichtlichen Urteilsverfahren** ist, dass in dem **I. Rechtszug keine Erstattung der der obsiegenden Partei**
- **entstandenen Anwaltskosten**
- **und auch keine Erstattung des ihr evtl. entstandenen Verdienstausfalls für die Wahrnehmung der Gerichts- oder Anwaltstermine**

stattfindet. Jede Partei hat also, unabhängig vom Ausgang des Verfahrens, ihre eigenen Kosten zu tragen (§ 12a ArbGG).[24] In dem II. und III. Rechtszug findet dann wieder eine Kostenerstattung statt, jedoch bleiben auch hier die Kosten des I. Rechtszuges nicht erstattungsfähig.

64 Dieser Ausschluss der Kostenerstattung gilt nur im arbeitsgerichtlichen **Urteils**verfahren des I. Rechtszugs. Er gilt zB nicht im arbeitsgerichtlichen Beschlussverfahren.[25]

[24] Erstattungsfähig sind aber die Reisekosten der Partei → Kap. K Rn. 68.
[25] Gerold/Schmidt Teil D. Anhang I. Rn. 26.

Auch die außergerichtlichen, vorprozessualen Kosten sind nach einer weit verbreiteten Meinung nicht erstattungsfähig.[26] 65

Bei Übernahme des Mandates hat der Rechtsanwalt den Mandanten darüber zu belehren, dass in dem I. Rechtszug keine Kostenerstattung stattfindet. § 12a Abs. 1 S. 2 ArbGG begründet für den Rechtsanwalt insoweit eine Belehrungspflicht. Kommt der Rechtsanwalt dieser Belehrungspflicht nicht nach, wird der Mandant möglicherweise einen Schadensersatzanspruch (wegen Verschulden bei Vertragsabschluss) in Höhe der Anwaltsgebühren haben, mit welchem er gegenüber den dem Rechtsanwalt zustehenden Gebühren aufrechnen kann.[27] Dies hätte dann zur Folge, dass der Rechtsanwalt seine Gebühren nicht mehr erhält. 66

Praxistipp: 67

Es sollte dokumentiert werden, dass der Mandant darüber belehrt worden ist, dass im arbeitsgerichtlichen Verfahren in dem I. Rechtszug keine Kostenerstattung stattfindet. Der Rechtsanwalt sollte sich von dem Mandanten unterzeichnen lassen, dass dieser entsprechend belehrt worden ist.

§ 12a ArbGG, welcher die Erstattungsfähigkeit der Rechtsanwaltsgebühren im I. Rechtszug vor dem Arbeitsgericht ausschließt, schließt auch die Erstattung der Kosten der Partei wegen Zeitversäumnis (Verdienstausfall pp) aus. Nicht ausgeschlossen sind jedoch die der Partei entstandenen Reisekosten. Die Partei kann also vom unterlegenen Gegner die Erstattung ihrer Fahrtkosten (evtl. auch Übernachtungskosten, Mehraufwendungen nach § 6 JVEG) zu den Gerichtsterminen und zur Information ihrer Prozessbevollmächtigten verlangen.[28] Die Höhe der Fahrtkosten pp richtet sich nach dem JVEG (§ 5 JVEG). Es ist umstritten, ob diese Reisekosten der Partei in voller Höhe erstattungsfähig sind oder nur bis zur Höhe der Kosten, die durch die Einschaltung eines Rechtsanwaltes entstanden wären. Wiederum sind die Anwaltskosten und Reisekosten des Rechtsanwaltes (Nrn. 7003 bis 7006 VV RVG) in der Höhe erstattungsfähig, als durch die Tätigkeit des Rechtsanwalts der Partei Reisekosten erspart worden sind.[29] Dies bedeutet, dass auch in dem I. Rechtszug die Erstattung der Rechtsanwaltsgebühren in der Höhe verlangt werden kann, als Reisekosten der Partei entstanden wären, wenn diese keinen Rechtsanwalt beauftragt hätte. 68

Auch Telefonkosten und Portoaufwendungen der Partei sind im I. Rechtszug erstattungsfähig. 69

Wird der Rechtsstreit von einem Amts-, Land-, Sozial-, Finanz- oder Verwaltungsgericht an das zuständige Arbeitsgericht verwiesen, so kann der Beklagte die ihm durch die Anrufung des unzuständigen Gerichts entstandenen Kosten auch im I. Rechtszug vor dem Arbeitsgericht erstattet verlangen (§ 12a Abs. 1 S. 3 ArbGG). Wird der Beklagte von demselben Rechtsanwalt beim Arbeitsgericht weiter vertreten, so kann der Rechtsanwalt die vor dem unzuständigen Gericht und dem Arbeitsgericht entstandenen Gebühren nur einmal berechnen, da es sich um eine instanzliche Ebene handelt. Dennoch sind nach ganz überwiegender Meinung[30] die vor dem zunächst angerufenen unzuständigen Gericht entstandenen Gebühren und Auslagen dem Beklagten zu erstatten, auch wenn im Urteilsverfahren des I. Rechtszuges vor dem Arbeitsgericht keine Kostenerstattung stattfindet. 70

---

[26] Gerold/Schmidt Teil D. Anhang I. Rn. 25; Beck'scher Online-Kommentar Arbeitsrecht, Rolfs/Giesen/Kreikebohm/Udsching § 12 a ArbGG unter Hinweis auf BAG DB 1978, 895; LAG Niedersachsen BeckRS 2007, 47130; im Hinblick auf die Neuregelung des Kostenrechts im RVG verneinend: Ostermeier NJW 2008, 551.

[27] Gerold/Schmidt Teil D. Anhang I. Rn. 31.

[28] Gerold/Schmidt Teil D. Anhang I. Rn. 27.

[29] BAG RVGreport 2015, 426.

[30] BAG NJW 2005, 1301; Gerold/Schmidt Teil D. Anhang I. Rn. 28; Rehberg/Schons, „Arbeitsgerichtssachen", 8. h).

71 **Beispiel:** Vor dem Amtsgericht wird Klage erhoben über 4.000,00 EUR. In der mündlichen Verhandlung weist der Richter daraufhin, dass seines Erachtens das Arbeitsgericht zuständig sei. Auf Antrag des Klägers wird der Rechtsstreit an das Arbeitsgericht verwiesen. Vor dem Arbeitsgericht vertreten beide Prozessbevollmächtigten erneut in einer mündlichen Verhandlung. Anschließend ergeht ein Urteil, wonach die Beklagte zwar antragsgemäß verurteilt wird, jedoch die Kosten, die durch die Anrufung des unzuständigen Gerichts entstanden sind, dem Kläger auferlegt werden.

Für die Tätigkeit seines Prozessbevollmächtigten vor dem **Amtsgericht** sind dem Beklagten folgende Anwaltskosten entstanden:

Gegenstandswert: 4.000,00 EUR	
1) 1,3 Verfahrensgebühr §§2, 13 RVG iVm Nr. 3100 VV RVG	261,30 EUR
2) 1,2 Terminsgebühr §§2, 13 RVG iVm Nr. 3104 VV RVG	241,20 EUR
3) Pauschale für Entgelte für Post- und Telekommunikationsdienstleistungen Nr. 7002 VV RVG	20,00 EUR
zzgl. evtl. entstandener weiterer Auslagen und Umsatzsteuer.	

Für die Tätigkeit vor dem Arbeitsgericht entstehen die Gebühren dem Prozessbevollmächtigten des Beklagten nicht noch einmal (§20 S. 1 RVG). Dennoch kann der Beklagte die ihm vor dem Amtsgericht entstandene Anwaltsvergütung seines Prozessbevollmächtigten vom Kläger erstattet verlangen!

Zusammenfassung

72
- Im I. Rechtszug des arbeitsgerichtlichen Urteilsverfahrens findet keine Kostenerstattung statt. Hiervon betroffen sind die dem Mandanten entstandenen Anwaltskosten und der ihm durch die Wahrnehmung von Gerichts- und Anwaltsterminen evtl. entstandene Verdienstausfall.
- Der Rechtsanwalt hat den Mandanten hierüber zu belehren und sollte sich von dem Mandanten eine Erklärung unterzeichnen lassen, worin dieser bestätigt, dass er entsprechend belehrt worden ist.

4. Drittschuldnerklage

73 Klagt der Pfändungsgläubiger gegen den Arbeitgeber des Schuldners als Drittschuldner, weil dieser die Erklärung gem. § 840 ZPO nicht abgibt oder keine Zahlung leistet, so ist das Arbeitsgericht zuständig. Da beim arbeitsgerichtlichen Urteilsverfahren des I. Rechtszugs eine Kostenerstattung (mit den in dem vorangegangenen Kapitel dargelegten Ausnahmen) nicht stattfindet – § 12a Abs. 1 S. 1 ArbGG –, ist auch eine Festsetzung der dem Gläubiger entstandenen Kosten ausgeschlossen.

74 Der die Auskunft und Zahlung verweigernde Drittschuldner macht sich gem. § 840 Abs. 2 S. 2 ZPO schadensersatzpflichtig. Zum Schadensersatzanspruch des Gläubigers gehören auch die in einem Arbeitsgerichtsprozess gegenüber dem Drittschuldner entstandenen Prozesskosten (Anwaltskosten, Parteiauslagen und Gerichtskosten). Hat der Gläubiger Zahlungsklage gegen den Drittschuldner erhoben und stellt sich heraus, dass der gepfändete Anspruch nicht besteht, so kann der Gläubiger/Kläger im Wege der Klageänderung seinen Antrag umstellen und auf eine Klage auf Feststellung der Haftung des Drittschuldners für den aus der Nichterfüllung der Auskunftsverpflichtung entstandenen Schaden übergehen.[31] Zum Schadensersatzanspruch gehören auch die dem Gläubiger/Kläger in dem Rechtsstreit gegen den Drittschuldner entstandenen Anwaltskosten. Auch im Arbeitsgerichtsprozess ist dieser Schadensersatzanspruch aus § 840 Abs. 2 S. 2 ZPO durch § 12a S. 1 ArbGG nicht beschränkt (siehe Nachweis unter → Fußnote 31 dieses Kapitels); dh obwohl im arbeitsgerichtlichen Urteilsverfahren in dem I. Rechtszug grundsätzlich eine Kostenerstattung nicht stattfindet, kann der Gläubiger auf diesem Wege Erstattung der ihm in dem Arbeitsgerichtsprozess gegen den Drittschuldner entstandenen Anwaltskosten erreichen.

[31] Zöller ZPO § 840 Rn. 14; Schmidt, Der Drittschuldnerprozess – Teil 4 –, JurBüro 2011, 397; Teil 3 – JurBüro 2009, 233; Teil 2 – JurBüro 2008, 175; Teil 1 – JurBüro 2006, 344.

75 Eine weitere – auch nicht unumstrittene – Meinung behandelt die Kosten einer Drittschuldnerklage vor dem Arbeitsgericht als Vollstreckungskosten iSd. § 788 ZPO. Folgt man dieser Meinung, so kann der Gläubiger die ihm als Kläger in dem Rechtsstreit gegen den Drittschuldner vor dem Arbeitsgericht entstandenen Prozesskosten (Anwaltskosten pp) in einem gesonderten Kostenfestsetzungsverfahren vor dem Vollstreckungsgericht gegen den Schuldner als notwendige Vollstreckungskosten festsetzen lassen (§ 788 Abs. 2 ZPO).[32]

76 Der Streitwert einer Drittschuldnerklage bestimmt sich nach § 6 ZPO, da der Gegenstand des Rechtsstreits ein Pfandrecht ist. Als Streitwert ist den Gebühren daher der Wert der Forderung des Gläubigers an den Schuldner zuzüglich der Zinsen und angefallenen Kosten zugrunde zu legen. Teilweise wird auch die Auffassung vertreten, dass nicht die Forderung (Gläubiger ./. Schuldner) als Streitwert maßgebend sei, sondern sich dieser nach dem Antrag des Gläubigers in dem Rechtsstreit gegen den Drittschuldner richte.[33] Klagt zB der Gläubiger aus einem Unterhaltstitel gegen den Drittschuldner auf wiederkehrende Leistungen, so nimmt das LAG Hamm[34] den 3-fachen Jahreswert des monatlich verlangten Betrages als Streitwert an (§ 12 Abs. 7 S. 2 ArbGG = § 42 Abs. 1 GKG).

Zusammenfassung

77 ▶ Auch die im Rahmen einer Drittschuldnerklage entstandenen Anwaltskosten können am Schluss des arbeitsgerichtlichen erstinstanzlichen Urteilsverfahrens nicht gegenüber dem unterlegenen Gegner festgesetzt werden.
▶ Die dem Gläubiger im Rahmen der Drittschuldnerklage entstandenen Anwaltskosten können gegenüber dem Drittschuldner möglicherweise als Schadensersatz im Wege der Umstellung der Klage geltend gemacht werden.
▶ Teilweise wird die Auffassung vertreten, die Kosten des Drittschuldnerprozesses könnten als Vollstreckungskosten gegenüber dem Schuldner gem. § 788 ZPO festgesetzt werden.

II. Verwaltungsgericht

1. Streit- bzw. Gegenstandswert

78 Der Streitwert (auch Gegenstandswert genannt) für Verfahren vor dem Verwaltungsgericht ergibt sich aus § 52 GKG. Dieser ist über § 23 Abs. 1 S. 1 RVG auch für die Anwaltsgebühren maßgebend.

Auszug aus dem GKG

79 **§52**

Verfahren vor Gerichten der Verwaltungs-, Finanz- und Sozialgerichtsbarkeit

(1) In Verfahren vor den Gerichten der Verwaltungs-, Finanz- und Sozialgerichtsbarkeit ist, soweit nichts anderes bestimmt ist, der Streitwert nach der sich aus dem Antrag des Klägers für ihn ergebenden Bedeutung der Sache nach Ermessen zu bestimmen.

(2) Bietet der Sach- und Streitstand für die Bestimmung des Streitwerts keine genügenden Anhaltspunkte, ist ein Streitwert von 5000 Euro anzunehmen.

(3) Betrifft der Antrag des Klägers eine bezifferte Geldleistung oder einen hierauf bezogenen Verwaltungsakt, ist deren Höhe maßgebend. Hat der Antrag des Klägers offensichtlich abseh-

---

[32] Zöller ZPO § 788 Rn. 13 „Rechtsstreit"; Rehberg/Schons, „Drittschuldner" 2. 1.
[33] Rehberg/Schons, „Drittschuldner" 2. 2.
[34] LAG Hamm in AnwBl. 1983, 38.

bare Auswirkungen auf künftige Geldleistungen oder auf noch zu erlassende, auf derartige Geldleistungen bezogene Verwaltungsakte, ist die Höhe des sich aus Satz 1 ergebenden Streitwerts um den Betrag der offensichtlich absehbaren zukünftigen Auswirkungen für den Kläger anzuheben, wobei die Summe das Dreifache des Werts nach Satz 1 nicht übersteigen darf. In Verfahren in Kindergeldangelegenheiten vor den Gerichten der Finanzgerichtsbarkeit ist § 42 Absatz 1 Satz 1 und Absatz 3 entsprechend anzuwenden; an die Stelle des dreifachen Jahresbetrags tritt der einfache Jahresbetrag.

(4) In Verfahren 1. vor den Gerichten der Finanzgerichtsbarkeit, mit Ausnahme der Verfahren nach § 155 Satz 2 der Finanzgerichtsordnung und der Verfahren in Kindergeldangelegenheiten darf der Streitwert nicht unter 1.500 Euro,

2. vor den Gerichten der Sozialgerichtsbarkeit und bei Rechtsstreitigkeiten nach dem Krankenhausfinanzierungsgesetz nicht über 2.500.000 Euro und

3. vor den Gerichten der Verwaltungsgerichtsbarkeit über Ansprüche nach dem Vermögensgesetz nicht über 500.000 Euro

angenommen werden.

(5) Solange in Verfahren vor den Gerichten der Finanzgerichtsbarkeit der Wert nicht festgesetzt ist und sich der nach den Absätzen 3 und 4 Nummer 1 maßgebende Wert auch nicht unmittelbar aus den gerichtlichen Verfahrensakten ergibt, sind die Gebühren vorläufig nach dem in Absatz 4 Nummer 1 bestimmten Mindestwert zu bemessen.

(6) In Verfahren, die die Begründung, die Umwandlung, das Bestehen, das Nichtbestehen oder die Beendigung eines besoldeten öffentlich-rechtlichen Dienst- oder Amtsverhältnisses betreffen, ist Streitwert

1. die Summe der für ein Kalenderjahr zu zahlenden Bezüge mit Ausnahme nicht ruhegehaltsfähiger Zulagen, wenn Gegenstand des Verfahrens ein Dienst- oder Amtsverhältnis auf Lebenszeit ist,
2. im Übrigen die Hälfte der für ein Kalenderjahr zu zahlenden Bezüge mit Ausnahme nicht ruhegehaltsfähiger Zulagen.

Maßgebend für die Berechnung ist das laufende Kalenderjahr. Bezügebestandteile, die vom Familienstand oder von Unterhaltsverpflichtungen abhängig sind bleiben außer Betracht.

Betrifft das Verfahren die Verleihung eines anderen Amts oder den Zeitpunkt einer Versetzung in den Ruhestand, ist Streitwert die Hälfte des sich nach den Sätzen 1 bis 3 ergebenden Betrags.

(7) Ist mit einem in Verfahren nach Absatz 6 verfolgten Klagebegehren ein aus ihm hergeleiteter vermögensrechtlicher Anspruch verbunden, ist nur ein Klagebegehren, und zwar das wertmäßig höhere, maßgebend.

(8) Dem Kläger steht gleich, wer sonst das Verfahren des ersten Rechtszugs beantragt hat.

80 Gemäß § 52 Abs. 1 S. 1 GKG ist der Streitwert in Verfahren vor den Gerichten der Verwaltungsgerichtsbarkeit nach der sich aus dem Antrag des Klägers für ihn ergebenden Bedeutung der Sache nach Ermessen zu bestimmen. Ist Gegenstand des verwaltungsgerichtlichen Verfahrens eine bezifferte Geldleistung, so ist dieser Betrag als Streit- bzw. Gegenstandswert zugrunde zu legen (§ 52 Abs. 3 GKG).

81 **Beispiel:** Die Klage richtet sich gegen einen Bescheid, wonach der Kläger Erschließungskosten in Höhe von 17.158,00 EUR an die Stadt zahlen soll.
Gegenstandswert: 17.158,00 EUR.

82 Bietet der Sach- und Streitstand für die Bestimmung des Streitwertes **keine genügenden Anhaltspunkte,** ist ein Streitwert von **5.000 EUR** anzunehmen (§ 52 Abs. 2 GKG).

83 **Beispiel:** Der Gegenstand des verwaltungsgerichtlichen Verfahrens ist ein Aufenthaltstitel.
Gegenstandswert: 5.000,00 EUR.

84 § 52 Abs. 3 S. 2 GKG wurde durch das 2. KostRMoG[35] neu gefasst. Danach können Auswirkungen der Angelegenheit für die Zukunft einen höheren Wert rechtfertigen.

[35] BGBl. I 2013, 2586 f.; Niedersächsisches OVG JurBüro 2015, 135.

Dies kann der Fall sein, wenn der Antrag des Klägers offensichtlich absehbare Auswirkungen auf künftige Geldleistungen oder auf noch zu erlassende, auf derartige Geldleistungen bezogene Verwaltungsakte hat.[36] Dann erhöht sich der Wert des Antrages um den Betrag der offensichtlich absehbaren zukünftigen Auswirkungen für den Kläger, wobei die Summe das 3-fache des Wertes des Antrages nicht übersteigen darf.

Gemäß § 22 Abs. 2 S. 1 RVG beträgt der Wert in derselben Angelegenheit **höchstens 30 Millionen Euro, soweit durch Gesetz kein niedriger Höchstwert bestimmt ist.** Sind in derselben Angelegenheit mehrere Personen Auftraggeber, beträgt der Wert für jede Person höchstens 30 Millionen Euro, insgesamt jedoch nicht mehr als 100 Millionen Euro. 85

Eine aus Richtern der Verwaltungsgerichtsbarkeit zusammengesetzte Arbeitsgruppe hat einen Streitwertkatalog für die Verwaltungsgerichtsbarkeit erarbeitet. Dieser Streitwertkatalog (Streitwertkatalog 2013 – Stand 18. 7. 2013) ist online sowie in der einschlägigen Fachliteratur veröffentlicht.[37] Aus diesem Streitwertkatalog sollen sich **Richtwerte** ergeben, die für die Mehrheit der Fälle eine nach § 52 GKG angemessene Bewertung darstellen. 86

Praxistipp: 87

In dem Streitwertkatalog für die Verwaltungsgerichtsbarkeit ist oft als Streitwert der **„Auffangwert"** bezeichnet. Dieser Auffangwert betrug bis zum 30. 6. 2004 4.000,00 EUR (§ 13 Abs. 1 S. 2 GKG aF) und beträgt seit dem 1. 7. 2004 5.000 EUR (§ 52 Abs. 2 GKG).

Es würde den Rahmen dieses Werkes sprengen, wenn auf die Gegenstandswerte in verwaltungsrechtlichen Angelegenheit im Einzelnen eingegangen würde. Es soll bei der vorstehenden globalen Übersicht bleiben. Im Übrigen ist einschlägige Fachliteratur und der Streitwertkatalog heranzuziehen.

Zusammenfassung

- ▶ Der Gegenstandswert für die Anwaltsgebühren bestimmt sich in verwaltungsrechtlichen Angelegenheiten über § 23 Abs. 1 S. 1 RVG nach § 52 GKG. 88
- ▶ Der Streit- bzw. Gegenstandswert ist nach der sich aus dem Antrag des Klägers für ihn ergebenden Bedeutung der Sache nach Ermessen zu bestimmen.
- ▶ Bietet der Sach- und Streitstand für die Bestimmung des Streitwertes keine genügenden Anhaltspunkte, ist ein Auffangwert von 5.000 EUR anzunehmen.

2. Anwaltsgebühren

2.1 Beratung und außergerichtliche Vertretung

Für eine **Beratung/Auskunft** soll der Rechtsanwalt auf eine Vergütungsvereinbarung hinwirken (§ 34 RVG). Es kann auf das in dem Kap. D Ausgeführte verwiesen werden (→ Rn. 44 ff.). 89

Vertritt der Rechtsanwalt den Mandanten in einer verwaltungsrechtlichen Angelegenheit außergerichtlich, entstehen Gebühren nach **Teil 2** des Vergütungsverzeichnisses zum RVG. Für eine außergerichtliche Vertretung können mehrere Geschäftsgebühren der Nr. 2300 VV RVG entstehen (→ Kap. K Rn. 91 ff.).

[36] Niedersächisches OVG JurBüro 2015, 135.

[37] Der Streitwertkatalog 2013 – Stand: 18. 7. 2013 ist ua zu finden auf der Internetseite des Bundesverwaltungsgerichts (www.bverwg.de/Weitere Informationen/Streitwertkatalog).

Prüft der Rechtsanwalt auftragsgemäß, ob ein Rechtsbehelf gegen den ablehnenden Bescheid der Behörde Aussicht auf Erfolg hat, so entsteht eine Gebühr nach Nr. 2100 VV RVG (→ Kap. D Rn. 84 ff.).[38]

Zusammenfassung

90 ▶ Für eine Beratung soll der Rechtsanwalt eine Gebührenvereinbarung schließen.
▶ Vertritt der Rechtsanwalt den Mandanten in einer verwaltungsrechtlichen Angelegenheit außergerichtlich, so entstehen Gebühren nach Teil 2 VV RVG.

2.1.1 Antrags- und Rechtsbehelfsverfahren verschiedene Angelegenheiten

91 Nach § 17 Nr. 1 a RVG sind verschiedene Angelegenheiten

- das Verwaltungsverfahren (Antragsverfahren, in dem die Behörde zunächst einmal über den von dem Bürger gestellten Antrag entscheidet)
- und das einem gerichtlichen Verfahren vorausgehende und der Nachprüfung des Verwaltungsaktes dienende weitere Verwaltungsverfahren (Rechtsbehelfsverfahren, in dem die Behörde über den vom Bürger eingelegten Rechtsbehelf entscheidet)
- das Verwaltungsverfahren auf Aussetzung oder Anordnung der sofortigen Vollziehung sowie über einstweilige Maßnahmen zur Sicherung der Rechte Dritter (Verwaltungsverfahren über einstweiligen Rechtschutz).

92 Nach § 17 Nr. 1 a RVG sind auch verschiedene Angelegenheiten das Verfahren über die Beschwerde und die weitere Beschwerde nach der Wehrbeschwerdeordnung.

93 Die Vorschrift des § 17 Nr. 1 a RVG sagt zweierlei aus: Sind in derselben Verwaltungssache nebeneinander oder nacheinander die vorgenannten Verfahren anhängig, erhält der Rechtsanwalt für seine Tätigkeit in jedem der vorgenannten Verfahren gesonderte Gebühren. Zum anderen sagt § 17 Nr. 1 a RVG aus, dass die vorgenannten Verfahren verschiedene gebührenrechtliche Angelegenheiten sind neben einem **gerichtlichen** Verfahren.[39]

Auszug aus dem RVG

94

§ 17
Verschiedene Angelegenheiten

Verschiedene Angelegenheiten sind

1 a. jeweils das Verwaltungsverfahren, das einem gerichtlichen Verfahren vorausgehende und der Nachprüfung des Verwaltungsakts dienende weitere Verwaltungsverfahren (Vorverfahren, Einspruchsverfahren, Beschwerdeverfahren, Abhilfeverfahren), das Verfahren über die Beschwerde und die weitere Beschwerde nach der Wehrbeschwerdeordnung, das Verwaltungsverfahren auf Aussetzung oder Anordnung der sofortigen Vollziehung sowie über einstweilige Maßnahmen zur Sicherung der Rechte Dritter und ein gerichtliches Verfahren,

95 Ist der Rechtsanwalt also zunächst in dem Antragsverfahren für den Mandanten tätig und anschließend im Rechtsbehelfsverfahren, weil die Behörde den Antrag des Mandanten abgelehnt oder diesem nicht in vollem Umfange stattgegeben hat, so kann der Rechtsanwalt sowohl für das Antragsverfahren, als auch für das Rechtsbehelfsverfahren eine gesonderte Geschäftsgebühr nach Nr. 2300 VV RVG liquidieren. Allerdings ist die Anrechnungsvorschrift der Vorbemerkung 2.3 Abs. 4 VV RVG zu beachten (→ Kap. K Rn. 104).

---

[38] Madert AGS 2005, 4.

[39] Hartung/Schons/Enders § 17 Rn. 8 bis 22; Schneider/Wolf § 17 Rn. 6 bis 21.

Zusammenfassung

- Das Verwaltungsverfahren (Antragsverfahren) und das einem gerichtlichen Verfahren vorausgehende und der Nachprüfung des Verwaltungsaktes dienende weitere Verwaltungsverfahren (Rechtsbehelfsverfahren) sind verschiedene gebührenrechtliche Angelegenheiten. 96
- Eine weitere gebührenrechtliche Angelegenheit ist ein Verwaltungsverfahren auf Aussetzung oder Anordnung der sofortigen Vollziehung sowie über einstweilige Maßnahmen zur Sicherung der Rechte Dritter.
- Der Rechtsanwalt kann in jeder Angelegenheit gesonderte Gebühren abrechnen.

2.1.2 Verwaltungsverfahren (Antragsverfahren)

Für die Tätigkeit im Verwaltungsverfahren (Antragsverfahren) erhält der Rechtsanwalt eine **Geschäftsgebühr Nr. 2300 VV RVG.** Die Geschäftsgebühr ist innerhalb eines Rahmens von 0,5 bis 2,5 zu bestimmen. Auch im verwaltungsrechtlichen Verfahren ist zu beachten, dass eine höhere Gebühr als 1,3 nur gefordert werden kann, wenn die Tätigkeit umfangreich oder schwierig war. Es kann auf das in dem Kap. D (→ Rn. 100 ff.) Ausgeführte verwiesen werden. 97

Im Verwaltungsverfahren (Antragsverfahren) kann neben der Geschäftsgebühr auch eine Einigungsgebühr Nr. 1000 VV RVG entstehen, wenn deren Tatbestand erfüllt wird (→ Kap. C Rn. 5 ff.). 98

Eine Erledigungsgebühr Nr. 1002 VV RVG wird im Verwaltungsverfahren (Antragsverfahren) nicht entstehen können. Denn dafür ist erforderlich, dass ein Verwaltungsakt ergangen ist, der mit einem Rechtsbehelf angefochten wurde (→ Kap. K Rn. 127 ff.). 99

Zusammenfassung

- Für die Tätigkeit im Verwaltungsverfahren (Antragsverfahren) erhält der Rechtsanwalt eine Geschäftsgebühr nach Nr. 2300 VV RVG. Diese ist innerhalb des in dieser Vorschrift bestimmten Gebührenrahmens von 0,5 bis 2,5 zu bestimmen. Eine Gebühr von mehr als 1,3 kann nur gefordert werden, wenn die Tätigkeit umfangreich oder schwierig war. 100

2.1.3 Verwaltungsverfahren über Nachprüfung des Verwaltungsaktes (Rechtsbehelfsverfahren)

Vertritt der Rechtsanwalt, **nachdem er bereits im** Verwaltungsverfahren (**Antragsverfahren**) für die Mandantschaft **tätig war,** diese anschließend auch im Verwaltungsverfahren, das der Nachprüfung des Verwaltungsaktes dient, also dem Rechtsbehelfsverfahren, so erhielt er **bis 31. 7. 2013** eine Geschäftsgebühr nach Nr. 2301 VV RVG. Die Geschäftsgebühr der Nr. 2301 VV RVG war innerhalb eines Rahmens von 0,5 bis 1,3 zu bestimmen. Nach Abs. 2 der Anmerkung zu Nr. 2301 VV RVG konnte eine Gebühr von mehr als 0,7 nur gefordert werden, wenn die Tätigkeit umfangreich oder schwierig war. Die Geschäftsgebühr der Nr. 2301 VV RVG entstand neben der Geschäftsgebühr der Nr. 2300 VV RVG für die Tätigkeit des Rechtsanwaltes in dem Verwaltungsverfahren über den Antrag (Antragsverfahren). 101

Nr. 2301 VV RVG in seiner Fassung bis zum 31. 7. 2013 wurde durch das 2. KostRMoG[40] aufgehoben. Vertritt der Rechtsanwalt in einem Rechtsbehelfsverfahren, so entsteht, **wenn er den unbedingten Vertretungsauftrag hierfür von seinem Mandanten nach dem 1. 8. 2013 erhalten hat,** eine Geschäftsgebühr nach der Nr. 2300 VV RVG, unabhängig davon, ob der Rechtsanwalt den Mandanten bereits in dem vorangegangenen Verwaltungsverfahren (Antragsverfahren) vertreten hat. 102

[40] BGBl. I 2013, 2586 f.

Auszug aus dem VV RVG

103 **Teil 2. Abschnitt 3. Vertretung**

Nr.	Gebührentatbestand	Gebühr oder Satz der Gebühr nach § 13 RVG
Vorbemerkung 2.3: (1) Im Verwaltungszwangsverfahren ist Teil 3 Abschnitt 3 Unterabschnitt 3 entsprechend anzuwenden. (2) Dieser Abschnitt gilt nicht für die in den Teilen 4 bis 6 geregelten Angelegenheiten. (3) Die Geschäftsgebühr entsteht für das Betreiben des Geschäfts einschließlich der Information und für die Mitwirkung bei der Gestaltung eines Vertrags. (4) Soweit wegen desselben Gegenstands eine Geschäftsgebühr für eine Tätigkeit im Verwaltungsverfahren entstanden ist, wird diese Gebühr zur Hälfte, bei Wertgebühren jedoch höchstens mit einem Gebührensatz von 0,75, auf eine Geschäftsgebühr für eine Tätigkeit im weiteren Verwaltungsverfahren, das der Nachprüfung des Verwaltungsakts dient, angerechnet. Bei einer Betragsrahmengebühr beträgt der Anrechnungsbetrag höchstens 175,00 EUR. Bei der Bemessung einer weiteren Geschäftsgebühr innerhalb eines Rahmens ist nicht zu berücksichtigen, dass der Umfang der Tätigkeit infolge der vorangegangenen Tätigkeit geringer ist. Bei einer Wertgebühr erfolgt die Anrechnung nach dem Wert des Gegenstands, der auch Gegenstand des weiteren Verfahrens ist. (5) ... (6) ...		
2300	Geschäftsgebühr, soweit in den Nummern 2302 und 2303 nichts anderes bestimmt ist .... Eine Gebühr von mehr als 1,3 kann nur gefordert werden, wenn die Tätigkeit umfangreich oder schwierig war.	0,5 bis 2,5

104 War der Rechtsanwalt bereits im Verwaltungsverfahren (Antragsverfahren) für den Mandanten auftragsgemäß tätig und hat er hierfür eine Geschäftsgebühr Nr. 2300 VV RVG verdient, so verdient er eine zweite Geschäftsgebühr nach Nr. 2300 VV RVG, wenn er den Mandanten anschließend in dem Verwaltungsverfahren, das der Nachprüfung des Verwaltungsaktes dient, also dem Rechtsbehelfsverfahren, vertritt. Die in dem Antragsverfahren entstandene Geschäftsgebühr ist dann allerdings nach der ebenfalls durch das 2. KostRMoG[41] neu eingefügten Vorbemerkung 2.3 Abs. 4 VV RVG zur Hälfte, jedoch höchstens mit einem Gebührensatz von 0,75 auf die Geschäftsgebühr für die Tätigkeit in dem weiteren Verwaltungsverfahren, das der Nachprüfung des Verwaltungsaktes dient (Rechtsbehelfsverfahren) anzurechnen.

105 Nach der Vorbemerkung 2.3 Abs. 4 S. 3 VV RVG ist bei der Bemessung dieser Gebühr **nicht** zu berücksichtigen, dass der Umfang der Tätigkeit in dem Rechtsbehelfsverfahren infolge der vorausgegangenen Tätigkeit im Antragsverfahren geringer ist.

In jeder gebührenrechtlichen Angelegenheit ist also die Geschäftsgebühr innerhalb des Rahmens von 0,5 bis 2,5 zu bestimmen, unabhängig davon, in welcher Höhe sie bereits in der vorangegangenen gebührenrechtlichen Angelegenheit angesetzt wurde. War die Tätigkeit in jeder gebührenrechtlichen Angelegenheit umfangreich oder schwierig, kann der Rechtsanwalt auch in beiden gebührenrechtlichen Angelegenheiten, also sowohl im Antragsverfahren als auch im Rechtsbehelfsverfahren eine Gebühr von mehr als 1,3 fordern.

106 Nach der Vorbemerkung 2.3 Abs. 4 S. 4 VV RVG erfolgt bei einer Wertgebühr die Anrechnung nur nach dem Wert des Gegenstandes, der auch Gegenstand des weiteren Verfahrens ist. Wurde dem Antrag des Mandanten also teilweise stattgegeben, und hat das Rechtsbehelfsverfahren folglich einen geringeren Wert, so erfolgt die Anrechnung der Geschäftsgebühr aus dem Antragsverfahren auf die Geschäftsgebühr des Rechtsbehelfsverfahrens nur nach dem geringeren Gegenstandswert.

[41] BGBl. I 2013, 2586 f. – in Kraft getreten am 1. 8. 2013.

Beispiel: Der Rechtsanwalt stellt für den Mandanten bei der Behörde den Antrag auf Erteilung einer Baugenehmigung. Der Antrag auf Erteilung einer Baugenehmigung wird abgelehnt. Der Rechtsanwalt legt für den Mandanten gegen den ablehnenden Bescheid der Behörde Rechtsbehelf ein und vertritt den Mandanten auch in dem Rechtsbehelfsverfahren. Sowohl die Tätigkeit in dem Verwaltungsverfahren als auch die Tätigkeit in dem Rechtsbehelfsverfahren war umfangreich, so dass jeweils der Ansatz einer Mittelgebühr angemessen ist. 107

Der Rechtsanwalt kann berechnen:

Für die außergerichtliche Vertretung in dem Verwaltungsverfahren (Antragsverfahren)

Gegenstandswert: 10.000,00 EUR

1) 1,5 Geschäftsgebühr §§2, 13, 14 RVG iVm Nr. 2300 VV RVG	837,00 EUR

zzgl. Auslagen und Umsatzsteuer.

Für die Vertretung in dem Verwaltungsverfahren, das der Nachprüfung des Verwaltungsaktes dient (Rechtsbehelfsverfahren)

Gegenstandswert: 10.000,00 EUR

1) 1,5 Geschäftsgebühr §§2, 13, 14 RVG iVm Nr. 2300 VV RVG	837,00 EUR
hierauf anzurechnen gem. der Vorbemerkung 2.3 Abs. 4 VV RVG:	
0,75 Geschäftsgebühr Nr. 2300 VV RVG aus dem Antragsverfahren	418,50 EUR
verbleiben:	418,50 EUR

zzgl. Auslagen und Umsatzsteuer.

Folgt dem Verwaltungsverfahren über die Nachprüfung des Verwaltungsaktes (Rechtsbehelfsverfahren) ein verwaltungs**gerichtliches** Verfahren, so ist die Geschäftsgebühr der Nr. 2300 VV RVG für das Rechtsbehelfsverfahren nach der Vorbemerkung 3 Abs. 4 VV RVG auf die Verfahrensgebühr des gerichtlichen Verfahrens anzurechnen. Die Geschäftsgebühr der Nr. 2300 VV RVG für das Rechtsbehelfsverfahren ist also **zur Hälfte, höchstens mit einem Gebührensatz von 0,75** auf die Verfahrensgebühr des gerichtlichen Verfahrens **anzurechnen.** 108

Beispiel: Der Rechtsanwalt vertritt den Mandanten zunächst in dem Verwaltungsverfahren. Er stellt für den Mandanten bei der Behörde einen Antrag. Die Behörde lehnt den Antrag ab. Der Rechtsanwalt legt für den Mandanten Rechtsbehelf ein und vertritt den Mandanten auch in dem Verwaltungsverfahren, das der Nachprüfung des Verwaltungsaktes dient, also dem Rechtsbehelfsverfahren. Der Rechtsbehelf wird zurückgewiesen. Die Tätigkeit des Rechtsanwaltes im Antragsverfahren war sehr umfangreich, so dass eine 1,7 Geschäftsgebühr angemessen ist. Die Tätigkeit im Rechtsbehelfsverfahren rechtfertigt den Ansatz der Mittelgebühr. Der Rechtsanwalt erhebt für den Mandanten Klage bei dem Verwaltungsgericht und vertritt den Mandanten in dem verwaltungsgerichtlichen Verfahren auch in einer mündlichen Verhandlung. Das Verwaltungsgericht verkündet schließlich ein Urteil. 109

Der Gegenstandswert beträgt 10.000,00 EUR.

Der Rechtsanwalt kann berechnen:

Für die Tätigkeit in dem Verwaltungsverfahren (Antragsverfahren)

Gegenstandswert: 10.000,00 EUR

1) 1,7 Geschäftsgebühr §§2, 13, 14 RVG iVm Nr. 2300 VV RVG	948,60 EUR
2) Pauschale für Entgelte für Post- und Telekommunikationsdienstleistungen Nr. 7002 VV RVG	20,00 EUR

zzgl. evtl. entstandener weiterer Auslagen und Umsatzsteuer.

Für die Tätigkeit in dem Verwaltungsverfahren, das der Nachprüfung des Verwaltungsaktes dient (Rechtsbehelfsverfahren)

Gegenstandswert: 10.000,00 EUR

1) 1,5 Geschäftsgebühr §§2, 13, 14 RVG iVm Nr. 2300 VV RVG	837,00 EUR
hierauf anzurechnen gem. der Vorbemerkung 2.3 Abs. 4 VV RVG:	
0,75 Geschäftsgebühr Nr. 2300 VV RVG aus dem Antragsverfahren	418,50 EUR
verbleiben:	418,50 EUR
2) Pauschale für Entgelte für Post- und Telekommunikationsdienstleistungen Nr. 7002 VV RVG	20,00 EUR

zzgl. evtl. entstandener weiterer Auslagen und Umsatzsteuer.

Für die Tätigkeit im gerichtlichen Verfahren

Gegenstandswert: 10.000,00 EUR

1) 1,3 Verfahrensgebühr §§2, 13 RVG iVm Nr. 3100 VV RVG	725,40 EUR
hierauf anzurechnen gem. der Vorbemerkung 3 Abs. 4 VV RVG:	
0,75 Geschäftsgebühr Nr. 2300 VV RVG für das Rechtsbehelfsverfahren	418,50 EUR
verbleiben:	396,00 EUR

2) 1,2 Terminsgebühr §§2, 13 RVG iVm Nr. 3104 VV RVG 669,60 EUR
3) Pauschale für Entgelte für Post- und Telekommunikationsdienstleistungen Nr. 7002 VV RVG 20,00 EUR
zzgl. evtl. entstandener weiterer Auslagen und Umsatzsteuer.

Wenn mehrere Geschäftsgebühren entstanden sind, ist gemäß der Vorbemerkung 3 Abs. 4 S. 3 VV RVG für die Anrechnung nur die zuletzt entstandene Geschäftsgebühr maßgebend. In dem vorliegenden Fall ist also nur die Geschäftsgebühr für das Rechtsbehelfsverfahren der Nr. 2300 VV RVG auf die Verfahrensgebühr des gerichtlichen Verfahrens anzurechnen.

Praxistipp:

110 Vergleicht man das Gebührengesamtaufkommen (Geschäftsgebühren und Verfahrensgebühr) nach der Rechtslage bis zum 31. 7. 2013 und nach den Änderungen durch das 2. KostRMoG, so ergibt sich, wenn man von Mittelgebühren ausgeht, folgendes Bild:

Rechtslage bis 31. 7. 2013:

1,5 Geschäftsgebühr Nr. 2300 VV RVG für das Antragsverfahren + 0,9 Geschäftsgebühr Nr. 2301 VV RVG für das Rechtsbehelfsverfahren + 1,3 Verfahrensgebühr Nr. 3100 VV RVG für das gerichtliche Verfahren abzüglich 0,45 Anrechnung nach der Vorbemerkung 3 Abs. 4 VV RVG = Gesamtaufkommen: **3,25**.

Rechtslage nach Inkrafttreten der Änderungen durch das 2. KostRMoG:

1,5 Geschäftsgebühr Nr. 2300 VV RVG für das Antragsverfahren + 1,5 Geschäftsgebühr Nr. 2300 VV RVG für das Rechtsbehelfsverfahren abzüglich Anrechnung 0,75 der Geschäftsgebühr aus dem Antragsverfahren nach der Vorbemerkung 2.3 Abs. 4 VV RVG + 1,3 Verfahrensgebühr Nr. 3100 VV RVG abzüglich Anrechnung 0,75 der Geschäftsgebühr aus dem Rechtsbehelfsverfahren nach Vorbemerkung 3 Abs. 4 VV RVG = Gesamtaufkommen: **2,8**.

Nach Inkrafttreten der Änderungen durch das 2. KostRMoG erhält der Rechtsanwalt also bei gleichem Verfahrensablauf bei der vorstehend betrachteten Konstellation 0,45 an Gebühren weniger wie nach der Rechtslage bis zum 31. 7. 2013.

Der im Verwaltungsrecht tätige Rechtsanwalt, der diese Einbußen nicht hinnehmen will, wird diese nur durch ergänzende Vergütungsvereinbarungen mit dem Mandanten „auffangen“ können.

111 In dem Verwaltungsverfahren über die Nachprüfung des Verwaltungsaktes (Rechtsbehelfsverfahren) kann neben einer Geschäftsgebühr Nr. 2300 VV RVG **auch** eine **Einigungsgebühr** Nr. 1000 VV RVG (→ Kap. C Rn. 5 ff.) entstehen. Die Einigungsgebühr kann dann entstehen, wenn über die Ansprüche vertraglich verfügt werden kann (Abs. 4 der Anmerkung zu Nr. 1000 VV RVG). Kann über die Ansprüche, die Gegenstand des verwaltungsrechtlichen Verfahrens sind, nicht vertraglich verfügt werden, kann eine Erledigungsgebühr Nr. 1002 VV RVG entstehen (→ Kap. K Rn. 127 ff.).

Zusammenfassung

112
- Für die Tätigkeit im Verwaltungsverfahren, das der Nachprüfung des Verwaltungsaktes dient (Rechtsbehelfsverfahren) erhält der Rechtsanwalt eine Geschäftsgebühr nach Nr. 2300 VV RVG. Diese ist innerhalb eines Rahmens von 0,5 bis 2,5 zu bestimmen. Eine Geschäftsgebühr von mehr als 1,3 kann nur gefordert werden, wenn die Tätigkeit umfangreich oder schwierig war.
- War der Rechtsanwalt bereits im Antragsverfahren tätig und wird er anschließend im Rechtsbehelfsverfahren tätig, so entsteht eine Geschäftsgebühr nach der Nr. 2300 VV RVG für die Tätigkeit im Antragsverfahren und eine zweite Geschäftsgebühr Nr. 2300 VV RVG für die Tätigkeit im Rechtsbehelfsverfahren. Dann ist die im Antragsverfahren entstandene Geschäftsgebühr nach der Vorbemerkung 2.3 Abs. 4 VV RVG zur Hälfte, höchstens mit einem Gebührensatz von 0,75 auf die Geschäftsgebühr für die Tätigkeit im Rechtsbehelfsverfahren anzurechnen.
- Neben der Geschäftsgebühr kann noch eine Einigungsgebühr Nr. 1000 VV RVG oder eine Erledigungsgebühr Nr. 1002 VV RVG entstehen.

▶ Sind mehrere Geschäftsgebühren entstanden, ist nur die zuletzt entstandene Geschäftsgebühr nach der Vorbemerkung 3 Abs. 4 VV RVG auf die Verfahrensgebühr eines gerichtlichen Verfahrens anzurechnen.

2.1.4 Verfahren auf Aussetzung oder Anordnung der sofortigen Vollziehung sowie über einstweilige Maßnahmen zur Sicherung der Rechte Dritter

Nach § 17 Nr. 1 a RVG ist auch ein Verwaltungsverfahren 113
- auf Aussetzung der sofortigen Vollziehung
- auf Anordnung der sofortigen Vollziehung
- über einstweilige Maßnahmen zur Sicherung der Rechte Dritter eine gesonderte gebührenrechtliche Angelegenheit.

Für eine Tätigkeit in einem derartigen Verfahren kann der Rechtsanwalt also eine **weitere Geschäftsgebühr Nr. 2300 VV RVG** verdienen.[42] Die Geschäftsgebühr der Nr. 2300 VV RVG bestimmt sich innerhalb eines Gebührenrahmens von 0,5 bis 2,5. Eine Gebühr von mehr als 1,3 kann der Rechtsanwalt nur fordern, wenn die Tätigkeit umfangreich oder schwierig war.

Die Geschäftsgebühr der Nr. 2300 VV RVG fällt unabhängig davon an, ob der Rechtsanwalt bereits im Antrags- oder im Rechtsbehelfsverfahren eine Geschäftsgebühr nach Nr. 2300 VV RVG erhalten hat. 114

Ein Verfahren auf Abänderung oder Aufhebung der in einem der vorgenannten Verfahren ergangenen Entscheidung löst aber keine neuen Gebühren aus, denn das Verfahren auf **Abänderung oder Aufhebung** bildet gem. § 16 Nr. 1 RVG dieselbe Angelegenheit mit dem Verfahren auf Aussetzung oder Anordnung der sofortigen Vollziehung oder mit einem Verfahren über einstweilige Maßnahmen zur Sicherung der Rechte Dritter. 115

Folgt einem Verfahren auf Aussetzung oder Anordnung der sofortigen Vollziehung oder einem Verfahren über einstweilige Maßnahmen zur Sicherung der Rechte Dritter eine **gerichtliche** Auseinandersetzung über diese Gegenstände, so ist die Geschäftsgebühr der Nr. 2300 VV RVG für die außergerichtliche Vertretung nach der Vorbemerkung 3 Abs. 4 VV RVG zur Hälfte, höchstens mit einem Gebührensatz von 0,75 auf die im gerichtlichen Verfahren entstehende Verfahrensgebühr anzurechnen. 116

Vertritt der Rechtsanwalt in einem Verfahren auf Aussetzung oder Anordnung der sofortigen Vollziehung oder einem Verfahren über einstweilige Maßnahmen zur Sicherung Rechte Dritter (auch Verfahren des „vorläufigen Rechtsschutzes" oder des „einstweiligen Rechtsschutzes" genannt) und in einem Antrags- oder Rechtsbehelfsverfahren, so wird die in dem Verfahren des einstweiligen Rechtsschutzes entstandene Geschäftsgebühr der Nr. 2300 VV RVG nicht nach der Vorbemerkung 2.3 Abs. 4 VV RVG auf die Geschäftsgebühr des Rechtsbehelfsverfahrens anzurechnen sein. Denn die Vorbemerkung 2.3 Abs. 4 VV RVG ordnet die Anrechnung der beiden Geschäftsgebühren nur für die Fälle an, in denen der Rechtsanwalt zunächst in einem Verwaltungsverfahren (Antragsverfahren) vertreten hat und dann anschließend in einem Verwaltungsverfahren, das der Nachprüfung des Verwaltungsaktes dient (Rechtsbehelfsverfahren). 117

Zusammenfassung

▶ Auch ein Verwaltungsverfahren 118
- auf Aussetzung der sofortigen Vollziehung
- auf Anordnung der sofortigen Vollziehung
- über einstweilige Maßnahmen zur Sicherung der Rechte Dritter ist eine gesonderte gebührenrechtliche Angelegenheit.

---

[42] Hartung/Schons/Enders § 17 Rn. 16; Schneider/Wolf § 17 Rn. 9.

▶ Für die Tätigkeit in einem derartigen Verfahren erhält der Rechtsanwalt eine Geschäftsgebühr nach Nr. 2300 VV RVG.

2.2 Gerichtliches Verfahren

119 Die Vergütung des Verfahrens- bzw. Prozessbevollmächtigten im gerichtlichen Verfahren vor dem Verwaltungsgericht richtet sich nach Teil 3 des Vergütungsverzeichnisses zum RVG.

2.2.1 Rechtsstreit vor dem Verwaltungsgericht

120 Ist der Rechtsanwalt als Verfahrens- oder Prozessbevollmächtigter in einem vor dem Verwaltungsgericht im I. Rechtszug anhängigen Rechtsstreit tätig, so können entstehen:

- 1,3 Verfahrensgebühr Nr. 3100 VV RVG
- 1,2 Terminsgebühr Nr. 3104 VV RVG
- 0,3 Zusatzgebühr für besonders umfangreiche Beweisaufnahmen Nr. 1010 VV RVG
- 1,0 Einigungsgebühr Nrn. 1000, 1003 VV RVG oder 1,0 Erledigungsgebühr Nrn. 1002, 1003 VV RVG.

Die Gebühren entstehen unter denselben Voraussetzungen wie auch in einem bürgerlichen Rechtsstreit vor einem ordentlichen Gericht. Es kann daher grundsätzlich auf das in dem Kap. E (→ Rn. 251 ff.) Ausgeführte verwiesen werden.

121 War der Rechtsanwalt bereits außergerichtlich im Verwaltungsverfahren (Antragsverfahren) oder in dem Verwaltungsverfahren, welches der Nachprüfung des Verwaltungsaktes dient (Rechtsbehelfsverfahren) tätig, so ist die für seine außergerichtliche Tätigkeit entstandene Geschäftsgebühr nach der Vorbemerkung 3 Abs. 4 VV RVG auf die in dem nachfolgenden gerichtlichen Verfahren entstehende Verfahrensgebühr zur Hälfte, höchstens mit einem Gebührensatz von 0,75 anzurechnen. Zu beachten ist allerdings, dass, wenn mehrere Geschäftsgebühren entstanden sind, gemäß der Vorbemerkung 3 Abs. 4 S. 3 VV RVG nur die zuletzt entstandene Geschäftsgebühr entsprechend anzurechnen ist (→ Kap. K Rn. 109). Eine andere Frage ist, ob die Anrechnung der Geschäftsgebühr auf die Verfahrensgebühr auch in der Kostenfestsetzung gegenüber der unterlegenen Partei zu berücksichtigen ist. Siehe hierzu → Kap. K Rn. 155 ff.

Vertritt der Rechtsanwalt in derselben Angelegenheit mehrere Personen wegen desselben Gegenstandes, so kann sich die Verfahrensgebühr um 0,3 für jeden weiteren Auftraggeber erhöhen (→ Kap. C Rn. 74 ff.).

122 Die 1,2 **Terminsgebühr** Nr. 3104 VV RVG entsteht grundsätzlich im verwaltungsgerichtlichen Verfahren unter denselben Voraussetzungen wie auch in einem bürgerlichen Rechtsstreit. Die 1,2 Terminsgebühr Nr. 3104 VV RVG entsteht also auch in verwaltungsrechtlichen Angelegenheiten

- für die Wahrnehmung eines gerichtlichen Termins – mit Ausnahme eines Termins nur zur Verkündung einer Entscheidung (Vorbemerkung 3 Abs. 3 VV RVG)
- für die Wahrnehmung eines von einem gerichtlich bestellten Sachverständigen anberaumten Termins (Vorbemerkung 3 Abs. 3 VV RVG)
- für die Mitwirkung an Besprechungen, die auf Vermeidung oder Erledigung des Verfahrens gerichtet sind, wobei diese Besprechungen mit dem Gegner (hier zB mit dem Sachbearbeiter der Behörde, dessen Vorgesetzten oder dem zuständigen Sachbearbeiter der übergeordneten Behörde) geführt werden müssen (eine Besprechung mit dem Mandanten reicht nicht aus) (Vorbemerkung 3 Abs. 3 VV RVG)
- wenn nach § 84 Abs. 1 VwGO durch Gerichtsbescheid entschieden wird und eine mündliche Verhandlung beantragt werden kann (Absatz 1 Ziffer 2 der Anmerkung zu Nr. 3104 VV RVG).

Absatz 1 Ziffer 2 der Anmerkung zu Nr. 3104 VV RVG wurde durch das 2. KostRMoG[43] inhaltlich geändert. Nach der Neufassung von Absatz 1 Ziffer 2 der Anmerkung zu Nr. 3104 VV RVG entsteht die Terminsgebühr bei Entscheidung durch Gerichtsbescheid nach § 84 Abs. 1 S. 1 VwGO nur noch dann, wenn eine mündliche Verhandlung beantragt werden kann. Dies ist in Verfahren der Verwaltungsgerichtsbarkeit nur dann der Fall, wenn kein Rechtsmittel gegeben ist, also zB bei Entscheidungen des Verwaltungsgerichts, die nicht kraft Gesetzes berufungsfähig sind und bei denen die Berufung auch nicht zugelassen worden ist. 123

Beispiel: Das Verwaltungsgericht entscheidet über die Anfechtungsklage – ohne mündliche Verhandlung – durch Gerichtsbescheid nach § 84 Abs. 1 S. 1 VwGO. In dem Gerichtsbescheid wird die Berufung nicht zugelassen. Es wird unterstellt, dass die Berufung auch nach der VwGO in dem entschiedenen Fall nicht möglich ist. 124

Hier hätten die Prozessbevollmächtigten nach dem Gerichtsbescheid einen Antrag auf mündliche Verhandlung stellen können (§ 84 Abs. 2 Nr. 5 VwGO). Hätten sie dies getan, hätte das Verwaltungsgericht einen Termin zur mündlichen Verhandlung bestimmt und durch die Wahrnehmung dieses gerichtlichen Termins wäre dem Prozessbevollmächtigten die Terminsgebühr entstanden. Hätten sie diesen Antrag nicht gestellt, wäre die Terminsgebühr aufgrund der Regelung in Absatz 1 Ziffer 2 der Anmerkung zu Nr. 3104 VV RVG beiden Prozessbevollmächtigten ebenfalls entstanden.

Beispiel: Das Verwaltungsgericht hat über die Anfechtungsklage durch Gerichtsbescheid entschieden und die Berufung zugelassen. Hier kann in dem ersten Rechtszug für die Prozessbevollmächtigten über Absatz 1 Ziffer 2 der Anmerkung zu Nr. 3104 VV RVG die Terminsgebühr nicht entstehen. Die Parteien bzw. ihre Prozessbevollmächtigten hätten hier keine Möglichkeit gehabt, in dem ersten Rechtszug noch eine mündliche Verhandlung zu erzwingen. Sie hätten von der Möglichkeit der Einlegung der Berufung Gebrauch machen müssen.[44] 125

Unter welchen Voraussetzungen die Einigungsgebühr oder die Erledigungsgebühr entstehen, ist in dem nachfolgenden Kapitel dargestellt.

Zusammenfassung

- Im Verwaltungsgerichtsprozess entstehen Gebühren nach Teil 3 VV RVG. Die Gebühren fallen unter denselben Voraussetzungen an wie auch in einem Zivilprozess vor einem Amts- oder Landgericht. 126
- Die 1,2 Terminsgebühr Nr. 3104 VV RVG entsteht auch dann, wenn das Verwaltungsgericht nach § 84 Abs. 1 S. 1 VwGO durch Gerichtsbescheid entscheidet und eine mündliche Verhandlung beantragt werden kann.

2.2.1.1 Erledigungsgebühr

Soweit über die Ansprüche, die Gegenstand des verwaltungsgerichtlichen Verfahrens sind, vertraglich verfügt werden kann, kann unter den Voraussetzungen der Nr. 1000 VV RVG im verwaltungsgerichtlichen Verfahren auch die Einigungsgebühr entstehen (Abs. 4 der Anmerkung zu Nr. 1000 VV RVG). Ist über den Gegenstand der Einigung ein verwaltungsgerichtliches Verfahren anhängig, entsteht die Einigungsgebühr nur in Höhe von 1,0 (Nr. 1003 VV RVG). Die Einigungsgebühr entsteht in Höhe von 1,5, wenn über den Gegenstand des verwaltungsrechtlichen Verfahrens kein verwaltungsgerichtliches Verfahren anhängig ist. Die Einigungsgebühr entsteht auch dann in Höhe von 1,5, wenn über den Gegenstand des verwaltungsrechtlichen Verfahrens nur ein selbstständiges Beweisverfahren oder nur ein Prozesskostenhilfebewilligungsverfahren für ein selbständiges Beweisverfahren anhängig ist (→ Kap. C Rn. 5 ff.). 127

Kann über die Gegenstände, die im verwaltungsgerichtlichen Verfahren anhängig sind, **nicht vertraglich verfügt** werden, kann keine Einigungsgebühr entstehen. In diesen Fällen kann aber die Erledigungsgebühr nach Nr. 1002 VV RVG anfallen. 128

[43] BGBl. I 2013, 2586 f. – in Kraft getreten am 1. 8. 2013.
[44] Schneider/Thiel § 3 Rn. 817 bis 820.

Auszug aus dem VV RVG

129 **Teil 1. Allgemeine Gebühren**

Nr.	Gebührentatbestand	Gebühr oder Satz der Gebühr nach § 13 RVG
1002	Erledigungsgebühr, soweit nicht Nummer 1005 gilt .... Die Gebühr entsteht, wenn sich eine Rechtssache ganz oder teilweise nach Aufhebung oder Änderung des mit einem Rechtsbehelf angefochtenen Verwaltungsakts durch die anwaltliche Mitwirkung erledigt. Das Gleiche gilt, wenn sich eine Rechtssache ganz oder teilweise durch Erlass eines bisher abgelehnten Verwaltungsakts erledigt.	1,5
1003	Über den Gegenstand ist ein anderes gerichtliches Verfahren als ein selbstständiges Beweisverfahren anhängig: Die Gebühren 1000 bis 1002 betragen: .... (1) Dies gilt auch, wenn ein Verfahren über die Prozesskostenhilfe anhängig ist, soweit nicht lediglich Prozesskostenhilfe für ein selbständiges Beweisverfahren oder die gerichtliche Protokollierung des Vergleichs beantragt wird oder sich die Beiordnung auf den Abschluss eines Vertrags im Sinne der Nummer 1000 erstreckt (§ 48 Abs. 3 RVG). Die Anmeldung eines Anspruchs zum Musterverfahren nach dem KapMuG steht einem anhängigen gerichtlichen Verfahren gleich. Das Verfahren vor dem Gerichtsvollzieher steht einem gerichtlichen Verfahren gleich. (2) ...	1,0
1004	Über den Gegenstand ist ein Berufungs- oder Revisionsverfahren, ein Verfahren über die Beschwerde gegen die Nichtzulassung eines dieser Rechtsmittel oder ein Verfahren vor dem Rechtsmittelgericht über die Zulassung des Rechtsmittels anhängig: Die Gebühren 1000 bis 1002 betragen: .... (1) Dies gilt auch in den in den Vorbemerkungen 3.2.1 und 3.2.2 genannten Beschwerde- und Rechtsbeschwerdeverfahren. (2) Absatz 2 der Anmerkung zu Nummer 1003 ist anzuwenden.	1,3

130 Die Erledigungsgebühr entsteht:

1. Voraussetzung

Der Verwaltungsakt muss mit einem Rechtsbehelf angefochten worden sein.

2. Voraussetzung

Die Rechtssache muss sich ganz oder teilweise erledigen

- nach Aufhebung des mit einem Rechtsbehelf angefochtenen Verwaltungsaktes
- nach Änderung des mit einem Rechtsbehelf angefochtenen Verwaltungsaktes
- nach Erlass eines bisher abgelehnten Verwaltungsaktes (Anmerkung zu Nr. 1002 VV RVG).

3. Voraussetzung

Der Rechtsanwalt muss an dieser Erledigung mitgewirkt haben.

Zunächst muss der Verwaltungsakt also angefochten worden sein.[45]

Diesen angefochtenen Verwaltungsakt muss die Behörde ganz oder teilweise aufheben oder ändern. Oder sie muss einen bisher abgelehnten Verwaltungsakt erlassen.

Hierdurch muss sich die Rechtssache erledigen. Erledigung tritt ein, wenn der Auftraggeber des Rechtsanwaltes zufriedengestellt ist; er also die Sache als erledigt betrachtet, nachdem die Behörde den angefochtenen Verwaltungsakt ganz oder teilweise aufgehoben oder geändert hat oder den bisher abgelehnten Verwaltungsakt erlassen hat.[46]

[45] Gerold/Schmidt VV 1002 Rn. 11 und 12; Schneider/Wolf VV 1002 Rn. 8; Hartung/Schons/Enders Nr. 1002 VV Rn. 13 bis 15.

[46] Gerold/Schmidt VV 1002 Rn. 21 bis 30; Schneider/Wolf VV 1002 Rn. 13 bis 19; Rehberg/Schons, „Erledigungsgebühr" 3.

Schließlich muss der Rechtsanwalt daran mitgewirkt haben, dass sich die Rechtssache ganz oder teilweise erledigt hat. Mitwirkung bedeutet ein Tätigwerden des Rechtsanwaltes in Richtung auf den später erzielten Erfolg.[47] Nach der Rechtsprechung ist wohl die Einlegung und Begründung des Rechtsbehelfs allein nicht ausreichend ist, um von einem Mitwirken des Rechtsanwaltes ausgehen zu können.[48] Erforderlich ist eine *„besondere, nicht nur unwesentliche und gerade auf die außergerichtliche Erledigung gerichtete Tätigkeit“*[49] des Rechtsanwaltes. Als für eine Mitwirkung iSd Nr. 1002 VV RVG ausreichende Tätigkeiten des Rechtsanwaltes wurden zB angesehen:

- *„der Anwalt veranlasst eine Untersuchung seines Mandanten, aufgrund deren Ergebnisses die Behörde den Bescheid erlässt bzw aufhebt;*
- *eigene Recherchen des Anwalts (ua Befragung dritter Personen) zum nach Auffassung des Gerichts entscheidungserheblichen Sachverhalt und Unterbreitung des Ergebnisses;*
- *schriftliche oder mündliche Verhandlungen – auch außergerichtlich bzw. während des Ruhens des Verfahrens – mit einem in dem konkreten Fall entscheidungsbefugten Vertreter der Verwaltungsbehörde oder deren Aufsichtsbehörde mit dem Ziel des Einlenkens;*
- *Gespräche des Anwalts in einer Sitzungspause mit Mandanten und Gegner, dass zu beiderseitigem Nachgeben führt.“*[50]

Die Erledigungsgebühr kann **auch in dem Verwaltungsverfahren anfallen,** das der Nachprüfung des Verwaltungsaktes dient (Rechtsbehelfsverfahren). 131

Ist über den angefochtenen Verwaltungsakt noch kein verwaltungsgerichtliches Verfahren anhängig, fällt die Erledigungsgebühr in Höhe von 1,5 an (Nr. 1002 VV RVG).

Ist der angefochtene Verwaltungsakt aber bereits Gegenstand eines verwaltungs**gerichtlichen** Verfahrens, so fällt die Erledigungsgebühr nur in Höhe von 1,0 an (Nr. 1003 VV RVG).

Beispiel: In dem verwaltungsgerichtlichen Verfahren führt der Rechtsanwalt in dem Termin zur mündlichen Verhandlung mit dem anwesenden Vertreter der Behörde eine umfangreiche Besprechung im Hinblick auf eine mögliche Erledigung der Angelegenheit. Nach dem Termin erfolgen drei weitere Besprechungen mit demselben Ziel. Schließlich ändert die Behörde den angefochtenen Bescheid ab. Mit dieser Abänderung gibt sich der Mandant zufrieden und betrachtet die Angelegenheit damit als erledigt. 132

Das Gericht setzt den Gegenstandswert auf 10.000,00 EUR fest.

Der Rechtsanwalt kann berechnen:

Gegenstandswert: 10.000,00 EUR	
1) 1,3 Verfahrensgebühr §§ 2, 13 RVG iVm Nr. 3100 VV RVG	725,40 EUR
2) 1,2 Terminsgebühr §§ 2, 13 RVG iVm Nr. 3104 VV RVG	669,60 EUR
3) 1,0 Erledigungsgebühr §§ 2, 13 RVG iVm Nr. 1002, 1003 VV RVG	558,00 EUR
zzgl. Auslagen, Umsatzsteuer.	

Zusammenfassung

- ▶ Soweit über Ansprüche vertraglich verfügt werden kann, kann auch bei Rechtsverhältnissen des öffentlichen Rechts die Einigungsgebühr Nrn. 1000, 1003 VV RVG entstehen. 133
- ▶ Kann über Ansprüche des öffentlichen Rechts nicht vertraglich verfügt werden, so kann die Erledigungsgebühr Nrn. 1002, 1003 VV RVG entstehen.
- ▶ Voraussetzung für den Anfall der Erledigungsgebühr ist, dass

[47] Gerold/Schmidt VV 1002 Rn. 31 bis 61; Schneider/Wolf VV 1002 Rn. 20 bis 26.

[48] Gerold/Schmidt VV 1002 Rn. 31 bis 61; Schneider/Wolf VV 1002 Rn. 20 bis 26; Rehberg/Schons, „Erledigungsgebühr“ 4.; Hartung/Schons/Enders Nr. 1002 VV Rn. 21–23.

[49] Zitiert nach Schneider/Wolf VV 1002 Rn. 21.

[50] Zitiert nach Schneider/Wolf VV 1002 Rn. 24 jeweils mwN.

- der Verwaltungsakt mit einem Rechtsbehelf angefochten worden ist
- die Behörde den angefochtenen Verwaltungsakt ganz oder teilweise aufhebt oder ändert
- sich durch diese Aufhebung/Änderung des angefochtenen Verwaltungsaktes die Rechtssache erledigt
- der Rechtsanwalt mitgewirkt hat.

▶ Die Erledigungsgebühr fällt in Höhe von 1,5 an, wenn über den angefochtenen Verwaltungsakt noch kein verwaltungsgerichtliches Verfahren anhängig ist (Nr. 1003 VV RVG).
Ist über den angefochtenen Verwaltungsakt ein verwaltungsgerichtliches Verfahren anhängig, entsteht die Erledigungsgebühr nur in Höhe von 1,0 (Nrn. 1002, 1003 VV RVG).

2.2.2 Berufung und Revision

134 Im Berufungsverfahren entstehen Gebühren nach Teil 3, Abschnitt 2, Unterabschnitt 1 VV RVG. In dem Berufungsverfahren können entstehen:

- 1,6 Verfahrensgebühr Nr. 3200 VV RVG
- 1,2 Terminsgebühr Nr. 3202 VV RVG
- 0,3 Zusatzgebühr für besonders umfangreiche Beweisaufnahmen Nr. 1010 VV RVG
- 1,3 Einigungsgebühr Nrn. 1000, 1004 VV RVG oder 1,3 Erledigungsgebühr Nrn. 1002, 1004 VV RVG.

135 In dem Revisionsverfahren entstehen dem Prozessbevollmächtigten Gebühren nach Teil 3, Abschnitt 2, Unterabschnitt 2 VV RVG. Es können anfallen:

- 1,6 Verfahrensgebühr Nr. 3206 VV RVG
- 1,5 Terminsgebühr Nr. 3210 VV RVG
- 0,3 Zusatzgebühr für besonders umfangreiche Beweisaufnahmen Nr. 1010 VV RVG
- 1,3 Einigungsgebühr Nrn. 1000, 1004 VV RVG oder 1,3 Erledigungsgebühr Nrn. 1002, 1004 VV RVG.

Die Gebühren im Berufungs- und Revisionsverfahren vor einem Oberverwaltungsgericht oder dem Bundesverwaltungsgericht entstehen unter den gleichen Voraussetzungen wie auch sonst im Berufungs- und Revisionsverfahren (→ Kap. E Rn. 443 ff.).

Zusammenfassung

136 ▶ In einem verwaltungsgerichtlichen Berufungsverfahren entstehen Gebühren nach Teil 3, Abschnitt 2, Unterabschnitt 1 VV RVG.
▶ In dem verwaltungsgerichtlichen Revisionsverfahren entstehen Gebühren nach Teil 3, Abschnitt 2, Unterabschnitt 2 VV RVG.

2.2.3 Zulassung der Berufung

137 Nach § 124 VwGO ist in verwaltungsgerichtlichen Angelegenheiten gegen Endurteile die Berufung nur möglich, wenn sie von dem Verwaltungsgericht oder dem Oberverwaltungsgericht zugelassen wird. Hat das Verwaltungsgericht die Berufung nicht schon in dem Urteil zugelassen, ist die Zulassung der Berufung gemäß § 124a Abs. 4 VwGO bei dem Verwaltungsgericht zu beantragen. Über den Antrag entscheidet allerdings das Oberverwaltungsgericht durch Beschluss (§ 124a Abs. 5 VwGO).

138 Gemäß § 16 Nr. 11 RVG bilden das Rechtsmittelverfahren und das Verfahren über die Zulassung des Rechtsmittels **dieselbe Angelegenheit.** Dies bedeutet, dass der Rechtsanwalt, der zunächst die Partei in dem Verfahren auf Zulassung der Berufung und anschließend in dem Berufungsverfahren selbst vertritt, die Gebühren nach Teil 3, Abschnitt 2, Unterabschnitt 1 VV RVG **nur einmal** berechnen kann.

Allerdings werden die Gebühren nach Teil 3, Abschnitt 2, Unterabschnitt 1 VV RVG schon dadurch ausgelöst, dass der Rechtsanwalt für den Mandanten den Antrag auf Zulassung der Berufung stellt. Wird dem Antrag auf Zulassung der Berufung also nicht stattgegeben, ist dem Rechtsanwalt dennoch neben den Gebühren, die er möglicherweise schon im I. Rechtszug vor dem Verwaltungsgericht verdient hat, noch die 1,6 Verfahrensgebühr nach Nr. 3200 VV RVG zzgl. Auslagen und Umsatzsteuer entstanden. 139

Beispiel: Der Rechtsanwalt hat die Mandantschaft bereits im I. Rechtszug vor dem Verwaltungsgericht vertreten. Die von dem Mandanten erhobene Klage wird abgewiesen. Das Verwaltungsgericht hat in seinem Urteil die Berufung nicht zugelassen. Auftragsgemäß stellt der Rechtsanwalt nach Vorliegen des schriftlich abgesetzten Urteils einen Antrag auf Zulassung der Berufung gegen dieses Urteil. Diesem Antrag wird stattgegeben. Auch in dem II. Rechtszug vor dem Oberverwaltungsgericht vertritt der Rechtsanwalt die Mandantschaft. In dem Verfahren vor dem Oberverwaltungsgericht nimmt er für die Mandantin auch einen Gerichtstermin wahr. Den Gegenstandswert für das Berufungsverfahren setzt das Oberverwaltungsgericht mit 13.000,00 EUR fest. 140

Neben den Gebühren, die der Rechtsanwalt bereits in dem I. Rechtszug vor dem Verwaltungsgericht verdient hat, kann er berechnen:

Gegenstandswert: 13.000,00 EUR	
1) 1,6 Verfahrensgebühr §§ 2, 13 RVG iVm Nr. 3200 VV RVG	966,40 EUR
2) 1,2 Terminsgebühr §§ 2, 13 RVG iVm Nr. 3202 VV RVG	724,80 EUR
zzgl. Auslagen und Umsatzsteuer.	

Da das Verfahren über die Zulassung der Berufung dieselbe Angelegenheit mit dem Berufungsverfahren selbst bildet, entsteht für die Tätigkeit in dem Zulassungsverfahren keine gesonderte Verfahrensgebühr.

Praxistipp: 141

Da auch der Antrag auf Zulassung der Berufung zu begründen ist, sollte der Rechtsanwalt überdenken, ob er sich nicht im Wege einer Vergütungsvereinbarung für seine Tätigkeit in dem Verfahren über die Zulassung des Rechtsmittels eine gesonderte Gebühr für den Fall versprechen lässt, dass die Berufung zugelassen wird.

Denn ansonsten erhält er für seine Tätigkeit in dem Verfahren über die Zulassung der Berufung keine – gesonderte – Vergütung.

Zusammenfassung

- Das Verfahren über die Zulassung der Berufung bildet gemäß § 16 Nr. 11 RVG zusammen mit dem Berufungsverfahren selbst dieselbe gebührenrechtliche Angelegenheit. Der Rechtsanwalt erhält also für seine Tätigkeit im Verfahren über die Zulassung der Berufung keine gesonderten Gebühren. 142
- Wird der Rechtsanwalt nur im Verfahren auf Zulassung der Berufung tätig, so kann ihm für seine Tätigkeit in dem Zulassungsverfahren eine 1,6 Verfahrensgebühr Nr. 3200 VV RVG entstehen. Diese entsteht neben den Gebühren, die ihm bereits für seine Tätigkeit als Prozessbevollmächtigter in dem I. Rechtszug entstanden sind.

2.2.4 Nichtzulassungsbeschwerde

Gemäß § 17 Nr. 9 RVG sind das Rechtsmittelverfahren und das Verfahren über die Beschwerde gegen die Nichtzulassung des Rechtsmittels **verschiedene** gebührenrechtliche **Angelegenheiten.** 143

In dem Verfahren über die Beschwerde gegen die Nichtzulassung der Revision kann gemäß Nr. 3506 VV RVG eine gesonderte Verfahrensgebühr entstehen. 144

Allerdings ist nach der Anmerkung zu Nr. 3506 VV RVG diese 1,6 Verfahrensgebühr wieder auf die Verfahrensgebühr für ein nachfolgendes Revisionsverfahren anzurechnen. Vertritt also derselbe Rechtsanwalt im Verfahren über die Beschwerde gegen die Nichtzulassung der Revision und in dem anschließenden Revisionsverfah- 145 ren, so erhält er die Verfahrensgebühr nur einmal (→ Kap. E Rn. 508 ff., dort auch mit Berechnungsbeispiel).

Zusammenfassung

146 ▶ Verschiedene gebührenrechtliche Angelegenheiten sind nach § 17 Nr. 9 RVG das Verfahren über die Nichtzulassung des Rechtsmittels (zB die Revision) und das Verfahren über das Rechtsmittel.

▶ In dem Verfahren über die Nichtzulassung der Revision in einem verwaltungsgerichtlichen Rechtszug kann eine 1,6 Verfahrensgebühr nach der Nr. 3506 VV RVG entstehen.

▶ Diese Verfahrensgebühr nach Nr. 3506 VV RVG ist allerdings auf die Verfahrensgebühr für ein anschließendes Revisionsverfahren wieder anzurechnen, wenn derselbe Anwalt sowohl in dem Verfahren über die Beschwerde gegen die Nichtzulassung der Revision als auch im Revisionsverfahren selbst vertritt.

2.2.5 Einstweiliger Rechtsschutz

147 Gemäß § 17 Nr. 4 b) und c) RVG sind **verschiedene** gebührenrechtliche **Angelegenheiten** das Verfahren in der **Hauptsache** und ein Verfahren auf

- Erlass einer einstweiligen Verfügung
- Anordnung oder Wiederherstellung der aufschiebenden Wirkung
- Aufhebung der Vollziehung oder Anordnung der sofortigen Vollziehung eines Verwaltungsaktes.

148 In diesen Verfahren entstehen dem Rechtsanwalt also gesonderte Gebühren nach Teil 3 VV RVG neben den Gebühren, die ihm schon in dem Hauptsacheverfahren entstanden sind. Sofern in diesen Verfahren des einstweiligen Rechtsschutzes die Gebührentatbestände erfüllt werden, können sämtliche Gebühren nach Teil 3 VV RVG und auch eine Einigungs- oder Erledigungsgebühr (Nrn. 1000, 1002, 1003 VV RVG) entstehen. Diese Gebühren entstehen unabhängig von den Gebühren, die dem Rechtsanwalt daneben in dem Hauptsacheverfahren anfallen.

149 Allerdings bilden das **Verfahren auf Änderung oder Aufhebung** einer der in den vorgenannten Verfahren ergangenen Entscheidung wiederum dieselbe Angelegenheit mit diesem Verfahren (§ 16 Nr. 5 RVG).

150 In Verfahren des einstweiligen Rechtsschutzes im Verwaltungsrecht kommt es vor, dass zunächst zB ein Antrag auf Anordnung der aufschiebenden Wirkung der Klage nach § 80 Abs. 5 VwGO kostenpflichtig abgelehnt wird und später im Rahmen eines Abänderungsantrages nach § 80 Abs. 7 VwGO anders entschieden wird. In der Entscheidung, in welcher der Antrag auf einstweiligen Rechtsschutz zunächst abgelehnt wurde, wurden die Kosten dieses Verfahrens dem Antragsteller auferlegt. In der Entscheidung, in welcher die ursprüngliche Entscheidung nach § 80 Abs. 5 VwGO aufgehoben und abgeändert wird, werden die Kosten des Verfahrens der Antragsgegnerin (Behörde) auferlegt. Die Gebühren entstehen in dem ursprünglichen Verfahren auf Anordnung der aufschiebenden Wirkung und in dem Verfahren auf Abänderung der aufschiebenden Wirkung nicht zweimal, denn es handelt sich nach § 16 Nr. 5 RVG um dieselbe Angelegenheit. Deshalb ist in der Rechtsprechung umstritten, ob der letztlich obsiegende Antragsteller die Gebühren, deren Tatbestand in dem Abänderungsverfahren erneut ausgelöst wurde, von der Antragsgegnerin erstattet verlangen kann. Die Gebühren entstehen bei dem Prozessbevollmächtigten in der Regel auch in dem Abänderungsverfahren gemäß § 80 Abs. 7 VwGO (neu), weil deren Tatbestand auch hier noch einmal ausgelöst wird. Der Rechtsanwalt kann sie nur nicht zweimal verlangen, da das ursprünglich Verfahren auf Anordnung der aufschiebenden Wirkung und das Abänderungsverfahren dieselbe Angelegenheit sind. Dennoch kann der Antragsteller die Gebühren, deren Tatbestand in dem Abänderungsverfahren erneut ausgelöst wird, von der in dem Abänderungsverfahren unterlegenen Partei – auf der

Grundlage der in dem Abänderungsverfahren ergangenen Kostengrundentscheidung – erstattet verlangen.[51]

151 Die Vorbemerkung 3.2.1 VV RVG wurde durch das 2. KostRMoG[52] erweitert. In Ziffer 3 a) wurden auch **Beschwerden** gegen die Entscheidung des Verwaltungsgerichts wegen des Hauptgegenstandes in **Verfahren des vorläufigen oder einstweiligen Rechtsschutzes** aufgenommen. Dies hat zur Folge, dass in den Fällen, in denen der Rechtsanwalt den Auftrag für eine entsprechende Beschwerde nach dem 1. 8. 2013 erhalten hat, er in dem Beschwerdeverfahren dieselben Gebühren erhält, wie in einem Berufungsverfahren (also zB eine 1,6 Verfahrensgebühr Nr. 3200 VV RVG).

Zusammenfassung

152 ▶ In verwaltungsgerichtlichen Verfahren auf
- Erlass einer einstweiligen Verfügung
- Anordnung oder Wiederherstellung der aufschiebenden Wirkung
- Aufhebung der Vollziehung oder Anordnung der sofortigen Vollziehung eines Verwaltungsaktes

erhält der Rechtsanwalt gesonderte Gebühren nach Teil 3 VV RVG neben den Gebühren, die ihm für seine Tätigkeit in der Hauptsache entstehen.

▶ Ein Verfahren auf Abänderung oder Aufhebung einer in den vorgenannten Verfahren ergangenen Entscheidung stellt wiederum dieselbe Angelegenheit mit diesem Verfahren dar. In dem Verfahren auf Abänderung oder Aufhebung entstehen daher keine gesonderten Gebühren neben den Gebühren, die bereits in einem der vorgenannten Verfahren selbst entstanden sind.

2.2.6 Verwaltungsvollstreckungsverfahren

153 Die anwaltliche Vergütung
- für eine Tätigkeit im **außergerichtlichen Verwaltungszwangsverfahren** (Vorbemerkung 2.3 Abs. 1 VV RVG)
- für eine Tätigkeit in einem **gerichtlichen Verfahren über** einen **Akt der Zwangsvollstreckung** (des Verwaltungszwangs) (Vorbemerkung 3.3.3 Ziffer 3 VV RVG) bestimmt sich nach Teil 3, Abschnitt 3, Unterabschnitt 3 VV RVG.[53] Es können also entstehen:
- 0,3 Verfahrensgebühr Nr. 3309 VV RVG
- 0,3 Terminsgebühr Nr. 3310 VV RVG.

Ist allerdings Gegenstand des Verfahrens, in welchem der Rechtsanwalt auftragsgemäß tätig wird **nicht nur** der Vollstreckungsakt, sondern auch der Grundverwaltungsakt und wird dieser angefochten und daneben ein Antrag auf Aufhebung der Vollziehung gestellt, so ist die Tätigkeit des Rechtsanwaltes in dem Verfahren auf Aufhebung der Vollziehung nach Nr. 2300 VV RVG (→ Kap. K Rn. 113 ff.) oder nach Nrn. 3100, 3104 VV RVG (→ Kap. K Rn. 147 ff.) zu vergüten.[54]

Zusammenfassung

▶ Ist der Rechtsanwalt ausschließlich in einem außergerichtlichen Verwaltungszwangsverfahren oder in einem gerichtlichen Verfahren über einen Akt der Zwangsvollstreckung (des Verwaltungszwangs) tätig, kann er eine 0,3 Verfahrensgebühr Nr. 3309 VV RVG und eine 0,3 Terminsgebühr Nr. 3310 VV RVG verdienen. 154

---

[51] Enders JurBüro 2016, 393 mwN; so auch OVG Nordrhein-Westfalen RVGreport 2017, 191.
[52] BGBl. I 2013, 2586 f.
[53] Hansens/Braun/Schneider Teil 12 Rn. 109.
[54] Hansens/Braun/Schneider Teil 12 Rn. 109; Beutling Rn. 559.

▶ Ist auch der Grundverwaltungsakt angefochten und wird daneben ein Verfahren des einstweiligen Rechtschutzes anhängig, so ist die Tätigkeit in dem Verfahren des einstweiligen Rechtsschutzes entweder nach Nr. 2300 VV RVG oder nach Nrn. 3100, 3104 VV RVG zu vergüten.

2.2.7 Anrechnung der im Rechtsbehelfsverfahren entstandenen Geschäftsgebühr auf die Verfahrensgebühr des verwaltungsgerichtlichen Verfahrens im Kostenfestsetzungsverfahren

155 Nach der Vorbemerkung 3 Abs. 4 VV RVG ist eine nach Teil 2 VV RVG entstandene Geschäftsgebühr zur Hälfte, jedoch höchstens mit einem Gebührensatz von 0,75 auf die Verfahrensgebühr eines gerichtlichen Verfahrens anzurechnen. Diese Anrechnungsvorschrift ist im **Abrechnungsverhältnis** des **Rechtsanwaltes** gegenüber seinem **Mandanten** in jedem Fall zu berücksichtigen, es sei denn, es sind irgendwelche Ausnahmen gegeben (→ Kap. D Rn. 153 ff.). In dem Abrechnungsverhältnis Rechtsanwalt/Mandant müsste zB die Geschäftsgebühr nicht auf die Verfahrensgebühr angerechnet werden, wenn der Gegenstand der außergerichtlichen Vertretung und des gerichtlichen Verfahrens nicht derselbe ist (→ Kap. D Rn. 178). Ausnahmsweise wäre im Rahmen des Abrechnungsverhältnisses Rechtsanwalt/Mandant gem. § 15 Abs. 5 S. 2 RVG auch dann nicht anzurechnen, wenn zwischen der außergerichtlichen Tätigkeit und dem gerichtlichen Verfahren mehr als zwei Kalenderjahre liegen würden (→ Kap. D Rn. 186).

156 Es stellt sich nun die Frage, ob die Anrechnung der Geschäftsgebühr auf die Verfahrensgebühr auch **in dem gerichtlichen Kostenfestsetzungsverfahren** zu berücksichtigen ist, in welchem die Kosten der obsiegenden Partei gegenüber der unterliegenden Partei festgesetzt werden. In diesem Kostenfestsetzungsverfahren geht es um die Erstattung der der obsiegenden Partei entstandenen Kosten. Die Anrechnung der Geschäftsgebühr auf die Verfahrensgebühr des gerichtlichen Verfahrens ist hier nur zu berücksichtigen, wenn eine der drei Alternativen des § 15a Abs. 2 RVG erfüllt wird.

157 Nach § 15a Abs. 2 RVG ist die in der Vorbemerkung 3 Abs. 4 VV RVG vorgeschriebene Anrechnung einer Geschäftsgebühr nach Teil 2 VV RVG auf die Verfahrensgebühr eines gerichtlichen Verfahrens in der Kostenfestsetzung gegenüber dem (teilweise) unterlegenen Gegner nur zu berücksichtigen, soweit

- der erstattungspflichtige Gegner den Anspruch auf die Geschäftsgebühr oder die Verfahrensgebühr bereits erfüllt hat
- die Geschäftsgebühr bereits gegenüber dem erstattungspflichtigen Gegner tituliert ist
- oder die Geschäftsgebühr und die Verfahrensgebühr in demselben Kostenfestsetzungsverfahren gegenüber dem erstattungspflichtigen Gegner geltend gemacht werden.[55]

In der Verwaltungsgerichtsbarkeit wird vorwiegend die dritte Alternative des § 15a Abs. 2 RVG eine Rolle spielen.

158 Oft vertritt der Rechtsanwalt die Partei bereits in dem außergerichtlichen Vorverfahren (Rechtsbehelfsverfahren). Schließt sich daran ein verwaltungsgerichtliches Verfahren an, in dem der Mandant obsiegt, können auch die in dem außergerichtlichen Rechtsbehelfsverfahren entstandenen Anwaltsgebühren in dem Kostenfestsetzungsverfahren im Anschluss an das verwaltungsgerichtliche Verfahren mit gegenüber dem unterlegenen und erstattungspflichtigen Gegner festgesetzt werden. Voraussetzung ist, dass das Gericht auch die Kosten des Rechtsbehelfsverfahrens dem erstattungspflichtigen Gegner in der Kostengrundentscheidung auferlegt hat und zudem festgestellt hat, dass die Zuziehung eines Bevollmächtigten für das Vorverfahren notwendig war (§ 162 Abs. 2 S. 2 VwGO). Wird die im außergerichltichen Rechtsbehelfsverfahren entstandene Geschäftsgebühr mit in den Kostenfestsetzungsantrag

[55] Ausführlich: → Kap. D Rn. 237 ff.

aufgenommen, kann sich der erstattungspflichtige Gegner in dem Kostenfestsetzungsverfahren nach §15a Abs.2 3. Alternative RVG darauf berufen, dass die für das Rechtsbehelfsverfahren angemeldete Geschäftsgebühr im Rahmen der Vorbemerkung 3 Abs.4 VV RVG auf die Verfahrensgebühr für das verwaltungsgerichtliche Verfahren anzurechnen ist.

Beispiel: Der Rechtsanwalt hat den Auftraggeber zunächst im Rechtsbehelfsverfahren vertreten. 159
Seine Tätigkeit im Rechtsbehelfsverfahren war sehr umfangreich, so dass nach Ansicht des Anwaltes eine 1,8 Geschäftsgebühr nach der Nr.2300 VV RVG angesetzt werden kann. Die Behörde weist den Rechtsbehelf zurück. Im anschließenden verwaltungsgerichtlichen Verfahren obsiegt der Mandant nach mündlicher Verhandlung. In dem Urteil spricht das Verwaltungsgericht aus, dass auch die Kosten des Rechtsbehelfsverfahrens zu erstatten sind und die Zuziehung eines Bevollmächtigten für das Vorverfahren (Rechtsbehelfsverfahren) notwendig war.

Der Rechtsanwalt des Klägers kann die Festsetzung folgender Kosten gegenüber der unterlegenen Behörde beantragen:

Für die Tätigkeit in dem Verwaltungsverfahren, dass der Nachprüfung des Verwaltungsaktes dient (Vorverfahren/Rechtsbehelfsverfahren)

Gegenstandswert: 10.000,00 EUR	
1) 1,8 Geschäftsgebühr §§2, 13, 14 RVG iVm Nr.2300 VV RVG	1004,40 EUR
2) Pauschale für Entgelte für Post- und Telekommunikationsdienstleistungen Nr.7002 VV RVG	20,00 EUR
zzgl. evtl. entstandener weiterer Auslagen und Umsatzsteuer.	

Für die Tätigkeit im verwaltungsgerichtlichen Verfahren

Gegenstandswert: 10.000,00 EUR	
1) 1,3 Verfahrensgebühr §§2, 13 RVG iVm Nr.3100 VV RVG	725,40 EUR
hierauf anzurechnen gem. der Vorbemerkung 3 Abs.4 VV RVG:	
0,75 Geschäftsgebühr Nr.2300 VV RVG	418,50 EUR
verbleiben:	306,90 EUR
2) 1,2 Terminsgebühr §§2, 13 RVG iVm Nr.3104 VV RVG	669,60 EUR
3) Pauschale für Entgelte für Post- und Telekommunikationsdienstleistungen Nr.7002 VV RVG	20,00 EUR
zzgl. evtl. entstandener weiterer Auslagen und Umsatzsteuer.	

In dem vorliegenden Fall ist die Geschäftsgebühr von der unterlegenen Behörde zu erstatten. Daher kann sich die unterlegene Behörde in der Kostenfestsetzung nach §15a Abs.2 RVG auf die Anrechnung der Geschäftsgebühr auf die Verfahrensgebühr berufen und die Anrechnung der Geschäftsgebühr auf die Verfahrensgebühr ist im Rahmen der Vorbemerkung 3 Abs.4 VV RVG zu berücksichtigen.

Soweit in der verwaltungsgerichtlichen Rechtsprechung die Auffassung vertreten 160
wurde, dass die Anrechnung einer in einem außergerichtlichen Rechtsbehelfsverfahren entstandenen Geschäftsgebühr in dem gerichtlichen Kostenfestsetzungsverfahren immer zu berücksichtigen sei, also auch dann, wenn der erstattungspflichtige Gegner die Geschäftsgebühr für das außergerichtliche Rechtsbehelfsverfahren **nicht** zu erstatten habe, beruht auf BGH Rechtsprechung, die analog auch für das verwaltungsgerichtliche Verfahren herangezogen wurde.[56] Diese Rechtsprechung ist aber nach Inkrafttreten des §15a RVG überholt.[57]

Nach §15 a Abs.1 RVG hat der Rechtsanwalt das Wahlrecht, welche von beiden 161
aufeinander anzurechnenden Gebühren er in vollem Umfange verlangt und wo er eine im RVG vorgeschriebene Anrechnung berücksichtigt (→ Kap. D Rn.161ff.). Durch geschicktes Platzieren der Anrechnung kann er dem Mandanten unter Umständen in der Kostenerstattung einen wirtschaftlichen Vorteil verschaffen.

Beispiel: Der Rechtsanwalt hat den Auftraggeber zunächst im Rechtsbehelfsverfahren vertreten. 162
Seine Tätigkeit im Rechtsbehelfsverfahren war umfangreich, so dass der Ansatz der Mittelgebühr gerechtfertigt ist. Die Behörde weist den Rechtsbehelf zurück. Im anschließenden verwaltungsgerichtlichen Verfahren obsiegt der Mandant nach mündlicher Verhandlung. In dem Urteil spricht das

56 → Kap. D Rn.237.

57 BGBl. I 2009, S.2449 – Art. 7 Abs.4 Nr.3.

Verwaltungsgericht aus, dass die Behörde zwar die Kosten des gerichtlichen Verfahrens zu erstatten hat, aber nicht die Kosten des Rechtsbehelfsverfahrens.

Der Rechtsanwalt des Klägers wird **mit seinem Mandanten** wie folgt abrechnen können:

Für die Tätigkeit in dem Verwaltungsverfahren, das der Nachprüfung des Verwaltungsaktes dient (Vorverfahren/Rechtsbehelfsverfahren)

Gegenstandswert: 10.000,00 EUR	
1) 1,5 Geschäftsgebühr §§ 2, 13, 14 RVG iVm Nr. 2300 VV RVG	837,00 EUR
hierauf anzurechnen gem. der Vorbemerkung 3 Abs. 4 VV RVG:	
0,75 Geschäftsgebühr Nr. 2300 VV RVG	418,50 EUR
verbleiben:	418,50 EUR
2) Pauschale für Entgelte für Post- und Telekommunikationsdienstleistungen Nr. 7002 VV RVG	20,00 EUR
zzgl. evtl. entstandener weiterer Auslagen und Umsatzsteuer.	

Für die Tätigkeit im verwaltungsgerichtlichen Verfahren

Gegenstandswert: 10.000,00 EUR	
1) 1,3 Verfahrensgebühr §§ 2, 13 RVG iVm Nr. 3100 VV RVG	725,40 EUR
2) 1,2 Terminsgebühr §§ 2, 13 RVG iVm Nr. 3104 VV RVG	669,60 EUR
3) Pauschale für Entgelte für Post- und Telekommunikationsdienstleistungen Nr. 7002 VV RVG	20,00 EUR
zzgl. evtl. entstandener weiterer Auslagen und Umsatzsteuer.	

Im verwaltungsgerichtlichen Kostenfestsetzungsverfahren meldet der Rechtsanwalt für den Kläger **zur Festsetzung gegenüber der Behörde folgende Gebühren und Auslagen an:**

Gegenstandswert: 10.000,00 EUR	
1) 1,3 Verfahrensgebühr §§ 2, 13 RVG iVm Nr. 3100 VV RVG	725,40 EUR
2) 1,2 Terminsgebühr §§ 2, 13 RVG iVm Nr. 3104 VV RVG	669,60 EUR
3) Pauschale für Entgelte für Post- und Telekommunikationsdienstleistungen Nr. 7002 VV RVG	20,00 EUR
zzgl. evtl. entstandener weiterer Auslagen und Umsatzsteuer.	

Der Rechtsanwalt bringt hier den nach der Vorbemerkung 3 Abs. 4 VV RVG anzurechnenden Betrag von der Geschäftsgebühr bereits in der Abrechnung für das vorgerichtliche Verfahren in Abzug. Der Rechtsanwalt hat die Wahl, wo er den anzurechnenden Betrag absetzt, entweder in seiner Abrechnung für das Rechtsbehelfsverfahren oder in seiner Abrechnung für das verwaltungsgerichtliche Verfahren. Entscheidet er sich dafür, die Anrechnung in seiner Abrechnung für das Rechtsbehelfsverfahren in Abzug zu bringen, hat die Behörde in der Kostenfestsetzung diese Entscheidung hinzunehmen.

163 **Praxistipp:**

Auch in der Abrechnung mit dem **Rechtsschutzversicherer** des Mandanten kann der Rechtsanwalt durch geschicktes Platzieren der Anrechnung unter Umständen für den Mandanten einen wirtschaftlichen Vorteil erreichen. Ist der Rechtsschutzversicherer zB für das außergerichtliche Rechtsbehelfsverfahren nicht eintrittspflichtig, wohl aber für das gerichtliche Verfahren, so hat der Mandant die Anwaltskosten für das vorgerichtliche Rechtsbehelfsverfahren persönlich zu tragen. Der Rechtsanwalt kann dann bereits in der Abrechnung für das vorgerichtliche Rechtsbehelfsverfahren von der angesetzten Geschäftsgebühr direkt wieder den anrechenbaren Betrag in Abzug bringen. Dann ist die in der Vorbemerkung 3 Abs. 4 VV RVG vorgeschriebene Anrechnung der Geschäftsgebühr auf die Verfahrensgebühr bereits in der Abrechnung für das vorgerichtliche Rechtsbehelfsverfahren erfolgt und der Rechtsschutzversicherer hat die volle 1,3 Verfahrensgebühr für das gerichtliche Verfahren zzgl. der weiter im gerichtlichen Verfahren entstandenen Gebühren und Auslagen zu übernehmen. Infolge des dem Anwalt zustehenden Wahlrechts, wo er die vorgeschriebene Anrechnung platziert, wird der Rechtsschutzversicherer diese Entscheidung des Rechtsanwaltes hinnehmen müssen. Dem Grunde nach gilt auch in der Abrechnung mit dem Rechtsschutzversicherer das vorangehend zur Kostenerstattung Ausgeführte.

Zusammenfassung

164 ▶ In der Kostenfestsetzung gegenüber dem erstattungspflichtigen Gegner ist die Anrechnung der Geschäftsgebühr nach der Vorbemerkung 3 Abs. 4 VV RVG auf die Verfahrensgebühr des verwaltungsgerichtlichen Verfahrens nur dann zu berücksichtigen, wenn einer der drei Alternativen des § 15a Abs. 2 RVG gegeben ist.

Dies wird insbesondere der Fall sein, wenn das Gericht auch die Kosten des außergerichtlichen Rechtsbehelfsverfahrens der unterlegenen Beklagten auferlegt hat und die Zuziehung eines Bevollmächtigten für das Rechtsbehelfsverfahren für notwendig angesehen hat.

▶ Hat die unterlegene Partei die Geschäftsgebühr für das Vorverfahren (Rechtsbehelfsverfahren) nicht zu erstatten, ist in der Kostenfestsetzung gegenüber der unterlegenen Partei auch die Anrechnung der Geschäftsgebühr auf die Verfahrensgebühr nicht zu berücksichtigen. In diesem Fall ist die volle Verfahrensgebühr gegenüber der unterlegenen Partei festzusetzen.

III. Sozialgericht

1. Wertgebühren oder Betragsrahmengebühren?

In sozialrechtlichen Angelegenheiten ist zu unterscheiden zwischen 165

- Sachen, in denen Wertgebühren entstehen und
- Sachen, in denen Betragsrahmengebühren anfallen.

Auszug aus dem RVG

§ 3 166

Gebühren in sozialrechtlichen Angelegenheiten

(1) In Verfahren vor den Gerichten der Sozialgerichtsbarkeit, in denen das Gerichtskostengesetz nicht anzuwenden ist, entstehen Betragsrahmengebühren. In sonstigen Verfahren werden die Gebühren nach dem Gegenstandswert berechnet, wenn der Auftraggeber nicht zu den in § 183 des Sozialgerichtsgesetzes genannten Personen gehört; im Verfahren nach § 201 Absatz 1 des Sozialgerichtsgesetzes werden die Gebühren immer nach dem Gegenstandswert berechnet.

(2) Absatz 1 gilt entsprechend für eine Tätigkeit außerhalb eines gerichtlichen Verfahrens.

Für die Frage, ob sich die Gebühren in der sozialrechtlichen Angelegenheit nach einem Gegenstandswert berechnen oder ob Betragsrahmengebühren entstehen, ist entscheidend, ob das Gerichtskostengesetz für das Verfahren vor dem Sozialgericht anwendbar ist oder nicht. 167

In Verfahren vor den Gerichten der Sozialgerichtsbarkeit, in denen das Gerichtskostengesetz **nicht** anzuwenden ist, entstehen **Betragsrahmengebühren** (§ 3 Abs. 1 S. 1 RVG).

In Verfahren vor den Gerichten der Sozialgerichtsbarkeit, in denen das Gerichtskostengesetz anzuwenden ist, berechnen sich die Gebühren nach dem Gegenstandswert (§ 3 Abs. 1 S. 2 RVG).

Dies gilt entsprechend auch für Tätigkeiten außerhalb eines gerichtlichen Verfahrens (§ 3 Abs. 2 RVG).

Infolge dieser Bestimmung in § 3 RVG stellt sich nunmehr die Frage, in welchem 168
Verfahren vor den Gerichten der Sozialgerichtsbarkeit das Gerichtskostengesetz anzuwenden ist und in welchen Fällen nicht. § 1 Nr. 4 GKG verweist insoweit auf das Sozialgerichtsgesetz (SGG). Nach § 197a Abs. 1 S. 1 1. Halbsatz SGG werden in einem Rechtszug, in dem **weder der Kläger noch der Beklagte** zu den in § 183 SGG genannten Personen gehören, Kosten nach den Vorschriften des Gerichtskostengesetzes erhoben. Nach § 183 S. 1 bis 3 SGG ist das Verfahren vor den Gerichten der Sozialgerichtsbarkeit gerichtkostenfrei, soweit folgende Personen als Kläger oder Beklagte in dem betreffenden Rechtszug beteiligt sind:

- Versicherte
- Leistungsempfänger einschließlich Hinterbliebenenleistungsempfänger

- behinderte Menschen
- oder deren Sonderrechtsnachfolger nach § 56 SGB I (§ 183 S. 1 SGG)
- sonstige Rechtsnachfolger einer der vorstehend genannten Personen, sofern er einen von der Person geführten Rechtsstreit aufnimmt; nach § 183 S. 2 SGG bleibt das Verfahren für den sonstigen Rechtsnachfolger dann für den laufenden Rechtszug, den er aufnimmt, kostenfrei;
- Personen, die im Falle des Obsiegens zu den in § 183 S. 1 und 2 genannten Personen gehören würden (§ 183 S. 3 SGG).

169 In § 183 S. 1 SGG sind gemeint die **Versicherten** in der **gesetzlichen Sozialversicherung.** Unerheblich ist, ob er aufgrund einer Pflichtversicherung oder einer freiwilligen Versicherung einem Zweig der Sozialversicherung angehört.[58] Ist also der Rechtsanwalt für einen Mandanten in einer sozialrechtlichen Angelegenheit tätig und gehört der Mandant zu dem vorgenannten Personenkreis, so fallen Betragsrahmengebühren an.

170 Ist an der sozialrechtlichen Angelegenheit, in welcher der Rechtsanwalt eine Partei als Kläger oder Beklagte vertritt, keine der Parteien in § 183 SGG genannt so richten sich die Anwaltsgebühren nach einem Gegenstandswert (zB Arbeitgeber gegen Krankenkasse, Arbeitgeber gegen Berufsgenossenschaft).

Zusammenfassung

171
- ▶ In sozialrechtlichen Angelegenheiten sind die Sachen zu unterscheiden, in denen sich die Gebühren nach einem Gegenstandswert richten und die Sachen, in denen Betragsrahmengebühren entstehen.
- ▶ Ist das Verfahren gerichtskostenfrei, hat der Rechtsanwalt Betragsrahmengebühren zu berechnen.
- ▶ Ist das Verfahren nicht gerichtskostenfrei, richten sich die Gebühren nach einem Gegenstandswert.
- ▶ Dies gilt nach § 3 Abs. 2 RVG in sozialrechtlichen Angelegenheiten auch für Tätigkeiten außerhalb eines gerichtlichen Verfahrens.

2. Angelegenheiten, in denen Wertgebühren entstehen

172 Ist eine Person, die zu dem unter → Kap. K Rn. 168 genannten Personenkreis gehört, **nicht** an dem Verfahren als Kläger oder Beklagter beteiligt, fallen in einem gerichtlichen Verfahren vor dem Sozialgericht Gerichtskosten an. In diesem Fall richten sich die Gebühren des Rechtsanwaltes für seine Tätigkeit als Prozessbevollmächtigter oder Verfahrensbevollmächtigter nach einem Gegenstandswert.

2.1 Gegenstandswert

173 Der Gegenstandswert bestimmt sich über § 23 Abs. 1 S. 1 RVG nach § 52 GKG.

Auszug aus dem GKG

174

§ 52
Verfahren vor Gerichten der Verwaltungs-, Finanz- und Sozialgerichtsbarkeit

(1) In Verfahren vor den Gerichten der Verwaltungs-, Finanz- und Sozialgerichtsbarkeit ist, soweit nichts anderes bestimmt ist, der Streitwert nach der sich aus dem Antrag des Klägers für ihn ergebenden Bedeutung der Sache nach Ermessen zu bestimmen.

(2) Bietet der Sach- und Streitstand für die Bestimmung des Streitwerts keine genügenden Anhaltspunkte, ist ein Streitwert von 5.000 EUR anzunehmen.

[58] Hartung/Schons/Enders § 3 Rn. 4 und 5.

(3) Betrifft der Antrag des Klägers eine bezifferte Geldleistung oder einen hierauf bezogenen Verwaltungsakt, ist deren Höhe maßgebend. Hat der Antrag des Klägers offensichtlich absehbare Auswirkungen auf künftige Geldleistungen oder auf noch zu erlassende, auf derartige Geldleistungen bezogene Verwaltungsakte, ist die Höhe des sich aus Satz 1 ergebenden Streitwerts um den Betrag der offensichtlich absehbaren zukünftigen Auswirkungen für den Kläger anzuheben, wobei die Summe das Dreifache des Werts nach Satz 1 nicht übersteigen darf. In Verfahren in Kindergeldangelegenheiten vor den Gerichten der Finanzgerichtsbarkeit ist § 42 Absatz 1 Satz 1 und Absatz 3 entsprechend anzuwenden; an die Stelle des dreifachen Jahresbetrags tritt der einfache Jahresbetrag.

(4) In Verfahren

1. vor den Gerichten der Finanzgerichtsbarkeit, mit Ausnahme der Verfahren nach § 155 Satz 2 der Finanzgerichtsordnung und der Verfahren in Kindergeldangelegenheiten, darf der Streitwert nicht unter 1.500 EUR,

2. vor den Gerichten der Sozialgerichtsbarkeit und bei Rechtsstreitigkeiten nach dem Krankenhausfinanzierungsgesetz nicht über 2.500.000 EUR und

3. vor den Gerichten der Verwaltungsgerichtsbarkeit über Ansprüche nach dem Vermögensgesetz nicht über 500.000 EUR

angenommen werden.

(5) …

(6) …

(7) …

(8) Dem Kläger steht gleich, wer sonst das Verfahren des ersten Rechtszugs beantragt hat.

In Verfahren vor den Gerichten der Sozialgerichtsbarkeit bestimmt sich der Gegen- 175
standswert nach § 52 Abs. 1 GKG nach der sich aus dem Antrag des Klägers für ihn ergebenden Bedeutung der Sache. Betrifft der Antrag des Klägers eine bezifferte Geldleistung oder einen hierauf gerichteten Verwaltungsakt, ist deren Höhe für die Bestimmung des Gegenstandswertes maßgebend (§ 52 Abs. 3 GKG).

Beispiel: Der Arbeitgeber verlangt von der Berufsgenossenschaft Ersatz von Leistungen in Höhe 176
von 7.568,00 EUR.
Der Gegenstandswert ist mit 7.568,00 EUR anzunehmen.

Bietet der Sach- und Streitgegenstand für die Bestimmung des Streitwertes keine 177
genügenden Anhaltspunkte, ist ein Streitwert von 5.000 EUR anzunehmen (§ 52 Abs. 2 GKG).

In Verfahren vor den Gerichten der Sozialgerichtsbarkeit darf der Gegenstandswert 178
nicht über 2,5 Millionen Euro angenommen werden (§ 52 Abs. 4 GKG).

Sind Gegenstand der sozialrechtlichen Angelegenheit **wiederkehrende Leistungen,** 179
ergibt sich der Wert aus § 42 Abs. 1 GKG. Als Gegenstandswert ist der dreifache Jahresbetrag der wiederkehrenden Leistung maßgebend, wenn nicht der Gesamtbetrag der geforderten Leistung geringer ist. Ist die Höhe des Jahresbetrages der wiederkehrenden Leistungen nicht (mit vertretbarem Aufwand) bestimmbar, ist der Gegenstandswert nach der sich aus dem Antrag des Klägers für ihn ergebenden Bedeutung der Sache nach Ermessen zu bestimmen, notfalls mit 5.000 EUR anzunehmen (§ 42 Abs. 1 S. 2 GKG → § 52 Abs. 1 und Abs. 2 GKG).

Auch in der Sozialgerichtsbarkeit existiert ein **Streitwertkatalog,** der von der Kon- 180
ferenz der Präsidentinnen und Präsidenten der Landessozialgerichte auf Vorschlag des Landessozialgerichts Rheinland-Pfalz verabschiedet worden ist. Dieser Streitwertkatalog für die Sozialgerichtsbarkeit (Streitwertkatalog 5. Auflage 2017 – Stand: März 2017) ist in der einschlägigen Fachliteratur abgedruckt. Er ist auch im Internet veröffentlicht.

Zusammenfassung

181
- In sozialrechtlichen Angelegenheiten bestimmt sich der Gegenstandswert über § 23 Abs. 1 S. 1 RVG nach § 52 Abs. 1 bis 4 GKG oder § 42 Abs. 1 GKG.
- Der Gegenstandswert bestimmt sich grundsätzlich nach der sich aus dem Antrag des Klägers für ihn ergebenden Bedeutung der Sache. Betrifft der Antrag des Klägers eine bezifferte Geldleistung, ist deren Höhe für die Bestimmung des Gegenstandswertes maßgebend.
- Bietet der Sach- und Streitstand für die Bestimmung des Gegenstandswertes keine genügenden Anhaltspunkte, ist ein Streitwert von 5.000 EUR anzunehmen.
- Bei wiederkehrenden Leistungen ist der dreifache Jahresbetrag der wiederkehrenden Leistungen als Gegenstandswert anzunehmen, es sei denn, der Gesamtbetrag der geforderten Leistung ist geringer.

2.2 Anwaltsgebühren

182 In sozialrechtlichen Angelegenheiten, **in denen sich die Gebühren nach einem Gegenstandswert richten,** können dieselben Gebühren nach den Teil 1, 2 und 3 des Vergütungsverzeichnisses entstehen wie auch in einer bürgerlich-rechtlichen Auseinandersetzung (wie wenn A gegen B eine Forderung oder Ähnliches geltend macht). Wegen der Besonderheit der Vertretung im Verwaltungsverfahren (Antragsverfahren) und der Vertretung im Verwaltungsverfahren, das der Nachprüfung des Verwaltungsaktes dient (Rechtsbehelfsverfahren) kann auf das zu verwaltungsrechtlichen Angelegenheiten Ausgeführte verwiesen werden (→ Kap. K Rn. 97 ff.). **Nachstehend wird hier nur die Rechtslage nach Inkrafttreten des 2. KostRMoG[59] dargestellt.** Wegen der Rechtslage vor Inkrafttreten der Änderungen durch das 2. KostRMoG wird auf die Vorauflage verwiesen.[60]

183 Um unnötige Wiederholungen zu vermeiden, darf auf das in den entsprechenden Kapiteln Ausgeführte verwiesen werden. Nachstehend wird daher nur noch einmal kurz zusammengestellt, welche Anwaltsgebühren in sozialrechtlichen Angelegenheiten, in denen sich die Gebühren nach einem Gegenstandswert richten, entstehen können.

184 Für eine **Beratung** soll der Rechtsanwalt auf eine Vergütungsvereinbarung hinwirken (→ Kap. D Rn. 44 ff.).

Für eine **außergerichtliche Vertretung** können anfallen:

0,5 bis 2,5 Geschäftsgebühr Nr. 2300 VV RVG (→ Kap. D Rn. 100 ff.). Eine Gebühr von mehr als 1,3 kann nur gefordert werden, wenn die Tätigkeit umfangreich oder schwierig war.

185 Die Geschäftsgebühr Nr. 2300 VV RVG entsteht für die Vertretung im Verwaltungsverfahren (Antragsverfahren). Folgt dieser Tätigkeit eine Vertretung in dem Verwaltungsverfahren, das der Nachprüfung des Verwaltungsaktes dient (Rechtsbehelfsverfahren), fällt daneben eine weitere Geschäftsgebühr Nr. 2300 VV RVG an.

186 Denn nach § 17 Nr. 1 a RVG sind das Antragsverfahren und das Rechtsbehelfsverfahren verschiedene gebührenrechtliche Angelegenheiten. Allerdings ist nach der Vorbemerkung 2.3 Abs. 4 VV RVG die im Antragsverfahren entstandene Geschäftsgebühr auf die im anschließenden Rechtsbehelfsverfahren entstandene Geschäftsgebühr nach der Vorbemerkung 2.3 Abs. 4 VV RVG zur Hälfte, höchstens mit einem Gebührensatz von 0,75 anzurechnen.

187 Wird der Rechtsanwalt erstmals im Rechtsbehelfsverfahren tätig, entsteht ihm eine Geschäftsgebühr der Nr. 2300 VV RVG (→ Kap. K Rn. 102).

188 Sind mehrere Geschäftsgebühren entstanden, eine im Verwaltungsverfahren und eine weitere im Rechtsbehelfsverfahren ist nur die zuletzt entstandene Geschäftsge-

[59] BGBl. I 2013, 2586 f. – in Kraft getreten am 1. 8. 2013.
[60] RVG für Anfänger, 15. Auflage, Rn. 2473–2484.

bühr auf die Verfahrensgebühr eines gerichtlichen Verfahrens zur Hälfte, höchstens mit 0,75 anzurechnen gem. S. 3 des Absatzes 4 der Vorbemerkung 3 VV RVG (→ Kap. D Rn. 153 ff. und → Kap. K Rn. 104 ff.).

Sowohl bei außergerichtlicher Vertretung als auch bei Vertretung im gerichtlichen Verfahren können die Einigungsgebühr Nrn. 1000, 1003 VV RVG oder die Erledigungsgebühr Nrn. 1002, 1003 VV RVG entstehen (→ Kap. C Rn. 5 ff. und Kap. K Rn. 127 ff.). 189

Im **gerichtlichen Verfahren** vor dem Sozialgericht, in denen sich die Gebühren nach einem Gegenstandswert richten, können anfallen: 190
- 1,3 Verfahrensgebühr Nr. 3100 VV RVG (→ Kap. E Rn. 255 ff.)
- 1,2 Terminsgebühr Nr. 3104 VV RVG (→ Kap. E Rn. 320 ff.)
- 0,3 Zusatzgebühr für besonders umfangreiche Beweisaufnahmen Nr. 1010 VV RVG (→ Kap. E Rn. 428 ff.).

Die Gebühren entstehen und ermäßigen sich grundsätzlich unter denselben Voraussetzungen wie auch in einem Zivilprozess. 191

Die Terminsgebühr entsteht im sozialgerichtlichen Verfahren auch, wenn nach § 105 Abs. 1 SGG ohne mündliche Verhandlung durch Gerichtsbescheid entschieden wird (Ziffer 2 des Absatzes 1 der Anmerkung zu Nr. 3104 VV RVG). Die Terminsgebühr entsteht allerdings nur dann, wenn nach dem Gerichtsbescheid eine mündliche Verhandlung beantragt werden kann. Dies ist nur der Fall, wenn in dem Gerichtsbescheid eine Berufung nicht zugelassen worden ist und nach dem SGG auch eine Berufung nicht zulässig wäre. 192

Die Terminsgebühr fällt im sozialgerichtlichen Verfahren auch an, wenn das Verfahren nach angenommenem Anerkenntnis ohne mündliche Verhandlung endet (Ziffer 3 des Absatzes 1 der Anmerkung zu Nr. 3104 VV RVG). Dies gilt nur dann, wenn für das sozialgerichtliche Verfahren, in welchem das Anerkenntnis ausgesprochen wurde, die mündliche Verhandlung vorgeschrieben war. 193

Im Berufungsverfahren vor dem Landessozialgericht können entstehen: 194
- 1,6 Verfahrensgebühr Nr. 3200 VV RVG (→ Kap. E Rn. 445 ff.)
- 1,2 Terminsgebühr Nr. 3202 VV RVG (→ Kap. E Rn. 454 ff.)
- 0,3 Zusatzgebühr für besonders umfangreiche Beweisaufnahmen (→ Kap. E Rn. 428 ff.).

Im Revisionsverfahren vor dem Bundessozialgericht können entstehen: 195
- 1,6 Verfahrensgebühr Nr. 3206 VV RVG (→ Kap. E Rn. 472 ff.)
- 1,5 Terminsgebühr Nr. 3210 VV RVG (→ Kap. E Rn. 478 ff.)
- 0,3 Zusatzgebühr für besonders umfangreiche Beweisaufnahmen (→ Kap. E Rn. 428 ff.).

Zusammenfassung

- ▶ In sozialrechtlichen Verfahren, in denen sich die Gebühren nach einem Gegenstandswert berechnen, können grundsätzlich die Gebühren entstehen wie in einer bürgerlich-rechtlichen Auseinandersetzung. 196
- ▶ Besonderheiten ergeben sich bei der außergerichtlichen Vertretung für die Geschäftsgebühr aus Nr. 2300 VV RVG. Da das Antragsverfahren und das Rechtsbehelfsverfahren nach § 17 Nr. 1a RVG verschiedene gebührenrechtliche Angelegenheiten sind, kann die Geschäftsgebühr der Nr. 2300 VV RVG mehrfach entstehen. Allerdings ist nach der Vorbemerkung 2.3 Abs. 4 VV RVG die im Antragsverfahren entstandene Geschäftsgebühr auf die im Rechtsbehelfsverfahren entstandene Geschäftsgebühr zur Hälfte, höchstens mit einem Gebührensatz von 0,75 anzurechnen.
- ▶ Besonderheiten ergeben sich für die Terminsgebühr aus den Ziffern 2 und 3 des Absatzes 1 der Anmerkung zu Nr. 3104 VV RVG.

3. Angelegenheiten, in denen Betragsrahmengebühren entstehen

197 In Verfahren vor den Gerichten der Sozialgerichtsbarkeit, **in denen das Gerichtskostengesetz nicht anzuwenden ist,** entstehen Betragsrahmengebühren (→ Kap. K Rn. 168 ff.). Dies gilt entsprechend für eine Tätigkeit außerhalb eines gerichtlichen Verfahrens (§ 3 Abs. 2 RVG).

198 Die Betragsrahmengebühren für diese sozialrechtlichen Angelegenheiten finden wir nicht zusammenhängend in einem Teil, Abschnitt oder Unterabschnitt im Vergütungsverzeichnis zum RVG geregelt. Vielmehr finden wir die Betragsrahmengebühren in dem Teil, Abschnitt oder Unterabschnitt des Vergütungsverzeichnisses, in dem auch allgemein der entsprechende Tätigkeitsabschnitt geregelt ist (zB Betragsrahmengebühren für die außergerichtliche Vertretung in Teil 2 unter Nr. 2302 VV RVG).

Innerhalb des im Gesetz festgelegten Betragsrahmens hat der Rechtsanwalt die Gebühr unter Berücksichtigung der in § 14 RVG dargelegten Merkmale zu bestimmen.

199 Sind Auftraggeber des Rechtsanwaltes in derselben Angelegenheit mehrere Personen, erhöht sich der Gebührenrahmen der Verfahrens- oder Geschäftsgebühr nach Nr. 1008 VV RVG für jede weitere Person um 30 %. Die Erhöhung wird dergestalt berechnet, dass sich der Mindest- und der Höchstbetrag um 30 % erhöhen und innerhalb dieses erhöhten Rahmens der Rechtsanwalt seine Gebühr bestimmen kann. Mehrere Erhöhungen dürfen das Doppelte des Mindest- und Höchstbetrages nicht übersteigen (Abs. 3 der Anmerkung zu Nr. 1008 VV RVG). Bei Betragsrahmengebühren ist nicht erforderlich, dass der Rechtsanwalt für die mehreren Auftraggeber wegen desselben Gegenstandes tätig wird (Abs. 1 der Anmerkung zu Nr. 1008 VV RVG). Die Erhöhung nach Nr. 1008 VV RVG tritt also in sozialrechtlichen Angelegenheiten, in denen Betragsrahmengebühren anfallen, auch dann ein, wenn der Rechtsanwalt in demselben Verfahren mehrere Personen vertritt, die jeweils eigene gesonderte Ansprüche geltend machen.

Zusammenfassung

200 ▶ Die Gebühren für sozialrechtliche Angelegenheiten, in denen Betragsrahmengebühren entstehen, sind nicht in einem Teil, Abschnitt oder Unterabschnitt des Vergütungsverzeichnisses zum RVG zusammenhängend dargestellt. Wir finden sie im Vergütungsverzeichnis dort, wo der jeweilige Tätigkeitsabschnitt geregelt ist.

▶ Auch Betragsrahmengebühren in sozialrechtlichen Angelegenheiten können sich nach Nr. 1008 VV RVG erhöhen, wenn der Rechtsanwalt in derselben Angelegenheit mehrere Personen vertritt.

3.1 Beratung

201 Nach § 34 Abs. 1 RVG soll der Rechtsanwalt für die **Beratung** auf eine **Vergütungsvereinbarung** hinwirken (Ausführlich: → Kap. D Rn. 44 ff.). Nach § 3a Abs. 1 S. 4 RVG gelten für eine Gebührenvereinbarung für eine Beratung die Formvorschriften des § 3a Abs. 1 S. 1 und 2 RVG nicht (→ Kap. D Rn. 46). Jedoch ist schon aus Gründen einer evtl. später notwendig werdenden Beweisführung zu empfehlen, die Gebührenvereinbarung schriftlich oder zumindest in Textform zu schließen.

202 Wurde keine Vergütungsvereinbarung geschlossen, erhält der Rechtsanwalt gemäß § 34 Abs. 1 S. 2 RVG eine Vergütung nach den Vorschriften des bürgerlichen Rechts (→ Kap. D Rn. 56). Ist der Auftraggeber Verbraucher beträgt die Vergütung höchstens 250 EUR (§ 34 Abs. 1 S. 3 RVG). Ist der Auftraggeber Verbraucher und handelt es sich um ein erstes Beratungs**gespräch,** beträgt die Vergütung höchstens 190 EUR (§ 34 Abs. 1 S. 3 RVG). Diese Höchstgrenzen gelten nicht, wenn eine Vergütungsvereinbarung getroffen wurde.

203 Nach § 34 Abs. 2 RVG ist die Vergütung für eine Beratung anzurechnen, auf die Gebühren für eine sonstige Tätigkeit, die mit der Beratung zusammenhängt. Dies gilt

auch für eine vereinbarte Vergütung. Es empfiehlt sich, dass in der Vergütungsvereinbarung die Anrechnung der Vergütung für die Beratung ausgeschlossen wird (→ Kap. D Rn. 67).

Ist der Rechtsanwalt im Rahmen der **Beratungshilfe** tätig geworden, ist die Beratungsgebühr Nr. 2501 VV RVG in Höhe von 35 EUR in vollem Umfang auf eine Gebühr für eine sonstige Tätigkeit anzurechnen, die mit der Beratung zusammenhängt (Absatz 2 der Anmerkung zu Nr. 2501 VV RVG). Hat der Rechtsanwalt im Rahmen der Beratungshilfe den Mandanten vertreten und ist folglich eine Geschäftsgebühr Nr. 2503 VV RVG in Höhe von 85 EUR entstanden, wird diese Gebühr zur Hälfte auf die Gebühren für ein anschließendes gerichtliches oder behördliches Verfahren angerechnet (Abs. 2 der Anmerkung zu Nr. 2503 VV RVG). 204

Zusammenfassung

- ▶ Der Rechtsanwalt soll für eine Beratung auf eine Vergütungsvereinbarung hinwirken. 205
- ▶ Wurde keine Vergütungsvereinbarung getroffen, erhält der Rechtsanwalt eine Vergütung nach den Vorschriften des bürgerlichen Rechts. Ist der Auftraggeber Verbraucher, beträgt diese Vergütung höchstens 250 EUR und wenn es sich um ein erstes Beratungsgespräch handelt, höchstens 190 EUR.
- ▶ Auch eine vereinbarte Vergütung für eine Beratung ist anzurechnen auf Gebühren, die der Rechtsanwalt für sonstige Tätigkeiten erhält, die mit der Beratung zusammenhängen. Dies gilt nicht, wenn in der Vergütungsvereinbarung die Anrechnung ausgeschlossen wurde.

3.2 Prüfung der Erfolgsaussicht eines Rechtsmittels

Der Betragsrahmen der Gebühr für die Prüfung der Erfolgsaussicht eines Rechtsmittels in sozialrechtlichen Angelegenheiten, in denen im gerichtlichen Verfahren Betragsrahmengebühren entstehen, ist in der Nr. 2102 VV RVG geregelt. 206

Auszug aus dem VV RVG

207

Nr.	Gebührentatbestand	Gebühr oder Satz der Gebühr nach § 13 RVG
2102	Gebühr für die Prüfung der Erfolgsaussicht eines Rechtsmittels in sozialrechtlichen Angelegenheiten, in denen im gerichtlichen Verfahren Betragsrahmengebühren entstehen (§ 3 RVG), und in Angelegenheiten, für die nach den Teilen 4 bis 6 Betragsrahmengebürhen entstehen	30,00 bis 320,00 €
	Die Gebühr ist auf eine Gebühr für das Rechtsmittelverfahren anzurechnen.	
2103	Die Prüfung der Erfolgsaussicht eines Rechtsmittels ist mit der Ausarbeitung eines schriftlichen Gutachtens verbunden: Die Gebühr 2102 beträgt	50,00 bis 550,00 €

Die Gebühr für die Prüfung der Erfolgsaussicht eines Rechtsmittels in sozialrechtlichen Angelegenheiten ist innerhalb eines Betragsrahmens 208
von 30 EUR bis 320 EUR
Mittelgebühr: 175 EUR
gemäß der Nr. 2102 VV RVG zu bestimmen.

Nach der Anmerkung zu Nr. 2102 VV RVG ist diese Gebühr auf die Gebühr des Rechtsmittelverfahrens anzurechnen. Dies bedeutet, dass die Gebühr Nr. 2102 VV 209

RVG für die Prüfung der Erfolgsaussicht des Rechtsmittels nicht neben der Gebühr für das Rechtsmittelverfahren verlangt werden kann.

210 Ist die Prüfung der Erfolgsaussicht eines Rechtsmittels mit der Ausarbeitung eines schriftlichen Gutachtens verbunden, kann der Rechtsanwalt die Gebühr innerhalb eines Betragsrahmens
von 50 EUR bis 550 EUR
Mittelgebühr: 300 EUR
gemäß Nr. 2103 VV RVG bestimmen. Auch diese Gebühr ist auf eine Gebühr für das Rechtsmittelverfahren anzurechnen.

Zusammenfassung

211
- ▶ Für die Prüfung der Erfolgsaussicht eines Rechtsmittels in sozialrechtlichen Angelegenheiten, in denen im gerichtlichen Verfahren Betragsrahmengebühren entstehen, erhält der Rechtsanwalt eine Gebühr nach Nr. 2102 VV RVG.
- ▶ Ist die Prüfung der Erfolgsaussicht eines Rechtsmittels mit der Ausarbeitung eines schriftlichen Gutachtens verbunden, erhält der Rechtsanwalt eine Gebühr nach Nr. 2103 VV RVG.
- ▶ Beide Gebühren sind auf eine Gebühr für das Rechtsmittelverfahren anzurechnen.

3.3 Außergerichtliche Vertretung

212 Durch das 2. KostRMoG[61] wurde die Vergütung in sozialrechtlichen Angelegenheiten, in denen im gerichtlichen Verfahren Betragsrahmengebühren entstehen, vollkommen neu strukturiert. **Nach der bis zum 31. 7. 2013 geltenden Rechtslage** entstanden bei außergerichtlicher Vertretung in sozialrechtlichen Angelegenheiten, in denen im gerichtlichen Verfahren Betragsrahmengebühr entstehen,
- für die Vertretung im Antragsverfahren
  Geschäftsgebühr Nr. 2400 VV RVG (Gebührenrahmen: 40 EUR bis 520 EUR)
- für die Vertretung im Rechtsbehelfsverfahren, wenn der Anwalt zuvor schon im Antragsverfahren vertreten hat
  Geschäftsgebühr Nr. 2401 VV RVG (Gebührenrahmen: 40 EUR bis 260 EUR).

Diese beiden Geschäftsgebühren waren nicht aufeinander anzurechnen, sondern blieben nebeneinander stehen.

213 War der Rechtsanwalt nur im Rechtsbehelfsverfahren tätig, fiel eine Geschäftsgebühr Nr. 2400 VV RVG an. Wurde der Anwalt anschließend in einem sozialgerichtlichen Verfahren tätig, blieben die vorgerichtlichen Geschäftsgebühren ebenfalls anrechnungsfrei stehen. Es entstand aber dann eine Verfahrensgebühr nach einem geringeren Gebührenrahmen (20 EUR bis 320 EUR) nach Nr. 3103 VV RVG. War der Rechtsanwalt vorgerichtlich noch nicht tätig, entstand ihm für seine Tätigkeit als Prozessbevollmächtigter in dem sozialgerichtlichen Verfahren eine Verfahrensgebühr Nr. 3102 VV RVG (Gebührenrahmen: 40 EUR bis 460 EUR).

214 Die Nrn. 2400, 2401 und 3103 VV RVG werden durch das 2. KostRMoG aufgehoben.

215 Durch das 2. KostRMoG wird auch in sozialrechtlichen Angelegenheiten, in denen im gerichtlichen Verfahren Betragsrahmengebühren entstehen, die sonst im RVG übliche Anrechnungssystematik eingeführt.

216 **Im Nachstehenden wird die durch das 2. KostRMoG[62] mit Inkrafttreten am 1. 8. 2013 eingeführte geänderte Abrechnungsstruktur in sozialrechtlichen Angelegenheiten, in denen im gerichtlichen Verfahren Betragsrahmengebühren entstehen, dargestellt!**

---

[61] BGBl. I 2013, 2586 f. – in Kraft getreten am 1. 8. 2013.
[62] BGBl. I 2013, 2586 f.

Auszug aus dem VV RVG

Abschnitt 3 Vertretung 217

Nr.	Gebührentatbestand	Gebühr oder Satz der Gebühr nach § 13 RVG
Vorbemerkung 2.3: (1) Im Verwaltungszwangsverfahren ist Teil 3 Abschnitt 3 Unterabschnitt 3 entsprechend anzuwenden. (2) Dieser Abschnitt gilt nicht für die in den Teilen 4 bis 6 geregelten Angelegenheiten. (3) Die Geschäftsgebühr entsteht für das Betreiben des Geschäfts einschließlich der Information und für die Mitwirkung bei der Gestaltung eines Vertrags. (4) Soweit wegen desselben Gegenstands eine Geschäftsgebühr für eine Tätigkeit im Verwaltungsverfahren entstanden ist, wird diese Gebühr zur Hälfte, bei Wertgebühren jedoch höchstens mit einem Gebührensatz von 0,75, auf eine Geschäftsgebühr für eine Tätigkeit im weiteren Verwaltungsverfahren, das der Nachprüfung des Verwaltungsakts dient, angerechnet. Bei einer Betragsrahmengebühr beträgt der Anrechnungsbetrag höchstens 175,00 €. Bei der Bemessung einer weiteren Geschäftsgebühr innerhalb eines Rahmens ist nicht zu berücksichtigen, dass der Umfang der Tätigkeit infolge der vorangegangenen Tätigkeit geringer ist. Bei einer Wertgebühr erfolgt die Anrechnung nach dem Wert des Gegenstands, der auch Gegenstand des weiteren Verfahrens ist. (5) ... (6) ...		
2302	Geschäftsgebühr in 1. sozialrechtlichen Angelegenheiten, in denen im gerichtlichen Verfahren Betragsrahmengebühren entstehen (§ 3 RVG), und 2. Verfahren nach der Wehrbeschwerdeordnung, wenn im gerichtlichen Verfahren das Verfahren vor dem Truppendienstgericht oder vor dem Bundesverwaltungsgericht an die Stelle des Verwaltungsrechtswegs gemäß § 82 SG tritt .... Eine Gebühr von mehr als 300,00 EUR kann nur gefordert werden, wenn die Tätigkeit umfangreich oder schwierig war.	50,00 bis 640,00 €

Nach den Änderungen durch das 2. KostRMoG[63] entstehen in sozialrechtlichen Angelegenheiten, in denen im gerichtlichen Verfahren Betragsrahmengebühren anfallen, folgende Gebühren: 218

Für die Vertretung im Verwaltungsverfahren (**Antragsverfahren**) erhält der Rechtsanwalt eine Geschäftsgebühr nach Nr. 2302 Ziffer 1 VV RVG. Die Gebühr ist innerhalb eines Betragsrahmens von 50 EUR bis 640 EUR zu bestimmen. Eine Gebühr von mehr als 300 EUR kann nur gefordert werden, wenn die Tätigkeit umfangreich oder schwierig war (Anmerkung zu Nr. 2302 VV RVG). Nach § 17 Nr. 1 a RVG sind das Verwaltungsverfahren (Antragsverfahren) und das Verwaltungsverfahren, das der Nachprüfung des Verwaltungsaktes dient (Rechtsbehelfsverfahren) verschiedene gebührenrechtliche Angelegenheiten.

Vertritt der Rechtsanwalt, nachdem er die Partei zuvor in einem Antragsverfahren vertreten hat, **auch im Rechtsbehelfsverfahren, so kann eine weitere Geschäftsgebühr Nr. 2302 Ziffer 1 VV RVG angesetzt werden.** 219

Eine in einem Antragsverfahren entstandene Geschäftsgebühr ist allerdings zur Hälfte, höchstens mit 175 EUR auf die in einem Rechtsbehelfsverfahren entstehende Geschäftsgebühr anzurechnen (Vorbemerkung 2.3 Abs. 4 VV RVG). 220

Nach Vorbemerkung 2.3 Abs. 4 S. 3 VV RVG ist bei der Bemessung der weiteren Geschäftsgebühr innerhalb des Rahmens nicht zu berücksichtigen, dass der Umfang der Tätigkeit infolge der vorangegangenen Tätigkeit geringer ist. Dies bedeutet, dass jede gebührenrechtliche Angelegenheit für sich zu betrachten ist. War die anwaltliche Tätigkeit sowohl im Antragsverfahren als auch im Rechtsbehelfsverfahren umfang- 221

[63] BGBl. I 2013, 2586 f. – in Kraft getreten am 1. 8. 2013.

reich, kann der Rechtsanwalt in beiden Angelegenheiten eine Geschäftsgebühr von mehr als 300 EUR bestimmen.

222 **Beispiel:** Der Rechtsanwalt vertritt eine Versicherte der gesetzlichen Sozialversicherung in einem Verfahren gegenüber der Deutsche Rentenversicherung. Er stellt für seine Mandantin einen Antrag auf Leistungen. Die Tätigkeit des Rechtsanwalts in dem Antragsverfahren ist sehr umfangreich.

Die Deutsche Rentenversicherung lehnt den Antrag ab. Gegen den ablehnenden Bescheid legt der Rechtsanwalt auftragsgemäß Rechtsbehelf ein. Auch in dem Rechtsbehelfsverfahren vertritt er die Mandantin. Die Tätigkeit in dem Rechtsbehelfsverfahren ist schwierig. Die Deutsche Rentenversicherung weist den Rechtsbehelf zurück. Die Mandantin will die Angelegenheit nicht weiter verfolgen.

Der Rechtsanwalt kann berechnen:

Für die Tätigkeit in dem Verwaltungsverfahren (Antragsverfahren)

1) Geschäftsgebühr §§ 2, 13, 14 RVG iVm Nr. 2302 Ziffer 1 VV RVG – Mittelgebühr	345,00 EUR
2) Pauschale für Entgelte für Post- und Telekommunikationsdienstleistungen Nr. 7002 VV RVG	20,00 EUR

zzgl. evtl. entstandener weiterer Auslagen und Umsatzsteuer.

Für die Tätigkeit in dem Verwaltungsverfahren, das der Nachprüfung des Verwaltungsaktes dient (Rechtsbehelfsverfahren)

1) Geschäftsgebühr §§ 2, 13, 14 RVG iVm Nr. 2302 Ziffer 1 VV RVG – Mittelgebühr	345,00 EUR
hierauf anzurechnen gem. der Vorbemerkung 2.3 Abs. 4 VV RVG:	
0,75 Geschäftsgebühr Nr. 2302 Ziffer 1 VV RVG aus dem Antragsverfahren	172,50 EUR
verbleiben:	172,50 EUR
2) Pauschale für Entgelte für Post- und Telekommunikationsdienstleistungen Nr. 7002 VV RVG	20,00 EUR

zzgl. evtl. entstandener weiterer Auslagen und Umsatzsteuer.

223 Wird der Rechtsanwalt erstmals im Rechtsbehelfsverfahren tätig, entsteht nur eine Geschäftsgebühr nach Nr. 2302 Ziffer 1 VV RVG.

224 Alle Geschäftsgebühren nach Teil 2 VV RVG, also auch die Geschäftsgebühr nach Nr. 2302 Ziffer 1 VV RVG sind auf eine Verfahrensgebühr, die durch eine Tätigkeit in einem gerichtlichen Verfahren wegen desselben Gegenstandes entsteht, nach der Vorbemerkung 3 Abs. 4 VV RVG anzurechnen. Die Geschäftsgebühr ist **zur Hälfte** auf die Verfahrensgebühr des gerichtlichen Verfahrens **anzurechnen** (Vorbemerkung 3 Abs. 4 S. 1 VV RVG). Bei Betragsrahmengebühren beträgt der Anrechnungsbetrag **höchstens 175 EUR** (Vorbemerkung 3 Abs. 4 S. 2 VV RVG). War der Rechtsanwalt sowohl im Antragsverfahren als auch im Rechtsbehelfsverfahren tätig, ist nur die zuletzt entstandene Geschäftsgebühr auf die Verfahrensgebühr des gerichtlichen Verfahrens anzurechnen (Vorbemerkung 3 Abs. 4 S. 3 VV RVG).

225 Wird neben einem Antrags- oder einem Rechtsbehelfsverfahren noch ein **Verwaltungsverfahren** auf Gewährung von **einstweiligem Rechtsschutz** anhängig (zB Aussetzung oder Anordnung der sofortigen Vollziehung – soweit dies im sozialrechtlichen Verfahren überhaupt möglich ist), so bildet dieses Verfahren über den einstweiligen Rechtsschutz eine besondere gebührenrechtliche Angelegenheit (§ 17 Nr. 1 a RVG). In dem Verfahren des einstweiligen Rechtsschutzes wird dem Rechtsanwalt dann eine – weitere – Geschäftsgebühr Nr. 2302 Ziffer 1 VV RVG entstehen können.

Zusammenfassung

226
- In sozialrechtlichen Angelegenheiten, in denen im gerichtlichen Verfahren Betragsrahmengebühren entstehen, erhält der Rechtsanwalt für die außergerichtliche Vertretung eine Geschäftsgebühr Nr. 2302 Ziffer 1 VV RVG. Diese ist innerhalb eines Rahmens von 50 EUR bis 640 EUR zu bestimmen. Eine Gebühr von mehr als 300 EUR kann nur gefordert werden, wenn die Tätigkeit umfangreich oder schwierig war (Anmerkung zu Nr. 2302 VV RVG).
- Das Verwaltungsverfahren (Antragsverfahren) und das anschließende Verwaltungsverfahren, das der Nachprüfung des Verwaltungsaktes dient (Rechtsbe-

helfsverfahren) sind nach § 17 Nr. 1 a RVG verschiedene gebührenrechtliche Angelegenheiten.

- Vertritt der Rechtsanwalt zunächst in einem Antragsverfahren und anschließend in einem Rechtsbehelfsverfahren, entstehen zwei Geschäftsgebühren nach Nr. 2302 Ziffer 1 VV RVG, nämlich eine für das Verwaltungsverfahren und eine weitere für das Rechtsbehelfsverfahren.
- Eine in dem Antragsverfahren entstandene Geschäftsgebühr der Nr. 2302 Ziffer 1 VV RVG ist zur Hälfte, höchstens mit einem Betrag in Höhe von 175 EUR auf eine wegen desselben Gegenstandes in einem Rechtsbehelfsverfahren entstandene Geschäftsgebühr der Nr. 2302 Ziffer 1 VV RVG anzurechnen (Vorbemerkung 2.3 Abs. 4 VV RVG).
- Eine für die außergerichtliche Vertretung entstandene Geschäftsgebühr der Nr. 2302 Ziffer 1 VV RVG ist nach der Vorbemerkung 3 Abs. 4 VV RVG zur Hälfte, höchstens mit einem Betrag in Höhe von 175 EUR auf eine Verfahrensgebühr anzurechnen, die der Rechtsanwalt wegen desselben Gegenstandes für eine Tätigkeit in einem sozialgerichtlichen Verfahren erhält.
- Sind mehrere Geschäftsgebühren entstanden (eine für das Antragsverfahren und eine für das Rechtsbehelfsverfahren) ist nur die zuletzt entstandene Geschäftsgebühr anzurechnen auf die Verfahrensgebühr des gerichtlichen Verfahrens (Vorbemerkung 3 Abs. 4 S. 3 VV RVG).

3.4 Einigungs- oder Erledigungsgebühr

Soweit über die Ansprüche, die Gegenstand des sozialrechtlichen Verfahrens sind, 227
vertraglich verfügt werden kann, kann unter den Voraussetzungen der Nr. 1000 VV RVG im sozialrechtlichen Verfahren auch die Einigungsgebühr entstehen (Abs. 4 der Anmerkung zu Nr. 1000 VV RVG).

Kann über die Ansprüche, die Gegenstand des sozialrechtlichen Verfahrens sind, nicht vertraglich verfügt werden, kann keine Einigungsgebühr entstehen. In diesen Fällen kann aber die Erledigungsgebühr nach Nr. 1002 VV RVG anfallen.

Auszug aus dem VV RVG

Teil 1. Allgemeine Gebühren 228

Nr.	Gebührentatbestand	Gebühr oder Satz der Gebühr nach § 13 RVG
1002	Erledigungsgebühr, soweit nicht Nummer 1005 gilt.	1,5
1005	Einigung oder Erledigung in einem Verwaltungsverfahren in sozialrechtlichen Angelegenheiten, in denen im gerichtlichen Verfahren Betragsrahmengebühren entstehen (§ 3 RVG): Die Gebühren 1000 und 1002 entstehen .... (1) Die Gebühr bestimmt sich einheitlich nach dieser Vorschrift, wenn in die Einigung Ansprüche aus anderen Verwaltungsverfahren einbezogen werden. Ist über einen Gegenstand ein gerichtliches Verfahren anhängig, bestimmt sich die Gebühr nach Nummer 1006. Maßgebend für die Höhe der Gebühr ist die höchste entstandene Geschäftsgebühr ohne Berücksichtigung einer Erhöhung nach Nummer 1008. Steht dem Rechtsanwalt ausschließlich eine Gebühr nach § 34 RVG zu, beträgt die Gebühr die Hälfte des in der Anmerkung zu Nummer 2302 genannten Betrags.	in Höhe der Geschäftsgebühr

Nr.	Gebührentatbestand	Gebühr oder Satz der Gebühr nach § 13 RVG
	(2) Betrifft die Einigung oder Erledigung nur einen Teil der Angelegenheit, ist der auf diesen Teil der Angelegenheit entfallende Anteil an der Geschäftsgebühr unter Berücksichtigung der in § 14 Abs. 1 RVG genannten Umstände zu schätzen.	
1006	Über den Gegenstand ist ein gerichtliches Verfahren anhängig:	
	Die Gebühr 1005 entsteht	in Höhe der Verfahrensgebühr
	(1) Die Gebühr bestimmt sich auch dann einheitlich nach dieser Vorschrift, wenn in die Einigung Ansprüche einbezogen werden, die nicht in diesem Verfahren rechtshängig sind. Maßgebend für die Höhe der Gebühr ist die im Einzelfall bestimmte Verfahrensgebühr in der Angelegenheit, in der die Einigung erfolgt. Eine Erhöhung nach Nummer 1008 ist nicht zu berücksichtigen. (2) Betrifft die Einigung oder Erledigung nur einen Teil der Angelegenheit, ist der auf diesen Teil der Angelegenheit entfallende Anteil an der Verfahrensgebühr unter Berücksichtigung der in § 14 Abs. 1 RVG genannten Umstände zu schätzen.	

229 Bis zum Inkrafttreten der Änderungen durch das 2. KostRMoG[64] war die Höhe der Einigungs- oder Erledigungsgebühr in sozialrechtlichen Angelegenheiten, in denen im gerichtlichen Verfahren Betragsrahmengebühren entstehen, in den Nrn. 1005, 1006 und 1007 VV RVG geregelt. Die Nrn. 1005, 1006 VV RVG wurden durch das 2. KostRMoG neu gefasst. Nr. 1007 VV RVG wurde durch das 2. KostRMoG aufgehoben.

230 Nach Nr. 1005 VV RVG entsteht die Einigungs- oder Erledigungsgebühr in einem Verwaltungsverfahren in sozialrechtlichen Angelegenheiten, in denen im gerichtlichen Verfahren Betragsrahmengebühren entstehen, in Höhe der Geschäftsgebühr.

231 Ist über den Gegenstand, über den sich die Parteien einigen oder sich die Rechtssache erledigt, **bereits ein gerichtliches Verfahren anhängig**, so entsteht die Einigungs- oder Erledigungsgebühr nach Nr. 1006 VV RVG in Höhe der Verfahrensgebühr.

232 In beiden Fällen kann der Rechtsanwalt die Einigungs- oder Erledigungsgebühr nicht frei innerhalb des für die Geschäftsgebühr oder die Verfahrensgebühr geltenden Gebührenrahmens bestimmen. Sondern die Höhe der Einigungs- oder Erledigungsgebühr ist exakt mit dem Betrag anzusetzen, mit dem der Rechtsanwalt in der betreffenden Angelegenheit die Geschäfts- oder Verfahrensgebühr bestimmt hat.[65]

233 Hat sich die Geschäfts- oder Verfahrensgebühr infolge einer im RVG vorgeschriebenen Anrechnung ermäßigt, so wird diese Ermäßigung durch eine Anrechnung bei der Höhe der Einigungs- oder Erledigungsgebühr nicht berücksichtigt.[66]

234 Hat sich die Geschäfts- oder Verfahrensgebühr erhöht, weil der Rechtsanwalt mehrere Auftraggeber in derselben Angelegenheit vertritt, so wird diese Erhöhung der Geschäfts- oder Verfahrensgebühr nach Nr. 1008 VV RVG bei der Höhe der Einigungs- oder Erledigungsgebühr nicht berücksichtigt.[67]

235 Die Einigungsgebühr entsteht unter denselben Voraussetzungen wie auch in einer bürgerlich-rechtlichen Auseinandersetzung (→ Kap. C Rn. 5 ff.).

236 Die Erledigungsgebühr entsteht unter denselben Voraussetzungen wie auch im verwaltungsrechtlichen Verfahren. Es kann daher auf das in dem Kap. K (→ Rn. 127 ff.) verwiesen werden.

---

64 BGBl. I 2013, 2586 f. – in Kraft getreten am 1. 8. 2013.
65 Hartung/Schons/Enders Nrn. 1005–1006 VV Rn. 9; Schneider/Thiel § 3 Rn. 427.
66 Hartung/Schons/Enders Nrn. 1005–1006 VV Rn. 12, 13; Schneider/Thiel § 3 Rn. 440.
67 Hartung/Schons/Enders Nrn. 1005–1006 VV Rn. 11; Schneider/Thiel § 3 Rn. 436–439.

Einigungs- oder Erledigungsgebühr können sowohl in dem sozial**gericht**lichen Verfahren als auch in dem außergerichtlichen Verwaltungsverfahren, das der Nachprüfung des Verwaltungsaktes dient (Rechtsbehelfsverfahren) anfallen. Eine Einigungsgebühr – nicht aber die Erledigungsgebühr – kann meines Erachtens auch in dem außergerichtlichen Verwaltungsverfahren (Antragsverfahren) entstehen. 237

Zusammenfassung

- ▶ Soweit über die Ansprüche des sozialrechtlichen Verfahrens vertraglich verfügt werden kann, kann die Einigungsgebühr nach Nrn. 1000, 1005, 1006 VV RVG entstehen. 238
- ▶ Die Einigungsgebühr kann dann sowohl bei außergerichtlicher Vertretung als auch für eine Tätigkeit im gerichtlichen Verfahren entstehen.
- ▶ Kann über die Ansprüche, die Gegenstand des sozialrechtlichen Verfahrens sind, nicht vertraglich verfügt werden, kann eine Erledigungsgebühr nach Nrn. 1002, 1005, 1006 VV RVG entstehen.
- ▶ Die Erledigungsgebühr kann sowohl in dem Verwaltungsverfahren, das der Nachprüfung des Verwaltungsaktes dient (Rechtsbehelfsverfahren) entstehen, als auch in dem sozialgerichtlichen Verfahren.
- ▶ In sozialrechtlichen Angelegenheiten, in denen Betragsrahmengebühren entstehen, bestimmt sich die Höhe der Einigungs- oder Erledigungsgebühr nach den Nrn. 1005, 1006 VV RVG. Ist noch kein gerichtliches Verfahren über den Gegenstand, über den sich die Parteien einigen oder der sich erledigt, anhängig, so entsteht die Einigungs- oder Erledigungsgebühr in Höhe der Geschäftsgebühr.
- ▶ Ist über den Gegenstand der Einigung oder Erledigung bereits ein gerichtliches Verfahren anhängig, bestimmt sich die Höhe der Einigungs- oder Erledigungsgebühr nach Nr. 1006 VV RVG. Die Einigungs- und Erledigungsgebühr ist dann exakt mit dem Betrag anzusetzen, auf den auch die Verfahrensgebühr bestimmt wurde.

3.5 Rechtsstreit vor dem Sozialgericht

In Verfahren vor den Sozialgerichten, in denen Betragsrahmengebühren entstehen, können dem Rechtsanwalt anfallen: 239

- Verfahrensgebühr Nr. 3102 VV RVG
- Terminsgebühr Nr. 3106 VV RVG
- Zusatzgebühr für besonders umfangreiche Beweisaufnahmen Nr. 1010 VV RVG
- Einigungs- oder Erledigungsgebühr Nr. 1006 VV RVG.

Auszug aus dem VV RVG 240

Nr.	Gebührentatbestand	Gebühr oder Satz der Gebühr nach § 13 RVG
Vorbemerkung 3: (1) … (2) … (3) … (4) Soweit wegen desselben Gegenstands eine Geschäftsgebühr nach Teil 2 entsteht, wird diese Gebühr zur Hälfte, bei Wertgebühren jedoch höchstens mit einem Gebührensatz von 0,75, auf die Verfahrensgebühr des gerichtlichen Verfahrens angerechnet. Bei Betragsrahmengebühren beträgt der Anrechnungsbetrag höchstens 175,00 EUR. Sind mehrere Gebühren entstanden, ist für die Anrechnung die zuletzt entstandene Gebühr maßgebend. Bei einer Betragsrahmengebühr ist nicht zu berücksichtigen, dass der Umfang der Tätigkeit im gerichtlichen Verfahren infolge der vorangegangenen Tätigkeit geringer ist. Bei einer wertabhängigen Gebühr erfolgt die Anrechnung nach dem Wert des Gegenstands, der auch Gegenstand des gerichtlichen Verfahrens ist.		
3102	Verfahrensgebühr für Verfahren vor den Sozialgerichten, in denen Betragsrahmengebühren entstehen (§ 3 RVG)	50,00 bis 550,00 €

241 **Bis zum Inkrafttreten der Änderungen durch das 2. KostRMoG**[68] war die Verfahrensgebühr für sozialgerichtliche Angelegenheiten, in denen Betragsrahmengebühren entstehen, in den Nrn. 3102 und 3103 VV RVG geregelt. War der Rechtsanwalt noch nicht vorgerichtlich wegen desselben Gegenstandes tätig, entstand eine Verfahrensgebühr Nr. 3102 VV RVG (Gebührenrahmen: 40 EUR bis 460 EUR). War der Rechtsanwalt bereits im Antragsverfahren oder im Rechtsbehelfsverfahren außergerichtlich tätig, entstand eine Verfahrensgebühr nach Nr. 3103 VV RVG (Gebührenrahmen: 20 EUR bis 320 EUR). Vorgerichtlich entstandene Geschäftsgebühren waren weder auf eine Verfahrensgebühr der Nr. 3102 VV RVG noch auf eine Verfahrensgebühr der Nr. 3103 VV RVG anzurechnen. Nr. 3102 VV RVG wurde durch das 2. KostRMoG geändert. Nr. 3103 VV RVG wurde ersatzlos aufgehoben. Durch das 2. KostRMoG wurde die Anrechnungssystematik auch für sozialgerichtliche Angelegenheiten, in denen Betragsrahmengebühren entstehen, eingeführt.

242 **Nach Inkrafttreten des 2. KostRMoG**[69] am 1. 8. 2013 kann dem Prozess- oder Verfahrensbevollmächtigten, der die Partei in einem Rechtsstreit oder Verfahren vor dem Sozialgericht vertritt, eine Verfahrensgebühr nach der Nr. 3102 VV RVG entstehen. Die Verfahrensgebühr der Nr. 3102 VV RVG ist innerhalb eines Betragsrahmens von **50 EUR bis 550 EUR, Mittelgebühr: 300 EUR** zu bestimmen.

243 Die Verfahrensgebühr Nr. 3102 VV RVG entsteht unter denselben Voraussetzungen wie auch sonst. In der Regel wird sie mit Einreichung der Klageschrift beim Sozialgericht oder mit Einreichung des den das Verfahren einleitenden Antrages anfallen.

244 Eine ermäßigte Verfahrensgebühr, wie zB in Nr. 3101 Ziffer 1 VV RVG bei vorzeitiger Beendigung des Verfahrens in bürgerlichen Rechtsstreitigkeiten, ist in sozialgerichtlichen Verfahren nicht geregelt. Endet der dem Rechtsanwalt von seinem Mandanten erteilte Auftrag zur Vertretung als Prozessbevollmächtigter in einem sozialgerichtlichen Verfahren vor Einreichung der Klage, ist die Gebühr innerhalb des Rahmens der Nr. 3102 VV RVG geringer anzusetzen.

245 Die Verfahrensgebühr der Nr. 3102 VV RVG kann sich nach Nr. 1008 VV RVG erhöhen, wenn der Rechtsanwalt in der sozialgerichtlichen Angelegenheit mehrere Auftraggeber vertritt. Sie erhöht sich auch dann, wenn der Rechtsanwalt die mehreren Auftraggeber nicht wegen desselben Gegenstandes vertritt (Abs. 1 der Anmerkung zu Nr. 1008 VV RVG kommt nur bei Wertgebühren zur Anwendung; hier entstehen Betragsrahmengebühren).

246 War der Rechtsanwalt bereits vorgerichtlich tätig, ist eine nach Teil 2 VV RVG entstandene Geschäftsgebühr zur Hälfte, höchstens mit einem Betrag in Höhe von 175 EUR auf die Verfahrensgebühr des gerichtlichen Verfahrens anzurechnen (Vorbemerkung 3 Abs. 4 VV RVG). Sind vorgerichtlich mehrere Geschäftsgebühren entstanden, ist nur die zuletzt entstandene Geschäftsgebühr auf die Verfahrensgebühr des gerichtlichen Verfahrens anzurechnen (Vorbemerkung 3 Abs. 4 S. 3 VV RVG).

247 Neben der Verfahrensgebühr kann der Prozess- oder Verfahrensbevollmächtigte in einem sozialgerichtlichen Verfahren auch eine **Terminsgebühr** verdienen. Der Tatbestand der Terminsgebühr ist in der Vorbemerkung 3 Abs. 3 VV RVG und in der Anmerkung zu Nr. 3106 VV RVG geregelt. Die Höhe der Terminsgebühr ergibt sich aus Nr. 3106 VV RVG.

---

[68] BGBl. I 2013, 2586 f. – in Kraft getreten am 1. 8. 2013.

[69] BGBl. I 2013, 2586 f.

Auszug aus dem VV RVG

Nr.	Gebührentatbestand	Gebühr oder Satz der Gebühr nach § 13 RVG
Vorbemerkung 3: (1) … (2) … (3) Die Terminsgebühr entsteht sowohl für die Wahrnehmung von gerichtlichen Terminen als auch für die Wahrnehmung von außergerichtlichen Terminen und Besprechungen, wenn nichts anderes bestimmt ist. Sie entsteht jedoch nicht für die Wahrnehmung eines gerichtlichen Termins nur zur Verkündung einer Entscheidung. Die Gebühr für außergerichtliche Termine und Besprechungen entsteht für 1. die Wahrnehmung eines von einem gerichtlich bestellten Sachverständigen anberaumten Termins und 2. die Mitwirkung an Besprechungen, die auf die Vermeidung oder Erledigung des Verfahrens gerichtet sind; dies gilt nicht für Besprechungen mit dem Auftraggeber.		
3106	Terminsgebühr in Verfahren vor den Sozialgerichten, in denen Betragsrahmengebühren entstehen (§ 3 RVG) .... Die Gebühr entsteht auch, wenn 1. in einem Verfahren, für das mündliche Verhandlung vorgeschrieben ist, im Einverständnis mit den Parteien ohne mündliche Verhandlung entschieden oder in einem solchen Verfahren ein schriftlicher Vergleich geschlossen wird, 2. nach § 105 Abs. 1 Satz 1 SGG durch Gerichtsbescheid entschieden wird und eine mündliche Verhandlung beantragt werden kann oder 3. das Verfahren, für das mündliche Verhandlung vorgeschrieben ist, nach angenommenem Anerkenntnis ohne mündliche Verhandlung endet . In den Fällen des Satzes 1 beträgt die Gebühr 90 % der in derselben Angelegenheit dem Rechtsanwalt zustehenden Verfahrensgebühr ohne Berücksichtigung einer Erhöhung nach Nummer 1008.	50,00 bis 510,00 €

248

Die Terminsgebühr Nr. 3106 VV RVG entsteht in sozialrechtlichen Angelegenheiten 249
- für die Wahrnehmung eines gerichtlichen Termins – mit Ausnahme eines Termins nur zur Verkündung einer Entscheidung – (Vorbemerkung 3 Abs. 3 VV RVG)
- für die Wahrnehmung eines von einem gerichtlich bestellten Sachverständigen anberaumten Termins (Vorbemerkung 3 Abs. 3 VV RVG)
- für die Mitwirkung an Besprechungen, die auf Vermeidung oder Erledigung des Verfahrens gerichtet sind, wobei diese Besprechung mit dem Gegner (hier zB mit dem Sachbearbeiter der Behörde, dessen Vorgesetzten oder dem zuständigen Sachbearbeiter der übergeordneten Behörde) geführt werden müssen; eine Besprechung mit dem Mandanten reicht nicht aus (Vorbemerkung 3 Abs. 3 VV RVG).

Löst ein in der Vorbemerkung 3 Abs. 3 VV RVG geregelter Tatbestand die Terminsgebühr in sozialgerichtlichen Verfahren aus, ist die **Terminsgebühr** innerhalb des in der Nr. 3106 VV RVG ausgewiesenen Betragsrahmens von **50 EUR bis 510 EUR – Mittelgebühr: 280 EUR** zu bestimmen. 250

Die Terminsgebühr kann nach der Anmerkung zu Nr. 3106 VV RVG in einem sozialgerichtlichen Verfahren auch dann entstehen, wenn ohne mündliche Verhandlung – im schriftlichen Verfahren – entschieden wird. Diese Anmerkung zu Nr. 3106 VV RVG wurde durch das 2. KostRMoG geändert. Nach **Ziffer 1** der Anmerkung zu Nr. 3106 VV RVG entsteht die Terminsgebühr in sozialgerichtlichen Verfahren, in denen Betragsrahmengebühren entstehen, wenn 251
- in einem Verfahren im Einverständnis mit den Parteien ohne mündliche Verhandlung entschieden wird

– oder in einem Verfahren ein **schriftlicher Vergleich** geschlossen wird.[70]

Voraussetzung ist aber, dass für das Verfahren die mündliche Verhandlung vorgeschrieben ist.

252 Nach **Ziffer 2** der Anmerkung zu Nr. 3106 VV RVG entsteht die Terminsgebühr auch dann, wenn nach § 105 Abs. 1 S. 1 SGG durch Gerichtsbescheid entschieden wird und eine mündliche Verhandlung beantragt werden kann. Eine mündliche Verhandlung kann nur beantragt werden, wenn eine Berufung gegen den Gerichtsbescheid kraft Gesetzes nicht möglich ist und die Berufung auch nicht zugelassen worden ist. Dieselbe Problematik wurde bereits zur Terminsgebühr im verwaltungsrechtlichen Verfahren behandelt (→ Kap. K Rn. 122 ff.).

253 Die Terminsgebühr entsteht ferner, wenn das Verfahren nach angenommenem Anerkenntnis ohne mündliche Verhandlung endet. Dies aber auch nur dann, wenn für das Verfahren die mündliche Verhandlung vorgeschrieben ist (Ziffer 3 der Anmerkung zu Nr. 3106 VV RVG).

254 **Entsteht** die **Terminsgebühr nach** der **Anmerkung zu Nr. 3106 VV RVG**, ist die Höhe der Terminsgebühr auf **90 % der in derselben Angelegenheit dem Rechtsanwalt zustehenden Verfahrensgebühr** festgeschrieben (S. 2 der Anmerkung zu Nr. 3106 VV RVG). Hat sich die Verfahrensgebühr nach Nr. 1008 VV RVG erhöht, weil der Rechtsanwalt in derselben Angelegenheit mehrere Auftraggeber vertreten hat, ist diese Erhöhung nach Nr. 1008 VV RVG bei der Berechnung der Terminsgebühr nicht zu berücksichtigen. Das Gleiche gilt, wenn sich die Verfahrensgebühr infolge einer Anrechnung einer Geschäftsgebühr ermäßigt hätte. Die Terminsgebühr wäre mit 90 % der nicht reduzierten Verfahrensgebühr anzusetzen.

255 Neben der Verfahrens- und der Terminsgebühr kann im sozialgerichtlichen Verfahren noch eine Einigungs- oder eine Erledigungsgebühr entstehen (→ Kap. K Rn. 127 ff.).

256 **Beispiel:** Der Rechtsanwalt vertritt den Leistungsempfänger der gesetzlichen Sozialversicherung gegenüber der Deutschen Rentenversicherung. Er wird in dieser Angelegenheit erstmals mit der Erhebung der Klage bei dem Sozialgericht tätig. In dem sozialgerichtlichen Verfahren nimmt er für den Mandanten den Termin wahr. In dem Termin führt er mit dem Vertreter der Deutschen Rentenversicherung eine umfangreiche Besprechung im Hinblick auf die Erledigung des Verfahrens. Schließlich ändert die Deutsche Rentenversicherung den angefochtenen Bescheid ab und bewilligt die begehrten Leistungen ganz überwiegend.

Die Sache ist damit erledigt.

Der Rechtsanwalt kann berechnen:

1) Verfahrensgebühr §§ 2 Abs. 2, 3, 14 RVG iVm Nr. 3102 VV RVG – Mittelgebühr	300,00 EUR
2) Terminsgebühr §§ 2 Abs. 2, 3, 14 RVG iVm Nr. 3106 VV RVG – Mittelgebühr	280,00 EUR
3) Erledigungsgebühr §§ 2 Abs. 2, 3, 14 RVG iVm Nrn. 1002, 1006 VV RVG – Mittelgebühr	300,00 EUR
4) Pauschale für Entgelte für Post- und Telekommunikationsdienstleistungen Nr. 7002 VV RVG	20,00 EUR

zzgl. evtl. entstandener weiterer Auslagen und Umsatzsteuer.

257 **Beispiel:** Der Rechtsanwalt vertritt den im Rahmen der gesetzlichen Sozialversicherung bei der Deutschen Rentenversicherung Versicherten zunächst in dem Antragsverfahren. Die Tätigkeit ist nicht umfangreich und nicht schwierig. Der Antrag wird abgelehnt.

Auftragsgemäß legt der Rechtsanwalt im Namen des Versicherten gegen den ablehnenden Bescheid Rechtsbehelf ein. Auch im Rechtsbehelfsverfahren vertritt der Rechtsanwalt den Versicherten. Die Tätigkeit im Rechtsbehelfsverfahren ist schwierig. Die Deutsche Rentenversicherung weist den Rechtsbehelf zurück. Der Rechtsanwalt erhebt für die Versicherte Klage bei dem Sozialgericht. Er vertritt die Versicherte in einem Termin zur mündlichen Verhandlung. Das Sozialgericht verkündet ein Urteil, wonach es bei der Zurückweisung des Rechtsbehelfes bleibt.

---

[70] Letzteres war bis zum Inkrafttreten des 2. KostRMoG umstritten, vgl. zB Schneider/Thiel § 3 Rn. 841.

Der Rechtsanwalt kann berechnen:

Für die Tätigkeit in dem Verwaltungsverfahren (Antragsverfahren)

1) Geschäftsgebühr §§2 Abs. 2, 3, 14 RVG iVm Nr. 2302 Ziffer 1 VV RVG – da die Tätigkeit nicht umfangreich oder schwierig war, kann der Rechtsanwalt maximal 300,00 EUR fordern –	300,00 EUR
2) Pauschale für Entgelte für Post- und Telekommunikationsdienstleistungen Nr. 7002 VV RVG	20,00 EUR

zzgl. evtl. entstandener weiterer Auslagen und Umsatzsteuer.

Für die Tätigkeit im Verwaltungsverfahren, das der Nachprüfung des Verwaltungsaktes dient (Rechtsbehelfsverfahren)

1) Geschäftsgebühr §§2 Abs. 2, 3, 14 RVG iVm Nr. 2302 Ziffer 1 VV RVG – Mittelgebühr	345,00 EUR
hierauf anzurechnen gem. der Vorbemerkung 2.3 Abs. 4 VV RVG: 0,75 Geschäftsgebühr Nr. 2302 Ziffer 1 VV RVG aus dem Antragsverfahren	150,00 EUR
verbleiben:	195,00 EUR
2) Pauschale für Entgelte für Post- und Telekommunikationsdienstleistungen Nr. 7002 VV RVG	20,00 EUR

zzgl. evtl. entstandener weiterer Auslagen und Umsatzsteuer.

Für die Tätigkeit im gerichtlichen Verfahren

1) Verfahrensgebühr §§2 Abs. 2, 3, 14 RVG iVm Nr. 3102 VV RVG – Mittelgebühr	300,00 EUR
hierauf anzurechnen gem. der Vorbemerkung 3 Abs. 4 VV RVG: die Hälfte der Geschäftsgebühr Nr. 2302 Ziffer 1 VV RVG aus dem Rechtsbehelfsverfahren	172,50 EUR
verbleiben:	127,50 EUR
2) Terminsgebühr §§2 Abs. 2, 3, 14 RVG iVm Nr. 3106 VV RVG – Mittelgebühr	280,00 EUR
3) Pauschale für Entgelte für Post- und Telekommunikationsdienstleistungen Nr. 7002 VV RVG	20,00 EUR

zzgl. evtl. entstandener weiterer Auslagen und Umsatzsteuer.

Zusammenfassung

- In dem Rechtsstreit vor dem Sozialgericht können nebeneinander entstehen: 258
  - Verfahrensgebühr
  - Terminsgebühr
  - Zusatzgebühr für besonders umfangreiche Beweisaufnahmen
  - Erledigungs- oder Einigungsgebühr.
- Die Verfahrensgebühr bestimmt sich nach Nr. 3102 VV RVG. Eine Geschäftsgebühr nach Teil 2 VV RVG für eine vorausgegangene Tätigkeit in einem Antrags- oder in einem Rechtsbehelfsverfahren wegen desselben Gegenstandes ist auf die Verfahrensgebühr der Nr. 3102 VV RVG zur Hälfte, höchstens mit 175 EUR anzurechnen.
- Die Höhe der Terminsgebühr für sozialgerichtliche Verfahren ist in der Nr. 3106 VV RVG geregelt. Entsteht die Terminsgebühr nach der Vorbemerkung 3 Abs. 3 VV RVG, kann sie innerhalb des in der Nr. 3106 VV RVG festgelegten Rahmens von 50 EUR bis 510 EUR bestimmt werden. Entsteht die Terminsgebühr nach der Anmerkung zu Nr. 3106 VV RVG, ist sie der Höhe nach auf 90 % der in derselben Angelegenheit dem Rechtsanwalt entstehenden Verfahrensgebühr festgeschrieben.
- Auch im sozialgerichtlichen Verfahren kann eine Einigungsgebühr nach der Nr. 1000 VV RVG anfallen. Entstehen kann auch eine Erledigungsgebühr nach Nr. 1002 VV RVG. Die Höhe einer Einigungs- oder Erledigungsgebühr in sozialgerichtlichen Verfahren, in denen Betragsrahmengebühren entstehen, ist in der Nr. 1006 VV RVG geregelt.

3.5.1 Anrechnung in der Kostenfestsetzung

Nach § 15a Abs. 1 RVG hat der Rechtsanwalt das Wahlrecht, welche von den beiden aufeinander anzurechnenden Gebühren er in vollem Umfang verlangt und wo er eine 259 im RVG vorgeschriebene Anrechnung berücksichtigt (→ Kap. D Rn. 237 ff.). Durch „geschicktes Platzieren" der Anrechnung kann er dem Mandanten unter Umständen in der Kostenerstattung einen wirtschaftlichen Vorteil verschaffen (Ausführlich: Enders JurBüro 2013, 617 ff.).

260 **Beispiel:** Der Rechtsanwalt hat den Auftraggeber zunächst im Rechtsbehelfsverfahren vertreten. Es handelt sich um eine sozialrechtliche Angelegenheit, in welcher Betragsrahmengebühren entstehen. Seine Tätigkeit im Rechtsbehelfsverfahren war umfangreich, so dass der Ansatz der Mittelgebühr gerechtfertigt ist. Die Behörde weist den Rechtsbehelf zurück.

Im anschließenden sozialgerichtlichen Verfahren obsiegt der Mandant nach mündlicher Verhandlung, in welcher der Rechtsanwalt ihn vertreten hat. Im Urteil spricht das Sozialgericht aus, dass die Behörde zwar die Kosten des gerichtlichen Verfahrens zu erstatten hat, aber nicht die Kosten des Rechtsbehelfsverfahrens.

Der Rechtsanwalt des Klägers wird **mit seinem Mandanten** wie folgt abrechnen können:

Für die Tätigkeit im Verwaltungsverfahren, das der Nachprüfung des Verwaltungsaktes dient (Rechtsbehelfsverfahren)

1) Geschäftsgebühr §§ 2 Abs. 2, 3, 14 RVG iVm Nr. 2302 Ziffer 1 VV RVG – Mittelgebühr –	345,00 EUR
hierauf nach der Vorbemerkung 2.3 Abs. 4 VV RVG anzurechnender Hälfte dieser Geschäftsgebühr Nr. 2302 Ziffer 1 VV RVG für das Rechtsbehelfsverfahren	172,50 EUR
verbleiben:	172,50 EUR
2) Pauschale für Entgelte für Post- und Telekommunikationsdienstleistungen Nr. 7002 VV RVG	20,00 EUR
zzgl. evtl. entstandener weiterer Auslagen und Umsatzsteuer.	

Für die Tätigkeit im sozialgerichtlichen Verfahren

1) Verfahrensgebühr §§ 2 Abs. 2, 3, 14 RVG iVm Nr. 3102 VV RVG – Mittelgebühr	300,00 EUR
2) Terminsgebühr §§ 2 Abs. 2, 3, 14 RVG iVm Nr. 3106 VV RVG – Mittelgebühr	280,00 EUR
3) Pauschale für Entgelte für Post- und Telekommunikationsdienstleistungen Nr. 7002 VV RVG	20,00 EUR
zzgl. evtl. entstandener weiterer Auslagen und Umsatzsteuer.	

Im sozialgerichtlichen **Kostenfestsetzungsverfahren** meldet der Rechtsanwalt für den Kläger zur Festsetzung **gegenüber der unterlegenen Behörde** folgende Gebühren und Auslagen an:

1) Verfahrensgebühr §§ 2 Abs. 2, 3, 14 RVG iVm Nr. 3102 VV RVG – Mittelgebühr	300,00 EUR
2) Terminsgebühr §§ 2 Abs. 2, 3, 14 RVG iVm Nr. 3106 VV RVG – Mittelgebühr	280,00 EUR
3) Pauschale für Entgelte für Post- und Telekommunikationsdienstleistungen Nr. 7002 VV RVG	20,00 EUR
zzgl. evtl. entstandener weiterer Auslagen und Umsatzsteuer.	

Der Rechtsanwalt bringt hier den nach der Vorbemerkung 3 Abs. 4 VV RVG anzurechnenden Betrag von der Geschäftsgebühr bereits in der Abrechnung für das vorgerichtliche Rechtsbehelfsverfahren in Abzug. Der Rechtsanwalt hat die Wahl, wo er den anzurechnenden Betrag in Abzug bringt, entweder in seiner Abrechnung für das Rechtsbehelfsverfahren oder in seiner Abrechnung für das sozialgerichtliche Verfahren. Entscheidet er sich dafür, die Anrechnung in seiner Abrechnung für das Rechtsbehelfsverfahren in Abzug zu bringen, hat die unterlegene Partei in der Kostenfestsetzung diese Entscheidung hinzunehmen.

261 **Praxistipp:**

Auch in der Abrechnung mit dem **Rechtsschutzversicherer** des Mandanten kann der Rechtsanwalt durch geschicktes Platzieren der Anrechnung unter Umständen für den Mandanten einen wirtschaftlichen Vorteil erreichen. Ist der Rechtsschutzversicherer zB für das außergerichtliche Rechtsbehelfsverfahren nicht eintrittspflichtig, wohl aber für das gerichtliche Verfahren, so hat der Mandant die Anwaltskosten für das vorgerichtliche Rechtsbehelfsverfahren persönlich zu tragen. Der Rechtsanwalt kann dann bereits in der Abrechnung für das vorgerichtliche Rechtsbehelfsverfahren von der angesetzten Geschäftsgebühr direkt wieder den anrechenbaren Betrag in Abzug bringen. Dann ist die in der Vorbemerkung 3 Abs. 4 VV RVG vorgeschriebene Anrechnung der Geschäftsgebühr auf die Verfahrensgebühr bereits in der Abrechnung für das vorgerichtliche Rechtsbehelfsverfahren erfolgt und der Rechtsschutzversicherer hat die volle 1,3 Verfahrensgebühr für das gerichtliche Verfahren zzgl. der weiter im gerichtlichen Verfahren entstandenen Gebühren und Auslagen zu übernehmen. Infolge des dem Anwalt zustehenden Wahlrechts, wo er die vorgeschriebene Anrechnung platziert, wird der Rechtsschutzversicherer diese Entscheidung des Rechtsanwaltes hinnehmen müssen. Dem Grunde nach gilt auch in der Abrechnung mit dem Rechtsschutzversicherer das vorangehend zur Kostenerstattung Ausgeführte.

Zusammenfassung

- Durch „geschicktes Platzieren" der Anrechnung kann der Rechtsanwalt bei der Kostenerstattung für den Mandanten einen wirtschaftlichen Vorteil erreichen. Er wird die Anrechnung stets in der gebührenrechtlichen Angelegenheit vornehmen, in welcher der Mandant die Kosten selbst zu tragen hat. 262
- Hat der Mandant Anspruch darauf, dass ihm die Kosten des Rechtsbehelfsverfahrens und des gerichtlichen Verfahrens erstattet werden, ist nach § 15 a Abs. 2, 3. Alternative RVG die in der Vorbemerkung 3 Abs. 4 VV RVG vorgeschriebene Anrechnung der Geschäftsgebühr auf die Verfahrensgebühr des gerichtlichen Verfahrens auch in der Kostenfestsetzung gegenüber dem Gegner zu berücksichtigen.

3.6 Berufung

Für das sozialgerichtliche Verfahren, in dem im gerichtlichen Verfahren Betragsrahmengebühren entstehen, ist die Verfahrens- und die Terminsgebühr für das Verfahren vor den Landessozialgerichten in den Nrn. 3204 und 3205 VV RVG bestimmt. 263

Auszug aus dem VV RVG

264

Nr.	Gebührentatbestand	Gebühr oder Satz der Gebühr nach § 13 RVG
3204	Verfahrensgebühr für Verfahren vor den Landessozialgerichten, in denen Betragsrahmengebühren entstehen (§ 3 RVG) ..	60,00 bis 680,00 €
3205	Terminsgebühr in Verfahren vor den Landessozialgerichten, in denen Betragsrahmengebühren entstehen (§ 3 RVG) .... Satz 1 Nr. 1 und 3 der Anmerkung zu Nummer 3106 gilt entsprechend. In den Fällen des Satzes 1 beträgt die Gebühr 75 % der in derselben Angelegenheit dem Rechtsanwalt zustehenden Verfahrensgebühr ohne Berücksichtigung einer Erhöhung nach Nummer 1008.	50,00 bis 510,00 €

Die Verfahrensgebühr ist nach Nr. 3204 VV RVG innerhalb eines Betragsrahmens 265
von 60 EUR bis 680 EUR
Mittelgebühr: 370 EUR
zu bestimmen.

Die Terminsgebühr für den Prozessbevollmächtigten, der in einem Berufungsverfahren vor den Landessozialgerichten vertritt, ist in der Nr. 3205 VV RVG geregelt. Sie kann nach der Vorbemerkung 3 Abs. 3 VV RVG (zB Wahrnehmung eines gerichtlichen Termins, Besprechungen mit der Gegenseite) anfallen. Entsteht die Terminsgebühr nach der Vorbemerkung 3 Abs. 3 VV RVG kann sie innerhalb des in der Nr. 3205 VV RVG festgelegten Betragsrahmens von 50 EUR bis 510 EUR – Mittelgebühr: 280 EUR bestimmt werden. 266

Nach der Anmerkung zu Nr. 3205 VV RVG kann die Terminsgebühr aber auch bei Entscheidung im schriftlichen Verfahren – ohne mündliche Verhandlung – entstehen. Die Anmerkung zu Nr. 3205 VV RVG erklärt S. 1 Nr. 1 und 3 der Anmerkung zu Nr. 3106 VV RVG für entsprechend anwendbar. Nach S. 1 Nr. 1 und 3 der Anmerkung zu Nr. 3106 VV RVG entsteht die Terminsgebühr, wenn 267

- in einem Verfahren, für das mündliche Verhandlung vorgeschrieben ist, im Einverständnis mit den Parteien ohne mündliche Verhandlung entschieden wird (S. 1 Nr. 1 erste Alternative der Anmerkung zu Nr. 3106 VV RVG)
- in einem Verfahren, für das mündliche Verhandlung vorgeschrieben ist, ein schriftlicher Vergleich geschlossen wird (S. 1 Nr. 1 zweite Alternative der Anmerkung zu Nr. 3106 VV RVG)
- das Verfahren, für das mündliche Verhandlung vorgeschrieben ist, nach angenommenem Anerkenntnis ohne mündliche Verhandlung endet (S. 1 Nr. 3 der Anmerkung zu Nr. 3106 VV RVG).

268 Entsteht die Terminsgebühr nach der Anmerkung zu Nr. 3205 VV RVG iVm S. 1 Nr. 1 oder 3 der Anmerkung zu Nr. 3106 VV RVG, ist die Höhe der Terminsgebühr auf 75 % der in derselben Angelegenheit dem Rechtsanwalt zustehenden Verfahrensgebühr festgeschrieben (S. 2 der Anmerkung zu Nr. 3205 VV RVG). Eine entsprechende Erhöhung der Verfahrensgebühr im Berufungsverfahren nach Nr. 1008 VV RVG ist in diesen Fällen bei der Berechnung der Terminsgebühr nicht zu berücksichtigen.

269 Neben einer Verfahrens- und einer Terminsgebühr kann im Berufungsverfahren auch noch eine Einigungs- oder Erledigungsgebühr nach der Nr. 1000 oder 1002 VV RVG entstehen. Die Höhe einer Einigungs- oder Erledigungsgebühr im Berufungsverfahren ergibt sich aus Nr. 1006 VV RVG. Danach ist eine Einigungs- oder Erledigungsgebühr mit demselben Betrag anzusetzen, wie auch die Verfahrensgebühr (hier: die Verfahrensgebühr des Berufungsverfahrens Nr. 3204 VV RVG).

270 Für die Vertretung in einem Verfahren über die **Beschwerde gegen die Nichtzulassung der Berufung** vor dem Landessozialgericht erhält der Rechtsanwalt nach Nr. 3511 VV RVG eine Betragsrahmengebühr
von 60 EUR bis 680 EUR
Mittelgebühr: 370 EUR.

Diese Gebühr für die Beschwerde gegen die Nichtzulassung der Berufung ist nach der Anmerkung zu Nr. 3511 VV RVG dann aber wieder auf die Verfahrensgebühr für ein nachfolgendes Berufungsverfahren anzurechnen.

Zusammenfassung

271 ▶ Im Berufungsverfahren vor dem Landessozialgericht können in Angelegenheiten, in denen Betragsrahmengebühren entstehen, anfallen:
- Verfahrensgebühr Nr. 3204 VV RVG
- Terminsgebühr Nr. 3205 VV RVG
- Zusatzgebühr für besonders umfangreiche Beweisaufnahmen Nr. 1010 VV RVG
- Einigungs- oder Erledigungsgebühr Nrn. 1000, 1002 und 1006 VV RVG.

3.7 Revision

272 Die Verfahrens- und die Terminsgebühr für ein Revisionsverfahren vor dem Bundessozialgericht sind in Nr. 3212 und Nr. 3213 VV RVG bestimmt, soweit es sich um ein Verfahren handelt, in denen Betragsrahmengebühren entstehen.

Auszug aus dem VV RVG

273

Nr.	Gebührentatbestand	Gebühr oder Satz der Gebühr nach § 13 RVG
3212	Verfahrensgebühr für Verfahren vor dem Bundessozialgericht, in denen Betragsrahmengebühren entstehen (§ 3 RVG)	80,00 bis 880,00 €
3213	Terminsgebühr in Verfahren vor dem Bundessozialgericht, in denen Betragsrahmengebühren entstehen (§ 3 RVG) .... Satz 1 Nr. 1 und 3 sowie Satz 2 der Anmerkung zu Nummer 3106 gelten entsprechend.	80,00 bis 830,00 €

Die Verfahrensgebühr für Verfahren vor dem Bundessozialgericht, in denen Betragsrahmengebühren entstehen, ist nach der Nr. 3212 VV RVG innerhalb eines Gebührenrahmens 274
von 80 EUR bis 880 EUR
Mittelgebühr: 480 EUR
zu bestimmen.

Die Terminsgebühr für den Prozessbevollmächtigten, der in einem Revisionsverfahren vor dem Bundessozialgericht vertritt, ist in der Nr. 3213 VV RVG geregelt. Sie kann nach der Vorbemerkung 3 Abs. 3 VV RVG (zB Wahrnehmung eines gerichtlichen Termins, Besprechungen mit der Gegenseite) anfallen. Entsteht die Terminsgebühr nach der Vorbemerkung 3 Abs. 3 VV RVG kann sie innerhalb des in der Nr. 3213 VV RVG festgelegten Betragsrahmens von 80 EUR bis 830 EUR – Mittelgebühr: 455 EUR bestimmt werden. 275

Nach der Anmerkung zu Nr. 3213 VV RVG kann die Terminsgebühr aber auch bei Entscheidung im schriftlichen Verfahren – ohne mündliche Verhandlung – entstehen. Die Anmerkung zu Nr. 3213 VV RVG erklärt S. 1 Nr. 1 und 3 der Anmerkung zu Nr. 3106 VV RVG für entsprechend anwendbar.[71] Entsteht die Terminsgebühr nach der Anmerkung zu Nr. 3213 VV RVG iVm S. 1 Nr. 1 oder 3 der Anmerkung zu Nr. 3106 VV RVG, ist die Höhe der Terminsgebühr auf 90 % der in derselben Angelegenheit dem Rechtsanwalt zustehenden Verfahrensgebühr festgeschrieben (S. 2 der Anmerkung zu Nr. 3106 VV RVG, der nach der Anmerkung zu Nr. 3213 VV RVG entsprechend auch im Revisionsverfahren anwendbar ist). Eine entsprechende Erhöhung der Verfahrensgebühr im Revisionsverfahren nach Nr. 1008 VV RVG ist in diesen Fällen bei der Berechnung der Terminsgebühr nicht zu berücksichtigen. 276

Daneben kann im Revisionsverfahren noch eine Einigungs- oder Erledigungsgebühr nach Nrn. 1000, 1002 und 1006 VV RVG entstehen. Die Höhe einer Einigungs- oder Erledigungsgebühr im Revisionsverfahren ergibt sich aus Nr. 1006 VV RVG. Danach ist eine Einigungs- oder Erledigungsgebühr mit demselben Betrag anzusetzen, wie auch die Verfahrensgebühr (hier: die Verfahrensgebühr des Revisionsverfahrens Nr. 3212 VV RVG). 277

Für seine Tätigkeit in einem Verfahren über die **Beschwerde gegen die Nichtzulassung der Revision vor dem Bundessozialgericht** erhält der Rechtsanwalt, wenn es sich um ein gerichtliches Verfahren handelt, in dem Betragsrahmengebühren entstehen, eine Gebühr innerhalb eines Betragsrahmens 278
von 80 EUR bis 880 EUR
Mittelgebühr: 480 EUR
nach der Nr. 3512 VV RVG.

Nach der Anmerkung zu Nr. 3512 VV RVG ist diese Gebühr aber wieder auf die Verfahrensgebühr für ein nachfolgendes Revisionsverfahren anzurechnen.

Zusammenfassung

▶ In dem Verfahren über eine Revision vor dem Bundessozialgericht können entstehen: 279
- Verfahrensgebühr Nr. 3212 VV RVG
- Terminsgebühr Nr. 3213 VV RVG
- Zusatzgebühr für besonders umfangreiche Beweisaufnahmen Nr. 1010 VV RVG
- Einigungs- oder Erledigungsgebühr Nrn. 1000, 1002 und 1006 VV RVG.

[71] → Kap. K Rn. 251 ff.

3.8 Einstweiliger Rechtsschutz

280 Gemäß § 17 Nr. 4 b) und c) RVG sind **verschiedene** gebührenrechtliche **Angelegenheiten** das Verfahren in der **Hauptsache** und ein Verfahren auf

- Erlass einer einstweiligen Verfügung/einstweiligen Anordnung
- Anordnung oder Wiederherstellung der aufschiebenden Wirkung
- Aufhebung der Vollziehung oder Anordnung der sofortigen Vollziehung eines Verwaltungsaktes.

Soweit derartige Verfahren des einstweiligen Rechtsschutzes in sozialgerichtlichen Angelegenheiten stattfinden können, bilden sie also auch im sozialgerichtlichen Verfahren, in denen Betragsrahmengebühren anfallen, eine gesonderte gebührenrechtliche Angelegenheit neben der Hauptsache. In diesen Verfahren des einstweiligen Rechtsschutzes können also neben den Gebühren, die in der Hauptsache entstehen, eine gesonderte Verfahrens-, Termins-, Einigungs- oder Erledigungsgebühr entstehen. Es kommen die Vorschriften zur Anwendung, die auch für die Hauptsache (Rechtsstreit vor dem Sozialgericht) zur Anwendung kämen (→ Kap. K Rn. 239 ff.).

281 Allerdings bilden Verfahren auf **Änderung** oder **Aufhebung** eine der in den vorgenannten Verfahren ergangenen Entscheidung wiederum dieselbe Angelegenheit mit **diesem** Verfahren (§ 16 Nr. 5 RVG).

282 Die Vorbemerkung 3.2.1 VV RVG wurde durch das 2. KostRMoG[72] erweitert. In Ziffer 3 a) wurden auch **Beschwerden** gegen die Entscheidung des Sozialgerichts wegen des Hauptgegenstandes in **Verfahren des vorläufigen oder einstweiligen Rechtsschutzes** aufgenommen. Dies hat zur Folge, dass in den Fällen, in denen der Rechtsanwalt den Auftrag für eine entsprechende Beschwerde nach dem 1. 8. 2013 erhalten hat, er in dem Beschwerdeverfahren dieselben Gebühren erhält, wie in einem Berufungsverfahren. Die Verfahrensgebühr wäre dann innerhalb des Rahmens der Nr. 3204 VV RVG zu bestimmen, sofern es sich um eine Angelegenheit handelt, in der Betragsrahmengebühren entstehen.

Zusammenfassung

283 ▶ Soweit in einem sozialgerichtlichen Verfahren ein Verfahren des einstweiligen Rechtsschutzes stattfinden kann, wie zB ein Verfahren auf
  - Erlass einer einstweiligen Verfügung/einstweiligen Anordnung
  - Anordnung oder Wiederherstellung der aufschiebenden Wirkung
  - Aufhebung der Vollziehung oder Anordnung der sofortigen Vollziehung eines Verwaltungsaktes

  erhält der Rechtsanwalt gesonderte Gebühren für eine Tätigkeit in diesem Verfahren des einstweiligen Rechtsschutzes. Diese Gebühren entstehen ihm neben den Gebühren, die er für seine Tätigkeit in der Hauptsache erhält.

▶ Es entstehen, wenn es sich um ein sozialgerichtliches Verfahren handelt, in dem Betragsrahmengebühren anfallen, dann auch in dem Verfahren des einstweiligen Rechtsschutzes Betragsrahmengebühren. Wegen der Betragsrahmen und der Gebühren, die anfallen können, → Kap. K Rn. 239 ff.

▶ Ein Verfahren auf Abänderung oder Aufhebung einer in den vorgenannten Verfahren ergangenen Entscheidung stellt wiederum dieselbe Angelegenheit mit diesem Verfahren dar. In dem Verfahren auf **Abänderung** oder **Aufhebung** entstehen dann keine gesonderten Gebühren neben den Gebühren, die bereits in einem der vorgenannten Verfahren selbst entstanden sind.

---

[72] BGBl. I 2013, 2586 f.

IV. Finanzgericht

Für eine – außergerichtliche – **Hilfeleistung bei der Erfüllung allgemeiner Steuerpflichten** und bei der Erfüllung steuerlicher Buchführungs- und Aufzeichnungspflichten kann der Rechtsanwalt eine Vergütung nach den §§ 23 bis 39 Steuerberatervergütungsverordnung iVm den §§ 10 und 13 Steuerberatervergütungsverordnung abrechnen (§ 35 RVG) (→ Kap. D Rn. 331 ff.). 284

Für die **außergerichtliche Vertretung** in einem Verwaltungsverfahren (Antragsverfahren) und einem Verwaltungsverfahren, das der Nachprüfung des Verwaltungsaktes dient (**Rechtsbehelfsverfahren**), kann auf das für verwaltungsrechtliche Angelegenheiten in Kap. K (→ Rn. 91 ff.) verwiesen werden. Auch im finanzrechtlichen Verfahren gilt, dass nach § 17 Nr. 1a RVG verschiedene Angelegenheiten sind 285

- das Verwaltungsverfahren (Antragsverfahren)
- und das der Nachprüfung des Verwaltungsaktes dienende Verwaltungsverfahren (Rechtsbehelfsverfahren)
- das Verwaltungsverfahren auf Aussetzung oder Anordnung der sofortigen Vollziehung.

Für eine **außergerichtliche Vertretung** in dem Verwaltungsverfahren (**Antragsverfahren**) erhält der Rechtsanwalt eine Geschäftsgebühr nach Nr. 2300 VV RVG. Neben der Geschäftsgebühr nach Nr. 2300 VV RVG könnte im Verwaltungsverfahren (Antragsverfahren) auch noch eine Einigungsgebühr nach Nr. 1000 VV RVG entstehen, wenn die Voraussetzungen für das Entstehen dieser Gebühr erfüllt werden (→ Kap. C Rn. 5 ff.). Eine Erledigungsgebühr Nr. 1002 VV RVG kann im Verwaltungsverfahren (Antragsverfahren) nicht anfallen, da hierfür zunächst ein Verwaltungsakt ergangen sein muss, der mit einem Rechtsbehelf angefochten worden ist (→ Kap. K Rn. 127). 286

Handelt es sich aber um eine **Hilfeleistung bei der Erfüllung allgemeiner Steuerpflichten** und bei der Erfüllung steuerlicher Buchführungs- und Aufzeichnungspflichten, so erhält der Rechtsanwalt eine Vergütung nach den in § 35 RVG angegebenen Vorschriften der Steuerberatervergütungsverordnung. Wegen der Anrechnung dieser Vergütung auf die Gebühren für eine sonstige Tätigkeit wegen desselben Gegenstandes darf verwiesen auf → Kap. D Rn. 332 f. 287

Neben der Vergütung nach der Steuerberatervergütungsverordnung oder der Vergütung für das Verwaltungsverfahren (Antragsverfahren) kann der Rechtsanwalt eine zweite Geschäftsgebühr nach Nr. 2300 VV RVG für die Vertretung in einem Verwaltungsverfahren erhalten, das der Nachprüfung des Verwaltungsaktes (**Rechtsbehelfsverfahren**) dient. 288

Eine Geschäftsgebühr für das Antragsverfahren ist auf die weitere Geschäftsgebühr, die der Rechtsanwalt wegen desselben Gegenstandes für die Vertretung in dem Rechtsbehelfsverfahren verdient, nach der Vorbemerkung 2.3 Abs. 4 VV RVG zur Hälfte, höchstens mit einem Gebührensatz von 0,75 anzurechnen. 289

Hat der Rechtsanwalt sowohl im Verwaltungsverfahren (Antragsverfahren) als auch in dem Verwaltungsverfahren, das der Nachprüfung des Verwaltungsaktes dient (Rechtsbehelfsverfahren), vertreten, so ist nach der Vorbemerkung 3 Abs. 4 S. 3 VV RVG nur die zuletzt entstandene **Geschäftsgebühr** auf die im finanzgerichtlichen Verfahren entstehende Verfahrensgebühr **anzurechnen.**

Der **Gegenstandswert** in finanzrechtlichen Angelegenheiten, in denen der Rechtsanwalt seine Vergütung nach dem RVG berechnet, bestimmt sich – wie in verwaltungsrechtlichen Angelegenheiten – nach § 52 GKG. Dieser ist über § 23 Abs. 1 S. 1 RVG dann auch für die Bestimmung des Anwaltsgebührenwertes heranzuziehen. Es kann auf die Ausführungen zum Gegenstandswert in verwaltungsrechtlichen Ange- 290 legenheiten verwiesen werden.[73] Das dort Gesagte gilt auch entsprechend für die Bestimmung des Gegenstandswertes in finanzrechtlichen Angelegenheiten.

291 In finanzrechtlichen Angelegenheiten darf der Gegenstandswert nicht unter 1.500 EUR angenommen werden (§ 52 Abs. 4 S. 1 Nr. 1 GKG).

292 Auch für die Finanzgerichtsbarkeit existiert ein Streitwertkatalog (Stand der letzten Überarbeitung: 31.12.2014), auf den im Internet zugegriffen werden kann.

293 Für die Tätigkeit im finanzgerichtlichen Verfahren erhält der Rechtsanwalt eine Vergütung nach Teil 3, Abschnitt 2, Unterabschnitt 1 des Vergütungsverzeichnisses zum RVG. Denn nach Ziffer 1 der Vorbemerkung 3.2.1 VV RVG geltend die in diesem Unterabschnitt geregelten Gebühren – für die Berufung in einem bürgerlichen Rechtsstreit – auch im Verfahren vor dem Finanzgericht. Daraus folgt, dass der Rechtsanwalt im Verfahren vor dem Finanzgericht nicht nur eine 1,3, sondern eine **1,6 Verfahrensgebühr** Nr. 3200 VV RVG erhält.

294 Die **Terminsgebühr** entsteht im erstinstanzlichen Verfahren vor dem Finanzgericht in Höhe von 1,2 nach Nr. 3202 VV RVG. Die Terminsgebühr entsteht auch dann, wenn gemäß § 79a) Abs. 2, § 90a) oder § 94a) FGO ohne mündliche Verhandlung durch Gerichtsbescheid entschieden wird (Abs. 2 der Anmerkung zu Nr. 3202 VV RVG).

295 Auch in finanzgerichtlichen Angelegenheiten kann die Zusatzgebühr für besonders umfangreiche Beweisaufnahmen nach Nr. 1010 VV RVG anfallen, wenn die Voraussetzungen dafür erfüllt werden (→ Kap. C Rn. 133 ff.).

296 Im **Revisions**verfahren vor dem Bundesfinanzhof erhält der Rechtsanwalt eine Vergütung nach Teil 3, Abschnitt 2, Unterabschnitt 2 VV RVG. Insoweit kann auf das zu einem Revisionsverfahren im verwaltungsgerichtlichen Rechtszug Ausgeführte → Kap. K Rn. 135) verwiesen werden.

297 Sowohl in dem Verwaltungsverfahren, das der Nachprüfung des Verwaltungsaktes dient (Rechtsbehelfsverfahren), als auch im finanzgerichtlichen Verfahren kann zusätzlich zur Geschäftsgebühr bzw. zu einer Verfahrens- und einer Terminsgebühr noch eine Einigungs- oder Erledigungsgebühr anfallen (→ Kap. K Rn. 127). Im Rechtsbehelfsverfahren wird die Einigungs- oder Erledigungsgebühr in Höhe von 1,5 (Nr. 1000 oder 1002 VV RVG) entstehen. In einem Verfahren vor dem Finanzgericht entsteht die Einigungs- oder Erledigungsgebühr in Höhe von 1,0.[74]

298 Wegen der Anwaltsvergütung in einem Verfahren über die Beschwerde gegen die Nichtzulassung der Revision kann auf das entsprechende, für ein verwaltungsgerichtliches Verfahren Ausgeführte (→ Kap. K Rn. 143) verwiesen werden. Gleiches gilt für Verfahren des einstweiligen Rechtsschutzes, soweit diese im finanzgerichtlichen Verfahren stattfinden können (→ Kap. K Rn. 147).

Zusammenfassung

299
- Für die Hilfeleistung bei der Erfüllung allgemeiner Steuerpflichten und bei der Erfüllung steuerlicher Buchführungs- und Aufzeichnungspflichten kann der Rechtsanwalt eine Vergütung nach der Steuerberatervergütungsverordnung abrechnen (§ 35 RVG).
- Für das Verwaltungsverfahren vor einer Finanzbehörde oder das finanzgerichtliche Verfahren kann grundsätzlich auf das für das verwaltungsrechtliche und das verwaltungsgerichtliche Verfahren Ausgeführte verwiesen werden (→ Kap. K Rn. 78 ff.).
- Im Verwaltungsverfahren (Antragsverfahren) kann eine Geschäftsgebühr nach Nr. 2300 VV RVG entstehen.
- Vertritt der Rechtsanwalt, nachdem er zuvor in dem Antragsverfahren vertreten hat, den Mandanten anschließend in einem Rechtsbehelfsverfahren, entsteht eine

[73] → Kap. K Rn. 78.
[74] Hartung/Schons/Enders Nr. 1004 VV Rn. 28.

zweite Geschäftsgebühr Nr. 2300 VV RVG. Nach der Vorbemerkung 2.3 Abs. 4 VV RVG ist die im Antragsverfahren entstandene Geschäftsgebühr zur Hälfte, höchstens mit einem Gebührensatz von 0,75 auf die im anschließenden Rechtsbehelfsverfahren entstandene Geschäftsgebühr anzurechnen.

- ▶ Eine nach Teil 2 VV RVG entstandene Geschäftsgebühr ist zur Hälfte, höchstens mit einem Gebührensatz von 0,75 auf die Verfahrensgebühr eines finanzgerichtlichen Verfahrens anzurechnen. Sind mehrere Geschäftsgebühren für die vorgerichtliche Tätigkeit entstanden, ist nur die zuletzt entstandene Geschäftsgebühr auf die Verfahrensgebühr des gerichtlichen Verfahrens anzurechnen (Vorbemerkung 3 Abs. 4 S. 3 VV RVG).
- ▶ In dem Verfahren vor dem Finanzgericht können dem Rechtsanwalt entstehen:
  - 1,6 Verfahrensgebühr Nr. 3200 VV RVG
  - 1,2 Terminsgebühr Nr. 3202 VV RVG
  - 1,0 Einigungs-/Erledigungsgebühr Nrn. 1000, 1002, 1003 VV RVG.
  - 0,3 Zusatzgebühr für besonders umfangreiche Beweisaufnahmen Nr. 1010 VV RVG.

L. Straf- und Bußgeldsachen

Die Vergütung des Rechtsanwaltes für eine Tätigkeit in einer Strafsache ist in Teil 4 des Vergütungsverzeichnisses zum RVG geregelt. Vertritt der Rechtsanwalt den Mandanten in einer Bußgeldsache, erhält er eine Vergütung nach Teil 5 des Vergütungsverzeichnisses zum RVG. 1

I. Allgemeines

1. Betragsrahmengebühren

In Straf- und Bußgeldsachen bestimmt das Vergütungsverzeichnis zum RVG Betragsrahmengebühren für den Wahlanwalt. Der Betragsrahmen für den Wahlanwalt ist aus der dritten Spalte von links des Vergütungsverzeichnisses zum RVG – Teil 4 – zu entnehmen. Diese Spalte ist mit „Wahlanwalt“ überschrieben. Innerhalb dieser im Gesetz festgelegten Betragsrahmengebühren (zB 40 EUR bis 360 EUR in der Nr. 4100 VV RVG für die Grundgebühr in Strafsachen) hat der Rechtsanwalt die Gebühr im Einzelfall unter Berücksichtigung aller Umstände, vor allem 2

- des Umfangs der anwaltlichen Tätigkeit
- der Schwierigkeit der anwaltlichen Tätigkeit
- der Bedeutung der Angelegenheit für den Auftraggeber
- der Einkommens- und Vermögensverhältnisse des Auftraggebers
- und des Haftungsrisikos

nach billigem Ermessen zu bestimmen. Dies ergibt sich aus § 14 RVG (→ Kap. A Rn. 164 ff.).

Die Mittelgebühr errechnet sich wie folgt:

Mindestbetrag + Höchstbetrag = Summe : 2 = Mittelgebühr.

Beispiel: In Nr. 4100 VV RVG ist für die Grundgebühr in Strafsachen ein Gebührenrahmen von 40,00 EUR bis 360,00 EUR bestimmt. Die Mittelgebühr berechnet sich wie folgt: 40,00 EUR + 360,00 EUR = 400,00 EUR : 2 = 200,00 EUR. 3

Jede anfallende Gebühr ist gesondert zu betrachten. Rechtfertigen zB die Merkmale des § 14 RVG nur eine Mittelgebühr der Verfahrensgebühr für das vorbereitende Verfahren, so bedeutet dies nicht, dass auch alle weiteren in dieser Angelegenheit abzurechnenden Gebühren in Höhe einer Mittelgebühr angesetzt werden müssen. Ist zB die anwaltliche Tätigkeit in der Hauptverhandlung sehr umfangreich, so kann die Terminsgebühr für die Hauptverhandlung auch über der Mittelgebühr angesetzt werden. 4

Beispiel: Der Rechtsanwalt vertritt den Auftraggeber als Verteidiger in einer Strafsache vor dem Amtsgericht. Der Arbeitsaufwand des Rechtsanwalts für die Einarbeitung in die Sache, im vorbereitenden Verfahren und im gerichtlichen Verfahren – außerhalb der Hauptverhandlung – ist durchschnittlich. Auch alle übrigen nach § 14 RVG bei der Bestimmung einer Betragsrahmengebühr zu berücksichtigenden Komponenten sind durchschnittlich. Die anwaltliche Tätigkeit in der Hauptverhandlung ist allerdings sehr schwierig und umfangreich. Die Hauptverhandlung dauert 10 Stunden. 5

Der Rechtsanwalt kann die Gebühren wie folgt bestimmen:

Für das strafrechtliche Ermittlungsverfahren

1) Grundgebühr §§ 2 Abs. 2, 14 RVG iVm Nr. 4100 VV RVG – Mittelgebühr	200,00 EUR

2) Verfahrensgebühr für das vorbereitende Verfahren §§ 2 Abs. 2, 14 RVG iVm Nr. 4104 VV RVG – Mittelgebühr	165,00 EUR
3) Pauschale für Entgelte für Post- und Telekommunikationsdienstleistungen Nr. 7002 VV RVG	20,00 EUR
4) Dokumentenpauschale für Kopien in schwarz/weiß aus der amtlichen Ermittlungsakte Nr. 7000 Ziffer 1 a) VV RVG 82 Kopien	29,80 EUR
5) Dokumentenpauschale für Kopien in Farbe aus der amtlichen Ermittlungsakte Nr. 7000 Ziffer 1 a) VV RVG 10 Kopien	10,00 EUR

zzgl. evtl. entstandener weiterer Auslagen und Umsatzsteuer.

Für das gerichtliche Verfahren

1) Verfahrensgebühr für das gerichtliche Verfahren §§ 2 Abs. 2, 14 RVG iVm Nr. 4106 VV RVG – Mittelgebühr	165,00 EUR
2) Terminsgebühr für Hauptverhandlung §§ 2 Abs. 2, 14 RVG iVm Nr. 4108 VV RVG	440,00 EUR
3) Pauschale für Entgelte für Post- und Telekommunikationsdienstleistungen Nr. 7002 VV RVG	20,00 EUR
4) Dokumentenpauschale für Kopien in schwarz/weiß aus der amtlichen Ermittlungsakte Nr. 7000 Ziffer 1 a) VV RVG 52 Kopien	25,30 EUR
5) Dokumentenpauschale für Kopien in Farbe aus der amtlichen Ermittlungsakte Nr. 7000 Ziffer 1 a) VV RVG 8 Kopien	8,00 EUR

zzgl. evtl. entstandener weiterer Auslagen und Umsatzsteuer.

Für jede Gebühr ist gesondert zu prüfen, in welcher Höhe sie in Ansatz gebracht werden kann. Vorliegend war die Tätigkeit in der Hauptverhandlung weit überdurchschnittlich, so dass für die Hauptverhandlung nicht nur die Mittelgebühr, sondern 440,00 EUR in Ansatz gebracht wurden.

6 Die Betragsrahmengebühren in Straf- und Bußgeldsachen können sich nach Nr. 1008 VV RVG auch erhöhen, wenn Auftraggeber des Rechtsanwaltes mehrere Personen sind. Der Rechtsanwalt kann zwar in einer Strafsache nicht mehrere Angeklagte verteidigen. Möglich ist aber, dass der Rechtsanwalt in derselben Strafsache zB mehrere Nebenkläger vertritt. In einem derartigen Fall erhöhen sich der Mindest- und der Höchstbetrag jeweils um 30 %. Innerhalb dieses sich dadurch ergebenden höheren Gebührenrahmens ist die Gebühr dann – wie auch sonst – unter Berücksichtigung aller Umstände, insbesondere der in § 14 Abs. 1 RVG genannten Merkmale nach billigem Ermessen zu bestimmen. Bei Betragsrahmengebühren kommt es nicht darauf an, dass der Rechtsanwalt die mehreren Personen wegen desselben Gegenstandes vertritt (Abs. 1 der Anmerkung zu Nr. 1008 VV RVG). Erhöhen können sich jeweils die Verfahrensgebühr, nicht die Terminsgebühren. Nach meiner Meinung können sich aber sowohl die Verfahrensgebühr (Nr. 4104 VV RVG) für das vorbereitende Verfahren als auch die Verfahrensgebühr für das gerichtliche Verfahren (zB Nrn. 4106, 4112, 4118 VV RVG) nach Nr. 1008 VV RVG erhöhen.

7 **Beispiel:** In einer Strafsache vor dem Amtsgericht vertritt der Rechtsanwalt zwei Nebenkläger. Er vertritt sowohl in dem vorbereitenden Verfahren als auch im gerichtlichen Verfahren und in der Hauptverhandlung.

Der Rechtsanwalt kann berechnen:

Für das strafrechtliche Ermittlungsverfahren

1) Grundgebühr §§ 2 Abs. 2, 14 RVG iVm Nr. 4100 VV RVG – Mittelgebühr	200,00 EUR
2) Verfahrensgebühr für vorbereitendes Verfahren §§ 2 Abs. 2, 14 RVG iVm Nr. 4104 VV RVG inkl. Erhöhung Nr. 1008 VV RVG (Berechnung bei Erhöhung: Gebührenrahmen: 40,00 EUR bis 290,00 EUR 40,00 EUR + 30 % = 52,00 EUR 290,00 EUR + 30 % = 377,00 EUR 52,00 EUR + 377,00 EUR = 429,00 EUR : 2 = 214,50 EUR, also beträgt die Mittelgebühr aus dem erhöhten Rahmen 214,50 EUR) – Mittelgebühr	214,50 EUR
3) Pauschale für Entgelte für Post- und Telekommunikationsdienstleistungen Nr. 7002 VV RVG	20,00 EUR
4) Dokumentenpauschale für Kopien in schwarz/weiß aus der amtlichen Ermittlungsakte Nr. 7000 Ziffer 1 a) VV RVG 32 Kopien	16,00 EUR

5) Dokumentenpauschale für Kopien in Farbe aus der amtlichen Ermittlungsakte Nr. 7000 Ziffer 1 a) VV RVG 22 Kopien — 22,00 EUR
zzgl. evtl. entstandener weiterer Auslagen und Umsatzsteuer.

Für das gerichtliche Verfahren

1) Verfahrensgebühr für gerichtliches Verfahren §§ 2 Abs. 2, 14 RVG iVm Nr. 4106 VV RVG inkl. der Erhöhung Nr. 1008 VV RVG – Mittelgebühr (Berechnung wie unter Position 2 der Abrechnung für das strafrechtliche Ermittlungsverfahren) — 214,50 EUR
2) Terminsgebühr für Hauptverhandlung §§ 2 Abs. 2, 14 RVG iVm Nr. 4108 VV RVG – Mittelgebühr — 275,00 EUR
3) Pauschale für Entgelte für Post- und Telekommunikationsdienstleistungen Nr. 7002 VV RVG — 20,00 EUR
4) Dokumentenpauschale für Kopien in schwarz/weiß aus der amtlichen Ermittlungsakte Nr. 7000 Ziffer 1 a) VV RVG 42 Kopien — 21,00 EUR
5) Dokumentenpauschale für Kopien in Farbe aus der amtlichen Ermittlungsakte Nr. 7000 Ziffer 1 a) VV RVG 11 Kopien — 11,00 EUR

zzgl. evtl. entstandener weiterer Auslagen und Umsatzsteuer.

Da sich nach Nr. 1008 VV RVG nur die Verfahrensgebühren erhöhen, ist die Erhöhung nur bei der Verfahrensgebühr Nr. 4104 VV RVG (Position 2 der vorstehenden Abrechnung für das strafrechtliche Ermittlungsverfahren) und bei der Verfahrensgebühr Nr. 4106 VV RVG (Position 1 der vorstehenden Abrechnung für das gerichtliche Verfahren) zu berücksichtigen. Meines Erachtens erhöhen sich beide Verfahrensgebühren.

Der Mindest- und der Höchstbetrag der Verfahrensgebühren erhöhen sich **für jeden weiteren Auftraggeber um 30 %.** Mehrere Erhöhungen dürfen allerdings das **Doppelte des Mindest- und Höchstbetrages nicht übersteigen** (Abs. 3 der Anmerkung zu Nr. 1008 VV RVG). Der Gebührenrahmen darf sich also maximal um das Doppelte des Mindest- und des Höchstbetrages erhöhen; unter Berücksichtigung des Ausgangsrahmens für den ersten Auftraggeber liegt dann der maximale Rahmen zwischen dem Dreifachen des Mindest- und dem Dreifachen des Höchstbetrages. 8

Beispiel: Der Gebührenrahmen der Verfahrensgebühr für das vorbereitende Verfahren nach Nr. 4104 VV RVG beträgt 40,00 EUR bis 290,00 EUR. 9

Würde der Rechtsanwalt 10 Nebenkläger vertreten, so würden sich der Mindest- und der Höchstbetrag um jeweils 30 % für jeden weiteren Auftraggeber erhöhen; der Rechtsanwalt hätte 9 weitere Auftraggeber, so dass die Erhöhung 9 × 30 % = 270 % betragen würde. Nach Abs. 3 der Anmerkung zu Nr. 1008 VV RVG dürfen die Erhöhungen das Doppelte des Mindest- und Höchstbetrages nicht übersteigen. Der Mindestbetrag darf sich also maximal um 80,00 EUR auf 120,00 EUR und der Höchstbetrag maximal um 580,00 EUR auf 870,00 EUR erhöhen. Der Rechtsanwalt könnte die Gebühr dann innerhalb des Rahmens von 120,00 EUR bis 870,00 EUR bestimmen.

Für den **Pflichtverteidiger** oder den beigeordneten Rechtsanwalt sind in Teil 4 und 5 des Vergütungsverzeichnisses Festgebühren bestimmt. Diese ergeben sich aus der rechten Spalte des Vergütungsverzeichnisses zum RVG in Teil 4. Diese Spalte ist mit „gerichtlich bestellter oder beigeordneter Rechtsanwalt" überschrieben. Auch diese können sich erhöhen, wenn der Rechtsanwalt in derselben Angelegenheit mehrere Auftraggeber vertritt. Nach Nr. 1008 VV RVG beträgt die Erhöhung bei Festgebühren 30 % für jeden weiteren Auftraggeber. Bei Festgebühren darf die Erhöhung das Doppelte der Festgebühr nicht übersteigen (Abs. 3 der Anmerkung zu Nr. 1008 VV RVG). 10

Grundsätzlich kann der Rechtsanwalt den Höchstbetrag des im Gesetz festgelegten Gebührenrahmens nicht überschreiten. Allerdings kann der Wahlanwalt nach § 42 RVG beim Oberlandesgericht die Feststellung einer Pauschgebühr beantragen, wenn der im Gesetz festgelegte Gebührenrahmen wegen besonderen Umfangs oder besonderer Schwierigkeit nicht zumutbar ist. In diesen Fällen darf das angerufene Oberlandesgericht eine Pauschgebühr festsetzen, die sich maximal auf das Doppelte des im Gesetz festgelegten Höchstbetrages beläuft (→ Kap. L Rn. 157 ff.). Für den Pflichtverteidiger oder den gerichtlich beigeordneten Rechtsanwalt kann vom Oberlandesgericht eine Pauschgebühr gemäß § 51 RVG festgesetzt werden, die höher sind als die im Gesetz festgelegten Pauschgebühren (→ Kap. L Rn. 227 ff.). 11

Zusammenfassung

12 ▶ In den Teilen 4 und 5 des Vergütungsverzeichnisses zum RVG sind für Straf- und Bußgeldsachen Betragsrahmengebühren bestimmt.
▶ Innerhalb des im Gesetz festgelegten Betragsrahmens muss der Rechtsanwalt die von ihm in Ansatz zu bringende Gebühr im Einzelfall unter Berücksichtigung aller Umstände, vor allem der in § 14 Abs. 1 RVG genannten Komponenten nach billigem Ermessen bestimmen.
▶ Auch Betragsrahmengebühren können sich erhöhen, wenn der Rechtsanwalt in derselben Angelegenheit mehrere Personen vertritt (Nr. 1008 VV RVG).

2. Funktion des Vergütungsverzeichnisses

13 In Straf- und Bußgeldsachen unterscheidet das Vergütungsverzeichnis zunächst einmal zwischen dem **Wahlanwalt** und dem **gerichtlich bestellten oder beigeordneten Rechtsanwalt.**

14 **Wahlanwalt** (auch Wahlverteidiger genannt) ist der Rechtsanwalt, der von dem Mandanten ausgewählt und von diesem beauftragt wurde, ihn in der Strafsache zu verteidigen. Der als Wahlanwalt tätige Rechtsanwalt rechnet seine Vergütung, also die ihm im Rahmen seiner Tätigkeit entstandenen Gebühren und Auslagen mit dem Mandanten ab.

15 Hat der Mandant in einer Strafsache keinen Rechtsanwalt (Wahlanwalt) mit seiner Verteidigung beauftragt, so ist ihm, soweit es sich um eine notwendige Verteidigung im Sinne von § 140 StPO handelt, vom Gericht ein Rechtsanwalt als Verteidiger zu **bestellen.** Der vom Gericht bestellte Verteidiger wird in der Praxis auch **Pflichtverteidiger** genannt. Auch dem Nebenkläger kann gemäß § 397a Abs. 1 StPO ein Rechtsanwalt als Beistand **bestellt** werden. Liegen die Voraussetzungen für die Bestellung eines Rechtsanwaltes als Beistand für einen Nebenkläger nach § 397a Abs. 1 StPO nicht vor, kann dem Nebenkläger auch auf Antrag Prozesskostenhilfe für die Hinzuziehung eines Rechtsanwaltes bewilligt werden (§ 397a Abs. 2 StPO). Auch einem **Privatkläger** kann gemäß § 379 Abs. 3 StPO Prozesskostenhilfe nach denselben Vorschriften wie in bürgerlichen Rechtsstreitigkeiten bewilligt und ein Rechtsanwalt **beigeordnet** werden. Der vom Gericht bestellte oder beigeordnete Rechtsanwalt erhält seine Vergütung gemäß § 45 RVG aus der Landes- oder Bundeskasse.

16 Für den **Wahlanwalt** sieht das Vergütungsverzeichnis zum RVG in Teil 4 und 5 Betragsrahmengebühren vor. In der dritten Spalte von links sind in Teil 4 und 5 des Vergütungsverzeichnisses die jeweiligen Betragsrahmen zu der jeweiligen Gebühr festgelegt. Diese Spalte ist überschrieben mit **„Wahlanwalt“.**

17 In der rechten Spalte sind in Teil 4 und 5 des Vergütungsverzeichnisses feste Gebühren für den gerichtlich bestellten oder beigeordneten Rechtsanwalt ausgewiesen. Diese Spalte ist überschrieben mit **„gerichtlich bestellter oder beigeordneter Rechtsanwalt“.** Diese festen Beträge, die das Vergütungsverzeichnis in seinen Teil 4 und 5 in der vierten Spalte von rechts auswirft, gelten also für die Vergütung

- des Pflichtverteidigers
- des einem Nebenkläger als Beistand bestellten Rechtsanwaltes (§ 397a Abs. 1 StPO)
- des einem Nebenkläger im Wege der Prozesskostenhilfe bestellten Rechtsanwaltes (§ 397a Abs. 2 StPO)
- des einem Privatkläger im Wege der Prozesskostenhilfe beigeordneten Rechtsanwaltes (§ 379 Abs. 3 StPO).

Sie gelten aber auch für den sonst gerichtlich beigeordneten Rechtsanwalt, zB

- für den dem Einziehungsbeteiligten (§ 454 Abs. 2 StPO) beigeordneten Rechtsanwalt
- für den dem Antragsteller und dem Angeschuldigten im Adhäsionsverfahren (§ 404 Abs. 5 StPO) beigeordneten Rechtsanwalt

- und dem einen Zeugen in der Hauptverhandlung beigeordneten Rechtsanwalt.[1]

In Teil 4 des Vergütungsverzeichnisses zum RVG, der die Gebühren für den Verteidiger in **Strafsachen** regelt, folgt jeder Gebühr in der nächsten Nummer noch einmal dieselbe Gebühr mit dem Zusatz **„mit Zuschlag"**. 18

Dort wird dann ein höherer Gebührenrahmen bzw. eine höhere Festgebühr ausgewiesen.

Auszug aus dem VV RVG

19

Nr.	Gebührentatbestand	Gebühr oder Satz der Gebühr nach § 13 oder § 49 RVG	
		Wahlanwalt	gerichtlich bestellter oder beigeordneter Rechtsanwalt
4100	Grundgebühr .... (1) Die Gebühr entsteht neben der Verfahrensgebühr für die erstmalige Einarbeitung in den Rechtsfall nur einmal, unabhängig davon, in welchem Verfahrensabschnitt sie erfolgt. (2) Eine wegen derselben Tat oder Handlung bereits entstandene Gebühr 5100 ist anzurechnen.	40,00 bis 360,00 €	160,00 €
4101	Gebühr 4100 mit Zuschlag	40,00 bis 450,00 €	192,00 €
4102	Terminsgebühr für die Teilnahme an 1. richterlichen Vernehmungen und Augenscheinseinnahmen, 2. Vernehmungen durch die Staatsanwaltschaft oder eine andere Strafverfolgungsbehörde, 3. Terminen außerhalb der Hauptverhandlung, in denen über die Anordnung oder Fortdauer der Untersuchungshaft oder der einstweiligen Unterbringung verhandelt wird, 4. Verhandlungen im Rahmen des Täter-Opfer-Ausgleichs sowie 5. Sühneterminen nach § 380 StPO .... Mehrere Termine an einem Tag gelten als ein Termin. Die Gebühr entsteht im vorbereitenden Verfahren und in jedem Rechtszug für die Teilnahme an jeweils bis zu drei Terminen einmal.	40,00 bis 300,00 €	136,00 €
4103	Gebühr 4102 mit Zuschlag	40,00 bis 375,00 €	166,00 €

Wie sich aus dem vorstehenden Auszug aus dem VV RVG ergibt, ist unter Nr. 4100 die Grundgebühr geregelt. Unter Nr. 4101 VV RVG heißt es dann „Gebühr 4100 **mit Zuschlag"**. Gleiches gilt für die unter Nr. 4102 VV RVG geregelte Terminsgebühr. Dort findet sich dann unter Nr. 4103 VV RVG: „Gebühr 4102 **mit Zuschlag"**. Dies setzt sich in Teil 4, Abschnitt 1, Unterabschnitt 1 bis 3 VV RVG so fort. 20

„Mit Zuschlag" bedeutet, dass der Rechtsanwalt seine Gebühr innerhalb dieses dort bestimmten höheren Gebührenrahmens bestimmen kann, wenn der Mandant sich nicht auf freiem Fuß befindet. Denn in der Vorbemerkung 4 Abs. 4 VV RVG heißt

[1] Gerold/Schmidt VV Vorb. 4 Rn. 3 bis 8; Burhoff B. Kommentar Teil 4 – Strafsachen Vorbem. 4 VV Rn. 5 bis 7.

es: ***„Befindet sich der Beschuldigte nicht auf freiem Fuß, entsteht die Gebühr mit Zuschlag"***. Warum sich der Beschuldigte nicht auf freiem Fuß befindet, ist unerheblich. Es kommt also nicht darauf an, ob er zB

- sich in derselben oder in einer anderen Sache in Untersuchungshaft befindet
- sich in einer anderen Sache in Strafhaft befindet
- sich in Sicherungsverwahrung befindet
- sich in Auslieferungs- oder Abschiebehaft befindet
- im Rahmen einer Betreuung in einer geschlossenen Anstalt untergebracht ist.[2]

21 Befindet sich der Beschuldigte nicht auf freiem Fuß, so kann der Rechtsanwalt die Gebühr also aus dem höheren Gebührenrahmen bestimmen. Der Pflichtverteidiger oder der gerichtlich beigeordnete Rechtsanwalt erhält in diesen Fällen die höhere Festgebühr.

22 Ob dies auch dann gilt, wenn sich der Mandant im offenen Vollzug befindet, ist umstritten.[3]

Der Vertreter des Nebenklägers kann die Gebühr mit Zuschlag nur dann ansetzen, wenn sein eigener Mandant nicht auf freiem Fuß ist und nicht schon dann, wenn der Angeklagte inhaftiert ist.[4]

23 Die **Grundgebühr Nr. 4100 VV RVG** entsteht nur dann nach dem erhöhten Rahmen der Nr. 4101 VV RVG, wenn der Mandant sich zum **Zeitpunkt der Auftragserteilung** nicht auf freiem Fuß befindet. Für die weiteren Gebühren kommt es darauf an, dass der Mandant sich in dem Zeitraum, den die Gebühr abgilt, nicht auf freiem Fuß befindet. Nicht notwendig ist, dass dies während des ganzen – gebührenrechtlichen – Verfahrensabschnittes der Fall ist.[5]

24 **Beispiel:** Der Mandant wird erst nach Eingang der Anklage beim Amtsgericht in Untersuchungshaft genommen. Die Grundgebühr und die Verfahrensgebühr für das vorbereitende Verfahren entstehen nach dem nicht erhöhten Rahmen der Nr. 4100 und der Nr. 4104 VV RVG.

Dagegen entsteht die Verfahrensgebühr für das gerichtliche Verfahren aus dem erhöhten Gebührenrahmen der Nr. 4107 VV RVG, da sich der Mandant zum Zeitpunkt des Tätigwerdens des Rechtsanwalts im gerichtlichen Verfahren in Untersuchungshaft befand. Wäre der Mandant auch noch zum Zeitpunkt der stattfindenden Hauptverhandlung in Haft, würde sich auch die Terminsgebühr für die Hauptverhandlung nach dem erhöhten Rahmen der Nr. 4109 VV RVG bestimmen.

Zusammenfassung

25
- ▶ In Teil 4 und 5 des Vergütungsverzeichnisses ist in der dritten Spalte von links der Betragsrahmen für den Wahlanwalt festgelegt.
- ▶ In der rechten Spalte ist ein fester Gebührenbetrag für den Pflichtverteidiger oder den beigeordneten Rechtsanwalt ausgewiesen.
- ▶ In Strafsachen ist in Teil 4, Abschnitt 1, den Unterabschnitten 1 bis 3 VV RVG nach jeder Gebühr noch einmal dieselbe Gebühr ausgewiesen mit dem Zusatz „mit Zuschlag". Dort ist ein höherer Gebührenrahmen bzw. eine höhere feste Gebühr für den Pflichtverteidiger und den beigeordneten Rechtsanwalt ausgewiesen. Dieser höhere Gebührenrahmen bzw. die höhere feste Gebühr kommt dann zur Anwendung, wenn der vom Rechtsanwalt vertretene Beschuldigte, Angeklagte oder Angeschuldigte sich nicht auf freiem Fuß befindet.

---

[2] Hartung/Schons/Enders Vorb. 4 VV Rn. 45; Burhoff B. Kommentar Teil 4 – Strafsachen Vorbem. 4 Rn. 107 bis 112.

[3] Kein Haftzuschlag: AG Osnabrück AGS 2006, 232; Überwiegende Meinung: Haftzuschlag auch dann, wenn Mandant sich im offenem Vollzug befindet: Burhoff B. Kommentar Vorbem. 4 VV Rn. 108; Hartung/Schons/Enders Vorb. 4 VV Rn. 45; Gerold/Schmidt Vorb. 4 VV Rn. 49.

[4] Gerold/Schmidt Vorb. 4 VV Rn. 48; OLG Düsseldorf RVG-Letter 2006, 90 = AGS 2006, 435 = RVGreport 2006, 389.

[5] Gerold/Schmidt Vorb. 4 VV Rn. 46; Burhoff B. Kommentar Teil 4 – Strafsachen Nr. 4101 VV Rn. 2.

II. Strafsachen

Strafsachen sind in Teil 4 des Vergütungsverzeichnisses zum RVG geregelt. Teil 4 unterteilt sich in drei Abschnitte, in denen folgendes geregelt wird: 26
Abschnitt 1 → Gebühren des Verteidigers
Abschnitt 2 → Gebühren in der Strafvollstreckung
Abschnitt 3 → Einzeltätigkeiten.

1. Übersicht

In Strafsachen können dem Verteidiger in derselben Angelegenheit mehrere Gebühren nebeneinander entstehen. Dem Praktiker soll daher in diesem Kapitel zunächst einmal eine Übersicht in Form eines groben Schemas an die Hand gegeben werden über die Gebühren, die dem **Verteidiger im I. Rechtszug in einer Strafsache** entstehen können: 27

Erste Angelegenheit: Strafrechtliches Ermittlungsverfahren

Allgemeine Gebühren	→ Grundgebühr Nrn. 4100, 4101 VV RVG
	→ Terminsgebühr Nrn. 4102, 4103 VV RVG
Vorbereitendes Verfahren	→ Verfahrensgebühr Nrn. 4104, 4105 VV RVG

Zweite Angelegenheit: Gerichtliches Verfahren

Gerichtliches Verfahren	→ Verfahrensgebühr Amtsgericht Nrn. 4106, 4107 VV RVG Landgericht Nrn. 4112, 4113 VV RVG Oberlandesgericht Nrn. 4118, 4119 VV RVG
	→ Terminsgebühr Amtsgericht Nrn. 4108, 4109 VV RVG Landgericht Nrn. 4114, 4115 VV RVG Oberlandesgericht Nrn. 4120, 4121 VV RVG

In jeder Angelegenheit kann weiter entstehen:

\+ **evtl. zusätzliche Gebühren** zB Nr. 4141 VV RVG
\+ Pauschale für Entgelte für Post- und Telekommunikationsdienstleistungen Nr. 7002 VV RVG (oder tatsächliche Entgelte)
\+ Dokumentenpauschalen zB Nr. 7000 Ziffer 1 a) VV RVG für Kopien aus der amtlichen Ermittlungsakte
\+ evtl. entstandene weitere Auslagen zB Reisekosten Nr. 7003 ff. VV RVG
\+ Umsatzsteuer Nr. 7008 VV RVG.

Die Gebühren werden im Einzelnen in dem nachfolgenden Kapitel behandelt.

Teil 4 des Vergütungsverzeichnisses gilt nicht nur für den Rechtsanwalt, der als Verteidiger für den Mandanten tätig ist, sondern auch dann, wenn der Rechtsanwalt als Beistand oder Vertreter 28

- eines Privatklägers
- eines Nebenklägers
- eines Einziehungs- oder Nebenbeteiligten
- eines Verletzten
- eines Zeugen
- eines Sachverständigen
- und im Verfahren nach dem strafrechtlichen Rehabilitierungsgesetz tätig wird (Vorbemerkung 4 Abs. 1 VV RVG).

2. Allgemeine Gebühren

29 Teil 4, Abschnitt 1 VV RVG regelt die Gebühren des Rechtsanwaltes, der als **Verteidiger** für seinen Mandanten tätig ist. Der Verteidiger kann zunächst die im Unterabschnitt 1 geregelten **allgemeinen Gebühren** verdienen. Unter allgemeinen Gebühren sind die **Grundgebühr** (→ Kap. L Rn. 31 ff.) und die **Terminsgebühr** (→ Kap. L Rn. 45 ff.) für Termine außerhalb einer Hauptverhandlung geregelt.

30 Allgemeine Gebühren können in jedem gebührenrechtlichen Abschnitt anfallen, sofern die Tatbestände dort erfüllt werden. Wird zB der Rechtsanwalt erstmals im gerichtlichen Verfahren des I. Rechtszuges tätig, fällt auch noch die Grundgebühr Nr. 4100 VV RVG an. Findet zB während des Berufungsverfahrens außerhalb einer Hauptverhandlung ein Haftprüfungstermin statt, so entsteht dem Rechtsanwalt auch im Berufungsverfahren die Terminsgebühr Nrn. 4102, 4103 VV RVG.

2.1 Grundgebühr

31 Dem als **Verteidiger** in einer Strafsache tätigen Rechtsanwalt wird zunächst einmal die Grundgebühr entstehen.

Auszug aus dem VV RVG

32

Nr.	Gebührentatbestand	Gebühr oder Satz der Gebühr nach § 13 oder § 49 RVG	
		Wahlanwalt	gerichtlich bestellter oder beigeordneter Rechtsanwalt
4100	Grundgebühr .... (1) Die Gebühr entsteht neben der Verfahrensgebühr für die erstmalige Einarbeitung in den Rechtsfall nur einmal, unabhängig davon, in welchem Verfahrensabschnitt sie erfolgt. (2) Eine wegen derselben Tat oder Handlung bereits entstandene Gebühr 5100 ist anzurechnen.	40,00 bis 360,00 €	160,00 €
4101	Gebühr 4100 mit Zuschlag	40,00 bis 450,00 €	192,00 €

33 In welcher Höhe die Grundgebühr entsteht, ergibt sich aus dem vorstehend abgedruckten Auszug aus dem VV RVG. Ist der Mandant auf freiem Fuß, entsteht die Grundgebühr nach Nr. 4100 VV RVG. Ist der vom Rechtsanwalt Vertretene nicht auf freiem Fuß, entsteht die Grundgebühr nach Nr. 4101 VV RVG.

34 Die Grundgebühr entsteht für die erstmalige Einarbeitung in den Rechtsfall. Der Rechtsanwalt erhält die Grundgebühr unabhängig davon, in welchem Verfahrensabschnitt er erstmals tätig wird. Die Grundgebühr entsteht aber **in demselben Rechtsfall nur einmal.**[6]

35 **Beispiel:** Der Rechtsanwalt wird mit der Verteidigung im I. Rechtszug von dem Mandanten beauftragt, nachdem diesem die Anklage zugestellt worden ist.
Die Grundgebühr Nr. 4100, 4101 VV RVG entsteht.

36 **Beispiel:** Der Mandant hat sich in dem I. Rechtszug selbst verteidigt. Er hat gegen das Urteil des Amtsgerichts Berufung eingelegt. Für das Berufungsverfahren bestellt er Rechtsanwalt X zu seinem Verteidiger.

[6] Burhoff B. Kommentar Teil 4 – Strafsachen Nr. 4100 VV Rn. 14 und 36.

Obwohl Rechtsanwalt X erstmals in der Berufung tätig wird, kann er die Grundgebühr nach Nr. 4100, 4101 VV RVG berechnen.

Beispiel: Der Rechtsanwalt hat den Mandanten bereits in dem I. Rechtszug vor dem Amtsgericht verteidigt. Er legt auftragsgemäß gegen das Urteil des Amtsrichters Berufung ein. Auch in dem Berufungsverfahren wird er als Verteidiger für den Mandanten tätig. 37

Die Grundgebühr Nr. 4100, 4101 VV RVG entsteht nur **einmal.** Sie gehört zu den Gebühren des I. Rechtszuges.

Durch das 2. KostRMoG[7] hat der Gesetzgeber klargestellt, dass die Grundgebühr stets neben der Verfahrensgebühr entsteht. Die Grundgebühr wird also nie alleine dastehen können.[8] 38

Beispiel: Der Rechtsanwalt wird mit der Verteidigung in dem Ermittlungsverfahren beauftragt. Er fordert die amtliche Ermittlungsakte zur Einsichtnahme auf seiner Kanzlei an, arbeitet diese durch und lässt hieraus die notwendigen Kopien für seine Handakte fertigen. Dann wird ihm das Mandat gekündigt. Der Rechtsanwalt kann neben der Grundgebühr Nr. 4100, 4101 VV RVG auch noch die Verfahrensgebühr für das vorbereitende Verfahren Nr. 4104, 4105 VV RVG berechnen. Natürlich wird er der Bestimmung der Gebühr innerhalb des Rahmens berücksichtigen müssen, dass er hier nicht sehr umfangreich tätig war. 39

Die Grundgebühr entsteht unabhängig von den Gebühren, die dem Rechtsanwalt sonst in derselben Sache anfallen. Sie kann neben den anderen Gebühren in Ansatz gebracht werden und ist auf diese nicht anzurechnen. 40

Ist wegen derselben Tat oder Handlung zunächst ein Strafverfahren anhängig und folgt nach Einstellung desselben ein Bußgeldverfahren, entsteht die Grundgebühr nur einmal (Abs. 2 der Anmerkung zu Nr. 4100 VV RVG und Abs. 2 der Anmerkung zu Nr. 5100 VV RVG). In diesen Fällen kann die Grundgebühr aus dem höheren Gebührenrahmen Nr. 4100 VV RVG bestimmt werden. 41

Übt der Rechtsanwalt nur eine Einzeltätigkeit aus, zB erstattet er für den Mandanten nur eine Strafanzeige, so fällt keine Grundgebühr an.[9] Denn die Grundgebühr ist in Teil 4, Abschnitt 1 VV RVG geregelt, der mit **„Gebühren des Verteidigers“** überschrieben ist. Einzeltätigkeiten sind dagegen in Teil 4, Abschnitt 3 VV RVG des Vergütungsverzeichnisses geregelt. 42

Beispiel: Der Mandant hat den Rechtsanwalt nur beauftragt, eine Strafanzeige zu erstatten. Ansonsten ist der Rechtsanwalt in diesem Rechtsfall nicht tätig. 43

Dem Rechtsanwalt entsteht keine Grundgebühr. Für die Erstattung der Strafanzeige kann er berechnen:

Verfahrensgebühr Nr. 4302 Ziffer 2 VV RVG
zzgl. Auslagen und Umsatzsteuer.

Zusammenfassung

- Die Grundgebühr Nr. 4100, 4101 VV RVG entsteht für die erstmalige Einarbeitung in den Rechtsfall. 44
- Sie fällt unabhängig davon an, in welchem Verfahrensabschnitt der Rechtsanwalt erstmals tätig wird.
- Sie entsteht in jedem Rechtsfall nur einmal.

2.2 Terminsgebühr

Für die Teilnahme an Terminen **außerhalb der Hauptverhandlung** kann der Rechtsanwalt die Terminsgebühr nach Nr. 4102, 4103 VV RVG verdienen. 45

---

[7] BGBl. I 2013, 2586 f. – in Kraft getreten am 1. 8. 2013.

[8] Begründung des Gesetzgebers zu der Änderung der Nr. 4100 VV RVG in der BT-Drucksache 17/11471 vom 14. 11. 2012 zu dem 2. KostRMoG.

[9] Burhoff B. Kommentar Teil 4 – Strafsachen Nr. 4100 VV Rn. 4.

Auszug aus dem VV RVG

46

Nr.	Gebührentatbestand	Gebühr oder Satz der Gebühr nach § 13 oder § 49 RVG	
		Wahlanwalt	gerichtlich bestellter oder beigeordneter Rechtsanwalt
4102	Terminsgebühr für die Teilnahme an 1. richterlichen Vernehmungen und Augenscheinseinnahmen, 2. Vernehmungen durch die Staatsanwaltschaft oder eine andere Strafverfolgungsbehörde, 3. Terminen außerhalb der Hauptverhandlung, in denen über die Anordnung oder Fortdauer der Untersuchungshaft oder der einstweiligen Unterbringung verhandelt wird, 4. Verhandlungen im Rahmen des Täter-Opfer-Ausgleichs sowie 5. Sühneterminen nach § 380 StPO Mehrere Termine an einem Tag gelten als ein Termin. Die Gebühr entsteht im vorbereitenden Verfahren und in jedem Rechtszug für die Teilnahme an jeweils bis zu drei Terminen einmal.	40,00 bis 300,00 €	136,00 €
4103	Gebühr 4102 mit Zuschlag	40,00 bis 375,00 €	166,00 €

47 In welcher Höhe die Terminsgebühr für die Teilnahme an Terminen außerhalb der Hauptverhandlung entsteht, ergibt sich aus dem vorstehend abgedruckten Auszug aus dem Vergütungsverzeichnis zum RVG. Ist der Mandant auf freiem Fuß, entsteht die Terminsgebühr nach Nr. 4102 VV RVG. Ist der vom Rechtsanwalt Vertretene nicht auf freiem Fuß, entsteht die Terminsgebühr nach Nr. 4103 VV RVG.

48 Für welche Termine die Terminsgebühr nach Nr. 4102, 4103 VV RVG entsteht, ergibt sich aus der Nr. 4102 VV RVG. Danach entsteht die Terminsgebühr für die Teilnahme des Rechtsanwaltes an

- richterlichen Vernehmungen und Augenscheinseinnahmen
- Vernehmungen durch die Staatsanwaltschaft oder eine andere Strafverfolgungsbehörde (zB Schutzpolizei, Kriminalpolizei)
- Terminen, in denen über die Anordnung oder Fortdauer der Untersuchungshaft oder die einstweilige Unterbringung **verhandelt** wird (zB Haftprüfungstermin)
- Verhandlungen im Rahmen des Täter-Opfer-Ausgleiches
- Sühnetermin nach § 380 StPO.

49 Für einen Termin vor dem Haftrichter, in dem der Haftbefehl nur verkündet wird, soll die Terminsgebühr nicht entstehen.[10] Allein das Stellen eines Antrags auf Akteneinsicht und die Übergabe von Akten stellen auch noch kein Verhandeln im Sinne der Nr. 4102 Ziffer 3 VV RVG dar.[11] Die Terminsgebühr Nr. 4102 Ziffer 3 VV RVG soll aber dann entstehen, wenn vor Aufruf der Sache zur Haftbefehlsverkündung längere und auch eingehende sachbezogene Erörterungen ua zu den Möglichkeiten einer

[10] Begründung des KostRMoG zu Nr. 4102 VV RVG in BT-Drucksache 15/1971, S. 223 – linke Spalte, vorletzter Absatz; Burhoff B. Kommentar Teil 4 – Strafsachen Nr. 4102 VV Rn. 33 ff.; OLG Hamm JurBüro 2006, 136 = AGS 2006, 179; OLG Hamm JurBüro 2006, 424 = RVG-Letter 2006, 78; OLG Hamm Beschluss vom 27. 11. 2006 – 2 (s) Sbd. IX – 117/06 = www.burhoff.de.

[11] OLG Hamm JurBüro 2006, 641.

Verfahrensbeschleunigung, zu den Untersuchungshaftbedingungen und dergleichen stattfinden.[12] Die Gebühr nach Nr. 4102 Ziffer 3 VV RVG entsteht auch, wenn der Rechtsanwalt an einem Termin gem. § 128 Abs. 1 StPO teilnimmt und dort über den Erlass eines Haftbefehls verhandelt wird.[13]

In einem vom LG Braunschweig[14] entschiedenen Fall hatte der Verteidiger an einem von einem Sachverständigen bestimmten Beweistermin, in dem Crash-Versuche durchgeführt wurden, teilgenommen. Das LG Braunschweig (aaO) hat dem Anwalt hierfür die Terminsgebühr der Nr. 4102 VV RVG zuerkannt. 50

Ob die Teilnahme des Rechtsanwalts an der Exploration seines Mandanten durch den gerichtlich bestellten Sachverständigen die Terminsgebühr der Nr. 4102, 4103 VV RVG auslöst, ist umstritten.[15] 51

Voraussetzung für den Anfall der Terminsgebühr Nr. 4102, 4103 VV RVG ist immer, dass der Termin **außerhalb einer Hauptverhandlung** stattfindet. Für die Vernehmung in dem Hauptverhandlungstermin entsteht also neben der Terminsgebühr für die Hauptverhandlung keine gesonderte Terminsgebühr nach Nr. 4102, 4103 VV RVG. 52

Mehrere Termine im Sinne der Nr. 4102 VV RVG **an einem Tag gelten als ein Termin** (S. 1 der Anmerkung zu Nr. 4102 VV RVG). Die Gebühr entsteht dann für mehrere Termine an einem Tag nur einmal. 53

Beispiel: Der Rechtsanwalt vertritt den Mandanten als Verteidiger. Am Vormittag des 1. 6. nimmt der Rechtsanwalt an der Vernehmung seines Mandanten bei der Kriminalpolizei teil. Am Nachmittag des 1. 6. wird der Mandant dem Haftrichter vorgeführt zwecks Erlass eines Haftbefehls und Anordnung der Untersuchungshaft. Auch an diesem Termin nimmt der Rechtsanwalt teil. 54

Der Rechtsanwalt kann die Terminsgebühr Nr. 4102, 4103 VV RVG nur einmal berechnen.

Fraglich ist, ob die Terminsgebühr in diesen Fällen aus dem Gebührenrahmen der Nr. 4102 VV RVG zu bestimmen ist oder innerhalb des Rahmens nach Nr. 4103 VV RVG angesetzt werden kann. Der Gebührenrahmen Nr. 4103 VV RVG kommt zur Anwendung, wenn der Mandant sich nicht auf freiem Fuß befindet. Wurde der Mandant von der Kriminalpolizei vor der Vernehmung bereits vorläufig festgenommen, so befindet er sich meines Erachtens nicht mehr auf freiem Fuß, so dass der Rechtsanwalt in den vorliegenden Fällen die Terminsgebühr innerhalb des in Nr. 4103 VV RVG festgelegten Gebührenrahmens bestimmen kann.[16] Auch die Grundgebühr könnte in diesen Fällen aus dem höheren Rahmen der Nr. 4101 VV RVG bestimmt werden.

Da hier mehrere Termine an einem Tag stattgefunden haben, kann die Terminsgebühr nur einmal in Ansatz gebracht werden. Die Mehrtätigkeit des Rechtsanwaltes kann allerdings dadurch berücksichtigt werden, dass er innerhalb des Rahmens einen höheren Betrag in seine Berechnung einstellt.

Nach S. 2 der Anmerkung zu Nr. 4102 VV RVG entsteht die Terminsgebühr im vorbereitenden Verfahren und in jedem Rechtszug für die Teilnahme an jeweils **bis zu drei Terminen einmal.** Dies auch dann, wenn die Termine an verschiedenen Tagen stattfinden. 55

Beispiel: Der Rechtsanwalt hat im vorbereitenden Verfahren an folgenden Vernehmungsterminen teilgenommen: 56

Am 1. 6., am 3. 6., am 7. 6. und am 10. 6. Der Mandant befindet sich nicht in Haft.

Der Rechtsanwalt kann für die ersten drei Vernehmungstermine einmal die Terminsgebühr Nr. 4102 VV RVG in Ansatz bringen. Wegen des Umfangs seiner anwaltlichen Tätigkeit (Teilnahme

---

[12] LG Düsseldorf Beschluss vom 25. 3. 2005 – Qs 9/05 = www.burhoff.de; Gerold/Schmidt VV 4102, 4103 Rn. 13; Hartung/Schons/Enders Nr. 4102, 4103 VV Rn. 12.

[13] Kammergericht RVGreport 2006, 310.

[14] LG Braunschweig Beschluss vom 6. 5. 2011 – 7 Qs 83/11 = JurBüro 2011, 525.

[15] Bejahend: LG Hamburg AGS 2017, 182; LG Offenburg NStZ-RR 2006, 358; LG Braunschweig BeckRS 2011, 24885; LG Freiburg Beschluss vom 4. 7. 2014 – 3 KLs 250 JS 24324/12. Anderer Meinung: Keine Terminsgebühr nach Nr. 4102, 4103 VV RVG bei Teilnahme des Rechtsanwalts an Explorationsterminen: LG Zweibrücken BeckRS 2012, 17846; LG Düsseldorf BeckRS 2011, 02605; Beck'scher Online-Kommentar RVG, 33. Edition, VV 4102 Rn. 12; Burhoff B. Kommentar Teil 4 – Strafsachen Nr. 4102 VV Rn. 47, 48.

[16] So auch: Burhoff B. Kommentar Teil 4 – Strafsachen Nr. 4103 VV Rn. 2.

an drei Terminen) wird er möglicherweise den Gebührenrahmen voll ausschöpfen und den Höchstbetrag in Ansatz bringen können.

Für den vierten Vernehmungstermin fällt die Terminsgebühr Nr. 4102 VV RVG erneut an. Bei dem Ansatz dieser zweiten Gebühr ist unter Umständen der geringere Umfang der anwaltlichen Tätigkeit dadurch zu berücksichtigen, dass innerhalb des Rahmens eine Gebühr bestimmt wird, die niedriger ist als die Terminsgebühr für die ersten drei Vernehmungstermine.

Die beiden Terminsgebühren entstehen neben der Terminsgebühr für die Hauptverhandlung.

57 Die Einschränkung in S. 2 der Anmerkung zu Nr. 4102 VV RVG (bei bis zu 3 Terminen fällt die Gebühr nur einmal an) gilt nur dann, wenn die drei Termine entweder alle im vorbereitenden Verfahren oder alle im gerichtlichen Verfahren stattfinden. Finden zwei Termine im vorbereitenden Verfahren und ein Termin im gerichtlichen Verfahren statt, fällt die Terminsgebühr Nr. 4102 VV RVG zweimal an.[17]

58 **Beispiel:** Am 24. 5. und 27. 5. nimmt der Rechtsanwalt an Vernehmungen vor dem Staatsanwalt teil. Anschließend wird Anklage erhoben. Nach Eingang der Anklage bei Gericht vernimmt der Richter den Angeklagten erneut am 3. 8.

Die gebührenrechtliche Angelegenheit „vorbereitendes Verfahren" endet mit Eingang der Anklage bei Gericht. Die ersten beiden Vernehmungstermine finden also im noch im vorbereitenden Verfahren statt, während der dritte Termin im gerichtlichen Verfahren stattfindet.

Die Terminsgebühr Nr. 4102 VV RVG fällt zweimal an, einmal für die Termine vom 24. 5. und 27. 5., die im vorbereitenden Verfahren stattfinden. Ein weiteres Mal entsteht die Terminsgebühr Nr. 4102 VV RVG für den Termin vom 3. 8., weil dieser im gerichtlichen Verfahren stattfindet.

59 Die **Teilnahme** des Rechtsanwaltes an einem der in der Nr. 4102 VV RVG bezeichneten Termine – außerhalb der Hauptverhandlung – reicht aus, um die Terminsgebühr Nr. 4102, 4103 VV RVG auszulösen.[18]

60 **Beispiel:** Der Mandant ist für den 18. 5. zur Vernehmung als Beschuldigter von der Kriminalpolizei vorgeladen. In dem Vernehmungstermin erscheint der Rechtsanwalt und legt die Vollmacht seines Mandanten vor. Er gibt die Personalien seines Mandanten an und erklärt im Übrigen, dass sein Mandant keine Aussage zur Sache mache.

Die Terminsgebühr nach Nr. 4102, 4103 VV RVG ist meines Erachtens entstanden. Selbstverständlich ist beim Ansatz der Höhe der Gebühr der relativ geringere Umfang der anwaltlichen Tätigkeit zu berücksichtigen.

Zusammenfassung

61
- ▶ Für die Teilnahme an Terminen außerhalb der Hauptverhandlung erhält der Rechtsanwalt die Terminsgebühr Nr. 4102, 4103 VV RVG. Die Terminsgebühr fällt zB an für die Teilnahme an Vernehmungsterminen beim Richter, bei dem Staatsanwalt oder bei der Kriminalpolizei. Sie entsteht zB auch für die Wahrnehmung von Haftprüfungsterminen.
- ▶ Mehrere Termine an einem Tag lösen die Gebühr nur einmal aus.
- ▶ Im vorbereitenden Verfahren und in jedem Rechtszug entsteht die Terminsgebühr Nr. 4102, 4103 VV RVG für die Teilnahme an bis zu 3 Terminen nur einmal.

3. Vorbereitendes Verfahren

62 Für eine Tätigkeit im vorbereitenden Verfahren erhält der Rechtsanwalt eine Verfahrensgebühr Nr. 4104, 4105 VV RVG.

---

[17] Burhoff B. Kommentar Teil 4 – Strafsachen Nr. 4102 VV Rn. 57; Gerold/Schmidt VV 4102, 4103 Rn. 22; Schneider/Wolf VV 4102–4103 Rn. 14; Hartung/Schons/Enders Nr. 4102, 4103 VV Rn. 5.

[18] Burhoff B. Kommentar Teil 4 – Strafsachen Nr. 4102 VV Rn. 8.

Auszug aus dem VV RVG

Unterabschnitt 2. Vorbereitendes Verfahren 63

Nr.	Gebührentatbestand	Gebühr oder Satz der Gebühr nach § 13 oder § 49 RVG	
		Wahlanwalt	gerichtlich bestellter oder beigeordneter Rechtsanwalt
Vorbemerkung 4.1.2: Die Vorbereitung der Privatklage steht der Tätigkeit im vorbereitenden Verfahren gleich.			
4104	Verfahrensgebühr .... Die Gebühr entsteht für eine Tätigkeit in dem Verfahren bis zum Eingang der Anklageschrift, des Antrags auf Erlass eines Strafbefehls bei Gericht oder im beschleunigten Verfahren bis zum Vortrag der Anklage, wenn diese nur mündlich erhoben wird.	40,00 bis 290,00 €	132,00 €
4105	Gebühr 4104 mit Zuschlag	40,00 bis 362,50 €	161,00 €

Die Höhe der Verfahrensgebühr Nr. 4104, 4105 VV RVG ergibt sich aus dem vorstehenden Auszug aus dem VV RVG. Ist der Mandant auf freiem Fuß, ist die Verfahrensgebühr innerhalb des in der Nr. 4104 VV RVG festgelegten Rahmens zu bestimmen. Ist der Mandant nicht auf freiem Fuß, ist die Verfahrensgebühr innerhalb des Betragsrahmens der Nr. 4105 VV RVG zu bestimmen. 64

Das vorbereitende Verfahren „beginnt mit dem **Zeitpunkt der Einleitung einer strafrechtlichen Untersuchung“.**[19] In der Regel wird dies das polizeiliche oder staatsanwaltschaftliche Ermittlungsverfahren sein.[20] 65

Das vorbereitende Verfahren endet nach der Anmerkung zu Nr. 4104 VV RVG
- mit Eingang der Anklageschrift bei Gericht
- mit Eingang des Antrages auf Erlass eines Strafbefehls bei Gericht
- im beschleunigten Verfahren mit dem Vortrag der Anklage, wenn diese nur mündlich erhoben wird.

Damit die Verfahrensgebühr für das vorbereitende Verfahren entsteht, muss der Rechtsanwalt also nach Beginn des polizeilichen oder staatsanwaltschaftlichen Ermittlungsverfahrens und vor einem der vorgenannten Zeitpunkte irgendwie in seiner Eigenschaft als Verteidiger für den Mandanten tätig geworden sein. Nach der Vorbemerkung 4 Abs. 2 VV RVG entsteht die Verfahrensgebühr für das Betreiben des Geschäfts einschließlich der Information.[21] Die Entgegennahme der Informationen durch den Anwalt wird also neben der Grundgebühr auch stets bereits die Verfahrensgebühr auslösen. Dies stellt der Gesetzgeber in seiner Begründung zu der Änderung der Nr. 4100 VV RVG durch das 2. KostRMoG ausdrücklich klar.[22] Der Rechtsanwalt muss also nicht, um die Verfahrensgebühr auszulösen, schon nach außen hin tätig geworden sein. 66

---

[19] Zitiert nach Burhoff B. Kommentar Teil 4 – Strafsachen Nr. 4104 VV Rn. 3.

[20] Hartung/Schons/Enders Nr. 4104, 4105 VV Rn. 3.

[21] Burhoff B. Kommentar Teil 4 – Strafsachen Nr. 4104 VV Rn. 15; Schneider/Wolf VV 4104–4105 Rn. 20, 21.

[22] Vgl. BT-Drucksache 17/11471 vom 14. 11. 2012 zu dem 2. KostRMoG – Begründung zu der Änderung der Nr. 4100 VV RVG.

67 Eine schriftliche Stellungnahme an die ermittelnde Polizeibehörde oder die Staatsanwaltschaft lösen die Verfahrensgebühr für das vorbereitende Verfahren nach Nr. 4104, 4105 VV RVG auf jeden Fall aus.

68 **Beispiel:** Der Mandant beauftragt den Rechtsanwalt mit der Verteidigung in einem ihm gegenüber anhängigen Ermittlungsverfahren wegen eines Vergehens. Der Mandant wurde zur Vernehmung für den 21. 6. von der Polizeibehörde vorgeladen. Der Rechtsanwalt bespricht mit dem Mandanten den Sachverhalt und berät ihn zu den sich möglicherweise für den Mandanten ergebenden Folgen. Zwei Tage vor dem Vernehmungstermin teilt er der Polizeibehörde schriftlich mit, dass er sich für den Mandanten als Verteidiger bestelle. Er gibt die Personalien des Mandanten an und teilt mit, dass der Mandant zu dem Vernehmungstermin nicht erscheinen werde. Der Mandant werde in dem derzeitigen Stadium des Verfahrens keine Aussage machen. Der Rechtsanwalt bittet um Akteneinsicht. Der Mandant ist auf freiem Fuß.

Der Rechtsanwalt kann für seine Tätigkeit **bis dahin** berechnen:

1) Grundgebühr §§ 2 Abs. 2, 14 RVG iVm Nr. 4100 VV RVG – Mittelgebühr	200,00 EUR
2) Verfahrensgebühr für vorbereitendes Verfahren §§ 2 Abs. 2, 14, RVG iVm Nr. 4104 VV RVG – Mittelgebühr	165,00 EUR

zzgl. evtl. entstandener weiterer Gebühren, Auslagen, Dokumentenpauschale und Umsatzsteuer.

69 **Beispiel:** Der Mandant erscheint erstmals in der Kanzlei des Rechtsanwaltes, nachdem ihm die Anklageschrift vom Amtsgericht zugestellt worden ist. Er bittet den Rechtsanwalt, ihn als Verteidiger in dem Strafverfahren zu vertreten.

Die Verfahrensgebühr für das vorbereitende Verfahren Nr. 4104, 4105 VV RVG kann in diesem Fall nicht mehr entstehen. Denn der Rechtsanwalt wird hier erstmals tätig, nachdem die Anklage schon bei Gericht eingegangen ist. Damit ist die gebührenrechtliche Angelegenheit „vorbereitendes Verfahren" bereits beendet, als der Rechtsanwalt erstmals tätig wird.

In dem vorliegenden Fall wird dem Rechtsanwalt aber die Verfahrensgebühr für das gerichtliche Verfahren entstehen können (→ Kap. L Rn. 84 ff.).

Zusammenfassung

70
- ▶ Dem zum Verteidiger bestellten Rechtsanwalt entsteht für eine Tätigkeit im vorbereitenden Verfahren eine Verfahrensgebühr Nr. 4104, 4105 VV RVG.
- ▶ Das vorbereitende Verfahren endet mit
  - Eingang der Anklageschrift bei Gericht
  - Eingang des Antrages auf Erlass des Strafbefehls bei Gericht
  - im beschleunigten Verfahren mit dem Vortrag der Anklage, wenn diese nur mündlich erhoben wird.

Nur wenn der Rechtsanwalt vor einem dieser Zeitpunkte tätig wird, kann ihm die Verfahrensgebühr für das vorbereitende Verfahren entstehen.

4. Verschiedene Angelegenheiten sind das strafrechtliche Ermittlungsverfahren und das nachfolgende gerichtliche Verfahren

71 Durch das 2. KostRMoG[23] stellt der Gesetzgeber in § 17 Nr. 10 a) RVG klar, dass
- das strafrechtliche Ermittlungsverfahren
- und ein nachfolgendes gerichtliches Verfahren

verschiedene gebührenrechtliche Angelegenheiten sind.

72 Des Weiteren wird in § 17 Nr. 10 b) RVG klargestellt, dass
- das strafrechtliche Ermittlungsverfahren
- und ein sich nach Einstellung des Ermittlungsverfahrens anschließendes Bußgeldverfahren

verschiedene gebührenrechtliche Angelegenheiten sind.

---

[23] BGBl. I 2013, 2586 f. – in Kraft getreten am 1. 8. 2013.

73 § 17 Nr. 10 VV RVG spricht vom „strafrechtlichen Ermittlungsverfahren". Im Vergütungsverzeichnis zum RVG, Teil 4 Abschnitt 1, Unterabschnitt 2 spricht der Gesetzgeber vom „vorbereitenden Verfahren". Gebührenrechtlich ist damit wohl dasselbe gemeint.

74 Mit dieser Klarstellung wird der Streit beseitigt, ob die Pauschale für Entgelte für Post- und Telekommunikationsdienstleistungen Nr. 7002 VV RVG einmal oder zweimal anfällt, also einmal für das strafrechtliche Ermittlungsverfahren und ein weiteres Mal für das gerichtliche Verfahren.[24] Da nach der Anmerkung zu Nr. 7002 VV RVG die Pauschale in jeder Angelegenheit gefordert werden kann, ist klar, dass diese sowohl für die Tätigkeit im vorbereitenden Verfahren (Ermittlungsverfahren) als auch für die Tätigkeit im gerichtlichen Verfahren entstehen kann.

75 Nach Absatz 1 der Anmerkung zu Nr. 7000 VV RVG ist die Höhe der Dokumentenpauschale in derselben Angelegenheit und im gerichtlichen Verfahren in demselben Rechtszug einheitlich zu berechnen. Dies bedeutet, dass in jeder gebührenrechtlichen Angelegenheit für die ersten 50 abzurechnenden Seiten je Seite 0,50 EUR (sofern es sich um Farbkopien handelt für die ersten 50 abzurechnenden Seiten 1 EUR pro Seite) angesetzt werden können.

76 **Beispiel:** Der Rechtsanwalt vertritt im Ermittlungsverfahren. Er fertigt aus der amtlichen Ermittlungsakte 72 Kopien in schwarz/weiß und 68 Kopien in Farbe. Hierfür kann er folgende Dokumentenpauschale berechnen:

Dokumentenpauschale Nr. 7000 Ziffer 1 a) VV RVG für Kopien in schwarz/weiß aus der amtlichen Ermittlungsakte

– 50 Kopien à 0,50 EUR	25,00 EUR
– 22 Kopien à 0,15 EUR	3,30 EUR.

Dokumentenpauschale Nr. 7000 Ziffer 1 a) VV RVG für Kopien in Farbe aus der amtlichen Ermittlungsakte

– 50 Kopien à 1,00 EUR	50,00 EUR
– 18 Kopien à 0,30 EUR	5,40 EUR.

Anschließend vertritt er die Partei auch in dem gerichtlichen Verfahren. Er nimmt erneut Akteneinsicht und fertigt weitere 22 Kopien in schwarz/weiß und 14 Kopien in Farbe aus der Gerichtsakte. Hierfür kann er abrechnen:

Dokumentenpauschale Nr. 7000 Ziffer 1 a) VV RVG für Kopien in schwarz/weiß aus der amtlichen Ermittlungsakte

– 22 Kopien à 0,50 EUR	11,00 EUR.

Dokumentenpauschale Nr. 7000 Ziffer 1 a) VV RVG für Kopien in Farbe aus der amtlichen Ermittlungsakte

– 14 Kopien à 1,00 EUR	14,00 EUR.

In dem vorstehenden Beispiel wurde nur die Abrechnung der Dokumentenpauschale dargestellt. Hinzukommen natürlich die angefallenen Gebühren und weitere Auslagen.

77 In der Praxis wird darauf zu achten sein, dass die Gebühren für die gebührenrechtliche Angelegenheit abgerechnet werden, sobald diese beendet ist. So werden die Gebühren für die gebührenrechtliche Angelegenheit „strafrechtliches Ermittlungsverfahren" (= „vorbereitendes Verfahren") fällig, mit Beendigung dieser Angelegenheit. Die Angelegenheit ist beendigt mit Übergang der Sache in das gerichtliche Verfahren (zB mit Eingang der Anklage bei Gericht – vgl. Anmerkung zu der Nr. 4104 VV RVG). Mit der Fälligkeit beginnt auch die Verjährungsfrist (Schluss des Jahres, in dem der Anspruch entstanden ist) zu laufen. Würde die Vergütung für die Angelegenheit „strafrechtliches Ermittlungsverfahren" erst abgerechnet, wenn auch das nachfolgende gerichtliche Verfahren beendet wäre, könnte der Mandant unter Umständen erfolgreich die Verjährung einwenden.

78 Bei Gesetzesänderungen, wie zB den Änderungen durch das 2. KostRMoG[25] ist jede gebührenrechtliche Angelegenheit gesondert zu betrachten.

[24] Vgl. RVG für Anfänger, 15. Auflage, Rn. 2594.
[25] BGBl. I 2013, 2586 f. – in Kraft getreten am 1. 8. 2013.

79 **Beispiel:** Der Rechtsanwalt wird als Verteidiger von seinem Mandanten mit der Vertretung in dem strafrechtlichen Ermittlungsverfahren am 2. 3. 2013 beauftragt. Die Anklageschrift geht am 10. 8. 2013 bei Gericht ein.

Die Gebühren für die Vertretung in dem strafrechtlichen Ermittlungsverfahren bestimmen sich nach den bis zum 31. 7. 2013 geltenden Gebührenrahmen.

Die Gebühren für die Vertretung in dem nachfolgenden gerichtlichen Verfahren bestimmen sich nach den durch das 2. KostRMoG geänderten – erhöhten – Gebührenrahmen. Denn den unbedingten Auftrag für die gebührenrechtliche Angelegenheit „nachfolgendes gerichtliches Verfahren" hat der Rechtsanwalt erst nach Inkrafttreten der Änderungen durch das 2. KostRMoG[26] erhalten.

5. Gerichtliches Verfahren

80 Nach der gebührenrechtlichen Angelegenheit „strafrechtliches Ermittlungsverfahren" (= „vorbereitendes Verfahren") folgt die gebührenrechtliche Angelegenheit „gerichtliches Verfahren". Das „gerichtliche Verfahren" beginnt

- mit Eingang der Anklageschrift bei Gericht
- mit Eingang des Antrages auf Erlass eines Strafbefehls bei Gericht
- im beschleunigten Verfahren mit dem Vortrag der Anklage, wenn diese nur mündlich erhoben wird (Anmerkung zu Nr. 4104 VV RVG).

Das gerichtliche Verfahren endet mit dem Schluss der Hauptverhandlung.

81 Für seine Tätigkeit im gerichtlichen Verfahren können dem Verteidiger nach Teil 4, Abschnitt 1, Unterabschnitt 3 VV RVG eine Verfahrensgebühr und für jede Hauptverhandlung eine Terminsgebühr entstehen.

82 Die Gebühren im gerichtlichen Verfahren richten sich nach der Ordnung des Gerichts, vor welchem die Sache anhängig wird. Für den **I. Rechtszug** sind in Teil 4, Abschnitt 1, Unterabschnitt 3 VV RVG für folgende Gerichte in folgenden Nummern des Vergütungsverzeichnisses unterschiedlich hohe Gebührenrahmen geregelt:

- für Verfahren vor dem **Amtsgericht** in den Nrn. 4106 bis 4111 VV RVG
- für Verfahren vor der Strafkammer, vor der Jugendkammer und im Rehabilitierungsverfahren nach Abschnitt 2 StrRehaG in den Nrn. 4112 bis 4117 VV RVG
- für Verfahren vor dem Oberlandesgericht, dem **Schwurgericht**, der **Staatsschutzkammer** (§ 74a) GVG) und der großen Strafkammer als **Wirtschaftsstrafkammer** (§ 74c) GVG) sowie der **Jugendkammer**, soweit sie in Sachen entscheidet, die nach den allgemeinen Vorschriften zu der Zuständigkeit des Schwurgerichtes gehören, in den Nrn. 4118 bis 4123 VV RVG.

Wird das Strafverfahren im I. Rechtszug vor dem Landgericht anhängig, ist also zu prüfen, vor welcher Kammer des Landgerichts die Anklage erhoben worden ist. Wird die Anklage zB vor der Strafkammer erhoben, gelten die Gebührenrahmen der Nrn. 4112 bis 4117 VV RVG; wird die Anklage aber vor dem Schwurgericht, welches ebenfalls zum Landgericht gehört, erhoben, bestimmen sich die Gebührenrahmen nach den Nrn. 4118 bis 4123 VV RVG.

Zusammenfassung

83 ▶ In gerichtlichen Verfahren kann der als Verteidiger tätige Rechtsanwalt eine Verfahrensgebühr und für jede Hauptverhandlung eine Terminsgebühr verdienen.

▶ Für das gerichtliche Verfahren das I. Rechtszuges sind in Teil 4, Abschnitt 1, Unterabschnitt 3 VV RVG unterschiedliche Gebührenrahmen abhängig von der Ordnung des Gerichts bestimmt. Entscheidend ist, vor welchem Gericht die Strafsache anhängig wird.

---

[26] BGBl. I 2013, 2586 f. – in Kraft getreten am 1. 8. 2013.

5.1 Verfahrensgebühr

Im gerichtlichen Verfahren erhält der Rechtsanwalt eine Verfahrensgebühr neben der Terminsgebühr, die für jeden Hauptverhandlungstag anfällt. 84

Auszug aus dem VV RVG

Unterabschnitt 3. Gerichtliches Verfahren
Erster Rechtszug 85

Nr.	Gebührentatbestand	Gebühr oder Satz der Gebühr nach § 13 oder § 49 RVG	
		Wahlanwalt	gerichtlich bestellter oder beigeordneter Rechtsanwalt
4106	Verfahrensgebühr für den ersten Rechtszug vor dem Amtsgericht	40,00 bis 290,00 €	132,00 €
4107	Gebühr 4106 mit Zuschlag	40,00 bis 362,50 €	161,00 €
4112	Verfahrensgebühr für den ersten Rechtszug vor der Strafkammer .... Die Gebühr entsteht auch für Verfahren 1. vor der Jugendkammer, soweit sich die Gebühr nicht nach Nummer 4118 bestimmt, 2. im Rehabilitierungsverfahren nach Abschnitt 2 StrRehaG.	50,00 bis 320,00 €	148,00 €
4113	Gebühr 4112 mit Zuschlag	50,00 bis 400,00 €	180,00 €
4118	Verfahrensgebühr für den ersten Rechtszug vor dem Oberlandesgericht, dem Schwurgericht oder der Strafkammer nach den §§ 74a und 74c GVG .... Die Gebühr entsteht auch für Verfahren vor der Jugendkammer, soweit diese in Sachen entscheidet, die nach den allgemeinen Vorschriften zur Zuständigkeit des Schwurgerichts gehören.	100,00 bis 690,00 €	316,00 €
4119	Gebühr 4118 mit Zuschlag	100,00 bis 862,50 €	385,00 €

Der jeweilige Gebührenrahmen kann aus dem vorstehend abgedruckten Auszug aus dem VV RVG entnommen werden. Ist der Mandant während des gerichtlichen Verfahrens – zumindest zeitweise – nicht auf freiem Fuß, sondern in Haft, entsteht die Gebühr mit Zuschlag. 86

Die Verfahrensgebühr erhält der Verteidiger für das Betreiben des Geschäftes einschließlich der Information (Vorbemerkung 4 Abs. 2 VV RVG). Durch die Verfahrensgebühr für das gerichtliche Verfahren sollen alle Tätigkeiten des Rechtsanwaltes im gerichtlichen Verfahren außerhalb der Hauptverhandlung abgegolten werden.[27] Hierunter fallen insbesondere auch vorbereitende Schriftsätze im gerichtlichen Verfahren und Stellungnahmen zur Anklageschrift.[28] Soweit im Vergütungsverzeichnis 87

[27] Burhoff B. Kommentar Teil 4 – Strafsachen Nr. 4106 VV Rn. 9; Schneider/Wolf VV 4106–4107 Rn. 4; Gerold/Schmidt VV 4106, 4107 Rn. 8, 9.
[28] AG Koblenz JurBüro 2005, 33 = AGS 2005, 484.

für bestimmte Tätigkeiten gesonderte Gebühren vorgesehen sind, können diese selbstverständlich noch neben der Verfahrensgebühr entstehen.

88 **Beispiel:** In dem gerichtlichen Verfahren findet außerhalb der Hauptverhandlung noch ein Haftprüfungstermin statt, in dem über die Fortdauer der Untersuchungshaft verhandelt wird. Im gerichtlichen Verfahren entsteht neben der Verfahrensgebühr und neben der Terminsgebühr für die Hauptverhandlung auch die Terminsgebühr für die Teilnahme an dem Haftprüfungstermin nach Nr. 4102, 4103 VV RVG.

89 Die Verfahrensgebühr für das gerichtliche Verfahren wird durch Tätigkeiten ausgelöst, die der Rechtsanwalt im gerichtlichen Verfahren außerhalb der Hauptverhandlung ausübt. Damit sie entsteht, muss der Rechtsanwalt nicht nach außen hin, also für das Gericht ersichtlich, tätig werden. Es dürfte ausreichend sein, wenn der Rechtsanwalt zB mit dem Mandanten in seiner Kanzlei die Hauptverhandlung vorbereitet,[29] in dem er zB mit dem Mandanten bespricht, wie dieser sich in der Hauptverhandlung verhalten soll, ob noch beantragt werden soll, weitere Zeugen zum Hauptverhandlungstermin zu laden oder ähnliches.

90 **Beispiel:** Der Rechtsanwalt bereitet in seiner Kanzlei die Hauptverhandlung vor. Er liest noch einmal die amtliche Ermittlungsakte durch, prüft, ob weitere Zeugen zum Hauptverhandlungstermin geladen werden müssen und zieht noch Rechtsprechung zu den gegenüber dem Mandanten erhobenen Vorwürfen heran.

Auch ohne dass der Rechtsanwalt nach außen hin ersichtlich tätig geworden ist und auch ohne dass er mit dem Mandanten eine Besprechung geführt hat, ist meines Erachtens die Verfahrensgebühr für das gerichtliche Verfahren angefallen. Der Rechtsanwalt ist zweifelsohne im gerichtlichen Verfahren außerhalb der Hauptverhandlung tätig geworden.

91 Wenn *Burhoff* die Auffassung vertritt, dass die Vorbereitung des konkreten Hauptverhandlungstermins mit der Terminsgebühr für die Hauptverhandlung abgegolten werde, während die allgemeine Vorbereitung der Verteidigung in der Hauptverhandlung zur Verfahrensgebühr für das gerichtliche Verfahren gehöre, so ist dies für die Praxis wenig praktikabel.[30] Wo hört die allgemeine Vorbereitung auf und wo fängt die konkrete Vorbereitung der Hauptverhandlung an?

92 **Beispiel:** Der Mandant beauftragt den Rechtsanwalt mit der Verteidigung in einem ihm gegenüber anhängigen Ermittlungsverfahren. Der Rechtsanwalt bestellt sich als Verteidiger für den Mandanten, nimmt Einsicht in die amtliche Ermittlungsakte und fertigt eine schriftliche Stellungnahme, die er bei der Staatsanwaltschaft einreicht. Auf Antrag der Staatsanwaltschaft erlässt das Amtsgericht einen Strafbefehl. Der Rechtsanwalt prüft und bespricht auftragsgemäß mit dem Mandanten, ob gegen den Strafbefehl Einspruch eingelegt werden soll oder nicht. Man kommt überein, dass kein Einspruch eingelegt werden soll.

Der Rechtsanwalt kann für seine Tätigkeit berechnen:

Für das strafrechtliche Ermittlungsverfahren

1) Grundgebühr §§ 2 Abs. 2, 14 RVG iVm Nr. 4100 VV RVG – Mittelgebühr	200,00 EUR
2) Verfahrensgebühr für vorbereitendes Verfahren §§ 2 Abs. 2, 14, RVG iVm Nr. 4104 VV RVG – Mittelgebühr	165,00 EUR
3) Pauschale für Entgelte für Post- und Telekommunikationsdienstleistungen Nr. 7002 VV RVG	20,00 EUR

zzgl. evtl. entstandener weiterer Auslagen, Dokumentenpauschale und Umsatzsteuer.

Für das gerichtliche Verfahren

1) Verfahrensgebühr für gerichtliches Verfahren §§ 2 Abs. 2, 14 RVG iVm Nr. 4106 VV RVG – Mittelgebühr	165,00 EUR
2) Pauschale für Entgelte für Post- und Telekommunikationsdienstleistungen Nr. 7002 VV RVG	20,00 EUR

[29] Burhoff B. Kommentar Teil 4 – Strafsachen Nr. 4106 VV Rn. 11; Schneider/Wolf VV 4106–4107 Rn. 4; Gerold/Schmidt VV 4106, 4107 Rn. 9.

[30] Burhoff B. Kommentar Teil 4 – Strafsachen Vorbem. 4 Rn. 40; Gerold/Schmidt/Burhoff VV 4108–4111 Rn. 10.

zzgl. evtl. entstandener weiterer Gebühren, weiterer Auslagen, Dokumentenpauschale und Umsatzsteuer.

Mit Eingang des Antrages auf Erlass des Strafbefehls endet das vorbereitende Verfahren. Der Rechtsanwalt ist danach noch im gerichtlichen Verfahren tätig geworden, in dem er geprüft und mit dem Mandanten besprochen hat, ob gegen den Strafbefehl Einspruch eingelegt werden soll oder nicht.[31]

Praxistipp:

Meines Erachtens kann in dem vorangegangenen Beispiel (→ Rn. 92 dieses Kapitels) für das gerichtliche Verfahren auch noch die zusätzliche Gebühr Nr. 4141 VV RVG angesetzt werden.[32] Denn der Rechtsanwalt hat daran mitgewirkt, dass die Hauptverhandlung entbehrlich wird. Er hat den Mandanten dahingehend beraten, dass kein Einspruch gegen den Strafbefehl eingelegt werden soll. Wäre gegen den Strafbefehl Einspruch eingelegt worden und wäre dieser Einspruch mindestens zwei Wochen vor dem Tag, an dem die Hauptverhandlung hätte stattfinden sollen, wieder zurückgenommen worden, so wäre der Tatbestand der zusätzlichen Gebühren Nr. 4141 VV RVG auf jeden Fall erfüllt worden (→ Kap. L Rn. 131 – Beispiel). 93

Zusammenfassung

- Für eine Tätigkeit im gerichtlichen Verfahren außerhalb der Hauptverhandlung erhält der Verteidiger die Verfahrensgebühr für das gerichtliche Verfahren. Deren Höhe richtet sich nach der Ordnung des Gerichts, vor welchem die Strafsache anhängig geworden ist. 94
- Für den Anfall der Verfahrensgebühr für das gerichtliche Verfahren ist nur erforderlich, dass der Rechtsanwalt im gerichtlichen Verfahren außerhalb der Hauptverhandlung irgendwie tätig geworden ist. Er muss nicht nach außen hin – also für das Gericht ersichtlich – tätig geworden sein.

5.2 Terminsgebühr für die Hauptverhandlung

Neben der Verfahrensgebühr kann dem Rechtsanwalt im gerichtlichen Verfahren die Terminsgebühr für die Hauptverhandlung entstehen. 95

Auszug aus dem VV RVG

Unterabschnitt 3. Gerichtliches Verfahren
Erster Rechtszug 96

Nr.	Gebührentatbestand	Gebühr oder Satz der Gebühr nach § 13 oder § 49 RVG	
		Wahlanwalt	gerichtlich bestellter oder beigeordneter Rechtsanwalt
4106	Verfahrensgebühr für den ersten Rechtszug vor dem Amtsgericht	40,00 bis 290,00 €	132,00 €
4107	Gebühr 4106 mit Zuschlag	40,00 bis 362,50 €	161,00 €

---

[31] Burhoff B. Kommentar Teil 4 – Strafsachen Nr. 4106 VV Rn. 5; Gerold/Schmidt VV 4106, 4107 Rn. 4.

[32] So auch: Burhoff B. Kommentar Teil 4 – Strafsachen Nr. 4141 VV Rn. 54; Gerold/Schmidt VV 4141 Rn. 33.

Nr.	Gebührentatbestand	Gebühr oder Satz der Gebühr nach § 13 oder § 49 RVG	
		Wahlanwalt	gerichtlich bestellter oder beigeordneter Rechtsanwalt
4108	Terminsgebühr je Hauptverhandlungstag in den in Nummer 4106 genannten Verfahren	70,00 bis 480,00 €	220,00 €
4109	Gebühr 4108 mit Zuschlag	70,00 bis 600,00 €	268,00 €
4110	Der gerichtlich bestellte oder beigeordnete Rechtsanwalt nimmt mehr als 5 und bis 8 Stunden an der Hauptverhandlung teil: Zusätzliche Gebühr neben der Gebühr 4108 oder 4109		110,00 €
4111	Der gerichtlich bestellte oder beigeordnete Rechtsanwalt nimmt mehr als 8 Stunden an der Hauptverhandlung teil: Zusätzliche Gebühr neben der Gebühr 4108 oder 4109		220,00 €
4112	Verfahrensgebühr für den ersten Rechtszug vor der Strafkammer .... Die Gebühr entsteht auch für Verfahren .... 1. vor der Jugendkammer, soweit sich die Gebühr nicht nach Nummer 4118 bestimmt, 2. im Rehabilitierungsverfahren nach Abschnitt 2 StrRehaG.	50,00 bis 320,00 €	148,00 €
4113	Gebühr 4112 mit Zuschlag	50,00 bis 400,00 €	180,00 €
4114	Terminsgebühr je Hauptverhandlungstag in den in Nummer 4112 genannten Verfahren	80,00 bis 560,00 €	256,00 €
4115	Gebühr 4114 mit Zuschlag	80,00 bis 700,00 €	312,00 €
4116	Der gerichtlich bestellte oder beigeordnete Rechtsanwalt nimmt mehr als 5 und bis 8 Stunden an der Hauptverhandlung teil: Zusätzliche Gebühr neben der Gebühr 4114 oder 4115		128,00 €
4117	Der gerichtlich bestellte oder beigeordnete Rechtsanwalt nimmt mehr als 8 Stunden an der Hauptverhandlung teil: Zusätzliche Gebühr neben der Gebühr 4114 oder 4115		256,00 €
4118	Verfahrensgebühr für den ersten Rechtszug vor dem Oberlandesgericht, dem Schwurgericht oder der Strafkammer nach den §§ 74a und 74c GVG .... Die Gebühr entsteht auch für Verfahren vor der Jugendkammer, soweit diese in Sachen entscheidet, die nach den allgemeinen Vorschriften zur Zuständigkeit des Schwurgerichts gehören.	100,00 bis 690,00 €	316,00 €
4119	Gebühr 4118 mit Zuschlag	100,00 bis 862,50 €	385,00 €

Nr.	Gebührentatbestand	Gebühr oder Satz der Gebühr nach § 13 oder § 49 RVG	
		Wahlanwalt	gerichtlich bestellter oder beigeordneter Rechtsanwalt
4120	Terminsgebühr je Hauptverhandlungstag in den in Nummer 4118 genannten Verfahren	130,00 bis 930,00 €	424,00 €
4121	Gebühr 4120 mit Zuschlag	130,00 bis 1162,50 €	517,00 €
4122	Der gerichtlich bestellte oder beigeordnete Rechtsanwalt nimmt mehr als 5 und bis 8 Stunden an der Hauptverhandlung teil: Zusätzliche Gebühr neben der Gebühr 4120 oder 4121		212,00 €
4123	Der gerichtlich bestellte oder beigeordnete Rechtsanwalt nimmt mehr als 8 Stunden an der Hauptverhandlung teil: Zusätzliche Gebühr neben der Gebühr 4120 oder 4121		424,00 €

Die Höhe der Terminsgebühr richtet sich nach der Ordnung des Gerichtes, vor welchem die Hauptverhandlung stattgefunden hat. Die Höhe der Gebühr kann aus dem vorstehend abgedruckten Auszug aus dem Vergütungsverzeichnis entnommen werden. Ist der Mandant während der Hauptverhandlung nicht auf freiem Fuß, also in Haft, entsteht die Gebühr mit Zuschlag. 97

Wie hoch die Terminsgebühr innerhalb des Rahmens anzusetzen ist, wird von den Umständen des Einzelfalles abhängen (→ Kap. A Rn. 164 ff.). Nachstehend einige Beispiele aus der Rechtsprechung, wie hoch dem Verteidiger die Terminsgebühr für die Hauptverhandlung zuerkannt wurde: 98

- AG Betzdorf:[33] Dauer der Hauptverhandlung 155 Minuten; Terminsgebühr Nr. 4108 VV RVG zuerkannt in Höhe von 240 EUR (Mittelgebühr 230 EUR).
- LG Braunschweig:[34] Dauer der Hauptverhandlung vor dem Amtsgericht: 20 Minuten; Terminsgebühr Nr. 4108 VV RVG zuerkannt in Höhe von 200 EUR (Mittelgebühr 230 EUR).
- LG Dortmund:[35] Dauert die Hauptverhandlung nur zwischen 30 und 45 Minuten, ist dies unterdurchschnittlich.
- AG Koblenz:[36] Dauer der Hauptverhandlung 15 Minuten; Terminsgebühr Nr. 4108 VV RVG zuerkannt in Höhe von 140 EUR (Mittelgebühr 230 EUR).
- AG Koblenz:[37] Dauer der Hauptverhandlung 16 Minuten; Terminsgebühr Nr. 4108 VV RVG zuerkannt in Höhe von 150 EUR (Mittelgebühr 230 EUR).
- AG Koblenz:[38] Dauer der Hauptverhandlung 30 Minuten; Terminsgebühr Nr. 4108 VV RVG zuerkannt in Höhe von 180 EUR (Mittelgebühr 230 EUR).
- AG Koblenz:[39] Dauer der Hauptverhandlung 32 Minuten; Terminsgebühr Nr. 4108 VV RVG zuerkannt in Höhe von 180 EUR (Mittelgebühr 230 EUR).

---

33 AG Betzdorf JurBüro 2007, 311.
34 LG Braunschweig Beschluss vom 6. 5. 2011 – 7 Qs 83/11 = JurBüro 2011, 525.
35 LG Dortmund Beschluss vom 15.6.2011 – 35 Qs 50/11.
36 AG Koblenz JurBüro 2006, 533.
37 AG Koblenz JurBüro 2005, 593.
38 AG Koblenz JurBüro 2005, 33 = AGS 2005, 484.
39 AG Koblenz Beschluss vom 20. 12. 2006–2010 Js 28 990/06–31 Cs.

- LG Koblenz:[40] Dauer der Hauptverhandlung 20 Minuten; Terminsgebühr Nr. 4108 VV RVG zuerkannt in Höhe von 140 EUR (Mittelgebühr 230 EUR).
- LG Meiningen:[41] Trotz unterdurchschnittlicher Schwierigkeit kann auch bei einer Hauptverhandlung von nur 30 Minuten die Mittelgebühr gerechtfertigt sein.
- OLG Saarbrücken:[42] Für Schwurgerichtsverfahren oder Verfahren vor der Wirtschaftsstrafkammer sind Hauptverhandlungen mit einer Dauer von 6 bis 8 Stunden im Durchschnitt üblichen. Kürzere Hauptverhandlungszeiten können durch umfangreiche Vorbereitungszeiten ausgeglichen werden.
- OLG Stuttgart:[43] Hauptverhandlung von über 5 Stunden vor dem Schwurgericht rechtfertigt Erhöhung der Mittelgebühr.
- AG Trier:[44] Dauer der Hauptverhandlung 30 Minuten; Terminsgebühr Nr. 4108 VV RVG zuerkannt in Höhe von 230 EUR (Mittelgebühr).
- AG Westerburg:[45] Dauer der Hauptverhandlung in der Berufung 25 Minuten; Terminsgebühr Nr. 4126 VV RVG zuerkannt in Höhe von 200 EUR (Mittelgebühr 270 EUR).
- AG Westerburg:[46] Dauer der Hauptverhandlung 30 Minuten; Terminsgebühr Nr. 4108 VV RVG zuerkannt in Höhe von 180 EUR (Mittelgebühr 230 EUR).
- AG Westerburg:[47] Dauer der Hauptverhandlung 115 Minuten; Terminsgebühr Nr. 4108 VV RVG zuerkannt in Höhe von 230 EUR (Mittelgebühr).
- LG Wiesbaden:[48] Dauer der Hauptverhandlung 210 Minuten; Terminsgebühr Nr. 4126 VV RVG zuerkannt in Höhe von 270 EUR (Mittelgebühr), auch dann wenn Berufung auf Strafmaß beschränkt war.
- LG Zweibrücken:[49] Eine Hauptverhandlung beim Amtsgericht, die zwischen 35 und 40 Minuten dauert, rechtfertigt die Mittelgebühr.

Bei den vorstehend aufgelisteten Entscheidungen handelt es sich um einzelne – mir bekannt gewordene – Beschlüsse verschiedener Gericht, die sicherlich nicht repräsentativ die Rechtsprechung deutscher Gericht widerspiegeln. Sie sollen nur Anhaltspunkte für die Höhe der Terminsgebühr für die Hauptverhandlung geben. Es sei nochmals darauf hingewiesen, dass im Einzelfall sicherlich nicht nur die Dauer der Hauptverhandlung für die Höhe der Terminsgebühr alleine maßgebend ist. Denn nicht nur der Umfang der anwaltlichen Tätigkeit, sondern alle Umstände des Einzelfalls, vor allem auch die – übrigen – in § 14 Abs. 1 RVG genannten Kriterien sind bei der Bestimmung der Gebühr innerhalb des Rahmens zu berücksichtigen.[50]

99 Nach *Burhoff*[51] wird man heute bei der Dauer der Hauptverhandlung als durchschnittlich – und damit die Mittelgebühr rechtfertigend – ansehen können:
- in Schwurgerichtsverfahren eine durchschnittliche Verhandlungsdauer von fünf Stunden
- bei der (allgemeinen) Strafkammer eine Dauer von etwas drei bis vier Stunden
- bei der Berufungskammer eine Dauer von etwa 2,5 bis 3 Stunden,
- beim (erweiterten) Schöffengericht von etwa zwei bis drei Stunden,

[40] LG Koblenz JurBüro 2006, 364.
[41] LG Meiningen JurBüro 2011, 642.
[42] OLG Saarbrücken RVGreport 2014, 103.
[43] OLG Stuttgart RVGreport 2014, 66 = RVG professionell 2014, 24.
[44] AG Trier JurBüro 2005, 419 = RVGreport 2005, 271.
[45] AG Westerburg JurBüro 2007, 311.
[46] AG Westerburg Beschluss vom 20. 3. 2007–2020 JS 54 170/06. 31 a Cs.
[47] AG Westerburg JurBüro 2007, 310.
[48] LG Wiesbaden JurBüro 2007, 27.
[49] LG Zweibrücken RVGreport 2012, 218.
[50] Weitere Rechtsprechung zur Höhe der Terminsgebühr für die Hauptverhandlung: Burhoff B. Kommentar Teil 4 – Strafsachen Vorbem. 4 Rn. 75; Schneider/Wolf § 14 Rn. 31.
[51] Burhoff B. Kommentar Teil 4 – Strafsachen Vorbem. 4 Rn. 73.

- beim AG-Einzelrichter wird sie erheblich darunter liegen und maximal eine Stunde betragen.[52]

Nach LG Braunschweig[53] ist für ein Verfahren vor dem Amtsgericht von einer durchschnittlichen Dauer einer Hauptverhandlung von ein bis drei Stunden auszugehen.

Die Terminsgebühr entsteht dem Verteidiger für die **Teilnahme** an dem gerichtlich bestimmten Termin zur Hauptverhandlung. Der Rechtsanwalt erhält die Terminsgebühr für die Hauptverhandlung auch, wenn er zu dem anberaumten Hauptverhandlungstermin erscheint, diese aber aus Gründen, die er nicht zu vertreten hat, nicht stattfindet.[54] Dies gilt nicht, wenn er rechtzeitig von der Aufhebung oder Verlegung des Termins in Kenntnis gesetzt worden ist (Vorbemerkung 4 Abs. 3 VV RVG). Die Hauptverhandlung beginnt mit dem **Aufruf der Sache.**[55] 100

Beispiel: Das Gericht hat Termin zur Hauptverhandlung für den 18.5. bestimmt. Die Sache wird aufgerufen. In dem Termin erscheint Rechtsanwalt M als Verteidiger. Der Angeklagte ist nicht anwesend. Ohne dass weiter in die Hauptverhandlung eingetreten wird, wird die Sache vertagt und neuer Termin bestimmt. 101

Rechtsanwalt M ist die Terminsgebühr für die Hauptverhandlung entstanden. Natürlich kann er die Terminsgebühr wegen des geringen Umfangs seiner anwaltlichen Tätigkeit in dem Hauptverhandlungstermin innerhalb des gesetzlichen Rahmens nicht so hoch in Ansatz bringen, als wenn die Hauptverhandlung 5 Stunden gedauert hätte.[56]

Die **Anwesenheit** des Verteidigers in der Hauptverhandlung reicht aus, damit die Terminsgebühr für die Hauptverhandlung entsteht.[57] Der Rechtsanwalt muss also nicht in der Hauptverhandlung irgendwelche Anträge gestellt oder zu tatsächlichen oder rechtlichen Fragen Stellung genommen haben. 102

Die Terminsgebühr der Nrn. 4108, 4114 oder 4120 VV RVG fällt für **jeden Hauptverhandlungstag** an. Die Gebühr kann für jeden Hauptverhandlungstag aus dem vollen Gebührenrahmen bestimmt werden. 103

Für die Terminsgebühren in den Nrn. 4108, 4114 und 4120 VV RVG gilt **nicht** die Einschränkung, dass die Gebühr in jedem Rechtszug für die Teilnahme an jeweils bis zu drei Terminen einmal anfällt (wie für die Terminsgebühr in Nr. 4102 VV RVG). Die Terminsgebühr für die Hauptverhandlung Nr. 4108, 4114 oder 4120 VV RVG fällt für jeden Hauptverhandlungstag gesondert an, wie bereits erwähnt. 104

Der gerichtlich bestellte (**zB Pflichtverteidiger**) oder der beigeordnete Rechtsanwalt erhält eine zusätzliche Gebühr, wenn er mehr als 5 und bis zu 8 Stunden oder wenn er mehr als 8 Stunden an einer Hauptverhandlung teilgenommen hat. Diese zusätzliche Gebühr ist geregelt in den Nrn. 4110, 4111, 4116, 4117, 4122 und 4123 VV RVG. Es fällt immer nur eine der vorgenannten zusätzlichen Gebühren an. 105

Beispiel: Der Rechtsanwalt ist vom Amtsgericht zum Pflichtverteidiger bestellt worden. Er nimmt an der Hauptverhandlung teil, die 9 Stunden dauert. Der Mandant befindet sich nicht in Haft. 106

Für die Hauptverhandlung kann der Rechtsanwalt berechnen:

1) Terminsgebühr für Hauptverhandlung § 2 Abs. 2 RVG iVm Nr. 4108 VV RVG	220,00 EUR
2) zusätzliche Gebühr § 2 Abs. 2 RVG iVm Nr. 4111 VV RVG	220,00 EUR.

Obwohl der Rechtsanwalt an einer Hauptverhandlung über 9 Stunden teilgenommen hat, kann er nicht beide Zuschläge nach Nr. 4110 und 4111 VV RVG verlangen. Es kann immer nur eine zusätzli-

52 Zitiert nach Burhoff B. Kommentar Teil 4 – Strafsachen Vorbem. 4 VV Rn. 73; bei Burhoff (aaO) finden sich jeweils noch weitere Nachweise.

53 LG Braunschweig, Beschluss vom 6. 5. 2011 – 7 Qs 83/11 = JurBüro 2011, 525.

54 Burhoff B. Kommentar Teil 4 – Strafsachen Vorbem. 4 VV Rn. 93 ff.

55 Burhoff B. Kommentar Teil 4 – Strafsachen Nr. 4108 VV Rn. 6; Gerold/Schmidt VV 4108–4111 Rn. 6.

56 Schneider/Wolf VV 4108–4111 Rn. 6.

57 Burhoff B. Kommentar Teil 4 – Strafsachen Nr. 4108 VV Rn. 8; Schneider/Wolf VV 4108–4111 Rn. 6; Gerold/Schmidt VV 4108–4111 Rn. 3; Hartung/Schons/Enders Nrn. 4108–4111 VV Rn. 7, 8.

che Gebühr geltend gemacht werden, also bei einer Hauptverhandlung von mehr als 5 und bis zu 8 Stunden die zusätzliche Gebühr der Nr. 4110 VV RVG und bei einer Hauptverhandlung von mehr als 8 Stunden nur die zusätzliche Gebühr der Nr. 4111 VV RVG.[58]

Daneben können noch weitere Gebühren entstehen, wie zB die Grundgebühr, die Verfahrensgebühr für das vorbereitende Verfahren, die Verfahrensgebühr für das gerichtliche Verfahren etc. Natürlich kann der Rechtsanwalt neben den Gebühren auch noch seine Auslagen, seine Dokumentenpauschale und die Umsatzsteuer geltend machen.

107 Bei der Berechnung der Hauptverhandlungsdauer – wegen der Frage, ob der Pflichtverteidiger ein zusätzliche Gebühr erhält, wenn es mehr als 5 und bis zu 8 Stunden oder wenn es mehr als 8 Stunden an der Hauptverhandlung teilnimmt – werden Wartezeiten des Pflichtverteidiger mit berücksichtigt.[59] Dasselbe gilt für Verhandlungspausen.[60]

108 Die Terminsgebühr für jeden Verhandlungstag entsteht unabhängig und neben einer Terminsgebühr nach Nr. 4102 VV RVG für die Teilnahme an Vernehmungs- oder Haftprüfungsterminen (→ Kap. L Rn. 45).

109 **Beispiel:** Gegenüber dem Mandanten ist ein Ermittlungsverfahren anhängig. Der Mandant ist nicht in Haft. Der Rechtsanwalt nimmt mit dem Mandanten gemeinsam den Vernehmungstermin bei der Kriminalpolizei wahr. Nachdem ihm Akteneinsicht gewährt wurde, gibt der Rechtsanwalt für seinen Mandanten eine ergänzende Einlassung schriftlich gegenüber der Staatsanwaltschaft ab. Die Staatsanwaltschaft erhebt Anklage zum Amtsgericht. Nach Anklageerhebung nimmt der Rechtsanwalt erneut Akteneinsicht und bespricht die Sache mehrfach mit dem Mandanten. Den Hauptverhandlungstermin nimmt der Rechtsanwalt gemeinsam mit dem Mandanten wahr. Er vertritt ihn auch in der anschließenden Fortsetzungsverhandlung.

Der Rechtsanwalt kann berechnen:

Für das strafrechtliche Ermittlungsverfahren	
1) Grundgebühr §§ 2 Abs. 2, 14 RVG iVm Nr. 4100 VV RVG – Mittelgebühr	200,00 EUR
2) Verfahrensgebühr für vorbereitendes Verfahren §§ 2 Abs. 2, 14 RVG iVm Nr. 4104 VV RVG – Mittelgebühr	165,00 EUR
3) Terminsgebühr für die Teilnahme an dem Vernehmungstermin bei der Kriminalpolizei §§ 2 Abs. 2, 14 RVG iVm Nr. 4102 VV RVG – Mittelgebühr	170,00 EUR
4) Pauschale für Entgelte für Post- und Telekommunikationsdienstleistungen Nr. 7002 VV RVG	20,00 EUR
5) Dokumentenpauschale Nr. 7000 Ziffer 1 a) VV RVG für Kopien in schwarz/weiß aus der amtlichen Ermittlungsakte 62 Kopien	26,80 EUR
6) Dokumentenpauschale Nr. 7000 Ziffer 1 a) VV RVG für Kopien in Farbe aus der amtlichen Ermittlungsakte 32 Kopien	32,00 EUR
zzgl. evtl. entstandener weiterer Auslagen und Umsatzsteuer.	
Für das gerichtliche Verfahren	
1) Verfahrensgebühr für gerichtliches Verfahren §§ 2 Abs. 2, 14 RVG iVm Nr. 4106 VV RVG – Mittelgebühr	165,00 EUR
2) Terminsgebühr für ersten Hauptverhandlungstag §§ 2 Abs. 2, 14 RVG iVm Nr. 4108 VV RVG – Mittelgebühr	275,00 EUR
3) Terminsgebühr für zweiten Hauptverhandlungstag §§ 2 Abs. 2, 14 RVG iVm Nr. 4108 VV RVG – Mittelgebühr	275,00 EUR
4) Pauschale für Entgelte für Post- und Telekommunikationsdienstleistungen Nr. 7002 VV RVG	20,00 EUR
5) Dokumentenpauschale Nr. 7000 Ziffer 1 a) VV RVG für Kopien in schwarz/weiß aus amtlicher Ermittlungsakte – 46 Kopien	23,00 EUR
6) Dokumentenpauschale Nr. 7000 Ziffer 1 a) VV RVG für Kopien in Farbe aus der amtlichen Ermittlungsakte 22 Kopien	22,00 EUR
zzgl. evtl. entstandener weiterer Auslagen und Umsatzsteuer.	

[58] Burhoff B. Kommentar Teil 4 – Strafsachen Nr. 4111 VV Rn. 2; Hartung/Schons/Enders Nrn. 4108–4111 VV Rn. 25.

[59] Ganz überwiegende Meinung: Gerold/Schmidt VV 4108–4111 Rn. 25; Hartung/Schons/Enders Nrn. 4108–4111 VV Rn. 29; Burhoff B. Kommentar Teil 4 – Strafsachen Nr. 4110 VV Rn. 17.

[60] Umstritten: Burhoff B. Kommentar Teil 4 – Strafsachen Nr. 4110 VV Rn. 19 bis 28; Gerold/Schmidt VV 4108–4111 Rn. 26; Hartung/Schons/Enders Nrn. 4108–4111 VV Rn. 30 jeweils mit zahlreichen weiteren Nachweisen.

Zusammenfassung

- Für die Teilnahme an der Hauptverhandlung erhält der Rechtsanwalt eine Terminsgebühr nach Nr. 4108, 4114 oder 4120 VV RVG. 110
- Die Terminsgebühr entsteht für jeden Hauptverhandlungstag gesondert.
- Die Höhe der Terminsgebühr richtet sich nach der Ordnung des Gerichtes, vor welchem die Hauptverhandlung stattfindet.
- Der Pflichtverteidiger erhält zusätzliche Gebühren, wenn er an einer Hauptverhandlung von mehr als 5 und bis zu 8 Stunden oder von mehr als 8 Stunden teilgenommen hat.

6. Zusätzliche Gebühr der Nr. 4141 VV RVG

In Teil 4, Abschnitt 1, Unterabschnitt 5 VV RVG sind zusätzliche Gebühren geregelt. In diesem Kapitel soll die zusätzliche Gebühr der Nr. 4141 VV RVG näher betrachtet werden. 111

Auszug aus dem VV RVG

Unterabschnitt 5. Zusätzliche Gebühren 112

Nr.	Gebührentatbestand	Gebühr oder Satz der Gebühr nach § 13 oder § 49 RVG	
		Wahlanwalt	gerichtlich bestellter oder beigeordneter Rechtsanwalt
4141	Durch die anwaltliche Mitwirkung wird die Hauptverhandlung entbehrlich: Zusätzliche Gebühr .... (1) Die Gebühr entsteht, wenn 1. das Strafverfahren nicht nur vorläufig eingestellt wird oder 2. das Gericht beschließt, das Hauptverfahren nicht zu eröffnen oder 3. sich das gerichtliche Verfahren durch Rücknahme des Einspruchs gegen den Strafbefehl, der Berufung oder der Revision des Angeklagten oder eines anderen Verfahrensbeteiligten erledigt; ist bereits ein Termin zur Hauptverhandlung bestimmt, entsteht die Gebühr nur, wenn der Einspruch, die Berufung oder die Revision früher als zwei Wochen vor Beginn des Tages, der für die Hauptverhandlung vorgesehen war, zurückgenommen wird; oder 4. das Verfahren durch Beschluss nach § 411 Abs. 1 Satz 3 StPO endet. Nummer 3 ist auf den Beistand oder Vertreter eines Privatklägers entsprechend anzuwenden, wenn die Privatklage zurückgenommen wird. (2) Die Gebühr entsteht nicht, wenn eine auf die Förderung des Verfahrens gerichtete Tätigkeit nicht ersichtlich ist. Sie entsteht nicht neben der Gebühr 4147. (3) Die Höhe der Gebühr richtet sich nach dem Rechtszug, in dem die Hauptverhandlung vermieden wurde. Für den Wahlanwalt bemisst sich die Gebühr nach der Rahmenmitte. Eine Erhöhung nach Nummer 1008 und der Zuschlag (Vorbemerkung 4 Abs. 4) sind nicht zu berücksichtigen.	in Höhe der Verfahrensgebühr	

113 Eine zusätzliche Gebühr nach Nr. 4141 VV RVG kann der als Verteidiger tätige Rechtsanwalt neben der Grundgebühr und auch neben den Verfahrens- und Terminsgebühren berechnen, die er für seine Tätigkeit in der Strafsache erhält. Die zusätzliche Gebühr nach Nr. 4141 VV RVG entsteht gemäß dem Abs. 1 der Anmerkung zu Nr. 4141 VV RVG ua wenn,

- das Strafverfahren nicht nur vorläufig, also endgültig eingestellt wird
- oder das Gericht beschließt, das Hauptverfahren nicht zu eröffnen
- oder sich das gerichtliche Verfahren durch
  - Rücknahme des Einspruchs gegen den Strafbefehl
  - Rücknahme der Berufung
  - Rücknahme der Revision

erledigt.

114 Ist in den zuletzt genannten Fällen bereits ein Termin zur Hauptverhandlung bestimmt, entsteht die zusätzliche Gebühr nur, wenn der Einspruch, die Berufung oder die Revision **früher als zwei Wochen** vor Beginn des Tages, der für die **Hauptverhandlung** vorgesehen war, zurückgenommen wird.[61] Die Gebühr kann auch entstehen, wenn Termin zur Hauptverhandlung noch gar nicht bestimmt ist.[62]

115 Die zusätzliche Gebühr Nr. 4141 VV RVG entsteht nicht, wenn das Verfahren nur vorläufig eingestellt wird. Sie fällt aber dann an, wenn die Einstellung mit dem „Ziel der Endgültigkeit" erfolgt.[63] Sind also Staatsanwaltschaft oder Gericht subjektiv von einer endgültigen Einstellung ausgegangen, ist die Gebühr entstanden.

116 **Beispiel:** Das Verfahren wird unter Mitwirkung des Verteidigers vorläufig gem. § 153a StPO eingestellt. Dem Mandanten wird zur Auflage gemacht, einen Geldbetrag in Höhe von 500,00 EUR an das Tierheim XY zu zahlen.

Der Rechtsanwalt kann die zusätzliche Gebühr Nr. 4141 VV RVG noch nicht in Ansatz bringen.

Wenn der Mandant aber die Auflage erfüllt hat und das Verfahren dann endgültig eingestellt wird, dann kann der Rechtsanwalt diese zusätzliche Gebühr Nr. 4141 VV RVG mit dem Mandanten abrechnen.[64] Dies gilt nicht, wenn die vorläufige Einstellung nach § 153 a StPO in der Hauptverhandlung beschlossen wurde.[65]

117 Damit die zusätzliche Gebühr entsteht, muss der Rechtsanwalt durch seine Tätigkeit daran **mitgewirkt** haben, dass die Hauptverhandlung durch endgültige Einstellung des Verfahrens, durch Nichteröffnung des Hauptverfahrens, durch Rücknahme des Einspruchs gegen einen Strafbefehl oder durch Rücknahme der Berufung oder Revision entbehrlich wird. Der Rechtsanwalt muss irgendwie im Hinblick auf die Vermeidung der Hauptverhandlung tätig geworden sein.[66] Ausreichend dürfte auf jeden Fall eine Einlassung für den Mandanten sein, aufgrund dessen die Staatsanwaltschaft dann das Verfahren einstellt. Auch eine Besprechung mit dem Staatsanwalt oder dem Gericht im Hinblick auf die Vermeidung einer Hauptverhandlung lösen die Gebühr aus.[67] Auch der Verteidiger, der seinem Mandanten zunächst anrät, sich nicht zur Sache zu äußern, hat mitgewirkt, wenn dann die Staatsanwaltschaft das Verfahren endgültig einstellt, weil dem Mandanten eine Tatbeteiligung nicht nachzuweisen

---

[61] Burhoff B. Kommentar Teil 4 – Strafsachen Nr. 4141 VV Rn. 48.

[62] Schneider/Wolf VV 4141 Rn. 98.

[63] Hartung/Schons/Enders Nr. 4141 VV Rn. 10; Burhoff B. Kommentar Teil 4 – Strafsachen Nr. 4141 VV Rn. 20; Schneider/Wolf VV 4141 Rn. 19.

[64] Burhoff B. Kommentar Teil 4 – Strafsachen Nr. 4141 VV Rn. 27.

[65] BGH JurBüro 2011, 584.

[66] Burhoff B. Kommentar Teil 4 – Strafsachen Nr. 4141 VV Rn. 37; Hartung/Schons/Enders Nr. 4141 VV Rn. 47–53; Schneider/Wolf VV 4141 Rn. 11–13 und 42 ff.; Gerold/Schmidt VV 4141 Rn. 6; Schneider/Mock, Das neue Gebührenrecht für Anwälte, S. 268, § 25 Rn. 176; Kammergericht Beschluss vom 24. 10. 2006 – 4 Ws 13/06 = www.burhoff.de; LG Arnsberg JurBüro 2007, 82.

[67] Burhoff B. Kommentar Teil 4 – Strafsachen Nr. 4141 VV Rn. 37; Hartung/Schons/Enders Nr. 4141 VV Rn. 50.

ist.[68] Dies hat auch der BGH[69] bestätigt. Allerdings stellt der BGH (aaO) in seiner Entscheidung klar, dass nicht von einer Mitwirkung des Rechtsanwaltes iS der Nr. 4141 VV RVG ausgegangen werden könne, wenn unabhängig von der Mitteilung, sich nicht zur Sache einzulassen, ohnehin offenkundig sei, dass der Beschuldigte die Tat nicht begangen haben kann. Nach BGH[70] und AG Hamburg-Barmbeck[71] reicht es nicht aus, wenn der Rechtsanwalt dem Mandanten nur rät, vorerst von seinem Schweigerecht Gebrauch zu machen; vielmehr müsse dies der ermittelnden Behörde auch mitgeteilt werden und wenn dann die endgültige Einstellung des Verfahrens erfolge, könne von einer Mitwirkung des Rechtsanwaltes ausgegangen werden.

Vielfach wird aus der Formulierung in Abs. 2 der Anmerkung zu Nr. 4141 VV RVG **118**
geschlossen, dass eine gesetzliche Vermutung dahingehend bestehe, dass der Anwalt an der Entbehrlichkeit der Hauptverhandlung mitgewirkt habe. Denjenigen, der das Gegenteil behauptet, treffe die Darlegungs- und Beweislast. Er müsse diese gesetzliche Vermutung entkräften.[72]

Die zusätzliche Gebühr Nr. 4141 VV RVG entsteht dem Wahlanwalt als **Mittelgebühr der jeweiligen Verfahrensgebühr** (Abs. 3 S. 2 der Anmerkung zu Nr. 4141 VV RVG). **119**
Die zusätzliche Gebühr nach Nr. 4141 VV RVG kann also von dem Verteidiger nicht innerhalb des im Gesetz vorgesehenen Gebührenrahmens der jeweiligen Verfahrensgebühr bestimmt werden, sondern sie fällt stets als **Mittelgebühr** an. Maßgebend ist die Verfahrensgebühr für den Tätigkeitsabschnitt, in welchem das die zusätzliche Gebühr Nr. 4141 VV RVG auslösende Ereignis eingetreten ist. Etwas anderes gilt, wenn der Tatbestand der zusätzlichen Gebühr der Nr. 4141 VV RVG bereits im vorbereitenden Verfahren eingetreten ist. Dann soll die Verfahrensgebühr für das gerichtliche Verfahren, in dem die Hauptverhandlung stattgefunden hätte, maßgebend sein.[73] Die zusätzliche Gebühr Nr. 4141 VV RVG bestimmt sich nach der jeweiligen Verfahrensgebühr **ohne Zuschlag.**

Beispiel: Während des vorbereitenden Verfahrens stellt die Staatsanwaltschaft das Verfahren **120**
endgültig ein. Der Mandant ist nicht in Haft.

Die zusätzliche Gebühr Nr. 4141 VV RVG bestimmt sich nach dem Gebührenrahmen der Verfahrensgebühr Nr. 4106 VV RVG für das gerichtliche Verfahren, dass eingeleitet worden wäre, wenn das Verfahren nicht eingestellt worden wäre. Die zusätzliche Gebühr nach Nr. 4141 VV RVG beträgt in diesem Falle 165,00 EUR.

Für seine gesamte Tätigkeit könnte der Rechtsanwalt in dem vorliegenden Fall berechnen:

1) Grundgebühr §§ 2 Abs. 2, 14 RVG iVm Nr. 4100 VV RVG – Mittelgebühr	200,00 EUR
2) Verfahrensgebühr für vorbereitendes Verfahren §§ 2 Abs. 2, 14 RVG iVm Nr. 4104 VV RVG – Mittelgebühr	165,00 EUR
3) zusätzliche Gebühr § 2 Abs. 2 RVG iVm Nr. 4141 iVm 4106 VV RVG	165,00 EUR
4) Pauschale für Entgelte für Post- und Telekommunikationsdienstleistungen Nr. 7002 VV RVG	20,00 EUR
5) Dokumentenpauschale Nr. 7000 Ziffer 1 a) VV RVG für Kopien in schwarz/weiß aus der amtlichen Ermittlungsakte – 24 Kopien	12,00 EUR
6) Dokumentenpauschale Nr. 7000 Ziffer 1 a) VV RVG für Kopien in Farbe aus der amtlichen Ermittlungsakte 12 Kopien	12,00 EUR

zzgl. evtl. entstandener weiterer Auslagen und Umsatzsteuer.

Beispiel: Der Rechtsanwalt ist als Verteidiger für den Mandanten tätig. Er vertritt zunächst im **121**
vorbereitenden Verfahren. Die Staatsanwaltschaft erhebt Anklage zum Amtsgericht. Der Verteidiger

---

[68] So auch Schneider/Wolf VV 4141 Rn. 49; AG Charlottenburg Urteil vom 11. 4. 2007 – 215 C 8/07 = www.burhoff.de; Gerold/Schmidt VV 4141 Rn. 9.

[69] BGH JurBüro 2011, 244.

[70] BGH JurBüro 2011, 244.

[71] AG Hamburg-Barmbeck JurBüro 2011, 365.

[72] Gerold/Schmidt VV 4141 Rn. 13; Hartung/Schons/Enders Nr. 4141 VV Rn. 47; Schneider/Wolf VV 4141 Rn. 11.

[73] Schneider/Wolf VV 4141 Rn. 166 f.; Burhoff AGS 2004, 435; Burhoff B. Kommentar Teil 4 – Strafsachen Nr. 4141 VV Rn. 85; Hartung/Schons/Enders Nr. 4141 VV Rn. 55; Gerold/Schmidt VV 4141 Rn. 49.

nimmt für den Mandanten umfassend schriftlich zur Anklage Stellung. Das Gericht beschließt, das Hauptverfahren nicht zu eröffnen. Der Mandant ist nicht in Haft.

In diesem Fall entsteht die zusätzliche Gebühr Nr. 4141 VV RVG aus dem Gebührenrahmen der Verfahrensgebühr Nr. 4106 VV RVG für das gerichtliche Verfahren. Die zusätzliche Gebühr Nr. 4141 VV RVG beträgt in diesem Falle 165,00 EUR.

Insgesamt kann der Rechtsanwalt berechnen:

Für das strafrechtliche Ermittlungsverfahren

1) Grundgebühr §§ 2 Abs. 2, 14 RVG iVm Nr. 4100 VV RVG – Mittelgebühr	200,00 EUR
2) Verfahrensgebühr für vorbereitendes Verfahren §§ 2 Abs. 2, 14 RVG iVm Nr. 4104 VV RVG – Mittelgebühr	165,00 EUR
3) Pauschale für Entgelte für Post- und Telekommunikationsdienstleistungen Nr. 7002 VV RVG	20,00 EUR
4) Dokumentenpauschale Nr. 7000 Ziffer 1 a) VV RVG für Kopien in schwarz/weiß aus der amtlichen Ermittlungsakte 52 Kopien	25,30 EUR
5) Dokumentenpauschale Nr. 7000 Ziffer 1 a) VV RVG für Kopien in Farbe aus der amtlichen Ermittlungsakte 8 Kopien	8,00 EUR

zzgl. evtl. entstandener weiterer Auslagen und Umsatzsteuer.

Für das gerichtliche Verfahren

1) Verfahrensgebühr für gerichtliches Verfahren §§ 2 Abs. 2, 14 RVG iVm Nr. 4106 VV RVG – Mittelgebühr	165,00 EUR
2) zusätzliche Gebühr § 2 Abs. 2 RVG iVm Nr. 4141 iVm 4106 VV RVG	165,00 EUR
3) Pauschale für Entgelte für Post- und Telekommunikationsdienstleistungen Nr. 7002 VV RVG	20,00 EUR
4) Dokumentenpauschale Nr. 7000 Ziffer 1 a) VV RVG für Kopien in schwarz/weiß aus der amtlichen Ermittlungsakte – 36 Kopien	18,00 EUR
5) Dokumentenpauschale Nr. 7000 Ziffer 1 a) VV RVG für Kopien in Farbe aus der amtlichen Ermittlungsakte 17 Kopien	17,00 EUR

zzgl. evtl. entstandener weiterer Auslagen und Umsatzsteuer.

122 Die zusätzliche Gebühr nach Nr. 4141 VV RVG entsteht nicht, wenn zB die Einstellung in dem Hauptverhandlungstermin erfolgt.[74]

123 Die zusätzliche Gebühr nach Nr. 4141 VV RVG kann aber auch dann noch entstehen, wenn schon eine Hauptverhandlung stattgefunden hat, diese aber unterbrochen wurde und dann ein Tatbestand der Nr. 4141 Ziffer 1 bis 3 VV RVG erfüllt wird. Nach überwiegender Meinung entsteht die Gebühr allerdings nur dann, wenn die Hauptverhandlung von neuem hätte begonnen werden müssen.[75]

124 Die Nr. 4141 VV RVG wurde durch das 2. KostRMoG[76] geändert. Nachdem der BGH[77] entschieden hatte, dass die zusätzliche Gebühr der Nr. 4141 VV RVG nicht entstehen könne, wenn sich nach Einstellung des strafrechtlichen Ermittlungsverfahrens ein Bußgeldverfahren anschließe, hat der Gesetzgeber nunmehr klargestellt, dass insoweit dem BGH nicht zu folgen ist. Nach der durch das 2. KostRMoG neu gefassten Ziffer 1 des Abs. 1 der Anmerkung zu Nr. 4141 VV RVG entsteht die zusätzliche Gebühr, wenn das **Straf**verfahren nicht nur vorläufig eingestellt wird. Damit ist klargestellt, dass die zusätzliche Gebühr auch dann anfällt, wenn das strafrechtliche Ermittlungsverfahren eingestellt wird, sich aber ein Bußgeldverfahren anschließt.

125 Nach einer ebenfalls durch das 2. KostRMoG[78] dem Abs. 1 der Anmerkung zu Nr. 4141 VV RVG angefügten Ziffer 4 entsteht die zusätzliche Gebühr auch dann, wenn das Verfahren durch Beschluss nach § 411 Abs. 1 S. 3 StPO endet. Nach § 411 Abs. 1 StPO kann das Gericht mit Zustimmung des Angeklagten, des Verteidigers und der Staatsanwaltschaft ohne Hauptverhandlung durch Beschluss entscheiden, wenn der Angeklagte seinen Einspruch auf die Höhe der Tagessätze einer festgesetzten Geldstrafe beschränkt hatte.

---

[74] OLG Köln RVGreport 2006, 152 = AGS 2006, 339.

[75] Enders JurBüro 2006, 449; LG Düsseldorf JurBüro 2007, 83; AG Bad Urach JurBüro 2007, 361.

[76] BGBl. I 2013, 2586 f. – in Kraft getreten am 1. 8. 2013.

[77] BGH JurBüro 2010, 132.

[78] BGBl. I 2013, 2586 f. – in Kraft getreten am 1. 8. 2013.

Zusammenfassung

- Neben den ihm sonst entstehenden Gebühren kann der als Verteidiger in einer Strafsache tätige Rechtanwalt eine zusätzliche Gebühr nach Nr. 4141 VV RVG verdienen. 126
- Die zusätzliche Gebühr Nr. 4141 VV RVG entsteht zB, wenn die Hauptverhandlung entbehrlich wird, weil
  - das Strafverfahren nicht nur vorläufig eingestellt wird
  - das Gericht beschließt, das Hauptverfahren nicht zu eröffnen
  - sich das gerichtliche Verfahren durch Rücknahme des Einspruches gegen einen Strafbefehl oder der Berufung oder der Revision erledigt.

  In den zuletzt genannten Fällen muss die Rücknahme des Einspruches gegen den Strafbefehl, der Berufung oder der Revision mindestens zwei Wochen vor Beginn des Tages erfolgen, der für die Hauptverhandlung vorgesehen war.
- Weitere Voraussetzung für den Anfall der zusätzlichen Gebühr Nr. 4141 VV RVG ist, dass der Rechtsanwalt daran mitgewirkt hat, dass die Hauptverhandlung entbehrlich wird.
- Die zusätzliche Gebühr Nr. 4141 VV RVG entsteht immer als **Mittelgebühr** aus dem Gebührenrahmen der jeweiligen Verfahrensgebühr – ohne Zuschlag –.

7. Abrechnungsmuster praxisnaher Fälle

In diesem Kapitel sollen Abrechnungsmuster praxisnaher Fälle dargestellt werden, 127
damit deutlich wird, wie die Vorschriften in Teil 4 des Vergütungsverzeichnisses zum RVG zusammenwirken.

7.1 Endgültige Einstellung im vorbereitenden Verfahren

Beispiel: Der Rechtsanwalt ist mit der Verteidigung des Mandanten in dem diesem gegenüber 128
anhängigen Ermittlungsverfahren beauftragt. Der Mandant befindet sich auf freiem Fuß. Der Rechtsanwalt vertritt im vorbereitenden Verfahren und fertigt eine Einlassung, die er bei der Staatsanwaltschaft einreicht. Die Staatsanwaltschaft stellt das Verfahren endgültig ein.

Der Rechtsanwalt kann berechnen:

1) Grundgebühr §§ 2 Abs. 2, 14 RVG iVm Nr. 4100 VV RVG – Mittelgebühr	200,00 EUR
2) Verfahrensgebühr für vorbereitendes Verfahren §§ 2 Abs. 2, 14 RVG iVm Nr. 4104 VV RVG – Mittelgebühr	165,00 EUR
3) zusätzliche Gebühr § 2 Abs. 2 RVG iVm Nr. 4141 iVm 4106 VV RVG	165,00 EUR
4) Pauschale für Entgelte für Post- und Telekommunikationsdienstleistungen Nr. 7002 VV RVG	20,00 EUR
5) Dokumentenpauschale Nr. 7000 Ziffer 1 a) VV RVG für Kopien in schwarz/weiß aus der amtlichen Ermittlungsakte – 64 Kopien	27,10 EUR
6) Dokumentenpauschale Nr. 7000 Ziffer 1 a) VV RVG für Kopien in Farbe aus der amtlichen Ermittlungsakte – 61 Kopien	53,30 EUR

zzgl. evtl. entstandener weiterer Auslagen und Umsatzsteuer.

7.2 Vorbereitendes Verfahren und Hauptverhandlung

Beispiel: Der Rechtsanwalt ist als Verteidiger in einer Strafsache für den Mandanten tätig. Der 129
Mandant befindet sich auf freiem Fuß. Der Rechtsanwalt vertritt den Mandanten zunächst in dem vorbereitenden Verfahren und fertigt für ihn eine Einlassung. Anschließend vertritt der Rechtsanwalt den Mandanten im gerichtlichen Verfahren auch außerhalb der Hauptverhandlung und nimmt den Hauptverhandlungstermin vor dem Amtsgericht für den Mandanten mit wahr.

Der Rechtsanwalt kann berechnen:

Für das strafrechtliche Ermittlungsverfahren

1) Grundgebühr §§ 2 Abs. 2, 14 RVG iVm Nr. 4100 VV RVG – Mittelgebühr	200,00 EUR
2) Verfahrensgebühr für vorbereitendes Verfahren §§ 2 Abs. 2, 14 RVG iVm Nr. 4104 VV RVG – Mittelgebühr	165,00 EUR

3) Pauschale für Entgelte für Post- und Telekommunikationsdienstleistungen Nr. 7002 VV RVG — 20,00 EUR
4) Dokumentenpauschale Nr. 7000 Ziffer 1 a) VV RVG für Kopien in schwarz/weiß aus der amtlichen Ermittlungsakte 62 Kopien — 26,80 EUR
5) Dokumentenpauschale Nr. 7000 Ziffer 1 a) VV RVG für Kopien in Farbe aus der amtlichen Ermittlungsakte – 54 Kopien — 51,20 EUR

zzgl. evtl. entstandener weiterer Auslagen und Umsatzsteuer.

Für das gerichtliche Verfahren

1) Verfahrensgebühr für gerichtliches Verfahren §§ 2 Abs. 2, 14 RVG iVm Nr. 4106 VV RVG – Mittelgebühr — 165,00 EUR
2) Terminsgebühr für Hauptverhandlung §§ 2 Abs. 2, 14 RVG iVm Nr. 4108 VV RVG – Mittelgebühr — 275,00 EUR
3) Pauschale für Entgelte für Post- und Telekommunikationsdienstleistungen Nr. 7002 VV RVG — 20,00 EUR
4) Dokumentenpauschale Nr. 7000 Ziffer 1 a) VV RVG für Kopien in schwarz/weiß aus der amtlichen Ermittlungsakte – 44 Kopien — 22,00 EUR
5) Dokumentenpauschale Nr. 7000 Ziffer 1 a) VV RVG für Kopien in Farbe aus der amtlichen Ermittlungsakte – 11 Kopien — 11,00 EUR

zzgl. evtl. entstandener weiterer Auslagen und Umsatzsteuer.

7.3 Vorbereitendes Verfahren, Vernehmungstermin, Haftprüfungstermin und zwei Hauptverhandlungstermine

130 **Beispiel:** Der Mandant wurde von der Kriminalpolizei vorläufig festgenommen. Während der Vernehmung wird Rechtsanwalt A hinzugezogen. Der Mandant beauftragt Rechtsanwalt A, als Verteidiger für ihn tätig zu werden. Rechtsanwalt A ist in dem Vernehmungstermin zugegen. Nachmittags wird der Mandant dem Haftrichter vorgeführt. Auch in diesem Termin, in dem über die Anordnung der Untersuchungshaft verhandelt wird, ist Rechtsanwalt A als Verteidiger des Angeschuldigten zugegen. In dem Termin wird ein Haftbefehl erlassen. Die Untersuchungshaft wird angeordnet. Rechtsanwalt A vertritt den Mandanten auch weiter in dem Ermittlungsverfahren. Er nimmt Akteneinsicht und bespricht anschließend in der JVA mit dem Mandanten den Inhalt der amtlichen Ermittlungsakte. Nach Anklageerhebung durch die Staatsanwaltschaft bei dem Amtsgericht sucht er den Mandanten erneut in der JVA auf und bereitet mit ihm die zu erwartende Hauptverhandlung vor. Rechtsanwalt A vertritt den Mandanten als Verteidiger sowohl in der ersten Hauptverhandlung als auch in der Fortsetzungsverhandlung. Das Urteil wird rechtskräftig. Für seine Tätigkeit als Wahlverteidiger kann Rechtsanwalt A berechnen:

Für das strafrechtliche Ermittlungsverfahren

1) Grundgebühr §§ 2 Abs. 2, 14 RVG iVm Nr. 4100, 4101 VV RVG – Mittelgebühr — 245,00 EUR
2) Verfahrensgebühr für vorbereitendes Verfahren §§ 2 Abs. 2, 14 RVG iVm Nr. 4104, 4105 VV RVG – Mittelgebühr — 201,25 EUR
3) Terminsgebühr für Teilnahme an dem Vernehmungstermin und dem Termin über die Anordnung der Untersuchungshaft §§ 2 Abs. 2, 14 RVG iVm Nr. 4102, 4103 VV RVG – Mittelgebühr — 207,50 EUR
4) Pauschale für Entgelte für Post- und Telekommunikationsdienstleistungen Nr. 7002 VV RVG — 20,00 EUR
5) Dokumentenpauschale Nr. 7000 Ziffer 1 a) VV RVG für Kopien in schwarz/weiß aus der amtlichen Ermittlungsakte 62 Kopien — 26,80 EUR
6) Dokumentenpauschale Nr. 7000 Ziffer 1 a) VV RVG für Kopien in Farbe aus der amtlichen Ermittlungsakte – 8 Kopien — 8,00 EUR

zzgl. evtl. entstandener weiterer Auslagen und Umsatzsteuer.

Für das gerichtliche Verfahren

1) Verfahrensgebühr für gerichtliches Verfahren §§ 2 Abs. 2, 14 RVG iVm Nr. 4106, 4107 VV RVG – Mittelgebühr — 201,25 EUR
2) Terminsgebühr für ersten Hauptverhandlungstermin §§ 2 Abs. 2, 14 RVG iVm Nr. 4108, 4109 VV RVG – Mittelgebühr — 335,00 EUR
3) Terminsgebühr für zweiten Hauptverhandlungstermin §§ 2 Abs. 2, 14 RVG iVm Nr. 4108, 4109 VV RVG – Mittelgebühr — 355,00 EUR
4) Pauschale für Entgelte für Post- und Telekommunikationsdienstleistungen Nr. 7002 VV RVG — 20,00 EUR
5) Dokumentenpauschale Nr. 7000 Ziffer 1 a) VV RVG für Kopien in schwarz/weiß aus der amtlichen Ermittlungsakte – 102 Kopien — 32,80 EUR

6) Dokumentenpauschale Nr. 7000 Ziffer 1 a) VV RVG für Kopien in Farbe aus der amtlichen Ermittlungsakte – 67 Kopien 55,10 EUR
zzgl. evtl. entstandener weiterer Auslagen und Umsatzsteuer.

Die Terminsgebühr nach Nr. 4102, 4103 VV RVG fällt nur einmal an. Nach S. 1 der Anmerkung zu Nr. 4102 VV RVG gelten mehrere Termine an einem Tag als ein Termin.

7.4 Vorbereitendes Verfahren, Strafbefehl, Einspruch, Rücknahme des Einspruchs

Beispiel: Der Rechtsanwalt vertritt den Mandanten als Verteidiger zunächst in dem vorbereiten- 131
den Verfahren. Nachdem eine Einlassung abgegeben worden ist, beantragt die Staatsanwaltschaft bei dem Amtsgericht den Erlass eines Strafbefehls. Gegen den Strafbefehl wird Einspruch eingelegt. Das Gericht bestimmt Termin zur Hauptverhandlung. Drei Wochen vor dem Hauptverhandlungstermin wird der Einspruch gegen den Strafbefehl zurückgenommen. Der Mandant befindet sich auf freiem Fuß.

Der Rechtsanwalt kann für seine Tätigkeit als Verteidiger berechnen:

Für das strafrechtliche Ermittlungsverfahren

1) Grundgebühr §§ 2 Abs. 2, 14 RVG iVm Nr. 4100 VV RVG – Mittelgebühr 200,00 EUR
2) Verfahrensgebühr für vorbereitendes Verfahren §§ 2 Abs. 2, 14 RVG iVm Nr. 4104 VV RVG – Mittelgebühr 165,00 EUR
3) Pauschale für Entgelte für Post- und Telekommunikationsdienstleistungen Nr. 7002 VV RVG 20,00 EUR
4) Dokumentenpauschale Nr. 7000 Ziffer 1 a) VV RVG für Kopien in schwarz/weiß aus der amtlichen Ermittlungsakte 32 Kopien 16,00 EUR
5) Dokumentenpauschale Nr. 7000 Ziffer 1 a) VV RVG für Kopien in Farbe aus der amtlichen Ermittlungsakte – 16 Kopien 16,00 EUR

zzgl. evtl. entstandener weiterer Auslagen und Umsatzsteuer.

Für das gerichtliche Verfahren

1) Verfahrensgebühr für gerichtliches Verfahren §§ 2 Abs. 2, 14 RVG iVm Nr. 4106 VV RVG – Mittelgebühr 165,00 EUR
2) zusätzliche Gebühr § 2 Abs. 2 RVG iVm Nr. 4141 iVm 4106 VV RVG 165,00 EUR
3) Pauschale für Entgelte für Post- und Telekommunikationsdienstleistungen Nr. 7002 VV RVG 20,00 EUR
4) Dokumentenpauschale Nr. 7000 Ziffer 1 a) VV RVG für Kopien in schwarz/weiß aus der amtlichen Ermittlungsakte – 86 Kopien 30,40 EUR
5) Dokumentenpauschale Nr. 7000 Ziffer 1 a) VV RVG für Kopien in Farbe aus der amtlichen Ermittlungsakte – 21 Kopien 21,00 EUR

zzgl. evtl. entstandener weiterer Auslagen und Umsatzsteuer.

Die zusätzliche Gebühr Nr. 4141 VV RVG entsteht als Mittelgebühr nach dem Gebührenrahmen der Verfahrensgebühr Nr. 4106 VV RVG.

7.5 Strafbefehl, Einspruch, Hauptverhandlung

Beispiel: Der Mandant erscheint mit dem ihm zugestellten Strafbefehl in der Kanzlei des Rechts- 132
anwaltes N und beauftragt ihn, gegen den Strafbefehl Einspruch einzulegen und ihn als Verteidiger in der Strafsache zu vertreten. Der Rechtsanwalt legt Einspruch ein und vertritt den Mandanten in der anschließenden Hauptverhandlung. In der Hauptverhandlung wird auf dringendes Anraten des Strafrichters beim Amtsgericht der Einspruch gegen den Strafbefehl zurückgenommen. Der Mandant war nicht in Haft.

Der Rechtsanwalt kann berechnen:

Für das gerichtliche Verfahren

1) Grundgebühr §§ 2 Abs. 2, 14 RVG iVm Nr. 4100 VV RVG – Mittelgebühr 200,00 EUR
2) Verfahrensgebühr für gerichtliches Verfahren §§ 2 Abs. 2, 14 RVG iVm Nr. 4106 VV RVG – Mittelgebühr 165,00 EUR
3) Terminsgebühr für Hauptverhandlung §§ 2 Abs. 2, 14 RVG iVm Nr. 4108 VV RVG – Mittelgebühr 275,00 EUR
4) Pauschale für Entgelte für Post- und Telekommunikationsdienstleistungen Nr. 7002 VV RVG 20,00 EUR
5) Dokumentenpauschale Nr. 7000 Ziffer 1 a) VV RVG für Kopien in schwarz/weiß aus der amtlichen Ermittlungsakten – 32 Kopien 16,00 EUR

6) Dokumentenpauschale Nr. 7000 Ziffer 1 a) VV RVG für Kopien in Farbe aus der amtlichen Ermittlungsakte – 31 Kopien — 31,00 EUR
zzgl. evtl. entstandener weiterer Auslagen und Umsatzsteuer.

Die Verfahrensgebühr für das vorbereitende Verfahren konnte nicht mehr entstehen, da der Rechtsanwalt erstmals tätig geworden ist, als das vorbereitende Verfahren bereits abgeschlossen war. Das vorbereitende Verfahren endet gemäß der Anmerkung zu Nr. 4104 VV RVG mit Eingang des Antrags auf Erlass des Strafbefehls bei Gericht.

7.6 Anklage, Haftprüfungstermin, Hauptverhandlung

133 **Beispiel:** Der Mandant sitzt in Untersuchungshaft ein. Nachdem ihm die Anklage zugestellt worden ist, wendet er sich schriftlich an Rechtsanwalt M und beauftragt diesen, für ihn als Verteidiger in dieser Sache tätig zu werden. Auftragsgemäß beantragt Rechtsanwalt M einen Haftprüfungstermin. An diesem Haftprüfungstermin nimmt er teil. Das Amtsgericht setzt den Haftbefehl außer Vollzug. Der Mandant kommt auf freien Fuß. In der Hauptverhandlung vertritt der Rechtsanwalt den Mandanten als Verteidiger. Das Urteil wird rechtskräftig.

Der Rechtsanwalt kann für seine Tätigkeit als Verteidiger berechnen:

Für das gerichtliche Verfahren

1) Grundgebühr §§ 2 Abs. 2, 14 RVG iVm Nr. 4100, 4101 VV RVG – Mittelgebühr	245,00 EUR
2) Verfahrensgebühr für gerichtliches Verfahren §§ 2 Abs. 2, 14 RVG iVm Nr. 4106, 4107 VV RVG – Mittelgebühr	201,25 EUR
3) Terminsgebühr für die Teilnahme am Haftprüfungstermin §§ 2 Abs. 2, 14 RVG iVm Nr. 4102, 4103 VV RVG – Mittelgebühr	207,50 EUR
4) Terminsgebühr für Hauptverhandlung §§ 2 Abs. 2, 14 RVG iVm Nr. 4108 VV RVG – Mittelgebühr	275,00 EUR
5) Pauschale für Entgelte für Post- und Telekommunikationsdienstleistungen Nr. 7002 VV RVG	20,00 EUR
6) Dokumentenpauschale Nr. 7000 Ziffer 1 a) VV RVG für Kopien in schwarz/weiß aus der amtlichen Ermittlungsakte – 84 Kopien	30,10 EUR
7) Dokumentenpauschale Nr. 7000 Ziffer 1 a) VV RVG für Kopien in Farbe aus der amtlichen Ermittlungsakte – 25 Kopien	25,00 EUR

zzgl. evtl. entstandener weiteren Auslagen und Umsatzsteuer.

Eine Verfahrensgebühr Nr. 4104, 4105 VV RVG für das vorbereitende Verfahren konnte nicht entstehen, da der Rechtsanwalt erstmals nach Anklageerhebung tätig geworden ist. Die Hauptverhandlungsgebühr bestimmt sich nicht nach dem Gebührenrahmen mit Zuschlag der Nr. 4109 VV RVG, da sich der Mandant zum Zeitpunkt der Hauptverhandlung nicht mehr in Haft befand.

7.7 Verbindung mehrerer Verfahren[79]

134 **Beispiel:** Gegen Mandanten sind drei Ermittlungsverfahren anhängig:
- Staatsanwaltschaft Köln – 7 Js 2521/17 –
- Staatsanwaltschaft Köln – 7 Js 21 752/17 –
- Staatsanwaltschaft Köln – 9 Js 24 023/17 –.

Rechtsanwalt A ist für den Mandanten als Verteidiger in allen drei Sachen im vorbereitenden Verfahren tätig. In allen drei Sachen wird Anklage zum Amtsgericht erhoben. Rechtsanwalt A reicht in allen 3 Sachen noch einmal eine Stellungnahme ein.

Die Sachen werden verbunden, anschließend wird das Hauptverfahren eröffnet. Das Gericht bestimmt Termin zur Hauptverhandlung in der nach Verbindung führenden Sache 9 Js 24 023/17. Am Ende der Hauptverhandlung verkündet das Gericht ein Urteil.

I. Verfahren Staatsanwaltschaft Köln – 7 Js 2521/17 –
Für das strafrechtliche Ermittlungsverfahren

1) Grundgebühr §§ 2 Abs. 2, 14 RVG iVm Nr. 4100 VV RVG – Mittelgebühr	200,00 EUR
2) Verfahrensgebühr für vorbereitendes Verfahren §§ 2 Abs. 2, 14 RVG iVm Nr. 4104 VV RVG – Mittelgebühr	165,00 EUR
3) Pauschale für Entgelte für Post- und Telekommunikationsdienstleistungen Nr. 7002 VV RVG	20,00 EUR
4) Dokumentenpauschale Nr. 7000 Ziffer 1 a) VV RVG für Kopien in schwarz/weiß aus der amtlichen Ermittlungsakte – 32 Kopien	16,00 EUR

[79] Siehe hierzu ausführlich: Enders JurBüro 2007, 393.

5) Dokumentenpauschale Nr. 7000 Ziffer 1 a) VV RVG für Kopien in Farbe aus der amtlichen Ermittlungsakte – 3 Kopien — 3,00 EUR

zzgl. evtl. entstandener weiterer Auslagen und Umsatzsteuer.

Für das gerichtliche Verfahren

1) Verfahrensgebühr für gerichtliches Verfahren §§ 2 Abs. 2, 14 RVG iVm Nr. 4106 VV RVG – Mittelgebühr — 165,00 EUR
2) Pauschale für Entgelte für Post- und Telekommunikationsdienstleistungen Nr. 7002 VV RVG — 20,00 EUR
3) Dokumentenpauschale Nr. 7000 Ziffer 1 a) VV RVG für Kopien in schwarz/weiß aus der amtlichen Ermittlungsakte – 22 Kopien — 11,00 EUR
4) Dokumentenpauschale Nr. 7000 Ziffer 1 a) VV RVG für Kopien in Farbe aus der amtlichen Ermittlungsakte – 13 Kopien — 13,00 EUR

zzgl. evtl. entstandener weiteren Auslagen und Umsatzsteuer.

II. Verfahren Staatsanwaltschaft Köln – 7 Js 21 752/17 –
Für das strafrechtliche Ermittlungsverfahren

1) Grundgebühr §§ 2 Abs. 2, 14 RVG iVm Nr. 4100 VV RVG – Mittelgebühr — 200,00 EUR
2) Verfahrensgebühr für vorbereitendes Verfahren §§ 2 Abs. 2, 14 RVG iVm Nr. 4104 VV RVG – Mittelgebühr — 165,00 EUR
3) Pauschale für Entgelte für Post- und Telekommunikationsdienstleistungen Nr. 7002 VV RVG — 20,00 EUR
4) Dokumentenpauschale Nr. 7000 Ziffer 1 a) VV RVG für Kopien in schwarz/weiß aus der amtlichen Ermittlungsakte – 32 Kopien — 16,00 EUR
5) Dokumentenpauschale Nr. 7000 Ziffer 1 a) VV RVG für Kopien in Farbe aus der amtlichen Ermittlungsakte – 88 Kopien — 61,40 EUR

zzgl. evtl. entstandener weiterer Auslagen und Umsatzsteuer.

Für das gerichtliche Verfahren

1) Verfahrensgebühr für gerichtliches Verfahren §§ 2 Abs. 2, 14 RVG iVm Nr. 4106 VV RVG – Mittelgebühr — 165,00 EUR
2) Pauschale für Entgelte für Post- und Telekommunikationsdienstleistungen Nr. 7002 VV RVG — 20,00 EUR
3) Dokumentenpauschale Nr. 7000 Ziffer 1 a) VV RVG für Kopien in schwarz/weiß aus der amtlichen Ermittlungsakte – 32 Kopien — 16,00 EUR
4) Dokumentenpauschale Nr. 7000 Ziffer 1 a) VV RVG für Kopien in Farbe aus der amtlichen Ermittlungsakte – 21 Kopien — 21,00 EUR

zzgl. evtl. entstandener weiteren Auslagen und Umsatzsteuer.

III. Verfahren Staatsanwaltschaft Köln – 9 Js 24 023/17 –
Für das strafrechtliche Ermittlungsverfahren

1) Grundgebühr §§ 2 Abs. 2, 14 RVG iVm Nr. 4100 VV RVG – Mittelgebühr — 200,00 EUR
2) Verfahrensgebühr für vorbereitendes Verfahren §§ 2 Abs. 2, 14 RVG iVm Nr. 4104 VV RVG – Mittelgebühr — 165,00 EUR
3) Pauschale für Entgelte für Post- und Telekommunikationsdienstleistungen Nr. 7002 VV RVG — 20,00 EUR
4) Dokumentenpauschale Nr. 7000 Ziffer 1 a) VV RVG für Kopien in schwarz/weiß aus der amtlichen Ermittlungsakte – 32 Kopien — 16,00 EUR
5) Dokumentenpauschale Nr. 7000 Ziffer 1 a) VV RVG für Kopien in Farbe aus der amtlichen Ermittlungsakte – 17 Kopien — 17,00 EUR

zzgl. evtl. entstandener weiterer Auslagen und Umsatzsteuer.

Für das gerichtliche Verfahren

1) Verfahrensgebühr für gerichtliches Verfahren §§ 2 Abs. 2, 14 RVG iVm Nr. 4106 VV RVG – Mittelgebühr — 165,00 EUR
2) Terminsgebühr für Hauptverhandlung §§ 2 Abs. 2, 14 RVG iVm Nr. 4108 VV RVG – Mittelgebühr — 275,00 EUR
3) Pauschale für Entgelte für Post- und Telekommunikationsdienstleistungen Nr. 7002 VV RVG — 20,00 EUR
4) Dokumentenpauschale Nr. 7000 Ziffer 1 a) VV RVG für Kopien in schwarz/weiß aus amtlicher Ermittlungsakte – 52 Kopien — 25,30 EUR
5) Dokumentenpauschale Nr. 7000 Ziffer 1 a) VV RVG für Kopien in Farbe aus der amtlichen Ermittlungsakte – 22 Kopien — 22,00 EUR

zzgl. evtl. entstandener weiteren Auslagen und Umsatzsteuer.

Die vor Verbindung entstandenen Gebühren bleiben bestehen. Die Terminsgebühr für die Hauptverhandlung entsteht nur einmal, da die Hauptverhandlung erst nach Verbindung in der führenden Sache stattfand.

8. Berufung

135 War der Rechtsanwalt als Verteidiger bereits im I. Rechtszug für den Mandanten tätig, ist die **Einlegung des Rechtsmittels** bei dem Gericht desselben Rechtszuges noch mit den in diesem entstandenen Gebühren, insbesondere mit der dort angefallenen Verfahrensgebühr für das gerichtliche Verfahren abgegolten und löst noch keine Gebühren nach den Nrn. 4124 bis 4129 VV RVG aus.[80] Dies ergibt sich aus §19 Abs. 1 S. 2 Nr. 10 RVG.

Jede Tätigkeit nach Einlegung des Rechtsmittels im nächsten Rechtszug lässt aber Gebühren nach den Nrn. 4124 bis 4129 VV RVG entstehen. Insbesondere werden durch die
- Rücknahme des Rechtsmittels
- Begründung des Rechtsmittels
- eine weitere schriftliche Einlassung

für den Angeklagten neben den im I. Rechtszug entstandenen Gebühren weitere Gebühren nach den Nrn. 4124 bis 4129 VV RVG ausgelöst.[81]

War der Rechtsanwalt noch nicht als Verteidiger für den Angeklagten in dem I. Rechtszug tätig, so entstehen ihm schon mit Einlegung des Rechtsmittels – neben der Grundgebühr – die Verfahrensgebühr der Nrn. 4124, 4125 VV RVG.

Die Gebühren für den Verteidiger, der den Mandanten in der Berufung vertritt, sind in Teil 4, Abschnitt 1, Unterabschnitt 3 VV RVG unter der Überschrift „Berufung", in den Nrn. 4124 bis 4129 VV RVG geregelt.

Auszug aus dem VV RVG

136 **Berufung**

Nr.	Gebührentatbestand	Gebühr oder Satz der Gebühr nach § 13 oder § 49 RVG	
		Wahlanwalt	gerichtlich bestellter oder beigeordneter Rechtsanwalt
4124	Verfahrensgebühr für das Berufungsverfahren Die Gebühr entsteht auch für Beschwerdeverfahren nach § 13 StrRehaG.	80,00 bis 560,00 €	256,00 €
4125	Gebühr 4124 mit Zuschlag	80,00 bis 700,00 €	312,00 €
4126	Terminsgebühr je Hauptverhandlungstag im Berufungsverfahren .... Die Gebühr entsteht auch für Beschwerdeverfahren nach § 13 StrRehaG.	80,00 bis 560,00 €	256,00 €

[80] Burhoff B. Kommentar Teil 4 – Strafsachen Vorbem. 4.1 VV Rn. 38; Hartung/Schons/Enders § 19 Rn. 75.

[81] Burhoff B. Kommentar Teil 4 – Strafsachen Nr. 4124 VV Rn. 16; Hartung/Schons/Enders § 19 Rn. 76; Gerold/Schmidt VV 4124, 4125 Rn. 6.

Nr.	Gebührentatbestand	Gebühr oder Satz der Gebühr nach § 13 oder § 49 RVG	
		Wahlanwalt	gerichtlich bestellter oder beigeordneter Rechtsanwalt
4127	Gebühr 4126 mit Zuschlag	80,00 bis 700,00 €	312,00 €
4128	Der gerichtlich bestellte oder beigeordnete Rechtsanwalt nimmt mehr als 5 und bis 8 Stunden an der Hauptverhandlung teil: Zusätzliche Gebühr neben der Gebühr 4126 oder 4127		128,00 €
4129	Der gerichtlich bestellte oder beigeordnete Rechtsanwalt nimmt mehr als 8 Stunden an der Hauptverhandlung teil: Zusätzliche Gebühr neben der Gebühr 4126 oder 4127		256,00 €

Für seine Tätigkeit als Verteidiger in einem Berufungsverfahren erhält der Rechtsanwalt die Verfahrensgebühr Nr. 4124 VV RVG. Die Verfahrensgebühr gilt die Tätigkeit in dem Berufungsverfahren außerhalb der Hauptverhandlung ab. 137

Daneben erhält der Rechtsanwalt für jeden Hauptverhandlungstag in der Berufung die Terminsgebühr Nr. 4126 VV RVG. Die Terminsgebühr entsteht für die Teilnahme an der Hauptverhandlung im Berufungsverfahren. 138

Die Höhe der Verfahrensgebühr und der Terminsgebühr kann aus dem vorstehend abgedruckten Auszug aus dem VV RVG entnommen werden. Beide Gebühren sind aus einem höheren Gebührenrahmen zu bestimmen, wenn der Mandant sich nicht auf freiem Fuß befindet (siehe Nr. 4125 und Nr. 4127 VV RVG). 139

Neben der Verfahrensgebühr für das Berufungsverfahren und der Terminsgebühr für jeden Hauptverhandlungstag im Berufungsverfahren können noch die allgemeinen Gebühren entstehen. Die Grundgebühr Nr. 4100, 4101 VV RVG entsteht im Berufungsverfahren allerdings nur dann, wenn der Rechtsanwalt erstmals im Berufungsverfahren tätig wird. War der Rechtsanwalt bereits Verteidiger in dem I. Rechtszug und ist dort bereits die Grundgebühr entstanden, entsteht sie im Berufungsverfahren nicht neu (→ Kap. L Rn. 34). Die Terminsgebühr Nr. 4102, 4103 VV RVG kann auch im Berufungsverfahren entstehen, wenn der Rechtsanwalt einen in der Nr. 4102 VV RVG bezeichneten Termin – außerhalb der Hauptverhandlung – wahrnimmt. 140

Auch zusätzliche Gebühren, zB nach Nr. 4141 VV RVG können im Berufungsverfahren entstehen, zB dann, wenn der Rechtsanwalt die Berufung mindestens zwei Wochen vor dem Hauptverhandlungstermin über die Berufung zurücknimmt. 141

Die Verfahrensgebühr Nr. 4104, 4105 VV RVG für das vorbereitende Verfahren kann in der Berufung nicht entstehen, da in der Berufung kein vorbereitendes Verfahren mehr stattfindet. 142

Beispiel: Der Rechtsanwalt hat den Angeklagten bereits in dem I. Rechtszug vertreten. Auftragsgemäß hat er für diesen Berufung eingelegt und vertritt ihn auch in dem Berufungsverfahren als Verteidiger und zwar im gerichtlichen Verfahren und in der Hauptverhandlung. Der Mandant befindet sich nicht in Haft. 143

Der Rechtsanwalt kann für seine Tätigkeit im Berufungsverfahren berechnen:

1) Verfahrensgebühr für das Berufungsverfahren §§ 2 Abs. 2, 14 RVG iVm Nr. 4124 VV RVG – Mittelgebühr 320,00 EUR
2) Terminsgebühr für Hauptverhandlung §§ 2 Abs. 2, 14 RVG iVm Nr. 4126 VV RVG – Mittelgebühr 320,00 EUR

3) Pauschale für Entgelte für Post- und Telekommunikationsdienstleistungen Nr. 7002 VV RVG — 20,00 EUR
4) Dokumentenpauschale Nr. 7000 Ziffer 1 a) VV RVG für Kopien in schwarz/weiß aus der amtlichen Ermittlungsakte – 66 Kopien — 27,40 EUR
5) Dokumentenpauschale Nr. 7000 Ziffer 1 a) VV RVG für Kopien in Farbe aus der amtlichen Ermittlungsakte – 21 Kopien — 21,00 EUR

zzgl. evtl. entstandener weiterer Auslagen und Umsatzsteuer.

Diese Gebühren kann der Rechtsanwalt neben den Gebühren berechnen, die ihm bereits für seine Tätigkeit als Verteidiger im I. Rechtszug entstanden sind.

Die Grundgebühr entsteht nicht neu, da der Rechtsanwalt bereits im I. Rechtszug als Verteidiger tätig war.

144 **Beispiel:** Der Rechtsanwalt war bereits in dem I. Rechtszug als Verteidiger für den Mandanten tätig. Auftragsgemäß legt er Berufung ein. Er nimmt erneut Akteneinsicht und bespricht ausführlich mit dem Mandanten die Durchführung des Berufungsverfahrens. Das Gericht bestimmt Termin zur Hauptverhandlung über die Berufung. Drei Wochen vor dem Hauptverhandlungstermin lässt der Mandant die Berufung nach einem erneuten Gespräch mit dem Rechtsanwalt zurücknehmen. Der Mandant befindet sich nicht in Haft und der Rechtsanwalt wird als Wahlanwalt tätig.

Der Rechtsanwalt kann für seine Tätigkeit im Berufungsverfahren berechnen:

1) Verfahrensgebühr für das Berufungsverfahren §§ 2 Abs. 2, 14 RVG iVm Nr. 4124 VV RVG – Mittelgebühr — 320,00 EUR
2) zusätzliche Gebühr § 2 Abs. 2 RVG iVm Nr. 4141 VV RVG — 320,00 EUR
3) Pauschale für Entgelte für Post- und Telekommunikationsdienstleistungen Nr. 7002 VV RVG — 20,00 EUR
4) Dokumentenpauschale Nr. 7000 Ziffer 1 a) VV RVG für Kopien in schwarz/weiß aus amtlicher Ermittlungsakte – 24 Kopien — 12,00 EUR
5) Dokumentenpauschale Nr. 7000 Ziffer 1 a) VV RVG für Kopien in Farbe aus der amtlichen Ermittlungsakte – 31 Kopien — 31,00 EUR

zzgl. evtl. entstandener weiterer Auslagen und Umsatzsteuer.

Zusammenfassung

145 ▶ Im Berufungsverfahren kann dem als Verteidiger tätige Rechtsanwalt eine Verfahrensgebühr und eine Terminsgebühr entstehen.

▶ Daneben können die allgemeinen Gebühren anfallen. Die Grundgebühr entsteht nur dann, wenn der Rechtsanwalt in dem Berufungsverfahren erstmals tätig wird. Die Terminsgebühr Nr. 4102, 4103 VV RVG entsteht für die Teilnahme an Terminen außerhalb der Hauptverhandlung, zB einem Haftprüfungstermin.

▶ Ferner können noch zusätzliche Gebühren entstehen, zB die zusätzliche Gebühr der Nr. 4141 VV RVG in dem Fall, dass die Berufung mindestens zwei Wochen vor dem Tage, der für die Hauptverhandlung im Berufungsverfahren vorgesehen war, zurückgenommen wird.

9. Revision

146 War der Rechtsanwalt als Verteidiger bereits im vorangegangenen Rechtszug für den Mandanten tätig, ist die **Einlegung des Rechtsmittels** bei dem Gericht desselben Rechtszuges noch mit den in diesem entstandenen Gebühren, insbesondere mit der dort angefallenen Verfahrensgebühr für das gerichtliche Verfahren abgegolten und löst noch keine Gebühren nach den Nrn. 4130 bis 4135 VV RVG aus.[82] Dies ergibt sich aus § 19 Abs. 1 S. 2 Nr. 10 RVG.

147 Jede Tätigkeit nach Einlegung des Rechtsmittels im nächsten Rechtszug lässt aber Gebühren nach den Nrn. 4130 bis 4135 VV RVG entstehen. Insbesondere werden durch die

- Rücknahme des Rechtsmittels
- Begründung des Rechtsmittels
- weitere schriftliche Eingaben

[82] Burhoff B. Kommentar Teil 4 – Strafsachen Vorbem. 4.1 VV Rn. 38; Hartung/Schons/Enders § 19 Rn. 75.

für den Angeklagten neben den im vorangegangenen Rechtszug entstandenen Gebühren weitere Gebühren nach den Nrn. 4130 bis 4135 VV RVG ausgelöst.[83]

War der Rechtsanwalt noch nicht als Verteidiger für den Angeklagten in dem vorangegangenen Rechtszug tätig, so entstehen ihm schon mit Einlegung des Rechtsmittels – neben der Grundgebühr- die Verfahrensgebühr der Nrn. 4130, 4131 VV RVG. 148

Die Gebühren für die Verteidigung im Revisionsverfahren sind in Teil 4, Abschnitt 1, Unterabschnitt 3 VV RVG unter der Überschrift „Revision" in den Nrn. 4130 bis 4135 VV RVG geregelt. 149

Auszug aus dem RVG

Revision 150

Nr.	Gebührentatbestand	Gebühr oder Satz der Gebühr nach § 13 oder § 49 RVG	
		Wahlanwalt	gerichtlich bestellter oder beigeordneter Rechtsanwalt
4130	Verfahrensgebühr für das Revisionsverfahren	120,00 bis 1110,00 €	492,00 €
4131	Gebühr 4130 mit Zuschlag	120,00 bis 1387,50 €	603,00 €
4132	Terminsgebühr je Hauptverhandlungstag im Revisionsverfahren	120,00 bis 560,00 €	272,00 €
4133	Gebühr 4132 mit Zuschlag	120,00 bis 700,00 €	328,00 €
4134	Der gerichtlich bestellte oder beigeordnete Rechtsanwalt nimmt mehr als 5 und bis 8 Stunden an der Hauptverhandlung teil: Zusätzliche Gebühr neben der Gebühr 4132 oder 4133		136,00 €
4135	Der gerichtlich bestellte oder beigeordnete Rechtsanwalt nimmt mehr als 8 Stunden an der Hauptverhandlung teil: Zusätzliche Gebühr neben der Gebühr 4132 oder 4133		272,00 €

Für die Tätigkeit als Verteidiger in einem Revisionsverfahren kann der Rechtsanwalt eine Verfahrensgebühr Nr. 4130 VV RVG und eine Terminsgebühr Nr. 4132 VV RVG für jeden Hauptverhandlungstag im Revisionsverfahren verdienen. Ist der Mandant nicht auf freiem Fuß, entstehen die Gebühren mit Zuschlag (Nrn. 4131 und 4133 VV RVG). 151

Die Verfahrensgebühr gilt die Tätigkeit außerhalb der Hauptverhandlung im Revisionsverfahren ab. Die Terminsgebühr entsteht für die Teilnahme an der Hauptverhandlung im Revisionsverfahren. Sie entsteht für jeden Hauptverhandlungstag gesondert. 152

Daneben können noch allgemeine Gebühren entstehen, wie etwa die Grundgebühr und die Terminsgebühr für Termine außerhalb der Hauptverhandlung. Die Grund- 153

[83] Burhoff B. Kommentar Teil 4 – Strafsachen Nr. 4124 VV Rn. 16; Hartung/Schons/Enders § 19 Rn. 76; Gerold/Schmidt VV 4124, 4125 Rn. 5.

gebühr Nr. 4100, 4101 VV RVG entsteht dann nicht mehr, wenn der Rechtsanwalt bereits in dem I. Rechtszug oder im Berufungsverfahren tätig war und dort bereits die Grundgebühr liquidiert hat. Die Terminsgebühr für Vernehmungstermine außerhalb der Hauptverhandlung kann zB anfallen für einen Haftprüfungstermin (Nr. 4102, 4103 VV RVG), der während des Revisionsverfahrens stattfindet.

154 Des Weiteren können noch zusätzliche Gebühren entstehen, zB die zusätzliche Gebühr nach Nr. 4141 VV RVG, wenn der Rechtsanwalt mindestens zwei Wochen vor dem Hauptverhandlungstermin in der Revision die Revision zurücknimmt. Allerdings wird ganz überwiegend vertreten, dass die zusätzliche Gebühr nach Nr. 4141 VV RVG im Falle der Rücknahme der Revision nur dann entsteht, wenn bereits *„Revisionshauptverhandlungstermin anberaumt ist bzw. zumindest konkrete Anhaltspunkte dafür vorhanden sind, dass eine Hauptverhandlung durchgeführt worden wäre – ‚nahe gelegen hat' –, wenn nicht die Revision zurückgenommen worden wäre."*[84] Von einigen OLGs wird auch vertreten, dass die zusätzliche Gebühr nur dann anfallen könne, wenn zuvor die Revision begründet worden sei.[85] Nach *Burhoff* und *Schneider*[86] ist der Mindermeinung des OLG Düsseldorf und des LG Hagen[87] zu folgen, wonach der Anfall der zusätzlichen Gebühr nach Nr. 4141 VV RVG bei Rücknahme der Revision weder die bevorstehende Terminierung einer Revisionshauptverhandlung noch die Begründung der Revision erforderlich sei.[88]

155 **Beispiel:** Der Rechtsanwalt hat den Mandanten bereits in dem vorangegangenen Rechtszug vertreten. Er legt für den Mandanten Revision ein. Nachdem er die Revision begründet hat, weist der BGH die Revision ohne Hauptverhandlung durch Beschluss kostenpflichtig zurück. Der Mandant befindet sich in Haft.

Der Rechtsanwalt kann für die Tätigkeit im Revisionsverfahren berechnen:

1) Verfahrensgebühr für das Revisionsverfahren §§ 2 Abs. 2, 14 RVG iVm Nr. 4131 VV RVG – Mittelgebühr	753,75 EUR
2) Pauschale für Entgelte für Post- und Telekommunikationsdienstleistungen Nr. 7002 VV RVG	20,00 EUR
3) Dokumentenpauschale Nr. 7000 Ziffer 1 a) VV RVG für Kopien in schwarz/weiß aus amtlicher Ermittlungsakte – 100 Kopien	32,50 EUR
4) Dokumentenpauschale Nr. 7000 Ziffer 1 a) VV RVG für Kopien in Farbe aus der amtlichen Ermittlungsakte – 61 Kopien	53,30 EUR

zzgl. evtl. entstandener weiterer Auslagen und Umsatzsteuer.

Zusammenfassung

156
- ▶ Im Revisionsverfahren können dem als Verteidiger tätigen Rechtsanwalt eine Verfahrensgebühr und eine Terminsgebühr für jeden Hauptverhandlungstag entstehen.
- ▶ Daneben können die allgemeinen Gebühren anfallen. Die Grundgebühr entsteht nur dann, wenn der Rechtsanwalt in dem Revisionsverfahren erstmals tätig wird. Die Terminsgebühr Nr. 4102, 4103 VV RVG entsteht für die Teilnahme an Terminen außerhalb der Hauptverhandlung, zB einem Haftprüfungstermin.
- ▶ Ferner können noch zusätzliche Gebühren entstehen, zB die zusätzliche Gebühr der Nr. 4141 VV RVG in dem Fall, dass die Revision mindestens zwei Wochen vor

[84] Zitiert nach Burhoff B. Kommentar Teil 4 – Strafsachen Nr. 4141 VV Rn. 66; So zB auch OLG Hamm JurBüro 2006, 591; Pfälz. OLG Zweibrücken RVG-Letter 2006, 81; OLG Stuttgart JurBüro 2007, 200; Brandenburgisches OLG JurBüro 2007, 484; OLG Oldenburg JurBüro 2011, 254.

[85] So zB Kammergericht JurBüro 2005, 533 = RVGreport 2005, 352 = AGS 2005, 434 mit abl. Anm. von N. Schneider; OLG Braunschweig AGS 2006, 232; Vgl. auch Burhoff B. Kommentar Teil 4 – Strafsachen Nr. 4141 VV Rn. 67.

[86] Burhoff B. Kommentar Teil 4 – Strafsachen Nr. 4141 VV Rn. 69; N. Schneider in Anm. zu OLG Düsseldorf in AGS 2006, 124.

[87] OLG Düsseldorf RVGreport 2006, 67 = AGS 2006, 124; LG Hagen RVGreport 2006, 229 = AGS 2006, 232.

[88] So auch: Hartung/Schons/Enders Nr. 4141 VV Rn. 37; Gerold/Schmidt 4141 VV Rn. 39; Schneider/Wolf VV 4141 Rn. 134 bis 142; Bischof/Jungbauer Nr. 4100–4303 VV Rn. 116.

dem Tage, der für die Hauptverhandlung im Revisionsverfahren vorgesehen war, zurückgenommen wird. Nach überwiegender Meinung entsteht die zusätzliche Gebühr aber nur dann, wenn schon eine Revisionshauptverhandlung anberaumt war oder zumindest konkrete Anhaltspunkte dafür bestanden, dass eine solche durchgeführt worden wäre, wenn die Revision nicht zurückgenommen worden wäre.

10. Pauschgebühr für den Wahlanwalt

Seit Inkrafttreten des RVG kann auch der **Wahlanwalt** einen Antrag auf Feststellung einer Pauschgebühr stellen. Geregelt ist dies in § 42 RVG. Natürlich kann auch der Pflichtverteidiger einen Antrag auf Festsetzung einer Pauschgebühr stellen. Für den Pflichtverteidiger ist dies in § 51 RVG geregelt (→ Kap. L Rn. 227 ff.). 157

Auszug aus dem RVG

§ 42 158

Feststellung einer Pauschgebühr

(1) In Strafsachen, gerichtlichen Bußgeldsachen, Verfahren nach dem Gesetz über die internationale Rechtshilfe in Strafsachen, in Verfahren nach dem IStGH-Gesetz, in Freiheitsentziehungs- und Unterbringungssachen sowie bei Unterbringungsmaßnahmen nach § 151 Nummer 6 und 7 des Gesetzes über das Verfahren in Familiensachen und in den Angelegenheiten der freiwilligen Gerichtsbarkeit stellt das Oberlandesgericht, zu dessen Bezirk das Gericht des ersten Rechtszugs gehört, auf Antrag des Rechtsanwalts eine Pauschgebühr für das ganze Verfahren oder für einzelne Verfahrensabschnitte durch unanfechtbaren Beschluss fest, wenn die in den Teilen 4 bis 6 des Vergütungsverzeichnisses bestimmten Gebühren eines Wahlanwalts wegen des besonderen Umfangs oder der besonderen Schwierigkeit nicht zumutbar sind. Dies gilt nicht, soweit Wertgebühren entstehen. Beschränkt sich die Feststellung auf einzelne Verfahrensabschnitte, sind die Gebühren nach dem Vergütungsverzeichnis, an deren Stelle die Pauschgebühr treten soll, zu bezeichnen. Die Pauschgebühr darf das Doppelte der für die Gebühren eines Wahlanwalts geltenden Höchstbeträge nach den Teilen 4 bis 6 des Vergütungsverzeichnisses nicht übersteigen. Für den Rechtszug, in dem der Bundesgerichtshof für das Verfahren zuständig ist, ist er auch für die Entscheidung über den Antrag zuständig.

(2) Der Antrag ist zulässig, wenn die Entscheidung über die Kosten des Verfahrens rechtskräftig ist. Der gerichtlich bestellte oder beigeordnete Rechtsanwalt kann den Antrag nur unter den Voraussetzungen des § 52 Abs. 1 Satz 1, Abs. 2, auch in Verbindung mit § 53 Abs. 1, stellen. Der Auftraggeber, in den Fällen des § 52 Abs. 1 Satz 1 der Beschuldigte, ferner die Staatskasse und andere Beteiligte, wenn ihnen die Kosten des Verfahrens ganz oder zum Teil auferlegt worden sind, sind zu hören.

(3) Der Senat des Oberlandesgerichts ist mit einem Richter besetzt. Der Richter überträgt die Sache dem Senat in der Besetzung mit drei Richtern, wenn es zur Sicherung einer einheitlichen Rechtsprechung geboten ist.

(4) Die Feststellung ist für das Kostenfestsetzungsverfahren, das Vergütungsfestsetzungsverfahren (§ 11) und für einen Rechtsstreit des Rechtsanwalts auf Zahlung der Vergütung bindend.

(5) Die Absätze 1 bis 4 gelten im Bußgeldverfahren vor der Verwaltungsbehörde entsprechend. Über den Antrag entscheidet die Verwaltungsbehörde. Gegen die Entscheidung kann gerichtliche Entscheidung beantragt werden. Für das Verfahren gilt § 62 des Gesetzes über Ordnungswidrigkeiten.

Der als **Wahlanwalt** in 159

- einer Strafsache
- einer gerichtlichen Bußgeldsache
- einem Bußgeldverfahren vor der Verwaltungsbehörde (§ 42 Abs. 5 RVG)
- und den anderen, in § 42 RVG genannten Verfahren

tätige Rechtsanwalt kann einen Antrag auf Festsetzung einer Pauschgebühr stellen.

Zuständig für den Antrag auf Feststellung einer Pauschgebühr ist das **Oberlandesgericht,** zu dessen Bezirk das Gericht des I. Rechtszuges gehört. Soll die Pauschgebühr 160 für einen Rechtszug bewilligt werden, der vor dem BGH stattgefunden hat (zB Revisionsverfahren), so ist auch der Antrag auf Feststellung einer Pauschgebühr beim BGH zu stellen (§ 42 Abs. 1 S. 5 RVG). Soll die Pauschgebühr für ein Bußgeldverfahren vor der Verwaltungsbehörde festgesetzt werden, ist der Antrag auf Feststellung der Pauschgebühr bei der Verwaltungsbehörde zu stellen (§ 42 Abs. 5 S. 2 RVG).

161 Voraussetzung für den Antrag ist, dass die in den Teilen 4 bis 6 des Vergütungsverzeichnisses zum RVG bestimmten Gebühren eines Wahlanwaltes wegen des **besonderen Umfangs** oder der **besonderen Schwierigkeit** nicht zumutbar sind.[89]

162 Der Antrag ist erst zulässig, wenn die Entscheidung über die Kosten des Verfahrens rechtskräftig ist. Es kann eine Pauschgebühr für **das ganze Verfahren** oder für **einzelne Verfahrensabschnitte** beantragt werden.

163 Die Pauschgebühr darf **das Doppelte** der für die Gebühren eines Wahlanwaltes geltenden Höchstbeträge nach den Teilen 4 bis 6 des Vergütungsverzeichnisses zum RVG **nicht übersteigen.**

164 Der Beschluss, mit dem die Pauschgebühr festgestellt wird, ist unanfechtbar (§ 42 Abs. 1 S. 1 RVG).

165 Der Beschluss über die Feststellung einer Pauschgebühr ist bindend
- für das Kostenfestsetzungsverfahren
- das Vergütungsfestsetzungsverfahren gemäß § 11 RVG gegenüber dem eigenen Auftraggeber
- für einen Rechtsstreit des Rechtsanwaltes auf Zahlung der Vergütung (§ 42 Abs. 4 RVG).

Praxistipp:

166 Ist der Mandant in dem Strafverfahren freigesprochen worden und sind die in den Teilen 4 bis 6 des Vergütungsverzeichnisses bestimmten Höchstbeträge wegen des besonderen Umfanges oder der besonderen Schwierigkeit der Sache nicht zumutbar, so sollte der Rechtsanwalt vorab den Antrag auf Feststellung einer Pauschgebühr bei dem OLG stellen. In diesem Verfahren kann dann ein über den im Vergütungsverzeichnis festgesetzter Höchstbetrag hinausgehender Betrag (maximal das Doppelte des Höchstbetrages – § 42 Abs. 1 S. 4 RVG) festgestellt werden. Dieser Beschluss des OLG ist dann bindend für den Rechtspfleger in dem Kostenfestsetzungsverfahren gegenüber der Staatskasse. Die Staatskasse wird dann nach Freispruch des Angeklagten die vom OLG festgestellte Pauschgebühr zu erstatten haben.

Zusammenfassung

167
- ▶ Auch der als Wahlanwalt tätige Rechtsanwalt kann die Feststellung einer Pauschgebühr gemäß § 42 RVG beim Oberlandesgericht beantragen.
- ▶ Voraussetzung für den Antrag ist, dass die in den Teilen 4 bis 6 VV RVG bestimmten Gebühren wegen besonderen Umfangs oder besonderer Schwierigkeit nicht zumutbar sind.
- ▶ Die Pauschgebühr darf höchstens auf das Doppelte der im Gesetz festgelegten Höchstbeträge festgesetzt werden.
- ▶ Der Antrag ist erst zulässig, wenn die Entscheidung über die Kosten des Verfahrens rechtskräftig ist.

[89] Hartung/Schons/Enders § 42 Rn. 9 zum besonderen Umfang und Rn. 10 zur besonderen Schwierigkeit; Schneider/Wolf § 42 Rn. 14; BGH Beschluss vom 3. 4. 2007 – 3 StR 486/06; BGH Beschluss vom 2. 4. 2007 – 1 StR 579/05 zur Feststellung einer Pauschgebühr im Revisionsverfahren.

11. Einziehung und verwandte Maßnahmen

In Teil 4, Abschnitt 1, Unterabschnitt 5 VV RVG sind für den Verteidiger zusätzliche Gebühren geregelt. Diese zusätzlichen Gebühren erhält der Verteidiger **neben** den Gebühren, die er für seine eigentliche Tätigkeit als Verteidiger des Mandanten in der Strafsache verdient. Unter der Nr. 4142 VV RVG sind zusätzliche Gebühren für eine Tätigkeit geregelt, die sich auf die Einziehung und verwandte Maßnahmen beziehen. 168

Auszug aus dem VV RVG

169

Nr.	Gebührentatbestand	Gebühr oder Satz der Gebühr nach § 13 oder § 49 RVG	
		Wahlanwalt	gerichtlich bestellter oder beigeordneter Rechtsanwalt
4142	Verfahrensgebühr bei Einziehung und verwandten Maßnahmen .... (1) Die Gebühr entsteht für eine Tätigkeit für den Beschuldigten, die sich auf die Einziehung, dieser gleichstehende Rechtsfolgen (§ 439 StPO), die Abführung des Mehrerlöses oder auf eine diesen Zwecken dienende Beschlagnahme bezieht. (2) Die Gebühr entsteht nicht, wenn der Gegenstandswert niedriger als 30,00 EUR ist. (3) Die Gebühr entsteht für das Verfahren des ersten Rechtszugs einschließlich des vorbereitenden Verfahrens und für jeden weiteren Rechtszug.	1,0	1,0

Die Gebühr Nr. 4142 VV RVG entsteht für eine Tätigkeit für den Beschuldigten, die sich auf die Einziehung, dieser gleich gestellte Rechtsfolgen (§ 442 StPO), die Abführung des Mehrerlöses oder auf eine zu diesen Zwecken dienende Beschlagnahme bezieht. Nach Abs. 1 der Anmerkung zu Nr. 4142 VV RVG muss sich die anwaltliche Tätigkeit auch auf die Einziehung oder eine verwandte Maßnahme „beziehen". Nach *Hartung*[90] ist ausreichend, *„dass der Rechtsanwalt sich um die Abwehr solcher Maßnahmen* bemüht. *Eine besondere Tätigkeit in Bezug auf die Einziehung und ihr verwandte Maßnahme ist nicht erforderlich, insbesondere muss die Einziehung von der Staatsanwaltschaft nicht beantragt worden sein*".[91] Bereits die Beratung des Angeklagten dahin, dass er der außergerichtlichen Einziehung beschlagnahmter Gegenstände zustimmt, löst die Gebühr Nr. 4142 VV RVG aus.[92] 170

Der Rechtsanwalt, dessen Tätigkeit sich auch auf die Einziehung oder eine verwandte Maßnahme bezieht, erhält eine 1,0 Verfahrensgebühr. Gegenstandswert für diese 1,0 Verfahrensgebühr ist der objektive Geldwert der betroffenen Sache.[93] Eingezogene Betäubungsmittel sollen, so dass Kammergericht[94] keinen Gegenstandswert 171

[90] Hartung in Hartung/Schons/Enders Nr. 4142 VV Rn. 7.
[91] So auch Gerold/Schmidt VV 4142 Rn. 12; LG Berlin RVGreport 2005, 193 = AGS 2005, 395.
[92] Kammergericht JurBüro 2005, 531.
[93] Hartung/Schons/Enders Nr. 4142 VV Rn. 16; Burhoff B. Kommentar Teil 4 – Strafsachen Nr. 4142 VV Rn. 28.
[94] Kammergericht JurBüro 2005, 531.

haben.[95] Nach OLG Bamberg[96] ist bei Diebesgut der objektive Verkehrswert als Gegenstandswert anzunehmen. Ein späterer – niedrigerer – Versteigerungserlös des Diebesgutes soll keinen Einfluss auf den Gegenstandswert für die Verfahrensgebühr nach Nr. 4142 VV RVG haben. Nach LG Essen[97] ist auch für eingezogene – unversteuerte – Zigaretten ein Wert anzunehmen, der sich an dem Materialwert zuzüglich der üblichen Handelsspanne orientiert.

172 **Beispiel:** Der Rechtsanwalt vertritt den Mandanten als Verteidiger (Wahlanwalt) in einer Strafsache. Im Laufe des Verfahrens wird der Rechtsanwalt auch beauftragt, tätig zu werden, im Hinblick auf die vom Gericht beabsichtigte Einziehung eines Pkws (Wert: 13.000,00 EUR). Der Rechtsanwalt führt diesbezüglich Schriftverkehr mit dem Gericht und widerspricht im Namen des Beschuldigten der Einziehung des Pkws.

Neben den Gebühren, die der Rechtsanwalt für seine Tätigkeit als Verteidiger erhält, kann er für seine Tätigkeit im Hinblick auf die Einziehung des Pkws berechnen:

Gegenstandswert: 13.000,00 EUR	
1) 1,0 Verfahrensgebühr §§ 2, 13 RVG iVm Nr. 4142 VV RVG	604,00 EUR
2) 19 % Umsatzsteuer Nr. 7008 VV RVG	114,76 EUR
	718,76 EUR

Eine gesonderte Pauschale für Entgelte für Post- und Telekommunikationsdienstleistungen fällt meines Erachtens nicht an. Diese ist schon in der Abrechnung der Gebühren für die Verteidigung in der Strafsache enthalten.

173 Nach Abs. 2 der Anmerkung zu Nr. 4142 VV RVG entsteht die Gebühr nicht, wenn der Gegenstandswert, also der Wert der einzuziehenden Sache, niedriger als 30 EUR ist.

174 Nach Abs. 3 der Anmerkung zu Nr. 4142 VV RVG entsteht die Gebühr für jeden Rechtszug gesondert. War der Rechtsanwalt also sowohl im I. als auch im II. Rechtszug auftragsgemäß auch tätig im Hinblick auf die Einziehung einer Sache, so erhält er die 1,0 Verfahrensgebühr Nr. 4142 VV RVG zweimal.[98]

175 Die Verfahrensgebühr nach Nr. 4142 VV RVG kann sowohl der Wahlanwalt als auch der Pflichtverteidiger beanspruchen. Der Pflichtverteidiger erhält die Gebühr aus der Prozesskostenhilfetabelle des § 49 RVG.[99]

Die zusätzliche Gebühr nach Nr. 4142 VV RVG kann nicht angesetzt werden, wenn es um ein **Fahrverbot** oder die **Entziehung der Fahrerlaubnis** geht.[100]

Zusammenfassung

176
- ▶ Für eine Tätigkeit, die sich auf die Einziehung, dieser gleich gestellten Rechtsfolgen (§ 442 StPO), die Abführung des Mehrerlöses oder auf eine diesen Zwecken dienende Beschlagnahme bezieht, erhält der Rechtsanwalt eine gesonderte 1,0 Verfahrensgebühr Nr. 4142 VV RVG.
- ▶ Gegenstandswert dieser Verfahrensgebühr ist der objektive Geldwert der betroffenen Sache. Die Gebühr entsteht nicht, wenn der Gegenstandswert niedriger als 30 EUR ist.
- ▶ Die 1,0 Verfahrensgebühr Nr. 4142 VV RVG entsteht neben den Gebühren, die der Rechtsanwalt für die Verteidigung des Beschuldigten nach Teil 4 VV RVG erhält.

---

[95] So auch OLG Koblenz JurBüro 2006, 255 = AGS 2006, 237; AG Nordhorn AGS 2006, 238; OLG Frankfurt/Main JurBüro 2007, 201 mit abl. Anm. von Madert; Anders nach Burhoff B. Kommentar Teil 4 – Strafsachen Nr. 4142 VV Rn. 40 mwN, wenn es um verkehrsfähige und verschreibungspflichtige Betäubungsmittel/Handelsformen von Medikamenten der Anlage I bzw. II zu § 1 Abs. 1 BtMG geht.

[96] OLG Bamberg JurBüro 2007, 201; so auch LG Aschaffenburg RVGreport 2007, 72.

[97] LG Essen AGS 2006, 501 = RVG professionell 2006, 170; Umstritten – Siehe Burhoff B. Kommentar Teil 4 – Strafsachen Nr. 4142 VV Rn. 55 mwN auch zur Gegenmeinung.

[98] Hartung/Schons/Enders Nr. 4142 VV Rn. 11.

[99] Hartung/Schons/Enders Nr. 4142 VV Rn. 12.

[100] OLG Koblenz JurBüro 2006, 247 = AGS 2006, 236.

12. Vermögensrechtliche Ansprüche

Unter den in Teil 4, Abschnitt 1, Unterabschnitt 5 VV RVG geregelten zusätzlichen Gebühren findet sich in Nr. 4143 VV RVG auch eine Verfahrensgebühr für vermögensrechtliche Ansprüche des Verletzten oder seines Erben. 177

Auszug aus dem VV RVG 178

Nr.	Gebührentatbestand	Gebühr oder Satz der Gebühr nach § 13 oder § 49 RVG	
		Wahlanwalt	gerichtlich bestellter oder beigeordneter Rechtsanwalt
4143	Verfahrensgebühr für das erstinstanzliche Verfahren über vermögensrechtliche Ansprüche des Verletzten oder seines Erben	2,0	2,0
	(1) Die Gebühr entsteht auch, wenn der Anspruch erstmalig im Berufungsverfahren geltend gemacht wird. (2) Die Gebühr wird zu einem Drittel auf die Verfahrensgebühr, die für einen bürgerlichen Rechtsstreit wegen desselben Anspruchs entsteht, angerechnet.		
4144	Verfahrensgebühr im Berufungs- und Revisionsverfahren über vermögensrechtliche Ansprüche des Verletzten oder seines Erben	2,5	2,5

Der Verletzte oder sein Erbe können gegen den Beschuldigten einen aus der Straftat erwachsenen vermögensrechtlichen Anspruch gemäß §§ 403 ff. StPO auch im Strafverfahren geltend machen. Dieses Verfahren nennt man **Adhäsionsverfahren.** Für eine Tätigkeit im Adhäsionsverfahren erhält der Rechtsanwalt nach Nr. 4143 VV RVG eine 2,0 Verfahrensgebühr. Im Berufungs- und Revisionsverfahren über die vermögensrechtlichen Ansprüche des Verletzten oder seines Erben fällt die Verfahrensgebühr nach Nr. 4144 VV RVG in Höhe von 2,5 an. 179

Gegenstandswert für diese Verfahrensgebühren sind die Ansprüche, die in dem Adhäsionsverfahren geltend gemacht werden. 180

Die Verfahrensgebühren nach Nrn. 4143 und 4144 VV RVG können neben den Gebühren entstehen, die der Rechtsanwalt für seine Tätigkeit als Verteidiger oder Vertreter des Nebenklägers in dem Strafverfahren verdient. Dies ergibt sich daraus, dass diese Gebühren in Teil 4, Abschnitt 1, Unterabschnitt 5 VV RVG geregelt sind, der die Überschrift trägt **„zusätzliche Gebühren“.** 181

Gemäß § 406 Abs. 3 S. 1 StPO kann der vermögensrechtliche Anspruch anderweitig geltend gemacht werden, soweit er im Strafverfahren nicht zuerkannt worden ist. Der Geltendmachung des vermögensrechtlichen Anspruches im Strafverfahren kann also auch noch ein bürgerlicher Rechtsstreit über diesen folgen. In diesem Fall ist die Verfahrensgebühr Nr. 4143 VV RVG **zu einem Drittel** auf die Verfahrensgebühr **anzurechnen**, die in einem bürgerlichen Rechtsstreit wegen desselben Anspruches entsteht. 182

Beispiel: Der Rechtsanwalt vertritt den Mandanten als Wahlverteidiger in einem Strafverfahren. In dem Strafverfahren macht eine Nebenklägerin Schadensersatzansprüche in Höhe von 8.000,00 EUR geltend. Diese vermögensrechtlichen Ansprüche erkennt der Strafrichter nicht zu. 183

Die Nebenklägerin klagt den Betrag in Höhe von 8.000,00 EUR in einem bürgerlichen Rechtsstreit ein. Auch in diesem bürgerlichen Rechtsstreit vertritt der für den Mandanten in dem Strafverfahren als Verteidiger tätige Rechtsanwalt den Mandanten als Prozessbevollmächtigten. In dem bürgerlichen Rechtsstreit findet ein Termin statt, an dem der Rechtsanwalt teilnimmt. Anschließend ergeht auch in dem bürgerlichen Rechtsstreit ein Urteil.

Neben seinen Gebühren, die der Rechtsanwalt für seine Tätigkeit als Verteidiger erhält, kann er berechnen:

Für die Tätigkeit im Adhäsionsverfahren über die vermögensrechtlichen Ansprüche:
Gegenstandswert: 8.000,00 EUR

1) 2,0 Verfahrensgebühr §§2, 13 RVG iVm Nr. 4143 VV RVG	912,00 EUR
2) 19 % Umsatzsteuer Nr. 7008 VV RVG	173,28 EUR
	1.085,28 EUR

Die Pauschale für Entgelte für Post- und Telekommunikationsdienstleistungen Nr. 7002 VV RVG kann meines Erachtens für das Adhäsionsverfahren nicht gesondert angesetzt werden, da dieses eine gebührenrechtliche Angelegenheit mit dem Strafverfahren bildet. Die 2,0 Verfahrensgebühr Nr. 4143 VV RVG fällt nur als zusätzliche Gebühr neben den in dem Strafverfahren entstandenen Gebühren an.

Für die Tätigkeit in dem bürgerlichen Rechtsstreit:[101]
Gegenstandswert: 8.000,00 EUR

1) 1,3 Verfahrensgebühr §§2, 14 RVG iVm Nr. 3100 VV RVG	592,80 EUR
hierauf anzurechnen nach Abs. 2 der Anmerkung zu Nr. 4143 VV RVG	
$\frac{1}{3}$ der 2,0 Verfahrensgebühr Nr. 4143 VV RVG,	
also $\frac{1}{3}$ von 912,00 EUR =	304,00 EUR
verbleiben von der Verfahrensgebühr	288,80 EUR
2) 1,2 Terminsgebühr §§2, 13 RVG iVm Nr. 3104 VV RVG	547,20 EUR
3) Pauschale für Entgelte für Post- und Telekommunikationsdienstleistungen Nr. 7002 VV RVG	20,00 EUR
4) 19 % Umsatzsteuer Nr. 7008 VV RVG	162,64 EUR
	1.018,64 EUR

184 Neben der Verfahrensgebühr Nr. 4143 VV RVG kann auch im Adhäsionsverfahren die Einigungsgebühr der Nr. 1000, 1003 VV RVG in Höhe von 1,0 (im Berufungsverfahren in Höhe von 1,3) entstehen. Voraussetzung ist, dass der Rechtsanwalt am Abschluss eines Vertrages im Sinne der Nr. 1000 VV RVG oder eines Vergleiches über die vermögensrechtlichen Ansprüche mitgewirkt hat.[102] Für eine Einigungsgebühr ist eine Anrechnung nicht vorgeschrieben.

185 Der **Pflichtverteidiger** erhält die Verfahrensgebühren für eine Tätigkeit im Adhäsionsverfahren aus der Tabelle des § 49 RVG (Prozesskostenhilfegebührentabelle).

186 Allerdings ist in der Rechtsprechung umstritten, ob sich die Bestellung zum Pflichtverteidiger automatisch auch auf das Adhäsionsverfahren erstreckt. Die überwiegende Auffassung der Oberlandesgerichte geht wohl davon aus, dass sich die Bestellung zum Pflichtverteidiger nicht auch automatisch auf ein Adhäsionsverfahren erstrecke.[103]

187 **Praxistipp:**

Macht der Nebenkläger oder ein Verletzter in einem Strafverfahren ein Adhäsionsverfahren anhängig, sollte der Pflichtverteidiger bei Gericht beantragen, seine Bestellung zum Pflichtverteidiger auch auf das Adhäsionsverfahren zu erstrecken.[104]

188 Es stellt sich dann weiter die Frage, ob das Gericht einfach die Pflichtverteidigerbestellung auch auf das Adhäsionsverfahren erstrecken kann oder ob dem Angeschuldigten/Angeklagten für die Abwehr der Ansprüche in dem Adhäsionsverfahren Prozesskostenhilfe unter Beiordnung des Rechtsanwaltes, der auch zum Pflichtverteidiger bestellt worden ist, zu gewähren ist. Nach § 404 Abs. 5 StPO ist auf Antrag dem Antragsteller und dem Angeschuldigten im Adhäsionsverfahren **Prozesskostenhilfe**

[101] Schneider/Wolf VV 4143–4144 Rn. 53.
[102] Hartung/Schons/Enders Nr. 4143, 4144 VV Rn. 30; Schneider/Wolf VV 4143–4144 Rn. 35.
[103] Burhoff B. Kommentar Teil 4 – Strafsachen Nr. 4143 VV Rn. 19 bis 22 mwN.
[104] Burhoff B. Kommentar Teil 4 – Strafsachen Nr. 4143 VV Rn. 22.

nach denselben Vorschriften wie in einem bürgerlichen Rechtsstreit zu bewilligen. Dies würde bedeuten, dass die Erklärung über die persönlichen und wirtschaftlichen Verhältnisse mit allen Anlagen von dem Angeschuldigten vorgelegt werden müsste. Dann würde das Gericht prüfen, ob die Voraussetzungen für die Bewilligung von Prozesskostenhilfe vorliegen. Hierbei wird es auch die Erfolgsaussichten und die Frage der Mutwilligkeit prüfen müssen.[105]

Hat das Gericht die Pflichtverteidigerbestellung auf das Adhäsionsverfahren erstreckt, ist das nach OLG Düsseldorf[106] für die Festsetzung der Vergütung für das Adhäsionsverfahren unabhängig davon **bindend**, ob die Voraussetzungen einer Beiordnung im Wege der Prozesskostenhilfe gemäß § 404 Abs. 5 S. 1 StPO, § 114 ff. ZPO tatsächlich vorlagen. 189

Haben mehrere Nebenkläger/Verletzte **mehrere Adhäsionsanträge** in demselben Verfahren gegen denselben Angeklagten gestellt, stellt sich dies für den Verteidiger des Angeklagten in der Regel als dieselbe gebührenrechtliche Angelegenheit dar. Die Gebühr der Nr. 4143 VV RVG entsteht nur einmal. Als Gegenstandswert ist der Gebühr die Summe der insgesamt in den mehreren Adhäsionsverfahren geltend gemachten Ansprüche zugrunde zu legen.[107] 190

Der nur im Adhäsionsverfahren tätige Rechtsanwalt erhält nur die Verfahrensgebühr nach Nr. 4143 oder 4144 VV RVG. Daneben kann auch ihm natürlich die Einigungsgebühr entstehen. 191

Zusammenfassung

- Für eine Tätigkeit in einem Verfahren über vermögensrechtliche Ansprüche (**Adhäsionsverfahren**) des Verletzten oder seines Erben entsteht eine 2,0 Verfahrensgebühr Nr. 4143 VV RVG. 192
- Dem als Verteidiger tätigen Rechtsanwalt entsteht die Gebühr neben seinen Gebühren für die Verteidigung des Beschuldigten in dem Strafverfahren.
- Als Gegenstandswert ist die Höhe der geltend gemachten vermögensrechtlichen Ansprüche anzunehmen.
- Im Berufungs- und Revisionsverfahren über vermögensrechtliche Ansprüche des Verletzten oder seines Erben fällt eine 2,5 Verfahrensgebühr Nr. 4144 VV RVG an.
- Die Verfahrensgebühr Nr. 4143 VV RVG wird zu einem Drittel auf die Verfahrensgebühr angerechnet, die in einem bürgerlichen Rechtsstreit wegen desselben Anspruches entsteht (Abs. 2 der Anmerkung zu Nr. 4143 VV RVG).

13. Sonstiges in Kürze

Der als Vertreter eines **Nebenklägers** oder **Privatklägers** tätige Rechtsanwalt erhält nach der Vorbemerkung 4 Abs. 1 VV RVG dieselben Gebühren, die der Rechtsanwalt verdient, der in dem Strafverfahren als Verteidiger des Beschuldigten, Angeschuldigten oder Angeklagten tätig ist. 193

Zusätzlich kann im **Privatklageverfahren** nach Nr. 4147 VV RVG eine **Einigungsgebühr** entstehen, wenn zwischen dem Privatkläger und dem Beschuldigten ein Vertrag/Vergleich iSd Nr. 1000 VV RVG bezüglich des Strafanspruchs und des Kostenerstattungsanspruchs geschlossen wird. Nach *Schneider* muss der Vertrag darauf gerichtet sein, „*das bereits anhängige Privatklageverfahren endgültig zu beenden oder ein noch nicht eingeleitetes Privatklageverfahren zu vermeiden.*“[108] Einigen sich 194

---

105 Burhoff B. Kommentar Teil 4 – Strafsachen Nr. 4143 VV Rn. 22.

106 OLG Düsseldorf BeckRS 2017, 115241.

107 OLG Düsseldorf BeckRS 2017, 115241 und BeckRS 2014, 01691.

108 N. Schneider in Schneider/Wolf VV 4147 Rn. 9 ff.; so auch Burhoff B. Kommentar Teil 4 – Strafsachen Nr. 4147 VV Rn. 5.

die Parteien auch über vermögensrechtliche Ansprüche, entsteht nach deren Wert eine **weitere** Einigungsgebühr nach Nr. 1000, 1003 VV RVG.[109]

195 Die Gebühren für die Vertretung in der **Strafvollstreckung** sind in Teil 4, Abschnitt 2 VV RVG geregelt.

196 Die Vergütung des Rechtsanwaltes, der den Untergebrachten in dem jährlichen Überprüfungsverfahren über die Aussetzung des Maßregels der Unterbringung gem. § 67 e Abs. 2 StGB vertritt, sind nach Teil 4 Abschnitt 2 VV RVG zu bestimmen.[110] Es können entstehen:

- Verfahrensgebühr Nr. 4200 Ziffer 1, 4201 VV RVG
- Terminsgebühr Nr. 4202, 4203 VV RVG.

197 Vertritt der Rechtsanwalt in einem strafrechtlichen **Wiederaufnahmeverfahren,** so erhält er Gebühren nach Teil 4, Abschnitt 1, Unterabschnitt 4 VV RVG. Das Wiederaufnahmeverfahren und das wiederaufgenommene Verfahren sind gem. § 17 Nr. 13 RVG verschiedene – gebührenrechtliche – Angelegenheiten.

198 Im Falle einer **Zurückverweisung** ist das weitere Verfahren vor dem untergeordneten Gericht eine neue gebührenrechtliche Angelegenheit (§ 21 Abs. 1 RVG).

199 Ist der Rechtsanwalt nicht als Verteidiger für den Mandanten im Strafverfahren tätig, sondern nur mit **Einzeltätigkeiten** beauftragt, erhält er eine Vergütung nach Teil 4, Abschnitt 3 VV RVG. Nach der Vorschrift Nr. 4302 Ziffer 2 VV RVG erhält der Rechtsanwalt, der zB nur mit der **Erstattung einer Strafanzeige** beauftragt ist, eine Gebühr innerhalb eines Gebührenrahmens von 30 EUR bis 290 EUR.

Praxistipp:

200 In der Praxis kommt es häufig vor, dass der Rechtsanwalt, der den Mandanten zunächst im gerichtlichen Mahnverfahren und anschließend in der Zwangsvollstreckung vertreten hat, von diesem beauftragt wird, gegenüber dem Schuldner eine Strafanzeige wegen des Verdachtes des Betruges zu erstatten. Der Rechtsanwalt wird neben den Gebühren, die er für seine Tätigkeit im gerichtlichen Mahnverfahren und in der Zwangsvollstreckung verdient hat, noch eine Verfahrensgebühr nach Nr. 4302 VV RVG innerhalb des Gebührenrahmens von 30 EUR bis 290 EUR für die Erstattung der Strafanzeige berechnen können. Hinzu kommen Auslagen und Umsatzsteuer. Es dürfte sich um eine Einzeltätigkeit handeln, die die Gebühr nach Nr. 4302 Ziffer 2 VV RVG auslöst (→ Kap. L Rn. 42, 43).

201 Ist der Rechtsanwalt als **Beistand für einen Zeugen** tätig, ist umstritten, ob sich seine Vergütung nach Teil 4 Abschnitt 1 VV RVG (wie bei Tätigkeit als Verteidiger) oder nach Teil 4 Abschnitt 3 VV RVG (wie bei einer Einzeltätigkeit) richtet. *Burhoff* [111] vertritt die Auffassung, dass der als Zeugenbeistand tätige Rechtsanwalt nach Teil 4 Abschnitt 1 VV RVG (wie ein Verteidiger) zu vergüten sei. Denn der Rechtsanwalt sei der „volle" Vertreter des Zeugen. Seine Vertretung ist eben nicht nur auf Einzeltätigkeiten beschränkt.[112]

---

[109] Schneider/Wolf VV 4147 Rn. 27; Burhoff B. Kommentar Teil 4 – Strafsachen Nr. 4147 VV Rn. 7.

[110] Hartung/Schons/Enders Nr. 4200–4207 VV Rn. 3; Kammergericht JurBüro 2005, 251 = RVGreport 2005, 102 = AGS 2005, 393; Schleswig-Holsteinisches OLG, JurBüro 2005, 252 = RVGreport 2005, 70 = AGS 2005, 120; Thüringer OLG JurBüro 2006, 366.

[111] Burhoff RVGreport 2004, 458; Burhoff RVGreport 2006, 81; Burhoff B. Kommentar Teil 4 – Strafsachen Vorbem. 4.1 VV Rn. 8 ff.

[112] So zB auch Kammergericht (3 Ws), RVG professionell 2005, 153; Kammergericht (4 Ws) AGS 2006, 176; Kammergericht (5 Ws) AGS 2006, 329; Brandenburgisches OLG JurBüro 2007, 482; OLG Koblenz RVGreport 2006, 232; OLG Dresden AGS 2008, 126; OLG Hamm AGS 2008, 124; OLG München AGS 2008, 120; OLG Schleswig AGS 2007, 148. **Anderer Meinung:** Vergütung wie bei Einzeltätigkeit: zB OLG Oldenburg JurBüro 2006, 197 = AGS 2006, 332 und JurBüro 2007, 202; OLG Frankfurt Beschluss vom 26. 2. 2007 – 5 – 1 BJs 333/85 – 2–3/05; OLG Celle Beschluss vom 21. 5. 2007 – 1 Ws 195/07 – www.burhoff.de; Kammergericht Beschluss vom 18. 1. 2007 – 1 Ws 2/07; OLG Schleswig NStZ-RR 2006, 255; OLG Hamm

Nach § 17 Nr. 10 b) RVG sind **verschiedene Angelegenheiten** das **strafrechtliche Ermittlungsverfahren** und ein nach dessen Einstellung sich **anschließendes Bußgeldverfahren** (→ Kap. L Rn. 323). Nach § 17 Nr. 11 RVG sind auch das Bußgeldverfahren vor der Verwaltungsbehörde und das nachfolgende gerichtliche Verfahren verschiedene gebührenrechtliche Angelegenheiten.

In Strafsachen entstehen nach der Vorbemerkung 4 Abs. 5 VV RVG für die dort genannten Tätigkeiten Gebühren nach Teil 3 des VV RVG. Dort sind zB genannt: 202

- Verfahren über die Erinnerung oder die Beschwerde gegen einen Kostenfestsetzungsbeschluss (§ 464b StPO)
- Zwangsvollstreckung aus Entscheidungen über einen aus der Straftat erwachsenen vermögensrechtlichen Anspruch.

14. Pflichtverteidiger

14.1 Grundsätzliches

Der Rechtsanwalt, der gerichtlich zum Verteidiger bestellt (**Pflichtverteidiger**) 203 worden ist, erhält seine Vergütung (Gebühren, Auslagen und Umsatzsteuer) aus der Landes- oder Bundeskasse (§ 45 Abs. 3 RVG). Er erhält grundsätzlich dieselben Gebühren und Auslagen, wie der frei vom Mandanten gewählte und beauftragte Rechtsanwalt (Wahlanwalt). Jedoch kann der Pflichtverteidiger die Gebühren nicht, wie der Wahlanwalt, frei innerhalb des im Teil 4 des Vergütungsverzeichnisses zum RVG bestimmten Gebührenrahmens bestimmen, sondern der Pflichtverteidiger erhält feste Gebühren, die im Vergütungsverzeichnis (zB in Teil 4) in der vierten Spalte von rechts ausgeworfen sind.

Nach § 48 Abs. 6 S. 1 RVG erhält der Pflichtverteidiger, der im I. Rechtszug bestellt 204 worden ist, auch eine **Vergütung für** die **Tätigkeiten** aus der Landes- oder Bundeskasse, die er **vor dem Zeitpunkt seiner Bestellung** erbracht hat. In Strafsachen werden also auch die Gebühren erstattet, die durch Tätigkeiten ausgelöst wurden, die vor Erhebung der Anklage ausgeübt wurden. In Bußgeldsachen wird hiervon auch die Vergütung erfasst, die für Tätigkeiten vor der Verwaltungsbehörde angefallen ist.

Beispiel: Der Rechtsanwalt wird von dem Mandanten mit der Verteidigung in einer Strafsache 205 beauftragt. Er vertritt den Mandanten zunächst im vorbereitenden Verfahren.

Nach Erhebung der Anklage und Eröffnung des Hauptverfahrens wird der Rechtsanwalt zum Pflichtverteidiger bestellt.

Der Pflichtverteidiger kann vorliegend auch die Grundgebühr Nr. 4100 VV RVG und auch die Verfahrensgebühr für das vorbereitende Verfahren (Nr. 4104 VV RVG) sowie die Auslagen für das vorbereitende Verfahren aus der Landes- oder Bundeskasse erhalten, obwohl diese Gebühren für Tätigkeiten entstanden sind, die vor der Bestellung zum Pflichtverteidiger liegen. Daneben kann der Pflichtverteidiger natürlich noch die Verfahrensgebühr für das Verfahren vor dem Amtsgericht Nr. 4106 VV RVG und die Terminsgebühr für die Teilnahme an dem Hauptverhandlungstermin nach Nr. 4108 VV RVG aus der Staatskasse beanspruchen, wenn diese Gebühren angefallen sind.

Wird der Rechtsanwalt erst **in einem späteren Rechtszug** zum Pflichtverteidiger 206 bestellt, erhält er zwar seine Vergütung für die Tätigkeiten **in diesem Rechtszug** aus der Landes- oder Bundeskasse, die vor dem Zeitpunkt seiner Bestellung liegen. Allerdings tritt in diesen Fällen, in denen der Rechtsanwalt erst in einem höheren Rechtszug zum Pflichtverteidiger bestellt wird, keine Rückwirkung auf den I. Rechtszug ein. Dh, die Gebühren für den I. Rechtszug wird er in diesen Fällen nicht aus der Landes- oder Bundeskasse erhalten können.

(4 Ws) RVGreport 2009, 20; OLG Düsseldorf (3 Ws), JurBüro 2009, 255; OLG Köln RVGreport 2017, 62 (unter Aufgabe seiner früheren anderen Auffassung, siehe OLG Köln AGS 2008, 128).

207 Dem Pflichtverteidiger kann für die entstandenen Gebühren und die entstandenen und voraussichtlich noch entstehenden Auslagen aus der Landes- oder Bundeskasse (Staatskasse) ein angemessener **Vorschuss** gewährt werden (§ 47 Abs. 1 RVG).

208 Die aus der Landes- oder Bundeskasse (Staatskasse) zu gewährende Vergütung und ein evtl. Vorschuss hierauf werden **nur auf Antrag des Rechtsanwaltes** festgesetzt. Der Antrag ist bei dem Gericht des I. Rechtszuges zu stellen (§ 55 Abs. 1 RVG). Nach Festsetzung wird die Auszahlung der Vergütung an den Pflichtverteidiger veranlasst.

209 Das Gericht entscheidet über den Antrag auf Festsetzung der Vergütung gegenüber der Landes- oder Bundeskasse (Staatskasse) durch Beschluss. Gegen diesen Beschluss kann der Rechtsanwalt Erinnerung einlegen, falls das Gericht von ihm zur Festsetzung beantragte Gebühren oder Auslagen abgesetzt oder niedriger festgesetzt hat. Die Erinnerung ist an keine Frist gebunden, allerdings kann bei zu langem Zuwarten Verwirkung eintreten.[113]

210 Gegen die Entscheidung des Gerichts über die Erinnerung ist **Beschwerde** möglich. § 56 Abs. 2 RVG verweist auf die Vorschriften des § 33 Abs. 3 bis 8 RVG und erklärt diese für entsprechend anwendbar. Nach § 33 Abs. 3 S. 1 RVG kann die Beschwerde nur eingelegt werden, wenn der Wert des Beschwerdegegenstandes 200 EUR übersteigt. Also ist die Beschwerde nur zulässig, wenn mit ihr das Ziel verfolgt wird, dass der Rechtsanwalt mindestens 200,01 EUR mehr an Vergütung aus der Staatskasse erhält, als das Gericht festgesetzt hat. Auch bei einer Beschwer unter 200 EUR ist die Beschwerde zulässig, wenn das Gericht, das die angefochtene Entscheidung erlassen hat, die Beschwerde wegen der grundsätzlichen Bedeutung der zur Entscheidung stehenden Frage zulässt (§ 56 Abs. 2 S. 1 RVG iVm § 33 Abs. 3 S. 2 RVG).[114]

211 Die **Beschwerde** ist gem. § 56 Abs. 2 S. 1 RVG iVm § 33 Abs. 3 S. 3 RVG innerhalb einer **Frist** von **2 Wochen** nach Zustellung der Entscheidung, die mit der Beschwerde angefochten werden soll, einzulegen.[115]

212 Das Verfahren über die Erinnerung und die Beschwerde ist (gerichts)gebührenfrei (§ 56 Abs. 2 S. 2 RVG). Für das Erinnerungs- und Beschwerdeverfahren erhält der Rechtsanwalt gemäß § 56 Abs. 2 S. 3 RVG keine Gebühren aus der Staatskasse erstattet.

Zusammenfassung

213
- ▶ Der zum Pflichtverteidiger bestellte Rechtsanwalt erhält grundsätzlich dieselben Gebühren wie der frei vom Mandanten gewählte und beauftragte Verteidiger (Wahlanwalt).
- ▶ Allerdings kann der Pflichtverteidiger die Gebühren nicht frei innerhalb des im Gesetz festgelegten Gebührenrahmens bestimmen, sondern im Vergütungsverzeichnis sind für den Pflichtverteidiger feste Beträge (zB in Teil 4 des Vergütungsverzeichnisses zum RVG, in der vierten Spalte von rechts) vorgeschrieben.
- ▶ Der Pflichtverteidiger erhält auch die vor seiner Bestellung entstandenen Gebühren aus der Staatskasse erstattet; dies gilt allerdings nur für den Rechtszug, in dem der Rechtsanwalt zum Pflichtverteidiger bestellt worden ist.
- ▶ Die Vergütung (Gebühren und Auslagen) des Pflichtverteidigers wird nur auf Antrag vom Gericht festgesetzt. Der Antrag ist bei dem Gericht des I. Rechtszuges zu stellen.

14.2 Anrechnung von Vorschüssen

214 Vorschüsse und Zahlungen, die der zum Pflichtverteidiger bestellte Rechtsanwalt erhalten hat, sind grundsätzlich auf die von der Staatskasse zu zahlenden Gebühren anzurechnen. Die Anrechnung unterbleibt dann, soweit der Pflichtverteidiger durch die

[113] Hartung/Schons/Enders § 56 Rn. 11.
[114] Hartung/Schons/Enders § 56 Rn. 33, 34.
[115] Hartung/Schons/Enders § 56 Rn. 31, 32.

Zahlungen insgesamt weniger als den **doppelten Betrag der ihm zustehenden Gebühren** erhalten würde (§ 58 Abs. 3 S. 3 RVG). Eine dem Pflichtverteidiger gemäß § 51 RVG bewilligte Pauschgebühr bleibt bei der Berechnung unberücksichtigt. Durch das 2. KostRMoG[116] wurde dem § 58 Abs. 3 RVG ein neuer S. 4 angefügt. Danach dürfen der Vorschuss und die Vergütung des Pflichtverteidigers aus der Staatskasse auch nicht höher sein als die **Höchstgebühren eines Wahlanwaltes**. Sind diese höher, ist auch der die Höchstgebühren übersteigende Betrag anzurechnen oder zurückzuzahlen.

Auszug aus dem RVG

§ 58 215

Anrechnung von Vorschüssen und Zahlungen

(1) …

(2) …

(3) In Angelegenheiten, in denen sich die Gebühren nach den Teilen 4 bis 6 des Vergütungsverzeichnisses bestimmen, sind Vorschüsse und Zahlungen, die der Rechtsanwalt vor oder nach der gerichtlichen Bestellung oder Beiordnung für seine Tätigkeit in einer gebührenrechtlichen Angelegenheit erhalten hat, auf die von der Staatskasse für diese Angelegenheit zu zahlenden Gebühren anzurechnen. Hat der Rechtsanwalt Zahlungen empfangen, nachdem er Gebühren aus der Staatskasse erhalten hat, ist er zur Rückzahlung an die Staatskasse verpflichtet. Die Anrechnung oder Rückzahlung erfolgt nur, soweit der Rechtsanwalt durch die Zahlungen insgesamt mehr als den doppelten Betrag der ihm ohne Berücksichtigung des § 51 aus der Staatskasse zustehenden Gebühren erhalten würde. Sind die dem Rechtsanwalt nach Satz 3 verbleibenden Gebühren höher als die Höchstgebühren eines Wahlanwalts, ist auch der die Höchstgebühren übersteigende Betrag anzurechnen oder zurückzuzahlen.

Beispiel: Dem als Pflichtverteidiger bestellten Rechtsanwalt stehen folgende Gebühren aus der Staatskasse zu: 216

Für das strafrechtliche Ermittlungsverfahren

1) Grundgebühr § 2 Abs. 2 RVG iVm Nr. 4100 VV RVG	160,00 EUR
2) Verfahrensgebühr für vorbereitendes Verfahren § 2 Abs. 2 RVG iVm Nr. 4104 VV RVG	132,00 EUR

zzgl. Auslagen und Umsatzsteuer.

Für das gerichtliche Verfahren

1) Verfahrensgebühr für gerichtliches Verfahren vor dem Amtsgericht § 2 Abs. 2 RVG iVm Nr. 4106 VV RVG	132,00 EUR
2) Terminsgebühr für Hauptverhandlung § 2 Abs. 2 RVG iVm Nr. 4108 VV RVG	220,00 EUR

zzgl. Auslagen und Umsatzsteuer.

Dem Pflichtverteidiger sind im strafrechtlichen Ermittlungsverfahren und im gerichtlichen Verfahren insgesamt Gebühren in Höhe von (160,00 EUR + 132,00 EUR + 132,00 EUR + 220,00 EUR =) 644,00 EUR entstanden.

Der Rechtsanwalt hat von dem Mandanten eine Zahlung in Höhe von 500,00 EUR – netto/ohne Umsatzsteuer – auf die Vergütung für beide gebührenrechtliche Angelegenheiten (strafrechtliches Ermittlungsverfahren und gerichtliches Verfahren) erhalten. Da das Doppelte der dem Rechtsanwalt aus der Staatskasse zustehenden Gebühren (644,00 EUR + 644,00 EUR = 1.288,00 EUR) durch die Zahlung des Mandanten in Höhe von 500,00 EUR und die aus der Staatskasse zu zahlende Vergütung in Höhe von 644,00 EUR (= 1.144,00 EUR) nicht überschritten wird, kann der Rechtsanwalt den vollen Betrag in Höhe von 644,00 EUR aus der Staatskasse beanspruchen. Von dem vom Mandanten gezahlten Betrag ist nichts anzurechnen.

Siehe hierzu auch noch → Rn. 217 bis 219 dieses Kapitels.

Wie bereits eingangs dieses Kapitels erwähnt, wurde § 58 Abs. 3 RVG um einen S. 4 erweitert. Danach dürfen die **Zahlungen**, die der Rechtsanwalt **von** seinem **Mandanten** oder einem Dritten auf die Vergütung erhalten hat **und** die **Vergütung**, die der Pflichtverteidiger **aus der Staatskasse** erhalten würde, **nicht höher** sein **als die Höchst-** 217

[116] BGBl. I 2013, 2586 f. – in Kraft getreten am 1. 8. 2013.

gebühren eines Wahlanwaltes. Wenn die Summe der vom Mandanten erhaltenen Beträge und der Pflichtverteidigergebühren höher ist als die Höchstgebühren eines Wahlanwaltes, ist der darüber hinausgehende Betrag auf die aus der Staatskasse zu zahlende Pflichtverteidigervergütung anzurechnen und diese um den überschüssigen Betrag zu kürzen. In dem in Beispiel → Rn. 216 dieses Kapitels dargestellten Fall wäre also noch weiter zu prüfen, ob die Zahlung des Mandanten und die Pflichtverteidigergebühren die Höchstgebühren eines Wahlanwaltes übersteigen.

218 **Beispiel:** – Sachverhalt wie Beispiel → Rn. 216 dieses Kapitels; in diesem Fall wäre weiter zu prüfen, ob die Pflichtverteidigergebühren und die Zahlung des Mandanten die Höchstgebühren eines Wahlanwaltes übersteigen. In dem Beispiel → Rn. 216 dieses Kapitels dargestellten Fall würden die Höchstgebühren eines Wahlanwaltes betragen:

Für das strafrechtliche Ermittlungsverfahren

1) Grundgebühr § 2 Abs. 2 RVG iVm Nr. 4100 VV RVG	360,00 EUR
2) Verfahrensgebühr für vorbereitendes Verfahren § 2 Abs. 2 RVG iVm Nr. 4104 VV RVG	290,00 EUR

zzgl. Auslagen und Umsatzsteuer.

Für das gerichtliche Verfahren

1) Verfahrensgebühr für gerichtliches Verfahren vor dem Amtsgericht § 2 Abs. 2 RVG iVm Nr. 4106 VV RVG	290,00 EUR
2) Terminsgebühr für Hauptverhandlung § 2 Abs. 2 RVG iVm Nr. 4108 VV RVG	480,00 EUR

zzgl. Auslagen und Umsatzsteuer.

Die Höchstgebühren eines Wahlanwalts belaufen sich im strafrechtlichen Ermittlungsverfahren und im gerichtlichen Verfahren auf insgesamt (360,00 EUR + 290,00 EUR + 290,00 EUR + 480,00 EUR =) 1.420,00 EUR.

Der Rechtsanwalt erhält in dem in Beispiel → Rn. 216 dieses Kapitels dargestellten Fall aus der Staatskasse Pflichtverteidigergebühren in Höhe von 644,00 EUR. Der Rechtsanwalt hatte eine Zahlung von dem Mandanten auf die Vergütung in Höhe von 500,00 EUR – netto/ohne Umsatzsteuer – erhalten. Insgesamt würde er erhalten: 1.144,00 EUR. Dieser Betrag ist niedriger als die Höchstgebühren eines Wahlanwaltes, so dass auf die Pflichtverteidigervergütung hier nichts anzurechnen wäre. Der Rechtsanwalt kann die vollen Pflichtverteidigergebühren in Höhe von 644,00 EUR noch aus der Staatskasse verlangen.

219 **Beispiel:** – Sachverhalt wie Beispiel → Rn. 216 und → Rn. 218 dieses Kapitels jedoch mit der Variante, dass ein Betrag in Höhe von 900,00 EUR – netto/ohne Umsatzsteuer – an den Rechtsanwalt von dem Mandanten auf die Anwaltsvergütung für alle gebührenrechtlichen Angelegenheiten gezahlt wurde.

Der Rechtsanwalt würde jetzt erhalten:

Pflichtverteidigergebühren aus der Staatskasse	644,00 EUR
Zahlung von dem Mandanten	900,00 EUR.
insgesamt:	1.524,00 EUR.

Das Doppelte der Pflichtverteidigervergütung mit 1.288,00 EUR (siehe hierzu Berechnung in Beispiel → Rn. 216 dieses Kapitels) würde hier überschritten, so dass § 58 Abs. 3 S. 3 RVG auf die aus der Staatskasse zu zahlenden Gebühren anzurechnen wären: (1.524,00 EUR – 1.288,00 EUR =) 236,00 EUR, so dass der Rechtsanwalt aus der Staatskasse an Pflichtverteidigergebühren nur noch (644,00 EUR – 236,00 EUR =) 408,00 EUR erhalten könnte.

Vorliegend würden auch die Wahlanwaltshöchstgebühren mit 1.420,00 EUR überschritten, da der Rechtsanwalt an Zahlung von dem Mandanten und Pflichtverteidigergebühren 1.524,00 EUR erhalten würde. Diese „zweite Obergrenze" des § 58 Abs. 3 S. 4 RVG wirkt sich aber vorliegend nicht aus, da das Doppelte der Pflichtverteidigergebühren mit 1.288,00 EUR niedriger ist als die Höchstgebühren eines Wahlanwaltes. Es gilt die niedrigere Obergrenze.

220 Der Rechtsanwalt ist in der Regel verpflichtet, auch aus den erhaltenen Vorschüssen die Umsatzsteuer an den Staat abzuführen. Daher ist aus den Vorschüssen und Zahlungen des Beschuldigten oder eines Dritten zunächst die **Umsatzsteuer herauszurechnen** und nur der verbleibende Nettobetrag ist bei der Anrechnung/Berechnung nach § 58 Abs. 3 RVG zu berücksichtigen.[117]

---

[117] OLG Stuttgart JurBüro 1996, 134; OLG Hamm JurBüro 1996, 191; Enders JurBüro 1996, 449 (450) mit Berechnungsbeispielen; Hartung/Schons/Enders § 58 Rn. 61; Schneider/

In der Praxis kommt es vor, dass der Rechtsanwalt zunächst als Wahlanwalt für den Beschuldigten tätig ist und erst im Laufe des Verfahrens oder erst in der nächsten Instanz zum Pflichtverteidiger bestellt wird. Wird der Rechtsanwalt erst in dem II. Rechtszug zum Pflichtverteidiger bestellt, so sind die Gebühren, die der Mandant für den I. Rechtszug, in welchem der Rechtsanwalt als Wahlanwalt tätig war, an diesen gezahlt hat, nicht auf die Gebühren, die der Rechtsanwalt nach Pflichtverteidigerbestellung für den II. Rechtszug gegenüber der Staatskasse abrechnen kann, anzurechnen.[118] 221

Bis zum Inkrafttreten des 2. KostRMoG[119] wurde in § 58 Abs. 3 RVG für die Frage, ob eine Zahlung des Mandanten oder eines Dritten auf die aus der Staatskasse zu zahlenden Pflichtverteidigergebühren anzurechnen ist oder nicht, darauf abgestellt, für welchen Verfahrensabschnitt die Zahlung erfolgte. Zur Rechtslage bis 31. 7. 2013 war umstritten, ob das strafrechtliche Ermittlungsverfahren (= vorbereitende Verfahren) und das gerichtliche Verfahren als ein oder als zwei Verfahrensabschnitte anzusehen waren.[120] Nach der Neufassung durch das 2. KostRMoG wird jetzt in § 58 Abs. 3 S. 1 RVG auf **gebührenrechtliche Angelegenheiten** abgestellt. Nach § 17 Nr. 10a) RVG sind das strafrechtliche Ermittlungsverfahren und ein nachfolgendes gerichtliches Verfahren verschiedene – gebührenrechtliche – Angelegenheiten. Hat der Mandant zB eine Zahlung für das strafrechtliche Ermittlungsverfahren (vorbereitende Verfahren) geleistet, ist diese Zahlung nicht anzurechnen auf die Gebühren, die für die Tätigkeit des Pflichtverteidigers in dem nachfolgenden gerichtlichen Verfahren entstehen. Unabhängig von der Höhe der Zahlung für das amtliche Ermittlungsverfahren kann der Pflichtverteidiger die Vergütung für das nachfolgende gerichtliche Verfahren noch aus der Staatskasse erhalten.[121] 222

Praxistipp:

Der Pflichtverteidiger sollte entweder in seiner Liquidation oder in einer Vereinbarung mit dem Mandanten klarstellen, für welche gebührenrechtliche Angelegenheit die Vergütung gezahlt wird (zB für das strafrechtliche Ermittlungsverfahren). 223

Beispiel: Rechtsanwalt und Mandant haben vereinbart, dass der Mandant für die Vertretung in dem strafrechtlichen Ermittlungsverfahren ein Pauschalhonorar in Höhe von 1.500,00 EUR zzgl. Umsatzsteuer an den Rechtsanwalt zahlt. Der Rechtsanwalt fertigt eine umfangreiche Stellungnahme für den Mandanten und reicht diese in dem laufenden Ermittlungsverfahren zur Akte. Die Staatsanwaltschaft erhebt Anklage. Nach Zulassung der Anklage und Eröffnung des Hauptverfahrens bestellt das Amtsgericht den Rechtsanwalt zum Pflichtverteidiger. Der Rechtsanwalt fertigt eine weitere umfangreiche Stellungnahme für den Mandanten und reicht diese beim Amtsgericht ein. Er vertritt den Mandanten auch in der Hauptverhandlung. Der Rechtsanwalt hat folgende Gebührenansprüche gegenüber der Staatskasse erworben: 224

Strafrechtliches Ermittlungsverfahren

1) Grundgebühr §§ 2 Abs. 2, 14 RVG iVm Nr. 4100 VV RVG	160,00 EUR
2) Verfahrensgebühr für vorbereitendes Verfahren §§ 2 Abs. 2, 14 RVG iVm Nr. 4104 VV RVG	132,00 EUR

zzgl. Auslagen und Umsatzsteuer.

Gerichtliches Verfahren

1) Verfahrensgebühr für gerichtliches Verfahren vor dem Amtsgericht §§ 2 Abs. 2, 14 RVG iVm Nr. 4106 VV RVG	132,00 EUR
2) Terminsgebühr für Hauptverhandlung §§ 2 Abs. 2, 14 RVG iVm Nr. 4108 VV RVG	220,00 EUR

zzgl. Auslagen und Umsatzsteuer.

Wolf § 58 Rn. 65; Gerold/Schmidt § 58 Rn. 75; Burhoff B. Kommentar Teil 4 – Strafsachen § 58 Abs. 3 Rn. 37.

[118] Brieske StV 1995, 331; Gerold/Schmidt § 58 Rn. 68 ff.; Enders JurBüro 1996, 449 (451); Schneider/Wolf § 58 Rn. 43.

[119] BGBl. I 2013, 2586 f. – in Kraft getreten am 1. 8. 2013.

[120] Hartung/Schons/Enders RVG, 1. Auflage, § 58 Rn. 57.

[121] Kammergericht JurBüro 2017, 192.

Die vom Mandanten für das strafrechtliche Ermittlungsverfahren gezahlte Vergütung in Höhe von 1.500,00 EUR – netto/ohne Umsatzsteuer – ist nur auf die Vergütung anzurechnen, die der Pflichtverteidiger **für das strafrechtliche Ermittlungsverfahren** gegenüber der Staatskasse erworben hat. Der Rechtsanwalt wird zwar keine Vergütung mehr für das strafrechtliche Ermittlungsverfahren gegenüber der Staatskasse geltend machen können, da der gezahlte Vorschuss das Doppelte der Pflichtverteidigervergütung für das strafrechtliche Ermittlungsverfahren und auch die Wahlanwaltshöchstgebühren für das strafrechtliche Ermittlungsverfahren bei weitem übersteigt. Der Rechtsanwalt wird aber die Vergütung für das gerichtliche Verfahren vor dem Amtsgericht in vollem Umfang aus der Staatskasse verlangen können, da die Zahlung des Mandanten hierauf nicht anzurechnen ist.

225 Der Rechtsanwalt hat Beträge oder Zahlungen, die er von dem Mandanten oder einem Dritten auf seine Gebühren/Vergütung erhalten hat, in seinem Festsetzungs- und Erstattungsantrag gegenüber der Staatskasse anzuzeigen. Dies meines Erachtens unabhängig davon, ob seines Erachtens die erhaltenen Beträge auf die aus der Staatskasse ihm zustehende Vergütung anzurechnen sind oder nicht. Hat der Rechtsanwalt Zahlungen erst empfangen, nachdem er Gebühren aus der Staatskasse erhalten hat, ist er ebenfalls noch zur Anzeige der Zahlungen und ggf. zur Rückzahlung überschüssiger Beträge an die Staatskasse verpflichtet. Eine Rückzahlungspflicht besteht aber allenfalls bis zur Höhe der aus der Staatskasse erhaltenen Beträge.

Zusammenfassung

226
- Vorschüsse und Zahlungen hat der zum Pflichtverteidiger bestellte Rechtsanwalt nur dann auf die Vergütung aus der Staatskasse anzurechnen, wenn er durch die Zahlungen insgesamt mehr als den doppelten Betrag der ihm aus der Staatskasse zustehenden Gebühren erhalten würde (§ 58 Abs. 3 S. 3 RVG).
- Nach dem neu durch das 2. KostRMoG eingefügten § 58 Abs. 3 S. 4 RVG dürfen die Zahlungen, die der Rechtsanwalt von dem Mandanten oder einem Dritten erhalten hat und die Gebühren aus der Staatskasse auch nicht höher sein, als die Höchstgebühren eines Wahlanwaltes. Überschüssige Beträge mindern den Vergütungsanspruch des Pflichtverteidigers gegenüber der Staatskasse.
- Eine dem Pflichtverteidiger bewilligte Pauschgebühr (§ 51 RVG) bleibt bei der Berechnung (des doppelten Betrages) unberücksichtigt.
- Vorschüsse und Zahlungen sind auf jeden Fall der Staatskasse anzuzeigen. Dies auch dann, wenn die nach Abschluss des Strafverfahrens und nach Abschluss des Kostenfestsetzungs- und -erstattungsverfahrens erfolgen.

14.3 Pauschgebühr für den Pflichtverteidiger

227 Auch einem Pflichtverteidiger kann eine Pauschgebühr festgesetzt werden, die über den im Vergütungsverzeichnis festgeschriebenen Gebühren liegt.

Auszug aus dem RVG

228

§ 51
Festsetzung einer Pauschgebühr

(1) In Straf- und Bußgeldsachen, Verfahren nach dem Gesetz über die internationale Rechtshilfe in Strafsachen, in Verfahren nach dem IStGH-Gesetz, in Freiheitsentziehungs- und Unterbringungssachen sowie bei Unterbringungsmaßnahmen nach § 151 Nummer 6 und 7 des Gesetzes über das Verfahren in Familiensachen und in den Angelegenheiten der freiwilligen Gerichtsbarkeit ist dem gerichtlich bestellten oder beigeordneten Rechtsanwalt für das ganze Verfahren oder für einzelne Verfahrensabschnitte auf Antrag eine Pauschgebühr zu bewilligen, die über die Gebühren nach dem Vergütungsverzeichnis hinausgeht, wenn die in den Teilen 4 bis 6 des Vergütungsverzeichnisses bestimmten Gebühren wegen des besonderen Umfangs oder der besonderen Schwierigkeit nicht zumutbar sind. Dies gilt nicht, soweit Wertgebühren entstehen. Beschränkt sich die Bewilligung auf einzelne Verfahrensabschnitte, sind die Gebühren nach

dem Vergütungsverzeichnis, an deren Stelle die Pauschgebühr treten soll, zu bezeichnen. Eine Pauschgebühr kann auch für solche Tätigkeiten gewährt werden, für die ein Anspruch nach § 48 Absatz 6 besteht. Auf Antrag ist dem Rechtsanwalt ein angemessener Vorschuss zu bewilligen, wenn ihm insbesondere wegen der langen Dauer des Verfahrens und der Höhe der zu erwartenden Pauschgebühr nicht zugemutet werden kann, die Festsetzung der Pauschgebühr abzuwarten.

(2) Über die Anträge entscheidet das Oberlandesgericht, zu dessen Bezirk das Gericht des ersten Rechtszugs gehört, und im Falle der Beiordnung einer Kontaktperson (§ 34a des Einführungsgesetzes zum Gerichtsverfassungsgesetz) das Oberlandesgericht, in dessen Bezirk die Justizvollzugsanstalt liegt, durch unanfechtbaren Beschluss. Der Bundesgerichtshof ist für die Entscheidung zuständig, soweit er den Rechtsanwalt bestellt hat. In dem Verfahren ist die Staatskasse zu hören. § 42 Abs. 3 ist entsprechend anzuwenden.

(3) Absatz 1 gilt im Bußgeldverfahren vor der Verwaltungsbehörde entsprechend. Über den Antrag nach Absatz 1 Satz 1 bis 3 entscheidet die Verwaltungsbehörde gleichzeitig mit der Festsetzung der Vergütung.

Dem gerichtlich bestellten Pflichtverteidiger, aber auch dem beigeordneten Rechtsanwalt kann auf Antrag für das ganze Verfahren oder für einzelne Verfahrensabschnitte eine Pauschgebühr bewilligt werden. Die Pauschgebühr kann festgesetzt werden in 229

- Strafsachen
- Bußgeldsachen
- Verfahren nach dem Gesetz über die internationale Rechtshilfe in Strafsachen
- Verfahren nach dem IStGH-Gesetz.

Voraussetzung ist, dass die in den Teilen 4 bis 6 des Vergütungsverzeichnisses zum RVG bestimmten Gebühren wegen des **besonderen Umfanges**[122] oder der **besonderen Schwierigkeit**[123] nicht zumutbar sind. „Besonders iSd § 51 bedeutet „anders als gewöhnlich“. Die Anforderungen dürfen nicht zu hoch angesetzt werden.“[124] 230

Die Frage, wann eine besonders umfangreiche oder besonders schwierige Angelegenheit gegeben ist und in welcher Höhe ggf. eine Pauschgebühr zu bewilligen ist, ist umstritten.[125] Das OLG Düsseldorf[126] hat versucht, hierzu Grundsätze aufzustellen: *„Angesichts der Höhe der Grundgebühr ist dem Pflichtverteidiger nur das Studium einer Akte von bis zu 500 Seiten zumutbar. Bei einem Aktenumfang der amtlichen Ermittlungsakte von 35.500 Seiten ist dem Pflichtverteidiger anstelle der Grundgebühr eine Pauschgebühr von 11.360 EUR zu bewilligen“*.[127] Das OLG Düsseldorf[128] rechnet wie folgt: 231

Aktenumfang: 35.500 Seiten : 500 = 71 x 160 EUR (Grundgebühr Nr. 4100 VV RVG idF bis 31.8.2013) = 11.360 EUR.[129]

Das OLG Hamm[130] weist darauf hin, dass auch bei einem auf einzelne Verfahrensabschnitte beschränkten Antrag stets im Wege der Gesamtschau zu prüfen sei, ob die dem Verteidiger für seine Tätigkeit im gesamten Verfahren gewährte Regelvergütung insgesamt noch zumutbar ist oder ob ihm wegen besondere Schwierigkeit in einem 232

---

122 Siehe hierzu: Schneider/Wolf § 51 Rn. 23 bis 55; Gerold/Schmidt § 51 Rn. 15 bis 27; Burhoff B. Kommentar Teil 4 – Strafsachen § 51 Rn. 17 bis 26.

123 Gerold/Schmidt § 51 Rn. 28 bis 31; Schneider/Wolf § 51 Rn. 56 bis 74; Burhoff B. Kommentar Teil 4 – Strafsachen § 51 Rn. 27 bis 40.

124 Zitiert nach Schneider/Wolf § 51 Rn. 15.

125 Schneider/Wolf § 51 Rn. 23 ff.; Gerold/Schmidt § 51 Rn. 15 ff.; Burhoff B. Kommentar Teil 4 – Strafsachen § 51 Rn. 17 ff.

126 OLG Düsseldorf JurBüro 2015, 636.

127 Zitiert aus dem redaktionellen Leitsatz im JurBüro 2015, 636 zu OLG Düsseldorf Beschluss vom 23.6.2015 – III-3- AR 65/14.

128 OLG Düsseldorf JurBüro 2015, 636.

129 Ähnlich auch OLG Düsseldorf RVGreport 2016, 178 und OLG Düsseldorf RVGreport 2016, 138.

130 OLG Hamm BeckRS 2016, 116292.

Verfahrensabschnitt mit der dafür vorgesehenen Gebühr ein ungerechtfertigtes Sonderopfer abverlangt wird. Die Oberlandesgerichte Stuttgart[131] und München[132] halten die vom OLG Düsseldorf[133] entwickelte schematische Betrachtung nicht für sachgerecht.

233 Der Antrag auf Gewährung einer Pauschgebühr ist bei dem Oberlandesgericht zu stellen, zu dessen Bezirk das Gericht des I. Rechtszuges gehört.

Auf Antrag kann dem Rechtsanwalt sogar ein angemessener Vorschuss auf eine später zu bewilligende Pauschgebuhr aus der Staatskasse gewährt werden (§ 51 Abs. 1 S. 4 RVG).

Wurde dem gerichtlich bestellten Pflichtverteidiger auf Antrag ein Vorschuss auf eine Pauschvergütung gewährt, muss er darauf achten, dass zeitnah nach Abschluss der zu vergütenden Tätigkeit und Fälligkeit der gesetzlichen Vergütung[134] ein Antrag auf Bewilligung auf die Pauschvergütung auch gestellt wird. Denn wenn der Antrag erst gestellt wird, nachdem Verjährung betreffend die Stellung des Pauschvergütungsantrags eingetreten ist, wird der Rechtsanwalt den Vorschuss an die Staatskasse zurückzahlen müssen.[135] Der Anspruch auf Bewilligung einer Pauschgebühr wird erst mit dem rechtskräftigen Abschluss des Verfahrens fällig. Erst mit dem Schluss des Jahres, in dem der Anspruch fällig geworden, also entstanden ist, beginnt der Lauf der Verjährungsfrist.[136]

234 Den Pauschsatz für Entgelte für Post- und Telekommunikationsdienstleistungen Nr. 7002 VV RVG, die Dokumentenpauschale Nr. 7000 VV RVG und Reisekosten Nr. 7003 ff. VV RVG sowie die gesetzliche Umsatzsteuer kann der Rechtsanwalt in der Regel noch neben der Pauschgebühr aus der Staatskasse erhalten.

Evtl. von dem Rechtsanwalt bereits geltend gemachte und von der Staatskasse bereits ausgezahlte Pflichtverteidigergebühren werden bei Auszahlung der Pauschgebühr von dieser in Abzug gebracht.

Zusammenfassung

235
- Auch der gerichtlich bestellte oder beigeordnete Rechtsanwalt kann gemäß § 51 RVG auf Antrag vom Oberlandesgericht eine Pauschgebühr festgesetzt erhalten.
- Voraussetzung ist, dass die in den Teilen 4 bis 6 VV RVG bestimmten Gebühren wegen des besonderen Umfanges oder der besonderen Schwierigkeit nicht zumutbar sind.

14.4 Wahlanwaltsgebühren trotz Bestellung zum Pflichtverteidiger

236 Unter bestimmten Voraussetzungen kann auch der gerichtlich bestellte Verteidiger von dem Beschuldigten die Zahlung der Gebühren eines Wahlanwaltes verlangen.

Auszug aus dem RVG

237

§52
Anspruch gegen den Beschuldigten oder den Betroffenen

(1) Der gerichtlich bestellte Rechtsanwalt kann von dem Beschuldigten die Zahlung der Gebühren eines gewählten Verteidigers verlangen; er kann jedoch keinen Vorschuss fordern. Der Anspruch gegen den Beschuldigten entfällt insoweit, als die Staatskasse Gebühren gezahlt hat.

---

131 OLG Stuttgart RVGreport 2017, 56.
132 OLG München JurBüro 2017, 410.
133 OLG Düsseldorf JurBüro 2015, 636.
134 Hartung/Schons/Enders § 51 Rn. 46.
135 Kammergericht JurBüro 2011, 254; Kammergericht JurBüro 2011, 255.
136 Kammergericht JurBüro 2015, 519.

(2) Der Anspruch kann nur insoweit geltend gemacht werden, als dem Beschuldigten ein Erstattungsanspruch gegen die Staatskasse zusteht oder das Gericht des ersten Rechtszugs auf Antrag des Verteidigers feststellt, dass der Beschuldigte ohne Beeinträchtigung des für ihn und seine Familie notwendigen Unterhalts zur Zahlung oder zur Leistung von Raten in der Lage ist. Ist das Verfahren nicht gerichtlich anhängig geworden, entscheidet das Gericht, das den Verteidiger bestellt hat.

(3) Wird ein Antrag nach Absatz 2 Satz 1 gestellt, setzt das Gericht dem Beschuldigten eine Frist zur Darlegung seiner persönlichen und wirtschaftlichen Verhältnisse; § 117 Abs. 2 bis 4 der Zivilprozessordnung gilt entsprechend. Gibt der Beschuldigte innerhalb der Frist keine Erklärung ab, wird vermutet, dass er leistungsfähig im Sinne des Absatzes 2 Satz 1 ist.

(4) Gegen den Beschluss nach Absatz 2 ist die sofortige Beschwerde nach den Vorschriften der §§ 304 bis 311a der Strafprozessordnung zulässig. Dabei steht im Rahmen des § 44 Satz 2 der Strafprozessordnung die Rechtsbehelfsbelehrung des § 12 c der Belehrung nach § 35a Satz 1 der Strafprozessordnung gleich.

(5) Der für den Beginn der Verjährung maßgebende Zeitpunkt tritt mit der Rechtskraft der das Verfahren abschließenden gerichtlichen Entscheidung, in Ermangelung einer solchen mit der Beendigung des Verfahrens ein. Ein Antrag des Verteidigers hemmt den Lauf der Verjährungsfrist. Die Hemmung endet sechs Monate nach der Rechtskraft der Entscheidung des Gerichts über den Antrag.

(6) Die Absätze 1 bis 3 und 5 gelten im Bußgeldverfahren entsprechend. Im Bußgeldverfahren vor der Verwaltungsbehörde tritt an die Stelle des Gerichts die Verwaltungsbehörde.

Der gerichtlich bestellte Rechtsanwalt (Pflichtverteidiger) kann von seinem Mandanten die Zahlung der Gebühren eines Wahlanwalts verlangen, 238

- wenn und soweit dem Beschuldigten ein Erstattungsanspruch gegen die Staatskasse zusteht (zB nach einem Freispruch)
- oder das Gericht des I. Rechtszuges auf Antrag des Verteidigers feststellt, dass der Beschuldigte ohne Beeinträchtigung des für ihn und seine Familie notwendigen Unterhaltes zur Zahlung (oder zur Leistung von Raten) in der Lage ist.

Ist der Angeklagte freigesprochen worden, hat er einen Kostenerstattungsanspruch 239 gegen die Staatkasse. In Höhe dieses Kostenerstattungsanspruches gegen die Staatskasse ist er leistungsfähig. Der Kostenerstattungsanspruch des freigesprochenen Angeklagten umfasst in aller Regel die Gebühren eines Wahlanwaltes in vollem Umfange. Also: der freigesprochene Angeklagte erhält die vollen Wahlanwaltsgebühren aus der Staatskasse, ist infolge der Zahlung der Staatskasse insoweit leistungsfähig und hat dem Rechtsanwalt die Wahlanwaltsgebühren zu zahlen. Es empfiehlt sich, dass der Rechtsanwalt sich in diesem Falle den Kostenerstattungsanspruch gegenüber der Staatskasse von dem Mandanten abtreten lässt und die Abtretung im Hinblick auf § 43 S. 2 RVG frühzeitig zur Gerichtsakte reicht.

Praxistipp:

Erklärt die Staatskasse mit Gerichtskosten die Aufrechnung gegenüber einem Kostenerstattungsanspruch des Angeklagten, ist die Aufrechnung gem. § 43 S. 1 RVG unwirksam, wenn hierdurch der Anspruch des Rechtsanwaltes vereitelt oder beeinträchtigt würde. Dies gilt aber nur, wenn **bereits zum Zeitpunkt der Aufrechnung** die schriftliche Abtretung oder eine Anzeige des Beschuldigten/Betroffenen über die Abtretung in den Akten vorliegt (§ 43 S. 2 RVG). Es gilt also, die schriftliche Abtretung frühzeitig zur Akte zu reichen, am besten schon dann, wenn sich ein Freispruch oder ein Teilfreispruch abzeichnet. 240

Es empfiehlt sich, die schriftliche Abtretung in einer gesonderten Urkunde abzusetzen. Die Aufnahme der Abtretung in die Strafprozessvollmacht ist unwirksam.[137] Eine Geldempfangsvollmacht wird ebenfalls nicht als ausreichend angesehen.[138]

[137] OLG Nürnberg JurBüro 2015, 405.

[138] Burhoff B. Kommentar Teil 4 – Strafsachen § 43 Rn. 18 ff.; Hartung/Schons/Enders § 43 Rn. 17.

241 Umfasst der Kostenerstattungsanspruch des Mandanten nicht die vollen Wahlanwaltskosten, ist der Mandant nur insoweit leistungsfähig, als er einen Kostenerstattungsanspruch gegenüber der Staatskasse hat. Nur insoweit kann der Rechtsanwalt dann auch die Wahlanwaltskosten von dem Mandanten verlangen. Es sei denn, es treten daneben noch die Voraussetzungen der 2. Alternative des § 52 Abs. 2 RVG ein, indem festgestellt wird, dass der Beschuldigte ohne Beeinträchtigung des für ihn und seine Familie notwendigen Unterhaltes zur Zahlung der Wahlanwaltskosten in der Lage ist.

242 Ist der Angeklagte nicht freigesprochen worden, hat der Pflichtverteidiger dann einen Anspruch auf Zahlung einer Vergütung in Höhe der eines Wahlanwaltes diesem gegenüber, wenn das Gericht auf Antrag festgestellt hatte, dass der Beschuldigte ohne Beeinträchtigung des für ihn und seine Familie notwendigen Unterhaltes zur Zahlung der Vergütung eines Wahlanwaltes in der Lage ist. Einen derartigen Antrag muss der Rechtsanwalt bei dem Gericht des I. Rechtszuges stellen. Der Antrag könnte zB lauten:

„... *festzustellen, dass der Beschuldigte ohne Beeinträchtigung des für ihn und seine Familie notwendigen Unterhaltes zur Zahlung der Vergütung eines Wahlanwalts in der Lage ist.*"

243 Wird ein derartiger Antrag gestellt, setzt das Gericht dem Beschuldigten eine Frist zur Darlegung seiner persönlichen und wirtschaftlichen Verhältnisse; gibt dieser innerhalb der Frist keine Erklärung ab, wird vermutet, dass er leistungsfähig ist (§ 52 Abs. 3 RVG).

Nachdem das Gericht dann beschlossen hat, dass der Beschuldigte zur Zahlung der Wahlanwaltsvergütung in der Lage ist, kann der Pflichtverteidiger dem Beschuldigten Gebühren in Rechnung stellen, die angefallen wären, wenn er als Wahlanwalt für diesen tätig geworden wäre. Die evtl. Vergütung, die er aus der Staatskasse für seine Tätigkeit als Pflichtverteidiger schon erhalten hat, hat er in Abzug zu bringen.

Zusammenfassung

244 ▶ Der Pflichtverteidiger kann von dem Beschuldigten die Gebühren eines Wahlanwaltes erhalten,
- wenn und insoweit der Beschuldigte einen Erstattungsanspruch gegen die Staatskasse (zB nach einem Freispruch) hat
- oder wenn das Gericht des I. Rechtszuges feststellt, dass der Beschuldigte ohne Beeinträchtigung des für ihn und seine Familie notwendigen Unterhaltes zur Zahlung oder zur Leistung von Raten in der Lage ist.

▶ Ist der Beschuldigte/Angeklagte freigesprochen worden, empfiehlt es sich, dass der Rechtsanwalt sich den Kostenerstattungsanspruch gegenüber der Staatskasse von diesem abtreten lässt und die schriftliche Abtretungserklärung frühzeitig zur Gerichtsakte reicht.

▶ Der Antrag auf Feststellung, dass der Beschuldigte ohne Beeinträchtigung des für ihn und seine Familie notwendigen Unterhalts zur Zahlung der Vergütung eines Wahlanwaltes in der Lage ist, ist bei dem Gericht des I. Rechtszuges zu stellen.

III. Bußgeldsachen

245 Bußgeldsachen sind in Teil 5 des Vergütungsverzeichnisses zum RVG geregelt. Teil 5 unterteilt sich zwei Abschnitte, in denen Folgendes geregelt wird:
Abschnitt 1 → Gebühren des Verteidigers
Abschnitt 2 → Einzeltätigkeiten.

1. Übersicht

Dem Praktiker soll in diesem Kapitel zunächst einmal eine Übersicht in Form eines groben Schemas an die Hand gegeben werden über die Gebühren, die dem **Verteidiger im I. Rechtszug in einer Bußgeldsache** entstehen können: 246

Allgemeine Gebühr 247

→ Grundgebühr Nr. 5100 VV RVG

Erste Angelegenheit: Verfahren vor der Verwaltungsbehörde

→ Verfahrensgebühr Nrn. 5101, 5103 oder 5105 VV RVG
→ Terminsgebühr Nrn. 5102, 5104 oder 5106 VV RVG

Zweite Angelegenheit: Verfahren vor dem Amtsgericht

→ Verfahrensgebühr Nrn. 5107, 5109 oder 5111 VV RVG
→ Terminsgebühr Nrn. 5108, 5110 oder 5112 VV RVG

In jeder Angelegenheit kann weiter entstehen:

+ **evtl. zusätzliche Gebühren** zB Nr. 5115 VV RVG
+ Pauschale für Entgelte für Post- und Telekommunikationsdienstleistungen Nr. 7002 VV RVG (oder tatsächliche Entgelte) – in jeder Angelegenheit
+ Dokumentenpauschalen zB Nr. 7000 Ziffer 1 a) VV RVG für Kopien aus der amtlichen Ermittlungsakte
+ evtl. entstandener weiterer Auslagen zB Reisekosten Nr. 7003 ff. VV RVG
+ Umsatzsteuer Nr. 7008 VV RVG.

Die Gebühren werden im Einzelnen in den nachfolgenden Kapiteln behandelt.

Teil 5 des Vergütungsverzeichnisses gilt nicht nur für den Rechtsanwalt, der als Verteidiger für den Mandanten in dem Bußgeldverfahren tätig ist, sondern auch wenn der Anwalt tätig ist **in einer Bußgeldsache** als Beistand oder Vertreter 248

- eines Einziehungs- oder Nebenbeteiligten
- eines Zeugen
- eines Sachverständigen (Vorbemerkung 5 Abs. 1 VV RVG).

2. Grundgebühr

Dem als Verteidiger in einer Bußgeldsache tätigen Rechtsanwalt wird zunächst einmal die Grundgebühr entstehen. 249

Auszug aus dem VV RVG

Unterabschnitt 1. Allgemeine Gebühr 250

Nr.	Gebührentatbestand	Gebühr oder Satz der Gebühr nach § 13 oder § 49 RVG	
		Wahlanwalt	gerichtlich bestellter oder beigeordneter Rechtsanwalt
5100	Grundgebühr ...... (1) Die Gebühr entsteht neben der Verfahrensgebühr für die erstmalige Einarbeitung in den Rechtsfall nur einmal, unabhängig davon, in welchem Verfahrensabschnitt sie erfolgt. (2) Die Gebühr entsteht nicht, wenn in einem vorangegangenen Strafverfahren für dieselbe Handlung oder Tat die Gebühr 4100 entstanden ist.	30,00 bis 170,00 €	80,00 €

251 Die Grundgebühr entsteht für die erstmalige Einarbeitung in den Rechtsfall. Der Rechtsanwalt erhält die Grundgebühr unabhängig davon, in welchem Verfahrensabschnitt er erstmals tätig wird. Die Grundgebühr entsteht aber in demselben Rechtsfall nur einmal.

Die Grundgebühr Nr. 5100 VV RVG fällt unabhängig von den sonst in derselben Sache entstehenden Gebühren an.

Die Grundgebühr entsteht in einer Bußgeldsache nicht mehr, wenn in einem vorangegangenen Strafverfahren für dieselbe Handlung oder Tat bereits die Grundgebühr nach Nr. 4100 VV RVG angefallen ist (Abs. 2 der Anmerkung zu Nr. 5100 VV RVG).

252 Durch das 2. KostRMoG[139] wurde Absatz 1 der Anmerkung zu Nr. 5100 VV RVG dahingehend erweitert, dass die Grundgebühr **neben der Verfahrensgebühr** entsteht. Die Grundgebühr kann also nie „alleine" in einer Abrechnung stehen. Das erste Tätigwerden des Rechtsanwaltes, was in der Regel die Entgegennahme der Informationen von dem Mandanten sein wird, löst bereits neben der Grundgebühr auch die Verfahrensgebühr aus.

Zusammenfassung

253
- ▶ Die Grundgebühr Nr. 5100 VV RVG entsteht für die erstmalige Einarbeitung in den Rechtsfall.
- ▶ Sie fällt unabhängig davon an, in welchem Verfahrensabschnitt der Rechtsanwalt erstmals tätig wird.
- ▶ Sie entsteht in jedem Rechtsfall nur einmal.

3. Höhe der Geldbuße bestimmt den Gebührenrahmen

254 In Bußgeldsachen sind für die Gebühren für eine Tätigkeit im Verfahren vor der Verwaltungsbehörde und für eine Tätigkeit im Verfahren vor dem Amtsgericht drei verschiedene Betragsrahmen vorgesehen. Welcher Betragsrahmen zur Anwendung kommt, hängt von der Höhe der Geldbuße ab. Teil 5, Abschnitt 1, Unterabschnitt 2 und Unterabschnitt 3 VV RVG sehen unterschiedliche Betragsrahmen/Gebührenrahmen für Bußgeldsachen vor

- bei einer Geldbuße von weniger als 60 EUR
- bei einer Geldbuße von 60 EUR bis 5.000 EUR
- bei einer Geldbuße von mehr als 5.000 EUR.

255 Durch das Gesetz zur Stärkung des Rechts des Angeklagten auf Vertretung in der Berufungsverhandlung und über die Anerkennung von Abwesenheitsentscheidungen in der Rechtshilfe[140] sind die vorgenannten Stufen geändert worden. Grund für diese Änderung ist die im Jahre 2013 erfolgte Anhebung der Grenze für die Eintragung der Tat bzw. Geldbuße in das Fahreignungsregister. Diese wurde von 40 EUR auf 60 EUR angehoben.

256 **Bis zum 24. 7. 2015** waren in Teil 5, Abschnitt 1, Unterabschnitt 2 und Unterabschnitt 3 VV RVG folgende unterschiedliche Betragsrahmen/Gebührenrahmen für Bußgeldsachen vorgesehen:

- bei einer Geldbuße von weniger als 40 EUR
- bei einer Geldbuße von 40 EUR bis 5.000 EUR
- bei einer Geldbuße von mehr als 5.000 EUR.

257 Im Gesetz wurde die Änderung dergestalt vollzogen, dass in den Nummern 5101, 5103, 5107 und 5109 VV RVG jeweils im Gebührentatbestand die Angabe „40 EUR" durch die Angabe „60 EUR" ersetzt wurde. Die Betragsrahmen für die Gebühren sind nicht geändert worden.

---

[139] BGBl. I 2013, 2586 f. – in Kraft getreten am 1. 8. 2013.

[140] BGBl. I 2015, 1332 ff. – in Kraft getreten am 25. 7. 2015.

Entscheidend für die Frage, ob altes oder neues Rechts zur Anwendung kommt, ist §60 Abs. 1 RVG. Hat der Rechtsanwalt den unbedingten Auftrag für die gebührenrechtliche Angelegenheit bis zum 24. 7. 2015 erhalten, gilt altes Recht. Hat der Rechtsanwalt den unbedingten Auftrag für die gebührenrechtliche Angelegenheit von seinem Mandanten am 25. 7. 2015 oder später erhalten, gilt neues Recht.[141] 258

Beispiel: Der Rechtsanwalt wird am 2. 5. 2015 beauftragt, den Mandanten wegen einer Verkehrsordnungswidrigkeit, die nach dem Gesetz mit einer Geldbuße von 50,00 EUR bedroht ist, zu verteidigen. Im Verfahren vor der Verwaltungsbehörde fertigt er für den Mandanten eine Einlassung. Es ergeht ein Bußgeldbescheid mit einer Geldbuße von 50,00 EUR. Auftragsgemäß legt der Rechtsanwalt hiergegen Einspruch ein. Am 1. 9. 2015 geht die von der Verwaltungsbehörde abgegebene Akte bei dem zuständigen Amtsgericht ein. Der Rechtsanwalt wird nun beauftragt, den Mandanten auch in dem Verfahren vor dem Amtsgericht zu vertreten. Er vertritt den Mandanten auch in der Hauptverhandlung, in welcher das Verfahren eingestellt wird. 259

Der Rechtsanwalt kann berechnen:

Für das Bußgeldverfahren vor der Verwaltungsbehörde

1) Grundgebühr §§2 Abs. 2, 14 RVG iVm Nr. 5100 VV RVG – Mittelgebühr	100,00 EUR
2) Verfahrensgebühr für Verfahren vor der Verwaltungsbehörde §§2 Abs. 2, 14 RVG iVm Nr. 5103 VV RVG (altes Recht: Mittlere Stufe für Geldbußen von 40,00 EUR bis 5.000,00 EUR) – Mittelgebühr	160,00 EUR
3) Pauschale für Entgelte für Post- und Telekommunikationsdienstleistungen Nr. 7002 VV RVG	20,00 EUR
4) Dokumentenpauschale Nr. 7000 Ziffer 1 a) VV RVG für Kopien in schwarz/weiß aus amtlicher Ermittlungsakte – 44 Kopien	22,00 EUR
5) Dokumentenpauschale Nr. 7000 Ziffer 1 a) VV RVG für Kopien in Farbe aus der amtlichen Ermittlungsakte – 8 Kopien	8,00 EUR

zzgl. evtl. entstandener weiterer Auslagen und Umsatzsteuer.

Für das gerichtliche Verfahren

1) Verfahrensgebühr für Verfahren vor dem Amtsgericht §§2 Abs. 2, 14 RVG iVm Nr. 5107 VV RVG (neues Recht: Erste Stufe für Geldbußen von weniger als 60,00 EUR) – Mittelgebühr	65,00 EUR
2) Terminsgebühr für Hauptverhandlung §§2 Abs. 2, 14 RVG iVm Nr. 5108 VV RVG (neues Recht: Erste Stufe für Geldbußen von weniger als 60,00 EUR) – Mittelgebühr	130,00 EUR
3) Pauschale für Entgelte für Post- und Telekommunikationsdienstleistungen Nr. 7002 VV RVG	20,00 EUR
4) Dokumentenpauschale Nr. 7000 Ziffer 1 a) VV RVG für Kopien in schwarz/weiß aus amtlicher Ermittlungsakte – 24 Kopien	12,00 EUR
5) Dokumentenpauschale Nr. 7000 Ziffer 1 a) VV RVG für Kopien in Farbe aus der amtlichen Ermittlungsakte – 6 Kopien	6,00 EUR

zzgl. evtl. entstandener weiterer Auslagen und Umsatzsteuer.

Den unbedingten Auftrag für das Bußgeldverfahren vor der Verwaltungsbehörde hat der Rechtsanwalt vor dem 25. 7. 2015 erhalten. Es gilt altes Recht. Zur Anwendung kommt die mittlere Stufe der Rahmen (Geldbußen von 40,00 EUR bis 5.000,00 EUR). Den unbedingten Auftrag für das gerichtliche Verfahren hat der Rechtsanwalt erst nach dem 25. 7. 2015 erhalten. Es gilt neues Recht. Zur Anwendung kommt die erste Stufe der Rahmen (Geldbußen von weniger als 60,00 EUR).

Welche Geldbuße maßgebend ist, ergibt sich aus Abs. 2 der Vorbemerkung 5.1 VV RVG. Dort heißt es: „*Hängt die Höhe der Gebühren von der Höhe der Geldbuße ab, ist die zum Zeitpunkt des Entstehens der Gebühr zuletzt festgesetzte Geldbuße maßgebend.*" Verständlich wird dies erst im Zusammenhang mit der Begründung des Gesetzes hierzu. Hieraus ergibt sich: „*Wird der Anwalt mit der Verteidigung beauftragt, nachdem ein Bußgeldbescheid erlassen wurde, ist die darin festgesetzte Geldbuße zugrunde zu legen.*"[142] 260

---

[141] Zu der Übergangsvorschrift des §60 Abs. 1 RVG → Kap. A. I. 2. Rn. 31ff.; Ausführlich: Burhoff RVGreport 2015, 328ff.

[142] Begründung des KostRMoG in BT-Drucksache 15/1971, S. 230, rechte Spalte.

261 **Beispiel:** Der Rechtsanwalt legt auftragsgemäß (der Auftrag wurde nach dem 25. 7. 2015 erteilt) gegen einen Bußgeldbescheid über eine Geldbuße in Höhe von 250,00 EUR Einspruch ein. Es gilt der Gebührenrahmen, den das Vergütungsverzeichnis für Sachen mit einer Geldbuße von 60,00 EUR bis 5.000,00 EUR vorsieht. Die Verfahrensgebühr für das Verfahren vor der Verwaltungsbehörde könnte in dieser Sache dann nach Nr. 5103 VV RVG innerhalb des dort festgelegten Betragsrahmens von 30,00 EUR bis 290,00 EUR bestimmt werden.

Die evtl. entstehende Verfahrensgebühr für eine Tätigkeit im Verfahren vor dem Amtsgericht würde sich gemäß der Nr. 5109 VV RVG innerhalb des dort festgelegten Betragsrahmens von 30,00 EUR bis 290,00 EUR bewegen. Eine evtl. in dieser Angelegenheit entstehende Terminsgebühr für eine Hauptverhandlung würde nach Nr. 5110 VV RVG innerhalb des Betragsrahmens von 40,00 EUR bis 470,00 EUR zu bestimmen sein.

262 Ist eine Geldbuße nicht festgesetzt, richtet sich die Höhe der Gebühren im Verfahren vor der Verwaltungsbehörde nach dem mittleren Betrag der in der Bußgeldvorschrift angedrohten Geldbuße (Vorbemerkung 5.1, Abs. 2 S. 2 VV RVG). Im Zweifel wird der Rechtsanwalt also in den Sachen, in denen kein Bußgeldbescheid ergangen ist, die gesetzlichen Vorschriften über die Höhe des Bußgeldes heranziehen müssen und wird zunächst ermitteln müssen, mit welchem Bußgeld die Tat bedroht ist. Ergibt sich zB aus dieser gesetzlichen Vorschrift, dass eine Geldbuße von 100 EUR bis 1.000 EUR festgesetzt werden kann, ergibt sich ein mittlerer Betrag von (100 EUR + 1.000 EUR = 1.100 EUR : 2 =) 550 EUR.

Ist in der Rechtsvorschrift, die die Höhe der Geldbuße bestimmt, ein Regelsatz vorgesehen, ist dieser Regelsatz maßgebend (Vorbemerkung 5.1, Abs. 2 S. 3 VV RVG).

263 **Beispiel:** Sieht die Bußgeldvorschrift eine Geldbuße in Höhe von 250,00 EUR vor, gilt der Gebührenrahmen für Geldbußen von 60,00 EUR bis 5.000,00 EUR. In diesem Falle würde sich zB die Verfahrensgebühr für das Verfahren vor der Verwaltungsbehörde nach der Nr. 5103 VV RVG richten. Sie wäre innerhalb des dort festgelegten Gebührenrahmens von 30,00 EUR bis 290,00 EUR zu bestimmen.

264 Mehrere Geldbußen sind zusammenzurechnen (Vorbemerkung 5.1 Abs. 2 S. 4 VV RVG).

265 Möglich ist, dass in derselben Bußgeldsache der Gebührenrahmen wechselt.[143] Für die Tätigkeit im Verfahren vor der Verwaltungsbehörde vor Erlass des Bußgeldbescheides gilt die Höhe des im Gesetz angedrohten Bußgeldes. Für die Tätigkeit im gerichtlichen Verfahren bestimmt sich der Gebührenrahmen nach der in dem angefochtenen Bußgeldbescheid festgesetzten Geldbuße. Es gilt die im Zeitpunkt des Entstehens der Gebühr zuletzt festgesetzte Geldbuße und wenn noch keine Geldbuße festgesetzt ist, die im Gesetz angedrohte Geldbuße.

266 **Beispiel:** Der Rechtsanwalt vertritt den Mandanten in einer Bußgeldsache. Die dem Mandanten vorgeworfenen Tat ist mit einer Geldbuße von 100,00 EUR bis 6.000,00 EUR bedroht. Der Rechtsanwalt nimmt 2 Vernehmungstermine bei der Polizeibehörde mit dem Mandanten wahr. Anschließend fertigt er eine Einlassung und macht umfangreiche Ausführungen auch zur Sach- und Rechtslage. Die Behörde erlässt einen Bußgeldbescheid, in welchem sie eine Geldbuße von 35,00 EUR festsetzt. Gegen den Bußgeldbescheid wird Einspruch eingelegt. Der Rechtsanwalt fertigt nach Eingang der Akten bei Gericht eine weitere Stellungnahme zur Akte. In der anschließenden Hauptverhandlung vertritt er den Beschuldigten.

Der Rechtsanwalt kann berechnen (es werden Mittelgebühren in Ansatz gebracht):

Für das Bußgeldverfahren vor der Verwaltungsbehörde

1) Grundgebühr §§ 2 Abs. 2, 14 RVG iVm Nr. 5100 VV RVG	100,00 EUR
2) Verfahrensgebühr für Verfahren vor der Verwaltungsbehörde §§ 2 Abs. 2, 14 RVG iVm Nr. 5103 VV RVG	160,00 EUR
3) Terminsgebühr für 1. Vernehmungstermin §§ 2 Abs. 2, 14 RVG iVm Nr. 5104 VV RVG	160,00 EUR

[143] Schneider/Wolf VV Vorb. 5.1 Rn. 3; Gerold/Schmidt VV Vorb. 5.1 Rn. 5 f.; Burhoff B. Kommentar Teil 5 – Bußgeldsachen Vorb. 5.1 Rn. 12 bis 27; Hartung/Schons/Enders Vorb. 5.1 VV Rn. 5 bis 9.

4) Terminsgebühr für 2. Vernehmungstermin §§2 Abs. 2, 14 RVG iVm Nr. 5104 VV RVG — 160,00 EUR
zzgl. Auslagen und Umsatzsteuer.

Für das gerichtliche Verfahren

1) Verfahrensgebühr für Verfahren vor dem Amtsgericht §§2 Abs. 2, 14 RVG iVm Nr. 5107 VV RVG — 65,00 EUR
2) Terminsgebühr für Hauptverhandlung §§2 Abs. 2, 14 RVG iVm Nr. 5108 VV RVG — 130,00 EUR
zzgl. Auslagen und Umsatzsteuer.

Die Verfahrensgebühr für das Verfahren vor der Verwaltungsbehörde (Pos. 2)) und die beiden Terminsgebühren für die Vernehmungstermine (Pos. 3) und 4)) bestimmen sich nach dem für Geldbußen von 60,00 EUR bis 5.000,00 EUR maßgebenden Gebührenrahmen. Denn hier ist der mittlere Betrag der im Gesetz angedrohten Geldbuße maßgebend: Lt. Gesetz: 100,00 EUR bis 6.000,00 EUR, also 100,00 EUR + 6.000,00 EUR = 6.100,00 EUR, mittlerer Betrag also 3.050,00 EUR.

Im gerichtlichen Verfahren entstehen die Verfahrensgebühr (Pos. 1)) und die Terminsgebühr (Pos. 2)) nach dem niedrigsten Betragsrahmen (Geldbußen von weniger als 60,00 EUR). Denn maßgebend ist die zum Zeitpunkt der Entstehung der Gebühr zuletzt festgesetzte Geldbuße. Dies ist die im Bußgeldbescheid festgesetzte Geldbuße von 35,00 EUR.

Ändert sich in **derselben gebührenrechtlichen Angelegenheit** (also zB im Verfahren vor der Verwaltungsbehörde) die Höhe der Geldbuße und damit der maßgebende Gebührenrahmen, so kommt es auf den **Zeitpunkt des Entstehens der Gebühr** an. Spätere Änderungen der Geldbuße haben also auf den Betragsrahmen dann keinen Einfluss mehr.[144] In dem vorangegangenem Beispiel (→ Rn. 260 ff. dieses Kapitels) bleibt es also dabei, dass die Gebühren im Verfahren vor der Verwaltungsbehörde nach dem Gebührenrahmen für Geldbußen von 60 EUR bis 5.000 EUR zu bestimmen sind, obwohl noch in diesem Verfahrensabschnitt der Bußgeldbescheid über 35 EUR erging. Die Gebühren für die Tätigkeit im Verwaltungsverfahren waren zu diesem Zeitpunkt aber bereits entstanden. 267

Zusammenfassung

- ▶ In Bußgeldsachen ist die Höhe der Geldbuße maßgebend dafür, welcher Gebührenrahmen zur Anwendung kommt. Dies gilt für die Gebühren im Verfahren vor der Verwaltungsbehörde und für die Gebühren im Verfahren vor dem Amtsgericht. 268
- ▶ Die Gebührenrahmen staffeln sich wie folgt:
  - Geldbuße von weniger als 60 EUR
  - Geldbuße von 60 EUR bis 5.000 EUR
  - Geldbuße von mehr als 5.000 EUR.

  Je höher die Geldbuße, desto höher auch der Gebührenrahmen.
- ▶ Maßgebend ist die im Zeitpunkt des Entstehens der Gebühr im Gesetz angedrohte oder bereits festgesetzte Geldbuße.

4. Verfahren vor der Verwaltungsbehörde

Im Verfahren vor der Verwaltungsbehörde können dem Anwalt eine Verfahrensgebühr und eine Terminsgebühr entstehen. 269

Zu dem Verfahren vor der Verwaltungsbehörde gehört auch das Verwarnungsverfahren und das Zwischenverfahren (§ 69 OWiG). Der gebührenrechtliche Abschnitt „Verfahren vor der Verwaltungsbehörde" endet **mit Eingang der Akten bei Gericht** (Vorbemerkung 5.1.2, Abs. 1 VV RVG).

Die Verwaltungsbehörde wird nach Einspruch gegen einen Bußgeldbescheid die Akten an das Gericht abgeben. Wird der Anwalt vor Abgabe der Akten an das Gericht

[144] Burhoff B. Kommentar, Teil 5 – Bußgeldsachen Vorb. 5.1 Rn. 16; Hartung/Schons/Enders Vorb. 5.1 VV Rn. 8.

tätig, können ihm die in Teil 5, Abschnitt 1, Unterabschnitt 2 VV RVG vorgesehenen Gebühren für das Verfahren vor der Verwaltungsbehörde entstehen.

Zusammenfassung

270 ▶ In Verfahren vor der Verwaltungsbehörde kann dem Rechtsanwalt eine Verfahrens- und eine Terminsgebühr entstehen.
▶ Der gebührenrechtliche Abschnitt „Verfahren vor der Verwaltungsbehörde" endet mit Eingang der Akten bei Gericht.

4.1 Verfahrensgebühr

271 Im Verfahren vor der Verwaltungsbehörde entsteht dem darin tätigen Anwalt die Verfahrensgebühr Nrn. 5101, 5103 oder 5105 VV RVG.

Auszug aus dem VV RVG

272 **Unterabschnitt 2. Verfahren vor der Verwaltungsbehörde**

Nr.	Gebührentatbestand	Gebühr oder Satz der Gebühr nach § 13 oder § 49 RVG	
		Wahlanwalt	gerichtlich bestellter oder beigeordneter Rechtsanwalt
Vorbemerkung 5.1.2: (1) Zu dem Verfahren vor der Verwaltungsbehörde gehört auch das Verwarnungsverfahren und das Zwischenverfahren (§ 69 OWiG) bis zum Eingang der Akten bei Gericht. (2) Die Terminsgebühr entsteht auch für die Teilnahme an Vernehmungen vor der Polizei oder der Verwaltungsbehörde.			
5101	Verfahrensgebühr bei einer Geldbuße von weniger als 60,00 €	20,00 bis 110,00 €	52,00 €
5103	Verfahrensgebühr bei einer Geldbuße von 60,00 € bis 5000,00 €	30,00 bis 290,00 €	128,00 €
5105	Verfahrensgebühr bei einer Geldbuße von mehr als 5000,00 €	40,00 bis 300,00 €	136,00 €

273 In welcher Höhe die Verfahrensgebühr entsteht, ergibt sich aus dem vorstehend abgedruckten Auszug aus dem Vergütungsverzeichnis.

274 Die Verfahrensgebühr gilt die Tätigkeit in dem Verfahren vor der Verwaltungsbehörde ab. Sie entsteht für das Betreiben des Geschäfts einschließlich der Information (Vorbemerkung 5 Abs. 2 VV RVG). Die Verfahrensgebühr wird in der Regel ausgelöst durch die erste Tätigkeit des Rechtsanwaltes nach Erteilung des Auftrages durch den Mandanten. Dies wird in der Regel die Entgegennahme der Informationen sein. Die Verfahrensgebühr wird also stets neben der Grundgebühr anfallen.

275 Typische Tätigkeiten, die die Verfahrensgebühr neben der Aufnahme der Informationen entstehen lassen sind zB:
- eine Einlassung für den Mandanten an die Verwaltungsbehörde,
- eine sonstige schriftliche Stellungnahme für den Mandanten,
- Beratung des Mandanten, sich zunächst nicht zu äußern.

Daneben kann allerdings auch im Verfahren vor der Verwaltungsbehörde noch eine Terminsgebühr entstehen (→ Kap. L Rn. 278 ff.). 276

Zusammenfassung

- In dem Verfahren vor der Verwaltungsbehörde entsteht dem Rechtsanwalt eine Verfahrensgebühr Nrn. 5101, 5103 oder 5105 VV RVG. 277
- Die Verfahrensgebühr wird in der Regel die gesamte Tätigkeit des Rechtsanwaltes im Verfahren vor der Verwaltungsbehörde abgelten. Findet allerdings in dem Verfahren vor der Verwaltungsbehörde noch ein Termin statt, an dem der Rechtsanwalt teilnimmt, kann ihm daneben auch noch die Terminsgebühr entstehen.
- Die Verfahrensgebühr für die Tätigkeit im Verfahren vor der Verwaltungsbehörde entsteht stets neben der Grundgebühr Nr. 5100 VV RVG.

4.2 Terminsgebühr

Im Verfahren vor der Verwaltungsbehörde kann neben einer Verfahrensgebühr noch eine Terminsgebühr Nr. 5102, 5104 oder 5106 VV RVG entstehen. 278

Auszug aus dem VV RVG

Unterabschnitt 2. Verfahren vor der Verwaltungsbehörde 279

Nr.	Gebührentatbestand	Gebühr oder Satz der Gebühr nach § 13 oder § 49 RVG	
		Wahlanwalt	gerichtlich bestellter oder beigeordneter Rechtsanwalt
Vorbemerkung 5.1.2: (1) Zu dem Verfahren vor der Verwaltungsbehörde gehört auch das Verwarnungsverfahren und das Zwischenverfahren (§ 69 OWiG) bis zum Eingang der Akten bei Gericht. (2) Die Terminsgebühr entsteht auch für die Teilnahme an Vernehmungen vor der Polizei oder der Verwaltungsbehörde.			
5101	Verfahrensgebühr bei einer Geldbuße von weniger als 60,00 €	20,00 bis 110,00 €	52,00 €
5102	Terminsgebühr für jeden Tag, an dem ein Termin in den in Nummer 5101 genannten Verfahren stattfindet	20,00 bis 110,00 €	52,00 €
5103	Verfahrensgebühr bei einer Geldbuße von 60,00 € bis 5000,00 €	30,00 bis 290,00 €	128,00 €
5104	Terminsgebühr für jeden Tag, an dem ein Termin in den in Nummer 5103 genannten Verfahren stattfindet	30,00 bis 290,00 €	128,00 €
5105	Verfahrensgebühr bei einer Geldbuße von mehr als 5000,00 €	40,00 bis 300,00 €	136,00 €
5106	Terminsgebühr für jeden Tag, an dem ein Termin in den in Nummer 5105 genannten Verfahren stattfindet	40,00 bis 300,00 €	136,00 €

280 Die Höhe der Terminsgebühr ergibt sich aus dem vorstehend abgedruckten Auszug aus dem VV RVG.

Die Terminsgebühr im Verfahren vor der Verwaltungsbehörde entsteht für die **Teilnahme an Vernehmungen vor der Polizei oder der Verwaltungsbehörde** (Vorbemerkung 5.1.2 Abs. 2 VV RVG). Die Terminsgebühr entsteht für jeden Tag erneut, an dem ein Vernehmungstermin vor der Polizei oder der Verwaltungsbehörde stattfindet. Es gilt hier **nicht** die Einschränkung wie für die Terminsgebühr der Nr. 4102 VV RVG, wonach die Gebühr für die Teilnahme an bis zu drei Terminen nur einmal entsteht.

Auch wenn in dem Vernehmungstermin der Beschuldigte nur Angabe zu seiner Person macht und keine Angaben zur Sache, entsteht die Terminsgebühr, wenn der Rechtsanwalt an dem Termin teilgenommen hat.[145]

Zusammenfassung

281
- ▶ Auch im Verfahren vor der Verwaltungsbehörde kann neben der Verfahrensgebühr noch eine Terminsgebühr Nrn. 5102, 5104 oder 5106 VV RVG entstehen.
- ▶ Die Terminsgebühr entsteht für die Teilnahme an Vernehmungen vor der Polizei oder der Verwaltungsbehörde.

5. Verschiedene Angelegenheiten sind das Bußgeldverfahren vor der Verwaltungsbehörde und das nachfolgende gerichtliche Verfahren

282 Durch das 2. KostRMoG[146] stellt der Gesetzgeber in § 17 Nr. 11 RVG klar, dass
- das Bußgeldverfahren vor der Verwaltungsbehörde
- und das nachfolgende gerichtliche Verfahren

verschiedene gebührenrechtliche Angelegenheiten sind.

Zudem wird in § 17 Nr. 10 b) RVG klargestellt, dass
- das strafrechtliche Ermittlungsverfahren
- und ein sich nach Einstellung des Ermittlungsverfahrens anschließendes Bußgeldverfahren

ebenfalls verschiedene gebührenrechtliche Angelegenheiten sind.

283 Mit dieser Klarstellung wird der Streit beseitigt, ob die Pauschale für Entgelte für Post- und Telekommunikationsdienstleistungen Nr. 7002 VV RVG einmal oder zweimal anfällt, also einmal für das Bußgeldverfahren vor der Verwaltungsbehörde und ein zweites Mal für das gerichtliche Verfahren.[147] Da nach der Anmerkung zu Nr. 7002 VV RVG die Pauschale in jeder Angelegenheit gefordert werden kann, ist klar, dass diese sowohl für die Tätigkeit im Bußgeldverfahren vor der Verwaltungsbehörde als auch für die Tätigkeit im gerichtlichen Verfahren entstehen kann.

284 Nach Abs. 1 der Anmerkung zu Nr. 7000 VV RVG ist die Höhe der Dokumentenpauschale in derselben Angelegenheit und im gerichtlichen Verfahren in demselben Rechtszug einheitlich zu berechnen. Dies bedeutet, dass in jeder gebührenrechtlichen Angelegenheit für die ersten 50 abzurechnenden Seiten je Seite 0,50 EUR (sofern es sich um Farbkopien handelt, für die ersten 50 abzurechnenden Seiten 1 EUR pro Seite) angesetzt werden können.

285 **Beispiel:** Der Rechtsanwalt vertritt im Bußgeldverfahren vor der Verwaltungsbehörde. Er fertigt aus der Bußgeldakte 62 Kopien in schwarz/weiß und 54 Kopien in Farbe. Hierfür kann er folgende Dokumentenpauschale berechnen:

Dokumentenpauschale Nr. 7000 Ziffer 1 a) VV RVG für Kopien in schwarz/weiß aus der Bußgeldakte
50 Kopien à 0,50 EUR 25,00 EUR

---

[145] Hartung/Schons/Enders Nr. 5101–5106 VV Rn. 7.
[146] BGBl. I 2013, 2586 f. – in Kraft getreten am 1. 8. 2013.
[147] → RVG für Anfänger, 15. Auflage, Rn. 2594.

12 Kopien à 0,15 EUR 1,80 EUR.
Dokumentenpauschale Nr. 7000 Ziffer 1 a) VV RVG für Kopien in Farbe aus der Bußgeldakte
50 Kopien à 1,00 EUR 50,00 EUR
4 Kopien à 0,30 EUR 1,20 EUR.
Anschließend vertritt er die Partei auch im gerichtlichen Verfahren des I. Rechtszuges. Er nimmt erneut Akteneinsicht und fertigt weitere 20 Kopien in schwarz/weiß und weitere 8 Kopien in Farbe aus der Gerichtsakte.
Hierfür kann er folgende Dokumentenpauschale berechnen:
Dokumentenpauschale Nr. 7000 Ziffer 1 a) VV RVG für Kopien in schwarz/weiß aus der Gerichtsakte
20 Kopien à 0,50 EUR 10,00 EUR.
Dokumentenpauschale Nr. 7000 Ziffer 1 a) VV RVG für Kopien in Farbe aus der Gerichtsakte
8 Kopien à 1,00 EUR 8,00 EUR.
In dem vorstehenden Beispiel wurde nur die Abrechnung der Dokumentenpauschale dargestellt. Hinzu kommen natürlich die angefallenen Gebühren und weitere Auslagen.

In der Praxis wird darauf zu achten sein, dass die Gebühren für die gebührenrecht- 286
liche Angelegenheit abgerechnet werden, sobald diese beendet ist. So werden die Gebühren für die gebührenrechtliche Angelegenheit „Bußgeldverfahren vor der Verwaltungsbehörde" fällig mit Beendigung dieser Angelegenheit. Diese Angelegenheit ist beendet, mit Eingang der Akten bei Gericht (Vorbemerkung 5.1.2 Abs. 1 VV RVG). Mit Fälligkeit beginnt auch die Verjährungsfrist (Schluss des Jahres, in dem der Anspruch entstanden ist) zu laufen. Würde die Vergütung für die Angelegenheit „Bußgeldverfahren vor der Verwaltungsbehörde" erst abgerechnet, wenn auch das nachfolgende gerichtliche Verfahren beendet wäre, könnte der Mandant unter Umständen erfolgreich Verjährung einwenden.

Bei Gesetzesänderungen, wie zB den Änderungen durch das 2. KostRMoG[148] ist 287
jede gebührenrechtliche Angelegenheit gesondert zu betrachten.

Beispiel: Der Rechtsanwalt wird als Verteidiger von seinem Mandanten mit der Vertretung in 288
einem Bußgeldverfahren vor der Verwaltungsbehörde am 10. 4. 2013 beauftragt. Es ergeht ein Bußgeldbescheid. Gegen den Bußgeldbescheid wird am 28. 7. 2013 Einspruch eingelegt. Die Verwaltungsbehörde gibt die Akte an das Gericht ab. Die Akte geht am 10. 8. 2013 bei dem Amtsgericht ein.
Die Gebühren für die Vertretung in dem Bußgeldverfahren vor der Verwaltungsbehörde bestimmen sich nach den bis zum 31. 7. 2013 geltenden Gebührenrahmen.
Die Gebühren für die Vertretung in dem gerichtlichen Verfahren bestimmen sich nach dem durch das 2. KostRMoG geänderten – erhöhten – Gebührenrahmen.
Denn den unbedingten Auftrag für die gebührenrechtliche Angelegenheit „gerichtliches Verfahren" hat der Rechtsanwalt erst nach Inkrafttreten der Änderungen durch das 2. KostRMoG erhalten.

Zusammenfassung

- Nach § 17 Nr. 11 RVG sind das Bußgeldverfahren vor der Verwaltungsbehörde und 289
das nachfolgende gerichtliche Verfahren verschiedene gebührenrechtliche Angelegenheiten. Dies ist von Bedeutung für die Pauschale Nr. 7002 VV RVG, die Dokumentenpauschale Nr. 7000 VV RVG und die Fälligkeit der Vergütung. Im Falle einer Gesetzesänderung ist jede gebührenrechtliche Angelegenheit gesondert zu betrachten.

6. Verfahren vor dem Amtsgericht

Der gebührenrechtliche Abschnitt „Verfahren vor dem Amtsgericht" beginnt mit 290
Eingang der Akten bei Gericht. Ist der Anwalt danach in der Bußgeldsache für den Mandanten tätig, kann ihm eine Verfahrensgebühr und eine Terminsgebühr entstehen.

[148] BGBl. I 2013, 2586 f. – in Kraft getreten am 1. 8. 2013.

6.1 Verfahrensgebühr

291 Im Verfahren vor dem Amtsgericht entsteht dem Rechtsanwalt eine Verfahrensgebühr.

Auszug aus dem VV RVG

292 **Unterabschnitt 3. Gerichtliches Verfahren im ersten Rechtszug**

Nr.	Gebührentatbestand	Gebühr oder Satz der Gebühr nach § 13 oder § 49 RVG	
		Wahlanwalt	gerichtlich bestellter oder beigeordneter Rechtsanwalt
Vorbemerkung 5.1.3: (1) Die Terminsgebühr entsteht auch für die Teilnahme an gerichtlichen Terminen außerhalb der Hauptverhandlung. (2) Die Gebühren dieses Unterabschnitts entstehen für das Wiederaufnahmeverfahren einschließlich seiner Vorbereitung gesondert; die Verfahrensgebühr entsteht auch, wenn von der Stellung eines Wiederaufnahmeantrags abgeraten wird.			
5107	Verfahrensgebühr bei einer Geldbuße von weniger als 60,00 €	20,00 bis 110,00 €	52,00 €
5109	Verfahrensgebühr bei einer Geldbuße von 60,00 € bis 5.000,00 €	30,00 bis 290,00 €	128,00 €
5111	Verfahrensgebühr bei einer Geldbuße von mehr als 5.000,00 €	50,00 bis 350,00 €	160,00 €

293 Die Höhe der Verfahrensgebühr ergibt sich aus dem vorstehenden Auszug aus dem VV RVG.

Die Verfahrensgebühr für das Verfahren vor dem Amtsgericht gilt die Tätigkeit des Rechtsanwaltes außerhalb der Hauptverhandlung ab.

294 Es dürfte ausreichend sein, wenn der Rechtsanwalt im Verfahren vor dem Amtsgericht außerhalb der Hauptverhandlung irgendeine Tätigkeit ausübt. Die Tätigkeit muss nicht unbedingt nach außen hin in Erscheinung treten. Meines Erachtens wird die Verfahrensgebühr schon dadurch ausgelöst, dass der Rechtsanwalt zB mit dem Mandanten in seiner Kanzlei die Hauptverhandlung vorbereitet (→ Kap. L Rn. 87 ff.).[149]

Die Verfahrensgebühr für das Verfahren vor dem Amtsgericht entsteht unabhängig und neben der Verfahrensgebühr für das vorbereitende Verfahren.

295 Sie entsteht auch neben einer Terminsgebühr, die durch einen Vernehmungstermin oder einen Termin zur Hauptverhandlung ausgelöst wird.

Zusammenfassung

296
- ▶ Für die Tätigkeit im Verfahren vor dem Amtsgericht entsteht eine Verfahrensgebühr Nrn. 5107, 5109 oder 5111 VV RVG.
- ▶ Diese Verfahrensgebühr gilt die Tätigkeit des Rechtsanwaltes im Verfahren vor dem Amtsgericht außerhalb der Hauptverhandlung ab.

[149] Burhoff B. Kommentar Teil 5 – Bußgeldsachen Nr. 5107 VV Rn. 6; Hartung/Schons/Enders Nr. 5107–5112 VV, Rn. 2.

▶ Für den Anfall der Verfahrensgebühr für das Verfahren vor dem Amtsgericht ist meines Erachtens nur erforderlich, dass der Rechtsanwalt in diesem Verfahrensabschnitt außerhalb der Hauptverhandlung irgendwie tätig geworden ist. Er muss nicht nach außen hin – also für das Gericht ersichtlich – tätig geworden sein.

6.2 Terminsgebühr

Neben einer Verfahrensgebühr kann im Verfahren vor dem Amtsgericht auch eine Terminsgebühr entstehen. 297

Auszug aus dem VV RVG

Unterabschnitt 3. Gerichtliches Verfahren im ersten Rechtszug 298

Nr.	Gebührentatbestand	Gebühr oder Satz der Gebühr nach § 13 oder § 49 RVG	
		Wahlanwalt	gerichtlich bestellter oder beigeordneter Rechtsanwalt
Vorbemerkung 5.1.3: (1) Die Terminsgebühr entsteht auch für die Teilnahme an gerichtlichen Terminen außerhalb der Hauptverhandlung. (2) Die Gebühren dieses Unterabschnitts entstehen für das Wiederaufnahmeverfahren einschließlich seiner Vorbereitung gesondert; die Verfahrensgebühr entsteht auch, wenn von der Stellung eines Wiederaufnahmeantrags abgeraten wird.			
5107	Verfahrensgebühr bei einer Geldbuße von weniger als 60,00 €	20,00 bis 110,00 €	52,00 €
5108	Terminsgebühr je Hauptverhandlungstag in den in Nummer 5107 genannten Verfahren	20,00 bis 240,00 €	104,00 €
5109	Verfahrensgebühr bei einer Geldbuße von 60,00 € bis 5.000,00 €	30,00 bis 290,00 €	128,00 €
5110	Terminsgebühr je Hauptverhandlungstag in den in Nummer 5109 genannten Verfahren	40,00 bis 470,00 €	204,00 €
5111	Verfahrensgebühr bei einer Geldbuße von mehr als 5.000,00 €	50,00 bis 350,00 €	160,00 €
5112	Terminsgebühr je Hauptverhandlungstag in den in Nummer 5111 genannten Verfahren	80,00 bis 560,00 €	256,00 €

Die Höhe der Terminsgebühr kann aus dem vorstehend abgedruckten Auszug aus dem VV RVG entnommen werden. 299

Die Terminsgebühr im Verfahren vor dem Amtsgericht entsteht für die Teilnahme des Rechtsanwaltes an der **Hauptverhandlung** vor Gericht. Sie entsteht für jeden Hauptverhandlungstag gesondert.

Die **Anwesenheit** des Verteidigers in der Hauptverhandlung reicht aus, damit die Terminsgebühr für die Hauptverhandlung entsteht.[150] Der Rechtsanwalt muss also 300

[150] Burhoff B. Kommentar Teil 5 – Bußgeldsachen Nr. 5108 VV Rn. 8; Schneider/Wolf VV 4108–4111 Rn. 6 f.; Gerold/Schmidt VV 5107–5112 Rn. 13 f.

nicht in der Hauptverhandlung irgendwelche Anträge gestellt oder zu tatsächlichen oder rechtlichen Fragen Stellung genommen haben.

301 Nach der Vorbemerkung 5.1.3 Abs. 1 VV RVG entsteht die Terminsgebühr auch für die Teilnahme an **gerichtlichen** Terminen außerhalb der Hauptverhandlung.

302 Der Rechtsanwalt erhält die Terminsgebühr nach Abs. 3 S. 2 und 3 der Vorbemerkung 5 VV RVG auch dann, wenn er zu einem anberaumten Termin erscheint, dieser aber aus Gründen, die er nicht zu vertreten hat, nicht stattfindet. Dies gilt nicht, wenn er rechtzeitig von der Aufhebung oder Verlegung des Termins in Kenntnis gesetzt worden ist.

Zusammenfassung

303 ▶ Für die Teilnahme an der Hauptverhandlung erhält der Rechtsanwalt eine Terminsgebühr Nr. 5108, 5110 oder 5112 VV RVG.
▶ Die Terminsgebühr entsteht für jeden Hauptverhandlungstag gesondert.
▶ Die Terminsgebühr entsteht auch für die Teilnahme an gerichtlichen Terminen außerhalb der Hauptverhandlung.

7. Zusätzliche Gebühren

304 In Teil 5, Abschnitt 1, Unterabschnitt 5 VV RVG sind auch für Bußgeldsachen **zusätzliche Gebühren** geregelt, die der Rechtsanwalt neben der Grundgebühr, und den Verfahrens- und Terminsgebühren für die Vertretung im Verfahren vor der Verwaltungsbehörde und im Verfahren vor dem Amtsgericht erhalten kann. Nach der Nr. 5115 VV RVG erhält der Rechtsanwalt eine zusätzliche Gebühr, wenn sich durch seine Mitwirkung das Verfahren vor der Verwaltungsbehörde erledigt oder die Hauptverhandlung entbehrlich wird (→ Kap. L Rn. 308 ff.).

305 Nach Nr. 5116 VV RVG kann der Rechtsanwalt eine zusätzliche 1,0 Verfahrensgebühr verdienen, wenn er in einer Bußgeldsache für den Betroffenen eine Tätigkeit ausübt, die sich auf die Einziehung oder dieser gleichgestellte Rechtsfolgen (§ 46 Abs. 1 OWiG, § 442 StPO) oder auf eine diesen Zwecken dienenden Beschlagnahme bezieht. Die Verfahrensgebühr entsteht neben den Gebühren, die der Rechtsanwalt ansonsten für seine Tätigkeit als Verteidiger in der Bußgeldsache erhält. Gegenstandswert für diese 1,0 Verfahrensgebühr ist der objektive Geldwert der betroffenen Sache. Die Gebühr entsteht nicht, wenn der Gegenstandswert niedriger als 30 EUR ist (Abs. 2 der Anmerkung zu Nr. 5116 VV RVG).

306 Die Gebühr Nr. 5116 VV RVG entsteht nur einmal für das Verfahren vor der Verwaltungsbehörde und dem Amtsgericht. Im Rechtsbeschwerdeverfahren kann die Gebühr noch einmal entstehen (Abs. 3 der Anmerkung zu Nr. 5116 VV RVG). Voraussetzung dürfte allerdings sein, dass der Rechtsanwalt dann auch in dem Rechtsbeschwerdeverfahren eine Tätigkeit im Hinblick auf die Einziehung oder verwandte Maßnahme ausübt.

Zusammenfassung

307 ▶ Nach Teil 5, Abschnitt 1, Unterabschnitt 5 VV RVG können für eine Tätigkeit in Bußgeldsachen dem Verteidiger zusätzliche Gebühren entstehen.
▶ Die zusätzlichen Gebühren entstehen neben den Gebühren, die der Rechtsanwalt ansonsten für seine Tätigkeit als Verteidiger in der Bußgeldsache erhält.
▶ Nr. 5115 VV RVG sieht eine zusätzliche Gebühr für die Fälle vor, in denen der Rechtsanwalt daran mitwirkt, dass sich das Verfahren vor der Verwaltungsbehörde erledigt oder die Hauptverhandlung entbehrlich wird.
▶ Nach Nr. 5116 VV RVG kann eine zusätzliche 1,0 Verfahrensgebühr entstehen, wenn sich die Tätigkeit in der Bußgeldsache auch auf eine Einziehung oder eine verwandte Maßnahme bezieht. Gegenstandswert dieser 1,0 Verfahrensgebühr ist der objektive Geldwert der betroffenen Sache.

7.1 Erledigung des Verfahrens vor der Verwaltungsbehörde/ Vermeidung der Hauptverhandlung

Nach Nr. 5115 VV RVG kann dem Verteidiger in einer Bußgeldsache eine zusätzliche Gebühr entstehen. Diese zusätzliche Gebühr entsteht neben den Gebühren, die der Rechtsanwalt ansonsten für seine Verteidigung in der Bußgeldsache verdient. 308

Auszug aus dem VV RVG

Unterabschnitt 3. Gerichtliches Verfahren im ersten Rechtszug 309

Nr.	Gebührentatbestand	Gebühr oder Satz der Gebühr nach § 13 oder § 49 RVG	
		Wahlanwalt	gerichtlich bestellter oder beigeordneter Rechtsanwalt
5115	Durch die anwaltliche Mitwirkung wird das Verfahren vor der Verwaltungsbehörde erledigt oder die Hauptverhandlung entbehrlich: Zusätzliche Gebühr .... (1) Die Gebühr entsteht, wenn 1. das Verfahren nicht nur vorläufig eingestellt wird oder 2. der Einspruch gegen den Bußgeldbescheid zurückgenommen wird oder 3. der Bußgeldbescheid nach Einspruch von der Verwaltungsbehörde zurückgenommen und gegen einen neuen Bußgeldbescheid kein Einspruch eingelegt wird oder 4. sich das gerichtliche Verfahren durch Rücknahme des Einspruchs gegen den Bußgeldbescheid oder der Rechtsbeschwerde des Betroffenen oder eines anderen Verfahrensbeteiligten erledigt; ist bereits ein Termin zur Hauptverhandlung bestimmt, entsteht die Gebühr nur, wenn der Einspruch oder die Rechtsbeschwerde früher als zwei Wochen vor Beginn des Tages, der für die Hauptverhandlung vorgesehen war, zurückgenommen wird, oder 5. das Gericht nach § 72 Abs. 1 Satz 1 OWiG durch Beschluss entscheidet. (2) Die Gebühr entsteht nicht, wenn eine auf die Förderung des Verfahrens gerichtete Tätigkeit nicht ersichtlich ist. (3) Die Höhe der Gebühr richtet sich nach dem Rechtszug, in dem die Hauptverhandlung vermieden wurde. Für den Wahlanwalt bemisst sich die Gebühr nach der Rahmenmitte.	in Höhe der jeweiligen Verfahrensgebühr	

Voraussetzung für den Anfall der zusätzlichen Gebühr nach Nr. 5115 VV RVG ist, 310

- dass sich entweder das Verfahren vor der Verwaltungsbehörde erledigt
- oder die Hauptverhandlung entbehrlich wird
- und der Rechtsanwalt hieran mitgewirkt hat.

In der Anmerkung zu Nr. 5115 VV RVG sind die Voraussetzungen für den Anfall der Gebühr näher dargelegt. Danach entsteht die Gebühr, wenn 311

1) das Verfahren nicht vorläufig eingestellt wird.

Das Verfahren muss also endgültig eingestellt werden. Unerheblich ist, ob die endgültige Einstellung im Verfahren vor der Verfahrensbehörde oder im Verfahren vor dem Amtsgericht erfolgt. Die zusätzliche Gebühr Nr. 5115 VV RVG fällt allerdings dann nicht an, wenn die Einstellung in der Hauptverhandlung erfolgt. Denn durch die endgültige Einstellung muss die Hauptverhandlung entbehrlich werden.

2) **der Einspruch gegen den Bußgeldbescheid zurückgenommen wird.**
Unerheblich ist, ob der Einspruch gegen den Bußgeldbescheid noch im Verfahren vor der Verwaltungsbehörde oder erst im Verfahren vor dem Amtsgericht zurückgenommen wird. Wird der Einspruch allerdings erst im Verfahren vor dem Amtsgericht zurückgenommen, sind die weiteren Voraussetzungen der Nr. 4 des Abs. 1 der Anmerkung zu Nr. 5115 VV RVG zu beachten. Die zusätzliche Gebühr fällt nicht an, wenn der Einspruch in der Hauptverhandlung zurückgenommen wird.

3) **der Bußgeldbescheid nach Einspruch von der Verwaltungsbehörde zurückgenommen und gegen einen neuen Bußgeldbescheid kein Einspruch eingelegt wird.**

4) **sich das gerichtliche Verfahren durch Rücknahme des Einspruchs gegen einen Bußgeldbescheid erledigt.**
Ist in diesen Fällen bereits ein Termin zur Hauptverhandlung bestimmt, entsteht die Gebühr nur, wenn der Einspruch früher als zwei Wochen vor Beginn des Tages, der für die Hauptverhandlung vorgesehen war, zurückgenommen wird. Wird der Einspruch zB erst drei Tage vor dem Hauptverhandlungstermin zurückgenommen, fällt die zusätzliche Gebühr nicht mehr an.
Die zusätzliche Gebühr fällt auch dann an, wenn die Rechtsbeschwerde des Betroffenen oder eines anderen Verfahrensbeteiligten mindestens zwei Wochen vor dem Hauptverhandlungstermin im Rechtsbeschwerdeverfahren zurückgenommen wird.

5) **das Gericht nach § 72 Abs. 1 S. 1 OWiG durch Beschluss entscheidet.**

312 Der Rechtsanwalt muss an der Erledigung des Verfahrens vor der Verwaltungsbehörde oder daran, dass die Hauptverhandlung entbehrlich wird, **mitgewirkt** haben (zur Mitwirkung → Kap. L Rn. 117 ff.).

313 Die zusätzliche Gebühr Nr. 5115 VV RVG entsteht dem Wahlanwalt als **Mittelgebühr der jeweiligen Verfahrensgebühr.** Die zusätzliche Gebühr nach Nr. 5115 VV RVG kann also von dem Verteidiger nicht innerhalb des im Gesetz vorgesehenen Gebührenrahmens der jeweiligen Verfahrensgebühr bestimmt werden, sondern sie fällt stets als Mittelgebühr an. Maßgebend ist nicht die Verfahrensgebühr für den Tätigkeitsabschnitt, in welchem das die zusätzliche Gebühr Nr. 5115 VV RVG auslösende Ereignis eingetreten ist, sondern die Verfahrensgebühr für das gerichtliche Verfahren, in dem andernfalls die Hauptverhandlung stattgefunden hätte (Abs. 3 S. 1 der Anmerkung zu Nr. 5115 VV RVG).[151]

314 **Beispiel:** Die Verwaltungsbehörde stellt das Verfahren ein, nachdem der Rechtsanwalt eine Einlassung zur Bußgeldakte gereicht hat.
Die zusätzliche Gebühr Nr. 5115 VV RVG bestimmt sich nach dem Gebührenrahmen der Verfahrensgebühren für die Tätigkeit im gerichtlichen Verfahren des I. Rechtszuges der Nrn. 5107, 5109 oder 5111 VV RVG.[152] Die Höhe der Geldbuße, mit welcher die Tat bedroht ist, ist entscheidend dafür, welcher dieser drei Gebührenrahmen zur Anwendung kommt.
Wegen der neben der zusätzlichen Gebühr anfallenden Gebühren siehe Abrechnungsmuster im nachfolgenden Kapitel (→ Kap. L Rn. 318).

315 **Beispiel:** Das Amtsgericht bestimmt keinen Hauptverhandlungstermin, sondern stellt, nachdem der Rechtsanwalt noch einmal eine Eingabe zur Akte gereicht hat, das Verfahren endgültig ein. Im Bußgeldbescheid war eine Geldbuße von 250,00 EUR festgesetzt.
Die zusätzliche Gebühr Nr. 5115 VV RVG bestimmt sich nach dem Gebührenrahmen der Verfahrensgebühr Nr. 5109 VV RVG für das Verfahren vor dem Amtsgericht. Die zusätzliche Gebühr Nr. 5115 VV RVG beträgt in diesem Falle 160,00 EUR.
Wegen der daneben anfallenden Gebühren siehe das Abrechnungsmuster 8.5 in dem nachfolgenden Kapitel (→ Kap. L Rn. 322).

---

[151] Schneider/Wolf VV 5115 Rn. 102; Burhoff B. Kommentar Teil 5 – Bußgeldsachen Nr. 5115 VV Rn. 55.

[152] Aufgabe meiner in der Vorauflage (13. Auflage) noch vertretenen anderen Meinung, siehe dort Rn. 2540 f.

Zusammenfassung

- Neben den ihm sonst entstehenden Gebühren kann der als Verteidiger tätige Rechtsanwalt in Bußgeldsachen eine zusätzliche Gebühr nach Nr. 5115 VV RVG verdienen. 316
- Die zusätzliche Gebühr entsteht, wenn sich das Verfahren vor der Verwaltungsbehörde erledigt oder die Hauptverhandlung entbehrlich wird und der Rechtsanwalt hieran mitgewirkt hat. Näher definiert sind die Voraussetzungen für den Anfall der zusätzlichen Gebühr in der Anmerkung zu Nr. 5115 VV RVG.
- Die zusätzliche Gebühr Nr. 5115 VV RVG entsteht immer als **Mittelgebühr** aus dem Gebührenrahmen der jeweiligen Verfahrensgebühr für das gerichtliche Verfahren, in dem die Hauptverhandlung stattgefunden hätte.

8. Abrechnungsmuster praxisnaher Fälle

In diesem Kapitel sollen Abrechnungsmuster praxisnaher Fälle dargestellt werden, damit deutlich wird, wie die Vorschriften in Teil 5 des Vergütungsverzeichnisses zum RVG zusammenwirken. 317

8.1 Endgültige Einstellung der Verwaltungsbehörde

Beispiel: Der Rechtsanwalt ist mit der Verteidigung des Mandanten in einer diesem gegenüber anhängigen Bußgeldsache beauftragt. Der Rechtsanwalt nimmt Akteneinsicht und fertigt eine Einlassung. Daraufhin stellt die Verwaltungsbehörde das Verfahren endgültig ein. Die Tat wäre mit einem Bußgeld von 150,00 EUR bedroht gewesen. 318

Der Rechtsanwalt kann berechnen:

1) Grundgebühr §§ 2 Abs. 2, 14 RVG iVm Nr. 5100 VV RVG – Mittelgebühr	100,00 EUR
2) Verfahrensgebühr für Verfahren vor der Verwaltungsbehörde §§ 2 Abs. 2, 14 RVG iVm Nr. 5103 VV RVG – Mittelgebühr	160,00 EUR
3) zusätzliche Gebühr § 2 Abs. 2 RVG iVm Nr. 5115 iVm Nr. 5109 VV RVG	160,00 EUR
4) Pauschale für Entgelte für Post- und Telekommunikationsdienstleistungen Nr. 7002 VV RVG	20,00 EUR
5) Dokumentenpauschale Nr. 7000 Ziffer 1 a) VV RVG für Kopien in schwarz/weiß aus der amtlichen Ermittlungsakte – 17 Kopien	8,50 EUR
6) Dokumentenpauschale Nr. 7000 Ziffer 1 a) VV RVG für Kopien in Farbe aus der amtlichen Ermittlungsakte – 5 Kopien	5,00 EUR

zzgl. evtl. entstandener weiterer Auslagen und Umsatzsteuer.

8.2 Verfahren vor der Verwaltungsbehörde und Hauptverhandlung

Beispiel: Der Rechtsanwalt ist als Verteidiger in einer Bußgeldsache für den Mandanten tätig. Die Tat ist laut Gesetz mit einer Geldbuße von 250,00 EUR bedroht. Nachdem er Akteneinsicht genommen, die Sache mit dem Mandanten besprochen und eine Einlassung für ihn gegenüber der Verwaltungsbehörde abgegeben hat, erlässt diese einen Bußgeldbescheid über 250,00 EUR. Gegen diesen Bußgeldbescheid legt der Rechtsanwalt für den Mandanten Einspruch ein. Nachdem die Sache an das Amtsgericht abgegeben worden ist, nimmt der Rechtsanwalt erneut Akteneinsicht. Er bereitet mit dem Mandanten in einer Besprechung in seiner Kanzlei die Hauptverhandlung vor. In der Hauptverhandlung verteidigt er den Mandanten. Das Gericht reduziert in seinem Urteil die Geldbuße auf 35,00 EUR. 319

Der Rechtsanwalt kann berechnen:

Für das Bußgeldverfahren vor der Verwaltungsbehörde

1) Grundgebühr §§ 2 Abs. 2, 14 RVG iVm Nr. 5100 VV RVG – Mittelgebühr	100,00 EUR
2) Verfahrensgebühr für Verfahren vor der Verwaltungsbehörde §§ 2 Abs. 2, 14 RVG iVm Nr. 5103 VV RVG – Mittelgebühr	160,00 EUR
3) Pauschale für Entgelte für Post- und Telekommunikationsdienstleistungen Nr. 7002 VV RVG	20,00 EUR
4) Dokumentenpauschale Nr. 7000 Ziffer 1 a) VV RVG für Kopien in schwarz/weiß aus der amtlichen Ermittlungsakte – 44 Kopien	22,00 EUR

5) Dokumentenpauschale Nr. 7000 Ziffer 1 a) VV RVG für Kopien in Farbe aus der amtlichen Ermittlungsakte – 12 Kopien	12,00 EUR

zzgl. evtl. entstandener weiterer Auslagen und Umsatzsteuer.

Für das gerichtliche Verfahren

1) Verfahrensgebühr für Verfahren vor dem Amtsgericht §§ 2 Abs. 2, 14 RVG iVm Nr. 5109 VV RVG – Mittelgebühr	160,00 EUR
2) Terminsgebühr für Hauptverhandlung §§ 2 Abs. 2, 14 RVG iVm Nr. 5110 VV RVG – Mittelgebühr	255,00 EUR
3) Pauschale für Entgelte für Post- und Telekommunikationsdienst leistungen Nr. 7002 VV RVG	20,00 EUR
4) Dokumentenpauschale Nr. 7000 Ziffer 1 a) VV RVG für Kopien in schwarz/weiß aus der amtlichen Ermittlungsakte – 44 Kopien	22,00 EUR
5) Dokumentenpauschale Nr. 7000 Ziffer 1 a) VV RVG für Kopien in Farbe aus der amtlichen Ermittlungsakte – 6 Kopien	6,00 EUR

zzgl. evtl. entstandener weiterer Auslagen und Umsatzsteuer.

Es kommt hier nicht auf die rechtskräftig festgesetzte Geldbuße an, sondern auf die Geldbuße, die in dem hier mit Einspruch angefochtenen Bußgeldbescheid festgesetzt worden ist. Nach der Höhe dieser Geldbuße bestimmt sich der Gebührenrahmen.

8.3 Gerichtliches Verfahren mit Hauptverhandlung

320 **Beispiel:** Der Mandant hat einen Bußgeldbescheid erhalten, in welchem ihm gegenüber eine Geldbuße in Höhe von 6.000,00 EUR festgesetzt worden ist. Der Mandant hat selbst gegen den Bußgeldbescheid Einspruch eingelegt. Erst als das Amtsgericht Termin zur Hauptverhandlung bestimmt hat, beauftragt er den Rechtsanwalt mit seiner Verteidigung. Der Rechtsanwalt nimmt Akteneinsicht und bespricht mit dem Mandanten das Vorgehen in der Hauptverhandlung. In der Hauptverhandlung wird der Einspruch gegen den Bußgeldbescheid auf dringendes Anraten des Gerichts zurückgenommen.

Der Rechtsanwalt kann berechnen:

1) Grundgebühr §§ 2 Abs. 2, 14 RVG iVm Nr. 5100 VV RVG – Mittelgebühr	100,00 EUR
2) Verfahrensgebühr für Verfahren vor dem Amtsgericht §§ 2 Abs. 2, 14 RVG iVm Nr. 5111 VV RVG – Mittelgebühr	200,00 EUR
3) Terminsgebühr für Hauptverhandlung §§ 2 Abs. 2, 14 RVG iVm Nr. 5112 VV RVG – Mittelgebühr	320,00 EUR
4) Pauschale für Entgelte für Post- und Telekommunikationsdienstleistungen Nr. 7002 VV RVG	20,00 EUR
5) Dokumentenpauschale Nr. 7000 Ziffer 1 a) VV RVG für Kopien in schwarz/weiß aus der amtlichen Ermittlungsakte – 44 Kopien	22,00 EUR
6) Dokumentenpauschale Nr. 7000 Ziffer 1 a) VV RVG für Kopien in Farbe aus der amtlichen Ermittlungsakte – 11 Kopien	11,00 EUR

zzgl. evtl. entstandener weiterer Auslagen und Umsatzsteuer.

In diesem Fall können keine Gebühren für das Verfahren vor der Verwaltungsbehörde entstehen, da der Rechtsanwalt erstmals tätig geworden ist, nachdem die Akten der Verwaltungsbehörde schon bei dem Amtsgericht eingegangen waren.

8.4 Verfahren vor der Verwaltungsbehörde/Vernehmungstermine und Hauptverhandlung

321 **Beispiel:** Der Rechtsanwalt ist als Verteidiger in einer Bußgeldsache für den Mandanten tätig. Nach den gesetzlichen Bestimmungen beträgt die Geldbuße zwischen 80,00 EUR und 500,00 EUR. Der Mandant wurde von der Polizeibehörde zur Vernehmung vorgeladen. An der Vernehmung nimmt der Rechtsanwalt teil. Nachdem ihm Akteneinsicht gewährt wurde, fertigt er eine ergänzende schriftliche Stellungnahme für den Mandanten und reicht diese bei der Verwaltungsbehörde ein. Die Verwaltungsbehörde erlässt einen Bußgeldbescheid über 350,00 EUR. Der Rechtsanwalt legt für seinen Mandanten gegen den Bußgeldbescheid Einspruch ein. Vor der Hauptverhandlung nimmt er noch einmal Akteneinsicht und bereitet mit seinem Mandanten in einer Besprechung in seiner Kanzlei die Hauptverhandlung vor. In der Hauptverhandlung verteidigt er den Mandanten. Der Richter stellt in der Hauptverhandlung das Verfahren endgültig ein.

Der Rechtsanwalt kann berechnen:

Für das Bußgeldverfahren vor der Verwaltungsbehörde

1) Grundgebühr §§ 2 Abs. 2, 14 RVG iVm Nr. 5100 VV RVG – Mittelgebühr	100,00 EUR

2) Verfahrensgebühr für Verfahren vor der Verwaltungsbehörde §§2 Abs. 2, 14 RVG iVm Nr. 5103 VV RVG – Mittelgebühr 160,00 EUR
3) Terminsgebühr für Vernehmungstermin §§2 Abs. 2, 14 RVG iVm Nr. 5104 VV RVG – Mittelgebühr 160,00 EUR
4) Pauschale für Entgelte für Post- und Telekommunikationsdienstleistungen Nr. 7002 VV RVG 20,00 EUR
5) Dokumentenpauschale Nr. 7000 Ziffer 1 a) VV RVG für Kopien in schwarz/weiß aus der amtlichen Ermittlungsakte – 44 Kopien 22,00 EUR
6) Dokumentenpauschale Nr. 7000 Ziffer 1 a) VV RVG für Kopien in Farbe aus der amtlichen Ermittlungsakte – 21 Kopien 21,00 EUR

zzgl. evtl. entstandener weiterer Auslagen und Umsatzsteuer.

Für das gerichtliche Verfahren

1) Verfahrensgebühr für gerichtliches Verfahren §§2 Abs. 2, 14 RVG iVm Nr. 5109 VV RVG – Mittelgebühr 160,00 EUR
2) Terminsgebühr für Hauptverhandlung §§2 Abs. 2, 14 RVG iVm Nr. 5110 VV RVG – Mittelgebühr 255,00 EUR
3) Pauschale für Entgelte für Post- und Telekommunikationsdienstleistungen Nr. 7002 VV RVG 20,00 EUR
4) Dokumentenpauschale Nr. 7000 Ziffer 1 a) VV RVG für Kopien in schwarz/weiß aus der amtlichen Ermittlungsakte – 32 Kopien 16,00 EUR
5) Dokumentenpauschale Nr. 7000 Ziffer 1 a) VV RVG für Kopien in Farbe aus der amtlichen Ermittlungsakte – 16 Kopien 16,00 EUR

zzgl. evtl. entstandener weiterer Auslagen und Umsatzsteuer.

Eine zusätzliche Gebühr nach Nr. 5115 VV RVG fällt hier nicht an, da die endgültige Einstellung des Verfahrens in der Hauptverhandlung erfolgte.

8.5 Verfahren vor der Verwaltungsbehörde/Einstellung im gerichtlichen Verfahren

Beispiel: Der Mandant erscheint in der Anwaltskanzlei mit der Vorladung der Polizeibehörde. 322
Danach soll er am 10. 10. zur Sache vernommen werden. Der Rechtsanwalt bestellt sich als Verteidiger schriftlich bei der Polizeibehörde. Er teilt die Personalien des Mandanten mit und führt im Übrigen aus, dass der Mandant sich im Moment nicht zur Sache äußern wolle. Er bittet um Akteneinsicht. Den Vernehmungstermin vom 10. 10. nimmt er nicht wahr.

Die Verwaltungsbehörde gewährt Akteneinsicht. Der Rechtsanwalt gibt eine schriftliche Stellungnahme ab.

Die Tat ist nach den einschlägigen gesetzlichen Vorschriften mit einer Geldbuße von 10,00 EUR bis 250,00 EUR zu ahnden.

Die Verwaltungsbehörde erlässt einen Bußgeldbescheid über 180,00 EUR. Gegen den Bußgeldbescheid wird Einspruch eingelegt. Die Verwaltungsbehörde gibt die Akten an das Gericht ab. Der mit der Sache befasste Richter stellt das Verfahren endgültig ein, nachdem der Rechtsanwalt gegenüber dem Gericht eine ergänzende Stellungnahme für den Mandanten abgegeben und die Einstellung des Verfahrens angeregt hatte.

Der Rechtsanwalt kann berechnen:

Für das Bußgeldverfahren vor der Verwaltungsbehörde

1) Grundgebühr §§2 Abs. 2, 14 RVG iVm Nr. 5100 VV RVG – Mittelgebühr 100,00 EUR
2) Verfahrensgebühr für Verfahren vor der Verwaltungsbehörde §§2 Abs. 2, 14 RVG iVm Nr. 5103 VV RVG – Mittelgebühr 160,00 EUR
3) Pauschale für Entgelte für Post- und Telekommunikationsdienstleistungen Nr. 7002 VV RVG 20,00 EUR
4) Dokumentenpauschale Nr. 7000 Ziffer 1 a) VV RVG für Kopien in schwarz/weiß aus der amtlichen Ermittlungsakte – 44 Kopien 22,00 EUR
5) Dokumentenpauschale Nr. 7000 Ziffer 1 a) VV RVG für Kopien in Farbe aus der amtlichen Ermittlungsakte – 26 Kopien 26,00 EUR

zzgl. evtl. entstandener weiterer Auslagen und Umsatzsteuer.

Für das gerichtliche Verfahren

1) Verfahrensgebühr für Verfahren vor dem Amtsgericht §§2 Abs. 2, 14 RVG iVm Nr. 5109 VV RVG – Mittelgebühr 160,00 EUR
2) zusätzliche Gebühr §2 Abs. 2 RVG iVm Nr. 5115 iVm Nr. 5109 VV RVG – Mittelgebühr 160,00 EUR
3) Pauschale für Entgelte für Post- und Telekommunikationsdienstleistungen Nr. 7002 VV RVG 20,00 EUR

4) Dokumentenpauschale Nr. 7000 Ziffer 1 a) VV RVG für Kopien in schwarz/weiß aus der amtlichen Ermittlungsakte – 36 Kopien	18,00 EUR
5) Dokumentenpauschale Nr. 7000 Ziffer 1 a) VV RVG für Kopien in Farbe aus der amtlichen Ermittlungsakte – 16 Kopien	16,00 EUR

zzgl. evtl. entstandener weiterer Auslagen und Umsatzsteuer.

9. Vertretung zunächst im Strafverfahren anschließend in Bußgeldsache

323 In § 17 Nr. 10 b) RVG ist geregelt, dass das strafrechtliche Ermittlungsverfahren und ein nach dessen Einstellung sich anschließendes Bußgeldverfahren **verschiedene** – gebührenrechtliche – **Angelegenheiten** sind.

324 Das Bußgeldverfahren vor der Verwaltungsbehörde und das nachfolgende gerichtliche Verfahren sind dann auch wieder **verschiedene** – gebührenrechtliche – **Angelegenheiten** (§ 17 Nr. 11 RVG).

325 Vertritt der Rechtsanwalt also zunächst in einem Ermittlungsverfahren wegen einer Straftat und stellt die Staatsanwaltschaft das Verfahren ein, gibt die Sache aber dann an die Verwaltungsbehörde ab, mit der Bitte um Prüfung, ob nicht der Tatbestand einer Ordnungswidrigkeit erfüllt worden ist, erlässt die Behörde dann einen Bußgeldbescheid, gegen welchen Einspruch eingelegt wird und folgt danach ein gerichtliches Verfahren, so kann der Rechtsanwalt jeweils gesondert nebeneinander abrechnen

- die Tätigkeit in dem strafrechtlichen Ermittlungsverfahren
- die Tätigkeit in dem sich anschließenden Bußgeldverfahren vor der Verwaltungsbehörde
- und die Tätigkeit in dem sich anschließenden gerichtlichen Verfahren.

326 **Beispiel:** Der Mandant war an einem Verkehrsunfall beteiligt. Die Staatsanwaltschaft hat ihm gegenüber ein Ermittlungsverfahren wegen Körperverletzung in die Wege geleitet. Rechtsanwalt X wird von dem Mandanten beauftragt, ihn als Verteidiger in dem Ermittlungsverfahren zu vertreten. Rechtsanwalt X fertigt für den Mandanten eine Einlassung. Die Staatsanwaltschaft stellt das strafrechtliche Ermittlungsverfahren endgültig ein. Der Mandant ist auf freiem Fuß.

Sie gibt die Akte jedoch an die Bußgeldstelle ab mit der Bitte um Überprüfung, ob ein Ordnungswidrigkeitsverfahren in die Wege zu leiten ist. Sollte eine Ordnungswidrigkeit vorliegen, wäre diese lt. den entsprechenden Bestimmungen mit einer Geldbuße von 25,00 EUR bis 250,00 EUR zu ahnden. Rechtsanwalt X wird auch in dem Verfahren vor der Bußgeldstelle tätig. Er fertigt eine ergänzende Stellungnahme für den Mandanten und reicht diese bei der Verwaltungsbehörde ein. Die Verwaltungsbehörde erlässt einen Bußgeldbescheid über 100,00 EUR. Gegen den Bußgeldbescheid wird Einspruch eingelegt. Nachdem die Akten an das Gericht abgegeben worden sind, reicht Rechtsanwalt X für den Mandanten eine weitere Stellungnahme ein. Der mit der Sache befasste Richter stellt auch das Bußgeldverfahren schließlich endgültig ein.

Der Rechtsanwalt kann berechnen:

Für das strafrechtliche Ermittlungsverfahren

1) Grundgebühr §§ 2 Abs. 2, 14 RVG iVm Nr. 4100 VV RVG – Mittelgebühr	200,00 EUR
2) Verfahrensgebühr für vorbereitendes Verfahren §§ 2 Abs. 2, 14 RVG iVm Nr. 4104 VV RVG – Mittelgebühr	165,00 EUR
3) zusätzliche Gebühr § 2 Abs. 2 RVG iVm Nr. 4141 VV RVG – Mittelgebühr	165,00 EUR
4) Pauschale für Entgelte für Post- und Telekommunikationsdienstleistungen Nr. 7002 VV RVG	20,00 EUR
5) Dokumentenpauschale Nr. 7000 Ziffer 1 a) VV RVG für Kopien in schwarz/weiß aus der amtlichen Ermittlungsakte, 124 Kopien	36,10 EUR
6) Dokumentenpauschale Nr. 7000 Ziffer 1 a) VV RVG für Kopien in Farbe aus der amtlichen Ermittlungsakte – 61 Kopien	53,30 EUR

zzgl. evtl. entstandener weiterer Auslagen und Umsatzsteuer.

Für das Bußgeldverfahren vor der Verwaltungsbehörde

1) Verfahrensgebühr für Verfahren vor der Verwaltungsbehörde §§ 2 Abs. 2, 14 RVG iVm Nr. 5103 VV RVG – Mittelgebühr	160,00 EUR
2) Pauschale für Entgelte für Post- und Telekommunikationsdienstleistungen Nr. 7002 VV RVG	20,00 EUR

3) Dokumentenpauschale Nr. 7000 Ziffer 1 a) VV RVG für Kopien in schwarz/weiß aus der amtlichen Ermittlungsakte – 44 Kopien	22,00 EUR
4) Dokumentenpauschale Nr. 7000 Ziffer 1 a) VV RVG für Kopien in Farbe aus der amtlichen Ermittlungsakte – 11 Kopien	11,00 EUR
zzgl. evtl. entstandener weiterer Auslagen und Umsatzsteuer.	
Für das gerichtliche Verfahren	
1) Verfahrensgebühr für Verfahren vor dem Amtsgericht §§ 2 Abs. 2, 14 RVG iVm Nr. 5109 VV RVG – Mittelgebühr	160,00 EUR
2) zusätzliche Gebühr § 2 Abs. 2 RVG iVm Nr. 5115 VV RVG – Mittelgebühr	160,00 EUR
3) Pauschale für Entgelte für Post- und Telekommunikationsdienstleistungen Nr. 7002 VV RVG	20,00 EUR
4) Dokumentenpauschale Nr. 7000 Ziffer 1 a) VV RVG für Kopien in schwarz/weiß aus der amtlichen Ermittlungsakte – 16 Kopien	8,00 EUR
5) Dokumentenpauschale Nr. 7000 Ziffer 1 a) VV RVG für Kopien in Farbe aus der amtlichen Ermittlungsakte – 61 Kopien	53,30 EUR
zzgl. evtl. entstandener weiterer Auslagen und Umsatzsteuer.	

Die Grundgebühr für die Tätigkeit in dem Bußgeldverfahren fällt nach Abs. 2 der Anmerkung zu Nr. 5100 VV RVG für die Tätigkeit in dem Bußgeldverfahren nicht mehr an.

Der BGH[153] hatte entschieden, dass die zusätzliche Gebühr der Nr. 4141 VV RVG nicht entsteht, wenn sich ein eingestelltes Strafverfahren als Bußgeldverfahren fortsetzt. Im Rahmen des 2. KostRMoG[154] hat der Gesetzgeber Abs. 1 Ziffer 1 der Anmerkung zu Nr. 4141 VV RVG dahingehend geändert, dass die zusätzliche Gebühr der Nr. 4141 VV RVG (auch) dann entsteht, wenn „*das Strafverfahren nicht nur vorläufig eingestellt wird …*". Dadurch wird klargestellt, dass nach Inkrafttreten der Änderungen durch das 2. KostRMoG die zusätzliche Gebühr der Nr. 4141 VV RVG auch dann entstehen kann, wenn sich nach Einstellung des strafrechtlichen Ermittlungsverfahrens noch ein Bußgeldverfahren vor der Verwaltungsbehörde anschließt. 327

Zusammenfassung

- Nach § 17 Nr. 10 b) RVG sind das strafrechtliche Ermittlungsverfahren und ein nach dessen Einstellung sich anschließendes Bußgeldverfahren verschiedene – gebührenrechtliche – Angelegenheiten. 328
- Nach § 17 Nr. 11 RVG sind auch das Bußgeldverfahren vor der Verwaltungsbehörde und das nachfolgende gerichtliche Verfahren verschiedene – gebührenrechtliche – Angelegenheiten.
- Der Rechtsanwalt, der in allen drei gebührenrechtlichen Angelegenheiten tätig wird, wird gesonderte Gebühren abrechnen können für
  - das strafrechtliche Ermittlungsverfahren
  - das Bußgeldverfahren vor der Verwaltungsbehörde
  - und das gerichtliche Verfahren.
- Die Grundgebühr entsteht nur einmal (Abs. 2 der Anmerkung zu Nr. 4100 VV RVG und Abs. 2 der Anmerkung zu Nr. 5100 VV RVG). Die Grundgebühr kann in diesen Angelegenheiten aus dem höheren Gebührenrahmen der Nr. 4100 VV RVG angesetzt werden.

10. Rechtsbeschwerde

Vertritt der Rechtsanwalt in einer Bußgeldsache in dem Verfahren über die Rechtsbeschwerde, erhält er eine Vergütung nach Teil 5, Abschnitt 1, Unterabschnitt 4 VV RVG. 329

[153] BGH JurBüro 2010, 132.

[154] BGBl. I 2013, 2586 f. – in Kraft getreten am 1. 8. 2013.

Auszug aus dem VV RVG

330 **Unterabschnitt 4. Verfahren über die Rechtsbeschwerde**

Nr.	Gebührentatbestand	Gebühr oder Satz der Gebühr nach § 13 oder § 49 RVG	
		Wahlanwalt	gerichtlich bestellter oder beigeordneter Rechtsanwalt
5113	Verfahrensgebühr	80,00 bis 560,00 €	256,00 €
5114	Terminsgebühr je Hauptverhandlungstag	80,00 bis 560,00 €	256,00 €

331 Für die Verteidigung in dem Rechtsbeschwerdeverfahren erhält der Rechtsanwalt eine Verfahrensgebühr Nr. 5113 VV RVG. Daneben kann eine Terminsgebühr nach Nr. 5114 VV RVG entstehen. Die Höhe dieser Gebühren ergibt sich aus dem vorstehend abgedruckten Auszug aus dem VV RVG.

332 Die Terminsgebühr entsteht für jeden Hauptverhandlungstag im Rechtsbeschwerdeverfahren gesondert.

333 Für das Rechtsbeschwerdeverfahren ist für die Verfahrens- und die Terminsgebühr jeweils nur ein Gebührenrahmen vorgesehen. Der Gebührenrahmen im Rechtsbeschwerdeverfahren ist also nicht mehr gestaffelt nach der Höhe der Geldbuße, wie im I. Rechtszug.

334 Die Gebühren im Rechtsbeschwerdeverfahren entstehen neben den Gebühren, die der Verteidiger bereits in dem I. Rechtszug in der Bußgeldsache verdient hat.

335 Im Rechtsbeschwerdeverfahren können auch die zusätzlichen Gebühren nach Teil 5, Abschnitt 1, Unterabschnitt 5 VV RVG entstehen. So entsteht zB nach der Ziffer 4 Abs. 1 der Anmerkung zu Nr. 5115 VV RVG eine zusätzliche Gebühr in Höhe der Verfahrensgebühr Nr. 5113 VV RVG, wenn die Rechtsbeschwerde früher als zwei Wochen vor Beginn des Tages, der für die Hauptverhandlung vorgesehen war, zurückgenommen wird.

Zusammenfassung

336
- ▶ Für das Rechtsbeschwerdeverfahren erhält der Rechtsanwalt gesonderte Gebühren, neben den Gebühren, die er bereits für seine Tätigkeit als Verteidiger in dem I. Rechtszug verdient hat.
- ▶ Im Rechtsbeschwerdeverfahren kann der Rechtsanwalt verdienen: eine Verfahrensgebühr Nr. 5113 VV RVG, eine Terminsgebühr für jeden Hauptverhandlungstag nach Nr. 5114 VV RVG und zusätzliche Gebühren, zB nach Nr. 5115 VV RVG wenn die Rechtsbeschwerde früher als zwei Wochen vor Beginn des Tages, der für die Hauptverhandlung im Rechtsbeschwerdeverfahren vorgesehen war, zurückgenommen wird.

11. Sonstiges in Kürze

337 Ist der Rechtsanwalt in einer Bußgeldsache nicht zum Verteidiger insgesamt bestellt, sondern nur mit **Einzeltätigkeiten** beauftragt, erhält er eine Vergütung nach Nr. 5200 VV RVG. Diese bestimmt einen Gebührenbetragsrahmen von 20 EUR bis 110 EUR.

Dem als Verteidiger in einer Bußgeldsache tätigen Rechtsanwalt können neben den Gebühren, die er für seine Tätigkeit als Verteidiger erhält, gesonderte Gebühren nach Teil 3 VV RVG entstehen, wenn er tätig wird 338

zB

- im Verfahren über die Erinnerung oder die Beschwerde gegen einen Kostenfestsetzungsbeschluss
- im Verfahren über die Erinnerung gegen den Kostenansatz und über die Beschwerde gegen die Entscheidung über diese Erinnerung
- im Verfahren über den Antrag auf gerichtliche Entscheidung gegen einen Kostenfestsetzungsbeschluss und den Ansatz der Gebührenauslagen (§ 108 OWiG).

Dies ergibt sich aus der Vorbemerkung 5 Abs. 4 VV RVG.

Praxistipp:

Ist der Rechtsanwalt als Verteidiger in einer Bußgeldsache oder in einer Strafsache für den Mandanten tätig und wird er später damit beauftragt, den Mandanten auch im verwaltungsrechtlichen Verfahren auf Wiedererteilung oder Neuerteilung der Fahrerlaubnis zu vertreten, so handelt es sich hierbei um eine gesonderte gebührenrechtliche Angelegenheit. In diesem verwaltungsrechtlichen Verfahren erhält der Rechtsanwalt für eine Tätigkeit **außerhalb** eines verwaltungs**gerichtlichen** Verfahrens Gebühren nach Teil 2 des Vergütungsverzeichnisses, zB die Geschäftsgebühr nach Nr. 2300 VV RVG (→ Kap. K Rn. 97 ff.). Für die Tätigkeit **im** verwaltungs**gerichtlichen** Verfahren kann er Gebühren nach Teil 3 des Vergütungsverzeichnisses erhalten (→ Kap. K Rn. 119 ff.). 339

Sachregister

Die Buchstaben bezeichnen das Kapitel, die Zahlen die Randnummern.